35/6

LETTRES

DE

Mr DESCARTES.

Où sont traittées les plus belles Questions

De la { *MORALE,*
PHYSIQVE,
MEDECINE,

& des

MATHEMATIQVES.

A PARIS,

Chez CHARLES ANGOT, ruë S. Iacques,
à la Ville de Leyden.

M. DC. LVII.

AVEC PRIVILEGE DV ROY.

LETTRES

DE

Mr DESCARTES

Où sont traitées plusieurs belles Questions

DE MORALE,
PHYSIQUE,
MEDECINE,
& des
MATHEMATIQUES.

A PARIS,

Chez CHARLES ANGOT, rue S. Jacques,
à la ville de Leyden.

———

M. DC. LVII.

AVEC PRIVILEGE DU ROY.

PREFACE.

'E s t affez de recommandation pour ce liure, que de fçauoir qu'il eft de Monfieur Defcartes ; A la faueur de ce nom fi fameux, & que l'on peut dire n'auoir pas efté rendu moins Celebre par les calomnies mefme de fes enuieux, que par le propre mérite de fa perfonne & de fes écrits, il y a lieu d'efperer que cet ouurage, quoy que pofthume, ne laiffera pas d'eftre auffi bien receu, que s'il auoit vû le jour du viuant de fon autheur. Il eft vray qu'il a defia efté vû tout entier en chacunes de fes parties feparées, mais non pas réüny en vn cors, comme ie le préfente aujourd'huy.

C'eft vn recueil de plufieurs lettres, écrites fur toutes fortes de fujets, dont la plus-part luy ont efté propofez par des perfonnes de tres-grande confideration, foit pour le rang qu'elles ont dans le Monde, foit pour l'eftime qu'elles fe font acquifes par leur fçauoir & par leur vertu. Et bien que fans doute il ne fongeaft pas, quand il les écriuoit, qu'elles düffent iamais paroiftre en public, elles ne laiffent pourtant pas d'auoir affez de graces & d'ornemens, pour ne point apréhender la Lumiere. Ce qui s'écrit pour des Princeffes, & pour les plus fçauans hommes de l'Europe,

PREFACE.

ne doit pas craindre d'estre mis à la Censure publique ; Et aprés que les grans & les polis de la Cour, & mesme que les Critiques du cabinet, ont vne fois iugé fauorablement d'vne piece, qu'auroit-on plus à craindre du Iugement de la Multitude. C'est ce qui fait, Lecteur, que ie te présente ces lettres auec autant de confiance que Mr Descartes a pû faire luy mesme ses autres écrits, sçachant qu'elles ne cedent en rien à pas vn autre ouurage que tu ayes pû voir de luy. La mesme force, & la mesme sublimité d'esprit qui reluit par tout ailleurs, s'y fait voir admirablement dans la solution des questions les plus difficiles ; & outre cela on y voit vne étenduë d'esprit presque infinie, dans la diuersité & la multiplicité des choses qu'il y traitte.

Mais entre plusieurs suiets, celuy-là sans doute est le plus releué & le plus vtile, qu'il examine dans la lettre qu'il a eu l'honneur d'écrire à la Reine Christine, en suitte de la priere, ou plutost du commandement qui luy fut fait de sa part, de luy vouloir expliquer son opinion touchant le Souuerain Bien de cette vie ; à quoy il luy fut d'autant plus aisé d'obeïr, qu'il auoit encore toutes fraïsches en sa mémoire, ces hautes considerations qu'il auoit eües dans l'examen qu'il auoit nouuellement fait du liure de Séneque, *de vitâ Beatâ*, lequel il auoit luy mesme choisi, comme vn sujet digne de seruir d'entretien & de diuertissement à cette autre sçauante Princesse, Elizabeth de Bohéme, lors qu'allant prendre des eaux à Spa, les Médecins luy auoient recõmandé de n'occuper son esprit à aucune chose qui le pust

trauailler ; Ainſi qu'on verra par les lettres qu'il luy
écrit. C'eſt dans ces lettres où il a fait voir que la Morale eſtoit l'vne de ſes plus ordinaires Méditations,
& qu'il n'eſtoit pas ſi fort occupé à la conſideration
des choſes qui ſe paſſent dans l'air, ny à la recherche
des ſecrettes voyes que la Nature obſerue icy-bas dans
la production de ſes ouurages, qu'il ne fiſt ſouuent
réflexion ſur luy meſme, & qu'il n'employaſt les premieres & les principaux de ſes ſoins à s'inſtruire, & a
regler les actions de ſa vie ſuiuant la vraye raiſon,
comme vne choſe, laquelle, ainſi qu'il dit luy-meſme,
ne ſoufre point de delay, a cauſe que nous deuons
ſur tout taſcher de bien viure. Auſſi, ces grandes & ſérieuſes réflexions, qu'il auoit faittes ſur les
mœurs des hommes, dans la fréquentation des Cours
& des Armées, & dans le reſte du grand liure du monde,
l'auoient rendu ſi ſçauant en cette matiere, que dans
l'examen qu'il a fait du liure de Séneque, il ne s'eſt
pas contenté de remarquer ſes fautes, mais comme
vn Maiſtre capable de faire des leçons à cet Ancien
Docteur des Mœurs, il a auſſi marqué ce qu'il déuoit
dire, pour rendre ſon liure le meilleur & le plus vtile,
qu'vn Philoſophe comme luy, qui n'eſtoit point éclairé des lumieres de la foy, euſt ſçeu écrire. Aprés quoy,
ie ne penſe pas qu'il y en ait plus aucun, de ceux qui
dans leurs écrits l'ont accuſé de vanité en ſes études,
comme s'attachant entierement à la recherche des
choſes vaines, & dont la ſcience enfle l'eſprit, au lieu
de celles qui inſtruiſent & qui perfectionnent l'homme, qui oſe plus luy faire vn ſemblable reproché ;

Principalement, quand ils verront que quelque soin qu'ils ayent aporté à cultiuer la Morale, ils trouue-ront encore beaucoup de choses à aprendre, dans ce peu qu'il en a écrit, & qu'ils auroient peut-estre sans cela ignoré toute leur vie. Et de vray, à quoy ont serui toutes les calomnies de ses enuieux, sinon à faire que son Nom deuinst plus Celebre, que sa vie fust plus Admirée, & sa doctrine si estimée, qu'elle partage aujourd'huy les écoles dans la Hollande, & qu'elle s'enseigne publiquement dans ses Chaires. Ce que i'estime estre si glorieux à cette Prouince, que ie luy enuiërois quasi cet honneur, comme vn bien qui nous deuroit apartenir, n'estoit que i'estime en quel-que façon raisonnable, que ceux-là ioüissent les pre-miers du fruit de ses labeurs, qui ont le plus contribué à son repos & à son loisir; & que cette Terre porte les premiers fruits d'vne semence, qui n'a pas seulement esté iettée, mais mesme conceuë premierement dans son sein. Aprés quoy, si sa prédiction a iamais lieu en son païs, i'espere que sa doctrine y sera receuë auec plus de succez & plus d'aplaudissement qu'en aucun lieu du monde, comme celuy où l'erreur a le moins de crédit pour estre Antienne, où la verité est la plus re-cherchée & la mieux suiuie quand elle est connuë, & où les Esprits sont les plus capables d'entendre raison; n'y en ayant pas vn, dans ce grand nombre de sçauans qui fréquentent nos Academies, qui ne souscriue entierement à cette maxime du grand Saint Augu-stin, Qu'il n'y a pas moins d'erreur à admettre pour vrayes les choses douteuses, c'est à dire, les choses obſcures & inconceuables, tels que ſont tous les principes qui ſont particuliers à la Philoſophie Peripateticienne, qu'à ne pas receuoir celles qui ſont certaines, c'eſt à dire, les choſes claires & intelligibles, tels que ſont les principes de Noſtre Philoſophe.

Pour ce qui eſt de l'ordre & de la ſuitte des lettres en general, comme ſouuent il importoit fort peu laquelle ſeroit miſe deuant, chacune preſque traittant de queſtions differentes, & qui ne dépendent point les vnes des autres, ie ne m'y ſuis pas beaucoup arreſté; Mais quant à la diſpoſition & à l'œconomie de chaque lettre en particulier, comme c'eſt vn coup du Maiſtre, on y verra le meſme ordre & la meſme diſtribution que dans tous ſes autres écrits; en ſorte que ceux qui auront la veüe aſſez bonne, y pouront remarquer la meſme Méthode dont Monſieur Deſcartés s'eſt touïjours ſerui, ſoit dans ſes principes pour la conſtruction generale de ſon Monde, ſoit dans ſes Méteores pour l'explication particuliere des plus beaux phainomènes de la Nature; ſi bien que ſon adreſſe & la ſubtilité de ſon eſprit y paroiſſent toute entiere. Et ce qui ie m'aſſure ne ſurprendra pas moins le lecteur, eſt, que l'éclairciſſement de tant de difficultez qu'il explique, ne ſe fait pas d'vne maniere Dogmatique, ny par les formes ordinaires des Argumens, mais d'vn ſtyle ſi aiſé & ſi net, qu'il ſemble que les penſées luy couloient de la plume, & qu'elles ſeroient venuës à tout autre en l'eſprit. Chacun ſçait cõbien le ſtile des lettres eſt difficile, cependant l'on verra qu'à vn eſprit comme le ſien

tout étoit également facile, & qu'il s'en démesle aussi
bien, que de tous les autres genres d'écrire. A la verité,
peut-estre que les Délicats n'y trouueront pas de ces
paroles choisies, qui chatoüillent l'oreille de leur son,
ny de ces périodes nombreuses, qui semblent n'aller
que par mesure & par cadence; mais ie suis assuré que
les plus exacts y reconnoistront les mots propres de
chaque chose, & n'y verront que des termes si significatifs, qu'ils portent leur lumiere auec eux. Que si ces
personnes scrupuleuses auront de la peine à trouuer
rien de considerable à reprendre touchant la pureté
des paroles, leur censure aura encore moins de prise
sur la force des raisons & la netteté du sens, qui sont les
deux seules choses qu'vn Philosophe doiue considerer, & dans lesquelles on peut dire que Monsieur Descartes a excellé, par dessus tous ceux qui ont écrit auant
luy de semblables matieres; De sorte que ie me suis
quelquefois étonné de voir taxer ses écrits de confusion & d'obscurité, voyant qu'il suit par tout la maniere d'écrire des Géometres, qui est la plus exacte de
toutes, & qu'il ne se sert point d'autres principes que
de ceux des Mathématiciens mesmes, que tout le
monde admet à cause de leur clarté & éuidence.

I'auertis ceux qui verront icy leurs lettres, qu'il se
pourra faire qu'ils ne les trouueront pas en tout conformes à celles qu'ils ont receües de Monsieur Descartes;
mais ce manquement peut estre atribué de deux causes;
La premiere, que ces lettres n'ayant esté imprimées
que sur le Manuscrit que Monsieur Descartes s'en
estoit réserué, il se peut faire qu'en les transcriuant, il
y ait

y ait changé ou corrigé quelque chose, comme il arriue souuent, & que par aprés il ait negligé de le réformer dans son Original. L'autre raison est, que le Manuscrit s'est trouué en quelques endroits défectueux,
& en d'autres si mal écrit & si broüillé, que i'ay esté
quelquefois réduit à deuiner ce que l'Autheur auoit
voulu dire ; & n'ay pas crû pour cela rien faire contre
la fidelité que ie luy dois, de les remplir & suppléer de
moy-mesme, pour ne pas laisser dans ce liure ce peu
d'espaces vuides. Mais ce qui m'a donné le plus de peine, a esté que ces lettres n'estant écrites que sur des
feüilles volantes, toutes détachées les vnes des autres,
& souuent sans datte ny réclame, le desordre qui s'y
estoit mis auoit fait qu'elles ne se suiuoient point, &
qu'on n'y reconnoissoit ny commencement ny fin :
de sorte que i'ay esté obligé de les lire presque toutes,
auant que de les pouuoir rejoindre les vnes aux autres,
& de leur pouuoir donner aucune forme, pour les disposer par aprés dans l'ordre & dans le rang qu'elles
tiennent. Toutesfois quelque mal qui soit arriué de
ce desordre, ie suis caution qu'il sera peu considerable;
& mesme il ne sçauroit estre d'aucune importance
pour les lecteurs, qui n'ont point en cela d'autre interest, sinon que le sens des choses n'y souffre point de
violence, & que les questions (dont il s'en trouue quelquefois dix ou douze dans vne seule lettre) soient expliquées chacunes à part, & sans confusion ; à quoy ie
puis dire que i'ay mis toute mon attention.

    I'ay esté bien-aise que le public fust informé de tout
ce détail, non pas tant pour faire valoir mon industrie

dans l'impreſſion de ces lettres, que pour purger l'Auteur des fautes qui pouroient s'y eſtre gliſſées, & pour conuier d'autant plus ceux qui y verront leurs lettres imprimées, & qui en les liſant ne les trouueront pas tout à fait correctes, à m'enuoyer à moy ou aux Libraires, ou leurs lettres meſmes, ou des copies tres- fidelles, afin que dans vne ſeconde édition elles puiſſent prendre la place de celles qui tiennent maintenant la leur. Ie ſouhaitterois auſſi que ces Meſſieurs permiſſent que le liure fuſt alors honoré de leurs noms, n'ayant pû à cette fois mettre à la teſte de toutes les lettres, les noms de ceux à qui elles ſont adreſſées, faute de l'auoir trouué dans le Manuſcrit, & pour ne l'auoir pû aprendre de perſonne, ny deuiner par le ſtyle, lequel pourtant m'en a fait mettre quelques-vns par conjecture. Et quand en cela ie me ſerois trompé, ie ne croy pas auoir fait tort à ceux de qui i'ay emprunté les noms. Ie ne penſe pas auſſi que les honneſtes gens trouuent mauuais, que pour faire mieux entendre les réponſes de Monſieur Deſcartes, i'aye fait imprimer quelques-vnes de leurs lettres, qui contiennent leurs objections; Et ſur ce ſujet ie ſuis obligé de rendre cette reconnoiſſance à feu Monſieur Morin, Docteur en Médecine & Profeſſeur du Roy aux Mathematiques, de m'auoir genereuſement accordé ſes lettres ; I'ay auſſi la meſme obligation à Monſieur More Gentilhomme Anglois; Et pour ne pas refuſer à ce dernier ce qu'il a deſiré de moy en m'enuoyant ſes copies, i'ay eſté contraint de mettre dans ce liure vne lettre ou deux que ie luy ay écrittes à cette occasion. Ie ne doute point qu'il n'eust esté mieux que ses lettres, & celles de Monsieur Descartes à ce Gentil-homme, & quelques autres encore écrites en Latin, eussent esté traduites en François, pour faire vn liure tout d'vne langue; mais ny ma santé ny mon loisir ne m'ont pû permettre d'y trauailler auec le soin qui seroit requis pour vne telle traduction. En attendant neantmoins qu'il se trouue quelqu'vn qui l'entrepren-ne, i'ay prié vn de mes amis, des mieux versez dans la Philosophie de Monsieur Descartes, de traduire celles qui traittent du mouuement du Cœur & de la Circu-lation du Sang, que Monsieur de Beroüic a dé-ja dón-nées au public, dans ce beau recueil qu'il a fait de ses questions Epistolaires, imprimé à Roterdam en l'an-née 1644. auquel on peut auoir recours, si l'on doute de la fidelité de la version.

Au reste, quoy que Monsieur Descartes ait sou-uent auerty les Lecteurs, de ne luy attribuër iamais aucune opinion, s'ils ne la trouuoient expressément en ses écrits, & quoy que sur ce pié toutes celles qui sont icy contenuës luy puissent estre iustement attri-buées, puisque ce liure porte son nom, & qu'il ne con-tient rien qui ne soit sorty de sa plume; Toutesfois on ne doit pas estre si rigoureux, que de croire que toutes les solutions qu'il a données aux difficultez qui luy ont esté proposées, doiuent passer pour ses dernieres ré-solutions, & pour des décisions dont il fust luy mes-me plainement satisfait; y ayant plusieurs questions qu'il n'a traitées qu'en passant; d'autres qu'il n'a qu'é-bauchées, comme estant la premiere fois qu'il y met-

toit la main, d'autres qu'il a luy-mesme corrigées. depuis dans ses écrits, estant deuenu plus sçauant par le
tems; d'autres, dont il se réseruoit de faire vne recherche plus exacte, quand il auroit plus de loisir, & plus
de commodité pour faire les experiences necessaires à
iustifier ses raisonnemens; & enfin d'autres, sur lesquelles il ne vouloit pas se declarer dauantage, à
cause qu'il n'en auoit pas encore ietté les fondemens
dans ses écrits, & qu'il ne desiroit pas alors s'en expliquer plus ouuertement. Cependant quelques impar-
faites que puissent estre ses réponses, i'ose assurer qu'-
elles valent encore mieux, que tout ce que les autres
ont pû donner sur les mesmes questions en des liures
entiers.

A ce propos, ie croy qu'il est de l'honneur de Monsieur Descartes, de faire remarquer aux Lecteurs la fa-
miliarité & correspondance de lettres qu'il a eu auec
Monsieur le Roy, Professeur en Médecine en l'Vniuersité d'Vtrech, afin que tout le monde sçache auec
quelle franchise il luy communiquoit ses pensées;
Car à dire le vray, s'il ne s'en estoit point écarté, &
s'il n'auoit point présumé voir plus clair que son Maistre, on auroit pû esperer de son génie, de voir Monsieur Descartes comme ressuscité en luy; Mais l'amour
de ses propres inuentions l'ayant ietté dans l'erreur,
Monsieur Descartes a esté obligé de le des-auoüer entierement, de peur que ceux qui estoient préuenus de
la créance qu'il n'enseignoit que ses opinions, ne vin-
sent à luy attribuer ses erreurs; Et certainement il y a
dequoy s'étonner, qu'vn homme comme luy, qui

semble estre si clair-voyant en toute autre chose, n'ait
pû s'empescher de faillir lourdement comme il a fait,
toutes les fois qu'il a voulu quitter Monsieur Descartes pour suiure ses propres imaginations; ce qu'il ne
me seroit pas difficile de faire voir icy, par le dénombrement entier de toutes ses fautes, si c'estoit le lieu
de le faire. Et pour ce que l'vne des plus considerables
où il soit tombé, est celle qui regarde la Nature de nos
Ames; pour faire voir que ce n'a point esté sans grande raison que Monsieur Descartes l'a des-auoüé, i'ay
voulu mettre icy la version que i'ay faite autrefois,
de la réponse de Monsieur Descartes à vn certain Placart de Monsieur le Roy, qui contient en forme de
Theses ses principales assertions, ou erreurs, touchant
la Nature de nos Ames, afin de rendre tout le monde
capable d'en iuger. Mais vne des choses qui m'a le
plus surpris, est, que Monsieur le Roy ayant en la premiere édition de son liure, intitulé *Fundamenta physi-*
ces, rendu à Monsieur Descartes viuant vne partie de
l'honneur & de la reconnoissance qu'il luy deuoit, par
les éloges dont il l'auoit honoré, & par les témoignages qu'il auoit rendus de l'estime singuliere qu'il faisoit
de son mérite, pour lequel il auoit alors tant de respect, que iamais il ne s'éloignoit de ses sentimens sans
crainte & sans regret; Neantmoins dans la seconde
édition qu'il en a faite, il a entierement suprimé le nom
de son Maistre, & en a retranché tous les éloges qu'il
luy auoit donnez; Et aprés ce beau trait de generosité,
il a pris pour la deuise de son portrait ces deux mots,
Candidè, & generosè; Ce que i'aurois de vray aucune-

ment aprouué, s'il en auoit ainsi vsé du viuant de Monsieur Descartes, car par là il luy auroit témoigné son obeïssance. Mais il me permettra s'il luy plaist de luy dire, qu'il auroit encore plus genereusement fait, si nonobstant le des-aueu que Monsieur Descartes a fait de ses écrits, il n'auoit pas laissé de rendre à sa memoire toute la reconnoissance qu'il luy doit, & d'auoüer publiquement qu'il n'a rien mis de bon dans son liure, qu'il n'ait apris de luy, soit par ses lettres, soit par ses conferences, soit par ses auis, soit enfin par ses écrits, tant ceux qu'il auoit dé-ja publiez, que ceux qui luy estoient tombez entre les mains, dont i'espere dans peu faire part au public ; Ce que les lettres que l'on verra icy luy estre adressées iustifieront en partie. Toutesfois ie veux croire que c'est faute d'y auoir bien pensé, que cet occupé Professeur en a vsé de la sorte; & que son liure estant dé-ja tout prest de voir le iour pour vne seconde fois auant que Monsieur Descartes mourust, quand il est venu par aprés à le mettre sous la presse, il n'a pas consideré la circonstance du tems, ou s'il y a pris garde, il a pensé que ce qui auroit pû estre bon en vn tems, le pouuoit estre encore en vn autre ; & ainsi, que tel qu'il auoit conceu son liure, tel il le pouuoit enfanter.

Aprés cela i'espere de la franchise & de la generosité dont Monsieur le Roy fait gloire, bien que dans ce rencontre il les ait mal appliquées, i'espere, dis-je, que si iamais il fait imprimer son liure pour la troisiéme fois, non seulement il l'enrichira du nom & des éloges de Monsieur Descartes comme auparauant , mais

PREFACE.

mesmé qu'estant comme ie croy desabusé, des vaines
aparences de verité que luy ont semblé d'abord auoir
ses propres pensées, il se rangera sous ses premiers dra-
peaux, & que se reuestant des armes de Monsieur Descartes, qui luy viendroient, ce me semble, mieux qu'à
aucun autre, il continuëra ses progrez dans les sciences, & acheuera d'emporter les victoires, au triomphe
desquelles Monsieur Descartes se préparoit; & ce sera
pour lors, que faisant le public participant de ses con-
questes, il ne laissera pas d'auoir seul la gloire d'auoir
triomphé de l'Ignorance humaine. Mais pour cela, il
faut qu'il agisse suiuant les termes de sa deuise, C'est à
dire, qu'il faut qu'il reconnoisse *franchement* ses fautes,
& que sans plus s'écarter des pensées de Monsieur Descartes, il reprenne ses premieres brisées, & ne marche
plus que sur ses pas; Il est besoin aussi qu'il ait *du coura-*
ge, & que prenant hardiment les armes en main, il ne
s'effraye point du nombre des combats qu'il faut encore liurer, ny de la longueur de la carriere qui reste à
fournir, auant que de cueillir les palmes que Monsieur Descartes se promettoit, quand il auroit conduit
son dessein iusques à sa fin. C'est ce me semble le plus
glorieux moyen que Monsieur le Roy puisse choisir
pour réparer sa faute, & c'est le seul qu'il puisse prendre pour regagner l'estime dans laquelle Monsieur
Descartes l'auoit mis. Aprés quoy, il ne me reste plus
qu'à le prier d'excuser en cecy ce qui luy a pû déplaire,
n'ayant pû refuser ma Main pour la deffense de mon
amy; Que si les cous qu'elle a portez luy ont semblé
vn peu rudes, ou si elle n'a pas tou-jours eu assez de

PREFACE.

retenuë, ie le prie de croire que le Cœur ne s'eſt point emporté, & qu'en toute autre rencontre, il me trouuera tou-jours plutoſt preſt à luy preſter ma main, qu'à la porter contre luy.

Pour couronner cette Préface par vne belle fin, ie m'eſtois propoſé, ſuiuant le deſir de pluſieurs perſonnes, de mettre icy quelque choſe de la vie de ce Grand Homme; Mais depuis i'ay penſé que ce ſeroit faire tort à vn ſi noble ſujet, que d'en parler dans la Préface d'vn liure, où l'on ne pouroit tout au plus le traitter qu'en racourcy, ie veux dire en retranchant la meilleure partie de ſes plus belles actions ; C'eſt pourquoy pour ne rien dire icy qui fuſt indigne d'vne ſi belle vie, laiſſant ce grand ſujet à traitter à quelqu'vne de ces ſçauantes & delicates plumes du ſiecle, à qui noſtre langue eſt redeuable de ſes beautez, Ie me ſuis reſtraint à faire ſimplement le récit de ſa mort, ſans y aporter d'autre ornement que celuy de la verité ; Ce qui peut-eſtre ſera mieux receu de pluſieurs, & aura plus de pouuoir pour les perſuader, que ſi i'auois employé toutes les graces de l'éloquence ; Car cet Illuſtre perſonnage a eu ce malheur commun auec tant d'autres, de n'eſtre pas ſeulement perſecuté pendant ſa vie, mais meſme d'auoir eſté pourſuiui par la calomnie aprés ſa mort ; quelques-vns l'ayant fait paſſer pour vn heretique, d'autres pour vn libertin, & d'autres enfin ayant fait courre le bruit, qu'il eſtoit mort de déplaiſir de n'auoir pû eſtre fauorablement écouté de cette ſçauante & incomparable Reine qui l'auoit apellé auprés d'elle ; Contre toutes leſquelles injures & calomnies

calomnies, ie n'ay point trouué de meilleure & de plus
iuste deffense, que de leur opofer fimplement la verité. Et ce peu que i'ay à dire de l'hiftoire de fes derniers iours, poura mefme eftre pris par ceux qui dé-ja
le connoiftront d'ailleurs, pour vn tableau de fa vie
en quelque façon acheué ; puifqu'il nous a dé-ja luy-
mefme décrit fa ieuneffe, & la maniere dont il a conduit fes études, pour rechercher, auec plus de certitude qu'on ne luy auoit apris, la verité dans les fciences,
dans le difcours qu'il a fait de la Méthode ; & que fes
lettres nous aprendront icy plus particulierement
quelles ont efté fes plus ordinaires occupations, auec
quelles perfonnes il auoit de plus particulieres habitudes, quelle a efté fa maniere de viure , & nous conduiront infenfiblement dans l'hiftoire de fa vie, iufqués
au tems de fa mort.

C'eft vne chofe connuë de tout le monde, que la
Reine Chriftine de Suéde , regnante alors ; ayant fouhaitté auec paffion d'entédre de viue voix cet homme
fi rare, qu'elle voyoit eftre l'admiration de tous les fçauans, elle qui faifoit gloire d'apeler & d'auoir auprés
de fa perfonne , tous ceux qu'elle fçauoit auoir quelque chofe de recommandable par deffus les autres, ne
ceffa point de le folliciter, qu'elle ne l'euft fait venir à
Stocholm auprés d'elle. Là , cette Princeffe incomparable, que les foins de fon Etat tenoient tout le iour
continuellement ocupée, ne pouuant prendre pour
diuertiffement de fes études que le tems qu'elle déroboit à fon repos, ordonna à Monfieur Defcartes de la
venir entretenir tous les iours, à cinq heures du matin

i

dans fa Bibliothéque. Ces conferences ayant dé-ja duré plus d'vn mois, Monſieur Deſcartes, ſoit que ce-la vinſt du changement de regime, ou de la ſeule apre-té du climat & de la ſaiſon, (car c'eſtoit au milieu de l'Hyuer) ſe trouua tout à coup ſurpris d'vne grande inflammation de poumon, iointe à vne groſſe fievre, qui luy attaqua d'abord le çerueau. Quand le mal le prit, il n'y auoit que deux iours qu'il s'eſtoit acquitté des deuoirs d'vn bon Chreſtien ; & dans l'agitation & l'ardeur de ſa fievre, pour montrer que les ſaintes penſées qu'il auoit eu lors, eſtoient encore bien pro-fondement grauées en ſon eſprit, il n'auoit point de plus frequente réverie, que de s'entretenir de la déli-urance prochaine de ſon Ame. C'a mon Ame, diſoit-il, il y a long-tems que tu es captiue, voicy l'heure que tu dois ſortir de priſon, & quitter l'embaras de ce cors, il faut ſouffrir cette deſ-vnion auec ioye & courage. Ceux qui ſçauent l'étroite affinité que i'ay auec ceux chez qui il eſt mort, ne s'étonneront pas du raport que ie fais de ces particularitez ; & les ayant apriſes de ceux qui y eſtoient préſens, i'ay crû qu'elles pouroient ſer-uir, ſinon à la iuſtification de Mr Deſcartes, car il n'en a pas beſoin, au moins à détromper ceux qui au-roient pû eſtre abuſez par de faux bruits. Comme la fievre commença vn peu, non pas à ſe calmer, mais à quitter le çerueau, qu'elle auoit occupé d'abord, on n'euſt pas beſoin de luy annoncer la mort, il dit luy-meſme qu'il voyoit bien qu'il falloit partir, & adjouta d'vn courage aſſuré, qu'il ne luy falloit pas faire vn grand effort pour s'y réſoudre, & que durant toute la

nuit précedente il s'y estoit préparé. Cependant , ny
luy ny les assistans ne croyoient pas que le mal pressast
si fort , & l'on fust bien étonné que la nuit suiuante
on le vit tourner entierement à la mort. On apela
promtement l'Aumosnier de Monsieur l'Ambassadeur de France , chez qui il demeuroit, mais à son arriuée le malade ne parloit dé-ja plus. Ce Religieux
Aumosnier , qui l'auoit oüy en confession peu de
iours auparauant , & qui sçait que ce que ie dis est véritable, luy faisant les exhortations ordinaires, le pria,
s'il l'entendoit encore, & s'il vouloit receuoir de luy la
derniere benediction, qu'il luy fist quelque signe ; aussi-tost il leua les yeux au Ciel, d'vne façon toute Chrestienne , & qui montroit vne parfaite résignation à la
volonté de Dieu : La benediction donnée , tout le
monde estant à genoux , on lut les prieres des agoni-
sans, (car pour le Sacrement des malades, le défaut des
choses necessaires ne permettoit pas qu'on luy pust
administrer) & cependant le malade rendit l'esprit ,
auec vne tranquillité digne de l'innocence de sa vie ;
Car en effet on ne vit iamais vn homme plus simple,
plus humble , plus sincere, mais sur tout plus humain
que luy, iusques à se charger, dans la médiocrité de sa
fortune, & dans vne retraitte si éloignée , du soin &
de l'entretien, le diray-je ? de sa Nourice; pour la sub-
sistance de laquelle , i'ay vû dans ses lettres plusieurs
ordres donnez à celuy qui auoit le soin de ses affaires :
Ce qui marque sans doute vne bonté d'Ame tout à
fait grande, & qui méritoit d'estre récompensée, comme elle a esté , d'vne fin aussi heureuse & aussi paisible

que celle que Monsieur Descartes a euë, soumise &
résignée entièrement aux volontez de Dieu, pleine
d'esperance en ses bontez, & de confiance en ses mi-
sericordés; & en vn mot qui a esté telle, qu'il a laissé à
tous ceux qui l'ont assisté à la mort, vn souhait d'en
auoir vne aussi Precieuse deuant Dieu, qu'il a donné
lieu de croire & d'esperer qu'a esté la sienne.

Ce récit simple, mais fidelle, dés circonstances de
son trépas, est ce me semble capable de fermer doresnauant la bouche à la calomnie, & iustifie assez l'innocence & la sainteté de sa mort; Mais il ne faut point
en chercher de preuue plus conuaincante, que celle
de l'integrité mesme de sa vie, qui n'a iamais esté atta-
quée que par des médisans ou par des enuieux, & qui a
tou-jours paru d'autant plus pure, qu'on a tasché de la
noircir. Toutes ses lettres, qui sont pleines dés plus
beaux enseignemens de l'vne & de l'autre Moralle, feront assez connoistre l'interieur de son Ame, & comme il n'à iamais sçeu ce que c'estoit que de dissimuler,
tenant pour maxime, que la plus grande finesse estoit
de n'en auoir point, & qu'il a tou-jours tenu pour ses
ennemis ouuerts & déclarez, ceux qui ont eu cette opinion de luy, qu'il ne parloit pas comme il pensoit
(ainsi qu'on peut voir en la lettre 98.) ne doit-on pas
auoir des sentimens tres-auantageux de sa probité &
de sa vertu, puisqu'il n'y en a aucune, dont il ne nous
enseigne les maximes en ses lettres; ce qu'il fait auec
tant de iugement & de facilité, qu'il fait assez connoistre en les enseignant aux autres, que la pratique luy en
estoit familiere.

Au reste, ie ne puis m'imaginer ce qu'ont prétendu ceux, qui pour ternir sa réputation, & pour décrediter sa doctrine, ont semé ces faux bruits, que la Reine Christine, n'ayant pû entrer dans ses pensées, ny prendre aucun goust à ses nouuelles opinions, ne l'auoit pas beaucoup consideré, & que cela l'auoit ietté dans vne mélancholie si profonde, qu'elle luy auoit enfin causé la mort. Peut-on mieux iuger de la haute estime que cette Reine en faisoit, que par l'assiduité qu'elle-mesme aportoit pour l'entendre, & par le tems qu'elle auoit choisi pour cet entretien, qui luy sembloit si précieux qu'elle le préferoit à son repos : A quoy il estoit aussi de son costé si soigneux d'obeïr & de satisfaire, que le iour mesme qu'il se sentit du mal, il s'y estoit rendu à l'heure précise, & auoit mesme porté à la Reine l'ordre à garder dans vne conference de lettres, qu'elle vouloit établir à iour certain dans sa Bibliothéque en sa présence. Ne sçait-on pas aussi qu'elle luy vouloit faire préparer pour sa sepulture, vn lieu des plus honorables du païs, si Monsieur Chanut, pour lors Ambassadeur en Suéde, n'eust préferé le Cimetiere destiné pour les enfans, comme vn lieu plus conuenable à l'innocence de sa Vie, & à l'incorruptibilité de sa Foy ; Et ne verroit-on pas aujourd'huy les pierres de son tombeau changées en marbre, sans le changement qui est arriué depuis à l'état de cette Reine. Mais aprés tout, quand il seroit vray que sa doctrine n'auroit pas esté bien receuë à la Cour de Suéde, quel argument peut-on tirer de là pour la décrediter maintenant, & quel des-honneur en réuient il à Monsieur Descartes?

PREFACE.

Il est vray que pendant que nous viuons parmy les
hommes, nous auons besoin d'estime iusques à vn
certain point, comme d'argent, pour nous garentir
des injures, & pour plusieurs autres vsages; aprés nostre
mort cette piece est inutile, & si les écrits & la doctrine se deffendent par la probité & par le nom de leur
écriuain, ou par l'authorité des hommes seulement,
& non par leur propre valeur, ils ne méritent pas d'aller fort loin vers la posterité; Ceux de Monsieur Descartes n'ont plus d'attache à sa vie, ils se soustiennent
assez d'eux-mesmes, sans auoir besoin d'vn apuy
étranger, & l'on peut croire, que si l'enuie empesche
aujourd'huy qu'ils ne trouuent des approbateurs, ils
n'en manqueront pas dans les siecles suiuans. Pour
ceux qui attribuent sa mort au déplaisir qu'il auoit d'é-
stre mal écouté de cette Princesse, ils témoignent sçauoir fort-mal sur quelles maximes il conduisoit sa vie;
Et quoy qu'il tinst à tres-grand honneur, celuy qu'il
receuoit d'estre admis à instruire vne si grande Reine,
si est-ce neantmoins que ce n'estoit point sur cela qu'il
fondoit ny son estime ny son bon-heur; La seule volonté de bien faire luy estoit le plus précieux de tous
les biens, & le contentement qu'il en receuoit faisoit
tout le bon-heur de sa vie; si bien qu'il eust crû faire
vne chose indigne d'vn homme genereux, que de laisser prendre sur soy tant de pouuoir à l'estime qui ne
dépend que de l'opinion d'autruy, que d'alterer sa santé en troublant la tranquillité de son Ame; La verité
estoit le but de ses desseins, la vertu la regle de ses
actions, & le contentement qu'il receuoit de la recher-

che de l'vne, & de la pratique de l'autre, establissoient son repos & sa felicité. Cela excepté, il ne regardoit plus les choses qui se passent dans le monde, que comme des actions qui se représentent sur vn Théatre, qui ne laissoient pas à la verité de toucher quelquefois son cœur, & d'exciter en luy diuerses passions, selon la diuersité des rencontres, & l'interest qu'il y prenoit par affection; Mais elles n'alloient iamais iusqu'à l'interieur de son Ame, laquelle iouïssoit cependant de la satisfaction de voir que tantost il compatissoit auec des affligez, tantost il méprisoit les injures des médisans, tantost il consideroit la vanité des soins qui trauaillent les ambitieux, & que taschant ainsi en toutes rencontres de s'acquitter de son deuoir, en faisant ce qu'il iugeoit estre le meilleur, il se fortifioit tous les iours de plus en plus dans la pratique du bien, & augmentoit sa perfection.

Voilà, Lecteur, les vrays sentimens que tu dois auoir de Monsieur Descartes, & ceux que t'inspirera la lecture de ses ouurages, si tu en sçais tirer le fruit ; & voilà aussi tout ce dont i'ay crû te deuoir informer, auant que tu entreprisses la lecture de ses lettres ; Excuse, ie te prie, les fautes que i'ay pû faire en le voulant deffendre & t'instruire; Et pour te délasser de l'ennuy que ie t'ay causé par ce discours plus long que ie ne m'estois proposé de le faire en le commençant, ie te veux en finissant rèjoüir par la promesse que ie te fais, qu'il ne tiendra qu'à toy que tu ne voyes dans peu la suitte de quelqu'autre de ses ouurages, & que le bon accueil que tu feras à cettuy-cy, en attirera bien-tost encore vn autre.

PREFACE.

Ce que tu vois icy de plus, Lecteur, est un effet de la défe-
rence que ie rens au conseil qui me fut hier donné par Monsieur
Chapelain, dans une compagnie où i'eus le bon-heur de me
rencontrer auec luy; & où aprés auoir oüy la lecture que ie luy
fis de la plus grande partie de cette Préface, à laquelle il témoi-
gna prendre quelque plaisir; & auoir eu la bonté de polir certains endroits, qui t'auroient semblé rudes s'il ne les auoit adoucis,
Il adjoûta pour dernier auis, que i'ay crû deuoir d'autant plutost
suiure, que ie le iugeay le meilleur, Qu'il me conseilloit de joindre icy ces excellentes Inscriptions que Monsieur Chanut a fait
mettre sur les quatre faces du Tombeau de Monsieur Descartes.
C'est à elles que ie te renuoye, Lecteur, pour y voir en abregé
tout ce que i'aurois voulu dire, mais que ie n'aurois iamais sceu
si bien écrire, de la Vie & des Eloges de ce Grand Homme.

Anterior facies
Monumenti.

D. O. M.

REGNANTE CHRISTINA
Guſtaui primi Pronepte, Magni filiâ,
Auorum incœpta, Patriæque terminos, victorijs nouis promouente ;
Pacem demùm armis quæſitam artibus ornante.
Accitis vndiquè Terrarum ſapientiæ Magiſtris,
Ipsâ in Exemplum futurâ.

RENATVS DESCARTES
Ex Eremo Philoſophicâ, in lucem & ornamentum Aulæ vocatus,
Poſt quartum menſem morbo interiit ;
Et ſub hoc lapide Mortalitatem reliquit.
Anno Chriſti cIɔ Iɔc L. vitæ ſuæ LIIII.

Poſterior facies
Monumenti.

Chriſtianiſſimi Regis Ludouici XIIII.
Ludouici Iuſti filij, Henrici Magni Nepotis.
ANNA AVSTRIACA,
Optimâ, Prudentiſſimâ, Fortiſſimâ Reginâ,
Annos, & Regnum filij Regente.
Legatus ordinarius PETRVS CHANVT,
Hoc Monumentum,
Ad Gloriam Dei, bonorum omnium Datoris,
Gallici nominis honorem,
Perpetuam Memoriam Amici Clariſſimi,
RENATI DESCARTES,
Poni curauit.
Anno ſeptimo ab exceſſu Ludouici Iuſti.

Siniſtra
facies.
RENATVS DESCARTES, Perronij Dominus, &c.
Ex Antiquâ & Nobili inter Piĉtones & Armoricos Gente, in Galliâ
   Natus,
      Acceptâ quantâ cumque in Scholis tradebatur Eruditione,
        Expectatione ſuâ , votiſque minore ;
   Ad Militiam per Germaniam & Pannoniam Adoleſcens profeĉtus,
  Et in otijs hybernis Naturæ Myſteria componens cum legibus Ma-
    theſeos,
Vtriuſque arcana eâdem claui reſerari poſſe , auſus eſt ſperare.
Et omiſſis Fortuitorum ſtudiis, in villulâ ſolitarius, prope Egmon-
   dam in Hollandiâ,
Aſſiduâ XXV. annorum Meditatione , auſo potitus eſt.
    Hinc orbe toto Celeberrimus ,
    A Rege ſuo conditionibus honorificis euocatus ,
     Redierat ad contemplationis delicias ;
Vndè auulſus , admiratione MAXIMÆ REGINÆ,
    Quæ , quicquid vbiquè excelluit , ſuum fecit,
Gratiſſimus aduenit ; Seriò eſt auditus ; Et defletus obiit .

Dextra
facies.
NOVERINT POSTERI,
Qualis vixerit RENATVS DESCARTES ;
Vt cuius Doĉtinam olim ſuſpicient, Mores imitentur.
  Poſt inſtauratam à fundamentis Philoſophiam,
Apertam ad Penetralia Naturæ Mortalibus viam,
    Nouam, Certam , Solidam ;
   Hoc vnum reliquit incertum ,
   Maior in eo Modeſtia eſſet, an Scientia,
Quæ vera ſciuit , verecundè affirmauit ;
  Falſa , non contentionibus, ſed vero admoto refutauit ;
Nullius Antiquorum obtreĉtator; Nemini viuentium grauis,
  Inuidorum criminationes purgauit Innocentiâ morum,
   Iniuriarum Negligens; Amicitiæ Tenax.
    Quod ſummum tandem eſt,
Ita per Creaturarum gradus, ad Creatorem eſt conatus,
Vt opportunus Chriſto, Gratiæ authori, In auitâ Religione quieſceret.
   I. Nunc viator, Et cogita,
Quanta fuerit CHRISTINA , & qualis Aula,
   Cui Mores iſti placuerunt.

TABLE DES LETTRES
CONTENVES EN CE LIVRE.

Extraict du Priuilege du Roy.

PAR grace & Priuilege du Roy, Signé DV FRESNE, Donné à Paris le 21. iour de Decembre 1656. Il est permis au SIEVR CLERSELIER, de faire imprimer par qui bon luy semblera, dedans ou dehors le Royaume, toutes les Oeuures, Traittez, Lettres, ou autres Fragmens que MONSIEVR DESCARTES a composez touchant la Philosophie, la Medecine, les Mathematiques, & autres sciences Humaines, & qui n'ont point esté imprimez de son viuant, separément ou conjointement, & ce durant le tems & espace de sept années consecutiues, à compter pour chacun Volume, ou Traitté, du iour qu'il sera acheué d'imprimer pour la premiere fois. Et defenses sont faites à tous autres qu'à celuy ou ceux qu'il aura choisis, de les imprimer ou faire imprimer, vendre ny debiter sans son consentement, ou de ceux qui auront son droit, pendant ledit tems, à peine de mil liures d'amande, confiscation des exemplaires, & autres peines, comme il est porté plus au long dans lesdites Lettres.

Et ledit SIEVR CLERSELIER a cedé & transporté son Priuilege à HENRY LE GRAS, & CHARLES ANGOT, Marchands Libraires à Paris, pour le present Liure intitulé, *Lettres de M.* Descartes, pour en ioüir par eux conformement à icelles, suiuant l'accord fait entr'eux.

Acheué d'imprimer pour la premiere fois le 30. *Iannier* 1657.

A
LA REYNE
DE SVEDE.

LETTRE I.

ADAME,

I'ay apris de Monſieur C. qu'il plaiſt à voſtre Majeſté que j'aye l'honneur de luy expoſer l'opinion que
j'ay touchant le Souuerain bien, conſideré au ſens que
les Philoſophes anciens en ont parlé ; Et ie tiens ce
commandement pour vne ſi grande faueur, que le
deſir que i'ay d'y obeïr me détourne de toute autre
penſée, & fait que ſans excuſer mon inſuſiſance, ie
mettray icy en peu de mots, tout ce que ie pouray ſçauoir ſur cette matiere. On peut conſiderer la bonté de
chaque choſe en elle meſme, ſans la raporter à autruy, auquel ſens il eſt euident que c'eſt Dieu qui eſt
le ſouuerain Bien, pource qu'il eſt incomparablement

A

plus parfait que les creatures : mais on peut auſſi la raporter à nous, & 'en ce ſens, ie ne voy rien que nous
deuions eſtimer bien, ſinon ce qui nous apartient en
quelque façon, & qui eſt tel, que c'eſt perfection pour
nous de l'auoir. Ainſi les Philoſophes anciens, qui n'e-
ſtant point éclairez de la lumiere de la Foy, ne ſça-
uoient rien de la beatitude ſurnaturelle, ne conſide-
roient que les biens que nous pouuons poſſeder en
cette vie, & c'eſtoit entre ceux-là qu'ils cherchoient
lequel eſtoit le Souuerain, c'eſt à dire le principal &
le plus grand. Mais afin que ie le puiſſe déterminer, ie
conſidere que nous ne deuons eſtimer biens à noſtre
égard, que ceux que nous poſſedons, ou bien que
nous auons pouuoir d'acquerir ; Et cela poſé, il me
ſemble que le ſouuerain bien de tous les hommes enſemble, eſt vn amas ou vn aſſemblage de tous les biens
tant de l'ame que du cors & de la fortune, qui peuuent
eſtre en quelques hommes ; mais que celuy d'vn chacun en particulier eſt toute autre choſe, & qu'il ne
conſiſte qu'en vne ferme volonté de bien faire, & au
contentement qu'elle produit. Dont la raiſon eſt, que
ie ne remarque aucun autre bien qui me ſemble ſi
grand, ni qui ſoit entierement au pouuoir d'vn chacun. Car pour les biens du cors & de la fortune, ils ne
dépendent point abſolument de nous : & ceux de l'a-
me ſe raportent tous à deux chefs, qui ſont, l'vn de
connoiſtre, & l'autre de vouloir ce qui eſt bon ; mais
la connoiſſance eſt ſouuent au delà de nos forces ; c'eſt
pourquoy il ne reſte que noſtre volonté, dont nous
puiſſions abſolument diſpoſer. Et ie ne voy point qu'il

soit possible d'en disposer mieux, que si l'on a tou-jours vne ferme & constante resolution de faire exa-ctemét toutes les choses que l'on jugera estre les meil-leures, & d'employer toutes les forces de son Esprit a les bien connoistre ; C'est en cela seul que consistent toutes les vertus; c'est cela seul qui à proprement parler merite de la loüange & de la gloire, enfin c'est de cela seul que résulte tou-jours le plus grand & le plus solide contentement de la vie: Ainsi j'estime que c'est en cela que consiste le souuerain bien. Et par ce moyen ie pen-se accorder les deux plus contraires & plus celebres opi-nions des anciens, à sçauoir celle de Zenon, qui l'a mis en la vertu ou en l'honneur, & celle d'Epicure, qui l'a mis au contentement, auquel il a donné le nom de volupté. Car comme tous les vices ne viennent que de l'incertitude & de la foiblesse qui suit l'ignorance, & qui fait naistre les repentirs ; ainsi la vertu ne consiste qu'en la résolution & la vigueur auec laquelle on se porte à faire les choses qu'on croit estre bonnes, pour-vû que cette vigueur ne vienne pas d'opiniastreté, mais de ce qu'on sçait les auoir autant examinées, qu'on en a moralement de pouuoir; Et bien que ce qu'on fait alors puisse estre mauuais, on est assuré neantmoins qu'on fait son deuoir;au lieu que si on execute quelque action de vertu, & que cependant on pense mal faire, ou bien qu'on néglige de sçauoir ce qui en est, on n'a-git pas en homme vertueux. Pour ce qui est de l'hon-neur & de la loüange,on les attribue souuent aux au-tres biens de la fortune ; mais pource que ie m'assure que vostre Majesté fait plus d'estat de sa vertu que de

fa Couronne, ie ne craindray point icy de dire, qu’il
ne me femble pas qu’il y ait rien que cette vertu qu’on
ait jufte raifon de loüer. Tous les autres biens méritent
feulement d’eftre eftimez, & non point d’eftre hono-
rez ou loüez, fi ce n’eft entant qu’on préfupofe qu’ils
font acquis, ou obtenus de Dieu, par le bon vfage du
libre arbitre. Car l’honneur & la loüange eft vne efpece de récompenfe, & il n’y a rien que ce qui dépend de
la volonté, qu’on ait fujet de récompenfer, ou de pu-
nir. Il me refte encore icy à prouuer que c’eft de ce bon
vfage du libre arbitre, que vient le plus grand & le plus
folide contentement de la vie, ce qui me femble n’e-
ftre pas difficile ; pource que confiderant auec foin
en quoy confifte la volupté ou le plaifir, & generalement toutes les fortes de contentemens qu’on peut
auoir, ie remarque en premier lieu qu’il n’y en a aucun
qui ne foit entierement en l’ame, bien que plufieurs
dépendent du cors ; de mefme que c’eft auffi l’ame qui
voit, bien que ce foit par l’entremife des yeux. Puis ie
remarque qu’il n’y a rien qui puiffe donner du contentement à l’ame, finon l’opinion qu’elle a de poffeder
quelque bien, & que fouuent cette opinion n’eft en elle qu’vne reprefentation fort confufe, & mefme que
fon vnion auec le cors eft caufe qu’elle fe reprefente
ordinairement certains biens incomparablement plus
grans qu’ils ne font ; mais que fi elle connoiffoit diftinctement leur jufte valeur, fon contentement feroit
tou-jours proportionné à la grandeur du bien dont il
procederoit. Ie remarque auffi que la grandeur d’vn
bien à noftre égard, ne doit pas feulement eftre mefu-

rée par la valeur de la chose en quoy il consiste, mais principalement aussi par la façon dont il se raporte à nous; Et qu'outre que le libre arbitre est de soy la chose la plus noble qui puisse estre en nous, dautant qu'il nous rend en quelque façon pareils à Dieu, & semble nous exemter de luy estre sujets, & que par consequent son bon vsage est le plus grand de tous nos biens, il est aussi celuy qui est le plus proprement nostre, & qui nous importe le plus; d'où il suit que ce n'est que de luy que nos plus grans contentemens peuuent proceder; Aussi voit-on, par exemple, que le repos d'Esprit, & la satisfaction interieure que sentent en eux-mesmes ceux qui sçauent qu'ils ne manquent iamais à faire leur mieux, tant pour connoistre le bien, que pour l'acquerir, est vn plaisir sans comparaison plus doux, plus durable, & plus solide que tous ceux qui viennent d'ailleurs. I'obmets encore icy beaucoup d'autres choses, pource que me representant le nombre des affaires qui se rencontrent en la conduitte d'vn grand Royaume, & dont vostre Majesté prend elle-mesme les soins, ie n'ose luy demander plus longue audience; Mais j'enuoye à Monsieur Chanut quelques écrits, où i'ay mis mes sentimens plus au long touchant la mesme matiere, afin que s'il plaist à vostre Majesté de les voir, il m'oblige de les luy présenter, & que cela ayde à témoigner auec combien de zele & de déuotion, Ie suis,

MADAME,

de vostre Majesté,

d'Egmond ce
10. Nou. 1647.

Le tres-humble & tres-obeïssant seruiteur, DESCARTES.

sa Couronne, ie ne craindray point icy de dire, qu'il ne me semble pas qu'il y ait rien que cette vertu qu'on ait juste raison de loüer. Tous les autres biens méritent seulement d'estre estimez, & non point d'estre hono-rez ou loüez, si ce n'est entant qu'on présupose qu'ils sont acquis, ou obtenus de Dieu, par le bon vsage du libre arbitre. Car l'honneur & la loüange est vne espe-ce de récompense, & il n'y a rien que ce qui dépend de la volonté, qu'on ait sujet de récompenser, ou de pu-nir. Il me reste encore icy à prouuer que c'est de ce bon vsage du libre arbitre, que vient le plus grand & le plus solide contentement de la vie, ce qui me semble n'e-stre pas difficile ; pource que considerant auec soin en quoy consiste la volupté ou le plaisir, & generale-ment toutes les sortes de contentemens qu'on peut auoir, ie remarque en premier lieu qu'il n'y en a aucun qui ne soit entierement en l'ame, bien que plusieurs dépendent du cors ; de mesme que c'est aussi l'ame qui voit, bien que ce soit par l'entremise des yeux. Puis ie remarque qu'il n'y a rien qui puisse donner du conten-tement à l'ame, sinon l'opinion qu'elle a de posseder quelque bien, & que souuent cette opinion n'est en el-le qu'vne representation fort confuse, & mesme que son vnion auec le cors est cause qu'elle se represente ordinairement certains biens incomparablement plus grans qu'ils ne sont; mais que si elle connoissoit distin-ctement leur juste valeur, son contentement seroit tou-jours proportionné à la grandeur du bien dont il procederoit. Ie remarque aussi que la grandeur d'vn bien à nostre égard, ne doit pas seulement estre mesuréc par la valeur de la chose en quoy il consiste , mais principalement aussi par la façon dont il se raporte à nous; Et qu'outre que le libre arbitre est de soy la chose la plus noble qui puisse estre en nous, dautant qu'il nous rend en quelque façon pareils à Dieu, & semble nous exemter de luy estre sujets, & que par consequent son bon ysage est le plus grand de tous nos biens, il est aussi celuy qui est le plus proprement nostre , & qui nous importe le plus; d'où il suit que ce n'est que de luy que nos plus grans contentemens peuuent proceder; Aussi voit-on, par exemple, que le repos d'Esprit, & la satisfaction interieure que sentent en eux-mesmes ceux qui sçauent qu'ils ne manquent iamais à faire leur mieux, tant pour connoistre le bien, que pour l'acquerir, est vn plaisir sans comparaison plus doux, plus durable, & plus solide que tous ceux qui viennent d'ailleurs. I'obmets encore icy beaucoup d'autres choses, pource que me representant le nombre des affaires qui se rencontrent en la conduitte d'vn grand Royaume, & dont vostre Majesté prend elle-mesme les soins, ie n'ose luy demander plus longue audience ; Mais j'enuoye à Monsieur Chanut quelques écrits, où i'ay mis mes sentimens plus au long touchant la mesme matiere, afin que s'il plaist à vostre Majesté de les voir, il m'oblige de les luy presenter, & que cela ayde à témoigner auec combien de zele & de déuotion, Ie suis,

MADAME,

de vostre Majesté,

d'Egmond ce
20. Nou. 1647.

Le tres-humble & tres-obeïssant
seruiteur, DESCARTES.

fa Couronne, ie ne craindray point icy de dire, qu'il
ne me femble pas qu'il y ait rien que cette vertu qu'on
ait jufte raifon de loüer. Tous les autres biens méritent
feulement d'eftre eftimez, & non point d'eftre hono-
rez ou loüez, fi ce n'eft entant qu'on préfupofe qu'ils
font acquis, ou obtenus de Dieu, par le bon vfage du
libre arbitre. Car l'honneur & la loüange eft vne efpece de récompenfe, & il n'y a rien que ce qui dépend de
la volonté, qu'on ait fujet de récompenfer, ou de pu-
nir. Il me refte encore icy à prouuer que c'eft de ce bon
vfage du libre arbitre, que vient le plus grand & le plus
folide contentement de la vie, ce qui me femble n'e-
ftre pas difficile ; pource que confiderant auec foin
en quoy confifte la volupté ou le plaifir, & generalement toutes les fortes de contentemens qu'on peut
auoir, ie remarque en premier lieu qu'il n'y en a aucun
qui ne foit entierement en l'ame, bien que plufieurs
dépendent du cors ; de mefme que c'eft auffi l'ame qui
voit, bien que ce foit par l'entremife des yeux. Puis ie
remarque qu'il n'y a rien qui puiffe donner du contentement à l'ame, finon l'opinion qu'elle a de poffeder
quelque bien, & que fouuent cette opinion n'eft en elle qu'vne reprefentation fort confufe, & mefme que
fon vnion auec le cors eft caufe qu'elle fe reprefente
ordinairement certains biens incomparablement plus
grans qu'ils ne font ; mais que fi elle connoiffoit diftinctement leur jufte valeur, fon contentement feroit
tou-jours proportionné à la grandeur du bien dont il
procederoit. Ie remarque auffi que la grandeur d'vn
bien à noftre égard, ne doit pas feulement eftre mefu-

réc par la valeur de la chofe en quoy il confifte , mais principalement auffi par la façon dont il fe raporte à nous; Et qu'outre que le libre arbitre eft de foy la cho-fe la plus noble qui puiffe eftre en nous, dautant qu'il nous rend en quelque façon pareils à Dieu, & femble nous exemter de luy eftre fujets,& que par confequent fon bon vfage eft le plus grand de tous nos biens, il eft auffi celuy qui eft le plus proprement nôftre , & qui nous importe le plus; d'où il fuit que ce n'eft que de luy que nos plus grans contentemens peuuent proce-der; Auffi voit-on, par exemple, que le repos d'Efprit, & la fatisfaction interieure que fentent en eux-mefmes ceux qui fçauent qu'ils ne manquent iamais à faire leur mieux,tant pour connoiftre le bien, que pour l'acque-rir, eft vn plaifir fans comparaifon plus doux, plus du-rable, & plus folide que tous ceux qui viennent d'ail-leurs. l'obmets encore icy beaucoup d'autres chofes, pource que me reprefentant le nombre des affaires qui fe rencontrent en la conduitte d'vn grand Royaume, & dont voftre Majefté prend elle-mefme les foins, ie n'ofe luy demander plus longue audience; Mais j'en-uoye à Monfieur Chanut quelques écrits, où i'ay mis mes fentimens plus au long touchant la mefme matie-re,afin que s'il plaift à voftre Majefté de les voir, il m'o-blige de les luy préfenter,& que cela ayde à rémoigner auec combien de zele & de déuotion, Ie fuis,

MADAME,

de voftre Majefté,

d'Egmond ce
20. Nou.1647.

Le tres-humble & tres-obeiffant
feruiteur, DESCARTES.

A iij

A MONSIEVR CHANVT.
LETTRE II.

MONSIEVR,

Il est vray que j'ay coutume de refuser d'écrire mes
pensées touchant la Morale, & cela pour deux raisons ;
l'vne qu'il n'y a point de matiere d'où les malins puissent plus ayſément tirer des prétextes pour calomnier,
l'autre que ie croy qu'il n'apartient qu'aux Souuerains,
ou à ceux qui sont autoriſez par eux, de ſe meſler de
regler les mœurs des autres. Mais ces deux raiſons cef-
ſent en l'occaſion que vous m'auez fait l'honneur de
me donner, en m'écriuant de la part de l'incomparable
Reyne auprés de laquelle vous eſtes, qu'il luy plaiſt que
ie luy écriue mon opinion touchãt le Souuerain Bien ;
car ce commandement m'autorize aſſez, & j'eſpere
que ce que j'écris ne ſera vû que d'elle & de vous ; C'eſt
pourquoy ie ſouhaite auec tãt de paſſion de luy obeïr,
que tant s'en faut que ie me réſerue, ie voudrois pouuoir entaſſer en vne lettre tout ce que j'ay iamais penſé ſur ce ſujet. En effet j'ay voulu mettre tant de choſes
en celle que ie me ſuis hazardé de luy écrire, que j'ay
peur de n'y auoir rien aſſez expliqué. Mais pour ſupléer
à ce défaut, ie vous enuoye vn recueil de quelques autres lettres, où j'ay déduit plus au long les meſmes choſes : Et j'y ay joint vn petit traitté des paſſions, qui n'en
eſt pas la moindre partie ; car ce ſont principalement
elles qu'il faut taſcher de connoiſtre, pour obtenir le

souuerain bien que j'ay décrit. Si j'auois aussi osé y joindre les réponses que j'ay eu l'honneur de receuoir de la Princesse a qui ces lettres sont adressées, ce recueil auroit esté plus acomply, & j'en eusse encore pû adjouter deux ou trois des miennes, qui ne sont pas intelligibles sans cela ; mais j'aurois dû luy en demander permission, & elle est maintenant bien loin d'icy. Au reste ie ne vous prie point de présenter d'abord ce recueil à la Reyne; car j'aurois peur de ne pas garder assez le respect & la veneration que ie dois à sa Majesté, si ie luy enuoyois des lettres que j'ay faites pour vne autre personne, plu-tost que de luy écrire à elle mesme ce que ie pouray juger luy estre agreable ; mais si vous trouuez bon de luy en parler, disant que c'est à vous que ie les ay enuoyées, & qu'apres cela elle desire de les voir, ie seray libre de ce scrupule. Et ie me suis persuadé qu'il luy sera peut-estre plus agreable, de voir ce que j'ay ainsi écrit à vne autre, que s'il luy auoit esté adressé ; pour ce qu'elle poura s'assurer dauantage, que ie n'ay rien changé ou déguisé en sa consideration. Mais ie vous prie que ces écrits ne tombent point s'il est possible en d'autres mains, & de vous assurer que ie suis autant que ie puis estre

MONSIEVR,

d'Egmond ce
10. Nou. 1647.

Vostre tres-humble & tres-obligé
seruiteur, DESCARTES.

A MADAME ELIZABETH,

PRINCESSE PALATINE, &c.

LETTRE III.

MADAME,

L'air a tou-jours esté si inconstant, depuis que ie n'ay eu l'honneur de voir vostre Altesse, & il y a eu des journées si froides pour la saison, que j'ay eu souuent de l'inquietude & de la crainte, que les eaux de Spa ne fussent pas aussy saines & aussy vtiles qu'elles auroient esté en vn tems plus serein : & pour ce que vous m'auez fait l'honneur de me témoigner que mes lettres vous pouroient seruir de quelque diuertissement, pendant que les Medecins vous recommandent de n'occuper vostre esprit à aucune chose qui le trauaille, ie serois mauuais ménager de la faueur qu'il vous a plû me faire, en me permettant de vous écrire, si ie manquois d'en prendre les premieres occasions. Ie m'imagine que la plu-part des lettres que vous receuez d'ailleurs vous donnent de l'émotion, & qu'auant mesme que de les lire, vous aprehendez d'y trouuer quelques nouuelles qui vous déplaisent, à cause que la malignité de la Fortune vous a dés long-tems acoutumée à en receuoir souuent de telles ; mais pour celles qui viennent d'icy, vous estes au moins assurée, que si elles ne vous donnent aucun sujet de joye, elles ne vous en donneront point aussi de tristesse, & que vous les pou-

rez

rez ouurir à toutes heures, sans craindre qu'elles troublent la digestion des eaux que vous prenez. Car n'a-
prenant en ce desert aucune chose de ce qui se fait au
reste du monde, & n'ayant aucunes pensées plus fré-
quentes, que celles qui me representant les vertus de
vostre Altesse, me font souhaiter de la voir aussi heureuse & aussi contente qu'elle mérite, ie n'ay point
d'autre sujet pour vous entretenir, que de parler des
moyens que la Philosophie nous enseigne pour obtenir cette Souueraine Félicité, que les Ames vulgaires
attendent en vain de la Fortune, & que nous ne sçaurions auoir que de nous-mesmes. L'vn de ces moyens
qui me semble des plus vtiles, est d'éxaminer ce que
les anciens en ont écrit, & tascher à renchérir par dessus eux, en adjoutant quelques choses à leurs préceptes; car ainsi l'on peut rendre ces préceptes parfaitement siens, & se disposer à les mettre en pratique.
C'est pourquoy afin de supléer au défaut de mon esprit, qui ne peut rien produire de soy-mesme que ie juge mériter d'estre lû par vostre Altesse; & afin que mes
lettres ne soient pas entierement vuides & inutiles, ie
me propose de les remplir doresnauant des considéra-
tions que ie tireray de la lecture de quelque liure, à
sçauoir de celuy que Séneque a écrit, *de vita beata*, si
ce n'est que vous aymiez mieux en choisir vn autre, ou
bien que ce dessein vous soit desagreable. Mais si ie
voy que vous l'aprouuiez, ainsi que ie l'espere, & principalement aussi s'il vous plaist de m'obliger tant, que
de me faire part de vos remarques touchant le mesme
liure, outre qu'elles seruiront de beaucoup à m'instrui-

B

re, elles me donneront occasion de rendre les miennes plus éxactes, & ie les cultiueray auec dautant plus
de soin, que ie jugeray que cet entretien vous sera plus
agreable: car il n'y a rien au monde que ie desire auec
plus de zele, que de témoigner en tout ce qui peut
estre de mon pouuoir, que ie suis,

MADAME,

         de vostre Altesse

                Le tres-humble & tres-obeïssant
                seruiteur, DESCARTES.

A MADAME ÉLIZABETH,
PRINCESSE PALATINE, &c.

LETTRE IV.

MADAME,

Lors que j'ay choisi le liure de Séneque *de vita beata*,
pour le proposer à vostre Altesse comme vn entretien qui luy pouroit estre agreable, j'ay eu seulement
égard à la réputation de l'auteur, & à la dignité de la
matiere, sans penser à la façon dont il la traitte; laquelle ayant depuis consideree, ie ne la trouue pas assez éxacte pour mériter d'estre suiuie. Mais afin que
vostre Altesse en puisse juger plus aysément, ie tascheray icy d'expliquer en quelle sorte il me semble

que cette matiere euſt dû eſtre traittée par vn Philoſophe tel que luy, qui n'eſtant point éclairé de la foy,
n'auoit que la raiſon naturelle pour guide. Il dit fort
bien au commencement, que *viuere omnes beate vo-*
lunt, ſed ad peruidendum quid ſit quod beatam vitam efficiat,
caligant. Mais il eſt beſoin de ſçauoir ce que c'eſt que
viuere beate, ie dirois en françois *viure heureuſement*, ſinon qu'il y a de la difference entre l'heur & la béatitude; en ce que l'heur ne dépend que des choſes qui ſont
hors de nous, d'où vient que ceux-là ſont eſtimez
plus heureux que ſages, auſquels il eſt arriué quelque
bien qu'ils ne ſe ſont point procurez: Au lieu que la
béatitude conſiſte, ce me ſemble, en vn parfait contentement d'eſprit, & vne ſatisfaction interieure, que
n'ont pas d'ordinaire ceux qui ſont le plus fauoriſez
de la fortune, & que les ſages acquerrent ſans elle.
Ainſi *viuere beate*, viure en béatitude, ce n'eſt autre
choſe qu'auoir l'eſprit parfaitement content & ſatisfait. Conſiderant apres cela ce que c'eſt *quod beatam*
vitam efficiat, c'eſt à dire, quelles ſont les choſes qui
nous peuuent donner ce ſouuerain contentement, ie
remarque qu'il y en a de deux ſortes, à ſçauoir de celles qui dépendent de nous, comme la vertu & la ſageſ-
ſe, & de celles qui n'en dépendent point, comme les
honneurs, les richeſſes & la ſanté. Car il eſt certain
qu'vn homme bien né, qui n'eſt point malade, qui ne
manque de rien, & qui auec cela eſt auſſi ſage & auſſi
vertueux qu'vn autre qui eſt pauure, mal ſain, & con-
trefait, peut joüir d'vn plus parfait contentement que
luy. Toutesfois côme vn petit vaiſſeau peut eſtre auſſi

plein qu'vn plus grand, encore qu'il contienne moins
de liqueur; ainſi prenant le contentement d'vn chacun, pour la plénitude & l'accompliſſement de ſes deſirs réglez ſelon la raiſon, ie ne doute point que les
plus pauures, & les plus diſgraciez de la fortune ou de
la nature, ne puiſſent eſtre entierement contens & ſa-
tisfaits auſſi bien que les autres, encore qu'ils ne jouïſ-
ſent pas de tant de biens. Et ce n'eſt que de cette ſorte
de contentement dont il eſt icy queſtion; car puiſque
l'autre n'eſt aucunement en noſtre pouuoir, la recherche en ſeroit ſuperfluë. Or il me ſemble qu'vn chacun
ſe peut rendre content de ſoy-meſme, & ſans rien
attendre d'ailleurs, pourvû ſeulement qu'il obſerue
trois choſes, auſquelles ſe raportent les trois regles de
morale que j'ay miſes dans le diſcours de la méthode.

La premiere eſt, qu'il taſche tou-jours de ſe ſeruir
le mieux qu'il luy eſt poſſible de ſon eſprit, pour connoiſtre ce qu'il doit faire, ou ne pas faire, en toutes
les occurrences de la vie.

La ſeconde eſt, qu'il ait vne ferme & conſtante réſolution d'éxecuter tout ce que ſa raiſon luy conſeil-
lera, ſans que ſes paſſions ou ſes apetits l'en détour-
nent; & c'eſt là fermeté de cette réſolution que ie
croy deuoir eſtre priſe pour la vertu, bien que ie ne
ſçache point que perſonne l'ait iamais ainſi expliquée;
mais on l'a diuiſée en pluſieurs eſpeces, à qui l'on a
donné diuers noms, à cauſe des diuers objets auſquels
elle s'étend.

La troiſiéme, qu'il conſidere que pendant qu'il ſe
conduit ainſi autant qu'il peut ſelon la raiſon, toûs les

biens qu'il ne poſſede point ſont auſſi entierement
hors de ſon pouuoir les vns que les autres, & que par ce
moyen il s'acoutume à ne les point deſirer ; car il n'y
a rien que le deſir, & le regret ou le repentir, qui nous
puiſſent empeſcher d'eſtre contens. Mais ſi nous feſons tou-jours ce que nous dicte noſtre raiſon, nous
n'aurons iamais aucun ſujet de nous repentir, encore
que les euenemens nous fiſſent voir par apres que nous
nous ſommes trompez ; pource que ce n'eſt point par
noſtre faute. Et ce qui fait que nous ne deſirons point
d'auoir, par exemple, plus de bras, ou plus de langues
que nous n'en auons, mais que nous deſirons bien d'a-
uoir plus de ſanté ou plus de richeſſes ; c'eſt ſeulement
que nous nous imaginons que ces choſes-cy pouroient eſtre acquiſes par noſtre conduitte, ou bien
qu'elles ſont dües à noſtre nature, & que ce n'eſt pas
le meſme des autres. De laquelle opinion nous pouuons nous dépoüiller, en conſidérant que puiſque
nous auons tou-jours ſuiuy le conſeil de noſtre raiſon,
nous n'auons rien obmis de ce qui eſtoit en noſtre
pouuoir, & que les maladies & les infortunes ne ſont
pas moins naturelles à l'homme, que les proſperitez & la ſanté. Au reſte toutes ſortes de deſirs ne
ſont pas incompatibles auec la béatitude, il n'y a que
ceux qui ſont acompagnez d'impatience & de triſteſſe. Il n'eſt pas neceſſaire auſſi que noſtre raiſon
ne ſe trompe point, il ſuffit que noſtre conſcience
nous témoigne que nous n'auons iamais manqué de
réſolution & de vertu pour executer toutes les choſes que nous auons jugé eſtre les meilleures ; & ainſi

la vertu seule est sufisante pour nous rendre contens
en cette vie.

Mais neantmoins pour ce que nostre vertu, lors
qu'elle n'est pas assez éclairée par l'entendement, peut
estre fausse, c'est à dire, que la résolution & la volonté
de bien faire nous peut porter à des choses mauuaises,
quand nous les croyons bonnes, le contentement qui
en reuient n'est pas solide ; & pour ce qu'on opose ordinairement cette vertu aux plaisirs, aux apetits, &
aux passions ; elle est tres-difficile à mettre en pratique ; Au lieu que le droit vsage de la raison, donnant
vne vraye connoissance du bien, empesche que la vertu ne soit fausse ; & mesme l'acordant auec les plaisirs licites il en rend l'vsage si aysé, & nous fesant
connoistre la condition de nostre nature il borne tellement nos desirs, qu'il faut auoüer que la plus grande félicité de l'homme dépend de ce droit vsage de la
raison ; & par consequent que l'étude qui sert à l'acquerir est la plus vtile ocupation qu'on peut auoir
cômme elle est aussi sans doute la plus agreable & la
plus douce. En suite dequoy il me semble que Séneque eust dû nous enseigner toutes les principales véritez dont la connoissance est requise pour faciliter
l'vsage de la vertu, & régler nos desirs & nos passions,
& ainsi joüir de la béatitude naturelle ; ce qui auroit
rendu son liure le meilleur & le plus vtile, qu'vn Philosophe payen eust sceu écrire. Toutesfois ce n'est icy
que mon opinion, laquelle ie soumets au jugement
de vostre Altesse, & si elle me fait tant de faueur que
de m'auertir en quoy ie manque, ie luy en auray vne

tres-grande obligation, & ie témoigneray en me cor-
rigeant que ie suis, &c.

A MADAME ÉLIZABETH,

PRINCESSE PALATINE, &c.

LETTRE V.

MADAME,

Encore que ie ne sçache point si mes dernieres ont
esté renduës à vostre Altesse, & que ie ne puisse rien
écrire touchant le sujet que j'auois pris pour auoir
l'honneur de vous entretenir, que ie ne doiue penser
que vous sçauez mieux que moy, ie ne laisse pas toutesfois de continuer, sur la creance que i'ay que mes
lettres ne vous seront pas plus importunes, que les
liures qui sont en vostre bibliotheque. Car dautant
qu'elles ne contiennent aucunes nouuelles que vous
ayez interest de sçauoir promptement, rien ne vous
conuiera de les lire aux heures que vous aurez quelques
affaires; & ie tiendray le tems que ie mets a les écrire
tres-bien employé, si vous leur donnez seulement celuy que vous aurez enuie de perdre. I'ay dit cy-deuant
ce qu'il me sembloit que Séneque eust dû traitter en
son liure; j'éxamineray maintenant ce qu'il y traitte.
Ie n'y remarque en general que trois choses: La premiere est qu'il tasche d'expliquer ce que c'est que le
Souuerain Bien, & qu'il en donne diuerses definitions.

La seconde, qu'il dispute contre l'opinion d'Epicure; Et la troisiéme, qu'il répond à ceux qui objectent aux philosophes, qu'ils ne viuent pas selon les regles qu'ils prescriuent. Mais afin de voir plus particulierement en quelle façon il traitte ces choses, ie m'arresteray vn peu sur chacun de ses chapitres. Au premier il reprend ceux qui suiuent la coutume & l'exemple plu-tost que la raison, *nunquam de vita iudicatur*, dit-il, *semper creditur*; il aprouue bien pourtant que l'on prenne conseil de ceux qu'on croit estre les plus sages, mais il veut qu'on vse aussi de son propre jugement pour examiner leurs opinions, en quoy ie suis fort de son auis. Car encore que plusieurs ne soient pas capables de trouuer d'eux-mesmes le droit chemin, il y en a peu toutesfois qui ne le puissent assez reconnoistre lors qu'il leur est clairement monstré par quelque autre; & quoy qu'il en soit, on a sujet d'estre satisfait en sa conscience, & de s'assurer que les opinions que l'on a touchant la morale sont les méilleures qu'on puisse auoir, lors qu'au lieu de se laisser conduire aueuglément par l'exemple, on a eu soin de rechercher le conseil des plus habiles, & qu'on a employé toutes les forces de son esprit à éxaminer ce qu'on deuoit suiure. Mais pendant que Séneque s'étudie icy à orner son élocution, il n'est pas tous-jours assez éxact en l'expression de sa pensée; comme lors qu'il dit, *sanabimur si modo separemur à cœtu*, il semble enseigner qu'il suffit d'estre extrauagant pour estre sage, ce qui n'est pas toutes-fois son intention. Au second Chapitre il ne fait que redire en d'autres termes ce qu'il a dit au pre-

mier,

mier, il adjoute seulement, que ce qu'on estime communément estre bien, ne l'est pas. Puis au troisiéme,
aprez auoir encore vsé de beaucoup de mots superflus,
il dit enfin son opinion touchant le Souuerain Bien,
à sçauoir que *rerum naturæ assentitur*, & que *ad illius legem
exemplumque formari sapientia est*, & que *beata vita est conueniens naturæ suæ;* Toutes lesquelles explications me
semblent fort obscures: car sans doute que par la nature, il ne veut pas entendre nos inclinations naturelles,
vû qu'elles nous portent ordinairement à suiure la
volupté, contre laquelle il dispute, mais la suite de
son discours fait juger, que par *rerum naturam*, il entend l'ordre étably de Dieu en toutes les choses qui
sont au monde, & que considerant cét ordre comme
infaillible & indépendant de nostre volonté, il dit que
*rerum naturæ assentiri, & ad illius legem exemplumque for-
mari sapientia est.* C'est à dire, que c'est sagesse d'ac-
quiescer à l'ordre des choses, & de faire ce pourquoy
nous croyons estre nez, ou bien pour parler en Chrestien, que c'est sagesse de se soumettre à la volonté
de Dieu, & de la suiure en toutes nos actions; Et que
beata vita est conueniens naturæ suæ, c'est à dire, que la béatitude consiste à suiure ainsi l'ordre du monde, & à
prendre en bonne part toutes les choses qui nous arriuent, ce qui n'explique presque rien; & on ne voit
pas assez la connexion auec ce qu'il adjoute incontinent aprez, que cette béatitude ne peut arriuer *nisi
sana mens est*, &c. Si ce n'est qu'il entende aussi que *secundum naturam viuere*, c'est viure suiuant la vraye raison.
Au quatriéme & cinquiéme Chapitres il donne quel-

C

ques autres définitions du Souuerain Bien, qui ont toutes quelque raport auec le sens de la premiere, mais dont aucune ne l'explique sufisamment; & elles font paroiftre par leur diuerfité, que Séneque n'a pas clairement entendu ce qu'il vouloit dire : car dautant mieux qu'on conçoit vne chofe, dautant plus eft on déterminé à ne l'exprimer qu'en vne feule façon. Celle où il me femble auoir le mieux rencontré eft au cinquiéme Chapitre, où il dit que *beatus eft qui nec cupit nec timet beneficio rationis*, & que *beata vita eft in reƈto certoque iudicio ftabilita*. Mais pendant qu'il n'enfeigne point les raifons pour lefquelles nous ne deuons rien craindre ny defirer, tout cela nous ayde fort peu. Il commence en ces mefmes Chapitres à difputer contre ceux qui mettent la béatitude en la volupté, & il continuë dans les fuiuans; c'eft pourquoy auant que de les examiner, ie diray icy mon fentiment touchant cette queftion.

Ie remarque premierement qu'il y a de la difference entre la béatitude, le Souuerain Bien, & la derniere fin ou le but auquel doiuent tendre nos aƈtions; car la béatitude n'eft pas le Souuerain Bien, mais elle le préfupofe; & elle eft le contentement ou la fatisfaƈion d'efprit qui vient de ce qu'on le poffede. Mais par la fin de nos aƈtions on peut entendre l'vn & l'autre; car le Souuerain Bien eft fans doute la chofe que nous deuons nous propofer pour but en toutes nos aƈtions, & le contentement d'Efprit qui en reuient, eftant l'attrait qui fait que nous le recherchons, eft auffi à bon droit nommé noftre fin.

Ie remarque outre cela que le mot de volupté a esté pris en vn autre sens par Epicure, que par ceux qui ont disputé contre luy ; car tous ses aduersaires ont restraint la signification de ce mot aux plaisirs des sens, & luy au contraire l'a étenduë à tous les contentemens de l'Esprit, comme on peut ayfément juger de ce que Séneque & quelques autres ont écrit de luy.

Or il y a eu trois principales opinions entre les Philosophes Payens touchant le Souuerain bien, & la fin de nos actions, à sçauoir celle d'Epicure qui a dit que c'estoit la volupté ; celle de Zenon qui a voulu que ce fust la vertu ; Et celle d'Aristote qui l'a composé de toutes les perfections tant du Cors que de l'Esprit. Lesquelles trois opinions peuuent ce me semble estre receuës pour vrayes, & accordées entr'elles, pourvû qu'on les interprete fauorablement. Car Aristote ayant consideré le souuerain bien de toute la nature humaine en general, c'est à dire, celuy que peut auoir le plus accomply de tous les hommes, il a raison de le composer de toutes les perfections dont la nature humaine est capable ; mais cela ne sert point à nostre vsage. Zenon au contraire a consideré celuy que chacun en son particulier peut posseder ; C'est pourquoy il a eu aussi tres-bonne raison de dire qu'il ne consiste qu'en la vertu, pource qu'il n'y a qu'elle seule, entre les biens que nous pouuons auoir, qui dépende entierement de nostre libre arbitre. Mais il a representé cette vertu si seuere & si ennemie de la volupté, en faisant tous les vices égaux, qu'il n'y a eu ce me semble que des mélancholiques, ou des Esprits entierement

détachez du Cors, qui ayent peu être de ses sectateurs.
Enfin Epicure n'a pas eu tort, cõsiderant en quoy consiste la beatitude, & quel est le motif ou la fin à laquelle tendent nos actions, de dire que c'est la volupté en
general, c'est à dire le contentemét de l'Esprit; Car encore que la seule connoissance de nostre deuoir, nous
pouroit obliger à faire de bonnes actions, cela ne
nous feroit toutes-fois joüir d'aucune beatitude, s'il
ne nous en reuenoit aucun plaisir. Mais parce qu'on
attribuë souuent le nom de volupté a de faux plaisirs,
qui sont accompagnez ou suiuis d'inquietudes, d'en-
nuis, & de repentirs, plusieurs ont creu que cette opinion d'Epicure enseignoit le vice, & en effet elle
n'enseigne pas la vertu ; mais comme lors qu'il y a
quelque part vn prix pour tirer au blanc, on fait
auoir enuie d'y tirer à ceux à qui l'on montre ce prix,
& qu'ils ne le peuuent gaigner pour cela s'ils ne
voyent le blanc ; & que ceux qui voyent le blanc ne
font pas pour cela induits à tirer, s'ils ne sçauent qu'il
y ait vn prix à gaigner : Ainsi la vertu, qui est le blanc,
ne se fait pas desirer lors qu'on la voit toute seule,
& le contentement qui est le prix ne peut estre acquis si ce n'est qu'on la suiue. C'est pourquoy ie croy
pouuoir icy conclure, que la béatitude ne consiste
qu'au contentement de l'Esprit, (c'est à dire au contentement en general ; Car bien qu'il y ait des contentemens qui dépendent du Cors, & d'autres qui n'en
dépendent point, il n'y en a toutes-fois aucun que
dans l'Esprit) mais que pour auoir vn contentement
qui soit solide, il est besoin de suiure la vertu, c'est à

dire d'auoir vne volonté ferme & constante d'executer tout ce que nous jugerons estre le méilleur, &
d'employer toute la force de nostre entendement a
en bien juger. Ie réserue pour vne autre-fois à considerer ce que Séneque a escrit de cecy, car ma lettre est
des-ja trop longue, & tout ce que j'y puis adjouter est
que ie suis, &c.

A MADAME ELIZABETH,
PRINCESSE PALATINE, &c.

LETTRE VI.

MADAME,

Estant dernierement incertain si vostre Altesse
estoit à la Haye, ou à Rhenest, j'adressay ma lettre par
Leyde, & celle que vous m'auez fait l'honneur de
m'écrire ne me fut renduë qu'aprez que le Messager
qui l'auoit aportée à Alcmar fut party : ce qui m'a
empesché de vous pouuoir témoigner plu-tost, combien ie suis glorieux, de ce que le jugement que j'ay
fait du liure que vous auez pris la peine de lire n'est pas
different du vostre, & que ma façon de raisonner vous
paroist assez naturelle. Ie m'assure que si vous auiez eu
le loisir de penser autant que j'ay fait aux choses dont
il traitte, ie ne pourois rien écrire que vous n'eussiez
mieux remarqué que moy ; mais pource que l'aage, la
naissance, & les occupations de vostre Altesse ne l'ont
pû permettre, peut-estre que ce que j'écris poura ser-

uir à vous épargner vn peu de tems, & que mes fautes
mesme vous fourniront des occasions pour remarquer
la verité. Comme lors que j'ay parlé d'vne béatitude
qui dépend entierement de nostre libre arbitre, &
que tous les hommes peuuent acquerir sans aucune
assistance d'ailleurs, vous rémarquez fort bien qu'il y
a des maladies qui ostant le pouuoir de raisonner,
ostent aussi celuy de joüir d'vne satisfaction d'Esprit
raisonnable; & cela m'aprend que ce que j'auois dit
géneralement de tous les hommes, ne doit estre entendu que de ceux qui ont l'vsage libre de leur raison,
& auec cela qui sçauent le chemin qu'il faut tenir pour
paruenir à cette béatitude: Car il n'y a personne qui ne
desire se rendre heureux, mais plusieurs n'en sçauent
pas le moyen, & souuent l'indisposition qui est dans le
cors empesche que la volonté ne soit libre; comme il
arriue aussi quand nous dormôs: car le plus philosophe
du monde ne sçauroit s'empescher d'auoir de mauuais
songes, lors que son temperament l'y dispose. Toutesfois l'experience fait voir que si l'on a eu souuent quelque pensée pendant qu'on a eu l'esprit en liberté, elle
réuient encore apres, quelque indisposition qu'ait le
Cors. Ainsi ie me puis vanter que mes songes ne me
representent iamais rien de fascheux; & sans doute
qu'on a grand auantage de s'estre dés long-tems acoutumé à n'auoir point de tristes pensées. Mais nous ne
pouuons répondre absolument de nous-mesmes, que
pendât que nous sommes à nous, & c'est moins de perdre la vie, que de perdre l'vsage de la raison; car mesme
sans les enseignemés de la foy, la seule Philosophie na-

turelle fait efperer à noftre ame vn eftat plus heureux
apres la mort, que celuy ou elle eft à préfent, & elle ne
luy fait rien craindre de plus fafcheux que d'eftre attachée à vn Cors qui luy ofte entieremét fa liberté. Pour
les autres indifpofitions qui ne troublent pas tout à
fait le fens, mais qui alterent feulement les humeurs,
& font qu'on fe trouue extraordinairement enclin à
la trifteffe, ou à la colere, ou à quelqu'autre paffion, elles donnent fans doute de la peine, mais elles peuuent
pourtant eftre furmontées, & mefme elles donnent
matiere à l'ame d'vne fatisfaction dautant plus grande, qu'elles ont efté plus difficiles à vaincre. Ie croy
auffi le femblable de tous les empefchemens de dehors, comme de l'efclat d'vne grande naiffance, des ca-
joleries de la Cour, des aduerfitez de la fortune, &
auffi de fes grandes profperitez, lefquelles ordinairement empefchent plus qu'on ne puiffe joüer le rôle
de Philofophe, que ne font fes difgraces: car lors qu'on
a toutes chofes à fouhait, on s'oublie de penfer à foy,
& quand par apres la fortune change, on fe trouue
dautant plus furpris qu'on s'eftoit plus fié en elle. Enfin on peut dire géneralement qu'il n'y a aucune chofe qui nous puiffe entierement ofter le moyen de nous
rendre heureux, poutvû qu'elle ne trouble point
noftre raifon, & que ce ne font pas tou-jours celles
qui paroiffent les plus fafcheufes, qui nuifent le plus.

Mais afin de fçauoir éxactement combien chaque
chofe peut contribuer à noftre contentement, il faut
confiderer quelles font les caufes qui le produifent, &
c'eft auffi l'vne des principales connoiffances qui peu-

uent seruir à faciliter l'vsage de la vertu. Car toutes les
actions de nostre ame qui nous acquerrent quelque
perfection sont vertueuses, & tout nostre contentement ne consiste qu'au témoignage intérieur que
nous auons d'auoir quelque perfection. Ainsi nous ne
sçaurions iamais pratiquer aucune vertu, c'est à dire,
faire ce que nostre raison nous persuade que nous deuons faire, que nous n'en receuions de la satisfaction
& du plaisir. Mais il y a deux sortes de plaisirs, les vns
qui appartiennent à l'esprit seul, & les autres qui appartiennent à l'homme, c'est à dire à l'Esprit entant
qu'il est vny au Cors, & ces derniers se presentans confusément à l'imagination paroissent souuent beaucoup plus grans qu'ils ne sont, principalement auant
qu'on les possede, ce qui est la source de tous les maux,
& de toutes les erreurs de la vie. Car selon la régle de la
raison, chaque plaisir se deuroit mesurer par la grandeur de la perfection qui le produit, & c'est ainsi que
nous mesurons ceux dont les causes nous sont clairement connües : mais souuent la passion n   .s fait croire certaines choses beaucoup méilleures & plus desirables qu'elles ne sont ; puis quand nous auons pris bien
de la peine à les acquérir, & perdu cependant l'occasion de posseder d'autres biens plus véritables, la joüis-
sance nous en fait connoistre les défaux ; delà viennent
les dédains, les regrets, & les repentirs. C'est pourquoy
le vray office de la raison est d'examiner la juste valeur
de tous les biens dont l'acquisition semble dépendre
en quelque façon de nostre conduite, afin que nous ne
manquions iamais d'employer tous nos soins à tas-

cher de nous procurer ceux qui font en effet les plus
defirables: En quoy fi la fortune s'oppofe à nos deffeins & les empefche de reüffir, nous aurons au moins
la fatisfaction de n'auoir rien perdu par noftre faute,
& ne lairrons pas de joüir de toute la béatitude naturelle dont l'acquifition aura efté en noftre pouuoir.
Ainfi par exemple la colere peut quelque-fois exciter
en nous des defirs de vengeance fi violens, qu'elle
nous fera imaginer plus de plaifir à chaftier noftre ennemy, qu'a conferuer noftre honneur, ou noftre vie,
& nous fera expofer imprudemment l'vn & l'autre
pour ce fujet. Au lieu que fi la raifon examine quel eft
le bien ou la perfection fur laquelle eft fondé ce plaifir qu'on tire de la vengeance, elle n'en trouuera aucune autre (au moins quand cette vengeance ne fert
point pourempefcher qu'on ne nous offenfe derechef)
finon que cela nous fait imaginer que nous auons
quelque forte de fuperiorité & quelque auantage au
deffus de celuy dont nous nous vengeons : ce qui n'eft
fouuent qu'vne vaine imagination, qui ne mérite
point d'eftre eftimée, à comparaifon de l'honneur
ou de la vie; ny mefme à comparaifon de la fatisfaction qu'on auroit de fe voir maiftre de fa colere, en
s'abftenant de fe vanger. Et le femblable arriue en
toutes les autres paffions : car il n'y en a aucune qui ne
nous reprefente le bien auquel elle tend, auec plus
d'éclat qu'il n'en merite, & qui ne nous faffe imaginer
des plaifirs beaucoup plus grans, auant que nous les
poffedions, que nous ne les trouuons par apres, quand
nous les auons. Ce qui fait qu'on blafme communé-

ment la volupté ; pource qu'on ne se sert de ce mot
que pour signifier de faux plaisirs, qui nous trompent
souuent par leur aparence, & qui nous en font cependant négliger d'autres beaucoup plus solides, mais
dont l'attente ne touche pas tant, tels que sont ordinairement ceux de l'Esprit seul ; ie dis ordinairement, car tous ceux de l'Esprit ne sont pas loüables,
pource qu'ils peuuent estre fondez sur quelque fausse
opinion, comme le plaisir qu'on prend à médire, qui
n'est fondé que sur ce qu'on pense deuoir estre dautant plus estimé que les autres le seront moins ; Et ils
nous peuuent aussi tromper par leur aparence, lors que
quelque forte passion les acompagne, comme on
voit en celuy que donne l'ambition. Mais la principale difference, qui est entre les plaisirs du Cors & ceux
de l'Esprit, consiste en ce que le Cors estant sujet à vn
changemét perpetuel,& mesme sa conseruation & son
bien estre dépendant de ce changement, tous les plaisirs qui le regardent ne durent gueres, car ils ne procedent que de l'acquisition de quelque chose qui est vtile au Cors au moment qu'on la reçoit, & si-tost qu'elle
cesse de luy estre vtile,ils cessent aussi ; Au lieu que ceux
de l'Ame peuuent estre immortels comme elle, pourvû qu'ils ayent vn fondement si solide, que ny la connoissance de la verité, ny aucune fausse persuasion ne
le détruisent.

   Au reste le vray vsage de nostre raison pour la conduite de la vie, ne consiste qu'à éxaminer & considerer sans passion la valeur de toutes les perfections tant
du Cors que de l'Esprit, qui peuuent estre acquises

par noftre induftrie, afin qu'eftant ordinairement
obligez de nous priuer de quelques-vnes pour auoir
les autres, nous choififfions tou-jours les meilleures;
Et pource que celles du Cors font les moindres, on
peut dire generalement que fans elles il y a moyen de
fe rendre heureux. Toutes-fois ie ne fuis point d'opinion qu'on les doiue entierement méprifer, ny mefme qu'on doiue s'éxenter d'auoir des paffions, il fufit qu'on les rende fujettes à la raifon; & lors qu'on les a
ainfi apriuoifées, elles font quelquefois dautant plus
vtiles, qu'elles panchent plus vers l'excez. Ie n'en auray iamais de plus exceffiue que celle qui me porte au
refpect & à la veneration que ie dois à voftre Alteffe,
de qui ie fuis, &c.

A MADAME ÉLIZABETH,

PRINCESSE PALATINE, &c.

LETTRE VII.

Madame,

Voftre Alteffe a fi éxactement remarqué toutes les
caufes qui ont empefché Séneque de nous expofer clairement fon opinion touchant le Souuerain Bien, &
vous auez pris la peine de lire fon liure auec tant de
foin, que ie craindrois de me rendre importun, fi ie
continuois icy à éxaminer par ordre tous fes Chapitres, & que cela me fift differer de répondre à la diffi-

culté qu'il vous a plû me propofer touchant les
moyens de fe fortifier l'entendement pour difcerner
ce qui eft le meilleur en toutes les actions de la vie.
C'eft pourquoy fans m'arréter maintenant à fuiure Séneque, ie tafcheray feulement d'expliquer mon opinion touchant cette matiere.

Il ne peut ce me femble y auoir que deux chofes qui
foient requifes pour eftre tou-jours difpofé à bien juger, l'vne eft la connoiffance de la verité, & l'autre
l'habitude qui fait qu'on fe fouuient & qu'on acquiefce à cette connoiffance toutes les fois que l'occafion
le requert. Mais pource qu'il n'y a que Dieu feul qui
fçache parfaitement toutes chofes, il eft befoin que
nous nous contentions de fçauoir celles qui font le
plus à noftre vfage; Entre lefquelles la premiere & la
principale eft qu'il y a vn Dieu, de qui toutes chofes
dépendent, dont les perfections font infinies, dont le
pouuoir eft immenfe, dont les décrets font infaillibles: Car cela nous aprend à receuoir en bonne part
tout ce qui nous arriue, comme nous eftant expreffément enuoyé de Dieu. Et pource que le vray objet de
l'Amour eft la perfection, lors que nous éleuons noftre efprit à le confiderer tel qu'il eft, nous nous trouuons naturellement fi enclins à l'aymer, que nous tirons mefme de la joye de nos afflictions, en penfant
que fa volonté s'éxecute en ce que nous les receuons.

La feconde chofe qu'il faut connöiftre eft la nature
de noftre Ame, entant qu'elle fubfifte fans le Cors,
& eft beaucoup plus noble que luy, & capable de joüir
d'vne infinité de contentemens qui ne fe trouuent

point en cette vie ; car cela nous empefche de craindre la mort, & détache tellement noftre affection des chofes du monde, que nous ne regardons qu'auec mépris tout ce qui eft au pouuoir de la fortune.

A quoy peut auffi beaucoup feruir qu'on juge dignement des œuures de Dieu, & qu'on ait cette vafte idée de l'étenduë de l'Vniuers que j'ay tafché de faire conceuoir au troifiéme liure de mes principes. Car fi on s'imagine qu'au delà des Cieux il n'y a rien que des efpaces imaginaires, & que tous les Cieux ne font faits que pour le feruice de la Terre, ny la Terre que pour l'homme, cela fait qu'on eft enclin à penfer que cette Terre eft noftre principale demeure, & cette vie noftre meilleur ; Et qu'au lieu de connoiftre les perfections qui font véritablement en nous, on attribuë aux autres créatures des imperfections qu'elles n'ont pas, pour s'éleuer au deffus d'elles, & entrant en vne préfomption impertinente, on veut eftre du Confeil de Dieu, & prendre auec luy la charge de conduire le monde ; ce qui caufe vne infinité de vaines inquietudes & fafcheries.

Apres qu'on a ainfi reconnu la bonté de Dieu, l'immortalité de nos ames, & la grandeur de l'Vniuers, il y a encore vne verité dont la connoiffance me femble fort vtile, qui eft, que bien que chacun de nous foit vne perfonne féparée des autres, & dont par confequent les interefts font en quelque façon diftincts de ceux du refte du monde, on doit toutes-fois penfer qu'on ne fçauroit fubfifter feul, & qu'on eft en effet l'vne des parties de l'Vniuers, & plus particulierement

encore l'vne des parties de cette Terre, l'vne des parties de cet état, de cette societé, de cette famille, à laquelle on est joint par sa demeure, par son serment,
par sa naissance ; & il faut tou-jours préferer les inte-
rests du tout dont on est partie, à ceux de sa persoñne
en particulier : Toutes-fois auec mesure & discretion ;
car on auroit tort de s'exposer à vn grand mal, pour
procurer seulement vn petit bien à ses parens ou à son
païs ; & si vn hõme vaut plus luy seul que tout le reste de
sa Ville, il n'auroit pas raison de se vouloir perdre pour
la sauuer. Mais si on raportoit tout à soy-mesme, on ne
craindroit pas de nuire beaucoup aux autres hommes,
lors qu'on croiroit en retirer quelque petite commodité, & on n'auroit aucune vraye amitié, ny aucune
fidelité, ny generalement aucune vertu ; Au lieu
qu'en se considerant comme vne partie du public, on
prend plaisir à faire du bien à tout le monde, & mesme on ne craint pas d'exposer sa vie pour le seruice
d'autruy, lors que l'occasion s'en présente ; jusques-là
qu'on voudroit aussi perdre son Ame, s'il se pouuoit,
pour sauuer les autres. En sorte que cette consideration
est la source & l'origine de toutes les plus heroï-
ques actions que fassent les hommes. Car pour ceux qui
s'exposent à la mort par vanité, pource qu'ils esperent
en estre loüez, ou par stupidité, pource qu'ils n'apré-
hendent pas le danger, ie croy qu'ils sont plus à plaindre qu'à priser. Mais lors que quelqu'vn s'y expose
pource qu'il croit que c'est son deuoir, ou bien lors
qu'il souffre quelqu'autre mal afin qu'il en reuienne
du bien aux autres, encore qu'il ne considere peut-

eftre pas expreſſément qu'il fait 'cela , pource 'qu'il
doit plus au public dont il eſt vne partie, qu'à ſoy - meſme en ſon particulier , il le fait toutes fois en vertu de
cette conſideration, qui eſt confuſément en ſa penſée;
& on eſt naturellement porté à l'auoir, lors qu'on connoiſt & qu'on ayme Dieu comme il faut ; car alors
s'abandonnant du tout à ſa volonté , on ſe dépoüille
de ſes propres intereſts , & on n'a point d'autre paſſion
que de faire ce qu'on croit luy eſtre agreable. Enſuite
dequoy on a des ſatisfactions d'eſprit & des contentemens, qui valent incomparablement dauantage , que
toutes les petites joyes paſſageres qui dépendent des
ſens.

  Outre ces veritez qui regardent en general toutes
nos actions, il en faut auſſi ſçauoir beaucoup d'autres,
qui ſe raportent plus particulierement à chacune; & les
principales me ſemblent eſtre celles que j'ay remarquées en ma derniere lettre , à ſçauoir, que toutes nos
paſſions nous repreſentent les biens, à la recherche deſquels elles nous incitent, beaucoup plus grans qu'ils ne
ſont veritablement , & que les plaiſirs du cors ne ſont
iamais ſi durables que ceux de l'ame, ny ſi grans quand
on les poſſede, qu'ils paroiſſent quand on les eſpere. Ce
que nous deuons ſoigneuſemement remarquer , afin
que lors que nous ſommes émûs de quelque paſſion,
nous ſuſpendions noſtre jugement juſqu'à ce qu'elle
ſoit apaiſée , & que nous ne nous laiſſions pas ayſément tromper par la fauſſe aparence des biens de ce
monde.

  A quoy ie ne puis adjouter autre choſe , ſinõ qu'il faut

auſſi éxaminer en particulier toutes les mœurs des lieux
où nous viuons, pour ſçauoir juſques où elles doiuent
eſtre ſuiuies; & bien que nous ne puiſſions auoir des
démonſtrations certaines de tout, nous deuons neantmoins prendre party , & embraſſer les opinions qui
nous paroiſſent les plus vray-ſemblables touchant
toutes les choſes qui viennent en vſage, afin que lors
qu'il eſt queſtion d'agir, nous ne ſoyons iamais irreſo-
lus; car il n'y a que la ſeule irreſolution qui cauſe les
regrets & les repentirs.

Au reſte j'ay dit cy-deſſus qu'outre la connoiſſance
de la verité, l'habitude eſt auſſi requiſe pour eſtre tou-
jours diſpoſé à bien juger ; càr dautant que nous ne
pouuons eſtre continuellement attentifs à vne meſme
choſe, quelque claires & éuidentes qu'ayent eſté les
raiſons qui nous ont perſuadé cy-deuant vne verité,
nous pouuons par apres eſtre détournez de la croire
par de fauſſes aparences, ſi ce n'eſt que par vne longue
& frequente méditation nous l'ayons tellement imprimée en noſtre eſprit, qu'elle ſoit tournée en habitude ; & en ce ſens on a raiſon dans l'école de dire que
les vertus ſont des habitudes : car en effet on ne manque gueres faute d'auoir en Theorie la connoiſſance
de ce qu'on doit faire, mais ſeulement faute de l'auoir
en pratique, c'eſt à dire, faute d'auoir vne ferme habitude de le croire. Et pource que pendant que j'examine icy ces veritez, j'en augmente auſſi en moy l'habitude , j'ay particulierement obligation à voſtre Alteſſe de ce qu'elle permet que ie l'en entretienne, & il n'y
a rien en quoy j'eſtime mon loiſir mieux employé,
qu'en

qu'en ce où ie puis témoigner que ie suis, &c.

A MADAME ÉLIZABETH,
PRINCESSE PALATINE, &c.

LETTRE VIII.

MADAME,

Ie me suis quelquefois proposé vn doute, sçauoir s'il est mieux d'estre gay & content en imaginant les biens qu'on possede estre plus grans & plus estimables qu'ils ne sont en effet, & ignorant, ou ne s'arrestant pas à considerer ceux qui manquent, que d'auoir plus de consideration & de sçauoir, pour connoistre la juste valeur des vns & des autres, & qu'on en deuiéne plus triste. Si je pensois que le Souuerain Bien fust la joye, je ne douterois point qu'on ne dust tascher de se rendre joyeux à quelque prix que ce pust estre, & j'aprouuerois la brutalité de ceux qui noyent leurs déplaisirs dans le vin, ou qui les étourdissent auec du petum. Mais je distingue entre le Souuerain Bien, qui consiste en l'exercice de la vertu, ou (ce qui est le mesme) en la possession de toutes les perfections dont l'acquisition dépend de nostre libre arbitre, & la satisfaction d'esprit qui suit de cette acquisition. C'est pourquoy voyant que c'est vne plus grande perfection de connoistre la verité, encore mesme qu'elle soit à nostre desauantage, que de l'ignorer, j'auoüe qu'il vaut mieux estre moins gay, &

E

auoir plus de connoiſſance. Auſſi n'eſt-ce pas toû-
jours lors qu'on a le plus de gayeté qu'on a l'eſprit plus
ſatisfait ; Au contraire les grandes joyes ſont ordinairement mornes & ſérieuſes, & il n'y a que les médiocres & paſſageres, qui ſoient acompagnées du ris.
Ainſi je n'aprouue point qu'on taſche à ſe tromper,
en ſe repaiſſant de fauſſes imaginations ; car tout le
plaiſir qui en reuient ne peut toucher pour ainſi dire
que la ſuperficie de l'Ame, laquelle ſent cependant
vne amertumé interieure en s'aperçeuant qu'ils ſont
faux. Et encore qu'il pouroit arriuer qu'elle fuſt ſi
continuellement diuertie ailleurs, que jamais elle ne
s'en aperceuſt, on ne joüïroit pas pour cela de la
béatitude dont il eſt queſtion, pour ce qu'elle doit
dépendre de noſtre conduite, & cela ne viendroit
que de la Fortune. Mais lors qu'on peut auoir diuerſes
conſiderations également vrayes, dont les vnes nous
portent à eſtre contens, & les autres au contraire nous
en empeſchent, il me ſemble que la prudence veut
que nous nous arreſtions principalement à celles qui
nous donnent de la ſatisfaction ; Et meſme à cauſe
que preſque toutes les choſes du monde ſont telles,
qu'on les peut regarder de quelque coſté qui les fait
paroiſtre bonnes, & de quelqu'autre qui fait qu'on y
remarque des défauts, je croy que ſi l'on doit vſer
de ſon adreſſe en quelque choſe, c'eſt principalement à les ſçauoir regarder du biais qui les fait paroiſtre à noſtre auantage, pourvû que ce ſoit ſans nous
tromper. Ainſi lors que voſtre Alteſſe remarque les
cauſes pour leſquelles elle peut auoir eu pus de loiſir,

pour cultiuer sa raison, que beaucoup d'autres de son
âge, s'il luy plaist aussi de considerer combien elle a
plus profité que ces autres, je m'assure qu'elle aura dequoy se contenter : Et je ne voy pas pourquoy elle ayme mieux se comparer à elles, en ce dont elle prend
sujet de se plaindre, qu'en ce qui luy pouroit donner
de la satisfaction. Car la constitution de nostre nature estant telle, que nostre esprit a besoin de beaucoup de relasche, afin qu'il puisse employer vtilement
quelques momens en la recherche de la verité, &
qu'il s'assoupiroit, au lieu de se polir, s'il s'appliquoit
trop à l'étude, nous ne deuons pas mesurer le tems
que nous auons pû employer à nous instruire, par le
nombre des heures que nous auons euës à nous, mais
plu-tost, ce me semble, par l'exemple de ce que nous
voyons communément arriuer aux autres, comme
estant vne marque de la portée ordinaire de l'esprit
humain. Il me semble aussi qu'on n'a point sujet de se
repentir, lors qu'on a fait ce qu'on jugé estre le meilleur au tems qu'on a dû se resoudre à l'execution, encore que par aprés y repensant auec plus de loisir, on
juge auoir failly : mais on deuroit plu-tost se repentir si on auoit fait quelque chose contre sa conscience, encore qu'on reconnust par aprés auoir mieux fait
qu'on n'auoit pensé ; car nous n'auons à répondre que
de nos pensées, & la nature de l'homme n'est pas de
tout sçauoir, ny de juger toû-jours si bien sur le
champ, que lors qu'on a beaucoup de tems à deliberer. Au reste encore que la vanité, qui fait qu'on a
meilleure opinion de soy qu'on ne doit, soit vn vi-

ce qui n'apartient qu'aux ames foibles & baſſes, ce
n'eſt pas à dire que les plus fortes & genereuſes ſe doiuent mépriſer ; mais il ſe faut faire juſtice à ſoy-meſme, en reconnoiſſant ſes perfections auſſi bien que
ſes défauts, & ſi la bien-ſéance empeſche qu'on ne les
publie, elle n'empeſche pas pour cela qu'on ne les
reſſente. Enfin encore qu'on n'ait pas vne ſcience
infinie, pour connoiſtre parfaitement tous les biens
dont il arriue qu'on doit faire choix dans les diuerſes
rencontres de la vie, on doit ce me ſemble ſe contenter d'en auoir vne mediocre des choſes plus neceſſaires, comme ſont celles que j'ay dénombrées en ma
derniere Lettre, en laquelle j'ay deſia declaré mon
opinion touchant la difficulté que voſtre Alteſſe
propoſe : ſçauoir, ſi ceux qui raportent tout à eux-
meſmes, ont plus de raiſon que ceux qui ſe tourmen-
tent trop pour les autres. Car ſi nous ne penſions qu'à
nous ſeuls, nous ne pourions jouïr que des biens qui
nous ſont particuliers ; au lieu que ſi nous nous conſiderons comme parties de quelque autre Cors, nous
participons auſſi aux biens qui luy ſont communs,
ſans eſtre priué pour cela d'aucun de ceux qui nous
ſont propres : Et il n'en eſt pas de meſme des maux ;
Car ſelon la Philoſophie le mal n'eſt rien de réel, mais
ſeulement vne priuation ; & lors que nous nous at-
triſtons à cauſe de quelque mal qui arriue à nos amis,
nous ne participons point pour cela au défaut dans
lequel conſiſte ce mal ; meſme quelque triſteſſe ou
quelque peine que nous ayons en telle occaſion, elle
ne ſçauroit eſtre ſi grande qu'eſt la ſatisfaction inte-

tieure qui acompagne tou-jours les bonnes actions,
& principalement celles qui procedent d'vne pure
affection pour autruy, qu'on ne raporte point à soy-
mesme, c'est à dire, de la vertu Chrestienne qu'on
nomme Charité. Ainsi l'on peut mesme en pleurant
& prenant beaucoup de peine, auoir plus de plaisir, que
lors qu'on rit & qu'on se repose. Et il est aysé à prouuer
que ce plaisir de l'Ame, auquel consiste la béatitude,
n'est pas inséparable de la gayeté & de l'ayse du Cors,
tant par l'exemple des tragédies, qui nous plaisent
dautant plus qu'elles excitent en nous plus de tristesse,
que par celuy des exercices du Cors, comme la chasse,
le jeu de la paume, & autres semblables, qui ne laissent pas d'estre agreables, encore qu'ils soient fort
pénibles; & mesme on voit que souuent c'est la fatigue & la peine qui en augmente le plaisir. Et la cause
du contentement que l'Ame reçoit en ces exercices,
consiste en ce qu'ils luy font remarquer la force, ou
l'adresse, ou quelque autre perfection du Cors auquel
elle est jointe; mais le contentement qu'elle a de
pleurer en voyant representer quelque action pitoya-
ble & funeste sur vn theatre, vient principalement
de ce qu'il luy semble qu'elle fait vne action vertueu-
se ayant compassion des affligez; Et generalement elle
se plaist de sentir émouuoir en soy des passions, de
quelque nature qu'elles soient, pourvû qu'elle en
demeure maistresse.

Mais il faut que j'examine plus particulierement ces passions, afin de les pouuoir définir;
ce qui me sera icy plus aysé que si j'écriuois à quel-

que autre. Car Voftre Alteffe ayant pris la peine
de lire le traité que j'ay autrefois ébauché touchant
la nature des animaux, vous fçauez def-ja comment ie
conçoy que fe forment diuerfes impreffions dans
leur cerueau, les vnes par les objets exterieurs qui
meuuent les fens, les autres par les difpofitions interieures du Cors, ou par les veftiges des impreffions
précedentes qui font demeurées en la memoire, ou
par l'agitation des efprits qui viennent du cœur; ou
auffi, & cela en l'homme, par l'action de l'Ame, laquelle a quelque force pour changer les impreffions qui
font dans le cerueau; comme réciproquement ces
impreffions ont la force d'exciter en l'Ame des penfées qui ne dépendent point de fa volonté. Enfuite
dequoy on peut généralement nommer *paffions* toutes fes penfées qui font ainfi excitées en l'Ame fans le
concours de fa volonté (& par confequent fans aucune action qui vienne d'elle) par les feules impreffions qui font dans le cerueau, car tout ce qui n'eft
point action eft paffion; Mais on reftraint ordinairement ce nom aux penfées qui font caufées par quelque particuliere agitation des efprits: car celles qui
viennent des objets exterieurs, ou bien des difpofitions interieures du Cors, comme la perception des
couleurs, des fons, des odeurs, la faim, la foif, la
douleur, & autres femblables; fe nomment des fentimens, les vns exterieurs, les autres interieurs; Celles
qui ne dépendent que de ce que les impreffions précedentes ont laiffé en la memoire, & de l'agitation ordinaire des Efprits, font des réueries, foit

qu'elles viennent en songe, soit aussi lors qu'on
est éueillé, & que l'Ame ne se déterminant à rien
de soy-mesme suit nonchalamment les impressions
qui se rencontrent dans le cerueau. Mais lors qu'elle vse de sa volonté pour se déterminer à la pensée
de quelque chose qui n'est pas seulement intelligible, mais imaginable, cette pensée fait vne nouuelle
impression dans le cerueau, qui n'est pas au regard de
l'ame vne passion, mais vne action qui se nomme proprement imagination. Enfin lors que le cours ordinaire des Esprits est tel qu'il excite communément des
pensées tristes ou gayes, ou autres semblables, on ne
l'attribuë pas à la passion, mais au naturel ou à l'humeur de celuy en qui elles sont excitées; & cela fait
qu'on dit que cet homme est d'vn naturel triste, cet
autre d'vne humeur gaye, &c. Ainsi il ne reste que les
pensées qui viennét de quelque particuliere agitation
des Esprits, & dont on sent les effets comme en l'ame
mesme, qui soient proprement nommées des passions.
Il est vray que nous n'en auons quasi iamais aucunes
qui ne dépendent de plusieurs des causes que ie viens
de distinguer, mais on leur donne la dénomination
de celle qui est la principale, ou à laquelle on a principalement égard. Ce qui fait que plusieurs confondent
le sentiment de la douleur auec la passion de la tristesse, & celuy du chatoüillement auec la passion de la
joye, laquelle ils nomment aussi volupté ou plaisir; &
ceux de la faim ou de la soif auec les desirs de manger
ou de boire, qui sont des passions : Car ordinairement
les mesmes causes qui font la douleur, agitent aussi les

esprits en la façon qui est requise pour exciter la tristesse, & celles qui font sentir quelque chatoüillement, les agite en la façon qui est requise pour exciter la joye, & ainsi des autres. On confond aussi quelquefois les inclinations ou habitudes qui disposent à quelque passion, auec la passion mesme, ce qui est neantmoins facile à distinguer. Car, par exemple, lors qu'on dit dans vne ville que les ennemis la viennent assieger, le premier jugement que font les habitans du mal qui leur en peut arriuer est vne action de leur ame, non vne passion; & bien que ce jugement se rencontre semblable en plusieurs, ils n'en sont pas toutes-fois également émûs, mais les vns plus les autres moins, selon qu'ils ont plus ou moins d'habitude ou d'inclination à la crainte; Et auant que leur ame reçoiue l'émotion en laquelle seule consiste la passion, il faut qu'elle fasse ce jugement, ou bien, sans juger, qu'elle conçoiue au moins le danger, & en exprime l'Idée dans le cerueau, ce qu'elle fait par vne autre action qu'on nomme imaginer, & que par mesme moyen elle détermine les esprits qui vont du cerueau dans les nerfs, à entrer en ceux de ces nerfs qui seruent à resserrer les ouuertures du cœur, ce qui retarde la circulation du sang, ensuitte dequoy tout le cors deuient pasle, froid, & tremblant; & les nouueaux Esprits qui viennent du cœur vers le cerueau sont agitez de telle façon qu'ils ne peuuét aider à y former d'autres Images que celles qui excitent en l'ame la passion de la crainte. Toutes lesquelles choses se suiuent de si prés l'vne l'autre, qu'il semble que ce ne soit qu'vne seule operation; Et ainsi en

toutes

toutes les autres paffions il arriue quelque particuliere agitation dans les Efprits qui viennent du cœur. I'auois deffein d'adjouter icy vne particuliere explication de toutes ces paffions, mais ie trouue tant de difficulté à les dénombrer, qu'il m'y faudra employer plus de tems que le meffager ne m'en donne.

Cependant ayant receu celle que voftre Alteffe m'a fait l'honneur de m'écrire, j'ay vne nouuelle ocafion de répondre, qui m'oblige de remettre à vne autrefois cét examen des paffions; Pour dire icy que toutes les raifons qui prouuent l'exiftence de Dieu, & qu'il eft la caufe premiere & immuable de tous les effets qui ne dépendent point du libre arbitre des hommes, prouuent, ce me femble, en mefme façon qu'il eft auffi la caufe de toutes les actions qui en dépendent. Car on ne fçauroit démontrer qu'il exifte, qu'en le confiderant comme vn eftre Souuerainement Parfait; & il ne feroit pas Souuerainement Parfait, s'il pouuoit arriuer quelque chofe dans le monde qui ne vinft pas entierement de luy. Il eft vray qu'il n'y a que la Foy qui nous enfeigne ce que c'eft que la Grace par laquelle Dieu nous éleue à vne béatitude furnaturelle; mais la feule Philofophie fufit pour connoiftre qu'il ne fçauroit entrer la moindre penfée en l'efprit d'vn homme, que Dieu ne veüille, & n'ait voulu de toute éternité qu'elle y entraft. Et la diftinction de l'école entre les caufes vniuerfelles & particulieres n'a point icy de lieu; car ce qui fait que le Soleil, par exemple, eftant la caufe vniuerfelle de toutes les fleurs, n'eft pas caufe pour cela que les tuli-

pes different des rozes, c'est que leur production dépend aussi de quelques autres causes particulieres, qui
ne luy sont point subordonnées; mais Dieu est tellement la cause vniuerselle de tout, qu'il en est en
mesme façon la cause totale, & ainsi rien ne peut arriuer sans sa volonté. Il est vray aussi que la connoissance de l'Immortalité de l'Ame, & des félicitez dont
elle sera capable estant hors de cette vie, pouroit donner sujet d'en sortir à ceux qui s'y ennuyent, s'ils
estoient assurez qu'ils iouïroient par apres de toutes
ces felicitez; mais aucune raison ne les en assure; Et il
n'y a que la fausse philosophie d'Hegesias, dont le liure fut défendu par Ptolomée, pour ce que plusieurs
s'estoient tuez apres l'auoir lû, qui tasche à persuader
que cette vie est mauuaise; la vraye enseigne tout au
contraire, que mesme parmy les plus tristes accidens,
& les plus pressantes douleurs, on y peut tou-jours
estre content, pourvû qu'on sçache vser de sa raison.

Pour ce qui est de l'étenduë de l'Vniuers, ie ne voy
pas comment en la considerant, on est conuié à sé-
parer la prouidence particuliere de l'idée que nous
auons de Dieu; Car c'est toute autre chose de Dieu
que des puissances finies, lesquelles pouuant estre
épuisées, nous auons raison de juger, en voyant
qu'elles sont employées à plusieurs grans effets, qu'il
n'est pas vray-semblable qu'elles s'étendent aussi jusques aux moindres. Mais dautant que nous estimons
les œuures de Dieu estre plus grans, dautant mieux
remarquons nous l'infinité de sa puissance; & dautant

que cette infinité nous est mieux connuë, d'autant
sommes nous plus assurez qu'elle s'étend jusques à
toutes les plus particulieres actions des hommes. Ie ne
croy pas aussi que par cette prouidence particuliere
de Dieu, que vostre Altesse dit estre le fondement de
la Theologie, vous entendiez quelque changement
qui arriue en ses decrets à l'occasion des actiós qui dépendent de nostre libre arbitre : car la Theologie n'admet point ce changement. Et lors qu'elle nous oblige à prier Dieu, ce n'est pas afin que nous luy enseignions dequoy c'est que nous auons besoin, ny afin
que taschions d'impetrer de luy qu'il change quelque
chose en l'ordre étably de toute éternité par sa prouidence, l'vn & l'autre seroit blasmable, mais c'est
seulement afin que nous obtenions ce qu'il a voulu
de toute éternité estre obtenu par nos prieres. Et ie
croy que tous les Theologiens sont d'acord en cecy,
mesme ceux qu'on nomme icy Armeniens, qui semblent estre ceux qui déferent le plus au libre arbitre.

l'auoüe qu'il est difficile de mesurer exactement
jusques ou la raison ordonne que nous nous interessions pour le public, mais aussi n'est-ce pas vne chose
en quoy il soit necessaire d'estre fort exact, il sufit de
satisfaire à sa conscience, & on peut en cela donner
beaucoup à son inclination ; Car Dieu a tellement
étably l'ordre des choses, & conjoint les hommes ensemble d'vne si étroite societé, qu'encore que chacun
raportast tout à soy-mesme, & n'eust aucune charité
pour les autres, il ne laisseroit pas de s'employer ordi-

nairement pour eux, en tout ce qui feroit de fon
pouuoir, pourvû qu'il vfaft de prudence, principalement s'il viuoit en vn fiecle où les mœurs ne fuffent
point corrompuës. Et outre cela comme c'eft vne
chofe plus haute & plus glorieufe de faire du bien aux
autres hommes, que de s'en procurer à foy-mefme,
auffi font-ce les plus grandes Ames qui y ont le plus
d'inclination, & font le moins d'état des biens qu'elles poffedent ; il n'y a que les foibles & baffes qui s'eftiment plus qu'elles ne doiuent, & font comme les petits vaiffeaux que trois goutes d'eau peuuent r'emplir.
Ie fçay que voftre Alteffe n'eft pas de ce nombre, &
qu'au lieu qu'on ne peut inciter ces Ames baffes à
prendre de la peine pour autruy, qu'en leur faifant
voir qu'ils en retireront quelque profit pour eux-
mefmes, il faut pour l'intereft de voftre Alteffe, luy
reprefenter qu'elle ne pouroit eftre longuement vtile à ceux qu'elle affectionne, fi elle fe négligeoit foy-
mefme, & la prier d'auoir foin de fa fanté. C'eft ce que
fuis, &c.

A MADAME ELIZABETH,
PRINCESSE PALATINE, &c.

LETTRE IX.

MADAME,

Il m'arriue fi peu fouuent de rencontrer de bons
raifonnemens, non feulement dans les difcours de

ceux que ie frequente en ce defert, mais auffi dans les
liures que ie confulte, que ie ne puis lire ceux qui font
dans les lettres de voftre Alteffe, fans en auoir vn ref-
fentiment de joye extraordinaire; Et ie les trouue fi
forts, que j'ayme mieux auoüer d'en eftre vaincu, que
d'entreprendre de leur réfifter. Car encore que la
comparaifon que voftre Alteffe refufe de faire à fon
auantage, puiffe affez eftre verifiée par l'experience,
c'eft toutesfois vne vertu fi loüable de juger fauorablement des autres, & elle s'acorde fi bien auec la generofité qui vous empefche de vouloir mefurer la portée
de l'Efprit humain par l'exéple du cómun des hómes,
que ie ne puis manquer d'eftimer extremement l'vne
& l'autre. Ie n'oferois auffi contredire à ce que voftre
Alteffe écrit du repentir, vû que c'eft vne vertu Chreftienne, laquelle fert pour faire qu'on fe corrige, non
feulement des fautes commifes volontairement, mais
auffi de celles qu'on a faites par ignorance, lors que
quelque paffion a empefché qu'on ne connuft la véri-
té. Et j'auoüe bien que la trifteffe des tragédies ne plairoit pas comme elle fait, fi nous pouuions craindre
qu'elle deuinft fi exceffiue que nous en fuffions incommodez; Mais lors que j'ay dit qu'il y a des paffions
qui font dautant plus vtiles qu'elles panchent plus
vers l'excez, j'ay feulement voulu parler de celles qui
font toutes bonnes, ce que j'ay témoigné en adjoutant qu'elles doiuent eftre fuiettes à la raifon. Car il y a
deux fortes d'excez, l'vn qui changeant la nature de
la chofe, & de bonne la rendant mauuaife, empefche qu'elle ne demeure foumife à la raifon; l'autre qui

en augmente seulement la mesure, & ne fait que de bonne la rendre méilleure. Ainsi la hardiesse n'a pour excez la temerité que lors qu'elle va au delà des limites de la raison ; mais pendant qu'elle ne les passe point, elle peut encore auoir vn autre excez, qui consiste à n'estre acompagnée d'aucune irrésolution, ny d'aucune crainte.

I'ay pensé ces iours passez au nombre & à l'ordre de ces passions, afin de pouuoir plus particulierement examiner leur nature ; mais ie n'ay pas encore assez digeré mes opinions touchant ce sujet, pour les oser écrire à vostre Altesse, & ie ne manqueray pas de m'en acquiter le plu-tost qu'il me sera possible.

Pour ce qui est du libre arbitre, ie confesse qu'en ne pensant qu'à nous-mesmes, nous ne pouuons ne le pas estimer indépendant ; mais lors que nous pensons à la puissance infinie de Dieu, nous ne pouuons ne pas croire que toutes choses dépendent de luy, & par consequent que nostre libre arbitre n'en est pas exemt. Car il implique contradiction de dire que Dieu ait créé des hommes de telle nature, que les actions de leur volonté ne dépendent point de la sienne ; pour ce que c'est le mesme que si on disoit que sa puissance est tout ensemble finie & infinie: Finie, puis qu'il y a quelque chose qui n'en dépend point, & infinie, puis qu'il a pû créer cette chose indépendante. Mais comme la connoissance de l'existence de Dieu ne nous doit pas empescher d'estre assurez de nostre libre arbitre, pource que nous l'experimentons & le sentons en nous-mesmes ; ainsi celle de nostre libre arbitre ne

nous doit point faire douter de l'exiſtence de Dieu.
Car l'indépendance que nous experimentons & ſentons en nous, & qui ſufit pour rendre nos actions
loüables ou blaſmables, n'eſt pas incompatible auec
vne dépendance qui eſt d'autre nature, ſelon laquelle
toutes choſes ſont ſujettes à Dieu.

Pour ce qui eſt de l'état de l'Ame apres cette vie,
j'en ay bien moins de cõnoiſſance que Monſieur d'Igby ; Car laiſſant à part ce que la Foy nous en enſeigne,
ie confeſſe que par la ſeule raiſon naturelle nous pouuons bien faire beaucoup de conjectures à noſtre
auantage, & auoir de belles eſperances, mais non
point aucune aſſurance. Et pour ce que la raiſon naturelle nous aprend auſſi que nous auons tou-jours plus
de biens que de maux en cette vie, & que nous ne deuons point laiſſer le certain pour l'incertain, elle me
ſemble nous enſeigner, que nous ne deuons pas veritablement craindre la mort, mais que nous ne deuons
auſſi iamais la rechercher.

Ie n'ay pas beſoin de répondre à l'objection que
peuuent faire les Theologiens, touchant la vaſte
étenduë que j'ay atribuée à l'Vniuers ; pour ce que
voſtre Alteſſe y a deſ-ja répondu pour moy, j'adjoute ſeulement que ſi cette étenduë pouuoit rendre les
myſteres de noſtre Religion moins croyables, celle
que les Aſtronomes ont de tout tems atribuée aux
Cieux auroit pû faire le meſme ; pource qu'ils les ont
conſiderez ſi grans, que la Terre n'eſt à leur comparaiſon que comme vn point, & toutesfois cela ne leur
a pas eſté objecté.

Au reste, si la prudence estoit maistresse des éuenemens, ie ne doute point que vostre Altesse ne vinst
à bout de tout ce qu'elle voudroit entreprendre : mais
il faudroit que tous les hommes fussent parfaitement
sages, afin que sçachant ce qu'ils doiuent faire, on
pust estre assuré de ce qu'ils feront ; ou bien il faudroit
connoistre particulierement l'humeur de tous ceux
auec lesquels on a quelque chose à démeler ; & encore ne seroit-ce pas assez, à cause qu'ils ont outre cela
leur libre arbitre, dont les éuenemens ne sont connus
que de Dieu seul. Et pour ce qu'on juge ordinairement de ce que les autres feront, par ce qu'on voudroit faire si on estoit en leur place, il arriue souuent
que les Esprits ordinaires & médiocres estant semblables à ceux auec lesquels ils ont à traiter, pénetrent
mieux dans leurs conseils, & font plus aysément réüssir
ce qu'ils entreprennent, que ne font les plus releuez,
lesquels ne traitans qu'auec ceux qui leur sont de beaucoup inferieurs en connoissance & en prudence, jugent tout autrement qu'eux des affaires. C'est ce qui
doit consoler vostre Altesse, lors que la Fortune s'o-
pose à vos desseins. Ie prie Dieu qu'il les fauorise,
estant comme ie suis, &c.

A MADAME ÉLIZABETH,

PRINCESSE PALATINE, &c.

LETTRE X.

MADAME,

Ie ne puis nier que ie n'aye esté surpris d'aprendre que vostre Altesse ait eu de la fascherie, jusqu'à en estre incommodée en sa santé, pour vne chose que la plus grande part du monde trouuera bonne, & que plusieurs fortes raisons peuuent rendre excusable en-uers les autres ; Car tous ceux de la Religion dont ie suis (qui font sans doute le plus grand nombre dans l'Europe) sont obligez de l'aprouuer, encore mesmo qu'ils y vissent des circonstances & des motifs aparens qui fussent blasmables: Car nous croyons que Dieu se sert de diuers moyens pour atirer les Ames à soy, & que tel est entré dans le Cloistre auec vne mauuaise in-tention, lequel y a mené par apres vne vie fort sain-te. Pour ceux qui font d'vne autre creance, s'ils en parlent mal, on peut recuser leur jugement; car com-me en toutes les autres affaires touchant lesquelles il y a diuers partis, il est impossible de plaire aux vns sans déplaire aux autres, s'ils considerent qu'ils ne seroient pas de la Religion dont ils sont, si eux, ou leurs peres, ou leurs ayeuls n'auoient quité la Romaine, ils n'au-ront pas sujet de se mocquer, ny de nommer incon-stans ceux qui quitent la leur. Pour ce qui regarde la

G

prudence du siecle, il est vray que ceux qui ont la fortune chez eux, ont raison de demeurer tous autour
d'elle, & de joindre leurs forces ensemble pour empescher qu'elle n'échape; mais ceux de la maison desquels elle est fugitiue, ne font ce me semble, point
mal de s'acorder à suiure diuers chemins, afin que s'ils
ne la peuuent trouuer tous, il y en ait au moins quelqu'vn qui la rencontre; Et cependant pour ce qu'on
croit que chacun d'eux a plusieurs resources, ayant
des amis en diuers partis, cela les rend plus considerables que s'ils estoient tous engagez dans vn seul: Ce
qui m'empesche de pouuoir imaginer que ceux qui
ont esté autheurs de ce conseil, ayant en cela voulu
nuire à vostre Maison. Mais ie ne prétens point que
mes raisons puissent empescher le ressentiment de vostre Altesse, j'espere seulement que le tems l'aura diminüée auant que cette lettre vous soit presentée, &
ie craindrois de le rafraischir, si ie m'étendois dauantage sur ce sujet. C'est pourquoy ie passe à la difficulté que vostre Altesse propose touchant le libre arbitre, duquel ie tascheray d'expliquer la dépendance &
la liberté par vne côparaison. Si vn Roy qui a défendu
les düels, & qui sçait tres-assurément que deux Gentilshommes de son Royaume demeurans en diuerses
villes sont en querelle, & tellement animez l'vn contre l'autre, que rien ne les sçauroit empescher de se
battre s'ils se rencontrent; si, dis-je, ce Roy donne à
l'vn d'eux quelque commission pour aller à certain
jour vers la ville où est l'autre, & qu'il donne aussi
commission à cét autre pour aller au mesme jour vers

le lieu où est le premier, il sçait bien assurément qu'ils
ne manqueront pas de se rencontrer, & de se battre,
& ainsi de contreuenir à sa defense, mais il ne les y
contraint point pour cela ; Et sa connoissance & mesme la volonté qu'il a euë de les y déterminer en cette
façon, n'empesche pas que ce ne soit aussi volontairement & aussi librement qu'ils se battent, lors qu'ils
viennent à se rencontrer, comme ils auroient fait
s'il n'en auoit rien sceu, & que ce fust par quelque
autre occasion qu'ils se fussent rencontrez, & ils peuuent aussi justement estre punis, pour ce qu'ils ont
contreuenu à sa défense. Or ce qu'vn Roy peut faire
en cela touchant quelques actions libres de ses sujets,
Dieu qui a vne préscience & vne puissance infinie le
fait infailliblement touchant toutes celles des hõmes:
Et auant qu'il nous ait enuoyez en ce monde, il a sceu
éxactement qu'elles seroient toutes les inclinations de
nostre volonté, c'est luy-mesme qui les a mises en
nous, c'est luy aussi qui a disposé toutes les autres
choses qui sont hors de nous, pour faire que tels &
tels objets se presentassent à nos sens à tel & tel tems,
à l'ocasion desquels il a sceu que nostre libre arbitre
nous détermineroit à telle ou telle chose, & il l'a ainsi
voulu, mais il n'a pas voulu pour cela l'y contraindre.
Et comme on peut distinguer en ce Roy deux differens degrez de volonté, l'vn par lequel il a voulu que
ces Gentils-hommes se battissent, puis qu'il a fait qu'ils
se rencontrassent, & l'autre par lequel il ne l'a pas voulu, puis qu'il a défendu les düels ; Ainsi les Theologiens distinguent en Dieu vne volonté absoluë & in-

dépendante, par laquelle il veut que toutes choses se
fassent ainsi qu'elles se font, & vne autre qui est relatiue, & qui se raporte au merite ou démerite des hommes, par laquelle il veut qu'on obeïsse à ses Loix.

Il est besoin aussi que ie distingue deux sortes de
biens, pour acorder ce que j'ay cy-deuant écrit (à
sçauoir, qu'en cette vie nous auons tou-jours plus de
biens que de maux) auec ce que V. Altesse m'objecte
touchant toutes les incommoditez de la vie. Quand
on considere l'idée du bien pour seruir de régle à nos
actions, on le prend pour toute la perfection qui peut
estre en la chose qu'on nomme bonne, & on le compare à la ligne droite, qui est vnique entre vne infinité de courbes ausquelles on compare les maux. C'est
en ce sens que les Philosophes ont coutume de dire
que *bonum est ex integra causa, malum ex quouis defectu.*
Mais quand on considere les biens & les maux qui peuuent estre en vne mesme chose, pour sçauoir l'estime qu'on en doit faire, comme j'ay fait lors que j'ay
parlé de l'estime que nous deuions faire de cette vie,
on prend le bien pour tout ce qui s'y trouue dont on
peut auoir quelque commodité, & on ne nomme
mal que ce dont on peut receuoir de l'incommodité;
Car pour les autres défauts qui peuuent y estre, on ne
les comte point. Ainsi lors qu'on offre vn employ à
quelqu'vn, il considere d'vn costé l'honneur & le profit qu'il en peut atendre comme des biens, & de l'autre
la peine, le peril, la perte du tems, & autres telles choses comme des maux; Et comparant ces maux auec ces
biens, selon qu'il trouue ceux-cy plus ou moins grans

que ceux-là, il l'acepte ou le refuſe. Or ce qui m'a fait
dire en ce dernier ſens, qu'il y a tou-jours plus de biens
que de maux en cette vie, c'eſt le peu d'état que ie
croy que nous deuons faire de toutes les choſes qui
ſont hors de nous, & qui ne dépendent point de nô-
tre libre arbitre, à comparaiſon de celles qui en dépendent, leſquelles nous pouuons tou-jours rendre
bonnes, lors que nous en ſçauons bien vſer ; & nous
pouuons empeſcher par leur moyen que tous les
maux qui viennent d'ailleurs, tant grans qu'ils puiſſent eſtre, n'entrent plus auant en noſtre Ame, que
la triſteſſe que y excitent les Comédiens, quand ils repreſentent deuant nous quelques actions fort funeſtes ; mais j'auoüe qu'il faut eſtre fort philoſophe
pour arriuer juſqu'à ce point. Et toutesfois ie croy
auſſi que meſme ceux-là qui ſe laiſſent le plus emporter à leurs paſſions, jugent tou-jours en leur interieur,
qu'il y a plus de biens que de maux en cette vie, encore qu'ils ne s'en aperçoiuent pas eux-meſmes ; car
bien qu'ils apellent quelquefois la mort à leur ſecours, quand ils ſentent de grandes douleurs, c'eſt
ſeulement afin qu'elle leur ayde à porter leur fardeau,
ainſi qu'il y a dans la fable, & ils ne veulent point pour
cela perdre la vie, ou bien s'il y en a quelques-vns qui
la veüillent perdre, & qui ſe tuent eux-meſmes, c'eſt
par vne erreur de leur entendement, & non point par
vn jugement bien raiſonné, ny par vne opinion que
la nature ait imprimée en eux, comme eſt celle qui fait
qu'on préfere les biens de cette vie à ſes maux.

La raiſon qui me fait croire que ceux qui ne font

rien que pour leur vtilité particulière, doiuent auſſi bien que les autres trauailler pour autruy, & taſcher de faire plaiſir à vn chacun, autant qu'il eſt en leur pouuoir, s'ils veulent vſer de prudence, eſt, qu'on voit ordinairement arriuer, que ceux qui ſont eſtimez officieux & promts à faire plaiſir, reçoiuent auſſi quantité de bons offices des autres, meſme de ceux qu'ils n'ont jamais obligez, leſquels ils ne reçeuroient pas ſi on les croyoit d'autre humeur : & que les peines qu'ils ont à faire plaiſir, ne ſont point ſi grandes que les commoditez que leur donne l'amitié de ceux qui les connoiſſent; Car on n'atend de nous que les offices que nous pouuons rendre commodement, & nous n'en atendons pas dauantage des autres; mais il arriue ſouuent que ce qui leur couſte peu, nous profite beaucoup, & meſme nous peut importer de la vie. Il eſt vray qu'on perd quelquefois ſa peine en bien faiſant, & au contraire qu'on gagne à mal faire, mais cela ne peut changer la régle de la prudence, laquelle ne ſe raporte qu'aux choſes qui arriuent le plus ſouuent; Et pour moy la maxime que j'ay le plus obſeruée en toute la conduite de ma vie, a eſté de ſuiure ſeulement le grand chemin, & de croire que la principale fineſſe eſt de ne vouloir point du tout vſer de fineſſe. Les loix communes de la ſocieté, leſquelles tendent toutes à ſe faire du bien les vns aux autres, ou du moins à ne ſe point faire de mal, ſont ce me ſemble, ſi bien établies, que quiconque les ſuit franchement ſans aucune diſſimulation ny artifice, mene vne vie beaucoup plus heureuſe & plus aſſurée, que ceux

qui cherchent leur vtilité par d'autres voyes, lesquels
à la verité réüffiffent quelquefois par l'ignorance des
autres hommes, & par la faueur de la Fortune, mais il
arriue bien plus fouuent qu'ils y manquent, & que
penfant s'établir ils fe ruïnent. C'eft auec cette in-
genuïté & cette franchife, laquelle ie fais profeffion
d'obferuer en toutes mes actions, que ie fais auffi particulierement profeffion d'eftre, &c.

A MADAME ÉLIZABETH,
PRINCESSE PALATINE, &c.

LETTRE XI.

MADAME,

Ie reconnois par experience que j'ay eu raifon de
mettre la gloire au nombre des paffions, car ie ne puis
m'empefcher d'en eftre touché en voyant le fauorable jugement que fait voftre Alteffe du petit traité que j'en ay écrit ; Et ie ne fuis nullement furpris de
ce qu'elle y remarque auffi des défauts, pour ce que ie
n'ay point douté qu'il n'y en euft en grand nombre,
eftant vne matiere que ie n'auois jamais cy-deuant
étudiée, & dont ie n'ay fait que tirer le premier
crayon, fans y adjouter les couleurs & les ornemens
qui feroient requis pour la faire paroiftre à des yeux
moins clair-voyans que ceux de voftre Alteffe. Ie n'y
ay pas mis auffi tous les principes de Phyfique dont
ie me fuis feruy pour déchifrer quels font les mouue-

mens du fang, qui accompagnent chaque paſſion,
pour ce que ie ne les ſçaurois bien déduire ſans expliquer la formation de toutes les parties du cors humain;
& c’eſt une choſe ſi difficile que ie ne l’oſerois encore
entreprendre, bien que ie me ſois à peu prés ſatisfait
moy-meſme touchant la verité des principes que j’ay
ſupoſez en cét écrit; Dont les principaux ſont, Que
l’office du foye & de la rate eſt de contenir tou-jours
du ſang de reſerue, moins purifié que celuy qui eſt
dans les venes; & que le feu qui eſt dans le cœur à béſoin d’eſtre continuellement entretenu, ou bien par
le ſuc des viandes qui vient directement de l’eſtomac,
ou bien à ſon défaut par ce ſang qui eſt en reſerue, à
cauſe que l’autre ſang qui eſt dans les venes ſe dilate
trop ayſément; Et qu’il y a vne telle liaiſon entre nô-
ſtre Ame & noſtre Cors, que les penſées qui ont
accompagné quelques mouuemens du cors dés le
commencement de noſtre vie, les accompagnent
encore à preſent, en ſorte que ſi les meſmes mouuemens ſont excitez derechef dans le cors par quelque
cauſe exterieure, ils excitent auſſi en l’Ame les meſme
penſées, & réciproquement ſi nous auons les meſmes
penſées, elles produiſent les meſmes mouuemens; Et
enfin que la machine de noſtre cors eſt tellemét faite,
qu’vne ſeule péſée de joye, ou d’amour, ou autre ſemblable, eſt ſuffiſante pour enuoyer les eſprits animaux
par les nerfs en tous les muſcles qui ſont requis pour
cauſer les diuers mouuemens du ſang que j’ay dit accompagner les paſſions. Il eſt vray que j’ay eu de la
difficulté à diſtinguer ceux qui appartiennent à chaque

que paſſion, à cauſe qu'elles ne ſont jamais ſeules; mais neantmoins pour ce que les meſmes ne ſont pas tou-jours jointes enſemble, j'ay taſché de remarquer les changemens qui arriuoient dans le cors, lors qu'elles changeoient de compagnie. Ainſi par exemple, ſi l'amour eſtoit tou-jours jointe à la joye, je ne ſçaurois à laquelle des deux il faudroit attribuër la chaleur & la dilatation qu'elles font ſentir autour du cœur: mais pour ce qu'elle eſt auſſi quelquefois jointe à la triſteſſe, & qu'alors on ſent encore cette chaleur & non plus cette dilatation, j'ay jugé que la chaleur appartient à l'amour, & la dilatation à la joye. Et bien que le deſir ſoit quaſi tou-jours auec l'amour, ils ne ſont pas neantmoins tou-jours enſemble au meſme degré: Car encore qu'on ayme beaucoup, on deſire peu lors qu'on ne conçoit aucune eſperance; & pour ce qu'on n'a point alors la diligence & la promtitude qu'on auroit ſi le deſir eſtoit plus grand, on peut juger que c'eſt de luy qu'elle vient, & non de l'amour.

Ie croy bien que la triſteſſe oſte l'apetit à pluſieurs; mais pour ce que j'ay tou-jours éprouué en moy qu'elle l'augmente, ie m'eſtois réglé là deſſus. Et j'eſtime que la difference qui arriue en cela, vient de ce que le premier ſujet de triſteſſe que quelques-vns ont eu au commencement de leur vie, a eſté qu'ils ne receuoient pas aſſez de nouriture, & que celuy des autres a eſté que celle qu'ils receuoient leur eſtoit nuiſible; Et en ceux-cy le mouuement des Eſprits qui oſte l'apetit eſt tou-jours depuis demeuré joint auec

la paſſion de la triſteſſe. Nous voyons auſſi que les
mouuemens qui acompagnent les autres paſſions ne
ſont pas entierement ſemblables en tous les hommes, ce qui peut eſtre attribué à pareille cauſe.

Pour l'admiration, encore qu'elle ait ſon origine
dans le cerueau, & ainſi que le ſeul temperament du
ſang ne la puiſſe cauſer, comme il peut ſouuent cauſer la joye ou la triſteſſe, toutesfois elle peut, par le
moyen de l'impreſſion qu'elle fait dans le cerueau,
agir ſur le cors autant qu'aucune des autres paſſions,
ou meſme plus en quelque façon, à cauſe que la ſurpriſe qu'elle contient cauſe les mouuemens les plus
promts de tous; Et comme on peut mouuoir la main
ou le pié quaſi au meſme inſtant qu'on penſe à les
mouuoir, pource que l'idée de ce mouuement qui ſe
forme dans le cerueau, enuoye les eſprits dans les
muſcles qui ſeruent à cét effet; Ainſi l'idée d'vne
choſe plaiſante qui ſurprend l'Eſprit, enuoye auſſi-
toſt les eſprits dans les nerfs qui ouurent les orifices
du cœur; & l'admiration ne fait en cecy autre choſe,
ſinon que par ſa ſurpriſe elle augmente la force du
mouuement qui cauſe la joye, & fait que les orifices
du cœur eſtant dilatez tout à coup, le ſang qui entre
dedans par la vene caue, & qui en ſort par la vene arterieuſe enfle ſubitement le poumon.

Les meſmes ſignes exterieurs qui ont coutume d'a-
compagner les paſſions, peuuent bien auſſi quelquefois eſtre produits par d'autres cauſes. Ainſi la rougeur du viſage ne vient pas toujours de la honte,
mais elle peut auſſi venir de la chaleur du feu, ou bien

de ce qu'on fait de l'exercice ; Et le Ris qu'on nomme
Sardonien, n'eſt autre choſe qu'vne conuulſion des
nerfs du viſage ; & ainſi on peut ſoûpirer quelquefois par coutume, ou par maladie, mais cela n'empeſche pas que les ſoûpirs ne ſoient des ſignes exterieurs de la triſteſſe & du deſir, lors que ce ſont ces
paſſions qui les cauſent. Ie n'auois jamais oüy dire ny
remarqué qu'ils fuſſent auſſi quelquefois cauſez par la
repletion de l'eſtomac ; mais lors que cela arriue, ie
croy que c'eſt vn mouuement dont la nature ſe ſert
pour faire que le ſuc des viandes paſſe plus promptement par le cœur, & ainſi que l'eſtomac en ſoit plu-
toſt déchargé ; Car les ſoûpirs agitant le poumon,
font que le ſang qu'il contient deſcend plus viſte par
l'artere veneuſe dans le coſté gauche du cœur, & ainſi
que le nouueau ſang compoſé du ſuc des viandes qui
vient de l'eſtomac par le foye & par le cœur juſqu'au
poumon, y peut plus ayſement eſtre receu.

Pour les remedes contre les excez des paſſions, j'a-
uoüe bien qu'ils ſont difficiles à pratiquer, & meſme qu'ils ne peuuent ſufire pour empeſcher les de-
ſordres qui arriuent dans le cors, mais ſeulement
pour faire que l'Ame ne ſoit point troublée, & qu'elle puiſſe retenir ſon jugement libre ; A quoy ie ne
juge pas qu'il ſoit beſoin d'auoir vne connoiſſance
exacte de la verité de chaque choſe, ny meſme d'a-
uoir prévû en particulier tous les accidens qui peuuent ſuruenir, ce qui ſeroit ſans doute impoſſible ;
mais c'eſt aſſez d'en auoir imaginé en general de plus
faſcheux que ne ſont ceux qui arriuent, & de s'eſtre

préparé à les foufrir. Ie ne croy pas aussi qu'on peche gueres par excez en desirant les chofes neceffaires à la vie, ce n'eft que des mauuaifes ou fuperfluës que les desirs ont befoin d'eftre réglez; Car ceux qui ne tendent qu'au bien font ce me femble, d'autant méilleurs qu'ils font plus grans ; Et quoy que j'aye voulu flater mon défaut, en mettant vne ie ne fçay quelle langueur entre les paffions excufables, j'eftime neantmoins beaucoup plus la diligence de ceux qui fe portent tou-jours auec ardeur à faire les chofes qu'ils croyent eftre en quelque façon de leur deuoir, encore qu'ils n'en efperent pas beaucoup de fruit.

Ie mene vne vie fi retirée, & j'ay tou-jours efté fi éloigné du maniment des affaires, que je ne ferois pas moins impertinent que ce Philofophe qui vouloit enfeigner le deuoir d'vn Capitaine en la préfence d'Hannibal, fi j'entreprenois d'écrire icy les maximes qu'on doit obferuer en la vie ciuile ; Et ie ne doute point que celle que propofe voftre Alteffe, ne foit la méilleure de toutes, à fçauoir qu'il vaut mieux fe régler en cela fur l'experience que fur la raifon ; pour ce qu'on a rarement à traiter auec des perfonnes parfaitement raifonnables, ainfi que tous les hommes deuroient eftre, afin qu'on puft juger ce qu'ils feront par la feule confideration de ce qu'ils deuroient faire : Et fouuent les méilleurs confeils ne font pas les plus heureux. C'eft pourquoy on eft contraint de hazarder, & de fe mettre au pouuoir de la Fortune, laquelle je fouhaite auffi obeïffante à vos defirs que ie fuis, &c.

A MADAME ELIZABETH, PRINCESSE PALATINE, &c.

LETTRE XII.

MADAME,

L'occasion que j'ay de donner cette lettre à Monsieur de Beclin qui m'est tres-intime amy, & à qui ie me fie autant qu'à moy-mesme, est cause que ie prens la liberté de m'y confesser d'vne faute tres-signalée que j'ay commise dans le traité des passions, en ce que pour flater ma négligence, j'y ay mis au nombre des émotions de l'Ame qui sont excusables, vne ie ne sçay quelle langueur qui nous empesche quelquefois de mettre en execution les choses qui ont esté aprouuées par nostre jugement ; Et ce qui m'a donné le plus de scrupule en cecy, est que ie me souuiens que vostre Altesse a particulierement remarqué cét endroit, comme témoignant n'en pas desaprouuer la pratique, en vn sujet où ie ne puis voir qu'elle soit vtile. I'auoüe bien qu'on a grande raison de prendre du tems pour déliberer, auant que d'entreprendre les choses qui sont d'importance ; mais lors qu'vne affaire est commencée, & qu'on est d'acord du principal, ie ne voy pas qu'on ait aucun profit de chercher des delais en disputant pour les conditions. Car si l'affaire nonobstant cela réüssit, tous les petits auantages qu'on aura peut-estre acquis par ce moyen, ne seruent pas

tant, que peut nuire le dégouſt que cauſent ordinairement ces delais; & ſi elle ne réüſſit pas, tout cela
ne ſert qu'à faire ſçauoir au monde qu'on a eu des deſſeins qui ont manqué: Outre qu'il arriue bien plus
plus ſouuent, lors que l'affaire qu'on entreprend eſt
fort bonne, que pendant qu'on en differe l'execution
elle s'échape, que non pas lors qu'elle eſt mauuaiſe.
C'eſt pourquoy ie me perſuade que la réſolution &
la promtitude ſont des vertus tres-néceſſaires pour
les affaires deſ-ja commencées; Et l'on n'a pas ſujet
de craindre ce qu'on ignore, car ſouuent les choſes
qu'on a le plus aprehendées auant que de les connoiſtre, ſe trouuent meilleures que celles qu'on a de-
ſirées: Ainſi le meilleur eſt en cela de ſe fier à la prouidence Diuine, & de ſe laiſſer conduire par elle. Ie
m'aſſure que voſtre Alteſſe entend fort bien ma penſée, encore que ie l'explique fort mal, & qu'elle par-
donne au zele extréme qui m'oblige d'écrire cecy; car
ie ſuis autant que ie puis eſtre, &c.

※※※※※※※※※※※※※※※※※※※※※※※※※※※※※※※※※※

A MADAME ÉLIZABETH,

PRINCESSE PALATINE, &c.

LETTRE XIII.

MADAME,

　　I'ay lû le liure dont voſtre Alteſſe m'a commandé
de luy écrire mon opinion, & i'y trouue pluſieurs
préceptes qui me ſemblent fort bons, comme en-

tr'autres au 19. & 20. chapitres; Qu'vn Prince doit
tou-iours éuiter la haine & le mépris de ses suiets, &
que l'amour du peuple vaut mieux que les forteresses.
Mais il y en a aussi plusieurs autres que ie ne sçaurois
aprouuer: Et ie croy que ce en quoy l'Auteur a le plus
manqué, est, qu'il n'a pas mis assez de distinction entre les Princes qui ont acquis vn état par des voyes iustes, & ceux qui l'ont vsurpé par des moyens illegitimes; & qu'il a donné à tous generalement, les préceptes qui ne sont propres qu'à ces derniers. Car comme en bastissant vne maison dont les fondemens sont
si mauuais qu'ils ne sçauroient soutenir des murailles
hautes & épaisses, on est obligé de les faire foibles &
basses; Ainsi ceux qui ont commencé à s'établir par
des crimes, sont ordinairement contrains de continuër à commettre des crimes, & ne se pouroient
maintenir s'ils vouloient estre vertueux. C'est au regard de tels Princes qu'il a pû dire au chapitre 3. Qu'ils
ne sçauroient manquer d'estre haïs de plusieurs; &
qu'ils ont souuent plus d'auantage à faire beaucoup
de mal qu'à en faire moins, pour ce que les légeres
offenses suffisent pour donner la volonté de se vanger, & que les grandes en ostent le pouuoir. Puis au
chapitre 15. Que s'ils vouloient estre gens de bien, il
seroit impossible qu'ils ne se ruinassent parmy le
grand nombre de méchans qu'on trouue par tout. Et
au chapitre 19. Qu'on peut estre hay pour de bonnes
actions aussi bien que pour de mauuaises; Sur lesquels
fondemens il appuye des préceptes tres-tyranniques;
comme de vouloir qu'on ruïne tout vn païs, afin d'en

demeurer le maiftre ; Qu'on exerce de grandes cruautez, pourvû que ce foit promtement & tout à la fois;
Qu'on tafche de paroiftre homme de bien , mais
qu'on ne le foit pas veritablement ; Qu'on ne tienne
fa parole qu'auffi long-tems qu'elle fera vtile ; qu'on
diffimule, qu'on trahiffe; Et enfin que pour régner on
fe dépoüille de toute humanité, & qu'on deuienne le
plus farouche de tous les animaux. Mais c'eft vn tres-
mauuais fujet pour faire des Liures, que d'entreprendre d'y donner de tels préceptes, qui au bout du
conte ne fçauroient affurer ceux aufquels il les donne;
car comme il auoüe luy-mefme , ils ne fe peuuent
garder du premier qui voudra négliger fa vie pour fe
vanger d'eux. Au lieu que pour inftruire vn bon Prince, quoy que nouuellement entré dans vn Eftat, il me
femble qu'on luy doit propofer des maximes toutes
contraires, & fupofer que les moyens dont il s'eft
feruy pour s'établir ont efté juftes; comme en effet
ie croy qu'ils le font prefque tous, lors que les Princes
qui les pratiquent les eftiment tels; car la juftice entre
les Souuerains a d'autres limites qu'entre les particuliers; & il femble qu'en ces rencontres Dieu donne
le droit à ceux aufquels il donne la force; mais les
plus juftes actions deuiennent injuftes, quand ceux
qui les font les penfent telles. On doit auffi diftinguer entre les fujets, les amis ou alliez, & les ennemis;
Car au regard de ces derniers on a quafi permiffion de
tout faire, pourvû qu'on en tire quelque auantage
pour foy ou pour fes fujets, & ie ne defaprouue pas en
cette occafion qu'on acouple le renard auec le lyon,

& qu'on

& qu'on joigne l'artifice à la force. Mesme ie comprens sous le nom d'ennemis, tous ceux qui ne sont point amis ou alliez; pour ce qu'on a droit de leur faire la guerre, quand y trouue son auantage, & que commençans à deuenir suspects & redoutables, on a lieu de s'en défier. Mais j'excepte vne espece de tromperie, qui est si directement contraire à la société, que ie ne croy pas qu'il soit jamais permis de s'en seruir, bien que nostre Auteur l'aprouue en diuers endroits, & qu'elle ne soit que trop en pratique ; C'est de feindre d'estre amy de ceux qu'on veut perdre, afin de les pouuoir mieux surprendre. L'amitié est vne chose trop sainte pour en abuser de la sorte, & celuy qui aura pû feindre d'aymer quelqu'vn pour le trahir, mérite que ceux qu'il voudra par aprés aymer veritablement, n'en croyent rien, & le haïssent. Pour ce qui regarde les alliez, vn Prince leur doit tenir éxactement sa parole, mesme lors que cela luy est préjudiciable, car il ne le sçauroit estre tant, que la réputation de ne manquer point à faire ce qu'il a promis luy est vtile, & il ne peut acquerir cette réputation que par de telles occasions, où il y va pour luy de quelque perte: mais en celles qui le ruïneroient tout-à-fait, le droit des gens le dispense de sa promesse. Il doit aussi vser de beaucoup de circonspection auant que de promettre, afin de pouuoir tou-jours garder sa foy. Et bien qu'il soit bon d'auoir amitié auec la plu-part de ses voisins, ie croy neantmoins que le méilleur est de n'auoir point d'étroites alliances qu'auec ceux qui sont moins puissans; Car quelque fidelité qu'on se

propofe d'auoir, on ne doit pas attendre la pareille
des autres, mais faire fon conte qu'on en fera trompé,
toutes les fois qu'ils y trouueront leur auantage; Et
ceux qui font plus puiffans l'y peuuent trouuer quand
ils veulent, mais non pas ceux qui le font moins.
Pour ce qui eft des fujets, il y en a de deux fortes, à fçauoir les grans, & le peuple. Ie comprens fous le nom
de Grans, tous ceux qui peuuent former des partis
contre le Prince, de la fidelité defquels il doit eftre
tres-affuré, où il ne l'eft pas, tous les politiques font
d'acord qu'il doit employer tous fes foins à les abaiffer,
& qu'entant qu'ils font enclins à broüiller l'Eftat, il
ne les doit confiderer que comme ennemis. Mais pour
fes autres fujets, il doit fur tout éuiter leur haine &
leur mépris; ce que ie croy qu'il peut tou-jours faire,
pourvû qu'il obferue éxactement la juftice à leur mode (c'eft à dire fuiuant les loix aufquelles ils font
acoutumez) fans eftre trop rigoureux aux punitions,
ny trop indulgent aux graces, & qu'il ne fe remette
pas de tout à fes Miniftres, mais que leur laiffant feulement la charge des condemnations plus odieufes,
il témoigne auoir luy-mefme le foin de tout le refte;
Puis auffi qu'il retienne tellement fa dignité, qu'il ne
quitte rien des honneurs & des déférances que le peuple croit luy eftre dûës, mais qu'il n'en demande
point dauantage, & qu'il ne faffe paroiftre en public
que fes plus férieufes actions, où celles qui peuuent
eftre aprouuées de tous, réferuant à prendre fes plaifirs en particulier, fans que ce foit jamais aux dépens
de perfonne. Et enfin qu'il foit immüable & inflexi-

ble non pas aux premiers deſſeins qu'il aura formez en
ſoy-meſme ; Car dautant qu'il ne peut auoir l'œil
par tout , il eſt neceſſaire qu'il demande conſeil, &
entende les raiſons de pluſieurs, auant que de ſe réſoudre ; mais qu'il ſoit infléxible touchant les choſes qu'il aura témoigné auoir réſoluës, encore meſme qu'elles luy fuſſent nuiſibles ; Car mal-ayſément
le peuuent elles eſtre tant, que ſeroit la réputation
d'eſtre léger & variable. Ainſi ie deſaprouue la maxime du chapitre 15. Que le monde eſtant fort corrompu , il eſt impoſſible qu'on ne ſe ruïne, ſi l'on veut
eſtre tou-jours homme de bien ; & qu'vn Prince pour
ſe maintenir , doit aprendre à eſtre méchant, lors que
l'ocaſion le requert ; ſi ce n'eſt peut-eſtre que par vn
homme de bien , il entende vn homme ſuperſtiticux
& ſimple , qui n'oſe donner bataille au iour du Sabath,
& dont la conſcience ne puiſſe eſtre en repos , s'il ne
change la religion de ſon peuple : Mais penſant qu'vn
homme de bien eſt celuy qui fait tout ce que luy dicte
la vraye raiſon, il eſt certain que le méilleur eſt de
taſcher à l'eſtre tou-jours. Ie ne croy pas auſſi ce qui eſt
au chapitre 19. Qu'on peut autant eſtre hay pour les
bonnes actions, que pour les mauuaiſes ; ſinon entant que l'enuie eſt vne eſpece de haine ; mais cela n'eſt
pas le ſens de l'Auteur ; Et les Princes n'ont pas coutume d'eſtre enuiez par le commun de leurs ſujets ; ils
le ſont ſeulement par les grans, ou par leurs voiſins,
auſquels les meſmes vertus qui leur donnent de l'enuie, leur donnent auſſi de la crainte ; c'eſt pourquoy
jamais on ne doit s'abtenir de bien faire, pour éuiter

cette forte de haine; Et il n'y en a point qui leur puiffe nuire, que celle qui vient de l'injuftice ou de l'arrogance que le peuple juge eftre en eux. Car on voit
mefme que ceux qui ont efté condamnez à la mort,
n'ont point coutume de haïr leurs juges, quand ils
penfent l'auoir méritée, & on foufre auffi auec patience les maux qu'on n'a point méritez, quand on croit
que le Prince de qui on les reçoit, eft en quelque façon contraint de les faire, & qu'il en a du déplaifir;
pour ce qu'on eftime qu'il eft jufte qu'il préfere l'vtilité publique à celle des particuliers. Il y a feulement de
la dificulté lors qu'on eft obligé de fatisfaire à deux
partis qui jugent diféremment de ce qui eft jufte,
comme lors que les Empereurs Romains auoient à
contenter les Citoyens & les Soldats; auquel cas il eft
raifonnable d'acorder quelque chofe aux vns & aux
autres, & on ne doit pas entreprendre de faire venir
tout d'vn coup à la raifon, ceux qui ne font pas acoutumez de l'entendre; mais il faut tafcher peu à peu,
foit par des écrits publics, foit par les voix des Prédicateurs, foit par tels autres moyens, à la leur faire
conceuoir: Car enfin le peuple foufre tout ce qu'on
luy peut perfuader eftre jufte, & s'offenfe de tout ce
qu'il imagine eftre iniufte. Et l'arrogance des Princes, c'eft à dire, l'vfurpation de quelque autorité, de
quelques droits, ou de quelques honneurs qu'il croit
ne leur eftre point dûs, ne luy eft odieufe, que pour
ce qu'il la confidere comme vne efpece d'iniuftice.
Au refte, ie ne fuis pas auffi de l'opinion de cét Auteur en ce qu'il dit en fa préface, Que comme il faut

eſtre dans la plaine pour mieux voir la figure des mon-
tagnes, lors qu'on en veut tirer le crayon, ainſi on doit
eſtre de condition priuée pour bien connoiſtre l'office d'vn Prince: Car le crayon ne repreſente que les
choſes qui ſe voyent de loin, mais les principaux
motifs des actions des Princes ſont ſouuent des cir-
conſtances ſi particulieres, que ſi ce n'eſt qu'on ſoit
Prince ſoy-meſme, ou bien qu'on ait eſté fort long-
tems participant de leurs ſecrets, on ne les ſçauroit
imaginer. C'eſt pourquoy ie meriterois d'eſtre mo-
qué, ſi ie penſois pouuoir enſeigner quelque choſe à
voſtre Alteſſe en cette matiere ; auſſi n'eſt-ce pas
mon deſſein; mais ſeulement de faire que mes lettres
luy donnent quelque ſorte de diuertiſſement, qui
ſoit different de ceux que ie m'imagine qu'elle a en
ſon voyage, lequel ie luy ſouhaite parfaitement heureux ; Comme ſans doute il le ſera, ſi voſtre Alteſſe
ſe reſout de pratiquer ces maximes qui enſeignent
que la félicité d'vn chacun dépend de luy-meſme, &
qu'il faut tellement ſe tenir hors de l'empire de la
Fortune, que bien qu'on ne perde pas les ocaſions
de retenir les auantages qu'elle peut donner, on ne
penſe pas toutesfois eſtre malheureux lors qu'elle les
refuſe ; Et pour ce qu'en toutes les affaires du monde
il y a quantité de raiſons pour & contre, qu'on s'arreſte principalement à conſiderer celles qui ſeruent à
faire qu'on aprouue les choſes qu'on voit arriuer.
Tout ce que j'eſtime le plus inéuitable ſont les maladies du cors, deſquelles ie prie Dieu qu'il vous préſer-
ue; & ie ſuis auec toute la déuotion que ie puis auoir,
&c.

A MADAME LOVISE,

PRINCESSE PALATINE, &c.

LETTRE XIV.

MADAME,

Ie mets au nombre des obligations que j'ay à Madame la Princeſſe Elizabeth voſtre ſœur, que m'ayant commandé de luy écrire, elle ait voulu que ce fuſt pour l'adreſſe de voſtre Alteſſe; pour ce que ſçachant combien elle vous chérit, j'eſpere que mes lettres luy ſeront moins importunes les receuant en la compagnie des voſtres, & qu'elles luy donneront plus de ioye, que ſi elles alloient toutes ſeules; & auſſi pour ce que cela me donne ocaſion de vous pouuoir aſſurer par écrit, que ie ſuis, &c.

A MADAME ÉLIZABETH,

PRINCESSE PALATINE, &c.

LETTRE XV.

MADAME,

I'ay receu vne tres-grande faueur de voſtre Alteſſe, en ce qu'elle a voulu que j'apriſſe par ſes lettres le ſuccez de ſon voyage, & qu'elle eſt arriuéé heureuſemẽt en vn lieu où eſtant grandement eſtiméc & chérie de ſes proches, il me ſemble qu'elle a autant de biens qu'on en peut ſouhaiter auec raiſon en cette vie : Car ſçachant la condition des choſes humaines, ce ſeroit trop importuner la fortune, que d'atendre d'elle tant de graces, qu'on ne puſt pas meſme en imaginant trouuer aucun ſujet de faſcherie. Lors qu'il n'y a point d'objets préſens qui offenſent les ſens, ny aucune indiſpoſition dans le cors qui l'in-commode, vn eſprit qui ſuit la vraye raiſon peut fa-cilement ſe contenter; Et il n'eſt pas beſoin pour ce-la qu'il oublie ny qu'il néglige les choſes éloignées, c'eſt aſſez qu'il taſche à n'auoir aucune paſſion pour celles qui luy peuuent déplaire; Ce qui ne répugne point à la charité; pour ce qu'on peut ſouuent mieux trouuer des remedes aux maux qu'on examine ſans paſſion, qu'à ceux pour leſquels on eſt afligé. Mais comme la ſanté du cors, & la préſence des objets agreables aydent beaucoup à l'eſprit, pour chaſſer hors de ſoy toutes les paſſions qui participent de la triſteſſe, & donner entrée à celles qui participent de la ioye : Ainſi reciproquement lors que l'eſprit eſt plein de joye, cela ſert beaucoup à faire que le cors ſe porte mieux, & que les objets préſens paroiſſent plus agreables; Et meſme auſſi j'oſe croire que la ioye in-terieure à quelque ſecrette force pour ſe rendre la For-tune plus fauorable. Ie ne voudrois pas écrire cecy à des perſonnes qui auroient l'eſprit foible, de peur de les induire à quelque ſuperſtition; mais au regard de voſtre Alteſſe, j'ay ſeulement peur qu'elle ſe moque

de me voir deuenir trop crédule : Toutesfois j'ay vne
infinité d'experiences, & auec cela l'autorité de Socrate, pour confirmer mon opinion. Les experiences
sont que j'ay souuent remarqué, que les choses qué
j'ay faites auec vn cœur gay, & sans aucune répugnance interieure, ont coutume de me succeder heureusement ; iusques-là mesme que dans les ieux de hazard,
où il n'y a que la Fortune seule qui regne, ie l'ay toui-
iours éprouuée plus fauorable, ayant d'ailleurs des
suiets de ioye, que lors que i'en auois de tristesse. Et ce
qu'on nomme commencement le genie de Socrate,
n'a sans doute esté autre chose, sinon qu'il auoit acoutumé de suiure ses inclinations interieures, & pensoit
que l'éuenement de ce qu'il entreprenoit seroit heureux, lors qu'il auoit quelque secret sentimét de gayeté ; & au contraire qu'il seroit malheureux, lors qu'il
estoit triste. Il est vrai pourtát que ce seroit estre superstitieux de croire autát à cela qu'on dit qu'il fesoit ; car
Platon raporte de luy, que mesme il demeuroit dans
le logis, toutes les fois que son genie ne luy conseilloit point d'en sortir. Mais touchant les actions importantes de la vie, lors qu'elles se rencontrent si douteuses, que la prudence ne peut enseigner ce qu'on
doit faire, il me semble qu'on a grande raison de suiure le conseil de son genie, & qu'il est vtile d'auoir
vne forte persuasion que les choses que nous entre-
prenons sans répugnance, & auec la liberté qui acompagne d'ordinaire la ioye, ne manqueront pas de
nous bien reüssir. Ainsi j'ose icy exhorter voftre Altesse, puis qu'elle se rencontre en vn lieu où les objets

présens

préfens ne luy donnent que de la fatisfaction, qu'il luy plaife auffi contribuër du fien pour tafcher à fe rendre contente ; ce qu'elle peut ce me femble ayfement, en n'arreftant fon efprit qu'aux chofes préfentes, & ne penfant iamais aux affaires, qu'aux heures où le Courier eft preft de partir. Et j'eftime que c'eft vn bon-heur que les Liures de voftre Alteffe n'ont pû luy eftre aportez fi-toft qu'elle les attendoit ; Car leur lecture n'eft pas fi propre à entretenir la gayeté, qu'à faire venir la trifteffe, principalement celle du liure de ce Docteur des Princes, qui ne reprefentant que les dificultez qu'ils ont à fe maintenir, & les cruautez ou perfidies qu'il leur confeille, fait que les particuliers qui le lifent, ont moins de fujet d'enuier leur condition, que de la plaindre. Voftre Alteffe a parfaitement bien remarqué fes fautes, & les miennes; car il eft vray que c'eft le deffein qu'il a eu de louër Cæfar Borgia, qui luy a fait établir des maximes generales, pour juftifier des actions particulieres qui peuuent dificilement eftre excufées; Et j'ay lû depuis fes difcours fur Tite-Liue, où ie n'ay rien remarqué de mauuais; Et fon principal précepte, qui eft d'extirper entierement fes ennemis, ou bien de fe les rendre amis, fans fuiure jamais la voye du milieu, eft fans doute tou-jours le plus fur; mais lors qu'on n'a aucun fujet de craindre, ce n'eft pas le plus genereux. Voftre Alteffe a auffi fort bien remarqué le fecret de la fontaine miraculeufe, en ce qu'il y a plufieurs pauures qui en publient les vertus, & qui font peut-eftre gagez par ceux qui en efperent du profit. Car il eft cer-

K

tain qu'il n'y a point de remede qui puiſſe ſeruir à tous
les maux ; mais pluſieurs ayant vſé de celuy-là, ceux
qui s'en ſont bien trouuez en diſent du bien, & on ne
parle point desautres. Quoy qu'il en ſoit, la qualité de
purger qui eſt en l'vne de ces fontaines, & la couleur
blanche auec la douceur & la qualité rafraichiſſante
de l'autre, donnent ocaſion de juger qu'elles paſſent
par des mines d'Antimoine, ou de Mercure, qui ſont
deux mauuaiſes drogues, principalement le Mercure : C'eſt pourquoy ie ne voudrois pas conſeiller à
perſonne d'en boire. Le vitriol & le fer des eaux de
Spa ſont bien moins à craindre ; & pour ce que l'vn
& l'autre diminuë la rate, & fait éuacuër la melancolie, ie les eſtime. Car voſtre Alteſſe me permettra, s'il
luy plaiſt, de finir cette lettre par où ie l'ay commencée, & de luy ſouhaiter principalement de la ſatisfaction d'eſprit, & de la ioye; comme eſtant non ſeulement le fruit qu'on atend de tous les autres biens, mais
auſſi ſouuent vn moyen qui augmente les graces
qu'on a pour les acquerir; & bien que ie ne ſois pas
capable de contribuër à aucune choſe qui regarde voſtre ſeruice, ſinon ſeulement par mes ſouhaits, j'oſe
pourtant aſſurer que ie ſuis plus parfaitement qu'aucun autre qui ſoit au monde, &c.

A MADAME LOVISE,
PRINCESSE PALATINE, &c.
LETTRE XVI.

MADAME,

La lettre que j'ay eu l'honneur de receuoir de Beclin me fait connoiſtre que j'ay de grandes obligations à voſtre Alteſſe, & conſiderant que celles que
j'écris & que ie reçois, paſſent par de ſi dignes mains,
il me ſemble que Madame voſtre Sœur imite la Souueraine Diuinité, qui a coutume d'employer l'entremiſe des Anges, pour receuoir les ſoûmiſſions des
hommes, qui leur ſont beaucoup inferieurs, & pour
leur faire ſçauoir ſes commandemens. Et pour ce que
ie ſuis d'vne Religion qui ne me défend point d'inuoquer les Anges, ie vous ſuplie d'auoir agreable
que ie vous en rende graces, & que ie témoigne icy
que ie ſuis auec beaucoup de déuotion, &c.

A MADAME ÉLIZABETH,
PRINCESSE PALATINE, &c.
LETTRE XVII.

MADAME,

Ie n'ay jamais trouué de ſi bonnes nouuelles en aucune des lettres que i'ay eu cy-deuant l'honneur de receuoir de voſtre Alteſſe, que i'ay fait en ces dernieres du 29. Nouembre. Car elles me font iuger que vous auez maintenant plus de ſanté & plus de ioye, que ie ne vous en ay vû auparauant; & ie croy qu'aprez la vertu, laquelle ne vous a iamais manqué, ce ſont les deux principaux biens qu'on puiſſe auoir en cette vie. Ie ne mets point en comte ce petit mal, pour lequel les Médecins ont prétendu que vous leur donneriez de l'employ; car encore qu'il ſoit quelquefois vn peu incommode, ie ſuis d'vn païs où il eſt ſi ordinaire à ceux qui ſont ieunes, & qui d'ailleurs ſe portent fort bien, que ie ne le conſidere pas tant comme vn mal, que comme vne marque de ſanté, & vn préſeruatif contre les autres maladies. Et la pratique a bien enſeigné à nos Médecins des remedes certains pour le guérir, mais ils ne conſeillent pas qu'on taſche à s'en defaire en vne autre ſaiſon qu'au Printems, pour ce qu'alors les pores eſtant plus ouuerts, on peut mieux en oſter la cauſe: Ainſi voſtre Alteſſe a tres-grande raiſon de ne vouloir pas vſer de remedes pour ce ſujet, principalement à l'entrée de l'Hyuer, qui eſt le tems le plus dangereux; & ſi cette incommodité dure iuſqu'au Printems, alors il ſera ayſé de la chaſſer auec quelques legers purgatifs, ou boüillons rafraichiſſans, où il n'entre rien que des herbes qui ſoient connuës en la cuiſine, & en s'abſtenant de manger des viandes où il y ait trop de ſel, ou d'épiceries. La ſeignée y pourroit auſſi beaucoup ſeruir; mais pour ce que c'eſt vn remede où il y a quelque danger, & dont

l'vfage fréquent abrege la vie, ie ne luy confeille
point de s'en feruir, fi ce n'eft qu'elle y foit acoutumée; car lors qu'on s'eft fait faigner en mefme faifon
trois ou quatre années de fuite, on eft prefque obligé
par aprés de faire tous les ans de mefme. Voftre Alteffe fait auffi fort bien de ne vouloir point vfer des
remedes de la Chymie, on a beau auoir vne longue
experience de leur vertu, le moindre petit changement qu'on fait en leur préparation, lors mefme
qu'on penfe mieux faire, peut entierement changer
leurs qualitez, & faire qu'au lieu de médecines ce
foient des poifons. Il en eft quafi de mefme de la
fcience, entre les mains de ceux qui la veulent débiter
fans la bien fçauoir; Car en penfant corriger ou adjouter quelque chofe à ce qu'ils ont apris, ils la conuertif-
fent en erreur. Il me femble que j'en voy la preuue
dans le liure de Regius, qui eft enfin venu au jour:
I'en marquerois icy quelques points, fi ie penfois qu'il
l'euft enuoyé à voftre Alteffe; mais il y a fi loin d'icy
à B. que ie juge qu'il aura atendu voftre retour pour
vous l'offrir; & ie l'atédray auffi pour vous en dire mon
fentiment. Ie ne m'étonne pas de ce que voftre Alteffe ne trouue aucuns doctes au païs où elle eft, qui
ne foient entierement préocupez des opinions de l'é-
cole; Car ie voy que dans Paris mefme, & en tout le
refte de l'Europe il y en a fi peu d'autres, que fi ie l'euffe
fceu auparauant, ie n'euffe peut-eftre jamais rien fait
imprimer. Toutesfois j'ay cette confolation, que
bien que ie fois affuré que plufieurs n'ont pas manqué
de volonté pour m'ataquer, il n'y a toutesfois encore

K iij

eu perſonne qui ſoit entré en lice ; Et meſme ie ré-
çois des complimens des Peres Ieſuites, que j'ay tou-
jours crû eſtre ceux qui ſe ſentiroient les plus intereſ-
ſez en la publication d'vne nouuelle Philoſophie, &
qui me le pardonneroient le moins, s'ils penſoient y
pouuoir blaſmer quelque choſe auec raiſon. Ie mets
au nombre des obligations que j'ay à voſtre Alteſſe, la
promeſſe qu'elle a faite à Monſieur le Duc de B. qui
eſt à VVs. de luy faire auoir mes écrits ; Car ie m'aſſure qu'auant que vous euſſiez eſté en ces quartiers-
là, ie n'auois point l'honneur d'y eſtre connu ; il eſt
vray que ie n'affecte pas fort de l'eſtre de pluſieurs,
mais ma principale ambition eſt de pouuoir témoigner que ie ſuis auec vne entiere déuotion, &c.

❋❋❋❋❋❋❋❋❋❋❋❋❋❋❋❋❋❋❋❋❋❋❋❋

A MADAME LOVISE,

PRINCESSE PALATINE, &c.

LETTRE XVIII.

MADAME,

 Les Anges ne ſçauroient laiſſer plus d'admiration
& de reſpect en l'eſprit de ceux auſquels ils daignent
aparoiſtre, que la lettre que j'ay eu l'honneur de receuoir auec celle de Madame voſtre ſœur en a laiſſé dans
le mien. Et tant s'en faut qu'elle ait diminüé l'opinion que j'auois, au contraire elle m'aſſure que ce n'eſt
pas ſeulement le viſage de voſtre Alteſſe, qui mérite
d'eſtre comparé à celuy des Anges, & ſur lequel les

Peintres peuuent prendre patron pour les bien répre-
senter, mais aussi que les graces de vostre esprit sont
telles, que les Philosophes ont sujet de les admirer,
& de les estimer semblables à celles de ces diuins gé-
nies, qui ne sont portez qu'à faire du bien, & qui ne
dédaignent pas d'obliger ceux qui ont pour eux de la
déuotion. Ie vous suplie donc de croire que c'est auec
vn zele tres-particulier que ie suis, &c.

A MADAME ELIZABETH,
PRINCESSE PALATINE, &c.

LETTRE XIX.

MADAME,

Encore que ie pouray trouuer des ocasions qui me
conuieront à demeurer en France, lors que j'y seray,
il n'y en aura toutesfois aucune qui ait la force de
m'empescher que ie ne reuienne auant l'Hyuer, pourvû que la vie & la santé me demeurent, puis que la lettre que j'ay eu l'honneur de receuoir de vostre Altesse me fait esperer que vous retournerez à la Haye
vers la fin de l'Esté. Mais ie puis dire que c'est la principale raison qui me fait préferer la demeure de ce
païs à celle des autres; Car pour le repos que j'y estois
cy-deuant venu chercher, ie préuoy que doresnauant ie ne l'y pouray auoir si entier que ie desirerois,
à cause que n'ayant pas encore tiré toute la satisfaction que ie deuois auoir des injures que j'ay receuës

à Vtrech, ie voy qu'elles en atirent d'autres, & qu'il y a
vne troupe de Théologiens, gens d'école, qui semblent auoir fait vne ligue ensemble pour tascher à
m'oprimer par calomnies ; en sorte que pendant qu'ils
machinent tout ce qu'ils peuuent pour tascher de me
nuire, si ie ne veillois aussi pour me défendre, il leur
seroit aysé de me faire quelques affronts. La preuue
de cecy est, que depuis trois ou quatre mois vn certain Regent du College des Théologiens de Leyde,
nommé Reuius, a fait disputer quatre diuerses Theses contre moy, pour peruertir le sens de mes Méditations, & faire croire que j'y ay mis des choses fort absurdes, & contraires à la gloire de Dieu ; Comme,
Qu'il faut douter qu'il y ait vn Dieu ; & mesme que ie
veux qu'on nie absolument pour quelque tems qu'il y
en ait vn, & choses semblables. Mais pour ce que cet
homme n'est pas habile, & que mesme la plu-part de
ses écoliers se moquoient de ses médisances, les amis
que j'ay à Leyde ne daignoient pas seulement m'a-
uertir de ce qu'il fesoit, jusques à ce que d'autres Theses ont aussi esté faites par Tkigl. leur premier professeur en Theologie, où il a mis ces mots † † †. Surquoy mes amis ont jugé, mesme ceux qui sont aussi
Théologiens, que l'intention de ces gens-là, en m'a-
cusant d'vn si grand crime, comme est le blaspheme,
n'estoit pas moindre que de tascher à faire condam-
ner mes opinions, comme tres-pernicieuses, premierement par quelque Synode où ils seroient les plus
forts, & ensuite de tascher aussi à me faire faire des
afronts par les Magistrats, qui croyent en eux ; Et que
pour

pour obuier à cela, il eſtoit beſoin que ie m'opoſaſ-
ſe à leurs deſſeins: ce qui eſt cauſe que depuis huit
iours j'ay écrit vne longue lettre aux Curateurs de l'A-
cademie de Leyde, pour demander iuſtice contre les
calomnies de ces deux Théologiens. Ie ne ſçay point
encore la réponſe que j'en auray, mais ſelon que ie
connois l'humeur des perſonnes de ce païs, & combien ils réuerent, non pas la probité & la vertu, mais la
barbe, la voix, & le ſourcil des Théologiens, en ſorte
que ceux qui ſont les plus éfrontez, & qui ſçauent
crier le plus haut, ont icy le plus de pouuoir (comme
ordinairement en tous les états populaires) encore
qu'ils ayent le moins de raiſon, ie n'en atens que quelques emplaſtres, qui n'oſtant point la cauſe du mal,
ne ſeruiront qu'à le rendre plus long & plus importun; Au lieu que de mon coſté ie penſe eſtre obligé
de faire mon mieux, pour tirer vne entiere ſatisfaction de ces injures, & auſſi par meſme ocaſion de
celles d'Vtrecht; & en cas que ie ne puiſſe obtenir juſtice, (comme ie préuoy qu'il ſera tres-mal-ayſé que
ie l'obtienne) de me retirer tout-à-fait de ces Prouinces. Mais pour ce que toutes choſes ſe font icy fort
lentement, ie m'aſſure qu'il ſe paſſera plus d'vn an
auant que cela arriue. Ie ne prendrois pas la liberté
d'entretenir voſtre Alteſſe de ces petites choſes, ſi la
faueur qu'elle me fait de vouloir lire les liures de Monſieur Hoguelande, & de Regius, à cauſe de ce qu'ils ont
mis qui me regarde, ne me feſoit croire que vous n'aurez pas des-agreable de ſçauoir de moy-meſme ce qui
me touche ; outre que l'obeïſſance & le reſpect que ie

L

vous dois, m'oblige à vous rende conte de mes
actions. Ie loüe Dieu de ce que ce Docteur à qui voftre Alteffe a prefté le liure de mes Principes a efté
long-tems fans vous retourner voir, puis que c'eft
vne marque qu'il n'y a point du tout de malades à la
cour de Madame l'Electrice; & il femble qu'on a vn
degré de fanté plus parfait, quand elle eft generale au
lieu où l'on demeure, que lors qu'on y eft enuironné
de malades. Ce Médecin aura eu d'autant plus de loifir de lire le liure qu'il a plû à voftre Alteffe de luy pre-
fter, & vous en aura pû mieux dire depuis fon jugement. Pendant que j'écris cecy, ie reçois des lettres
de la Haye & de Leyde qui m'aprennent que l'affemblée des Curateurs a efté diferée, en forte qu'on ne
leur a point encore donné mes lettres; & ie voy qu'on
fait d'vne broüillerie vne grande afaire. On dit que
les Théologiens en veulent eftre juges, c'eft à dire, me
mettre icy en vne inquifition plus féuere que ne fut
jamais celle d'Efpagne, & me rendre l'aduerfaire de
leur Religion; Surquoy on voudroit que j'employaffe le crédit de Monfieur l'Ambaffadeur de France, &
l'autorité de Monfieur le Prince d'Orange, non pas
pour obtenir juftice, mais pour interceder & empefcher que mes ennemis ne paffent outre. Ie croy pourtant que ie ne fuiuray point cét auis, ie demanderay
feulement juftice, & fi ie ne la puis obtenir, il me femble que le méilleur fera que ie me prépare tout doucement à la retraite; Mais quoy que ie penfe, ou que ie
faffe, & en quelque lieu du monde que j'aille, il n'y
aura jamais rien qui me foit plus cher que d'obeïr à

vos commandemens, & de témoigner auec combien de zele ie suis, &c.

✳✳✳✳✳✳✳✳✳✳✳✳✳✳✳✳✳

A MADAME ÉLIZABETH,

PRINCESSE PALATINE, &c.

LETTRE XX.

MADAME,

Passant par la Haye pour aller en France, puis que ie ne puis y auoir l'honneur de receuoir vos commandemens, & vous faire la réuerance, il me semble que ie suis obligé de tracer ces lignes, afin d'assurer vostre Altesse, que mon zele & ma déuotion ne changeront point, encore que ie change de terre. I'ay receu depuis deux jours vne lettre de Suede de Monsieur le Résident de France qui est là, où il me propose vne question de la part de la Reyne, à laquelle il m'a fait connoistre en luy monstrant ma réponse à vne autre lettre qu'il m'auoit cy-deuant enuoyée; Et la façon dont il décrit cette Reine, auec les discours qu'il raporte d'elle, me l'a font tellement estimer, qu'il me semble que vous sériez dignes de la conuersation l'vne de l'autre; & qu'il y en a si peu au reste du monde qui en soient dignes, qu'il ne seroit pas mal-aysé à vostre Altesse de lier vne fort-étroite amitié auec elle; Et qu'outre le contentement d'esprit que vous en auriez, cela pouroit estre à desirer pour diuerses considera-

L ij

tions. I'auois écrit cy-deuant à ce mien amy Réſi-
dent en Suede, en répondant à vne lettre où il parloit d'elle, que ie ne trouuois pas incroyable ce qu'il
m'en diſoit, à cauſe que l'honneur que j'auois de connoiſtre voſtre Alteſſe, m'auoit apris combien les perſonnes de grande naiſſance pouuoient ſurpaſſer les
autres, &c. Mais ie ne me ſouuiens pas ſi c'eſt en la
lettre qu'il luy a fait voir, ou bien en vne autre précedente; Et pour ce qu'il eſt vray-ſemblable qu'il luy fera voir doreſnauant les lettres qu'il receura de moy,
ie taſcheray tou-jours d'y mettre quelque choſe qui
luy donne ſujet de ſouhaiter l'amitié de voſtre Alteſſe, ſi ce n'eſt que vous me le défendiez. On a fait taire les Théologiens qui me vouloient nuire, mais en
les flatant, & en ſe gardant de les ofenſer le plus qu'on
a pû, ce qu'on atribuë maintenant au tems; mais j'ay
peur que ce tems durera tou-jours, & qu'on leur lairra
prendre tant de pouuoir, qu'ils ſeront inſuportables.
On acheue l'impreſſion de mes Principes en François,
& pour ce que c'eſt l'Epiſtre qu'on imprimera la derniere, j'en enuoye icy la copie à voſtre Alteſſe, afin
que s'il y a quelque choſe qui ne luy agrée pas, & qu'elle juge deuoir eſtre mis autrement, il luy plaiſe me
faire la faueur d'en auertir celuy qui ſera toute ſa
vie, &c.

A MADAME ELIZABETH,
PRINCESSE PALATINE, &c.

LETTRE XXI.

Madame,

Mon voyage ne pouuoit estre acompagné d'aucun malheur, puis que j'ay esté si heureux en le fesant, que d'estre en la souuenance de vostre Altesse, la tres-fauorable lettre qui m'en donne des marques est la chose la plus precieuse que ie pûsse receuoir en ce païs. Elle m'auroit entierement rendu heureux, si elle ne m'auoit apris que la maladie qu'auoit vostre Altesse auparauant que ie partisse de la Haye, luy a encore laissé quelques restes d'indisposition en l'estomac. Les rémedes qu'elle a choisis, à sçauoir, la diete & l'exercice, sont à mon auis les méilleurs de tous; aprés toutesfois ceux de l'Ame, qui a sans doute beaucoup de force sur le cors, ainsi que monstrent les grans changemens que la colere, la crainte, & les autres passions excitent en luy. Mais ce n'est pas directement par sa volonté qu'elle conduit les esprits dans les lieux où ils peuuent être vtiles ou nuisibles, c'est seulement en voulant ou pensant à quelque autre chose. Car la construction de nostre cors est telle, que certains mouuemens suiuent en luy naturellement de certaines pensées; comme on voit que la rougeur du visage suit de la honte, les larmes de la compassion, & le

L iij

ris de la ioye; Et ie ne ſçache point de penſée plus propre pour la conſeruation de la ſanté, que celle qui
conſiſte en vne forte perſuaſion, & ferme creance,
que l'architecture de nos cors eſt ſi bonne, que lors
qu'on eſt vne fois ſain, on ne peut pas ayſément tomber malade, ſi ce n'eſt qu'on faſſe quelque excez notable, ou bien que l'air, ou les autres cauſes exterieures nous nuiſent; & qu'ayant vne maladie, on peut ayſément ſe remettre par la ſeule force de la nature,
principalement lors qu'on eſt encore jeune. Cette
perſuaſion eſt ſans doute beaucoup plus vraye & plus
raiſonnable, que celle de certaines gens, qui ſur le raport d'vn Aſtrologue ou d'vn Médecin ſe font acroire qu'ils doiuent mourir en certain tems, & par cela
ſeul deuiennent malades, & meſme en meurent aſſez
ſouuent; ainſi que j'ay vû arriuer à diuerſes perſonnes. Mais ie ne pourois manquer d'eſtre extremement
triſte, ſi ie penſois que l'indiſpoſition de voſtre Alteſſe duraſt encore, j'ayme mieux eſperer qu'elle eſt toute paſſée; & toutefois le deſir d'en eſtre certain me fait
auoir des paſſions extremes de retourner en Holande.
Ie me propoſe de partir d'icy dans quatre ou cinq iours
pour paſſer en Poictou & en Bretagne, où ſont les affaires qui m'ont amené; mais ſi-toſt que ie les auray pû
mettre vn peu en ordre, ie ne ſouhaite rien tant que
de retourner vers les lieux, où j'ay eſté ſi heureux que
d'auoir l'honneur de parler quelquefois à voſtre Alteſſe: Car bien qu'il y ait icy beaucoup de perſonnes
que j'honore & eſtime, ie n'y ay toutefois encore rien
vû qui me puiſſe arreſter. Et ie ſuis au delà de tout ce
que ie puis dire, &c.

A MADAME ÉLIZABETH,
PRINCESSE PALATINE, &c.
LETTRE XXII.

MADAME,

La satisfaction que j'aprens que voſtre Alteſſe reçoit au lieu où elle eſt, fait que ie n'oſe ſouhaiter ſon retour, bien que j'aye beaucoup de peine à m'en empeſcher, principalement à cette heure que ie me trouue à la Haye; Et pour ce que ie remarque par voſtre lettre du 21. Feurier qu'on ne vous doit point atendre icy auant la fin de l'Eſté, ie me propoſe de faire vn voyage en France pour mes affaires particulieres, auec deſſein de reuenir vers l'Hyuer; Et ie ne partiray point de deux mois, afin que ie puiſſe auparauant auoir l'honneur de receuoir les commandemens de voſtre Alteſſe, leſquels auront tou-jours plus de pouuoir ſur moy qu'aucun autre choſe qui ſoit au monde. Ie louë Dieu de ce que vous auez maintenant vne parfaite ſanté; mais ie vous ſuplie de me pardonner ſi j'oſe contredire à voſtre opinion, touchant ce qui eſt de ne point vſer de remedes, pour ce que le mal que vous auiez aux mains eſt paſſé; car il eſt à craindre auſſi bien pour voſtre Alteſſe, que pour Madame ſœur, que les humeurs qui ſe purgeoient en cette façon ayent eſté arreſtées par le froid de la ſaiſon, & qu'au Printems elles ne ramenent le meſme mal, ou vous

mettent en danger de quelque autre maladie, si vous
n'y remédiez par vne bonne diete, n'vsant que de viandes & de breuuages qui rafraichissent le sang, & qui
purgent sans aucun éfort. Car pour les drogues soit
des Apoticaires, soit des Empyriques, ie les ay en si
mauuaise estime, que ie n'oserois iamais conseiller à
personne de s'en seruir. Ie ne sçay ce que ie puis auoir
écrit à vostre Altesse touchant le liure de Regius, qui
vous donne ocasion de vouloir sçauoir ce que j'y ay
obserué, peut-estre que ie n'en ay pas dit mon opinion, afin de ne pas préuenir vostre jugement, en cas
que vous eussiez des-ja le liure; mais puis que j'ap͞ns
que vous ne l'auez point encore, ie vous diray icy in-
genuement, que ie n'estime pas qu'il mérite que vostre
Altesse se donne la peine de le lire. Il ne contient rien
touchant la Physique sinon mes assertions mises en
mauuais ordre, & sans leurs vrayes preuues, en sorte
qu'elles paroissent paradoxes; & que ce qui est mis au
c͞omencement ne peut estre prouué que par ce qui est
vers la fin. Il n'y a inseré presque rien du tout qui soit
de luy, & peu de choses de ce que ie n'ay point fait
imprimer; mais il n'a pas laissé d'y faire voir sa mauuaise foy, en ce que faisant profession d'amitié auec
moy, & sçachant bien que ie ne desirois point que ce
que j'auois écrit touchant la description de l'animal
fust diuulgué, jusques-là que ie n'auois pas voulu luy
monstrer, & m'en estois excusé, sur ce qu'il ne se
pouroit empescher d'en parler à ses disciples s'il l'auoit
vû, il n'a pas laissé de s'en aproprier plusieurs choses;
& ayant trouué moyen d'en auoir copie sans mon
sceu,

sceu, il en a particulierement transcrit tout l'endroit
où ie parle du mouuement des muscles, & où ie considere par exemple deux des muscles qui meuuent
l'œil, dequoy il a deux ou trois pages, qu'il a reperées
deux fois de mot à mot en son liure, tant ce larcin luy
a plû; Et toutesfois il n'a pas entendu ce qu'il écriuoit,
car il en a obmis le principal, qui est que les esprits animaux qui coulent du ceruueau dans les muscles, ne
peuuent retourner par les mesmes conduits par où ils
viennent, sans laquelle obseruation tout ce qu'il écrit
ne vaut rien; Et pour ce qu'il n'auoit pas ma figure, il
en a fait vne qui monstre clairement son ignorance.
On m'a dit qu'il a encore à présent vn autre liure de
Médecine sous la presse, où ie m'atens qu'il aura mis
tout le reste de mon écrit, selon qu'il aura pû le
digerer. Il en eust sans doute pris beaucoup d'autres
choses, mais j'ay sceu qu'il n'en auoit eu vne copie
que lors que son liure s'acheuoit d'imprimer. Mais
comme il suit aueuglement ce qu'il croit estre de mes
opinions, en tout ce qui regarde la Physique ou la
Médecine, encore mesme qu'il ne les entende pas; ainsi il y contredit aueuglement, en tout ce qui regarde
la Métaphysique, dequoy ie l'auois prié de ne rien
écrire, pour ce que cela ne sert point à son sujet, &
que j'estois assuré qu'il ne pouuoit en rien écrire qui
ne fust mal. Mais ie n'ay rien obtenu de luy, sinon
que n'ayant pas dessein de me satisfaire en cela, il ne
s'est plus soucié de me desobliger aussi en autre chose.
Ie ne lairray pas de porter demain à Mademoiselle la
P. S. vn exemplaire de son liure, dont le titre est *Hen-*

rici Regij fundamenta Physices, auec vn autre petit liure
de mon bon amy Monſieur de Hogelande, qui a faic
tout le contraire de Regius, en ce que Regius n'a rien
écrit qui ne ſoit pris de moy, & qui ne ſoit auec cela
contre moy, au lieu que l'autre n'a rien écrit qui ſoit
proprement de moy, (car ie ne croy pas meſme qu'il
ait jamais bien lû mes écrits) & toutesfois il n'a rien qui
ne ſoit pour moy, en ce qu'il a ſuiuy les meſmes principes. Ie prieray Mad. L. de faire joindre ces deux liures, qui ne ſont pas gros, auec les premiers paquets
qu'il luy plaira enuoyer par Hambourg, à quoy ie
joindray la verſion Françoiſe de mes Méditations, ſi ie
les puis auoir auant que de portir d'icy, car il y a deſ-
ja aſſez long-tems qu'on m'a mandé que l'impreſſion
en eſt acheuée. Ie ſuis, &c.

✳✳

A MADAME ELIZABETH,

PRINCESSE PALATINE, &c.

LETTRE XXIII.

Madame,

Ie n'ay pû lire la lettre que voſtre Alteſſe m'a fait
l'honneur de m'écrire, ſans auoir des reſſentimens ex-
trémes, de voir qu'vne vertu ſi rare & ſi acomplie ne
ſoit pas acompagnée de la ſanté, ny des proſperitez
qu'elle mérite, & ie conçoy ayſément la multitude des
déplaiſirs qui ſe préſentent continuellement à elle, &
qui ſont dautant plus dificiles à ſurmonter, que ſou-

uent ils font de telle nature, que la vraye raifon m'ordonne pas qu'on s'opofe directement à eux, & qu'on
tafche de les chaffer ; Ce font des ennemis domefti-
ques auec lefquels eftant contraint de conuerfer, on
eft obligé de fe tenir fans ceffe fur fes gardes, afin
d'empefcher qu'ils ne nuifent ; Et ie ne trouue à cela
qu'vn feul remede, qui eft d'en diuertir fon imagination & fes fens le plus qu'il eft poffible, & de n'employer que l'entendement feul à les confidérer, lors
qu'on y eft obligé par la prudence. On peut, ce me
femble, ayfément remarquer icy la diférence qui eft
entre l'entendement, & l'imagination ou le fens ; car
elle eft telle, que ie croy qu'vne perfonne qui auroit
d'ailleurs toute forte de fujet d'eftre contente, mais qui
verroit continuellement reprefenter deuant foy des
Tragédies, dont tous les actes fuffent funeftes, & qui
ne s'ocuperoit qu'à confidérer des objets de trifteffe
& de pitié, qu'elle fceuft eftre feints & fabuleux, en
forte qu'ils ne fiffent que tirer des larmes de fes yeux,
& émouuoir fon imagination, fans toucher fon entendement, ie croy, dif-je, que cela feul fufiroit pour
acoutumer fon cœur à fe refferrer, & à jetter des fou-
pirs ; en fuite dequoy la circulation du fang eftant re-
tardée & allentie, les plus groffieres parties de ce fang
s'atachant les vnes aux autres, pouroient facilement
luy opiler la rate, en s'embaraffant & s'areftant dans
fes pores ; & les plus fubtiles retenant leur agitation,
luy pouroient alterer le poumon, & caufer vne toux,
qui à la longue feroit fort à craindre. Et au contraire,
vne perfonne qui auroit vne infinité de veritables

fujets de déplaifir, mais qui s'étudieroit auec tant de foin à en détourner fon imagination, qu'elle ne penfaft jamais à eux, que lors que la neceffité des affaires l'y obligeroit, & qu'elle employaft tout le refte de fon tems, à ne confiderer que des objets qui luy puffent aporter du contentement & de la joye, outre que cela luy feroit grandement vtile, pour juger plus faine-ment des chofes qui luy importeroient, pour ce qu'el-le les regarderoit fans paffion, ie ne doute point que cela feul ne fuft capable de la remettre en fanté, bien que fa rate & fes poumons fuffent def-ja fort mal dif-pofez par le mauuais temperament du fang que caufe la trifteffe: Principalement fi elle fe feruoit auffi des remedes de la médecine, pour réfoudre cette partie du fang qui caufe des obftructions: à quoy ie juge que les eaux de Spa font tres-propres; fur tout fi voftre Al-teffe obferue en les prenant ce que les Médecins ont coutume de recommander, qui eft qu'il fe faut entie-rément déliurer l'efprit de toutes fortes de penfées triftes, & mefme auffi de toutes fortes de méditations férieufes touchant les fciences, & ne s'ocuper qu'à imi-ter ceux, qui en regardant la verdeur d'vn bois, les couleurs d'vne fleur, le vol d'un oyfeau, & telles cho-fes qui ne requerrent aucune atention, fe perfuadent qu'ils ne penfent à rien; Ce qui n'eft pas perdre le tems, mais le bien employer; car on peut cependant fe fa-tisfaire, par l'efperance que par ce moyen on recou-urera vne parfaite fanté, laquelle eft le fondement de tous les autres biens qu'on peut auoir en cette vie. Ie fçay bien que ie n'écris rien ici que voftre Alteffe ne

sçache mieux que moy, & que ce n'est pas tãt la théorie,
que la pratique qui est dificile en cecy ; mais la faueur
extreme qu'elle me fait de témoigner qu'elle n'a pas
desagreable d'entendre mes sentimens, me fait prendre la liberté de les écrire tels qu'ils sont, & me donne
encore celle d'adjouter icy, que j'ay experimenté en
moy-mesme, qu'vn mal presque semblable, & mesme plus dangereux, s'est guéry par le remede que ie
viens de dire ; Car estant né d'vne mere qui mourut
peu de jours aprés ma naissance d'vn mal de poumon,
causé par quelques déplaisirs, j'auois herité d'elle vne
toux seiche, & vne couleur pasle, que j'ay gardée jusques à l'âge de plus de vingt ans, & qui fesoit que
tous les Médecins qui m'ont vû auant ce tems-là, me
condamnoient à mourir jeune ; Mais ie croy que l'inclination que j'ay tou-jours euë, à regarder les choses
qui se présentoient, du biais qui me les pouuoit rendre le plus agreables , & à faire que mon principal
contentement ne dépendist que de moy seul, est cause que cette indisposition qui m'estoit comme naturelle, s'est peu à peu entierement passée. I'ay beaucoup
d'obligation à vostre Altesse, de ce qu'il luy a plû me
mander son sentiment, du liure de Monsieur le Che-
ualier d'Igby, lequel ie ne seray point capable de lire,
jusqu'à ce qu'on l'ait traduit en Latin, ce que Monsieur Iouson qui estoit hier icy, m'a dit que quelques-
vns veulent faire. Il m'a dit aussi que ie pouuois adresser mes lettres pour vostre Altesse, par les Messagers
ordinaires, ce que ie n'eusse osé faire sans luy, & j'a-
uois differé d'écrire celle-cy, pour ce que j'atendois

M iij

qu'vn de mes amis allaſt à la Haye pour la luy donner. Ie regrette infiniment l'abſence de Monſieur de
Pollot, pour ce que ie pouuois aprendre par luy l'état
de voſtre diſpoſition ; mais les lettres qu'on enuoye
pour moy au Meſſager d'Alkmar ne manquent point
de m'eſtre renduës, & comme il n'y a rien au monde
que ie deſire auec tant de paſſion que de pouuoir ren-
due ſeruice à voſtre Alteſſe, il n'y a rien auſſi qui me
puiſſe rendre plus heureux, que d'auoir l'honneur de
receuoir ſes commandemens ; ie ſuis, &c.

✳✳✳✳✳✳✳✳✳✳✳✳✳✳✳✳✳✳✳✳✳✳✳✳✳✳✳✳✳✳

A MADAME ELIZABETH,
PRINCESSE PALATINE, &c.

LETTRE XXIV.

MADAME,

    Ie ſuplie tres-humblement voſtre Alteſſe, de me
pardonner ſi ie ne puis plaindre ſon indiſpoſition,
lors que j'ay l'honneur de receuoir de ſes lettres. Car
j'y remarque tou-jours des penſées ſi nettes, & des raiſonnemens ſi fermes, qu'il ne m'eſt pas poſſible de
me perſuader, qu'vn eſprit capable de les conceuoir,
ſoit logé dans vn cors foible & malade. Quoy qu'il
en ſoit, la connoiſſance que voſtre Alteſſe témoigne
auoir du mal & des remedes qui le peuuent ſurmonter, m'aſſure qu'elle ne manquera pas d'auoir auſſi
l'adreſſe qui eſt requiſe pour les employer. Ie ſçay bien
qu'il eſt preſque impoſſible de réſiſter aux premiers

troubles que les nouueaux malheurs excitent en nous,
& mesme que ce sont ordinairement les méilleurs esprits, dont les passions sont plus violentes, & agissent
plus fort sur leur cors ; mais il me semble que le lende-
main, lors que le sommeil a calmé l'émotion qui arriue dans le sang en telles rencontres, on peut commencer à se remettre l'esprit, & le rendre tranquile ; ce
qui se fait, en s'étudiant à considerer tous les auantages qu'on peut tirer de la chose qu'on auoit prise le
jour précedent pour vn grand malheur, & à détourner son attention des maux qu'on y auoit imaginez.
Car il n'y a point d'éuenemens si funestes, ny si absolument mauuais au jugement du peuple, qu'vne personne d'esprit ne les puisse regarder de quelque biais,
qui fera qu'ils luy paroistront fauorables. Et vostre
Altesse peut tirer cette consolation generale des disgraces de la fortune, qu'elles ont peut-estre beaucoup
contribué à luy faire cultiuer son esprit, au point
qu'elle a fait ; c'est vn bien qu'elle doit estimer plus
qu'vn Empire. Les grandes prosperitez éblouïssent &
enyurent souuent de telle sorte, qu'elles possedent
plu-tost ceux qui les ont, qu'elles ne sont possedées
par eux ; Et bien que cela n'arriue pas aux esprits de la
trempe du vostre, elles leur fournissent tou-jours
moins d'occasions de s'exercer, que ne sont les aduersitez ; Et ie croy que comme il n'y a aucun bien au
monde, excepté le bon sens, qu'on puisse absolument
nommer bien, il n'y a aussi aucun mal, dont on ne puisse tirer quelque auantage, ayant le bon sens. I'ay tasché cy-deuant de persuader la non-chalance à vostre

Alteſſe , penſant que les ocupations trop ſérieuſes affoibliſſent le cors, en fatiguant l'eſprit ; mais ie ne luy voudrois pas pour cela diſſuader les ſoins qui ſont neceſſaires pour détourner ſa penſée des objets qui la peuuent atriſter ; & ie ne doute point que les diuer-tiſſemens d'étude , qui ſeroient fort penibles à d'au-tres , ne luy puiſſent quelquefois ſeruir de relaſche. Ie m'eſtimerois extremement heureux, ſi ie pouuois contribuër à les luy rendre plus faciles ; & j'ay bien plus de deſir d'aller aprendre à la Haye qu'elles ſont les vertus des eaux de Spa, que de connoiſtre icy celles des plantes de mon jardin ; & bien plus auſſi que ie n'ay ſoin de ce qui ſe paſſe à Groningue, ou à Vtrech. à mon auantage ou deſauantage ; Cela m'obligera de ſuiure dans quatre ou cinq jours cette lettre, & ie ſe-ray tous les jours de ma vie , &c.

A MADAME ELIZABETH,

PRINCESSE PALATINE, &c.

LETTRE XXV.

MADAME,

I'ay receu les lettres de voſtre Alteſſe du 23. Decem-bre preſque auſſi-toſt que les précedentes ; & j'auoüe que ie ſuis en peine touchant ce que ie dois répondre à ces précedentes , à cauſe que voſtre Alteſſe y témoi-gne vouloir que j'écriue le traité de l'érudition ; dont j'ay eu autrefois l'honneur de luy parler ; & il n'y a rien

que

que ie fouhaite auec plus de zele, que d'obeïr à vos
commandemens; mais ie diray icy les raifons qui font
caufe que j'auois laiffé le deffein de ce traité, & fi elles
ne fatisfont à voftre Alteffe, ie ne manqueray pas de
le reprendre. La premiere eft, que ie n'y fçaurois mettre toutes les veritez qui y deuroient eftre, fans animer
trop contre moy les gens de l'école, & que ie ne me
trouue point en telle condition, que ie puiffe entierement méprifer leur haine. La feconde eft, que ie
def-ja touché quelque chofe de ce que j'auois enuie
d'y mettre, dans vne préface qui eft au-deuant de la
traduction Françoife de mes Principes, laquelle ie
penfe que voftre Alteffe a maintenant receuë. La troifiéme eft, que j'ay maintenant vn autre écrit entre les
mains, que j'efpere pouuoir eftre plus agreable à voftre Alteffe, c'eft la defcription des fonctions de l'a-
nimal, & de l'homme; Car ce que j'en auois broüillé
il y a douze ou treize ans, qui a efté vû par voftre Alteffe, eftant venu entre les mains de plufieurs qui l'ont
mal tranfcrit, j'ay crû eftre obligé de le mettre plus
au net, c'eft à dire, de le refaire; Et mefme ie me fuis
auanturé, (mais depuis huit ou dix jours feulement)
d'y vouloir expliquer la façon dont fe forme l'animal
dés le commencement de fon origine; Ie dis l'animal
en general; Car pour l'homme en particulier ie ne l'o-
ferois entreprendre, faute d'auoir affez d'experience
pour cet effet. Au refte ie confidere ce qui me refte de
cet Hyuer, comme le tems le plus tranquille que j'auray peut-eftre de ma vie; Ce qui eft caufe que j'ayme
mieux l'employer à cette étude, qu'à vne autre qui ne

requert pas tant d'atention. La raison qui me fait craindre d'auoir cy-apres moins de loisir, est que ie suis obligé de retourner en France l'Esté prochain, & d'y passer l'Hyuer qui vient; Mes affaires domesti-ques & plusieurs raisons m'y contraignent. On m'y a aussi fait l'honneur de m'y offrir pension de la part du Roy, sans que ie l'aye demandée; ce qui ne sera point capable de m'atacher, mais il peut arriuer en vn an beaucoup de choses; Il ne sçauroit toutesfois rien ar-riuer qui puisse m'empescher de préferer le bon-heur de viure au lieu où seroit vostre Altesse, si l'ocasion s'en présentoit, à celuy d'estre en ma propre patrie, ou en quelque autre lieu que ce puisse estre. Ie n'atens en-core de long-tems réponse à la lettre touchant le Sou-uerain Bien, pour ce qu'elle a demeuré prés d'vn mois à Amsterdam, par la faute de celuy à qui ie l'auois en-uoyée pour l'adresser; Mais si-tost que j'en auray quel-ques nouuelles, ie ne manqueray pas de le faire sçauoir à vostre Altesse: Elle ne contenoit aucune chose de nouueau qui meritast de vous estre enuoyé. I'ay receu depuis quelques lettres de ce pays-là, par lesquelles on me mande que les miennes sont atenduës, & selon qu'on m'écrit de cette Princesse elle doit estre extre-mement portée à la vertu, & capable de bien juger des choses; on me demande qu'on luy presentera la version de mes Principes, & qu'on m'assure qu'elle en lira la premiere partie auec satisfaction, & qu'elle se-roit bien capable du reste, si les affaires ne luy en ostoient le loisir. I'enuoye auec cette lettre vn liuret de peu d'importance, & ie ne l'enferme pas en mesme

paquet, à cause qu'il ne vaut pas le port; ce font les
infultes de Monfieur Reg. qui m'ont contraint de
l'écrire, & il a efté plu-toft imprimé que ie ne l'ay fceu:
mefme on y a joint des vers & vne préface que ie defaprouue, quoy que les vers foient de Monfieur Hey.
mais qui n'a ofé y mettre fon nom, comme auffi ne le
deuoit-il pas. Ie fuis, &c.

A MADAME ELIZABETH,

PRINCESSE PALATINE, &c.

LETTRE XXVI.

MADAME,

I'ay eu enfin le bon-heur de receuoir les trois lettres que voftre Alteffe m'a fait l'honneur de m'écrire,
& elles n'ont point paffé en de mauuaifes mains; Mais
la premiere du 30. Iuin ayant efté portée à Paris, pendant que j'eftois def-ja en chemin pour reuenir en ce
païs, ceux qui l'ont receuë pour moy ont atendu des
nouuelles de mon arriuée auant que de me l'enuoyer,
& ainfi ie ne l'ay pû auoir qu'aujourd'huy, que j'ay
auffi receu la derniere du 23. Aouft, par laquelle j'a-
prens vn procedé injurieux que j'admire; & ie veux
croire auec voftre Alteffe, qu'il ne vient pas de la perfonne à qui on l'atribuë. Quoy qu'il en foit, ie n'eftime pas qu'on doiue eftre fafché de ne point faire vn
voyage, ou, comme voftre Alteffe remarque fort bien,

les incommoditez estoient infaillibles, & les auantages fort incertains. Pour moy, graces à Dieu, j'ay
acheué celuy qu'on m'auoit obligé de faire en France, & ie ne suis pas marry d'y estre allé, mais ie suis encore plus ayse d'en estre reuenu. Ie n'y ay vû personne
dont il m'ait semblé que la condition fust digne d'enuie, & ceux qui y paroissent auec le plus d'éclat m'ont
semblé estre les plus dignes de pitié. Ie n'y pouuois
aller en vn tems plus auantageux pour me faire bien
reconnoistre la felicité de la vie tranquille & retirée,
& la richesse des plus médiocres fortunes. Si vostre
Altesse compare sa condition auec celle des Reines
& des autres Princesses de l'Europe, elle y trouuera
mesme difference qu'entre ceux qui sont dans le port,
où ils se reposent, & ceux qui sont en pleine mer, agitez par les vens d'vne tempeste; Et bien qu'on ait esté
jetté dans le port par vn naufrage, pourvû qu'on n'y
manque pas des choses necessaires à la vie, on ne doit
pas y estre moins côtent, que si on y estoit arriué d'autre façon. Les fascheuses rencontres qui arriuent aux
personnes qui sont dans l'action, & dont la felicité
dépend toute d'autruy, penetrent jusqu'au fond de
leur cœur, au lieu que cette vapeur venimeuse qui est
descenduë des arbres sous lesquels se promenoit pai-
siblement vostre Altesse, n'aura touché, comme j'espere, que l'exterieur de la peau, laquelle si on eust la-
uée sur l'heure auec vn peu d'eau de vie, ie croy qu'on
en auroit osté tout le mal. Ie n'ay receu aucunes lettres depuis cinq mois de l'amy dont j'auois écrit cy-
deuant à vostre Altesse. Et pour ce qu'en sa derniere

il me mandoit fort ponctuellement les raisons qui
auoient empesché la personne à laquelle il auoit donné mes lettres de me faire réponse, ie juge que son
silence ne vient que de ce qu'il atend encore cette réponse, ou bien peut-estre qu'il a quelque honte de
n'en auoir point à m'enuoyer, ainsi qu'il s'estoit imaginé. Ie me retiens aussi de luy écrire le premier, afin
de ne luy sembler point reprocher cela par mes lettres, & ie ne laissois pas de sçauoir souuent de ses nouuelles, lors que j'estois à Paris, par le moyen de ses proches, qui en receuoient tous les huit jours ; Mais lors
qu'ils luy auront mandé que ie suis icy, ie ne doute
point qu'il ne m'y écriue, & qu'il ne me fasse entendre ce qu'il sçaura du procedé qui touche vostre Altesse, pour ce qu'il sçait que j'y prens beaucoup d'interest. Mais ceux qui n'ont point eu l'honneur de vous
voir, & qui n'ont point vne connoissance tres-particuliere de vos vertus, ne sçauroient pas conceuoir
qu'on puisse estre si parfaitement que ie suis, &c.

A MADAME ELIZABETH,

PRINCESSE PALATINE, &c.

LETTRE XXVII.

MADAME,

Entre plusieurs fascheuses nouuelles que i'ay receuës de diuers endroits en mesme tems, celle qui
m'a le plus viuement touché, a esté la maladie de vo-

ftre Alteffe. Et bié que i'en aye auffi apris la guerifon, il
ne laiffe pas d'en refter encore des marques de triftesse
en mon efprit, qui n'en pouront estre fi-toft effacées.
L'inclination à faire des vers que voftre Alteffe auoit
pendant fon mal, me fait fouuenir de Socrate, que
Platon dit auoir eu vne pareille enuie, pendant qu'il
eftoit en prifon. Et ie croy que cette humeur de faire
des vers, vient d'vne forte agitation des efprits animaux, qui pouroit entierement troubler l'imagination de ceux qui n'ont pas le cerueau bien raffis, mais
qui ne fait qu'échaufer vn peu les plus fermes, & les
difpofer à la poëfie. Et ie prens cét emportement
pour vne marque d'vn efprit plus fort & plus releué
que le commun. Si ie ne connoiffois le voftre pour tel,
ie craindrois que vous ne fuffiez extraordinairement
afligée d'aprendre la funefte conclufion des Tragédies d'Angleterre ; Mais ie me promets que voftre Alteffe, eftant acoutumée aux difgraces de la Fortune,
& s'eftant veuë foy-mefme depuis peu en grand pé-
ril de fa vie, ne fera pas fi furprife, ny fi troublée, d'a-
prendre la mort d'vn de fes proches, que fi elle n'a-
uoit point receu auparauant d'autres aflictions. Et
bien que cette mort fi violente, femble auoir quelque
chofe de plus affreux, que celle qu'on atend en fon lit,
toutesfois à le bien prendre, elle eft plus glorieufe, plus
heureufe, & plus douce, en forte que ce qui aflige particulierement en cecy le commun des hommes, doit feruir de confolation à V. A. Car c'eft beaucoup de gloire
de mourir en vne ocafion qui fait qu'on eft vniuerfel-
lement plaint, loüé, & regretté de tous ceux qui ont

quelque sentiment humain. Et il est certain que sans
cette épreuue, la clemence & les autres vertus du Roy
dernier mort, n'auroient jamais esté tant remarquées,
ny tant estimées qu'elles sont, & seront à l'auenir
par tous ceux qui liront son histoire. Ie m'assure aussi
que sa conscience luy a plus donné de satisfaction
pendant les derniers momens de sa vie, que l'indignation, qui est la seule passion triste qu'on dit auoir
remarquée en luy, ne luy a causé de fascherie. Et pour
ce qui est de la douleur, ie ne la mets nullement en
conte: Car elle est si courte, que si les meurtriers pouuoient employer la fieure, ou quelque autre des maladies dont la nature à coutume de se seruir pour oster
les hommes du monde, on auroit sujet de les estimer plus cruels qu'ils ne sont, lors qu'ils les tüent d'vn
coup de hache. Mais ie n'ose m'arrester long-tés sur vn
sujet si funeste, j'adjouste seulement qu'il vaut beaucoup mieux estre entierement deliuré d'vne fausse
esperance, que d'y estre inutilement entretenu. Pendant que j'écris ces lignes, je reçois des lettres d'vn
lieu d'où ie n'en auois point eu depuis sept ou huit
mois; & vne entr'autres que la personne à qui j'auois
enuoyé le traité des Passions il y a vn an, a écrite de sa
main pour m'en remercier. Puis qu'elle se souuient
aprés tant de tems, d'vn homme si peu considerable
comme ie suis, il est à croire qu'elle n'oubliera pas de
répondre aux lettres de vostre Altesse, bien qu'elle
ait tardé quatre mois à le faire. On me mande qu'elle
a donné charge à quelqu'vn des siens d'étudier le liure
de mes Principes, afin de luy en faciliter la lecture ; Iᶜ

ne croy pas neantmoins qu'elle trouue affez de loifir
pour s'y apliquer, bien qu'elle femble en auoir la volonté. Elle me remercie en termes exprés du traité des
Paffions; mais elle ne fait aucune mention des lettres
aufquelles il eftoit joint, & l'on ne me mande rien
du tout de ce païs-là qui touche voftre Alteffe. Dequoy ie ne puis deuiner autre chofe, finon que les
conditions de la paix d'Allemagne n'eftant pas fi auantageufes à voftre maifon qu'elles auroient pû eftre,
ceux qui ont contribué à cela, font en doute fi vous
ne leur en voulez point de mal, & fe retiennent
pour ce fujet de vous témoigner de l'amitié. I'ay
tou-jours efté en peine depuis la conclufion de
cette paix, de n'aprendre point que Monfieur l'Ele-
cteur voftre frere l'euft acceptée, & j'aurois pris la liberté d'en écrire plu-toft mon fentiment à voftre Alteffe, fi i'auois pû m'imaginer qu'il mift cela en deli-
beration. Mais pour ce que ie ne fçay point les raifons
particulieres qui le peuuent mouuoir, ce feroit temerité à moy d'en faire aucun iugement. Ie puis feulement dire en general, que lors qu'il eft queftion de
la reftitution d'vn Eftat occupé, ou difputé par d'autres qui ont les forces en main, il me femble que ceux
qui n'ont que l'equité & le droit des gens qui plaide
pour eux, ne doiuent iamais faire leur conte d'obtenir toutes leurs pretenfions, & qu'ils ont bien plus de
fuiet de fçauoir gré à ceux qui leur en font rendre
quelque partie, tant petite qu'elle foit, que de vouloir
du mal à ceux qui leur retiennent le refte; Et encore
qu'on ne puiffe trouuer mauuais qu'ils difputent leur
droit,

droit le plus qu'ils peuuent, pendant que ceux qui ont
la force en déliberent, ie croy que lors que les conclusions sont arreftées, la prudence les oblige à rémoigner qu'ils en sont contens, encore qu'ils ne le fussent
pas; & à remercier non seulement ceux qui leur font
rendre quelque chofe, mais aussi ceux qui ne leur
oftent pas tout, afin d'acquerir par ce moyen l'amitié
des vns & des autres, ou du moins d'éuiter leur haine: Car cela peut beaucoup seruir par aprés pour se
maintenir. Outre qu'il refte encore vn long chemin
pour venir des promesses jusqu'à l'effet; & que si
ceux qui ont la force s'acordent seuls, il leur eft aysé
de trouuer des raifons pour partager entr'eux, ce que
peut-eftre ils n'auoient voulu rendre à vn tiers, que par
jaloufie les vns des autres, & pour empefcher que celuy qui s'enrichiroit de fes dépoüilles ne fuft trop
puiffant. La moindre partie du Palatinat vaut mieux
que tout l'Empire des Tartares ou des Mofcouites, &
aprés deux ou trois années de paix, le féjour en fera
auffi agreable, que celuy d'aucun autre endroit de la
terre. Pour moy qui ne fuis ataché à la demeure d'aucun lieu, ie ne ferois aucune dificulté de changer ces
Prouinces, ou mefme la France, pour ce païs-là, fi
j'y pouuois trouuer vn repos auffi affuré, encore
qu'aucune autre raifon que la beauté du païs ne m'y
fift aller; Mais il n'y a point de féjour au monde fi rude ny fi incommode, auquel je ne m'eftimaffe heureux
de paffer le refte de mes jours, fi voftre Alteffe y eftoit,
& que ie fuffe capable de luy rendre quelque feruice;
pour ce que ie fuis entierement, & fans aucune réfer-
ue, &c.

O

A MADAME ELIZABETH,
PRINCESSE PALATINE, &c.

LETTRE XXVIII.

Madame,

I'ay esté extremement surpris, d'aprendre par les lettres de Monsieur de P. que V. A. a esté long-tems malade, & ie veux mal à ma solitude, pour ce qu'elle est cause que ie ne l'ay point sceu plu-tost. Il est vray que bien que ie sois tellement retiré du monde, que ie n'aprenne rien du tout de ce qui s'y passe, toutesfois le zele que j'ay pour le seruice de vostre Altesse, ne m'eust pas permis d'estre si long-tems sans sçauoir l'estat de sa santé, quand j'aurois dû aller à la Haye tout exprés pour m'en enquerir, sinon que Monsieur de P. m'ayant écrit fort à la haste, il y a enuiron deux mois, m'auoit promis de m'écrire derechef par le prochain ordinaire; & pour ce qu'il ne manque iamais de me mander comment se porte vostre Altesse, pendant que ie n'ay point receu de ses lettres, j'ay suposé que vous estiez tou-jours en mesme estat; Mais j'ay apris par ses dernieres que vostre Altesse a eu trois ou quatre semaines durant vne fievre lente, acompagnée d'vne toux seiche, & qu'aprés en auoir esté deliurée pour cinq ou six jours, le mal est retourné, & que toutesfois au tems qu'il m'a enuoyé sa lettre (laquelle a esté prés de quinze iours par les

chemins) voftre Alteffe commençoit derechef à fe
porter mieux. En quoy ie remarque les fignes d'vn
mal fi confiderable, & neantmoins auquel il me femble que voftre Alteffe peut fi certainement remedier,
que ie ne puis m'abftenir de luy en écrire mon fentiment. Car bien que ie ne fois pas Médecin, l'honneur que voftre Alteffe, me fit l'Efté paffé, de vouloir fçauoir mon opinion touchant vne autre indifpofition qu'elle auoit pour lors, me fait efperer que
ma liberté ne luy fera pas def-agreable. La caufe la plus
ordinaire de la fievre lente eft la trifteffe ; & l'opinia-
treté de la Fortune à perfecuter voftre maifon vous
donne continuellement des fujets de fafcherie, qui
font fi publics & fi éclatans, qu'il n'eft pas befoin d'v-
fer beaucoup de conjectures, ny eftre fort dans les affaires, pour juger que c'eft en cela que confifte la
principale caufe de voftre indifpofition ; Et il eft à
craindre que vous n'en puiffiez eftre du tout déliurée,
fi ce n'eft que par la force de voftre vertu, vous ren-
diez voftre ame contente, malgré les difgraces de la
Fortune. Ie fçay bien que ce feroit eftre imprudent de
vouloir perfuader la joye, à vne perfonne à qui la fortune ennoye tous les jours de nouueaux fujets de déplaifir, & ie ne fuis point de ces Philofophes cruels,
qui veulent que leur fage foit infenfible ; Ie fçay auffi
que voftre Alteffe, n'eft point tant touchée de ce qui
la regarde en fon particulier, que de ce qui regarde
les interefts de fa maifon, & des perfonnes qu'elle affectionne ; Ce que j'eftime comme vne vertu la plus
aymable de toutes. Mais il me femble que la diffe-

rence qui eſt entre les plus grandes ames, & celles qui
ſont baſſes & vulgaires, conſiſte principalement en
ce que les ames vulgaires ſe laiſſent aller à leurs paſſions, & ne ſont heureuſes ou malheureuſes, que ſelon que les choſes qui leur ſuruiennent ſont agreables,
ou déplaiſantes;au lieu que les autres ont des raiſonnemens ſi forts & ſi puiſſans, que bien qu'elles ayent auſſi
des paſſions, & meſme ſouuent de plus violentes que
celles du commun, leur raiſon demeure neantmoins
tou-jours la maiſtreſſe, & fait que les afliᵭions meſme leur ſeruent, & contribuent à la parfaite felicité
dont elles iouïſſent dés cette vie. Car d'vne part ſe
conſiderant comme immortelles, & capables de receuoir de tres-grans contentemens, puis d'autre part
conſiderant qu'elles ſont iointes à des cors mortels &
fragiles, qui ſont ſuiets à beaucoup d'infirmitez , &
qui ne peuuent manquer de perir dans peu d'années,
elles font bien tout ce qui eſt en leur pouuoir pour ſe
rendre la Fortune fauorable en cette vie, mais neantmoins elles l'eſtiment ſi peu au regard de l'Eternité,
qu'elles n'en conſiderent quaſi les éuenemens, que
côme nous faiſons ceux des Comedies. Et comme les
Hiſtoires triſtes & lamentables que nous voyons repreſenter ſur vn théatre, nous donnent ſouuent autant de récreation que les gayes, bien qu'elles tirent des
larmes de nos yeux; ainſi ces plus grandes Ames, dont
ie parle, ont de la ſatisfaᵭion en elles-meſmes, de
toutes les choſes qui leur arriuent, meſme des plus
faſcheuſes & inſuportables. Ainſi reſſentant de la
douleur en leur cors, elles s'exercent à la ſuporter pa-

tiemment, & cette épreuue qu'elles font de leur force
leur eſt agreable; ainſi voyant leurs amis en quelque
grande afliction, elles compatiſſent à leur mal, & font
tout leur poſſible pour les en deliurer, & ne craignent
pas meſme de s'expoſer à la mort pour ce ſujet, s'il en
eſt beſoin; Mais cependant le témoignage que leur
donne leur conſcience, de ce qu'elles s'aquittent en
cela de leur deuoir, & font vne action loüable & ver-
tueuſe, les rend plus heureuſes, que toute la triſteſſe
que leur donne la compaſſion ne les aflige. Et enfin
comme les plus grãdes proſperitez de la Fortune ne les
enyurent iamais, & ne les rend point plus inſolentes,
auſſi les plus grandes aduerſitez ne les peuuent abatre,
ny rendre ſi triſtes, que le cors auquel elles font iointes en deuienne malade. Ie craindrois que ce ſtyle ne
fuſt ridicule, ſi ie m'en ſeruois en écriuant à quelque
autre; Mais pour ce que ie conſidere voſtre Alteſſe,
comme ayant l'ame la plus noble & la plus releuée que
ie connoiſſe, ie croy qu'elle doit auſſi eſtre la plus heureuſe; & qu'elle le ſera veritablement, pourvû qu'il
luy plaiſe jetter les yeux ſur ce qui eſt au deſſous d'elle,
& comparer la valeur des biens qu'elle poſſede, & qui
ne luy ſçauroient iamais eſtre oſtez, auec ceux dont
la Fortune l'a dépoüillée, & les diſgraces dont elle la
perſecute en la perſonne de ſes proches; Car alors elle
verra le grand ſujet qu'elle a d'eſtre contente de ſes
propres biens. Le zele extreme que j'ay pour elle eſt
cauſe que ie me ſuis laiſſé emporter à ce diſcours, que
ie la ſuplie tres-humblement d'excuſer, comme venant d'vne perſonne, qui eſt, &c.

O iij

A MADAME ÉLIZABETH,
PRINCESSE PALATINE, &c.

LETTRE XXIX.

MADAME,

La faueur dont voſtre Alteſſe m'a honoré en me
feſant receuoir ſes commandemens par écrit, eſt plus
grande que ie n'euſſe iamais oſé eſperer ; & elle ſoula-
ge mieux mes défauts, que celle que j'auois ſouhaitée
auec paſſion, qui eſtoit de les receuoir de bouche, ſi
j'euſſe pû eſtre admis à l'honneur de vous faire la réuerence & de vous offrir mes tres-humbles ſeruices, lors
que j'eſtois dernierement à la Haye ; Car j'aurois eu
trop de merueilles à admirer en meſme tems ; & voyant
ſortir des diſcours plus qu'humains, d'vn cors ſi ſemblable à ceux que les Peintres donnent aux Anges,
j'euſſe eſté rauy de meſme façon, que me ſemble le
deuoir eſtre ceux qui venans de la terre entrent nouuellement dans le Ciel ; Ce qui m'euſt rendu moins capable de répondre à voſtre Alteſſe, qui ſans doute a
deſ-ja remarqué en moy ce défaut, lors que j'ay eu
cy-deuant l'honneur de luy parler ; & voſtre clémence l'a voulu ſoulager, en me laiſſant les traces de vos
penſées ſur vn papier, où les reliſant pluſieurs fois, &
m'acoutumant à les conſiderer, j'en ſuis veritablement moins ébloüy, mais ie n'en ay que dautant plus
d'admiration, remarquant qu'elles ne paroiſſent pas

seulement ingenieuses à l'abord, mais dautant plus judicieuses & solides que plus on les examine. Et ie puis dire auec verité, que la question que vostre Altesse propose, me semble estre celle qu'on me peut demander auec le plus de raison, en suite des écrits que j'ay publiez. Car y ayant deux choses en l'ame humaine, desquelles dépend toute la connoissance que nous pouuions auoir de sa nature, l'vne desquelles est qu'elle pense, l'autre, qu'estant vnie au cors, elle peut agir & patir auec luy, ie n'ay quasi rien dit de cette derniere, & me suis seulement étudié à faire bien entendre la premiere; à cause que mon principal dessein, estoit de prouuer la distinction qui est entre l'Ame & le cors, à quoy celle-cy seulement a pû seruir, & l'autre y auroit esté nuisible. Mais pour ce que vostre Altesse voit si clair, qu'on ne luy peut dissimuler aucune chose, ie tascheray icy d'expliquer la façon dont ie conçoy l'vnion de l'Ame auec le cors, & comment elle a la force de le mouuoir. Premierement, ie considere qu'il y a en nous certaines notions primitiues, qui sont comme des originaux, sur le patron desquels nous formôs toutes nos autres connoissances; & il n'y a que fort peu de telles notions: Car aprés les plus generales de l'estre, du nôbre, de la durée, &c. nous n'auons pour le cors que la notion de l'extension, de laquelle suiuent seules de la figure, & du mouuement; Et pour l'Ame celle, nous n'auons que celle de la pensée, en laquelle sont comprises les perceptions de l'entendement, & les inclinations de la volonté; Enfin pour l'Ame & le cors ensemble, nous n'auons que celle de leur vnion,

de laquelle dépend celle de la force qu'à l'Ame de
mouuoir le cors, & le cors d'agir fur l'ame, en caufant
fes fentimens & fes paffions. Ie confidere auffi que
toute la fcience des hommes ne confifte qu'à bien diftinguer ces notions, & à n'atribuër chacune d'elles
qu'aux chofes aufquelles elles apartiennent: Car lors
que nous voulons expliquer quelque dificulté par le
moyen d'vne notion qui ne luy appartient pas, nous
ne pouuons manquer de nous méprendre; comme
auffi lors que nous voulons expliquer vne de ces notions par vne autre: Car eftant primitiues, chacune
d'elles ne peut eftre entenduë que par elle-mefme. Et
dautant que l'vfage des fens nous a rendu les notions
de l'extenfion, des figures, & des mouuemens, beaucoup plus familieres que les autres, la principale caufe
de nos erreurs eft, en ce que nous voulons ordinairement nous feruir de ces notions, pour expliquer les
chofes à qui elles n'apartiennent pas, Comme lors
qu'on fe veut feruir de l'imagination pour conceuoir
la nature de l'Ame, ou bien lors qu'on veut conceuoir la façon dont l'Ame meut le cors, par celle dont
vn cors eft mû par vn autre cors. C'eft pourquoy puis
que dans les Méditations que voftre Alteffe a daigné
lire, j'ay tafché de faire conceuoir les notions qui appartiennent à l'Ame feule, les diftinguant de celles
qui apartiennent au cors feul, la premiere chofe que
ie dois expliquer en fuite, eft la façon de conceuoir
celles qui apartiennent à l'vnion de l'Ame auec le
cors, fans celles qui apartiennent au cors feul, ou à
l'ame feule. A quoy il me femble que peut feruir ce
que

que j'ay écrit à la fin de ma Réponfe aux fix objections page 409. de l'édition d'Amfterdam ; car nous
ne pouuons chercher ces notions fimples ailleurs
qu'en noftre ame, qui les a toutes en foy par fa nature,
mais qui ne les diftingue pas tou-jours affez les vnes
des autres, ou bien ne les atribuë pas aux objets aufquels on les doit atribuër. Ainfi ie croy que nous
auons cy-deuant confondu la notion de la force dont
l'Ame agit dans le cors, auec celle dõt vn cors agit dans
vn autre; & que nous auons atribué l'vne & l'autre, non
pas à l'ame, car nous ne la connoiffions pas encore,
mais aux diuerfes qualitez des cors, comme à la pefanteur, à la chaleur, & aux autres; que nous auons imaginé eftre réelles, c'eft à dire, auoir vne exiftence diftincte de celle du cors, & par confequent eftre des fub-
ftãces, bien que nous les ayons nommées des qualitez.
Et nous nous fommes feruis pour les cõceuoir, tantoft
des notiõs qui font en nous pour connoiftre le cors, &
tantoft de celles qui y font pour connoiftre l'ame ; felon ce que nous leur auons atribüé a efté materiel ou
immateriel. Par exemple, en fupofant que la pefanteur eft vne qualité réelle, dont nous n'auons point
d'autre connoiffance, finon qu'elle a la force de mouuoir le cors dans lequel elle eft vers le centre de la terre, nous n'auons pas de peine à conceuoir comment
elle meut ce cors, ny comment elle luy eft iointe ; &
nous ne penfons point que cela fe faffe par vn atache-
ment ou attouchement réel d'vne fuperficie contre vn
autre, car nous experimentons en nous-mémes, que
nous auõs vne notion particuliere pour cõceuoir cela;

P

& ie croy que nous vſons mal de cette notion, en l'a-
pliquant à la peſanteur, qui n'eſt rien de réellement
diſtingué du cors, comme j'eſpere monſtrer en la
Phyſique, mais qu'elle nous a eſté donnée pour conceuoir la façon dont l'ame meut le cors. Ie témoigne-
rois ne pas aſſez connoiſtre l'incomparable eſprit de
voſtre Alteſſe, ſi j'employois dauantage de paroles à
m'expliquer, & ie ſerois trop préſomptueux, ſi j'oſois
penſer que ma Réponſe la doiue entierement ſatisfaire : mais ie taſcheray d'éuiter l'vn & l'autre, en n'adjoutant rien icy de plus, ſinon que ſi ie ſuis capable
d'écrire ou de dire quelque choſe qui luy puiſſe agréer,
ie tiendray tou-jours à tres-grande faueur, de prendre
la plume, ou d'aller à la Haye pour ce ſujet, & qu'il
n'y a rien au monde qui me ſoit ſi cher que de pouuoir
obeïr à ſes commandemens. Mais ie ne puis icy trouuer place à l'obſeruation du ſerment d'Harpocrate
qu'elle m'enjoint, puiſqu'elle ne m'a rien communi-
qué, qui ne merite d'eſtre vû & admiré de tous les
hommes. Seulement puis-je dire ſur ce ſujet, qu'eſti-
mant infiniment la voſtre que j'ay receuë, j'en vſeray
comme les auares font de leurs treſors, leſquels ils ca-
chent d'autant plus qu'ils les eſtiment, & en enuiant
la veuë au reſte du monde, ils mettent leur ſouuerain
contentement à les regarder. Ainſi ie ſeray bien-aiſe
de iouïr ſeul du bien de la voir; & ma plus grande
ambition eſt de me pouuoir dire, & d'eſtre veritablement, &c.

A MADAME ÉLIZABETH,
PRINCESSE PALATINE, &c.
LETTRE XXIX.

MADAME,

I'ay tres-grande obligation à voſtre Alteſſe, de ce que aprés auoir éprouué que ie me ſuis mal expliqué en mes précedentes, touchant la queſtion qu'il luy a plû me propoſer, elle daigne encore auoir la patience de m'entendre ſur le meſme ſujet, & me donner ocaſion de remarquer les choſes que j'auois obmiſes; dont les principales me ſemblent eſtre, qu'aprés auoir diſtingué trois genres d'idées ou de notiõs primitiues, qui ſe connoiſſent chacune d'vne façon particuliere, & non par la comparaiſon de l'vne à l'autre; à ſçauoir la notion que nous auons de l'ame, celle du cors, & celle de l'vnion qui eſt entre l'ame & le cors; ie deuois expliquer la difference qui eſt entre ces trois ſortes de notions, & entre les operations de l'ame par leſquelles nous les auons, & dire les moyens de nous rendre chacune d'elles familiere, & facile ; Puis en ſuite, ayant dit pourquoy ie m'eſtois ſeruy de la comparaiſon de la peſanteur, faire voir que bien qu'on veüille conceuoir l'ame comme materielle, (ce qui eſt proprement conceuoir ſon vnion auec le cors) on ne laiſſe pas de connoiſtre par aprés, qu'elle en eſt ſepara-

ble; Ce qui eſt, comme ie croy, toute la matiere que
voſtre Alteſſe m'a icy preſcrite.

Premierement donc ie remarque vne grande di-
férance entre ces trois ſortes de notions; en ce que
l'ame ne ſe conçoit que par l'entendement pur; Le
cors, c'eſt à dire, l'extenſion, les figures, & les mouuemens ſe peuuent auſſi connoiſtre par l'entendement ſeul, mais beaucoup mieux par l'entendement
aidé de l'imagination ; Et enfin, les choſes qui apartiennent à l'vnion de l'ame & du cors, ne ſe connoiſſent qu'obſcurement par l'entendement ſeul , ny
meſme par l'entendement aydé de l'imagination;
Mais elles ſe connoiſſent tres-clairement par les ſens:
D'où vient que ceux qui ne philoſophent iamais, &
qui ne ſe ſeruent que de leurs ſens, ne doutent point
que l'ame ne meuue le cors, & que le cors n'agiſſe ſur
l'ame, mais ils conſiderent l'vn & l'autre comme vne
ſeule choſe, c'eſt à dire, ils conçoiuent leur vnion;
Car conceuoir l'vnion qui eſt entre deux choſes, c'eſt
les conceuoir comme vne ſeule. Et les penſées Mé-
taphyſiques qui exercent l'entendement pur, ſeruent
à nous rendre la notion de l'ame familiere ; & l'étude
des Mathematiques, qui exerce principalement l'i-
magination en la conſideration des figures & des
mouuemens, nous acoutume à former des notions
du cors bien diſtinctes. Et enfin c'eſt en vſant ſeulement de la vie & des conuerſations ordinaires, & en
s'abſtenant de méditer & d'étudier aux choſes qui
exercent l'imagination , qu'on aprend à conceuoir
l'vnion de l'ame & du cors. I'ay quaſi peur que voſtre

Alteſſe ne penſe, que ie ne parle pas icy ſerieuſe-
ment ; mais cela ſeroit contraire au reſpect que ie luy
dois, & que ie ne manqueray iamais de luy rendre. Et
ie puis dire auec verité, que la principale regle que
j'ay tou-jours obſeruée en mes études, & celle que ie
croy m'auoir le plus ſeruy pour acquerir quelque connoiſſance, a eſté, que ie n'ay iamais employé que fort
peu d'heures par jour aux penſées qui ocupent l'imagination, & fort peu d'heures par an à celles qui ocupent l'entendement ſeul, & que i'ay dõné tout le reſte
de mon tems au relaſche des ſens, & au repos de l'eſprit ; Meſme ie conte entre les exercices de l'imagination, toutes les conuerſations ſerieuſes, & tout ce à
quoy il faut auoir de l'atention. C'eſt ce qui m'a fait
retirer aux chams ; car encore que dans la ville la plus
ocupée du monde, ie pourois auoir autant d'heures à
moy, que j'en employe maintenant à l'étude, ie ne
pourois pas toutesfois les y employer ſi vtilement,
lors que mon eſprit ſeroit laſſé par l'atention que ré-
quert le tracas de la vie. Ce que ie prens la liberté d'é-
crire icy à voſtre Alteſſe, pour luy témoigner que
j'admire véritablement, que parmy les affaires & les
ſoins qui ne manquent iamais aux perſonnes qui ſont
enſemble, de grand eſprit & de grande naiſſance, elle
ait pû vaquer aux méditations qui ſont requiſes pour
bien connoiſtre la diſtinction qui eſt entre l'ame & le
cors. Mais j'ay jugé que c'eſtoient ces méditations,
plu-toſt que les penſées qui requerrent moins d'atention, qui luy ont fait trouuer de l'obſcurité en la notion que nous ayons de leur vnion ; ne me ſemblant

pas que l'esprit humain soit capable de conceuoir bien distinctement, & en mesme tems, la distinction d'entre l'ame & le cors, & leur vnion ; à cause qu'il faut pour cela les conceuoir comme vne seule chose, & ensemble les conceuoir comme deux, ce qui se contrarie ; Et pour ce sujet, (supposant que vostre Altesse auoit encore les raisons qui prouuent la distinction de l'ame & du cors fort présentes à son esprit, & ne voulant point la suplier de s'en défaire, pour se representer la notion de l'vnion que chacun éprouue toujours en soy-mesme sans philosopher, à sçauoir qu'il est vne seule personne qui a ensemble vn cors & vne pensée, lesquels sont de telle nature que cette pensée peut mouuoir le cors, & sentir les accidens qui leur arriuent) ie me suis seruy cy-deuant de la comparaison de la pesanteur, & des autres qualitez que nous imaginons communement estre vnies à quelque cors, ainsi que la pensée est vnie au nostre ; & ie ne me suis pas soucié que cette comparaison clochast en cela, que ces qualitez ne sont pas réelles, ainsi qu'on les imagine, à cause que j'ay crû que vostre Altesse estoit des-ja entierement persuadée, que l'ame est vne substance distincte du cors. Mais puis que vostre Altesse remarque qu'il est plus facile d'atribuër de la matiere & de l'extension à l'ame, que de luy atribuër la capacité de mouuoir vn cors, & d'en estre mûë, sans auoir de matiere ; ie la suplie de vouloir librement atribuër cette matiere, & cette extension à l'ame, car cela n'est autre chose que la conceuoir vnie au cors ; Et aprés auoir bien conceu cela, & l'auoir éprouué en soymefme, il luy fera ayfé de confiderer, que la matiere qu'elle aura atribuée à cette penfée, n'eft pas la penfée mefme, & que l'extenfion de cette matiere, eft d'autre nature que l'extenfion de cette penfée; en ce que la premiere eft déterminée à certain lieu, duquel elle exclut toute autre extenfion de cors, ce que ne fait pas la deuxiéme; & ainfi voftre Alteffe ne laiffera pas de reuenir ayfement à la connoiffance de la diftinction de l'ame & du cors, nonobftant qu'elle ait conceu leur vnion. Enfin comme ie croy qu'il eft tres-neceffaire d'auoir bien compris vne fois en fa vie les principes de la Métaphyfique, à caufe que ce font eux qui nous donnent la connoiffance de Dieu, & de noftre ame, ie croy auffi qu'il feroit tres-nuifible d'ocuper fouuent fon entendement à les méditer, à caufe qu'il ne pouroit fi bien vaquer aux fonctions de l'imagination, & des fens; Mais que le méilleur eft, de fe contenter de retenir en fa memoire, & en fa créance, les conclufions qu'on en a vne fois tirées, puis employer le refte du tems qu'on a pour l'étude, aux penfées ou l'entendement agit auec l'imagination & les fens; L'extreme déuotion que j'ay au feruice de voftre Alteffe, me fait efperer que ma franchife ne luy fera pas defagreable, & elle m'auroit engagé icy en vn plus long difcours, où j'euffe tafché d'éclaircir à cette fois toutes les dificultez de la queftion propofée; mais vne fafcheufe nouuelle que ie viens d'aprendre d'Vtrech, où le Magiftrat me cite, pour vérifier ce que j'ay écrit d'vn de leurs Miniftres, combien que ce foit vn homme qui m'a calomnié tres-indignement, & que ce

que j'ay écrit de luy pour ma juste défense ne soit que
trop notoire à tout le monde, me contraint de finir
icy, pour aller consulter les moyens de me tirer le
plu-tost que ie pouray de ces chicaneries; ie suis, &c.

***

A MADAME ELIZABETH,
PRINCESSE PALATINE, &c.

LETTRE XXXI.

MADAME,

Puis que j'ay des-ja pris la liberté d'auertir vostre
Altesse de la correspondance que j'ay commencé d'a-
uoir en Süede, ie pense estre obligé de continüer, &
de luy dire que j'ay receu depuis peu des lettres de l'a-
my que j'ay en ce païs-là, par lesquelles il m'aprend
que la Reine ayant esté à Vpsale, où est l'Academie
du païs, elle auoit voulu entendre vne harangue du
Professeur en l'eloquence, qu'il estime pour le plus
habile & le plus raisonnable de cette Academie, &
qu'elle luy auoit donné pour son sujet à discourir du
Souuerain Bien de cette vie; mais qu'aprés auoir oüy
cette harangue, elle auoit dit que ces gens-là ne fesoient qu'effleurer les matieres, & qu'il en faudroit sçauoir mon opinion; A quoy il luy auoit répondu qu'il
sçauoit que j'estois fort retenu à écrire de telles matieres; Mais que s'il plaisoit à sa Majesté qu'il me la de-
mandast de sa part, il ne croyoit pas que ie manquasse
à tascher de luy satisfaire; sur quoy elle luy auoit tres-
expresse-

expreſſement donné charge de me la demander, &
luy auoit fait promettre qu'il m'en écriroit au prochain ordinaire; en ſorte qu'il me conſeille d'y répondre, & d'adreſſer ma Lettre à la Reyne, à laquelle il l'a
préſentera, & dit qu'il eſt caution qu'elle ſera bien
receüe. I'ay crû ne deuoir pas négliger cette occaſion, & conſiderant que lors qu'il m'a écrit cela, il ne
pouuoit encore auoir receu la Lettre où ie parlois de
celles que j'ay eu l'honneur d'écrire à Voſtre Alteſſe
touchant la meſme matiere, I'ay penſé que le deſſein
que j'auois eu en cela eſtoit failly, & qu'il le falloit
prendre d'vn autre biais ; c'eſt pourquoy j'ay écrit vne
Lettre à la Reyne, ou aprés auoir mis briéuement mon
opinion, j'adioute que j'obmets beaucoup de choſes,
parce que me repréſentant le nombre des affaires qui
ſe rencontrent en la conduite d'vn grand Royaume,
& dont ſa Majeſté prend elle-meſme les ſoins, Ie n'oſe
luy demander plus longue audiance : mais que j'enuoye à Monſieur Chanut quelques écrits, ou j'ay mis
mes ſentimens plus au long touchant la meſme matiere, afin que s'il luy plaiſt de les voir, il puiſſe les luy
préſenter. Ces écrits que j'enuoye à Monſieur Chanut, ſont les Lettres que j'ay eu l'honneur d'écrire à
Voſtre Alteſſe touchant le Liure de Séneque *de vita
beata*, juſques à la moitié de la ſixiéme, où aprés
auoir définy les Paſſions en general, je mets que ie
trouue de la difficulté à les dénombrer. Enſuitte de
quoy ie luy enuoye auſſi le petit Traitté des Paſſions,
lequel j'ay eu aſſez de peine à faire tranſcrire ſur vn
brouillon fort confus que j'en auois gardé ; & ie luy

Q

mande, que ie ne le prie point de préfenter d'abord ces écrits à la Reyne, pource que j'aurois peur de ne pas garder affez le refpect que ie dois à fa Majefté, fi ie luy enuoyois des Lettres que j'ay faites pour vne autre, plu-toft que de luy écrire à elle-mefme ce que ie pouray iuger luy eftre agreable; mais que s'il trouue bon de luy en parler, difant que c'eft à luy que ie les ay enuoyées, & qu'apres cela elle defire de les voir, ie feray libre de ce fcrupule; & que ie me fuis perfuadé qu'il luy fera peut-eftre plus agreable de voir ce qui a efté ainfi écrit à vne autre, que s'il luy eftoit adreffé, pource qu'elle poura s'affurer d'auantage, que ie n'ay rien changé ou déguifé en fa confideration. Ie n'ay pas iugé à propos d'y mettre rien de plus de Voftre Alteffe, ny mefme d'en exprimer le nom, lequel toutesfois il ne poura ignorer à caufe de mes Lettres précedentes; Mais confiderant que nonobftant qu'il foit homme tres-vertueux, & grand eftimateur des perfonnes de mérite, en forte que ie ne doute point qu'il n'honore Voftre Alteffe autant qu'il doit, Il ne m'en a toutesfois parlé que rarement en fes Lettres, bien que ie luy en aye écrit quelque chofe en toutes les miennes, j'ay péfé qu'il fefoit peut-eftre fcrupule d'en parler à la Reyne, pource qu'il ne fçait pas fi cela plairoit ou déplairoit à ceux qui l'ont enuoyé. Mais fi i'ay d'orefnauant occafion de luy écrire à elle-mefme, ie n'auray pas befoin d'interprete; & le but que i'ay eu cette fois en luy enuoyant ces écrits, eft de tafcher à faire qu'elle s'occupe d'auantage à ces penfées, & que fi elles luy plaifent, ainfi qu'on me fait efperer, elle

ayt occasion d'en conferer auec Voſtre Alteſſe, De
laquelle, Ie feray toute ma vie, &c

A MONSIEVR CHANVT.

LETTRE XXXII.

Monsievr,

Si ie m'eſtois donné l'honneur de vous écrire , autant de foisque i'en ay eu le deſir,depuis que vous eſtes
paſſé par ce pays, vous auriez eſté fort ſouuent impor-
tuné de mes Lettres : car il n'y a pas vn iour que ie n'y
aye penſé pluſieurs fois. Mais j'ay attendu que j'euſſe
quelque autre occaſion pour écrire à Monſieur Braſſet, afin qu'il ne luy ſemblaſt pas que ie ne le vouluſſe
employer que pour faire tenir des paquets ; & cette
occaſion n'eſtant pas venuë, comme j'auois eſperé,
Ie me propoſe d'aller demain à la Haye, & de luy porter celle-cy pour vous eſtre adreſſée. La rigueur extraordinaire de cét Hyuer m'a obligé à faire ſouuent
des ſouhaits pour voſtre ſanté & pour celle de tous les
voſtres; Car on remarque en ce pays qu'il n'y en a point
eu de plus rude depuis l'année 1608. Si c'eſt le meſme
en Suede vous y aurez vû toutes les glaces que le Septentrion peut produire. Ce qui me conſole, c'eſt que
ie ſçay qu'on a plus de préſeruatifs contre le froid en
ces quartiers-là,qu'on n'en a pas en Fråce, & ie m'aſſure
que vous ne les aurez pas négligez. Si cela eſt, vous aurez paſſé la plu-part du temps dans vn poeſle, où ie m'i-

magine que les affaires publiques ne vous auront pas si
continuellement occupé, qu'il ne vous soit resté du
loisir pour penser quelquefois à la Philosophie ; Et si
vous auez daigné examiner ce que i'en ay écrit, vous
me pouuez extrememẽt obliger en m'auertiſſant
des fautes que vous y aurez remarquées. Car ie n'ay encore pû rencontrer perſonne qui me les ay dittes ; &
ie voy que la plu-part des hommes iugent ſi mal, que ie
ne me dois point arreſter à leurs opinions, mais ie tiendray les voſtres pour des oracles. Si vous auez auſſi ietté quelquefois la veuë hors de voſtre poeſle, vous aurez peut-eſtre aperçeu en l'air d'autres méteores que
ceux dont i'ay écrit, & vous m'en pouriez donner de
bonnes inſtructions.   Vne ſeule obſeruation que ie
fis de la neige exagone en l'année 1635. à eſté cauſe du
Traitté que i'en ay fait. Si toutes les experiences dont
i'ay beſoin pour le reſte de ma Phyſique, me pouuoient ainſi tomber des nuës, & qu'il ne me falluſt que
des yeux pour les connoiſtre, ie me promettrois de l'a-
cheuer en peu de tems ; mais pource qu'il faut auſſi
des mains pour les faire, & que ie n'en ay point qui y
ſoient propres, je pers entierement l'enuie d'y trauailler d'auantage.   Ce qui n'empeſche pas neantmoins
que ie ne cherche tou-jours quelque choſe, quand ce
ne ſeroit que *ut doctus emoriar*, & afin d'en pouuoir
conferer en particulier auec mes amis, pour leſquels ie
ne ſçaurois rien auoir de caché. Mais ie me plains de
ce que le monde eſt trop grand à raiſon du peu d'honneſtes gens qui s'y trouuent ; je voudrois qu'ils fuſſent
tous aſſemblez en vne Ville, & alors ie ſerois bien aiſe

de quitter mon Hermitage pour aller viure auec
eux, s'ils me vouloient receuoir en leur compagnie;
Car encore que ie fuie la multitude, à cause de la quantité des impertinens & des importuns qu'on y rencontre, ie ne laisse pas de penser que le plus grand bien de
la vie est de iouyr de la conuersation des personnes
qu'on estime. Ie ne sçay si vous en trouuez beaucoup aux lieux où vous estes qui soient dignes de
la vostre : mais pour ce que i'ay quelquefois enuie de
retourner à Paris , je me plains quasi de ce que Mes-
sieurs les Ministres vous ont donné vn employ qui
vous en éloigne, & ie vous assure que si vous y estiez,
vous seriez l'vn des principaux suiets qui me pouroient obliger d'y aller; car c'est auec vne tres-particuliere inclination que ie suis, &c.

A MONSIEVR CHANVT.

LETTRE XXXIII.

MONSIEVR,

I'ay esté bien aise d'aprendre par les Lettres que
vous m'auez fait l'honneur de m'écrire, que la Suede
n'est pas si éloignée d'icy qu'on n'en puisse auoir des
nouuelles en peu de semaines, & ainsi que ie pouray
auoir quelquefois le bon-heur de vous entretenir par
écrit & de participer aux fruits de l'étude à laquelle
ie vous vois préparé. Car puis qu'il vous plaist de
prendre la peine de reuoir mes principes , & de les

examiner, Ie m'affure que vous y remarquerez beaucoup d'obfcuritez, & beaucoup de fautes, qu'il m'importe fort de fçauoir, & dont ie ne puis efperer d'eftre
auerty par aucun autre fi bien que par vous. Ie crains
feulement que vous ne vous dégoutiez bien-toft de
cette lecture, à caufe que ce que j'ay écrit ne conduit
que de fort loin à la Morale, que vous auez choifie
pour voftre principale étude. Ce n'eft pas que ie ne
fois entierément de voftre auis, en ce que vous iugez
que le moyen le plus affuré pour fçauoir comment
nous deuons viure, eft de connoiftre auparauant
quels nous fommes ; quel eft le Monde dans lequel
nous viuons, & qui eft le Createur de ce Monde, ou le
Maiftre de la maifon que nous habitons; mais outre
que ie ne prétens, ny ne promets en aucune façon que
tout ce que j'ay écrit foit vray, Il y a vn fort grand in-
téruälle, entre la notion generale du Ciel & de la Terre, que j'ay tafché de donner en mes principes, & la
connoiffance particuliere de la Nature de l'Homme,
de laquelle ie n'ay point encore traitté. Toutesfois
afin qu'il ne femble pas que ie veuille vous détourner
de voftre deffein, Ie vous diray en confidence, que
la notion telle quelle de la Phyfique que j'ay tafché
d'acquerir, m'a grandement feruy pour établir des
fondemens certains en la Morale ; & que ie me fuis
plus aifément fatisfait en ce point, qu'en plufieurs autres touchant la Médecine, aufquels j'ay neantmoins
employé beaucoup plus de tems. De façon qu'au
lieu de trouuer les moyens de conferuer la vie, I'en
ay trouué vn autre bien plus aifé & plus fur, qui eft

de ne pas craindre la mort; sans toutesfois pour cela
estre chagrin, comme sont ordinairement ceux dont
la sagesse est toute tirée des enseignemens d'autruy,
& apuyée sur des fondemens qui ne dépendent que
de la prudence & de l'autorité des hommes. Ie
vous diray de plus que pendant que ie laisse croistre
les plantes de mon Iardin, dont j'attens quelques experiences pour tascher de continuer ma Physique, Ie
m'arreste aussi quelquefois à penser aux questions particulieres de la Morale.   Ainsi j'ay tracé cét hyuer vn
petit Traitté de la Nature des Passions de l'Ame, sans
auoir neantmoins dessein de le mettre au jour, & ie serois maintenant d'humeur à écrire encore quelque
autre chose, si le dégoust que j'ay de voir combien il y
a peu de personnes au monde qui daignent lire mes
écrits ne me fesoit estre négligent. Ie ne le seray iamais en ce qui regardera vostre seruice; Car je suis de
cœur & d'affection. &c.

A MONSIEVR CHANVT.
LETTRE XXXIV.

Monsieur,

Si je ne fesois vne estime toute extraordinaire de
vostre sçauoir, & que ie n'eusse point vn extreme desir
d'aprendre, Ie n'aurois pas vsé de tant d'importunité
que j'ay fait, à vous conuier d'examiner mes écrits.
Ie n'ay gueres acoutumé d'en prier personne, &
mesme ie les ay fait sortir en public sans estre parez, ny

auoir aucun des ornemens qui peuuent attirer les yeux
du peuple, afin que ceux qui ne s'arreftent qu'à l'exterieur ne les viffent pas, & qu'ils fuffent feulement re-
gardez par quelques perfonnes de bon efprit, qui prif-
fent la peine de les examiner auec foin, afin que ie puiffe tirer d'eux quelque inftruction. Mais bien que vous
ne m'ayez pas encore fait cette faueur, vous n'auez pas
laiffé de m'obliger beaucoup en d'autres chofes, & particulierement en ce que vous auez parlé auantageufe-
ment de moy à plufieurs, ainfi que j'ay apris de tres-
bonne part; & mefme Monfieur Cl. m'a écrit que
vous attendez de lui mes Meditations Françoifes pour
les préfenter à la Reine du Païs où vous eftes. Ie n'ay
iamais eu affez d'ambition pour defirer que les perfonnes de ce rang fceuffent mon nom, & mefme fi
j'auois efté feulement auffi fage, qu'on dit que les fau-
uages fe perfuadent que font les finges, Ie n'aurois iamais efté connu de qui que ce foit, en qualité de fe-
feur de Liures: Car on dit qu'ils s'imaginent que les
finges pouroient parler s'ils vouloient, mais qu'ils s'en
abftiennent, afin qu'on ne les contraigne point de trauailler; & pource que ie n'ay pas eu la mefme prudence
à m'abftenir d'écrire, Ie n'ay plus tât de loifir ni tant de
repos que j'aurois, fi j'euffe eu l'efprit de me taire. Mais
puifque la faute eft def-ja commife, & que ie fuis connu d'vne infinité de gens d'Ecole, qui regardent mes
écrits de trauers, & y cherchent de tous coftez les
moyens de me nuire, I'ay grand fujet de fouháitter
auffi de l'eftre des perfonnes de plus grand merite, de
qui le pouuoir & la Vertu me puiffent proteger. Et j'ay

oüy

oüy faire tant d'eſtime de cette Reine, qu'au lieu que ie me ſuis ſouuent pleint de ceux qui m'ont voulu donner la connoiſſance de quelque Grand, je ne puis m'abſtenir de vous remercier de ce qu'il vous a plû luy parler de moy. I'ay vû icy Mõſieur de la Thuillerie depuis ſon retour de Suede, lequel m'a décrit ſes qualitez d'vne façon ſi auantageuſe, que celle d'eſtre Reine, me ſemble l'vne des moindres : Et ie n'en aurois oſé croire la moitié, ſi ie n'auois vû par experience en la Princeſſe à qui j'ay dédié mes Principes de Philoſophie, que les perſonnes de grande naiſſance, de quelque ſexe qu'elles ſoient, n'ont pas beſoin d'auoir beaucoup d'âge pour pouuoir ſurpaſſer de beaucoup en érudition & en vertu lés autres hommes. Mais j'ay bien peur que les écrits que j'ay publiez ne méritent pas qu'elle s'arreſte à les lire, & ainſi qu'elle ne vous ſçache point de gré, de les lui auoir recommandez. Peut-eſtre que ſi j'y auois traitté de la Morale, j'aurois occaſion d'eſperer qu'ils lui pouroient eſtre plus agreables; mais c'eſt dequoi je ne dois pas me meſler d'écrire. Meſſieurs les Regens ſont ſi animez contre moy à cauſe des innocens principes de Phyſique qu'ils ont vûs, & ſi en colere de ce qu'ils n'y trouuent aucun prétexte pour me calomnier, que ſi je traittois aprés cela de la Morale, ils ne me laiſſeroient aucun repos. Car puis qu'vn pere N. a crû auoir aſſez de ſujet pour m'accuſer d'eſtre ſceptique, de ce que j'ay réfuté les ſceptiques ; & qu'vn Miniſtre a entrepris de perſuader que j'eſtois Athée, ſans en alleguer d'autre raiſon, ſinon que j'ay taſché de prouuer l'exiſtence de Dieu,

R

que ne diroient-ils point, si j'entreprenois d'examiner
qu'elle est la iuste valeur de toutes les choses qu'on
peut desirer ou craindre; Quel sera l'état de l'Ame
aprés la mort; Iusques où nous deuons aimer la vie; Et
quels nous deuons estre pour n'auoir aucun sujet d'en
craindre la perte. I'aurois beau n'auoir que les opinions
les plus conformes à la Religion, & les plus vtiles au
bien de l'Etat, qui puissent estre, ils ne lairroient pas
de me vouloir faire acroire que j'en aurois de contraires à l'vn & à l'autre. Et ainsi ie croy, que le mieux que
ie puisse faire d'oresnauant, est de m'abstenir de faire
des Liures; Et ayant pris pour ma deuise, (*Illi mors grauis incubat, Qui notus nimis omnibus, Ignotus moritur sibi.*)
de n'étudier plus que pour m'instruire, & ne communiquer mes pensées qu'à ceux auec qui ie pouray conuerser priuément. Ie vous assure que ie m'estimerois
extrémement heureux, si ce pouuoit estre auec vous;
Mais ie ne croy pas que j'aille iamais aux lieux où vous
estes, ny que vous vous retiriez en cétui-cy ; tout ce
que ie puis esperer, est que peut-estre aprés quelques
années, en repassant vers la France, vous me ferez la
faueur de vous arrester quelques iours en mon Hermitage, & que j'auray alors le moyen de vous entretenir
à cœur ouuert. On peut dire beaucoup de choses en
peu de tems , & ie trouue que la longue fréquentation n'est pas necessaire pour lier d'étroites amitiez,
lors qu'elles sont fondées sur la Vertu ; Dés la premiere
heure que j'ay eu l'honneur de vous voir, j'ay esté entierement à vous, & comme jay osé dés lors m'assurer de vostre bien-veillance, aussi ie vous suplie de

croire que ie ne vous pourois estre plus acquis que ie suis, si j'auois passé auec vous toute ma vie. Au reste, il semble que vous inferez, de ce que j'ay étudié les passions, que ie n'en dois plus auoir aucune ; mais ie vous diray que tout au con..ire, en les examinant, je les ay trouuées presque toutes bonnes, & tellement vtiles à cette vie, que nostre Ame n'auroit pas sujet de vouloir demeurer jointe à son cors, vn seul moment, si elle ne les pouuoit ressentir. Il est vray que la colere est vne de celles dont j'estime qu'il se faut garder, entant qu'elle a pour objet vne offense receuë ; & pour cela nous deuons tascher d'éleuer si haut nostre esprit, que les offenses que les autres nous peuuent faire ne paruiennent iamais iusques à nous. Mais ie croy qu'au lieu de colere, il est iuste d'auoir de l'indignation, & j'auoüe que j'en ay souuent contre l'ignorance de ceux qui veulent estre pris pour doctes, lors que ie la voy iointe à la malice. Mais ie vous puis assurer qu'à vostre égard les passions que i'ay, sont de l'admiration pour vostre Vertu, & vn zele tres-particulier, qui fait que ie suis, &c.

A MONSIEVR CHANVT.

LETTRE XXXV.

MONSIEVR,

L'aymable Lettre que ie viens de receuoir de vostre part, ne me permet pas que ie repose iusques à ce que i'y aye fait réponfe; & bien que vous y propofiez des queftions que de plus fçauans que moy auroient bien de la peine à examiner en peu de tems , toutesfois à caufe que ie fçay bien qu'encore que i'y en employaffe beaucoup, ie me les pourois entierement réfoudre, I'aime mieux mettre promtement fur le papier ce que le zele qui m'incite me dictera, que d'y penfer plus à loifir, & n'écrire par aprés rien de meilleur.

Vous voulez fçauoir mon opinion touchant trois chofes. 1. Ce que c'eft que l'amour. 2. Si la feule lumiere naturelle nous enfeigne à aimer Dieu. 3. Lequel des deux déreglemens & mauuais vfages eft le pire de l'Amour, ou de la haine.

Pour répondre au premier point, Ie diftingue entre l'Amour qui eft purement intellectuelle ou raifonnable, & celle qui eft vne paffion; La premiere n'eft ce me femble autre chofe, finon que lors que noftre Ame aperçoit quelque bien, foit préfent, foit abfent, qu'elle iuge lui eftre conuenable, elle fe ioint à lui de volonté, c'eft à dire, elle fe confidere foy-mefme auec ce bien-là comme vn tout dont il eft vne partie, & elle l'autre : Enfuite dequoy s'il eft prefent, c'eft à dire, fi elle le poffede, ou qu'elle en foit poffedée, ou enfin qu'elle foit iointe à lui non feulement par fa volonté, mais auffi réellement & de fait, en la façon qu'il lui conuient d'eftre iointe, le mouuement de fa volonté qui acompagne la connoiffance qu'elle a que ce luy eft vn bien, eft fa ioye; & s'il eft abfent, le mouuement de fa volonté qui acompagne la connoiffance qu'elle a d'en eftre priuée, eft fa trifteffe; Mais celui qui acompagne la connoiſſance qu'elle a qu'il luy ſeroit bon de l'acquerir, eſt ſon deſir. Et tous ces mouuemens de la volonté auſquels conſiſtent l'amour, la ioye, la triſteſſe, & le deſir, entant que ce ſont des penſées raiſonnables, & non point des paſſions, ſe pouroient trouuer en noſtre ame, encore qu'elle n'euſt point de cors: Car, par exemple, ſi elle s'aperceuoit qu'il y a beaucoup de choſes à cõnoiſtre en la Nature, qui ſont fort belles, ſa volonté ſe porteroit infailliblement à aymer la connoiſſance de ces choſes, c'eſt à dire, à la conſiderer comme luy apartenant. Et ſi elle remarquoit auec cela qu'elle euſt cette cõnoiſſance, elle en auroit de la joye; ſi elle cõſideroit qu'elle ne l'euſt pas, elle en auroit de la triſteſſe; ſi elle penſoit qu'il luy ſeroit bon de l'acquerir, elle en auroit du deſir. Et il n'y a rien en tous ces mouuemés de ſa volonté qui luy fuſt obſcur, ny dont elle n'euſt vne tres-parfaite connoiſſance, pourvû qu'elle fiſt réflexion ſur ſes penſées. Mais pendant que noſtre Ame eſt jointe au cors, cette amour raiſonnable eſt ordinairement acompagnée de l'autre, qu'on peut nommer ſenſuelle ou ſenſitiue, & qui comme j'ay ſommairement dit de toutes les paſſions, aperits & ſentimens, en la page 268. de mes principes, n'eſt autre choſe qu'vne penſée confuſe excitée en l'Ame par quelque mouuement des nerfs, laquelle la diſpoſe à cette autre penſée plus claire en qui conſiſte l'amour raiſonnable. Car comme en la ſoif, le ſentiment qu'on a de la ſechereſſe du goſier, eſt vne penſée qui diſpoſe au deſir de boire, mais qui n'eſt pas ce deſir meſme; ainſi en l'Amour on ſent ie ne ſçay

quelle chaleur autour du cœur, & vne grande abon-
·dance de fang dans le poumon, qui fait qu'on ouure
mefme les bras côme pour embraffer quelque chofe,
& cela rend l'Ame encline à joindre à foy de volonté
l'objet qui fe préfente. Mais la penfée par laquelle l'A-
me fent cette chaleur, eft differente de celle qui la
joint à cét objet ; Et mefme il arriue quelquefois que ce
fentiment d'Amour fe trouue en nous, fans que noftre
volonté fe porte à rien aymer, à caufe que nous ne
rencontrons point d'objet que nous penfions en
eftre digne : Il peut arriuer auffi au contraire que nous
connoiffions vn bien qui mérite beaucoup, & que
nous nous joignions à luy de volonté, fans auoir pour
cela aucune paffion, à caufe que le cors n'y eft pas difpofé. Mais pour l'ordinaire ces deux Amours fe trouuent enfemble : car il y a vne telle liaifon entre l'vne &
l'autre, que lors que l'Ame juge qu'vn objet eft digne
d'elle, cela difpofe incontinent le cœur aux mouuemens qui excitent la paffion d'Amour, & lors que le
cœur fe trouue ainfi difpofé par d'autres caufes, cela
fait que l'Ame imagine des qualitez aymables en des
objets, où elle ne verroit que des défauts en vn autre
tems. Et ce n'eft pas merueille que certains mouuemens de cœur foient ainfi naturellement joints à certaines penfées, auec lefquelles ils n'ont aucune reffemblance ; car de ce que noftre Ame eft de telle nature
qu'elle a pû eftre vnie à vn cors, elle a auffi cette proprieté que chacune de fes penfées fe peut tellement
affocier auec quelques mouuemens ou autres difpofitions de ce cors, que lors que les mefmes difpofitions

ſe trouuent vne autre fois en luy, elles induiſent l'A-
me à la meſme penſée, & réciproquement lors que la
meſme penſée reuient, elle prépare le cors à receuoir
la meſme diſpoſition. Ainſi lors qu'on aprend vne
langue, on joint les Lettres ou la prononciatiõ de certains mots, qui ſont des choſes materielles, auec leurs
ſignifications qui ſont des penſées : En ſorte que lors
qu'on oyt aprés derechef les meſmes mots, on conçoit
les meſmes choſes, & quand on conçoit les meſmes
choſes, on ſe reſſouuient des meſmes mots. Mais les
premieres diſpoſitions du cors qui ont ainſi acompagné nos penſées, lors que nous ſommes entrés au monde, ont dû ſans doute ſe joindre plus étroitement auec
elles, que celles qui les acompagnent par aprés. Et
pour examiner l'origine de la chaleur qu'on ſent autour du cœur, & celle des autres diſpoſitions du cors,
qui acompagnent l'Amour, Ie conſidere que dés le
premier moment que noſtre Ame a eſté jointe au cors,
il eſt vray-ſemblable qu'elle a ſenty de la joye, & incontinent aprés de l'Amour, puis peut-eſtre auſſi de la
haine, & de la triſteſſe; & que les meſmes diſpoſitions
du cors qui ont pour lors cauſé en elle ces paſſions, en
ont naturellement par aprés acompagné les penſées.
Ie juge que ſa premiere paſſion a eſté la joye, pource
qu'il n'eſt pas croyable que l'Ame ayt eſté miſe dans le
cors, ſinon lors qu'il a eſté bien diſpoſé, & que lors
qu'il eſt ainſi bien diſpoſé, cela nous donne naturellement de la joye. Ie dis auſſi que l'Amour eſt venuë
aprés, à cauſe que la matiere de noſtre cors s'écoulant
ſans ceſſe, ainſi que l'eau d'vne riuiere, & eſtant beſoin

qu'il en reuienne d'autre en sa place , il n'est gueres vray-semblable que le cors ayt esté bien disposé, qu'il n'y ayt eu aussi proche de luy quelque matiere fort propre à luy seruir d'aliment, & que l'Ame se joignant de volonté à cette nouuelle matiere a eu pour elle de l'Amour; Comme aussi par aprés s'il est arriué que cét aliment ayt manqué, l'Ame en a eu de la tristesse; Et s'il en est venu d'autre en sa place qui n'ayt pas esté pro-pre à nourir le cors, elle a eu pour luy de la haine.

Voila les quatre passions que ie croy auoir esté en nous les premieres, & les seules que nous auons euës auant nostre naissance; & ie croy aussi qu'elles n'ont esté à lors que des sentimens ou des pensées fort con-fuses, pource que l'Ame estoit tellement attachée à la matiere, qu'elle ne pouuoit encore vaquer à autre cho-se qu'à en receuoir les diuerses Impressions ; & bien que quelques années aprés, elle ayt commencé à auoir d'autres ioyes, & d'autres Amours, que celles qui ne dépendent que de la bonne constitution & conuenab-le nouriture du cors, toutesfois ce qu'il y a eu d'intel-lectuel en ses ioyes ou amours, a tou-iours esté acom-pagné des premiers sentimens qu'elle en auoit eus, & mesme aussi des mouuemens ou fonctions naturelles qui estoient alors dans le cors : en sorte que d'autant que l'amour n'estoit causée auant la naissance que par vn aliment conuenable qui entrant abondamment dans le foye, dans le cœur, & dans le poumon, y exci-toit plus de chaleur que de coutume, de là vient que maintenant cette chaleur acompagne tou-iours l'A-mour, encore qu'elle vienne d'autres causes fort differentes.

rentes. Et si ie ne craignois d'estre trop long, ie pourois faire voir par le menu, que toutes les autres dispositions du cors, qui ont esté au commencement de
nostre vie auec ces quatre passions, les acompagnent
encore. Mais ie diray seulement que ce sont des sentimens confus de nostre enfance, qui demeurans ioints
auec les pensées raisonnables par lesquelles nous aymons ce que nous en iugeons digne, sont cause que la
nature de l'amour nous est dificile à connoistre. A
quoy j'adiouté que plusieurs autres passions, comme la
ioye, la tristesse, le desir, la crainte, l'esperance, &c.
se mélant diuersement auec l'Amour, empeschent
qu'on ne reconnoisse en quoy c'est proprement qu'elle consiste. Ce qui est principalement remarquable
touchant le desir; Car on le prend si ordinairement
pour l'amour, que cela est cause qu'on a distingué
deux sortes d'amours; l'vne qu'on nomme amour de
Bien-voillance, en laquelle ce desir ne paroist pas tant,
& l'autre qu'on nomme amour de Concupiscence,
laquelle n'est qu'vn desir fort violent, fondé sur vn
amour qui souuent est foible.

Mais il faudroit écrire vn gros volume pour traitter
de toutes les choses qui apartiennent à cette passion;
& bien que son naturel soit de faire qu'on se communique le plus que l'on peut, en sorte qu'elle m'incite à
tascher icy de vous dire plus de choses que ie n'en sçay,
Ie me veux pourtant retenir de peur que la longueur
de cette Lettre ne vous ennuye. Ainsi ie passe à vostre
seconde question. Sçauoir si la seule lumiere naturelle,
nous enseigne à aymer Dieu; & si on le peut aymer par

la force de cette lumiere. Ie voy qu'il y a deux fortes raisons pour en douter; la premiere est que les atributs de Dieu qu'on considere le plus ordinairement sont si releués au dessus de nous, que nous ne conceuons en aucune façon qu'ils nous puissent estre conuenables, ce qui est cause que nous ne nous joignons point à eux de volonté; la seconde est qu'il n'y a rien en Dieu qui soit imaginable, ce qui fait qu'encore qu'on auroit pour luy, quelque amour intellectuelle, il ne semble pas qu'on en puisse auoir aucune sensitiue, à cause qu'elle deuroit passer par l'imagination pour venir de l'entendement dans le sens. C'est pourquoy ie ne m'étonne pas si quelques Philosophes se persuadent qu'il n'y a que la Religion Chrestienne, qui nous enseignant le mystere de l'Incarnation, par lequel Dieu s'est abaissé iusqu'à se rendre semblable à nous, fait que nous sommes capables de l'aymer; & que ceux qui sans la connoissance de ce mystere ont semblé auoir de la passion pour quelque Diuinité n'en ont point eu pour cela pour le vray Dieu, mais seulement pour quelques Idoles qu'ils ont appellées de son nom; tout de mesme qu'Ixion, au dire des Poëtes, embrassoit vne nuë au lieu de la Reyne des Dieux. Toutefois ie ne fais aucun doute que nous ne puissions veritablement aymer Dieu par la seule force de nostre nature. Ie n'assure point que cét amour soit méritoire sans la grace, je laisse démesler cela aux Théologiens; Mais j'ose dire qu'au regard de cette vie, c'est la plus rauissante & la plus vtile passion que nous puissions auoir; & mesme qu'elle peut-estre la plus forte, bien qu'on ayt befoin pour cela d'vne méditation fort attentiue, à caufe que nous fommes continuellement diuertis par la préfence des autres objets. Or le chemin que ie juge qu'on doit fuiure pour paruenir à l'amour de Dieu, eft qu'il faut confiderer qu'il eft vn efprit, ou vne chofe qui penfe, en quoy la nature de noftre ame ayant quelque reffemblance auec la fienne, nous venons à nous perfuader qu'elle eft vne émanation de fa fouueraine Intelligence, *Et diuinæ quafi particula auræ.* Mefme à caufe que noftre cônoiffance femble fe pouuoir acroiftre par degrés iufqu'à l'infiny, & que celle de Dieu eftant infinie, elle eft au but où vife la noftre; fi nous ne confiderons rien d'auantage, nous pouuons venir à l'extrauagance de fouhaiter d'eftre Dieux, & ainfi par vne tres-grande erreur, aymer feulement la Diuinité, au lieu d'aymer Dieu. Mais fi auec cela nous prenons garde à l'infinité de fa puiffance par laquelle il a creé tant de chofes, dont nous ne fommes que la moindre partie; à l'étenduë de fa prouidence, qui fait qu'il voit d'vne feule penfée tout ce qui a efté, qui eft, qui fera, & qui fçauroit eftre; à l'infaillibilité de fes decrets, qui bien qu'ils ne troublent point noftre libre arbitre, ne peuuent neantmoins en aucune façon eftre changez; Et enfin d'vn cofté à noftre petiteffe, & de l'autre à la grandeur de toutes les chofes créées, en remarquant de qu'elle forte elles dépendent de Dieu, & en les confiderant d'vne façon qui ayt du raport à fa toute puiffance, fans les renfermer en vne boule, comme font ceux qui veulent que le monde foit finy : la Meditation de toutes ces chofes

remplit vn homme qui les entend bien d'vne joye ſi
extréme, que, tant s'en faut qu'il ſoit injurieux & ingrat enuers Dieu iuſqu'à ſouhaiter de tenir ſa place,
il penſe deſ-ja auoir aſſez veſcu de ce que Dieu luy a
fait la grace de paruenir à de telles connoiſſances, & ſe
joignant entierement à luy de volonté, il l'ayme ſi
parfaitement , qu'il ne deſire plus rien au monde,
ſinon que la volonté de Dieu ſoit faite ; Ce qui eſt
cauſe qu'il ne craint plus ny la mort, ny les douleurs,
ny les diſgraces, pource qu'il ſçait que rien ne luy peut
ariuer, que ce que Dieu aura decreté ; & il ayme tellement ce diuin decret, il l'eſtime ſi iuſte & ſi neceſſaire,
il ſçait qu'il en doit ſi entierement dépendre, que meſme, lors qu'il en attend la mort, ou quelqu'autre mal,
ſi par impoſſible il pouuoit le changer, il n'en auroit
pas la volonté. Mais s'il ne refuſe point les maux ou
les afflictions, pource qu'elles luy viennent de la prouidence Diuine, Il refuſe encore moins tous les biens
ou plaiſirs licites dont il peut iouïr en cette vie, pource
qu'ils en viennent auſſi ; & les receuant auec ioye, ſans
auoir aucune crainte des maux, ſon amour le rend parfaitement heureux. Il eſt vray qu'il faut que l'Ame ſe
détache fort du commerce des ſens pour ſe repreſenter les verités qui excitent en elle cet amour, d'où vient
qu'il ne ſemble pas qu'elle puiſſe la communiquer à la
faculté imaginatiue pour en faire vne paſſion. Mais
neantmoins ie ne doute point qu'elle ne luy communique ; Car encore que nous ne puiſſions rien imaginer de ce qui eſt en Dieu, lequel eſt l'objet de noſtre
amour, nous pouuons imaginer noſtre amour meſ-

me, qui consiste en ce que nous voulons nous vnir à quelque objet, c'est à dire, au regard de Dieu, nous considerer comme vne tres-petite partie de toute l'immensité des choses qu'il a créées; pource que selon que les objets sont diuers, on se peut vnir auec eux, ou les joindre à soy en diuerses façons ; & la seule Idée de cette vnion suffit pour exciter de la chaleur autour du cœur, & causer vne tres-violente passion. Il est vray aussi que l'vsage de nostre langue, & la ciuilité des complimens ne permet pas que nous disions à ceux qui sont d'vne condition fort réleuee au dessus de la nostre que nous les aymons, mais seulement que nous les respectons, honorons, estimons, & que nous auons du zele & de la déuotion pour leur seruice; Dont il me semble que la raison est, que l'amitié d'homme à homme rend égaux en quelque façon ceux en qui elle est réciproque ; & ainsi que pendant que l'on tasche à se faire aymer de quelque Grand, si on luy disoit qu'on l'ayme, il pouroit penser qu'on le traitte d'égal , & qu'on luy fait tort. Mais pource que les Philosophes n'ont pas coutume de donner diuers noms aux choses qui conuiennent en vne mesme définition , & que ie ne sçay point d'autre définition de l'amour, sinon qu'elle est vne passion qui nous fait joindre de volonté à quelque obiet, sans distinguer si cét objet est égal, ou plus grand, ou moindre que nous, il me semble que pour parler leur langue, ie dois dire qu'on peut aymer Dieu. Et si ie vous demandois en conscience si vous n'aymez point cette grande Reyne auprés de laquelle vous estes à présent, vous auriez beau dire

que vous n'auez pour elle que du refpect, de la véneration, & de l'étonnement, ie ne lairrois pas de iuger
que vous auez auffi vne tres ardente affection: Car voftre ftile coule fi bien quand vous parlez d'elle, que
bien que ie croye tout ce que vous en dittes, pource
que ie fçay que vous eftes tres-veritable, & que j'en ay
auffi ouy parler à d'autres, Ie ne croy pas neantmoins
que vous la peuffiez d'écrire comme vous faites, fi
vous n'auiez beaucoup de zele ; ny que vous puiffiez
eftre auprés d'vne fi grande lumiere fans en receuoir
de la chaleur. Et tant s'en faut que l'amour que nous
auons pour les objets qui font au deffus de nous, foit
moindre que celle que nous auons pour les autres, Ie
croy que de fa nature elle eft plus parfaite, & qu'elle fait
qu'on embraffe auec plus d'ardeur les interefts de ce
qu'on ayme. Car la nature de l'amour eft de faire qu'on
fe confidere auec l'objet aymé comme vn tout dont
on n'eft qu'vne partie, & qu'on transfere tellement les
foins qu'on a coutume d'auoir pour foy-mefme à la
conferuation de ce tout, qu'on n'en retienne pour
foy en particulier qu'vne partie auffi grande ou auffi
petite, qu'on croit eftre vne grande ou petite partie du tout auquel on a donné fon affection : en
forte que fi on s'eft ioint de volonté auec vn obiet
qu'on eftime moindre que foy, par exemple, fi nous
aymons vne fleur, vn oyfeau, vn baftiment, ou chofe
femblable, la plus haute perfection où cette amour
puiffe atteindre, felon fon vray vfage, ne peut faire
que nous mettions noftre vie en aucun hazard pour la
conferuation de ces chofes, pource qu'elles ne font

pas des parties plus nobles du tout qu'elles composent auec nous, que nos ongles & nos cheueux sont de noſtre cors; & ce seroit vne extrauagance de mettre tout le cors au hazard pour la conseruation des cheueux. Mais quand deux hommes s'entr'ayment, la charité veut que chacun d'eux estime son amy plus que soy-mesme, c'est pourquoy leur amitié n'est point parfaite, s'ils ne sont prests de dire en faueur l'vn de l'autre, *meme adsum qui feci, in me conuertite ferrum, &c.* Tout de mesme quand vn particulier se joint de volonté à son Prince, ou à son pays, si son amour est parfaite, il ne se doit estimer que comme vne fort petite partie du tout qu'il compose auec eux, & ainsi ne craindre pas plus d'aller à vne mort assurée pour leur seruice, qu'on craint de tirer vn peu de sang de son bras, pour faire que le reste du cors se porte mieux. Et on voit tous les iours des exemples de cet amour, mesme en des personnes de basse condition, qui donnent leur vie de bon cœur pour le bien de leur pays, ou pour la défense d'vn Grand qu'ils affectionnent. En suite de quoy il est éuident que nostre amour enuers Dieu doit estre sans comparaison la plus grande & la plus parfaite de toutes.

Ie n'ay pas peur que ces pensées métaphysiques qu'il le donnent trop de peyne à vostre esprit; car ie sçay est tres-capable de tout; mais j'auoüe qu'elles lassent le mien, & que la présence des objets sensibles ne permet pas que je m'y arreste long-tems. C'est pourquoy ie passe à la troisiéme question; sçauoir, lequel des deux dereglemens est le pire, celuy de l'amour, ou

celuy de la hayne. Mais ie me trouue plus empefché a y répondre qu'aux deux autres, à caufe que vous
y auez moins expliqué voftre intention, & que cette
dificulté fe peut entendre en diuers fens, qui me femblent deuoir eftre examinez féparément. On peut dire qu'vne paffion eft pire qu'vne autre, à caufe qu'elle
nous rend moins vertueux; ou à caufe qu'elle répugne
d'auantage à noftre contentement; ou enfin à caufe
qu'elle nous emporte à de plus grans excés, & nous
difpofe à faire plus de mal aux autres hommes.

Pour le premier point, ie le trouue douteux. Car en
confiderant les définitions de ces deux paffions, ie
iuge que l'amour que nous auons pour vn objet qui
ne le mérite pas, nous peut rendre pires que ne fait
la hayne que nous auons pour vn autre que nous de-
urions aymer; à caufe qu'il y a plus de danger d'eftre
joint à vne chofe qui eft mauuaife, & d'eftre comme
transformé en elle, qu'il n'y en a d'eftre féparé de volonté d'vne qui eft bonne. Mais quand ie prens garde
aux inclinations ou habitudes qui naiffent de ces paffions, ie change d'auis: Car voyant que l'amour, quelque déreglée qu'elle foit, a tou-jours le bien pour objet, il ne me femble pas qu'elle puiffe tant corrompre
nos mœurs, que fait la haine qui ne fe propofe que le
mal. Et on voit par experience que les plus gens de
bien deuiennent peu à peu malicieux, lors qu'ils font
obligez de haïr quelqu'vn; Car encore mefme que leur
haine foit iufte, ils fe reprefentent fi fouuent les maux
qu'ils reçoiuent de leur ennemy, & auffi ceux qu'ils luy
fouhaitent, que cela les acoutume peu à peu à la malice.

ce. Au contraire ceux qui s'adonnent à aymer, encore mesme que leur amour soit déreglée & friuole, ne
laissent pas de se rendre souuent plus honnestes gens
& plus vertueux, que s'ils ocupoient leur esprit à d'autres pensées. Pour le second point, ie n'y trouue aucune dificulté: Car la hayne est tou-jours acompagnée
de tristesse & de chagrin, & quelque plaisir que certaines gens prennent à faire du mal aux autres, ie croy
que leur volupté est semblable à celle des Démons,
qui selon nostre Religion ne laissent pas d'estre dam-
nez, encore qu'ils s'imaginent continuellement se
vanger de Dieu en tourmentant les hommes dans les
Enfers. Au contraire l'amour tant déreglée qu'elle
soit, donne du plaisir, & bien que les Poëtes s'en plaignent souuent dans leurs Vers, Ie croy neantmoins
que les hommes s'abstiendroient naturellement d'aymer, s'ils n'y trouuoient plus de douceur que d'amertume; & que toutes les aflictions dont on attribuë la
cause à l'amour, ne viennent que des autres passions
qui l'acompagnent, à sçauoir, des desirs témeraires,
& des esperances mal fondées. Mais si l'on demande
laquelle de ces deux passions nous emporte à de plus
grands excés,& nous rend capables de faire plus de mal
au reste des hommes, Il me semble que ie dois dire
que c'est l'Amour ; d'autant qu'elle a naturellement
beaucoup plus de force & plus de vigueur que la haine ; & que souuent l'affection qu'on a pour vn objet
de peu d'importance, cause incomparablement plus
de maux, que ne pouroit faire la haine d'vn autre de
plus de valeur. Ie prouue que la haine a moins de vi-

gueur que l'amour, par l'origine de l'vne & de l'autre.
Car s'il est vray que nos premiers sentimens d'amour
soient venus de ce que nostre cœur receuoit abondance de nouriture qui luy estoit conuenable , & au contraire que nos premiers sentimens de haine ayent esté
causez par vn aliment nuisible qui venoit au cœur, &
que maintenant les mesmes mouuemens acompagnent encore les mesmes passions, ainsi qu'il a tantost
esté dit , il est éuident que lors que nous aymons, tout
le plus pur sang de nos veines coule abondamment
vers le cœur, ce qui enuoye quantité d'esprits animaux
au cerueau, & ainsi nous donne plus de force, plus de
vigueur, & plus de courage ; Au lieu que si nous auons
de la haine, l'amertume du fiel, & l'aigreur de la rate,
se meslant auec nostre sang, est cause qu'il ne vient pas
tant ny de tels esprits au cerueau , & ainsi qu'on demeure plus foible, plus froid, & plus timide. Et l'experience côfirme mon dire; Car les Hercules, les Rolans,
& generalement ceux qui ont le plus de courage ayment plus ardemment que les autres ; & au contraire
ceux qui sont foibles & lasches sont les plus enclins à
la haine. La colere peut bien rendre les hommes hardis, mais elle emprunte sa vigueur de l'amour qu'on a
pour soy-mesme, laquelle luy sert tou-jours de fondement, & non pas de la hayne qui ne fait que l'acompagner. Le desespoir fait faire aussi de grans effors
de courage, & la peur fait exercer de grandes cruautez,
mais il y a de la difference entre ces passions & la haine.
Il me reste encore à prouuer, que l'amour qu'on a pour
vn objet de peu d'importance, peut causer plus de

mal estant déreglée, qui ne fait la hayne d'vn autre de
plus de valeur. Et la raison que j'en donne, est, que le
mal qui vient de la hayne s'étend seulemét sur l'objet
haï; au lieu que l'amour déreglée n'espargne rien, sinon son objet, lequel n'a pour l'ordinaire que peu d'é-
tenduë, à comparaison de toutes les autres choses
dont elle est preste de procurer la perte & la ruyne,
afin que cela serue de ragoust à l'extrauagance de sa
fureur. On dira peut-estre que la hayne est la plus
prochaine cause des maux qu'on attribuë à l'amour,
pour ce que si nous aymons quelque chose, nous haïs-
sons par mesme moyen tout ce qui luy est contraire: Mais l'amour est tou-jours plus coupable que la
hayne, des maux qui se font en cette façon, d'autant
qu'elle en est la premiere cause, & que l'amour d'vn
seul objet, peut ainsi faire naistre la hayne de beaucoup d'autres. Puis outre cela, les plus grans maux
de l'Amour ne font pas ceux qu'elle commet en cette
façon par l'entremise de la haine, les principaux & les
plus dangereux sont ceux qu'elle fait, ou laisse faire,
pour le seul plaisir de l'objet aymé, ou pour le sien
propre. Ie me souuiens d'vne saillie de Theophile,
qui peut estre mise icy pour exemple; Il fait dire à vne
personne éperduë d'amour.

> Dieux que le beau Paris eut vne belle proye !
> Que cét Amant fit bien,
> Alors qu'il alluma l'embrazement de Troye,
> Pour amortir le sien.

Ce qui monstre que mesme les plus Grans, & les plus
funestes desastres peuuent estre quelquefois, comme

j'ay dit, des ragousts d'vne amour mal-réglée, & seruir à
la rendre plus agreable, d'autant qu'ils en encherissent
le prix. Ie ne sçay si mes pensées s'acordent en cecy
auec les vostres, mais ie vous assure bien qu'elles s'acordent en ce que comme vous m'auez promis beaucoup
de bien-veillance, ainsi ie suis auec vne tres-ardente
passion, &c.

D'Egmond le
1. Fev. 1647.

A MONSIEVR CHANVT.
LETTRE XXXVI.

MONSIEVR,

Comme je passois par icy pour aller en France, I'ay
apris de Monsieur Brasset qu'il m'auoit enuoyé de vos
Lettres à Egmond, & bien que mon voyage soit assez
pressé, je me proposois de les attendre; mais ayant esté
receuës en mon logis trois heures aprés que j'en estois
party, on me les à incontinent renuoyées. Ie les ay
luës auec auidité. I'y ay trouué de grandes preuues de
vostre amitié & de vostre adresse. I'ay eu peur en lisant les premieres pages, où vous m'aprenés que Monsieur du Rier auoit parlé à la Reyne d'vne de mes Lettres, & qu'elle demandoit de la voir. Par aprés ie me
sois rassuré estant à l'endroit où vous écriuez qu'elle en
a ouÿ la lecture auec quelque satisfaction ; Et ie doute
si j'ay esté touché de plus d'admiration, de ce qu'elle a
si facilement entendu des choses que les plus doctes
estiment tres-obscures, ou de joye, de ce qu'elles ne luy

ont pas déplû. Mais mon admiration s'est redoublée, lors que j'ay vû la force & le pois des objections que sa Majesté a remarquées touchant la grandeur que j'ay attribuée à l'Vniuers. Et ie souhaiterois, que vostre Lettre m'eust trouué en mon sejour ordinaire; pource qu'y pouuant mieux recueillir mon esprit, que dans la chambre d'vne Hostellerie, I'aurois peut-estre pû me démesler vn peu mieux d'vne question si dificile, & si judicieusement proposée. Ie ne prétens pas toutes-fois que cela me serue d'excuse ; & pourvû qu'il me soit permis de penser que c'est à vous seul que j'écris, afin que la véneration & le respect ne rendent point mon imaginarion trop confuse, ie m'éforceray icy de mettre tout ce que ie puis dire touchant cette matiere.

En premier lieu, ie me souuiens que le Cardinal de Cusa, & plusieurs autres Docteurs ont suposé le monde infiny, sans qu'ils ayent iamais esté repris de l'Eglise pour ce sujet ; Au contraire, on croit que c'est honorer Dieu, que de faire conceuoir ses œuures fort grans ; Et mon opinion est moins dificile à receuoir que la leur, pource que ie ne dis pas que le monde soit *infiny*, mais *indefiny* seulement. En quoy il y a vne diference assez remarquable : car pour dire qu'vne chose est infinie, on doit auoir quelque raison qui la fasse connoistre telle, ce qu'on ne peut auoir que de Dieu seul ; mais pour dire qu'elle est indéfinie, il sufit de n'auoir point de raison par laquelle on puisse prouuer qu'elle ait des bornes. Ainsi il me semble qu'on ne peut prouuer, ny mesme conceuoir, qu'il y ait des bornes en la matiere dont le monde est composé. Car en éxamināt la nature de cette matiere, ie trouue qu'elle ne cõsiste en autre chose, qu'en ce qu'elle a de l'étenduë en longueur, largeur & profondeur; de façon que tout ce qui a ces trois dimensiõs est vne partie de cette matiere; & il ne peut y auoir aucun espace entieremēt vuide, c'est à dire, qui ne contienne aucune matiere, à cause que nous ne sçaurions conceuoir vn tel espace, que nous ne conceuions en luy ces trois dimensions, & par consequent de la matiere. Or en supposant le monde finy, on imagine au delà de ses bornes quelques espaces qui ont leur trois dimensions, & ainsi qui ne sont pas purément imaginaires, comme les Philosophes les nomment, mais qui contiennent en soy de la matiere; laquelle ne pouuant estre ailleurs que dans le monde, fait voir que le monde s'étend au delà des bornes qu'on auoit voulu luy attribuer. N'ayant donc aucune raison pour prouuer, & mesme ne pouuant conceuoir, que le monde ait des bornes, ie le nomme *Indefiny*; Mais ie ne puis nier pour cela, qu'il n'en ait peut-estre quelques-vnes qui sont connües de Dieu, bien qu'elles me soient incomprehensibles; C'est pourquoy ie ne dis pas absolument qu'il est *Infiny*.

Lors que son étenduë est considerée en cette sorte, si on la compare auec sa durée, il me semble qu'elle donne seulement ocasion de penser, qu'il n'y a point de tems imaginable auant la Création du monde auquel Dieu n'eust pû le créér, s'il eust voulu; Et qu'on n'a point sujet pour cela de conclure, qu'il l'a véritablement creé auant vn tems indéfiny; à cause que l'éxistence actuelle ou véritable que le monde a eüe depuis cinq ou six mil ans, n'est pas necessairemết jointe auec l'éxistence possible ou imaginaire qu'il a pû auoit, auparauant; ainsi que l'éxistence actuelle des espaces qu'on cõçoit autour d'vn globe,(c'est à dire,du monde supofé cõme *finy*)est jointe auec l'éxistence actuelle de ce mesme globe. Outre cela, si de l'étenduë indéfinie du monde on pouuoit inferer l'éternité de sa durée au regard du tems passé, on la pouroit encore mieux inferer de l'éternité de la durée qu'il doit auoir à l'auenir. Car la foy nous enseigne, que bien que la Terre & les Cieux périront, c'est à dire, changeront de face; Toutes-fois le monde, c'est à dire, la matiere dont ils sont composez, ne perira iamais; comme il paroist de ce qu'elle promet vne vie éternelle à nos cors apres la résurrection, & par consequent aussi au monde dans lequel ils seront; Mais de cette durée infinie que le monde doit auoir à l'auenir, on n'infere point qu'il ayt esté cy-deuant de toute éternité; à cause que tous les momens de sa durée sont indépendans les vns de autres.

Pour les prérogatiues que la Religion atribuë à l'homme, & qui semblent dificiles à croire, si l'étenduë de l'Vniuers est supofée indéfinie, elles méritent quelque explication : Car bien que nous puissions dire que toutes les choses créées sont faites pour nous, entant que nous en pouuons tirer quelque vsage, ie ne sçache point neantmoins que nous soyons obligez de croire que l'homme soit la fin de la Création. Mais il est dit que *omnia propter ipsum* (Deum) *facta sunt,* que c'est Dieu seul qui est la cause finale, aussi bien que

la cauſe éficiente de l'Vniuers ; Et pour les créatures,
dautant qu'elles ſeruent réciproquement les vnes aux
autres, chacune ſe peut atribuer cet auantage , que
toutes celles qui luy ſeruent ſont faites pour elle. Il eſt
vray que les ſix iours de la Création ſont tellement dé-
crits en la Géneſe, qu'il ſemble que l'homme en ſoit
le principal ſujet ; Mais on peut dire que cette hiſtoire
de la Géneſe ayant eſté écrite pour l'homme, ce ſont
principalement les choſes qui le regardent que le S.
Eſprit y a voulu ſpécifier, & qu'il n'y eſt parlé d'aucunes , qu'entant qu'elles ſe raportent à l'homme. Et
à cauſe que les Prédicateurs ayant ſoin de nous inciter
à l'amour de Dieu, ont coutume de nous repreſenter les diuers vſages que nous tirons des autres créatures, & diſent que Dieu les a faites pour nous, & qu'ils
ne nous font point conſiderer les autres fins, pour leſquelles on peut auſſi dire qu'il les a faites, à cauſe que
cela ne ſert point à leur ſujet, nous ſommes fort enclins à croire qu'il ne les a faites que pour nous. Mais
les Prédicateurs paſſent plus outre. Car ils diſent que
chaque homme en particulier eſt redeuable à Ieſus-
Chriſt de tout le ſang qu'il a répandu en la Croix, tout
de meſme que s'il n'eſtoit mort que pour vn ſeul ; en
quoy ils diſent bien la verité ; Mais comme cela n'empeſche pas qu'il n'ait racheté de ce meſme ſang vn
tres-grand nombre d'autres hommes ; ainſi ie ne voy
point que le myſtere de l'Incarnation, & tous les autres auantages que Dieu a faits à l'homme, empeſchent
qu'il n'en puiſſe auoir fait vne infinité d'autres tres-
grans, à vne infinité d'autres creatures. Et bien que ie

n'infere

n'infere point pour cela qu'il y ait des créatures intel-
ligentes dans les étoiles, ou ailleurs; ie ne voy pas auſſi
qu'il y ait aucune raiſon, par laquelle on puiſſe prouuer
qu'il n'y en a point ; Mais ie laiſſe tou-jours indéciſes
les queſtions qui ſont de cette ſorte, plu-toſt que d'en
rien nier, ou aſſurer. Il me ſemble qu'il ne reſte plus
icy autre dificulté , ſinon qu'aprés auoir crû long-
tems que l'homme a de grans auantages par deſſus les
autres créatures, il ſemble qu'on les perde tous, lors
qu'on vient à changer d'opinion. Mais ie diſtingue
entre ceux de nos biens qui peuuent deuenir moindres, de ce que d'autres en poſſedent de ſemblables, &
ceux que cela ne peut rendre moindres. Ainſi vn homme qui n'a que mille piſtoles ſeroit fort riche, s'il n'y
auoit point d'autres perſonnes au monde qui en euſ-
ſent tant, & le meſme ſeroit fort pauure s'il n'y auoit
perſonne qui n'en euſt beaucoup dauantage ; Et ainſi
toutes les qualitez loüables donnent dautant plus de
gloire à ceux qui les ont, qu'elles ſe rencontrent en
moins de perſonnes; C'eſt pourquoy on a coutume de
porter enuie à la gloire, & aux richeſſes d'autruy. Mais
la vertu, la ſcience, la ſanté, & generalement tous les
autres biens, eſtant conſiderez en eux-meſmes , ſans
eſtre raportez à la gloire, ne ſont aucunement moindres en nous, de ce qu'ils ſe trouuent auſſi en beaucoup d'autres ; c'eſt pourquoy nous n'auons aucun
ſujet d'eſtre faſchez qu'ils ſoient en pluſieurs. Or les
biens qui peuuent eſtre en toutes les créatures intelli-
gentes d'vn monde indéfiny ſont de ce nombre; ils ne
rendent point moindres ceux que nous poſſedons. Au
V

contraire lors que nous aymons Dieu, & que par luy
nous nous joignons de volonté auec toutes les choses
qu'il a créées, dautant que nous les conceuons plus
grandes, plus nobles, plus parfaites, dautant nous estimons nous aussi dauantage, à cause que nous sommes
des parties d'vn tout plus accomply ; & dautant auons
nous plus de sujet de loüer Dieu, à cause de l'immensité de ses œuures. Lors que l'Ecriture sainte parle en
diuers endroits de la multitude innombrable des Anges , elle confirme entierement cette opinion : Car
nous jugeons que les moindres Anges sont incomparablement plus parfaits que les hommes. Et les Astronomes, qui en mesurant la grandeur des Etoiles les
trouuent beaucoup plus grandes que la Terre, la confirment aussi: Car si de l'étenduë indefinie du monde,
on infere qu'il doit y auoir des habitans ailleurs qu'en
la Terre, on le peut inferer aussi de l'étenduë que tous
les Astronomes luy attribuent ; à cause qu'il n'y en a
aucun qui ne juge que la Terre est plus petite au regard de tout le Ciel, que n'est vn grain de sable au regard d'vne montagne.

Ie passe maintenant à vostre question, touchant
les causes qui nous incitent souuent à aymer vne personne plu-tost qu'vne autre, auant que nous en connoissions le mérite ; Et j'en remarque deux, qui sont,
l'vne dans l'Esprit, & l'autre dans le cors. Mais pour
celle qui n'est que dans l'Esprit, elle présupose tant de
choses touchant la nature de nos Ames, que ie n'oserois entreprendre de les déduire dans vne lettre ; Ie
parleray seulement de celle du cors. Elle consiste dans

la difpofition des parties de noftre cerueau, foit que
cette difpofition ait efté mife en luy par les objets des
fens, foit par quelque autre caufe. Car les objets qui
touchent nos fens meuuent par l'entremife des nerfs
quelques parties de noftre cerueau, & y font comme
certains plis, qui fe défont lorfque l'objet ceffe d'a-
gir; Mais la partie ou ils ont efté faits demeure par
aprés difpofée à eftre pliée derechef en la mefme façon par vn autre objet qui reffemble en quelque chofe au précedent, encore qu'il ne luy reffemble pas en
tout. Par éxemple, lors que j'eftois enfant, j'aymois
vne fille de mon aage, qui eftoit vn peu louche; au
moyen dequoy, l'impreffion qui fe faifoit par la veüe
en mon cerueau, quand ie regardois fes yeux égarez,
fe joignoit tellement à celle qui s'y faifoit auffi pour
émouuoir en moy la paffion de l'amour, que long-
tems aprés, en voyant des perfonnes louches, ie me
fentois plus enclin à les aymer, qu'à en aymer d'autres; pour cela feul qu'elles auoient ce défaut; Et ie ne
fçauois pas neantmoins que ce fuft pour cela ; Au
contraire, depuis que j'y ay fait reflexion, & que j'ay
reconnu que c'eftoit vn défaut, ie n'en ay plus efté
émeu. Ainfi lors que nous fommes portez à aymer
quelqu'vn fans que nous en fçachions la caufe, nous
pouuons croire que cela vient de ce qu'il y a quelque
chofe en luy de femblable à ce qui a efté dans vn autre objet que nous auons aymé auparauant, encore
que nous ne fçachions pas ce que c'eft. Et bien que ce
foit plus ordinairement vne perfection qu'vn défaut,
qui nous attire ainfi à l'amour ; toutes-fois à caufe

que ce peut eſtre quelquefois vn défaut, comme en l'éxemple que j'ay apporté, vn homme ſage ne ſe doit pas laiſſer entierement aller à cette paſſion, auant que d'auoir conſideré le mérite de la perſonne pour laquelle nous nous ſentons émeus. Mais à cauſe que nous ne pouuons pas aymer également tous ceux en qui nous remarquons des mérites égaux, ie croy que nous ſommes ſeulement obligez de les eſtimer égale-ment; Et que le principal bien de la vie eſtant d'auoir de l'amitié pour quelques-vns, nous auons raiſon de préferer ceux à qui nos inclinations ſecrettes nous joi-gnent, pourvû que nous rémarquions auſſi en eux du merite. Outre que lorsque ces inclinations ſecrettes ont leur cauſe en l'Eſprit, & non dans le cors, ie croy qu'elles doiuent tou-jours eſtre ſuiuies; Et la marque principale qui les fait connoiſtre, eſt, que celles qui viennent de l'Eſprit ſont réciproques, ce qui n'arri-ue pas ſouuent aux autres. Mais les preuues que j'ay de voſtre affection m'aſſurent ſi fort que l'inclina-tion que j'ay pour vous eſt réciproque, qu'il faudroit que ie fuſſe entierement ingrat, & que ie manquaſ-ſe à toutes les régles que ie croy deuoir eſtre obſeruées en l'amitié, ſi ie n'eſtois pas auec beaucoup de zele, &c.

A la Haye le
6. Iuin 1647.

A MONSIEVR CHANVT.

LETTRE XXXVII.

Monsievr,

Il faut que ie vous die que ie fuis marry du trop fauorable accueil que vous auez procuré aux écrits que ie vous auois enuoyez pour la Reyne de Suede. Car i'ay peur que fa Majefté, ny trouuant rien en les lifant qui corresponde à l'efperance que vous luy en auez fait auoir, en ait dautant moins bonne opinion, qu'elle l'aura eüe meilleure auparauant. I'ay encore vn autre déplaifir, qui eft, que puifque mon paquet a efté retenu trois femaines à Amfterdam (ce que j'ay fceu eftre arriué, pource qu'on penfoit le deuoir enuoyer par mer, & qu'on en attendoit l'occafion) ie regrette de n'auoir pas employé ce tems-là pour tafcher d'écrire quelque chofe qui fuft moins indigne d'vn fi bon accueil. Car encore que j'aye tafché de faire mon mieux ; toutes-fois les fecondes penfées ont coutume d'eftre plus nettes que les premieres, & ie m'eftois hafté en fefant cette dépefche, pour témoigner au moins par ma promtitude, combien j'eftois defireux d'obeïr à vn commandement, que ie chériffois comme le plus grand honneur que ie puiffe receuoir. Voila M. tous les fujets de trifteffe que ie puiffe imaginer, afin de moderer l'extréme joye que j'ay d'aprendre, que cette grande Reyne veüille lire

& confiderer à loifir les écrits que j'ay enuoyez ; Car
j'ofe me promettre que fi elle goufte les penfées qu'ils
contiennent , elles ne feront pas infructueufes ; &
pource qu'elle eft l'vne des plus importantes perfonnes de la Terre, que cela mefme peut n'eftre pas inutile au public. Il me femble auoir trouué par experience que la confideration de ces penfées fortifie l'Efprit
en l'exercice de la vertu , & qu'elle fert plus à nous
rendre heureux , qu'aucune autre chofe qui foit au
monde. Mais il n'eft pas poffible que ie les aye affez
bien exprimées pour faire qu'elles paroiffent aux autres comme à moy. Et j'ay vn defir extrême d'aprendre quel Iugement en fera fa Maiefté; Mais particulierement auffi quel fera le voftre. La parole a beaucoup
plus de force pour perfuader que l'écriture, & ie ne
doute point que vous ne luy en faffiez ayfément auoir
les mefmes fentimens que vous aurez, au moins s'ils
font à mon auantage ; car l'affection dont vous me
donnez tous les iours des preuues m'affure que vous
ne luy en voudriez pas faire auoir d'autres. Ie feray
bien-ayfe de voir la Harangue de M. F. à caufe de la
matiere dont il traite, & ie ne manqueray pas de la demander à M. Braffet lors qu'il l'aura receuë. Au refte,
ie me propofe d'aller à Paris au commencement du
mois prochain, ie pourois dire que pour mon intereft
ie ne fouhaite pas d'auoir fi-toft l'honneur de vous y
voir , à caufe des faueurs que vous me procurez au lieu
où vous eftes; Mais ie n'ay iamais aucun égard à moy,
lors qu'il peut y aller du contentement de mes amis;
Et j'auoue que ie ne fouhaiterois pas vn employ pe-

nible, qui m'oſtaſt le loiſir de cultiuer mon Eſprit, encore que cela fuſt récompenſé par beaucoup d'honneur & de profit. Ie diray ſeulement qu'il ne me ſemble pas que le voſtre ſoit du nombre de ceux qui oſtent le loiſir de cultiuer ſon Eſprit ; au cõtraire ie croy qu'il vous en donne les occaſions, en ce que vous eſtes auprés d'vne Reyne qui en a beaucoup, & qu'il ne faut pas auoir manque d'adreſſe pour ſatisfaire entierement à ſes maiſtres, agréer à ceux vers leſquels on eſt enuoyé, & ne joüer cependant aucun autre perſonnage, que celuy d'vn homme d'honneur, ainſi que ie m'aſſure que vous faites. On peut toujours tirer beaucoup de ſatis-faction, de ce qu'on occupe ſon Eſprit en des choſes dificiles, lors qu'on y reüſſit, encore qu'on ne l'occupe pas aux meſmes choſes qu'on auroit peut-eſtre choiſies, ſi on en auoit eu la liberté. Le voſtre eſtant propre à tout, ie ne doute point que vous ne tiriez beaucoup de ſatis-faction d'vn employ dont vous vous acquitez ſi bien. Si pourtant vous aprochiez du tems de voſtre retraite, & que vous reuinſiez bientoſt à Paris, ie ſerois rauy d'auoir l'honneur de vous y voir. Que ſi vous faites encore quelque ſejour au lieu où vous eſtes, ie me conſoleray ſur ce que j'eſpere que vous continuërez à me procurer la bien-veillance de cette grande Reyne, pour les vertus de laquelle vous m'auez fait auoir beaucoup de véneration & de zele. Ie ſuis, &c.

A Egmond le
21. Fev. 1648.

A MONSIEVR CHANVT.
LETTRE XXXVIII.

MONSIEVR,

Vous auez grande raison de penſer, que j'ay beaucoup plus de ſujet d'admirer qu'vne Reyne perpetuellement agiſſante dans les affaires ſe ſoit ſouuenüe aprés pluſieurs mois d'vne lettre que i'auois eu l'honneur de luy écrire, & qu'elle ait pris la peine d'y répondre, que non pas qu'elle n'y ait point répondu plu-toſt. I'ay eſté ſurpris de voir qu'elle écrit ſi nettement & ſi facilement en françois; toute noſtre nation luy en eſt tres-obligée, & il me ſemble que cette Princeſſe eſt bien plus créée à l'Image de Dieu, que le reſte des hommes, dautant qu'elle peut étendre ſes ſoins à plus grand nombre de diuerſes occupations en meſme tems. Car il n'y a au monde que Dieu ſeul dont l'Eſprit ne ſe laſſe point, & qui n'eſt pas moins exact à ſçauoir le nombre de nos cheueux, & à pouruoir juſques aux plus petits vermiſſeaux, qu'à mouuoir les Cieux & les Aſtres. Mais encore que j'aye receu comme vne faueur nullement méritée, la lettre que cette incomparable Princeſſe a daigné m'écrire, & que j'admire qu'elle en ait pris la peine, ie n'admire pas en meſme façon qu'elle veüille prendre celle de lire le liure de mes principes; à cauſe que ie me perſuade qu'il contient pluſieurs veritez, qu'on trouueroit dificilement ailleurs. On peut dire que ce ne ſont que

des

des veritez de peu d'importance , touchant des matieres de Phyſique, qui ſemblent n'auoir rien de commun
auec ce que doit ſçauoir vne Reyne : Mais dautant que
l'Eſprit de celle-cy eſt capable de tout , & que ces veritez de Phyſique font partie des fondemens de la plus
haute & plus parfaite Morale, j'oſe eſperer qu'elle aura de la ſatisfaction de les connoiſtre. Ie ſerois rauy d'a-
prendre qu'elle vous euſt choiſi auec M. Frans-hemius
pour la ſoulager en cette étude ; Et ie vous aurois tres-
grande obligation, ſi vous preniez la peine de m'auertir
des lieux où ie ne me ſuis pas aſſez expliqué. Ie ſerois
tou-jours ſoigneux de vous répódre dés le iour meſme
que j'aurois receu de vos lettres , mais cela ne ſeruiroit
que pour ma propre inſtruction; Car il y a ſi loin d'icy à
Stocholm, & les lettres paſſent par tant de mains auant
que d'y arriuer, que vous auriez bien plu-toſt réſolu de
vous meſme les dificultez que vous rencontreriez , que
vous n'en pouriez auoir d'icy la ſolution. Ie remarque-
ray ſeulement en cet endroit, deux ou trois choſes que
l'experience m'a enſeignées touchant ce liure. La premiere eſt , qu'encore que ſa premiere partie ne ſoit
qu'vn abregé de ce que j'ay écrit en mes Méditations,
il n'eſt pas beſoin toutes-fois pour l'entendre de s'arreſter à lire ces Méditations, à cauſe que pluſieurs les
trouuent beaucoup plus dificiles, & j'aurois peur que
ſa Majeſté ne s'en ennuyaſt. La ſeconde eſt, qu'il n'eſt
pas beſoin non plus, de s'arreſter à éxaminer les regles
du mouuement, qui ſont en l'article 46. de la ſeconde partie, & aux ſuiuans, à cauſe qu'elles ne ſont pas
neceſſaires pour l'intelligence du reſte. La derniere

X

eſt, qu'il eſt beſoin de ſe ſouuenir en liſant ce liure,
que bien que ie ne conſidere rien dans le cors , que
les grandeurs, les figures, & les mouuemens de leurs
parties, ie prétens neantmoins y expliquer la nature
de la lumiere, de la chaleur, & de toutes les autres qualitez ſenſibles; dautant que ie préſupoſe que ces qualitez ſont ſeulement dans nos ſens, ainſi que le chatoüillement & la douleur, & non point dans les objets
que nous ſentons, dans leſquels il n'y a que certaines
figures & mouuemens , qui cauſent les ſentimens
qu'on nomme lumiere, chaleur, &c. Ce que ie n'ay
expliqué & prouué qu'à la fin de la quatriéme partie;
Et toutes-fois il eſt à propos de le ſçauoir & remarquer dés le commencement du liure , pour le pouuoir
mieux entendre. Au reſte, j'ay icy à m'excuſer de ce
que vos lettres me ſont allé chercher à Paris, & que ie
ne vous auois point encore mandé mon retour en
Hollande, où il y a deſ-ja cinq mois que ie ſuis; Mais
ie ſupoſois que M. Cl. vous l'écriroit, à cauſe qu'il me
feſoit ſouuent part de vos nouuelles, lors que j'eſtois
en France ; Et j'eſtois bien-ayſe de ne rien écrire de
mon retour , afin de ne ſembler point le reprocher
à ceux qui m'auoient apellé. Ie les ay conſiderez comme des amis qui m'auoient conuié à diſner chez eux;
Et lors que j'y ſuis arriué , j'ay trouué que leur cuiſine
eſtoit en deſordre , & leur marmite renuerſée , c'eſt
pourquoy ie m'en ſuis reuenu ſans dire mot, afin de
n'augmenter point leur faſcherie. Mais cette rencontre m'a enſeigné à n'entreprendre iamais plus aucun voyage ſur des promeſſes, quoy qu'elles ſoient

écrites en parchemin. Et bien que rien ne m'atache
en ce lieu, sinon que ie n'en connois point d'autre, ou ie puisse estre mieux, ie me voy neantmoins
en grand hazard, d'y passer le reste de mes iours ; car
i'ay peur que nos orages de France ne soient pas si-
tost apaisez, & ie deuiens de iour à autre plus parefs-
seux, en sorte qu'il seroit dificile que ie pusse derechef me résoudre à souffrir l'incommodité d'vn voyage. Mais ie supose que vous reuiendrez quelque iour
du lieu où vous estes ; alors j'espere que j'auray l'honneur de vous voir icy en passant. Et ie seray toute ma
vie, &c.

La Lettre jointe à celle-cy ne contient qu'vn compliment fort stérile ; car n'estant interrogé sur aucune matiere, ie n'ay osé par respect
en toucher aucune, afin de ne sembler pas vouloir faire le discou-
reur, & i'ay crû neantmoins que mon deuoir m'obligeoit d'écrire.

A Egmond le
26. Fev. 1649.

A LA REYNE DE SVEDE.

LETTRE XXXIX.

MADAME,

S'il arriuoit qu'vne lettre me fust enuoyée du Ciel,
& que ie la visse descendre des nuës, ie ne serois pas
dauantage surpris, & ne la pourrois receuoir, auec plus
de respect & de véneration, que j'ay receu celle qu'il
a plû à vostre Majesté de m'écrire. Mais ie me recon-

nois ſi peu digne des remercimens qu'elle contient, que ie ne les puis accepter que comme vne faueur & vne grace , dont ie demeure tellement redeuable, que ie ne m'en ſçaurois jamais dégager. L'honneur que j'auois cy-deuant receu d'eſtre interrogé de la part de voſtre Majeſté par M. Chanut touchant le Souue‑rain Bien , ne m'auoit que trop payé de la réponſe que j'auois faire ; Et depuis ayant apris par luy , que cette réponſe auoit eſté fauorablement receuë, cela m'auoit ſi fort obligé, que ie ne pouuois pas eſperer ny ſouhaitter rien de plus pour ſi peu de choſe ; parti‑culierement d'vne Princeſſe que Dieu a miſe en ſi haut lieu , qui eſt enuironnée de tant d'affaires tres‑importantes , dont elle prend elle meſme les ſoins, & de qui les moindres actions peuuent tant pour le bien general de toute la Terre, que tous ceux qui ay‑ment la vertu, ſe doiuent eſtimer tres heureux, lors qu'ils peuuent auoir occaſion de luy rendre quelque ſeruice. Et pour ce que ie fais particulierement pro‑feſſion d'eſtre de ce nombre, j'oſe icy proteſter à vo‑ſtre Majeſté qu'elle ne me ſçauroit rien commander de ſi dificile , que ie ne ſois tou-jours preſt de faire tout mon poſſible pour l'éxecuter ; Et que ſi j'eſtois né Suedois, ou Finlandois , ie ne pourois eſtre auec plus de zele , ny plus parfaitement que ie ſuis, &c.

A MONSIEVR CHANVT.

LETTRE XL.

Monsievr,

Vous mesurez merueilleusement bien les tems; Car justement j'ay trouué à la Haye, lorsque j'estois en chemin pour venir icy, la lettre que vous vouliez que ie pusse receuoir auant mon partement de Hollande; Elle vint seulement en cela trop tard, que m'estant proposé de partir le iour mesme qu'on me la rendit, ie fus contraint de differer ma réponse, jusqu'à mon arriuée en cette ville. I'ay eu cependant tout loisir de repasser par mon imagination la belle description que vous faites de cette chasse, ou l'on porte des liures, & ou vous me donnez esperance, que mon écrit aura cette prérogatiue au dessus de beaucoup d'autres, d'estre reuû par la Reyne de Suede. La grande estime que ie fais de l'Esprit de cette incomparable Princesse, me donne sujet d'aprehender que cet'écrit ne luy puisse plaire, puisqu'ayant desja pris la peine de le voir, ainsi que vous me mandez qu'elle a fait, elle n'a pas voulu neantmoins vous en dire encore son sentiment. Mais ie me console, sur ce que vous adjoutez, qu'elle s'est proposé de le reuoir: Car elle ne daigneroit pas s'arrester à cela, si elle n'y auoit rien trouué qu'elle aprouuast. Et ie me flatte de cette opinion que c'est plu-tost l'ordre, l'agencement, & les ornemens de l'élocution qui y manquent, que non pas la verité des penſées; Ce qui me fait eſperer plus d'aprobation de la ſeconde lecture, que de la premiere. Vous direz peut-eſtre que ie me donne en cecy trop de vanité. Mais ie vous prie d'en attribuer la faute à l'air de Paris, plu-toſt qu'à mon inclination : Car ie croy vous auoir deſ ja dit autre-fois, que cet air me diſpoſe à conceuoir des chymeres, au lieu de penſées de Philoſophe. I'y voy tant d'autres perſonnes qui ſe trompent en leurs opinions, & en leurs calculs, qu'il me ſemble que c'eſt vne maladie vniuerſelle. L'innocence du deſert d'où ie viens me plaiſoit beaucoup dauantage, & ie ne croy pas que ie puiſſe m'empeſcher d'y retourner dans peu de tems ; Mais en quelque lieu du monde que ie ſois, ie vous prie de croire que vous y aurez, &c.

A MADAME ELIZABETH,
PRINCESSE PALATINE, &c.

LETTRE XXXXI.

MADAME,

Encore que ie ſçache bien que le lieu & la condition où ie ſuis, ne me ſçauroient donner aucune occaſion d'eſtre vtile au ſeruice de voſtre Alteſſe, ie ne ſatisferois pas à mon deuoir, ny à mon zele, ſi aprés eſtre arriué en vne nouuelle demeure, ie manquois à vous renouueller les offres de ma tres-humble obeiſ-

fance. Ie me fuis rencontré icy en vne conjoncture d'a-
faires, que toute la prudence humaine n'euft fçeu préuoir. Le Parlement, joint auec les autres Cours fouue-
raines, s'affemble maintenant tous les iours, pour déliberer touchant quelques ordres qu'ils prétendét deuoir
eftre mis au maniment des finances, & cela fe fait à
préfent auec la permiffion de la Reyne, en forte qu'il
y a de l'aparence que l'affaire tirera de longue. Mais
il eft mal-ayfé de juger ce qui en réüffira. On dit qu'ils
fe propofent de trouuer de l'argent fufifamment pour
continuer la guerre, & entretenir de grandes armées,
fans pour cela fouler le peuple, s'ils prennent ce biais
ie me perfuade que ce fera le moyen de venir enfin
à vne paix generale. Mais en attendant que cela foit,
j'euffe bien fait de me tenir au pays où la paix eft def-
ja; Et fi ces orages ne fe diffipent bien-toft, ie me propofe de retourner vers Egmond dans fix femaines ou
deux mois, & de m'y arrefter jufques à ce que le Ciel
de France foit plus ferain. Cependant me tenant comme ie fais vn pied en vn pays, & l'autre en vn autre, ie
trouue ma condition tres-heureufe, en ce qu'elle eft
libre; Et ie croy que ceux qui font en grande fortune
different dauantage des autres, en ce que les déplaifirs
qui leur arriuent, leur font plus fenfibles, que non pas
en ce qu'ils joüiffent de plus de plaifirs; à caufe que
tous les contentemens qu'ils peuuent auoir, leur eftant
ordinaires, ne les touchent pas tant que les afflictions,
qui ne leur viennent que lors qu'ils s'y attendent le
moins, & qu'ils n'y font aucunement préparez; Ce qui
doit feruir de confolation à ceux que la fortune a ac-

coutumez à ſes diſgraces. Ie voudrois qu'elle fuſt auſſi
obeïſſante à tous vos deſirs , que ie ſeray toute ma
vie, &c.

A MONSIEVR CHANVT.

LETTRE XXXXII.

MONSIEVR,

La derniere que vous auez pris la peine de m'adreſſer à Paris, n'eſt point paruenuë juſques à moy ; mais
ie viens d'en receuoir la copie par le ſoin de M. Braſſet;
& ie tiens à vne tres-inſigne faueur d'aprendre par elle , qu'il plaiſt à la Reyne de Suede que i'aye l'honneur
de luy aller faire la réuerence. I'ay tant de vénération
pour les hautes & rares qualitez de cette Princeſſe, que
les moindres de ſes volontez ſont des commandemens tres-abſolus à mon regard; C'eſt pourquoy ie
ne mets point ce voyage en déliberation, ie me réſous
ſeulement à obeïr. Mais pour ce que vous ne me preſ-
criuez aucun tems, & que vous ne le propoſez, que
comme vne promenade dont ie pourois eſtre de retour dans cet Eſté, i'ay penſé qu'il ſeroit mal-ayſé que
ie puſſe donner grande ſatis-faction à ſa Maieſté en ſi
peu de tems, & qu'elle aura peut-eſtre plus agreable
que ie prenne mes meſures plus longues, & faſſe mon
conte de paſſer l'hyuer à Stocholm. Dequoy ie tireray
vn auantage que i'auoüe eſtre conſiderable à vn homme qui n'eſt plus ieune, & qu'vne retraitte de vingt-
ans,

āns, a entierement deſ-acoutumé de la fatigue ; C'eſt
qu'il ne ſera point neceſſaire que ie me mette en chemin au commencement du Printems, ny à la fin de
l'Automne, & que ie pouray prendre la ſaiſon la plus
ſure & la plus commode, qui ſera ie croy vers le milieu de l'Eſté ; Outre que j'eſpere auoir cependant le
loiſir de mettre ordre à quelques affaires qui m'im-
portent. Ainſi ie me propoſe d'attendre l'honneur de
receuoir encore vne fois de vos lettres auant que ie
parte d'icy, & ie ne manqueray pas d'obeïr tres-éxa-
ctément à tout ce qui me ſera commandé de la part de
ſa Majeſté, ou bien à ce qu'il vous plaira me faire ſçauoir luy eſtre agreable ; Car ie ne ſçay s'il eſt à propos
qu'elle ſçache que j'ay demandé ce delay ; & ie n'oſerois
prendre la liberté de luy écrire, pource que le reſpect
& le zele que j'ay, me font juger que mon deuoir ſeroit de me rendre au lieu où elle eſt, auant que les Cou-
riers y puſſent porter des lettres ; Mais ie me fie en voſtre amitié & en voſtre adreſſe pour ménager mes ex-
cuſes. Au reſte, ie ne ſçay en quels termes ie vous puis
remercier de toutes les offres qu'il vous plaiſt me faire,
juſques à me vouloir meſme loger chez vous. Ie n'oſe
les accepter, ny les refuſer. Ie vous puis ſeulement aſſurer, que ie feray tout mon poſſible, pour n'en vſer
qu'en telle ſorte, que ny vous ny aucun des voſtres
n'en ſerez incommodez, & que ie feray toute ma
vie, &c.

A MONSIEVR CHANVT.

LETTRE XXXXIII.

MONSIEVR,

Ie vous donneray s'il vous plaiſt la peine de lire cette fois deux de mes lettres ; Car jugeant que vous en voudrez peut-eſtre faire voir vne à la Reyne de Suede, j'ay réſerué pour celle-cy ce que ie penſois n'eſtre pas beſoin qu'elle viſt, à ſçauoir, que j'ay beaucoup plus de dificulté à me réſoudre à ce voyage, que ie ne me ſerois moy-meſme imaginé. Ce n'eſt pas que ie n'aye vn tres-grand deſir de rendre ſeruice à cette Princeſſe. I'ay tant de créance à vos paroles, & vous me l'auez repreſentée auec des mœrus & vn Eſprit que j'admire & eſtime ſi fort, qu'encore qu'elle ne ſeroit point en la haute fortune où elle eſt, & n'auroit qu'vne naiſſance commune, ſi ſeulement j'oſois eſperer que mon voyage luy fuſt vtile, j'en voudrois entreprendre vn plus long & plus dificile que celuy de Suede, pour auoir l'honneur de luy offrir tout ce que ie puis contribuer pour ſatis-faire à ſon deſir. Mais l'experience m'a enſeigné que meſme entre les perſonnes de tres-bon Eſprit, & qui ont vn grand deſir de ſçauoir, il n'y en a que fort peu qui ſe puiſſent donner le loiſir d'entrer en mes penſées ; en ſorte que ie n'ay pas ſujet de l'eſperer d'vne Reyne, qui a vne infinité d'autres occupations. L'experience m'a auſſi enſeigné, que bien que mesopinions surprennent d'abord, à cause qu'elle sont fort differentes des vulgaires ; toutes-fois aprés qu'on les a comprises, on les trouue si simples, & si conformes au sens commun, qu'on cesse entierement de les admirer, & par mesme moyen d'en faire cas ; à cause que le naturel des hommes est tel, qu'ils n'estiment que les choses qui leur laissent de l'admiration, & qu'ils ne possedent pas tout à fait. Ainsi encore que la santé soit le plus grand de tous ceux de nos biens qui concernent le cors, c'est toutes-fois celuy auquel nous fesons le moins de réflexion, & que nous goustons le moins. La connoissance de la verité est comme la santé de l'Ame, lors qu'on la possede on n'y pense plus. Et bien que ie ne desire rien tant, que de communiquer ouuertement & gratuitement à vn chacun, tout le peu que ie pense sçauoir, ie ne rencontre presque personne, qui le daigne aprendre. Mais ie voy que ceux qui se vantent d'auoir des secrets, par exemple en la chymie, ou en l'Astrologie judiciaire, ne manquent iamais, tant ignorans & impertinens qu'ils puissent estre, de trouuer des curieux, qui achettent bien cher leurs impostures. Au reste, il semble que la fortune est ialouse de ce que ie n'ay iamais rien voulu attendre d'elle, & que i'ay tasché de conduire ma vie en telle sorte, qu'elle n'eust sur moy aucun pouuoir ; Car elle ne manque jamais de me desobliger, si-tost qu'elle en peut auoir quelque occasion. Ie l'ay éprouué en tous les trois voyages que j'ay fais en France, depuis que ie suis retiré en ce pays ; mais particulierement au dernier qui m'auoit esté commandé comme de la

Y ij

part du Roy. Et pour me conuier à le faire, on m'a-
uoit enuoyé des lettres en parchemin, & fort bien
fcellées, qui contenoient des éloges plus grans que ie
n'en meritois, & le don d'vne penſion aſſez honneſte;
Et de plus par des lettres particulieres de ceux qui m'en-
uoyoient celles du Roy, on me promettoit beaucoup
plus que cela, ſi-toſt que ie ſerois arriué. Mais lorsque
j'ay eſté là, les troubles inopinément ſuruenus ont fait
qu'au lieu de voir quelques effets de ce qu'on m'auoit
promis, j'ay trouué qu'on auoit fait payer par l'vn de
mes proches les expeditions des lettres qu'on m'auoit
enuoyées, & que ie luy en deuois rendre l'argent; En
ſorte qu'il ſemble que ie n'eſtois allé à Páris, que pour
acheter vn parchemin, le plus cher & le plus inutile qui
ait iamaiseſté entre mes mains. Ie me ſoucie neátmoins
fort peu de cela, ie ne l'aurois attribué, qu'à la faſcheuſe rencontre des affaires publiques, & n'euſſe pas laiſſé
d'eſtre ſatisfait, ſi j'euſſe vû que mon voyage euſt pû
ſeruir de quelque choſe à ceux qui m'auoient apellé.
Mais ce qui m'a le plus dégouté, c'eſt qu'aucun d'eux
n'a témoigné vouloir connoiſtre autre choſe de moy
que mon viſage; En ſorte que j'ay ſujet de croire, qu'ils
me vouloient ſeulement auoir en France comme vn
Elephant ou vne Panthere, à cauſe de la rareté, & non
point pour y eſtre vtile à quelque choſe. Ie n'imagine
rien de pareil du lieu où vous eſtes; mais les mauuais
ſuccez de tous les voyages que j'ay fais depuis vingt
ans, me font craindre qu'il ne me reſte plus pour cettuy-cy, que de trouuer en chemin des voleurs qui me
dépoüillent, ou vn naufrage qui m'oſte la vie. Tou-

tes-fois cela ne me retiendra pas , si vous iugez que
cette incomparable Reyne continuë dans le desir d'é-
xaminer mes opinions , & qu'elle en puisse prendre le
loisir ; Ie seray rauy d'estre si heureux , que de luy pouuoir rendre seruice. Mais si cela n'est pas , & qu'elle
ait seulement eu quelque curiosité , qui luy soit maintenant passée , ie vous suplie & vous conjure de faire
en sorte , que sans luy déplaire ie puisse estre dispensé
de ce voyage ; & ie seray toute ma vie , &c.

> A Egmond le dernier
> Mars 1648.

A MADAME ELIZABETH,

PRINCESSE PALATINE, &c.

LETTRE XLIV.

MADAME,

Il y a enuiron vn mois que j'ay eu l'honneur d'écrire à vostre Altesse , & de luy mander que j'auois receu
quelques lettres de Suede , ie viens d'en receuoir derechef , par lesquelles ie suis conuié de la part de la Reyne d'y faire vn voyage à ce Printems , afin de pouuoir
reuenir auant l'Hyuer : Mais j'ay répondu de telle sorte , que bien que ie ne refuse pas d'y aller , ie croy neantmoins que ie ne partiray point d'icy que vers le milieu
de l'Eté. I'ay demandé ce delay pour plusieurs considerations , & particulierement afin que ie puisse auoir
l'honneur de receuoir les commandemens de V. A.

Y iij

auant que de partir. I'ay def-ja fi publiquement declaré le zele & la déuotion que j'ay à voftre feruice, qu'on auroit plus de fujet d'auoir mauuaife opinion de moy, fi on remarquoit que ie fuffe indifferent en ce qui vous touche, que l'on n'aura, fi on voit que ie recherche auec foin les occafions de m'acquitter de mon deuoir. Ainfi ie fuplie tres-humblement V. A. de me faire tant de faueur, que de m'inftruire de tout ce en quoy elle jugera que ie luy puis rendre feruice, à elle ou aux fiens, & de s'affurer qu'elle a fur moy autant de pouuoir, que fi j'auois efté toute ma vie fon domeftique. Ie la fuplie auffi de me faire fçauoir, ce qu'il luy plaira que ie réponde, s'il arriue qu'on fe fouuienne des lettres de V. A. touchant le Souuerain Bien, dont j'auois fait mention l'an paffé dans les miennes, & qu'on ait la curiofité de les voir. Ie fais mon conte de paffer l'hyuer en ce païs-là, & de n'en reuenir que l'année prochaine; Il eft à croire que la paix fera pour lors en toute l'Allemagne, & fi mes defirs font acomplis, ie prendray au retour mon chemin par le lieu où vous ferez, afin de pouuoir plus particulierement témoigner que ie fuis, &c.

A MONSIEVR CHANVT.

LETTRE XXXXV.

MONSIEVR,

La Philofophie que j'étudie ne m'enfeigne point

à reietter l'vfage des paffions, & j'en ay d'auffi violentes pour fouhaitter le calme & la diffipation des orages de France, qu'en fçauroit auoir aucun de ceux qui
y font le plus engagez ; d'où vous iugerez, s'il vous
plaift, combien eft grande l'obligation que ie vous
ay d'auoir pris la peyne de me faire part des bonnes
nouuelles que vous auez eües de S. Germain. Ma joye
auroit efté parfaitte, fi ie n'auois point lû dans les
dernieres gazettes, que l'Archiduc s'auance vers Paris,
& qu'on l'a laiffé paffer comme amy jufques à Soiffons.
C'eft porter les chofes à vne grande extremité, que
d'attendre du fecours de ceux dont on fçait que le
principal intereft eft de faire que noftre mal dure. Ie
prie Dieu que la fortune de la France furmonte les efforts de tous ceux qui ont deffein de luy nuire. Pour
la promenade à laquelle on m'a fait l'honneur de m'inuiter, fi elle eftoit auffi courte que celle de voftre logis jufques au bois de la Haye, j'y ferois bien-toft ré-
folu ; la longueur du chemin mérite bien qu'on prenne quelque tems pour déliberer auant que de l'entreprendre ; Ainfi encore qu'il foit mal-ayfé que ie refi-
fte à vn commandement qui vient de fi bon lieu, ie
ne croy pas neantmoins que ie parte d'icy de plus dé
trois mois. Et ie vous fuplie de croire qu'en quelque
lieu du monde que i'aille, ie feray tou-iours auec vn
mefme zele, &c.

❋❋❋❋❋❋❋❋❋❋❋❋❋❋❋❋❋❋❋❋❋❋❋❋❋❋❋❋❋❋

A MONSIEVR CHANVT.

LETTRE XLVI.

MONSIEVR,

On n'a point trouué étrange qu'Vlysse ait quitté les Isles enchantées de Calipso & de Circé, où il pouuoit joüir de toutes les voluptez imaginables, & qu'il ait aussi méprisé le chant des Syreines, pour aller habiter vn païs pierreux & infertile, dautant que c'estoit le lieu de sa naissance : Mais j'auoüe qu'vn homme qui est né dans les Iardins de la Touraine, & qui est maintenant en vne Terre, ou s'il n'y a pas tant de miel qu'en celle que Dieu auoit promise aux Israëlites, il est croyable qu'il y a plus de laict, ne peut pas si facilement se résoudre à la quitter pour aller viure au païs des ours, entre des rochers & des glaces. Toutes-fois à cause que ce mesme païs est aussi habité par des hommes, & que la Reyne qui leur commande à toute seule plus de sçauoir, plus d'intelligence, & plus de raison, que tous les doctes des Cloistres & des Colleges que la fertilité des païs où j'ay vescu a produits, ie me persuade que la beauté du lieu n'est pas necessaire pour la Sagesse, & que les hommes ne sont pas semblables aux arbres, qu'on obserue ne croistre pas si bien lorsque la terre ou ils sont transplantez est plus maigre que celle où ils auoient esté semez. Vous direz que ie ne vous vnes icy que des imaginations & des fables, pour les

importantes

importantes & veritables nouuelles, dont il vous a plû me faire part ; mais ma solitude ne produit pas à présent de meilleurs fruits, & l'aise que j'ay de sçauoir que la France a euité le naufrage en vne tres-grande tempeste, emporte tellement mon Esprit, que ie ne puis rien dire icy serieusement sinon que ie suis, &c.

A MONSIEVR CHANVT.

LETTRE XLVII.

Monsievr,

Si voſtre derniere lettre du 6. Mars m'euſt eſté renduë au tems que les Meſſagers la deuoient aporter, ie croy que j'aurois eu l'honneur de vous voir à Stocholm, auant que vous euſſiez receu celle-cy ; mais ayant eſté retenuë 12. ou 13. iours entre la Haye & Alcmar, il eſt arriué que M. l'Amiral Fl. a pris la peine de venir icy auant qu'elle m'euſt apris qui il eſtoit ; en sorte que bien qu'il ait vsé de plus de ciuilitez que ie n'en méritois, pour me conuier à faire le voyage en sa compagnie, il ne m'a pas semblé, que cela me dûſt faire prendre vne résolution contraire à ce que ie vous auois écrit quelques iours auparauant, à sçauoir, que j'attendrois l'honneur de receuoir encore vne fois de vos lettres, auant que ie parte d'icy. Car j'aprenois seulement de ses paroles que vous luy auiez écrit en ma faueur, ce que ie ne considerois que comme vn effet de voſtre amitié ; & les offres qu'il me faisoit me

Z

sembloient n'estre que des excez de sa courtoisie; à cause que ne sçachant point qu'il est l'vn des Amiraux de
Suede, ie ne voyois pas en quoy sa compagnie me pouuoit ayder pour la sureté & la commodité du voyage.
Et ie n'auois point assez de présomption pour m'imaginer qu'vne Reine qui a tant de grandes choses à faire, & qui employe si dignement tous les momens de
sa vie, eust voulu auoir la bonté de vous charger de
me recommander à luy de sa part. Ie me tiens si obligé
de cette faueur, que ie vous puis assurer, qu'il n'y aura
rien qui me retienne, si-tost que j'auray eu de vos lettres; & que j'ay vn extréme desir de vous aller dire que
ie suis, &c.

A MADAME ELIZABETH,
PRINCESSE PALATINE, &c.
LETTRE XLVIII.

MADAME,

Puisque voftre Altesse desire sçauoir qu'elle est ma
résolution touchant le voyage de Suede, ie luy diray
que ie persiste dans le dessein d'y aller en cas que la
Reine continuë à témoigner qu'elle veut que j'y aille;
& M. Chanut noftre R. en ce païs-là estant passé icy il
y a huict iours, pour aller en France, m'a parlé si auan-
tageusement de cette merueilleuse Reine, que le chemin ne me semble plus si long ny si fascheux qu'il faisoit auparauant; mais ie ne partiray point que ie n'aye

receu encore vne fois des nouuelles de ce païs-là , & ie
tafcheray d'attendre le retour de M. Chanut pour faire le voyage auec luy , pource que j'efpere qu'on le
renuoyera en Suede. Au refte, ie m'eftimerois extremement heureux, fi lors-que j'y feray, j'eftois capable
de rendre quelque feruice à voftre Alteffe. Ie ne manqueray pas d'en rechercher auec foin les occafions, &
ne craindray point d'écrire ouuertement tout ce que
j'auray fait ou penfé fur ce fujet, à caufe que ne pouuât
auoir aucune intention qui foit préjudiciable à ceux
pour qui ie feray obligé d'auoir du refpect, & tenant
pour maxime, que les voyes juftes & honneftes font
les plus vtiles & les plus fures, encore que les lettres
que j'écriray fuffent vûës, j'efpere qu'elles ne pouront
eftre mal interpretées, ny tomber entre les mains de
perfonnes qui foient fi injuftes, que de trouuer mauuais
que ie m'acquitte de mon deuoir, & faffe profeffion
ouuerte, d'eftre, &c.

A MONSIEVR FRAIMSEMIVS.

LETTRE XLIX.

MONSIEVR,

Entre les excellentes qualitez de M. Chanut, celle
qui me femble mériter le plus d'amitié, eft qu'il a foin
de faire que tous ceux qu'il ayme foient auffi amis les
vns des autres. Et outre qu'il m'a affuré en paffant icy,
qu'il vous a def-ja infpiré quelque bonne volonté pour

moy. Il m'a ſi bien décrit voſtre vertu & voſtre franchiſe, que ie ne lairrois pas d'eſtre entierement à vous,
encore que ie n'eſperaſſe aucune part en voſtre affection. Ainſi M. ie me promets que vous ne trouuerez pas étrange, que ie m'adreſſe librement à vous
en ſon abſence, & que ie vous ſuplie de me déliurer
d'vn ſcrupule, qui vient de l'extréme deſir que j'ay
d'obeïr ponctuellement à la Reyne voſtre Maiſtreſſe,
touchant la grace qu'elle m'a fait d'agréer que j'aye
l'honneur de luy aller faire la réuerence à Stocholm.
M. Chanut vous ſera témoin qu'auant qu'il fuſt arriué icy i'auois préparé mon petit équipage, & taſché
de vaincre toutes les difficultez qui ſe préſentent à
vn homme de ma ſorte & de mon âge, lors qu'il doit
quitter ſa demeure ordinaire, pour s'engager à vn ſi
long chemin. Mais nonobſtant qu'il m'ait trouué ainſi diſpoſé à partir, & que i'aye trouué auſſi qu'il eſtoit
diſpoſé à vſer de toutes ſortes de raiſons pour me perſuader ce voyage, en cas que ie n'y euſſe pas eſté réſolu; Toutesfois pour ce qu'il ne m'a point dit qu'il euſt
aucun ordre de ſa Majeſté, pour me commander de
me haſter, & que l'Eté eſt encore long, ie luy ay propoſé vne dificulté, dont il a trouué bon que ie vous
priaſſe de m'éclaircir; C'eſt que n'ayant pû me préparer à ce voyage, ſans que pluſieurs ayent ſçeu que j'a-
uois intention de le faire, & ayant quantité d'ennemis, non point grace à Dieu à cauſe de ma perſonne,
mais en qualité d'auteur d'vne nouuelle Philoſophie,
ie ne doute point que quelques-vns n'ayent écrit en
Suede, pour taſcher de m'y décrier. Il eſt vray que

ie ne crains pas que les calomnies ayent aucun pouuoir sur l'Esprit de sa Majesté , pource que ie sçay
qu'elle est tres-sage & tres-clairuoyante ; mais à cause
que les Souuerains ont grand interest d'éuiter jusques aux moindres occasions que leurs sujets peuuent
prendre pour des-aprouuer leurs actions , ie serois extrémement marry , que ma présence seruist de sujet à
la médisance de ceux qui pouroient auoir enuie de
dire qu'elle est trop assiduë à l'étude, ou bien qu'elle reçoit auprés de soy des personnes d'vne autre Religion, ou choses semblables ; & bien que ie desire
extrémement l'honneur de m'aller offrir à sa Majesté,
ie souhaitte plu-tost de mourir dans le voyage, que
d'arriuer là pour seruir de prétexte à des discours qui
luy puissent estre tant soit peu préjudiciables. C'est
pourquoy M. ie vous suplie, non point de parler de
cecy à sa Majesté , mais de prendre la peine de me
mander, sur ce que vous jugerez de ses inclinations,
& de la conjoncture des tems , ce qu'il est à propos
que ie fasse, & ie ne manqueray pas d'y obeïr exactement, soit que vous ordonniez que j'attende le retour de M. Chanut (car quoy qu'il puisse dire, ie ne
croy pas qu'il ait laissé là Madame sa femme , afin
qu'elle retourne en France toute seule) soit que vous
aymiez mieux que ie me mette en chemin, aussi-tost
aprés que j'auray eu de vos nouuelles. Ie vous demande encore vne autre grace, c'est qu'ayant esté impor-
tuné par vn amy , de luy donner le petit traitté des
Passions, que i'ay eu l'honneur d'offrir cy-deuant
à sa Majesté , & sçachant qu'il a dessein de le faire

Imprimer, auec vne préface de sa façon, ie n'ay encore osé luy enuoyer, pource que ie ne sçay si sa Majesté trouuera bon, que ce qui luy a esté présenté en particulier, s'est rendu public, mesme sans luy estre dédié. Mais pource que ce traitté est trop petit pour mériter de porter le nom d'vne si grande Princesse, à laquelle ie pouray offrir quelque iour vn ouurage plus important, si cette sorte d'hommage ne luy déplaist point, j'ay pensé que peut-estre elle n'aura point desagreable que j'accorde à cet amy ce qu'il m'a demandé; & c'est ce que ie vous suplie tres-humblement de m'aprendre, car le principal de tous mes soins est de tascher de luy obeir & de luy plaire. Au reste, afin que vous sçachiez comment ie me gouuerne auec ceux ausquels ie me donne, ie vous diray icy que ie prétens que vous m'auez de l'obligation, de ce que ie souffre que vos offices préuiendront les miens; & que ie suis, &c.

A MADAME ELIZABETH,
PRINCESSE PALATINE, &c,

LETTRE L.

Madame,

Estant arriué depuis quatre ou cinq iours à Stocholm, l'vne des premieres choses que j'estime apartenir à mon deuoir est de renouueller les offres de mon tres-humble seruice à vostre Altesse, afin qu'elle puisse

connoiftre que le changement d'air & de païs ne peut
rien changer ny diminuer de ma déuotion & de mon
zele. Ie n'ay encore eu l'honneur de voir la Reyne
que deux fois, mais il me femble la connoiftre def-ja
affez, pour ofer dire qu'elle n'a pas moins de mérite, &
plus de vertu que la renommée luy en attribuë. Auec
la generofité & la Majefté qui éclattent en toutes fes
actions, on y voit vne douceur & vne bonté, qui obligent tous ceux qui aymant la vertu & qui ont l'honneur d'aprocher d'elle, d'eftre entierement déuoüez à
fon feruice. Vne des premieres chofes qu'elle m'a de-
mandées a efté fi ie fçauois de vos nouuelles, & ie n'ay
pas feint de luy dire d'abord ce que ie penfois de voftre
Alteffe ; Car remarquant la force de fon Efprit, ie n'ay
pas craint que cela luy donnaft aucune jaloufie ; comme ie m'affure auffi que V. A. n'en fçauroit auoir, de
ce que ie luy écris librement mes fentimens de cette
Reine. Elle eft extremement portée à l'étude des lettres ; Mais pource que ie ne fçache point qu'elle ait
encore rien vû de la Philofophie, ie ne puis juger du
gouft qu'elle y prendra, ny fi elle y poura employer du
tems , ny par confequent fi ie feray capable de luy
donner quelque fatisfaction, & de luy eftre vtile en
quelque chofe. Cette grande ardeur qu'elle a pour la
connoiffance des lettres, l'incite fur tout maintenant
à cultiuer la langue grecque, & à ramaffer beaucoup
de liures anciens; Mais peut-eftre que cela changera;
& quand il ne changeroit pas, la vertu que ie remarque en cette Princeffe, m'obligera tou-jours de préferer l'vtilité de fon feruice au defir de luy plaire ; en for-

te que cela ne m'empefchera pas de luy dire franchement mes fentimens ; & s'ils manquent de luy eftre
agreables, ce que ie ne penfe pas, j'en tireray au moins
cet auantage que j'auray fatisfait à mon deuoir, & que
cela me donnera occafion de pouuoir dautant plu-
toft retourner en ma folitude, hors de laquelle il eft
dificile que ie puiffe rien auancer en la recherche de la
verité ; & c'eft en cela que confifte mon principal bien
en cette vie. Monfieur Fr. a fait trouuer bon à fa Majefté, que ie n'aille iamais au Chafteau, qu'aux heures
qu'il luy plaira de me donner pour auoir l'honneur de
luy parler, ainfi ie n'auray pas beaucoup de peine à
faire ma Cour, & cela s'acommode fort à mon humeur. Aprés tout neantmoins, encore que j'aye vne
tres-grande véneration pour fa Majefté, ie ne croy pas
que rien foit capable de me retenir en ce païs plus
long-tems que jufques à l'Eté prochain : Mais ie ne
puis abfolument répondre de l'auenir. Ie puis feulement vous affurer que ie feray toute ma vie, &c.

A MADAME ELIZABETH,

PRINCESSE PALATINE, &c.

LETTRE LI.

MADAME,

La faueur que me fait voftre Alteffe de n'auoir pas
defagreable que j'aye ofé témoigner en public combien ie l'eftime & ie l'honore, eft plus grande, & m'o-
blige

blige plus qu'aucune que ie pourois receuoir d'ailleurs;
& ie ne crains pas qu'on m'acuſe d'auoir rien changé
en la Morale, pour faire entendre mon ſentiment ſur
ce ſujet. Car ce que j'en ay écrit eſt ſi veritable & ſi
clair, que ie m'aſſure qu'il n'y aura point d'homme
raiſonnable qui ne l'auoüe; mais ie crains que ce que
j'ay mis au reſte du liure ne ſoit plus douteux & plus
obſcur, puiſque V. A. y trouue des dificultez. Celle
qui regarde la peſanteur de l'argent vif eſt fort conſiderable, & j'euſſe taſché de l'éclaircir, ſinon que n'a-
yant pas encore aſſez examiné la nature de ce métal,
j'ay eu peur de faire quelque choſe contraire à ce que
ie pouray aprendre cy-aprés; tout ce que j'en puis
maintenant dire, eſt, que ie me perſuade que les petites parties de l'air, de l'eau, & de tous les autres cors
terreſtres ont pluſieurs pores, par ou la matiere tres-
ſubtile peut paſſer, & cela ſuit aſſez de la façon dont
j'ay dit qu'elles ſont formées; Or il ſufit de dire que les
parties du vif argent, & des autres métaux, ont moins
de tels pores, pour faire entendre pourquoy ces métaux ſont plus peſans. Car, par exemple, encore que
nous auoüaſſions que les parties de l'eau & celles du vif
argent fuſſent de meſme groſſeur & figure, & que
leurs mouuemens fuſſent ſemblables, ſi ſeulement
nous ſupoſons que chacune des parties de l'eau eſt
comme vne petite corde fort molle & fort laſche, mais
que celles du vif argent, ayant moins de pores, ſont
comme d'autres petites cordes beaucoup plus dures &
plus ſerrées, cela ſufit pour faire entendre que le vif
argent doit beaucoup plus peſer que l'eau. Pour les

petites parties tournées en coquille, ce n'eſt pas merueille qu'elles ne ſoient point détruites par le feu qui
eſt au centre de la terre; car ce feu-là n'eſtant compoſé
que de la matiere tres-ſubtile toute ſeule, il peut bien
les emporter fort viſte, mais non pas les faire cho-
quer contre quelques autres cors durs; ce qui ſeroit
requis pour les rompre ou diuiſer. Au reſte, ces parties en coquille ne prennent point vn trop grand
tour pour retourner d'vn pole à l'autre; Car ie ſupoſe que la plu-part paſſe par le dedans de la terre; en
ſorte qu'il n'y a que celles qui ne trouuent point de
paſſage plus bas, qui retournent par noſtre air; & c'eſt
la raiſon que ie donne, pourquoy la vertu de l'aymant ne nous paroiſt pas ſi forte en toute la maſſe de
la terre, qu'en de petites pierres d'aymant; Mais ie ſuplie tres-humblement voſtre Alteſſe de me pardonner, ſi ie n'écris rien icy que fort confuſément ; Ie
n'ay point encore le liure dont elle a daigné marquer
les pages, & ie ſuis en vn voyage continu; Mais j'eſpere dans deux ou trois mois auoir l'honneur de luy
faire la réuerence à la Haye. Ie ſuis, &c.

A VN SEIGNEVR.

LETTRE LII.

MONSEIGNEVR,

Si j'auois autant d'eſprit & de ſçauoir, que j'ay de
zele pour le ſeruice de voſtre Excellence, ie ne man-

querois pas de répondre exactement aux questions que
vous m'auez fait l'honneur de me propofer ; Et mefme
encore que ie craigne de n'auoir point affez d'Efprit
ny de connoiffance pour cet effet, l'abondance du
zele ne laiffe pas de m'obliger à l'entreprendre. Mais
auec voftre permiffion ie commenceray par la feconde dificulté, touchant la caufe du chaud & du froid
dans les animaux; pource qu'aprés l'auoir examinée, &
en fuite la troifiéme & la quatriéme, ie pouray plus
commodément parler de la premiere. Il me femble
que toute la chaleur des animaux confifte en ce qu'ils
ont dans le cœur vne efpece de feu qui eft fans lumiere, femblable à celuy qui s'excite dans l'eau forte, lorsqu'on met dedans affez grande quantité de poudre
d'acier, & à celuy de toutes les fermentations. Ce feu
eft entretenu par le fang qui coule à tous momens dans
le cœur, fuiuant la Circulation qu'Heruæus Médecin
Anglois a tres-heureufement découuerte ; Et aprés
que ce fang s'eft échaufé & rarefié dans le cœur, il
coule de là promtement par les arteres en toutes les
autres parties du cors, lefquelles il échaufe par ce
moyen. Or on peut dire en quelque fens que cette
chaleur eft plus grande l'Eté que l'Hyuer, pource que
fa caufe n'eft pas moindre dans le cœur, & que le fang
qui s'y échaufe n'eft pas tant refroidy par l'air de dehors. Mais on peut dire auffi qu'elle eft plus grande en
Hyuer, ce qui fait qu'on a pour lors méilleur apétit, &
qu'on digere mieux les viandes; Et la raifon en eft, que
les parties du fang qui ont le plus de chaleur, à fçauoir
les plus fubtiles & les plus agitées, ne s'éuaporent pas

ſi facilement en Hyuer par les pores de la peau, qui
ſont alors reſſerrez par le froid, qu'elles font en Eté;
C'eſt pourquoy elles vont en plus grande abondance
dans l'eſtomac, ou elles aydent à la coction des
viandes.

La troiſiéme queſtion eſt touchant le froid de la
fiévre, lequel ie croy ne venir d'autre choſe, ſinon
que la fiévre eſt cauſée, de ce qu'il s'amaſſe vne humeur corrompuë dans le mézentaire, ou en quelqu'autre partie du Cors, laquelle humeur au bout d'vn,
ou deux, ou trois iours, (qui eſt vn tems dont elle a
beſoin pour la meurir & rendre fluide, à raiſon dequoy
la fiévre eſt ou quotidienne, ou tierce, ou quarte)
coule dans les veines, & ainſi ſe meſlant parmy le ſang,
& allant auec luy dans le cœur, elle empeſche qu'il ne
s'y puiſſe tant échaufer & dilater que de coutume, ny
par conſequent porter tant de chaleur au reſte du cors;
ce qui eſt cauſe du tremblement qu'on ſent pour lors.
Mais cela n'arriue qu'au commencement de l'accez;
Car comme le bois verd qui éteint le feu lorsque d'a-
bord il y eſt mis, rend vne flame plus ardente que l'autre bois, aprés qu'il eſt bien embraſé, ainſi aprés que
cette humeur corrompuë a eſté meſlée quelque tems
parmy le ſang, elle s'échaufe & ſe dilate dauantage que
luy dans le cœur, ce qui fait la chaleur de l'acez, lequel
dure juſqu'à ce que toute cette humeur corrompuë
ſoit éuaporée, ou reduite à la conſtitution naturelle
du ſang. Or la fiévre ceſſeroit tou-jours à la fin de l'accez, ſi on pouuoit empéſcher qu'il ne reuinſt d'autre
humeur en la place ou s'eſt corrompuë la premiere; &

pource qu'il peut y auoir vne infinité de diuers moyens pour empefcher cela, mais qui ne reüſſiſſent pas toujours, cela fait que la fiévre peut eſtre guérie par vne infinité de diuers remedes, & que neantmoins tous les remedes font incertains.

La quatriéme & derniere queſtion eſt touchant les Eſprits animaux & vitaux, & ce qui s'éuapore par tranſpiration ; A quoy il m'eſt aiſé de répondre, en ſupoſant que le ſang ſe dilate dans le cœur ainſi que ie viens de dire, & que j'ay autrefois expliqué aſſez au long dans le diſcours de la Méthode. Car ce que les Médecins nomment les Eſprits vitaux , n'eſt autre choſe que le ſang contenu dans les arteres, qui ne differe point de celuy des veines, ſinon en ce qu'il eſt plus rare & plus chaud , à cauſe qu'il vient d'eſtre échaufé & dilaté dans le cœur. Et ce qu'ils nomment les Eſprits animaux, n'eſt autre choſe que les plus viues & plus ſubtiles parties de ce ſang , qui ſe font ſéparées des plus groſſieres, en ſe criblant dans les petites branches des arteres carotides, & qui font paſſées de là dans le cerueau, d'où elles ſe répandent par les nerfs en tous les muſcles. Enfin tout ce qui ſort du cors par tranſpiration inſenſible, n'eſt auſſi autre choſe que des parties du ſang qui ſont aſſez ſubtiles pour paſſer par les pores du Cors en s'éuaporant ; Et le meſme ſang eſt échaufé & rarefié tant de fois en paſſant & repaſſant dans le cœur , ſuiuant ce qu'enſeigne la doctrine de la Circulation , qu'il n'y a aucune de ſes parties , qui ne ſoit enfin rendüe aſſez ſubtile pour s'éuaporer en cette façon.

Ie reuiens à la premiere queſtion qui eſt la cauſe du ſommeil, laquelle ie croy conſiſter, en ce que tout de meſme que nous voyons quelquefois que les voiles des nauires ſe rident, à cauſe que le vent n'a pas aſſez de force pour les remplir; Ainſi les Eſprits animaux, qui viennent du cœur, ne ſont pas tou-jours aſſez abondans pour remplir la moëſle du cerueau, & tenir tous ſes pores ouuers; ce qui fait alors le ſommeil: Car les pores du cerueau eſtant fermez on n'a plus l'vſage des ſens, ſi ce n'eſt que quelque violente agitation excite les Eſprits à les ouurir. Or l'opium, le pauot, & les autres drogues qui cauſent le ſommeil, font que le cœur enuoye moins d'Eſprits vers le cerueau; Et l'on peut facilement, en ſuitte de cecy, rendre raiſon de toutes les autres cauſes qu'on trouue par experience exciter ou empeſcher le ſommeil. Mais j'ay peur que la longueur de cette lettre ne l'excite; c'eſt pourquoy, ie n'y adjouteray autre choſe ſinon que ie ne ſeray iamais endormy lorſque ie croiray pouuoir faire ou écrire quelque choſe qui ſoit agreable à voſtre Excellence, de laquelle ie ſuis, &c.

A VN SEIGNEVR.

LETTRE LIII.

MONSEIGNEVR,

La lettre que V. E. m'a fait l'honneur de m'écrire le 19. de Iuin, a eſté quatre mois par les chemins, & le

Bon-heur de la receuoir ne m'est arriué qu'aujour-
d'huy, ce qui m'a empesché de pouuoir plutost prendre
cette occasion, pour vous témoigner que j'ay tant de
ressentiment des faueurs qu'il vous a plû me faire, sans
que ie les aye iamais pû mériter, & des preuues que j'ay
euës de vostre bien-veillance par le raport de Mes-
sieurs N. & M. & d'autres, que ie n'auray iamais rien
de plus à cœur, que de tascher à vous rendre seruice en
tout ce dont ie pouray estre capable. Et comme l'vn
des principaux fruits que j'ay receus des écrits que j'ay
publiez, est que j'ay eu l'honneur d'estre connu de vostre Excellence à leur occasion, aussi n'y a-t'il rien
qui me puisse obliger dauantage à en publier d'autres,
que de sçauoir que cela vous seroit agreable. Mais
pource que le traitté des animaux auquel j'ay commencé à trauailler il y a plus de quinze ans, présupose
plusieurs experiences, sans lesquelles il m'est impossible de l'acheuer, & que ie n'ay point encore eu la commodité de les faire, ny ne sçay point quand ie l'auray,
ie n'ose me promettre de luy faire voir le iour de long-
tems. Cependant ie ne manqueray de vous obeïr en
tout ce qu'il vous plaira me commander, & ie tiens à
tres-grande faueur, que vous ayez agreable de sçauoir
mes opinions touchant quelques dificultez de Philosophie.

Ie me persuade que la faim & la soif se sentent de la
mesme façon que les couleurs, les sons, les odeurs, &
generalement tous les objets des sens exterieurs, à sçauoir, par l'entremise des nerfs, qui sont étendus comme de petits filets depuis le cerueau, jusques à toutes

Ie reuiens à la premiere question qui est la cause du sommeil, laquelle ie croy consister, en ce que tout de mesme que nous voyons quelquefois que les voiles des nauires se rident, à cause que le vent n'a pas assez de force pour les remplir; Ainsi les Esprits animaux, qui viennent du cœur, ne sont pas tou-jours assez abon-dans pour remplir la moësle du cerueau, & tenir tous ses pores ouuers; ce qui fait alors le sommeil: Car les pores du cerueau estant fermez on n'a plus l'vsage des sens, si ce n'est que quelque violente agitation excite les Esprits à les ouurir. Or l'opium, le pauot, & les autres drogues qui causent le sommeil, font que le cœur enuoye moins d'Esprits vers le cerueau; Et l'on peut facilement, en suitte de cecy, rendre raison de toutes les autres causes qu'on trouue par experience exciter ou empescher le sommeil. Mais j'ay peur que la longueur de cette lettre ne l'excite; c'est pourquoy ie n'y adjouteray autre chose sinon que ie ne seray ia-mais endormy lorsque ie croiray pouuoir faire ou écri-re quelque chose qui soit agreable à vostre Excellen-ce, de laquelle ie suis, &c.

A VN SEIGNEVR.

LETTRE LIII.

MONSEIGNEVR,

La lettre que V. E. m'a fait l'honneur de m'écrire le 19. de Iuin, a esté quatre mois par les chemins, & le

Bon-heur de la receuoir ne m'eſt arriué qu'aujour-
d'huy, ce qui m'a empeſché de pouuoir plutoſt prendre
cette occaſion, pour vous témoigner que j'ay tant de
reſſentiment des faueurs qu'il vous a plû me faire, ſans
que ie les aye iamais pû mériter, & des preuues que j'ay
euës de voſtre bien-veillance par le raport de Meſſieurs N. & M. & d'autres, que ie n'auray iamais rien
de plus à cœur, que de taſcher à vous rendre ſeruice en
tout ce dont ie pouray eſtre capable. Et comme l'vn
des principaux fruits que j'ay receus des écrits que j'ay
publiez, eſt que j'ay eu l'honneur d'eſtre connu de voſtre Excellence à leur occaſion, auſſi n'y a-t'il rien
qui me puiſſe obliger dauantage à en publier d'autres,
que de ſçauoir que cela vous ſeroit agreable. Mais
pource que le traitté des animaux auquel j'ay commencé à trauailler il y a plus de quinze ans, préſupoſe
pluſieurs experiences, ſans leſquelles il m'eſt impoſſible de l'acheuer, & que ie n'ay point encore eu la commodité de les faire, ny ne ſçay point quand ie l'auray,
ie n'oſé me promettre de luy faire voir le iour de long-
tems. Cependant ie ne manqueray de vous obeïr en
tout ce qu'il vous plaira me commander, & ie tiens à
tres-grande faueur, que vous ayez agreable de ſçauoir
mes opinions touchant quelques dificultez de Philoſophie.

Ie me perſuade que la faim & la ſoif ſe ſentent de la
meſme façon que les couleurs, les ſons, les odeurs, &
generalement tous les objets des ſens exterieurs, à ſçauoir, par l'entremiſe des nerfs, qui ſont étendus comme de petits filets depuis le cerueau, juſques à toutes

les autres parties du cors ; En forte que lors-que quelqu'vne de ces parties eſt mûë, l'endroit du cerueau duquel viennent ces nerfs ſe meut auſſi ; & ſon mouuement excite en l'ame le ſentiment qu'on attribuë à
cette partie. Ce que j'ay taſché d'expliquer bien au
long en la Dioptrique; & comme j'ay dit là que ce ſont
les diuers mouuemens du nerf optique, qui font ſentir à l'ame toutes les diuerſitez des couleurs & de la lumiere ; ainſi ie croy que c'eſt vn mouuement des nerfs
qui vont vers le fonds de l'eſtomac, qui cauſe le ſentiment de la faim, & vn autre des meſmes nerfs, & auſſi
de ceux qui vont vers le goſier, qui cauſe celuy de la
ſoif. Mais pour ſçauoir ce qui meut ainſi ces nerfs, ie
remarque, que tout de meſme qu'il vient de l'eau à la
bouche, lors qu'on a bon apétit, & qu'on voit les
viandes ſur table, il en vient auſſi ordinairement grande quantité dans l'eſtomac, où elle eſt portée par les
arteres, pource que celles de leurs extremitez qui ſe
vont rendre vers là, ont des ouuertures ſi étroites &
de telle figure, qu'elles donnent bien paſſage à cette
liqueur, mais non point aux autres parties du ſang : Et
elle eſt comme vne eſpece d'eau forte, qui ſe gliſſant
entre les petites parties des viandes qu'on a mangées,
ſert à les diſſoudre, & en compoſe le chyle, puis retourne auec elles dans le ſang par les veines. Mais ſi cette
liqueur qui vient ainſi dans l'eſtomac, n'y trouue point
de viandes à diſſoudre, alors elle employe ſa force
contre les peaux dont il eſt compoſé, & par ce moyen
agite les nerfs dont les extremitez ſont attachées à ces
peaux, en la façon qui eſt requiſe pour faire auoir à

l'ame

l'ame le fentiment de la faim. Ainfi on ne peut manquer d'auoir ce fentiment, lorsqu'il n'y a aucunes viandes dans l'eftomac, fi ce n'eft qu'il y ait des obftructions qui empefchent cette liqueur d'y entrer, ou bien quelques humeurs froides & gluantes qui émouffent fa force, ou bien que le temperament du fang eftant corrompu, la liqueur qu'il enuoye en l'eftomac foit d'autre nature qu'à l'ordinaire, (& ç'eft tou-jours quelqu'vne de ces caufes qui ofte l'apétit aux malades) ou bien auffi fans que le fang foit corrompu, il fe peut faire qu'il ne contienne que peu ou point de telle liqueur, ce que ie croy arriuer à ceux qui ont efté fort longtems fans manger. Car on dit qu'ils ceffent d'auoir faim aprés quelques iours ; dont la raifon eft que toute cette liqueur peut eftre fortie hors du pur fang, & s'eftre exhalée en fueur, ou par tranfpiration infenfible, ou en vrine, pendant ce tems-là. Et cela confirme l'hiftoire d'vn homme qu'on dit auoir conferué fa vie trois femaines fous terre fans rien manger, en beuuant feulement fon vrine: Car eftant ainfi enfermé fous terre, fon fang ne fe diminuoit pas tant par la tranfpiration infenfible, qu'il euft fait en l'air libre.

Ie croy auffi que la foif eft caufée, de ce que la férofité du fang, qui a couftume de venir par les arteres en forme d'eau vers l'eftomac & vers le gofier, & ainfi de les humecter, y vient auffi quelquefois en forme de vapeur, laquelle le deffeche, & par mefme moyen agite fes nerfs, en la façon qui eft requife pour exciter en l'ame le defir de boire. De façon qu'il n'y a pas plus de difference entre cette vapeur qui excite la foif, & la liqueur qui cause la faim, qu'il y a entre la sueur, & ce qui s'exhale de tout le cors par transpiration insensible.

Pour la cause génerale de tous les mouuemens qui sont dans le monde, ie n'en conçoy point d'autre que Dieu, lequel dés le premier instant qu'il a créé la matiere, a commencé à mouuoir diuersement toutes ses parties, & maintenant par la mesme action qu'il conserue cette matiere, il conserue aussi en elle tout autant de mouuement qu'il y en a mis; Ce que j'ay tasché d'expliquer en la seconde partie de mes principes. Et en la troisiéme, l'ay décrit si particulierement de quelle matiere ie me persuade que le Soleil est composé; Puis en la quatriéme, de quelle nature est le feu, que ie ne sçaurois rien adjouter icy, qui ne fust moins intelligible. I'y ay aussi dit expressément au 18. article de la seconde partie, que ie croy qu'il implique contradition qu'il y ait du vuide; à cause que nous auons la mesme Idée de la matiere que de l'espace; Et pource que cette Idée nous represente vne chose réelle, nous nous contredirions nous-mesmes, & asseurerions le contraire de ce que nous pensons, si nous disions que cet espace est vuide, c'est à dire, que ce que nous conceuons comme vne chose réelle, n'est rien de réel.

La conseruation de la santé a esté de tout tems le principal but de mes études, & ie ne doute point qu'il n'y ait moyen d'acquerir beaucoup de connoissances touchant la Médecine, qui ont esté ignorées jusqu'à présent; Mais le traitté des animaux que ie médite, & que ie n'ay encore sçeu acheuer, n'estant qu'vne entrée pour paruenir à ces connoissances, ie n'ay garde de

me vanter de les auoir ; Et tout ce que j'en puis dire à
présent est que ie suis de l'opinion de Tibere, qui vouloit que ceux qui ont atteint l'aage de trente ans, euf-
sent assez d'experience des choses qui leur peuuent
nuire ou profiter, pour estre eux-mesmes leurs Medecins. En effet il me semble qu'il n'y a personne qui ait
vn peu d'esprit, qui ne puisse mieux remarquer ce qui
est vtile à sa santé, pourvû qu'il y veüille vn peu prendre garde, que les plus sçauans Docteurs ne luy sçauroient enseigner. Ie prie Dieu de tout mon cœur pour
la conseruation de la vostre, & de celle de Mʳ vostre
frere, & suis, &c.

A VN SEIGNEVR.

LETTRE LIV.

MONSEIGNEVR,

Les faueurs que ie reçois par les lettres qu'il a plû à
vostre Excellence de m'écrire, & les marques qu'elles
contiennent d'vn esprit qui donne plus de lustre à sa
tres-haute naissance, qu'il n'en reçoit d'elle, m'obligent de les estimer extremement ; mais il semble outre cela que la fortune veüille montrer qu'elle les met
au rang des plus grans biens que ie puis posseder, pource qu'elle les arreste par les chemins, & ne permet pas
que ie les reçoiue, qu'aprés auoir fait tous ses efforts
pour l'empescher. Ainsi j'eus l'honneur d'en receuoir
vne l'année passée, qui auoit esté quatre mois à venir

de Paris icy, & celle que ie reçois maintenant eſt dũ cinquiéme Ianuier ; Mais parce que Monſieur de B. m'aſſure que vous auez deſia eſté aduerty de leur retardement, ie ne m'excuſe point de n'y auoir pas plu-toſt fait réponſe. Et d'autant que les choſes dont il vous a plû m'écrire ſont ſeulement des conſiderations touchant les ſciences, qui ne dépendent point des changemens du tems ny de la fortune, j'eſpere que ce que j'y pouray maintenant répondre, ne vous ſera pas moins agreable, que ſi vous l'auiez receu il y a dix mois.

Ie ſouſcris en tout au jugement que voſtre Excellence fait des Chymiſtes, & croy qu'ils ne font que dire des mots hors de l'vſage commun, pour faire ſemblant de ſçauoir ce qu'ils ignorent. Ie croy auſſi que ce qu'ils diſent de la réſurrection des Fleurs par leur ſel, n'eſt qu'vne imagination ſans fondement, & que leurs extraits ont d'autres vertus, que celles des plantes dont ils ſont tirez ; Ce qu'on experimente bien clairement, en ce que le vin, le vinaigre, & l'eau de vie, qui ſont trois diuers extraits qu'on peut faire des meſmes raiſins, ont des gouſts & des vertus ſi diuerſes. Enfin ſelon mon opinion leur ſel, leur ſouffre, & leur Mercure ne different pas plus entre eux, que les quatre Elemens des Philoſophes, ny gueres plus, que l'eau differe de la glace, de l'écume, & de la neige ; Car ie penſe que tous les cors ſont faits d'vne meſme matiere, & qu'il n'y a rien qui faſſe de la diuerſité entr'eux ; ſinon que les petites parties de cette matiere qui compoſent les vns, ont d'autres figures, ou ſont autrement

arrangées que celles qui compofent les autres. Ce que
j'efpere que voftre Excellence poura voir bien-toft expliqué affez au long en mes principes de Philofophie,
qu'on va imprimer en françois.

Ie ne fçay rien de particulier touchant la géneration
des pierres, finon que ie les diftingue des métaux, en
ce que les petites parties qui compofent les métaux
font notablement plus groffes que les leur, & ie les
diftingue des os, des bois durs, & autres parties des
animaux ou végetaux, en ce qu'elles ne croiffent pas
comme eux, par le moyen de quelque fuc qui coule
par de petits canaux, en tous les endroits de leurs cors,
mais feulement par l'addition de quelques parties, qui
s'attachent à elles par dehors, ou bien s'engagent au
dedans de leurs pores. Ainfi ie ne m'eftonne point,
de ce qu'il y a des fontaines ou il s'engendre des cailloux ; car ie croy que l'eau de ces fontaines entraifne
auec foy de petites parties des rochers par où elle paffe,
lefquelles font de telles figures, qu'elles s'attachent facilement les vnes aux autres, lors qu'elles viennent à fe
rencontrer, & que l'eau qui les ameine eftant moins
viue & moins agitée, qu'elle n'a efté dans les veines de
ces rochers, les laiffe tomber ; & il en eft quafi de mefme de celles qui s'engendrent dans le cors des hommes. Ie ne m'eftonne pas auffi de la façon dont la brique fe fait ; car ie croy que fa dureté vient, de ce que
l'action du feu fefant fortir d'entre fes parties, non
feulement les parties de l'eau, que j'imagine longues &
gliffantes, ainfi que de petites anguilles, qui coulent
dans les pores des autres cors fans s'y attacher, & auf-

quelles feules confiste l'humidité ou la moiteur de ces
cors, comme j'ay dit dans les Météores, mais auffi toutes les autres parties de leur matiere, qui ne font pas
bien dures, & bien fermes ; au moyen dequoy celles
qui demeurent fe joignent plus étroitement l'vne à
l'autre, & ainfi font que la brique eft plus dure que
l'argile, bien qu'elle ait des pores plus grans, dans lefquels il entre par aprés d'autres parties d'eau ou d'air,
qui la peuuent rendre auec cela plus pefante.

Pour la nature de l'argent vif, ie n'ay pas encore fait
toutes les experiences dont j'ay befoin pour la connoiftre exactement; Mais ie croy neantmoins pouuoir
affurer que ce qui le rend fi fluide qu'il eft, c'eft que les
petites parties dont il eft compofé, font fi vnies & fi
gliffantes, qu'elles ne fe peuuent aucunement attacher
l'vne à l'autre, & qu'eftant plus groffes que celles de
l'eau, elles ne donnent gueres de paffage parmy elles
à la matiere fubtile que j'ay nommée le fecond element, mais feulement à celle qui eft tres-fubtile, &
que j'ay nommée le premier élement ; Ce qui me femble fuffire pour pouuoir rendre raifon de toutes celles
de fes proprietez qui m'ont efté connuës jufques icy:
Car c'eft l'abfence de cette matiere du fecond élement, qui l'empefche d'eftre tranfparent, & qui le
rend fort froid ; C'eft l'actiuité du premier élement,
auec la difproportion qui eft entre fes parties & celles
de l'air ou des autres cors, qui fait que fes petites goutes fe releuent plus en rond fur vne table, que celles de
l'eau ; & c'eft auffi la mefme difproportion qui eft caufe qu'il ne s'attache point à nos mains comme l'eau, &

qui a donné sujet de penser qu’il n’est pas humide comme elle ; mais il s’attache bien au plomb , & à l’or, c’est pourquoy on peut dire à leur égard qu’il est humide.

l’ay bien du regret de ne pouuoir lire le liure de M. d’Igby, faute d’entendre l’Anglois ; ie m’en suis fait interpreter quelque chose ; & pource que ie suis entierement disposé à obeïr la raison , & que ie sçay que son esprit est excellent, j’oserois esperer, si j’auois l’honneur de conferer auec luy, que mes opinions s’acorderoient ayfément auec les siennes.

Pour ce qui est de l’entendement, ou de la pensée, que Montagne & quelques autres attribuent aux bestes , ie ne puis estre de leur aduis ; Ce n’est pas que ie m’arreste à ce qu’on dit, que les hommes ont vn empire absolu sur tous les autres animaux ; Car j’auoüe qu’il y en a de plus forts que nous, & croy qu’il y en peut aussi auoir, qui ayent des ruses naturelles, capables de tromper les hommes les plus fins : Mais ie considere qu’ils ne nous imitent ou surpassent, qu’en celles de nos actions qui ne sont point conduites par nostre pensée ; Car il arriue souuent que nous marchons, & que nous mangeons sans penser en aucune façon à ce que nous faisons ; Et c’est tellement sans vser de nostre raison que nous repoussons les choses qui nous nuisent, & parons les cous que l’on nous porte, qu’encore que nous voulussions expressement ne point mettre nos mains deuant nostre teste , lors qu’il arriue que nous tombons, nous ne pourions nous en empescher. Ie croy aussi que nous mangerions, comme les bestes, ſans l'auoir apris, ſi nous n'auions aucune penſée ; Et l'on dit que ceux qui marchent en dormant paſſent quelquefois des riuieres à nage, où ils ſe noyeroient eſtant éueillez. Pour les mouuemens de nos paſſions, bien qu'ils ſoient accompagnez en nous de penſée, à cauſe que nous auons la faculté de penſer, il eſt neantmoins tres-éuident qu'ils ne dépendent pas d'elle, pource qu'ils ſe font ſouuent malgré nous, & que par conſequent ils peuuent eſtre dans les beſtes, & meſme plus violens qu'ils ne ſont dans les hommes, ſans qu'on puiſſe pour cela conclure qu'elles ayent des penſées. Enfin il n'y a aucune de nos actions exterieures, qui puiſſe aſſurer ceux qui les examinent, que noſtre cors n'eſt pas ſeulement vne machine qui ſe remuë de ſoy-meſme, mais qu'il y a auſſi en luy vne ame qui a des penſées, excepté les paroles, ou autres ſignes faits à propos des ſujets qui ſe preſentent, ſans ſe raporter à aucune paſſion ; Ie dis les paroles, ou autres ſignes, pource que les muets ſe ſeruent de ſignes, en meſme façon que nous de la voix ; & que ces ſignes ſoient à propos, pour exclure le parler des perroquets, ſans exclure celuy des foux, qui ne laiſſe pas d'eſtre à propos des ſujets qui ſe preſentent, bien qu'il ne ſuiue pas la raiſon ; Et j'adjoute que ces paroles ou ſignes ne ſe doiuent raporter à aucune paſſion, pour exclure non ſeulement les cris de joye ou de triſteſſe, & ſemblables, mais auſſi tout ce qui peut eſtre enſeigné par artifice aux animaux ; Car ſi on aprend à vne pie à dire bon iour à ſa maiſtreſſe, lors qu'elle la voit arriuer, ce ne peut eſtre qu'en feſant que la prolation de cette

parole,

parole deuienne le mouuement de quelqu'vne de ses
passions ; à sçauoir, ce sera vn mouuement de l'esperance qu'elle a de manger, si l'on a tou-jours acoutumé
de luy donner quelque friandise ; lors qu'elle l'a dit ; &
ainsi toutes les choses qu'on fait faire aux chiens, aux
cheuaux, & aux singes, ne font que des mouuemens
de leur crainte, de leur esperance, ou de leur joye,
en sorte qu'ils les peuuent faire sans aucune pensée.
Or il est ce me semble fort remarquable, que la parole estant ainsi définie, ne conuient qu'à l'homme
seul ; Car bien que Montagne & Charon ayent dit
qu'il y a plus de difference d'homme à homme, que
d'homme à beste, il ne s'est toutes-fois iamais trouué
aucune beste si parfaite, qu'elle ait vsé de quelque
signe, pour faire entendre à d'autres animaux quelque
chose qui n'eust point de rapport à ses passions ; Et il
n'y a point d'homme si imparfait, qu'il n'en vse ; en
sorte que ceux qui sont sours & muets inuentent
des signes particuliers par lesquels ils expriment leurs
pensées. Ce qui me semble vn tres-fort argument,
pour prouuer que ce qui fait que les bestes ne parlent
point comme nous, est qu'elles n'ont aucune pensée, & non point que les organes leur manquent. Et
on ne peut dire qu'elles parlent entr'elles, mais que
nous ne les entendons pas ; Car comme les chiens, &
quelques autres animaux, nous expriment leurs passions, ils nous exprimeroient aussi bien leurs pensées,
s'ils en auoient. Ie sçay bien que les bestes font beaucoup de choses mieux que nous, mais ie ne m'en estône
pas ; Car cela mesme sert à prouuer qu'elles agissent na-

C c

turellement & par reſſors, ainſi qu'vne horloge , laquelle monſtre bien mieux l'heure qu'il eſt, que noſtre jugement ne nous l'enſeigne. Et ſans doute que lors que les hirondelles viennent au Printems, elles agiſſent en cela comme des horloges. Tout ce que font les mouches à miel eſt de meſme nature, & l'ordre que tiennent les gruës en volant, & celuy qu'obſeruent les ſinges en ſe battant, s'il eſt vray qu'ils en obſeruent quelqu'vn, & enfin l'inſtinct d'enſeuelir leurs morts n'eſt pas plus étrange que celuy des chiens & des chats, qui grattent la terre pour enſeuelir leurs excremẽs, bien qu'ils ne les enſeueliſſent preſque iamais ; ce qui monſtre qu'ils ne le font que par inſtinct , & ſans y penſer. On peut ſeulement dire que bien que les beſtes ne faſſent aucune action qui nous aſſure qu'elles penſent, toutes-fois à cauſe que les organes de leurs cors ne ſont pas fort differens des noſtres, on peut conjecturer qu'il y a quelque penſée jointe à ces organes , ainſi que nous experimentons en nous, bien que la leur ſoit beaucoup moins parfaite ; A quoy ie n'ay rien à répondre, ſinon que ſi elles penſoient ainſi que nous, elles auroient vne ame immortelle auſſi bien que nous, ce qui n'eſt pas vray ſemblable, à cauſe qu'il n'y a point de raiſon pour le croire de quelques animaux, ſans le croire de tous, & qu'il y en a pluſieurs trop imparfaits, pour pouuoir croire cela d'eux, comme ſont les huiſtres, les éponges, &c. Mais ie crains de vous importuner par ces diſcours, & tout le deſir que j'ay eſt de vous témoigner que ie ſuis, &c.

CELEBERRIMO VIRO
RENATO DESCARTES.
LETTRE LV.

ERVDITISSIME DOMINE,

Traditus est mihi liber Dominationis vestræ à Clariss. D. Plempio quem totum subseciuis horis euolui, si pauca demas quæ in Methodo continentur; de quo, quoniam, sicut ex ipso libro, tuique perstudioso D. Plempio, intelligo, nihil gratius D. vestræ accidere potest, quam diuersorum iudicia percipere, non possum non hisce animi mei sensum indicare. Me amare, quod primum est, ingenium illud, quod, notis quasi littoribus relictis, noui orbis periculum facere audeat: proscriptis enim qualitatibus, abstrusissima quæque, per ea quæ oculis manibusque subiiciuntur, explicare, quid aliud est, quam nouas terras detegere? Perpulchra certe habet quam plurima D. vestra, inter hæc tamen Geometrica non numero, quæ nullius laudis indiga, satis D. vestræ nomen, si hoc illis concredat, æternitati consecratura sunt. Librum hæc merebantur singularem; iniuria est illis D. vestra, dum hæc ad libri calcem relegat. Mathematica tamen pura potius quam Geometrica dici mallem, quod non magis Geometriæ, quam Arithmeticæ, cæterisque omnibus scientiis Mathematicis communia sint. Cætera vero quæ disputationibus magis, opinionibufque fubiacent, talia funt, vt nulla non ab inuentionis amœnitate commendationem mereantur fingularem; in multis tamen plus aliquid veritatis defiderari poffe puto. Quæ fingula hic profe- qui longioris otij effet. Vnum arripiam ex tractatu de Iride, qui plus cæteris ingenium redolet. Statuit ita- que D. veftra tamquã totius iftius capitis, feu difcurfus fundamentũ, vitrum trigonũ N M P. (fol. 259. meteo.) per quod labuntur radij DF, EH. quorum hic cæru- leus, ille ruber eft. Affignat autem tanti difcriminis rationem, quod ifti radij (quos ex diuerfis quafi ro- tundis corpufculis materiæ cæleftis componit) diuer- fo motũ feu gyratione ad oculum allabantur; Atque illud conformiter quam maxime fuis principiis, qui- bus fenfationem per horum corpufculorum motum, aut inclinationem ad motum, fieri vult: Cum igitur rubri & cærulei diuerfa fit fenfatio, diuerfum quoque horum corpufculorum motum ibi reperiri neceffe eft. In hoc itaque merito tota eft D. veftra, vt caufam

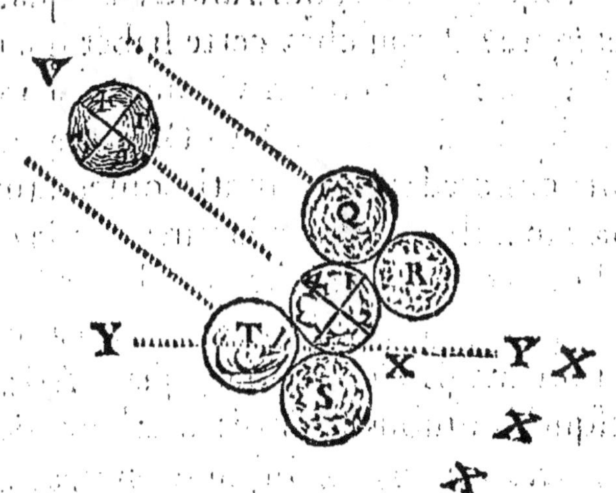

huius tam diuerfi mo- tus reperiat. Quare affu- mit globulũ 1234 (fol. 258 meteo.) qui ab aliis qua- tuor ftipa- tus, cùm illis eadem cele-

ritate fertur, quoufque in aquæ fuperficiem YY im‑
pingant. Certum itaque eft, quod ibidem contendit,
globulum medium rotaturum ; idque tum ratio euin‑
cit, tum etiam experientia commonftrari poffet. Ex
hoc ego duplex defumo argumentum ; cum enim no‑
uam philofophiam faciat, vix nifi à fe admiffis oppu‑
gnari poteft ; Vnum, quod contra naturam luminis
veftri faciat, *Vifionem* fcilicet *non recte dici ab horum
corpufculorum motu dependere.* Alterum, *non bene hinc in‑
ferri diuerfos in vitro trigono colores.*

Ad primum quod attinet ; fi corpufculum vnum,
eorum ex quibus D. veftra lumen componit, aliud ob‑
uium, aut ad latus pofitum corpufculum impellere,
retinere, aut rotare poffit, & fi in horum corpufculo‑
rum rotatione color confiftat ; dum ergo per vnum
eundemque aërem, à diuerfis partibus ad diuerfos ocu‑
los allabuntur diuerforum colorum radij, qui fefe in

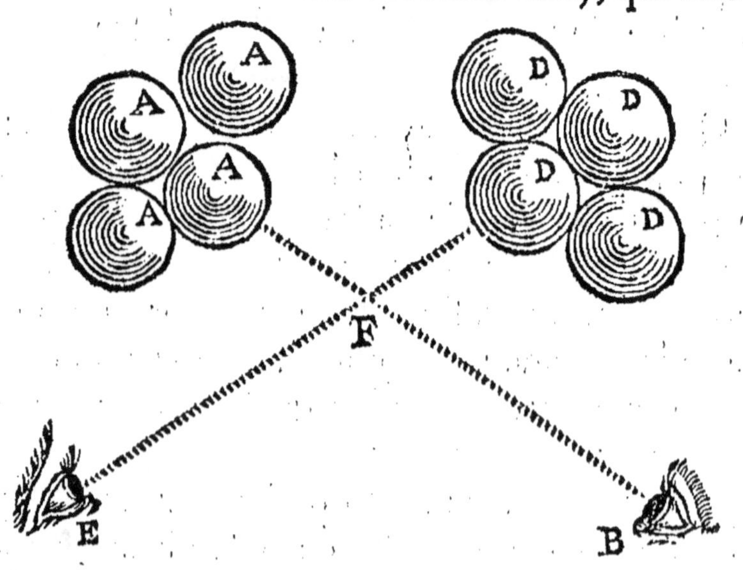

medio decuffent, neceffario mutuum in motu fuo

impedimentum fortientur. Corpufcula enim A, quæ
fe gyrantia ad oculum B veniunt (fuppono autem A
effe radios coloris rubri) impingent in alia D, (quæ
etiam fupono effe radios alterius coloris) quando hæc
corpufcula tendent ad oculum conftitutum in E, fe-
feque ambo reperient in puncto F; ideoque oculi E &
B, quoniam hos globulos fuo in motu perturbatos ex-
cipiunt, alios colores etiam percipient, quam fi folum
color vnus hoc in aëre ab oculo vno videndus fuiffet;
quod manifeftiffime experientiæ repugnat, nec à D.
veftra dici puto. Dicet itaque, quod mihi intelligere
vifus fum, dum vas vuis plenū proponit (fol. 6. diopt.)
hæc corpufcula vltro citroque fine offenfa commea-
re, quod illis, cum quafi materiæ cœleftis fint, concedere infolens non eft. Sed tum ex horum corpufculorum mutua collifione in vitro trigono colores mutari
nequàquam contendere poteft, quandoquidem vnum
alteri iniurium effe nequeat, atque hifce argumentum concludo primum.

Quoniam tamen luminis veftri naturam tangere
incepi, habeo quod circa hoc inquiram. Quomodo
corpufcula hæc à fole, aftrifque, nec non aliis corporibus lucidis profeminentur, an quodam ipforum
corpufculorum profluuio, qualis fudor in animalibus
effe folet? Deinde quis huius tandem profluuij fons?
Vereor enim vt omnes hic qualitates aut formas, à
quibus D. veftra tantopere abhorrere videtur, prorfus
effugere poffit. Quomodo poft tot annorum fpatia,
folis corpus tot à fe emiffis corpufculis non extenua-
tum? an forte, vt Philofophorum antiquorum aliqui

fabulantur, terræ vaporibus reficitur? Deinde, quomodo, quânam innata vi, per tanta itineris spatia , hæc
corpuscula, sub certa quadam gyrationis specie, ab ipso summo cœlo ad nos vsque rapiuntur ? Vt corpuscula, quæ à siniſtro humero Orionis, qui subrufus apparet, girantia, certa ratione ad nos penetrant, (præcipue in sentétia Copernici, & vt credo veſtra) per tanta
ætheris interualla; quæ, si motus seu gyrationis, quã ab
ipsa ſtella acceperũt, tam tenacia sint, non eſt quod ve-
reamur ne illã ad vitrũ aut aquæ superficié immutent.

Ad alterum argumentum venio, & oſtendere cona-
bor nihil hisce sphærulis in aquã impingétibus cõfici.

Faciamus enim globulos qui lumen repræsentent à
sole proficiscentes A, B, C, &c. qui secundum lineam
M O ferantur; hi pari omnes procident passu, quovsque eorum primus A, vltimam vitri superficiem N P
præterneꝗtus, liberiorem quasi campum naꝗtus celerius rapitur in F; cui cum adiunꝗtus globus B, adhuc
vitro implicitus, latere sua 3. resiſtat, vertetur globus
A in gyrum ordine partium 1234. Nec hoc tantum, sed
etiam ad motum impellet vicinum globum B, secundum ordinem partium 3412, vt rotari incipiat. Si hunc
iam globum B, vitrum etiam transgressum fingamus;
ita vt infima vitri superficies consiſtat in O R. Simili-
ter globus B à globo C impeditus, tantummodo (iam
enim sese à vitro expediuiſſe supponitur) in oiḃem
vertetur, maiori tamen celeritate quam globus A, cum
globus B insuper ad eumdem girationem iam ante à
globo A incitatis fuerit. Atque hoc modo globus C,
à vitro liber rotationem eamque adhuc celeriorem,

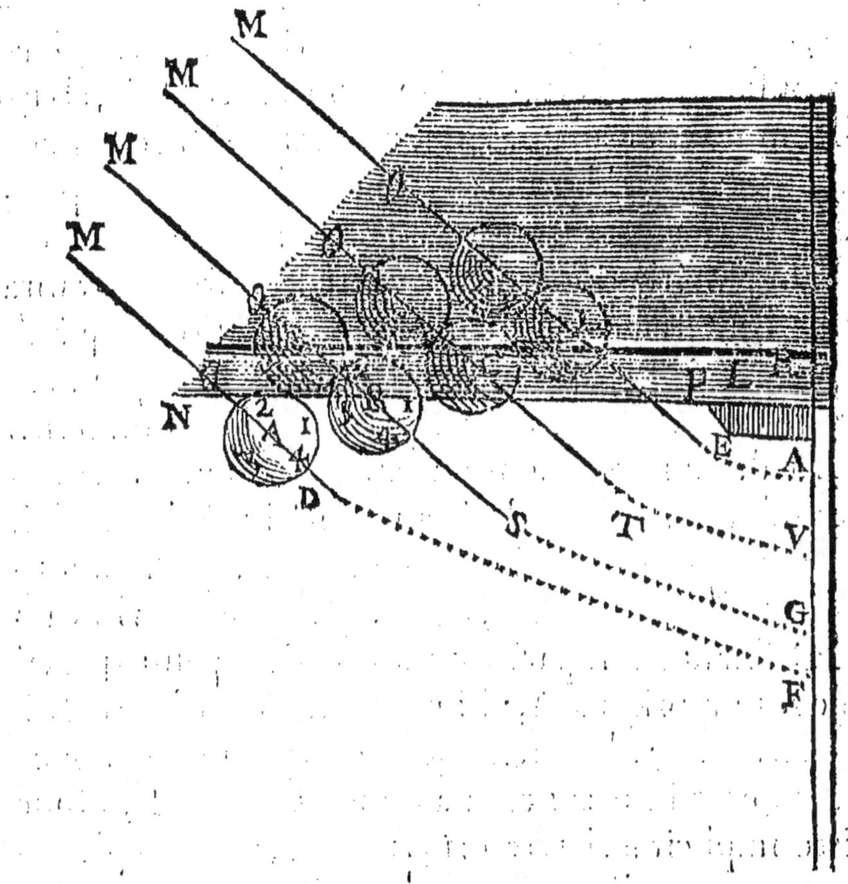

obtinebit. Ideoque habeo hic radios D F, S I, T V,
E H, qui diuersa omnes gyratione ad oculum aut parietem H F allabuntur. Huncque discursum me ex
mente vestræ Domin. instituere puto ; Illa enim, quæ
globulis ad aquæ superficiem allapsis (fol. 258. meteo.)
contingere dixerat, non enucleatè vitro trigono applicat ; quomodo vero concinnius applicare posset nõ video, etiam si radius E H ruber appareret, aut si color cæruleus, qui ibidem apparet, crebriori horum corpusculorum agitatione fieri dicatur ; Ex hoc enim solo experimento,

perimento, quod à vitro trigono, habet, videtur D.
veſtra definire colorem rubrum in frequentiori agitatione conſiſtere, cùm hoc potius cæruleo colori tri-
buendum videatur, maiorque quies corpuſculis quæ
colorem rubrum efficiunt; Atque hic perpulchrè explicatur, cur radio E H aliquis rubeus color adhæreat,
quod circa vmbræ confinia, corpuſcula aliqua à cele-
riori illa agitatione impediantur. Verum hoc adhuc
poſito, non ſatis oſtenditur, horum ad colorum ge-
nerationem, neceſſitas vmbræ; hæc enim mutua colorum alliſio, diuerſaque agitatio, nequaquam ab vmbra deſcendet. Nec capio quid vmbra conferre poſſit hac in ſententia, quacumque tandem ratione horum globorum motus per extremam vitri ſuperficiem
alterari dicatur. Non ſecus enim procul ab vmbra,
quam circa illam, radij per refractionem alterantur.
Deinde, vt demus aliquid, nempe, vmbræ limites circa,
motum corpuſculorum perturbari; cur ad omnes refractiones, vmbris terminatas, hos colores non habemus? ſed hæc ſufficere arbitror; Præcipue cum D. veſtra non minus ea quæ à me allata ſunt, quam quæ ad-
ferri poſſint, in conſiderationem aduocatura ſit. Hiſce itaque Vale, nouiſque in dies ingenij ſui monumen-
tis mundum illuſtra, meque ac ſcientiæ amatores ob-
lecta, Dominationis veſtræ ſtudiis Deuotus.

RESPONSIO
RENATI DESCARTES.
LETTRE LVI.

ERVDITISSIME DOMINE,

Non aliter affectus sum legendo litteras, quæ mihi à D. vestra per Clariss. D. Plempium transmissæ sunt, quam puto fuisse olim equites illos, qui proauorum temporibus orbem pererrasse dicuntur, quoties ipsis occurrebat alius eques armis tectus, & nomine non cognitus, vt fere tunc moris erat, in quo fortitudinem non vulgarem ex ipso incessu & primis congressibus deprehendebant. Quippe nihil ipsis optabilius poterat contingere, quam cum tali aliquo vires suas experiri: Et quamuis tenuitatis conscientia non permittat, vt me generosis illis Heroïbus ausim comparare, non possum tamen non fateri me admodum gaudere quod offeratur occasio cum eo congrediendi, quem talem esse suspicor, vt si vincere mihi arduum est, saltem vinci ab ipso non erit indecorum. Humanitatem profecto singularem, quæ generositatis & veræ fortitudinis nota esse solet, in D. vestra deprehendo; non modo ex iis verbis quibus mea qualiacunque inuenta extollit; sed in hoc etiam quod ea pauca quæ de Geometria scripsi, Mathematicæ puræ nomen mereri dicat: Nihil enim ibi eorum quæ ad Arithmeticam proprie pertinent explicui, nec vllam

folui ex iis quæſtionibus in quibus ordo ſimul cum
menſura ſpectatur , quarum exempla habentur in
Diophanto : Sed præterea nihil etiam docui de motu
in quo tamen examinando Mathematica pura , ea
ſaltem quam excolui, præcipue verſatur.

Cum autem D. veſtra ex multis mei ſcripti locis
in quibus plus aliquid veritatis deſiderari poſſe putat,
illum præ cæteris eligit , in quo per rotationem quorumdam globulorum colores explicare ſum conatus,
oſtendit profecto ſe in hoc certandi genere non mediocriter eſſe exercitatū. Nam ſi quæ pars ſit in eo ſcripto parum munita, & aduerſariorum telis expoſita,
fateor hanc eſſe quam D. veſtra oppugnat. Valde enim
difficulter poteſt intelligi quo pacto eiuſmodi globulorum rotationes ſibi mutuo non obſint , cum diuerſos colores à diuerſis obiectis ad diuerſos oculos
per idem medium & eodem tempore decuſſatim de-
ferre debent : Et multa quæ hanc difficultatem forte
minuiſſent, vel conſulto à me omiſſa ſunt, vel breuiſ-
ſimè tantum perſtricta; quoniam ea prius ſcripſeram
in eo tractatu, de quo in libello de methodo loquu-
tus ſum. Ne tamen videar hæc mentiri, vt ab accurata
reſponſione me excuſem, ecce ad illam me accingo.
Rogoque in primis D. veſtram, vt aduertat globulos
illos de quibus egi non eſſe corpuſcula, quæ ab aſtris
proſeminentur , vel exudent, ſed particulas eius materiæ, quam D. veſtra vocat cæleſtem, omnia ſpatia
tranſlucida occupantes , & non aliter ſibi mutuo
incumbentes , quam partes vini in vaſe illo quod in
pagina 6. Diopt. propoſui, & in quo videre licet, vi-

D d   ij

num quod eſt ad C, tendere verſus B, nec ideo impedire quo minus illud,
quod eſt ad E tendat
verſus A , ſingulaſque
eius particulas propen-
dêre , vt deſcendant
verſus plurimas partes
diuerſas, etſi non niſi
vnam verſus eodem
tempore poſſint mo-
ueri. Monui autem va-
riis in locis me per lu-
men non tam motum

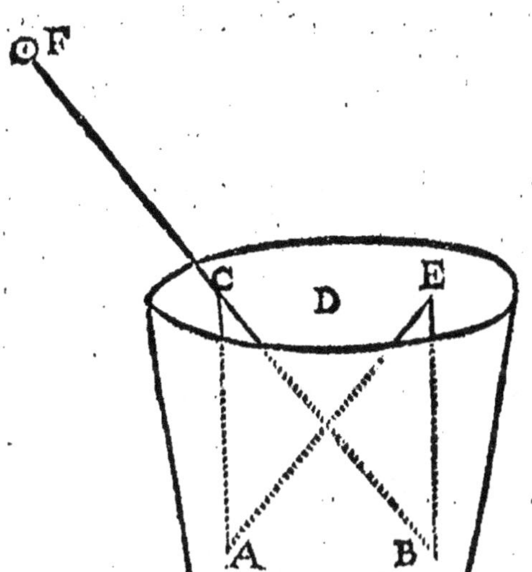

ipſum , quam inclinationem ſiue propenſionem ad
motum intelligere, atque ea quæ de motu eſſem di-
cturus, vt ſic facilius caperentur, ad hanc propenſionem eſſe referenda: Vnde ſatis liquet per colores nihil
etiam aliud ex meâ ſententia , quam propenſionis
iſtius varietates quaſdam eſſe concipiendas. His autem
diutius non inhæreo, quia D. veſtra præuidit me aliquid ſimile eſſe dicturum, quod concedere non ei vi-
debatur eſſe inſolens. At vrget ex alia parte, ſiquidem
diuerſi illi motus ſibi mutuo non obſint, non igitur
etiam ex horum corpuſculorum mutua colliſione in
vitro trigono colores mutari poſſe. Ad quod reſpon-
deo eſſe diſtinguendum inter motus, ſiue potius inter
propenſiones ad motus, & notandū quaſdam ex iis eſſe
diſparatas, hoc eſt, à ſe mutuo nō pendentes, alias vero
plane coniunctas. Vt in figura pag. 6. propenſio quam
habēt omnes partes vini, quæ ſunt in ſuperficie C D E,

vt defcendant verfus A, non auget nec minuit illam
quam eædem habent vt defcendant verfus B. Itemque
fi fingamus huic vino pifciculos aliquos innatare, qui
variis motibus eius partes exagitent, non ideo antedi-
ctæ propenfiones mutabuntur. Quæ proinde non malè conferri poffunt cum propenfionibus, quas habent
particulæ materiæ cœleftis ad eas rotationes per quas
diuerfi colores fentiuntur. Ita enim fingere libet in
locis A & B effe diuerfos fpectatores, & in locis C D E
effe obiecta diuerfimodè colorata, & infuper loco pif-
ciculorum in fpatio intermedio effe ventos, qui totum aërem exagitent. Iam vero fi ponamus pilam F
impelli verfus C non quidem fecûdum lineam rectam
C B, fed prout exigit eius refractio, vt cum ad vinum
peruenerit recta tendat à C verfus B, manifeftum eft
eamvim qua pila ifta propellet partem vini C, non tantum augere poffe propenfionem quam habebat ad
defcendendum verfus B, fed etiam modum, fiue naturam iftius propenfionis immutare : Pila enim partem vini C pellet verfus B directè, vis autem grauitatis
obliquè tantum, quia nempe fuppono lineam CB non
rectà tendere verfus centrum terræ ; Atque hæ duæ
propenfiones fimul iunctæ rotationem illam ex qua
colores oriuntur optimè repræfentant, vt clarius ex
fequentibus intelligetur.

Sed prius hic paucis ad quæfita D. veftræ refponde-
bo, & quia iam fupra fatis monui, corpufcula de quibus egi, cum nihil aliud fint quam particulæ eius materiæ, qua fpatia omnia tranflucida replentur, nequaquam ab altris profeminari, vel exudare, nullumque

esse periculum ne sol ideo extenuetur, vel ne ad ineptias fabularum confugere debeamus. Superest vt dicam, quantum attinet ad ipsam lucem, hoc est ad vim
per quam lucida corpora materiam cœlestem circumquaque à se expellunt, me illam qualis sit nec in Dioptrica nec in Meteoris explicare voluisse, quoniam
alium ei locum dedi; neque ob metum quem D. vestra
se habere dicit, scilicet ne qualitates omnes, & formas
à quibus abhorreo non effugiam, ab instituto meo me
dimoueri. Et quantum attinet ad colorem stellæ quæ
est in sinistro humero Orionis, vel aliarum, respondeo non esse ruborem similem ei, qui per prisma vitreum apparet, sed tantummodo fulgorem quemdam
lucis densiorem quam sit ille qui in cæteris astris reperitur. Colores autem vere tinctos & saturos videmus
nonnihil imminui ob longitudinem distantiæ, sensimque in dilutiores mutari, vt Pictores omnes satis
obseruant. Neque tamen ideo percipio rationem, cur
particulæ materiæ cœlestis D. vestræ non videantur
æque tenaces eius gyrationis ex qua colores oriuntur,
quam ipsius motus directi, in quo lumen consistit;
æque enim vnum atque alterum possumus assequi cogitatione: Nihil autem accuratius, siue quod omnes
numeros Mathematicæ scrupulositatis melius impleat,
à nobis cogitari vmquam posse, quam à naturâ fieri solere, mihi persuadeo. Cur vero per vitri superficiem
gyratio hæc mutetur, iam in meteoris explicui, & adhuc apertius infra dicam.

Venio nunc ad vltimum argumentum quo probare intendit me non enucleatè vitro trigono appli-

cate illa quæ globulis ad aquæ superficiem allapsis contingere dixeram. Ad quod facillimè respondeo ex pag. 23. Dioptrices in qua perspicuè demonstraui contrariam esse rationem corporum terrestrium, quales sunt globi illi de quibus in pag. 258. meteor. & particularum materiæ quæ lumen transmittit; quia nempe illa difficilius per aquam transeunt, quam per aërem, hæ contra facilius per aquam, & adhuc facilius per vitrum quam per aquam: Inde enim patet, vt enucleatè vnum alteri applicaretur, globulos aquam subeuntes conferri debuisse cum radiis à vitro in aërem transeuntibus, quod à me factum est, &c.

Nolim autem Dominatio vestra sibi persuadeat me tam paucis vel tam leuibus argumentis ad ea quæ scripsi affirmanda fuisse impulsum, vt ex vno solo experimento iudicarim colorem rubrum, non dicam in frequentiori agitatione, hoc enim non sentio, sed in maiori propensione ad motum circularem quam ad rectum consistere. Licet enim nullum aptius eo quod attuli esse putem ad istud demonstrandum, sexcenta tamen alia sunt quibus idem confirmatur, quæque possem hic afferre, si partes illas Phisicæ à quibus pendent exponendas suscepissem; Nempe dicerem cur sanguis omnis sit ruber, si de animalibus tractarem; cur argentum vivum aliaque innumera sola ignis vi rubescant, si de igne, istisque aliis, &c. Quinimo si vel vnum quid in tota rerum natura inuenirem, quod meæ hac de re opinioni non consentiret, cousque cohiberem assensionem, donec illa in parte mihi satisfecissem. Nunquid vero etiam sunt in ipsis meis

Meteoris aliquot alia experimenta quæ illam confir-
mant, vt in pag. 272. meteor. & sequentibus, vbi egi
de rubeo nubium colore, de cæruleo cœli & maris, &c.

Superest itaque vt nonnulla hic addam, quæ iuua-
bunt ad intelligendum quid vmbra & quid refractio
conferre possint ad coloru productionem; licet enim

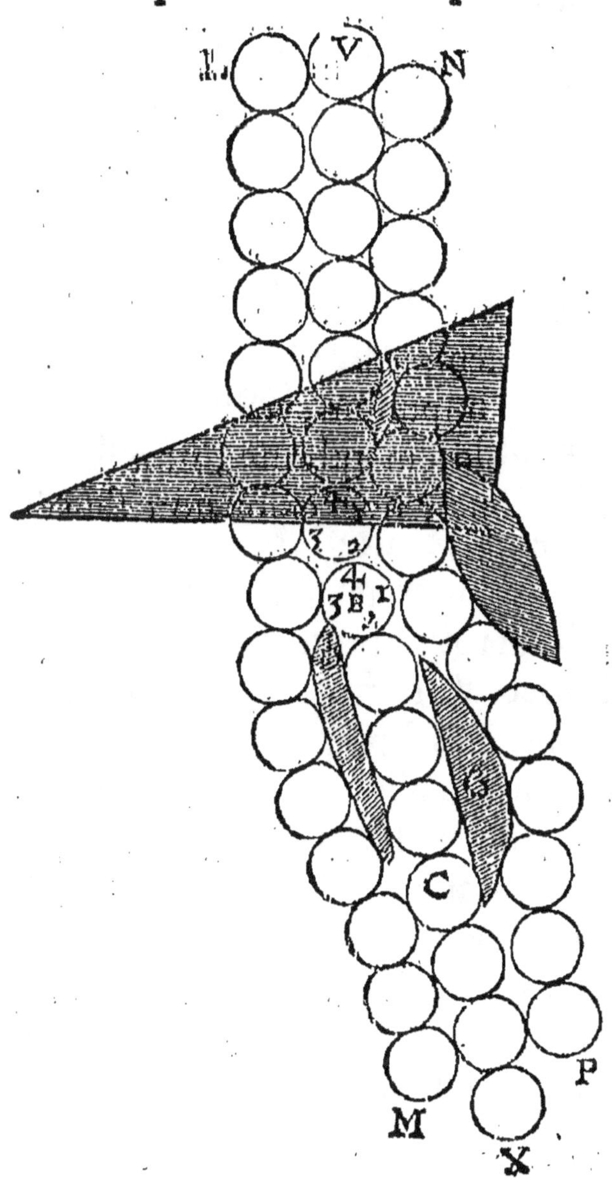

hoc ipsu in me-
teoris expone-
re conatus sim,
forte tamen po-
tuissem euiden-
tius, si prolixior
esse voluissem.

Primo igitur
quamuis in fig.
pag. 258. meteor.
maioris perspi-
cuitatis causa,
quinque tantum
vel sex globulos
pingi curarim,
Putandum ta-
mé est omnia il-
la spatia per quæ
lumen proprie
trásmittitur par-
ticulis materiæ
cœlestis sibi mu-
tuo incumben-
tibus plena esse,

vt

vt iam ante dictum eſt , & videre licet in figurâ hîc ap-
poſita, in qua ſuppono punctum V. ad ſolem, & X. ad
oculum pertingere, omneſque globulos in linea V X
conſtitutos, eſſe particulas materiæ cœleſtis, quæ nituntur recedere à centro ſolis, eodem modo quo are-
nulæ vaſculis illis contentæ, quibus tanquam clepſy-
dris vti ſolemus, nituntur accedere ad centrum terræ.
Poſſumuſque ſingulos ordines horum globulorum ab
obiectis ad oculos protendétes (ſaltem ſi philoſophicè
loqui libet) radios materiales appellare, ad diſtinctio-
nem radiorum formalium, qui ſecundum lineas Ma-
thematicè rectas atque indiuiſibiles ferri intelliguntur, licet hi materiales vix vmquam lineas planè rectas,
& nunquam planè indiuiſibiles componant.

Secundo, cum aliquis ex iſtis globulis impellitur in
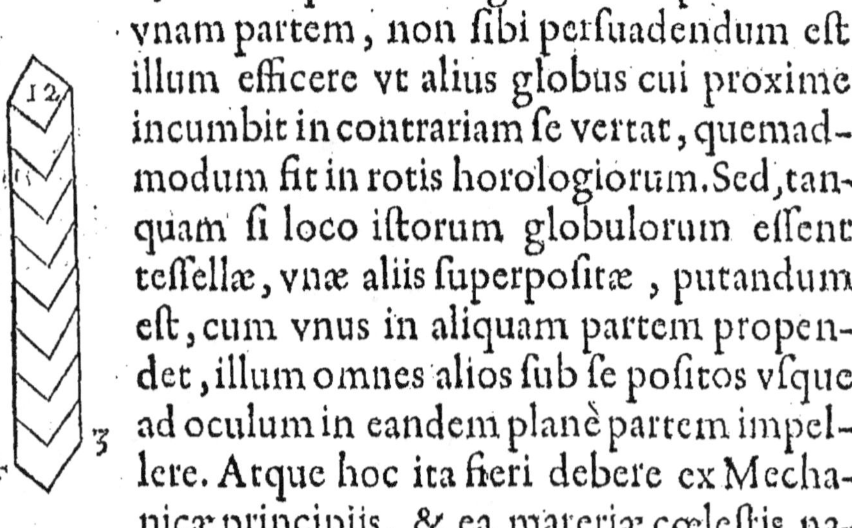
vnam partem, non ſibi perſuadendum eſt
illum efficere vt alius globus cui proxime
incumbit in contrariam ſe vertat, quemadmodum fit in rotis horologiorum. Sed, tanquam ſi loco iſtorum globulorum eſſent
teſſellæ, vnæ aliis ſuperpoſitæ , putandum
eſt, cum vnus in aliquam partem propendet, illum omnes alios ſub ſe poſitos vſque
ad oculum in eandem planè partem impellere. Atque hoc ita fieri debere ex Mechanicæ principiis, & ea materiæ cœleſtis natura quam rationes innumeræ mihi perſuadent, euidenter demonſtratur. Si autem fingamus tot teſſellas
vnas aliis incumbere, vt ſuprema 12 ad ſiniſtrum hu-
merum Orionis, & infima 43 ad oculum pertingat,

atque hanc supremam rectâ quidem pelli ab 12. versus
43, sed præterea fortius premi in parte 2.quam in parte 1, facile intelligemus duplicem hanc impulsio-
nem, siue pressionem, omnibus istis tessellis simul ita
posse communicari, vt ipsam infimam 43 ad rotationem, quæ fiat in partes 1 2 3 4 impellat.

Tertio notandum est, globulos istos, vitri, aëris,
aliorumue corporum poris contentos, propendere
semper, vel certè vt plurimum, vt in vnam aliquam
partem rotentur, & quidem vt rotentur eadem celeritate, qua secundum lineam rectam feruntur, quoties
nulla peculiaris adest causa, quæ celeritatem istam
augeat vel imminuat; vt monui in pag. 272. meteor.
Ac præterea quosdam ex iis in vnam partem, alios in
aliam propendere, prout hoc vel illo suo latere con-
tingunt parietes pororum quibus insunt. Vim autem
qua totus radius materialis oculum premit, ex omnibus istis propensionibus simul sumptis ista componi,
vt illæ quæ sibi mutuo aduersantur pro nihilo sint
numerandæ. Sic, exempli causa, globulus B, quia pellitur ab V versus X, tangitque particulam aëris D, quæ
cum ipso non pellitur, propendet vt gyretur secundum ordinem notarum 1 2 3 4, globulus autem C, quã-
tum in se est, in contrarias partes inclinat, quia tangit
particulam G : sed hæ duæ diuersæ propensiones ab
oculo in X sentiri non possunt, quoniam vna alteram
prorsus elidit. Idemque de pluribus contrariis refra-
ctionibus est sentiendum, & de pluribus radiis materialibus alium intermedium tangentibus, &c.

Quarto notandum est, æquilibrij leges tam accura-

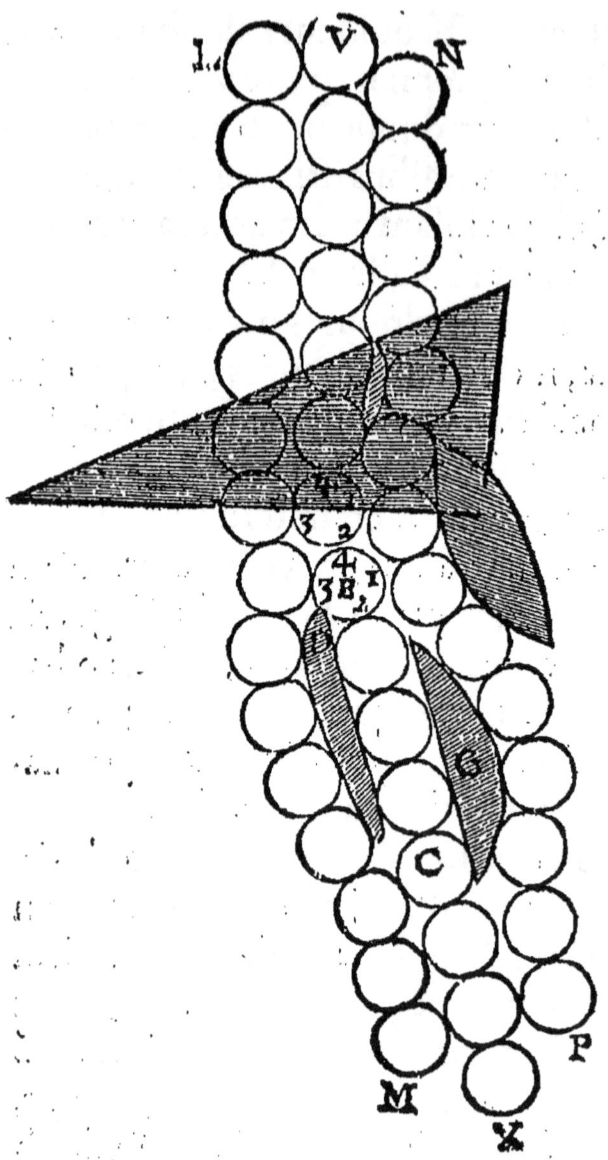

tè obſeruari à natura, vt eiuſdem radij materialis omnes partes ſimul ſumptæ, ſéper tantumdem præter propter in vnam partem, quam in contrariam impellátur, tam à contactu particularũ aëris aliorumue corporum, quam ab occurſu globulorum radios vicinos componé-tium, & ab aliis cauſis quibuſtibet, quæ in plurimos ex iſtis globulis ſimul agũt; Vnde fit vt totus radius ob tales

cauſas nunquam multò magis ad rotationem in vnam partem quam in aliam inclinet. Quia tamen fieri vix poteſt, quin ſemper aliquantulum in vnam aliquam magis inclinet, alij omnes vicini radij propendent in diuerſas, vt ita, quod deeſt ſingulis ad æquilibrij leges implendas, ab omnibus ſimul compenſetur. Nullaque pars sensibilis in corpore diaphano dari potest, in qua non permulti tales radij, nempe ex globulis supra omnem cogitationem minutulis compositi, reperiantur.

Quinto denique notandum est, vitri alteriusue corporis superficiem, in qua tales radij refranguntur, efficere vt illi non sicut aliàs fieri solet, vni in vnas, alij in contrarias partes ferantur, sed omnes concorditer in eamdem inclinent, modo tantum satis obliquè in illam superficiem incidant, vt vniuscuiusque radij globulum illum à quo tangitur magis impellat ad rotationem in eam partem, quam totus idem radius ab aliis causis simul sumptis in vllam aliam impellatur. Nam cum illæ aliæ omnes causæ propter æquilibrij leges vix quicquam possint, vt mox dictum est, facile ab hac vnicâ superantur: Et docet experientia non quantulamcunque refractionem, sed eam duntaxat quæ magna est, coloribus gignendis aptam esse.

Neque vero illos refractio sola vnquam producit, nam siue globuli, ex quibus radij constant, in eandem omnes partem propendeant, siue in diuersas, eodem plane modo ab oculo sentiuntur: Et sola non potest illos ad motum circularem fortius vel languidius quã ad rectum impellere. Sed si vmbra illi adiuncta sit, hoc est exempli causâ, si radius V X, cuius globuli ob refractionem propendent vt vertantur secundum ordinem notarum 1 2 3 4, in illa creperâ luce, quam pene vmbram appellant, ita versetur, vt fortius quidem pellatur ab V versus X, quam radius L M ei proximus à parte vmbræ, languidius autem quam N P, quia nempe minus lucis habere supponitur, certum est

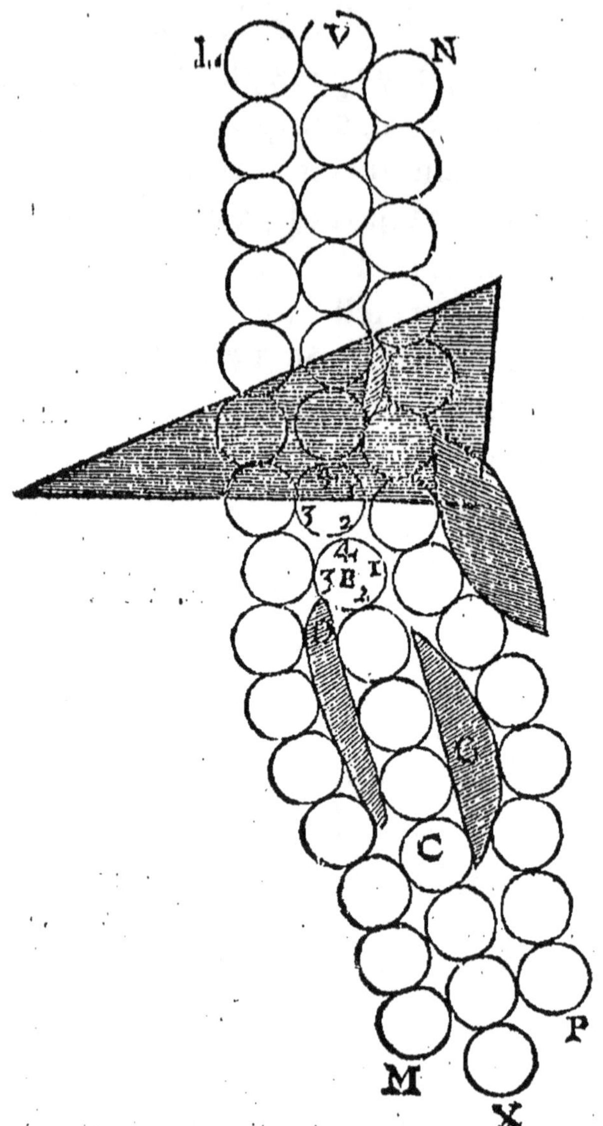

vim qua globuli
ex quibus con-
ſtat girare nitun-
tur, augeri debe-
re ab vtroque ra-
dio L M & N P,
quæ contra ab
iiſdem minuere-
tur, ſi N P eſſet à
parte vmbrę, &c.

Ex quibus patet
euidenter quid
vmbra conferat
ad colorum pro-
ductionem; nam
abſque eâ non
magis radius L M
in vnam partem
traheret globu-
los radij V X, quã
N P in contrariã,
atq; ita vis vnius
à vi alterius eli-
deretur. Nec mi-
nus patet quid conferat refractio, nam abſque ea globuli radij V X non magis propenderent ad rotationem ſecundum ordinem notarum 1234, quam ad
contrariam, ideoque illa propenſio nec augeretur nec
minueretur à radiis L M & N P; vel certè, ſi ponamus
illam augeri, tunc propter leges æquilibrij eſt putan-

dum aliam in vicinis radiis tantumdem imminui. Et
quia sensus non mouetur à singulis radiis separatim,
sed tantum à plurimis simul, neutra ideo posset sentiri, &c.

Quæ si D. vestræ vtcunque satisfaciant, spero me ab
ipsa impetraturum, vt docere non grauetur quænam
sint illa alia in quibus plus aliquid veritatis desidera-
ri posse putat, & ad ea etiam respondendo, testabor
quantum sim Dominationis vestræ studiis Deuotus,
Renatvs Descartes.

A MONSIEVR MORIN.

LETTRE LVII.

Monsievr,

I'ay receu le beau liure que vous m'auez fait l'honneur de m'enuoyer, & ie pense auoir d'autant plus de
sujet de vous en remercier, que ie l'ay moins mérité;
car ie n'ay iamais eu occasion de vous rendre aucun seruice qui vous dûst conuier à auoir cette souuenance de
moy. Il est certain que la peine que vous auez prise
pour trouuer les longitudes ne mérite rien moins
qu'vne récompense publique ; mais pourceque les
inuentions des sciences sont de si haut prix, qu'elles ne
peuuent estre assez payées auec de l'argent, il semble
que Dieu ait tellement ordonné le monde, que cette
sorte de récompense n'est communément réseruée

que pour des ouurages méchaniques & groffiers, ou
pour des actions baffes & feruiles. Ainfi ie m'affure
qu'vn artifanqui auroit fait de bonnes lunettes en pouroit tirer beaucoup plus d'argent, que moy de toutes
les refueries de ma Dioptrique, fi j'auois deffein de les
vendre. Ce qui n'empefche pas que ie ne fouhaitte que
vous receuiez en cecy l'acompliffement de vos defirs,
& fi j'y pouuois contribuer quelque chofe, vous con-
noiftriez en effet, que ie fuis, &c.

MONSIEVR MORIN A MONSIEVR DESCARTES.

LETTRE LVIII.

Monsievr,

Dés l'heure que j'eus l'honneur de vous voir, & de
vous connoiftre à Paris, ie jugé que vous auiez vn efprit capable de laiffer quelque chofe de rare & d'excellent à la pofterité; Et me fuis grandement réjouy d'a-
uoir vû réüffir mon jugement par le beau liure que
vous auez mis en lumiere fur des fujets de mathematique & de phyfique, qui font auffi les deux principaux
objets de mes fpéculations naturelles. Mais comme en
ce qui eft de la Mathematique, vous n'aurez que des
gens à admirer la fublimité de voftre efprit; auffi en ce
qui eft de la Phyfique, j'eftime que vous ne ferez pas
étonné, s'il fe trouue des perfonnes à vous contredire. Car vous eftant réferué la connoiffance des princi-

pes & notions vniuerselles de voftre Phyſique nouuelle (dont la publication eft paſſionnément deſirée de
tous les doctes) & ne fondant vos raiſonnemens que
ſur des comparaiſons, ou ſupoſitions, de la verité deſquelles on eft pour le moins en doute; ce ſeroit pécher
contre le premier précepte de voftre méthode, qui eft
tres-bon, & qui m'eft familier, que d'aquieſcer à vos
raiſonnemens. Et bien que par la page 76. de voftre
méthode, l'experience rende tres-certains la plu-part
des effets que vous traittez; neantmoins vous ſçauez
tres-bien que l'aparence des mouuemens céleftes ſe
tire auſſi certainement de la ſupoſition de la ſtabilité
de la terre, que de la ſupoſition de ſa mobilité: Et
partant que l'experience d'icelle aparence n'eft pas
ſuffiſante, pour prouuer laquelle des deux cauſes cy-
deſſus eft la vraye. Et s'il eft vray que prouuer des effets
par vne cauſe poſée, puis prouuer cette meſme cauſe
par les meſmes effets, ne ſoit pas vn cercle logique,
Ariftote l'a mal entendu, & on peut dire qu'il ne s'en
peut faire aucun. Et pour les Aftronomes que vous
vous propoſez à imiter en la page 3. de voftre Dioptrique, ie ne vous cacheray point mon ſentiment, qui
eft, Que qui ne fera de meilleures ſupoſitions que
celles qu'ont fait iuſques icy les Aftronomes, ne fera
pas mieux qu'eux dans les côſequences ou concluſions:
voire, poura bien faire pis. Car eux ſupoſans mal la
paralaxe du ſoleil, ou l'obliquité de l'Eclyptique, ou
l'excentricité de l'Apogée, le moyen mouuement ou
periode d'vne planette, &c. tant s'en faut qu'ils en
tirent des conſequences tres-vrayes, & tres-aſſurées,
comme

comme vous dites en ladite page 3. qu'au contraire,
ils faillent en suite dans les mouuemens, ou lieux des
planetes, à proportion de l'erreur de leurs fausses supositions; comme le témoigne le raport de leurs Ta-
bles auec le Ciel. Et ie croy auoir esté le premier au
monde, qui dans mon liure des Longitudes ay donné
aux Astronomes les vrays moyens d'éuiter d'oresnauant toutes ces fausses supositions, & tous les Cercles
Logiques qui se peuuent commettre en cela. Mais les
Astronomes par leurs fausses supositions ne faillent
pour l'ordinaire que dans le plus ou dans le moins touchant le mouuement des planetes; Au lieu qu'vn Phy-
sicien peut errer en la nature mesme de la chose qu'il
traite. Il n'y a rien de si aysé que d'ajuster quelque cause à vn effet; & vous sçauez que cela est familier aux
Astronomes, qui par le moyen de diuerses hypotheses de cercles, ou ellypses, concourent à mesme but;
& le mesme vous est tres-connu en vostre Géometrie.
Mais pour prouuer que la cause d'vn effet posé est sa
vraye & vnique cause; il faut pour le moins prouuer
qu'vn tel effet ne peut estre produit par aucune autre
cause.

Or ie croy qu'estant ce que vous estes, vous n'aurez pas manqué selon la page 69. de vostre Méthode, à
bien préuoir tout ce qu'on vous pouroit obiecter.
Mais que vous réseruant encore la connoissance particuliere de vos principes de Physique, dont tout le reste est déduit, vous vous estes voulu égayer, non seulement à faire souhaiter aux bons esprits la publication de vostre physique, mais encore à les exercer dans

les difficultez que vous auez laiſſées en voſtre nouuelle
doctrine : voire meſme vous les y conuiez en la page
75. de voſtre Méthode, juſques à les ſuplier de vous enuoyer leurs objections , & c'eſt ce qui m'a donné le
plus de ſujet de vous écrire la préſente.

Mais ſçachant combien le tems vous eſt cher, auſſi
bien qu'à moy , ie n'ay point voulu vous propoſer diuerſes difficultez ſur diuerſes matieres; ie me ſuis contenté d'en choiſir vne des principales & des plus ingenieuſes, qui eſt celle de la Lumiere, la nature de laquelle eſt à préſent ſi recherchée de tous ceux qui penſent
voir plus clair dans la phyſique. Nous auons icy deux
perſonnages qui ont trauaillé depuis peu ſur le meſme
ſujet, & qui en ont publié leur ſentiment. Mais moy
qui y ay auſſi trauaillé de ma teſte, ſans toutesfois rien
publier encore, Ie trouue leur opinion bien plus ayſée
à détruire, que la voſtre : Car auec voſtre eſprit habi-
tué aux plus ſubtiles & plus hautes ſpéculations des
Mathematiques , vous vous renfermez & barricadez
en telle ſorte dans vos termes & façons de parler, ou
énoncer, qu'il ſemble d'abord que vous ſoyez impre-
nable. Mais n'y ayant que la ſeule verité, qui puiſſe réſiſter à l'effort du raiſonnement, & ne la pouuant reconnoiſtre dans ce que vous nous auez donné de la
Lumiere, i'ay crû eſtre obligé par vous-meſme à vous
y faire mes obiections; non pour vous engager à vn
long diſcours, mais ſeulement afin qu'en peu de mots,
vous me donniez vn peu plus de lumiere de la nature
de la Lumiere, comme ie croy que vous le pouuez : Et
ie vous aſſure que ie ne la cacheray pas ſous le boiſſeau;

mais que ie la feray paroiſtre à voſtre honneur.

Ie ne ſçay pourtant ce que ie dois attendre de vous; car on m'a voulu faire acroire, que ſi ie vous traitois tant ſoit peu en termes de l'école, vous me jugeriez à l'inſtant plus digne de mépris que de réponſe. Mais par la lecture de vos diſcours, ie ne vous reconnois point ſi ennemy de l'école que l'on vous fait, & ay cette bonne opinion de voſtre eſprit, qu'il accordera facilement que toute verité bien démonſtrée, eſt à l'épreuue de tous les termes de l'école; & que toute propoſition qui n'eſt à cette épreuue, eſt pour le moins douteuſe, ſi elle n'eſt fauſſe tout à fait. Car qui nous voudroit faire paſſer vne fiction pour vne verité, vn accident pour vne ſubſtance, vn mouuement ſans moteur, &c. Ie vous fais juge vous-meſme de ce qu'il mériteroit. L'école ne me ſemble auoir failly, qu'en ce qu'elle s'eſt plus occupée par ſpéculation à la recherche des termes dont il faut ſe ſeruir pour traiter des choſes, qu'à la recherche de la verité meſme des choſes par de bonnes experiences; Auſſi eſt-elle pauure en celles-cy, & riche en ceux-là; C'eſt pourquoy j'en ſuis comme vous, ie ne cherche la verité des choſes que dans la nature, & ne m'en fie plus à l'école, qui ne me ſert que pour les termes.

Or ie commenceray par les ſentimens que vous auez de la nature de la Lumiere, afin qu'ils me ſeruent de fondement, & qu'on voye s'ils ſont par tout les meſmes, ou s'ils ſont differens, & en quoy.

1. Donc, en la page 159. des Méteores vous dites; Ie ſupoſe premierement que l'eau, la terre, l'air, & tous

les autres tels cors qui nous enuironnent, sont composez de plusieurs petites parties de diuerses figures, &
grosseurs, qui ne sont iamais si bien arengées, ny si justement iointes ensemble, qu'il ne reste plusieurs interualles autour d'elles; & que ces interualles ne sont
pas vuides, mais remplis de cette matiere fort subtile,
par l'entremise de laquelle se communique l'action de
la Lumiere.

2. En la page 4. de la Dioptrique, vous dites, Que la
Lumiere n'est autre chose dans les cors qu'on nomme
lumineux, qu'vn certain mouuement ou vne action
fort promte, qui passe vers nos yeux, par l'entremise
de l'air & des autres cors transparens; en mesme façon
que le mouuement ou la résistance des cors que rencontre vn aueugle auec son baston, passe vers sa main
par l'entremise de son baston. D'où s'ensuit que comme ce mouuement est receu dans le baston, aussi l'autre cy-dessus sera receu dans l'air.

3. Mais en la page 23. vous dites autrement, à sçauoir, Que la Lumiere n'est autre chose qu'vn certain
mouuement, ou action receuë dans vne matiere tres-
subtile, qui remplit les pores des autres cors. Et vous
distinguez cette matiere d'auec l'air, & les autres cors
transparens, ausquels, page 122. vous donnez des pores.

4. Page 122. vous dites, Qu'elle n'est autre chose que
l'action, ou l'inclination à se mouuoir, d'vne matiere tres-subtile, &c. Mais ce qui n'est qu'inclination à
se mouuoir n'est pas mouuement, & ces deux different comme la puissance & l'acte. Et si l'action est de la
matiere, donc elle n'est pas des cors lumineux qui

meuuent cette matiere, ainſi que vous dites en la page 38. de la Dioptrique, ce qui eſt raporté cy-deſſous au nombre 10.

5. Voire meſme, pag. 256. vous ne dites pas Que la Lumiere ſoit l'action ou le mouuement, mais comme l'action ou le mouuement d'vne certaine matiere fort ſubtile , &c. Or toute comparaiſon eſt entre choſes differentes; donc la Lumiere n'eſt pas ſelon vous l'action, ou le mouuement. Et quand on voudroit prendre le mot de *comme*, pour *quaſi*, tou-jours y auroit-il à redire, & vous vous trouueriez court d'vn point.

6. Page 50. de la Dioptrique parlant encore de la nature ou de l'eſſence de la Lumiere vous dites, Que la Lumiere n'eſt autre choſe qu'vn mouuement, ou vne action qui tend à cauſer quelque mouuement , &c. D'où ie conclus, que ſi la Lumiere eſt l'action, & meſme l'action qui tend à cauſer le mouuement, donc la Lumiere ſera premiere que le mouuement ; Car toute cauſe eſt premiere que ſon effet ; & par conſequent la Lumiere ne ſera pas le mouuement.

7. Finalement page 5. vous dites ; Qu'il n'eſt pas beſoin de ſupoſer qu'il paſſe quelque choſe de materiel depuis les objets iuſques à nos yeux , pour nous faire voir les couleurs, & la Lumiere ; qui ſelon vous ne ſont qu'vne meſme nature. Mais puiſque par ce que vous dites en la page 4. La Lumiere n'eſt autre choſe dans les cors qu'on nomme lumineux, qu'vn certain mouuement qui paſſe vers nos yeux, & que le mouuement n'eſt jamais ſans le mobile, il faut donc auſſi par neceſ-ſité, que comme la Lumiere des cors lumineux , c'eſt à

dire, le m ouuement, passe des cors lumineux vers nos yeux, aussi le mobile y passe, qui n'est autre selon vous, que la matiere subtile, où est receu ce mouuement.

Aprés auoir cy-dessus exposé vos sentimens sur la forme ou essence de la Lumiere, qui selon vous ne consiste qu'en vne action, ou mouuement, ou inclination à se mouuoir, &c. de la matiere subtile, &c. Voyons maintenant ce que vous dites de sa matiere, qui est cette Matiere Subtile.

8. Donc, page 256. des Méteores, parlant de cette matiere subtile, vous dites qu'il en faut imaginer les parties ainsi que de petites boules qui roulent dans les pores des cors terrestres.

9. Mais page 159. des mesmes Méteores, parlant des parties de l'air, de l'eau, de la Terre, & des autres cors, & disant que leurs parties n'estant pas bien vnies, les interualles qu'elles laissent entr'elles sont remplis de cette matiere subtile, vous dites ensuite, que les parties dont l'eau est composée sont longues, vnies, & glissantes, ainsi que de petites anguilles, qui quoy qu'elles se joignët & entrelacent, ne se noüent ny ne s'acrochent iamais de telle façõ, qu'elles ne puissent ayfémët estre séparées. Et au contraire que presque toutes celles tãt de la Terre, que mesme de l'air, & de la plu-part des autres cors, ont des figures fort irregulieres & inégales. Desquelles paroles il s'ensuit nettement, que puisque les espaces ou interuales compris entre ces parties, dont les figures sont ainsi inégales & irregulieres, ne sçauroient estre rons, si ce n'est par hasard, il s'ensuit, dis-je, que la matiere subtile qui remplit ces interua-

les, ou pores, ne fera pas ronde ainſi que des petites boules. Et quand vous voudriez dire que la matiere ſubtile contenuë en vn de ces pores, ou interuales, feroit compoſée de parties rondes, ainſi que de petites boules ; puiſque deux boules ne ſe touchent qu'en vn point Mathematique, il s'enſuiuroit qu'entre ces parties de la matiere ſubtile, contenuë en vn pore de l'air, ou de la Terre, il y auroit encore d'autres pores, qui feroient vuides ; Comme il paroiſt meſme en voſtre figure des petites boules, page 258. Et neantmoins il n'y a rien de vuide dans la Nature.

Venons maintenant au moteur de voſtre matiere ſubtile.

10. En la page 38. de la Diop. vous dites, La Lumiere, c'eſt à dire, le mouuement ou l'action dont le ſoleil, ou quelqu'autre des cors qu'on nomme lumineux, pouſſe vne certaine matiere fort ſubtile, qui ſe trouue en tous les cors tranſparens, &c. Par leſquelles paroles confirmées en la page 160. & 272. vous donnez clairement à entendre que cette matiere ſubtile n'a de ſoy aucun mouuement, mais ſeulement par les cors lumineux, qui l'agitent & la pouſſent.

11. Mais en la meſme page 160. vous dites, Que cette matiere ſubtile eſt de telle nature, qu'elle ne ceſſe iamais de ſe mouuoir çà & là grandement viſte : Par leſquelles paroles, il s'enſuit qu'il n'eſt aucunement beſoin des cors lumineux pour mouuoir cette matiere, puiſqu'elle ſe meut d'elle-meſme, eſtant de telle nature, qu'elle ne ceſſe iamais de ſe mouuoir.

Paſſons à la forme du mouuement de cette matiere ſubtile.

12. En la page 272. des Méteores, vous dites, Encore que l'action des cors lumineux ne soit que de pousser en ligne droite la matiere subtile qui touche nos yeux : Toutesfois le mouuement ordinaire des petites parties de cette matiere, au moins de celles qui sont en l'air au tour de nous, est de rouler, en mesme façon qu'vne bale roule estant à terre, encore qu'on ne l'ait poussée qu'en ligne droite, &c. Sur quoy il faut noter en passant, que si cette matiere, outre le mouuement rectiligne qu'elle reçoit du cors lumineux, se meut de sa nature seulement en rond, par consequent elle ne se meut pas çà & là comme vous dites, en la page 160. ainsi que j'ay remarqué au nombre precedent; ou si elle se meut çà & là, par consequent elle ne se meut pas en ligne droite, comme vous dites en la page 272. ainsi que j'ay icy remarqué.

13. Mais en la page 257. vous dites & démonstrez tout le contraire de ce que dessus, par vostre figure des petites boules, qui estant meues en l'air viennent rencontrer en droite ligne la superficie de l'eau: Car voicy vos paroles, & vostre figure. Pour mieux entendre cecy pensez que la boule 1. 2. 3. 4. est

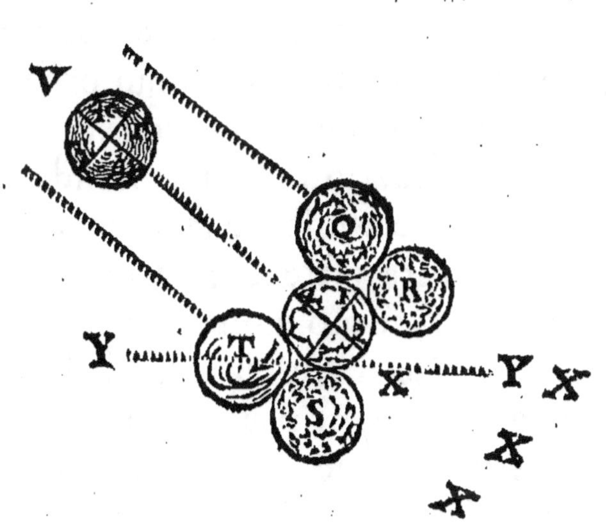

eſt pouſſée d'V, vers X, en telle ſorte qu'elle ne va qu'en ligne droite, & que ſes deux coſtez 1. & 3. deſcendent également viſte (& par conſequent ſans rouler) juſques à la ſuperficie de l'eau Y Y, où le mouuement du coſté marqué 3, qui la rencontre le premier, eſt retardé, pendant que celuy du coſté marqué 1. continuë encore) Ce qui eſt cauſe que la boule commence infailliblement à tournoyer ſuiuant l'ordre des chiffres 123. Deſquelles paroles il s'enſuit, que les petites parties, ou boules, ne roulent pas en l'air, comme vous diſiez cy-deſſus, mais ſeulement à la rencontre de quelque ſuperficie plus ſolide.

Or, Monſieur, jugez maintenant vous meſme par le premier précepte de voſtre méthode, ſi cette doctrine doit eſtre receuë pour vraye, ou il paroiſt tant de doutes, & de contradictions. Et vous en ayant ſeulement repreſenté vne partie, ie deurois en attendre voſtre éclairciſſement ſans paſſer plus outre. Mais croyant que vous ſerez meſme bien-aiſe que ie donne quelque attaque de raiſonnement à voſtre doctrine, ainſi que feront pluſieurs autres, vous qui préſidez en la chaire de vos principes, jugerez des cous, & comme ie croy donnerez ſatisfaction à tout le monde.

Ie l'attaquerois volontiers voſtre eſſence ou nature de la Lumiere, que vous dites eſtre l'action, ou le mouuement, ou l'inclination à ſe mouuoir, ou comme l'action & le mouuement, &c. d'vne matiere ſubtile, &c. Mais ſur ce point ie vous voy ſi peu conſtant à vous-meſme, & par cette inconſtance, vous vous eſtes apreſté tant d'échapatoires, que ce ſeroit perdre le tems,

de vouloir vous arrester, jusques à ce que vous vous
soyez arresté vous-mesme, comme bon Logicien, à
vne stable définition de la Lumiere. Neantmoins il me
semble par le nombre 10. cy-dessus, Que vous entendez principalement que la Lumiere soit l'action ou le
mouuement dont le Soleil, ou autre cors lumineux,
pousse vostre matiere subtile. Ce qu'estant supofé,
puisque le Soleil est premier que ce mouuement, duquel il est la cause efficiente, il s'ensuiura que le Soleil
de sa nature n'aura point de lumiere ; ou que sa lumiere n'estoit point comprise en vostre définition , &
qu'elle est premiere que celle que vous définissez: Mais
l'école vous prouueroit que toute action est essen-
tiellement vn estre Rélatif, & que tout mouuement
dit en son essence vn estre Potentiel : Mais que l'essence de la Lumiere n'a ny l'vn ny l'autre, veu que de sa nature elle est vne acte, ou vne forme absoluë.

2. De plus, il ne sufit pas que la Matiere Subtile soit
mûe par quelque cause que ce soit ; autrement durant
les orages & les tempestes d'vne obscure nuit, excitées principalement par les vens, l'air & la mer paroi-
stroient tout en feu, & l'on verroit lors clair comme
de iour : Mais il faut qu'elle soit mûe par les cors lumineux, entant que lumineux. D'où s'ensuit que leur
lumiere est premiere que celle vous definissez, qui ne
consiste qu'en l'action ou mouuement dont les cors
lumineux, par leur Lumiere, poussent vostre matiere
subtile ; voire il s'ensuit que ce que vous definissez n'est
point la Lumiere.

3. Le Soleil, & vne étincelle de feu, ou vn ver lui-

sant, illuminent d'vne mesme façon. Or vne étincelle se peut voir la nuit de cinq cens pas sans lunettes; & auec des lunettes de vostre inuention, elle se verroit peut-estre de plus de cinquante lieuës en l'air : Doncques cette étincelle aura la force de faire mouuoir localement, & selon vous en ligne droite, toute la matiere subtile contenuë en vn globe d'air de cinquante lieuës de demy-Diametre; Ce qu'aucun bon jugement n'admettra jamais, puis qu'on sçait que toute matiere a de soy resistence au mouuement local : Donc le Soleil n'illumine pas par le mouuement de la Matiere Subtile. Et la comparaison de vostre aueugle auec son baston ne conuient point auec le mouuement de la matiere subtile : Car vn baston est continu d'vn bout à l'autre, & mesme dur & solide : C'est pourquoy au mesme instant qu'on pousse l'vn de ses bouts, on pousse l'autre; & la main qui est à l'vn des bouts sent au mesme instant la rencontre que fait l'autre bout de quelque cors qui luy resiste. Mais la matiere subtile n'est pas continuë, autrement tous les pores des cors, depuis le Soleil jusques à nous, seroient continus, quelque agitation d'air qu'il y eust par les vens; Et de plus elle n'est pas dure & solide comme vn baston: C'est pourquoy il ne s'ensuit pas que la matiere la plus prochaine du cors lumineux estant muë, la plus éloignée le soit aussi, & en mesme instant. I'adjoute encore, qu'vne étincelle ne pouuant selon vous mouuoir la matiere subtile, qu'entant qu'elle est illuminée, il faut de necessité que sa Lumiere soit deuant le mouuement, & indépendante de luy; voire mesme il faut qu'elle ſoit la principale cauſe du mouuement : Donc le mouuement de la matiere ſubtile n'eſt pas la Lumie-re des cors lumineux ; Et ie ne penſe pas qu'il ſoit poſ-ſible de renuerſer cette raiſon.

4. Suppoſant le mouuement de la matiere ſubtile, & la continuité de ſes parties, tout ce que vous pouriez prétendre ſeroit que ce mouuement nous fait ſentir, & perceuoir la Lumiere des cors lumineux, comme l'aueugle qui tient vn bout de ſon baſton ſent le heurt de la pierre qui eſt fait à l'autre bout : Et en ce ſens, en la page 259. des Météores, vous dites, *les parties de la matiere ſubtile, qui tranſmet l'action de la lumiere, &c.* Mais il ne s'enſuiuroit pas pour cela que ce mouuement fuſt la Lumiere, non plus que le heurt du baſton de l'aueu-gle n'eſt pas la pierre, bien qu'il en tranſmette l'action : Et ſi la pierre auoit du ſentiment, elle ſentiroit le mouuement du baſton de l'aueugle ; Mais ce mouue-ment n'eſt pas l'aueugle qui meut, donc le mouue-ment de la matiere ſubtile n'eſt pas la Lumiere qui la meut.

5. Mais qu'eſt-ce que cette matiere ſubtile ; Car elle n'eſt ny eau, ny air, ny Ether, puiſque tous ſont tranſ-parens, & par conſequent poreux, & remplis de cette matiere, comme meſme vous l'affirmez en la page 122. des Météores. Et puiſque vous l'apelez ſubtile au ré-gard de tous les cors, il faut que ce ſoit vn cors ſimple plus ſubtil meſme que l'Ether : Et puis qu'en la nature nous voyons vn ſi bel ordre des cors ſimples, & que les plus ſubtils ſe logent tou-jours au deſſus des plus craſ-ſes, comme il eſt meſme éuident par la Chymie ; Pour-

quoy cette matiere, qui feló vous doit occuper la moitié du lieu descors fimples, n'aura-t'elle point de fphere propre? Or foit que vous luy en dőniez, ou que vous
ne luy en donniez point, elle ne fera pas tranfparente;
autrement par la page 122, cy-deffus cotée, elle auroit
auffi des pores, qui feroient encore remplies d'vne
autre matiere fubtile, & ainfi a l'infini; Et fi elle n'eft
point tranfparente, elle ne poura donc point tranfmettre la Lumiere, comme vous difiez çy deffus, page
259, Car il n'y a que les cors tranfparens qui la puiffent
tranfmettre.

6. De plus quel mouuement attribuez-vous à cette
matiere? Car c'eft encore icy, ou ie voy de la dificulté & contrarieté. Vû qu'aux nombres 12. & 13.
cy-deffus, & par voftre figure des petites boules,
qui de l'air viennent dans l'eau, il apert que ces petites
boules defcendent d'en-haut en ligne droite; Et bien
que par le nombre 12. auec le mouuement rectiligne
caufé par les cors lumineux, vous leur donniez le
Circulaire, comme propre; en forte que mefme
par l'air elles defcendent en ligne droite, mais mûes
Circulairement à l'entour de leurs centres; Neantmoins au nombre 13. vous dites tout au contraire, que
la boule commence feulement à tournoyer rencontrant la fuperficie de l'eau, ou de quelque autre cors
plus denfe que l'air. Mais en premier lieu donnant à
voftre matiere fubtile ce mouuement rectiligne de
l'air en l'eau, Il faudra auffi que vous le donniez en
l'air de plus haut, & ainfi à l'infini, fi vous ne conce-
dez que cette matiere fort mefme des Cors lumi-

neux : Ce qui non seulement est contre vostre page 5.
de la Dioptrique, où vous dites, qu'il n'est pas besoin
de suposer qu'il passe quelque chose de materiel depuis les objets iusques à nos yeux, pour nous faire
voir les couleurs, & la Lumiere, mais mesme répugne au sens & à la raison. Car qui est l'homme de bon
sens qui dira que d'vn ver luisant, ou d'vne étincelle
de feu, il puisse sortir de la matiere pour remplir toute
la sphere, dont l'vn ou l'autre se peut voir auec d'excellentes lunettes de vostre inuention, sans la totale
dissipation du ver luysant, quand mesme il seroit
mille fois plus gros qu'il n'est, quelque subtile qu'en
fust l'éuaporation ? Et neantmoins il ne se dissipe
point, bien que de minute en minute d'heure, on le
changeast en diuerses spheres, lesquelles il rempliroit
en mesme façon. En second lieu ; si cette matiere
subtile, ou ces petites boules, qui en sont les parties,
auoient ce mouuement rectiligne, elles ne pouroient
par leur mouuement transmettre l'action de la Lumiere du Soleil, & des étoiles, en vn instant, contre
ce que vous mesme assurez en la page 44. de vostre
méthode ; Car aucun cors naturel ne peut trauer-
ser vn espace que successiuement vne partie aprés
l'autre. Voire la mesme chose se déduit necessairement de vostre page 259. ou vous dites que la nature
des couleurs aparentes & causées par la Lumiere, ne
consiste qu'en ce que les parties de la matiere subtile,
qui transmet l'action de la Lumiere, tendent à tournoyer auec plus de force, qu'à se mouuoir en ligne
droite ; en sorte que celles qui tendent à tournoyer

beaucoup plus fort, caufent la couleur rouge, & celles qui ne tendent qu'vn peu plus fort, caufent la jaune;
Car bien que le tournoyement d'vne boule fe fift en
vn inftant (ce qui eft faux, & contre voftre page 257.
ou vous voulez que le point 2. de la boule marquée
1234. arriue plu-toft à la fuperficie de l'eau YY. que
le point 1.) Neantmoins puifque felon vous le mouuement rectiligne de la boule eft plus lent que fon
tournoyement, le mouuement rectiligne, qui eft celuy qui tranfmet l'action de la Lumiere, ne fe fera pas
en vn inftant.

Ie ferois trop long fi ie vous mettois icy toutes les
autres dificultez que ie voy en l'hypothefe de voftre
matiere fubtile, & de fes mouuemens en toute la nature; C'eft pourquoy ie veux finir par voftre autre hypothefe des pores en l'air, en l'eau, & dans les autres
cors Tranfparens.

7. Page 122. de la Dioptrique, vous dites, que les
pores de chacun des Cors Tranfparens font fi vnis & fi
droits, que la matiere fubtile, qui peut y entrer, coule
facilement tout du long fans rien trouuer qui l'arrefte:
Mais que ceux de deux cors tranfparens de diuerfe nature, comme ceux de l'air, & ceux du verre ou du criftal, ne fe raportent iamais fi juftement les vns aux autres, qu'il n'y ait tou-jours plufieurs des parties de la
matiere fubtile, qui, par exemple, venant de l'air vers le
verre, s'y réflechiffent, à caufe qu'elles rencontrent les
parties folides de fa fuperficie &c. Surquoy ie vous
diray que fi l'air & l'eau eftoient durs & folides comme
le Chriftal, & immobiles, vous pouriez peut-eftre

auoir quelque aparence de raison, mais estant de nature fluide & facile à mouuoir & agiter, lors qu'ils sont agitez par les vens, cette rectitude de pores ne peut pas subsister, mais il se fait confusion du solide de l'air, ou de celuy de l'eau auec ses pores. Et partant, la matiere subtile qui transmet la Lumiere trouuant de l'obstacle en tous les pores ou elle entre, il s'ensuit qu'en plein midy, l'air estant fort serein, mais agité de vens, on ne verra goutte, ou au moins on verra plus obscurément & confusément, (qui sont deux consequences contraires à l'experience) ou enfin que vostre hypothese des pores droits pour le passage de la matiere subtile, & traiet de la Lumiere, est superflue. Cecy peut-estre paroistra plus clairement par cette question que ie vous fais. Suposons que de nuit vous soyez en rase campagne, & qu'auec vos lunettes vous voyïez à vne lieüe de vous vn ver luysant, ou vne étincelle, & que de vostre costé vers l'étincelle il soufle vn vent fort véhement, ie vous demande qui pousse le plus la matiere subtile contenuë dans les pores de l'air qui est entre vous & l'étincelle? ou le vent, ou la Lumiere de l'étincelle? Et ie croy que vous répondrez qu'il ne se fait aucun poussement de matiere, depuis l'étincelle vers vous; Mais qu'au contraire tout l'air designé cy-dessus, ensemble ses pores, & toute la matiere y contenuë, sont poussez depuis vous vers l'étincelle, voire auec telle violence, que tant s'en faut qu'elle puisse surmonter le vent à pousser, qu'au contraire elle mesme sera emportée par le poussement du vent. Donc j'estime que ce soit erreur de penser que

les

les Cors lumineux pouſſent contre contre nos yeux
vne matiere ſubtile contenuë dans les pores de l'air,
par laquelle leur lumiere nous eſt tranſmiſe.

8. Finalement, ſi ſelon la page 122. de la Dioptrique, les pores de chacun des cors tranſparens ſont ſi
vnis & ſi droits, que la matiere ſubtile, qui peut y entrer, coule facilement tout du long, ſans rien trouuer
qui l'arreſte, Il eſt certain que cela ſeroit principalement vray du verre & du criſtal, qui ſont des cors durs
& ſolides. Or cela eſtant ſupoſé, il s'enſuiuroit que le
Soleil éclaireroit autant à trauers vn verre de dix
picz d'épaiſſeur, qu'à trauers le meſme verre reduit à
vne ſeule ligne d'épaiſſeur: Car la matiere ſubtile venant de l'air, & eſtant pouſſé en ligne droite par le Soleil, rencontreroit les meſmes pores en l'vne & en l'autre épaiſſeur, qui eſtant droits & vnis, cette matiere y
entreroit & couleroit ſans obſtacle auec meſme facilité. Or, qu'vne differente épaiſſeurde meſme verre cauſe
meſme Lumiere, c'eſt contre l'experience. Ioint qu'en
vn meſme verre ſe pouuant prendre deux ſuperficies
opoſées & paralleles en cent mille differentes manieres, il s'enſuiuroit que ſi ſelon vne maniere la Lumiere paſſoit par les pores de la ſuperficie qui luy eſt opoſée ſans rencontrer aucun obſtacle ſolide, elle ne le
pouroit ſelon toutes les autres manieres ; Et par conſequent la Lumiere ne pouroit penetrer le verre par
quelques deux ſuperficies paralleles que ce fuſt ; ce qui
répugne à l'experience. Et cela vous eſt bien-ayſé à
conceuoir, ſupoſant au verre des pores ouuers en ligne droite d'vne de ſes ſuperficies à l'autre : Car ils ne

Hh

pouroient eſtre ouuers en ligne droite de chaque ſuperficie à ſon opoſée ; autrement il n'y auroit rien de
ſolide dans le verre.

9. Si les Cors Lumineux pouſſent en ligne droite la
matiere ſubtile qui tranſmet l'action de la Lumiere,
ſupoſons le globe Diaphane d'air ou d'eau A B C D.
dont le centre ſoit E, & en A, & B, mettons deux cors
lumineux d'égale vertu ; il arriuera l'vne de ſes deux
abſurditez, à ſçauoir, ou que ces cors lumineux ne ſeront point vûs des lieux diametralement opoſez C &
D, ce qui ſeroit contre l'experience ; Ou que la matiere ſubtile contenuë au centre E, ſera en meſme inſtant
en diuers lieux, ce qui répugne à la nature des Cors ;
Et cela ſe prouue clairement ; en ce que A, ne peut
eſtre vû de C, que la matiere ſubtile & centrale E,
ne ſoit pouſſée vers C en ligne droite ; Et de meſme B,
ne peut eſtre vû de D, que la meſme matiere E, ne ſoit
pouſſée vers D. Et ainſi d'vne infinité de Cors lumineux poſez à la ſuperficie d'iceluy globe.

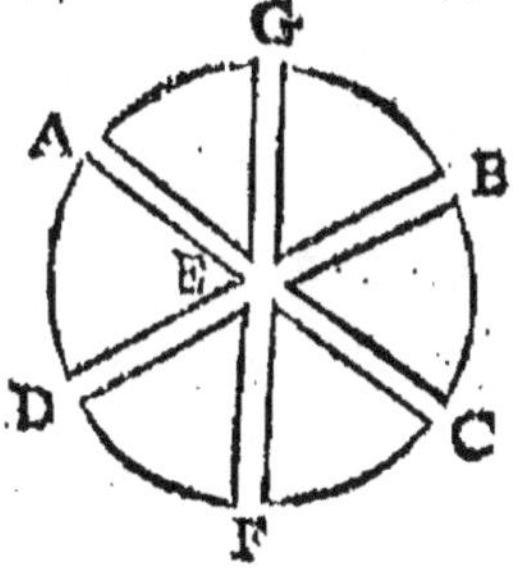

Ie pourois vous propoſer pluſieurs
autres dificultez ſur diuers points de
voſtre Phyſique ; mais pour le préſent ie me contenteray d'eſtre par
vous éclaircy ſur le ſujet de la Lumiere, ſi vous me jugez digne de cette faueur. Le R. P. Merſenne vous
peut aſſurer que j'ay tou-jours eſté l'vn de vos parti-
ſans ; & de mon naturel ie hays & ie deteſte cette ra-
caille d'eſprits malins, qui voyans paroiſtre quelque
eſprit releué, comme vn Aſtre nouueau, au lieu de luy

sçauoir bon gré de ses labeurs, & nouuelles inuentions, s'enflent d'enuie contre luy, & n'ont autre but que d'offusquer ou éteindre son nom, sa gloire, & ses mérites; bien qu'ils soient par luy tirez de l'ignorance des choses dont liberalemēt il leur donne la connoissance. I'ay passé par ces piques, & sçay ce qu'en vaut l'aune; La posterité plaindra mon mal-heur, & parlant de ce siecle de fer dira auec verité, Que la fortune n'estoit pas pour les hommes sçauans. Ie souhaitte neantmoins qu'elle vous soit plus fauorable qu'à moy, afin que nous puissions voir vostre nouuelle Physique, par les principes de laquelle ie ne doute point que vous ne puissiez résoudre nettement toutes mes dificultez. C'est pourquoy attendant l'honneur de vostre réponse, selon que le permettra vostre loisir. Ie vous prie de croire qu'entre tous les hommes de lettres de ma connoissance, vous estes celuy que j'honore le plus, pour vostre vertu & vos genereux desseins; & que ie m'estimeray heureux toute ma vie, si vous m'acordez la qualité de, &c.

De Paris ce 22.
Fev. 1638.

RE'PONSE
DE MONSIEVR DESCARTES
A MONSIEVR MORIN.
LETTRE LIX.

Monsievr,

Les objections que vous auez pris la peine de m'enuoyer, sont telles, que ie les aurois receües en bonne
part de qui que ce fust ; mais le rang que vous tenez
entre les doctes, & la réputation que vos écrits vous
ont acquise, me les rend beaucoup plus agreables de
vous que d'vn autre. Ce que ie croy ne pouuoir mieux
vous témoigner, que par le soin que j'auray icy d'y
répondre exactement.

Vous commencez par mes supositions, & vous
dites que l'apparence des mouuemens celestes, se tire
aussi certainement de la suposition de la stabilité de
la terre, que de celle de sa mobilité, ce que j'acorde
tres-volontiers ; & j'ay desiré qu'on receust de mesme
façon, ce que j'ay écrit en la Dioptrique de la nature
de la Lumiere ; afin que la force des démonstrations
Mathematiques, que j'ay tasché d'y mettre, ne dépendist d'aucune opinion Phisique, comme j'ay assez dé-
claré en la page 3. Et si l'on peut imaginer la Lumiere
de quelque autre façon, par laquelle on explique toutes celles de ses proprietez que l'experience fait connoistre, on verra que tout ce que j'ay démonstré des

réfractions, de la vision, & du reste, en poura estre
tiré tout de mesme que de celle que j'ay proposée.

Vous dites aussi que prouuer des effets par vne cause,
puis prouuer cette Cause par les mesmes effets est vn
cercle Logique, ce que j'auoüe ; mais ie n'auoüe pas
pour cela que c'en soit vn, d'expliquer des effets par
vne Cause, puis de la prouuer par eux : car il y a grande difference entre *prouuer* & *expliquer*. A quoy j'adjoute qu'on peut vser du mot *démonstrer* pour signifier l'vn & l'autre, au moins si on le prend selon
l'vsage commun, & non en la signification particuliere que les Philosophes luy donnent. J'adjoute
aussi que ce n'est pas vn cercle, de prouuer vne Cause par plusieurs effets qui sont connus d'ailleurs,
puis réciproquement de prouuer quelques autres effets par cette cause : Et j'ay compris ces deux sens ensemble en la page 76. par ces mots, Comme les dernieres raisons sont démonstrées par les premieres qui
sont leurs Causes, ces premieres le sont réciproquement par les dernieres qui sont leurs effets. Ou ie ne
dois pas pour cela estre accusé d'auoir parlé ambigüe-
ment, à cause que ie me suis expliqué incontinent
aprés, en disant, Que l'experience rendant la plu-part
de ces effets tres-certains, les causes dont ie les déduis
ne seruent pas tant à les prouuer qu'à les expliquer,
mais que ce sont elles qui sont prouuées par eux. Et
ie mets qu'elles ne seruent pas tant à les prouuer, au
lieu de mettre qu'elles n'y seruent point du tout ; afin
qu'on sçache que chacun de ces effets peut aussi estre
prouué par cette cause, en cas qu'il soit mis en doute,

& qu'elle ait def-ja esté prouuée par d'autres effets; En quoy ie ne voy pas que j'euſſe pû vſer d'autres termes que ie n'ay fait, pour m'expliquer mieux.

Vous dites auſſi que les Aſtronomes font ſouuent des ſupoſitions qui font cauſe qu'ils tombent dans de grandes fautes ; comme lors qu'ils ſupoſent mal la paralaxe, l'obliquité de l'Eclyptique, &c. A quoy ie répons que ces choſes-là ne ſe comprennent jamais entre cette ſorte de ſupoſitions, ou hypothéſes dont j'ay parlé ; Et que ie les ay clairement déſignées, en diſant qu'on en peut tirer des conſequences tres-vrayes & tres-aſſurées, encore qu'elles ſoient fauſſes ou incertaines. Car la paralaxe, ou l'obliquité de l'Eclyptique, &c. ne peuuent eſtre ſupoſées comme fauſſes ou incertaines, mais ſeulement comme vrayes; Au lieu que l'Equateur, le Zodiaque, les Epicicles, & autres tels cercles, ſont ordinairement ſupoſez comme faux, & la mobilité de la Terre comme incertaine, & on ne laiſſe pas pour cela d'en déduire des choſes tres-vrayes.

Enfin vous dites qu'il n'y a rien de ſi ayſé, que d'ajuſter quelque cauſe à vn effet : Mais encore qu'il y ait veritablement pluſieurs effets auſquels il eſt ayſé d'ajuſter diuerſes cauſes, vne à chacun, il n'eſt pas toutesfois ſi ayſé d'en ajuſter vne meſme à pluſieurs differens, ſi elle n'eſt la vraye dont ils procedent ; meſme il y en a ſouuent qui ſont tels, que c'eſt aſſez prouuer qu'elle eſt leur vraye cauſe, que d'en donner vne dont ils puiſſent clairement eſtre déduits. Et ie prétens que tous ceux dont j'ay parlé ſont de ce nombre.

Car ſi l'on conſidere qu'en tout ce qu'on a fait juſqu'à preſent en la Phyſique, on a ſeulement taſché d'imaginer quelques cauſes par leſquelles on pûſt expliquer les phainomenes de la Nature, ſans toutes-fois qu'on ait gueres pû y reüſſir; Puis ſi on compare les ſupoſitions des autres auec les miennes, c'eſt à dire, toutes leurs *qualitez réelles*, leurs *formes ſubſtantielles*, leurs *élemens* & choſes ſemblables, dont le nõbre eſt preſque infiny, auec cela ſeul, Que tous les Cors ſont compoſez de quelques parties, qui eſt vne choſe qu'on voit à l'œil en pluſieurs, & qu'on peut prouuer par vne infinité de raiſons dans les autres (car pour ce que ie mets de plus, à ſçauoir, que les parties de tel ou tel cors ſont de telle figure, plu-toſt que d'vne autre, il eſt aiſé de le démontrer à ceux qui auoüent qu'ils ſont compoſez de parties) Et enfin ſi on compare ce que j'ay déduit de mes ſupoſitions, touchant la viſion, le ſel, les vens, les nües, la neige, le Tonnerre, l'Arc-en-ciel, & choſes ſemblables, auec ce que les autres ont tiré dés leur, touchant les meſmes matieres, j'eſpere que cela ſufira pour perſuader à ceux qui ne ſont point trop préocupez, que les effets que j'explique n'ont point d'autres cauſes que celles dont ie les déduits; bien que ie me réſerue à le démonſtrer en vn autre endroit.

Au reſte, ie ſuis marry de ce que vous n'auez choiſi pour former des objections que le ſujet de la Lumiere; Car ie me ſuis expreſſément abſtenu d'en dire mon opinion; & pource que ie ne veux point icy contreuenir à la réſolution que j'ay priſe de ne meſler parmy mes réponſes, aucune explication des matieres dont

ie n'ay pas eu deſſein de traitter, ie ne pouray ſi parfaitement vous ſatisfaire que j'euſſe deſiré. Toutefois, ie
vous prie de croire que ie n'ay point taſché de me renfermer & baricader dans des termes obſcurs, de crainte d'eſtre ſurpris, comme il ſemble que vous auez crû,
& que ſi j'ay quelque habitude aux démonſtrations
des Mathematiques, comme vous me faites l'honneur de m'écrire, il eſt plus probable qu'elles doiuent m'auoir apris à découurir la verité, qu'à la dégui-
ſer. Mais ce qui m'a empeſché de parler de la Lumiere
auſſi ouuertement que du reſte, c'eſt que ie me ſuis
étudié à ne pas mettre dans ces eſſais, ce que j'auois
deſia mis en vn autre traité, où j'ay taſché tres-particulierement de l'expliquer, comme j'ay écrit en la page 42. du diſcours de la Méthode. Il eſt vray qu'on
n'eſt pas obligé de rien croire de ce que j'ay écrit en cet
endroit là ; Mais comme lors qu'on voit des fruits
en vn païs, où ils n'ont point eſté enuoyez d'ailleurs,
on juge plu-toſt qu'il y a des plantes qui les y produiſent, que non pas qu'ils y croiſſent d'eux meſmes, ie
croy que les veritez particulieres que j'ay traitées en
mes eſſais (au moins ſi ce ſont des veritez) donnent
plus d'occaſion de juger que ie dois auoir quelque
connoiſſance des cauſes generales dont elles dépendent, que non pas que j'aye pû ſans cela les découurir ; Et pource qu'il n'y a que les cauſes génerales, qui
ſoient le ſujet de cet autre traitté, ie ne penſe pas auoir
rien auancé de fort incroyable, lors que j'ay écrit que
ie l'auois fait.

Quant au mépris qu'on vous a dit que ie feſois de
l'école,

l'école, il ne peut auoir esté imaginé que par des personnes, qui ne connoissent ny mes mœurs, ny mon humeur: Et bien que ie ne me sois gueres seruy en mes essais des termes qui ne sont connus que par les doctes, ce
n'est pas à dire que ie les désaprouue, mais seulement
que j'ay desiré de me faire entendre aussi par les autres.
Puis au bout du comte, ce n'est point à moy à choisir
les armes, auec lesquelles on doit m'attaquer, mais seulement à tascher de me deffendre: Et pour ce faire ie
répondray icy à chacun de vos articles séparement.

OBIECTION I. *Donc, en la page 159. &c.*

RESP. I. Le mesme que j'ay mis touchant la Lumiere en cette page 159. est encore plus clairement en la
page 6. lig. 27. & ne me semble rien contenir qui soit
obscur, ou ambigu.

2. *En la page 4. &c.*

RESP. En ce que j'ay dit icy que la Lumiere passe vers
nos yeux par l'entremise de l'air, ou des autres Cors
Transparens, on doit entendre par ces Cors, ce que ie
nomme bien-tost aprés la matiere subtile qui est dans
leurs pores: Ainsi que lors qu'on dit que quelqu'vn se
moüille les cheueux d'vne esponge, ou qu'il se laue
auec vne seruiette, on entend parler de la liqueur dont
a esté moüillée cette seruiette, ou cette éponge, &
non de leur propre matiere, ou forme, ou substance.
En quoy toutes-fois on ne peut pas m'acuser d'auoir
parlé improprement; Car outre que j'ay dit en la page
199. Que tout Cors inuisible & impalpable se nomme *air* (à sçauoir en sa plus ample signification) il faut
remarquer que le passage que vous citez est tout au

commencement du liure , page 4. en vn lieu où ie n'a-
uois encore eu aucune occasion de nommer la matiere subtile , ny aucun besoin de la distinguer de l'air , &
des autres Cors Transparens qui la contiennent , & qui
en effet ne sont transparens , qu'à cause qu'ils la contiennent. Et dans le mesme discours , auant que de parler d'aucune autre chose , j'ay expressément auerty , page 6. qu'il y auoit grande difference entre le baston
d'vn aueugle & l'air , ou les autres Cors Transparens ,
par l'entremise desquels nous voyons ; & qu'ensuite,
en la mesme page 6. ligne 26. j'ay expliqué ce que j'en-
tendois par la matiere subtile.

   3. *Mais en la page 23. vous dites , &c.*

   R E S P. Ce troisiéme article ne contient rien qui ne
s'acorde parfaitement auec le premier , & que ie n'aye
aussi expliqué dez la page 6. & repeté en plusieurs autres endroits ; Ce qui me donne sujet de remarquer
que vous auez mis le passage de la page 4. entre deux
autres , qui en sont éloignez , bien qu'ils ne contiennent
rien qui ne soit aussi tout proche en la page 6. Comme
pour faire croire , que ie ne me suis pas souuenu en vn
lieu , de ce que j'auois écrit en l'autre ; Ce qui ne seroit
pas de bonne guerre.

   4. *Page 122. vous dites , &c.*

   R E S P. Icy vous m'objectez deux choses. La premiere que si la Lumiere n'est qu'vne action ou inclination à se mouuoir , elle n'est donc pas vn mouuement ;
Mais ie voudrois vous prier de m'aprendre en quel endroit j'ay dit qu'elle fust vn *mouuement* , sans y adjouter
au mesme lieu *ou vne action.* Car ie ne croy pas qu'il

s'en trouue aucun en mes écrits, principalement quand
j'ay parlé de la Lumiere qui eſt dans les Cors Tranſparens, à laquelle les Philoſophes attribuent le nom de
Lumen en latin, pour la diſtinguer de celle qui eſt dans
les Cors Lumineux, laquelle ils nomment *Lucem.* Or
d'auoir dit géneralement en pluſieurs endroits qu'elle
eſt vn mouuement ou vne action, & en vn autre d'a-
uoir dit qu'elle n'eſt qu'vne action, ce ne ſont point
deux choſes qui contrediſent. Outre qu'il faut remarquer que la ſignification du mot *action* eſt géncrale, &
comprend non ſeulement la puiſſance, ou l'inclination à ſe mouuoir, mais auſſi le mouuement meſme.
Cõme lors qu'on dit de quelqu'vn qu'il eſt toûjours en
action, cela veut dire qu'il ſe remüe tou-jours: Et c'eſt
ainſi que ie le prens en cet endroit là, où il n'y a point
pour cela d'ambiguité; Car j'y auertis qu'il ſe faut ſouuenir de la façon dont j'ay auparauant expliqué la Lumiere; Ce qui monſtre aſſez que par les mots dont ie
me ſers, ie veux entendre le meſme, que par ceux que
j'ay mis aux autres lieux. La ſeconde choſe que vous
m'objectez icy, à ſçauoir, que ſi l'action eſt de la matiere ſubtile, elle n'eſt donc pas des cors lumineux,
n'eſt fondée que ſur vn équiuoque, touchant le mot
de Lumiere. Car j'auouë bien que l'action de la matiere ſubtile, qui eſt *lumen*, n'eſt pas celle des Cors Lumineux, qui eſt *lux*, mais ie n'auouë pas pour cela que
j'aye parlé ambiguëment; Car j'ay par tout tres-ſoi-
gneuſment diſtingué l'vne de l'autre.

5. *Voire meſme*, page 256. &c.

Rᴇsᴘ. Icy vous rétreciſſez merueilleuſement la ſignification du mot *Comme*, afin de me faire trouuer court d'vn point, & vous voulez qu'il ne serue qu'à joindre les termes d'vne comparaison, qui est entre des choses differentes. Mais si cela estoit vray, lors qu'on dit qu'vn tel a fait cela comme sçauant, ce seroit à dire qu'il n'est pas sçauant; & quand on dit qu'il tient tel rang dans les Estats, non comme Conte d'vn tel lieu, mais comme Baron d'vn tel, ce seroit à dire qu'il n'est ny Conte ny Baron. Et ie ne sçache en nostre langue aucun mot que celuy de *Comme*, dont j'eusse pû vser en l'endroit que vous citez, page 256. pour signifier l'identité, ou pour joindre *prædicatum cum subjecto*, (j'vse icy librement des termes de l'école, afin que vous ne iugiez pas que ie les méprise) mais vous n'auez pas cité tout le passage, qui est tel; *Et conceuant la nature de la Lumiere telle que ie l'ay décrite en la Dioptrique, à sçauoir, comme l'action ou le mouuement*, &c. Ce qui signifie en bon françois, ce me semble, qu'il faut conceuoir que la Lumiere est l'action ou le mouuement, & non *quasi l'action*, &c.

6. *Page 50. de la Dioptrique, parlant*, &c.

RESP. La Lumiere, c'est à dire *lux*, est vn mouuement ou vne action dans les Cors Lumineux, & elle tend à causer quelque mouuement dans les cors Transparens, à sçauoir, *lumen*: Donc, *lux* est premiere que *lumen, concedo totum*. Mais quand vous adjoutez; & par consequent la Lumiere ne sera pas le mouuement, encore que ie ne die point absolument qu'elle est le mouuement, toutesfois, *nego consequentiam*; Car vn mouuement peut bien estre causé par vn autre, & il n'y a rien de plus ordinaire en la nature.

7. *Finalement, page 5. &c.*

R E S P. I'admire que vous alléguiez les pages 4. &
5. afin de prouuer que le mouuement des Cors Lumineux ne peut paſſer iuſqu'à nos yeux, qu'il n'y paſſe
quelque choſe de materiel qui ſorte de ces Cors. Car ie
ne fais en ces deux pages qu'expliquer la comparaiſon
d'vn aueugle, laquelle j'ay principalement aportée
pour faire voir en qu'elle ſorte le mouuement peut
paſſer ſans le mobile; Et ie ne croy pas que vous pen-
ſiez, lors que cet aueugle touche ſon chien de ſon baſton, qu'il faille que ce chien paſſe tout le long du baſton juſques à ſa main, afin qu'il en ſente les mouuemens. Mais afin que ie vous réponde *in forma*, quand
vous dites que le mouuement n'eſt iamais ſans le mobile, *diſtingo*; Car il ne peut veritablement eſtre ſans
quelque cors, mais il peut bien eſtre tranſmis d'vn cors
en vn autre, & ainſi paſſer des cors lumineux vers nos
yeux, par l'entremiſe d'vn tiers, à ſçauoir, comme ie
dis en la page 4. par l'entremiſe de l'air & des autres
cors Tranſparens, ou comme j'explique plus diſtinctement en la page 6. par l'entremiſe d'vne matiere
fort ſubtile, qui remplit les pores de ces cors, & s'é-
tend ſans interruption depuis les Aſtres juſques à nous.
Au reſte, j'ay icy à vous auertir, que vous m'attribuez
ſouuent des opinions, auſquelles ie n'ay iamais penſé,
comme, lors que vous dites que les couleurs & la Lumiere ne ſont ſelon moy qu'vne meſme nature, & que
le mobile, qui eſt dans les cors lumineux, n'eſt autre
ſelon moy que la matiere ſubtile; Et par-cy par-là en

d'autres endroits, que ie laisse couler sans rien dire, afin de ne vous pas interrompre.

8. *Apres auoir cy deſſus,* &c.

Rᴇsᴘ. On peut icy remarquer que ie n'ay commencé à parler des parties rondes de la matiere ſubtile, que ſur la fin des Meteores, à l'occaſion des couleurs de l'Arc-en-ciel; car n'ayant pas eu deſſein en ces eſſais d'expliquer la nature de cette matiere ſubtile, ie n'en ay rien dit de particulier, qu'à meſure que j'y ay eſté contraint, pour faire entendre ce qui eſtoit de mon ſujet.

9. *Mais pag.* 159. &c.

Rᴇsᴘ. Icy vous prouuez fort bien que les parties rondes de la matiere ſubtile ne peuuent remplir exactemét tous les pores des Cors terreſtres, ce que j'auoüe: mais ſi vous inferez de là que ce qu'elles ne rempliſſent pas ſoit donc vuide, vous me permettrez s'il vous plaiſt, de dire en termes d'école, *nego conſequentiam* ; car ils peuuent bien eſtre remplis de quelque autre choſe que ie n'ay pas icy pour cela beſoin d'expliquer.

10. *En la page* 38. *de la Diopt.* &c.

Rᴇsᴘ. Icy tout de meſme, de ce que ie dis en diuers lieux que les Cors Lumineux meuuent ou pouſſent la matiere ſubtile, vous inferez que ie donne clairemeht à entendre qu'elle n'a de ſoy aucun mouuement; A quoy ie répons en vn mot, *nego conſequentiam*; Car chaque cors peut auoir diuers mouuemens, & eſtre pouſſé par vne infinité de diuerſes forces en meſme tems; En prenant toutesfois le mot d'infinité, *ſincategorematice* ; afin qu'on n'ait rien en l'école à y reprendre.

11. *Mais en la mesme page 160. &c.*

RESP. l'aüoüe bien que cette matiere subtile se peut mouuoir, çà & là sans les Cors lumineux ; mais il ne suit pas de là qu'elle ayt sans eux le mouuement ou l'action qui est requise pour nous donner le senti-ment de la Lumiere ; Car de cela seul que quelque Cors luy donne ce mouuement, ou cette action, il est Lumineux.

12. *En la page 272. &c.*

RESP. Vous dites que si cette matiere, outre le mouuement rectiligne, se meut de sa nature seule-ment en rond, &c. où le mot *seulement* est de trop, aussi n'est-il que de vous seul ; Car ie ne le met en aucun lieu : & lors qu'il est osté, tout le reste est clair; Car encore que les parties de la matiere subtile se meuuent en rond, & en ligne droitte, cela n'empesche pas qu'elles ne puissent aussi le mouuoir en d'autres fa-çons.

13. *Mais en la page 257. vous dites &c.*

RESP. En l'endroit que vous citez icy, ie ne parle nullement des parties de la matiere subtile, mais de quelques boules de bois, ou autre matiere visible, qui sont poussées vers de l'eau ; comme il paroist euidem-ment, de ce que ie les fais tournoyer tout au rebours des parties de la matiere subtile, & compare le tour-noyement qu'elles acquerrent en sortant de l'air, & entrant dans l'eau, à celuy que ces parties de la matiere subtile acquerrent en sortant de l'eau ou du verre, & entrant dans l'air. Et ie n'ay point dû attribuer à ces boules d'autres mouuemens que ceux qui seruoient

à mon ſujet, ny n'ay pour cela donné à entendre
que la matiere ſubtile n'en euſt point d'autres.

Or Monſieur iugez, &c.

R E S P. Or ie vous aſſure Monſieur que j'admire
que vous ayez pû imaginer quelque aparence de contradiction dans les paſſages que vous auez alleguez, &
bien que ie n'aye pas eu fort grande peine à y répondre, ie ne laiſſe pas d'accepter la chaire que vous m'offrez en cet endroit, *quia forte plus ſapio ſedens;* & afin
que ie puiſſe écouter vos autres objections plus à mon
ayſe.

1. *I'attaquerois volontiers, &c.*

R E S P. Ie croy m'eſtre deſ-ja cy-deuant aſſez purgé
de l'inconſtance dont vous m'accuſez. Et pour voſtre
argument ie n'en comprens ny la matiere ny la forme;
Car pour la matiere vous le fondez ſur vne définition
de la Lumiere que vous ſupoſez que j'ay donnée,
bien qu'il ſoit tres-vray, que ie n'ay eu intention d'en
donner aucune, côme j'ay aſſez témoigné, dés la page
3. & vous l'auez auſſi aſſez reconnu. Puis pour la forme,
vous le commencez par vne conſequence, en diſant,
puiſque le Soleil eſt premier que ce mouuement duquel il eſt la cauſe efficiente, ou ie ne voy point d'Antecedent; Car ſi la Lumiere, c'eſt à dire, *lux,* eſt l'action
où le mouuement dont le Soleil pouſſe la matiere
ſubtile qui l'enuironne, comme vous voulez auec
moy ſupoſer, il ne ſuit pas de là qu'il ſoit premier que
cette action, ny qu'il en ſoit la cauſe efficiente, & l'on
peut dire qu'elle eſt en luy de ſa nature. Ou ſi vous
voulez qu'il ſoit premier qu'elle, ce ſera ſeulement

en mesme façon que l'homme est premier que sa raison, en tant qu'il doit estre où exister, auant qu'il
puisse en vser. Et ainsi vostre seconde consequence,
qui est que le Soleil de sa Nature n'aura donc point
de Lumiere, ou que sa Lumiere n'est pas comprise en
ma définition, & qu'elle est premiere que celle que ie
définis, me semble estre de mesme Nature, que si de ce
qu'on auroit dit que l'homme par sa raison découure
beaucoup de veritez, vous inferiez qu'il n'a donc point
de raison de sa nature, ou que sa raison n'est pas comprise en cette définition, &c. Mais pour nous acorder, ie veux bien vous dire que ie n'ay ny définy, ny
mesme parlé en aucune façon de ce ie ne sçay quoy
que vous nommez peut-estre du nom de Lumiere, &
que vous supofez estre dans le Soleil outre son mouuement ou son action ; Car pouuant démonstrer par
cette action tous les phainomenes de la nature touchant la Lumiere, ie n'ay pas besoin d'y rien considerer dauantage : Et ie ne veux point aussi m'amufer à
réfuter ce que les autres y supofent de plus, suiuant
ce que j'ay dit à la fin du premier discours des Météores. Quant à ce que vous adjoutez *d'vn estre rélatif, d'vn*
estre potentiel, & d'vn acte ou forme absoluë, ie sçay bien
qu'on me dira dans l'école que la Lumiere est vn estre
plus réel que l'action ou le mouuement, mais ie mé-
riterois d'estre enuoyé à l'école, comme ceux qui
faillent en joüant au triquetrac, si j'auoüois qu'on pûst
le prouuer.

    2. *De plus il ne sufit pas*, &c.

    R ESP. Il faut dites vous, *Que la matiere subtile soit*
K k

mûe par les *Cors Lumineux*, en tant que *Lumineux*, c'est à dire, selon moy, entant qu'ils ont en eux quelque action ou mouuement. *D'où s'enfuit*, &c. *Nego consequentiam*, Tout de mesme qu'en l'article précedent.

    3. Le Soleil & vne étincelle, &c.

 R E S P. Afin que ie renuerse mieux tout ce qui est en cet article, ie commenceray à y répondre par la fin, où vous dites, Donc le mouuement de la matiere subtile, c'est à dire, *Lumen quod est in aëre*, n'est pas la Lumiere des Cors Lumineux, c'est à dire, *non est lux quæ est in Sole*, grande merueille ! Et vous dites vn peu plus haut, *il faut de necessité que la Lumiere soit deuant le mouuement*, &c. à sçauoir, *lux ante Lumen cuius est causa*, & qui en doute. Pour ce qui précede, à sçauoir, que la matiere subtile n'est pas dure, ny semblable à vn baston, c'est le mesme que ce que j'ay mis en la page 6. citée cy-dessus, ou en suite, par la comparaison du vin qui est dans vne cuue, monstrant que les plus hautes parties de ce vin pressent, & par consequent aydent à mouuoir celles qui sortent par le trou qui est au bas, au mesme instant qu'il est ouuert, j'ay expliqué comment la matiere la plus prochaine du Cors Lumineux estant mûe peut faire mouuoir la plus éloignée au mesme instant ; Et en adjoutant que les grapes qui sont en cette cuue peuuent cependant estre agitées en plusieurs diuerses façons par ceux qui les foulent, j'ay satisfait à ce que vous dites des vens, vn peu deuant. Et enfin, pource que vous dites au commencement qu'aucun bon jugement n'admettra jamais qu'vne étincelle ait la force de faire mouuoir localement, & selon moy en ligne droite (ce qui n'est pas pourtant du tout selon moy, page 8. lig. 2.) toute la matiere subtile contenüe en vn globe d'air de 50. lieües de demy-diametre, ie prétens de vous le faire admettre à vous mesme, si vous prenez comme moy cette matiere subtile pour vne liqueur tres-fluide. Car sans aller plus loin; Encore que la cuue dont nous venons de parler, auroit cent lieües de hauteur, chaque goute de vin qui seroit au haut, n'augmenteroit-elle pas la vitesse de celuy qui s'écouleroit par les trous qui sont au bas. Et afin que vous ne disiez pas qu'il est plus aysé d'augmenter le mouuement d'vn Cors qui se meut, que d'en remüer vn qui se repose, imaginez vn tuyau replié, comme A B C, qui s'étende, si vous voulez, depuis icy juques au centre de la terre, & de là remonte jusques icy, & qui soit presque plein d'eau des deux costez, & que pendant que cette eau est aussi calme & aussi peu agitée qu'elle peut estre, on verse vne goutte d'autre eau dans celuy de ses costez qui est marqué A; Car ie ne croy pas que vous fassiez dificulté d'acorder que la pesanteur de cette goute sera sufisante pour faire hausser toute l'eau qui est vers C. & par consequent aussi pour mouuoir toute celle qui est dans le tuyau A B C. Et en suite vous ne pourez nier qu'vne étincelle de feu ne soit capable de mouuoir la matiere subtile qui est contenüe en vn

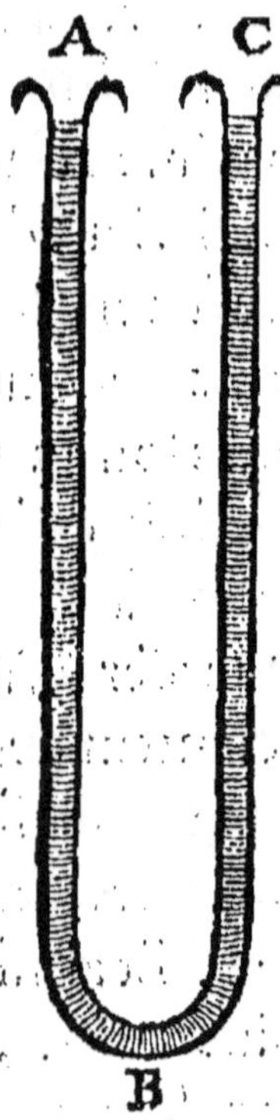

tres-grand espace, pourvû que vous remarquiez que l'action du feu est incomparablement plus forte que celle de la pesanteur, & que la matiere subtile estant contenüe dans les pores de l'eau, & mesme aussi en ceux de l'air, doit estre incomparablement plus fluide que luy ny elle. Car vous ne voudrez pas rejetter les regles des Méchaniques, & de la vraye Physique, pour alléguer icy que toute la matiere a de soy resistance au mouuement local, qui n'est qu'vne maxime fondée sur la préocupation de nos sens; & qui vient de ce que n'ayant essayé dés nostre enfance à remüer que des Cors qui estoient durs & pesans, & y ayant tou-jours rencontré de la dificulté, nous nous sommes dés lors persuadez, que cette dificulté procedoit de la matiere, & par consequent estoit commune à tous les cors; Cela nous ayant esté plus aysé à suposer qu'à prendre garde que ce n'estoit rien que la pesanteur des cors que nous taschions de remüer, qui nous empeschoit de les leuer, & leur dureté auec l'inégalité de leurs parties, qui nous empeschoit de les traisner. Et ainsi qu'il ne suit pas de là, que le mesme doiue arriuer, touchant les cors qui n'ont ny dureté ny pesanteur. Or la plu-part des opinions tant du peuple, que de la mauuaise Philosophie, sont nées de cette sorte; Mais quelque aparence qu'elles ayent, & quoy que plusieurs y aplaudissent, les personnes de bon juge-ment ne doiuent jamais s'y arrester.

4. Suposant le mouuement, &c.

RESP. Ie ne voy en tout cet article sinon que *Lumen non est lux*, ou bien que l'action, qui nous fait

auoir le sentiment de la Lumiere n'est pas cette qualité
réelle que vous apelez du nom de Lumiere, & que
vous suposez estre dans les Cors Lumineux autre que
le mouuement qui cause cette action. Et ie l'acorde.

5. *Mais qu'est-ce que cette matiere subtile, &c.*

R E S P. Ie ne trouue rien icy qu'vn équiuoque du
mot *Transparent*, qui s'attribuë en vn sens à l'air, au
verre, & aux autres tels cors, entant qu'ils ont des pores,
&c. & à la matiere subtile entant qu'elle est dans ces
pores. Car, pource que vous dites, que vû le bel ordre
qui est en la nature, cette matiere subtile doit auoir
quelque sphere au dessus des autres cors, & ainsi n'estre
point dans leurs pores, il m'est aysé de répondre que
ce bel ordre monstre aussi, qu'y ayant des pores dans
les cors terrestres, ils doiuent estre remplis de quelque
matiere plus subtile, comme on voit qu'encore que
l'eau se place naturellement au dessus de la terre, elle
ne laisse pas pour cela de se placer aussi au dessous en
tous ses pores; Et ie ne dis en aucun lieu que la matiere
subtile n'occupe point de sphere plus haute que celle
de l'air; Car au contraire ie la fais étendre depuis les
Astres jusques à nous.

6. *De plus quel mouuement, &c.*

R E S P. Vous imaginiez tou-jours des contrarietez
où il n'y en a point; & j'ay assez fait entendre en plusieurs endroits, que la matiere subtile peut estre
agitée en toutes façons; mais qu'il n'y a que la seule façon de se mouuoir, ou de tendre à se mouuoir, qu'elle
reçoit des Cors Lumineux, & qu'elle transmet de tous
costez en ligne droite, depuis ces cors jusques aux

objets qui en font illuminez, qui nous donne le fentiment de la Lumiere ; & que pour l'action ou l'inclination au mouuement circulaire, qui eft en ces parties,
elle caufe le fentiment des couleurs. Quant à ce que
vous citez du nombre 13. Que la boule commence
feulement à tournoyer rencontrant la fuperficie de
l'eau, ie répons que ce mot *feulement* ne fe peut raporter
à aucun endroit de mes écrits, finon à celuy de la page
257. où ie n'ay point entendu parler des parties de la
matiere fubtile. Puis, à ce que vous dires, Que donnant
à cette matiere le mouuement rectiligne de l'air en
l'eau, il faudroit auffi luy donner en l'air de plus haut,
& ainfi à l'infiny ; ou bien conceder qu'elle fort des
Cors Lumineux, ie répons que fon action ne doit
point venir de plus haut à l'infiny, & qu'elle commence aux Cors Lumineux, defquels toutes-fois cette
matiere ne fort non plus, que le bafton d'vn aueugle
fort des objets dont il luy fait auoir le fentiment. Et
tout ce que vous difputez en fuite fait pour moy,
excepté feulement ce que vous femblez vouloir dire
à la fin, que fi la Lumiere eft vn mouuement, elle ne
fe peut donc tranfmettre en vn inftant ; A quoy ie
répons que bien qu'il foit certain qu'aucun mouuement ne fe peut faire en vn inftant, on peut dire toutes fois qu'il fe tranfmet en vn inftant, lors que chacune de fes parties eft auffi-toft en vn lieu qu'en l'autre,
comme lors que les deux bouts d'vn bafton fe meuuent enfemble.

Ie ferois trop long fi, &c.

7. Page 122. de la Dioptrique, &c.

RESP. Ce que vous objectez icy à grande aparence de verité, pour ceux qui ne regardent qu'autour d'eux, & qui n'étendent iamais leur penſée par l'Vniuers; Car il ſemble à tels eſprits, que les vens, la foudre, & les canons, cauſent les plus impetueux mouuemens qui puiſſent eſtre. Mais pour vous, qui eſtant tres-ſçauant en Aſtronomie, eſtes acoutumé à conſiderer l'extreme rapidité des cors celeſtes, & qui l'eſtant auſſi aux Méchaniques, comprendrez ayſément les raiſons qui en dépendent, vous ne pouuez ce me ſemble trouuer étrange, qu'aprés auoir dit que la matiere ſubtile s'étend ſans interruption depuis les Aſtres juſques à nous (comme il faut de neceſſité qu'elle faſſe, pour transferer l'action de la Lumiere) & auec cela qu'elle eſt tres-fluide, & compoſée de parties tres-petites, j'adjoute que la viteſſe dont elle ſe meut eſt en quelque façon proportionnée à celle des Cieux, & par conſequent beaucoup plus grande que celle des vens. Outre que vous pouuez auoir aſſez reconnu par mes Méteores, que ſelon moy, c'eſt principalement l'agitation de cette matiere ſubtile, qui cauſe & entretient l'agitation que j'ay attribuée aux parties tant de l'air, que de l'eau, & de toutes les autres liqueurs. Car il ſuit de là tres-clairement, que tant s'en faut que les pores des cors liquides doiuent eſtre moins droits & vnis que les autres, au contraire, ces cors ne peuuent eſtre entierement liquides, ſi leurs pores ne donnent libre paſſage de tous coſtez à la matiere ſubtile : Comme nous voyons auſſi par experience que toutes, ou du moins preſque toutes les liqueurs, qui ſont pu-

res, ſont Tranſparentes : Et meſme qu'il n'y a gueres
de cors durs qui ſoient Tranſparens , ſi non à cauſe
qu'ayant eſté liquides au parauant, leurs parties retiennent encore la ſituation que la matiere ſubtile leur
a donnée. Puis, pour ce qui eſt des vens, outre que
leur mouuement eſt beaucoup plus lent que celuy
par lequel la matiere ſubtile rend droits & vnis tous
les pores des cors liquides , ils n'agitent quaſi point
chacune des parties de l'air ſéparement de ſes voiſines,
ainſi que fait la matiere ſubtile, mais ſeulement tout
ſon Cors enſemble ; D'où vient que nous pouuons
beaucoup mieux le ſentir, que celuy de cette matiere,
auquel neantmoins il ne peut préjudicier. Et pource
que vous demandez à la fin, ſi la force dont vne étincelle de feu, ou vn ver luyſant, doit ſelon moy pouſſer
de nuit la matiere ſubtile vers nos yeux , pour nous
faire ſentir la Lumiere, ne peut eſtre empeſchée par
celle du vent, lors qu'il ſouﬂe fort impetueuſement à
l'encontre, c'eſt quaſi le meſme que ſi en la cuue dont
nous auons parlé cy-deſſus, on ſupoſe que les grapes
qui ſont parmy le vin eſtant attachées à des filets, ou
enuelopées dans vn rets, ſoient tirées de bas en haut
fort promtement , & qu'on demande ſi le mouuement de ces grapes, eſtant tout contraire à celuy dont
le vin tend à deſcendre, ne l'empeſche point. A quoy
ie répons, que ſi le mouuement auec lequel on les tire
en haut, eſt plus lent que celuy dont les parties du vin
tendent à deſcendre, il n'empeſchera point que ce vin
ne coule par les trous qui ſont au deſſous de la cuue;
Et qu'encore meſme qu'il fuſt beaucoup plus promt

&

& plus fort, si on supose que ces trous soient bouchez
en sorte qu'il ne puisse rien du tout succeder que du
vin en la place que laissent ces grapes, ainsi qu'il ne peut
rien succéder que de la matiere subtile en la place des
parties de l'air dont le vent est composé, on peut par
les regles des méchaniques démonstrer que ce vin ne
pressera pas moins le fonds de la cuue, que si ces grapes estoient sans aucune agitation; Et tout de mesme,
il est tres-certain, au moins selon moy, que l'agitation
d'aucun vent ne peut empescher l'action de la Lumiere; Excepté seulement entant que cette agitation peut
deuenir si violente qu'elle enflamme l'air, auquel cas la
Lumiere qu'elle cause peut effacer celle d'vne étincelle
de feu, si tant est qu'elle soit beaucoup plus forte.

8. *Finalement, si selon la page 122. &c.*

RESP. La cause qui empesche que le verre estant
fort épais, ne soit aussi Transparent que le mesme
estant moins épais, n'est autre, sinon qu'il contient
tousiours beaucoup d'impuretez, de nuages, & de
petites bulles ou boüillons, qui estans en plus grande quantité dans vne grande épaisseur, que dans vne
moindre, en empesche dauantage la transparence. Et
qu'ainsi ne soit, il y a des lacs, & des endroits de la mer,
ou l'eau est si claire estant calme, qu'on peut voir distinctement ce qui est au fonds, encore qu'elle ait
ou deux trois piques de profondeur; & en cette eau
toutes-fois, si on l'examine, on trouuera tou-jours
quelque chose d'impur.

Mais celle de vos objections, qui est à mon aduis la principale, & que vous aurez peut estre à ce

ſujet voulu réſeruer pour la fin, conſiſte en ce que
ſi les pores des Cors Tranſparens doiuent eſtre droits,
il ne ſemble pas qu'ils puiſſent donner paſſage à la
matiere ſubtile en tous ſens, à cauſe qu'il eſt impoſſible qu'il ſe trouue en tous ſens des pores droits
dans vn Cors ſolide. Toutesfois, pourvû qu'on ne
prenne point le mot de *droit* plus à la rigueur que j'ay
témoigné que ie le prenois, comme on peut voir en la
page 8. ligne 2. & meſme auſſi en l'endroit que vous
citez page 122. où ie ne dis pas que ces pores doiuent
eſtre parfaitement droits, mais ſeulement autant qu'il
eſt requis pour faire que la matiere ſubtile coule tout
du long ſans rien trouuer qui l'arreſte, ie croy le pouuoir aſſez éclaircir par vne ſeule comparaiſon. Enfer-
mez des pommes ou des bales dans vn rets, & les y
preſſez en telle ſorte, que ſe tenant jointes les vnes aux
autres, elles ſemblent compoſer vn Cors dur, puis ver-
ſez ſur ce cors du ſable fort menu, tel que celuy dont
on fait des horloges, & vous verrez qu'en quelque façon qu'on le mette, ce ſable paſſera tou-jours tout au
trauers, ſans rien rencontrer qui l'en empeſche. Il eſt
vray que les parties de tous les cors durs ne ſont pas
rondes comme des pommes, mais on les peut imaginer
d'vne infinité d'autres figures, ſans que cela empeſche
qu'elles donnent auſſi libre paſſage aux parties de la
matiere ſubtile, que ces pommes le donnent aux parties de ce ſable.

9. *Si les Cors Lumineux,* &c.

R E S P. La coutume qu'on a de remarquer que lors
qu'vn cors dur ſe meut vers quelque coſté, il ne peut

pas au mesme temps se mouuoir aussi vers vn autre, est
cause qu'on a vn peu de peine à conceuoir, en quelle
façon les parties des cors liquides reçoiuent plusieurs
actions, & transmettent plusieurs mouuemens contraires, en mesme tems. Mais il est neantmoins certain qu'elles le font ; & il n'est pas mal-aysé de l'éprouuer par le moyen de trois, ou plusieurs tuyaux, comme A C, B D, F G, que ie supose
de mesme largeur, & qui se croisent
en telle sorte, que l'espace du milieu
E sert à tous trois, sans toutes-fois
estre plus grand que s'il ne seruoit
qu'à vn seul. Car si on soufle par leurs
trois bouts, A, B, & F, l'air qui sera
dans ce milieu E, sera poussé en mesme tems vers C,
vers D, & vers G. Non pas qu'il soit besoin pour cela,
ny aussi qu'il soit possible, que chacune de ses parties
se meuue en mesme tems vers ces trois costez ; Mais il
sufit que quelques-vnes se meuuent vers C, & d'autres
vers D, & d'autres vers F, & qu'elles se meuuent trois
fois aussi viste que celles qui remplissent les autres endroits de ces tuyaux ; Ce qu'on peut bien croire qu'elles font, vû qu'elles sont poussées trois fois aussi fort.
Et il est aysé, apliquant cecy à la matiere subtile, d'entendre comment elle transmet en mesme tems les diuerses actions de diuers cors Lumineux, vers diuers
costez.

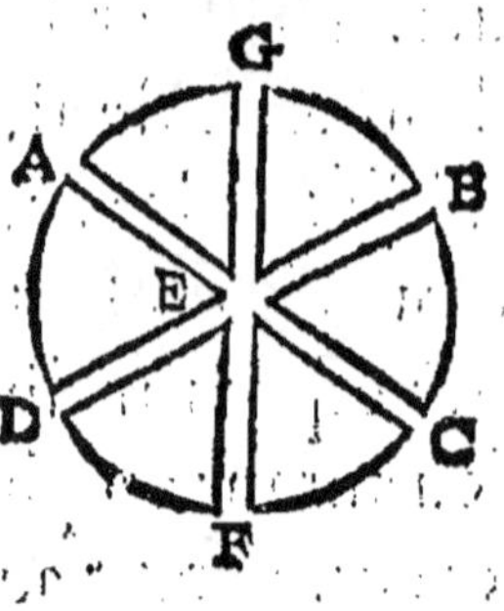

Ie pourois vous proposer, &c.

R ᴇ s ᴘ. Au reste, Monsieur, il m'est plus dificile de
répondre à vostre conclusion qu'à tout le reste ; Car ie

prétens nullement mériter les honnestes paroles dont
vous y vsez, & ie n'aurois neantmoins pas de grace à les
réfuter. C'est pourquoy ie puis seulement dire que ie
pleins auec vous l'erreur de la fortune, en ce qu'elle ne
reconnoist pas assez vostre mérite. Mais pour mon
particulier, graces à Dieu, elle ne m'a encore iamais
fait ny bien ny mal; & ie ne sçay pas mesme pour l'auenir, si ie dois plu-tost desirer ses faueurs, que les craindre; Car ne me semblant pas estre honneste de rien
emprunter de personne, qu'on ne puisse rendre auec
vsure, ce me seroit vne grande charge, que de me sentir
redeuable au public. Et enfin pour les esprits malins
dont vous parlez, ie croy qu'il y en a eu autant ou plus
aux autres siecles qu'en cetuy-cy; & les comparant aux
mouches ou aux oyseaux qui ne choisissent que les
meilleurs fruits pour les piquoter, ie suis d'autant plus
satis-fait de mes essais, que ie les voy estre plus atta-
quez par eux. Mais ie ne laisse pas d'auoir beaucoup
à vous remercier de l'heur que vous me souhaittez,
comme aussi de la peine que vous auez prise de m'é-
crire, & ie suis, &c.

✳✳✳✳✳✳✳✳✳✳✳✳✳✳✳✳✳✳✳✳✳✳✳✳✳✳✳✳✳✳

A MONSIEVR MORIN.

LETTRE LX.

MONSIEVR,

    I'aurois vsé de la permission que vous m'auez fait
la faueur de me donner, de faire imprimer ma ré-

ponſe à vos objections auant que vous l'euſſiez veuë,
ſi j'en auois autant haſté l'Impreſſion que ie m'eſtois
propoſé de faire quand ie les receus ; mais ayant eu
depuis quelque autre conſideration qui m'empeſche
de rien publier ſi-toſt, ie croirois manquer à mon deuoir ſi ie differois plus long-tems à vous l'enuoyer ;
C'eſt pourquoy ie la mets icy entre vos mains, & vous
ſuplie s'il y a quelque choſe qui ne ſoit pas à voſtre gré,
ou bien qui requerre plus ample explication, de me
faire la faueur de m'en auertir, & ie taſcheray en tout
de vous témoigner que ie ſuis, &c.

Du 13. Iuillet
1638.

<hr>

RE'PLIQVE
DE MONSIEVR MORIN
A LA RE'PONSE DE Mr DESCARTES.

LETTRE LXI.

MONSIEVR,

I'ay lû vos réponſes à mes objections, ſur voſtre
nouuelle doctrine de la Lumiere, auec toute l'attention qu'il m'a eſté poſſible, tant pour le mérite
du ſujet, que pour rendre l'honneur qui eſt dû à
tout ce qui part de voſtre eſprit, le plus ſubtil &
le plus fécond qu'aucun autre de ce ſiecle. Mais ie
remarque d'abord que vous eſtes marry que ie n'aye
pris vn autre ſujet, que celuy de la Lumiere pour

former des objections, vû que vous n'auez point eu
deffein de traiter encor cette matiere , & vous en
ouurir au public ; Et ne voulant point contreuenir à
cette réfolution, vous dites que vous ne pourez fi parfaitement me fatisfaire que vous euffiez defiré. Surquoy ie vous répons que j'ay choifi ce fujet pour trois
raifons ; La premiere, parce que j'eftois occupé fur la
mefme fpéculation à caufe de mon *Aftrologia Gallica*,
ou ayant à traitter *de modis agendi corporum cœleftium in
hæc inferiora*, Ie me vois obligé à bien déterminer ce que
c'eft que la Lumiere , comme elle agit, & quels effets
elle produit. La feconde, parce que voftre opinion de
la Lumiere eftant grandement nouuelle , & ce que
vous en auez dit en plufieurs endroits de vos liures
eftant fufifant pour émouuoir des dificultez & des objections, j'ay defiré d'eftre mieux éclaircy de vous fur
cette matiere, fur laquelle ie trauaillois. Et la troifiéme , parceque j'ay reconnu que la Lumiere,& fa matiere fubtile, eftoient deux des principaux fondemens de
voftre Phyfique ; C'eft pourquoy j'ay voulu par mes
objections éprouuer la fermeté de fes fondemens. Or
fi ie ne fuis pas entierement fatisfait par vos réponfes,
ie vous prie de croire, que ie n'en eftime de rien moins
ny voftre doctrine ny voftre efprit, qui me font d'ailleurs fufifamment connus pour les réuerer. Vous par-
lerez plus ouuertement quand il vous plaira ; on auroit
mauuaife grace de vouloir vous y forcer ; C'eft vne
obligation publique , laquelle il faut attendre auec
vœux, prieres, & patience. Outre le defir que j'ay eu
d'aprendre de vous, j'ay vû que les chofes Phyfiques

foufrent bien plus de dificultez que les Mathematiques; Ce que vous mefme reconnoiffant auez inuité
les hommes fçauans à vous faire des objections, à
deffein, comme ie croy, de mieux reconnoiftre par l'é-
preuue la force de vos principes & de vos raifonnemens, afin de les mieux établir contre toute forte d'attaques. Comme donc j'ay cy-deuant contribué de
mon petit pouuoir à vos loüables intentions, auffi ie
continuë encore à prefent dans la mefme déuotion,
par quelques répliques à vos réponfes, ainfi que par
voftre lettre vous m'auez témoigne le defirer.

Et afin de couper court; laiffant à part tout préambule, & mefme vos réponfes à mes trois premieres
objections du premier ordre, ie commenceray par
voftre réponfe à la quatriefme.

Sur le 4. article. *Outre qu'il faut remarquer*, &c.

REPLIQVE. Que le mot *action*, fignifie proprement inclination à fe mouuoir, dificilement trouuerez vous quelqu'vn qui vous l'acorde : Mais que l'inclination à fe mouuoir foit vn mouuement actuel, (ce
qui eftoit le fort de mon argument) perfonne ne vous
l'acordera; Auffi different-ils comme la puiffance &
l'acte.

Sur le 5. *Lors qu'on dit qu'vn tel à fait cela comme fça-
uant*, &c.

REPL. Les dificultez Phyfiques fe peuuent rarement vuider par des comparaifons, il y a prefque tou-
jours de la difference, ou de l'ambiguité, ou de *l'obfcu-
rum per obfcurius*. Quand on dit que quelqu'vn tient vn
tel rang dans les Eftats comme Baron d'vn tel lieu, le

mot, *Comme*, fignifie entant que, & partant fupofe que tel eft Baron : Mais quand on dit d'vn Gouuerneur, qu'il eft comme Roy dans fon Gouuernement, le mot *Comme* ne fignifie pas qu'il foit Roy. Or en voftre page 250. le mot *Comme*, fera plu-toft pris en cette feconde forte, qu'en la premiere.

Sur le 6. *La Lumiere, c'eft à dire, lux, &c.*

REPL. Que *lux*, foit felon voftre réponfe, le mouuement dans les Cors Lumineux, & *Lumen* le mouuement dans les Cors Tranfparens, & *lux* premiere que *Lumen*, comme la caufe eft premiere que l'effet; neantmoins pour ne point abufer du mot de *mouuement*, & n'en pas faire vn équiuoque, il faut en tout mouuement admettre quatre chofes ; à fçauoir, le mobile, le moteur, le mouuement, & la force acquife par le mouuement, qui eft la derniere des quatre, & qui ne peut eftre que *lux*, dans les Cors Lumineux : D'où s'enfuit, que formellement elle n'eft aucune des trois autres ; Auffi confeffez vous ne point dire abfolument qu'elle eft le mouuement : Ce qui fatisfait à mon objection, que l'effence de la Lumiere ne confifte pas dans le mouuement.

Sur le 7. *Mais il peut bien eftre tranfmis, &c.*

REPL. Ie l'acorde, mais non pas fans le mouuement local de quelque mobile; auffi ne le niez vous pas dans voftre réponfe : & tant en la page 272. des Méteores, qu'en voftre réponfe à mes objections nomb. 10. & 12. vous confeffez que les Cors Lumineux pouffent la matiere fubtile en ligne droite, ce qui ne fe peut faire fans le mouuement local de cette

matiere,

matiere en ligne droite vers nos yeux, qui eſtoit ce que ie prétendois. Au reſte, ie ne voy pas ſur ma copie que j'aye dit, que le mobile qui eſt dans les cors Lumineux n'eſt autre choſe ſelon vous que la matiere ſubtile; l'attens que vous nous l'enſeigniez.

Sur le 8. & 9. article.

R E P L. Nous aurons donc patience attendant la ſolution de ces deux objections, juſques à ce que vous donniez au public ce que vous vous réſeruez encore.

Sur le 10. *Car chaque Cors*, &c.

R E P L. Donnez donc autant de mouuemens à la matiere ſubtile, qu'il vous plaira, quand vous aurez prouué qu'elle eſt; Et enſuite donnez les cauſes & les effets de chaque mouuement.

Sur le 11. *l'auoüe bien que cette matiere ſubtile*, &c.

R E P L. Vous nous dites icy vne choſe laquelle ie ne ſçay, comme vous prouuerez, quand il vous plaira de le faire. Car ſi vn Cors eſt dit Lumineux, de cela ſeul (*quod no-tandum*) qu'il donne à la matiere ſubtile le mouuement ou l'action qui eſt requiſe, pour cauſer en nous le ſentiment de la Lumiere; il s'en enſuiura deux choſes qui paroiſſent entierement contraires à la raiſon. La premiere, que le ſentiment de la Lumiere ſera premier que les Cors Lumineux; La ſeconde, qu'il n'y auroit point de Cors Lumineux au monde, s'il n'y auoit point d'A-nimal pour voir la Lumiere, ou pour la ſentir.

Sur le 12. *Ou le mot ſeulement eſt de trop*, &c.

R E P L. l'ay eu raiſon d'adjouter le mot *ſeulement*, parce que vous ne faites mention que de deux mouuemens de la matiere ſubtile, l'vn en rond, & l'autre

en ligne droite; si vous luy en donnez encore d'autres ce sera à vous à les prouuer, ensemble leurs causes
& leurs effets. Mais donnez luy tant de mouuemens
que vous voudrez, la question est de sçauoir si la matiere subtile a ces deux mouuemens ensemble, à sçauoir, çà & là de sa nature, & en ligne droite par les
Cors Lumineux; qui estoit le but de mon objection,
à quoy vous ne répondez point.

Sur le 13. *En l'endroit que vous dites, Ie ne parle nulle-*
ment, &c.

R E P L. Vostre texte vous condamnera deuant
tous. Car en la page 256. des Météores, parlant des petites boules de la matiere subtile, qui roulent, vous
dites, I'ay connu que ces boules peuuent rouler en
diuerses façons, &c. leur donnant le mouuement en
rond, & en ligne droite. Et pour vous expliquer en la
page 257. sans quitter les petites boules de la matiere
subtile, vous dites, Pour mieux entendre cecy pensez
que la boule 1. 2. 3. 4. est poussée, &c. sans parler de
boules de bois ou autre matiere, ny là, ny ailleurs. Ioint
que ce seroit chose superfluë de suposer que les boules
de vostre figure fussent de bois, pour expliquer les
mouuemens des boules de la matiere subtile; vû qu'ils
se peuuent pour le moins aussi bien expliquer, suposant les boules de la figure estre les boules mesmes de
la matiere subtile.

Aprés auoir répliqué au premier ordre d'objections,
qui contenoit les dificultez qui me paroissent en vostre doctrine, pour la contrarieté qu'elle semble auoir;
Ie viens maintenant au second ordre, qui est celuy de
mes propres objections.

Sur le premier article: *Car pour la matiere, vous le fondez*, &c.

REPL. Quand vous dites en la page 4. de la Dioptrique, que la Lumiere n'est autre chose dans les Cors qu'on nomme Lumineux, qu'vn certain mouuement, &c. Et en la page 122. Que la Lumiere n'est autre chose dans les cors Transparens, que l'action, &c. Vous deuez auoir donné les définitions vrayes de *lux*, & de *Lumen*; ou bien *lux* & *Lumen* feroient quelque autre chose que ce que vous auez dit dans les susdites pages, & ainsi vous vous contrediriez. Or, si à present vous dites que vous n'auez eu intention d'en donner aucune définition, donc vous n'auez pas vrayment dit ce que c'est ; Car il n'y a que la définition qui le puisse ; Et partant *lux* & *Lumen* sont autre chose que ce que vous auez dit, ce qui est tou-jours vne contradiction.

Puis pour la forme, &c. L'antecedent que vous ne voyez point est bien éuident en mon texte, par ces mots, *duquel il est la cause efficiente*. Car ne pouuant y auoir de mouuement sans moteur, qui en est la cause efficiente, & le moteur selon vous mesme estant le Soleil ; De cét antecedent ie conclus que le Soleil est premier que le mouuement; Car toute cause efficiente est premiere que son action, ou motion: Et enfin vous estes contraint de l'acorder, mais seulement dites-vous comme l'homme est premier que sa raison. Sur quoy ie vous réplique ; Que si vous prenez la raison pour vne partie essentielle de l'homme, & qui luy donne l'estre d'homme, il est certain que l'homme n'est pas premier que sa raison : Mais si vous prenez la raison, pour l'action ou l'vfage que fait l'homme de fa raifon, l'homme eft premier que fa raifon ; Et la raifon en ce fens ne fait pas l'homme raifonnable, mais le fupofe tel. Tout de miefme donc, pour ne pas changer voftre comparaifon, fi *lux* n'eft autre chofe que l'action du Soleil ; ou le Soleil de fa nature n'a point de Lumiere, ou fa Lumiere n'eft pas formellement l'action du Soleil.

　Mais pour nous açorder, &c. Bien qu'il femble icy que vous leuiez vn peu le mafque, fi confeffe-ie que ie ne vous puis encore bien reconnoiftre. Car vous & moy demeurons d'acord qu'il y a de la Lumiere dans le Soleil ; & nous ne pouuons differer qu'en fa définition, ou à dire au vray ce que c'eft que la Lumiere en fon effence & en fa nature ; Et neantmoins vous dites, Ie n'ay ny définy, ny mefme parlé en aucune façon, de ce ie ne fçay quoy que vous nommez peut-eftre du nom de Lumiere, & que vous fupofez dans le Soleil, outre fon mouuement ou fon action. Mais ie vous répons, que ie ne fupofe point dans le Soleil d'autre Lumiere que celle qui y eft, & ie croy que vous en faites de mefme. Tellement qu'il faut tou-jours retomber fur le premier & principal different, à fçauoir, ce que c'eft que cette Lumiere. Et puifque vous dites ne l'auoir définy, ny eu intention de la définir, Donc, quand vous auez dit, la Lumiere dans les Cors Lumineux & Tranf-parens, n'eft autre chofe que, &c. vous n'auez pas dit au vray ce qu'elle eft. Et ie ne penfe pas que vous la puiffiez définir par ces mots d'action ou de mouue-ment, tant pour les raifons cy-deuant déduites, qu'à cauſe que la Lumiere, bien qu’elle ne ſoit pas vn eſtre plus réel que l’action ou le mouuement, ſi eſt-ce qu’elle eſt vn eſtre plus actuel & abſolu; vû que l’action & le mouuement tiennent de la puiſſance & de la rélation, mais non pas la Lumiere, comme j’ay deſ-ja dit. Finalement le Soleil n’agit pas par ſon eſſence: Car cela ne conuient qu’à Dieu ſeul; Donc il agit par quelque qualité ou faculté; Et partãt, puiſque le Soleil illumine, qui eſt vne action, donc c’eſt par ſa faculté d’illuminer, laquelle n’eſt autre que ſa Lumiere: Donc la Lumiere n’eſt pas l’action, mais la puiſſance ou faculté d’agir, & par conſequent elle eſt premiere que l’action. Et m’arreſtant là, ie ne paſſe point plus outre à vous demander quelle eſt cette action ou mouuement du Soleil que vous apellez *Lucem*, ſi c’eſt vn mouuement rectiligne ou circulaire, &c. Et comment il eſt produit par le Soleil, qui ſont des cas à vous réſeruiez: Mais vous voyez bien les difficultez qu’il y aura à combatre.

Sur le 2. *Nego conſequentiam*; Tout de meſme qu’en l’article précedent.

REPL. *Probatur conſequentia*: Tout de meſme qu’en l’article précedent.

Sur le 3. *il faut de neceßité que la Lumiere*, &c.

REPL. l’accepte voſtre diuiſion de la Lumiere, *in lucem* pour les Cors Lumineux, & *Lumen* pour les Cors Tranſparens; Et auſſi ce que vous acordez, que *lux ſit cauſa Luminis*. Mais en ce que pour renuerſer ce que ie vous objecte d’vne étincelle de feu, vous me répondez ſeulement par des comparaiſons, ie vous ay deſia auerty que rarement elles ſont propres à bien terminer vne dificulté; Et en effet, comme tant les goutes de vin qui sont au bas de la cuue, que celles qui sont au haut, tendent toutes à sortir par le trou, & s'y meuuent d'elles-mesmes par leur propre pesanteur en mesme instaht sans aucun moteur externe; De mesme aussi la goute d'eau adjoutée de surcroist au tuyau A B C, ne fait que rompre l'équilibre de la premiere eau; quoy fait, la pesanteur de l'agregé de l'eau, fauorisée de la fluidité, remüe toute cette eau pour la remettre en équilibre; Et partant le mouuement est tou-jours causé par vn principe interne, auec inclination du mobile, & non par vn moteur, ou cause efficiente externe. Mais toute la matiere subtile contenuë en vne sphere de 50. lieuës de demy diametre, n'a de soy aucun mouuement vers l'œil, & doit estre muë par vne cause externe, à sçauoir, par la Lumiere de l'étincelle. Voila dõc bien de la difference en ces comparaisons; D où ie concluray tou-jours que la matiere subtile n'estant pas dure comme vn baston, ny encline à se mouuoir à droit plu-tost qu'à gauche, il ne s'ensuit pas que la plus proche du cors Lumineux estant muë localement en ligne droite, la plus éloignée le soit aussi, & en mesme instant. Quant à ce que vous dites, Que ce n'est qu'vne maxime fondée sur la préocupation de nos sens, d'assurer que toute matiere a resistance au mouuement local, ie vous réplique

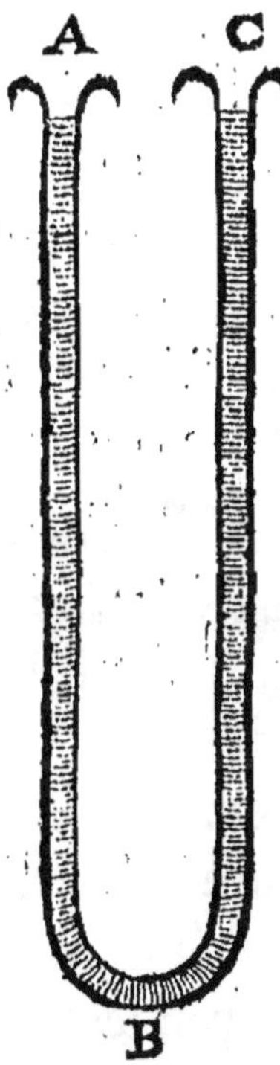

que pour l'eau & l'air dont nous parlons, cela est aussi
notoire que le nager des poissons, & le vol de ses oyseaux, qui ne se pouroient faire sans cette resistance.
Et pour vostre matiere subtile, laquelle vous faites
plus fluide incomparablement que l'air, & sans resistance au mouuement local, lors que vous aurez prouué qu'elle est, & telle que vous dites, & mesme qu'elle
peut estre muë, l'air qui la contient demeurant immobile, le j'auoüeray nonobstant tout ce qu'on me pouroit objecter; Que si le mobile n'a point de resistance au mouuement, il ne faut point de force pour le
moteur.

Sur le 4. *Ie ne voy rien*, &c.

REPL. Et ie ne voy point aussi de different entre nous sur cet article, sinon que ie veux que *lux* soit
vne qualité du Soleil, & vous voulez que ce soit vn
mouuement ; à quoy j'ay répondu cy-dessus.

Sur le 5. *Ie ne trouue icy qu'vn équiuoque*, &c.

REPL. A la verité vous faites la nature de la transparence grandement équiuoque, l'establissant d'vn
costé à auoir des pores, & de l'autre à remplir les pores.
Mais quand vous dites que l'air est Transparent, entant
qu'il a des pores, puis qu'auoir des pores n'est qu'vn
accident à l'air, donc il ne sera transparent que par
accident, & non de soy; donc de soy il sera opaque: Car
tout cors est de soy ou Lumineux, ou Transparent, ou
opaque; & l'air n'estant de soy ny Lumiueux, ny Transparent, il sera donc opaque. Et le mesme se prouue encore ainsi; Chacune des parties substantielles de l'air,
qui bornent les pores, n'ont pas d'autres pores, autre-

ment tout l'air ne feroit que pores fans fubftance;
Donc aucune de fes parties, c'eft à dire, toute la fubftance de l'air ne fera point Tranfparente de fa nature;
donc opaque. Tout de mefme, fi la matiere fubtile eft
Tranfparente felon vous, entant qu'elle eft dans les
pores de l'air; puifque cela ne luy eft qu'vn accident
local ; donc elle ne fera point de foy Tranfparente;
donc elle fera opaque, comme deffus. Or l'air eftant
opaque de fa nature, & fes pores remplis d'vne matiere auffi opaque, tout le compofé ne peut eftre qu'o-
paque ; & partant incapable de Tranfmettre la Lumiere des Cors Lumineux,

Et ie ne dis en aucun lieu, &c.

I'ay dit que la matiere fubtile deuroit en l'ordre de
l'Vniuers auoir fa propre fphere, comme l'air, & l'eau;
qui bien qu'ils s'infinuent dans les pores de la Terre,
ne laiffent pas d'auoir leur propre fphere au deffus de
la Terre. A quoy vous ne répondez point, & mettez
feulement cette matiere dans les pores des autres Cors;
peut eftre pour éuiter qu'elle ne nous empefchaft la
Lumiere, fi vous luy donniez vne propre fphere, ou
elle fuft pure: puifque comme j'ay remarqué cy-deffus,
felon vous, elle n'eft Tranfparente, qu'entant qu'elle
eft dans les pores de l'air, de l'eau, &c.

Sur le 6. *Vous imaginez toujours des contrarietez*, &c.

R E P L. l'ay répondu cy-deffus à ce que vous dites
des boules de bois, & ne feray pas feul à reconnoiftre
la contrarieté que j'ay alleguée. Or ie voy par voftre
réponfe que la matiere fubtile s'étend depuis le Soleil
jufques à l'œil, & que fon action ou mouuement

commence

commence au Soleil ; & que bien que ce mouuement
ne se puisse faire en vn instant, neantmoins il peut
estre transmis en vn instant. A quoy ie vous répons
que ie l'acorderois, si la matiere subtile contenuë entre le Soleil & l'œil estoit dure & continuë comme vn
baston : Mais elle n'est pas dure selon vous, ny mesme
continuë ou contigüe en toutes ses parties ; Car bien 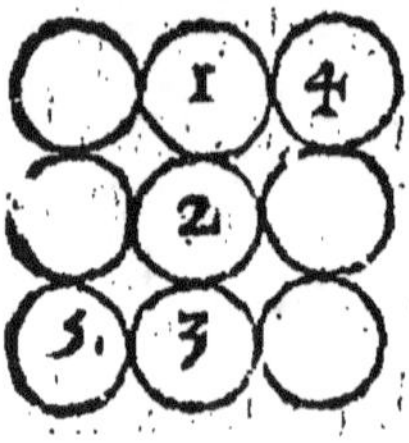
que les boules 1, 2, 3, soient contigües,
neantmoins les boules 4, 2, 5, ne le font
pas : Et partant, si le rayon tend de 4 à 5, le
mouuement sera interrompu, ou ne sera
pas rectiligne, mais se continüera par les
boules contigües. Or si chaque boule meut sa contigüe, & que tel mouuement sufise pour le sentiment
de la Lumiere, on poura voir le Soleil en pleine nuit :
veu mesmes que vous suposez la matiere subtile sans
résistance au mouuement.

Sur le 7. *Ce que vous objectez*, &c.

R*EPL*. Icy vous auâcez tant de nouuelles dificultez, au
moins pour mon esprit qui ne voit pas vos fondemés,
que ce seroit tirer en l'air que de m'amuser à y répondre. Seulement pour ce qui est du vin & des grapes de
la cuue, ie vous diray tou-jours comme deuant, que
le vin a inclination naturelle à descendre vers les trous
sans y estre mû par vne cause externe ; Mais que la matiere subtile n'a de soy aucun mouuement rectiligne
a droit plu-tost qu'à gauche, & qu'elle le doit prendre
de la cause la plus forte ; Vous tenez que la Lumiere
d'vne étincelle soit plus forte qu'vn grand vent pour
cet effet ; & moy ie tiens le contraire, puisque vous vou-

lez que le mouuement de la matiere soit réel, & local,
lorsque vous dites que la matiere subtile entre de l'air
dans le verre, & en sort.

Sur le 8. *La cause qui empesche le verre*, &c.

REPL. Pardonnez-moy, s'il vous plaist, vous ne
répondez pas à ma dificulté, laquelle n'a point d'égard
à l'impureté du verre, mais seulement à ses pores. Car
ie dis que la matiere subtile rencontre les mesmes pores en la superficie du verre épais d'vne ligne, qu'elle
rencontreroit en la mesme superficie, si le verre estoit
épais de 10. piez : & que selon vous les pores estant
droits & vnis, & la matiere subtile y coulant sans obstacle, il doit passer autant de matiere subtile à trauers
l'épaisseur de 10. piez de verre, qu'à trauers l'épaisseur
d'vne ligne, & par consequent autant de Lumiere ; Ce
qui neantmoins est contre l'experience.

*Mais celle de vos objeƈtions qui est à mon auis la princi-
pale*, &c.

REPLIQVE. Ie ne voy point que vostre réponse y satisfasse, pour deux raisons ; La premiere, parceque tenant des bales ou des pommes encloses
dans vn rets, (qui est vostre comparaison) les espaces vuides qui se trouuent entre les pommes ou les
bales sont fort grans ; & de plus le sable que vous suposez estre jetté sur ces pommes estant tres-delié &
pesant, il passe librement à trauers, coulant en bas par
sa subtilité & pesanteur d'vn espace en l'autre sans
estre arresté. Mais si ce sable estoit jetté sur vn boisseau de millet, il n'entreroit pas vn demy doigt d'épais
dans ce millet ; bien qu'vn grain de ce sable ne soit pas

la centiefme partie d'vn grain de millet. La feconde,
parce qu'encore qu'on ne prenne point le mot de *droit*,
plus à la rigueur que vous le prenez en la page 8. lig. 2.
tou-jours n'y trouuerez-vous pas voftre comte : Car
voicy ce que vous dites vn peu plus bas en cetté page,
lig. 17. Au refte, ces rayons doiuent eftre ainfi tou-jours
imaginez exactement droits, lors qu'ils ne paffent que
par vn feul cors Tranfparent qui eft par tout égal à
foy-mefme ; Mais lors qu'ils rencontrent quelques autres cors, ils font fujets d'eftre détournez par eux. Sur
quoy ie dis que nous pouuons fupofer vn verre ou cry-
ftal fi pur, qu'il foit par tout égal à luy-mefme, ou bien
quelque partie de l'Ether, ou de l'air tres-pur. Et fur
cette hypothefe, laquelle ne fe peut refufer, les pores
felon vous feront exactement droits, & par confequét
ma conclufion tiendra, à fçauoir, qu'ils ne pouront
eftre droits en tous fens, ou qu'il n'y aura rien de folide
dans le verre, dans l'air, ou dans l'Ether. C'eft pourquoi
il me femble que cette feule objection détruit entierement l'hypothefe de la matiere fubtile, & de fes pores;
bien que la fituuanté ne luy foit gueres plus fauorable.

Sur le 9. *La coutume qu'on a de remarquer*, &c.

R E P L. Bien qu'il femble que par les trous de diuers
tuyaux en la boule A G B, on fe
peut fauuer de mon objection, parce que la matiere qui eft au centre
E, eft liquide & diuifible en parties:
Neantmoins il y a vne certaine partie d'icelle, laquelle eft en telle égalité au refpect des trois tuyaux A C,

B D, F G, & des trois foufleurs, que ie fupofe foufler
également par les trous A , B , F, qu'il n'y aura aucune
raifon qu'elle foit plus diuifée, eftant pouflée également par chaque tuyau, ny qu'elle foit mûe plu-toft
vers D, que vers G, ou vers C. Mais pour vuider la
dificulté plus clairement, ne fupofons qu'vn feul tuyau A C, & deux foufleurs égaux l'vn en A, & l'autre
en C, il eft certain que la matiere centrale E, ne bougera de fa place, ou qu'en mefme tems elle fera en diuers lieux; Et neantmoins fi A & C, eftoient deux
Cors Lucides, C deuroit poufler E vers A, & A le
deuroit auffi en mefme inftant poufler vers C, felon
voftre doctrine; Car fi en A & C, eftoient apliquez
deux yeux de deux chats, qui font lucides, l'œil C verroit l'œil A, & l'œil A verroit l'œil C, en mefme inftant; Et par confequent la mefme matiere fubtile
feroit mûe en mefme inftant vers deux coftez opofez;
Ce que toutes-fois vous confeffez impoffible par voftre réponfe.

Ie pourrois encore vous propofer plufieurs autres
belles difficultez fur ce fujet, lefquelles répugnent
grandement, ce me femble, à l'hypothefe de la matiere
fubtile: Mais en voila affez pour moy, jufques à ce que
voftre Lumiere me paroiffe plus claire : Peut-eftre que
d'autres vous les propoferont; & tout cela ne peut que
feruir à la perfection de voftre deffein, & à bien établir les principes de voftre nouuelle Phyfique. Au refte, ie plains grandement le tems que vous auez employé à répondre à toutes mes objections; ny elles ny
leur auteur ne méritoient pas cét honneur, d'vne per-

sonne de si grand merite que vous : C'est pourquoy
ie serois bien marry d'en plus abuser, & vous importuner d'vne seconde réponse à mes répliques, mon dessein n'ayant esté que de seruir par ma déroute à vn plus
grand éclaircissemét de vostre doctrine de la Lumiere.
Si donc vous estes en dessein de faire imprimer vostre
réponse à mes objections, vsez-en tout ainsi qu'il vous
plaira. Vous ne manquez ny d'esprit ny de courage
pour reconnoistre celles qui sont les plus fortes, & pour
les attaquer mesme jusques dans les retranchemens
qu'elles se sont faits dans mes répliques ; D'où si vous
les pouuez débusquer, ie seray le premier à m'en réjoüir, vous desirant vne victoire qui me rende vain-
queur de mon ignorance, & qui m'oblige ainsi à confirmer les vœux que ie fais d'estre toute ma vie, &c.

I'ay oublié à vous dire que ie pense auoir découuert
par hazard vostre matiere subtile, & son mouuement,
par le trou & la fente d'vne fenestre exposée au Soleil,
à l'entour desquels se fait vn certain boüillonnement
Lumineux d'air, ou vous voyez voltiger vne matiere
subtile : Mais ie croy pouuoir rendre bonne raison de
cet effet par mes hypotheses de la Lumiere, & que cela
n'arriueroit pas en vn air pur. Ie suis, &c.

A Paris ce 12.
Aoust 1638.

REPONSE
DE MONSIEVR DESCARTES
A LA RE'PLIQVE DE Mʳ MORIN.

LETTRE LXII.

MONSIEVR,

Vos intentions paroiſſent ſi juſtes, & voſtre courtoiſie ſi grande, que ie penſe eſtre obligé de faire
mon mieux, pour ſatisfaire à tout ce qu'il vous a plû
derechef me propoſer.

4. Vous commencez par le quatriéme article de
mes réponſes, ou ie ne nie pas que le mot *d'action* ne ſe
prenne pour le mouuement; mais ie dis que ſa ſignification eſt plus generale, & qu'il ſe prend auſſi pour
l'inclination à ſe mouuoir; Car par exemple, ſi deux
aueugles tenans vn meſme baſton le pouſſent ſi également l'vn à l'encontre de l'autre, que ce baſton ne
ſe meuue point du tout, & auſſi-toſt apres qu'ils le
tirent ſi également, qu'ils ne le remüent non plus
qu'auparauant; Et ainſi que l'vn faiſant diuers effors,
l'autre en faſſe en meſme tems de contraires, qui leurs
ſoient ſi juſtement égaux que le baſton demeure tou-
jours immobile; Il eſt certain que chacun de ces
aueugles par cela ſeul que ce baſton eſt ſans mouuement peut ſentir que l'autre aueugle le pouſſe, ou le
tire auec pareille force que luy; Et ce qu'il ſent ainſi
en ce baſton, à ſçauoir, ſa priuation de mouuement en

tels & tels diuers cas, se peut nommer les diuerses actions qui sont imprimées en luy, par les diuers efforts de l'autre aueugle. Car lorsque ce dernier le tire, il ne fait pas sentir au premier la mesme action que lors qu'il le pousse, &c.

5. Encore que le mot de *comme* pust estre pris en quelque autre sens, on ne doit pas ce me semble me refuser de l'entendre au sens que j'ay expliqué, car il est entierement selon l'vsage.

6. Le mobile dans les Cors Lumineux est leur propre matiere ; le moteur est le mesme qui meut tous les Cieux ; Le mouuement est l'action par laquelle les parties de cette matiere changent de place: Mais pour la forme acquise par luy, si ce n'est que vous nommiez ainsi ce changement de place, elle est vn estre Philosophique qui m'est inconnu.

7. Vn Cors en peut bien pousser vn autre en ligne droite sans se mouuoir pour cela en ligne droite; Comme on voit qu'vne pierre qui tourne en rond dans vne fronde, pousse le milieu de cette frondé, & par mesme moyen tire la corde suiuant des lignes droites, qui tendent de tous costez du centre de son mouuement vers sa circonference. Or afin que ie me déclare icy vn peu dauantage que ie n'ay cy-deuant voulu faire, ie vous diray que pour la Lumiere du Soleil, ie ne conçoy autre chose sinon qn'il est composé d'vne matiere très-fluide, laquelle tourne continuellement en rond autour de son centre auec vne tres grande vitesse, au moyen dequoy elle presse de tous costez la matiere dont le Ciel est composé, la-

quelle n'eſt autre choſe que cette matiere ſubtile qui
s'étend ſans interruption depuis les Aſtres juſques à
nos yeux, & ainſi par ſon entremiſe nous fait ſentir
cette preſſion du Soleil, qui s'apelle Lumiere : Ce qui
doit, ce me ſemble, faire ceſſer la plu-part des difficultez que vous propoſez. Ie ſçay bien que vous en pouuez tirer derechef pluſieurs autres de cecy, mais j'aurois auſſi pluſieurs réponſes à y faire, qui ſont deſia
toutes preſtes, & nous n'aurions iamais acheué, ſi ie
n'expliquois toute ma Phyſique.

8. 9. & 10. Ie n'ay beſoin pour prouuer l'exiſtence de
cette matiere, que de faire conſiderer qu'il y a des pores en tous les Cors ſenſibles, ou de moins en pluſieurs,
comme on voit à l'œil dans le bois, dans le cuir, dans
le papier, &c. Et que ces pores eſtant ſi étroits que
l'air ne les peut penetrer, ils ne doiuent pas pour cela
eſtre vuides ; d'où il ſuit qu'ils doiuent eſtre remplis
d'vne matiere plus ſubtile que n'eſt celle dont ces
Cors ſont compoſez, à ſçauoir, de celle dont ie parle.
Et pour les diuers mouuemens de cette matiere ſubtile, ils ſe démontrent aſſez par ceux des cors dans
les pores deſquels elle paſſe ; Car eſtant tres-fluide
comme elle eſt, il faudroit des miracles pour empeſcher qu'elle ne ſe mûſt en toutes les diuerſes façons
qu'elle peut eſtre pouſſée par eux.

11. Vous pourriez ainſi objecter à ceux qui diſent que
le ſon n'eſt autre choſe hors de nous, qu'vn certain
tremblement d'air qui frape nos oreilles, que ce ſentiment du ſon eſt donc premier que les Cors ſonnants,
& qu'il n'y auroit point de tels cors au monde, s'il n'y
auoit

auoit point d'animal pour oüir les sons, &c. Et il me
sufit de répondre, que les Cors Lumineux ont en eux
tout ce pourquoy on les nomme Lumineux, c'est à
dire, tout ce qu'ils doiuent auoir pour nous faire sentir la Lumiere, auant qu'ils nous la fassent sentir; Et
qu'ils ne lairroient pas d'auoir en eux la mesme chose,
encore qu'il n'y eust point d'animal au monde qui eust
des yeux.

12. Le mouuement, ou plu-tost l'inclination a se
mouuoir en ligne droite, que j'attribüe à la matiere
subtile, se prouue assez par cela seul que les rayons
de la Lumiere s'étendent en ligne droite ; Et ie démontre son mouuement circulaire en la page 257.
auec les suiuantes ; Et enfin les autres suiuent tous
de cela seul qu'elle est tres-fluide.

13. Il me semble que mon texte monstre bien clairement qu'en la page 258. par les boules que j'y fais
entrer dans l'eau, & estre détournées par la résistance
de cette eau suiuant l'ordre des chifres 1, 2, 3, 4, j'entens parler de boules qui sont de quelque matiere sensible, & non point des petites parties de la matiere
subtile; Car en ce mesme lieu page 258. ie les fais tourner tout au rebours, en disant que lors que les boules
q, & R vont plus viste que les autres, cela explique
l'action du rayon D F, &c. Et j'ay dû me seruir de ces
boules sensibles, pour expliquer leur tournoyement,
plu-tost que des parties de la matiere subtile qui sont
insensibles; afin de soumettre mes raisons à l'examen
des sens, ainsi que ie tasche tou-jours de faire.

Ie passe icy aux articles du second ordre.

O o

1. & 2. Ie puis bien auoir donné diuerses descriptions ou explications de la Lumiere qui soient vrayes,
sans en auoir donné pour cela aucune exacte définition au sens de l'école, *per genus & differentiam*, qui est
ce que ie dis n'auoir point eu dessein de faire, afin
d'éuiter par ce moyen les difficultez superflües qui en
pouuoient naistre, ausquelles sont fort semblables
celles qui suiuent. Car de dire que si *lux* n'est autre
chose que l'action du Soleil, il n'a donc point de Lumiere de sa nature; Et que la Lumiere est vn estre plus
actuel & plus absolu que le mouuement; Et qu'il n'y a
que Dieu seul qui agisse par son essence, &c. C'est former des dificultez en paroles, où il n'y en a point du
tout en effet : Non plus que si ie disois qu'vne horloge
à roües ne monstre les heures que par le mouuement
de son aiguille, & que sa qualité de montrer les heures
n'est point vn estre plus actuel & plus absolu que son
mouuement, & que ce mouuement est en elle de sa
nature & de son essence, à cause qu'elle cesseroit d'e-
stre horloge si elle ne l'auoit point, &c. Ie sçay bien
que vous direz que la forme de cette horloge n'est
qu'artificielle, au lieu que celle du Soleil est naturelle
& substantielle; Mais ie répons que cette distinction
ne regarde que la cause de ces formes, & non point
du tout leur nature, ou du moins que cette forme
substantielle du Soleil, entant qu'elle differe des
qualitez qui se trouuent en sa matiere, est derechef
vn estre Philosophique qui m'est inconnu.

3. Il est vray que les comparaisons dont on a coutume d'vser dans l'école, expliquant les choses intel-

lectuelles par les corporelles, les substances par les
accidens, ou du moins vne qualité par vne autre d'vne
autre espece, n'instruisent que fort peu ; Mais pource
qu'en celles dont ie me sers, ie ne compare que des
mouuemens à dautres mouuemens, ou des figures
à d'autres figures, &c. C'est à dire, que des choses qui
à cause de leur petitesse ne peuuent tomber sous nos
sens à d'autres qui y tombent, & qui d'ailleurs ne different pas dauantage d'elles qu'vn grand cercle differe d'vn petit cercle, ie prétens qu'elles sont le moyen
le plus propre, pour expliquer la verité des questions
Physiques, que l'esprit humain puisse auoir ; iusques-
là que lors qu'on assure quelque chose touchant la
nature, qui ne peut estre expliquée par aucune telle
comparaison, Ie pense sçauoir par démonstration
qu'elle est fausse. Et pour la comparaison d'vn tuyau
recourbé que j'ay mise icy, ie prétens qu'elle monstre
tres-clairement qu'vne puissance fort petite est sufisante pour mouuoir vne fort grande quantité d'vne
matiere qui est tres fluide : Car la pesanteur de l'eau cō-
tenüe en ce tuyau ne sert point
du tout pour la mouuoir, vû
qu'elle ne pese point dauantage d'vn costé que d'autre. Et
afin qu'on n'en puisse douter,
fesons que ce tuyau ABC, soit
courbé en rōd tout autour de
la Terre D, en sorte qu'aucune de ses parties ne soit plus
haute que l'autre, excepté seu-

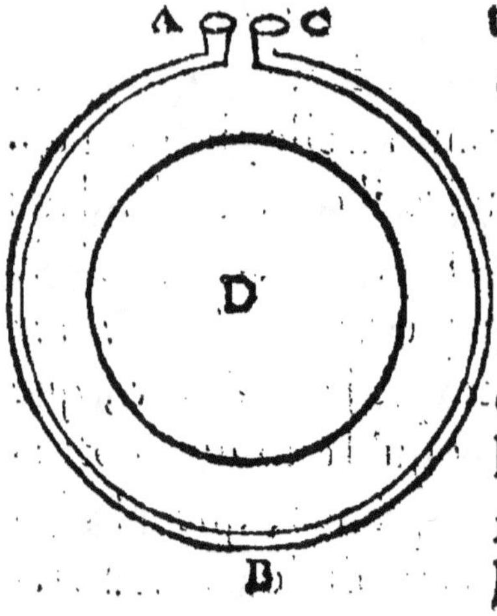

lement vn peu aux deux bouts, en autant d'espace
qu'il en faut pour contenir tant soit peu d'eau; Car
lors en versant vne seule goute en l'vn de ces bouts,
cela suffira pour mouuoir toute celle qui est dans ce
tuyau, nonobstant qu'elle ne soit d'ailleurs pas plus
encline à se remüer d'vn costé que d'autre, & qu'elle
soit en aussi grande quantité qu'est la matiere subtile
que meut vne étincelle. Au reste, le nager des poissons, & le vol des oyseaux ne prouue point qu'aucune matiere ait de soy résistance au mouuement local,
mais seulement que les parties de l'eau & de l'air se
tiennent en quelque façon les vnes aux autres, & ne
peuuent estre separées fort promtement sans vne
force assez notable.

4. & 5. Il importe fort peu de penser que l'air soit
Transparent par sa nature, ou par accident; Et à ce propos ie vous diray qu'vne personne digne de foy m'a dit
auoir vû de l'air tellement pressé & condensé dans vn
tuyau de verre, qu'il y estoit deuenu opaque. Pour
la matiere subtile, quand ie dis que le mot de Transparent s'attribue à elle, entant qu'elle est dans les
pores de l'air, & des autres tels cors, ie ne dis pas pour
cela qu'il ne se peut attribuer aussi à elle, lors qu'elle est toute pure; Car au contraire il est tres-éuident
qu'elle doit estre dautant plus Transparente, qu'elle
est plus pure; Et il me semble que vous argumentez
icy, tout de mesme que si de ce que j'aurois dit, que
le Roy a de grans reuenus entant qu'il est Duc de Bretagne, vous en tiriez cette consequence, que s'il n'e-
stoit point Duc de Bretagne, il n'auroit donc aucun re-

uenu. Puis à caufe que vous dites que ie n'ay peut-eftre
point attribué de fphere particuliere à cette matiere
fubtile, de peur qu'elle ne nous empefchaft la Lumiere,
ie vous demande fi aprés auoir dit qu'elle s'étend fans
interruption depuis les Aftres jufques à nous, il eft poffible de luy attribuer quelque autre lieu, ou cela fuft à
craindre, encore mefme qu'elle fuft vn Cors opaque.

6. I'ay affez expliqué dés le commencement de la
Dioptrique page 6. comment vn Cors fluide peut
tranfmettre vne action en vn inftant, auffi bien qu'vn
Cors dur comme vn bafton. Et pour vo-
ftre inftance des boules qui ne font
pas contigües, ie vous diray qu'il fuffit
qu'elles fe touchent par l'entremife de
quelques autres, comme en voftre figure celles qui font marquées 4, & 2 s'entretou-
chent par l'entremife de celle qui eft marquée 1, &
de fa compagne. Et afin que vous ne doutiez pas que
cela ne fuffife pour tranfmettre vne
action, & mefme pour la tranfmettre
en ligne droite, voyez ces boules enfer-
mées dans vn tuyau, ou preffant la premiere marquée 1, on preffe par mefme
moyen les fuiuantes 2 & 3, par l'entremife des Collaterales 4, 5, & 6, 7; Et
mefme l'action dont on les preffe s'é-
tend en ligne droite du point 1, vers le
point 8, nonobftant que ces boules ne
foient pas arengées en ligne droite. Or
lors qu'elles ne font point ainfi conti-

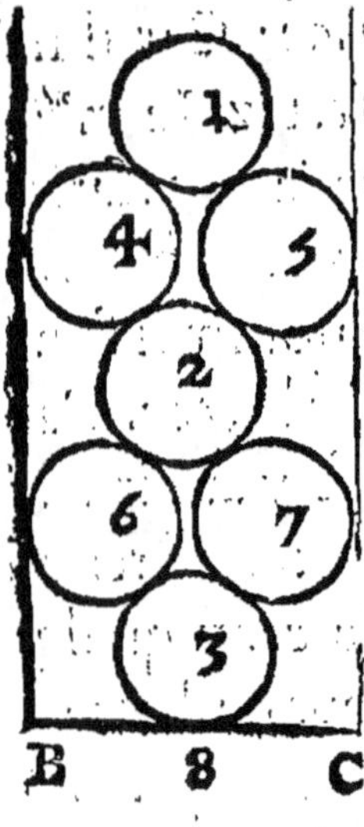

guës en quelque Cors, il ne peut estre Transparent;
& par cela seul vous pouuez entendre pourquoy il y
en a plusieurs qui sont opaques. Au reste, ces boules
ainsi contiguës ne transmettent la Lumiere qu'en lignes droites, ou équiualentes aux droites, ce qui est
cause qu'on ne peut voir le Soleil en pleine nuit.

7. Icy vous dites que j'auance beaucoup de nouuelles difficultez; Mais pource que vous n'en désignez
aucune en particulier, vous ne me donnez point occasion d'y satisfaire.

8. Si ie n'ay pas icy assez répondu à vostre difficulté, en disant que ce sont les seules impuretez du verre,
qui empeschent qu'il ne soit aussi Transparent en vne
grande épaisseur qu'en vne moindre, il n'y a qu'vn mot
de plus à y adjouter, qui est que ie nie qu'il fust moins
Transparent, s'il n'auoit point du tout d'impuretez,
encore mesme que son épaisseur s'étendist depuis le
Soleil jusques à nous. Et ie m'étonne de ce que vous dites que cela est encore contre l'experience; Car il ne
se trouua iamais aucun verre sans impuretez. Ie m'é-
stonne aussi de ce que vous dites que ie n'ay pas satisfait au reste de cet article; à cause, dites-vous, que les
espaces qui sont entre des bales ou des pommes sont
fort grans à comparaison des grains de sable, &c. Car
pourquoy ne voulez-vous pas qu'il puisse y auoir autant d'inégalité, entre les parties des Cors terrestres &
celles de la matiere subtile? Pour moy ie croy qu'il y
en a beaucoup dauantage; & puisque vous ne donnez
aucune raison pour rendre le contraire plus vray-semblable, ie ne voy point pourquoy vous l'alleguez. Ie

ne voy point auſſi que j'aye rien obmis, lorſque j'ay cité la page 8, lig. 2. ou diſant que les parties du vin ne ſe peuuent mouuoir exactement en ligne droite, j'ay fait entendre le meſme des parties de la matiere ſubtile ; Et j'ay diſtingué le rayon *materialiter ſumptum*, qui ne peut preſque iamais eſtre exactement droit, du rayon *formaliter ſumptum*, qui ne peut jamais manquer de l'eſtre. Mais au lieu de la ligne 2. vous auez pris la ligne 17. & citez des mots ou ie ne parle que des rayons formels, leſquels ie dis deuoir eſtre imaginez exactement droits. Au reſte, pour faire qu'vn Cors Tranſparent ſoit par tout auſſi égal à ſoy-meſme qu'il le ſçauroit eſtre, on ne doit point ſupoſer que ſes parties ſoient arengées d'autre façon, que comme les pommes ou les bales dont j'auois parlé, & ainſi j'auois, ce me ſemble, entierement ſatisfait à voſtre objection.

9. Voſtre inſtance de deux hommes qui ſouflent à l'encontre l'vn de l'autre dans vn meſme tuyau, ou de deux yeux qui ſe regardent, eſt ce me ſemble, aſſez expliquée parce que i'ay dit au commencement de cet écrit, touchant vn baſton qui eſt pouſſé par deux aueugles ; Car il faut, s'il vous plaiſt, vous ſouuenir, que j'ay fait entendre en diuers endroits que l'action ou l'inclination à ſe mouuoir eſt ſuffiſante ſans le mouuement, pour nous faire ſentir la Lumiere.

Mais ce que ie voy tout au bas de voſtre lettre, à ſçauoir, que vous penſez auoir découuert ce que ie prens pour la matiere ſubtile, en voyant voltiger la pouſſiere qui paroiſt en l'air vis à vis de la fente d'vne feneſtre

exposée au Soleil, me fait remarquer que vos pensées &
les miennes sont en cecy fort differentes: Car les moindres parties de cette poussiere sont beaucoup plus
grosses que celles de l'air pur, & les moindres de l'air pur
sont beaucoup plus grosses que celles que j'attribuë à
la matiere subtile, laquelle ie conçoy comme vne liqueur continuë qui remplit tous les espaces que les
cors plus grossiers n'occupent point, & nonpas comme
estant composée de parties déiointes, ainsi que sont
celles de cette poussiere. Voila ce que j'ay crû deuoir
répondre à vos dernieres, afin de vous témoigner le
desir que j'ay de vous satisfaire, & que ie suis, &c.

<hr>

RE'PLIQVE
DE MONSIEVR MORIN
AVX II. RE'PONSES DE Mr DESCARTES,
LETTRE LXIII.

MONSIEVR,

    Ie ne m'attendois pas à l'honneur que vous m'auez
fait d'vne seconde réponse, tant parce que ie m'estois
efforcé de vous diuertir de cette peine, que parce que
ie voy bien que ie ne sçaurois bien voir vostre Lumiere, que vous ne l'exposiez bien assise sur tous ses fondemens. Et encore que vous vous déclariez vn peu dauantage que vous n'auez fait cy-deuant, par la décla-
ration que vous m'auez faite de vostre conception de
la Lumiere du Soleil; Toutesfois comme vous dites

vous

vous mefme, on en peut tirer plufieurs autres difficultez que celles que j'ay touchées jufques icy, dont vous
m'écriuez auoir les réponfes toutes preftes, qui ne fe
peuuent donner qu'en expliquant toute voftre Phyfique. C'eft donc jufques à ce tems-là que ie veux réfer-
uer mon efprit, fans le plus trauailler ny le voftre auffi
par des objections tirées en l'air. Neantmoins, ie ne
laifferay pas encore pour ce coup de faire comme en
paffant quelques remarques fur voftre réponfe à ma
derniere, pour voftre plus grande précaution.

4. Bien que le mouuement actuel & l'inclination à
fe mouuoir different comme l'acte & la puiffance, vous
voulez neantmoins que le mot *d'action* foit pris non
feulement pour le mouuement actuel, mais qu'en vne
fignification plus generale & plus étenduë, il fignifie
auffi l'inclination à fe mouuoir. Or il eft certain que
comme la puiffance ne fe peut étendre jufques à eftre
Acte, (car alors elle ne feroit plus puiffance) auffi l'a-
cte ne fe peut étendre, ou pour mieux dire reftrerir,
jufques à eftre puiffance à foy-mefme, & l'vn eft incompatible auec l'autre. Et pour la comparaifon que
vous aportez de deux aueugles qui tirent & pouffent
vn bafton d'égale force, il eft bien vray que la priuation de fon mouuement en tels & tels diuers cas, fe
peut nommer, comme vous dites, les diuerfes actions
qui font imprimées en luy par les diuers effors de ces
aueugles; Mais de là vous ne concluez pas que le mouuement foit l'inclination à fe mouuoir, qui eft le
nœud de l'affaire, & ie ne voy pas que vous le puiffiez
conclure par là.

expofée au Soleil, me fait remarquer que vos penfées &
les miennes font en cecy fort differentes: Car les moindres parties de cette pouffiere font beaucoup plus
groffes que celles de l'air pur, & les moindres de l'air pur
font beaucoup plus groffes que celles que j'attribüe à
la matiere fubtile, laquelle ie conçoy comme vne liqueur continüe qui remplit tous les efpaces que les
cors plus groffiers n'occupent point, & nonpas comme
eftant compofée de parties déiointes, ainfi que font
celles de cette pouffiere. Voila ce que j'ay crû deuoir
répondre à vos dernieres, afin de vous témoigner le
defir que j'ay de vous fatisfaire, & que ie fuis, &c.

✶✶✶✶✶✶✶✶✶✶✶✶✶✶✶✶✶✶✶✶✶✶✶

RE'PLIQVE

DE MONSIEVR MORIN.

AVX II. RE'PONSES DE Mr DESCARTES.

LETTRE LXIII.

MONSIEVR,

Ie ne m'attendois pas à l'honneur que vous m'auez
fait d'vne feconde réponfe, tant parce que ie m'eftois
efforcé de vous diuertir de cette peine, que parce que
ie voy bien que ie ne fçaurois bien voir voftre Lumiere, que vous ne l'expofiez bien affife fur tous fes fondemens. Et encore que vous vous déclariez vn peu dauantage que vous n'auez fait cy-deuant, par la décla-
ration que vous m'auez faite de voftre conception de
la Lumiere du Soleil; Toutesfois comme vous dites

vous

vous mefme, on en peut tirer plufieurs autres difficultez que celles que j'ay touchées jufques icy, dont vous
m'écriuez auoir les réponfes toutes preftes, qui ne fe
peuuent donner qu'en expliquant toute voftre Phyfique. C'eft donc jufques à ce tems-là que ie veux réfer-
uer mon efprit, fans le plus trauailler ny le voftre auffi
par des objections tirées en l'air. Neantmoins, ie ne
laifferay pas encore pour ce coup de faire comme en
paffant quelques remarques fur voftre réponfe à ma
derniere, pour voftre plus grande précaution.

4. Bien que le mouuement actuel & l'inclination à
fe mouuoir different comme l'acte & la puiffance, vous
voulez neantmoins que le mot *d'action* foit pris non
feulement pour le mouuement actuel, mais qu'en vne
fignification plus generale & plus étenduë, il fignifie
auffi l'inclination à fe mouuoir. Or il eft certain que
comme la puiffance ne fe peut étendre jufques à eftre
Acte, (car alors elle ne feroit plus puiffance) auffi l'a-
cte ne fe peut étendre, ou pour mieux dire reftrerir,
jufques à eftre puiffance à foy-mefme, & l'vn eft incompatible auec l'autre. Et pour la comparaifon que
vous aportez de deux aueugles qui tirent & pouffent
vn bafton d'égale force, il eft bien vray que la priuation de fon mouuement en tels & tels diuers cas, fe
peut nommer, comme vous dites, les diuerfes actions
qui font imprimées en luy par les diuers effors de ces
aueugles ; Mais de là vous ne concluez pas que le mouuement foit l'inclination à fe mouuoir, qui eft le
nœud de l'affaire, & ie ne voy pas que vous le puiffiez
conclure par là.

P p

6. Si le mouuement dans les cors Lumineux est l'action par laquelle les parties de leur matiere subtile changent de place, ainsi que vous dites; Donc la Lumiere dans les Cors Lumineux, qui est ce mouuement, sera l'action par laquelle les parties de leur matiere subtile changent de place, & non autre chose ; Surquoy il y aura bien à contester, si vous n'y pouruoyez en vostre Physique.

8. 9. 10. Si pour prouuer l'existence de vostre matiere subtile, vous n'auez point d'autre fondement que celuy que vous alléguez, à sçauoir, que les pores du bois, du cuir, du papier, &c. estant si estroits que l'air ne les peut pénetrer, ils ne doiuent pas pour cela estre vuides, d'où il suit qu'ils doiuent estre remplis d'vne matiere plus subtile que n'est celle dont ces cors sont composez, à sçauoir d'vne matiere subtile, il me semble voir bien clairement qu'elle est tres-mal fondée. Car si l'eau mesme pénetre toutes ces choses, comme l'on peut ayfément reconnoistre par le bois flotté, qui est tout moüillé interieurement au sortir de l'eau, & dont mesme le sel est entierement dissout par l'eau qui le penetre, d'où vient que ses cendres ne valent rien à faire lessiues, faute de sel ; Combien plus facilement seront-elles pénetrées par l'air, qui est incomparablement plus subtil, & plus fluide que l'eau ? & combien clairement se voit-il par là, que vostre matiere subtile est superfluë à remplir les pores des cors.

Articles du second ordre.

1. & 2. Quand dans vostre premiere réponse vous disiez n'auoir eu intention de donner aucune défini-

tion de la Lumiere, vous eſtant contenté d'en donner
quelques vrayes deſcriptions ou explicatiõs, ie croyois
que vous ne vouliez point encore publier voſtre définition de la Lumiere, & que vous la réſeruiez pour voſtre Phyſique : Mais diſant à préſent que vous n'auez
point eu deſſein d'en donner l'éxacte définition par
genre & *difference*, afin d'éuiter les difficultez ſuperfluës
qui en pouroient naiſtre, on prendra cela à mauuais
augure ; Et vous ne deuiez donc point non plus donner vos deſcriptions ou explications, puis qu'elles ne
peuuent manquer à fournir plus de dificultez que ne
feroit vne exacte définition, qui dit clairement ce que
c'eſt que la choſe définie, ainſi que vous pouuez juger
par mes objections, ſur leſquelles d'autres meilleurs
eſprits pouront beaucoup enchérir ; Et au fonds,
voſtre préſente réponſe ne touche en rien la contradiction que ie vous ay objectée, mais la confirme
plu-toſt.

3. Ie m'étõne que vous faſſiez tant d'eſtat des cõparai-
ſons pour prouuer les choſes phyſiques juſques à dire
que lors quon aſſure quelque choſe touchãt la nature,
qui ne peut-eſtre expliqué par aucune comparaiſon,
vous penſez ſçauoir par démonſtration que telle
choſe eſt fauſſe ; vû quen la nature ils ſe peut trouuer
tant déffets qui n'ont point de ſemblables, comme
entre autres ceux de l'ayman ; Et ſi ie vous diſois ce
que ie ſçay des influences céleſtes, c'eſt bien encore
toute autre choſe, vû qu'elles ne reçoiuent en leur
maniere d'agir autre comparaiſon que Dieu meſme.
Ie ne nie pas qu'on ne puiſſe preſque tou-jours trouuer

des comparaiſons pour les expliquer tellement qu'el-
lement , mais il eſt queſtion de les ſi bien expliquer, qu'on engendre vne ſcience claire de la choſe
qu'on traite. Et pour celles dont juſques icy vous vous
eſtes ſeruy auec moy, ie ne voy pas qu'elles faſſent
cet effet ny en moy ny en autruy : meſmes celle que
vous prenez icy d'vn tuyau plain d'eau , & courbé
circulairement autour de la Terre ne reſout du tout
point ma difficulté de l'étincelle de feu , non plus que
voſtre précedent tuyau : Car au lieu que vous faites
les deux bouts A & C fort petits, faites en vn fort
grand, pour rendre la choſe plus ſenſible ; Il eſt certain 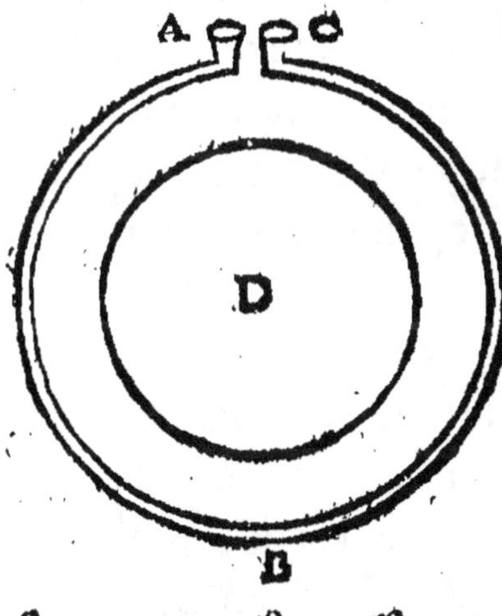
que ſi vous l'empliſſez d'eau,
fermant l'autre bout de peur
que l'eau n'en ſorte, les deux
eaux ne font plus qu'vn Cors
& vne peſanteur;& que ſi vous
venez à ouurir le bout qui
eſtoit fermé, ce cors ne peut
plus demeurer en cet eſtat, à
ſçauoir, partie dans le tuyau,
partie dans le grand bout, n'e-
ſtant pas en ſon aſſiette & équilibre à l'entour du centre de la Terre : C'eſt pourquoy tout ce Cors, par ſon
interne peſanteur & fluidité,ſe mouura pour ſe remettre en l'équilibre auquel il tend par inclination ; & le
mouuement commencera auſſi-toſt à vn bout de
l'eau qu'à l'autre : Or tout le meſme arriue, n'y ayant
que les deux petits bouts de tuyau A & C ; Vous voyez
donc que ce tuyau ne reſout non plus ma difficulté

que le précedent. A quoy j'adioute que l'étincelle qui meut la matiere subtile qui est autour d'elle, ne se fait pas vn mesme cors auec elle, & demeure immobile, tandis qu'elle meut effectiuement & extrinsequement cette matiere subtile; mais en la comparaison du tuyau l'on voit tout le contraire.

4. & 5. Ie ne sçay pas à qui vous persuaderez, qu'il importe fort peu de penser que l'air soit Transparent de sa nature ou par accident; Mais ie suis fort assuré que cela n'est pas bien, connoistre la nature de l'air. Et sur ce que ayant esté dit par vous en vostre premiere réponse, que la matiere subtile est Transparente entant qu'elle est dans les pores de l'air, ie concluois que cela ne luy estant qu'vn accident local, elle n'estoit donc pas Transparente de soy; Vous dites à present que ie conclus tout de mesme, que si de ce que vous auriez, dit que le Roy a de grans reuenus, entant qu'il est Duc de Bretagne, ie tirois cette consequence, que s'il n'estoit point Duc de Bretagne, il n'auroit donc point de reuenu. Ie vous répons que le reuenu du Roy luy est vn accident diuisible & externe; qu'il tire de plusieurs lieux de son Estat: Mais la Transparence est naturelle à la matiere subtile, comme vous acordez icy, & par consequent elle ne la tire d'aucun lieu, ou chose externe, comme vous auiez dit en vostre premiere réponse; C'est pourquoy la comparaison cloche fort, & contient mesme le sophisme de la partie au tout; d'où vient que la consequence est fausse. Mais si j'auois dit Louys XIII. est souuerain de Bretagne entant que Roy de France, Il s'ensuiuroit que s'il n'e-

ftoit Roy de France, il ne feroit point auffi Souuerain
de Bretagne: Car icy le mot *entant que*, eft acompagné
de la dépendance effentielle ou néceffaire, qui luy eft
propre, quand il eft bien apliqué. Mais pour reuenir à
noftre matiere fubtile, puifque vous acordez maintenant qu'elle eft Tranfparente de fa nature, ou en fa
pureté; & qu'elle eft du nombre des Cors qui nous enuironnent, vû que felon vous elle s'étend fans interruption depuis les Aftres jufques à nos yeux, ie conclus qu'elle a donc des pores ou interualles, qui doiuent eftre remplis d'vne autre matiere plus fubtile, &
ainfi à l'infiny. Et ma conclufion eft fondée fur ce que
vous dites dans les pages 23. 38. & 122. de voftre Dioptrique, & dans la page 159. des Méteores ; lefquelles
vous verrez, s'il vous plaift, & vous trouuerez que j'ay
raifon.

6. Icy vous mettez pour voftre démonftration vos
petites boules de matiere fubtile dás vn tuyau ABCD,
mais en l'air elles ne font pas refferrées &
contraintes comme dans des tuyaux:
Neantmoins voftre tuyau feruira à mon
deffein. Supofons que B A foit l'horifon, & le Soleil en E fous l'horifon,
pouffant la boule 1, & par les centres
des boules 1. & 4. & auffi par ceux des
boules 5, 2, 6, tirons des lignes droites
qui paffent fur l'horifon, Il eft certain
que la boule marquée I, ne peut eftre
múe vers 8, en ligne droite, qu'elle ne
meuue celle qui eft marquée 4, & celle-

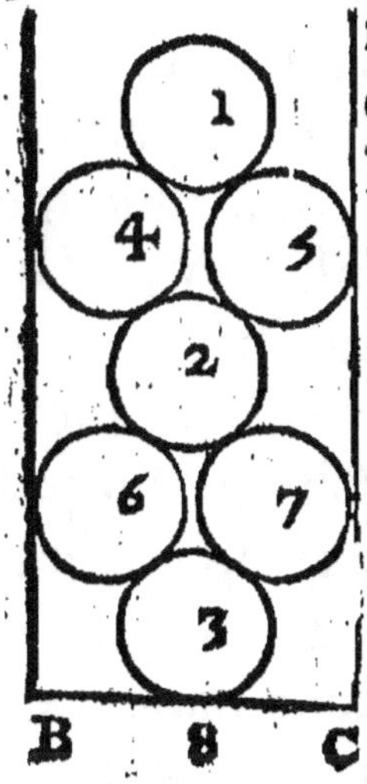

cy ne peut-eftre mûe qu'elle ne meuue fa contiguë &
fuiuante en la ligne qui paffe fur l'horizon, & le mefme fe dira des boules 5,2,6. Donc par ces lignes droites
qui paffent fur l'horizon, on poura felon voftre doctrine voir le Soleil qui eft fous l'horizon, mefme en
plaine nuit; vû que toutes les boules de chacune de ces
lignes font mûes par le Soleil jufques à l'œil, & que
cela fuffit pour le fentiment de la Lumiere; où vous
ferez contraint de réformer les defcriptions que vous
en auez données.

8. Puifque l'opacité vient de la matiere, quelque
pure qu'elle foit imaginée, il eft certain que là où il y
aura plus de matiere, *cæteris paribus*, là auffi il y aura plus
de dentité & d'opacité. C'eft pourquoy prenez de
l'eau & de l'air purifiez en perfection, l'eau fera tou-
jours plus opaque que l'air en égale épaiffeur; & dou-
blant l'épaiffeur de l'eau, elle fera encore plus opaque
en aparence au refpect du mefme air: donc le double
de l'épaiffeur de l'eau eft plus opaque que le fimple;
Et ainfi en eft-il du verre; Car le double de l'épaiffeur
de l'eau ou du verre fera le mefme effet, que le mefme
double reduit au fimple par condenfation; Mais
la dentité feroit double, & par confequent l'opacité
double. Et l'experience de cecy fe voit dans les effen-
ces, huyles, & Efprits purifiez par la Chymie jufqu'à
telle perfection, qu'ils ne laiffent plus aucunes feces
où impuretez. Au refte, ie ne voy pas que les lignes 2,
& 17, de la 8. page de voftre Dioptrique parlent de
diuers rayons; mais feulement du rayon *materialiter*
fumptum; Et le formel n'eftant qu'imaginaire ne feroit

pas propre à vuider noftre difficulté, car il n'eft pas fujet à eftre détourné par aucune rencontre, eftant tou-jours imaginé droit à trauers tous les obftacles.

9. Vous ayant propofé deux yeux luyfans, comme ceux des chats, fe regardans par les deux bouts d'vn mefme tuyau, & vous ayant objecté que la matiere fubtile contenuë dans l'air du tuyau ne pouuant eftre müe plu-toft par l'vn des yeux Lumineux que par l'autre, elle demeureroit immobile, & par confequent vn œil ne pouroit voir l'autre, puifque la vifion ne fe fait que par le mouuement de la matiere fubtile vers l'œil qui voit, vous me répondez icy que l'inclination de la matiere fubtile à fe mouuoir eft fuffifante fans le mouuement pour nous faire fentir la Lumiere. Et par l'inclination vous n'entendez pas comme ie croy la fimple aptitude à eftre müe : Car cette aptitude eft perpetuelle en la matiere & indéterminée, mais vous entendez l'impreffion faite par le moteur Lumineux, & receuë dans la matiere fubtile, laquelle impreffion incline la matiere, & la détermine plu-toft d'vn cofté que d'autre ; Et voila qui eft fort fubtil, puifque chaque œil incline la matiere fubtile vers fon opofé. Mais ie vous répons en premier lieu que ou la feule inclination de la matiere fubtile eft neceffaire pour nous faire fentir la Lumiere, & ainfi le mouuement fera fuperflus; ou que le mouuement eft encore neceffaire, & ainfi l'inclination feule ne fufira point. Secondement, que felon vous la Lumiere ne pouroit eftre vûe dans le vuide, ou il n'y a ny matiere fubtile, ny aucune autre chofe ; lequel vuide s'il ne

fe

se donne en la nature, au moins on le peut imaginer,
mesmes au dessus du premier Ciel: Or quand ie l'en-
treprendray, il me sera fort aysé de prouuer, que *Dato
oculo & corpore Luminoso in congrua distantia, non potest non
videri lux etiam in vacuo.* Finalement ie vous suplie de
croire que ie n'ay point fait si pauure jugement de
vostre esprit, que de penser que vous ayez pris la poussiere ou les atomes qui paroissent aux rayons du Soleil
dans vne chambre close, pour la matiere subtile dont
vous traitez. Et que moy-mesme ie ne la prens pas pour
telle, comme vous pensez; Ma conception est d'vn
ton plus haut; vous sçauez que l'Atmosphere ou infe-
rieure region de l'air, qui finit à la hauteur du crépuscule, est plus dense que la superieure, tant à cause
des esprits & vapeurs qui s'éleuent du globe Terrestre,
& se condensent en cette region, qu'à cause que le
plus crasse de chaque Element s'affece & subside tou-
jours en bas; D'où vient que cette region cause les
réfractions des Astres, & réflechit la Lumiere du Soleil au crépuscule; & mesme que les Chymistes auec
le seul tartre calciue, & par d'autres voyes corporifient,
ou rendent sensible cet air, & en tirent vne liqueur
visible, qu'ils nomment esprit vniuersel. Et peut-estre
est-il arriué quelque chose de semblable, à celuy que
vous dites auoir vû de l'air opaque dans vn tuyau. Et
vous sçauez aussi que c'est le propre de la chaleur de
raréfier & faire boüillir l'eau; Or l'air est encore bien
plus susceptible de rarefaction & d'ébullition que
n'est l'eau; c'est pourquoy le Soleil par sa chaleur
raréfie & fait boüillir l'air, & cette ébullition ou mou-

Q q

uement paroiſt en la baſſe région de l'air principalement en Eſté, à cauſe qu'elle eſt plus denſe ; ainſi meſmes que l'on peut obſeruer ſur les charbons qui ne
jeteront ny flame ny fumée. Mais cela ne paroiſſant
qu'en préſence de la Lumiere, j'ay penſé, & peut-eſtre
auec raiſon, que ce mouuement de l'air en préſence
de la Lumiere auoit donné lieu à vos conceptions de
la matiere ſubtile. Quoy qu'il en ſoit, ie finis mes
objections, iuſques a ceque voſtre Phyſique ſoit en
Lumiere, & ce pendant ie veux demeurer a perpe-
tuité.

Reliſant la préſente réponſe, j'ay veu qu'il eſtoit
beſoin d'y adjouter encore ce qui ſuit, afin que vous
y preniez garde.

13. Du premier ordre.

Vous voulez que vos boules de la page 258. des Méteores, ſoient des boules de bois ou autre matiere, &
non des boules de voſtre matiere ſubtile, comme tout
le monde le croira, ſi vous n'y pouruoyez ; Et pour
voſtre raiſon, vous dites que vous auez voulu donner
à entendre voſtre conception par quelque choſe de
plus ſenſible, que ne ſont les boules de la matiere ſubtile, & ainſi ſoumetre vos raiſons au jugement de l'experience. Mais en premier lieu il n'y a homme, au
monde qui puiſſe faire l'experience que vous dites
ſur des boules de bois ; Secondement pourquoy faites vous la boule V mobile en l'air ſeulement en ligne
droite, & les autres encore en rond, vû que toutes
les boules de la matiere ſubtile ſe meuuent en l'air
circulairement & en ligne droite tout enſemble, ſelon

ce que vous dites en la page 272. En troifiefme lieu,
pourquoy n'auez-vous pas expliqué les propres mouuemens des boules de voftre matiere fubtile , & les
effets qu'elles font quand elles viennent à rencontrer
quelque fuperficie plus folide ; fans emprunter des
boules , lefquelles mefmes vous fupofez ne fe pas
mouuoir comme la matiere fubtile? vous euffiez mieux
contenté les efprits, puifque ny les vns ny les autres
de ces boules ne fe peuuent expérimenter. De plus,
quand en la page 258. vous dites *ce qui explique l'action
du rayon D F, & E H*, ie ne fçay pas qui verra clair
dans voftre explication ; mais pour moy ie confeffe
franchement en cela mon ignorance.

8. Du fecond ordre.

Vous voulez qu'il puiffe y auoir mefme proportion, entre la matiere fubtile & les pores à trauers lefquels elle paffe, comme entre les grains de fable & les
trous qui fe trouuent dans vn tas de bales ou de pommes; voyla qui va bien. Mais ie vous ay objecté que
le fable couloit à trauers ces trous par fa pefanteur ou inclination qui le porte en bas, & que la matiere fubtile n'a de foy ny pefanteur, ny aucune inclination plutoft d'vn cofté que d'autre , & partant
que la comparaifon eft nulle, qui eft le principal point
de mon objection, auquel vous ne répondez point.
Ie fuis , &c.

CLARISSIMO VIRO
HENRICO MORO NOBILI ANGLO,

LETTRE LXIV.

LEGI, vir eximiè, & perlegi summa cum voluptate tuas ad D. Cartesium difficultates, quas
ei tertia Idus Decembris 1648. tertia nonas Martij.
10. Calendas Augusti, & duodecimo Calendas Nouembris 1649. proposuisti; Miratusque sum ingenium tuum, & summam humanitatem; qua fretus
ausus sum hæc ad te confidenter rescribere, vt de iis
quæ facere instituo te certiorem faciam, & à te impetrem ea quæ mihi necessaria sunt, vt opus quod suscepi ad finem perducam. Scies igitur me habere præ
manibus præcipua Autographa, quæ incomparabilis
Philosophus D. Cartesius, D. Chanuto, olim apud
serenissimam Sueciæ Reginam, nunc vero apud Batauos legato meritissimo, affini meo, apud quem Sueciæ vita functus est, reliquit; Inter quæ sunt & illa
litterarum quas, pluribus ex amicis suis rescripsit,
ex quibus præcipuas colligo, quæ, vel Philosophiam
suam tangunt, vel ea quæ perficienda susceperat
respiciunt, vel difficultates à plærisque summis viris
inter quos non minimum tenes locum, ipsi propositas soluunt, vt eas omnes publici juris faciam,
quod spero me breui peracturum. Sed quia litteræ illæ, quæ difficultatibus respondent, vix possunt intelligi, nisi etiam eæ, quæ occasionem ipsi dederunt ta-

le quid respondendi , simul in lucem edantur , nec
tamen mihi honestum visum fuerit hoc exequi absque
venia & licentia eorum qui ipsi rescripserunt , à quibusdam petij, & impetraui, vt illud mihi concederent,
quod etiam spero à te , pro summa tua humanitate , &
incredibili erga Cartesium studio , mihi concessum
iri. Sed præterea cuperem vt mihi exemplaria mitte-
res earum omnium quas à D. Cartesio accepisti epi-
stolarum; duas enim tantum præ manibus habeo, quarum prior respondet tuis tertio Idus Decembris datis;
Altera , iis quæ tertio nonas Martij scriptæ sunt, super est igitur tertia, quæ mihi deest, quæque tuis 10.
Calendas Augusti, & 12. Calendas Nouembris datis
satisfacere debet; quæ profecto non potest non esse
pulcherrima , & continere plura scitu dignissima,
cum tot tuis tantisque difficultatibus & quæstionibus, cum ex principiis Philosophiæ, tum ex Dioptrice excerptis respondere debeat , cuius tamen duas
dumtaxat paginas inueni ; quæ tantum instantiis tuis
satisfacere tentant, nec vllum verbum ad quæsita tua
super Principiis & Dioptrice continent. Quare sum-
mopere exopto , & enixè precor, vt & mihi licentiam
concedas litteras tuas simul cum responsis imprimen-
di, & vt simul ad me mittas, quas habes à D. Cartesio,
vt & posteritatis vtilitati, & amici nostri famæ ac memoriæ consulamus. Præter hæc autem litterarum Autographa, plura adhuc habeo celeberrimi viri præcla-
ra monumenta , quæ singula suo tempore lucem
videbunt, & quæ non parum jucunditatis puto tibi
fore allatura vt pote qui in euoluendis Cartesianis

scriptis tam impiger videris. Si mihi vernacula lingua
vti licuisset, aptius atque ornatius sententiam meam
explicuissem; sed ne in varios errores inciderem, sty-
lum contraxi, & vt potui, non vt volui, mentem
meam tibi aperui; quod rogo vt mihi condones, &
scias me tuæ semper humanitatis & sapientiæ laudato-
rem & cultorem fore.

CLAVDIVS CLERSELIER.

Parisiis 11. Dec.
   1654.

RESPONSIO
HENRICI MORI.

LETTRE LXV.

L ITTERÆ TVÆ, vir clarissime, datæ Lutetiæ
Parisiorum, pridie Idus Decembris, anno 1654,
non pervenerunt ad manus meas ante decimum se-
ptimum Calendarum Maij. Miror tantum temporis
interfluxisse. Granthamiæ tunc agebam in agro Lin-
colniensi. Rus enim concesseram cùm aliis de causis
tum ad confirmandam valetudinem. Vehementer
equidem gaudebam postquam intellexi præclarum
tuum institutum edendi omnia Cartesij scripta quæ
apud te sunt, quo non solùm nobilissimi Philosophi
famæ ac memoriæ, verùm etiam communi omnium
literatorum vtilitati optimè consules. In neminem
enim aptiùs quadrat, quàm in diuinum illum virum,
Horatianum illud

QVI NIL MOLITVR INEPTE.

Quam ob caufam fi ego tibi à confiliis effem, nihil
quicquam eorum fupprimeretur, quæ vel ille tenta-
uit vllo modo in rebus Philofophicis, vel fæliciter ad
exitum perduxit; Sed lucem viderent omnia, in majus
Reipub. Literariæ commodum. Ac proinde vt nullum impedimentum effet, tam vtili ac generofo pro-
pofito, vel vltrò tibi concederem copiam edendi primas meas fecundafque literas ad Cartefium confcri-
ptas; quippe quod abfque eis, vt rectè mones, ref-
ponfa eius tam commode intelligi non poffint; nec
multùm abs re fore diffiteor, fi tertias meas fimul edi-
deris, cum per eas refponfum fit alteris illis Cartefianis. Sed cum quartæ meæ nullis illius literis refpon-
deant, nec illis ab ipfo refponfum fit quicquam, vt
pote inopinatâ morte prærepto, de iis aliquantùm hæ-
fivo an publici juris facerem. Cæterum omnem fcru-
pulum eximeret, fi quis ex amicis ipfius aut familiari-
bus qui frequentius eum invifebant, & colluquuti
funt, vel cum eo vixerunt conjunctius, refpondendi
vices fuppleret; tunc enim parùm dubito, quin operæ effet prætium illas etiam in lucem dare. Quod fi
hoc in præfens impetrari non poffit, modò probabile
effet, quod literæ illæ meæ, tertiæ quartæque editâ,
allicerent aliquem ex peritioribus Philofophiæ Car-
tefianæ fectatoribus ad refpondendum omnibus
difficultatibus inibi Cartefio ipfi propofitis, ex illa
faltem fpe faciliùs animum inducerem, vt ius tibi
concedam eas in publicum proferendi. Quid autem

futurum sit in hâc re ipse forsan oportuniùs quam
ego conjecturam capies. Ne multis igitur te morer,
totum hoc negotium judicio tuo ac candori permitto , vt , quod facto opus sit , facias. Incredibile est
quanto mærore sum affectus , audito præmaturo
Cartesij fato quippe qui ingenium virtutesque incomparabilis viri impense amari , & miratus sum ;
Præterea accessit ingens desiderium perlegendi responsa eius , quæ expectari, ad tertias quartasque meas
literas , quæ vniuersam illius Philosophiam percur-
runt. Inchoasse integrum responsum ad meas datas
10. Cal. Aug, ex te intelligo. Quod fragmentum scripsisse cum conijcio , cum Egmundæ esset, in Hollandiâ. Destitit autem, vt per amicos suos certiorem me
fecit, ab incepto, quod animus occupatissimus para-
tu ad iter Suevicum non potuit vacare tam subtilibus
tantisque , vt ipse dixit , momenti difficultatibus ,
& disquisitionibus, sed constanter pollicitus est suis,
se proximo vere reuersurum , & tunc mihi copiose &
perspicuè omnia explicaturum. Sed cum invida mors
cætera nobis præripuerit nollem vel illud fragmentum duarum paginarum , quarum mentionem facis,
interire. Quod ad solidiora illa Cartesij monumenta
attinet, quæ profiteris te habere, quæque vti promittis,
lucem visura sunt suo tempore , gestit profectò animus ad tam lætum gratumque nuncium ; avidéque
interim cupio, si tibi non sit molestum, vt argumenta titulo siue singulorum librorum recenseas in pro-
ximis tuis literis. Reuixit enim in me, ex quo nuperas
tuas accepi, pristinus ille ardor erga Philosophiam
Cartesianam ,

Cartefianam, qui aliquantulùm ab obitu defideratiffimi noftri amici deferbuerat, cùm noua legendi mate-
ries non fuppeteret;Sed, vt ingenuè fatear quod res eft,
illud folùm in causâ non fuit, fed peculiaria quædam
ftudia quæ aliò animum auocârent. Eft enim illud rerum pondus, veritatis pulchritudo, amplitudo ingenij
& acumen Theorematum denique omnium admi-
rabilis ille ordo & confenfus in fcriptis Cartefianis, vt
vel millies lecta non fordefcant. Non magis quam
lux folis cuius ortum, fingulis diebus, aues, pecudes,
ipfique adeo homines gratulabundi contemplantur.

Nec certè solùm lectu iuconda eft hæc Cartefiana
Philofophia, fed apprime vtilis, quicquid aut muf-
fitent, aut deblaterent alij, ad fummum illum omnis
Philofophiæ finem, puta Religionem. Cum enim
Peripatetici formas quafdam côtendunt effe fubftantiales, quæ è potentiâ materiæ oriuntur, quæque cum
materiâ ita coalefcunt, vt abfque illâ fubfiftere non
poffint, ac proinde neceffariò demum redeunt in potentiam materiæ (cui ordini accenfent viuentium ferè
omnium animas, etiam eas quibus fenfum cogitatio-
nemque tribuunt) Epicurei autem explofis illis fub-
ftantialibus formis, ipfi materiæ vim fentiendi cogitandique ineffe ftatuunt, folus, quod fcio, inter Phy-
fiologos extitit Cartefius, qui fubftantiales illas formas, animasvè materiâ exortas è Philofophiâ fuftulit,
materiamque ipfam omni fentiendi cogitandique
facultate planè fpoliauit. Vnde, fi principiis ftaretur
Cartefianis, certiffima effet ratio ac Methodus de-
monftrandi, & quod Deus effet, & quod anima hu-

mana mortalis esse non possit. Quæ sunt illa duo so-
lidissima fundamenta, ac fulcra omnis veræ. Religionis. Hæc breuiter noto, cum possim & alia benè multa huc adijcere, quæ eodem spectant. Sed summatim
dicam nullam extare Philosophiam, nisi Platonicam,
fortè exceperis, quæ tam firmiter Atheis viam præ-
cludit ad peruersas istas cauillas & subterfugia, quò se
solent recipere quam hæc Cartesiana si penitius intelligatur. Vnde spero, quòd omnes boni clementiùs
ferent amplissimas illas laudes, quibus incomparabi-
lem virum cumulo, in iis quas ad eum scripsi litteris;
Credoque quicquid hæc præsens ætas senserit de Cartesio (nam vt nunquam viuis, ita rarò recenti defun-
ctorum memoriæ parcit inuidia) quòd posteritas eum
omni cum laude & veneratione sit exceptura, opti-
mumque illius Philosophiæ vsum sit agnitura. Quod
lubentiùs prædico, vt maiorem in modum tibi animos
accendam ad pergendum in nobili illo instituto
edendi omnia quæ habes Cartesij scripta Philosophica; quo pacto, cùm alios multos tum me præter cæte-
ros deuincies, qui in illis euoluendis tantam percipere
soleo voluptatem.

Si tibi visum fuerit meas ad Cartesium litteras pu-
blicare, vehementer hoc abs te eflagito ; vt ne fiat
iuxta illa exemplaria quæ jam habes, quia multò cor-
rectiora tibi paro. Deprehendi enim postquam attentiùs legeram, non pauca corrigenda, quæ imprudenti
mihi exciderunt præ nimio animi feruore ac festina-
tione, cum ad Cartesium scriberem. Expunxi etiam
quædam ex Quæsitis, in tertiis quartisque meis lit-

teris, sed primæ secuudæque integræ su nt.

Quòd mensis ferè iam elapsus est, ex quo tuas accepi litteras, nec tamen ad te rescripsi, id profectò
factum est per nullam negligentiam aut incuriam.
Non possum enim non magni te æstimare tùm propter eximium tuum ingenium, ad omnem, quod satis ex litteris tuis perspexi, æquitatem & humanitatem
compositum ac conformatum, tum propter honorificam Clarissimi fratris tui Chanuti, olim apud Suevos
nunc verò, vti narras, apud Batavos legati meritissi-
mi in Cartesium defunctum pietatem. Sed totum id
temporis quod effluxit, partim negocijs, quibus eram
ruri districtus, partim meis ad Cartesium litteris casti-
gandis transcribendisque, postquam ad Academiam
rediissem, impensum est nec putabam fore operæpræ-
tium ad te rescribere, prius quàm ista perfecissem iam
verò in parato sunt omnia, tam mearum quàm Car-
tesianarum litterarum exemplaria : neutra tamen
ad te mitto hac vice ; quippe quod experiundum putaui priùs quàm tutò hæ quas iam scripsi litteræ, ad
manus tuas peruenerint, postquam id inlellexerim
mittam ad te continuò. Perlubenter interim ex te audire vellem, quò vsque deveneris in nobili illo negotio quod scribis te suscepisse. Rem sanè mihi pergratam præstabis, si per proximas tuas literas eâ de re
certiorem me feceris. Vale vir clarissime & generosum
illud opus quod moliris fæliciter exequere. Sic optat
tibi Cartesianisque omnibus addictissimus Henricus
More.

Cantabrigiæ è Collegio Christi
pridie Idus Maij 1655.

CLARISSIMO VIRO
RENATO DESCARTES.
HENRICVS MORVS ANGLVS.
LETTRE LXVI.

QVANTA voluptate perfufus eſt animus meus, vir Clariſſime, in ſcriptis tuis legendis, nemo quiſquam præter te vnum poteſt conjectare.

Equidem auſim aſſeuerare me haud minus exultâſſe in recognoſcendis intelligendiſque præclaris tuis Theorematis, quàm ipſe in inueniendis, æqueque charos habere, atque deamare pulcherrimos illos ingenij tui fœtus, ac ſi proprius eos enixus eſſet animus. Quod & certè feciſſe aliquo modo mihi videtur, exerendo ſeſe atque expediendo in eoſdem ſenſus, ac cogitationes, quos generoſa tua mens præconcepit, & præmonſtrauit. Qui ſanè iſtiuſmodi ſunt, vt, cum intellectui judicioque meo adeò ſint congeneres, vt non ſperem fore vt incidam in quicquam conjunctum magis ac conſanguineum, ita ſanè à nullius ingenio alieni eſſe poſſint, cuius itidem ingenium non ſit à rectâ ratione alienum.

Liberè dicam quod ſentio: Omnes quotquot exſtiterunt, aut etiamnum exiſtunt, Arcanorum Naturæ Antiſtites, ſi ad Magnificam tuam indolem comparentur, Pumilos planè videri, ac Pygmæos: meque, cum vel vnicâ vice euoluiſſem lucubrationes tuas Philoſophicas ſuſpicatum eſſe, illuſtriſſimam tuam diſcipulam Sereniſſimam Principem Elizabetham, vniuersis Europæis, non fœminis solùm, sed viris etiam Philosophis longè euasisse sapientiorem. Quod mox cuidentius deprehendi, cùm inceperim scripta tua paulo penitius rimari, & intelligere.

Tandem enim clare mihi affulsit Cartesiana Lux, (i. e.) libera, distincta, sibique constans ratio, quæ naturam pariter ac paginas tuas mirificè collustrauit; ita vt aut nullæ aut paucissimæ supersint latebræ, & loci, quos non patefecit nobilis illa fax, aut saltem vel leuissimo negotio, mihi cùm libitum fuerit, mox sit patefactura. Omnia profecto tàm concinna, in tuis Philosophiæ Principiis, Dioptricis, & meteoris tamque pulcchrè sibi ipsis Naturæque consona sunt, vt mens Ratioque humana jucundius vix optaret lætiusve spectaculum.

In Methodo tua ; lusorio quodam, sed eleganti sane modestiæ genere talem te exhibes virum vt nihil indole genioque tuo suauius & amabilius, nihil excelsius & generosius vel fingi possit, vel expeti.

Quorsum autem hæc? Non quod putarem, vir Clarissime, aut tuâ interesse aut Reipublicæ Literariæ, vt hæc conscriberem ; sed quod mirabilis illius voluptatis ac fructùs, quem ex scriptis tuis percepi, conscientia extorqueret, hoc qualecunque est animi in te grati testimonium. Præterea vt certum te facerem, eos etiam apud Anglos esse, qui te tuaque magni æstimant, diuinasque animi tui dotes vehementer suspiciunt, & admirantur : Neminem autem hominem me ipso impensius te amare posse, eximiamque tuam Philosophiam arctius amplexari.

Sed reuera, illuftriffime Cartefi, vt nihil diffimulem; quamvis pulcherrimum illlud Philofophiæ tuæ corpus ac effentiam valdè deperceam; fateor tamen paucula excidiffe in feconda Principiorum parte, quæ certè animus meus aut paulò hebetior eft quam vt capiat, aut vt admittat averfatior.

Sed præclaræ tuæ Philofophiæ Summa nihil inde periclitatur, cùm huiufmodi ifta fint, vt cum aut falfa meritò aut incerta judicari poffint, ita nihil ad effentiam Philofophiæ tuæ ac fundamenta pertinere, illaque fine iftis optimè poffit conftare. Quæ vero ea fint, fi tibi non fit tædio, breuiter nunc exponam.

Primò definitionem materiæ feu corporis inftituis multò quam par eft latiorem. Res enim extenfa Deus videtur effe, atque Angelus: imò verò res quælibet per fe fubfiftens, ita vt eifdem finibus claudi videatur extenfio, atque effentia rerum abfoluta, quæ tamen variari poteft, pro effentiarum ipfarum varietate. Atque equidem quod Deus extenditur fuo modo, hinc arbitror patere, nempe quod fit omnipræfens, & vniuerfam mundi machinam fingulafque eius particulas intimè occupet. Quomodo enim motum imprimeret materiæ, quod feciffe aliquando, & etiamnum facere ipfe fateris, nifi proximè quafi attingeret materiā vniuerfi, aut faletmaliquando attigiffet. Quod certè nunquam feciffet nifi adfuiffet, vbique, fingulafque plagas occupauiffet. Deus igitur fuo modo extenditur, atque expanditur ac proinde eft res extenfa.

Neque tamen ille corpus iftud eft, fiue materia, quàm ingeniofa illa Artifex, mens fcilicet tua, in globulos,

ſtriataſque particulas tam affabre tornauit. Quam-
obrem res extenſa latior corpore eſt.

Animumque mihi vlterius addit, vt à te hac in re
diſſentiam, quod ad confirmationem huiuſce tuæ definitionis, tàm ſcæuum adhibes argumentum, & ferme Sophiſticum. Quod vtique corpus poſſit eſſe corpus ſine mollitie, vel duritie, vel pondere, vel leuita-
te, &c. illis enim, aliiſque omnibus qualitatibus quæ
in materia corporeâ ſentiuntur ex eâ ſublatis, ipſam
integram remanere. Quod perinde eſt ac ſi dixeris, li-
bram Ceræ, cum poſſit eſſe libra ceræ, quamvis ſpo-
lietur figurâ ſphæricâ, vel cubicâ, vel pyramidali, &c.
Sub nullâ figurâ poſſe remanere integram ceræ li-
bram. Quod tamen impoſſibile eſt. Quamvis enim
hæc vel illa figura non tam arctè cohæreat cum cera,
quin illam exuere poſſit, vt tamen cera ſemper ſit fi-
gurata, neceſſitas ſumma eſt, & arctiſſima. Ita quamvis materia non ſit neceſſario mollis, nec dura, nec
calida, nec frigida, vt tamen ſit ſenſibilis eſt ſummè neceſſarium; vel ſi malles tangibilis, prout opti-
me definit Lucretius.

Tangere enim, & tangi, niſi corpus nulla poteſt res.
Quæ certè notio minus debet à tua mente abhorrere,
cùm Philoſophia tua omnem ſenſum cum antiquis illis apud Theophraſtum περὶ αἰσθήσεως tactum planiſſi-
mè conſtituat. Quod vero verius eſſe ipſe facillimè
admittam. Sed ſi minus placet corpus definire ab habitudine ad ſenſus noſtros : Tangibilitas hæc latior ſit
ac diffuſior, & ſignificet mutuum illum contactum,
tangendique potentiam, inter corpora quælibet ſiue

animata, ſiue inanimata fuerint, eſtoque ſuperficie-
rum duorum pluriumve corporum immediata iuxta
poſitio. Quod & aliam innuit materiæ ſiue corporis
conditionem, quam appellare poteris impenetrabilitatem; nempe quod nec penetrare alia corpora, nec
ab illis penetrari poſſit. Vnde manifeſtiſſimum eſt
diſcrimen inter Naturam diuinam ac corpoream, cum
illa hanc, hæc verò ſe ipſam penetrare poſſit. Vnde
ſanè felicius mihi videtur cum Platonicis ſuis Virgi-
lius philoſophari, quàm Carteſius ipſe, cùm ex illorum ſententiâ ſic cecinerit:

> ————Totamque infuſa per artus
> *Mens agitat molem, & magno ſe corpore miſcet.*

Mitto alias inſignhiores Diuinæ extenſionis conditio-
nes, cùm non opus ſit hoc loco explicare. Vel hæc
pauca ſuffecerint ad demonſtrandum multò tutius
fuiſſe materiam definiuiſſe ſubſtantiam tangibilem,
vel modo ſupra explicato impenetrabilem, quàm
Rem extenſam. Dicta enim vel Tangibilitas, vel impenetrabilitas, competit corpori adæquatè; tua autem definitio peccat in legem μεταβάσεως εἰς ἄλλο, neque
enim eſt reciproca cum definito.

Secundò quandò innuis ne virtute quidem diuina
fieri poſſe vt propriè dictum exiſtat vacuum; & ſi omne corpus ex vaſe tolleretur, quod latera neceſſariò
coirent, iſta profectò mihi videntur non ſolùm falſa,
ſed minus conſona antecedentibus. Si enim Deus
motum materiæ imprimit, quod ſupra docuiſti, an
non illo poteſt contra obniti, & inhibere ne coëant
vaſis latera. Sed contradictio eſt diſtare vaſis latera, &

tamen nihil interjacere. Idem non senfit literata Antiquitas , Epicurus, Democritus, Lucretius, alijque. Sed vt leuiufculum illud argumenti genus miſſum faciam ; diuinam contendo interjacere extenfionem, tuumque hic ſuppoſitum eſſe infirmum , materiam ſolummodò extendi. Latera tamen vt antea coitura non neceſſitate Logicâ ſed naturali ; Deumque ſolum hanc coitionem inhibere poſſe. Cùm enim particulæ primi præſertim, ſecundique Elementi, tàm furibundo motu agitentur, neceſſe eſt quà ceditur , eò ruant præcipites, aliaſque ſibi contiguas ſecùm abripiant.

Infeliciter igitur ſucceſſit, quod tam bellum Theorema de modo Rarefactionis & Condenſationis, quod certe ego aliis de cauſis veriſſimum eſſe cenſeo, tam lubrico ſuffulcias fundamento.

Tertiò ſingularem illam ſubtilitatem non capio, quâ atomos, ideſt particulas ſuâ naturâ indiuiſibiles, non dari euincas. Vt enim inquis effecerit Deus eas particulas à nullis creaturis diuidi poſſe , non certè ſibi ipſi eaſdem diuidendi facultatem potuit adimere, quia fieri non poteſt vt propriam ſuam potentiam imminuat. Eodem argumento probaueris , Deum numquam feciſſe, vt heſternus oriretur ſol , quoniam potentia eius jam efficere non poteſt, vt Sol heſternus non eſſet ortus ; nec viliſſimam poſſe muſcam occidere.

Si modo qui periit, non periiſſe poteſt.
Quod ſcitè de ſeipſo Ouidius. Aut materiam non creaſſe, cùm ſit diuiſibilis in ſemper diuiſibilia ; ac proinde Deus numquam poſſet abſoluere ac perficere

hanc diuifionem. Pars enim reftat indiuifa, quamvis diuifibilis, atque ita perpetuò eluditur potentia diuina, nec plenè fe exerere poteft, finemque fortiri.

Quartò. Indefinitam tuam mundi extenfionem non intelligo. Extenfio enim illa indefinita, vel fimpliciter infinita eft, vel tantùm quoad nos. Si intelligis extenfionem infinitam fimpliciter, cur mentem tuam obfcuras vocabulis nimium fuppreffis ac modeftis. Si tantùm quod nos infinitam : Reuera erit finita extenfio. Neque enim mens noftra aut rerum aut veritatis menfura eft. Ac proinde, cum alia fit fimpliciter infinita expanfio, diuinæ vtique effentiæ, materia tuorum vorticum à centris fuis recedet, totaque mundi machina in diffipatas atomos vagofque abibit pulvifculos.

Atque fane eo magis hic admiror modeftiam tuam, atque metú, quod adeo tibi caues à materiæ infinitudine, cùm particulas actu & infinitas & diuifas ipfe agnoveris art. 34. & 35. Quod certè fi non feciffes, extorqueri tamen poffe videtur hoc modo. Nam cum quantum fit in infinitum diuifibile, partes actu infinitas habere oportet. Vt enim cultello aliove quovis inftrumento, corpus in partes palpabiles, quæ non actu funt tales, mechanicè diffecare prorfus eft ἀμήχανον, fiue impoffibile ; ita vel mente quantitatem diuidere in partes toti realiter actuque non inexiftentes, planè ἄλογον eft ac rationi abfonum.

Quibus infuper adjungi poteft, hypothefin hanc, quod mundus fimpliciter ac reuera fit infinitus, æqualem vim habere, ad explicandam juxta ac confirman-

dam rationem rarefactionis & condensationis, quam
supra proposuisti Art. 6. 7. atque istud principium,
solius corporis esse extensionem, & nihilum non posse extendi.
Quod enim ibi præstat Logica, seu contradictoria
necessitas, idem hic necessitas Phisica vel mechanica
certissimè præstabit.

Cum enim omnia in infinitum vsque materia seu
corporibus sint plena ac referta, penetrationis lex impediet, ne fiat vlla distantia in rarefactione corporibus nuda, aut accessio partium ad se inuicem in condensatione, sine interjacentium particularum expulsione.

Atque hactenus quæ à me dicta sunt rationi mentique meæ maxime videntur perspicua, tuisque placitis longè longique certiora.

Cæterum à nullâ tuarum opinionum animus meus,
pro eâ qua est mollitie ac teneritudine, æque abhorret,
ac ab internecina illa & jugulatrice sentia, quam in
Methodo tulisti, brutis omnibus vitam sensumque
eripiens, dicam an potius præripiens; neque enim vixisse vnquam pateris. Hic non tàm suspicio rutilantem tui ingenij aciem, quam reformido, vtpote de
animantium fato sollicitus, acumenque tuum non
subtile solùm agnosco, sed chalybis instar rigidum ac
crudele, quod vno quasi ictu vniuersum fermè animantium genus vitâ ausit sensuque spoliare, marmora & machinas vertendo.

Sed videamus obsecro quid in causa est, quod in
brutas animantes quicquam tàm seueriter statuas. Loqui vtique non possunt, causamque suam apud judi-

cem dicere, & quod crimen aggrauat, cùm ad loque-
lam organis satis sint instructæ, vti patet in picis &
Psittacis. Hinc vitâ sensûque mulctandæ sunt.

Verùm enim verò quomodo fieri possit, vt aut
Psittaci aut picæ voces nostras imitentur, nisi audi-
rent, sensûque perciperent quid loquimur. Sed non
intelligunt, inquis, quid sibi volunt istæ voces quas
effutiunt imitando. Quidni tamen ipsi quid volunt
satis intelligant, cibum scilicet quem à Dominis hoc
artificio acquirunt; putant igitur se cibum mendica-
re, quod istâ loquacitate toties voti compotes fiunt.
Et quorsum quæso illa attentio est, & auscultatio in
auibus cantatoriis, quam præ se ferunt, si nullus in ipsis sensus, nec animaduersio? Vnde illa vulpium ca-
numque astutia & sagacitas? Quî fit vt minæ & verba ferocientes cohibeant bellus? Canis famelicus
cum furtim quid abstulit, cur quasi facti conscius
clàm se surripit, & meticulosé ac diffidenter ince-
dens nemini occursanti gratulatur, sed auerso pro-
noque rostro suam ad distans pergit viam, suspitio-
sè cautus, ne ob patratum scelus pœnas luat. Quomodo ista fieri possunt sine internâ facti conscientiâ? co-
piosa ista historiolarum congeries, quibus nonnulli
conantur demonstrare rationem inesse animalibus
brutis, hoc saltem euincet, sensum ipsis memoriam-
que inesse. Sed infinitum esset tales narratiunculas hic
attexere. E quibus scio bene multas istius modi esse, vt
earum vim, vel subtilissimum acumen haud possit
eludere.

Sed video planè quid te huc adegit, vt bruta pro

machinis habeas : Immortalitatis vtique animarum
noſtrarum demonſtrandæ ratio, quæ cum ſupponat
corpus nullo modo cogitare poſſe , concludit, vbicumque eſt cogitatio, ſubſtantiam à corpore realiter
diſtinctam adeſſe oportere , adeoque immortalem.
Vnde ſequitur bruta ſi cogitent, ſubſtantias immortales ſibi annexas habere.

Atqui obſecro te, vir perſpicaciſſime, cùm ex iſta
demonſtrandi ratione neceſſe eſſet bruta animantia
aut ſenſu ſpoliare , aut donare immortalitate , cur
ipſa malles inanimes machinas ſtatuere, quam corpora animabus actuata; præſertim cum illud vt naturæ
phænomenis minimè conſonum, ita plane ſit inau-
ditum hactenus; hoc verò apud ſapientiſſimos vete-
rum ratum ſit ac comprobatum, Phytagoram puta,
Platonem, alioſque. Et certè animos hoc adderet Platonicis omnibus perſiſtendi in ſuâ de brutorum immortalitate ſenrentiâ , cùm tàm inſigne ingenium
eò anguſtiarum redactum ſit, vt ſi animas brutorum
immortales non concedatur vniuerſa bruta inſenſa-
tas machinas neceſſariò ſtatuat.

Hæc ſunt paucula illa (magne Carteſi) in quibus
mihi fas eſſe putabam à te diſſentire. Cætera mihi
adeò arrident, atque abblandiuntur, vt nihil illis habeam magis in deliciis ; adeoque intimis animi mei
ſenſibus conſona ſunt atque cognata, vt non ſolùm
tardioribus commodè explicare , ſed etiam contra
pugnatiſſimos quoſque feliciter, ſi opus eſſet defen-
dere me poſſe confidam.

Quod reliquum eſt exorandus eſt vir illuſtriſſime,

vt hæc noſtra boni conſulas , nec me vllius leuitatis vanæque ambitionis ſuſpectum habeas , quaſi affectarem Clariſſimorum virorum familiaritates ac amicitias, cum & ipſe ſi poſſem , haud cuperem inclareſcere , rem turbulantam famam judicans priuatoque otio valde inimicam.

Neque profectò quamvis animo ſim in te admodum prono ac procliui, id vnquam tibi ſignificaſſem, niſi ab aliis inſtigatus, ſed te , tuaque, amare latenti, tacitaque veneratione proſequi contentus fuiſſem.

Nec obnixè à te efflagito vt reſcribas, vtpote quem contemplationibus ſummè arduis , vel experimentis faciundis maximè vtilibus pariter ac difficilibus occupatiſſimum autumo.

Permitto igitur hic tibi tuo jure vti, ne ſim in publicum injurius. Quod ſi tamen hæc noſtra qualia qualia fuerint, reſponſione quâlibetcunque cohoneſtare dignatus fueris , rem ſane non ingratam præſtabis. Singularis tuæ ſapientiæ cultori deuotiſſimo , Henrico Moro.

Cantabrigiæ è Collegio Chriſti
Idus Decembris anno 1648,

DOCTISSIMO ET HVMANISSIMO
VIRO HENRICO MORO
RENATVS DESCARTES.
RESPONSIO AD PRECEDENTEM.
LETTRE LXVII.

LAVDES, quas in me congeris, vir humanissi-
me, non tam vllius mei meriti, vtpote quod eas
æquare nullus potest, quàm tuæ erga me benevolen-
tiæ testes sunt. Benevolentia autem ex solâ scriptorum
meorum lectione contracta candorem & generositatem animi tui tàm apertè ostendit, vt totum tibi,
quamvis ante hac nato, deuinciat. Ideoque perliben-
ter iis quæ ex me quæris, respondebo.

Primum est cur ad corpus definiendum dicam illud esse substantiam extensam potius quàm sensibi-
lem, tangibilem, vel impenetrabilem. At reste monet, si dicatur substantia sensibilis, tunc definiri ab
habitudine ad sensus nostros, quâ ratione quædam
eius proprietas duntaxat explicatur, non integra natura, quæ cùm possit existere, quamvis nulli homines existant, certè à sensibus nostris non pendet. Nec
proinde video, cur dicas, esse summè necessarium, vt
omnis materia sit sensibilis. Nam contra nulla est quæ
non sit planè insensibilis, si tantùm in partes neruorum nostrorum particulis multo minores, & singulas
seorsim satis celeriter agitatas sit diuisa.

Meumque illud argumentum quod fcæuum & fermè Sophifticum appellas, adhibui tantùm ad eorum opinionem refutandam, qui tecum eftimant, omne corpus effe fenfibile, quam meo judicio apertè & demonftratiuè refutat. Poteft enim corpus retinere omnem fuam corporis naturam, quamvis non fit ad fenfum molle, nec durum, nec frigidum, nec calidum, nec denique habeat vllam fenfibilem qualitatem.

Vt verò inciderem in eum errorem, quem videris mihi velle tribuere, per comparationem ceræ, quæ quamvis poffit non effe quadrata, nec rotunda, non poteft tamen non habere aliquam figuram, debuiffem ex eo, quod juxta mea principia omnes fenfibiles qualitates in eo folo confiftant, quod particulæ corporis certis modis moueantur, vel quiefcant, debuiffe inquam concludere, corpus poffe exiftere, quamvis nullæ eius particulæ moueantur, nec quiefcant; quod mihi nunquam in mentem venit. Corpus itaque non rectè definitur fubftantia fenfibilis.

Videamus nunc an forte aptius dici poffit fubftantia impenetrabilis, vel tangibilis, eo fenfu quem expliquifti.

Sed rurfus ifta tangibilitas & impetrabilitas in corpore, eft tantùm, vt in homine vifibilitas, proprium quarto modo, juxta vulgares logicæ leges, non vera & effentialis differentia, quam in extentione confiftere contendo; atque idcircò, vt homo non definitur animal rifibile, fed rationale, ita corpus non definiri per impenetrabilitatem, fed per extentionem. Quod confirmatur ex eo quod tangibilitas & impenetrabilitas

netrabilitas , habeant relationem ad partes , & præ-
supponant conceptum diuisionis vel terminationis
possimus autem concipere corpus continuum inde-
terminatæ magnitudinis siue indefinitum , in quo nihil præter extentionem consideretur.

Sed, inquis, Deus etiam & Angelus, resque alia quælibet per se subsistens est extensa, ideoque latius patet
definitio tua quam definitum. Ego vero non soleo
quidem de nominibus disputare, atque ideò si ex eo
quod Deus sit vbique, dicat aliquis eum esse quodammodo extensum, per me licet; atqui nego veram extensionem, qualis ab omnibus vulgò concipitur, vel
in Deo, vel in Angelis, vel in mente nostrâ, vel denique in vlla substantia quæ non sit corpus, reperiri; Quippe per ens extensum communiter omnes
intelligunt aliquid imaginabile, (siue sit ens rationis siue reale, hoc enim jam in medium (relinquo) atqui in hoc ente varias partes determinatæ magnitudinis & figuræ, quarum vna nullo modo alia sit, possunt imaginatione distinguere, vnasque in locum aliarum possunt etiam imaginatione transferre, sed non
duos simul in vno & eodem loco imaginari; Atqui
de Deo, ac etiam de mente nostrâ nihil tale dicere licet; neque enim est imaginabilis sed intelligibilis duntaxat, nec etiam in partes distinguibilis; præsertim in
partes quæ habeant determinatas magnitudines & figuras. Denique facilè intelligimus & mentem humanam, & Deum, & simul plures Angelos in vno & eodem loco esse posse. Vnde manifestè concluditur, nullas substantias incorporeas propriè esse extensas.

T t

Sed intelligo tanquam virtutes aut vires quafdam, quæ quamvis fe applicent rebus extenfis, non idcircò funt extenfæ, vt quamvis in ferro candenti fit ignis non ideò ignis ille eft ferrum. Quod vero nonnulli fubftantiæ notionem cum rei extenfæ notione confundant, hoc fit ex falfo præjudicio, quia nihil putant exiftere, vel effe intelligibile, nifi fit etiá imaginabile, ac reuerà nihil fub imaginationem cadit, quod non fit aliquo modo extenfum. Iam verò quemadmodum dicere licet fanitatem foli homini competere, quamvis per analogiam & Medicina, & aër temperatus, & alia multa dicantur etiam fana, ita illud folum quod eft imaginabile, vt habens partes extra partes, quæ fint determinatæ magnitudinis & figuræ, dico effe extenfum, quamvis alia per analogiam etiam extenfa dicantur.

Vt autem tranfeamus ad fecundam tuam difficultatem, fi examinemus quodnam fit ens extenfum à me defcriptum, inueniemus planè idem effe cum fpatio, quod vulgus aliquando plenum, aliquando vacuum, aliquando reale, aliquando imaginarium effe putat. in fpatio enim quantumvis imaginario & vacuo facile omnes imaginantur varias partes determinatæ magnitudinis & figuræ, poffuntque vnas in locum aliarum imaginatione transferre, fed nullo modo duas fimul fe mutuo penetrantes in vno & eodem loco concipere. Quoniam implicat contradictionem vt hoc fiat, fpatij pars nulla tollatur. Cum autem ego confiderarem tàm reales proprietates, non nifi in reali corpore effe poffe, aufus fum affirmare, nullum

dari spatium prorsus vacuum, atque omne ens extensum esse verum corpus; nec dubitaui à magnis viris
Epicuro, Democrito, Lucretio hâc in re dissentire; vidi enim illos non firmam aliquam rationem esse secu-
tos, sed falsum præjudicium, quo omnes ab ineunte
ætate fuimus imbuti. Quippe quamvis sensus nostri
non semper nobis exhibeant corpora externa, qualia
sunt omni ex parte, sed tantùm quatenus ad nos refe-
runtur, & prodesse possunt, aut nocere; vt in Art. 3.
partis 2. præmonui. Iudicavimus tamen omnes cùm
essemus adhuc pueri, nihil aliud in mundo esse, quàm
quod à sensibus exhibebatur, ac proinde nullum esse
corpus nisi sensibile, locaque omnia in quibus nihil
sentiebamus vacua esse. Quod præjudicium cum ab
Epicuro, Democrito, Lucretio non fuerit vmquam
rejectum, illorum authoritatem sequi non debeo.

Miror autem virum cætera perspicacissimum, cum
videat, se negare non posse quin aliqua in omni spatio substantia sit, quoniam in eo omnes proprietates
extensionis revera reperiuntur, malle tamen dicere
divinam extensionem implere spatium in quo nullum
est corpus quàm fateri nullum omnino spatium sine
corpore esse posse.

Etenim vt jam dixi prætensa illa Dei extensio nullo
modo subiectum esse potest verarum proprietatum,
quas in omni spatio distinctissimè percipimus. Neque
enim Deus est imaginabilis, nec in partes distinguibilis, quæ sint mensurabiles & figuratæ. Sed facile admittis nullum vacuum naturaliter dari. Sollicitus es de
potentiâ diuinâ, quam putas tollere posse id omne

quod est in aliquo vase, simulque impedire ne coëant vasis latera.

Ego verò cum sciam meum intellectum esse finitum, & Dei potentiam infinitam, nihil vnquam de hâc determino, sed considero duntaxat quid possit à me percipi, vel non percipi, & caueo diligenter ne judicium vllum meum à perceptione dissentiat. Quapropter audacter affirmo Deum posse id omne quod possibile esse percipio, non autem è contra audacter nego illum posse id, quod conceptui meo repugnat, sed dico tantùm implicare contradictionem. Sic quia video conceptui meo repugnare, vt omne corpus ex aliquo vase tollatur, & in ipso remaneat extensio, non aliter à me concepta, quàm prius concipiebatur corpus in eo contentum ; dico implicare contradictionem, vt talis extensio ibi remaneat post sublatum corpus, ideoque debere vasis latera coire ; Quod omnino consonum est meis cæteris opinionibus : dico enim alibi nullum motum dari nisi quodammodo circularem, vnde sequitur non intelligi distinctè, Deum aliquod corpus ex vase tollere, quin simul intelligatur in eius locum aliud corpus, vel ipsa vasis latera motu circulari succedere.

3. Eodem modo etiam dico implicare contradictionem, vt aliquæ dentur atomi, quæ concipiantur extensæ ac simul indiuisibiles ; quia quamvis Deus eas tales efficere potuerit, vt à nulla creatura diuidantur. Certè non possumus intelligere ipsum se facultate eas diuidendi priuare potuisse. Nec valet tua comparatio de iis quæ facta sunt quod nequeant infecta esse.

Neque enim pro notâ impotentiæ sumimus, quod quis non possit facere id quod non intelligimus esse possibile sed tantum quod non possit aliquid facere ex iis, quæ tanquam possibilia distinctè percipimus. At sanè percipimus esse possibile vt a tomus diuidatur, quandoquidem eam extensam esse supponimus, atque ideo si judicemus eam à Deo diuidi non posse, judicabimus Deum aliquid non posse facere, quod tamen possibile esse percipimus. Non autem eodem modo percipimus fieri posse, vt quod factum est sit infectum, sed è contra percipimus hoc fieri planè non posse; Ac proinde non esse vllum potentiæ defectum in Deo, quod istud non faciat. Quantum autem ad diuisibilitatem materiæ, non eadem ratio est; etsi non possim numerare omnes partes, in quas est diuisibilis, earumque idcirco numerum dicam esse indefinitum, non tamen possum affirmare illarum diuisionem à Deo nunquam absolui, quia scio Deum plura posse facere, quàm ego cogitatione meâ complecti; atque istam indefinitam quarundam partium materiæ diuisionem reverâ fieri solere in artic. 34. concessi.

4. Neque verò affectatæ modestiæ est, sed cautelæ, meo judicio, necessariæ, quod quædam dicam esse indefinita potius quàm infinita; solus enim Deus est, quem positiuè intelligo esse infinitum: de reliquis, vt mundi extensione, de numero partium in quas materia est diuisibilis, & similibus, an sint simpliciter infinita nec ne, profiteor me nescire; scio tantùm me in illis nullum finem agnoscere, atque idcircò respe-

&ctu mei dico esse indefinita.

Et quamvis mens nostra non sit rerum, vel veritatis mensura, certè debet esse mensura eorum quæ affirmamus, aut negamus. Quid enim est absurdius? quid
inconsiderantius? quam velle judicium ferre de iis ad
quorum perceptionem mentem nostram attingere
non posse confitemur.

Miror autem te non modo id velle facere videri,
cùm ais, si tantùm quoad nos sit infinita, reuerâ erit
finita extensio,&c. Sed præterea etiam diuinam quandam extensionem imaginari, quæ latius pateat quàm
corporum extensio, atque ita supponere Deum partes
habere extra partes, & esse diuisibilem, omnemque
prorsus rei coporeæ essentiam illi tribuere.

Ne verò quis scrupulus hic supersit: Cum dico extensionem materiæ esse in definitam, sufficere hoc
puto ad impediendum ne quis extra illam locus fingi queat, in quem meorum vorticum particulæ abire
possint; vbicumquæ enim locus ille concipiatur ibi
jam juxta meam opinionem aliqua materia est, quia
dicendo eam esse indefinitè extensam dico ipsam latiùs extendi, quam omne id quod ab homine concipi potest.

Sed nihilominus estimo maximam esse differerentiam inter amplitudinem istius, corporeæ extentionis, & amplitudinem diuinæ, non dicam extensionis,
vtpote quæ proprie loquendo nulla est, sed substantiæ vel essentiæ, ideoque hanc simpliciter infinitam,
illam autem indefinitam appello.

Cæterum non admitto quod pro singulari tuâ humanitate concedis, nempe reliquas meas opiniones posse conftare , quamvis id quod de materiæ extenfione fcripfi, refutetur; vnum enim eft ex præcipuis, meoque judicio certiffimis Phyficæ meæ fundamentis, profiteorque mihi nullas rationes fatisfacere in ipsâ Phyficâ, nifi quæ neceffitatem illam, quam vocas Logicam fine contradictoriam, inuoluant; modò tantùm ea excipias, quæ per folam experientiam cognofci poffunt, vt quod circa hanc terram vnicus fit Sol vel vnica Luna, & fimilia. Cumque in reliquis à meo fenfu non abhorreas, fpero etiam his te facilè affenfurum, fi modo confideres præjudicium effe, quod multi exiftiment ens extenfum, in quo nihil eft quod moveat fenfus, non effe veram fubftantiam corpoream, fed fpatium vacuum duntaxat. Quodque nullum fit corpus nifi fenfibile; atque nulla fubftantia, nifi quæ fub imaginationem cadeat ac proinde fit extenfa.

5. Sed nulli præjudicio magis omnes affuevimus, quàm ei, quod nobis ab ineunte ætate perfuafit bruta animantia cogitare.

Quippe nulla ratio nos mouit ad hoc credendum, nifi quod videntes pleraque brutorum membra in figurâ externâ & motibus à noftris non multùm differre, vnicumque in nobis effe credentes iftorum motuum principium, animam fcilicet qua eadem moueret corpus, & cogitaret, non dubitauimus quin aliqua talis anima in illis reperiretur.

Poftquam autem ego aduertiffem, diftinguenda effe duo diuerfa motuum noftrorum principia, vnum

ſcilicet plane mechanicum & corporeum, quod
à ſola ſpirituumvi & membrorum conformatione
dependet, poteſtque anima corporea appellari;
Aliud incorporeum, mentem ſcilicet, ſiue animam
illam quam definis ſubſtantiam cogitantem, quæ-
ſiui diligentius an ab his duobus principis oriren-
tur animalium motus, an ab vno duntaxat. Cumque claré perſpexerim poſſe omnes oriri ab eo ſolo quod corporeum eſt & mechanicum, pro certo
ac demonſtrato habui, nullo pacto à nobis probari
poſſe, aliquam eſſe in brutis animam cogitantem.
Nec moror aſtutias & ſagacitates canum & vulpium,
nec quæcunque alia quæ propter cibum, venerem, vel
metum à brutis fiunt. Profiteor enim me poſſe perfacilè illa omnia, vt à ſolâ membrorum conformatione profecta, explicare.

Quamvis autem pro demonſtrato habeam, probari non poſſe aliquam eſſe in brutis cogitationem,
non ideò puto poſſe demonſtrari nullam eſſe, quia
mens humana illorum corda non peruadit. Sed examinando quidnam ſit hac de re maximè probabile,
nullam video rationem pro brutorum cogitatione
militare præter hanc vnam, quod cum habeant oculos, aures, linguam, & reliqua ſenſuum organa ſicut
nos, viriſimile ſit illa ſentire ſicut nos; & quia in noſtro ſentiendi modo cogitatio includitur, ſimilem
etiam illis cogitationem eſſe tribuendam. Quæ ratio
cum ſit maximè obuia, mentes omnium hominum
à prima ætate occupauit. Sunt autem aliæ rationes
multò plures & fortiores, ſed non omnibus ita obuiæ,
quæ

quæ contrarium planè perfuadent. Inter quas fuum
quidem locum obtinet, quod non fit tàm probabile
omnes vermes, culices, erucas, & reliqua animalia immortali anima prædita effe, quàm machinarum inftar fe mouere.

Primo, quia certum eft in corporibus animalium,
vt etiam in noftris effe offa, nervos, mufculos, fanguinem, fpiritus animales, & reliqua organa ita difpofita,
vt fe folis abfque vllâ cogitatione omnes motus, quos
in brutis obfervamus, ciere poffint. Quod in convul-
fionibus, cum mente inuitâ machinamentum corporis vehementius fæpe ac magis diuerfis modis folum
fe mouet, quàm ope voluntatis folent moueri. Deinde quia rationi confentaneum videtur, cum ars fit naturæ imitatrix, poffintque homines varia fabricare
automata, in quibus fine vllâ cogitatione eft motus,
vt natura etiam fua automata, fed arte factis longè
præftantiora, nempe bruta omnia, producat, præfertim cùm nullam agnofcamus rationem, propter quam,
vbi eft talis membrorum conformatio, qualem in animalibus videmus, cogitatio etiam debeat adeffe; atque ideo majori admiratione dignum fit, quod mens
aliqua reperiatur in vnoquoque humano corpore,
quàm quodnulla fit in vllis brutis.

Sed rationum omnium quæ beftias cogitatione de-
ftitutas effe perfuadent, meo judicio præcipua eft,
quod quamvis inter illas vnæ aliis eiufdem fpeciei fint
perfectiores, non fecus quàm inter homines, vt videre licet in equis & canibus, quorum aliqui cæteris multò felicius, quæ docentur, addifcunt. Et quamvis om-

nes perfacilè nobis impetus suos naturales, vt iras,
metus, famem, & similia, voce vel aliis corporis motibus significent, numquam hactenus fuerit obserua-
tum, vllum brutum animal eô perfectionis deuenisse,
vt verâ loquelâ vteretur, hoc est, vt aliquid vel voce
vel nutibus indicaret quod ad solum cogitationem,
posset referri. Hæc enim loquela vnicum est cogitationis in corpore latentis signum certum, atque ipsâ
vtuntur omnes homines, etiam quàm maximè stupidi
& mente capti, & linguâ vocisque organis destituti
non autem vllum brutum eamque idcirco pro verâ inter homines & ▇▇ta differentiâ sumere licet.

Reliquas rationes cogitationem brutis adimentes
breuitatis causâ hic omitto, velim tamen notari me loqui de cogitatione, non de vitâ, vel sensu. vitam enim
nulli animali denego, vt pote quam in solo cordis
calore consistere statuo; nec denego etiam sensum
quatenus ab organo corporeo dependet. Sicque hæc
mea opinio non tàm crudelis est erga belluas, quàm
pia erga homines, Pythagoreorum superstitioni non
addictos, quos nempe à criminis suspitione absoluit,
quoties animalia comedunt, vel occidunt. Hæc autem omnia fortasse prolixius scripsi, quàm acumen
ingenij tui requirebat, volui enim hoc pacto testari
paucissimorum objectiones mihi hactenus æquè gra-
tas fuisse ac tuas, humanitatemque & candorem tuum
maximè tibi deuinxisse omnium være sapientie studiosorum cultorum obseruantissimum Renatum des
Cartes.

Egmondæ prope alchmariam
nonis Februarij 1649.

Clariſſimo viro , Nobiliſſimoque Philoſopho
RENATO DESCARTES.
HENRICVS MORVS ANGLVS.
REPLICATIO
LETTRE LXVIII.

Opinionis quam de te concepi, nuperiſque meis litteris apud te teſtatus ſum, quanta quanta ſit (vir illuſtriſſime) me non pœnitet, nec vnquam, ſat ſcio, poterit pœnitere. Quin & adauget plurimùm tui apud me exiſtimationem, quod ad ſtupendam illam mentis tuæ amplitudinem, diuinumque acumen, ſuauitas tanta morum acceſſerit & humanitas. Quam certè vt nunquam ſuſpectam habui, ita nunc ſanè eruditiſſimas tuas literas habeo pro certiſſimo illius argumento. Cæterùm ne tanti fauoris te pœniteat, quaſi in ſeruum caput collati, neue vileſcat meum erga te ſtudium, atque amor, tanquam ab abjecto jacentique animo profectus, quo tandem modo reſponſa tua mihi ſatisfecerint, palam vti hominem liberum decet, aperteque profitebor. Quod tamen ne nimium tibi vel mihi ipſi negotium faceſſat, fuſiores orationis texturas miſſas faciens, rem totam in inſtantias quaſdam breues, aut ſaltem notatiunculas ſuper ſingulis reſponſorum tuorum particulis compingam.

Vu ij

Ad responsum circa primam difficultatem instantia.

I.

Definiri ab habitudine ad sensus nostros, &c.

Hic regeri poteft ; cum radix rerum omnium ac effentia, in æternas defoffa lateat tenebras, rem quamlibet neceffariò definiri ab habitudine aliquâ. Quæ habitudo proprietas dici poteft in fubftantiis, cum non fit fubftantia, quamvis agnofcam libenter proprietates alias aliis effe priores. Hoc autem tantum me voluiffe fatius nimirum effe per adæquatam quamlibet proprietatem, quàm per formam, quam vocant, definito latiorem, rem definiuiffe. Porrò cum ipfe corpus definis rem extenfam, ipfam illam extenfionem, infuper adnoto confiftere in habitudine quadam partium ad fe inuicem, quatenus aliæ extra alias productæ funt. Quam habitudinem non effe rem abfolutam, manifeftum eft.

II.

Quamvis nulli homines exiftant,

Si omnes mortales conniverent, folem tamen non exueret fuam videndi aptitudinem, quamprimum oculos aperuerint denuo, vt neque feouris, fecandi, quamprimum ligna aut lapides oblati fuerint.

III.

Nervorum noftrorum particulis multò minores.

Deum tamen artificem adoptare poffe credo nervos fatis exiguos, exiguis iftis materiæ particulis, ac proinde fenfibilitatem materiæ hoc modo comminutæ, integram manere. Porrò hæ particulæ à motu ceffare poffunt, atque coalefcere, noftrifque hoc modo

nervis, sensibile denuò evadere, quòd de substantia
incorporea nullo modo verum est.

IV.

Quamvis non sit ad sensum molle, &c.

Certum est aut ad nervos nostros sensorios durum
fore vel molle, &c. aut saltem ad istiusmodi nervos,
quales, si vellet, Deus fabricare poterit, vt modò mo-
nuimus, atque hoc satis est, quamvis Deus numquam
fabricaturus sit istiusmodi nervos. Vt reverâ partes
terræ versus centrum sunt ex se visibiles, quamvis
numquam extrahendæ sint in Solis conspectum, nec
eò descensurus sit quisquam cum lychno, vel lam-
pade.

V.

Est tantùm, vt in homine risibilitas, proprium
quarto modo.

Quod si ratio etiam aliis competeret animalibus,
rectius definiretur homo animal risibile, quàm rationale. Nondum autem à quopiam demonstratum est
tangibilitatem aut impenetrabilitatem, proprias esse
substantiæ extensæ affectiones, quamvis corporis esse
meritò quivis agnouerit. Equidem possum clarè concipere substantiam extensam, quæ nullam vllo modo
habeat tangibilitatem, vel impenetrabilitatem. Igitur
tangibilitas vel impenetrabilitas non immediatè substantiam extensam consequitur, quatenus extensa est.

VI.

Atqui nego veram extensionem, &c.

Per veram extensionem intelligis quam tangibilitas
& impenetrabilitas comitatur. Hanc ipse etiam nego
in Deo, nudiisve mente vel Angelo reperiri. Interea

tamen affero aliam esse extensionem æque veram,
quamvis non æque vulgarem, Scholisque tritam, quæ
in Angelis menteque humana, vt terminos, ita & figuram habet, sed pro imperio Angeli mentisque va-
riabilem. Mentesque siue animas nostras atque Angelos, eadem prorsus manente substantia, contrahere se posse, & certos denuò ad limites se expandere.

VII.

Nihil esse intelligibile nisi quod sit imagibile, &c.

Equidem aliquantò sum pronior in illam Aristote-
lis sententiam ὅτι ἄνευ τῶν φαντασμάτων οὐκ ἔστι νοῆσαι. Sed
hic quisque mentis suæ vires experiatur.

Ad responsum circa secundam difficultatem.

Instantia I.

Vnas in locum aliarum imaginatione transferre.

Mea quidem imaginatio non potest, nec concipere si transferantur, quin vnæ vacui spatij partes absor-
beant alteras, penitusque coincidant & penetrent se
inuicem.   **II.**

Nec dubitari à magnis viris Epicuro, Democrito, &c.

Nullus dubito, quin optimo jure dissentias, cum
non solùm istis, sed vniuersis Naturæ interpretibus
longè major sis (mea sententia) longeque augustior.

III.

Quin aliqua in omni spatio substantia sit, &c.

Id sanè concessi pacis ergo. Sed clare mihi non
constat. Nam si Deus hanc mundi vniuersitatem anni-
hilaret & multò post etiam crearet de nihilo. Intermundium illud, seu absentia mundi, suam haberet durationem quam tot dies, anni, vel sæcula mensurassent.

Non existentis igitur est duratio, quæ extentio quædam est. Ac proinde Amplitudo Nihili, puta vacui,
per vlnas vel orgyas mensurari potest vt non existentis, in suâ non existentiâ, duratio per horas dies mens-
sesque mensuratur. Sed concedo, quamvis nondum
vi coactus, in omni spatio aliquam substantiam inesse, Neque tamen corpoream 2. cum extentio siue
præsentia diuina, possit esse subjectum mensurabi-
litatis, v. g. præsentiam siue extentionem diuinam,
occupare assero vnam alteramque orgyam, in hoc vel
illo vacuo, nec tamen omnino sequi Deum esse corporeum, vt patet ex supra dictis instantia 5. Sed super
hâc re est agendum alibi.

IV.

Dico implicare contradictionem, vt talis extentio &c.

Sed hic libenter quærerem, numquid necesse sit,
vt aut talis extentio sit qualem in corpore concipis,
aut nulla Deinde, cum & alias res præter corpora extendi suo modo concesseris annon analogica illa ex
tensio quam vocas, vices obeat extentionis corporeæ,
atque ita illam vim contra dictoriam retundat. Præsertim cùm analogica hæc extentio ad propriè di-
ctam tàm propè accedat, vt sit mensurabilis, certos-
que pedum vlnarumve numeros occupet.

V.

Nullum motum dari, nisi quodammodo circularem.

Hoc necessariò consequi concedo nessitate puta
Physicâ, supponendo duntaxat, omnia corporibus
plena, nullamque extentionem aliam integram mundi extensionem excedere; quâ in parte ego satis sum

securus ; sed inexpugnabilem hanc contradictionis vim fateor me nondum satis deprehendisse.

Ad responsum circa tertiam difficultatem.

Quæ concipiantur extensæ ac simul indiuisibiles.

Cùm mentem tuam sic explicueris, nulla inter nos est controuersia.

Ad responsum circa quartam difficultatem.

Instantia I.

An sint simpliciter Infinita, nec ne, profiteor me nescire.

Haud tamen latere te potest, quin sint vel simpliciter infinita, vel reuera finita, quamvis vtrum horum sint, tàm facile statuere non possis. Quod autem vortices tui non difrumpantur & fatiscant, non obscurum videatur judicium mundum reuera esse infinitum. Ipse tamen intereà liberè profiteor, quamvis audacter possim assentire huic axiomati. *Mundus finitus est, aut non finitus,* vel, quod idem hic est, *infinitus,* me tamen non posse plenè animo complecti rei cujusvis infinitudinem. Sed illud imaginationi meæ hic accidere, quod Iulius Scaliger alicubi scribit de dilatatione & contractione Angelorum, non posse scilicet se in infinitum extendere, nec in puncti ἀδιότητα coangustare. Qui autem Deum positiuè infinitū agnoscit (i. e.) vbique existentem, quod tu meritò facis, non video, si liberæ rationi permittatur, quod hæsitet, quin continuò etiam admittat nullibi otiosum sed eodem jure, eâdemque facilitate, qua hanc nostram vbi nos digimus, vel quovsque oculi, animusque noster peruadit materiam vbique produxisse. Sed fusius acturus eram quàm institui, hunc impetum supprimo ne tibi sim molestior. 　　　　Cum

II.

Cùm ais si tantùm quod nos sit infinita, reuera erit finita.

Ajo, addoque insuper consequentiam esse manifestissimam, quoniam particula (*tantùm*) planè excludit, omnem infinitatem à re, quæ tantùm quoad nos dicitur infinita, ac proinde reuera erit finita extensio. Mentem autem meam hic attingere ea de quibus pronuncio, cum planissimè mihi constet, mundum aut finitum, vt paulò ante insinuaui.

III.

Atque ita supponere Deum habere partes extra partes, & esse diuisibilem, omnemque prorsus rei corporeæ essentiam illi tribuere.

Nullam tribuo. Nego enim extensionem corpori competere, quatenus corpus est, sed quatenus ens, aut saltem substantia est: Præterea cum Deus, quantum mens humana Deum capit, sit totus vbique integraque sua essentia omnibus locis siue spatiis spatiorumque punctis, adsit, non sequitur quod partes haberet extra partes, aut quod consequens est, quod sit diuisibilis, quamvis arctè confertimque loca omnia occupet, nullis relictis interuallis. Vnde præsentiam, seu amplitudinem vt ipse vocas, diuinam, mensurabilem agnoscam; Deum autem ipsum diuisibilem, nullo modo.

Quod aute m Deus singula mundi puncta occupet, fatentur ad vn um omnes tàm Idiotæ quàm Philosophi, ipseque clar è & distinctè animo percipio, & complector. Iam ve ro eodem modo se habet essentia diuina, intra atq ue extra mundum, ita vt si fingamus

mundum claudi cœlo stellato visibili, centrum diuinæ essentiæ, totalisque eius præsentia, eodem modo
repeteretur extra cœlum stellatum , quo intra clarè
concipimus repeti , atque reiterari. Hanc autem repetitionem centri diuini, quæ mundum occupat, vlterius productam, infinita par est extra cœlum visibile spatia secum expandere , quam nisi comitetur
materia tua indefinita , actum erit de tuis vorticibus.
Atque vt hæc molliora videantur, experiamur assensus
nostros in successiuâ Dei duratione.

Deus est æternus h. e. vita diuina omnes sæculorum evolutiones , rerumque rationes, præteritarum,
futurarum & præsentium simul comprehendit. Hæc
tamen vita æterna singulis etiam temporis insidet
quasi , atque inequitat momentis ; ita vt rectè verèque
dicamus Deum per tot dies, menses, horasve suâ æternitate fretum. Exempli causa, si supponamus mundum ante centum annos conditum , annon integra
illa, omniaque complectens Dei æternitas per horas,
dies, menses & annos (puta centum) succedentes ad
hunc vsque diem durauit? At verò nihilo aliter est
Deus à mundo condito, ac fuit ante mundum conditum.

Manifestum igitur est præter æternitatem infinitam, in Deum etiam cadere durationis successionem.
Quod si admittimus, cur non extensionem etiam infinita spatia adimplentem pariter ac infinitam durationis successionem illi tribuamus?

Imò verò quoties altius, & anquisitius, istis de rebus mecum cogito, ea sum in sententia, quod vtra-

que extensio tàm spatij quàm tēporis, non entibus juxta, atque entibus competere possit. Suspicorque æque
ex præjudicio fieri posse, cum omnia ea quæ sensu
manibusque vsurpamus, vtpote crassa & corporea,
semper sint extensa, quod è contra omnia extensa
protinus concludimus corporea, quàm quod vllum
sensus præjudicium facit, vt putemus aliqua, quæ non
sunt corporea, extendi.

Quod autem extensio cadat in non ens, ex eo conjecturam capimus, quod extendi, nihil aliud innuit,
nisi partes extare extra partes. *Pars* autem & *totum*, *sub-*
jectum & *adjunctum*, *causa* & *effectum*, *aduersa* & *relata*,
contradicentia, & *priuantia*, & id genus vniuersa notiones Logicæ sunt, easque tàm non entibus quàm entibus applicamus: Vnde non sequitur, quod quicquid
concipimus partes habere extra partes, ens sit reale
concipiendum.

Sed quoties hic colluctantur mentes humanæ cum
propriis vmbris, aut lasciuientium catulorum instar
propriis ludunt cum caudis? Nam istiusmodi profectò
pugnæ atque lusus sibi instituuntur à mente nostrá,
dum rationes modosque Logicos, juxta quos res ex-
ternas considerat, non aduertit, suos duntaxat esse
cogitandi modos, sed putans eos esse aliquid in rebus
ipsis à se distinctum, suam captando quasi caudam ad
lassitudinem vsque luditur, misereque illaqueatur.
Sed plura quàm vellem imprudens hic effutij: Ad reliqua propero.   **IV.**

Vbicumque enim locus ille concipiatur, ibi aliqua materia est.

Næ tu hic cautus homo es, & eleganter modestus,

admittis tamen tandem mundum esse infinitum, si Aristoteles infinitum recte definiuit. Phys. l. 3. οὗ ἀεὶ τι ἔξω ἐστιν, cuius aliquid semper est extra. Nihil nunc est vlterius, quod diffideamus.

V.

Sed nihilominus existimo maximam esse differentia m. Inter amplitudinem istius corporeæ extensionis, &c.

Et ipse pariter existimo immano quantum differre diuinam amplitudinem & corpoream. Primò, quod illa sub sensum cadere non possit, hæc possit sub sensum cadere. Deinde, quod illa sit increata & independens, hæc dependens & creata. Illa porrò penetrabilis, per omnia pervadens, hæc crassa & impenetrabilis. Denique, quod illa ex totalis & integræ essentiæ repetitione vbiquitariâ, hæc ab externâ. Sed immediata partium applicationę & juxta positione orta sit; ita vt nemo nisi plumbeus planê sit, atque insigniter hebes, suspicari possit,

Impia nos rationis inire elementa, viamque Indogredi sceleris, (vt & ille loquitur.)

Præsertim cùm ex Theologis sint, iisque aliàs fortasse sat scrupulosis, qui tamen agnoscunt Deum, si voluisset, potuisse mundum ab æterno creare. Et tamen æque absurdum videtur infinitam durationem, ac magnitudinem infinitam mundo tribuere.

VI.

Vnum enim est ex præcipuis meoque judicio certißimis Physicæ meæ fundamentis.

Quod sit materia indefinitè saltem extensa, nullumque fundamentum esse Physicæ tuæ apprimè ne-

ceſſarium ſat intelligo, & certe nullus dubito, quin
verum ſit, ſed an veram demonſtrandi rationem in-
ſequutus ſis, id equidem ambigo: Cum principium
illius demonſtrationis ſit, *omne extenſum eſſe reale, ac
corporeum:* Quod mihi fateor nondum conſtare, ob rationes à me ſupra datas. Imò verò vt ingenuè fatear,
quod mihi jam in mentem venit, ſi neque nudum ſpatium, prout poſtulat tua demonſtratio, nec Deus omninò extenditur, ne indefinitâ quidem materiâ opus
eſt tuæ Philoſophiæ, certus finituſque ſtadiorum numerus ſuffecerit. Mundi enim huius finiti latera non
habebunt quò recedant, nec dehiſcere poterunt medij vortices, ne intermedium ſpatium extendatur,
nouaſque non ens induat dimenſiones. Sed tamen
naturalis impetus aliò me præcipitat, in hanc vtique
fidem, fœcunditatem nempe diuinam, cum nullibi
ſit otioſa, vbique locorum materiam produxiſſe, nullis vel anguſtiſſimis prætermiſſis intervallis.

Quæ tam facilè cum admitto, Philoſophia tua apud
me non corruet ob defectum dicti fundamenti. Pla-
nèque video Phyſices tuæ veritatem non tam apertè
& oſtentiuè ſe exerere, in hoc vel illo articulo, quàm
ex vniuerſo omnium filo, & texturâ elucescere, vt ipſe
rectiſſimè mones Part. 4. artic. 225. Quod ſi quis integram tuæ Philoſophiæ faciem ſimul contuetur, tàm
concinna eſt, ſibique juxta ac rerum phænomenis
conſona, vt meritò imaginetur, ſe Naturam ipſam
opificem vidiſſe ab hoc polito ſpeculo enitentem.

Ad responsum circa difficultatem vltimam.

Inftantia I.

Sed nulli præjudicio magis omnes affueuimus, &c.
Quod mihi de me ipfo conftat plus quam fatis, ab
huiufce enim præjudicij laqueio fentio me expediri
non poffe vllo modo.

II.

Profiteor enim me poffe perfacilè illa omnia ʋt à folâ mem-
brorum conformatione profeƈta explicare.

Læta fanè & jucunda Prouincia, hoc fi præftireris,
& credo quantum ingenium humanum poterit, te
hâc in re præftiturum (in quintâ fextave parte Phyfi-
ces tuæ quas vt audio ferè à te perfectas jam effe & ab-
folutas, ita avidè expecto, efflictimque rogo, vt quamprimum poffit fieri, lucem videant, vel potius vt nos
in ipfis vlteriorem naturæ lucem videamus) fed ad
rem redeo; Hoc inquam fi præftiteris agnofco te demonftraffe in brutis amantibus ineffe animam, hemi-
nem demonftrare poffe. Sed interea loci, quod & ipfe
fubmones, quod non fit anima in brutis, te necdum
demonftraffe, nec demonftrare poffe vllo modo.

III.

Præter hanc ʋnam, quod cùm habeant oculos, aures &c.

Maximum meo judicio argumentum eft, quod tàm
fubtiliter fibi præcaveant & profpiciant, vt narratiun-
culis veris pariter ac mirandis, fi otium effet demonftrare poffem. Sed credo te in confimiles hiftorias in-
cidiffe, meæ autem in nullis extant libris.

IV.

Quod non fit tàm probabile omnes vermes, culices, erucas, &c.

Nisi forte imaginemur istiusmodi animas, mundi vitæ, quam appellat Ticinus arenam quasi esse ac puluerem, & infinita ferè ex isto penario, animarum agmina, fatali quodam impetu in præparatam materiam semper prolabi. Sed concedo hæc citius dici posse quàm demonstrari.

V.

Vt aliquid voce vel nutibus indicaret, &c.

Annon canes annunt caudis vt nos capitibus? annon breuibus latratibus cibum sæpius ad mensam mendicant. Imò verò aliquando Domini cubitum pede, quâ possunt cum reuerentiâ tangentes, quasi sui oblitum, blando hoc eum signo commonefaciunt.

VI.

Quàm maximè stupidi ac mente capti, &c. non autem vllum brutum, &c.

Nec infantes vlli per aliquàm multa saltem mensium sptia, quamvis ploret, rideant irascantur &c. Nec diffidis tamen opinor, quin infantes sint animati, animamque habeant cogitantem.

Responsa hæc (vir illustrissime) quæ tuis præclaris responsis mihi visum est reponere. Quæ an æque grata futura sint, ac nuperæ meæ objectiones, sanè præsagire non possum.

Humanitas tua quam versus istas perspexi, & diuturnior cum scriptis tuis consuetudo, audentiorem me fecerunt, vereor ne fuerim prolixus nimium ac molestus.

Equidem fermè oblitus eram potissimi mei instituti, quod non fuit æternas tecum altercationes reciprocare, sed cum hanc oportunitatem sim nactus, tanti viri de rebus quæ se obtulerint Philosophicis judicium placidè experiri, & præcipuè si qua difficultas emerserit inter legendos tuos libros, teipsum audire interpretantem. Quam profectò gratiam si lubens facilisque concesseris, summoperè me tibi devincies.

Et sane quàm lubenter eximiæ tuæ artis ac peritiæ mihi copiam feceris, certum est jam nunc in paucis quibusdam periculum facere.

Primò igitur quæro: An à Deo ita statui, aut alio quovis modo fieri potuisset, vt mundus esset finitus, id est certo aliquo milliarium numero circumscriptus. Non leue enim argumentum videtur mundum posse esse finitum, quod plerique omnes impossibile putent esse infinitum.

Secundò siquis mundi huius finibus propè assideret, quæro an possit gladium per mundi latera ad capulum vsque transmittere, ita vt totus ferè gladius extra mundi mœnia emineret. Quod enim nihil extra mundum sit quod resistat, videtur factu facile; quod autem nihil extensum sit extra mundum quod recipiat videtur ex ea parte impossibile.

Tertiò (ad Artic. 29. part. 2.) si A B, corpus transferatur à corpore C D, quæro qui constat translationem esse reciprocam. Putemus enim C D turrim esse, & A B ventum occidentalem per latera turris transeuntem. Turris C D autem quiescit, aut saltem non recedit à vento A B. Si recedit, vel quod ais, motu transfertur, vtique versus occidentem mouetur. Sed non fertur versus occidentem, cùm & ter-

ra & ventus ferantur versus orientem. Videtur igitur
respectu venti quiescere, cùm nullum motum ab ipso
suscipiat. Dicis tamen translationem (quæ quidem
translatio motus est) ipsius turris & venti esse reci-
procam. Turris igitur respectu eiusdem venti & moueretur & quiesceret, quod proximè abest à contra-
dictione. Signum autem est, cùm ille qui à me sedente recessit ambulando, puta mille passus, rubue-
rit vel lassus fuerit, ego verò sedens nec ruborem con-
traxerim nec lassitudinem, illum solum motum fuisse,
me verò per id temporis quievisse. Notionalem igitur
duntaxat variatæ distantiæ respectum, illius motu sus-
cipio, nullum motum realem & Physicum.

Quartò Artic. 149 Part. 3. Sicque etiam efficiet,
vt terra circa suum axem gyret &c. Quomodo efficiet
Luna, vt terra vno die gyros suos absoluat, cum ipsa
30 ferè dies in suas absumat periodos. Quæ verò scri-
buntur Artic. 151. hanc quæstionem, opinor, non at-
tingunt.

Quintò, de particulis istis contortis, quas striatas
vocas; quomodo ita contorqueri potuerunt, & eo ipso
in infinita fragmina & atomos non disjungi? quem
lentorem, quam tenacitatem in prima illa materia,
sibi vbique simili & homogenea, imaginari possumus? Vnde mollescebant istæ particulæ primum, in-
deque obduruerunt?

Sextò, Artic. 189. Part. 4. animam siue mentem
intimè cerebro conjunctam. Perlubenter equidem
hic audirem sententiam tuam de conjunctione animæ cum corpore. An cum toto corpore conjunga-
Y y

tur, an cum cerebro folo , an verò in folum cona-
rium, táquam in paruulum aliquod ergaftulum, com-
pingatur. Id enim fedem fenfus communem , ani-
mæque ἀκρόπολιν à te monitus, agnofco. Dubito tamen annon per vniuerfum corpus anima peruadat.
Deinde quæro ex te, cum anima nullas habeat nec
ramofas nec hamatas particulas, quomodo tàm arctè
vnitur cum corpore. Scifcitorque fubinde , an non
aliquid exerit fe in natura , cuius nulla ratio Mechanica reddi poteft. Illud ἀυτεξύσιον , cuius in nobis
confcij fumus quo oritur modo ? Et ratio imperij
animæ noftræ in fpiritus animales, quomodo poteft
eos amandare in quamlibet corporis partem ? quomodo fagarum fpiritus, quos vocant familiares , materiam tàm aptè fibi adaptant atque conftringunt,
vt vifibiles & palpabiles fe exhibeant execrandis ve-
tulis. Hoc autem fieri non folùm vetulæ, fed iuuenes
fagæ nullâ vi coactæ, fponte mihi faffæ funt non
paucæ. Porrò, annon & ipfi hoc ipfum aliquo modo
in animabus noftris experimur, dum pro arbitrio no-
ftro fpiritus noftros animales ciere & fiftere, exerere
& reuocare poffumus. Quæro igitur , nunquid de-
deceret, hominem Philofophum, in rerum vniuer-
fitate fubftantiam aliquam agnofcere incorpoream,
quæ tamen poffit aut omnes aut faltem plurimas affectiones corporeas , non fecus ac ipfa corpora in fe mutuò, in corpus aliquod imprimere, quales funt motus,
figura, fitus partium &c: Imò verò, cum fermè conftet de motu fine mora, fuperaddere etiam quæ motus
confequentia funt, vt diuidere, coniungere, diffi-

pare, vincire, figurare particulas, figuratas disponere, dispositas rotare, vel quovis modo mouere, rotatas continere, & id genus alia; vnde lumen, colores, & reliqua sensus objecta prodire necesse est, iuxta eximiam tuam Philosophiam.

Præterea, cùm nihil nec corporeum neque incorporeum potest agere in aliud nisi per applicationem suæ essentiæ, necesse insuper ducere, vt siue Angelus sit, siue Dæmon, siue anima, siue Deus, qui agat prædictis modis in materiam, vt essentia cujuslibet inequiret quasi illis materiæ partibus in quas agit, aut aliquibus aliis, quæ in has ipsas agant per motus transmissionem, imò vt integræ aliquando adsit materiæ quam gubernat, & modificat; vt constat in Geniis siue bonis siue malignis, qui se humanis oculis patefecerunt: Aliter enim quî poterant constringere materiam, & in hâc vel illâ figurâ continere?

Postremò, cum tam stupendam virtutem habeat substantia incorporea, vt per nudam sui applicationem, sine funiculis aut vncis, sine fundis aut cuneis, materiam constringat, explicet, diuidat, proiiciat, & simul retineat, annon verisimile videatur, vt in seipsam se possit colligere, cum nulla obstet impenetrabilitas, & diffundere se denuò, & similia?

Hæc abs te peto, vir doctissime, quantum per otium licebit, vt digneris exponere, vtpote quem scio tàm intima quàm extima Naturæ mysteria rimatum esse, commodéque interpretari posse.

Septimò, de globulis æthereis; Quæro, si Deus mundum ab æterno condidisset, annon multis abhinc annis comminuti & confracti fuiſſent iſti globuli, in partes indefinitè ſubtiles, mutuis colliſionibus vel attritionibus, primique Elementi faciem jam olim induiſſent, ita vt vniuerſus mundus in vnam immenſam flammam multa antè ſæcula abiiſſet?

Octauò, de particulis tuis aqueis, longis, teretibus, & flexibilibus. Numquid habent poros? Id ſanè mihi non videtur probabile, cùm ſint ſimplicia corpora, particulæque primæ ex nullis aliis particulis complicatæ, ſed fragmina ex integrâ primâque materiâ eliſa, ac proinde planè homogenea. Hinc dubito, quî poterunt flecti ſine penetratione dimenſionum. Putemus enim aliquando ad annuli inſtar incurvari. Superficies concaua minor erit convexâ, &c. Rem probè tenes. Non eſt quod hic immorer.

Nec tamen ſi poros habere contenderes, quod nunquam opinor facies, difficultatem tollet. Quippe quod quæſtio tunc inſtituetur de pororum labris vel lateribus: Neceſſario enim aliquid flectetur, quod non habet poros.

Atque hæc difficultas, pertinet non ſolùm ad oblongas tuas particulas, ſed etiam ad ramoſas illas aliaſque fermè omnes, quas flecti neceſſe eſt, & tamen non diſrumpi.

Nonò, & vltimo, vtrum materia, ſiue æternam fingamus ſiue heſterno die creatam, ſibi libere permiſſa, nullumque aliunde impulſum ſuſcipiens moueretur, ac quieſceret. Deinde an quies ſit modus corporis priuatiuus, an vero poſitiuus. Et ſiue poſitiuum malles, ſiue priuatiuum, vnde conſtet vtrumlibet?

An denique vlla res affectionem vllam habere possit naturaliter, & à se, qua penitus potest destitui, vel quam aliunde potest adscisceere?

Hactenus ferè circa generalia præclaræ tuæ Physices fundamenta lusi, dicam, an potius laboraui, progressurus posthac ad specialiora, si facilitas tua atque comitas eò me inuitauerit, aut saltem permiserit. Et æquiori sanè animo feres, cum hic de primis agatur principiis, si superstitiosè omnia examinaui, viamque quasi palpando, singulaque curiosius contrectando, lente me promoui, & testudineo gradu. Video enim ingenium humanum ita comparatum esse, vt facilius longe quid consequens sit, dispiciat, quam quid in naturâ primo verum; nostramque omnium conditionem non multum abludere ab illâ Archimedis δὸς ποῦ στῶ, ϗ κινήσω τὴν γῆν. Vbi primùm figamus pedem, invenire multò magis satagimus, quàm vbi inuenimus vlterius progredi.

Quod ad mirificas illas structuras attinet, quas ex illis principiis generalibus erexisti, quamvis primà fronte adeò sublimes, & ab aspectu nostro remotæ viderentur, vt omnia apparerent nubibus tenebrisque obvoluta, dies tamen difficultates comminuit, paulatimque euanuerunt istæ obscuritates, adeò vt perpaucæ, præ quod tum factum est, in conspectum jam veniant.

Hoc autem necesse duxi, vt profiterer, ne æternum à me expectes tibi creatum iri negotium, sed lubentius mihi rescribas, pariq; humanitate hasce sciscitiones meas accipias, quâ primas quas misi objectiones.

Quod fi feceris (clariffime Cartefi) fupra quam dici
poteft, tibi obftrictū dabis Humanitatis tuæ ac fapien-
tiæ admiratorem Religiofiffimū Henricum Morum.

Cantabrigiæ è Chrifti Collegio
5. Nonarum Martij 1649.

CLARISSIMO DOCTISSIMOQVE VIRO
HENRICO MORO.
RENATVS DESCARTES.
RESPONSIO.

LETTRE LXIX.

VIR clariffime, gratiffimas tuas literas 3. Non
Mart. datas eo tempore accipio, quo tàm multis aliis occupationibus diftrahor, vt cogar vel hac
ipfâ horâ feftinantiffimè refcribere, vel refponfum
in multas hebdomadas differre. Sed vincet ea pars
quæ feftinationem perfuadet; malo enim minus pe-
ritus quàm minus officiofus videri.

AD INSTANTIAS PRIMAS.

Proprietates alias aliis effe priores, &c. Senfibilitas nihil mihi videtur effe in re fenfibili, nifi denominatio
extrinfeca. Nec etiam rei eft adæquata; nam fi refe-
ratur ad fenfus noftros non convenit tenuiffimis materiæ particulis; fi ad alios imaginarios quales vis à Deo
poffe fabricari, forfan etiam Angelis & Animabus
conveniet: non enim facilius intelligo neruos fenfo-
rios adeò fubtiles, vt à quàm minutiffimis materiæ
particulis moueri poffint, quàm aliquam facultatem

cuius ope mens noſtra poſſit alias mentes immediatè ſentire , ſiue percipere. Quamvis autem in extenſione habitudinem partium ad invicem facilè com-
prehendamus, videor tamen extenſionem optimè
percipere, quamvis de habitudine parium ad invicem
planè non cogitem ; Quod debes etiam potiori jure
quàm ego admittere , quia extenſionem ita concipis,
vt Deo conueniat, & tamé in eo nullas partes admittis.

*Nondum demonſtratùm Tangibilitaem aut impenetra-
bilitatem proprias eſſe ſubſtantiæ extenſæ affeCtiones.* Si concipis extenſionem per habitudinem partium ad inuicem non videris negare poſſe , quin vnaquæque eius
pars alias vicinas tangat , hæcque tangibilitas eſt vera
proprietas,& rei intrinſeca , non autem ea, quæ à ſenſu taCtus denominatur.

Non poteſt etiam intelligi vnam partem rei extenſæ aliam ſibi æqualem penetrare, quin hoc ipſo intelligatur mediam partem eius extenſionis tolli , vel an-
nihilari : quod autem annihilatur aliud non penetrat, ſicque meo iudicio demonſtratur impenetrabilitatem ad eſſentiam extenſionis, non autem vllius
alterius rei, pertinere.

Aſſero aliam eſſe extenſionem æque veram. Tandem igitur de re convenimus, ſupereſt quæſtio de nomine,
an hæc poſterior extenſio æque vera ſit dicenda.
Quantum autem ad me nullam intelligo nec in Deo
nec in Angelis vel mente noſtra extenſionem ſubſtantiæ , ſed potentiæ duntaxat ; ita ſcilicet vt poſſit
Angelus potentiam ſuam exerere nunc in majorem
nunc in minorem ſubſtantiæ corporeæ partem ; nam

ſi nullum eſſet corpus, nullum etiam ſpatium intelligerem, cui Angelus vel Deus eſſet coextenſus. Quod
autem quis extenſionem, quæ ſolius potentiæ eſt, tri-
buat ſubſtátiæ, eius præiudicij eſſe puto, quo omnem
ſubſtantiá, & ipſum Deum, ſupponit imaginabilem.

A D   S E C V N D A S   I N S T A N T I A S.

Vnæ vacui ſpatij partes abſorbeant alteras, &c. Hic repeto
ſi abſorbeantur, ergo media pars ſpatij tollitur, & eſſe
definit, quòd autem eſſe definit, aliud non penetrat;
ergo impenetrabilitas in omni ſpatio eſt admittenda.

Intermundium illud ſuam haberet durationem, &c. Puto
implicare contradictionem, vt concipiamus aliquam
durationem intercedere inter deſtructionem prioris
mundi, & novi creationem. Nam ſi durationem iſtam
ad ſucceſſionem cogitationum divinarum, vel quid
ſimile referamus, erit error intellectus, non vera vllius rei perceptio; ad ſequentia jam reſpondi, notan-
do extenſionem quæ rebus incorporeis tribuitur, eſſe
potentiæ duntaxat non ſubſtantiæ, quæ potentia cum
ſit tantum modus in re ad quam applicatur, ſublato
extenſo cui coexiſtat, non poteſt intelligi eſſe extenſa.

A D   P E N V L T I M A S   I N S T A N T I A S.

Deum poſitive infinitum, id eſt, vbique exiſtentem, &c.
Hoc *vbique* non admitto. Videris enim hic infinitatem Dei in eo ponere, quod vbique exiſtat, cui opinioni non aſſentior; ſed puto Deum ratione ſuæ potentiæ vbique eſſe, ratione autem ſuæ eſſentiæ nullam
planè habere relationem ad locum. Cum autem in
Deo potentia & eſſentia non diſtinguantur, ſatius eſſe puto in talibus de mente noſtra vel Angelis táquam
perceptioni

perceptioni noſtræ magis adæquatis quàm de Deo ra-
tiocinari. Sequentes difficultates ex eo præjudicio mihi videntur omnes ortæ, quod nimis aſſueverimus
quaſlibet ſubſtantias, etiam eas quas corpora eſſe negamus, tanquam extenſas imaginari, & de entibus
rationis intemperanter Philoſophari, *entis* ſiue *rei* proprietates *non enti* tribuendo. Sed rectè meminiſſe oportet, non entis nulla eſſe poſſe vera attributa, nec de eo
poſſe vllo modo intelligi *partem & totum, ſubjectum, adjunctum*, &c. Ideoque optimè concludis cum propriis
vmbris mentem ludere, cum entia Logica conſiderat.

Certus finituſque ſtadiorum numerus ſuffecerit, &c. Sed
repugnat meo conceptui, vt mundo aliquem terminum tribuam, nec aliam habeo menſuram eorum quæ
affirmare debeo vel negare, quam propriam perceptionem. Dico idcirco mundum eſſe indeterminatum vel
indefinitum, quia nullos in eo terminos agnoſco, ſed
non auſim vocare infinitum, quia percipio Deum eſſe
mundo majorem non ratione extenſionis, quam vt
ſæpè dixi nullam propriam in Deo intelligo, ſed ratione perfectionis.

AD VLTIMAS INSTANTIAS.

Hoc ſi præſtiteris, &c. Non certus ſum meæ Philoſophiæ continuationem vnquam in lucem prodituram,
quia pendet à multis experimentis, quorum facien-
dorum neſcio an copiam ſim vnquam habiturus; ſed
ſpero me hâc æſtate breuem tractatum de affectibus
editurum, ex quo apparebit quo pacto in nobis ipſis
omnes motus membrorum, qui affectus noſtros comitantur, non ab anima ſed à ſola corporis machina-

tione peragi existimem. Quod autem *Canes annuant caudis*, &c. Sunt tantum motus qui comitantur affectus, eosque accuratè distinguendos puto à loquela, quæ sola cogitationem in corpore latentem demon-
strat. *Nec infantes ulli*, &c. Dispar est ratio infantûm & brutorum: Nec judicarem infantes esse mente præ-
ditos, nisi viderem eos esse eiusdem naturæ cum adul-
tis: bruta autem eousque nunquam adolescunt, vt aliqua in iis cogitationis nota certa deprehendatur.

AD QVÆSTIONES.

Ad primam. Repugnat conceptui meo, siue quod idem est, puto implicare contradictionem, vt mun-
dus sit finitus vel terminatus, quia non possum non concipere spatium vltra quoslibet præsuppositos mundi fines, tale autem spatium apud me est verum corpus; nec moror quod ab aliis imaginarium voce-
tur, & ideo mundus finitus existimetur, noui enim ex quibus præjudiciis error iste profectus sit.

Ad secundam. Imaginando gladium traijci vltra mundi fines, ostendis te etiam non concipere mun-
dum finitum, omnem enim locum ad quem gladius pertingit reuera concipis vt mundi partem, quamvis illud quod concipis vacuum voces.

Ad tertiam. Non melius possum explicare vim reci-
procam in mutua duorum corporum ab inuicem se-
paratione, quàm si tibi ponam ob oculos nauigiolum aliquod hærens in luto iuxta fluminis ripam, & duos homines, quorum vnus stans in ripa nauigiolum manibus pellat, vt illud à terrâ remoueat, eodemque prorsus modo alius stans in navigio ripam manibus

pellat, vt illud idem à terra remoueat. Si enim horum hominum vires fint æquales, conatus eius qui terræ infiftit, terræque idcircò conjunctus eft, non minus confert ad motum nauigij, quàm conatus alterius qui cum nauigio transfertur. Vnde patet actionem, quâ nauigium à terra recedit, non minorem effe in ipsâ terrâ quam in navigio. Nec eft difficultas de eo qui à te fedente receffit, cum enim de tranflatione hic loquor, intelligo tantum eam quæ fit per feparationem duorum corporum fe immediatè tangentium.

Ad quartam. Motus Lunæ determinat materiam cœleftem, & ex confequenti etiam terram in ea contentam, vt verfus vnam partem potius quam verfus aliam nempe in figurâ ibi pofita vt ab A verfus B, potius quam verfus D, flectatur, non autem dat ei celeritatem motus; & quia hæc celeritas pendet à materia cœlefti, quæ præter propter eadem eft juxta Terram ac jufta Lunam, deberet Terra duplo celerius convolvi quàm convoluitur, vt circiter fexagies circulum fuum abfolueret eo tempore, quo Luna femel percurrit fuum fexagies majorem, nifi obftaret magnitudo, vt in Artic. 151. p. 3. dictum eft.

Ad quintam. Nullum fuppono effe lentorem nullamque tenacitatem in minimis materiæ particulis, nifi quemadmodum in fenfibilibus & magnis, quæ nempe ex motu & quiete partium dependet; Sed notandum eft ipfas particulas ftriatas formari ex materia fubtiliffimâ, & diuifa in minutias innumerabiles vel numero indefinitas, quæ ad ipfas componendas fimul junguntur, adeò vt plures diuerfas minutias in vnaquaque particula ſtriata concipiam, quam vulgus hominum in aliis corporibus valdè magnis.

Ad ſextam. Conatus ſum explicare maximam partem eorum quæ hic petis in tractatu de affectibus. Addo tantùm nihil mihi hactenus occurriſſe circa naturam rerum materialium, cuius rationem mechanicam non facillimè poſſim excogitare. Atque vt non dedecet hominem Philoſophum putare Deum poſſe corpus mouere, quamvis non putet Deum eſſe corporeum; ita etiam eum non dedecet aliquid ſimile de aliis ſubſtantiis incorporeis judicare. Et quamvis exiſtimem nullum agendi modum Deo & creaturis uocè conuenire, fateor tamen, me nullam in mente meâ ideam reperire, quæ repræſentet modum quo Deus vel Angelus materiam poteſt mouere, diuerſam ab ea quæ mihi exhibet modum, quo ego per meam cogitationem corpus meum mouere me poſſe mihi conſcius ſum.

Nec verò mens mea poteſt ſe modo extendere, modò colligere in ordine ad locum, ratione ſubſtantiæ ſuæ, ſed tantum ratione potentiæ, quam poteſt ad maiora vel minora corpora applicare.

Ad ſeptimam. Si mundus ab æterno fuiſſet, proculdubio hæc Terra non manſiſſet ab æterno, ſed aliæ alibi productæ fuiſſent, nec omnis materia abiiſſet in primum Elementum; vt enim quædam eius partes vno in loco comminuuntur, ita aliæ in alio loco ſimul coaleſcunt, nec plus eſt motus ſiue agitationis in totâ rerum vniuerſalitate vno tempore quàm alio.

Ad octauam. Particulas aquæ, aliaſque omnes quæ

sunt in terrâ, poros habere, sequitur euidenter ex modo quo terræ productionem descripsi, nempe à particulis materiæ primi elementi simul coalescentibus:
cum enim hoc primum Elementum nullis constet
particulis nisi indefinitè diuisis, hinc sequitur con-
cipiendos esse poros vsque ad vltimam possibilem
diuisionem in omnibus corporibus ex eo conflatis.

Ad nonam. Ex iis quæ paulò ante dixi de duobus,
hominibus, quorum vnus mouetur vnà cum nauigio,
alius in ripâ stat immotus, satis ostendi me putare nihil
esse in vnius motu magis positivum, quàm in alterius
quiete.

Quid sibi velint hæc tua vltima verba. *An vlla res
affectionem habere potest naturaliter , & à se, quâ penitus
potest destitui, vel quam aliunde potest adsciscere,* non satis
percipio.

Cæterùm velim vt pro certo existimes mihi semper
fore gratissimum ea accipere quæ de scriptis meis vel
quæres vel objicies, & pro viribus responsurum esse
tibi addictissimum, Renatum Descartes.

Egmundæ 17. Kalendis
  Maij 1649.

Illuſtriſſimo viro, Principique Philoſopho,

RENATO DESCARTES.

HENRICVS MORVS.

LETTRE LXX.

VIx me abſtinebam (vir Clariſſime) quin ab acceptis tuis litteris continuo ad te reſcriberem; quamvis profecto id à me factum fuerit inciuilius; quippe quod ſatis ex iiſdem intelligerem te per ſeptimanas bene multas, negotiis fore diſtrictiſſimũ. Quin & mihi ipſi tunc temporis à patris obitu acciderunt multa quæ me alio auocarunt, impediueruntque, adeo vt quod voluiſſem maximè præſtare, haud commodè potuiſſem. Iamverò ad te tuaque reuerſus, ſatiſque nactus otij reſcribo, gratiaſque ago maximas, quod quærendi de tuis ſcriptis quod lubet, obijciendique, plenum mihi ius tam liberè benignèque conceſſeris.

Cæterùm, ne abuti videar hac ſummâ humanitate tuâ ad prolixiores altercationes (nam hactenus eo in loco Philoſophiæ verſati ſumus, qui λοϗμαϰίαϛ lubriciſque ſubtilitatibus opportunior extitit, in confiniis vtique Phyſices Metaphyſicæ & Logicæ) ad ea properoquæ certum magis firmumque judicium capiunt.

Obiter tantum notabo, atque primò ad Reſponſionem ad inſtantias primas. Quantum ad Angelos animaſque ſeparatas, ſi immediatè ſuas inuicem deprehendant eſſentias, id non dici poſſe ſenſum pro-

priè ; si ipsos fingas penitus incorporeos. Me verò
lubentem cum Platonicis, antiquis Patribus, magisque fermè omnibus, & animas & genios omnes tam
bonos quam malos, planè corporeos agnoscere, ac
proinde sensum habere proprie dictum (i. e.) mediante corpore quo induuntur exortum. Et profecto
cũ nihil non magnũ de tuo ingenio mihi pollicear, per
quàm gratissimum esset, si conjecturas tuas quas credo
pro eâ quâ polles sagacitate ac acumine fore ingeniosissimas, mecum breuiter communices super hâc re.
Nam quod quidam magnificè se efferunt in non admittendo substantias vllas quas vocant separatas, vt
dæmonas, Angelos, animasque post mortem superstites, & maximoperè hic sibi applaudunt, quasi re
benè gestâ, & tanquam eo ipso longè sapientiores
euasissent cæteris mortalibus, id ego non huius astimo. Nam quod sæpius obseruaui, hi sunt vt plurimum, aut Taurini sanguinis homines, perditèque melancholici, aut immane quantum sensibus & voluptatibus dediti, Athei denique, saltem si permitteret religio, quâ solâ superstitiosè freti Deum esse agnoscunt. Me vero non pudet palam profiteri, me vel semoto omni Religionis imperio, meâ sponte agnoscere, genios esse, atque Deum; nec vllum alium tamen me posse admittere, nisi qualem optimus quisque ac sapientissimus exoptaret, si deesset, existere.
Vnde semper suspicatus sum, profligatissimæ improbitatis, summæque stupiditatis, triumphum esse,
Atheismum ; Atheorumque gloriationem perindè
esse, ac si stultissimus populus de sapientissimi, beni

gniſſimique principiis cæde ouarent inter ſe, & gra-
tularentur. Sed neſcio quo impetu huc excurſum eſt.
Redeo.

Secundò. Quod ad demonſtrationem illam tuam
attinet, quâ concludis omnem ſubſtantiam extenſam
eſſe tangibilem, & impenetrabilem; videor mihi hæc
poſſe regerere : in aliqua ſcilicet ſubſtantia extenſa
partes extra partes eſſe poſſe, ſine vlla αντιτυπία, ſeu
mutua reſiſtentia, atque hinc perit propriè dicta Tangibilitas. Deinde extenſionem ſimul cum ſubſtantia
in reliquam replicari extenſionem, & ſubſtantiam, nec
deperdi, magis quam illam ſubſtantiæ partem quæ
retrahitur in alteram, atque hinc cadit illa Impenetrabilitas; Quæ profiteor me clarè & diſtinctè animo
concipere. Quod autem aliquod reale claudi poſſit
(ſine vllá ſui diminutione) minoribus maioribuſque
terminis, conſtat in motu, ex tuis ipſius principiis.
Nam idem numero motus nunc maius nunc minus
ſubjectum occupat, iuxta tuam etiam ſententiam;
Ego verò pari facilitate & perſpicuitate concipio dari poſſe ſubſtantiam, quæ ſine vlla ſui imminutione
dilatari & contrahi poſſit, ſiue per ſe id fiat, ſiue
aliundè.

Poſtremò igitur; Et demiror equidem quod ne in
intellectum tuum cadere poſſit, quod aut mens humana, aut Angelus hoc fermè modo ſint extenſi, quaſi
implicaret contradictionem. Cum ego potius putarem implicare contradictionem, quod potentia mentis ſit extenſa, cum mens ipſa non ſit extenſa vllo
modo. Cum enim potentia mentis, ſit modus men-

tis

tis intrinfecus, non eft extra mentem ipfam, vt patet.
Et confimilis ratio eft de deo;vnde me confimilis ferit
admiratio, quod in Refponfione ad penultimas in-
ftantias concedis cum vbique effe ratione potentiæ,
non ratione effentiæ; quafi potentia Diuina, quæ Dei
modus eft, extra Deum effet fita, cum modus realis
quilibet,intimè femper infit rei cuius eft modus: Vnde neceffe eft Deum effe vbique, fi potentia eius vbique fit.

Neque fufpicari poffum per potentiam Dei intel-
legi te velle, effectum in materiam tranfmiffum.
Quod fi hoc intelligas non video tamen quin eòdem
res recidat. Nam hic effectus non tranfmittitur nifi
per potentiam Diuinam, quæ attingit materiam fufcipientem, hoc eft, modo aliquo reali vnitur cum eá;
ac proinde extenditur; nec tamen interea feparatur
ab ipfa Diuina Effentia. Videtur enim, vt dixi, con-
fpicua contradictio. Sed hifce ftatui non immoran-
dum.

Ad quæftiones transvolo ; poftquam monuerim,
quam contriftat animum , continuationis tuæ Philofophiæ defperatio; Sed æquè refocillat tamen certa fpes tractatus illius defideratiffimi , quem hæc
æftas parturit ; citò & fæliciter in lucem prodeat,
exopto.

AD RESPONS. AD QVÆSTIONES.

Ad primam & fecundam;Refpondes fanè conftan-
ter & conuenienter tuis principiis,quod à quolibet,ni-
fi fententia vicerit melior, & expecto, & laudo.

Ad tertiam ; ex navigiolo illo tuo has mihi compa-
A Aa

raui merces. 1. In motu esse mutuum eorum quæ moueri dicuntur renixum. 2. Quietem esse actionem,
nempe renixum quendam, siue resistentiam. 3. Moueri duo corpora, esse immediatè separari. 4. Immediatam illam separationem esse motum illum, siue translationem, præcisè sumptum.

Cum vero duo corpora se expediunt à se inuicem,
nisi vim in vtroque expeditricem, & avulsoriam adieceris notioni translationis, seu motus, motus hic
erit extrinsecus tantùm respectus, aut aliquid fortasse
levius. Separari enim vel significat, superficies corporum, quæ se modo mutuò tangebant, distare à se inuicem; distantia autem corporum extrinsecus tantum
est respectus; vel significat non tangere quæ modo
tangebant, quæ priuatio duntaxat est, vel negatio.
Certè de sententiâ tuá hâc in re non satis clarè mihi
constat.

Ego verò, si mihi ipsi permitterer, judicarem motum esse vim illam vel actionem, quâ se à se inuicem
mutuo expediunt corpora quæ dicis moueri; immediatam autem illam separationem eorumdem, esse
effectum dictorum motuum, quamvis sit vel nudus
duntaxat respectus, vel priuatio. Sed aliter tibi visum
est Philosophari in explicatione definitionis motus,
Artic. 25. Part. 2. vbi equidem mentem tuam non
plenè capio.

Ad reliquas quæstiones, omnes quas proposui, respondisti perspicuè & appositè. Sed ad pleniorem intelligentiam eorum quæ ad sextam accumulaui, expecto
dum prodeat exoptatissimus tuus libellus de affectibus.

Cæterùm, quantum ad verba illa mea vltima, *An vlla res*, &c. Parturibat profectò mihi mens euanidam aliquam subtilitatem, quæ jam effugit, nec meâ interest reuocare.

Hoc tantùm quæram denuò; Vtrùm materia sibi liberè permissa (i. e.) nullum aliundè impulsum suscipiens, moueretur an quiesceret. Si mouetur à se naturaliter, cum materia sit homogenea, & ea propter motus vbique esset æqualis, sequitur quod tota materia simulac fuerit, disijceretur in partes tam infinitè exiles, vt nihil vllo modo vlterius abradi posset ab vlla particula. Quicquid enim abradendum imaginaris, jam disjectum est, ac dissolutum, ob intimam vim motûs per vniversam materiam peruadentis, vel si malles, insiti. Nec partium aliæ aliis magis mutuò adhærescent, alióue cursum flectent, quàm aliæ, cùm sint omnes prorsus consimiles iuxta quamlibet rationem imaginabilem. Nulla enim figuræ asperitas, vel angulositas fingi potest, quæ non iam contusa sit ad vltimum quod motus poterit præstare, nec vlla motus inæqualitas in vllis particulis ponenda est, cum materia supponatur perfectè homogenea. Si naturaliter igitur moueretur materia, nec sol, nec cœlum, nec terra esset, nec vortices vlli, nec heterogeneum quicquam, siue sensibile siue imaginabile, in rerum Natura. Ideoque periret tuum condendi cælos, terrasque, cæteraque sensibilia, mirificum artificium.

Quod si materiam quiescere dicis ex se, nisi aliundè mouetur quodque hæc quies sit positiuum quid, vim inde materia æternùm pateretur, & affectio natu-

ralis deſtrueretur in perpetuum, vt contraria domi-
naretur; Quod videtur duriuſculum. Nec tamen tutius forſan eſſet quietem ſtatuere motûs priuationem,
ſiue negationem; caderet enim omnis reſiſtendi actio in materiâ quieſcente, quam tamen agnoſcis:
Qamvis & id ipſum intellectui meo non nihil negotij
faceſſat. Dum enim quietem actionem ſtatuis materiæ, motum etiam eandem eſſe ſtatuas neceſſe eſt;
ſiquidem materia non agit niſi mouendo, aut ſaltem
conando motum. Malè profecto me habent iſti ſcru-
puli, quos quam primum eximere mihi poteris obſecro vt eximas.

Quin etiam adeo ſuperſtifiosè hæc prima principia
penſito, vt noua jam mihi ingeratur difficultas de naturâ motus. Cum ſcilicet motus corporis modus ſit, vt
figura, ſitus partium, &c. quî fieri poſſet, vt tranſeat ab
vno corpore in aliud, magis quam alij modi corporei:
Et vniuerſim imaginatio mea non capit, quî poſſit fieri, vt quicquam quod extra ſubiectum eſſe non poteſt
(cuius modi ſunt modi omnes) in aliud migret ſubiectum. Deindè quæram, cum vnum corpus in aliud
minus, ſed quieſcens impingit, ſecumque defert, annon quies quieſcentis corporis ſimiliter tranſmigrat
in deferens, æquè ac motus mouentis inquieſcens: Videtur enim quies res adeò otioſa ac pigra, vt tædeat
itineris, cum tamen æquè realis ſit ac motus, ratio co-
get eam tranſire. Poſtremò, obſtupeſco planè, dum
conſidero, quod tam leuicula ac vilis res, ac motus,
ſolubilis etiam à ſubjecto, & tranſmigrabilis, adeò-
que debilis ac euanidæ naturæ vt periret protinus,

nifi fuftentaretur à fubjecto, tàm potenter tamen contorqueret fubjectum, & hâc vel illâc tam forti-ter impelleret. Equidem pronior fum in hanc fen-tentiam, quod nullus prorfum fit motuum tranfitus, fed quod ex impulfu vnius corporis, aliud corpus in motum quafi expergifcatur, vt anima in cogitationem ex hâc vel illâ occafione; quodque corpus non tam fufcipiat motum, quàm fe in motum exerat, à cor-pore alio commonefactum; Et quod paulò antè dixi, eodem modo fe habere motum ad corpus, ac cogi-tatio fe habet ad mentem, nimirum neutrum recipi, fed oriri vtrofque ex fubjecto in quo inueniuntur. Atque omne hoc quod corpus dicitur, ftupidè & temulentè effe viuum, vtpote quod vltimam infi-namque Diuinæ effentiæ, quam perfectiffimam vi-tam autumo, vmbram effe ftatuo, ac idolum; ve-rùntamen fenfu ac animaduerfione deftitutam.

Cæterum, tranfitus ille tuus motuum à fubjecto in fubjectum, idque à maiori in minus, & viciffim, vt fupra monui, optimè repræfentat naturam meorum Spirituum extenforum, qui contrahere fe poffunt, & rurfus expandere, penetrare facillimè materiam, & non implere, agitare quovis modo ac mouere, & ta-men fine machinis vllis & vncorum nexu. Verum diutius in hoc loco hæfi quam putaram : fed ad infti-tutum propero, hoc eft, ad nouas quæftiones pro-ponendas, fuper fingulis illis articulis Principiorum tuæ Philofophiæ, quorumvim nõdum fatis intelligo.

A D　P A R T I S　P R I M Æ　A R T I C. 8.

Perfpicuè videmus, &c. nec perfpicuè videmus extensionem, figuram, & motum localem, ad naturam nostram pertinere, nec videmus perspicuè non pertinere; Vtinam hîc breuiter demonstres, nullum corpus posse cogitare.

AD ARTIC. 37.

Annon maior perfectio est id solum velle posse hominem quod sibi optimum esset, quam posse etiam contrarium; Cum melius sit semper fælicem esse, quam vel summis aliquando efferri laudibus, vel etiam semper?

AD ARTIC. 54.

Hîc rursus repeto quod opportebat demonstrare, nihil extensum cogitare, aut quod videbitur facilius, nullum corpus posse cogitare. Est enim dignum ingenio tuo argumentum.

AD ARTIC. 60.

Quamuis mens possit contemplari seipsam, vt rem cogitantem, exclusâ omni corporeâ extensione in hoc conceptu, non tamen euincit quicquam aliud, nisi quod mens possit esse corporea vel incorporea, non quod sit de facto incorporea. Iterum igitur rogandus es, vt demonstres, ex aliquibus operationibus mentis humanæ, quæ corporeæ naturæ competere non possunt, hanc mentem nostram esse incorpoream.

AD PARTIS SECVNDÆ ARTIC. 25.

Non vim vel actionem quæ transfert, vt ostendam illum semper esse in mobili, &c. Annon igitur vis ipsa atque actio motus est in re mota?

AD ARTIC. 26.

Est ne igitur in quiescentibus perpetua quædam vis statoria, vel actio sistendi se, & corroborandi contra impetus omnes, quibus partes eorum diuelli possint, & disijci, vel totum corpus alió abripi, & transferri? Adeo vt Quies rectè definiri possit, vis quædam vel actio interna corporis, quâ corporis partes arctè constringuntur ad se inuicem, & comprimuntur, adeoque à diuisione, vel dimotione, per impulsum alieni corporis, defenduntur? Hinc enim illud consurgeret, quod à meo intellectu minimè alienum est. Materiam vtique vitam esse quandam obscuram (vtpote quam vltimam Dei vmbram existimo) nec in solâ extensione partium consistere, sed in aliquali semper actione, hoc est, vel in quiete vel in motu, quorum vtrumque réuerâ actionem esse ipse concedis.

AD ARTIC. 30.

Hic articulus videtur continere demonstrationem euidentissimam, quod translatio, siue motus localis (nisi extrinsecus sit corporum respectus duntaxat.) non sit reciprocus vllo modo.

AD ARTIC. 36.

Quæro, annon mens humana dum spiritus accendit, attentiùs diutiusque cogitando, corpusque insuper ipsum calefacit, motum auget vniuersi?

AD ARTIC. 55.

Nunquid igitur cubus perfectè durus, perfectéque planus, motus super mensâ, puta perfectè dura, perfectèque plana, eo ipso instanti, quo à motu sistitur, æquè firmiter coalescit cum mensâ, ac cubi, vel men-

fæ partes cum ſcipſis; An manet diuiſus à menſa ſemper, an ad tempus ſaltem, poſt quietem? Nulla enim
eſt compreſſura cubi in menſam, cum hunc motum
tanquam in vacuo factum imaginemur, ſuper menſam, extra mundi parietes, ſi fieri poſſet, ſitam, ac
proinde vbi nullus locus eſt grauitati vel leuitati, motumque ſiſti ex ea parte ad quam tendit cubus. Videntur igitur ex lege naturæ, cum jam diuiſa ſint cubus & menſa, & nulla actio realis detur qua conjungantur, manſura ſemper actu diuiſa.

AD ARTIC. 56. & 57.

Non video quî ſit opus, vt tam amplos particularum gyros ac luſus circa corpus B. deſcribas. Videtur
enim ſatis, ſi putemus ſingulas aquæ particulas, ſimi-
li impetu moueri à materia ſubtili, & æquales eſſe
particularum magnitudines. Hinc enim, cum B. à quolibet latere, breuiſſimis gyris vel ſemigyris, vel aliâ
quacumque ratione motûs proximè adjacentium particularum, contunditur, neceſſario quieſcet, nec in
vnam partem magis quam in aliam promouebitur.

AD ARTIC. 57. linea 19.

Nec incedent per lineas tam rectas, &c. Quid? quod
jam ad circularem magis accedunt, cum antea oualem
magis referebant figuram? Non plenè capio.

AD ARTIC. 60.

Sed ipſas quatenus celerius aguntur in quaſlibet alias par-
tes ferri. Poſſuntne igitur celeritas motus, & eiuſdem
determinatio, diuortium pati. Perindè enim videtur,
ac ſi fingamus viatorem currentem, curſum quidem
dirigere Londinum verſus, ſed celeritatem curſus nihilominus

hilominus ferri Cantabrigiam versus, vel Oxonium.
Subtilitas quam neutra vniuersitas capiet, nisi forte intelligas per, *ferri*, motum moliri, vel niti vt aliquor-
sum fiat motus.

AD PARTIS TERTIÆ ARTICVLVM 16.

Annon iuxta Ptolémaïcam hypothesin Veneris lumen, ad modum Lunæ, nunc decresceret, nunc cres-
ceret, quamvis non tam ampliter.

AD ARTIC 35.

Quî fit vt Planetæ omnes in eodem non circumgy-
rentur Plano. Videlicet in Plano Ecliptica, maculæ
que adeo solares, aut saltem in planis Ecliptica paral-
lélis, ipsaque Luna, aut in Æquatore aut in Plano
Æquatori parallelo, cum a nullâ internâ vi dirigantur,
sed externo tantùm ferantur impetu.

AD ARTIC. 36, 37.

Vellem etiam mihi subindices rationem Apheliio-
rum, & Periheliorum Planetarum, & quam ob causam
locum subindè mutent singula, tum maximè cum in
eodem sint vortice omnia? cur non iisdem in locis inueniuntur Planetarum omnium Primariorum Aphe-
lia & Perihelia? Præcessio etiam Æquinoctiorum,
quomodo ex tuis oriatur principiis? Hîc enim tu veras & naturales horum Phænomenωn causas explicare
poteris, cum alij fictitias tantum exponant Hypotheses.

AD ARTIC 55.

Quæ in orbem aguntur. Sed quomodo primùm ince-
perunt tám immensa materiæ spatia in gyros conuol-
vi, vorticesque fieri?

AD ARTIC. 57.

Eius partem quæ à fundâ impeditur, &c. Videtur perceptu difficilius, quod lapis, A. impediatur à motu in D, cum nec de facto illuc vnquam feratur, nec si impedimentum tolleretur, illuc naturaliter pergeret; Pergeret enim omnino versus C.

AD ARTIC. 59.

Nouam vim motus acquiri, & tamen conatum renouari hic dicis, Nescio quàm benè cohærent. Nam si noua vis acquiritur & superadditur, non est renouatio motus, sed augmentatio. Quod si globulus A, mouendo motum auget, in eodem puncto baculi existens, cur non semper motus seipsum mouendo accendit, & auget? Hoc autem modo jam pridem omnia in flammam abijssent.

AD ARTIC. 62.

Hic quæro, cum conatus globulorum, in quo lux & lumen consistit, fiat per integram vorticis amplitudinem, itaut basis trianguli B F D multo maior esse possit, quàm D B, & ab vtrinque productæ diametri D B decies putà vel centies maioris factæ, extremitatibus, globuli obliquo conatu, in cuspidem aliquam ad F, oculum cuiuslibet intuentis reprimantur, cur lux, putà solis, non maior videtur, quàm quæ sit intra circulum D C B?

AD ARTIC. 72.

Non penitùs hoc artificium contorquendi materiam primi elementi in spiritales siue cochleares formas intelligo; præsertim in locis ab axe paulo remotioribus. Nisi hoc fiat, non tàm quod globuli tor-

queantur circa particulas primi elementi, quàm quod
ipſum primum elementum, ab ipſis fortaſſe globulis
leuitèr in gyrationem determinatum, ſe ipſum inter
triangularia illa ſpatia contorqueat, lineaſque ſpirales in ſe deſcribat Oro te vt hic mentem plenius explices. Sed & alia ſubindè hic oritur dubitatio. Cum
particulæ hæ contortæ conſtent ex minutiſſimis particulis, & rapidiſſimè agitatis, quomodo illæ minutiſſimæ particulæ, in vllam formam vel magnitudinem
maiorem coaleſcant, præſertim cum in formandis hiſce particulis ſtriatis, diſtortio illa ſit, motuſque obliquitas.   Ad Artic. 82.

Tam ſupremi quàm infimi, &c. Prodigij inſtar mihi
videtur rapidus hic globulorum ſupremorum curſus,
præſertim ſi cum mediorum comparetur, & qui cauſas quas in ſubſequenti articulo profers, longè excedat. Si quid vlterius adinuenire poſſis, quo mollius
hoc dogma reddatur, gratum profectò eſſet audire.
                Ad Artic. 84.

Cur cometarum caudæ, &c. Primam quamque impatienter tibi obtrudo occaſionem explicandi quodlibet: Rogo vt hanc rem etiam hoc in loco breuiter
expedias.
                Ad Artic. 108.

Per partes vicinas Ecliptica Q. H. in cœlum abire coguntur. Qui fit vt non omnes ferè illuc abeant, potiùs
quàm à polo ad polum migrando vorticem, quem
vocas, componant?
            Ad Artic. 121. linea vltima.

A variis cauſis aſſiduè poteſt mutari, &c. A quibus?

AD ARTIC. 129. lin. 15.

Non prius apparere quàm, &c. Cur circumfluxus illius materiæ, cum sit adeo transparens, impedit Cometam ne videatur? Circumfluens enim materia Iouem Planetam non abdit ab oculis nostris. Et cur necesse est vt non nisi obuolutus materiâ relictivorticis Cometa, indè egrediatur?

AD ARTIC. 130. linea. 21.

Minuitur quidem, &c. Cur non deletur penitus, si vortex A, E, I, O, fortius vel æquè fortiter vrget vicinos vortices, quàm ille ab ipsis vrgetur?

AD ARTIC. 149.

Breui accedet ad A, &c. Cur non ad F vsque pergit, impingitque in ipsam terram?

Quia sic a rectâ lineâ minus deflectet. Non mihi constat lineam, N A, continuatam cum A B, lineam magis rectam constituere, quam eandem N A cum A D continuatam: Sed cum Luna à centro S. recedat, ad modum globulorum cælestium, magis naturaliter videtur consurgere versus B, quam versus D descendere.

AD PARTIS QVARTÆ ARTIC. 22.

Nec Terra proprio motu cieatur, &c. Non video quid refert vnde sit motus ille circularis, modo sit in Terrâ, nec deprehendo quin illi celerrimi gyri Telluris imposita omnia reijcerent versus cælos, quamvis motus non esset proprius, sed ab internâ materiâ cælesti profectus, nisi agitatio circumjacentis ætheris, quam supponis multo celeriorem, fatum illud præuerteret. Nec videtur terra habere rationem corporis quiescentis, quoad conatum partium recedendi à centro;

Videtur enim illud necessarium in omni corpore circulariter moto: Sed quod simul circumvoluitur cum ambiente æthere, nec separantur superficies, hâc forsan ratione dicatur Terra quiescere. Hæc autem dico vt ex te intelligam, annon ratio, quod partes Terræ non dissiliant, ad solam celeritatem motus particularum Ætheris, referenda sit?

AD ARTIC. 25.

Propter suarum particularum motum inest leuitas. Quid igitur existimas de frigido & candenti ferro? Vtrum præponderat? Præterea quomodo moles aquæ leuior sit ob motum partium, cum motus harum partium tandem à globulis determinatur deorsùm. Hinc enim videtur magis accelerari descensus corporis, vndè maior æstimabitur grauitas. Atque hoc modo aqua auro præponderabit.

AD ARTIC. 27.

Nisi forte aliqua exterior causa, &c. Quænam sint illæ causæ, paucis obsecro vt innuas.

AD ARTIC. 133. lin. 12.

Axi parallelos. Parallelismi mentio hîc me monet de difficultatibus quibusdam fere inextricabilibus. Primò. Cur tui vortices non fiant in modum columnæ, seu cylindri, potiùs quam ellipsis, cum quodlibet punctum axis sit quasi centrum à quo materia cælestis recedat, & quantum video æquali prorsus impetu. Deinde, primum elementum (cum vbique ab axe oporteat globulos æquali vi recedere) cur non æqualiter per axem totum in cylindri formam productum iacet, sed in sphæricam figuram congestum, ad medium ferè axis relegatur. Nam occurſus huius, elementi primi, ab vtroque polo vorticis nihil impedit quo minus totus axis productâ flammâ luceret. Cum enim vbique cujuslibet axis æquali vi recedant globuli, faciliùs præterlabentur ſe inuicem, rectáque pergent ad oppoſitos polos Materiæ ſubtiliſſimæ irruentia fluenta, quàm excauabunt, vel diſtundent ſibi, in aliquâ axis parte, ſpatium maius quàm præſens, & æquabilis vorticis circumvolutio, lubens admitteret, vel ſponte ſuâ offerret. Tertio denique cum globuli cæleſtes circà axèm vorticis ferantur πᵒ̔ ἀλλήλως & axi, & ſibi inuicem, nec parallolismum perdant, dum locum aliquatenus inter ſeipſos mutant, impoſſibile videtur vt vlla omninò fiat particularum ſtriatarum intortio, niſi ipſæ particulæ ſtriatæ in triangularibus illis ſaptiis circa proprios axes circumrotentur, quod quam commodè fieri poſſit non video, quemadmodum ſupra monui.

AD ARTIC. 187.

Nulla ſimpathiæ vel antipathiæ miraculâ, &c. Vtinam igitur hic explices, ſi breuiter fieri poſſit, quâ ratione mechanicâ euenit, vt in duabus chordis etiam diuerſorum inſtrumentorum, vel vniſonis, vel ad illud interuallum Muſicum quod διαπασῶν dicitur attemperatis, ſi vna percutiatur, altera in altero inſtrumento ſubſiliat, cum quæ propiores & laxiores etiam ſint, immò & in eodem inſtrumento inquo chorda percuſſa tenſæ non omninò moueantur. Experimentum vulgare eſt & notiſſimum. Nulla verò ſimpathia mihi videtur magi rationes mechanicas, fugere quam hic chordarum conſenſus.

AD ARTIC. 188.

Ac sextam de homine essem, &c. Perge , Diuine vir, in istoc opere excolendo & perficiendo. Pro certissimo enim habeo, nihil vnquam Reipub. literariæ aut gratius aut vtilius in lucem proditurum. Nec est quod experimentorum defectum hic causeris. Nam quantum ad corpus nostrum, accepi à dignis fide authoribus, te, quæ ad humani corporis Anatomen spectant, accuratissimè vniuersa explorasse. Quod autem ad animam, cum talem ipse nactus sis, quæ in maximè sublimes amplissimasque operationes è vigilauit, spiritusque habeds agillimos & subtilissimos , generosa tua mens, innatâ suâ vi cælestique vigore, tanquam igni Chymicorum aliquo freta, ita excutiet se, variasque in formas transmutabit, vt ipsa sibi facile esse possit infinitorum experimentorum officina.

AD ARTIC. 195.

Et Meteoris explicui, &c. Pulcherrimam sanè colorum rationem in Meteoris explicuisti. Est tamen eâ de re improba quædam difficultas, quæ magnum imaginationi meæ negotium facessit. Quippe quod cum colorum varietatem statuas , ex proportione quam habet globulorum motus circularis ad rectilinearem, oriri, eueniet necessariò vt aliquando etiam in iisdem globulis, & motus circularis rectilinearem, & rectilinearis circularem eodem tempore superet. Verbi gratia, In duobus parietibus oppositis, quorum vnus rubro alter cæruleo colore obductus est; Interjacentes globuli ob rubram parietem, celerius mouebuntur in circulum quàm in lineam rectam, ob parietem tâ-

men cœruleum celerius in lineam rectam mouebǔtur
quam in circulǔ, & eodem prorsus tempore; quæ sunt
plane ἀσύστατα, vel sic. In eodem pariete, cuius pars,
putà dextra rubet, media nigra est, sinistra cœrulea,
cum ad oculum semper fiat decussatio, omnes globuli, ob radiorum concursum, singulorum globulorum motǔs proportionem, circularis nimirum ad-
rectum, suscipient; adeò vt necesse sit colores omnes
in imo oculi permisceri & confundi. Neque vllam
rationem soluendi hunc nodum excogitare possum,
nisi fortè supponendum sit motum hunc circularem
esse duntaxat conatum quendam ad circulationem,
non plenum motum, vt reuerà sit in motu recto dictorum globulorum. Et ad plerasque omnes alias
difficultates quas tibi jam proposui, aliquales saltem
solutiones, vel proprio marte, eruere forsan potuero;
Sed cum humanitas tua hanc veniam mihi concesse-
rit, & singularis tua dexteritas in soluendis huiusmodi nodis, quam in nuperis tuis litteris perspexi, me insuper inuitauerit, (quamvis enim breuiter pro angu-
stiis temporis, in quas conjectus tunc eras, egisse te
video, tam plenè tamen mihi satisfacis, tamque fortiter animi sensus mihi moues, ac si præsens digitum
digito premeres.) Cum denique majorem præ se latu-
ræ sint authoritatem elucidationes tuæ, tum apud me
ipsum, tum apud alios, si vsus fuerit, è re nostra putaui fore, hasce omnes difficultates tibi ipsi proponere, quas cum solueris, nisi magnoperè fallor, penitis-
simè tuæ Philosophiæ principia intelligam vniuersa.
Quod equidem quanti facio vix credibile est. Hosce
autem

autem præsentes gryphos mihi cum expediueris(quod
quantò citiùs fit, propter impotentem illum amorem
quo in tua rapior, eò gratius futurum est) quæstiones alias è Dioptrice tuâ petitas, mox accipies à

Philosophiæ tuæ studiosissimo.
HENRICO MORE.

Clarissimo viro, summoque Philosopho,

RENATO DESCARTES.

HENRICVS MORVS.

LETTRE LXXI.

EQVIDEM impensè doleo, vir Clarissime, quod
tam subito à viciniâ nostrâ abreptus sis, & in tam
longinquas abductus oras. Habeo tamen, vt nihil dis-
simulem, quo hanc animi ægritudinem ac molestiam
mitigare possim, meque ipsum consolari. Et certè
non minimum est, quod is honor tibi optimè me-
renti habitus sit, etiam apud gentes remotissimas; no-
minisque tui claritudo ad Septentrionales vsque spis-
situdines, crassasque nebulas, tam potenter penetra-
uerit; Neque (id quod caput rei est) frustrà. Cum tantus literarum & literatorum amor, generosum pectus
Illustrissimæ Heroinæ, Serenissimæ Reginæ Sueco-
rum incesserit, vt famá librisque tuis non contenta, a
scribendo ad te, vt eam inuiseres, numquam destite-
rit, donec voti facta sit compos. Quod cessurum credo in magnum illius regni commodum & ornamen-

tum. Quas ob caufas fateor me minùs inclementer tulifle, tuum ab hifce regionibus noftris abceſſum, ia-ctûrâque itidem exoptatiſſimæ illius Epiſtolæ, quam prout promififti, ante abitum tuum, à te expecta-bam. Cuius jam recuperandæ fpem omnem, tantum abeſt vt abijciam, vt è contrà fortiter confidam, te non folum illis quas ante fcripfi, fed & præfentibus literis, cum ad manus tuas peruenerint, breui refpon-furum. Quâ fretus confidentiâ ad Dioptricen tuam pergo; mox ad Meteora, fi quid fortè ibi occurrerit difficultatis, profecturus: vt tandem animam meam iis omnibus exonerare poffim, quæ in rem noſtram putabam fore, tibi pleniùs proponere. Spero enim hoc modo me, cum omnia ex meâ parte perfecta fint, quæ præſtare oportebat, molliorem animæ meæ con-ciliaturum quietem, minùfque in poſterùm me anxiè habiturum.

AD DIOPTRICES. CAP. 2. ARTIC. 4. lin. 21.

Nullo modo illi oppofitum. Linteum CE, videtur op-poni B pilæ, aliquo faltem modo, etiam quatenùs pi-la dextrorfum fertur. Quod fic patebit.

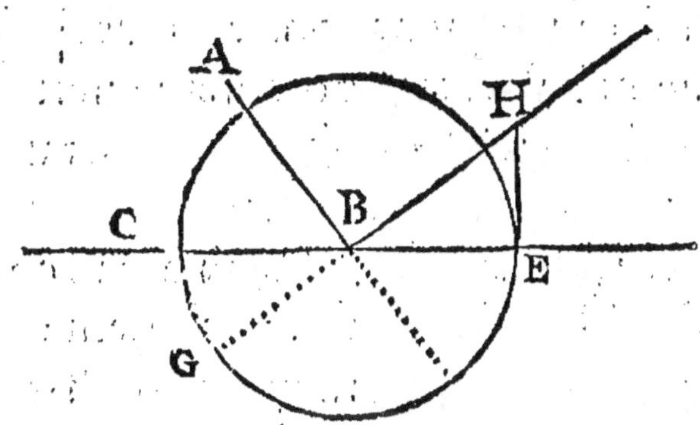

Nam GH plenè opponitur, pilæ B, perfectéque impedit curfum eius, tam verfus H E quam verfus CE, feu deorfum. Cum igitur tam

propè accedat CE, ad poſituram GH, vt defit tantum

angulus H B E , fiue G B C , ad perfectam oppofitio-
nem tendentiæ verfus H E. C E etiam fuam feruans
pofituram, aliquatenus opponetur pilæ B , etiam quatenus curfum tendit verfus H E. Quod infuper mani-
feftiùs apparebit : fi fingamus C E vdæ argillæ plani-
tiem , & pilam puta æneam ab A ferri ad B , vbi ali-
quò vfque penetrabit , fed ftatim fuffocabitur vis curfus tam verfus H E , quam verfus C E , quod tamen
non fieret , fi pila ferretur fecundum lineam C B E ,
fed fine impedimento pergeret Verfus H E , præfertim fi nulla ineffet pilæ grauitas ; vnde patet plani-
tiem C E opponi pilæ B , defcendenti ab A , etiam quatenus fertur verfus H E, quod opportebat demôftrare.

Dimidiam fuæ velocitatis partem amittat. lin. 27. Partem hic aliquam velocitatis amiffam effe lubens concedam , fed quod & in hoc articulo & in proximè fe-
quenti fupponis , hanc partem velocitatis deperdi
tantum verfus C E , non verfus F E, nullus capio. Cum
enim vnicus realis motus fit pilæ , (quamvis varias
imaginari poffimus pro libitu tendentias huius motus , fiue metas ;) fi minuitur hic motus , quacumque
pergere fingis pilam , tardiùs incedet quam ante motum minutum. Caufa igitur tendentiæ pilæ ad I. potius quam ad D, non petenda eft a tarditate vel celeritate motûs , fed a refiftentia magni illius anguli C B D.
Et a debilitate minoris illius anguli E B D, cuius acies
ob exilitatem fuam , & materiæ fluiditatem , facilius
cedet pilæ projectæ , quam obtufus angulus C B D.
Alioqui fi caufa referenda effet ad celeritatem, vel tar-
ditaté, pila defcendens ab A in B, curfum etiam defle-

cteret. Hic schema tuum consule, si opus est, pag. 84.

AD ARTIC. 6. lin. 7.

Tam obliquè incumbat, vt linea F E ducta, &c. Perpetua hæc tua demonstrandi ratio, quo pila profectura sit, lepidam profecto in se habet subtilitatem, sed quæ causam rei non videtur attingere. Vera enim & realis causa intelligenda est ex amplitudine anguli C B D, & exilitate E B D anguli, & magnitudine etiam pilæ, quæ quo maior est, eo minorem depressionem lineæ A B, versus C E requirit, ad resiliendum versus aërem L. Maior enim pila non tam commodè leuat atque aperit cuspidem acutioris anguli, quò intret in ipsam putà aquam, sed contundendo potius transuolat reflexa.

Quod vim eius motûs augeat. lin. 22. Augmentum motûs nihil efficiet, ad detorquendum cursum pilæ inceptum, nisi sit positura alicuius corporis quod dictum cursum pilæ versus partem aliam determinet. Quod ego hoc modo fieri auguror, in mediis illis, quæ tu fingis radium faciliùs admittere, qualia sunt Chrystallus, vitrum, &c. Nempe cum acies anguli E B D in istiusmodi substantiis adeo dura sit, & pervicax, vt nihil cedat, radius impingens in constipam & inclinantem anguli aciem, non nihil auertitur ab incepto cursu, & introrsùm perpendiculum versus abigitur. Vtraque igitur refractio reflexio quædam mihi videtur, vel saltem reflexionis quædam inchoatio. Atque quemadmodum in plena & libera reflexione determinato tollebatur, sine vlla retardatione cursûs pilæ, ita hîc ad minuendam vel mutandam determinatio-

nem , noua tarditas vel celeritas non videtur necessaria. Sola igitur determinatio minuta vel aucta sufficit
ad vtramvis refractionem. Neque enim B cum ad C E
superficiem peruenerit , quatenus celerior vel tardior
cursum flectit , sed quatenus impingit in corpus de-
terminationem mutans. Alioqui , si nuda duntaxat
accesserit celeritas vel tarditas, A semper pergeret à
B , in D.

In priori igitur refractione , videlicet a perpendicu-
lo , determinatio deorsùm minuitur necessariò , pila
autem retardatur per accidens, ob mollitiem cursum
immutâtis.In posteriori determinatio deorsùm auge-
tur ; pila autem si acceleratur, acceleratur per accidens,
ob noui medij faciliorem transitum. Determinatio-
nis igitur mutatio, eiusque causa , ad refractiones juxta ac reflexionem , sunt planè necessariæ , velocitas &
tarditas ipsius motûs sunt duntaxat accessoriæ, vel potius planè superuacaneæ. Immo verò , nouam quod
pilæ seu globuli accelerationem attinet , in medio fa-
ciliori , videtur quidem illa perceptu perquam diffici-
lis; Propterea quod nouum illud medium, non sup-
peditat nouos gradus motûs, sed tantum permittit pilæ, quos etiamnum habet superstites, sine vlteriori vl-
là diminutione, integros possidere, cum nullos ad se
arripiat, vel imbibat. Æquèque absurdum videtur, nouos, vel si malles pristinos, gradus restitui pilæ medium facilius intranti , ac concedere in puncto reflexionis pilam aliquo momento hærere , priusquam re-
siliat, quod meritò explodis. Art. 2. huius cap.

CAPVT 6. AD ARTIC. 9.

Sed ex solo situ exiguarum partium cerebri, &c. Sunt nè igitur istiusmodi, in cerebri dissectione, particulæ visibiles, an ratione duntaxat colligis istiusmodi esse oportere, in hunc vsum destinatas ? Mihi vero nihil opus harum esse videtur, sed eadem organa quæ motum transmittunt, animam etiam commonefacere necessariò, vnde illa fiat motûs transmissio, si nullum interjacet impedimentum.

AD ARTIC. 13.

Similem illi, qua Geometræ per duas stationes, &c. Duriuscula hæc videtur obscuriorque comparatio, in nihiloque consentiens, nisi quod vtrobique binæ sumuntur stationes. Geometræ enim, vel si malles Geodætæ, stationes sumunt, in lineâ ab arbore putà vel turri rectà productâ; Oculus locum mutans in lineâ transuersâ, & fermè objecto parallelâ, si rectè rem capio.

AD ARTIC. 16.

Ex cognitione seu opinione quam de distantiâ habemus, &c. Adæquatas fortasse causas apparentis corporum magnitudinis explicare, perquàm difficile esset. Sed in vno hoc maximè consistere opinor, nimirum in magnitudine & paruitate decussationis anguli; Ille enim quo maior est, maior apparebit eiusdem corporis magnitudo, quo minor, minor. Deinde quod obseruatu dignissimum est, cum objectum aliquod, pollicem puta tuum, intra grani vnius distantiam, oculo admoueris, hic decussationis angulus quater aut quinquies maior erit, quam ille qui sit ad oculum a polli-

ce distantem decem fermè grana, & si adhuc amoue-
bitur pollex ab oculo, per aliquot dena grana, semper
angustior reddetur angulus decussationis, sed minori
semper proportione, per dena quæque grana, & minori; semper tamen aliquantò angustior euadit quam
antea, donec tandem fiat tam angustus, vt rationem
vnius lineæ rectæ habere intelligatur. Hinc nemo mi-
rabitur, si multò majorem pollicem deprehendat vni-
co grano ab oculo distantem, quam cum decem abest
ab oculo, & posteà per multa dena grana remotum,
ad singula grana dena, non multùm magnitudinis de-
perdere: Tam longinquè tamen remoueri posse, vt
prorsus desinat vlterius apparere. Distantia enim cru-
rum interni decussationis anguli, minor esse poterit
quam vnius capillamenti nerui optici diameter. Quid
autem hic facit opinio de distantiá, cum imaginis magnitudine comparatâ, parum intelligo. Neque certò
scio quomodo aut oculus aut anima istam comparationem secum instituat, Deprehensionem autem magnitudinis ex dicto angulo, quo modo oriri concipio,
sic videor mihi posse explicare.

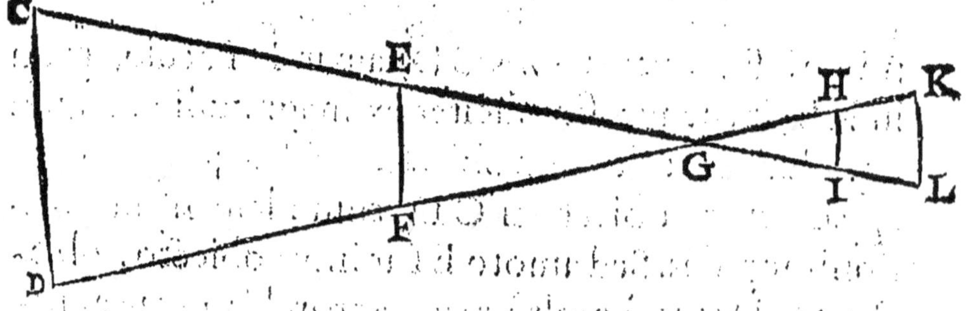

HI, & KL, sint fundi duorum oculorum, maioris scilicet & minoris. C D sit objectum maius & re-

motius, E F objectum minus sed propinquius, E G F vel K G L Angulus decussationis.

Primùm, hîc statuo esse nisum quendam, seu transmissionem motûs a G in L & a D in K. Et animaduersionem meam rectà excurrentem per lineam K G F D offendere vnam extremitaté obiecti C D, videlicet D, eo reuerà quo inest loco, & per lineam L G E C offendere alterá extremitatem objecti C D, videlicet C, in suo itidem loco, & sic de cæteris partibus tam extimis quá intermediis objecti C D. Recto igitur excursu hoc animaduersionis meæ, obuersam objecti magnitudinem deprehendo. Cuius diametri apparentis mensura est angulus E G F. Seruatis igitur eisdem rectis lineis per quas excurrat mea animaduersio, & eâdem anguli magnitudine, in oculo H I, quæ modo in K L, dico objectum D C æquè magnum apparere ac in oculo K L. Vnde postea colligo, magnitudinem objecti apparentem, ad anguli decussationis magnitudinem, non ad magnitudinem imaginis referri. Postremò, vt magnitudo apparens objecti, non sit ex magnitudine imaginis in oculi fundo (vti porrò patet ex eo quod eadem sit imaginis magnitudo objecti minoris E F, quæ maioris C D, tam in H I oculo, quam in K L) ita neque simpliciter ex magnitudine anguli decussationis: alioquin obiectum E F æquè magnum appareret, ac obiectum C D, cum idem sit decussationis angulus. Sed amoto E F minore obiecto, obiectum C D reuerà multò magis apparebit, quam apparebat modo obiectum E F, cum tamen vtraque cernerentur sub eodem decussationis angulo. Vnde meritò

ritò concludi potest apparentem cuiusque objecti
magnitudinem, partim ex anguli decussationis, par-
timque ex reali corporis magnitudine oriri. Neque
mirum est animaduersionem meam, per lineas rectas
nisus illius, siue motûs transmissi pergentem, eò vsque penetrare, ibique se sistere vbi motus hic primum
incipit. videlicet ad C & D, nec, (cum reuerà magis di-
stant quam E F, nec sub minori angulo videntur) apparere magis distantes quam E & F, totumque adeò
objectum C D Maius simpliciter apparere, quam objectum totum E F.

A D A R T I C. 19.

Quoniam sumus assueti judicare, &c. Quid igitur censes
de cæco illo à natiuitate suâ quem sanauit Christus, si
speculum planum ipsi objectum fuisset, antequam
consuetudo iudicium deprauasset; Nunquid ille vul-
tum suum citra speculum, non vltra, vel pone speculum deprehendisset? Mirificè torsit & fatigauit imaginationem meam hic imaginis pone speculum lusus, cuius causas nondum me satis percepisse fateor.
Neque enim mihi vllo modo satisfacit hæc depra-
uata judicandi consuetudo. Si rationes reales magis,
magisque mechanicas excogitare poteris, & nobis-
cum communicare, rem sane gratissimam præstabis.

A D A R T I C. 20. lin. vltimâ.

Inde sequitur diametrum illorum, &c. Cur non diameter Solis vel Lunæ videatur pedalis vel bipedalis, ob
angulum decussatorium, ad eam rationem diminu-
tum, quæ apta sit, corpora eiusdem realis magnitudinis, cuius sunt Sol & Luna, sub hanc pedalem vel

D D d

bipedalem magnitudinem apparentem, ad istas distantias, repreſentare?

AD ARTIC. 21.

Quia tam verſus Horizontem quam verſus verticem, &c. Igitur maiores Sol & Luna ad Horizontem apparent, quam pro distantiâ oportet apparere. Et ea potius est dicenda, vera magnitudo apparens, ſiue non fallax, quæ certæ legi ſubijcitur, quam quæ externis aliquibus adjunctis alteratur.

AD CAPVT 7. ARTIC. 22.

Qua arte ob alias cauſas, &c. Quam inuertendi artem hic intelligis? Et quas ob cauſas ab ipſâ abſtines?

AD CAPVT 8. ARTIC. 20.

Aut diuerſis partibus parallelos. Quid ſibi hinc velint radij diuerſis partibus paralleli, nullo modo intelligo. Nihil enim huiuſmodi quicquam exhibetur in ſchemate hoc, pag. 172. depicto. Vt mentem hic apertius explices oro. Obſcuriſſimum etiam illud eſt, niſi ego ſim tardiſſimus, quod habetur ad calcem huius articuli, de decuſſatione radiorum duo vitra conuexa D B Q, & d b q, permeantium. Sed ad marginem huius loci in editione tuâ Gallicâ relegas nos ad paginam 108. id eſt ad figuram illam, quæ in latinâ editione habetur pagina 164. Ego verò ibi in vitris illis, nullam omninò video radiorum decuſſationem, ſed tantum inter vitra, ad communem focum I. Nulli enim ibi radij apparent, niſi parelleli, qui paralleliſmum ſeruant donec ad conuexitates vitrorum B D, & b d, peruenerint, vbi demùm ita incipiunt inflecti, vt omnium tandem fiat decuſſatio, in foco I, non

alibi. Hic autem dicis radios etiam in illis vitris DBQ,
Et dbq, primò decussari in superficie Prioris, putà
DBQ. Deinde in alterâ posterioris, putà dbq. Quam
autem intelligis superficiem? Planam an conuexam?
Et an eandem in vtrâque. Pergis porro. *Ij saltem qui
ex diuersis partibus allabuntur.* Quid est *ex diuersis partibus
allabi?* Nunquid intelligis ex aduersis siue oppositis.
Nam paralleli etiam qui ab eodem objecto emanant,
rectè dici possunt allabi ex diuersis partibus. Hic prorsus in luto hæreo.

AD CAPVT 9. ARTIC. 5. pag. 185. lin. 10.

*Quo magis hæc perspicilla objectorum imagines augent, eò
pauciora simul repræsentant.* Cum perfectiora hæc perspicilla aperturam vitri exterioris maiorem habent, eaque plures proinde parallelos radios ab objecto suscipit, quàm imperfectiorum minor apertura, omnesque illi radij ad fundum oculi, à conuexa dicti vitri
superficie contorquentur, cur non plura etiam objecta, æquè ac maiores imagines, in oculo poterunt
depingere?

AD CAPVT 10. ARTIC. 4. lin. 17.

Hyperbole omnino similis & æqualis priori deprehendetur.
Supponis igitur Hyperbolas omnes, quarum foci
æquidistant à verticibus, quamvis hæ per conum, illæ
per funem & regulam describantur per ἐφαρμογὴν co-
incidere; Imo hìc ipsam verticum æquidistantiam supponis, quod vt falsum non video, ita puto tamen veritatem illius, cum fundamentum sit totius, quam
mox expositurus es, machinæ, fuisse operæ pretium
demonstrasse. Quod quidem si facili negotio mihi

efficere poteris, lubens audiam; Sin res operosior fuerit, tanto authori mallem credere, quàm mihi ipsi
multum negotium in intelligendo conflare.

AD ARTIC. 6. pag. 202. lin. 27.

Habebit enim & aciem & cuspidem. Aciem habeat, sed
quam cuspidem habere poterit non video, præsertim
cum acies huius instrumenti fabricanda sit, recta, non
concaua, sic enim esset sphærica; Quæ si contingat
extremos circulos latitudinis Rotæ, ad interiores tamen non adaptabitur; Maior enim erit quam vt cum
illis conueniat. Vnde nec tanget instrumenti huius
cuspis circumductam Rotam in mediis latitudinis
spatiis.

AD ARTIC. 7. linea. 17.

*Tantam esse non debere vt eius semidiameter, distantiâ,
quæ erit inter lineas* 120 *&* 151 *&c.* Huiusce rei rationem
autumo, quod tunc concaua vitri superficies sphærica fieret, non Hyperbolica.

AD ARTIC. 10.

Vt nonnullos ex maximè industriis & curiosis, &c. Lubenter ex te audirem nunquis ex peritioribus illis artificibus, periculum fecerit adhuc in ingeniosissimo
hoc tuo inuento, & quo successu. Nam quod quidam
hic mussitant aliquos tentasse, operamque Lusisse, id
aut falsum arbitror, aut opifices illos qui tentarunt
ex peritioribus non fuisse.

Quod ad Meteora attinet, difficultates quæ ibi occurrunt, pauciores sunt, & leuioris opinor momenti. Quales autem sint mox audies.

METEORORVM CAPVT I.
ARTIC. 4. pag. 210. lin. 7.

Et denique prope terram quàm prope nubes. Hoc afferis de radiis tàm rectis quàm reflexis. Quî autem fieri poſſit, vt recti, niſi quatenus reflectuntur & replicantur iterùm in ſe prope Terram, vim caloris augeant, non video. Tum verò non ſunt ſimpliciter recti, ſed recti cum reflexis conjuncti. Sed & altior ſcrupulus mihi animo hic inhæret, de tuâ radiorum reflexione. Nam iuxtà vulgatam Philoſophiam, ſimpliciſſima huiuſce rei ratio eſt: Quod fili inſtar radius Solaris reducitur & replicatur, adeo vt geminatam vim, aut duplam quaſi craſſitiem, reflexio neceſſariò conciliet calori. Quod locum non habet in tuâ Philoſophiâ. Neque enim duplicatur filum, ſed pila repercuſſa tuum reflexionis modum rectius explicat. Vnde vix videtur poſſibile vt calor geminetur. Quoniam pila deſcendens, putà ab A in B ſimplicem duntaxat motûs lineam conſtituit, qui motus prorſus deſiit, prius quàm eadem pila aſcenderit A B, ad D. Qua propter, cum vnica linea motûs vna vice exiſtat, nequaquam videtur vis caloris duplo maior fieri poſſe. Immò verò potius minui in aëre terræ vicino, cum non nihil motûs ſui globulus ſeu pila communicet cum particulis terreſtribus, vnde in B D tardior motus erit & languentior quàm fuit in A B. Non igitur abs re

esset, si hìc explices, cur calescat aër prope Terram,
magis quàm prope nubes. Et annon fieri possit, vt
quamvis motus minor sit prope Terram quam in al-
tioribus aëris regionibus, maior tamen calor sentiatur,
ob inæqualitatem huiusce motus.

CAPVT 7. ARTIC. 6. pag. 283. lin. 4.

Sed etiam inferiores adeò raras atque extensas, &c. At
cum tam raræ sint, quî possunt alias in se cadentes nubes excipere, ibique sistere. Videntur potius præ suâ
tenuitate, ad Terram transmissuræ, si eò, aliàs, pro-
fecturæ essent.

AD ARTIC. 7. lin. 2.

Ob aëris circumquaque positi resonantiam, &c. Ita sane
fingit Paracelsus tonitru tam immaniter boare & mu-
gire, ob arcuata cæli templa, non absimili ratione,
atque si quis æneam machinam, nitrato pulvere onu-
stam disploderet sub Tecto testudineato. Tu verò,
sat scio, nullis laquearibus ætherem claudi sustines,
ac proindè videatur verisimilius, quod quò magis ictus
distat à Terrâ, eò debilior futurus sit sonitus. Cum nec
tàm commodè fiat resonantia, quòd quò reuerbere-
tur sonus, tam longe absit ab allisis corporibus.

CAPVT 9. ARTIC. 2. lin. 19.

Pauci quippe tantummodò radij, &c. Nunquid igitur
radiorum paucitas cæruleum colorem generat. Videtur hoc haud ita consonum præcedentibus. Quippe
quod cum supra statueris, colores oriri ex variâ proportione rotationis sphærularum ad motum earun-
dem rectum; & particulatim cæruleum ex rotatione
minore, quàm progressu, proficisci; quasi in eo ipso

constaret ipsa cærulei coloris ratio ; nunc tamen causam refers, non tàm ad rotationis defectum, quàm
paucitatem radiorum resilentium a superficie maris.
Hîc igitur quæro vtrum sentias, nullam aliam esse
colorum rationem, præter eam quam ipse tam subti-
tiliter & ingeniosè exposuisti, an & aliis modis colores oriri possint, nullâ habitâ ratione rotationis globulorum, motusque rectilinei : præsertim cum &
ipse innuis aquam marinam cæruleam videri ob paucitatem duntaxat radiorum. Et certè explicatu haud
facile est, cum globuli in æquoris superficiem impingunt, cur non aut albescat mare, aut rubescat,
cum fortiùs impingunt, aut illis resistitur fortiùs in
superficie maris, quam in cælo præ vaporibus albes-
cente.

Proposui iam omnia quæ in scriptis tuis Physicis
mihi visa sunt aut intellectu difficilia, aut intellectu
difficultèr vera. In quibus legendis mirari non immeritò tibi subeat, ingenij mei conditionem & fatum:
qui cum profiteri ausim me cætera omnia in tuis
scriptis satis intimè intelligere, (vbi plurima tamen
reperiuntur, quæ multò difficiliora videri possint
quam de quibus sæpiùs hæsito) ista tamen quæ tibi
proposui explicanda aut munienda, non æquè ac illa
cætera intelligerem. Ego verò hanc naturam meam
atque indolem, quam a puero vsque in me obseruaui,
(quâ nempe maxima sæpe numero fæliciter vinco,
victus interim à minimis) ad hunc vsque diem emendare non potui. Humanitatis tuæ erit ignoscere, quod
nefas est corrigere, nullóque pacto aut affectatæ igno-

rantiæ, aut difputandi prurigini imputare, quod tam
multa congefferim. Feci enim non ex effræni aliquo
difputandi defiderio, fed potius ex religiofo quodam
erga tui ftudio,

Non tam certandi cupidus, quàm propter amorem
Quòd te imitari aueo.

Quod fcitè quidem ille. Ego vero hac in causâ veriffi-
mè. Quod reliquum eft, clariffimè Cartefi, exorandus es, vt ifta omnia quæ fcripfi, æqui bonique confu-
las, & cum primo tuo otio refcribas. Quod fi dignatus
fueris, peritiffimum illum tandem efficies, qui femper
fuit hactenùs Philofophiæ tuæ ftudiofiffimus, HEN-
RICVS MORE.

Cantabrigiæ è Collegio Chrifti
12. Calend. Nouemb. 1649.

✶✶✶✶✶✶✶✶✶✶✶✶✶✶✶✶✶✶✶✶✶✶✶✶✶✶

Ce qui fuit a efté trouué parmy les Papiers de Monfieur Def-
cartes, comme vn projet ou commencement de la réponfe
qu'il préparoit aux deux précédentes Lettres de
Monfieur More.

LETTRE LXXII.

CVM tuam Epiftolam decimo Calendas Augufti
datam accepi, parabam me ad nauigandum Sue-
ciam verfus, &c.

1. An fenfus Angelorum fit propriè dictus, & an fint cor-
porei, nec-ne.

RESP. Mentes humanas à corpore feparatas fenfum propriè dictum non habere; de Angelis autem
non

non constare ex sola ratione naturali an Creati sint instar mentium à corpore distinctarum, an vero instar earumdem corpori vnitarum ; nec me vnquam de iis de quibus nullam habeo certam rationem, quicquam determinare, & conjecturis locum dare. Quod Deum dicas non esse considerandum nisi qualem omnes boni esse cuperent, si deesset, probo.

Ingeniosa instantia est de acceleratione motus, ad probandam eandem substätiam nunc majorem nunc minorem locum posse occupare; sed tamen est magna disparitas, in eo quod motus non sit substantia, sed modus, & quidem talis modus, vt intimè concipiamus quo pacto minui vel augeri possit in eodem loco. Singulorum autem entium quædam sunt propriæ notiones, de quibus ex iis ipsis tantùm, non autem ex comparatione aliorum est iudicandum : Ita figuræ non competit quod motui, nec vtrique quod rei extensæ. Qui autem semel benè perspexit nihili nullas esse proprietates, atque ideo illud quod vulgo vocatur spatium vacuum non esse nihil, sed verum corpus, omnibus suis accidentibus (siue iis quæ possunt adesse & abesse sine subiecti corruptione) exutum ; notaueritque quomodo vna quæque pars istius siue spatij siue corporis, sit ab omnibus aliis diuersa, & impenetrabilis, facilè percipiet nulli alteri rei eandem diuisibilitatem, & tangibilitatem, & impenetrabilitatem, posse competere. Dixi Deum extensum ratione Potentiæ, quod scilicet illa Potentia se exerat, vel exerere possit, in re extensa ; Certumq; est Dei essentiam debere vbique esse præsentem, vt eius potentia ibi possit se exerere, sed nego illam ibi esse per modum rei extensæ, hoc est, eo modo quo paulo ante rem extensam descripsi.

Inter merces quas ais te ex nauigiolo meo tibi comparasse, duæ mihi videntur adulteratæ; vna est, quod quies sit actio siue renixus quidam; etsi enim res quiescens, ex hoc ipso quod quiescat, habeat illum renixum, non ideo ille renixus est quies. Altera est, quod moueri duo corpora sit immediatè separari; sæpe enim ex iis quæ ita separantur vnum dicitur moueri, & aliud quiescere, vt in art. 25. & 30. partis 2. explicui.

Translatio illa, quam motum voco, non est res minoris entitatis quam sit figura, nempe est modus in corpore. Vis autem mouens potest esse ipsius Dei conseruantis tantumdem translationis in materiâ, quantùm à primo creationis momento in ea posuit; vel etiam substantiæ creatæ, vt mentis nostræ, vel cuiusuis alterius rei, cui vim dederit corpus mouendi; Et quidem illa vis in substantia creata est eius modus, non autem in Deo; quod, quia non ita facilè ab omnibus potest intelligi, nolui de ista re in scriptis meis agere, ne viderer fauere eorum sententiæ, qui Deum, tanquam animam mundi materiæ vnitam, considerant.

Considero materiam sibi liberè permissam, & nullum aliundè impulsum suscipientem, vt planè quiescentem; Illa autem impellitur à Deo, tantumdem motus siue translationis in ea conseruante, quantùm ab initio posuit; neque ista translatio magis violenta est materiæ, quam quies: Quippe nomen violenti non refertur nisi ad nostram voluntatem, quæ vim pati di-

citur, cum aliquid fit quod ei repugnat. In natura autem nihil est violentum, sed æquè naturale est corporibus, quod se mutuo impellant, vel elidant, quando
ita contingit, quam quod quiescant. Tibi autem puto ea in re parare difficultatam, quod concipias vim
quandam in corpore quiescente per quam motui resi-
stit, tanquam si vis illa esset positiuum quid, nempe
actio quædam, ab ipsa quiete distinctum, cum tamen
nihil planè sit à modali entitate diuersum.

Rectè aduertis motum, quatenus est modus corporis, non posse transire ex vno in aliud; sed neque etiam
hoc scripsi; quinimo puto motum, quatenus est talis
modus, assiduè mutari. Alius est enim modus in primo
púcto corporis A, quod a primo puncto corporis B separetur, & alius quod separetur a secundo puncto, &
alius quod a tertio, &c. Cum autem dixi tantumdē motus in materia semper manere, hoc intellexi de vi eius
partes impellente, quæ vis nunc ad vnas partes materiæ, nunc ad alias se applicat, iuxta leges in artic. 45.
& sequentibus partis secundæ propositas. Non itaque
opus est vt sis sollicitus de transmigratione quietis
ex vno subiecto in aliud, cum ne quidem motus, quatenus est modus quieti oppositus, ita transmigret.

Quæ addis, nempe tibi videri corpus stupidè &
temulentè esse vivum, &c. tanquam suauia considero;
& pro libertate quam mihi concedis, hìc semel dicam, nihil magis nos à veritate inuenienda reuocare,
quam si quædam vera esse statuamus, quæ nulla posi-
tiua ratio, sed sola voluntas nostra nobis persuadet,
quando scilicet aliquid commentati siue imaginati

fumus, & postea nobis Commentum placet ; vt tibi,
de Angelis corporeis, de vmbra Diuinæ essentiæ, & similibus ; quale nihil quisquam debet amplecti ; quia
hoc ipso viam ad veritatem sibi præcludat.

✻✻✻✻✻✻✻✻✻✻✻✻✻✻✻✻✻✻✻✻✻✻✻✻✻✻✻✻✻✻✻✻✻✻✻✻

AV REVEREND PERE MERSENNE.

Touchant la Question, sçauoir : Si vn Cors pese plus ou moins
estant proche du centre de la Terre, qu'en estant éloigné.

LETTRE LXXIII.

MON REVEREND PERE,

Pour satisfaire à la promesse que ie vous ay faite par
mes précedentes, de vous enuoyer la premiere-fois
mon sentiment touchant la question proposée ; Ie remarque qu'il faut icy distinguer deux sortes de Pesan-
teurs ; l'vne qu'on peut nommer vraye ou Absoluë, &
l'autre qu'on peut nommer aparente ou Relatiue.
Comme lors qu'on dit qu'en prenant vne pique par
l'vn de ses bouts elle pese beaucoup dauantage qu'en
la prenant par le milieu ; cela s'entend de sa Pesanteur
aparente ou Relatiue, car c'est à dire qu'elle nous semble plus pesante en cette façon, ou bien qu'elle est plus
pesante à nostre égard, mais non pas qu'elle l'est en
soy dauantage. Or auant que de parler de cette Pesanteur Relatiue, il faut déterminer ce qu'on entend par
la Pesanteur Absoluë. La plus-part la prennent pour
vne vertu, ou qualité interne en chacun des Cors

qu'on nomme Pesants, qui le fait tendre vers le centre de la Terre; & les vns pensent que cette qualité dépend de la forme de chaque cors, en sorte que la mésme matiere qui est pesante ayant la forme de l'eau perd cette qualité de pesante, & deuient legere, lors qu'il arriue qu'elle prend la forme de l'air. Au lieu que les autres se persuadent qu'elle ne dépend que de la matiere, en sorte qu'il n'y a aucun cors qui ne soit pesant, à cause qu'il n'y en a aucun qui ne soit composé de matiere, & qu'absolument parlant chacun l'est plus ou moins, à raison seulement de ce qu'il entre plus ou moins de matiere en sa composition; bien que selon que cette matiere est plus ou moins pressée, & s'étend en vn moindre ou plus grand espace, les corps qui en sont composez paroissent plus ou moins pesants à comparaison des autres, ce qu'ils attribuent à la Pesanteur Relatiue; & ils imaginent que si on pouuoit peser dans le vuide, par exemple, vne masse d'air contre vne de plomb, & qu'il y eust justement autant de matiere en l'vne qu'en l'autre, elles demeureroiée en équilibre.

Or suiuant ces deux opinions, dont la premiere est la plus commune de toutes dans les écoles; & la seconde est la plus receuë entre ceux qui pensent sçauoir quelque chose de plus que le commun, il est éuident que la Pesanteur Absoluë des cors est tou-jours en eux vne mesme, & qu'elle ne change point du tout, à raison de leur diuerse distance du centre de la Terre.

Il y a encore vne troisiéme opinion, à sçauoir de ceux qui pensent qu'il n'y a aucune Pesanteur qui ne soit Relatiue, & que la force ou vertu qui fait descen-

dre les cors qu'on nomme Pesants, n'est point en eux,
mais dãs le centre de la Terre, ou bien en toute sa masse, laquelle les attire vers soy, comme l'aymant attire
le fer, ou en quelqu'autre façon. Et selon ceux-cy,
comme l'aymant & tous les autres agens naturels qui
ont quelque sphere d'actiuité agissent toujours dauantage de prez que de loin, Il faut auoüer qu'vn mesme cors pese d'autant plus qu'il est plus proche du
centre de la Terre.

Pour mon particulier, ie conçoy veritablement la
nature de la Pesanteur d'vne façon qui est fort differente de ces trois, mais pource que ie ne la sçaurois expliquer qu'en déduisant plusieurs autres choses dont
ie n'ay pas icy dessein de parler; tout ce que j'en puis
dire, est, que par elle ie n'aprens rien qui apartienne à la
question proposée, sinon qu'elle est purement de fait,
c'est à dire qu'elle ne sçauroit estre déterminée par les
hommes, qu'entant qu'ils en peuuent faire quelque
experience, & mesme que des experiences qui se feront icy en nostre air, on ne peut pas connoistre ce
qui en est, beaucoup plus bas vers le centre de la Terre,
ou beaucoup plus haut au delà des nuës, à cause que
s'il y a de la diminution, ou de l'augmentation de Pesanteur, il n'est pas vray-semblable qu'elle suiue par
tout vne mesme proportion.

Or l'experience que l'on peut faire, est, qu'estant
au haut d'vne tour, au pied de laquelle il y ait vn puis
fort profond, on peut peser vn plomb attaché à vne
longue corde, premierement en le mettant auec toute sa corde dans l'vn des plats de la balance, & aprés en

y attachant feulement le bout de cette corde, & laiffant pendre le poids jufques au fond du puis; car s'il
pefe fort notablement plus ou moins eftant proche
du centre de la Terre qu'en eftant éloigné, on l'apercé-
ceura par ce moyen. Mais parce que la hauteur d'vn
puis & d'vne tour eft fort petite à comparaifon du
demidiametre de la Terre, & pour d'autres confidera-
tions que j'obmets, cette experience ne poura feruir,
fi la difference qui eft entre vn mefme poids, pefé à diuerfes hauteurs, n'eft fort notable.

Vne autre experience qui eft défia faite, & qui me
femble tres-forte, pour perfuader que les cors éloignez du centre de la Terre, ne pefent pas tant que ceux
qui en font proches, eft que les Planettes qui n'ont
point en foy de lumiere, comme la Lune, Venus, Mercure, &c. eftant comme il eft probable, des cors de
mefme matiere que la Terre, & les Cieux eftant liquides, ainfi que jugent prefque tous les Aftronomes
de ce fiecle, il femble que ces Planettes deuroient
eftre pefantes, & tomber vers la terre, fi ce n'eftoit
que leur grand éloignement leur en ofte entierement
l'inclination. De plus nous voyons que les gros oyfeaux comme les grües, les cycognes, &c. ont beaucoup plus de facilité à voler au haut de l'air, que plus
bas, & cela ne pouuant eftre entierement attribué a
la force du vent, à caufe que le mefme arriue auffi en
temps calme, nous auons occafion de juger que leur
éloignement de la terre les rend plus legers. Ce que
nous confirment auffi ces dragons de papier que font
voler les enfans, & toute la neige qui eft dans les nuës.

Et enfin si l'experience que vous m'auez mandé vous
mesme auoir faite, & que quelques autres ont aussi es-
crite, est veritable, à sçauoir, que les bales des pieces
d'artillerie tirées directement vers le Zenith, ne re-
tombent point, on doit juger que la force du coup
les portant fort haut, les éloigne si fort du centre de
la Terre, que cela leur fait entierement perdre leur
Pesanteur.

Voyla tout ce que ie puis dire icy de Physique sur
ce sujet. Ie passe maintenant aux raisons Mathematiques, lesquelles ne se peuuent estendre qu'à la Pesanteur Relatiue, & il faut à cet effet determiner l'autre
par supposition, puisque nous ne l'auons sçeu faire autrement. A sçauoir, nous prendrons s'il vous plaist
pour la Pesanteur Absoluë de chaque cors, la force
dont il tend à descendre en ligne droite estant en nostre air ordinaire à certaine distance du centre de la
Terre, & n'estant ny poussé ny soutenu d'aucun autre
cors, & enfin n'ayant point encore commencé à se
mouuoir. Ie dis en nostre air ordinaire, à cause que
s'il est en vn air plus subtil, ou plus grossier, il est certain qu'il sera quelque peu plus ou moins pesant; & ie
le mets à vne certaine distance de la Terre, afin qu'elle
soit prise pour regle des autres; & enfin ie dis qu'il ne
doit point estre poussé, ny soutenu, ny auoir commencé à se mouuoir, à cause que toutes ces choses
peuuent changer la force dont il tend à descendre.

Outre cela nous suposerons, que chaque partie d'vn
mesme Cors Pesant retient tou-jours en soy vne mesme force ou inclination à descendre nonobstãt qu'on
l'éloigne,

l'éloigne, ou qu'on l'aproche du centre de la Terre, ou
qu'on le mette en telle situation que ce puisse estre,
Car encoreque, comme j'ay desia dit, cela ne soit
peut-estre pas vray, nous deuons toutesfois le suposer, pour faire plus commodément nostre Calcul: ainsi
que les Astronomes suposent les moyens mouuemens
des Astres, qui sont égaux, pour auoir plus de facilité
à suputer les vrais, qui sont inégaux.

Or cette égalité en la Pesanteur Absoluë estant posée,
on peut démótrer que la Pesanteur *Relatiue* de tous les
cors durs, estant considerez en l'air libre, & sans estre
soutenusd'aucune chose, est quelquepeu moindre lors
qu'ils sont proches du centre de la Terre, que lors qu'ils
en sont éloignez, bien que ce ne soit pas le mesme des
Cors Liquides: Et au côtraire que deux Cors parfaitement égaux estant opposez l'vn à l'autre dans vne balance parfaitement exacte, lors que les bras de cette
balance ne serôt pas paralleles à l'horizon, celuy de ces
deux Cors qui sera le plus proche du centre de la Terre pesera le plus, & ce d'autant justement qu'il en sera
plus proche. D'où il suit aussi que hors de la balance,
entre les parties égales d'vn mesme Cors, les plus hautes pesént d'autant moins que les plus basses, qu'elles
sont plus éloignées du centre de la terre. De façon que
le centre de grauité ne peut estre vn centre immobile en aucun Cors, non pas mesme lors qu'il est sphérique.

Et la preuue de cecy ne dépend que d'vn seul principe, qui est le fóndement General de toute la Statique, A sçauoir.

PRINCIPE GENERAL.

Qu'il ne faut ny plus ny moins de force pour leuer vn cors pesant a certaine hauteur, que pour en leuer vn autre moins pesant à vne hauteur d'autant plus grande, qu'il est moins pesant, ou pour en leuer vn plus pesant à vne hauteur d'autant moindre.

Comme par exemple, que la force qui peut leuer vn poids de 100. liures à la hauteur de deux piez : en peut aussi leuer vn de 200. liures à la hauteur d'vn pié, ou vn de 50. liures à la hauteur de quatre-piez, & ainsi des autres ; Si tant est qu'elle leur soit apliquée.

Ce qu'on accordera facilement, si on considere que l'effet doit tou-jours estre proportionné à l'action qui est necessaire pour le produire, & ainsi que s'il est necessaire d'employer la force par laquelle on peut leuer vn pois de 100. liures à la hauteur de deux piez pour en leuer vn à la hauteur d'vn pié seulement, cela témoigne que celuy-cy pese 200. liures ; Car c'est le mesme de leuer 100. liures à la hauteur d'vn pié, & derechef encore 100. liures à la hauteur d'vn pié, que d'enleuer 200. liures à la hauteur d'vn pié, & le mesme aussi que d'enleuer 100. liu. à la hauteur de deux piez. Et il suit euidemment de cecy que la Pesanteur Relatiue de chaque Cors, ou ce qui est le mesme, la force qu'il faut employer pour le soutenir, & empescher qu'il ne descende, lorsqu'il est en certaine position, se doit mesurer par le commencement du mouuement que deuroit faire la puissance qui le soutient, tant pour le hausser, que pour le suiure s'il s'abaissoit ; En sorte que la proportion qui est entre la ligne droitte que

décriroit ce mouuement, & celle qui marqueroit de
combien ce Cors s'aprocheroit cependant du centre
de la Terre, est la mesme qui est entre sa Pesanteur *Absoluë* & la *Relatiue*, mais cecy peut mieux estre expliqué
le moyen de quelques Exemples.

PREMIER EXEMPLE DE LA POVLIE.

Le pois E estát attaché à la poulie D,
autour de laquelle est passée la corde
A B C, si on supose que deux hômes
soutiennent, ou haussent égàlement
chacun l'vn des bouts de cette corde,
il est éuident que si ce pois pese 200.
liures, chacun de ces hommes n'em-
ployera pour le soutenir ou souleuer,
que la force qu'il luy faut pour soutenir, ou souleuer 100. liu. Car chacun n'en portera que la moitié. Puis
si l'on supose que A, l'vn des bouts
de cette corde, soit attaché ferme à
quelque clou, & que l'autre C, soit
derechef soutenu par vn hôme, il est
éuident que cét homme en C, n'aura
besoin non plus que deuant, pour
soutenir ce pois E, que de la force
qu'il faut pour soutenir 100. liu. A
cause que le clou qui sera vers A, y sera le mesme office, que l'homme que
nous y suposions auparauant. Enfin suposant que cet
hôme qui est vers C, tire la corde pour faire hausser le
pois E, il est euident que s'il y employe la force qu'il
faut pour leuer 100. liu. à la hauteur de deux piez, il fera

hauffer ce pois E, qui en pefe 200. de la hauteur d'vn
pié. Car la corde A B C, eftant doublée comme elle
eft, on la doit tirer de deux piez par le bout C, pour
faire autant hauffer ce pois E, que fi deux hommes
la tiroient l'vn par le bout A, & l'autre par le bout C,
chacun de la longeur d'vn pié feulement.

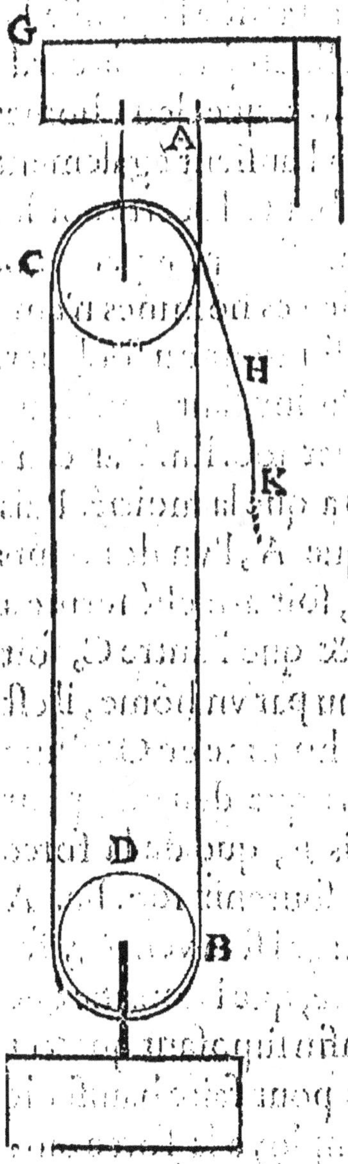

Et il faut remarquer que c'eft
cette feule raifon, & non point
la figure ou la grandeur de la
Poulie, qui caufe céte force; Car
foit que la Poulie foit grande
ou petite, elle aura tou-jours le
mefme effet. Et fi on en attache
encore vne autre vers A, par laquelle on paffe la corde ABCH,
il ne faudra pas moins de force
pour tirer H vers K, & ainfi leuer le pois E, qu'il en falloit auparauant pour tirer C vers G; A
caufe que tirant deux piez de
cette corde, on fera hauffer ce
pois d'vn pié comme deuant.
Mais fi à ces deux Poulies on en
adjoute encore vne autre vers
D, à laquelle on attache le pois,
& dans laquelle on repaffe la corde, en mefme façon qu'en la premiere, on n'aura pas befoin de
plus de force pour leuer ce pois
de 200.liu. que pour en leuer vn

de 50. liu. fans Poulie ; A caufe qu'en tirant deux pieds
de la corde, on ne le fera hauffer que d'vn demy-pié.
Et ainfi en multipliant les Poulies on peut leuer les plus
grans fardeaux, auec les plus petites forces, fans qu'il
y ait aucune chofe à rabattre de ce calcul, finon la
pefanteur de la Poulie, & la difficulté qu'on peut auoir
à faire couler la corde, & a la porter ; & outre cela qu'il
faut tou-jours tant foit peu plus de force pour leuer
vn pois, que pour le foutenir. Mais ces chofes-là ne
fe content point, lors qu'il eft queftion d'examiner le
refte par des raifons Mathematiques.

EXEMPLE II.   Dv Plan incline'.

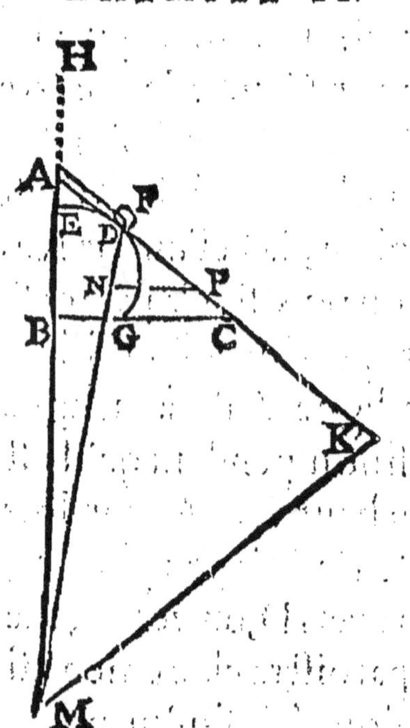

Soit A C vn Plan incliné fur
l'horizon B C, & que A B
tende à plomb vers le centre
de la Terre. Tous ceux qui
écriuent des Méchaniques
affurent, que la Pefanteur
Relatiue du pois F, entant
qu'il eft apuyé fur ce Plan
A C, a mefme proportion
à fa Pefanteur Abfoluë, que
la ligne A B à la ligne A Ç,
en forte que fi A C eft double de A B, & que le pois F
eftant en l'air libre pefe 200.

liu. il n'en pefera que 100. au regard de la puiffance H,
qui le traifne ou le foutient fur ce plan AC; & la raifon
en eft euidente par le principe propofé. Car cette puiffance H fera la mefme action pour leuer ce pois à

la hauteur de B A, qu'elle feroit en l'air libre pour le
leuer à vne hauteur égale à la ligne C A. Ce qui n'eſt
pas toutesfois entierement vray, ſinon lors qu'on ſupoſe que les Cors Peſans tendent en bas ſuiuant des lignes paralleles, ainſi qu'on fait communement, lors
qu'on ne conſid ere les Méchaniques que pour les raporter à l'vſage ; Car le peu de difference que peut cauſer l'inclination de ces lignes, entant qu'elles tendent
vers le centre de la Terre, n'eſt point ſenſible. Mais
pour faire que ce calcul fuſt entierement exact, il fau-

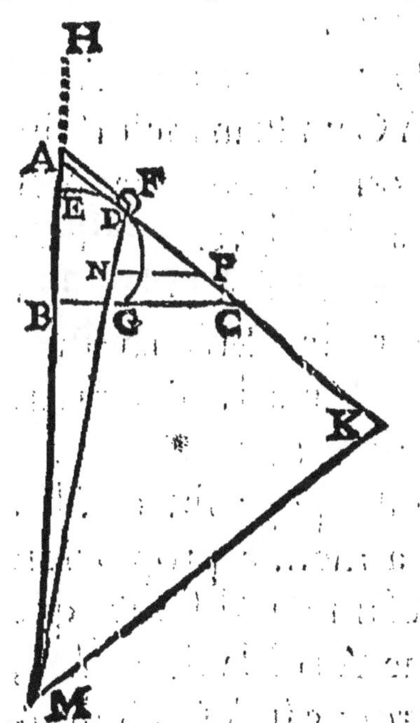

droit que la ligne C B fuſt
vne partie de Cercle, & C A
vne partie de Spirale qui euſ-
ſent pour Centre le Centre
de la Terre. Et lors qu'on ſupoſe que la ſuperficie AC eſt
toute plate, la Peſanteur Relatiue du pois F, n'a pas meſme proportion à l'Abſoluë,
que la ligne A B, à la ligne
A C, ſinon pendant qu'il eſt
tout au haut vers A, car lors
qu'il eſt tát ſoit peu plus bas,
comme vers D, ou vers C, elle
eſt vn peu moindre; Ainſi qu'il paroiſtra clairement, ſi
on imagine que ce Plan ſoit prolongé iuſqu'au point
où il peut eſtre rencontré à angles droits par vne ligne droitte tirée du centre de la Terre. Comme ſi M
eſt le centre de la Terre, & que M K ſoit perpendiculaire ſur AC. Car il eſt éuident que le pois F, eſtant

mis au point K, n'y pesera rien du tout au regard de la
puissance H. Et pour sçauoir combien il pese en chacun des autres poins de ce Plan, au regard de cette
puissance, par Exemple au point D, il faut tirer vne ligne droite, comme D N, vers le centre de la Terre, &
du point N, pris à discretion en cette ligne, tirer N P
perpendiculaire sur DN, qui rencontre AC au point P.
Car comme D N est à DP, ainsi la Pesanteur Relatiue
du pois F en D, est à sa Pesanteur Absoluë. Dequoy
la raison est euidente, vû que pendant qu'il est en ce
point D, il tend en bas suiuant la ligne D N, & toutesfois ne peut commencer à descendre que suiuant la ligne D P. Notez que ie dis commencer à descendre,
non pas simplement descendre, à cause que ce n'est
qu'au commencement de cette descente à laquelle il
faut prendre garde, en sorte que si par exemple ce
pois F, n'estoit pas apuyé au point D sur vne superficie plate, comme est suposée ADC, mais sur vne sphérique, ou courbée en quelque autre façon, côme E D G,
pourvû que la superficie plate, qu'on imagineroit la
toucher au point D, fust la mesme que A D C, Il ne
peseroit ny plus ny moins au regard de la puissance H,
qu'il fait estant apuyé sur ce Plan A C. Car bien que le
mouuement que feroit ce pois en montant ou descendant du point D vers E, ou vers G, sur la superficie
courbe E D G, fust toute autre que celuy qu'il feroit
sur la superficie plate A D C, toutesfois estant au point
D, sur E D G, Il seroit determiné à se mouuoir vers le
mesme costé que s'il estoit sur A D C, à sçauoir vers A,
ou vers C. Et il est euident que le changement qui ar-

riue à ce mouuement, si-tost qu'il a cessé de toucher le point D, ne peut rien changer en la pesanteur qu'il a, lors qu'il le touche. Notez aussi que la proportion qui est entre les lignes DP, DN, est la mesme qu'entre les lignes D M & D K, pource que les triangles rectangles DKM & DNP sont semblables, & par côsequent que la Pesanteur Relatiue du pois F en D, est à sa Pesanteur Absoluë, comme la ligne D K est à la ligne D M. C'est à dire en general, que tout Cors qui est soutenu par vn Plan incliné pese moins que s'il n'en estoit point soutenu, dautant justement, que la distance qui est entre le point où il touche ce Plan, & celuy où la perpendiculaire du centre de la Terre tombe sur ce mesme Plan, est moindre que celle qui est entre ce pois & le centre de la Terre.

EXEMPLE III. DV LEVIER.

Que CH soit vn leuier, tellement soutenu par le point O, que lors qu'on le hausse ou qu'on le baisse, sa partie C décriue le Demy-Cercle A B C D E, & sa partie H, le demy-cercle FGHIK, desquels demy-cercles le point O soit le centre, & du reste qu'on n'ait aucun égard à sa grosseur ou pesanteur, mais qu'on le considere comme vne ligne droitte Mathematique en laquelle soit le point O. Puis remarquons que pendant que la force ou la puissance qui le meut décrit tout le demy-cercle ABCDE, & agit suiuant cette ligne ABCDE, bien que le pois, lequel ie supose estre à l'autre bout, d'écriue aussi le demy-cercle FGHIK, il ne se hausse pas toutesfois de la longueur de cette ligne courbe FGHIK, mais seulement de la longueur
de la

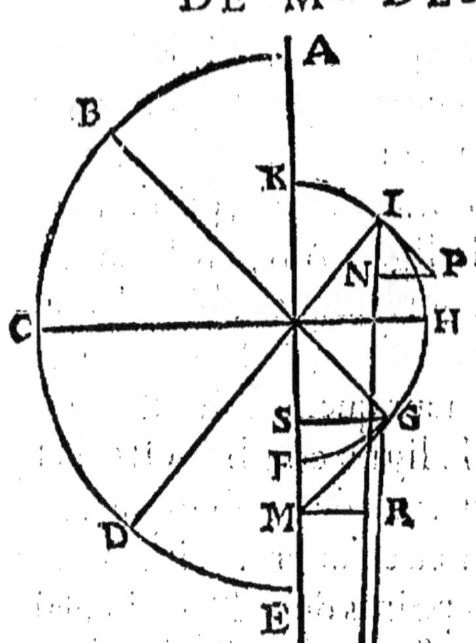

de la ligne droitte FK. De
façon que la proportion,
qui eſt entre la force qui
meut ce pois & ſa Peſan-
teur, ne ſe meſure pas par
celle qui eſt entre lesdeux
diametres de ces cercles,
ou entre leurs deux circõ-
ferences , mais plu-toſt
par celle qui eſt entre la
circõference du premier,
& le diametre du ſecond.
Conſiderons outre cela
qu'il s'en faut beaucoup
que cette force ait beſoin
d'eſtre ſi grande pour
mouuoir ce Leuier lors
qu'il eſt vers A ou vers E,
que lors qu'il eſt vers B
ou vers D, ny ſi grande
lors qu'il eſt vers B ou
vers D, que lors qu'il eſt
vers C. Dont la raiſon
eſt, que le pois y monte
moins; ainſi qu'il eſt ayſé
à voir, ſi ayant ſupoſé
que la ligne COH eſt
parallele à l'horizon , &
que A O F la coupe à an-
gles droits , on prend le
GGg

point G également diſtant des points F & H, & le point
B egalement diſtant des points A & C, & qu'ayant tiré G S, parallele à l'horizon, on regarde que la ligne
F S, qui marque combien monte ce pois, pendant que
la force agit le long de la ligne AB, eſt beaucoup
moindre que la ligne S O, qui marque cōbien il monte, pendant que la force agit le long de la ligne B C.

Or pour meſurer exactement quelle doit eſtre cette
force en chaque point de la ligne courbe A B C D E,
Il faut penſer qu'elle y agit tout de meſme que ſi elle
traiſnoit le pois ſur vn plan circulairement incliné, &
l'inclination de chacun des points de ce Plan circulaire ou ſphérique, ſe doit meſurer par celle de la ligne
droite qui touche le cercle en ce point là. Comme par
Exemple, quand la puiſſance eſt au point B, pour trouuer la proportion qu'elle doit auoir auec la Peſanteur
du pois qui eſt alors au point G, Il faut tirer la tangente
G M , & vne autre ligne du point G , comme G R, qui
tende tout droit vers le centre de la Terre, puis du
point M , pris à diſcretion en la ligne G M, tirer M R
à angles droits ſur GR; Et penſer que la Peſanteur de
ce pois au point G, eſt à la force qui ſeroit requiſe en
ce lieu-là pour le ſoutenir ou pour le mouuoir ſuiuant
le cercle F G H, comme la ligne G M eſt à G R. De façon que ſi la ligne B O, eſt ſupoſée double de la ligne
O G, la force qui eſt au point B, n'a beſoin d'eſtre à ce
pois qui eſt au point G, que comme la moitié de la ligne GR, eſt à la toute G M; & ſi B O & O G ſont
égalés, cette force doit eſtre à ce pois comme la toute
G R à la toute G M, &c.

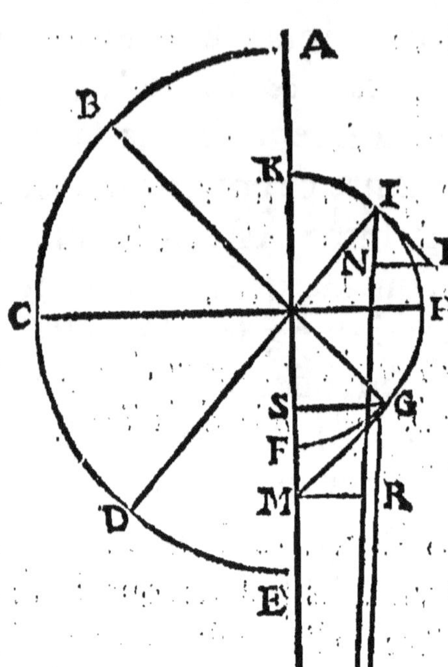

Tout de mesme quand
la force est au point D,
pour sçauoir combien
pese le pois qui est alors
au point I, Il faut tirer la
tangente I P, & la droit-
te I N, vers le centre de la
Terre, & du point P, pris
à discretion dans la tan-
gente, tirer P N à angles
droits sur I N, afin d'a-
uoir la proportion qui est
entre la ligne I P, & la
moitié de la ligne I N,
(en cas que D O soit po-
sée double de O I) pour
celle qui est entre la Pesanteur du pois, & la force qui doit estre au point
D, pour le mouuoir, &
ainsi des autres.

Or il me semble que
ces trois exemples suffi-
sent pour assurer la verité
du principe que j'ay pro-
posé, & monstrer que
tout ce dont on a coutu-
me de traitter en la Statique en dépend. Car le
coin, & la vis, ne sont

que des plans inclinez, & les rouës dont on compose
diuerses machines ne sont que des leuiers multipliez.
Et enfin la Balance n'est rien qu'vn leuier qui est soutenu par le milieu. Si bien qu'il ne me reste plus icy
qu'à expliquer, comment les deux Conclusions que
j'ay proposées en peuuent estre déduites.

Démonstration, qui explique en quel sens on peut dire qu'vn
Cors pese moins estant proche du Centre de la Terre,
qu'en estant éloigné.

Soit A le centre de la Terre, &
B C D vn cors pesant, que ie supose estre en l'air tellement posé,
que si rien ne le soutient il descen-
dra de H vers A, suiuant la ligne
H F A, tenant tou-jours ses deux
parties B & D également distantes de ce point A, & mesme aussi
de cette ligne H F. Et considerons que pendant que ce Cors
descend en cette sorte, sa partie D
ne se peut mouuoir que suiuant la
ligne D G, ny sa partie B que suiuant la ligne B E, & ainsi que ces
deux lignes D G & B E representent les deux Plans inclinez sur
lesquels se meuuét les deux points
B & D. Car ce Cors B C D estant
dur, sa partie D est tou-jours sou-
tenuë, pendant qu'il se meut de

BD jusqu'à E G , par toutes les autres parties qui sont
entre D & C , aussi bien qu'elle pouroit l'estre par vn
Plan d'vne matiere tres-dure qui seroit ou est la ligne
D G (sçauoir dans le 2. Exemple qui est du Plan incliné.) Mais il a desia esté demonstré que tout Cors Pesant
soutenu par vn Plan incliné, pese moins estant proche du point ou la perpendiculaire du Centre de la
Terre rencontre ce Plan, qu'en estant éloigné ; d'où
il suit éuidemment que lors que le Cors B C D , est vers
H , sa partie D pese plus, que lors qu'il est vers F. Et le
mesme suit aussi de sa partie B , & de toutes les autres,
pourvû seulement qu'on excepte celles qui se trouuent en la ligne H F, & mesme cette ligne H F n'e-
stant prise que pour vne ligne Mathematique, ses
parties n'ont pas besoin d'estre comtées, si bien que
tout ce Cors pese moins estant proche du centre de la
Terre, que lors qu'il en est éloigné, qui est ce qu'il falloit démonstrer.

Il est vray que cecy ne se peut entendre que des cors durs , car pour
ceux qui sont liquides il est éuident
que leurs parties ne se peuuent ainsi
soutenir les vnes les autres, ny mesme celles des Cors qui sont moux &
plians. Comme par exemple, si on supose que B D soit vne corde, j'entens
vne corde Mathematique, dont tou-
tes les parties se puissent plier également sans aucune
difficulté, & qu'elle soit toute droitte, lors qu'elle est
vers H, la laissant descendre vers A, ses parties se cour-

beront peu à peu à mesure qu'elles aprocheront de ce
point A. En sorte que lors que son milieu sera au point
F, ses deux bouts seront aux poins I & K, que ie supose estre tels que la difference qui est entre les lignes I
A & B A, ou bien K A & D A, est égale à C F.

Mais si on considere les Cors liquides, comme contenus en quelques vaisseaux, il y a derechef vne autre
raison qui montre qu'ils pesent quelque peu moins
estant proches du centre de la Terre, que lors qu'ils
en sont éloignez. Car il faut considerer que la superficie de la liqueur qui est contenuë, par exemple, dans

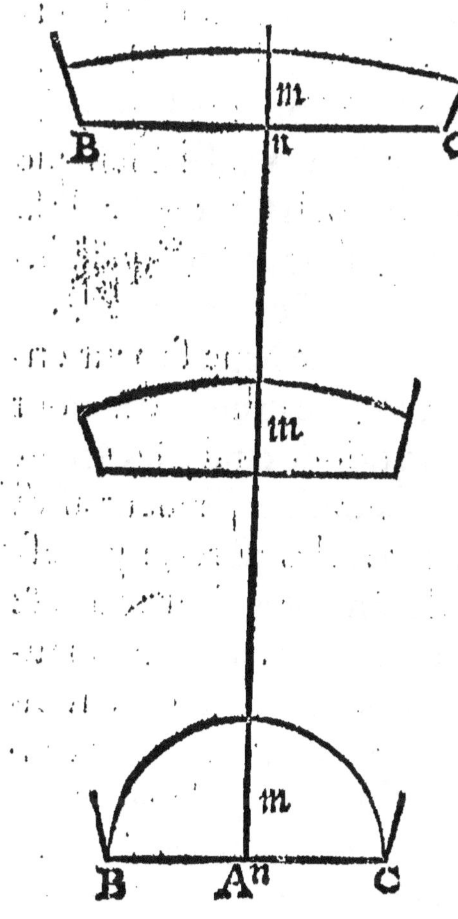

le vaisseau BC, laquelle
chacun sçait estre sphérique, se trouue beaucoup
plus voutée lors que ce
vaisseau est fort proche
du centre de la Terre, que
lors qu'il en est plus éloigné, & que selon qu'elle
est plus voutée le Centre
de grauité de cette li-
queur est plus éloigné du
fond du vaisseau. En sor-
te que si par exemple, A
est le centre de la Terre,
N le fond du vaisseau, &
M le centre de grauité
de la masse d'eau qu'il
contient, & que la ligne
N M, ait justement vn

pié de longueur, lors que le fond de ce vaiſſeau eſt
tout joignant le centre de la Terre, il peut eſtre im-
giné de telle grandeur, & contenir telle quantité d'eau,
que lors qu'on l'en aura éloigné de la hauteur d'vne
toiſe, la ligne N M, n'aura plus que juſtement vn demy pié de longueur. Mais cela eſtant, ſi on l'en éloigne derechef de la hauteur d'vne toiſe, la ligne N M,
ne poura pas s'acourcir derechef d'vn demy pié, car par
ce moyen elle deuiendroit nulle, puis qu'elle n'a deſ-
ja qu'vn demy-pié , & elle diminuera ſeulement, par
exemple, d'vn pouce ; puis derechef le vaiſſeau eſtant
hauſſé d'vne toiſe, cette ligne N M, diminuëra de
beaucoup moins que d'vn pouce, &c.

   Or pour meſurer de combien on fait hauſſer la
maſſe d'eau pendant qu'on hauſſe le vaiſſeau, il faut
ſeulement conſiderer de combien on fait hauſſer ſon
centre de grauité, car c'eſt tou-jours le point ou ſe rencontre le centre de grauité des cors Peſans qui détermine l'endroit où ils ſont entant que Peſans; Et pource que la puiſſance qui éleue ce vaiſſeau en la premiere
toiſe, ne fait hauſſer ce Centre que de cinq piés & demy, au lieu que l'éleuant en la ſeconde toiſe, elle le fait
hauſſer de ſix piés moins vn pouce, il eſt éuident que
cette puiſſance doit eſtre dautant plus grande pour
l'éleuer en la ſeconde toiſe qu'en la premiere, que la
diſtance de ſix piés moins vn pouce eſt plus grande
que celle de cinq piés & demy. Et tout de meſme en
éleuant le vaiſſeau en la troiſieſme toiſe, on éleuera le
Centre de grauité de l'eau vn peu dauantage qu'en la
ſeconde, & ainſi de ſuitte. De façon que cette eau peſe de cela moins eſtant proche du centre de la Terre

qu'en eſtant éloigné, ainſi qu'il falloit démonſtrer.

Autre demonſtration, qui explique en quel ſens on peut dire
qu'vn cors peſe plus eſtant proche du Centre de la Terre,
qu'en eſtant éloigné.

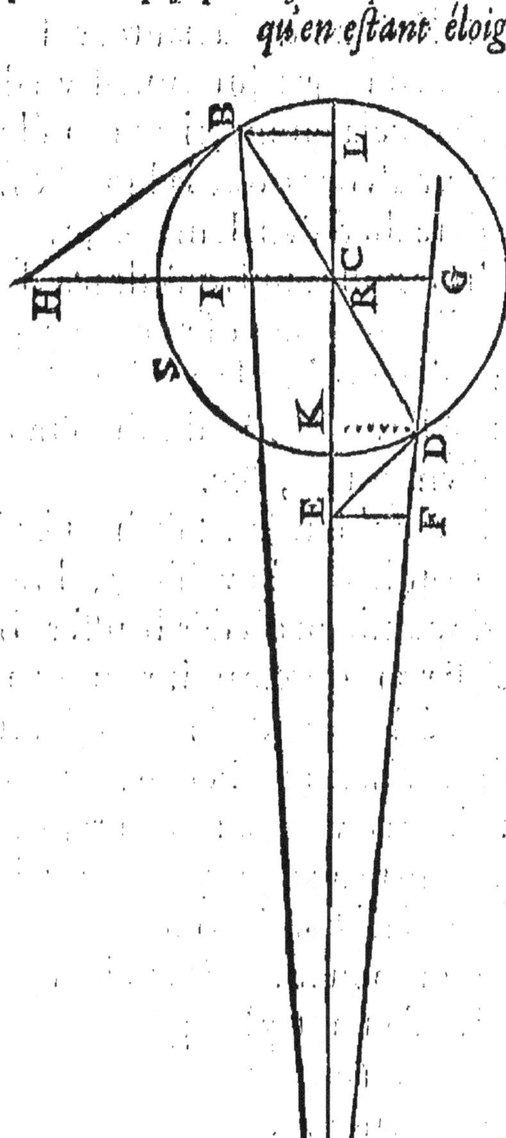

Soit A le centre
de la Terre, & que
B D ſoit vne balan-
ce dont le Centre
ſoit C, en ſorte que
ſes deux bras B C &
C D ſoient égaux,
& qu'il y ait deux
pois l'vn au point B
& l'autre au point
D, qui ſoient par-
faitemēt égaux en-
tr'eux ; Lors que la
ligne B D n'eſt pas
parallele à l'horizõ,
le pois qui eſt le plus
bas, comme en D,
peſe plus que l'au-
tre qui eſt en B, dau-
tant juſtement que
la ligne B A eſt plus
longue que la ligne
D A. Car ſi on tire
la ligne D E, qui
touche au point D
le cercle B S D, &
du

du point E la ligne EF, perpendiculaire fur D A, la
pefanteur du pois mis en D, est à fa Pesanteur Abſoluë, comme la ligne DF est à la ligne DE, ainſi qu'il
est prouvé cy-deſſus (en l'exemple 3. du levier.) Puis ſi
du centre de la balance on mene la ligne C G, perpendiculaire fur A D G, les deux triangles rectangles DFE
& D G C ſont ſemblables ; C'est pourquoy comme
DE est à DF, ainſi C D est à C G, c'est à dire, que
comme la perpendiculaire menée du centre de la Balance fur la ligne qui paſſe par D, l'extremité de l'vn
de ſes bras, & par le centre de la Terre, est à la longueur
de ce bras, ainſi la Pefanteur Relatiue du cors en D,
est à ſa Pefanteur Abſoluë. Tout de meſme ayant mené B H, qui touche au point B le cercle B S D, & CIH
qui coupe AB, au point I, à angles droits, il a esté prouvé cy-deſſus (en l'exemple 3. du levier) que la Pefanteur Relatiue du pois en B, est a l'Abſoluë, comme la
ligne BI est a BH, c'est a dire, comme CI est a CB ; car
les triangles B I H & C I B ſont ſemblables. Et il ſuit
de cecy, que ſi les deux cors qui ſont en B & en D
ſont parfaittement égaux, la Pefanteur Relatiue de
celuy qui est en B, est a la Pefanteur Relatiue de celuy
qui est en D, comme la ligne C I est à la ligne CG. De-
plus, des poins B & D ayant mené BL & DK perpendi-
culaires ſur A C, elles ſont égales l'vne à l'autre, & le
rectangle CI, BA, est auſſi égal au rectangle BL, CA ;
Car prenant C A pour la baze du triangle A B C, c'est
B L qui en est la hauteur ; Puis prenant B A pour la baſe
du meſme triangle, c'est C I, qui est ſa hauteur. Et pour
pareille raiſon le rectangle GC, DA, est égal au rectangle K D C A. Et pource que B L & K D ſont égales, le

H H h

rectangle CI, BA, est égal au rectangle CG, DA. D'où il suit que comme DA, est à BA, ainsi CI est à CG. Or le pois en B est à celuy qui est en D, comme CI est à CG, donc il est aussi comme DA, & à AB.

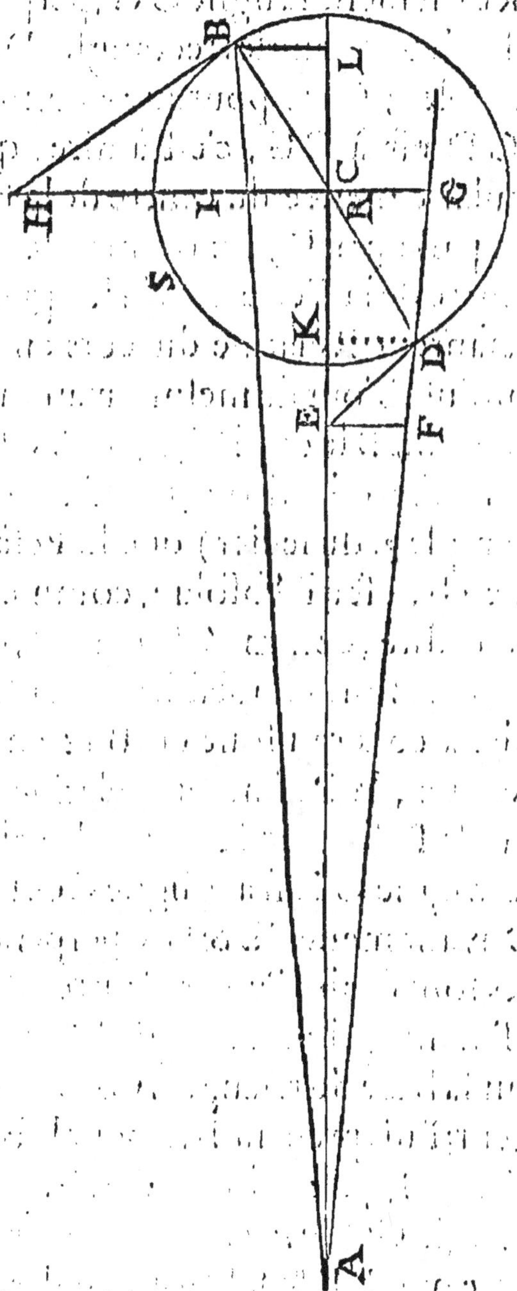

Ensuite dequoy il est évident que le centre de grauité des deux pois B & D joins ensemble par la ligne BD, n'est pas au point C, mais entre C & D, par exemple, au point R, ou ie supose que tombe la ligne qui diuise l'angle BAD en deux parties égales. Car on sçait assez en Geometrie que cela estant, la ligne BR est à RD, comme AB est a DA, de façon que les pois B & D doiuent estre soutenus par le point R, pour demeurer en équilibre en l'édroit où ils sont. Mais si on supose la ligne BD, tant

ſoit peu plus ou moins inclinée ſur l'horiſon, ou bien
ces pois à vne autre diſtance du centre de la Terre, il
faudra qu'ils ſoient ſoutenus par vn autre point pour
eſtre en équilibre, & ainſi leur centre de grauité n'eſt
pas tout-jours vn meſme point.

Au reſte, il eſt à remarquer que toutes les parties égales d'vn meſme Cors, priſes deux à deux, ont meſme
raport l'vne à l'autre, en ce qui regarde leur peſanteur,
& leur commun centre de grauité, que ſi elles eſtoient
oppoſées dans vne balance; En ſorte que, par exemple, en la ſphere B E G dont le
centre eſt C, ſi on la diuiſe par
imagination en pluſieurs parties
égales, comme B, E, G &c. le
centre de grauité des deux parties
B, & D, conſiderées enſemble,
eſt au meſme lieu qu'il ſeroit, ſi la
ligne B C D eſtoit vne balance dont C fuſt le centre,
à ſçauoir, il eſt entre C & D, pource que D eſt poſé
plus proche du centre de la Terre que n'eſt B. Et le
centre de grauité des deux parties G & F, eſt auſſi entre C & F, & celuy des deux E & H, entre C & H, &
ainſi des autres. D'où il ſuit clairement que le centre
de grauité de toute cette ſphere n'eſt pas au point C,
qui eſt le centre de ſa figure, mais quelque peu plus bas,
en la ligne droitte qui tend de ce centre de ſa figure
vers celuy de la terre. Ce qui ſemble veritablement
fort paradoxe lors qu'on n'en conſidere pas la raiſon,
mais en la conſiderant on peut voir que c'eſt vne verité Mathematique tres-aſſurée.

Et mesme on peut démonstrer que ce centre de grauité, lequel change de place à mesure que cette sphere change de situation, est tou-jours en la super-ficie d'vne autre petite sphere décrite du mesme centre qu'elle, & dont le rayon est au trois quarts du sien, comme le sien entier est à la distance qui est entre le centre de leur figure & celuy de la Terre. Ce que ie ne m'arreste pas icy à expliquer, à cause que ceux qui sçauent comment on trouue les centre de grauité des figures Géometriques le pourront assez entendre d'eux-mesmes, & que les autres n'y prendroient peut-estre pas de plaisir. Aussi que cet écrit est des-ja plus long que ie n'auois pensé qu'il dust estre.

M. Desc. a depuis prié le R.P. Mersenne d'effacer ces dernieres lignes, comme s'estant lors trompé, écriuant à demy endormy.

LETTRE DE MONSIEVR DESCARTES

AV REVEREND PERE MERSENNE,
Du 12. Septembre 1638.

POVR DEMONSTRATION DV PRINCIPE
SVPOSE CY-DESSVS.

LETTRE LXXIV.

MON REVEREND PERE,

Ie pensois differer encore 8. ou 15. iours à vous écrire afin de ne vous importuner pas trop souuent de mes lettres. Mais ie viens de receuoir vostre derniere du premier Septembre laquelle m'aprend qu'on fait difficulté d'admettre le principe que j'ay suposé en mon examen de la question Géostatique ; & pource que s'il n'estoit pas vray tout le reste que j'en ay déduit le seroit encore moins, ie ne veux pas attendre vn seul iour à vous en enuoyer vne plus particuliere explication.

Il faut sur tout considerer que j'ay parlé de la force qui sert pour leuer vn pois à quelque hauteur, *laquelle force a toujours deux dimensions*, & non de celle qui sert en chaque point pour le soutenir, *laquelle n'a iamais qu'vne dimension*, en sorte que ces deux forces different autant l'vne de l'autre *qu'vne superficie differe d'vne ligne*. Car la mesme force que doit auoir vn clou pour soutenir vn pois de 100. liu. vn moment de tems, luy suffit aussi pour le soutenir vn an durant, pourvû qu'elle ne diminuë point. Mais la mesme quantité de cette force qui sert à leuer ce pois à la hauteur d'vn pié, ne suffit pas *eadem numero* pour le leuer à la hauteur de deux piés ; & il n'est pas plus clair que deux & deux font quatre, qu'il est clair qu'il en faut employer le double. Or pource que ce n'est rien que cela mesme que j'ay suposé pour vn principe, ie ne sçaurois deuiner sur quoy est fondée la difficulté qu'on fait de le receuoir. Mais ie parleray icy de toutes celles que ie soupçonne, lesquelles ne viennent pour la plû-part que de ce qu'on est desja trop sçauant aux Méchaniques, c'est à dire, de ce qu'on est préoccupé des principes que prennent les autres touchant ces matieres, lesquels n'estant pas du tout vrays trompent d'autant plus qu'ils semblent plus l'estre.

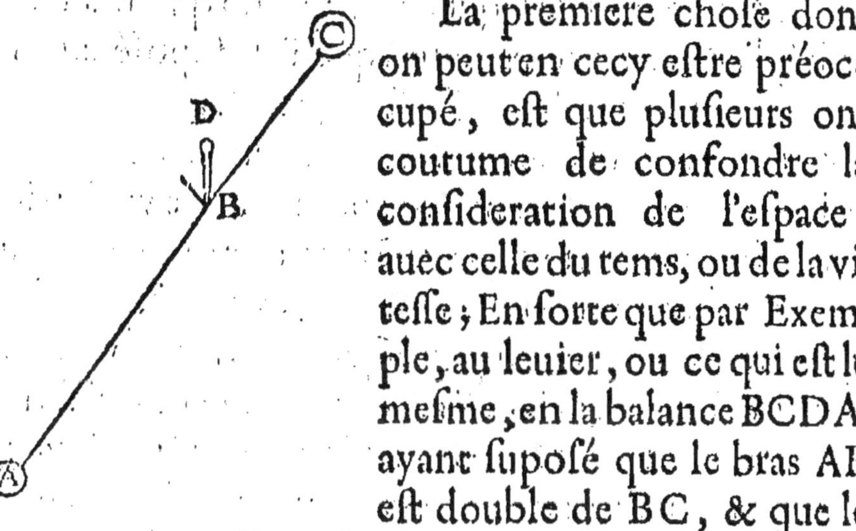

La premiere chose dont on peut en cecy estre préoccupé, est que plusieurs ont coutume de confondre la consideration de l'espace, auec celle du tems, ou de la vitesse; En sorte que par Exemple, au leuier, ou ce qui est le mesme, en la balance BCDA, ayant suposé que le bras AB est double de BC, & que le pois en C est double du pois en A, & ainsi qu'ils sont en en équilibre; au lieu de dire que ce qui est Cause de cet équilibre est, que si le pois C souleuoit ou bien estoit souleué par le pois A, il ne passeroit que par la moitié d'autant d'espace que luy, ils disent qu'il iroit de la moitié plus lentement; ce qui est vne faute d'autant plus nuisible qu'elle est plus mal-aysée à reconnoistre; Car ce n'est pas la difference de la vitesse qui fait que ces pois doiuent estre l'vn double de l'autre, *mais la difference de l'espace;* Comme il paroist de ce que pour leuer par Exemple le pois F, auec la main iusquesa G, il n'y faut point employer vne force qui soit iustement double de celle qu'on y aura employée le premier coup, si on le veut leuer d'eux fois plus viste; Mais il y en faut employer vne qui soit plus ou moins grande que la double, selon la diuerse proportion que peut auoir cette vitesse auec les causes qui luy resistét. *Au lieu qu'il faut vne force qui soit iustement dou-*

ble pour le leuer auec mefme vitefe deux fois plus haut, à fçauoir,
iufques a H. Ie dis qui foit iuftement double, en contant qu'vn
& vn font iuftement deux : Car il faut employer certaine quantité de cette force, pour leuer ce pois de F, iufques a G, & derechef encore autant de la mefme force, pour le leuer de G, iufques
a H. Que fi iauois voulu ioindre la Confideration de
la vitefe auec celle de l'efpace, il m'euft efté neceffaire
d'attribuer trois dimenfions a la force, au lieu que ie
luy en ay attribué feulement deux, afin de l'exclure.
Et fi j'ay témoigné tant foit peu d'adreffe en quelque
partie de ce petit écrit de Statique, ie veux bien qu'on
fçache que c'eft plus en cela feul qu'en tout le refte; Car
il eft impoffible de rien dire de bon & de folide touchant la vitefe, fans auoir expliqué au vray ce que c'eft
que la Pefanteur, & enfemble tout le fyfteme du Monde. Or à caufe que ie ne le voulois pas entreprendre,
j'ay trouué moyen d'obmettre cette confideration, &
d'en féparer tellement les autres, que ie les pûffe expliquer fans elle. Car encore qu'il n'y ait aucun mouuement qui n'ait quelque vitefe, toutesfois il n'y a que
les augmentations ou diminutions de cette vitefe qui
font confiderables; & lorfque parlant du mouuement d'vn Cors, on fupofe qu'il fe fait felon la vitefe
qui luy eft la plus naturelle, c'eft le mefme que fi on
ne la confideroit point du tout.

L'autre raifon qui peut auoir empefché qu'on n'ait
bien entendu mon principe, eft qu'on a crû pouuoir
démonftrer fans luy quelques-vnes des chofes que ie ne
démonftre que par luy. Comme par exemple, touchant la poulie A B C, on a penfé que c'eftoit affez de

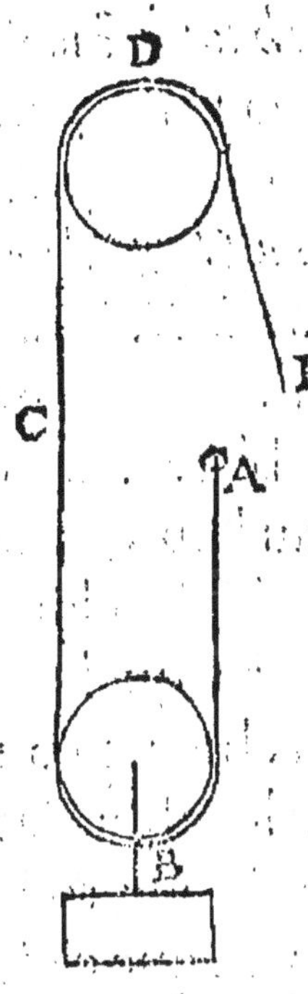

ſçauoir que le clou en A ſoûtient la moitié du pois B, pour conclure de là que la main en C, n'a beſoin que de la moitié d'autant de force, pour ſoûtenir ou ſouleuer ce pois, ainſi appliqué à cette poulie, qu'il luy en faudroit pour le ſoutenir ou ſouleuer ſans elle. Mais encore que cela explique fort bien comment ſe fait l'aplication de la force en C, a vn pois double de celuy qu'elle pouroit leuer ſans poulie, & que ie m'en ſois ſeruy moy-meſme, ie nie pourtant que ce ſoit ſimplement a cauſe que le clou A ſoûtient vne partie du pois B, que la force en C, qui le ſouleue; peut eſtre moindre que s'il n'eſtoit point ainſi ſoutenu: Car ſi cela eſtoit vray, la corde CE eſtant paſſée autour de la poulie D, la force en E pouroit tout de meſme eſtre moindre que la force en C; acauſe que le clou A ne ſoûtient pas moins ce pois qu'auparauant, & qu'il y a encore vn autre clou qui le ſoutient, à ſçauoir, celuy auquel la poulie D eſt attachée. Ainſi donc pour ne point faillir, de ce que le clou A ſoûtient la moitié du pois B, on ne doit conclure autre choſe ſinon que par cette application l'vne des dimenſions de la force qui doit eſtre en C, pour leuer ce pois, diminue de moitié, & que l'autre en ſuitte deuient double : de façon que ſi la ligne FG repreſente la force qu'il faudroit pour ſoûtenir en vn point le pois B, ſans l'ayde d'aucune Machine, & le rectangle GH, celle qu'il faudroit pour le leuer à la

à la hauteur d'vn pié, le soutien du clou
A diminuë de moitié la dimension qui
est representée par la ligne F G, & le re-
doublement de la corde A B C fait dou-
bler l'autre dimension, qui est representée par la ligne F H; & ainsi la force qui
doit estre en C, pour leuer le pois B à la
hauteur d'vn pié, est representée par le
rectangle I K; Et comme on sçait en
Géometrie qu'vne ligne estant adjoutée
ou ostée d'vne superficie né l'augmente
ny ne la diminuë de rien du tout, ainsi
doit-on icy remarquer que la force dont
le clou A soutient le pois B, n'ayant qu'vne seule dimension, ne peut faire que la force en C, considerée
selon ses deux dimensions, doiue estre moindre pour
leuer ainsi le pois B, que pour le leuer sans poulie.

La 3. raison qui aura pû faire imaginer de l'obscurité en mon principe, est qu'on n'a peut-estre pas pris
garde à tous les mots par lesquels ie l'explique; Car
ie ne dis pas simplement que la force qui peut leuer vn
pois de 50. liu. à la hauteur de 4. piés, en peut leuer vn
de 200. liu. à la hauteur d'vn pié; mais ie dis qu'elle le
peut, si tant est qu'elle luy soit appliquée; Or est-il
qu'il est impossible de l'y appliquer que par le moyen
de quelque machine, ou autre inuention, qui fasse que
ce pois ne se hausse que d'vn pié, pendant que toute
cette force agira en toute la longueur de 4. piés; Et
ainsi qui transforme le rectangle, par lequel est representée la force qu'il faut pour leuer ce pois de 400. liu.

à la hauteur d'vn pié, en vn autre, qui foit égal & femblable à celuy qui reprefente la force qu'il faut pour leuer vn pois de 50. liu. à la hauteur de 4. piés.

Enfin peut-eftre qu'on a eu moins bonne opinion de ce principe, à caufe qu'on s'eft imaginé que j'auois aporté les exemples de la poulie, du plan incliné, & du leuier, afin d'en mieux perfuader la verité, comme fi elle euft efté douteufe; ou bien que j'euffe fi mal raifonné que de vouloir prouuer vn principe, qui doit de foy eftre fi clair qu'il n'ait befoin d'aucune preuue, par des chofes qui font fi difficiles, qu'elles n'auoient peut-eftre iamais cy-deuant efté bien démonftrées par perfonne. Mais auffi ne m'en fuis-je feruy que pour faire voir que ce principe s'étend à toutes les matieres dont on traitte en la Statique, ou plu-toft j'ay vfé de ce prétexte pour les inferer en mon écrit, à caufe qu'il m'euft femblé eftre trop fec & trop ftérile, fi ie n'y euffe parlé d'autre chofe que de cette queftion de nul vfage, que ie m'eftois propofé d'examiner.

Or on peut affez voir de ce qui a defia icy efté dit, comment les forces du leuier & de la poulie fe démonftrent par mon principe; fi bien qu'il ne refte plus que le plan incliné, duquel on verra clairement la démonftration par cette figure, en laquelle FG reprefente la premiere dimenfion de la force qui décrit le rectangle FH,

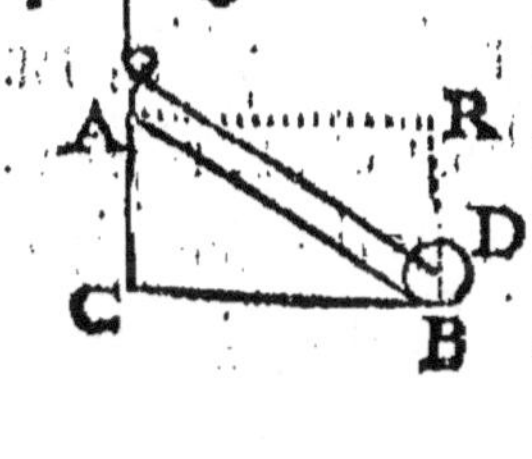

pendant qu'elle tire le pois D , sur le Plan B A , par le
moyen d'vne corde parallele à ce plan , & passée autour de la poulie E ; en sorte que G H , qui est la hauteur de ce rectangle , est égale à la ligne B A , le long
de laquelle se doit mouuoir le pois D , pendant qu'il
monte à la hauteur de la ligne C A. Et N O represénte
la premiere dimension d'vne autre semblable force,
qui décrit le rectangle N P , pendant qu'elle fait mon-
ter le pois L , jusques à M. Et ie supose que la ligne M L
est égale à B A , & double de C A ; Et que N O est égale
à F G , & O P à G H. Aprés cela ie considere que lors
que le pois D se meut de B vers A , on peut imaginer
que son mouuemét est composé de deux autres , dont
l'vn le porte de B R vers C A , pour lequel il ne faut aucune force , ainsi que suposent tous ceux qui traittent
des Méchaniques , & l'autre le hausse de B C vers R A ,
pour lequel seul il faut de la force ; en sorte qu'il n'en
faut ne plus ne moins pour le mouuoir suiuant le Plan
incliné B A , que pour le mouuoir suiuant la perpendiculaire C A : Car ie supose que les inégalitez , &c. du
Plan n'empeschent point ; ainsi qu'on a coutume de
faire en traittant de telle matiere. Ainsi donc toute la
force F H n'est employée qu'à leuer le pois D à la hauteur de la ligne C A ; Et pource qu'elle est entierement égale à la force N P , qui est requise pour leuer le
pois L à la hauteur de la ligne L M , qui est double de
C A , ie conclus par mon principe , que le pois D est
double du pois L. Car puis qu'on doit employer autant de force pour l'vn que pour l'autre , il y a autant à
leuer en l'vn qu'en l'autre ; Et il ne faut que sçauoir

comter iufques à deux, pour connoiftre que c'eft autant de leuer 200. liures depuis C, iufques à A, que d'enleuer 100. liu. depuis L, iufques à M; puifque ML eft double de CA, &c.

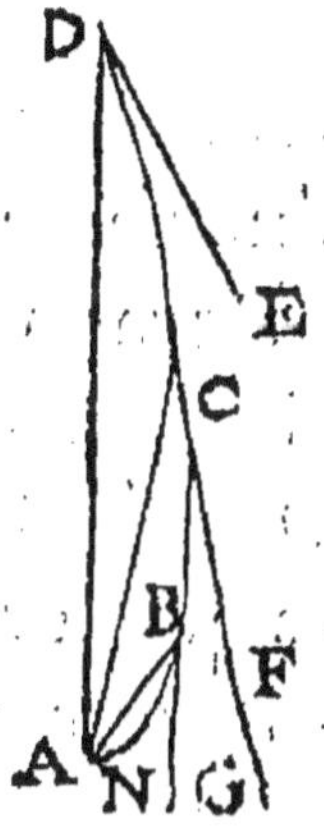

Vous me mandez auffi que ie deuois plus particulierement expliquer la nature de la fpirale, qui reprefente le Plan également incliné; & la façon dont fe plie vne corde, lors qu'ayant efté toute droitte & parallele à l'horifon, elle defcend librement vers le centre de la Terre, & la grandeur de la petite fphere, en laquelle fe trouue le centre de grauité d'vne autre plus grande fphere. Mais pour cette fpirale elle a plufieurs proprietez qui la rendent affez reconnoiffable: Car fi A eft le centre de la Terre, & que ANBCD foit la fpirale, ayant tiré les lignes droittes AB, AC, AD, & femblables, il y a mefme proportion entre la courbe ANB, & la droitte AB, qu'entre la courbe ANBC, & la droitte AC, ou ANBCD, & AD, & ainfi des autres. Et fi on tire les tangentes DE, CF, GB, &c. les angles ADE, ACF, ABG, &c. feront égaux. Pour la façon dont fe plie vne corde en tombant, ie l'ay ce me femble affez déterminé parce que j'en ay écrit, auffi bien que le centre de grauité d'vne fphere; Il eft vray que j'en ay obmis la preuue; Mais ie vous diray que ce n'eft pas mon ftile, de m'arrefter a de petites démonftrations de Géometrie, qui peuuent ayfément eftre trouuées par d'autres, & que ceux qui me connoiftront ne fçauroient iuger que j'ignore.

Il faut se ressouuenir icy de ce que Monsieur Descartes a de-
siré qui fut rayé.

MONSIEVR BEROVIC
A MONSIEVR DESCARTES.
LETTRE LXXV.

MONSIEVR,

Ie souhaitte auec passion de voir ces démonstrations Méchaniques, par lesquelles j'aprens que vous
établissez si nettement la circulation du sang, qu'il ne
reste plus aucun sujet de doute en cette doctrine. Ie
vous prie tres-instamment de me les communiquer,
quand vous le pourez sans vous incommoder. Comme j'ay écrit sur diuerses questions a de grans hommes,
j'ay dessein de donner au public vn recueil de mes lettres, & de leurs réponses, dans lequel ie me suis proposé de mettre la vostre touchant la circulation ; En l'attendant, ie souhaitte que vous viuiez long-tems &
heureusement parmy nous, autant pour l'honneur de
nostre Hollande, qui vous regarde comme vn de ses
citoyens, que pour la gloire des sciences, dont vous
estes le restaurateur. A Dieu.

REPONSE
DE MONSIEVR DESCARTES.
LETTRE LXXVI.

MONSIEVR,

Vous me faites beaucoup d'honneur de vouloir que mes réponses trouuent place parmy celles de ces grans hommes, dans ce beau recueil que vous nous promettez. I'aprehende seulement de n'auoir rien à vous dire qui réponde à vostre attente, ayant desia cy-deuant publié tout ce que ie sçay touchant la question que vous me proposez, dans vn discours de la méthode que ie fis imprimer en françois il y a quelques années, où j'ay fait voir que le mouuement du sang ne dépend que de la chaleur du cœur & de la conformation des vaisseaux. Et bien que ie sois entierement d'accord aux Heruœüs touchant la Circulation du sang, & que ie le regarde comme le premier qui a fait cette admirabl découuerte, des petits passages par où le sang coule des arteres dans les veines, qui est à mon sens la plus belle & la plus vtile que l'on pust faire en Medecine, ie suis toutesfois d'vn sentiment tout à fait contraire au sien touchant le mouuement du cœur. Il veut, si ie m'en souuiens, que le cœur dans le Diastole se dilate pour receuoir le sang, & que dans le Systole il se resserre pour le chasser ; Pour moy, voicy comme j'explique toute la chose.

Quand le cœur est vuide de sang, il en tombe necessairement de nouueau dans son ventricule droit par
la Veine Caue, & dans le gauche par l'Artere Veneuse;
Ie dis necessairement, parce qu'estant fluide, & les
orifices de ces vaisseaux, dont les rides forment les
oreilles du cœur, estan fort larges, & les valuules dont
ils sont munis estant po r lors ouuertes, il ne peut sans
miracle qu'il ne descende dans le cœur. Et si tost qu'il
est ainsi coulé vn peu de sang dans l'vn & dans l'autre
ventricule, comme il y trouue plus de chaleur que dans
les Veines dont il est sorty, il faut de necessité qu'il se
dilate, & qu'il occupe vn plus grand lieu qu'auapara-
uant; Ie dis de necessité, parce que telle est sa nature;
Et il est aysé de le remarquer, en ce que quand nous
auons froid, toutes les veines de nostre cors sont si res-
serrées qu'à peine paroissent-elles, & quand ensuitte
nous venons à auoir chaud, elles s'enflent si fort que le
sang qu'elles contiennent semble occuper dix fois
plus d'espace. Le sang se dilatant ainsi dans le Cœur,
pousse de tous costez les parois de chaque ventricule,
auec tant de promtitude & d'effort, qu'il ferme les petites portes qui sont aux entrées de la Veine Caue & de
l'Artere Veneuze, & ouure en mesme tems celles qui
sont aux orifices de la Veine Arterieuze & de la Grande
Artere; (car ces petites portes sont construites de telle
sorte, que selon les loix de la Méchanique celles-cy se
doiuent ouurir, & celles-là se refermer, par le seul effort que leur fait le sang en se dilatant;) & c'est cette
dilatatiõ qui fait le Diastole du cœur. C'est aussi ce qui
cause celuy des Arteres, estant certain que le sang qui se

dilaté dãs le cœur ne peut ouurir les petites portes de la
Veine Arterieuze & de la Grande Artere, sans pousser
en mesme tems tout l'autre sang qui est contenu dans
les arteres. En suite dequoy ce mesme sang, par le mesme effort qu'il s'est dilaté, entre dans les arteres, & ainsi
le cœur se vuide; & c'est en cela que consiste son Systole. Puis, quand ce sang qui s'estoit dilaté dans le
cœur est paruenu jusques dans les arteres, il se condense comme auparauant, parce qu'il y trouue moins de
chaleur; Et c'est en cela que consiste le Systole des Arteres, qui suit de si prez celuy du cœur, qu'il semble se
faire en mesme tems. Sur la fin de ce Systole, le sang
contenu dans les arteres (ie prens tou-jours la veine arterieuze pour vne artere, & l'artere veneuze pour vne
veine) retombe vers le cœur, mais il ne rentre point
pour cela dans ses ventricules, parce que les petites
portes qui sont à leurs orifices sont disposées de telle
sorte, que le sang ne peut retomber sur elles sans les
refermer; comme au contraire celles qui sont aux orifices des veines s'ouurent d'elles-mesmes quand le
cœur se des-enfle, si bien qu'il y tombe de nouueau
sang, qui donne lieu à vn nouueau Diastole. Toutes
ces choses sont à la verité Méchaniques, aussi bien que
les experiences par lesquelles on prouue qu'il y a diuerses Anastomoses, par où le sang passe des Arteres
dans les veines; Comme, ce que l'on obserue de la situation des valuules dans les veines, de la ligature du
bras pour la seignée, de ce que tout le sang peut sortir
du cors par l'ouuerture d'vne seule veine, ou d'vne
seule artere, & plusieurs autres, sont autant d'experience

riences qui produisent ces Anastomoses.

Voila tout ce que ie trouue de remarquable sur ce sujet; Et la chose est à mon sens si claire & si certaine, que
ie tiendrois superflu d'en établir la preuue par d'autres
argumens. On m'enuoya de Louuain, il y a plus de six
ans, des objections sur cette matiere, ausquelles ie ré-
pondis pour lors; Mais parce que leur Auteur, qui n'a
pas esté en cela de bonne foy, en donnant mes réponses au public les a tournées d'vne maniere qui fait violence à mon sens, & qu'il les a tout à fait estropiées, ie
vous les enuoyeray volontiers comme ie les ay écrites,
pour peu que vous me témoigniez que vous les aurez
agreables; Vous protestant de faire en toute autre
chose ce qui me sera possible pour vostre seruice, &
pour l'auancement des belles sciences.

LETTRE
D'VN MEDECIN DE LOVVAIN
A MONSIEVR DESCARTES.
LETTRE LXXVII.

MONSIEVR,

Vous m'auez demandé tant de fois & auec tant d'in-
stance mes objections contre vostre opinion touchant le Mouuement du Cœur, que ie suis obligé d'interrompre tant soit peu mes autres petis trauaux, pour
vous donner enfin cette satisfaction.

Ie vous diray donc tout d'abord, qu'à ce que ie puis voir, l'opinion que vous auez n'est pas nouuelle, mais tres-ancienne, & mesme d'Aristote, qui en fait mention au liure de la Respiration 1ap. 20. Voicy ses paroles; *Le batement du cœur est semblable à vn boüillonne-* *ment; car le boüillonnement se fait lors qu'vne humeur se* *gonfle par la chaleur, & qu'elle s'éleue en sorte que sa masse* *en est augmentée. Or dans le cœur, c'est le gonflement de cette* *humeur, que le suc des viandes luy fournit continuellement,* *qui en souleuant la derniere Tunique du cœur fait son bate-* *ment. Et cela se fait sans intermission, parce que l'humeur dont* *le sang se forme y coule sans cesse. Le batement donc n'est au-* *tre chose que le gonflement d'vne humeur qui s'échaufe.* C'est le sentiment d'Aristote que vous expliquez d'vne fa-çon plus ingenieuse, & plus belle. Galien au contrai-re nous aprend que le cœur est mû par vne faculté; C'est ce que nous autres Medecins auons tous enseigné jusqu'à present; Et voicy les raisons bonnes ou mau-uaises qui m'obligent encore à tenir ce party.

1. Le cœur estant separé du cors bat encore quelque tems: Et mesme estant coupé par morceaux chaque parcelle continuë tant soit peu son batement: Et ce-pendant il n'y a point alors de sang qui entre, ou qui forte.

2. Si l'on met dans vne Artere ouuerte quelque tuyau de plume ou d'airain par où le sang puisse passer, & qu'on lie en suitte l'Artere pardessus le tuyau, si iu-stement qu'elle le serre de tous costez, l'Artere ne bat-tra point passé la ligature; d'où il suit que le poux ne se fait pas par l'effort du sang qui coule dans les Arte-

res, mais par quelqu'autre chose qui coule par les Tuniques des mesmes Arteres. Cette experience est de Galien au liure intitulé *an sanguis in arteriis, contineatur*, cap.
8. Et ne me dittes pas qu'il est impossible de la faire, à
cause que le sang Arterial jaillir auec trop d'impetuosité; Car son effort peut aysément estre arresté par ce
moyen. Faites à vne Artere deux ligatures éloignées
l'vne de l'autre d'vn demy pié ou enuiron, puis ouurez auec la lancette cette mesme Artere entre ces
deux ligatures, il est certain qu'il ne sortira point d'autre sang par cet endroit, que celuy qui se trouuera enfermé entre ces deux liens. L'ouuerture estant faite
fourez-y adroittement vne Canule, sur laquelle vous
lierez derechef l'Artere : Si aprés cela vous venez à défaire vos deux premiers liens, vous verrez le sang couler librement par cette Canule jusques aux extremitez
des Arteres, sans pour cela que celles qui seront au dessous de la ligature qui reste, ayent aucun poux ou battement; Que si vous défaites cette derniere ligature
qui serre l'Artere contre la Canule, tout aussi-tost elles recommenceront à battre comme auparauant. Il
est vray qu'il sortira vn peu de sang par la playe, mais
n'importe; Car cela n'empeschera pas que l'on ne voye
l'effet prétendu.

3. Si la dilatation du cœur se faisoit par la rarefaction
du sang, le Diastole du cœur seroit beaucoup plus
lent, & dureroit bien dauantage qu'il ne dure dans les
animaux; Car il entre dans le cœur vne assez notable
quantité de sang, laquelle a besoin de tems pour estre
toute conuertie en vapeur, & qui ne semble pas se pou-

uoir taresfier toute entiere dans le peu de tems que dure le Diastole. Que si nous voyons l'huyle & la poix se rapesfier tout à coup quand elles tombent dans le feu, cela n'oste pas la difficulté; car il n'y a pas tãt de chaleur dans le cœur que dans le feu, & ainsi il ne peut pas faire ce que fait le feu. Outre que l'on voit le cœur des poissons, qui n'ont presque point de chaleur, ou plutost qui sont frois, battre aussi viste que les nostres.

4. Si les Arteres sont enflées par le sang que le cœur répẽd en elles, il n'y aura que la partie voisine du cœur, qui reçoit ce sang, laquelle puisse battre d'abord, mais les autres ne pouront battre dans le mesme instant; Car ce qui sort du cœur ne se répend pas tout d'vn coup dans toutes les Arteres, à cause que cela répugne au mouuemẽt d'vn cors si grossier; Et cependant toutes les Arteres du cors battent en mesme tems.

Voila ce que ie pense touchant la cause du mouuement du cœur. Et voicy ce que j'ay à dire contre la Circulation, que vous soutenez auec Heruœus.

1. Le sang des Arteres & celuy des Veines seroient tout à fait semblables, ou pour mieux dire ne seroient qu'vne mesme chose; ce qui répugne à l'Autopsie; le premier estant plus jaunastre & plus vermeil, & l'autre plus noirastre & plus sombre.

2. Cette matiere de la fievre qui réside dans les petites Veines les plus éloignées du Cœur, & qui pour cela ne cause qu'vne fievre intermittante, deuroit exciter plusieurs accez en vn iour, à sçauoir, autant de fois que cette matiere cõrompuë & le sang qui la porte retournent dans le cœur; Or vous dites que ce retour

ſe fait cent fois, voire deux vens fois par iour.

Si dans vn animal viuant on lioit la plu-part des Veines qui vont à la jambe ſans lier les Arteres, la jambe deuroit s'enfler étrangement en peu de tems, parce que le ſang continueroit de couler par les Arteres dans les Veines; Mais tant s'en faut que cela arriue, qu'aucontraire, ſi vous laiſſez long-tems ces Veines liées, la partie demeurera extenuée faute de nouriture. I'attendray vos réponſes à ces petits doutes auec vn empreſſement pareil à celuy que vous m'auez témoigné en me les demandant.

REPONSE
DE MONSIEVR DESCARTES.
LETTRE LXXVIII.

MONSIEVR,

I'auois ſujet de ſouhaitter auec empreſſement vos objections contre l'opinion que j'ay du mouuement du Cœur; car conſiderant voſtre Eſprit, voſtre doctrine, voſtre franchiſe, & la bien-veillance que vous auez pour moy, Ie ſçauois bien qu'elles ſeroient ingenieuſes, pleines d'erudition, & tout à fait exemtes de ces contentions importunes, qui n'ont point d'autre fondement que l'erreur de nos préjugez, & la malignité ou nous porte l'enuie & la jalouſie. Ie ne me ſuis point trompé dans mon jugement, & j'ay à vous rendre graces, non ſeulement de ce que vous me les auez

enuoyées, mais encore de ce que vous m'auez ouuert
vn moyen pour apuyer mon opinion de l'authorité
d'Aristote. Comme cet homme a esté si heureux, que
quelques choses qu'il ait auancées dans ce grand nombre d'écrits qu'il a faits, mesme celles qu'il a dites sans
y prendre garde, passent aujourd'huy chez la plû-part
pour des oracles, ie ne souhaitterois rien tant que de
pouuoir sans m'écarter de la verité, suiure ses vestiges
en tout. Mais certes ie ne dois pas me glorifier de l'a-
uoir fait au sujet dont il est question : Car quoy que
j'assure auec luy que le batement du cœur vient du
gonflement d'vne humeur qui s'échaufe dans ses cauitez, toutes-fois ie n'entens par cette humeur rien qui
soit different du sang, & ie ne parle pas comme luy
du gonflement d'vne humeur que le suc des viandes fournit con-
tinuellement, laquelle souleue la derniere Tunique du Cœur,
car si j'auançois de pareilles choses, on me pouroit aysément conuaincre d'erreur, par quantité de preuues
tres-éuidentes; Et l'on croiroit auec raison que ie n'aurois iamais consideré auec attention la structure du
cœur d'aucun animal, si, sans parler des Ventricules &
des Valvules, j'assurois qu'il n'y a que la derniere Tunique du cœur qui se hausse. Au reste, celuy qui sur de
fausses prémisses (comme disent les Logiciens) conclud par hasard quelque chose de vray, ne raisonne
pas mieux ce me semble, que s'il en déduisoit quelque
chose de faux; Et si deux personnes estoient arriuées
en vn mesme lieu, l'vne par des chemins détournez,
& l'autre par le droit chemin, il ne faudroit pas penser,
que l'vne eust esté sur les voyes de l'autre.

A voſtre premiere lobjection, qui eſt, que quand vn Cœur eſt hors du cors, & coupé par morçeaux, chaque parcelle bat durant quelque tems, quoy que pour lors il n'y ait point de ſang qui entre ou qui ſorte.

Ie répons que j'ay fait autrefois cette experience auec aſſez d'exactitude, particulierement ſur des Poiſſons, dont le Cœur bat bien plus long-tems aprés eſtre coupé, que celuy des Animaux Terreſtres; mais que j'ay tou-jours jugé, & meſme, comme cela ſe peut ſouuent faire, j'ay vû qu'il y auoit quelque reſte de ſang dans la partie ou ſe faiſoit le batement, qui y eſtoit tombé des autres parties plus hautes; Et ie me ſuis ayſé-mét perſuadé que pour peu qu'il tombe de ſang d'vne partie du cœur dans vne autre plus chaude, cela ſuffit pour cauſer le battemét; Car il faut remarquer qu'vne liqueur ſe rarefie dautant plus ayſément qu'elle eſt en moindre quantité; Et que comme nos mains à force d'eſtre exercées à certains mouuemens y deuiennent plus propres, de meſme, parce que le Cœur dez le premier momét de ſa formation, n'a ceſſé de s'enfler, & de ſe deſenfler, il ne faut que tres-peu de choſe pour luy faire continuer ce mouuement; Et enfin comme nous voyons certaines liqueurs s'échaufer, & meſme s'enfler par le ſeul mélange de quelques autres, il peut y auoir auſſi dans les replis du cœur quelque humeur, qui reſſemble au leuain, par le mélange de laquelle, l'humeur qui ſuruient vienne à s'enfler. Au reſte, cette objection a, ce me ſemble beaucoup plus de force contre l'opinion de ceux qui croyent que le mouuement du Cœur procede de quelque faculté de l'ame: Car de grace, comment ce mouuement dépendroit-il de l'ame, & sur tout celuy qui se rencontre dans les parties d'vn cœur, aprés qu'elles sont separées ; Vû qu'il est de foy, que l'Ame Raisonnable est indiuisible, & qu'il n'y a aucune autre ame Sensitiue ou Vegetante qui luy soit jointe.

Vous m'obiectez en secõd lieu ce que Galié raporte à la fin du liure intitulé *an sanguis in arteriis cõtineatur*. C'est vne experience que veritablement ie n'ay iamais faite, & pour laquelle ie n'ay pas maintenant assez de loisir; mais aussi ie n'estime pas que cela soit fort necessaire. Car posé vne fois la cause du battemẽt des Arteres, telle que ie la pose, les loix de la Méchanique, c'est à dire de ma Physique, m'aprennent, qu'ayant mis vn tuyau dans vne Artere, si on lie cette Artere par dessus le tuyau, elle ne doit point battre plus bas que le lien ; & qu'en ostant la ligature elle doit battre au delà du lien, comme Galien l'a experimenté ; pourvû toutesfois que le tuyau soit vn peu plus étroit que l'Artere, ainsi que sans doute il l'a suposé ; Et que vous mesme le suposez, comme ie le puis conclure, de ceque vous dites que si l'on ostoit la ligature, il sortiroit quelque peu de sang par la playe ; Car si le tuyau remplissoit toute la capacité de l'Artere, il boucheroit entièrement la playe, de sorte qu'il n'en sortiroit pas la moindre goutte ; Au lieu que quand le tuyau nage dans l'Artere auec le sang, ce n'est pas merueille s'il n'arreste pas son mouuement. Car il faut remarquer que ce qui fait ce mouuement, n'est pas que le sang au sortir du Cœur se répande tout à coup dans toutes les arteres, comme vous le suposez

le supofez dans voftre quatriéme obiection, mais c'eft
que venant à occuper toute cette partie de la grande
Artere, qui eft la plus proche du cœur, il pouffe &
chaffe tout l'autre fang qui eft contenu dans cette Artere & dans fes Rameaux, ce qui fe fait fans retardement aucun, & pour parler auec les Philofophes *in in-
ftanti*. Pofons, par exemple, que B C F eft vne Artere
pleine de fang, comme les Arteres le font tou-jours,
& dans laquelle il entre nouuellement vn peu de fang
qui forte du cœur A, cela eftant nous conceurons facilement que ce nouueau fang ne peut remplir l'efpace B, qui eft à l'orifice de cette Artere, que l'autre fang
qui rempliffoit auparauant ce mefme efpace B, ne fe

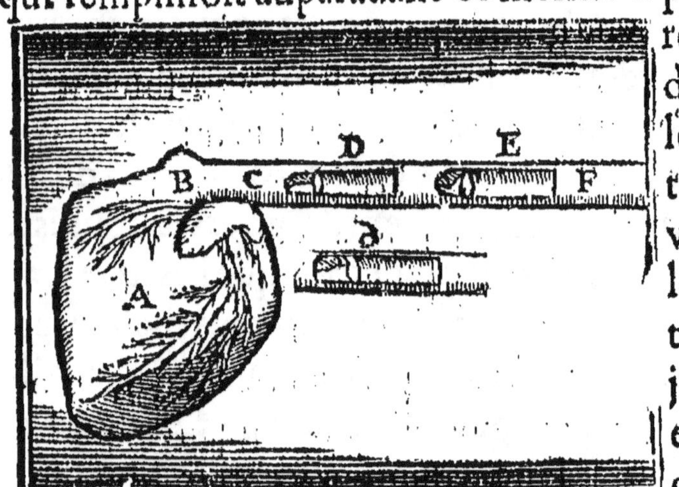

recule vers C,
d'où il chaffe
les autres par-
ties du fang
vers D, & cel-
les-cy les au-
tres de fuitte
jufques à E;
en telle forte
qu'au mefme
inftant que le fang monte d'A, vers B, l'Artere doit
battre en E; quand mefme nous fupoferions qu'il y
euft entre deux, comme vers D, vn tuyau ou quelqu'autre cors foit creux foit folide, pourvû qu'il na-
geaft librement dans le fang; parce qu'vn tel cors
feroit auffi facile à pouffer vers E, que le fang mefme; à caufe que la fuperficie interieure des Arteres

estant fort vnie, il ne trouueroit rien qui le pust arrester, & que les Arteres ayant des Tuniques assez
dures ne se retrecissent pas comme les intestins, ou
les Veines, pour s'ajuster à la grosseur des cors qu'elles contiennent; D'où vient mesme qu'estant vuides,
& dans vn animal mort, elles ont coustume de demeurer ouuertes, & comme bëantes. Que s'il y auoit vn
autre tuyau inseré dans l'Artere, à l'endroit marqué E,
sur lequel cette Artere fust liée, comme le veut Galien, encore que le sang puisse passer par ce tuyau jusques à F, neantmoins il ne secoüera point en cet endroit là les costez de l'Artere, au moins sensiblement,
parce que passant d'vn lieu étroit dans vn autre plus
large, il perdra vne grande partie de ses forces, & em-
ployera plu-tost ce qui luy en reste à agir suiuant la
longueur de l'artere en coulant, que suiuant sa largeur
en la secoüiant, c'est à dire, qu'il poura bien par vn flux
continuel la remplir, & mesme la rendre plus enflée,
mais non pas la faire sauter par des battemens distincts,
Et il n'y a point d'autre raison pourquoy les Veines,
qui sont jointes aux Arteres par diuerses Anastomoses, ne battent pas comme elles, sinon parce que les
extremitez par où le sang passe pour y entrer, sont plus
étroites que leurs petits canaux dans lesquels il coule.

Nous pouuons encore éprouuer l'experience de
Galien par deux autres moyens, sçauoir en mettant
dans l'Artere vn tuyau de plume, ou d'autre matiere,
qui soit assez gros pour remplir toute sa capacité, &
s'attacher à sa superficie interieure, en sorte qu'il ne
puisse nager dans le sang, comme celuy qui est repre-

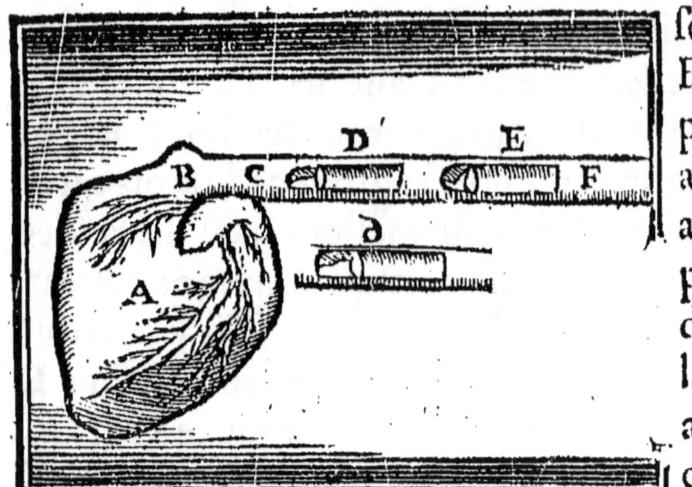

senté vers D.
En ce cas
pourvû qu'il
ait le dedans
assez estroit
pour ne pas
dôner vn plus
libre passage
au sang que
celuy qui est

vers E, il est certain que sans estre lié, il arrestera le
mouuement de l'Artere. Ou bien en mettant dans
l'Artere vn tuyau qui soit assez large par le dedãs, pour
donner au sang vn passage aussi libre que l'Artere luy
donneroit, s'il n'y auoit point de tuyau ; en ce cas soit
qu'il soit lié, ou non, il n'empeschera point du tout le
battement de l'Artere. Et il ne faut pas s'arrester à l'Autorité de Galien, qui assure en diuers endroits, *que
les Arteres ne s'étendent pas, comme les peaux de bouc, parce
qu'elles s'emplissent ; Mais qu'elles s'emplissent comme vn souflet, le gosier, les poumons, & toute la poitrine, parce qu'elles
s'étendent, & qu'estant étenduës, elles attirent de tous les endroits voisins, par leurs extremitez & par leurs pores, tout ce
qui est propre à les remplir :* Car elle se peut refuter par
vne experience tres-certaine, que j'ay veuë assez de
fois auant nostre dispute, & que ie n'ay pas esté fasché
de reuoir encore en vous écriuant. Voicy qu'elle elle
est. Apres auoir ouuert la poitrine d'vn lapin viuant,
& en auoir de part & d'autre rengé les costes, en sorte
que le cœur & le tronc de l'Aorte se voyoient facile-

ment, j'ay lié auec vn fil l'Aorte aſſez loin du cœur, &
l'ay ſeparée de toutes les choſes auſquelles elle tou-
choit, afin qu'on ne puſt ſoupçonner qu'il y entraſt
des eſprits ou du ſang d'ailleurs que du Cœur; En ſuite
ie l'ay ouuerte auec vne lancette entre le cœur & la ligature, & j'ay vû manifeſtement, que dans le meſme
tems que l'artere s'étendoit, ſe ſang en jailliſſoit par
l'inciſion que l'on y auoit faite, & qu'il n'en ſortoit pas
vne goute dans le tems qu'elle venoit à ſe retrecir : Au
lieu que ſi l'opinion de Galien eſtoit vraye, cette Artere auroit dû attirer de l'air par l'inciſion pendant toute la durée du Diaſtole, & n'auroit pû jetter de ſang
que pendant celle du Syſtole ; Comme perſonne n'en
peut douter ce me ſemble. Pourſuiuant la diſſection
de cet animal viuant, ie luy ay coupé cette partie du
Cœur qu'on nomme ſa pointe ; Mais depuis le moment, qu'elle a eſté ſeparée de ſa baze, ie ne l'ay pas vû
battre vne ſeule fois. Ce que ie mets icy à l'occaſion de
l'objection précedente, afin que vous obſeruiez que
ce qui fait que les parties du cœur qui ſont vers ſa baze
battent encore quelque tems, eſt qu'il y coule quelque
peu de ſang des vaiſſeaux & des oreilles qui leur ſont
adherantes ; Mais qu'il n'en eſt pas ainſi des parties qui
ſont vers la pointe. Enfin aprés que la pointe du cœur
a eſté retranchée, ſa baze qui eſtoit demeurée penduë
aux vaiſſeaux a batu aſſez long-tems ; Et j'ay vû clairement que ces deux cauitez, qu'on nomme les ventricules du Cœur, deuenoient plus larges dans le Diaſtole, (*c'eſt à dire dans le tems qu'elles rejettoient le ſang,*) &
plus étroites dans le Syſtole, (*c'eſt à dire dans celuy auquel*

elles le receuoient ;) Laquelle experience ruine entierement l'opinion d'Heruœus touchant le mouuement
du Cœur ; Car il affure tout le contraire, à fçauoir, que
les ventricules fe dilatent dans le Syftole pour receuoir le fang , & qu'ils fe refferrent dans le Diaftole
pour le chaffer dans les Arteres : Ce que j'ay bien voulu mettre icy, pour vous monftrer qu'on ne peut imaginer d'opinion contraire à la mienne, qui ne foit ren-
uerfée par quelques experiences tres-certaines. Remarquez que pour bien faire cette experience, il ne
faut pas feulement couper l'extremité de la pointe,
mais la moitié de tout le Cœur, & mefme dauantage;
Et qu'il faut faire cette épreuue fur vn Lapin, qui eft
vn animal timide, & non pas fur vn Chien : Car dans
les Chiens les ventricules du cœur ont plufieurs replis
& petits détours, dont les cauitez particulieres s'enflent de telle forte par la dilatation du fang, que la ca-
uïté qui les embraffe toutes en chaque ventricule femble en deuenir plus étroite. C'eft peut-eftre ce qui a
trompé ceux qui ont crû que le cœur fe refferroit dans
le Diaftole ; mais l'on peut éprouuer par le toucher
mefme qu'il fe dilate pour lors : car en le prenant dans
la main, on le fent beaucoup plus dur dans le Diaftole, que dans le Siftole.

Vous m'objectez en 3. lieu, que fi la dilatation du
Cœur arriuoit par la rarefaction du fang , fon Diaftole
dureroit bien plus long-tems qu'il ne fait; Ce que vous
vous perfuadez peut-eftre de la forte, parce que vous
imaginez que cette rarefaction eft femblable à celle
qui fe fait dans les Æolipiles, quand l'eau qui y eft fe

tourne en vapeur; Mais il y a differentes sortes de rarefaction, qu'il faut distinguer; Car celle qui se fait quand vne liqueur passant toute en fumée, ou en air, change de forme, comme dans les Æolipiles, est autre que celle qui arriue quand cette liqueur retenant sa forme ne fait qu'enfler sa masse: Or il est manifeste que cette premiere sorte de rarefaction ne peut nullement conuenir au sang dans le Cœur. Premierement, parce qu'elle ne se fait pas de toute la liqueur à la fois, mais seulement de celles de ses parties qui s'éleuant de sa superficie s'étendent dans l'air prochain (comme j'ay amplement expliqué dans les Méteores au chap. 2. & 4.) Car il n'y a point de cet air dans le Cœur, non plus que de superficie voisine de l'air; Et ses deux cauitez, quelque grandes qu'elles soient, sont toutes pleines de sang dans les animaux viuans. Secondement, parce que si cela estoit, ce ne seroit pas du sang que contiendroient les Arteres, mais seulement vn certain air formé des vapeurs du sang. Mais maintenant personne ne doute qu'elles ne soient pleines de sang. Et ie diray icy en passant qu'il y a lieu de s'étonner du peu de veritez que sçauoient nos Anciens, puisque dans le doute qu'ils auoient de celles-cy en particulier, Galien a bien pris la peine d'écrire vn Liure tout entier, pour prouuer que c'est du sang qui est contenu dans les Arteres. Quant à l'autre sorte de rarefaction, par laquelle vne liqueur enfle sa masse, il la faut encore distinguer; Car ou elle se fait peu à peu, ou elle se fait en vn instant; Elle se fait peu à peu, quand les parties de la liqueur acquerrent par degrez quelque nou-

ueau mouuement, ou quelque nouuelle figure ou fituation, qui fait qu'elles laiſſent autour d'elles des interualles plus grans, ou en plus grand nombre qu'auparauant ; Et j'ay expliqué dans les Météores comment vne telle rarefaction peut proceder non ſeulement de chaleur, mais meſmes d'vn grand froid, & de
quelques autres cauſes. Pour la rarefaction qui ſe fait
en vn moment, elle arriue, ſuiuant les principes de
ma Philoſophie, quand toutes les petites parties d'vne
liqueur, ou du moins pluſieurs éparſes dans la maſſe,
acquerrent en meſme tems quelque changement,
à l'occaſion duquel elles demandent d'occuper vn
lieu notablement plus grand que celuy qu'elles occu-
poient. Or il eſt ayſé de voir que c'eſt de cette derniere façon que le ſang ſe rarefie dans le cœur, parceque ſon Diaſtole ſe fait en vn inſtant, & ſi l'on prend
bien garde à toutes les choſes que j'ay écrites dans la
cinquiéme partie du petit liure de la Méthode, l'on
en doutera auſſi peu, que l'on doute que c'eſt ainſi
que ſe rarefie l'huyle & les autres liqueurs, quand on
les voit enfler tout à coup, & s'éleuer par boüillons
dans vn pot; Car toute la ſtructure du cœur, ſa chaleur,
& la nature du ſang ſont ſi propres, & conſpirent tellement a la production de cet effet, que nous n'aperceuons par les ſens aucune choſe qui me ſemble plus
claire & plus certaine que celle-là. Car pour ce qui eſt
de la chaleur, encore que dans les poiſſons on ne la
ſente pas fort grande, ſi eſt-ce pourtant qu'elle eſt
beaucoup plus grande dans leur Cœur, que dans aucune autre partie.

Mais vous nierez peut-eſtre que le ſang ſoit de natu-re à ſe rarefier tout à coup, parce, direz-vous, qu'il n'eſt pas ſemblable à l'huyle ou à la poix, mais que c'eſt plu-toſt vne humeur Aqueuſe & Terreſtre; comme ſi cette proprieté ne conuenoit qu'aux liqueurs graſſes. He ! dites-moy de grace ? L'eau n'a-t'elle pas coutume de s'enfler de la ſorte, quand on y met cuire du poiſſon ou quelque autre choſe ? Cependant vous ne ſçauriez pas dire que le ſang ſoit plus Aqueux que l'eau meſme. D'ailleurs la farine pétrie auec le leuain ne s'éleue-t'elle pas auſſi en meſme façon, ſans qu'il ſoit beſoin de beaucoup de chaleur ? Cependant vous ne direz pas que le ſang ſoit plus Terreſtre qu'elle. Mais qu'y a-t'il qui approche plus du ſang que le laict, ſoit pour eſtre Aqueux, ſoit pour eſtre Terreſtre? Ie ne péſe pas qu'on puiſſe rien trouuer de plus ſemblable ; Cependant il eſt certain qu'eſtant mis ſur le feu, quand il eſt paruenu à vn certain degré de chaleur, il s'enfle tout d'vn coup. Mais qu'eſt-il beſoin de ſe ſeruir d'exemples étrágers, dont la Chymie nous pouroit fournir vn grand nom-bre, puiſque le ſang meſme ſe dilate en vn inſtant, quand tout nouuellement tiré des Veines, il vient à tomber dans vn lieu où il trouue plus de chaleur qu'il n'en a ; Ainſi que ie l'ay quelquefois experimen-té. Toutesfois, parce que ie ſçay qu'il eſt de telle na-ture, que dez qu'il eſt hors des vaiſſeaux il ſe corrompt, & que la chaleur du feu differe en quelque choſe de la chaleur du Cœur, ie ne diray pas que la rarefaction qui ſe fait du ſang dans le Cœur, ſoit ſemblable en toutes choſes à celle qui s'en fait ainſi par artifice. Mais afin

de

de ne vous rien celer icy de ma ponsée, voicy comme
j'estime qu'elle se fait.

Quand le sang se rarefie & se dilate dans le Cœur, à
la verité la plus grande partie s'élance dehors, par
l'Aorte & la Veine Arterieuse, mais il en reste aussi
dedans vne autre partie, laquelle remplissant les re-
coins de chaque Ventricule, y acquiert vn nouueau
degré de chaleur, & vne certaine proprieté, aprochan-
te de celle du leuain, qui fait que si-tôst que le Cœur
se desenfle, cette partie qui estoit restée, venant à se
méler promtement auec le sang qui tombe de nouueau dans le cœur par la Veine Caue & par l'Artere veneuze, ce nouueau sang s'enfle tout à coup, & passe
dans les Arteres ; En sorte neantmoins qu'il en reste
tou-jours comme j'ay dit, vn peu dans le cœur, pour y
seruir comme de leuain : C'est ainsi que le leuain de
pain se fait d'ordinaire d'vn morceau de paste desja
leuée, celuy de vin, des restes de la vendange, & celuy
de la bierre d'vne certaine lie qu'elle fait. Au reste, il
n'est pas besoin d'vn degré de chaleur fort intense,
(pour parler en termes de Philosophes) pour faire que
ce peu de sang qui reste dans le Cœur, acquerre cette
proprieté de leuain ; il est besoin seulement qu'il soit
different, selon la differente nature du sang de chaque
animal ; Non plus qu'il n'est pas besoin de beaucoup
de chaleur pour faire que la bierre, le vin & le pain,
dont la plus grande partie de nostre sang est composée, se conuertissent en leuain ; Vû mesme que ces
choses ont cela de propre, qu'elles s'échaufent d'elles-
mesmes.

M M m

Pour voſtre quatriéme objeçtion, ie penſe y auoir deſ-ja ſuffiſamment ſatisfait, ayant montré cy-deuant de quelle façon toutes les Arteres battent en meſme tems; Et ainſi ie n'ay plus qu'à répondre aux choſes que vous auez auancées contre la Circulation du ſang.

La premiere eſt la difference qui ſe remarque entre le ſang des Veines & celuy des Arteres, laquelle j'ay moy-meſme fait remarquer, en la 52. page de ma Méthode, comme vne choſe qui pouuoit eſtre objeçtée à Heruæus, parce que ſuiuant ſa doçtrine on ne conçoit point qu'il arriue aucun changement au ſang dans le Cœur. Mais pour moy ie ne craignois pas qu'elle me puſt eſtre objeçtée, aprés auoir expliqué en ce lieu-là comment ſe fait la rarefaçtion ſubite du ſang dans le Cœur, & cette eſpece de boüillonnemét qu'il y ſouffre. Car enfin, que peut-on imaginer qui puiſſe cauſer vn plus grand & plus promt changement dans vn cors, que le mélange d'vn leuain tel que celuy que j'ay décrit, & ce boüillonnement dont j'ay parlé. Peut-eſtre direz-vous que le ſang qui ſort des Arteres ne ſoufre aucun changement en paſſant dans les Veines, & qu'ainſi celuy des veines ne doit pas eſtre different de celuy des Arteres. Pour répondre exaçtement à cette difficulté; Ie vous prie premierement d'obſeruer qu'il n'y a pas vne goutte de ſang dans les Arteres qui n'ait paſſé vn peu auparauant dans le Cœur, & qu'il y en a tou-jours quelques gouttes dans les Veines qui n'y ſont point entrées par les Arteres, (Car on ſçait qu'il tombe tou-jours quelque humeur des inteſtins dans les Veines,) & aussi que toutes les Veines ne doiuent estre considerées auec le foye que comme vn seul vaisseau.

Cela posé on conçoit facilement que le sang doit retenir dans les Arteres les mesmes qualitez qu'il acquert dans le Cœur; En sorte que si nous feignions qu'il deuinst blanc en passant dans le cœur, comme il deuient rouge en passant dans le foye, tout celuy des Arteres feroit blanc, & tout celuy des Veines seroit rouge; Car le sang qui couleroit sans cesse des Arteres dans les Veines, pour blanc qu'il fust, venant à se mêler auec celuy des Veines qui est des-ja rouge, prendroit aussi-tost sa couleur, en mesme façon que l'eau estant versée dans du vin prend la couleur du vin. De plus il faut remarquer qu'il y a quantité de choses, qui aprés auoir esté fort échaufées, acquerrent des qualitez tout à fait differentes, pour cela seul qu'on les fait refroidir où lentement ou promtement: Ainsi, si vous ne laissez refroidir le verre lentement, il deuient si fragile, qu'il ne peut pas mesme resister à l'air: & nous voyons que la mesme matiere se conuertit tantost en fer, & tantost en acier, selon qu'elle est diuersement trempée; Or le sang qu'on tire d'vne Artere se peut comparer au verre que l'on tire tout rouge de la fournaise, & celuy qu'on tire des Veines se peut comparer au verre qui est recuit à petit feu: Et mesme le feu le plus violent des fournaises ne semble pas auoir tant de force sur l'acier ou sur le verre, que la chaleur moderée du Cœur en a sur le sang, qui est vne liqueur si susceptible de changement, que l'air seul le corrompt incontinent qu'il est sorty des Veines.

Quant à ce que vous adjoutez de la matiere des fievres intermittantes, ie n'ay rien autre chose à dire, sinon que ie ne voy pas la moindre aparence qu'elle puisse résider dans les Veines, & j'admire comment vne opinion qui n'est apuyée d'aucune raison probable a eu tant de Sectateurs; Fernel au liure quatriéme de sa Pathologie chap. 9. dispute fort au long contr'eux (ce que ie dis pour réfuter vne authorité par vne autre) mais enfin il l'emporte par ses raisons; Et entre les autres il en donne vne qui me semble suffire toute seule; qui est, que si la matiere des fievres intermittantes procedoit des Veines, où il n'y auroit iamais de double tierce, ou toute fievre tierce bien vehemente seroit double; Il en faut dire autant de la fievre quarte. Ie ne raporte icy aucune raison qui soit de moy, & ne dis pas mesme ce que ie pense des fievres, de peur de me laisser emporter en d'autres difficultez.

Reste maintenant cette experience qui consiste à lier la plu part des Veines qui tendent vers la jambe, en laissant les Arteres libres; Vous dites qu'vne jambe en cet état ne s'enfleroit point, mais qu'aucontraire elle diminuëroit, peu à peu, faute de nouriture. Surquoy j'ay à répondre qu'il faut distinguer les tems; Car il est certain que si-tost que les Veines seront ainsi liées, elles s'enfleront vn peu; & mesme que si l'on vient à en ouurir quelqu'vne au dessous de la ligature, tout le sang qui est dans le Cors, ou la plus grande partie, en poura sortir par l'ouuerture que l'on aura faite, comme les Chirurgiens l'experimentent

rous les iours. Et cela ne fert pas fimplement à nous
perfuader comme vne raifon probable que la Circulation du fang pouroit eftre, mais c'en eft, fi ie ne
me trompe, vne demonftration toute euidente. Que
fi on laiffe long-rems ces Veines ainfi liées, ie penfe bien que ce que vous en auez écrit fe trouuera vray
(que quoy que ie ne l'aye iamais experimenté) parce que le fang ne coulant plus, mais croupiffant dans
ces Veines, qui feroient liées, deuiendroit en peu
de tems fort épais, & peu propre à nourir le cors;
Et cela eftant il ne pouroit plus couler continuellement de nouueau fang des Arteres en cette partie,
comme de coutume, parce que toutes les branches
& les petits conduits tant des Arteres que des Veines eftant bouchez par ce fang épaiffi, fon cours
feroit empefché ; Et mefme il fe pouroit peut-eftre
auffi faire que ces Veines fe defenfleroient quelque peu, parce que les férofitez du fang qu'elles
contiennent en pouroient fortir par infenfible tranfpiration. Mais tout cela ne fait rien contre la Circulation.

INSTANCES
DV MESME MEDECIN DE LOVVAIN
A MONSIEVR DESCARTES.
LETTRE LXXIX.

MONSIEVR,

Puifque vous defirez fçauoir de quelle forte vos réponfes m'ont fatisfait, ie vous diray librement qu'elles
ne m'ont pas plainement contenté, & qu'il y a encore
certaines chofes qui demandent que vous vous expli-
quiez vn peu dauantage, fi vous voulez me donner
vne entiere fatisfaction.

A ma premiere objection vous dites que quand vn
cœur eft feparé du Cors, s'il y a quelque partie qui batte, il faut qu'vn refte de fang y foit tombé des autres
partie fuperieures ; Mais ie remarque que les parties
mefme, qui pour eftre les plus hautes de toutes ne
peuuent receuoir de fang d'ailleurs, battent auffi.

Vous adioutez, que cette obieetion fait moins
contre vous, que contre l'opinion vulgaire de ceux
qui croyent que le mouuement du Cœur procede de
quelque faculté de l'ame : Mais cela ne vous excufe
point : Car peut-eftre que ny eux ny vous ne connoif-
fez point encore la vraye caufe de ce mouuement. Et
mefme, quoy que vous difiez, il me femble pouuoir
aifément fauuer l'opinion vulgaire : Car bien que

l'Ame ne ſoit plus dans vn Cœur humain, quand il
eſt ſeparé du Cors, & qu'ainſi il n'y ait plus en luy de
Faculté; Toutes-fois il reſte dans le Cœur vn certain eſprit, qui ayant eſté l'inſtrument de l'Ame, agit encore
par ſa vertu, aprez qu'elle eſt ſortie ; Et c'eſt cequi me
fait croire que l'attraction, la coction, & l'aſſimilation
des alimens ſe font auſſi bien dans le Cors d'vn homme nouuellement décapité que s'il eſtoit viuant, tant
qu'il y reſte de la chaleur, & de cet eſprit Viuifique.

A ma ſeconde objection, vous dites que le mouuement des Arteres vient de cequc le ſang qui occupe
cette partie de la grande Artere, qui eſt proche du
Cœur, pouſſe tout l'autre ſang. Ie trouue neantmoins
que cela eſt contraire aux experiences de la Chirurgie.
Car par exemple, quand vne Artere eſt offenſée & ouuerte par quelque fiſture, on ſçait que ce n'eſt pas vn
petit ouurage, ny vne petite peine pour les Chirurgiens que d'arreſter le ſang ; C'eſt ce qui fait que pour
en venir à bout, ils mettent dans la playe des poudres
aſtringeantes, des linges, & ie ne ſçay combien d'autres
ingrediens ; En ſorte que par le moyen de ces cors étrágers qu'ils y fourent à force, ils font que le ſang qui eſt
au deſſous de la playe ne touche plus à celuy de deſſus ;
Et cependant le mouuement de l'Artere ne s'arreſte
point au deſſous de la playe, mais elle continue d'y battre ; ce qui ne deuroit point arriuer ſi cequc vous dites
eſtoit vray ; n'y ces cors étrangers ne nagent pas librement auec le ſang dans les Arteres, comme vous voulez qu'ils y nagent, pour ne point empeſcher ce battement ; mais ils y ſont fixes & preſſez ; autrement ils

n'auroient pû arrester le sang qui sortoit par la playe. Vous adioutez à cela que si l'on fourre dans vne artere vn tuyau assez gros pour remplir toute sa capacité, & qui soit si étroit par le dedans, que le sang n'y puisse passer librement, il ne laissera pas d'arrester le mouuement de l'Artere, encore qu'il n'y ait aucune ligature; Et c'est pour cette mesme raison que vous voulez que les veines ne battent point, &c. Mais qu'elle difference peut il y auoir; Que le passage libre du sang soit empesché, ou en mettant vn tuyau dans vne Artere, ou bien en l'entourant par dehors de quelque Cors qui la serre; ie pense que cela doit auoir le mesme effet; Et neantmoins, que l'on étrecisse & que l'on serre tant que l'on voudra les Arteres par dehors, pourvû que leurs Tuniques ne se touchent point, & qu'elles ne soient pas pressées l'vne contre l'autre, leur batement ne sera point arresté : ce qui estant hors de doute, ie vous laisse à en tirer la consequence. Ce que vous raportez de la dissection d'vn lapin viuant est vray; Et Galien raporte la mesme chose au liure *de adminis. anat.* s'étonnant de ce que la baze du Cœur est la derniere partie qui batte.

A ma troisiéme objection, vous répondez qu'encore qu'on ne sente pas vne grande chaleur dans le cœur des poissons, ils en ont toutesfois plus en cette partie-là, qu'en aucune autre; Ie vous l'accorde. Mais cette chaleur n'est pas si grande qu'elle puisse rarefier leur sang, & encore en si peu de tems. Nos mains sont beaucoup plus chaudes que le Cœur des poissons; Cependant quand elles sont pleines de sang de poisson, elles ne le font point rarefier de la forte.

Enfin vous auez recours à vn certain leuain que vous dites estre dans le cœur, & seruir à rarefier le sang: Mais ie crains fort que ce leuain, ne soit vne chose vaine & imaginaire; Et quand il ne le seroit pas, Comment pouroit-il rarefier le sang si promtement? Cela est entierement contre l'ordinaire & le naturel du leuain. Ie souhaitterois donc, s'il vous plaist, que ces choses fussent encore expliquées : Toutesfois si vous croyez qu'il n'en soit pas besoin, & que vos réponses vous semblent assez claires & assez exactes, demeurez-en là ; Ie tascheray de les digerer tout seul. Le reste de ce que vous m'auez écrit pour la preuue de la circulation du sang se soutient assez ; Et c'est vne opinion qui ne me déplaist pas.

✿✿✿✿✿✿✿✿✿✿✿✿✿✿✿✿✿✿✿✿✿✿✿

REPONSE

DE MONSIEVR DESCARTES.

LETTRE LXXX.

MONSIEVR,

Ie vous suis tres-obligé de la diligence que vous apportez à répondre à mes lettres, & du soin que vous prenez de m'enuoyer celles des autres. Les nouuelles Instances que vous me faites font tres-considerables, & si iamais il m'en a esté fait que j'aye jugé dignes de quelque réponse , ce sont celles-cy.

Quant à la premiere, Vous m'auertissez fort à propos

que les plus hautes parties du Cœur font celles qui battent le plus quand il eſt tiré du cors, d'où vous inferez
que ce battement ne procede pas de la cheute du ſang;
Mais il faut icy prendre garde à deux choſes, qui peuuent à mon ſens leuer toute la difficulté. La premiere
eſt que ces parties du Cœur qu'on nomme ſuperieures,
c'eſt à dire qui ſont à ſa baze, ſont doubles; Car 1. il y a
celles ou ſont inſerées la Veine Caue & l'Artere Veneuze ; Et quant à elles, il eſt vray de dire qu'elles
ne ſe meuuent pas par la rarefaction de quelque nouueau ſang qui y découle, aprés que les oreilles & tous
les autres vaiſſeaux qui leur eſtoient joints & qui
auoient coutumé de leur en fournir ſont retranchez;
ſi ce n'eſt que par hazard il en coule vn peu dans leurs
cauitez de la Coronaire ; & des autres petits vaiſſeaux
épars dans la ſubſtance du Cœur, qui pour lors ſont ouuers autour de ſa baze ; De plus, il y a les parties auſquelles ſont inſerées la Veine Arterieuze & la grande Artere ; Pour celles-là, elles doiuent battre les dernieres de
toutes, meſme aprés que la pointe du Cœur eſt retranchée ; Parce que, comme c'eſt par ces parties-là que le
ſang a acoutumé de ſortir, il y trouue des routes ſi faciles, & tout eſt diſpoſé de telle ſorte dans vn cœur,
quoy que coupé, que tout ce qui reſte de ſang eſt porté vers elles.

La ſeconde choſe qu'il faut icy obſeruer, eſt, que
le mouuement des Oreilles du Cœur, & des parties qui
leur ſont voiſines, eſt fort different de celuy de tout le
reſte de ſa maſſe : Car ſi l'on voit qu'elles remuënt,
quand le cœur eſt en pieces & deſ-ja languiſſant, ce

n'eſt pas que le ſang qu'elles contiennent ſe rarefie, mais c'eſt qu'il en ſort à groſſes goutes. Car quand le Cœur eſt encore vigoureux & entier, il paroiſt vn autre mouuement aux oreilles, qui vient de ce qu'elles s'empliſſent de ſang ; Or les parties ſuperieures du Cœur, à les prendre juſques à cet endroit des Ventricules où les extremitez des valuules tricuspides ſont inſerées, imitent tantoſt le mouuement des oreilles, & tantoſt celuy de tout le reſte du Cœur.

Aprés ces obſeruations, ſi vous prenez la peine de conſiderer auec attention les derniers mouuemens d'vn Cœur mourant, ie ne doute point que vous ne reconnoiſſiez à l'œil, que ſes plus hautes parties (j'entens celles d'où le ſang doit tomber dans les autres) n'ont point alors d'autre mouuement, que celuy qu'elles ont ordinairemét quand elles ſe vuident. Et ſi vous coupez ſes Ventricules en long, vous verrez les oreilles battre juſques à trois & quatre fois, & à chaque fois degouter du ſang dans les Ventricules, auant que le Cœur batte vne ſeule fois ; Vous verrez auſſi auec cela pluſieurs autres choſes qui confirment toutes mon opinion. Mais vous demanderez peut eſtre, comment vn ſi grand mouuement, que celuy qui vous paroiſtra lors aux Oreilles du Cœur, peut-eſtre cauſé par la ſeule cheute du ſang qui en degoute. En voicy deux cauſes ; La premiere eſt, parce que, comme le ſang n'entre pas dans le Cœur d'vn animal, quand il eſt viuant, d'vn flux égal & continuel, mais qu'il ne tombe des oreilles dans ſes Ventricules qu'à groſſes gouttes, & à momés interrompus, toutes les fibres des parties par

oùle fang a acoutumé de paffer font tellemēt difpofées
par la nature, que pour peu qu'il y en coule pour tōber
dans le Cœur, ces parties fe doiuent ouurir auffi fort
& auffi viffe qu'elles ont accoutumé de s'ouurir, quand
elles donnent paffage à vne plus grande quantité de
fang. L'autre eft, que cette petite rozée de fang, qui
fort comme vne fueur de toutes les parties du Cœur
que l'on a bleffées en les coupant, doit fe raffembler,
& former vne goute affez notable, auant qu'elle puiffe
couler iufqu'au milieu de fes ventricules; en mefme
façon que la fueur, qui, fortant infenfiblement de noftre peau, s'arrefte quelque temps fur elle, iufques à ce
qu'elle fe foit affemblée en gouttes, lefquelles par
aprés tombent tout à coup à terre.

Au refte, quand fur ceque i'ay dit en répondant à voftre obiection, qu'elle auoit plus de force contre l'o-
pinion vulgaire que contre la mienne, vous répondez
que cela ne m'excufe pas, vous dittes vray; auffi n'eft
ce pas ma coutume de perdre le temps à réfuter les autres; Mais ie croyois en cette rencontre ne pas peu faire, pour vous obliger à vous ranger de mon party, fi ie
vous montrois que vous n'en pouuez fuiure d'autre
auec plus de raifon. Sans doute que vous auez voulu
imiter ces braues, qui ayant entrepris de deffendre vne
place mal munie, ne fe rendent pas d'abord aux affie-
geans, quoy qu'ils voyent bien qu'ils ne leur pouront
refifter; & qui pour donner des preuues de leur courage, veulent auparauant vfer toute leur poudre, &
tenter les dernieres extremitez; D'où il arriue que leur
défaite leur eft fouuent plus glorieufe qu'à leurs vain-

queurs. Car lors que pour expliquer comment le Cœur peut encore estre mû dans le cadavre d'vn homme par l'Ame qui en est absente, vous auez recours à la chaleur, & à vn esprit viuifique, comme à des instrumens qui ayant seruy à l'Ame pour cet effet, sont encore capables de le produire par sa vertu; de grace, qu'est-ce autre chose que de vouloir tenter les extremitez? Car enfin, si ces instrumens sont quelques-fois suffisans pour produire tout seuls cet effet, pourquoy ne le sont-ils pas tou-jours? Et pourquoy vous imaginez vous plu-tost qu'ils agissent par la vertu de l'Ame, quand elle est absente, que non pas qu'ils n'ont point besoin de sa vertu, lors mesme que l'Ame est presente.

A la seconde objection, que vous tirez de la maniere dont les Chirurgiens arrestent le sang d'vne Artere ouuerte, ie répons que quand le poux ne cesse pas au dessous de la playe, c'est qu'il n'y a que le trou de la peau, & des chairs par où le sang pouroit sortir, qui soit bouché, & que le canal de l'Artere par où le sang a accoutumé de couler ne l'est pas.

A ce que vous adjoutez au mesme endroit, ie répons qu'il y a bien de la difference, entre vne Artere ou le libre passage du sang est empesché par vn tuyau qu'on a mis dedans, & entre celle qu'on a renduë plus étroite par vne ligature faite en dehors.

Car encore que l'opinion de Galien, qui dit que le mouuement des Arteres dépend d'vne certaine vertu qui se coule & se glisse le long de leur Tunique ne me semble nullement probable, ie pense pourtant que la continuité qui est dans les Tuniques, fait que l'on peut raifonnablement croire, que quand les parties d'vne Artere qui font audeſſus de la ligature font ébranlées par les fecouſſes du fang, celles qui font audeſſous fe doiuent auſſi par confequent reſſentir de leur mouuement, du moins quand le lien n'eſt pas ſi ſerré qu'il puiſſe arreſter entierement le mouuement des Tuniques de cette Artere, comme il ne peut preſque iamais arriuer dans le cas propoſé. Mais ſi l'on rétrecit vne Artere en quelque endroit, beaucoup plus que dans les autres, & qu'en meſme tems ſes Tuniques ſoient priuées de tout mouuement en cet endroit là ; par quelque cauſe que cela ſe face, ie croy fermement que le battement des parties plus baſſes ceſſera auſſi.

En voſtre troiſiéme Inſtance, Vous alleguez le froid des poiſſons comme vne raiſon pour nier que le fang ſe rarefie dans leur Cœur ; Mais ſi vous eſtiez maintenant icy auec moy, vous ne pouriez pas deſauoüer que ce mouuemét procede de chaleur, meſme dans les animaux les plus frois ; Car ie vous ferois voir preſentement le petit cœur d'vne anguille, que j'ay coupé ce matin, il y a ſept ou huit heures, en qui il ne reſte plus aucun ſigne de vie, & qui deſ-ja eſt tout ſec en ſa ſurface, comme reuiure, & battre encore aſſez viſte, dez que j'en aproche par dehors vne mediocre chaleur.

Mais afin que vous ſçachiez que la chaleur ſeule ne ſuffit pas, & qu'il faut auſſi que quelque goute deſang y découle, pour cauſer ce battement, ie vous donne auis que voila que ie mets ce Cœur dans le fang de cette meſme Anguille, lequel j'ay gardé tout exprez, puis en l'échaufant médiocrement, ie fais qu'il ne bat pas

moins viſte ny moins fortement que lors que cette Anguille eſtoit viuãte. C'eſt dans ce meſme Cœur que j'ay
vû encore clairement ce matin ce que j'ay écrit cy-deuant du mouuement qui arriue aux parties Superieures du Cœur, quand le ſang en degoute ; Car aprés en
auoir oſté la partie ou eſtoit inſerée la Veine Caue, qui
eſt proprement la plus haute de toutes, j'ay pris gatde
que la partie ſuiuante, qui eſtoit deuenuë la plus haute par le retranchement de l'autre, ne battoit plus auec
le reſte du Cœur, mais ſeulement que receuant par
fois vne petite roſée de ſang qui degoutoit de la playe,
elle auoit vn mouuement tout à fait different de celuy poux ordinaire.

Mais parce que s'il vous arriue iamais de faire vne ſemblable experience, vous pourez voir que le Cœur de
ces ſortes d'animaux frois bat ſouuent, quoy qu'on ne
puiſſe aucunement ſoupçonner qu'il y tombe du ſang
d'ailleurs, ie veux préuenir vne obiection que vous en
pouriez legitimement tirer, en vous expliquant comment ie conçoy que ſe fait cette ſorte de battement.
Premierement, j'obſerue que ce ſang differe beaucoup
de celuy des animaux qui ont plus de chaleur, duquel
les plus ſubtiles parties s'enuolent en l'air, dez qu'il eſt
tiré du cors, aprés quoy ce qui reſte ou ſe reſout en eau,
ou s'épaiſſit en grumeaux ; Car j'ay gardé tout aujour-
d'huy le ſang de cette Anguille, ſans qu'il ſe ſoit corrompu, ou du moins ſans qu'il y ſoit arriué aucun
changement que l'on puiſſe aperceuoir : Il ne laiſſe
pourtant pas d'en ſortir tou-jours quantité de vapeurs,
& ſi-toſt qu'on l'échaufe tant ſoit peu, ces vapeurs
s'éleuent comme vne fumée fort épaiſſe.

De plus, ie me souuiens d'auoir autrefois obserué en voyant bruler du bois vert, ou cuire des pommes, que la chaleur fait éleuer certaines vapeurs des parties interieures, lesquelles en passant par les petites fentes ou creuasses qui se font a l'écorce, font vne espece de vent; ceque tout le monde peut auoir obserué aussi bien que moy; Mais il arriue aussi parfois que l'endroit de l'écorce où se fait vne telle creuasse est tellement disposé qu'il s'enfle quelque peu, auant que la creuasse s'ouure, & qu'il se desenfle si-tost qu'elle est ouuerte, parceque toute la vapeur qui estoit renfermée dans cette tumeur en sort promptement & auec bruit, & qu'il n'en succede pas si-tost de nouuelle; Mais peu de temps aprez, vne autre vapeur succedant, la mesme partie de l'écorce s'enfle derechef, la petite creuasse se rouure, & la vapeur s'echape comme auparauant : Et ce mouuement ainsi souuent répeté imite parfaittement bien le battement d'vn Cœur non pas a la verité d'vn Cœur viuant, mais d'vn Cœur tel que celuy dont ie me sers pour cette experience, & que j'ay araché cematin d'vne Anguille. Cela ainsi obserué, il n'y à rien, ce me semble, qui doiue empescher de croire, que les fibres, dont la chair du Cœur est composée, sont disposées en sorte, que la vapeur du sang, qui y est enfermé, est capable de les éleuer, & de faire que de ce qu'elles s'éleuent ainsi, il s'ouure de grans passages dans le Cœur, par où toute cette vapeur s'enuole incontinent, au moyen dequoy le Cœur se desenfle. Ce que ie puis confirmer par vne autre obseruation que j'ay faite encore aujourd'huy; qui est telle. I'ay pris le

petit

petit Cœur d'vne Anguille,&en ay coupé la plus haute partie, (c'est à dire, celle où la Veine Caue estoit
inserée, & qui faisoit en cette Anguille la mesme fon-
ction que fait l'oreille droitte dans le Cœur des animaux Terrestres) Aprés l'auoir coupée, toute degoutá-
te encore de sang qu'elle estoit, ie l'ay mise à part dans
vne écuelle de bois, ou vous l'eussiez prise pour vne
goutte de sang vn peu épaissi, qui nageoit dans vne autre goutte de sang moins épais; Aprés cela j'ay arresté ma veüe dessus, pour voir si ie n'aperceuerois point
en elle quelque battement, car c'estoit pour cette é-
preuue que ie l'auois ainsi reseruée; Mais il est vray
qu'au commencement ie n'y en ay aperceu aucun;
Parce que, (comme j'ay reconnu vn peu aprés) toute
la vapeur qui sortoit de ce sang, trouuant d'abord des
passages libres & tout ouuers, s'enuoloit d'vn cours
continu, & que rien n'interrompoit; Mais à vn quart
d'heure de là, quand la goutte de sang, dans laquelle nageoit cette petite portion de Cœur, est venuë à se
secher par le dessus, il s'est formé cõme vne petite peau
sur sa surface, qui retenant ces vapeurs m'a fait aperceuoir vn battement manifeste, lequel s'augmentant
à mesure qu'on en aprochoit la chaleur, n'a point cessé
que toute l'humeur du sang n'ait esté épuisée.

Au reste, ie m'étonne fort, que ce que ie vous ay
dit de cette espece de leuain que j'estime estre dans le
Cœur, vous semble vne chose vaine & imaginaire; Et
que vous croyiez que j'en fasse mon refuge, comme si j'estois fort pressé, & que ie ne puisse me défendre autrement : Car il est certain que mon opinion

s'explique facilement, & mésme qu'elle se démontre sans cela; Mais en l'admettant, il est necessaire aussi d'aoüier que d'vn Diastole à l'autre, il demeure vne petite partie du sang qui a esté rarefié dans le Cœur, laquelle venant à se méler auec le sang qui y suruient de nouueau, ayde à le rarefier; en quoy elle imite parfaitement le naturel du leuain.

CLARISSIMO VIRO

HENRICO REGIO.

Si bene Diuinaui.

LETTRE LXXXI.

VIR CLARISSIME,

Queri sane non possum de tua & Domini de Raey humanitate, quod meum nomen vestris thesibus præmittere volueritis, sed neque etiam scio qua ratione a me gratiæ vobis agendæ sint; & tantum video nouum opus mihi imponi, quod nempe homines inde sint credituri, meas opiniones à vestris non dissentire, atque adeo ab iis quæ asseruistis, pro viribus deffendendis, me imposterùm excusare non debeam; & tantò diligentius ea quæ legenda misisti debeam examinare, ne quid in iis prætermittam, quod tueri recusem.

Primum itaque quod ibi minus probo, est, Quod

dicas Animam homini esse triplicem, hoc enim verbum in mea religione est hæresis; & reuerâ, sepositâ religione, contra Logicam etiam est, Animam concipere tanquam genus, cujus species sint *mens*, *vis vegetatiua*, *& vis motrix animalium*; per *Animam* enim *Sensitiuam* non aliud debes intelligere præter vim motricem, nisi illam cum Rationali confundas. Hæc autem vis motrix, à vi vegetatiua, ne specie quidem differt; Vtraque autem toto genere à Mente distat : Sed quia in re non dissentimus ego rem ita explicarem.

Anima in homine vnica est, nempe *rationalis*; neque enim actiones vllæ humanæ censendæ sunt, n isi quæ à ratione dependent. Vis autem vegetandi, & corporis mouendi, quæ in plantis & brutis *anima vegetatiua & sensitiua* appellantur, sunt quidem etiam in homine, sed non debent in eo *Animæ* appellari, quia non sunt primum eius actionum principium, & toto genere differunt ab *Anima Rationali.*

Vis autem vegetatiua in homine, nihil aliud est quam certa partium corporis constitutio, quæ &c: Et paulo post,

Vis autem sensitiua est, &c; & postea.

Hæ duæ itaque nihil aliud sunt quam corporis humani &c; Et postea. Cumque *mens, siue anima rationalis* à corpore sit distincta, &c. non immerito *sola* à nobis *Anima* appellatur.

Denique, vbi ais, Volitio vero & Intellectio differunt tantum, vt diuersi circa diuersa objecta agendi modi; Mallem differunt tantum vt actio & passio eiusdem substantiæ; intellectio enim propriè mentis pas-

fio eft, & volitio eius actio; Sed quia nihil vnquam
volumus, quin fimul intelligamus, & vix etiam quicquam intelligamus, quin fimul aliquid velimus, ideo
non facile in iis paffionem ab actione diftinguimus.

Quod autem tuus Voëtius hic annotauit, nullo modo tibi aduerfatur; Cum enim dicunt Theologi nullam fubftantiam creatam effe immediatum fuæ operationis principium, hoc ita intelligūt, vt nulla creatura poffit abfque concurfu Dei operari, nō autem quod
debeat habere Facultaté aliquam creatam, à fe diftin-
ctam, per quam operetur; abfurdum enim effet dicere
iftam facultatem creatam effe poffe immed tum alicuius operationis principium, & ipfam fu ftanriam
non poffe. Alia vero quæ annotauit, in iis quæ mififti
non reperio, ideoque nihil poffum de ipfis judicare.

Vbi agis de coloribus, non video cur nigredinem
ex illorum numero eximas, cum alij etiam colores fint
tantum modi; Sed dicerem tantum, nigredo etiam
inter colores cenferi folet, fed tamen nihil aliud eft
quam certa difpofitio, &c.

De iudicio, vbi ais; *Hæc nifi accurata & exacta fuerit,*
neceffario in decidendo, &c. pró *neceffario* ponerem *facile;*
Et paulo poft, pro, *itaque hæc poteft fufpendi,* &c. ponerem, *Atque hæc,* &c. neque enim quæ fubjungis ex
præcedentibus deducuntur, vt verbum *itaque* videtur
fignificare.

Quod dicis de affectibus, illorum fedem effe in cerebro, eft valde paradoxum, atque etiam vt puto
contra tuam opinionem; Et fi enim fpiritus mouentes
mufculos veniant a cerebro, fedes tamen Affectuum

fumendá eſt pro parte corporis quæ maximè ab illis alteratur, quæ proculdubio eſt Cor; & idcirco dicérem, Affectuum, quatenus ad corpus pertinent, ſedes præcipua eſt in corde, quoniam illud præcipue ab illis alteratur; ſed quatenus etiam mentem afficiunt, eſt tantum in cerebro, quoniam ab illo ſolo mens immediatè pati poteſt.

Paradóxum etiam eſt dicere, receptionem eſſe actionem, cum reuerà tantum ſit paſſio actioni contraria; ſed eadem tamen quæ poſuiſti, videntur ſic poſſe retineri. Receptio eſt actio (vel potius paſſio) animalis Automatica, qua motus rerum recipimus; hîc enim, ad omnia quæ in homine peraguntur ſub vno genere comprehendenda, paſſiones cum actionibus conjunximus.

Quæ denique habes in fine de temperie ad calidum aut frigidum, &c. deflectente, non examinaui; quia nullis talibus, tanquam Euangelio, credendum puto. Gaudeo tuum reſpondentem rectè functum fuiſſe officic, nec puto quicquam tibi eſſe metuendum ab iis qui contra te ſtilum exercebunt. Quæcumque mittes libenter legam, & cum ſolita mea libertate quicquid ſenſero reſcribam. Nihil ſcripſi de Centro grauitatis, ſed de vario pondere grauium, ſecundum varia à centro terræ interualla, quod non habeo niſi in libro, in quo multa alia ſimul compacta ſunt; ſed tamen ſi legere vis, prima occaſione qua D. Van. S. Vltraiectum ibit, illum ad te per ipſum tranſmittam.

Non probo quod nolis ſquammas piſcium, &c. vocari corpora lucida, quia non impellunt ipſæmet glo-

bulos æthereos; Id enim etiam non facit carbo igni-
tus, sed sola materia subtilissima, quæ tunc carbonis
partes terrestres, tunc globulos illos æthereos impellit.
Quod etiam venæ Mezeraïcæ Chylum in Pancreate a
venis lacteis accipiant mihi non constat, nec sanè affirmare debes nisi certissimâ experientiâ cognoueris,
nec etiam eâ de re scribere, tanquam si nullæ venæ la-
cteæ ad hepar vsque chylum deferant, quoniam sunt
qui affirmant se id expertos, & admodum verisimile
mihi videtur. Vellem etiam vt ea deleres quæ habes
contra VValeum de motu cordis, quia vir ille est paci-
ficus, & tibi nihil gloriæ potest accedere, ex eo quod
ipsi contradicas. Non etiam tibi assentior, cum definis actiones esse operationes ab homine, vi animæ &
corporis factas, sum enim vnus ex illis qui negant hominem corpore intelligere; Nec moueor argumento
quo contrarium probare contendis; etsi enim mens
impediatur à corpore, ab illo tamen ad intellectio-
nem rerum immaterialium iuuari planè non potest,
sed tantummodò impediri. De Anima hominis triplici iam respondi in præcedentibus quas misi nudius-
tertiùs, & idcirco hic tantum addo, me tibi addictissimum semper futurum.

CLARISSIMO VIRO
HENRICO REGIO.
LETTRE LXXXII.

VIR CLARISSIME,

Tota vestra controuersia de Anima triplici magis est de nomine quam de re. Sed primò, quia Romano-Catholico non licet dicere animam in homine esse triplicem, vereorque ne mihi homines imputent, quod in tuis thesibus ponis; mallem ab isto loquendi modo abstineas. 2. Etsi vis vegetandi & sentiendi in brutis sint actus primi, non tamen idem sunt in homine, quia Mens prior est, saltem dignitate. 3. Etsi ea quæ sub aliqua generali ratione conueniunt possint à logicis tanquam eiusdem generis partes poni, omnis tamen eiusmodi generalis ratio non est verum genus; nec bona est diuisio nisi veri generis in veras species; & quamuis partes debeant esse oppositæ, ac diuersæ, vt tamen bona sit diuisio, non debent partes à se mutuo nimium distare; nam si quis, exempli causa, totum humanum corpus in duas partes distingueret; in quarum vnâ solum nasum, & in aliâ cætera omnia membra poneret, peccaret ista diuisio, vt tua, quod partes essent nimis inæquales. 4. Non admitto vim vegetandi & sentiendi in brutis mereri *Animæ* appellationem, vt Mens illam meretur in homine; sed vulgus ita voluisse, quia ignorauit bruta mente carere, atque idcirco Animæ nomen esse æquiuocum, respectu hominis & brutorum. *5. denique, deest reliquum.*

* * *

CLARISSIMO VIRO, HENRICO REGIO.
LETTRE LXXXIII.

VIR CLARISSIME,

Accepi tuas theses, & gratias ago ; nihil in ipsis inuenio quod non arrideat. Quæ ais de actione & pafsione nullam mihi videntur habere difficultaté, modo illa nomina rectè intelligantur : Nempe, in rebus corporeis omnis actio & passio in solo motu locali confistut, & quidem actio vocatur, cum motus ille confideratur in mouente, passio vero cum côsideratur in moto. Vnde sequitur etiam, cum illa nomina ad res immateriales extenduntur, aliquid etiam motui analogum in illis esse considerandum ; & actionem dicendam esse, quæ se habet ex parte motoris, qualis est volitio in mente ; passionem vero ex parte moti, vt intellectio & visio in eâdem mente. Qui vero putant perceptionem dicendam esse actionem, videntur sumere nomen actionis pro omni reali Potentia, & passionem pro sola negatione Potentiæ ; vt enim perceptionem putant esse actionem, ita etiam haud dubiè dicerent in corpore duro receptionem motus, vel vim perquam admittit motus aliorum corporum, esse actionem; quod rectè dici non potest, quia passio isti actioni correlatiua esset in mouente, & actio in moto. Qui

autem

autem dicunt actionem omnem ab agente auferri poſſe, rectè, ſi per actionem motum ſolũ intelligant, non autem ſi omnem vim ſub nomine actionis velint comprehendere; vt longitudo, latitudo profunditas, & vis recipiendi omnes figuras & motus, à materia ſiue quantitate tolli non poſſunt, nec etiam cogitatio à mente: In Chartulis quas miſiſti pag. 2. linea 7. *ac præcipuè cordis*, videtur ibi eſſe aliquis error calami, non enim premuntur partes à corde, ſed ſanguis ad hepar ex aliis partibus miſſus, ac præcipuè ex corde, iuuat coctionem. Nõ intelligo etiam quæ ibi ſequuntur de ligaturà geminata, & alternatim diſſoluta. Pagina 4. experimentum de corde follibus inflando, niſi feceris, non author ſum vt apponas; vereor enim ne corde exciſo & frigido, tam rigidum euadat, vt ita inflari non poſſit; ſed facile eſt experiri, & ſi ſuccedat, pones vt certum, non autem cum verbis *iudico*, & *videntur*. Pagina 5. Quæ habes de magnete mallem omitti; neque enim adhuc planè ſunt certa; vt neque illa quæ habes pag. 6. de gemellis, & ſimilitudine ſexus. Vale, & me ama, & communes amicos meo nomine plurimûm ſaluta.

CLARISSIMO VIRO HENRICO REGIO.

LETTRE LXXXIV.

V IR CLARISSIME,

Legi raptiſſimè illa omnia quæ iuſſeras vt perlege-

rem, nempe partem primi, & partem secundi quater-
nionis, & quinque alios integros. Quæ in primò de
adstringentibus, incrassantibus, & narcoticis de tuo
habes, mihi non placent; peculiarem enim aliquem
modum, quo fortè potest aliquandò contingere vt
res fiat, tanquam vniuersalem proponis, cum tamen
plures alij possint excogitari, ex quibus probabile est
eosdem effectus sæpius sequi. In secundo, ais Idiopa-
thiam esse morbum per se subsistentem; mallem dicere, esse ab alio non pendentem, ne quis philosophus
indè concludat te fingere morbos esse substantias. De
febribus autem breuiter hic dicam quid sentiam, ne
nihil in hac Epistola contineatur ; de reliquis enim
vix quicquam dicam. Itaque febris est. *Deest reliquum.*
Etsi candidè & generosè D. Regius velit agere, illud sup-
plebit.

<hr>

CLARISSIMO VIRO HENRICO REGIO.

LETTRE LXXXV.

VIR CLARISSIME,

Accepi tuas litteras in quibus duas proponis difficultates, circa ea quæ de febribus ad te scripseram; Ad
quarum primam, *Cur* scilicet *causam regularium recur-*
suum in febribus, fere semper oriri dixerim, à materia, quæ ma-
turatione quâdam indiget, antequam sanguini misceri possit; ir-
regularium vero ab eâ quæ cauitatem aliquam implendo, solâ
distentione poros aperit, facile intelliges, si aduertas non

dari rationem cur istæ cauitates tantæ sint magnitudinis , & tantus fiat in illis materiæ affluxus , vt semper
in omnibus hominibus, vel singulis diebus, vel alter-
nis , vel quarto quoque die, vacuentur; dari autem
rationem cur aliquis humor vnâ tantum die, alius duobus , alius tribus indigeat ad maturescendum. Alteram etiam , *Cur* nempe *poris apertis tota aut ferè tota materia expurgetur*, facilè solues , aduertendo multò difficilius esse poros planè clausos aperire , quam postquam
semel aperti sunt impedire ne rursus claudantur; adeo
vt satis magna copia materiæ debeat effluere antequam claudantur; Imo ferè tota debet effluere, cum
nulla est cauitas, nisi quæ ex affluxu istius materiæ, partes vi distendentis, efficitur; quia partes distentæ ad si-
tum naturalem redire debent, antequam pori claudantur. Si autem sit cauitas per exesionem partium facta , concedo quidem illam materiâ corruptâ ple-
nam manere post expurgationem; adeo vt cum pori
aperti sunt, non nisi pars exuperans, & latera cauita-
tis impellens, expurgetur; quæ potest esse decima vel
vigesima tantum pars materiæ in illa cauitate contentæ; sed quia sola est hæc pars exuperans,quæ febris pa-
roxismum accendit, ideo sola videtur esse numeran-
da, & ita semper verum est, totam materiam febris ex-
purgari in singulis paroxismis. Quantum autem ad
Gangrenam, etsi sanguinis circulatio, in aliquâ parte
impedita , possit aliquandò esse remota eius causa,
proxima tantum est corruptio siue putrefactio ipsius
partis, quæ ab aliis causis, quam ab impeditâ circula-
tione potest oriri, atque, ipsâ iam factâ, circulationem
impedire.   P P p ij

Quæ de palpitatione habes, non mihi satisfaciunt, & tam varias judico esse posse eius causas, & non ausim etiam aggredi ipsas hîc enumerare. Non etiam existimo excrementa difficiliùs egredi per pilos amputatos, quam per integros, sed planè econtra facilius, nisi forte cum radicitùs extirpatur, & pori per quos egressi fuerant occluduntur; multique capitis dolores experiuntur, cum longos alunt pilos, iisque postea liberantur, capillis amputatis. Causam autem cur capilli amputati crescant, puto esse quod excrementa copiosiùs per amputatos egrediantur; Hocque etiam confirmat experientia, quia maiores recrescunt, quam si nunquam fuissent amputati; quia nempe ob majorem copiam excrementorum per ipsorum radices transeuntium, eæ ampliores euadunt. Denique convulsionem non puto fieri propter tunicarum densitatem, sed tantum quia valuulæ quædam in neruorum tubulis existentes, præter ordinem aperiantur, aut claudantur; quod & spirituum crassities, & organi læsio, vt punctura in tendine vel neruo, causare potest. Vale.

CLARISSIMO VIRO HENRICO REGIO.

LETTRE LXXXVI.

VIR CLARISSIME,

Gratulor tibi; quòd persecutionem patiaris propter veritatem; gratulor inquam, & ex animo; non enim video tibi quicquam mali ex istis turbis posse contingere, sed contra gloriæ tuæ multum accedet. Lætari debes quod Deus inimicis tuis consilium ac bonam mentem ademerit; vides enim iam prohibitione libri tui nihil aliud effectum esse, nisi tantum vt cupidiùs ematur, accuratiùs examinetur eius iniquitas, & causæ tuæ bonitas à pluribus agnoscatur. Plures iam aduertent quam acerbè, quam iniuriosè, ac quam sine causâ, solâ inuidentiâ suâ permotus, te ille prior lacessiuerit; Et contra tu quam modestè, quam leniter, quam etiam (quod sanè indignissimum est) reuerenter responderis, & quam justæ ac graues causæ te ad respondendum coëgerint. Plures agnoscent quam infirmæ sint rationes omnes quibus tuas opiniones impugnare conatus est, & contra quâ validæ sint eæ quibus ipsum refutas. Plures concludent nullas amplius ei superesse ad tibi respondendū; Atque omnino plures indignabuntur, quod tantum possit contra ius & fas in vestra ciuitate, vt ei licuerit publico scripto te Atheū, Bestiam, & aliis eiusmodi nominibus vocare, falsasque adhibere rationes ad falsis te criminibus onerandum: Tibi vero nequidem liceat verissimis vti rationibus, verbisque modestissimis ad te purgandum. Egregium vero est quod audio ab ipso proponi, vt nempe verbis sibi liceat in te disputare apud delegatos, qui iudicent vter superior sit futurus; haud dubiè quia eius rationes, dum adhuc calent, vt quædam iuscula, sunt sorbendæ, & cum frigescunt, corrumpuntur. Hac in re, vt & in aliis multis est St. nostro simillimus; Et sanè non iudico tibi quicquam à tali aduersario esse metuendum. Quid enim deinceps moliri poteſt? forte vt tibi prohibeatur à Magiſtratu, ne amplius doceas ea quæ ſoles docere; forte etiam vt tanquam falſa & hæretica condemnentur; forte denique, quod extremum eſt, vt tu ipſemet tuo docendi munere priueris. Sed nec puto conſules veſtros tam illi fore obſequentes, vt quicquid ei placuerit decernant; Quinimo neminem ex iis eſſe exiſtimo, cui non facile ſuboleat, quam ob cauſam tum à voëtio, tum ab aliis plærifque ex tuis collegis philoſophia tua tam acriter impugnetur; nempe quia verior eſt quam vellent, rationeſque habet tam manifeſtas, vt erroneas ipſorum opiniones etiam non impugnando euertat, & ridiculas eſſe oſtendat. Nam ſanè illi vitio vertere non poſſunt, quod ſit noua, quoniam illi etiam Philoſophi quotidiè nouas excogitant opiniones, & indè maximè gloriam quærut, nulluſque vnquam hoc prohibuit; ſed nempe illas ſibi mutuo non inuident, quia veras non putant; neque etiam tibi tuas inuiderent, ſi falſas eſſe arbitrarétur. At certè Magiſtratus, qui hactenùs non prohibuerunt ne docerent nouas & falſas, non vetabunt etiam ne doceas nouas & veras. Et quamvis forte nonnulli, qui tricas iſtas ſcolarum, vtpote ad bene regendam Rempublicam minimè vtiles, nunquam didicerunt, æquitatem cauſæ tuæ non videant; confido tamen ipſos tam æquos & prudentes fore, vt non magis teſtimonio tuorum aduerſariorum ſint credituri, quam tuo; & vel vnicum D. V. qui veritatem totius controuerſiæ proculdubio rectè intelligit, ſatis authoritatis apud collegas ſuos eſſe habiturum, vt te ab omni iniuria deffendat. Sed, etiamſi aliter

contingeret, ac vel profeſſio, quod eſſet mirabiliter
abſurdum, ac ſine vllo exemplo, tibi auferretur,
non tamen ideo tibi vel minimùm dolendum eſſe ar-
bitrarer, nec vllum in te dedecus, ſed immortale in
alios redundaret; Atque tunc profectò, vel craſſa ignorantia, vel veritatis odium, vel ridenda in veſtra ciuitate potentia toti mundo innoteſceret. Quinetiam
profectò, Si tuo eſſem loco, vellem ſcire à conſulibus,
quos ego haberem Dominos, & me potius ſponte munere meo abdicare, quam voëtio ſeruire. Nec dubito
quin breui, ſi velles, perfacilè alibi profeſſionem &
magis honorificam, & magis vtilem eſſes habiturus;
citiuſque mille alij à veſtris inuenirentur, qui eadem
quæ tui aduerſarij docerent, quam vnus qui eadem
quæ tu; Et tamen fortè ille vnus magis à ſtudioſis deſi-
deraretur. Quantum ad me, credidi hactenus me beneficio affectum eſſe à Dominis tuis, quod cum ſcirent
te à meis in Philoſophia opinionibus nõ eſſe alienum,
non ideo minùs libenter te in profeſſorem elegerunt;
ac fortè etiã, vt mihi perſuadere voluiſti, ob hanc præcipuè cauſam elegerunt. Hoc me peculiariter illis de-
uinxit; atque ideo valdè exopto, vt iactari poſſit apud
poſteros, veſtram ciuitatem omnium primam fuiſſe,
in qua Philoſophia noſtra publicè fuerit recepta,
quod ſpero ipſi dedecori non futurum, vt è contrario
non eſſet laudi, ſi te nunc tutum ab aduerſariorum
iniuriis non præſtaret. Debuit enim ſciri ab iis qui te
primum in profeſſorem receperunt, fieri non poſſe
vt ea noua quæ habebas, aliquid eximij continerent,
quin ſtatim plures eorum ex tuis collegis, qui ſatis

ingenij non haberent ad eadem amplectenda , ma-
gnam inuidiam in te conflarent, atque ideò parati esse
debuerunt ad te contra hos protegendum. Nec sanè
ipsis erit difficile ; nam quid in te vel per calumniam
obiici potest ? te scilicet noua docere ? quasi vero in
Philosophia hoc non sit tritum, vt quicunque non
planè ingenio sunt destituti nouas excogitent opiniones, atque inde maximè gloriam quærant ; sed
nempe illas sibi mutuo non inuident , quia veras non
putant ; vt neque etiam tibi tuas inuiderent, si falsas
esse arbitrarentur ; an vero æquum esset, cum ex aliorum permittantur opiniones , quæ nouæ sunt & falsæ,
vt tuæ prohiberentur, quia nouæ sunt & veræ ? Magnum aliud crimen obiicitur, quod in voëtium scri-
pseris. Quasi vero sit aliquis sanæ mentis, qui legendo vtriusque libellum, ac monitus eorum quæ priùs
ab illo facta fuerunt , non clarè videat illum ipsum
fuisse qui acerbissimè in te scripsit, calumniisque euertere conatus est; Te vero tantum nimis humaniter , ac
nimis moderatè respondisse, eodem modo ac si , cùm
quis te ad occidendum stricto ense fuisset persecutus,
tu vero manu ictum à corpore auertisses, nihilque præterea egisses, nisi quod verbis quam humanissimis eius
iram molire conatus fuisses, ille furore ardens accusaret te, quod te a se occidi non permisisses. At fortè
voëtius ipse te non accusat, sed alij collegæ ? tanquam
si obscurum esset illos eius voluntate id facere, eademque in te inuidiâ flagrare ; Ac tanquam si ideo iusta
esset accusatio , quod impetum in te facientem repu-
leris, nec ille potius vt aggressor & calumniator sit pu-
niendus.

niĕdus. Calumniatorem ob id præcipuè appello, quod
sciam ipsum te iniquissimè accusare voluisse, quod
aliquas opiniones, Theologiæ vestræ contrarias docuisses, cum tamen omnes tuæ, melius quam vulgares,
cum Theologiâ consentiant, & facile esset, vel ex solis
eius thesibus de Atheismo, quas vidi, per certas & euidentes consequentias ostendere, illum reuerà esse
quod de nobis falsò voluit credi. Quin, & si esset operę
pretium ipsum qualis est describere, artésque omnes
eius detegere, talis forte appareret, vt ciuitati vestræ
foret indecorum, ipsum diutiùs in concionatorem
aut professorem retinere; magna enim est vis veritatis. Vltimum & præcipuum quod obiicitur est Academiæ vestræ detrimentum, quod ex professorum inimicitiis, vt inquiunt, orietur. At primò, non video
quid priuatæ istæ inimicitiæ vniuersitati nocere possint; nam econtrà hoc efficiet, vt singuli reprehensionem aliorum metuentes, tanto diligentiùs officio
suo fungantur; Ac deinde, si vel maximè hoc noce-
ręt, certè alij potiùs, qui sunt inimicitiarum authores,
quam tu, qui illas fugis, eo nomine essent deponendi.
Nec dicent, opinior, tua dogmata talia esse vt studiosos auertant ab Academiâ vestrâ frequentandâ, nam
audio te & satis multos auditores, & maximè insignes
habere; Eaque videtur esse fortuna nostrarum opinionum, non solum apud vos, sed & aliis omnibus in
locis, vt a præstantioribus ingeniis amentur & æstimentur, nec nisi a vilioribus ludi magistris, qui sciunt
se falsis artibus ad aliquam eruditionis famam peruenisse, ideoque timent ne cognitâ veritate illam amit-

tant, adeo haberi. Et nisi me augurium fallit, spero
fore, vt aliquádo, propter te vnum plures Academiam
vestram sint adituri, quam propter omnes eos qui
tibi aduersátur; nec forte ad hoc nocebit editio Philosophiæ quam paro; adeò vt si Domini vestræ Ciuitatis
ad vtilitatem & decus Academiæ suæ respiciant, omnes potius tuos inimicos quam te vnum eiicient; Nam
etiam faciliùs mille alios inuenient, qui eadem do-
ceant, quæ illi, quam vnum qui eadem, quæ tu. Nec vereor ne forte aliqui ex vestris consulibus, non imbuti
scolasticis studiis, vt pote ad rectè regendam Rempublicam non necessariis, magis credant aduersariis tuis
quam tibi, neque enim illos puto tam obesæ naris, vt
horum inuidiam non aduertant; & vel vnicùs D. V. R.
qui statum totius controuersiæ, atque æquitatem tuæ
causæ proculdubiò rectè perspexit, estque rerum
istarum planè intelligens, satis authoritatis apud collegas suos est habiturus, vt te ab omni iniuriâ deffendat; tantamque in eo esse scio integritatem ac prudentiam, vt non vereat ne magis faueat aduersariis tuis quá
veritati. Ac denique ob hoc præcipuè debes lætari,
quod tua causa sit talis, vt postquam iudicata fuerit
à tuis, iudicari etiam debeat ab incolis totius orbis terrarum, & cum in eâ de honore tantum agatur, si quid
tibi priores contra ius ademerint, cum fœnore ab
aliis restituetur. Vale.

CLARISSIMO VIRO HENRICO REGIO.

LETTRE LXXXVII.

VIR CLARISSIME,

   Legi, & riſi, tum theſes Voëtij pueri, ſiue infantis, filij volui dicere, tum etiam iudicium Academiæ veſtræ, quæ fortè etiam non immeritò infans dici poteſt. Laudo Æmilium & Cyprianum quod tot ineptiarum rei eſſe noluerint; in te verò ſubiraſcor, quod talia tibi cordi eſſe videantur. Lætari enim deberes quam maximè, quod videas aduerſarios tuos ſuis ſe propriis armis iugulare; Nam certè nemo mediocriter intelligens ſcripta iſta perleget, quin facilè animaduertat, aduerſariis tuis & rationes deeſſe quibus tuas refutent, & prudentiam quâ imperitiam ſuam tegant. Audiui hodie rurſus Monachum tui voëtij reſponſionem parare, & quidem certum eſt, auditum enim à Bibliopolâ qui habet edendam; côtinebit circiter decem folia, nempe Apendix voëtij cum notis tuis adhuc ſemel ibi edentur. Faueo ſic ſcribentibus; & velim etiam vt gaudeas. Quantùm ad decretum tuorum Dominorum nihil mitius, nihil prudentius mihi videtur ab iis fieri potuiſſe, vt ſcilicet ſe collegarum tuorum querelis liberarent. Tu ſi mihi credis, ipſis quam accuratiſſimè, atque etiam ambitiosè, obtemperabis, docebiſque tuam Medicinam Hyppocraticè & Galenicè, & nihil amplius. Si qui ſtudioſi aliud a te petant, excufabis te perhumaniter, quod tibi non liceat; cauebis etiam ne quam rem particularem explices; & dices, vt res eft, ifta ita inter fe cohærere, vt vnum fiue alio fatis intelligi non poffit. Dum ita te geres, fi quæ ante hac docuifti digna fint quæ difcantur, & habeas auditores dignos qui ea difcant, non dubito quin breui denuò vel Vltraiecti vel alibi copiam & authoritatem illa docendi cum honore duplicato fis habiturus. Interim verò nihil mali mihi videtur tibi contigiffe, fed econtrà multum boni, omnes enim te multò plus laudant, & pluris faciunt, quam feciffent, fi aduerfarij tui tacuiffent; Ac præterea acceffit otium, cum docendi onere ex parte fis liberatus, nec ideo de ftipendio deceffit. Quid deeft, nifi animus, qui modeftè hæc ferat? Quiefce, quæfo, & ride; nec vereare ne aduerfarij tui fatis maturè non puniantur; Deniquè vicifti, fi tantum files; fi malis redintegrare prælium, fortunæ rurfus te committes. Vale.

CLARISSIMO VIRO HENRICO REGIO

LETTRE LXXXVIII.

VIR CLARISSIME,

Multùm me vobis deuinxiftis tu, & C. L. D. F, fcriptum quod ad vos miferam examinando, & emendando; Video enim vos etiam interpunctiones & orthographiæ vitia corrigere non fuiffe dedignatos;

sed magis me adhuc deuinxiſſetis, ſi quid etiam in verbis ſententiiſque ipſis mutare voluiſſetis : Nam quan-
tulumcunque illud fuiſſet, ſpem ex eo concepiſſem
ea quæ reliquiſſetis minùs eſſe vitioſa ; Nunc vereor
ne iſtud non ſitis aggreſſi, quia nimis multa, vel fortè
omnia fuiſſent delenda.

Quantùm ad obiectiones ; In prima dicitis, ex eo
quod in nobis ſit aliquid ſapientiæ, potentiæ, bonitatis, quantitatis, &c. nos formare ideam infinitæ, vel
ſaltem indefinitæ ſapientiæ, potentiæ, bonitatis, &
aliarum perfectionum quæ Deo tribuuntur, vt etiam
ideam infinitæ quantitatis, quod totum libens concedo ; & planè mihi perſuadeo non eſſe aliam in nobis
ideam Dei, quam quæ hoc pacto formatur. Sed tota
vis mei argumenti eſt, quod contendam me non poſſe eſſe talis naturæ, vt illas perfectiones, quæ minutæ
in me ſunt, poſſim cogitando in infinitum extendere,
niſi originem noſtram haberemus ab Ente, in quo actu
reperiantur infinitæ ; vt neque ex inſpectione exiguæ
quantitatis, ſiue corporis finiti, poſſem concipere
quantitatem indefinitam, niſi mundi etiam magnitudo eſſet, vel ſaltem eſſe poſſet indefinita.

In ſecunda dicitis, Axiomatum clarè & diſtinctè in-
tellectorum veritatem per ſe eſſe manifeſtam ; quod
etiã concedo, quandiu clarè & diſtinctè intelliguntur ;
quia mens noſtra eſt talis naturæ, vt non poſſit clarè in-
tellectis non aſſentiri ; ſed quia ſæpè recordamur con-
cluſionum ex talibus præmiſſis deductarũ, etiamſi ad
ipſas præmiſſas non attendamus, dico tunc, ſi Deum
ignoremus, fingere nos poſſe illas eſſe incertas, quan-

tumuis recordemur ex claris principiis esse deductas;
quia nempe talis forte sumus naturæ, vt fallamur etiam
in euidentissimis; ac proindè, ne tunc quidem, cum
illas ex istis principiis deduximus, scientiam, sed tantum persuasionem de illis nos habuisse ; Quæ duo ita
distinguo, vt persuasio sit, cum superest aliqua ratio
quæ nos possit ad dubitandum impellere ; scientia
vero, sit persuasio a ratione tam forti, vt nullâ vnquam
fortiore concuti possit ; qualem nullam habent qui
Deum ignorant. Qui autem semel clarè intellexit rationes quæ persuadent Deum existere, illamque non
esse fallacem, etiamsi non amplius ad illas attendat,
modo tantum recordetur huius conclusionis, Deus
non est fallax, remanebit in eo non tantum persuasio,
sed vera scientia tum huius, tum etiam aliarum omnium conclusionum quarum se rationes clarè aliquando percepisse recordabitur.

Dicis etiam in tuis vltimis (quæ heri receptæ, me,
vt simul ad præcedentes responderem, monuerunt)
Omnem præcipitátiam intempestiui iudicij pendere
ab ipso corporis temperamento, tum acquisito, tum
innato, quod nullomodò possum admittere ; quia
sic tolleretur libertas, & amplitudo nostræ voluntatis,
quæ potest istam præcipitantiam emendare; vel si non
faciat, error inde ortus, priuatio quidem est respectu
nostri, sed respectu Dei mera negatio.

Venio nunc ad Theses quas misisti; & quia scio te
velle, vt liberè scribam meam mêtem, tibi hic obtem-
perabo. Vbi habes *vicinus aër cuius particulæ*, &c. mallem
vicinus aër qui, &c. *potest*; neque enim singulæ parti-

culæ cõdenſantur, ſed totus aër, per hoc quod eius particulæ magis ad inuicem accedant. Neque video cur
velis perceptionem Vniuerſalium, magis ad imaginationem quam ad intellectum pertinere. Ego enim
illam ſolo intellectui tribuo, qui, ideam ex ſe ipsâ
ſingularem, ad multa refert. Mallem etiam non di-
xiſſes Affectum eſſe tantum duplicem, *lætitiam & tri-
ſtitiam*, quia planè aliter afficimur ab *ira*, quam a *metu*, quamuis in vtroque ſit *triſtitia*, & ſic de cæteris. Quantùm ad auriculas cordis, addidiſſem, id
quod res eſt, nos de ipſis curioſiùs non egiſſe, quia
tantum illas vt extremitates Venæ Cauæ, & Arteriæ venoſæ, reliquo ipſarum corpore, &c. Omiſe-
ram dubium tuum de cordis ebullitione, quod mihi
videris iam ipſe ſatis ſoluiſſe; cum enim partes cordis
ſpontè ſubſidant, vaſis per quæ ſanguis egreditur adhuc patentibus, non deſiſtit egredi nec clauduntur
vaſa iſta, donec cor ſubſederit.

In titulo non ponerem *de triplici coctione*, ſed tantum *de
coctione*; item etiam lineam nonam pro N. & C. rogo vt
totam deleas; neque enim hîc valet heruæi exemplum,
qui longius hinc abeſt quam ego, nec, vt puto, Vallæo
tam coniunctus eſt, quam ego tibi, & quamuis eſſet res
ſimilis, non tam exéplo moueor, quam cauſa. In The-
ſium lineâ primâ, tollerē hæc verba, *Caloris viuiſici*, &c.
In fine pro his verbis *in recta conformatione*, &c. mallem,
in præparatione particularum inſenſibilium ex quibus
alimenta conſtant, vt eæ, conformationem humano
corpori componendo aptam, acquirant. Hæc præ-
paratio alia eſt communis, & minus præcipua, quæ

fit in omnibus viis per quas particulæ tranfeunt; alia particularis & præcipua, quæ eft triplex; 1. in ventriculo & inteftinis, 2. in hepate, 3. in corde. 1ᵃ In ventriculo & inteftinis fit, cum cibus ore mafticatus & deglutitus, ficut & potus, vi. caloris a corde communicati, & humoris ab arteriis eò impulfi, diffoluitur & in chylum conuertitur. 2ᵃ In hepate, cum chylus in illud, non per aliquam vim attractricem, fed folâ fuâ fluiditate, & preffione vicinarum partium delatus, fanguinique reliquo mixtus, ibi fermentatur, digeritur, & in chymum abit. 3 In corde, cum chymus, fanguini à reliquo corpore ad cor redeunti, permixtus, & fimul cum eo in hepate præparatus, in verum & perfectum fanguinem per ebullitionem pulfificam commutatur. Atque hæc tertia coctio, &c. Vides facilè cur ponam coctionem generalem quæ fit in omnibus viis, & ex confequenti etiam in omni parte corporis, quia vbicunquè eft motus, fieri poteft ibi aliqua alteratio particularum quæ mouentur; & non video quid aliud coctio fit quam talis alteratio; nec cur potius illam in venis Gaftricis & Meferaicis, quam in reliquis omnibus fieri concedas. Non pono fuccum fpirituofum, quia non video diftinctè quid ifta verba fignificent. Non pono chyli partes meliores, fed chylum, quia omnes eius partes alendo corpori inferviunt; & fi benè calculum ponamus, ipfa etiam excrementa, præfertim quæ ex venis excernuntur, quandiu funt in corpore, inter eius partes funt recenfenda, munere enim ibi fuo funguntur, & nulla eft pars quæ tandem non abeat in excrementum; modò id quod egreditur per infenfi-

lem

lem tranſpirationem, excrementum etiam appelle-
mus. Chymum autem fermentari puto in hepate, &
digeri, hoc eſt, prout hoc verbum à Chymicis vſurpatur, propter aliquam moram alterari.

Pagina 5. deleram *quæ à copioſis eius ſpiritibus, & oleo-
ginoſitate moderata oritur ;* neque enim hoc ſatis clarè
rem explicat. In fine paginæ 8. nomen meum rurſus
inuenio, quod fortè honeſtiùs quam in titulo poſſum
diſſimulare, modò, ſi placet, Epithetis magis tempe-
res; & malim etiam vero nomine *Deſcartes*, quam ficto
Carteſius vocari. Vbi dicis cur. Pl. meas reſponſiones
mutilaſſet, poſſet fortè addi probatio, quod biennio
ante eius librum, à multis fuerint viſæ & exſcriptæ;
videnturque etiam delenda hæc verba, *vel callido vel
ignoranti ;* & verba quàm mitiſſima veritatem cauſæ
meliùs confirmabunt. Et finem paginæ nonæ ſic mu-
tatam; ſecundo, quod fœtus in vtero exiſtens, vbi iſto
reſpirationis vſu priuatur, duos habet meatus, qui
ſpontè clauduntur in adultis; vnum qui canaliculi inſtar eſt, per quem pars ſanguinis in dextro cordis ſinu
rarefacti, in Aortam tranſmittirur, parte altera in pulmones abeunto; & alium, per quem pars ſanguinis in
ſiniſtro cordis ſinu rarefaciendi, è Vena Caua defluit,
& alteri parti ex pulmonibus venienti permiſcetur.
Neque enim negari poteſt, quin ſanguinis pars in fœ-
tu tranſeat per pulmones; ſed præterea vſus reſpirationis explicatio, quæ habetur pagina 10. præcedere
debet eius cauſas, quæ dantur pag. 8. Quantum ad Venas Lacteas nihil definio, quia nondum illas vidi; ſed
noui hic duos iuuenes medicinæ doctores (Siluius, &

RRr

Schagen nominantur) qui videntur non indocti, &
se illas sæpius obseruasse affirmant, earumque valuulas
humoris regressum versus intestina impedire, adeò vt
planè à te dissentiant, & ego in eorum sententiam valdè propendeo; itavt suspicer Venas Lácteas ab illis
Meseraicis in eo tantum differre, quod nulli arteriæ
sint coniunctæ, ideoque succus ciborum in iis albus
est, in aliis vero statim fit ruber, quia sanguini per ar-
terias circulato permiscetur. Prima occasione illas in
cane viuo simul quæremus: interim, si mihi credis, totum illud corollarium omittes.

Quod ad difficultatem, Quomodo cor possit de-
tumescere, si pars sanguinis rarefacti in eo remaneat,
facilè soluitur; quia minimâ tantum eius pars manet,
ventriculis implendis non sufficiens; impetus enim
quo ille egreditur, sufficeret ad omnem educendum,
nisi prius valuulæ arteriæ magnæ, & venæ arteriosæ
clauderentur, quàm totus esset elapsus; & quantumuis
parua portio in ventriculis manens sufficit ad fermen-
tationém. Tandem tandem hodie accepimus sententiam pro I. A, w, Cuius exemplar postquam erit ex-
scriptum, hoc est, post vnam aut alteram diem, ad
ipsum mittam. Ita facta est, vt si magnus aliquis fuisset condemnandus, non potuissent Iudices mitioribus
verbis eius errores significare; sed nihilominus nullum
verbum ex iis quæ à w. Scripta sunt, non approbant, &
nullum verbum, ex iis quæ ab eius aduersario, non
condemnant.

Si quid sit de quo ampliorem explicationem desi-
deres, paratum me semper inuenies, vt seu scriptis

feu verbis tibi feruiam ; Imò etiam cum iftæ Thefes difputabuntur , fi velis , vltraiectum excurram , fed modò nullus fciat , & in fpeculâ illâ ex qua D, S. folet audire lectiones , poffim latere. Vale.

CLARISSIMO VIRO HENRICO REGIO.

LETTRE LXXXIX.

Vir clarissime,

Gaudeo noftram de voëtio hiftoriam veftris non difplicuiffe ; neminem adhuc vidi , ne ex Theologis quidem, qui non illi vapulanti fauere videretur. Nec fanè nimis acris mea narratio dici poteft , cùm nihil nifi rem geftam commemorem , multòque etiam plura fcripferim in quendam ex Patribus Societatis Iefu. Legi curfim ea quæ ad me mififti , nihilque in iis non optimum , & valde ad rem , notaui , præter hæc pauca. Primò, ftilus multis in locis non eft fatis emendatus; Præterea fol. 46. vbi ais materiam non effe Corpus Naturale, adderem, iuxta illos qui corpus naturale definiunt hoc modo, &c. nam quantum ad nos qui eam veram & completam fubftantiam effe putamus, non video cur corpus naturale effe negaremus; Et folio 66. differentiam inter res viuas & vitæ expertes videris majorem ftatuere , quam inter horologiũ aliudve automatum, & clauem , gladium , aliudve inftrumentum quod fpontè non mouetur, quod non probo ; Sed vt *fponte moueri* eft genus refpectu machinarum

omnium quæ sponte mouentur, ad exclusionem aliarum quæ sponte non mouentur, ita, *vita* sumi poteſt
pro genere formas omnium viuentium complecten-
te ; Et folio 96. vbi ais, *certè multò maiorem efficaciam*, &c.
mallem , *certè non minorem efficaciam* , &c. non enim eſt
maior in vno quam in altero. Denique fol. 106. locum
Eccleſiaſtæ dicis à Salomone proferri ex perſona im-
piorum. Ego autem in pagina 579. editionis Pariſienſis
eundem locum explicui, ex perſona ipſius Eccleſia-
ſtes, vt peccatoris. Sed non video cui vſui hæc tua re-
ſponſio eſſe poſſit, quia cappadox eâ eſt indignus, niſi
rurſus quid noui agat, & tunc vnà cum reſponſione
ad iſtud nouum ſub nomine alicuius ex tuis diſcipulis
edi poſſet ; nunc exiſtimo eſſe quieſcendum ; nec etiam
debes Noſtra in tuis lectionibus cum Galenicis & Ari-
ſtotelicis miſcere , niſi certus ſis id tuo Magiſtratui eſſe gratum ; mallem nullos haberes auditores , neque
hoc tibi dedecori eſſet. Ad id quod obiicis de ideâ
Dei ſoluendum , notare oportet non agi de eſſentiâ
ideæ, ſecundum quam ipſa eſt tantum modus quidam
in mente humanâ exiſtens, qui modus homine non
eſt perfectior , ſed de eius perfectione obiectiuâ,
quam principia Metaphyſica docent debere contineri formaliter vel eminenter in eius cauſa ; eodem
modo ac ſi dicenti vnumquemque hominem poſſe
pingere tabellas æquè benè ac Apelles, quia illæ conſtant tantum ex pigmentis diuerſimodè permixtis,
poteſtque illa quilibet modis omnibus permiſcere, eſſet reſpondendum, cum agimus de Apellis picturis,
nos non tantum in iis conſiderare permiſtionem co-

lorum qualemcunque, sed illam quæ sit certâ arte, ad rerum similitudines repræsentandas, quæque idcirco non, nisi ab istius artis peritissimis fieri potest. Ad secundum Respondeo, ex eo quod fatearis cogitationem esse attributum substantiæ nullam extensionem includentis, & vice versâ extensionem esse attributum substantiæ nullam cogitationem includentis, tibi etiam fatendum esse substantiam cogitantem ab extensâ distingui : Non enim habemus aliud signum quo vnam substantiam ab aliâ differre cognoscamus, quam quod vnam absque aliâ intelligamus. Et sanè potest Deus efficere quidquid possumus Clarè intelligere ; nec alia sunt quæ à Deo fieri non posse dicuntur, quam quod repugnantiam inuoluunt in conceptu, hoc est quæ non sunt intelligibilia ; possumus autem clarè intelligere substantiam cogitantem non extensam, & extensam non cogitantem, vt fateris ; Iam coniungat & vniat illas Deus quantum potest, non ideò potest se omnipotentiâ suâ exuere, nec ideò sibi facultatem adimere ipsas seiungendi, ac proindè manent distinctæ. Non potui notare ex tuo scripto an monachum an voëtium per Cappadocem intelligas, quod non displicuit, sibi sumat qui volet ; Sed audio ignorari cuias sit voëtius, adeo vt erga ipsum sis beneficus, si Cappadociam ei in patriam assignes : Multum autem debes Monacho quod auditorum tuorum numerum augeat. Cæterum audiui a D. P. tibi animum esse huc nos inuisendi : Ego verò te etiam atque etiam inuito, neque te solum, sed & vxorem & filiam ; mihi eritis gratissimi, iam virent arbores, ac breui etiam

R R r iij

cærasa & pyra maturescent; Vale, & me ama.

DESCARTES.

CLARISSIMO VIRO HENRICO REGIO.

LETTRE XC.

VIR CLARISSIME,

Cum tuæ litteræ allatæ sunt, hic non eram, iamque primùm domum reuersus ipsas accipio. Non magni momenti Siluij objectiones mihi videntur, nihilque aliud quam ipsum Mechanicæ parum intelligentem esse testantur; sed tamen vellem vt paulo blandiùs ei responderes; Transuersâ lineâ in margine notaui ea loca quæ duriuscula mihi videntur. Ad primum punctum vellem adderes, *Etsi paucus sit sanguis in corpore, venas nihilominus ipso esse plenas, quia se contrahunt ad eius mensuram.* Imo hoc ipsum posuisti, sed obiter tantum, & puto esse præcipuum ad eius difficultatem dissoluendam. Ad secundum, puto sanguinem moribundi ascitici refriguisse in eius venulis minoribus, & a corde remotioribus, ibique coagulatum impediisse ne nouus ex arteriis in venas per circulationem influeret, dum interim sanguis adhuc calens in Cauâ iuxta cor, in dextrum eius ventriculum incidebat, atque ita Cauam fuisse vacuatam. Ad tertium, grauitas est quidem plerumque causa concomitans & adjuuans, sed non est causa primaria; nam contra situ Corporis inuerso, & grauitate repugnante, sanguis tamen in

cor, non quidem incideret, sed flueret, vel insiliret,
ob circulationem, & spontaneam vasorum contra-
ctionem. Ad quartum, vbi loqueris de efferuescen-
tiâ sanguinis, mallem ageres de eius rarefactione, quædam enim magis feruent, quæ tamen non adeò raref-
cunt. Ad quintum, vbi te accusat quod affinxeris ipsi obiectionem quam non agnoscit pro suâ, respon-
derem me nihil ipsi affinxisse; nam cum dixisti, *neque*
his aduersatur quod ventriculi in sistole non sint omni corpore
vacui, idem sensus fuit, ac si dixisses, *sufficere quod ma-*
ximam partem saltem vacui sint, quâ ratione verò maxima ex parte vacuentur, te postea fusè explicuisse, nullamque eius argumenti vim declinasse. Denique, circa
auriculas cordis, malè videris ipsas distinguere ab ostiis
Venæ Cauæ & Arteriæ Venosæ, nihil enim aliud sunt
quàm ista lata ostia; & malè etiam aliquam ipsis tri-
buis sanguinis coctionem per ebullitionem speci-
ficam, &c. Vale.

CLARISSIMO VIRO HENRICO REGIO.

LETTRE XCI.

VIR CLARISSIME,

Legi omnia quæ ad me misisti, cursim quidem, sed
ita tamen vt non putem quicquam in iis contineri
quod impugnem. Sed sanè multa sunt in Thesibus
tuis, quæ fateor me ignorare, ac multa etiam, de quibus si forte quid sciam, longe aliter explicarem quàm

ibi explicueris. Quod tamen non miror; longè enim
difficilius est, de omnibus quæ ad rem medicam pertinent suam sententiam exponere, quod docentis officium est, quam cognitu faciliora seligere, ac de reliquis prorsus tacere, quod ego in omnibus scientiis
facere consueui. Valdè probo tuum consilium, de non
amplius respondendo Syluij quæstionibus, nisi fortè,
vt pauciffimis verbis illi significes, tibi quidem eius
litteras esse pergratas, eiusque studium inuestigandæ
veritatis, & gratias agere quod te potissimum elegerit
cum quo conferret; Sed quia putas te abundè in tuis
præcedentibus ad omnia, quæ circa motum cordis
pertinebant, respondisse, nuncque videtur tantum
disputationem ducere velle, atque ex vna quæstione
ad alias transire, quæ res esse posset infinita, rogare vt
te excuset, si aliis negotiis occupatus, ipsi non amplius
respondeas. Initio enim cum disputat, an venæ contractæ ad mensuram sanguinis quem continent, dicendæ sint plenæ vel non plenæ, mouet tantum quæstionem de nomine. Ac postea, dum petit sibi ostendi
alligatum ferro sanguinem, & quænam sit vera grauitatis natura, nouas quæstiones mouet, quales imperitif-
simus quisque plures posset proponere, quam omniũ
doctiffimus in tota vita diffoluere. Cum ex eo quod
sanguis ex venis in cor possit infilire, infert venas ergo
debere pulsare, facit æquiuocationem in verbo *infilire*,
tanquam si dixeris sanguinem salire in venis. Cum in
comparatione inflationis vesicæ notat aliquam diffi-
militudinem, quod sit violenta, & puer à parente
fistulâ os auferat, nihil agit, quia nulla comparatio in
omnibus

omnibus poteſt conuenire; vt neque cum aliâ ratione
quam per ſpontaneam venarū contractionem vult explicare ſanguinis propulſationem, affert enim fibras
tranſuerſas vaſa coarctantes, quod non eſt diuerſum à
venarum contractione, idem enim ſignificat fibras
vaſa coarctare, ac venas contrahere. Cætera perſeque-
rer, ſed omnia per te meliùs potes, & iam ex parte
ſoluiſti in Theſibus. In his autem adiungis corollarium de maris æſtu, quod non probo, non enim
rem ſatis explicas, vt intelligatur, nec quidem vt aliquo modo probabilis fiat, quod iam in multis aliis,
quæ eodem modo propoſuiſti, a plæriſque reprehen-
ſum eſt. Qui motum cordis aiunt eſſe Animalem, non
plus dicunt, quam ſi faterentur ſe neſcire cauſam
motus cordis; quia neſciunt quid ſit motus Animalis.
Cum autem partes Anguium diſſectæ mouentur, non
alia in re cauſa eſt, quam cum cordis mucro etiam diſ-
ſectus pulſat, nec alia quam cum nerui teſtudinis in
particulas diſſecti, atque in loco calido & humido exi-
ſtentes, vermium inſtar ſe contrahunt, quamvis hic
motus dicatur Artificialis, & prior Animalis; in omnibus enim iſtis cauſa eſt diſpoſitio partium ſolidarum,
& motus ſpirituum, ſiue partium fluidarum, ſolidas
permeantium. Meditationum mearum impreſſio ante tres menſes pariſiis abſoluta eſt, nec dum tamen vllum exemplar accepi, & idcirco ſecundam editionem
hic fieri conſenſi. Cauſam, cur in vorticibus iniecta
Corpora ad Cêrrum ferantur, puto eſſe, quia aqua ipſa
dum circulariter mouetur in vortice, tendit verſus ex-
teriora; ideo enim alia corpora quæ nondum habent

iſtum motum circularem tam celerem in Centrum
protrudit. Gratulor D. Vander H. iterum Conſuli, &
dictaturâ perpetuâ dignum exiſtimo, tibique gratulor
quod in eo fidum & potentem habeas defenſorem.
Vale.

CLARISSIMO VIRO HENRICO REGIO.

LETTRE XCII.

VIR CLARISSIME,

Vix quicquam durius, & quod maiorem offenſæ ac
criminationis occaſionem daret, in Theſibus tuis ponere potuiſſes, quàm hoc, *Quod homo ſit ens per accidens:*
nec video quâ ratione meliùs poſſit emendari, quàm
ſi dicas te in nonâ theſi conſideraſſe Totum hominem
in ordine ad partes ex quibus componitur, contra verò in decimâ conſideraſſe partes in ordine ad Totum.
Et quidem in nonâ te dixiſſe hominem ex corpore &
anima fieri per accidens, vt ſignificares dici poſſe quodammodò Accidentarium corpori quod animæ coniungatur, & animæ quod corpori, cum & corpus ſine
animâ, & anima ſine corpore eſſe poſſint: Vocamus
enim accidens, omne id quod adeſt vel abeſt ſine ſub-
iecti corruptione, quamuis fortè in ſe ſpectatum ſit
ſubſtantia, vt veſtis eſt accidens homini; Sed te non
idcirco dixiſſe *hominem eſſe ens per accidens,* & ſatis oſten-
diſſe in decimâ theſi, te intelligere illum eſſe ens per
ſe; Ibi enim dixiſti Animam & Corpus, ratione ipſius,

esse substantias Incompletas, & ex hoc quod sint in-
completæ, sequitur illud quod componunt esse ens
per se. Vtque appareat, id quod est Ens per se fieri posse per Accidens, nunquid mures generantur, siue fiunt
per accidens, ex sordibus, & tamen sunt Entia per se.
Obiici tantum potest, non esse Accidentarium humano corpori, quod animæ coniungatur, sed ipsissimam
eius naturam; quia corpore habente omnes dispositio-
nes requisitas ad animam recipiendam, & sine quibus
non est propriè humanum corpus, fieri non potest sine miraculo, vt Anima illi non vniatur; atque etiam
non esse accidentarium animæ, quòd iuncta sit corpori, sed tantum accidentarium esse illi post mortem, quod à corpore sit seiuncta; quæ omnia non
sunt prorsus neganda, ne Theologi rursus offendan-
tur; sed respondendum nihilominus, ista ideo dici
posse Accidétaria, quod considerantes corpus solum,
nihil planè in eo percipiamus, propter quod animæ
vniri desideret; vt nihil in anima, propter quod corpori debeat vniri; & ideò paulo antè dixi, esse *quodammodo* accidentarium, non autem *absolutè* esse accidentarium. Alteratio simplex est illa quæ non mutat
formam subiecti, vt calefactio in ligno; generatio verò, quæ mutat formam, vt ignitio; & sanè, quamuis
vnum alio modo non fiat quam aliud, est tamen magna differentia in modo concipiendi, ac etiam in rei
veritate; Nam formæ, saltem perfectiores, sunt congeries quædam plurimarum qualitatum, quæ vim habent se mutuo simul conseruandi; at in ligno est tantum moderatus calor ad quem sponte redit postquam

incaluit; in igne vero est vehemens calor, quem semper conseruat, quamdiu est ignis. Non debes irasci
Collegæ illi qui consilium dabat de addendo corolla-
rio ad interpretandam tuam Thesim; amici enim consilium fuisse mihi videtur. Omisisti aliquod verbum
in tuis thesibus manu scriptis, Thesi decimâ, *omnes
aliæ*, non dicis quæ sint illæ aliæ, nempe *qualitates*; in
cæteris nihil habeo quod dicam, video enim vix quicquam in iis contineri, quod non iam ante alibi posue-
ris, & laudo : esset enim laboriosum noua semper velle
inuenire. Si huc adueneris semper mihi tuus aduentus
erit pergratus. Vale.

CLARISSIMO VIRO HENRICO REGIO.

LETTRE XCIII.

VIR CLARISSIME,

Hîc te ab aliquot diebus expectaui; iam autem aliquid audio quod etsi non videatur esse vllius momenti, vereor tamen ne fortè tuum iter tardauerit; & ego
econtrà tantò magis tecum loqui exopto, vt quid super hac re agendum sit communibus consiliis videamus. Nempè audio tuos aduersarios tandem vicisse, atque effecisse, vt tibi interdiceretur, ne Nostra amplius
doceres; Quo animo istud feras nescio, sed si mihi
credis planè irridebis, & contemnes, tamque apertam
inuidiam tibi magis gloriosam esse existimabis, quam
imperitorum applausus. Neque profectò mirandum

est, quod in re in qua vocum pluralitas locum habet,
tu solus, cum veritate paucisque fautoribus, aduersariorum multitudini resistere non potueris. Si hoc solo
risu & silentio vlcisci velis, atque otium sequi, non
dehortabor, sin minùs, quantum in me erit tibi non
deero. Interim rogo vt vel voce vel litteris tui me instituti quamprimum facias certiorem. Vale &me ama.
Si huc venias rogo, vt quamplurimas, ex aduersarij
tui thesibus, tecum afferas. Vale.

CLARISSIMO VIRO HENRICO REGIO.

LETTRE XCIV.

VIR CLARISSIME,

Habui hîc toto pomeridiano tempore præstantiß-
mum virum D. Al. qui multa mecum de rebus Vltra-
iectinis amicissimè, ac prudentissimè disseruit. Planè
cum ipso sentio, tibi ad aliquod tempus a publicis disputationibus esse abstinendum, & summoperè cauen-
dum, ne vllos in te verbis asperioribus irrites. Vellem
etiam quam maximè, vt nullas vnquam nouas opiniones proponeres, sed antiquis, omnibus nomine tenus
retentis, nouas tantum rationes afferres; quod nemo
posset reprehendere; & qui tuas rationes rectè cape-
rent, sponte ex iis ea quæ velles intelligi conclude-
rent; vt de ipsis Formis Substantialibus, & Qualitali-
bus Realibus, quid opus tibi fuit eas palam reiicere?
nunquid meministi me in Meteoris pag. 164. editionis

gallicæ expreſſiſſimis verbis monuiſſe ipſas nullomo-
do a me reiici, aut negari, ſed tantummodo non requiri ad rationes meas explicandas ̀ Quod idem ſi
fuiſſes ſecutus, nemo tamen ex tuis auditoribus non
illas reieciſſet, cum nullum earum vſum eſſe perſpe-
xiſſet, nec interim in tantam collegarum tuorum inuidiam incidiſſes. Sed quod factum eſt infectum fieri
nequit. Nunc curandum eſt, vt quæcumque vera
propoſuiſti, quam modeſtiſſimè deffendas, & ſi quæ
minus vera, vel tantum minus aptè dicta, elapſa ſint,
abſque vllâ pertinaciâ emendes, puteſque nihil eſſe
in philoſopho magis laudandum, quam liberam er-
rorum ſuorum confeſſionem. Vt in hoc, *quod homo ſit
ens per accidens*, ſcio te nihil aliud intellexiſſe, quam
quod alij omnes admittunt, nempe illum eſſe com-
poſitum ex duabus rebus realiter diſtinctis; ſed quia
verbum, *ens per accidens*, eo ſenſu non vſurpatur in
ſcolis, idcirco longè melius eſt, ſi fortè vti non poſſis explicatione, quam præcedentibus meis litteris
ſuggeſſeram (video enim te ab illâ nonnihil deflecte-
re, nec dum ſcopulos ſatis vitare in tuo vltimo ſcripto)
vt apertè fatearis te illum ſcolæ terminum non rectè
intellexiſſe, quam vt malè diſſimules; ideoque, cum
de re planè idem quod alij ſentires, in verbis tantum
diſcrepaſſe; Atque omnino vbicumque occurret occa-
ſio, tam priuatim quam publicè debes profiteri, te credere hominem eſſe *verum ens per ſe, non autem per accidens,*
& mentem corpori realiter & ſubſtantialiter eſſe vnitam, non per ſitum aut diſpoſitionem, vt habes in tuo
vltimo ſcripto (hoc enim rurſus reprehenſioni obno-

xium eft, & meo iudicio non verum) fed per verum
modum vnionis, qualem vulgò omnes admittunt, &
fi nulli, qualis fit, explicent, nec ideo etiam teneris
explicare ; fed tamen potes, vt ego in Metaphyficis,
per hoc, quod percepiamus fenfus doloris, aliofque
omnes, non effe puras cogitationes mentis a corpore
diftinctæ, fed confufas illius realiter vnitæ perceptio-
nes ; fi enim Angelus corpori humano ineffet, non
fentiret vt nos, fed tantum perciperet motus qui cau-
farentur ab obiectis externis, & per hoc a vero homine diftingueretur.

Quantum ad tuum fcriptum, & fi non videam quid
eo facere velis, mihi videtur, vt ingenuè & candidè
fatear quod fentio, nec ad rem propofitam, nec ad
fortunam huius temporis fatis effe accommodatum;
multa enim in eo nimis dura, & non fatis apertè rationes explicas, quibus bona caufa deffenditur, adeò
vt in eo fcribendo, ex tædio forfan atque indigna-
tione, ingenium tuum languiffe videatur. Excufabis
vt confido libertatem meam ; & quia mihi effet difficilius, de fingulis quæ fcripfifti monere quid fentiam,
quam aliquod tale fcriptum delineare, hoc potius
agam, & quamvis multo me alia negotia vrgeant,
vnam tamen aut alteram huic rei diem impendam.
Exiftimo itaque operæpretium effe, vt ad Appendicem voëtij publico fcripto refpondeas ; quia fi planè
taceres, tibi forte tanquam victo magis infultarent
inimici ; fed tam blandè ac modeftè refpondeas, vt
neminem irrites, fimulque tam folidè, vt rationibus
tuis fe vinci voëtius animaduertat, & ideo, ne fæpius

vincatur, tibi contradicendi animum deponat, seque
a te demulceri patiatur. Cursim hic ponam argumentum illius responsionis, qualem ego ipsam faciendam
putarem, si tuo in loco essem ; & partim Gallicè, partim latinè scribam , pro vt verba celerius occurrent,
ne forte, si latine tantum scriberem, verba mea mutare
negligeres, & stilus nimis incultus pro tuo non agnos-
ceretur.

Henrici Regij, &c. Responsio ad Appendicem ; vel notæ in
Appendicem, ac corollaria Theologico Philosophica
Domini Gisb. Voëtij, &c.

Ie voudrois aprés commencer par vne honneste
lettre à Monsieur Voëtius, en laquelle ie dirois qu'a-
yant vû les tres-doctes, tres-excellentes, & tres-sub-
tiles Theses qu'il a publiées touchant les Formes Substantielles , & autres matieres apartenantes à la Physique, & qu'il a particulierement adressées aux Professeurs en Medecine & en Philosophie de cette Vniuersité, au nombre desquels ie suis compris, i'ay esté extremement ayse de ce qu'vn si grand homme a voulu
traitter de ces matieres , comme ne doutant point
qu'il n'auroit vsé de toutes les meilleures raisons qui
se peuuent trouuer, pour prouuer les opinions qu'il
defend ; ensorte qu'aprez les siennes, il n'en faudroit
plus attendre d'autres ; Et mesme que ie me suis réjoüy
de ce que la plus part des opinions qu'il a voulu deffendre en ces Theses, estant directement contraires à celles que i'ay enseignées, il semble que ç'a esté particulierement à moy à qui il a adressé sa Préface, & qu'il
a voulu par là me conuier à luy répondre , & ainsi

m'in-

m'inuiter par vne honneste émulation à rechercher
dautant plus curieusement la verité. Que ie m'estime
bien glorieux de ce qu'il m'a voulu faire cèt honneur;
Que ie ne puis manquer de tirer de l'auantage de cette
attaque, à cause que ce me sera mesme de la gloire, si
ie suis vaincu par vn si fort aduersaire : Que ie luy en
rens graces tres-affectueusement, & mets cela au nombre des obligations que ie luy ay , & que ie reconnois
estre tres-grandes. *Hic fusé commemorarem quomodo me
iuuerit in professione acquirendâ , quomodo mihi patronus, mihi fautor, mihi adiutor semper fuerit , &c.* Enfin que ie
n'aurois pas manqué de répondre à ses Theses par d'autres Theses, & de faire comme luy des disputes publiques touchant ces matieres, si ie pouuois esperer vne
audiance aussi fauorable & aussi tranquille ; mais qu'il
a en cela beaucoup dauantage pardessus moy, à cause
que le respect & la veneration qu'on a pour luy, non
seulement à cause de ses qualitez de Recteur, & de
Ministre, mais beaucoup plus à cause de sa grande
pieté, de son incomparable doctrine, & de toutes ses
autres excellentes qualitez, est capable de retenir les
plus insolens , & d'empescher qu'ils ne fassent aucun
desordre aux lieux où il préside ; Au lieu que n'ayans
point le mesme respect pour moy, deux ou trois fri-
pons que quelque ennemy aura enuoyez à mes disputes , seront suffisans pour les troubler ; & ayant éprouué cette fortune en mes dernieres, ie croirois m'abais-
ser trop, & ne pas assez conseruer la dignité du lieu,
que nostre tres-sage Magistrat m'a fait l'honneur de
vouloir que i'occupasse en cette Academie, si ie m'y

expoſois dorénauant. Non pas que ie ſois faſché pour
cela, ny que ie penſe deuoir aucunement eſtre honteux de ce qui s'eſt paſſé; car au contraire ces feſeurs de
bruit ayant tousjours interrompu nos réponſes, auant
que de les auoir pû entendre, il a eſté tres-aiſé à remarquer, que nous n'auons point donné occaſion à leur
inſolence par nos fautes, mais qu'ils eſtoient venus à
nos diſputes tout à deſſein de les troubler, & d'empeſcher que nous ne puſſions auoir le tems de faire bien
entendre nos raiſons. Et l'on ne peut iuger de là autre
choſe, ſinon que mes ennemis, en ſe ſeruant d'vn
moyen ſi ſéditieux & ſi injuſte, ont témoigné qu'ils
ne cherchent pas la verité, & qu'ils n'eſperent pas que
leurs raiſons ſoient ſi fortes que les miennes, puis qu'ils
ne veulent pas qu'on les entende. Et quand on ne ſçauroit pas que ces troubles m'auroient eſté procurez par
l'artifice d'aucuns ennemis, *ſed à ſolâ iuuenum aliquorum
laſciuiâ*, on ſçait bien que les meilleures choſes eſtant
expoſées au public, ſont auſſi ſouuent ſujettes à cette
fortune, que les plus mauuaiſes ou impertinentes ;
Ainſi on eſtoit autrefois fort attentif aux badineries
d'vn danceur de corde, là où ceux qui repreſentoient
vne tres-belle & tres-elegante Comedie de Terence,
eſtoient chaſſez du Theatre, par de tels battemens de
mains; Ainſi, &c. Ces raiſons donc me donnent ſujet de publier pluroſt cette réponſe, que de faire des
Theſes; ioint auſſi qu'on peut mieux trouuer la verité,
en examinant à loiſir, & de ſens froid, deux écrits oppoſez ſur vn meſme ſujet, que non pas en la chaleur
de la diſpute, où l'on n'a pas aſſez de temps pour peſer

les raisons de part & d'autre, & où la honte de paroistre vaincus , si les nostres estoient les plus foibles,
nous en oste souuent la volonté. C'est pourquoy ie le
supplie de la receuoir en bonne part , comme ne
l'ayant faite que pour luy plaire , & luy témoigner
que ie ne suis pas si négligent, que de manquer de satisfaire à l'honneste semonce qu'il m'a faite par ses
Theses , de faire voir au public les raisons que i'ay,
pour soutenir les opinions qu'il a impugnées ; & ce
pour le bien general *totius rei litterariæ* , & particulierement pour le bien & la gloire de cette Vniuersité, &
que ie l'honoreray & estimeray tou-jours, *ut patro-*
num, fautorem amicißimum, &c. Vale.

Aprés vne lettre de cét argument ie ferois imprimer, *Domini Gisberti Voëtij præfatiuncula, ad Doctiß. ex-*
pertiß. Medic. &c. vsque ad Thesim primam.

RESPONSIO AD PRÆFATIONEM.

QVe ie loüe icy grandement sa ciuilité & sa courtoisie , de ce que nonobstant le pouuoir que sa
Theologie, qui est la principale science, luy donne sur
toutes les autres, & celuy que sa qualité de Recteur luy
donne particulierement en cette Academie, il n'a
pas voulu traiter des matieres de Physique , sans vser
de quelque excuse enuers les Professeurs en Philosophie & en Medecine. Que ie suis fort d'acord auec
luy de ce qu'il blâme les *adolescentes , qui vix elementis*
Philosophiæ imbuti, absque euidenti & validâ demonstra-

*tionum euictione, omnem scolarum Philosophiam exsibilant,
antequam terminos eius intellexerint, eorumque notione destituti, authores superiorum facultatum sine fructu legant, lectionesque & disputationes, tanquam mutæ personæ aut statuæ
dedaleæ, audire cogantur.* Sed quia valdè diligenter ipsos
hoc in exordio admonet, nè tam facilè id agant, &
*comme si c'estoit une faute fort ordinaire, laquelle toutesfois
a esté inconnuë iusques à present,* non immeritò suspicor
hoc de solis auditoribus meis intelligi ; car i'ay déja
sçeu que quelques-vns estant ialoux de voir les grans
progrez que mes auditeurs fesoient en peu de tems,
ont tâché de décrier ma façon d'enseigner, en disant
que ie negligeois de leur expliquer les termes de la
Philosophie, & ainsi que ie les laissois incapables d'entendre les liures, ou les autres Professeurs, & que ie
ne leur aprenois que certaines subtilitez, dont la connoissance leur donnoit aprés cela tant de presomption, qu'ils osoient se mocquer des opinions communes. Et pource sujet ie me persuade que Monsieur
Voëtius (ou *Rector magnificus, &c.* Donnez luy les titres les plus obligeans, & les plus auantageux que vous
pourez) ayant esté auerty de cette calomnie, en a voulu toucher icy vn mot en passant, afin de me donner
occasion de m'en purger ; ce que ie feray facilement
en fesant voir que ie ne manque pas d'expliquer tous
les termes de ma profession, lors que les occasions
s'en presentent, bien que i'aye encore plus de soin
d'enseigner les choses ; Et ie veux bien confesser, que
d'autant que ie ne me sers que de raisons qui sont tres-
euidentes, & intelligibles à ceux qui ont seulement le

sens commun, ie n'ay pas besoin de beaucoup de termes étrangers pour les faire entendre ; & ainsi qu'on peut bien plutost auoir apris les veritez que i'enseigne, & trouuer son esprit satisfait touchant toutes les principales difficultez de la Philosophie , qu'on ne peut auoir apris tous les termes dont les autres se seruent, pour expliquer leurs opinions touchant les mesmes difficultez, & auec tous lesquels ils ne satisfont iamais ainsi les esprits qui se seruent de leur raisonnement naturel, mais les remplissent seulement de doutes & de nuages ; Et enfin que ie ne laisse pas d'enseigner aussi les termes qui me sont inutils, & que les fesant entendre en leur vray sens , *celeriùs à me quam vulgò ab alijs discuntur.* Ce que ie puis prouuer par l'experience que plusieurs de mes auditeurs ont faite, & dont ils ont rendu preuue en disputant publiquement, aprés n'auoir étudié que tant de mois, &c. Or ie m'assure qu'il n'y a personne de bon sens, qui ose dire qu'il y ait rien à blâmer en tout cecy, ny même qui ne soit grandement à priser ; *Et si enim sæpe hinc contingat, vt qui mea audiuerunt, ea quæ ab alijs in contrarium docentur, vt minùs rationi consentanea , contemnant, vel etiam si placet exsibilent,* on n'en doit pas rejetter la faute sur ma façon d'enseigner, mais plu-tost sur celle des autres, & les conuier à suiure la mienne, autant qu'il leur sera possible, plu-tost que de la calomnier, *& velle ipsam calomniâ suâ obruere.*

THESIS PRIMA, &c.
Responsio ad primam Thesim.

PLanè hic assentior sententiæ Domini Rectoris Magistri, nempe quod innoxia illa entia, quæ formas substantiales & qualitates reales vocant, non sint temerè de antiqua sua possessione deturbanda; quin & ipsa nondum hactenus absolutè rejecimus, sed tantummodò profitemur nos ipsis non indigere, ad causas rerum naturalium reddendas, putamusque rationes nostras eo precipue nomine esse commendandas, quod ab eiusmodi assumptis incertis & obscuris nullomodò dependeant. Quoniam in talibus idem ferè est dicere, se ijs nolle vti, ac dicere, se non admittere; quia nempe ab alijs non aliam ob causam admittuntur, quam quia necessariæ esse putantur ad effectuum naturalium causas explicandas; non difficiles erimus in confitendo nos illa planè reijcere: neque id, vt spero, Mag. Rector vitio nobis vertet, quia dudum scolarum Philosophiam, nominatim Logicam, Metaphysicam, Physicam, si non accuratissimè, saltem mediocriter perdidicimus, & misera illa entia nullius vsus esse percepimus, nisi ad excæcanda studiosorum ingenia, & ipsis, in locum doctæ illius ignorantiæ, quam Rect. Mag. tantoperè commendat, superbam quandam aliam ignorantiam obtrudendum. Sed ne parùm liberales videamur, laudo etiam quod Mag. Rect. adolescentes à feroce contemptu, & fugâ studij Philosophici, atque insuper ab

idioticâ, rusticâ, & superbâ ignorantiâ velit reuocare, nec vllomodò possum suspicari eum hîc res-
pexisse ad illam in meos auditores querelam, de quâ
paulo antè, quod scilicet vulgarem Philosophiam
meâ intellectâ contemnant. Neque enim fas puto,
existimare tam pium virum, ab omni maledicendi
studio tam alienum, & mihi priuatim summè ami-
cum, tam alienis nominibus vti voluisse, vt cogni-
tionem Philosophiæ quam doceo, quæque tam vera
& aperta est, vt qui semel ipsam didicit, alias facilè
contemnat, rusticam, idioticam, & superbam ignorantiam appellet, contemptumque istum opinionum
quæ falsæ existimantur, ortum ex cognitione Philosophiæ verioris, vocet ferocem, & fugam studij Philosophici; tanquam si per studium Philosophicum,
nil nisi studium earum controuersiarum, in quibus
nulla vnquam certa veritas habetur, non autem studium ipsius veritatis, sit intelligendum.

THESIS SECVNDA, &c.
Responsio ad Thesim secundam, &c.

DVodecim hîc puncta proponuntur, quæ optimè paulò antè ab ipso Mag. Rectore præiudicia
& dubia fuerunt appellata; quia nihil affirmandi, sed
dubitandi tantum occasionem dare possunt, ijs qui
magis præiudiciis quàm rationibus mouentur, & perfacilè soluuntur ab ijs qui rationum momenta examinant.

In primo quærit an Conciliari possit opinio negans formas

substantiales cum sacrâ scripturâ. Qua de re nemo potest dubitare, qui tantùm sciet, Prophetas & Apostolos, aliósque qui dictante Spiritu Sancto sacras scripturas composuerunt, de Entibus istis Philosophicis, & extra scolas planè ignotis, nunquam cogitasse. Ne enim aliqua sit ambiguitas in verbo, hic est notandum, nomine formæ substantialis, cum illam negamus, intelligi substantiam quandam materiæ adiunctam, & cum ipsâ totum aliquod merè corporeum componentem, quæque non minùs, aut etiam magis quam materia, sit vera substantia, siue res per se subsistens, quia nempe dicitur esse Actus, illa vero tantum Potentia. Huius autem substantiæ, seu formæ substantialis, in rebus merè corporalibus, à materiâ diuersæ, nullibi planè in sacra scriptura mentionem fidri putamus. Atque inter cætera, vt agnoscatur quàm parum vrgeant ea loca scripturæ, quæ à Mag. Recte. hîc citantur, puto sufficere si omnia referamus: Nempe Gen. 1. vers. 11. habetur. *Et ait germinet terra herbam virentem & facientem semen, & lignum pomiferum faciens fructum iuxta genus suum.* Et 21. *Creauit Deus Cete grandia, & omnem animam viuentem atque motabilem, quam produxerunt aquæ in species suas, & omne volatile secundùm genus suum, &c.* Ie vous prie de mettre tous les autres passages, car ie les ay tous cherchez, & ie ne voy rien qui serue aucunement à son sujet. Neque enim potest dici verba generis aut speciei designare differentias substantiales, cum sint etiam genera & species accidentium ac modorum, vt figura est genus, respectu circulorum & quadratorum, quæ tamen nemo

suspi-

ſuſpicatur habere formas ſubſtantiales , &c.

2. Veretur, *ne ſi formas ſubſtantiales in rebus purè ma-*
terialibus negemus , dubitare etiam poſſimus , an detur ali-
qua in homine ; Illorumque errores qui Animam Mundi Vni-
uerſalem , aut quid ſimile imaginantur , non tam fœliciter
& tutò retundere , quam aſſertores formarum.

Ad ſecundum addi poteſt, e contrà ex opinione affirmante formas ſubſtantiales , facillimum eſſe prolapſum in opinionem eorum qui dicunt Animam humanam eſſe Corpoream, & Mortalem; quæ cum agnoſcitur ſola eſſe forma ſubſtantialis , alias autem ex partium configuratione & motu conſtare , maxima hæc
eius ſupra alias Prærogatiua oſtendit ipſam ab ijs Natura differre , & naturæ differentia viam aperit facillimam ad eius Immaterialitatem Immortalitatemque
demonſtrandam, vt in Meditationibus de primâ Philoſophiâ nuper editis videri poteſt ; adeò vt nulla excogitari poſſit hac de re opinio , Theologiæ magis
fauens.

Ad quintum. Abſurdum ſanè ſit pro ijs qui ponunt
formas ſubſtantiales, ſi dicant ipſas eſſe immediatum
ſuarum actionum principium ; non autem abſurdum
eſſe poteſt pro ijs qui formas iſtas à qualitatibus actiuis
non diſtinguunt ; Nos autem qualitates actiuas non
negamus , ſed negamus tantum ipſis Entitatem aliquam maiorem quam Modalem eſſe tribuendam ;
hoc enim fieri non poteſt niſi tanquam ſubſtantiæ
concipiantur. Nec etiam negamus habitus , ſed duplicis generis illos intelligimus ; nempe alij ſunt purè
Materiales, qui à ſola partium configuratione , aut

alia diſpoſitione, dependent; alij vero Immateriales, ſiueSpirituales,vt habitus fidei,gratiæ,&c.apudTheologos, qui ab eâ non pendent, ſed ſunt modi ſpirituales menti inexiſtentes, vt motus,aut figura,eſt modus corporeus corpori inexiſtens.

Ad octauum. Vellem explicare, quomodò etiam automata ſint opera naturæ, & homines in ijs fabricandis nihil aliud faciant, quam applicare actiua paſſiuis; vt etiam faciunt dum triticum ſeminant, vel Mulum generari curant; quod nullam differentiam eſſentialem, ſed tantum à natura inductam affert; valdè tamen facit differre ſecundum magis & minùs, vt ais, Quia paucæ illæ rotæ in horologio, cum innumeris oſſibus, nervis, venis, arteriis &c. viliſſimi animalculi nullo modo ſunt comparandæ. Loca autem ſcripturæ quæ citat eſſent hîc rurſus omnia afferenda, vt calumnia appareat, nihil enim vrgent.

Ad decimum. Eodem titulo Geometria & Mechanicæ omnes eſſent reijciendæ; quod quàm ridiculum, & à ratione alienum nemo non videt. Nec hoc ſine riſu poſſem prætermittere, ſed non ſuadeo.

Ad vndecimum. Non dicimus Terram à ſitu, poſiturâ, & figurâ moueri, ſed tantum diſponi ad motum; Nec verò eſt circulus vnam rem ab vnâ moueri, & ab aliâ diſponi ad motum. Nec etiam vitioſus eſt circulus, quod vnum Corpus moueat aliud, & hoc moueat tertium, & hoc tertium moueat rurſus primum, ſi prius moueri deſierit; vt neque eſt circulus, quod vnus homo pecuniam tradat alteri, quam hic alter tradat tertio, qui terti° primo rurſus tradere poteſt.

Ad duodecimum. Qui dicunt per hæc principia nihil explicari, legant noftra Meteora, & conferant cum Ariftotelis Meteoris; Item Dioptricam cum aliorum fcriptis, qui de eâdem materiâ fcripferunt, & agnofcent opprobrium omne opinionibus à natura diuerfis remanere.

AD TERTIAM THESIM. Rationes omnes, ad probandas formas fubftantiales, applicari poffunt formæ horologij, quam tamen nemo dicet effe fubftantialem.

AD QVARTAM THESIM. Rationes, fiue demonftrationes Phyficæ contra formas fubftantiales, quas intellectum veritatis auidum planè cogere arbitramur, funt in primis hæc à priori Metaphyfica, fiue Theologica; Quod planè repugnet vt fubftantia aliqua de nouo exiftat, nifi de nouo à Deo creetur; Videmus autem quotidiè multas ex illis formis, quæ fubftantiales dicuntur, de nouo incipere effe, quamuis à Deo creari non putentur ab ijs qui putant ipfas effe fubftantias; Ergo malè hoc putant. Quod confirmatur exemplo Animæ, quæ eft vera forma fubftantialis hominis; hæc enim non aliam ob caufam à Deo immediatè creari putatur, quam quia eft fubftantia; ac proinde, cum aliæ non putentur eodem modo creari, fed tantum educi e potentiâ materiæ, non putandum etiam eft eas effe fubftantias. Atque hinc patet non eos qui formas fubftantiales negant, fed potius eos qui affirmant, eò tandem per folidas confequentias adigi poffe, vt fiant aut Beftiæ, aut Athei. Nollem itaque vt reijceres argumentum ab

ortu formarum petitum, nec Therfiticum appellares,
quia videtur ad hoc referri ; fed ponerem tantum , ea
quæ ab aliis eâ de re dictà funt nos non tangere, quoniam ipfos non fequimur. Altera demonftratio petitur à fine, fiue yfu formarum fubftantialium ; non
enim aliam ob caufam introductæ funt à Philofophis,
quam vt per illas reddi poffet ratio actionum propriarum rerum naturalium, quarum hæc Forma effet principium & radix , vt habetur in Thefi præcedenti ; Sed
nullius planè actionis naturalis ratio reddi poteft per
illas formas fubftantiales, cum earum affertores fateantur ipfas effe occultas , & à fe non intellectas ; nam fi
dicant aliquam actionem procedere à forma fubftan-
tiali , idem eft ac fi dicerent , illam procedere à re à fe
non intellectâ , quod nihil explicat. Ergo formæ illæ
ad caufas actionum naturalium reddendas nullo modo funt inducendæ. Contra autem à formis illis Effen-
tialibus , quas nos explicamus , manifeftæ ac Mathematicæ rationes redduntur actionum naturalium , vt
videre eft de forma falis communis in meis Meteoris ;
Et hîc fubiungi poteft quæ habes de motu Cordis.

AD QVINTAM THESIM. Quod tam
fæpe iactat de doctâ ignorantiâ dignum eft explicatione. Nempe cum fcientia humana fit admodùm limitata , & totum id quod fcitur, ferè nihil fit , comparatum cum iis quæ ignorantur, doctrinæ fignum
eft , quod quis liberè fateatur fe ignorare illa quæ reuerà ignorat : & in hoc propriè docta ignorantia con-
fiftit , quia fcilicet eft peculiaris eorum qui verè docti
funt ; Nam alij qui vulgò doctrinam profitentur , nec

tamen verè docti sunt, non valentes ea dignoscere,
quæ nemo eruditus ignorat, ab iis quæ sine dedecore
vir doctus fateri potest se ignorare, omnia ex æquo se
scire profitentur; atque ad facilè reddendas omnium
rerum rationes (si tamen ratio vllius rei reddatur, cum
explicatur obscurum per obscurius) formas substantiales & qualitates reales excogitarunt; quâ in re ipsorum ignorantia nequaquam docta, sed tantum super-
ba & pædagogica dici debet; In hoc enim manifesta
superbia est, quod ex eo solo quod naturam alicuius
qualitatis ignorent, concludunt ipsam esse occultam,
hoc est omnibus hominibus imperscrutabilem, tanquam si ipsorum cognitio esset mensura omnis humanæ cognitionis.

AD SEXTAM. Non video hominis ratiocinium
in iis quæ de me inferit; Ait me in dissertatione de
Methodo non satis euidenter demonstrasse esse
Deum, quod ipse etiam ibi professus sum ; Quid autem ad hoc spectans inferri potest ex his verbis *cogito
ergo sum*; Et quam malè hîc citat, & mihi opponit, tractatum patris Mersenni, & suum; cum suus adhuc in
herbâ sit, & Mersennus nullum planè præter meas Me-
ditationes de prima Philosophia edi curauerit.

AD SEPTIMAM. Pro his verbis, *ipsa tamen,
vt verum fatear, &c.* ponerent, De ipsâ tamen nihil si-
mile opinionibus Taurelli aut Gorlæi sustinuimus, nihilque omnino quod in re à vulgari & Ortodoxâ Philosophorum omnium sententiâ dissideat ; Asserimus
enim hominem ex Corpore & Anima componi, non
per solam præsentiam, siue appropinquationem vnius

ad alterum, sed per veram vnionem substantialem;
(*ad quam quidem ex parte corporis requiritur naturaliter situs*
& partium conformatio; sed quæ tamen sit diuersa à situ &
figurâ modisque alijs purò corporeis, non enim solum Corpus, sed
etiam Animam, quæ incorporea est, attingit.)Quantum autem ad modum loquendi, etsi forte sit minùs vsita-
tus, ad id tamen quod significare voluimus, satis aptum
fuisse existimamus; non enim diximus hominem esse
ens per accidens, nisi ratione partium, animæ scilicet &
corporis: vt nempe significaremus, vnicuique ex his
partibus esse quodammodò accidentarium, quod alteri iuncta sit, quia seorsim potest subsistere, & id vocatur accidens, quod adest vel abest sine subiecti corruptione: Sed quatenus homo in se totus consideratur, omnino dicimus ipsum esse vnum Ens *per se*, &
non per accidens; quia vnio, qua corpus humanum &
anima inter se coniunguntur, non est ipsi accidenta-
ria, sed essentialis, cum homo sine ipsâ non sit homo.
Sed quoniam multò plures in eo errant, quod putent
animam à corpore non distingui realiter, quam in eo
quod admissa eius distinctione vnionem substantialem negent; maiorisque est momenti ad refutandos
illos qui animas mortales putant, docere istam distinctionem partium in homine, quam docere vnionem;
maiorem me gratiam initurum esse sperabam à Theologis, dicendo hominem esse ens per accidens, ad de-
signandam istam distinctionem, quam si respiciendo
ad partium vnionem, dixissem illum esse ens *per se*.
Atque ita non meum est respondere ad ea quæ in opiniones Taurelli & Gorlæi fusè obijciuntur, sed tan-

tummodò conqueri, quod tam immeritò, ac tam fe-
uerè, mihi aliorum errores affingantur.

Cæterùm in his fui prolixior quam putaram, &
quia non certus sum te hoc meo scripto esse vsurum,
nolo iam plura scribere; sed si vti velis, rogo vt mo-
neas quam primùm, & reliqua protinus vsque ad finem absoluam, scribasque quâ me linguâ vti malis.
Vbi posui &c. Intellexi aliquid deesse quod de tuo sit
addendum, omnia autem si placet cum Achille ac
Nestore nostro Domino V. L. communicabis, & nihil planè nisi ex eius consilio suscipies; vel sanè si quid
sit quod ipse nolit scire, Domini Æmilij viri pru-
dentissimi nobisque amicissimi consilio vteris; & ipsis
multò magis quam mihi credes, quia præualent ingenio, & ibi præsentes de omnibus faciliùs possunt iudicare, quam ego absens diuinare. Non puto te nimis
honorificè de Voëtio loqui posse, velimque etiam vt
caueas, ne quam eâ in re ironiæ des suspicionem, nisi
quatenus ex bonitate tuæ causæ nascetur; vt postea si
nos cogat mutare stilum, tanto meliori iure id possimus, & ipse tantò magis ridiculus euadat. Expedit
etiam vt tua responsio quam primùm edatur, & ante finem feriarum, si fieri potest.

Miratus sum admodum quod scribas te de tuâ professione periclitari, si Voëtio respondeas; nesciebam
enim illum in vestra Ciuitate regnare, magisque liberam putabam; & miseret me eius, quod Pædagogo
tam vili, ac tam misero tyranno seruire sustineat. Te
quoniam in eâ viuis ad patientiam hortor, atque vt ea
tantum facias quæ Dominis tuis magis placitura esse

exiſtimabis : Idcircò non modò non per te, ſed ne quidem etiam per alium, Voëtio reſpondendum cenſeo,
quia hoc illum non minùs offenderet. Notulas tamen
extemporaneas, quæ mihi tuum ſcriptum cum omnibus Theſibus conferendo occurrerunt, mitto, vt ipſis
vtaris vt lubet. Iniuriam autem facis noſtræ Philoſophiæ, ſi eam nolentibus obtrudas, imò ſi communices alijs quam enixè rogantibus. Memini te olim mihi
gratias egiſſe, quod eius causâ profeſſionem fuiſſes
adeptus, atque ideo putabam illam Dominis tuis non
eſſe ingratam. Nam ſi aliter ſe res habet, & malint te
id quod placet Voëtio, quam quod verius putas docere, cenſeo vt morem geras, & vel fabulas Æſopi potiùs legas, quam vt ipſis eâ in re diſpliceas.

    Quæ habes in fine tuæ Epiſtolæ de globulis æthe-
reis, non intelligo ; quia non cenſeo illos à materia
ſubtiliſſima moueri, ſed à ſe ipſis, cum motum habeant ab exordio mundi ſibi inditum ; nec etiam maiores vehementiùs moueri quam minores, ſed abſolutè contrarium puto : Dixi quidem in Meteo. maiores cum magis ſunt agitati maiorem calorem efficere,
ſed non ideo facilius moueri. Vale.

CLARISSIMO VIRO HENRICO REGIO.

LETTRE XCV.

VIR CLARISSIME,

Quantùm audio ab amicis, nemo legit reſponſionem

nem tuam in Voëtium, qui non eam valdè laudet;
legerunt autem quam plurimi ; nemo qui Voëtium
non irrideat, & dicat ipsum de causâ suâ desperasse,
quando quidem ope vestri Magistratus indiguit ad
ipsam defendendam. Formas autem substantiales omnes explodunt, & palam dicunt, si reliqua omnis nostra Philosophia ita esset explicata, neminem non eam
amplexurum. Dolere non debes quod tibi Physico-
rum problematum explicatio interdicta sit, quin &
vellem etiam vt priuata institutio interdicta fuisset,
talia enim omnia in honorem tuum cedent, & in dedecus aduersariorum. Ego certè, si tuorum consulum
loco essem, & Voëtium vellem euertere, non aliter
tecum agerem eius causa, quam faciunt ; & quis scit
quid in animo habent? Certe non dubito quin Dominus V. H. tibi faueat, debesque accuratè eius consilijs
mandatisque obtemperare; Gaudeo quod noluerit, vt
litteras quas ad te nuper scripseram, cuiquam ostende-
res ; et si enim à me ipso impetrassem, antequam mit-
terem, vt ea, si opus esset, praestarem, quæ Voëtio
per ipsas promittebam, longè tamen malo vt ne sit
opus ; nimis multa me quotidie auocant à Philosophia
mea, quam tamen hoc anno absoluere decreui. Cæterum obsequere accuratè ac læto animo ijs omnibus,
quæ tibi à Dominis tuis praescribentur, vt certus ea
tibi dedecori nullo esse posse. Disputationes autem quæ in te fient contemne, ac dicas tantum, si
quid in illis boni afferant, ipsos etiam posse illud idem
scriptis mandare, te vero non posse nisi editis scriptis respondere. Vale.

XXx

CLARISSIMO VIRO HENRICO REGIO.

LETTRE XCVI.

VIR CLARISSIME,

Nescio quid obstiterit, cur non prius ad tuas responderim, nisi quod, vt verum fatear, non libenter à te dissentiam; Et quia non videbar in eo quod scribebas debere assentiri, idcirco cunctantiùs calamum assumebam. Mirabar enim te illa quæ horariæ disputationis examini committere non auderes, indelebilibus typis credere velle, magisque vereri extemporaneas & inconsideratas aduersariorum tuorum criminationes, quam attentas & longo studio excogitatas. Cumque méminerim me multa legisse in tuo compendio Physico à vulgari opinione planè aliena, quæ nudè ibi proponuntur, nullis additis rationibus, quibus lectori probabiles reddi possint; Toleranda quidem illa esse putaui in Thesibus, vbi sæpe Paradoxa colliguntur, ad ampliorem disputandi materiam aduersarijs dandam; Sed in libro quem tanquam nouæ Philosophiæ Prodromum videbaris velle proponere, planè contrarium iudico esse faciendum, nempe rationes esse afferendas, quibus lectori persuadeas ea quæ vis concludere vera esse, priusquam ipsa exponas, ne nouitate suâ illum offendant. Sed iam audio à D. Van. S. te consilium mutasse, multòque magis probo id quod nunc suscipis, nempe Theses de Phisiologia

in ordine ad Medicinam ; has enim & firmiùs stabili-
re, & commodiùs deffendere te posse confido, & minus facilè de ipsis malè loquendi occasionem aduersarij tui reperient. Vale.

CLARISSIMO VIRO HENRICO REGIO.

LETTRE XCVII.

Vir clarissime,

Cum superiores litteras ad te misi, paucas tantum
libri tui paginas peruolueram, & in ijs satis causæ putabam me inuenisse, ad iudicandum modum scribendi quo vsus es, nullibi, nisi forte in Thesibus, posse
probari, in quibus scilicet moris est, opiniones suas,
modo quam maximè Paradoxo, proponere, vt tantò
magis alij alliciantur ad eas oppugnandas. Sed quantum ad me, nihil mihi magis vitandum puto, quam ne
opiniones meæ paradoxæ videantur, atque ipsas nunquam in disputationibus agitari velim ; sed tam certas euidentesque esse confido, vt illis à quibus rectè
intelligantur, omnem disputandi occasionem sint
sublaturæ. Fateor quidem eas per definitiones & di-
uisiones, à generalibus ad particularia procedendo,
rectè tradi posse, atqui nego probationes debere tunc
obmitti; scio tamen illas vobis adultioribus, & in meâ
doctrinâ satis versatis non esse necessarias. Sed consi-
dera, quæso, quam pauci sint illi adultiores, cum ex
multis Philosophantium millibus vix vnus reperiatur

qui eas intelligat, & sanè qui probationes intelligunt,
assertiones etiam non ignorant, ideòque scripto tuo
non indigent : Alij autem legentes assertiones sine
probationibus, variasque definitiones planè Paradoxas, in quibus globulorum æthereorum , aliarumque
similium rerum , nullibi à te explicatarum , mentionem facis , eas irridebunt , & contemnent , sicque
tuum scriptum nocere sæpius poterit , prodesse nunquam. Hæc sunt quæ lectis prioribu scripti tui paginis iudicaui ; Sed cum ad caput de Homine perueni,
atque ibi vidi quæ de Mente humana, & de Deo habes,
non modo in priore sententia confirmatus, sed insuper planè obstupui & indolui, tum quod talia credere
videaris, tum quod non possis abstinere quin ipsa scribas, & doceas, quamuis nullam tibi laudem, sed summa pericula & vituperium creare possint. Ignosce,
quæso, quod liberè tibi tanquam fratri sensum meum
aperiam. Si scripta ista in maleuolorum manus incidant (vt facilè incident cum ab aliquot discipulis tuis
habeantur) ex illis probare poterunt, & vel me iudice
conuincere, quod Voëtio paria facias, &c. Quod, ne
in me etiam redundat, cogar deinceps vbique profiteri, me circa res Metaphysicas quam maximè à te dissentire, atque etiam scripto aliquo typis edito id publicè testari , si liber tuus prodeat in lucem. Gratias
quidem habeo quod illum mihi ostenderis, priusquam
vulgares ; sed non gratum fecisti , quod ea quæ in eo
continentur priuatim me inscio docueris. Nuncque
omninò subscribo illorum sententiæ, qui volperunt,
vt te intra Medicinæ terminos contineres. Quid enim

tanti opus est, vt ea quæ ad Metaphysicam vel Theologiam spectant scriptis tuis immisceas, cum ea non possis attingere, quin statim in alterutram partem aberres. Prius, mentem, vt substantiam à corpore distinctam considerando, scripseras hominem esse ens per accidens; nunc autem econtrà considerando mentem & corpus in eodem homine arctè vniri, vis illam tantum esse modum Corporis; Qui error multò peior est priore. Rogo iterum vt ignoscas, & scias me tam liberè ad te scripturum non fuisse, nisi serio amarem, & essem ex asse tuus. Ren. DESCARTES.

Librum tuum simul cum hac Epistolâ remisissem, sed veritus sum, ne si fortè in alienas manus incideret, seueritas censuræ meæ tibi posset nocere; seruabo itaque, donec resciuero te hanc Epistolam recepisse.

CLARISSIMO VIRO HENRICO REGIO.

LETTRE XCVIII.

VIR CLARISSIME,

Maxima mihi iniuria fit ab illis, qui me aliqua de re aliter scripsisse quam sensisse suspicantur, ipsosque si qui sint scirem, non possem non habere pro inimicis; Tacere quidem in tempore, ac non omnia quæ sentimus vltrò proferre prudentis est; aliquid autem à sententiâ suâ alienum nemine vrgente scribere, lectoribusque persuadere conari, abiecti & improbi hominis esse puto. Asserentibus, non magni opus Phi-

losophi esse, refellere rationes quæ pro Animæ Essentia
Substantiali allatæ sunt, illasque interim nullo modo
refellentibus, nec refellere valentibus, non possum
non reponere tua hæc verba, *quilibet Enthusiastes, & ca-*
codoxus, & nugacißimus nugator idem de ineptißimis suis nu-
gis pertinacißimè asserere potest. Cæterùm non vereor ne
cuiusquam à me dissentientis authoritas mihi noceat,
modò ne illi videar assentiri ; nec volo vt meâ causâ
vllo modo abstineas à quibuslibet scribendis & vul-
gandis ; modo ne etiam ægrè feras, si palam profitear
me à te quam maximè dissentire. Sed ne desim amici
officio, cum mihi librum tuum eo fine reliqueris, vt
quod de eo sentirem, à me intelligeres, non possum
non apertè tibi significare, me omninò existimare tibi non expedire, vt quicquam de Philosophiâ in lucem edas: Nec quidem de eius parte Physicâ ; Primò,
quia cum tibi à tuo Magistratu prohibitum sit, ne nouam Philosophiam vel priuatim vel publicè doceres,
satis causæ dabis inimicis, si quid tale euulges, vt ob id
ipsum de professione tuâ te deturbent, ac etiam alias
irrogent pœnas; valent enim adhuc illi, & vigent, &
fortassè cum tempore maiores vires sument quam ve-
rearis : Deinde, quia non video te quicquam laudis habere posse ex ijs in quibus mecum sentis, quia ibi nihil
de tuo addis, præter ordinem & breuitatem, quæ duo
ni fallor, ab omnibus benè sentientibus culpabuntur;
neminem enim adhuc vidi, qui meum ordinē impro-
baret, quique non potiùs me nimiæ breuitatis quam
prolixitatis accusaret ; Reliqua in quibus à me dissen-
tis, meo quidem iudicio reprehensione & dedecore,

non autem laude vllâ digna funt , atque ideò iterum
dico expreffis verbis, me tibi quantùm poffum diffua-
dere iftius libri editionem ; faltem expecta tantifper,
& ex horatij confilio , *decimum premas in annum* ; forfan
enim cum tempore ipfemet videbis, quam parùm tibi expediat eum edere ; atque interim effe non defi-
nam ex affe tuus. Renatus. DESCARTES.

A MONSIEVR *****.

LETTRE XCIX.

Monsievr,

Sans vfer aujourd'huy de l'authorité que vous auez
fur moy , qui feroit capable (fi vous me le comman-
diez) de me faire fuprimer des chofes que i'aurois eftimées les plus iuftes & les plus raifonnables ; Ie vous
prie de ne faire interuenir que voftre raifon , au iugement que ie vous demande fur la réponfe que i'ay faite à vn certain Placart, qui contient vne vintaine d'affertions touchant l'*Ame raifonnable*. Mon écrit, que
ie vous enuoye, vous fera connoiftre les raifons qui
m'ont porté à y faire réponfe ; & quoy que leur Autheur ait fuprimé fon nom, ie ne doute point que vous
ne le reconnoiffiez par le ftile , ou mefme que vous ne
l'apreniez du bruit commun, ainfi que ie l'ay apris &
reconnu moy-mefme ; mais puifqu'il a tâché de fe
mettre à couuert, ie ne vous le deceleray point. Seule-

ment ie vous demande vn peu de patience pour cette lecture, & beaucoup d'attention ; car i'attens
vôtre iugement pour me determiner fi ie le dois
donner au public ; Et pour cela ie vous l'enuoye tel
que ie me propofe de le faire paroiftre, fi vous ne l'im-
prouuez point.

REMARQVES DE RENE' DESCARTES,
Sur vn certain Placart imprimé aux Pays-bas vers la
fin de l'année 1647. qui portoit ce titre ;

Explication de l'Efprit humain, ou de l'Ame raifonnable,
où il eft monftré ce qu'elle eft & ce qu'elle peut eftre.

IL m'a efté mis depuis peu de iours deux liurets entre les mains, dans l'vn defquels on s'attaque ouuertement & directement à moy, & dans l'autre on ne s'y
attaque que couuertement & indirectement. Pour le
premier, ie ne m'en tourmente pas beaucoup ; au contraire ie rens graces à fon Autheur, de ce que ne l'ayant
remply que d'inutiles cauillations, & de calomnies fi
noires qu'elles ne pouront eftre crües de perfonne, il
monftre par là clairement qu'il n'a pû rien trouuer en
mes écrits qu'il puft iuftement reprendre ; & ainfi il en
confirme mieux la verité, que s'il les auoit publiquement loüez ; & cela aux dépens de fa réputation. Pour
l'autre, ie m'en mets dauantage en peine ; car bien
qu'il ne contienne rien qui s'adreffe ouuertement à
moy, & qu'il paroiffe fans aucun nom, ny de l'Autheur ny de l'Imprimeur : Toutesfois, pour ce qu'il

contient

contient des opinions que ie iuge estre tres-pernicieuses & tres-fausses, & qu'il a esté imprimé en forme de Placart, afin qu'il pust estre commodément af-
fiché aux portes des Temples, & ainsi qu'il fust exposé
à la veüe de tout le monde; Et aussi pource que i'ay
apris qu'il a déja esté vne autrefois imprimé en vne
autre forme, sous le nom d'vn certain personnage qui
s'en dit l'Autheur, que la plus-part estiment n'enseigner point d'autres opinions que les miennes; Ie me
trouue obligé d'en découurir les erreurs, de peur qu'-
elles ne me soient imputées par ceux qui n'ayant pas
lû mes écrits, pouront par hazard ietter les yeux sur
de telles affiches.

   *Voicy maintenant le Placart tel qu'il a parû la derniere
fois.*

****

EXPLICATION DE L'ESPRIT HVMAIN,
ou de l'Ame raisonnable ; où il est monstré ce
qu'elle est, & ce qu'elle peut estre.

Article premier.

L'*Esprit humain est , ce parquoy les actions de la pensée
sont immédiatement exercées dans l'Homme ; & il
ne consiste precisément que dans ce Principe Interne , ou dans
cette Faculté que l'Homme a de penser.*

I I.

*Pour ce qui est de la nature des choses, rien n'empesche, ce
semble, que l'Esprit ne puisse estre ou vne Substance, ou vn*

certain Mode de la substance corporelle; Ou si nous voulons suiure le sentiment de quelques nouueaux Philosophes, qui disent que l'étenduë & la pensée sont des attributs qui sont en certaines substances, comme dans leurs propres suiets, puisque ces attributs ne sont point oposez, mais simplement diuers, ie ne voy pas que rien puisse empescher que l'Esprit, ou la pensée, ne puisse estre vn Attribut, qui conuienne à vn mesme suiet que l'Etenduë, quoy que la notion de l'vn ne soit point comprise dans la notion de l'autre : Dont la raison est, Que tout ce que nous pouuons conceuoir peut aussi estre ; Or est-il que l'on peut conceuoir que l'Esprit humain soit quelqu'vne de ces choses ; car il n'y a en cela aucune contradiction ; Et partant il en peut estre quelqu'vne.

III.

C'est pourquoy ceux-là se trompent, qui soutiennent que nous conceuons clairement & distinctement l'Esprit humain, comme vne chose qui actuellement & par necessité est distincte reéllement du corps.

IIII.

Mais maintenant, qu'il soit vray que l'Esprit humain soit en effet vne Substance, ou vn Estre tout réellement du corps, & qu'il en puisse estre actuellement separé, & subsister de soy-mesme sans luy, cela nous est reuelé en plusieurs lieux de la Sainte Escriture ; Et ainsi, ce qui de sa nature peut estre douteux pour quelques-vns, (Au moins si nous ne nous contentons pas d'vne legere & morale connoissance des choses, mais si nous en voulons rechercher exactement la verité) nous est maintenant deuenu certain & indubitable, par la réuelation qui nous en a esté faite dans les Saintes Lettres.

V.

Et cela ne fait rien de dire que nous pouuons douter de l'e-xiſtence du Corps, mais que nous ne pouuons aucunement dou-ter de celle de l'Eſprit; car cela prouue ſeulement que pendant que nous doutons de l'exiſtence du Corps, nous ne pouuons pas alors dire que l'Eſprit en ſoit vn Mode.

VI.

Quoy que l'Eſprit humain, ou l'Ame raiſonnable ſoit vne ſubſtance diſtincte réellement du corps, neantmoins pendant qu'elle eſt dans le corps, elle eſt Organique en toutes ſes actions; c'eſt pourquoy ſelon les diuerſes diſpoſitions du corps, les penſées de l'Ame ſont auſſi diuerſes.

VII.

Comme elle eſt d'vne nature differente du Corps, & de ſes diuerſes diſpoſitions, dont elle ne peut tirer ſon origine, Elle eſt Incorruptible.

VIII.

Et comme la notion que nous en auons, ne nous fait conceuoir en elle aucunes parties, ny aucune étenduë; c'eſt en vain que l'on demande, ſi elle eſt toute entiere dans le tout, & toute en-tiere dans chaque partie.

IX.

Comme les choſes qui ne ſont qu'Imaginaires peuuent auſſi bien faire impreſſion ſur l'Eſprit, ou ſur l'Ame, que celles qui ſont vrayes, il s'enſuit qu'il eſt naturellement incertain, ſi nous aperceuons veritablement aucuns corps; (au moins ſi, com-me il a déja eſté dit, nous ne voulons pas nous contenter d'vne legere & morale connoiſſance de la verité, mais que nous veüillions connoiſtre les choſes auec certi-tude,) *mais la reuelation qui nous a eſté faite dans les Saintes*

Lettres nous a encore releuez de ce doute ; car elle nous aprend certainement, Que Dieu a creé le Ciel & la Terre, & toutes les choses qui y sont contenuës, & qu'il les conserue encore à present.

X.

Le lien, qui tient l'Ame vnie & conjointe au Corps, n'est autre que la Loy de l'immutabilité de la Nature ; qui est telle, que chaque chose demeure en l'état qu'elle est, pendant que rien ne la change.

XI.

Comme elle est vne substance, & que dans la generation de chaque Homme en particulier il s'en produit vne nouuelle, ceux-là sans doute ont tres-bonne raison, qui disent que l'Ame raisonnable est produite par vne immédiate creation de Dieu.

XII.

L'Esprit n'a pas besoin d'idées, ou de notions, ou d'axiomes qui soient nez ou naturellement imprimez en luy ; mais la seule faculté qu'il a de penser luy sufit pour exercer ses actions.

XIII.

Et partant toutes les Communes Notions qui se trouuent empraintes en l'Esprit, tirent toutes leur origine, ou de l'Obseruation des choses, ou de la Tradition.

XIV.

Bien plus, l'idée mesme de Dieu a esté mise en l'Esprit, ou par la reuelation Diuine, ou par la Tradition, ou par l'Obseruation des choses.

XV.

La notion que nous auons de Dieu, ou cette idée de Dieu qui est existante en nostre Esprit, n'est pas vn argument assez fort & conuaincant pour prouuer Que Dieu existe, puisqu'il est

certain que toutes les choses dont nous auons en nous les idées n'é-
xistent pas actuellement; & qu'il est certain aussi que cette idée,
estant vne conception de nostre Esprit , & mesme vne conception imparfaite , n'est pas plus au dessus de la portée de nostre
Esprit, ou de nostre pensée, & n'excede pas d'auantage la vertu
naturelle que nous auons de penser , que l'idée d'aucune autre
chose que ce soit.

XVI.

La pensée de l'Esprit est de deux sortes; à sçauoir, l'Entendement, & la Volonté.

XVII.

L'Entendement , est la perception , & le iugement.

XVIII.

La perception est le sentiment , la reminiscence , & l'imagination.

XIX.

Tout sentiment est vne perception de quelque mouuement
corporel, laquelle ne demande point l'entremise d'aucunes especes intentionnelles : & le lieu où se fait le sentiment n'est pas
l'organe exterieur du sens, mais le cerueau seul.

XX.

La volonté est libre , & indifferente à se determiner aux
choses opposées, à l'égard des choses naturelles ; comme nous le
sçauons par nostre propre experience.

XXI.

C'est elle mesme qui se determine; Et elle ne doit pas estre ditte
aueugle , non plus que l'œil ne doit pas estre apellé sourd.

Il n'y en a point qui paruiennent plus aisément à vne
haute reputation de pieté que les superstitieux , & les
hypocrites.

EXAMEN DV SVSDIT PLACART.

REMARQVES SVR LE TITRE.

IE remarque que *par le titre* on ne promet pas de simples Affertions ou Propofitions touchant l'Ame raifonnable, mais qu'on en promet vne entiere explication ; De forte que nous deuons croire que toutes les raifons, ou du moins les principales de celles que l'Autheur a eu, non feulement pour prouuer, mais mefme pour expliquer les chofes qu'il a propofées, font contenuës dans ce Placart, & qu'il n'y a pas d'aparence d'en attendre iamais de luy de meilleures. Quant à ce qu'il appelle l'*Ame raisonnable* du nom d'*Esprit humain*, ie luy en fçay bon gré; car par ce moyen il éuite l'Equiuoque qui eft dans le mot d'*Ame*; & ie puis dire qu'en cela il m'a voulu imiter.

Remarques fur chaque article.

Dans le premier article, il femble vouloir *definir* cette Ame raifonnable, mais il le fait fort imparfaitement ; car il en obmet le genre, à fçauoir qu'elle eft ou vne Subftance, ou vn Mode, ou quelqu'autre chofe ; & il en donne feulement la difference, laquelle il a empruntée de moy : Car perfonne que ie fçache n'a dit auant moy qu'elle ne confifte précifément que dans ce Principe Interne, ou dans cette Faculté que l'homme a de penfer.

Dans le second article, il commence à chercher quel est son genre ; & dit en ce lieu là, qu'*il semble qu'il ne repugne point à la nature des choses, que l'Esprit humain puisse estre ou vne Substance, ou vn certain Mode de la substance corporelle.*

Laquelle Assertion enferme vne contradiction qui n'est pas moindre, que s'il auoit dit, Qu'il ne repugne point à la Nature des choses qu'vne montagne soit sans vallée, ou auec vne vallée ; car il faut bien prendre garde de faire distinction entre ces choses qui de leur nature sont susceptibles de changement, comme, Que i'écriue maintenant ou que ie n'écriue pas ; qu'vn tel soit prudent, vn autre imprudent ; & celles qui ne se changent iamais, comme sont toutes les choses qui apartiennent à l'essence de quelque chose, ainsi que tous les Philosophes demeurent d'acord. Et de vray, il n'y a point de doute qu'à l'égard des choses Contingentes, on peut dire qu'il ne répugne point à la Nature des choses qu'elles soient d'vne façon ou d'vne autre : par exemple, il ne repugne point que i'éctiue maintenant, ou que ie n'écriue pas : Mais lors qu'il s'agit de l'Essence d'vne chose, il est tout à fait absurde, & mesme il y a de la contradiction, de dire qu'il ne repugne point à la Nature des choses, qu'elle soit d'vne autre façon qu'elle n'est en effet ; Et il n'est pas plus de la nature d'vne montagne de n'estre point sans vallée, qu'il est de la nature de l'Esprit humain d'estre ce qu'il est, à sçauoir d'estre vne Substance, si en effet il en est vne, ou d'estre vn certain Mode de la substance corporelle, s'il est vray qu'il soit vn tel Mode. Et c'est ce que nostre Autheur tasche icy de persuader; Et pour le prouuer il adjoute ces mots, *ou si nous voulons suiure le sentiment de quelques nouueaux Philosophes*, &c. par lesquelles paroles il est aisé à connoistre que c'est moy de qui il entend parler; car ie suis le premier qui ay consideré la pensée comme le principal Attribut de la substance Incorporelle, & l'Etenduë comme le principal attribut de la substance Corporelle: mais ie n'ay pas dit que ces attributs estoient en ces substances, comme en des sujets differens d'eux. Et il faut bien prendre garde que par ce mot d'*Attribut*, que ie donne à la Pensée & à l'Etenduë, nous n'entendions icy rien autre chose que ce que les Philosophes apellent communement *vn mode*, ou *vne façon*; car il est bien vray qu'à parler generalement nous pouuons donner le nom d'*Attribut* à tout ce qui a esté attribué à quelque chose par la nature, & en ce sens, le nom d'Attribut peut conuenir également au Mode, qui peut estre changé, & à l'Essence mesme d'vne chose, qui est tout à fait immuable; mais ce n'est pas ainsi vniuersellement que ie l'ay pris, quand i'ay consideré la Pensée & l'Etenduë comme les principaux attributs des substances où elles resident, mais au sens qu'on le prend d'ordinaire, quand par ce mot d'Attribut on entend vne chose qui est immuable, & inseparable de l'essence de son suiet; comme celle qui la constitue, & qui pour cela mesme est oposée au Mode. C'est en ce sens là qu'on s'en sert, quãd on dit qu'il y a en Dieu plusieurs Attributs, mais non pas plusieurs Modes. C'est ainsi que l'vn des Attributs de chaque substance, quelle qu'elle soit, est qu'elle

subsiste

subsiste par elle-mesme. De mesme aussi l'étenduë
d'vn certain cors en particulier peut bien à la verité admettre en soy vne varieté de modes , car par exemple ,
quád ce cors est Sphérique, il est d'vne autre façon que
quád il est Quarré, & ainsi estre Sphérique & estre quarré sont deux diuerses façons d'étenduë; mais l'étenduë
mesme qui est le sujet de ces modes , est át côsiderée en
soy, n'est pas vn mode de la substance corporelle, mais
bien vn attribut qui en constituë l'essence & la nature.
Ainsi enfin la pensée peut receuoir plusieurs diuers
modes ; car *assurer* est vne autre façon de penser que
nier, aymer en est vne autre que *desirer*, & ainsi des autres; Mais la Pensée mesme , entant qu'elle est le principe interne d'où procedent tous ces modes , & dans
lequel ils sont comme dans leur sujet , n'est pas conceuë comme vn mode, mais comme vn attribut qui
constituë la nature de quelque substance : Et la question est maintenant de sçauoir si cette substance qu'-
elle constituë est corporelle , ou incorporelle.

Il adjoute, *Que ces attributs ne sont pas opposez , mais simplement diuers;* En quoy il y a encore vne contradiction:
car lors qu'il s'agit d'attributs qui constituent l'essence
de quelques substances, il ne sçauroit y auoir entr'eux
de plus grande opposition que d'estre Diuers ; Et lors
qu'il confesse que l'vn est different de l'autre, c'est de
mesme que s'il disoit que l'vn n'est pas l'autre; Or estre
& n'estre pas sont opposez. Il poursuit ; *Puis qu'ils ne
sont pas opposez , mais diuers, ie ne voy pas que rien puisse empescher que l'Esprit ne puisse estre vn attribut , qui conuienne à
vn mesme sujet que l'étenduë, quoy que la notion de l'vn ne*

ZZz

ſoit point compriſe dans la notion de l'autre. Dans leſquelles
paroles il y a vn manifeſte Paralogiſme : car il conclud
de toutes ſortes d'attributs, ce qui ne peut eſtre vray
que des modes proprement dits ; & neantmoins il ne
prouue nulle part que l'Eſprit, ou ce principe interne
par lequel nous penſons, ſoit vn tel mode, mais au contraire ie prouueray tout maintenãt par ce qu'il dit luy-
meſme dans le cinquiéme article, que ce n'en eſt pas
vn. Pour ce qui eſt de ces autres ſortes d'attributs qui
conſtituent la nature des choſes, on ne peut pas dire
que ceux qui ſont Diuers, & qui ne ſont en aucune façon compris dans la notion l'vn de l'autre, conuiennent à vn ſeul & meſme ſujet : car c'eſt de meſme que
ſi l'on diſoit qu'vn ſeul & meſme ſujet a deux natures
diuerſes, ce qui enferme vne manifeſte contradiction,
au moins lors qu'il eſt queſtion, comme icy, d'vn ſujet ſimple, & non pas d'vn ſujet compoſé. Mais il y a
icy trois choſes à remarquer, leſquelles ſi cét écriuain
euſt bien entenduës, iamais il ne ſeroit tombé en des
erreurs ſi manifeſtes.

La premiere eſt, Qu'il eſt de la nature du Mode, que
bien que nous puiſſions conceuoir aiſément la ſubſtance ſans luy, nous ne pouuons pas toutesfois réciproquement conceuoir clairement le mode, ſans conceuoir en meſme temps la ſubſtance dont il dépend,
& dont il eſt le mode, comme i'ay expliqué en l'article
ſixiéme de la premiere partie de mes principes ; Et en
cela tous les Philoſophes conuiennent. Or il eſt manifeſte, que noſtre Autheur n'a pas pris garde à cette regle, par ce qu'il dit en l'article cinquiéme ; car il auoüe

luy-mefme en ce lieu-là, que nous pouuons douter
de l'exiftence du Cors, lors mefme que nous ne doutons point de l'exiftence de l'Efprit : D'où il fuit que
l'Efprit peut eftre conceu fans le Cors, & partant que
ce n'en eft pas vn mode.

La feconde chofe que ie defire que l'on remarque
icy, eft la différence qu'il y a entre les Eftres fimples, &
les Eftres compofez; car cét eftre-là eft compofé, dans
lequel fe rencontrent deux ou plufieurs attributs, chacun defquels peut eftre conceu diftinctement fans
l'autre ; car de cela mefme que l'vn eft ainfi conceu diftinctement fans l'autre, on connoift qu'il n'en eft pas
le mode, mais qu'il eft vne chofe, ou l'attribut d'vne
chofe qui peut fubfifter fans lui. L'eftre fimple au contraire eft celuy dans lequel on ne remarque point de
femblables attributs. D'où il paroift, que ce fujet là eft
fimple dans lequel nous ne remarquons que la feule
étenduë ; & quelques-autres modes qui en font des
fuites & des dépendances: comme auffi celuy, dans lequel nous ne reconnoiffons que la feule Penfée , &
dont tous les Modes ne font que des diuerfes façons
de penfer : Mais que celuy-là eft compofé dans lequel
nous confiderons l'Etenduë iointe auec la Penfée, c'eft
à fçauoir l'Homme, qui eft compofé de Corps & d'A-
me, lequel *noftre Autheur* femble icy auoir pris feulement pour le Corps, dont l'Efprit foit vn Mode.

Enfin il faut remarquer icy, Que dans les fujets qui
font compofez de plufieurs fubftances, fouuent il y en
a vne qui eft la principale, & qui eft tellement confiderée, que tout ce que nous luy adioutons de la part

des autres, n'est à son égard autre chose qu'vn Mode,
ou vne façon de la considerer; Ainsi vn Homme ha-
billé peut estre consideré comme vn certain tout
composé de cét Homme & de ses habits; mais *estre ha-
billé*, au regard de cét Homme, est seulement vn Mode, ou vne façon d'Estre sous laquelle nous le considerons, quoy que ses habits soient des Substances. Et c'est
ainsi que *nostre Autheur* a pû dans l'Homme, qui est
composé de Corps & d'Ame, considerer le Corps
comme la principale partie, au respect de laquelle *estre
animé*, ou *estre capable de penser*, n'est rien autre chose
qu'vn Mode: Mais il est ridicule d'inferer de là, que
l'Ame mesme, ou ce principe par lequel le Corps est
dit estre capable de penser, n'est pas vne Substance
differente du Corps.

Il tasche apres cela de confirmer ce qu'il a dit par ce
syllogisme. *Tout ce que nous pouuons conceuoir, peut aussi estre
Or est-il que nous pouuons conceuoir que l'Esprit humain soit ou
vne Substance, ou vn Mode de la Substance corporelle ; car
il n'y a en cela aucune contradiction : Donc l'Esprit humain
peut estre l'vne ou l'autre de ces deux choses.* Surquoy il faut
remarquer que cette regle, à sçauoir, *Que tout ce que
nous pouuons conceuoir, peut aussi estre,* Quoy qu'elle soit de
moy, & veritable toutes & quantes fois qu'il s'agist
d'vne conception claire & distincte, laquelle enferme
la possibilité de la chose qui est conceüe, à cause que
Dieu est capable de faire tout ce que nous sommes capables de conceuoir clairement comme possible, cette regle, dis-je, ne doit pas estre temerairement vsur-
pée, pource qu'il peut aisémenr arriuer que quelqu'vn

croira entendre & aperceuoir clairement quelque
chose, laquelle neantmoins, à cause de quelques prejugez dont il est préuenu & comme aueuglé, il n'entendra & n'aperceura point du tout. Et c'est ce qui est
arriué à *cét Autheur*, lors qu'il a prétendu qu'il n'y auoit
point de contradiction qu'vne seule & mesme chose
eust l'vne ou l'autre de deux natures entierement diuerses, c'est à sçauoir, qu'elle fust ou vne Substance,
ou vn Mode. A la verité s'il eust seulement dit qu'il ne
voyoit point de raison pourquoy l'Esprit humain
dûst plu-tost estre estimé vne Substance Incorporelle, qu'vn Mode de la Substance Corporelle, son ignorance auroit pû estre excusée. Si d'ailleurs il auoit dit
qu'il n'est pas possible à la raison humaine de trouuer
iamais aucune preuue par laquelle on puisse demonstrer que l'Esprit humain soit l'vn plu-tost que l'autre;
certes son arrogance seroit blasmable, mais du moins
il n'y auroit point de contradiction en ses paroles.
Mais en disant, comme il fait, qu'il ne repugne point
à la Nature des choses, qu'vne mesme chose soit vne
Substance ou vn Mode, il dit des choses qui se contredisent, & fait paroistre en cela l'absurdité de son
Esprit.

Dans le troisiéme article, il expose le iugement qu'il fait
de moy. Car c'est moy qui ay écrit que l'Esprit humain
peut estre clairement & distinctement conceu comme vne Substance differente de la Substance corporelle : Et quoy que *cét Autheur* n'allegue point d'autres
raisons que celles que i'ay fait voir en l'article precedent enfermer tant de contradictions, il ne laisse de

prononcer hardiment que ie me trompe : mais ie ne veux pas m'arrester à cela, ny m'amuſer à examiner ces mots *d'actuellement* ou *par neceſſité*, leſquels contiennent quelque ambiguité, car ils ne ſont pas de grande importance.

Ie ne veux pas non plus examiner les choſes, qui, *dans l'article quatriéme* concernent la Sainte Eſcriture, de peur qu'il ne ſemble que ie me veüille attribuer le droit de iuger de la Religion d'autruy. Mais ie diray ſeulement qu'il y a trois genres de queſtions, qu'il faut icy bien diſtinguer. Car 1. il y a des choſes qui ne ſont crües que par la Foy, comme ſont celles qui regardent le Myſtere de l'Incarnation, de la Trinité, & ſemblables. Il y en a d'autres, qui bien qu'elles apartiennent à la foy, peuuent neantmoins eſtre recherchées par la raiſon naturelle, entre leſquelles les Theologiens ont couſtume de mettre l'exiſtence de Dieu, & la diſtinction de l'Ame humaine d'auec le Corps; Enfin il y en a d'autres qui n'apartiennent en aucune façon à la Foy, mais qui ſont ſeulement ſoumiſes à la recherche du raiſonnement humain, comme la quadrature du Cercle, la pierre Philoſophale, & autres ſemblables. Et comme ceux-là abuſent des paroles de la Sainte Eſcriture, qui, par quelque mauuaiſe explication qu'ils leur donnent, croyent en pouuoir déduire ces dernieres; De meſme auſſi ceux-là dérogent à ſon authorité, qui entreprennent de démonſtrer les premieres par des argumens tirez de la ſeule Philoſophie : mais neantmoins tous les Theologiens ſoutiennent que l'on peut entreprendre de monſtrer que cel-

les -là mesmes ne repugnent point à la lumiere de la
raison, & c'est en cela qu'ils mettent leurs principales
études. Mais pour les secondes non seulement ils estiment qu'elles ne répugnent point à la lumiere naturelle, mais mesme ils exhortent & encouragent les
Philosophes de faire tous leurs effors pour tascher de
les démonstrer par des moyens humains, c'est à dire,
tirez des seules lumieres de la raison. Mais ie n'ay encore iamais vû personne, qui assurast qu'il ne répugne
point à la Nature des choses, qu'vne chose soit autrement que la Sainte Escriture nous enseigne qu'elle est,
si ce n'est qu'il voulust monstrer indirectement, qu'il
adjoute peu de foy à cette Escriture. Car comme nous
auons esté premierement Hommes, que faits Chre-
stiens, il n'est pas croyable que quelqu'vn embrasse serieusement & tout de bon des opinions qu'il iuge
contraires à la raison qui le fait Homme, pour s'attacher à la foy par laquelle il est Chrestien. Mais peut-
estre aussi que *noftre Autheur* ne dit pas cela ; car il dit
seulement *que ce qui de sa Nature peut estre douteux pour*
quelques-vns, nous est maintenant deuenu certain & indubi-
table par la reuelation qui nous en a esté faite dans les Saintes
Lettres, dans lesquelles paroles ie trouue encore deux
contradictions; La premiere, en ce qu'il supose que
l'essence d'vne seule & mesme chose est douteuse de
sa Nature, & par consequent sujette au changement;
Car il repugne que l'essence d'vne chose ne demeure
tousjours la mesme ; à cause que si l'on supose qu'elle
deuienne autre qu'elle n'estoit, de cela mesme ce ne
fera plus la mesme chose, mais vne autre, qu'il faudra

apeller d'vn autre nom. La feconde eſt dans ces mots
pour quelques-vns; Dautant que tous les Hommes ayant
vne meſme Nature, ce qui ne peut eſtre douteux que
pour quelques-vns , n'eſt pas douteux de ſa Nature.

L'article cinquiéme doit plu-toſt eſtre raporté au ſecond que non pas au quatriéme ; car noſtre Autheur
ne parle point en cét article de la Reuelation Diuine,
mais de la Nature de l'Eſprit, ſçauoir s'il eſt vne Subſtance, ou vn Mode ; Et pour monſtrer que l'on peut
ſoutenir qu'il n'eſt autre choſe qu'vn Mode, il taſche
de reſoudre vne objection qui eſt priſe de mes écrits.
Car i'ay écrit en quelque endroit que nous ne pouuions nous-meſmes douter de l'exiſtence de noſtre
Eſprit, parce que de cela meſme que nous doutons, il
ſuit neceſſairement que noſtre Eſprit exiſte ; mais que
dans ce temps-là meſme nous pouuions douter qu'il y
euſt aucun Corps au monde : D'où i'ay inferé & dé-
monſtré, que nous conceuions clairement noſtre Eſprit comme vne choſe exiſtante , ou comme vne Subſtance, encore que nous ne conceuſſions aucun Corps
comme exiſtant, ou meſme que nous niaſſions qu'il y
en euſt aucun dans le monde; d'où il ſuit que la notion
de l'Eſprit ne contient rien en ſoy qui apartienne en
aucune façon à la notion du Corps. Et toutesfois *noſtre*
Autheur penſe comme diſſiper & reduire en fumée
tout ce raiſonnement, & en faire voir ſuffiſamment la
foibleſſe, lorsqu'il dit que cét argument *prouue ſeule-*
ment que pendant que nous doutons de l'exiſtence du Corps, nous
ne pouuons pas alors dire que l'Eſprit en ſoit vn Mode, où il
fait voir qu'il ignore entierement ce que les Philoſophes

phes entendent par le nom de *Mode* ; car c'est en cela que consiste la Nature *du Mode*, de ne pouuoir aucunement estre conceu, sans enfermer dans sa notion, celle de la chose dont il est le Mode, comme i'ay déja expliqué cy-dessus; Cependant il demeure d'acord que l'Esprit peut quelquefois estre conceu sans le Corps, à sçauoir, lors qu'on doute de l'existence du Corps, d'où il suit que pour lors au moins il ne peut estre dit vn Mode du Corps; Or est-il que ce qui est vne fois vray de l'Essence ou de la Nature d'vne chose est tou-jours vray; Et neantmoins il ne laisse pas d'Assurer *Qu'il ne répugne point à la Nature des choses que l'Esprit soit seulement vn Mode du Corps;* mais il est éuident que ces deux choses se contrarient.

Ie ne comprens point ce qu'il veut dire dans le sixiéme article par ces paroles. *Quoy que l'Esprit humain, ou l'Ame raisonnable soit vne Substance distincte réellement du Corps, neantmoins pendant qu'elle est dans le Corps, elle est Organique en toutes ses actions.* Ie me souuiens bien d'auoir autre fois oüy dire dans les Ecoles, *Que l'Ame est l'acte du Corps Organique,* mais qu'elle mesme soit *Organique,* ie confesse que ie ne l'auois point encore oüy dire iusqu'à present; c'est pourquoy comme ie n'ay icy rien de certain que ie puisse écrire, ie supplie *nostre Autheur* de me permettre d'exposer icy mes conjectures, que ie ne donne pas pour quelque chose de vray, mais seulement pour telles qu'elles sont.

Il me semble que i'aperçoy en ce qu'il dit deux choses qui se contrarient. L'vne desquelles est, que l'Esprit humain est vne Substance réellement distincte du

Cors; & i'auoüe que noſtre Autheur le dit ouuertemēt, mais il diſſuade autant qu'il peut par ſes raiſons de le croire, & ſoutiét que cela ne peut eſtre prouué que par le témoignage ſeul de la Ste Ecriture. L'autre eſt, Que ce meſme Eſprit humain en toutes ſes actions eſt *Organique*, ou ne ſert que d'inſtrument, comme n'agiſſant point de ſoy-meſme, mais dont le Corps ſe ſert, comme il fait de la conformation de ſes membres, & des autres Modes Corporels : & ainſi, s'il ne le dit de paroles, il aſſure neantmoins en effet, *Que l'Eſprit n'eſt rien autre choſe qu'vn Mode du Corps* ; comme auſſi ne ſemble-t'il auoir diſpoſé toutes ſes raiſons que pour la preuue de cela ſeul. Or ces deux choſes ſont ſi manifeſtement contraires, à ſçauoir, que l'Eſprit humain ſoit vne Subſtance, & vn Mode, que ie ne penſe pas que *cet Autheur* veüille que ſes Lecteurs les croyent toutes deux enſemble ; mais bien qu'il les a ainſi à deſſein entremeſlées, pour contenter les ſimples, & ſatisfaire en quelque façon les Theologiens ſur l'authorité de l'Ecriture Sainte ; mais neantmoins pour faire en ſorte que les plus clairvoyans puiſſent reconnoiſtre, que ce n'eſt pas tout de bon qu'il dit *Que l'Eſprit, ou l'Ame eſt diſtincte du Corps*, & qu'en effet ſon opinion eſt qu'elle n'eſt rien autre choſe qu'vn Mode.

Dans le ſeptiéme & huictiéme articles, il ſemble continuer à dire les choſes autrement qu'il ne les penſe, & ſe ſert encore de cette figure de Rhetorique, qu'on nomme Ironie, vers la fin *du neuviéme article*, mais au commencement il ajoute la raiſon de ce qu'il auance, c'eſt pourquoy il y a lieu de croire qu'en cet endroit-

là il parle tout de bon , & qu'il agit de bonne foy : Voicy ce qu'il dit ; *Il eſt naturellement incertain ſi nous aperceuons veritablement aucuns Cors* , & la raiſon qu'il en a-
porte eſt, *Que les choſes qui ne ſont qu'Imaginaires peuuent
auſſi bien faire impreßion ſur l'Eſprit, que celles qui ſont vrayes.*
Mais cette raiſon ne peut eſtre bonne , ſi l'on ne ſupoſe que nous ne pouuons en aucune façon nous ſeruir
de cette faculté que les Philoſophes apellent d'vn
nom propre *l'Entendement* , mais ſeulément de celle
qu'ils nomment *le ſens commun,* dans laquelle les images
des choſes ſoit vrayes ſoit imaginaires ſont receuës
pour toucher l'Eſprit , & qu'ils diſent nous eſtre commune auec les beſtes. Mais certes ceux qui ont de
l'Entendement , & qui ne reſſemblent pas tout à fait
aux Cheuaux & aux Mulets, encore qu'ils ne ſoient pas
ſeulément touchez par les images que la préſence des
choſes vrayes imprime dans le cerueau, mais auſſi par
celles que d'autres cauſes y excitent , comme il arriue
dans les ſonges ; ceux-là , dis-je , diſcernent neantmoins tres-clairement par la lumiere de la raiſon les
vnes d'auec les autres. Et i'ay expliqué ſi nettement & ſi
exactement dans mes écrits par quel moyen cela ſe
peut infailliblement reconnoiſtre , que ie m'aſſure
qu'il n'y a perſonne qui ait vn peu d'entendement, qui
apres les auoir lûs puiſſe eſtre encore en cela Scepti-
que.

Dans le dixiéme & onziéme articles , il y a encore lieu
de ſoupçonner qu'il ne parle pas tout de bon : car ſi
l'on croit que l'Ame ſoit vne Subſtance, il eſt ridicule
& impertinent de dire *Que le lien qui tient l'Ame vnie &*

conjointe au *Cors n'eſt autre que la Loy de l'Immutabilité de
la Nature, qui eſt telle , que chaque choſe demeure en l'état
qu'elle eſt* : car les choſes qui ſont ſeparées, auſſi bien
que celles qui ſont conjointes , demeurent dans leur
meſme état , pendant que rien ne le change ; mais ce
n'eſt pas dequoy il s'agit en ce lieu-là, mais bien de ſçauoir, comment, & par quel moyen l'Eſprit eſt ioint
auec le Cors , & n'en eſt pas ſeparé: Mais ſi l'on ſupoſe que l'Ame ſoit vn Mode du Cors , c'eſt bien répondre, que de dire qu'il ne faut point chercher d'autre lien par quoy elle luy ſoit conjointe , ſinon qu'elle demeure dans le meſme état où elle eſt ; D'autant
que les Modes n'ont point d'autre Etat , ou d'autre
maniere d'Eſtre, que celuy d'eſtre attachez ou inherans aux choſes dont ils ſont les Modes.

Dans le douzième article , ie trouue qu'il n'eſt different de ce que ie dis qu'en la maniere de s'exprimer ;
car quand il dit que *l'Eſprit n'a pas beſoin d'idées, ou de notions, ou d'axiomes qui ſoient nez, ou Naturellement imprimez
en luy,* & que cependant il luy attribuë la faculté de
penſer, c'eſt à dire vne faculté *naturelle & née auec luy,*
il dit en effet la meſme choſe que moy, quoy qu'il ſemble ne le pas dire. Car ie n'ay iamais écrit, ny iugé que
l'Eſprit ait beſoin d'Idées naturelles , qui ſoient quelque choſe de different de la faculté qu'il a de penſer.
Mais bien eſt-il vray, que reconnoiſſant qu'il y auoit
certaines penſées, qui ne procedoient ny des objets
de dehors, ny de la détermination de ma volonté,
mais ſeulement de la faculté que i'ay de penſer ; Pour
établir quelque difference entre les Idées ou les No-

tions qui font les formes de ces penfées , & les diftinguer des autres qu'on peut apeller *étrangeres* , ou *faites
à plaifir*, ie les ay nommées *Naturelles*; mais ie l'ay dit
au mefme fens que nous difons que la generofité, par
exemple , eft Naturelle à certaines familles ; ou que
certaines maladies, comme la goutte, ou la grauelle,
font Naturelles à d'autres, non pas que les enfans qui
prennent naiffance dans ces familles foient trauaillez
de ces maladies aux ventres de leurs meres, mais par ce
qu'ils naiffent auec la difpofition, ou la faculté de les
contracter.

Mais remarquez, ie vous prie, la belle confequen-
ce que dans *l'article treiziéme* , il tire du précedent. Il
auoit dit en cét article *Que l'Efprit n'a pas befoin d'Idées
qui foient naturellement imprimées en luy, mais que la feule faculté qu'il a de penfer luy fufit pour exercer fes actions*, c'eft
pourquoy conclut-il dans cettuy-cy ,*toutes les Communes Notions qui fe trouuent empraintes en l'Efprit, tirent toutes
leur origine ou de l'Obferuation des chofes, ou de la Tradition*,
comme fi la faculté de penfer qu'à l'Efprit ne pouuoit
d'elle-mefme rien produire , & qu'elle n'euft iamais
aucunes perceptions ou penfées, que celles qu'elle a
receuës de l'Obferuation des chofes, ou de la Tradition, c'eft à dire des fens. Ce qui eft tellement faux ,
que quiconque a bien compris iufqu'où s'étendent
nos fens, & ce que fe peut eftre précifement qui eft
porté par eux iufqu'à la faculté que nousauons de penfer , doit auoüer au contraire qu'aucunes Idées des
chofes ne nous font reprefentées par eux, telles que
nous les formons par la penfée; en forte qu'il n'y a rien

dans nos idées , qui ne soit naturel à l'Esprit, ou à la faculté qu'il a de penser ; si seulement on excepte certaines circonstances qui n'apartiennent qu'à l'experience ; Par exemple, c'est la seule experience qui fait que nous iugeons que telles ou telles idées , que nous auons maintenant presentes à l'Esprit , se raportent à quelques choses qui sont hors de nous ; non pas à la verité que ces choses les ayent transmises en nostre Esprit par les Organes des sens telles que nous les sentons; mais à cause qu'elles ont transmis quelque chose, qui a donné occasion à nostre Esprit, par la faculté naturelle qu'il en a , de les former en ce temps-là plu-tost qu'en vn autre. Car, comme *nostre Autheur* mesme assure dans l'article dix-neufiéme, conformement à ce qu'il a apris de mes principes, rien ne peut venir des objets exterieurs iusqu'à nostre Ame par l'entremise des sens, que quelques mouuemens corporels; mais ny ces mouuemens mesmes, (ny les figures qui en prouiennent) ne sont point conceus par nous tels qu'ils sont dans les Organes des sens , comme i'ay amplement expliqué dans la Dioptrique; D'où il suit que mesme les idées du mouuement & des figures sont Naturellement en nous: Et à plus forte raison les idées de la Douleur, des Couleurs, des Sons , & de toutes les choses semblables, nous doiuent-elles estre Naturelles, afin que nostre Esprit, à l'ocasion de certains mouuemens corporels auec lesquels elles n'ont aucune ressemblance, se les puisse representer. Mais que peut-on feindre de plus absurde, que de dire que toutes les Notions Communes qui sont en nostre Esprit procedent de ces mouuemens,

& qu'elles ne peuuent estre sans eux. Ie voudrois bien que *nostre Autheur* m'aprist quel est le mouuement Corporel qui peut former en nostre Esprit quelque Notion Commune, par exemple celle-cy, *Que les choses qui conuiennent à vn troisiéme conuiennent entr'elles*, ou telle autre qu'il luy plaira ; car tous les mouuemens ne sont que particuliers, & les notions sont vniuerselles, & mesme elles n'ont aucune affinité auec ces mouuemens, & ne se raportent en aucune façon à eux.

Neantmoins *dans l'article quatorziéme*, apuyé sur ce beau fondement, il continuë d'assurer que l'idée mesme de Dieu, qui est en nous, ne vient pas de la faculté que nous auons de penser, comme vne chose qui luy soit Naturelle, *mais qu'elle vient de la Reuelation Diuine, ou de la Tradition, ou de l'Obseruation des choses*. Et pour mieux reconnoistre l'erreur de cette assertion, il faut considerer, qu'on peut dire en deux façons qu'vne chose vient d'vne autre ; à sçauoir, ou par ce que cette autre en est la cause Prochaine & Principale, sans laquelle elle ne peut estre ; ou par ce qu'elle en est la cause Eloignée & Accidentelle seulement, qui donne occasion à la Principale de produire son effet en vn tems plu-tost qu'en vn autre. C'est ainsi que tous les ouuriers sont les causes principales & prochaines de leurs ouurages, & que ceux qui leur ordonnent de les faire, ou qui leur promettent quelque recompense s'ils les font, en sont les causes accidentelles & éloignées, à cause que peut-estre ils ne les feroient point, si on ne les leur commandoit. Or il n'y a point de doute, que la Tradition, ou l'Obseruation des choses, ne soit souuent la cauſe éloignée qui fait que nous venons à penſer à l'idée que nous pouuons auoir de Dieu, & à la rendre préſente à noſtre Eſprit; Mais que c'en ſoit la cauſe prochaine, & effectiue de cette idée, cela ne ſe peut dire, que par celuy qui croit que nous ne conceuons iamais rien autre choſe de Dieu, ſinon quel-eſt ce nom-là, *Dieu*, ou quelle-eſt la figure Corporelle ſous laquelle il nous eſt ordinairement repreſenté par les Peintres. Car de vray, ſi l'obſeruation ſe fait par la veuë, elle ne peut d'elle meſme repreſenter autre choſe à l'Eſprit que des peintures, & meſme des peintures dont toute la varieté ne conſiſte que dans celle de certains mouuemens corporels, comme *noſtre Autheur* meſme l'enſeigne; Si elle ſe fait par l'oüye, elle ne peut repreſenter que des ſons & des paroles; Que ſi c'eſt par les autres ſens qu'elle ſe faſſe, vne telle obſeruation ne ſçauroit rien contenir qui puiſſe eſtre raporté à Dieu. Et certes c'eſt vne choſe ſi veritable que la veuë ne repreſéte de ſoy rien autre choſe à l'Eſprit que des peintures, ny l'oüye que des ſons & des paroles, que perſonne ne le reuoque en doute; Si bien que tout ce que nous conceuons de plus que ces paroles & ces peintures, comme les choſes ſignifiées par ces ſignes, doit neceſſairement nous eſtre repreſenté par des idées, qui ne viennent point d'ailleurs que de la faculté que nous auons de penſer, & qui par conſequent ſont Naturellement en elle, c'eſt à dire, ſont tou-jours en nous en puiſſance; car eſtre naturellement dans vne faculté, ne veut pas dire y eſtre en acte, mais en puiſſance ſeulement; vû que le nom meſme de faculté ne veut di-

re autre

re autre chose que Puissance. Or personne, s'il ne veut passer ouuertement pour vn Athée, & mesme pour vn homme qui a perdu le sens, ne peut assurer que nous ne sçaurions rien connoistre de Dieu que le seul nom, ou la figure corporelle dont les Peintres ou les Sculpteurs se seruent pour nous le representer.

Aprés que *nostre Autheur* a exposé l'opinion qu'il a touchant la maniere dont nous pouuons connoistre Dieu, il réfute *dans l'article quinziéme* tous les argumens par lesquels i'ay démonstré son existence; où ie ne puis que ie n'admire la grande confiance ou présomption de cet homme, de croire qu'il puisse auec tant de facilité, & en si peu de paroles, renuerser tout ce que i'ay composé aprés vne longue & sérieuse meditation, & que ie n'ay pû expliquer que dans vn liure entier. Toutes les raisons que i'ay aportées pour cette preuue se raportent à deux. La premiere est, Que nous auons vne connoissance de Dieu, ou vne idée, qui est telle, que si nous faisons bien réflexion sur ce qu'elle contient, & si nous l'examinons auec soin, en la maniere que i'ay monstré qu'il falloit faire, la seule consideration que nous en ferons nous fera connoistre, qu'il ne se peut pas faire que Dieu n'existe, dautant que sa notion ou son idée ne contient pas seulement vne existence possible ou Contingente, ainsi que celles de toutes les autres choses, mais bien vne existence absolument necessaire, & Actuelle. Cependant *l'Autheur de ce Placart*, pour réfuter cette preuue, que plusieurs grans personnages éminens par dessus les autres en esprit & en science, aprés l'auoir diligemment examinée, tiennent

auſſi bien que moy, pour vne tres-certaine & tres-euidente démonſtration, employe ce peu de paroles. *La
notion que nous auons de Dieu, ou cette idée de Dieu qui eſt exiſtante en noſtre Eſprit, n'eſt pas vn argument aſſez fort & conuaincant pour prouuer que Dieu exiſte, puis qu'il eſt certain que
toutes les choſes dont nous auons en nous les idées n'exiſtent pas
actuellement.* Par où il fait voir à la verité qu'il a lû mes
écrits; mais par meſme moyen il témoigne qu'il n'a
pû en aucune façon les entendre, ou du moins qu'il ne
l'a pas voulu; car la force de mon argument n'eſt pas
priſe de la Nature de cette idée conſiderée en general,
mais d'vne Proprieté particuliere, qui luy conuient,
laquelle eſt tres-euidente en l'idée que nous auons
de Dieu, & qui ne ſe peut rencontrer dans l'idée de
quelqu'autre choſe que ce ſoit; c'eſt à ſçauoir, de la neceſſité de l'exiſtence, qui eſt requiſe pour le comble
& l'acompliſſement des perfections, ſans lequel nous
ne ſçaurions conceuoir Dieu. L'autre argument par
lequel i'ay demonſtré qu'il y a vn Dieu, eſt pris, de ce
que i'ay euidemment prouué que nous n'aurions
point eu la faculté d'entendre toutes ces perfections
que nous reconnoiſſons en Dieu, s'il n'eſtoit vray que
Dieu exiſte, & que nous auons eſté créez par luy. Mais
noſtre Autheur penſe l'auoir abondamment refuté,
en diſant, *Que l'idée que nous auons de Dieu n'eſt pas plus au
deſſus de la portée de noſtre Eſprit ou de noſtre Penſée, & n'excede pas dauantage la Vertu naturelle que nous auons de penſer, que l'idée d'aucune autre choſe que ce ſoit.* Toutesfois ſi
par là il entend ſeulement que l'idée que nous auons
de Dieu, ſans le ſecours ſurnaturel de la grace, ne nous

eſt pas moins Naturelle, que le ſont toutes les autres
idées que nous auons des autres choſes, il eſt de mon
auis, mais on ne peut de là rien conclure contre moy:
Que s'il eſtime que cette idée de Dieu ne contient pas
plus de perfections Objectiues, que toutes les autres
idées priſes enſemble, il erre manifeſtement; Or c'eſt
de ce ſeul excez de perfections, dont l'idée que nous
auons de Dieu ſurpaſſe toutes les autres, que i'ay tiré
mon argument.

Dans les ſix autres articles, il ne dit rien qui mérite d'e-
ſtre remarqué, ſinon que voulant diſtinguer les proprietez de l'Ame les vnes d'auec les autres, il en parle
en termes fort confus & fort impropres. Il eſt vray que
i'ay dit en quelque endroit qu'elles ſe raportent toutes
à deux principales; à ſçauoir, à la Perception de l'Entendement, & à la Détermination de la volonté; mais
noſtre Autheur les appelle d'vn nom fort impropre
l'Entendement, & la Volonté; Aprés quoy, il diuiſe ce
qu'il a apellé Entendement en perception, & iugement;
en quoy il s'éloigne de mon opinion: Car pour moy,
voyant qu'outre la perception, qui eſt abſolument requiſe auant que nous puiſſions iuger, il eſt encore beſoin d'vne Affirmation ou d'vne negation pour établir
la forme d'vn iugement; & prenant garde que ſouuent
il nous eſt libre d'arreſter & de ſuſpendre noſtre con-
ſentement, encore que nous ayons la perception de la
choſe dont nous deuons iuger, i'ay raporté cet acte de
noſtre iugement, qui ne conſiſte que dans le conſen-
tement que nous donnons, c'eſt à dire, dans l'affirmation ou dans la negation de ce dont nous iugeons, à

la détermination de la volonté, plu-tost qu'à la perception de l'Entendement. Aprés cela fesant le dénombrement des especes de *perception*, il ne comte que *le sentiment, la reminiscence, & l'imagination*; D'où l'on peut inferer, qu'il n'admet aucune Intellection Pure, c'est à dire, aucune intellection qui soit indépendante de toute image corporelle; Et partant on peut penser qu'il est de cette opinion, qu'on ne peut auoir aucune connoissance de Dieu, ny de l'Ame humaine, ny d'aucune autre chose incorporelle; dequoy ie ne puis m'imaginer d'autre cause, sinon que les pensées qu'il a de ces choses sont si confuses, qu'il n'en conçoit aucune qui soit pure, & entierement détachée de toute image corporelle.

Enfin, *apres tous ces articles*, il a adiouté ces paroles qu'il a tirées d'vn de mes écrits, *Il n'y en a point qui paruiennent plus aysément à vne haute réputation de pieté que les superstitieux, & les hypocrites*; par lesquelles ie ne puis deuiner ce qu'il a voulu dire, si ce n'est peut-estre qu'il a imité les hypocrites, en ce que souuent il a dit les choses autrement qu'il ne les pensoit; mais ie ne pense pas qu'il puisse iamais paruenir par ce moyen à vne grande réputation de pieté.

Au reste, ie suis icy contraint de confesser, que i'ay beaucoup de confusion d'auoir autrefois loüé cet Autheur, comme vn homme d'vn esprit fort vif & penetrant, & d'auoir écrit en quelque endroit, que ie ne pensois pas qu'il enseignast aucunes opinions que ie ne voulusse bien reconnoistre pour miennes; Il est vray que pour lors ie n'auois encore vû de luy aucun

écrit, où il n'euſt eſté vn fidelle copiſte, ſi ce n'eſt peut-
eſtre en vn ſeul mot qu'il s'eſtoit haſardé de dire de
luy-meſme, mais qui luy auroit ſi mal ſuccedé, & dont
il auoit eſté ſi ſeuerement repris par ſes Collegues, que
cela me feſoit croire qu'il n'entreprendroit plus rien
de ſemblable; Et pour ce que ie voyois qu'en tout le
reſte il embraſſoit auec grande affection des opinions
que i'eſtimois eſtre tres-veritables, i'attribuois cela à
la force & à la viuacité de ſon Eſprit. Mais maintenant
pluſieurs experiences m'obligent de croire que c'eſt
plu-toſt l'amour de la nouueauté que celle de la verité
qui l'emporte. Et d'autant qu'il trouue trop vieux &
trop hors d'vſage tout ce qu'il a apris d'autruy, & que
rien ne luy paroiſt aſſez nouueau que ce qu'il tire de ſa
propre ceruelle; Et auſſi qu'il eſt ſi peu heureux en ſes
inuentions, que ie n'ay iamais remarqué aucun mot en
ſes écrits (ſi ce n'eſt qu'il l'euſt tiré de ceux des autres)
que ie ne iugeaſſe contenir quelque erreur; Ie me ſens
obligé d'auertir icy tous ceux qui le tiennent pour vn
grand défenſeur de mes opinions, qu'il n'y en a preſque aucune, non ſeulement en ce qui concerne les choſes Metaphyſiques, où il ne feint point de me contredire ouuertement, mais auſſi en celles qui concernent
les choſes Phyſiques, qu'il ne propoſe mal, & dont il
ne corrompe le ſens. De ſorte que ie ſuis plus indigné
de voir qu'vn tel Docteur s'ingere d'enſeigner mes
opinions, & prenne à taſche d'interpreter mes écrits, &
d'y faire des commentaires; que d'en voir quelques
autres qui les combattent auec aigreur & animoſité.

    Car ie n'en ay encore vû pas vn, qui ne m'ait attribué des opinions tout à fait differentes des miennes, & mesme si absurdes & si impertinentes, que ie n'aprehende pas qu'on puisse iamais persuader à des personnes tant soit peu raisonnables, que ie sois l'Auteur de telles opinions. C'est ainsi qu'à ce moment mesme que i'écris, on me vient d'aporter deux libelles tout nouuellement composez par vn écriuain de cette Farine ; Dans le premier desquels il est dit , *Qu'il y a certains Nouateurs qui taschent d'oster toute la créance que l'on peut auoir aux sens ; & qui soutiennent qu'vn Philosophe peut nier qu'il y ait vn Dieu, & douter de son Existence, aprés auoir admis d'ailleurs, que l'idée, l'Espece, & la connoissance actuelle de Dieu est Naturellement emprainte en nostre Esprit.* Et dans l'autre il est dit, *Que ces Nouateurs prononcent hardiment, Que Dieu ne doit pas estre dit seulement Negatiuement, mais mesme Positiuement la cause Efficiente de soy-mesme.* Voila tout ce dont il s'agit dans l'vn & dans l'autre de ces libelles, qui ne contiennent rien de plus sinon vn ramas d'argumens pour prouuer, Premierement, *Que les enfans dans le ventre de leurs meres n'ont aucune connoissance actuelle de Dieu, & partant, que nous n'auons aucune idée, ou espece actuelle de Dieu, naturellement emprainte en nostre Esprit.* Secondement, *Qu'il ne faut pas nier qu'il y ait vn Dieu, & que ceux-là qui le nient doiuent estre tenus pour des Athées, & sont punissables par les Loix.* Enfin , *Que Dieu n'est pas la cause efficiente de soy-mesme.* Toutes lesquelles choses ie pourois à la verité dissimuler , comme n'estant point écrites contre moy, à cause que mon nom ne se trouue point dans ces écrits, & qu'il n'y a pas vne opinion de celles qui y sont impugnées, que ie ne tien-

ne pour tres-fauſſé, & tout à fait abſurde. Mais neantmoins, pour ce qu'elles reſſemblent fort à quelques-
vnes qui m'ont déja eſté pluſieurs fois fauſſement imputées par des gens de cette Robe, & qu'on n'en connoiſt point d'autres à qui on les puiſſe attribuer; & auſſi pource que tout le monde ſçait que c'eſt contre
moy que ces libelles ont eſté faits, ie prendray icy ocaſion d'auertir leur Autheur; *Premierement*, Que lors
que i'ay dit que l'idée de Dieu eſt Naturellement en
nous, ie n'ay iamais entendu autre choſe, que ce que
luy-meſme, dans la ſixiéme ſection de ſon ſecond liure, dit en termes exprez eſtre veritable, c'eſt à ſçauoir,
Que la Nature a mis en nous vne Faculté, par laquelle nous
pouuons connoiſtre Dieu; Mais que ie n'ay iamais écrit, ny
penſé, que telles idées fuſſent *actuelles*, ou qu'elles fuſſent des Eſpeces diſtinctes de la faculté meſme que
nous auons de penſer; Et meſme ie diray plus, qu'il
n'y a perſonne qui ſoit ſi éloignée que moy de tout ce
fatras d'Entitez Scholaſtiques; En ſorte que ie n'ay
pû m'empeſcher de rire, quand i'ay vû ce grand nombre de raiſons, que cet homme, ſans doute peu méchant, a ramaſſées auec grand ſoin & trauail, pour
montrer, *Que les enfans n'ont point la connoiſſance actuelle*
de Dieu, tandis qu'ils ſont au ventre de leur mere; comme ſi
par-là il auoit trouué vn beau moyen de me com-
battre.

Secondement, Que ie n'ay auſſi iamais enſeigné,
Qu'il falloit nier qu'il y euſt vn Dieu; ou *que Dieu pouuoit*
nous tromper; ou *qu'il falloit réuoquer toutes choſes en doute*;
ou *que l'on ne deuoit donner aucune créance aux ſens*; ou *que*

le sommeil ne se pouuoit distinguer de la veille, & autres
choses semblables qui m'ont quelquefois esté obie-
ctées par des calomniateurs ignorans ; mais que i'ay
rejetté toutes ces choses en paroles tres-expresses, &
que ie les ay mesme refutées par des argumens tres-
puissans, & i'ose mesme dire plus-puissans qu'aucun
autre ait iamais fait auant moy. Et afin de le pouuoir
faire plus commodement & plus efficacement, i'ay
proposé toutes ces choses comme douteuses au commencement de mes Meditations ; mais ie ne suis pas le
premier qui les ay inuentées, il y a long-temps qu'on
a les oreilles battuës de semblables doutes proposez
par les Sceptiques. Mais qui a-t'il de plus inique, que
d'attribuer à vn Autheur des opinions qu'il ne propose que pour les refuter ? Qui a t'il de plus impertinent
que de feindre qu'on enseigne ces fausses opinions,
au moins dans le temps qu'on les propose, & qu'elles
ne sont pas encore refutées, & partant que celuy qui
raporte les argumens dont se seruent les Athées, est
luy-mesme vn Athée pour vn temps ? Qui a-t'il de
plus pueril, que de dire, ques'il vient à mourir auant
que d'auoir écrit ou inuenté la démonstration qu'il
espere, il meurt comme vn Athée ; & qu'il a enseigné
par auance vne pernicieuse doctrine, côtre la maxime
communement receuë, qui dit, *qu'il n'est pas permis de
faire des maux pour en tirer des biens :* & choses semblables ?
Quelqu'vn dira peut-estre que ie n'ay pas raporté ces
fausses opinions, comme venant d'autruy, mais comme miennes ; Mais qu'importe cela ? Puisque dans le
mesme liure où ie les ay raportées, ie les ay aussi toutes
refutées ;

refutées; & mesme qu'on peut voir aysément par le titre du liure, que i'estois fort éloigné de les croire, puisque i'y promettois *des démonstrations touchant l'existence
de Dieu.* Et peut-on s'imaginer qu'il y en ait de si sots,
ou de si simples, que de se persuader , que celuy qui
compose vn liure qui porte ce titre, ignore, quand il
trace les premieres pages , ce qu'il a entrepris de démonstrer dans les suiuantes? De plus, la façon d'écrire que ie m'estois proposée , qui estoit en forme de
Meditations, & que i'auois choisie comme fort propre pour expliquer plus clairement les raisons que i'a-
uois à déduire , m'obligeoit de ne pas proposer ces objections autrement que comme miennes. Que si cette
raison ne satisfait pas ceux qui se meslent de censurer
mes écrits , ie voudrois bien sçauoir ce qu'ils disent des
Ecritures Saintes, auec lesquelles nuls autres écrits qui
viennent de la main des hommes ne doiuent estre
comparez , lors qu'ils y voyent certaines choses, qui
ne se peuuent bien entendre, si l'on ne supose qu'elles
sont raportées, comme estant dittes par des impies ,
ou du moins par d'autres, que par le Saint Esprit , ou
les Prophetes ; Telles que sont ces paroles de l'Eccl.
chap. 2. *Ne vaut-il pas mieux boire & manger, & faire
gouter à son Ame des fruits de son trauail? & cela est de la
main de Dieu. Qui est-ce qui en poura déuorer autant , ou qui
poura se gorger de plaisirs autant que moy?* Et au chapitre suiuant ; *I'ay souhaité en mon cœur , pensant aux enfans des
Hommes, que Dieu les éprouuast; & fist connoistre qu'ils sont
semblables aux bestes. C'est pourquoy, l'Homme & les Cheuaux périssent de mesme façon , leur condition est pareille , com-*

me l'*Homme meurt ceux-cy meurent , ils ont tous une pareille respiration , & l'Homme n'a rien de plus que le Cheual*, &c. Pensent-ils que le Saint Esprit nous enseigne en ce lieu-là, qu'il faut faire bonne chere, qu'il n'y a qu'à se donner du bon tems , & que nos Ames ne font pas plus immortelles que celles des Cheuaux ? Ie ne pense pas qu'ils soient enragez & perdus à ce point; mais aussi ne doiuent-ils pas me calomnier, si ie n'ay pas gardé en écriuant des précautions qui n'ont iamais esté obseruées par aucun autre qui ait écrit , non pas mesme par le S. Esprit.

Et *en troisiéme lieu*, ie donne auis à l'Autheur de ces libelles, que ie n'ay iamais écrit , *Que Dieu ne doit pas estre dit seulement Négatiuement, mais mesme Positiuement, la Cause Efficiente de soy-mesme*, ainsi qu'il assure fort inconsiderement en la page 8. de son dernier liure. Qu'il cherche dans mes écrits, qu'il les lise, qu'il les parcoure d'vn bout à l'autre, au lieu d'y trouuer rien de semblable, il y trouuera tout le contraire. Et il n'y a pas vn de ceux qui ont lû mes écrits, ou qui me connoissent tant soit peu, ou du moins qui ne me tiennent pas tout à fait pour vn fat, ou pour vn insensé, qui ne sçache que ie suis fort éloigné d'auoir des opinions si monstrueuses. Et c'est ce qui fait que i'admire grandement, quel peut estre le dessein de ces Calomniateurs: car s'ils prétendent de persuader aux hommes , que i'ay écrit des choses toutes contraires à celles qui se trouuent dans mes écrits, ils deuroient auparauant prendre le soin de suprimer tous ceux que i'ay publiez, & mesme effacer de la memoire de ceux qui les ont lûs tout ce

qu'ils en ont retenu, car tandis qu'ils ne le font point,
ils se nuisent plus qu'à moy. I'admire aussi qu'ils s'éleuent si fort, & auec tant de chaleur & d'animosité,
contre vne personne qui ne les a iamais ny attaqué, ny
nuy en aucune chose, mais qui pouuoit peut-estre bien
leur nuire, s'ils m'auoient irrité ; & que cependant ils
ne disent mot à plusieurs autres qui ont refuté leur doctrine par des liures entiers, & qui se sont mocquez
d'eux, comme de gens simples & extrauagans. Ie ne
veux pourtant pas rien adjouter icy, qui puisse dauantage les détourner du dessein qu'ils peuuent auoir de
m'attaquer par leurs libelles ; C'est auec plaisir que ie
voy, qu'ils m'estiment assez pour m'attaquer de la sorte ; Mais cependant ie souhaite qu'ils reuiennent en
leur bon sens.

*Cecy a esté écrit à Egmond en Hollande sur la fin du mois
de Decembre en l'année 1647.*

✻✻✻✻✻✻✻✻✻✻✻✻✻✻✻✻✻✻✻✻✻

CLARISSIMO VIRO DOMINO ✻✻✻✻.

CENSVRA QVARVMDAM EPISTOLARVM

DOMINI BALZACII.

LETTRE C.

CLARISSIME DOMINE,

Quocunque animo legam has Epistolas, siue vt

ſeriò examinem, ſiue magis vt oblecter, tantoperè mihi ſatisfaciunt, vt non modo nihil inueniam quod debeat reprehendi, ſed nequidem etiam in rebus tam bonis facilè iudicem quid præcipuè ſit laudandum. Eſt enim in illis puritas elocutionis, tanquam in humano corpore valetudo, quæ ſcilicet ex eo maximè credenda eſt optima, quod nullum relinquat ſui ſenſum. Eſt inſuper elegantia & venuſtas, tanquam in perfectè formoſa muliere pulchritudo, nempe quæ non in hac aut illâ re, ſed in omnium tali conſenſu & temperamento conſiſtit, vt nulla deſignari poſſit eius pars inter cæteras eminentior, ne ſimul aliarum malè ſeruata proportio imperfectionis arguatur. Sed veluti ſingulæ pulchritudinis partes, inter næuos & defectus formarum quas videre conſueuimus, facilè di-ſtinguuntur, atque harum nonnullæ interdum tanta laude dignæ ſunt, vt hinc optimè, quantò maiora eſſent formæ omnibus numeris abſolutæ merita, ſi quæ talis reperiretur, æſtimemus; non diſpari ratione, ſi ad aliorum ſcripta mentem conuerto, plurimas ſæpe in illis virtutes orationis enumero, nempe quorumdam vitiorum mixtura diſtinctas. Et quoniam illæ etiam ibi ſuis laudibus non carent, hinc maximè percipio, quantò pluris hîc faciendæ ſint, vbi puræ exiſtunt. Apud alios enim ſicubi verba lectiſſima, curioſo ordine diſpoſita, & liberali ſtilo profuſa, non parum auribus fortaſsè ſatisfaciant, ibidem vt plurimùm ſenſus humilis, & in vaſtâ oratione diſperſus, attenta ingenia fruſtratur. Si contra ſignificantiſſimæ dictiones, nobilium cogitationum abundantiâ, mentes ca-

paciores interdum oblectent, easdem presso & subob-
scuro stilo saepius fatigant. Si qui vero inter haec extre-
ma medium tenentes, verum sermonis institutum in
puris rebus exprimendis rigidiùs obseruent, tam au-
steri sunt, vt à delicatis non amentur. Si qui denique in
salibus & iocis teneriores musas exerceant, illi ferè omnes vel in vocum exoletarum fictâ maiestate, vel in
peregrinarum strepitu, vel in nouarum mollitie, vel
in ridiculis aequiuocis, vel in cogitationibus poëticis,
falsisque rationibus & puerilibus argutijs malè collo-
cant orationis venustatem. Atque hae nugae seuerioris
notae hominibus non aliter placere possunt, quam hi-
strionum ineptiae, aut gesticulationes simiarum. In his
autem Epistolis, & elegantissimae orationis vbertas,
quae sola implendis lectorum animis posset sufficere,
vires argumentorum non dissipat, nec obruit, & sen-
tentiarum dignitas, quae se proprio pondere facilè su-
stineret, nullâ premitur inopiâ dictionum; sed cogitationes altissimi spiritus, atque à plebe semotae, verbis in ore hominum frequentibus, & longo vsu emen-
datis, accuratissimè exprimuntur: atque ex tam foeli-
ci rerum cum sermone concordiâ, faciles quaedam
gratiae exurgunt, ab ascititijs illis, quibus vulgus deci-
pi solet, non minus diuersae, quam formosissimae puel-
lae color ingenuus, à minio & cerussâ prurientium ve-
tularum. Et haec quidem de elocutione dicta sint, quae
sola ferè in hoc scribendi genere esset spectanda, nisi
hae litterae aliquid altius saperent, quam quae vulgò
mittuntur ad familiares. Quia verò saepius non minora tractant argumenta, quam ipsae conciones quae ab

CCCc iij

antiquis oratoribus publicè habebantur, quædam dicenda sunt de eximiâ illâ persuadendi scientiâ, quæ requiri solet ad eloquentiæ complementum. Hæc verò apud alios habuit etiam suas virtutes & sua vitia. Nam primis & incultis temporibus, antequam vlla fuissent adhuc in mundo dissidia, & cum lingua candidæ mentis affectus non inuita sequebatur, erat quidem in maioribus ingenijs Diuina quædam eloquentiæ vis, quæ ex zelo veritatis & sensus abundantiâ profluens, rudes homines ex syluis eduxit, leges imposuit, vrbes condidit, eademque habuit persuadendi potestatem, simul & regnandi. Sed paulò post illam apud Græcos & Romanos fori contentio & concionum frequentia corrupit, dum nimis exercuit. Transmisit enim ad vulgares homines, qui, cum aperto Marte, & solius veritatis copijs, auditorū animos vincere desperarent, cōfugiebant ad sophismata, & inanes verborum insidias, quibus etsi non rarò incautos fallerent, non meliori tamē iure cum prioribus de Oratoriâ laude contēdebār, quā proditores, de verâ fortitudine, cum animosis militibus. Et quamuis fucatas suas rationes aliquando etiā ad veritatis patrocinium adhiberent, cum tamen præcipuam artis gloriam ponerent in deterioribus causis sustinendis, in hoc illos fuisse miserrimos puto, quod Optimi Oratores esse non potuerint, quin mali homines viderentur. Hic vero Balzacius quæcunque dicenda suscipit, tam validis rationibus explicat, & tam grandibus exemplis illustrat, vt maximè admirer quandam in eius stilo vehementiam, & naturæ impetum, curiosâ arte non frangi, sed inter elegantias & ornatū

ætatis vltimæ, prioris eloquentiæ vires & maieſtatem
retinere. Neque enim abutitur ille ſimplicitate lecto-
ris, ſed ijs vti ſolet argumentis, quæ licet tam perſpi-
cua ſint, vt apud vulgus facilè inueniant ſidem, ſunt
nihilominus tam ſolida & vera, vt quo maiori quiſque
ingenio eſt, eò certiùs ab illo conuincatur, idque po-
tiſſimùm quoties non alia probat, quam quæ ſibi prius
ipſe perſuaſit. Quamuis enim paradoxa veris interdum
rationibus adornari poſſe non ignoret, periculoſaſ-
que veritates aliquibus in locis prudentiſſimâ arte de-
clinet, eſt tamen in eius ſcriptis generoſa quædam libertas, quæ ſatis indicat illum nihil ægriùs ſuſtinere,
quam mentiri. Hinc, ſi quando vitia nobilium deſcri-
benda ſuſcipiat, non ſeruili potentiæ metu, ſi virtutes, nullâ animi malignitate à vero dicendo prohi-
betur: Si vero de ſeipſo ſermonem inſtituat, nec corporis morbos & naturæ imbecilitatem exponendo,
contemptum, nec meritas ingenij ſui laudes non diſ-
ſimulando, inuidiam reformidat. Quod non ignoro
à multis primo intuitu in deteriorem partem ſumi
poſſe; Vitia enim tam frequentia ſunt hoc ſæculo, &
virtutes tam raræ, vt quotieſcunque idem effectus
poteſt ad honeſtam vel turpem cauſam referri, de illo
non dubitent mortales, iuxta id quod ſæpius accidit,
iudicare. Quiſquis autem animaduertet eundem Balzacium, non bona tantum, ſed mala etiam, tum ſua
tum aliena, in ſcriptis ſuis liberè declarare, nunquam
profectò rebitur, adeò diuerſos in eodem homine
mores exiſtere, vt modò dedecora aliorum per mali-
gnam temeritatem, modò rectè facta per timidam

adulationem diuulget, modò etiam infirmitates suas
per quandam animi vilitatem, modò egregias dotes
per cupidinem inanis gloriæ describat: Sed potius illum hæc omnia, tantùm quia talia esse sentit, ex amore
veritatis, & per insitam quandam generositatem dissimulare non posse. Atque hunc candorem & antiquos mores, ingenij supra vulgus positi, rebitur æqua
posteritas, etiamsi nunc in homine viuo liuidi mortales tam sublime virtutis genus recusent admittere.
Tanta est enim deprauatio gentis humanæ, vt quemadmodum in cœtu corruptæ iuuentutis castum esse
vel sobrium, ita ferè apud omnes vitio vertatur ingenuum esse & veracem, multòque auidiùs falsa crimina, quam veræ laudes audiantur; idque potissimùm, si
quando viri egregij de se ipsis loqui velint; nam tunc
maximè veritas superbiæ, dissimulatio verò & mendacium moderationi tribuuntur. Vnde famosi in Balzacium libelli tam speciosam criminandi materiam
habuere, vt quascunque alias, quantumlibet iniustas
vel ridiculas accusationes, capitali isti coniungerent,
simul tamen omnes, tanquam huius fauore commendatas, imperitum vulgus admitteret: Et certè hoc
in loco calamitosum mihi videtur, tam multos, ex ijs
qui se Aliquos putant, Vulgi appellatione comprehendi.

A MON-

A MONSIEVR DE BALZAC.
LETTRE CI.

Monsievr,

Encore que pendant que vous auez esté à Balzac, ie sceusse bien que tout autre entretien que celuy de vous-mesme, vous deuoit estre importun, si est-ce que ie n'eusse pû m'empescher de vous y enuoyer par fois quelque mauuais compliment, si i'eusse crû que vous y eussiez dû demeurer si long-temps, comme vous auez fait. Mais ayant eu l'honneur de receuoir vne de vos Lettres, par laquelle vous me faisiez esperer que vous seriez bien-tost à la Cour, ie fis vn peu de scrupule d'aller troubler vostre repos iusques dans le desert, & crû qu'il valoit mieux que i'attendisse à vous écrire, que vous en fussiez sorty; c'est ce qui m'a fait differer d'vn voyage à l'autre l'espace de dix-huict mois, ce que ie n'ay iamais eu intention de differer plus de huict iours, & ainsi sans que vous m'en ayez obligation, ie vous ay exemté tout ce temps-là de l'importunité de mes Lettres. Mais puisque vous estes maintenant à Paris, il faut que ie vous demande ma part du tems que vous auez résolu d'y perdre à l'entretien de ceux qui vous iront visiter, & que ie vous die que depuis deux ans que ie suis dehors, ie n'ay pas esté vne seule fois tenté d'y retourner, sinon depuis

qu’on m’a mandé que vous y estiez ; Mais cette nouuelle m’a fait connoistre que ie pourois estre maintenant quelqu’autre part, plus heureux que ie ne suis icy,
& si l’ocupation qui m’y retient n’estoit selon mon petit iugement la plus importante, en laquelle ie puisse
iamais estre employé, la seule esperance d’auoir l’honneur de vostre conuersation, & de voir naistre naturellement deuant moy ces fortes pensées, que nous ad-
mirons dans vos ouurages, seroit sufisante pour m’en
faire sortir. Ne me demandez point, s’il vous plaist,
quelle peut estre cette ocupation que i’estime si importante, car i’aurois honte de vous la dire; Ie suis deuenu si Philosophe, que ie méprise la plus-part des
choses qui sont ordinairement estimées, & en estime
quelques autres dont on n’a point acoustumé de faire cas. Toutefois, pour ce que vos sentimens sont fort
éloignez de ceux du peuple, & que vous m’auez souuent témoigné que vous iugiez plus fauorablement
de moy que ie ne méritois, ie ne laisseray pas de vous
en entretenir plus ouuertement quelque iour, si vous
ne l’auez point désagreable. Pour cette heure, ie me
contenteray de vous dire que ie ne suis plus en humeur
de rien mettre par écrit, ainsi que vous m’y auez autrefois vû disposé; Ce n’est pas que ie ne fasse grand
état de la réputation, lors qu’on est certain de l’acquerir bonne & grande comme vous auez fait ; Mais pour
vne médiocre, & incertaine, telle que ie la pourois esperer, ie l’estime beaucoup moins que le repos, & la
tranquillité d’esprit que ie possede. Ie dors icy dix heures toutes les nuits ; & sans que iamais aucun soin me

réueille, aprés que le sommeil a long-tems promené mon esprit dans des buys, des Iardins, & des Palais enchantez, où i'éprouue tous les plaisirs qui sont imaginez dans les Fables, ie mesle insensiblement mes réveries du iour auec celles de la nuit; & quand ie m'aperçoy d'estre éueillé, c'est seulement afin que mon contentement soit plus parfait, & que mes sens y participent; car ie ne suis pas si seuere, que de leur refuser aucune chose, qu'vn Philosophe leur puisse permettre, sans offenser sa conscience. Enfin il ne me manque rien icy que la douceur de vostre conuersation, mais elle m'est si necessaire pour estre heureux, que peu s'en faut que ie ne rompe tous mes desseins, afin de vous aller dire de bouche que ie suis de tout mon cœur

Monsieur,

Vostre tres-humble & tres-obeïssant
Seruiteur, DESCARTES.

A MONSIEVR DE BALZAC,

LETTRE CII.

MONSIEVR,

I'ay porté ma main contre mes yeux pour voir si ie ne dormois point, lors que i'ay lû dans vostre Lettre que vous auiez dessein de venir icy, & maintenant encore ie n'ose me réjoüir autrement de cette nouuelle, que comme si ie l'auois seulement songée. Toutefois

ie ne trouue pas fort étrange qu'vn esprit grand & genereux comme le voftre , ne se puisse acommoder à
ces contraintes seruiles , ausquelles on est obligé dans
la Cour ; & puisque vous m'assurez tout de bon, que
Dieu vous a inspiré de quitter le monde , ie croirois
pecher contre le Saint Esprit, si ie taschois à vous détourner d'vne si sainte resolution ; Mesme vous deuez
pardonner à mon zele , si ie vous conuie de choisir
Amsterdam pour voftre retraitte, & de le preferer , ie
ne diray pas seulement à tous les Conuens des Capu-
cins , & des Chartreux, ou force honneftes gens se re-
tirent ; mais aussi à toutes les plus belles demeures de
France & d'Italie , & mesme à ce celebre Hermitage
dans lequel vous eftiez l'année passée. Quelque acomplie que puisse eftre vne maison des chams, il y manque tou-jours vne infinité de commoditez , qui ne se
trouuent que dans les villes ; & la solitude mesme qu'on
y espere , ne s'y rencontre iamais toute parfaite. Ie
veux bien que vous y trouuiez vn canal, qui fasse ré-
ver les plus grans parleurs , & vne valée si solitaire,
qu'elle puisse leur inspirer du transport, & de la ioye,
mais mal-aisément se peut-il faire , que vous n'ayez
aussi quantité de petits voisins , qui vous vont quelquefois importuner, & de qui les visites sont encore
plus incommodes que celles que vous receuez à Paris ;
Au lieu qu'en cette grande ville où ie suis, n'y ayant aucun homme, excepté moy, qui n'exerce la marchandi-
se, chacun y eft tellement attentif à son profit, que
i'y pourois demeurer toute ma vie sans eftre iamais
vû de personne : Ie me vais promener tous les iours

parmy la confusion d'vn grand peuple, auec autant
de liberté & de repos, que vous sçauriez faire dans vos
allées, & ie n'y considere pas autrement les hommes
que i'y voy, que ie ferois les arbres qui se rencontrent
en vos forests, ou les animaux qui y paissent. Le bruit
mesme de leur tracas n'interromt pas plus mes réveries, que feroit celuy de quelque ruisseau. Que si ie fais
quelquefois réflexion sur leurs actions, i'en reçoy le
mesme plaisir, que vous feriez de voir les Païsans qui
cultiuent vos campagnes ; car ie voy que tout leur trauail sert à embellir le lieu de ma demeure, & à faire que
ie n'y aye manque d'aucune chose. Que s'il y a du plaisir à voir croistre les fruits en vos vergers, & à y estre
dans l'abondance iusques aux yeux, pensez-vous qu'il
n'y en ait pas bien autant, à voir venir icy des vaisseaux,
qui nous aportent abondamment tout ce que produisent les Indes, & tout ce qu'il y a de rare en l Europe.
Quel autre lieu pouroit-on choisir au reste du monde, où toutes les commoditez de la vie, & toutes les
curiositez qui peuuent estre souhaitées, soient si faciles à trouuer qu'en cetuy-cy. Quel autre pays où l'on
puisse iouïr d'vne liberté si entiere, où l'on puisse dor-
mir auec moins d'inquietude, où il y ait tou jours des
armées sur pied, exprés pour nous garder, où les em-
poisonnemens, les trahisons, les calomnies soient
moins connuës, & où il soit demeuré plus de reste de
l'innocence de nos ayeuls. Ie ne sçay comment vous
pouuez tant aymer l'air d'Italie, auec lequel on respire
si souuent la peste, & où tou-jours la chaleur du iour
est insuportable, la fraicheur du soir mal saine, & où

l'obſcurité de la nuit couure des larcins & des meurtres. Que ſi vous craignez les Hyuers du Septentrion,
dites-moy quelles ombres, quel évantail, quelles fontaines vous pouroient ſi bien préſeruer à Rome des
incommoditez de la chaleur, comme vn poëſlẽ & vn
grand feu vous exemteront icy d'auoir froid. Au reſte, ie vous diray que ie vous attens auec vn petit recueil de réveries, qui ne vous feront peut-eſtre pas
deſagreables, & ſoit que vous veniez, ou que vous ne
veniez pas, ie ſeray tou-jours paſſionément, &c.

A MONSIEVR *****.

LETTRE CIII.

Monsievr,

I'auoüe qu'il y a vn grand défaut dans l'écrit que
vous auez vû, ainſi que vous le remarquez, & que ie
n'y ay pas aſſez étendu les raiſons, par leſquelles ie
penſe prouuer qu'il n'y a rien au monde qui ſoit de ſoy
plus évident & plus certain, que l'exiſtence de Dieu,
& de l'Ame humaine, pour les rendre faciles à tout le
monde. Mais ie n'ay oſé taſcher de le faire, d'autant
qu'il m'euſt fallu expliquer bien au long les plus fortes
raiſons des Sceptiques, pour faire voir qu'il n'y a aucune choſe Materielle, de l'exiſtence de laquelle on
ſoit aſſuré, & par meſme moyen acoutumer le Lecteur
à détacher ſa penſée des choſes ſenſibles : puis montrer

que celuy qui doute ainsi de tout ce qui est Materiel,
ne peut aucunement pour cela douter de sa Propre
Existence; d'où il suit que celuy-là, c'est à dire, l'A-
me, est vn Estre, ou vne Substance qui n'est point du
tout Corporelle, & que sa Nature n'est que de Penser, & aussi qu'elle est la premiere chose qu'on puisse
connoistre certainement. Mesme en s'arestant assez
long-tems sur cette meditation, on acquert peu à peu
vne connoissance tres-claire, & si i'ose ainsi parler In-
tuitine, de la nature intellectuelle en general, l'idée
de laquelle, estant consideree sans limitation, est celle qui nous represente Dieu, & limitée, est celle d'vn
Ange, ou d'vne Ame humaine. Or il n'est pas possible
de bien entendre ce que i'ay dit aprés de l'existence de
Dieu, si ce n'est qu'on commence par là, ainsi que i'ay
assez donné à entendre en la page 38. Mais i'ay eu peur
que cette entrée, qui eust semblé d'abord vouloir in-
troduire l'opinion des Sceptiques, ne troublast les
plus foibles esprits, principalement à cause que i'écriuois en langue vulgaire: De façon que ie n'en ay mesme osé mettre le peu qui est en la page 32. qu'aprés
auoir vsé de préface; Et pour vous Monsieur, & vos
semblables, qui sont des plus intelligens, i'ay esperé
que s'ils prennent la peine, non pas seulement de lire,
mais aussi de méditer par ordre, les mesmes choses
que i'ay dit auoir méditées, en s'arrestant assez long-
temps sur chaque point, pour voir si i'ay failly, ou non,
ils en tireront les mesmes conclusions que i'ay fait; Ie
seray bien-aise au premier loisir que i'auray, de faire
vn effort pour tascher d'éclaircir dauantage cette ma-

tiere , & d'auoir eu en cela quelque ocafion de vous
témoigner que ie fuis , &c.

A MONSIEVR ****.
LETTRE CIV.

MONSIEVR,

Ayant eu dernierement l'honneur d'aller en veftre
compagnie au logis de Monfieur de Charnaffé pour
luy faire offre de mon feruice , i'ay penfé que vous
n'auriez pas defagreable que ie vous priaffe de luy pre-
fenter l'vn des exemplaires que ie vous enuoye , & enfemble de luy en offrir encore deux autres , l'vn pour
le Roy , & l'autre pour Monfieur le Cardinal de Ri-
chelieu , s'il luy plaift de me tant obliger, que de trouuer bon que ce foit par fon entremife que ie les leur
prefente , afin de leur témoigner en tout le peu que ie
puis, ma tres-humble déuotion à leur feruice. Il eft
vray que n'ayant pas voulu mettre mon nom en ces
écrits, ie n'auois aucunement efperé qu'ils me deuffent
donner ocafion de le faire dire à des perfonnes fi hautes & fi éminentes , mais ayant receu ces iours derniers
vn Priuilege du Roy , dans lequel il a efté mis, quelque
foin que i'aye eu de le celer , ie croy deuoir faire maintenant quafi le mefme, que fi i'auois eu deffein de le
publier, & ne pouuoir plus fupofer qu'il foit inconnu;
Et pource qu'on a adjouté quelques claufes en ce Priuilege,

uilege, que ie n'ay iamais veuës en d'autres Liures, &
qui font beaucoup plus auantageufes pour moy, que
ie ne mérite, bien que ie ne les aye point defirées, &
que ie n'aye demandé qu'à eftre receu au nombre des
Ecriuains les plus vulgaires; Ie leur en fuis tellement
obligé, que ie ne fçay quels moyens ie dois chercher
pour leur faire paroiftre ma reconnoiffance ; car ie ne
croy pas que nous foyons feulement redeuables aux
grandes faueurs que nous receuons immédiatement
de leurs mains, mais auffi de toutes celles qui nous
viennent de leurs Miniftres, tant à caufe que ce font
eux qui leur en donnent le pouuoir, que principalement auffi à caufe qu'ayant fait choix de telles perfonnes plu-toft que d'autres, nous deuons croire que leurs
inclinations à nous obliger, font les mefmes que nous
remarquons en ceux aufquels ils donnent le pouuoir
de nous bien faire. Et ainfi encore que ie ne fois pas fi
vain, que de m'imaginer que les penfées du Roy, ou
de Monfieur le Cardinal, fe foient abaiffées iufques à
moy, ny qu'ils fçachent rien du Priuilege que Monfieur le Chancelier m'a obligé de fceler, ie ne laiffe pas
de leur en auoir la premiere & la principale obligation ; Et ie reconnois en cela que la France eft bien autrement, & bien mieux gouuernée que n'eftoit autrefois la ville d'Ephefe, en laquelle il eftoit défendu
d'exceller ; vû qu'au contraire on y gratifie non feulement ceux qui excellent, au rang defquels ie n'ofe af-
pirer, mais mefme ceux qui font quelque effort pour
bien faire, encore que ce foit par des voyes extraordi-
naires, qui eft vne chofe de laquelle ie confeffe qu'on

EEEe

auroit eu droit de m'acuser, si i'eusse vescu parmy les
Ephésiens. Au reste, ie ne m'excuse point enuers Monsieur de Charnassé de la liberté que ie prens de l'employer en cette ocasion : car la charge d'Ambassadeur
qu'il a icy, le bon acueil dont il m'a obligé, lors que
i'ay eu l'honneur de le voir, & la connoissance tres-
particuliere qu'il a des sciences dont i'ay traité en ces
écrits, me font plu-tost croire qu'il trouueroit mauuais que ie m'adressasse à vn autre. Et ie ne doute point
que ma priere ne luy soit plus agreable, en luy estant
adressée par vne personne de vostre mérite, que par
mes lettres ou par moy. C'est pourquoy ie vous donneray s'il vous plaist cette peine, & seray toute ma
vie, &c.

A VN R. PERE DE L'ORATOIRE

DOCTEVR DE SORBONNE.

LETTRE CV.

MONSIEVR ET REVEREND PERE,

I'ay assez éprouué combien vous fauorisiez le desir
que i'ay de faire quelque progrez en la recherche de la
verité, & le témoignage que vous m'en rendez encore
par lettres m'oblige extrémement. Ie suis aussi tres-
obligé au R. P. de la Barde pour auoir pris la peine de
lire mes pensées de Metaphysique, & m'auoir fait la

faueur de les défendre , contre ceux qui m'acufoient
de mettre tout en doute ; Il a tres-parfaitement pris
mon intention, & ſi i'auois pluſieurs protecteurs tels
que vous & luy, ie ne douterois point que mon party
ne ſe rendiſt bien-toſt le plus fort ; mais quoy que ie
n'en aye que fort peu, ie ne laiſſe pas d'auoir beaucoup
de ſatisfaction, de ce que ce ſont les plus grans hommes ; & les meilleurs eſprits, qui goutent & fauoriſent
le plus mes opinions. Ie me laiſſe aiſément perſuader
que ſi le R. P. G. euſt veſcu, il en auroit eſté des principaux, & bien qu'il n'y ait pas long-temps que Monſieur Arnauld ſoit Docteur, ie ne laiſſe pas d'eſtimer
plus ſon iugement, que celuy d'vne moitié des anciens.
Mon eſperance n'a point eſté d'obtenir leur aprobation en cors ; l'ay trop bien ſceu, & prédit il y a long-
tems, que mes penſées ne ſeroient pas au gouſt de la
multitude, & qu'où la pluralité des voix auroit lieu,
elles ſeroient aiſément condamnées. Ie n'ay pas auſſi
deſiré celle des particuliers, à cauſe que ie ſerois marry
qu'ils fiſſent rien à mon ſujet, qui puſt eſtre deſagreable à leurs confreres, & auſſi qu'elle s'obtient ſi facilement pour les autres liures, que i'ay crû que la cauſe pour laquelle on pouroit iuger que ie ne l'ay pas, ne
me ſeroit point deſ-auantageuſe ; mais cela ne m'a pas
empeſché d'offrir mes Meditations à voſtre Faculté,
afin de les faire d'autant mieux examiner ; & que ſi ceux
d'vn cors ſi célebre ne trouuoient point de iuſtes raiſons pour les reprendre, cela me puſt aſſurer des veritez qu'elles contiennent.

Pour ce qui eſt du principe par lequel il me ſemble

connoiſtre que l'idée que i'ay d'vne choſe, *non redditur à me inadæquata per abſtrationem intellectus*, ie ne le tire que de ma propre penſée ; car eſtant aſſuré que ie ne puis auoir aucune connoiſſance de ce qui eſt hors de moy, que par l'entremiſe des idées que i'en ay en moy, ie me garde bien de raporter mes iugemens immédiatement aux choſes, & de leur rien attribuer de Poſitif, que ie ne l'aperçoiue auparauant en leurs idées : mais ie croy auſſi que tout ce qui ſe trouue en ces idées, eſt neceſſairement dans les choſes, ainſi pour ſçauoir ſi mon idée n'eſt point renduë non complete, ou *inadæquata*, par quelque abſtraction de mon eſprit, i'examine ſeulement ſi ie ne l'ay point tirée, non de quelque ſujet plus complet, mais de quelqu'autre idée plus complete, & plus parfaite, que i'aye en moy ; & ſi ie ne l'en ay point tirée *per abſtractionem intellectus*, c'eſt à dire, en détournant ma penſée d'vne partie de ce qui eſt compris en cette idée complete, pour l'apliquer d'autant mieux, & me rendre d'autant plus attentif à l'autre partie ; Comme lors que ie conſidere vne figure, ſans penſer à la ſubſtance ny à la quantité dont elle eſt figure, ie fais vne abſtraction d'eſprit, que ie puis aiſément reconnoiſtre par aprés, en examinant ſi ie n'ay point tiré cette idée que i'ay de la figure, de quelqu'autre que i'ay eu auparauant, & à qui elle eſt tellement iointe, que bien qu'on puiſſe penſer à l'vne, ſans auoir aucune attention à l'autre, on ne puiſſe toutefois la nier de cette autre, lors qu'on penſe à toutes les deux ; Car ie voy clairement que l'idée de la figure, eſt ainſi iointe à l'idée de l'extenſion, & de la ſubſtance,

vû qu'il est impossible que ie conçoiue vne figure, en
niant qu'elle ait aucune extension, & en niant qu'elle
soit l'extension d'vne substance. Mais l'idée d'vne
substance Etenduë & figurée est complete, à cause que
ie la puis conceuoir toute seule, & nier d'elle toutes les
autres choses dont i'ay des idées. Or il est ce me semble
fort clair, que l'idée que i'ay d'vne substance qui pense, est complete en cette façon, & que ie n'ay aucune
autre idée en mon esprit qui la précede, & qui luy soit
tellement iointe, que ie ne les puisse bien conceuoir
en les niant l'vne de l'autre ; car il ne peut y en auoir de
telle en moy, que ie ne la connoisse. Et enfin ce ne
sont que les Modes seuls, dont les idées sont renduës
non completes par l abstraction de nostre esprit, lors
que nous les considerons sans la chose dont ils sont
Modes ; Car pour les substances elles ne peuuent n'e-
stre pas completes ; & mesme il est impossible de conceuoir aucune de ces Qualitez qu'on nomme Réelles,
que par cela seul qu'on les nomme Réelles, on ne les
conçoiue comme completes ; ce qui fait aussi qu'on
auoüe qu'elles peuuent estre separées de la substance,
sinon naturellement, au moins surnaturellement, ce
qui suffit. On dira peut-estre que la difficulté demeure
encore, à cause que bien que ie conçoiue l'Ame & le
Cors comme deux substances qui peuuent estre l'vne
sans l'autre, ie ne suis pas toutefois asseuré qu'elles soient
telles que ie les croy. Mais il en faut réuenir à la regle
cy-deuant posée, à sçauoir, que nous ne pouuons auoir
aucune connoissance des choses, que par les idées que
nous en conceuons ; & que par consequent nous n'en

deuons iuger que fuiuant ces idées, & mefme penfer
que tout ce qui répugne à ces idées eft abfolument impoffible, & implique contradiction. Ainfi nous n'a-
uons aucune autre raifon pour affurer qu'il n'y a point
de montagne fans valée, finon que nous voyons que
leurs idées ne peuuent eftre completes, quand nous
les confiderons l'vne fans l'autre, bien que nous puiffions par abftraction, auoir l'idée d'vne montagne,
ou d'vn lieu par lequel on monte de bas en haut, fans
confiderer qu'on peut auffi defcendre par le mefme de
haut en bas. Ainfi nous pouuons dire qu'il implique
contradiction, qu'il y ait des Atomes, ou des parties
de matiere qui ayent de l'extenfion, & toutefois qui
foient indiuifibles, à caufe qu'on ne peut auoir l'idée
d'aucune extenfion, fans auoir auffi celle de fa moitié,
ou de fon tiers, ny par confequent fans la conceuoir
côme diuifible en deux ou en trois; Car de cela feul que
ie confidere les deux moitiez d'vne partie de matiere,
tant petite qu'elle puiffe eftre, comme deux fubftances completes, & *quarum ideæ non redduntur à me inade-*
quatæ per abftractionem intellectus, ie conclus certainement qu'elles font réellement diuifibles; & fi l'on me
difoit que nonobftant que ie les puiffe conceuoir l'v-
ne fans l'autre, ie ne fçay pas pour cela, fi Dieu ne les a
point vnies ou iointes l'vne à l'autre d'vn lien fi eftroit,
qu'elles foient entierement infeparables, & ainfi que
ie n'ay pas raifon de l'affurer; Ie répondrois que de
quelque lien qu'il puiffe les auoir iointes, ie fuis affuré
qu'il les peut feparer, & ainfi abfolument parlant
qu'elles peuuent eftre feparées, puis qu'il m'a donné la

faculté de les conceuoir comme feparées. Et ie dis tout
le mefme de l'Ame & du Cors, & generalemen de
toutes les chofes dont nous auons des idées diuerfes,
& completes; Mais ie ne nie pas pour cela qu'il ne puiffe y auoir dans l'Ame ou dans le Cors plufieurs chofes
dont ie n'ay aucunes idées ; ie nie feulement qu'il y ait
rien qui répugne aux idées que i'en ay , car autrement
Dieu feroit trompeur , & nous n'aurions aucune regle
pour nous affurer de la verité.

La raifon pour laquelle ie croy que l'Ame penfe tou-
jours, eft la mefme qui me fait croire que la lumiere
luit tou-jours, bien qu'il n'y ait point d'yeux qui la regardent ; que la chaleur eft tou jours chaude bien qu'
on ne s'y chauffe point ; que le Cors , ou la fubftance
étenduë , à tou-jours de l'extention ; & generalement
que ce qui conftituë la nature d'vne chofe y eft tou-
jours pendant qu'elle exifte ; en forte qu'il me feroit
bien plus aifé de croire que l'Ame cefferoit d'eftre,
quand on dit qu'elle ceffe de penfer , que non pas de
conceuoir qu'elle foit fans penfée. Et ie ne voy icy aucune difficulté , qu'à caufe qu'on iuge fuperflu de
croire qu'elle penfe, lors qu'il ne nous en refte aucun
fouuenir par aprés ; Mais fi on confidere que nous
auons toutes les nuits mille penfées , & mefme qu'en
veillant nous en auons eu mille depuis vne heure , dont
il ne nous refte aucune trace , & dont nous ne voyons
pas mieux l'vtilité , que de celles que nous pouuons
auoir euës auant que de naiftre, on aura bien moins de
peine à fe le perfuader , qu'à iuger , qu'vne fubftance
dont la nature eft de penfer , puiffe exifter , & toute-

fois ne penſer point. Ie ne voy auſſi aucune difficulté
à entendre que les facultez d'imaginer & de ſentir appartiennent à l'Ame, à cauſe que ce ſont des eſpeces
de penſées; & neantmoins elles n'apartiennent à l'A-
me qu'entant qu'elle eſt iointe au Cors, à cauſe que ce
ſont des eſpeces de penſées, ſans leſquelles on peut
conceuoir l'Ame toute pure. Pour ce qui eſt des Animaux, nous connoiſſons bien en eux des mouuemens
ſemblables à ceux qui ſuiuent de nos imaginations ou
ſentimens, mais non pas pour cela des imaginations
ou ſentimens; Et au contraire ces meſmes mouuemens
ſe pouuans faire ſans imagination, nous auons raiſon
de croire que c'eſt ainſi qu'ils ſe font en eux, ainſi que
i'eſpere faire voir clairement, en décriuant par le menu toute l'architecture de leur Cors, & les cauſes de
leurs mouuemens. Mais ie crains que ie ne vous aye
déja ennuyé par la longueur de cette lettre, ie me tiendray tres-heureux ſi vous me continuez l'honneur de
voſtre bienveillance, & la faueur de voſtre protection,
comme à celuy qui eſt, &c.

A MONSIEVR DE ZVITLICHEN.

LETTRE CVI.

MONSIEVR,

Encore que ie me ſois retiré aſſez loin hors du monde, la triſte nouuelle de voſtre affliction n'a pas laiſſé
de

de paruenir iufques à moy. Si ie vous mefurois au pié
des Ames vulgaires, la triftefle que vous auez témoignée dés le commencement de la maladie de feu Madame de Z, me feroit craindre que fon decez ne vous
fuft du tout infuportable; mais ne doutant point que
vous ne vous gouuerniez entierement felon la raifon,
ie me perfuade qu'il vous eft beaucoup plus aifé de
vous confoler, & de reprendre voftre tranquillité d'efprit acoutumée, maintenant qu'il n'y a plus du tout de
remede, que lors que vous auiez encore ocafion de
craindre & d'efperer. Car il eft certain que l'efperance
eftant du tout oftée, le defir ceffe, ou du moins fe re-
lafche & perd fa force, & quand on n'a que peu ou
point de defir de rauoir ce qu'on a perdu, le regret n'en
peut eftre fort fenfible. Il eft vray que les Efprits foibles ne gouftent point du tout cette raifon, & que fans
fçauoir eux-mefmes ce qu'ils s'imaginent, ils s'imaginent que tout ce qui a autrefois efté, peut encore eftre,
& que Dieu eft comme obligé de faire pour l'amour
d'eux tout ce qu'ils veulent : Mais vne Ame forte &
genereufe comme la voftre, fçachant la condition de
noftre nature, fe foumet tou-jours à la neceffité de fa
Loy; Et bien que ce ne foit pas fans quelque peine,
i'eftime fi fort l'amitié, que ie croy que tout ce que l'on
fouffre à fon ocafion eft agréable, en forte que ceux
mefme qui vont à la mort pour le bien des perfonnes
qu'ils affectionnent, me femblent heureux iufques au
dernier moment de leur vie. Et quoy que i'apréhen-
daffe pour voftre fanté, pendant que vous perdiez le
manger & le repos pour feruir vous mefme voftre ma-

lade, i'euſſe penſé commettre vń ſacrilege, ſi i'euſſe
taſché à vous diuertir d'vn office ſi pieux & ſi doux.
Mais maintenant que voſtre deuil ne luy pouuant
plus eſtre vtile, ne ſçauroit auſſi eſtre ſi iuſte qu'auparauant, ny par conſequent acompagné de cette ioye
& ſatisfaction interieure qui ſuit les actions vertueu-
ſes, & fait que les ſages ſe trouuent heureux en toutes
les rencontres de la fortune, ſi ie penſois que voſtre
raiſon ne le pûſt vaincre, i'irois importunément vous
trouuer, & taſcherois par tous moyens à vous diuertir,
à cauſe que ie ne ſçache point d'autre remede pour vn
tel mal. Ie ne mets pas icy en ligne de comte la perte
que vous auez faite entant qu'elle vous regarde, & que
vous eſtes priué d'vne compagnie que vous chériſſiez
extrémement ; car il me ſemble que les maux qui nous
touchent nous meſmes ne ſont point comparables à
ceux qui touchent nos amis, & qu'au lieu que c'eſt vne
vertu d'auoir pitié des moindres afflictions qu'ont les
autres, c'eſt vne eſpece de laſcheté de s'affliger pour
aucune des diſgraces que la fortune nous peut enuoyer ; outre que vous auez tant de proches qui vous
chériſſent, que vous ne ſçauriez pour cela rien trouuer à dire en voſtre famille, & que quand vous n'auriez
que Madame de V. pour ſœur, ie croy qu'elle ſeule eſt
ſuffiſante pour vous déliurer de la ſolitude, & des ſoins
d'vn ménage, qu'vn autre que vous pouroit craindre,
aprés auoir perdu ſa compagnie. Ie vous ſuplie d'excuſer la liberté que ie prens de mettre icy mes ſentimens
en Philoſophe, au meſme moment que ie viens de receuoir vn pacquet de voſtre part, par Monſieur G. où

ie ne comprens point le procedé du P. M. car il ne
m'enuoye encore aucun priuilege , & semble vouloir
m'obliger, en fesant tout le contraire de ce dont ie le
prie. Ie suis, &c.

A MONSIEVR ****.
LETTRE CVII.

MONSIEVR,

Ie viens d'aprendre la triste nouuelle de vostre affliction,& bien que ie ne me promette pas de rien mettre
en cette lettre, qui ait grande force pour adoucir vostre douleur, ie ne puis toutesfois m'abstenir d'y tascher, pour vous témoigner au moins que i'y participe.
Ie ne suis pas de ceux qui estiment que les larmes & la
tristesse n'apartiennent qu'aux femmes , & que pour
paroistre homme de cœur, on se doiue contraindre à
monstrer tou-jours vn visage tranquille; I'ay senty depuis peu la perte de deux personnes qui m'estoient tres-
proches, & i'ay éprouué que ceux qui me vouloient
deffendre la tristesse l'irritoient , au lieu que i'estois
soulagé par la complaisance de ceux que ie voyois touchez de mon déplaisir. Ainsi ie m'assure que vous me
souffrirez mieux, si ie ne m'opose point à vos larmes,
que si i'entreprenois de vous détourner d'vn ressentiment que ie croy iuste ; Mais il doit neantmoins y
auoir quelque mesure ; & comme ce seroit estre bar-

FFFf ij

bare que de ne se point affliger du tout, lors qu’on en
a du sujet, aussi seroit ce estre trop lasche de s’aban-
donner entierement au déplaisir, & ce seroit faire fort
mal son conte, que de ne tascher pas de tout son pouuoir à se déliurer d’vne passion si incommode. La profession des armes en laquelle vous estes nourry, acoutume les hommes à voir mourir inopinément leurs
meilleurs amis, & il n’y a rien au monde de si fàcheux,
que l’acoutumance ne le rende suportable. Il y a ce me
semble beaucoup de raport entre la perte d’vne main
& d’vn frere, vous auez cy-deuant soufert la premiere
sans que i’aye iamais remarqué que vous en fussiez af-
fligé, pourquoy le seriez vous dauantage de la seconde.
Si c’est pour vostre propre interest, il est certain que
vous la pouuez mieux réparer que l’autre, en ce que
l’acquisition d’vn fidele amy peut autant valoir que l’a-
mitié d’vn bon frere ; Et si c’est pour l’interest de celuy
que vous regrettez, comme sans doute vostre generosité ne vous permet pas d’estre touché d’autre chose,
vous sçauez qu’il n’y a aucune raison ny religion, qui
fasse craindre du mal aprés cette vie, à ceux qui ont
vescu en gens d’honneur, mais qu’au contraire l’vne &
l’autre leur promet des ioyes & des récompenses. Enfin Monsieur toutes nos afflictions, quelles qu’elles
soient, ne dépendent que fort peu des raisons ausquelles nous les attribuons, mais seulement de l’émotion & du trouble interieur que la nature excite en
nous mesmes ; car lors que cette émotion est apaisée,
encore que toutes les raisons que nous auions auparauant demeurent les mesmes, nous ne nous sentons

plus affligez. Or ie ne veux point vous conseiller, d'employer toutes les forces de voftre réfolution & conftance, pour arrefter tout d'vn coup l'agitation interieure que vous fentez, ce feroit peut-eftre vn remede plus fafcheux que la maladie, mais ie ne vous confeille pas auffi d'attendre que le tems feul vous guériffe, & beaucoup moins d'entretenir & prolonger voftre mal par vos penfées; Ie vous prie feulement de tafcher peu à peu de l'adoucir, en ne regardant ce qui vous eft arriué que du biais qui vous le peut faire paroiftre le plus fupoitable, & en vous diuertiffant le plus que vous pourez par d'autres ocupations. Ie fçay bien que ie ne vous aprens icy rien de nouueau, mais on ne doit pas méprifer les bons remedes pour eftre vulgaires, & m'eftant feruy de cettuy-cy auec fruit, i'ay crû eftre obligé de vous l'écrire: car ie fuis, &c.

A MONSIEVR ***.

LETTRE CVIII.

Monsievr,

Ie fçay que vous auez tant d'ocupations, qui valent mieux que de vous arrefter à lire des complimens d'vn homme qui ne frequente icy que des Payfans, que ie n'ofe m'ingerer de vous écrire, que lors que i'ay quelque ocafion de vous importuner. Celle qui fe préfente maintenant eft pour vous donner fujet d'exercer vo-

tre charité en la perfonne d'vn pauure Payfan de mon
voifinage , qui a eu le mal-heur d'en tuër vn autre. Ses
parens ont deffein d'auoir recours à la clémence de fon
Alteffe, afin de tafcher d'obtenir fa grace , & ils ont
defiré auffi que ie vous en écriuiffe, pour vous fuplier
de vouloir feconder leur requefte d'vn mot fauorable,
en cas que l'ocafion s'en préfente. Pour moy , qui ne
recherche rien tant que la fecurité & le repos , ie fuis
bien aife d'eftre en vn pays où les crimes foient châtiez auec rigueur, pource que l'impunité des méchans
leur donne trop de licence; Mais pource que tous les
mouuemens de nos paffions n'eftant pas tou-jours en
noftre pouuoir, il arriue quelquefois que les meilleurs
hommes commettent de tres-grandes fautes, pour cela l'vfage des graces eft plus vtile que celuy des loix ; à
caufe qu'il vaut mieux qu'vn homme de bien foit fau-
ué, que non pas que mille méchans foient punis; Auffi eft-ce l'action la plus glorieufe & la plus augufte que
puiffent faire les Princes que de pardonner. Le Payfan
pour qui ie vous prie eft icy en réputation de n'eftre
nullement querelleux, & de n'auoir iamais fait de déplaifir à perfonne auant ce malheur. Tout ce qu'on
peut dire le plus à fon defauantage, eft que fa mere
eftoit mariée auec celuy qui eft mort ; mais fi on adjoute , qu'elle en eftoit auffi fort outrageufement battuë , & l'auoit efté pendant plufieurs années qu'elle
auoit tenu ménage auec luy, iufqu'à ce qu'enfin, elle
s'en eftoit feparée, & ainfi ne le confideroit plus comme fon mary, mais comme fon perfecuteur & fon ennemy , lequel mefme pour fe vanger de cette fepara-

tion, la menaçoit d'oſter la vie à quelqu'vn de ſes enfans (l'vn deſquels eſt cettuy-cy) on trouuera que cela meſme ſert beaucoup à l'excuſer. Et comme vous
ſçauez que i'ay coutume de Philoſopher ſur tout ce
qui ſe préſente, ie vous diray que i'ay voulu rechercher
la cauſe qui a pû porter ce pauure homme, à faire vne
action, de laquelle ſon humeur paroiſſoit eſtre fort
éloignée ; & i'ay ſceu qu'au temps que ce malheur luy
eſt arriué, il auoit vne extréme afliction, à cauſe de la
maladie d'vn ſien enfant dont il attendoit la mort à
chaque moment, & que pendant qu'il eſtoit auprés de
luy, on le vint apeller pour ſecourir ſon beaufrere,
qui eſtoit attaqué par leur commun ennemy. Ce qui
fait que ie ne trouue nullement étrange, de ce qu'il ne
fut pas maiſtre de ſoy-meſme en telle rencontre : car
lors qu'on a quelque grande affliction, & qu'on eſt mis
au deſeſpoir par la triſteſſe, il eſt certain qu'on ſe laiſſe
bien plus emporter à la colere, s'il en ſuruient alors
quelque ſujet, qu'on ne ſeroit en vn autre tems. Et ce
ſont ordinairement les meilleurs hommes, qui voyans
d'vn coſté la mort d'vn fils, & de l'autre le peril d'vn
frere, en ſont le plus violemment émûs. C'eſt pourquoy les fautes ainſi commiſes ſans aucune malice
prémeditée, ſont ce me ſemble les plus excuſables ;
Auſſi luy fut-il pardonné par tous les principaux parens du mort, au iour meſme qu'ils eſtoient aſſemblez
pour le mettre en terre. Et de plus les Iuges d'icy l'ont
abſous, mais par vne faueur trop précipitée, laquelle
ayant obligé le Fiſcal à ſe porter apellant de leur ſen-
tence, il n'oſe pas ſe préſenter derechef deuant la Iu-

ſtice, laquelle doit ſuiure la rigueur des loix, ſans auoir égard aux perſonnes, mais il ſuplie que l'innocence de ſa vie paſſée, luy puiſſe faire obtenir grace de ſon Alteſſe. Ie ſçay bien qu'il eſt tres-vtile de laiſſer quelquefois faire des exemples, pour donner de la crainte aux méchans, mais il me ſemble que le ſujet qui ſe preſente n'y eſt pas propre; car outre que le criminel eſtant abſent, tout ce qu'on luy peut faire n'eſt que de l'empeſcher de reuenir dans le pays, & ainſi punir ſa femme & ſes enfans plus que luy, i'aprens qu'il y a quantité d'autres Payſans en ces Prouinces, qui ont commis des meurtres moins excuſables, & dont la vie eſt moins innocente, qui ne laiſſent pas d'y demeurer, ſans auoir meſme aucun pardon de ſon Alteſſe (& le mort eſtoit de ce nombre) ce qui me fait croire, que ſi on commençoit par mon voiſin à faire vn exemple, ceux qui ſont plus acoutumez que luy à tirer le couteau, diroient qu'il n'y a que les innocens & les idiots, qui tombent entre les mains de la Iuſtice , & ſeroient confirmez par là en leur licence. Enfin ſi vous contribuez quelque choſe à faire que ce pauure homme puiſſe reuenir auprés de ſes enfans, ie puis dire que vous ferez vne bonne action, & que ce ſera vne nouuelle obligation que vous aura, &c.

A MONSIEVR

A MONSIEVR ***.

LETTRE CIX.

MONSIEVR,

Le soin qu'il vous a plû auoir de vous enquerir des iugemens qu'on fait de mes écrits au lieu où vous estes, est vn effet de vostre amitié , pour lequel ie vous ay beaucoup d'obligation ; mais encore que lors qu'on a publié quelque liure, l'on soit tou-jours bien-aise de sçauoir ce que les lecteurs en disent, ie vous puis tou-tesfois assurer que c'est vne chose dont ie me soucie fort peu ; & mesme ie pense connoistre si bien la por-tée de la plus-part de ceux qui passent pour doctes, que i'aurois mauuaise opinion de mes pensées, si ie voyois qu'ils les aprouuassent. Ie ne veux pas dire que celuy dont vous m'auez enuoyé le iugement soit de ce nom-bre : mais voyant qu'il dit que la façon dont i'ay expli-qué l'Arc-en-Ciel est commune, & que mes principes de Physique sont tirez de Démocrite, ie croy qu'il ne les a pas beaucoup lûs ; ce que me confirment aussi ses objections contre la rarefaction ; car s'il auoit pris gar-de à ce que i'ay écrit de celle qui se fait dans les Æoli-piles, ou dans les machines où l'air est pressé violem-ment, & dans la poudre à canon, il ne me proposeroit pas celle qui se fait en sa Fontaine artificielle. Et s'il auoit remarqué la façon dont i'ay expliqué que l'idée

que nous auons du Cors en general, ou de la matiere,
ne differe point de celle que nous auons de l'espace, il
ne s'arresteroit point à vouloir faire conceuoir la pé-
netration des dimensions, par l'exemple du mouuement; car nous auons vne idée tres-distincte des diuerses vitesses du mouuement, mais il implique contradiction, & est impossible de conceuoir que deux
espaces se penetrent l'vn l'autre. Ie ne répons rien à celuy qui dit que les démonstrations manquent en ma
Géometrie; car il est vray que i'en ay obmis plusieurs,
mais vous les sçauez toutes, & vous sçauez aussi que
ceux qui se plaignent que ie les ay obmises, pour ce
qu'ils ne les sçauroient inuenter d'eux-mesmes, mon-
trent par là qu'ils ne sont pas fort grans Géometres.
Ce que ie trouue le plus étrange est la conclusion du
iugement que vous m'auez enuoyé, à sçauoir, que ce
qui empeschera mes principes d'estre receus dans l'é-
cole, est qu'ils ne sont pas assez confirmez par l'experience, & que ie n'ay point réfuté les raisons des autres.
Car i'admire que nonobstant que i'aye démontré en
particulier, presque autant d'experiences qu'il y a de
lignes en mes écrits, & qu'ayant generalement rendu
raison dans mes principes de tous les Phainomenes de
la nature, i'aye expliqué par mesme moyen toutes les
experiences qui peuuent estre faites touchant les Cors
inanimez, & qu'au contraire on n'en ait iamais bien
expliqué aucune par les principes de la Philosophie
vulgaire, ceux qui la suiuent ne laissent pas de m'objecter le défaut d'experiences. Ie trouue fort étrange aussi qu'ils desirent que ie réfute les argumens de l'école,

car ie croy que si ie l'entreprenois, ie leur rendrois vn mauuais office; Et il y a long-tems que la malignité de quelques-vns m'a donné sujet de le faire, & peut-estre qu'enfin ils m'y contraindront. Mais pource que ceux qui y ont le plus d'interest sont les Peres Iesuites, la consideration du Pere C. qui est mon parent, & qui est maintenant le premier de leur compagnie, depuis la mort du General, duquel il estoit assistant, & celle du Pere D. & de quelques autres des principaux de leur Cors, lesquels ie croy estre veritablement mes amis, a esté cause que ie m'en suis abstenu iusques icy; & mesme que i'ay tellement composé mes principes, qu'on peut dire qu'ils ne contrarient point du tout à la Philosophie commune, mais seulement qu'ils l'ont enrichie de plusieurs choses qui n'y estoient pas; Car puisque on y reçoit vne infinité d'autres opinions qui sont contraires les vnes aux autres, pourquoy n'y pouroit-on pas aussi bien receuoir les miennes. Ie ne voudrois pas toutesfois les en prier; car si elles sont fausses ie serois marry qu'ils fussent trompez; & si elles sont vrayes, ils ont plus d'interest à les rechercher, que moy à les recommander. Quoy qu'il en soit, ie vous suis tres-obligé de la souuenance que vous auez de moy, ie m'assure que M. Van. Z. vous mandera ce qui se passe à Vtrech, ce qui est cause que ie n'adjouteray icy autre chose, sinon que le tems & l'absence ne diminuëront iamais rien du zele que i'ay à estre toute ma vie, &c.

A MONSIEVR ***.

LETTRE CX.

Monsievr,

Encore que le Pere Mersenne ait fait directement contre mes prieres, en disant mon nom, ie ne sçaurois toutesfois luy vouloir mal, de ce que par son moyen i'ay l'honneur d'estre connu d'vne personne de vostre merite. Mais i'ay bien sujet de m'inscrire en faux, contre vn projet du priuilege qu'il me mande vouloir tascher d'impetrer pour moy ; car il m'y introduit me loüant moy-mesme, & me qualifiant inuenteur de plusieurs belles choses, & me fait dire que i'offre de donner au public d'autres traitez, que ceux qui sont dé-ja imprimez, ce qui est contraire à ce que i'ay écrit tant au commencement de la 77. page du discours qui sert de Préface, qu'ailleurs. Mais ie m'assure qu'il vous fera voir ce que ie luy mande, puisque i'aprens par celle que vous m'auez fait l'honneur de m'écrire, que c'est vous qui m'auez obligé de luy suggérer quelques vnes des objections ausquelles ie luy fais réponse. Pour le traité de Physique dont vous me faites la faueur de me demander la publication, ie n'aurois pas esté si imprudent que d'en parler en la façon que i'ay fait, si ie n'auois enuie de le mettre au iour, en cas que le monde le desire, & que i'y trouue mon conte & mes seuretez. Mais ie veux bien vous dire, que tout le dessein de ce que ie fais imprimer à cette fois, n'est que

de luy préparer le chemin, & sonder le guay. Ie propose à cet effet vne Méthode generale, laquelle véritablement ie n'enseigne pas, mais ie tasche d'en donner des preuues par les trois traitez suiuans, que ie ioins
au discours où i'en parle, ayant pour le premier, vn sujet meslé de Philosophie & de Mathematique; pour
le second, vn tout pur de Philosophie; & pour le 3e, vn
tout pur de Mathematique; dans lesquels ie puis dire
que ie ne me suis abstenu de parler d'aucune chose, (au
moins de celles qui peuuent estre connuës par la force
du raisonnemét) pour ce que i'ay crû ne l'a pas sçauoir;
En sorte qu'il me semble par là donner ocasion de iuger que i'vse d'vne méthode par laquelle ie pourois expliquer aussi bien toute autre matiere, en cas que i'eusse les experiences qui y seroient necessaires, & le tems
pour les considerer. Outre que pour montrer que cette méthode s'étend à tout, j'ay inseré briévement quelque chose de Métaphysique, de Physique, & de Médecine dans le premier discours; Que si ie puis faire
auoir au monde cette opinion de ma Méthode, ie
croiray alors n'auoir plus tant de sujet de craindre que
les principes de ma Physique soient mal receus; Et si
ie ne rencontrois que des iuges aussi fauorables que
vous, ie ne le craindrois pas dez maintenant.

Vous me demandez *in quo genere causæ Deus disposuit
æternas veritates.* Ie vous répons que *c'est in eodem genere causæ,* qu'il a creé toutes choses, c'est à dire *vt Efficiens & Totalis Causa.* Car il est certain qu'il est aussi
bien Autheur de l'essence comme de l'existence des
creatures: Or cette essence n'est autre chose que ces vé-

ritez Eternelles ; lefquelles ie ne conçoy point émaner
de Dieu, comme les rayons du Soleil ; mais ie fçay que
Dieu eft Autheur de toutes chofes, & que ces veritez,
font quelque chofe, & par confequent qu'il en eft Autheur. Ie dis que ie le fçay, & non pas que ie le conçoy
ny que ie le comprens ; car on peut fçauoir que Dieu
eft Infiny, & Tout-puiffant, encore que noftre Ame
eftant finie ne le puiffe comprendre ny conceuoir ; de
mefme que nous pouuons bien toucher auec les mains
vne montagne, mais non pas l'embraffer comme nous
ferions vn arbre, ou quelque autre chofe que ce foit,
qui n'excedaft point la grandeur de nos bras : car comprendre, c'eft embraffer de la penfée ; mais pour fçauoir vne chofe, il fuffit de la toucher de la penfée.
Vous demandez auffi qui a neceffité Dieu à créer ces
veritez ; Et ie dis qu'il a efté auffi libre de faire qu'il ne
fuft pas vray que toutes les lignes tirées du centre à la
circonference fuffent égales, comme de ne pas créer
le monde ; Et il eft certain que ces veritez ne font pas
plus neceffairement conjointes à fon effence, que les
autres Creatures. Vous demandez ce que Dieu a fait
pour les produire. Ie dis que *ex hoc ipfo quod illas ab æter-*
no effe voluerit & intellexerit, illas creauit, ou bien (fi vous
n'attribuez le mot de *creauit* qu'à l'exiftence des chofes) *illas difpofuit & fecit*. Car c'eft en Dieu vne mefme
chofe de vouloir, d'entendre, & de créer ; fans que
l'vn précede l'autre, *ne quidem ratione*. 2. Pour la queftion *an Dei bonitati fit conueniens homines in æternum*
damnare, cela eft de Theologie, c'eft pourquoy
abfolument vous me permettrez, s'il vous plaift, de

n'en rien dire ; Non pas que les raisons des libertins en
cecy ayent quelque force, car elles me semblent friuo-
les & ridicules, mais pour ce que ie tiens que c'est faire
tort aux veritez qui dépendent de la Foy, & qui ne peuuent estre prouuées par démonstration naturelle, que
de les vouloir affermir par des raisons humaines, & pro-
bables seulement. 3. Pour ce qui touche la liberté de
Dieu, ie suis tout à fait de l'opinion que vous me mandez auoir esté expliquée par le P. Gibbieu ; Ie n'auois
point sceu qu'il eust fait imprimer quelque chose, mais
ie tascheray de faire venir son traité de Paris à la premiere commodité, afin de le voir ; & ie suis grandement aise que mes opinions suiuent les siennes ; car
cela m'assure au moins qu'elles ne sont pas si extraua-
gantes, qu'il n'y ait de tres-habiles hommes qui les
soutiennent. Les 4. 5. 6. 8. 9. & derniers points de vostre lettre sont tous de Theologie, c'est pourquoy ie
m'en tairay, s'il vous plaist. Pour le septiéme point
touchant les marques qui s'impriment aux enfans par
l'imagination de la mere, &c. i'auouë bien que c'est
vne chose digne d'estre examinée, mais ie ne m'y suis
pas encore satisfait. Pour le dixiéme point, où ayant
suposé que Dieu mene tout à sa perfection, & que rien
ne s'aneantit, vous demandez ensuite, quelle est donc
la perfection des bestes brutes, & que deuiennent leurs
ames aprés la mort, il n'est pas hors de mon sujet, & i'y
répons que Dieu mene tout à sa perfection, c'est à dire, tout *collectiuè*, non pas chaque chose en particulier ;
car cela mesme, que les choses particulieres périssent,
& que d'autres renaissent en leur place, c'est vne des

principales perfections de l'Vniuers. Pour leurs Ames,
& les autres Formes & Qualitez, ne vous mettez pas en
peine de ce qu'elles deuiendront, ie suis aprés à l'expliquer en mon traité, & i'espere de le faire entendre si
clairement, que personne n'en poura douter.

Pour ce que vous inferez, Si la nature de l'homme n'est
que de Penser, qu'il n'a donc point de Volonté, ie n'en
voy pas la consequence; car vouloir, entendre, imaginer, sentir, &c. ne sont que des diuerses façons de
penser, qui apartiennent toutes à l'Ame. Vous rejet-
tez ce que i'ay dit, qu'il suffit de bien iuger pour bien
faire; Et toutesfois il me semble que la doctrine ordinaire de l'école est que *voluntas non fertur in malum, nisi
quatenus ei sub aliqua ratione boni repræsentatur ab intellectu,*
d'où vient ce mot, *omnis peccans est ignorans* ; En sorte
que si iamais l'entendement ne representoit rien à la
volonté comme bien, qui ne le fust, elle ne pouroit
manquer en son élection. Mais il luy represente souuent diuerses choses en mesme tems, d'où vient le mot
video meliora proboque, qui n'est que pour les Esprits foibles, dont i'ay parlé en la page 26. Et le bien faire dont
ie parle ne se peut entendre en termes de Theologie,
où il est parlé de la Grace, mais seulement de Philosophie morale & naturelle, où cette Grace n'est point
considerée; en sorte qu'on ne me peut acuser pour cela de l'erreur des Pélagiens, non plus que si ie disois
qu'il ne faut qu'auoir vn bon sens pour estre honeste
homme, on ne m'objecteroit pas qu'il faut aussi auoir
le sexe qui nous distingue des femmes, pour ce que
cela ne vient point alors à propos. Tout de mesme en
disant

disant qu'il est vray-semblable (à sçauoir selon la raison humaine) que le monde a esté creé tel qu'il deuoit estre, ie ne nie point pour cela qu'il ne soit certain par la foy qu'il est parfait. Enfin pour ceux qui vous ont demandé de quelle Religion i'estois, s'ils auoient pris garde, que i'ay écrit en la page 29. que ie n'eusse pas crû me deuoir contenter des opinions d'autruy vn seul moment, si ie ne me fusse proposé d'employer mon propre iugement à les examiner lors qu'il seroit tems, ils verroient qu'on ne peut inferer de mon discours, que les Infideles doiuent demeurer en la Religion de leurs parens. Ie ne trouue plus rien en vos deux lettres qui ait besoin de réponse, sinon qu'il semble que vous craigniez que la publication de mon premier discours, ne m'engage de parole à ne point faire voir cy-aprés ma Physique, dequoy toutes-fois il ne faut point auoir peur ; car ie n'y promets en aucun lieu de ne la point publier pendant ma vie, mais ie dis que i'ay eu cy-deuant dessein de la publier, que depuis pour les raisons que i'allegue, ie me suis proposé de ne le point faire pendant ma vie, & que maintenant ie prens résolution de publier les traitez contenus en ce volume; d'où tout de mesme, l'on peut inferer, que si les raisons qui m'empeschent de la publier estoient changées, ie pourois prendre vne autre résolution, sans pour cela estre changeant ; car *sublatâ causâ tollitur effectus*. Vous dites aussi, qu'on peut attribuer à vanterie ce que ie dis de ma Physique, puisque ie ne la donne pas, ce qui peut auoir lieu pour ceux qui ne me connoissent point, & qui n'auront vû que mon premier discours; mais pour

H H H h

ceux qui verront tout le liure, ou qui me connoiſſent,
ie ne crains pas qu'ils m'accuſent de ce vice, non plus
que de celuy que vous me reprochez, de mépriſer les
hommes, à cauſe que ie ne leur donne pas étourdi-
ment, ce que ie ne ſçay pas encore s'ils veulent auoir:
car enfin ie n'ay parlé comme i'ay fait de ma Phyſique,
qu'afin de conuier ceux qui la deſireront, à faire
changer les cauſes qui m'empeſchent de la publier.
Derechef ie vous prie de nous enuoyer ou le Priuilege
ou ſon refus, le plus promtement qu'il ſera poſſible,
& plu-toſt en la façon la plus ſimple vn iour deuant,
qu'en la meilleure le iour d'aprés. Ie ſuis, &c.

AV REVEREND PERE MERSENNE

LETTRE CXI.

MON REVEREND PERE,

Cette propoſition d'vne nouuelle Langue, ſemble
plus admirable à l'abord, que ie ne la trouue en y regardant de prés; car il n'y a que deux choſes à aprendre
en toutes les Langues, à ſçauoir, la Signification des
mots, & la Grammaire. Pour la ſignification des mots,
il n'y promet rien de particulier; car il dit en la quatriéme propoſition, *linguam illam interpretari ex dictio-
nario*, qui eſt ce qu'vn homme vn peu verſé aux Langues peut faire ſans luy en toutes les langues commu-

nes. Et ie m'asſure que vous donniez à Monſieur Hardy vn bon Dictionnaire en Chinois, ou en quelqu'autre langue que ce ſoit, & vn liure écrit en la meſme langue, qu'il entreprendra d'en tirer le ſens. Ce qui empeſche que tout le monde ne le pouroit pas faire, c'eſt la difficulté de la Grammaire ; & ie deuine que c'eſt tout le ſecret de voſtre homme ; mais ce n'eſt rien qui ne ſoit tres-aiſé ; car feſant vne langue, où il n'y ait qu'vne façon de conjuguer, de décliner, & de conſtruire les mots, qu'il n'y en ait point de defectifs ny d'irreguliers, qui ſont toutes choſes venuës de la corruption de l'vſage ; & meſme que l'inflexion des noms ou des verbes & la conſtruction ſe faſſent par affixes, ou deuant ou aprés les mots primitifs, leſquelles affixes ſoient toutes ſpecifiées dans le Dictionnaire, ce ne ſera pas merueille que les eſprits vulgaires, aprennent en moins de ſix heures à compoſer en cette langue auec l'ayde du Dictionnaire, qui eſt le ſujet de la premiere propoſition. Pour la ſeconde, à ſçauoir, *cognitâ hac linguâ cæteras omnes, vt eius dialectos, cognoſcere*, ce n'eſt que pour faire valoir la drogue ; car il ne met point en combien de tems on les pouroit connoiſtre, mais ſeulement qu'on les conſidereroit comme des dialectes de celle-cy ; c'eſt à dire que n'y ayant point en celle-cy d'irregularitez de Grammaire comme aux autres, il la prend pour leur Primitiue. Et de plus il eſt à noter qu'il peut en ſon Dictionnaire, pour les mots primitifs, ſe ſeruir de ceux qui ſont en vſage en toutes les langues, comme de ſynonimes. Comme par exemple, pour ſignifier l'*Amour*, il prendra *aymer*, *amare*, ΦΙΛΕΙΝ, &c.

Et vn François en adjoutant l'affixe, qui marque le nom
ſubſtantif, à *aymer*, fera l'*amour* ; vn Grec adjoutera le
meſme à Φιλειν, & ainſi des autres. En ſuite dequoy la
ſixiéme propoſition eſt fort aiſée à entendre, *ſcripturam
inuenire*, &c. car mettant en ſon Dictionnaire vn ſeul
chifre, qui ſe raporte à *aymer, amare,* Φιλειν, & tous les
ſynonimes, le liure qui ſera écrit auec ces caracteres
poura eſtre interpreté par tous ceux qui auront ce Dictionnaire. La cinquiéme propoſition n'eſt auſſi ce
ſemble que pour loüer ſa marchandiſe , & ſi-toſt que
ie voy ſeulement le mot d'*arcanum* en quelque propoſition , ie commence à en auoir mauuaiſe opinion ;
mais ie croy qu'il ne veut dire autre choſe , ſinon que
pource qu'il a fort philoſophé ſur les Grammaires de
toutes ces langues qu'il nomme, pour abreger la ſien-
ne , il pouroit plus facilement les enſeigner que les
Maiſtres ordinaires. Il reſte la troiſiéme propoſition,
qui m'eſt tout à fait vn *arcanum* : car de dire qu'il expli-
quera les penſées des Anciens, par les mots deſquels
ils ſe ſont ſeruis, en prenant chaque mot pour la vraye
définition de la choſe, c'eſt proprement dire qu'il ex-
pliquera les penſées des Anciens en prenant leurs paroles en autre ſens qu'ils ne les ont iamais priſes, ce qui
répugne, mais il l'entend peut-eſtre autrement. Or cette penſée de réformer la Grammaire, ou plu-toſt d'en
faire vne nouuelle qui ſe puiſſe aprendre en cinq ou
ſix heures, & laquelle on puiſſe rendre commune pour
toutes les langues, ne laiſſeroit pas d'eſtre vne inuention vtile au public, ſi tous les hommes ſe vouloient
acorder à la mettre en vſage , ſans deux inconueniens

que ie preuoy. Le premier eſt pour la mauuaiſe rencontre des lettres, qui feroient ſouuent des ſons deſagreables & inſuportables à l'oüye : car toute la difference des inflexions des mots ne s'eſt faite par l'vſage
que pour éuiter ce defaut, & il eſt impoſſible que voſtre Auteur ait pû remedier à cet inconuenient, feſant
ſa Grammaire vniuerſelle pour toutes ſortes de Na-
tions ; car ce qui eſt facile & agreable à noſtre langue,
eſt rude & inſuportable aux Allemans, & ainſi des autres : Si bien que tout ce qui ſe peut, c'eſt d'auoir éui-
té cette mauuaiſe rencontre des ſyllabes en vne ou
deux langues ; & ainſi ſa langue vniuerſelle ne ſeroit
que pour vn pays ; Mais nous n'auons que faire d'a-
prendre vne nouuelle langue , pour parler ſeulement
auec les François. Le 2. inconuenient eſt pour la difficulté d'aprendre les mots de cette langue ; Car ſi pour
les mots Primitifs chacun ſe ſert de ceux de ſa langue,
il eſt vray qu'il n'aura pas tant de peine , mais il ne ſera
auſſi entendu que par ceux de ſon pays, ſinon par écrit,
lors que celuy qui le voudra entendre prendra la peine
de chercher tous les mots dans le Dictionnaire , ce qui
eſt trop ennuyeux pour eſperer qu'il paſſe en vſage.
Que ſi il veut qu'on aprenne des mots primitifs, communs pour toutes les langues, il ne trouuera iamais
perſonne qui veüille prendre cette peine ; & il ſeroit
plus aiſé de faire que tous les hommes s'acordaſſent à
aprendre la Latine , ou quelqu'autre de celles qui ſont
en vſage, que non pas celle-cy, en laquelle il n'y a point
encore de liures écrits , par le moyen deſquels on ſe
puiſſe exercer , ny d'hommes qui la ſçachent , auec qui

HHHh iij

l'on puiſſe acquerir l'vſage de la parler. Toute l'vtilité
donc que ie voy qui peut reüſſir de cette inuention,
c'eſt pour l'écriture : A ſçauoir, qu'il fiſt imprimer vn
gros Dictionnaire en toutes les langues auſquelles il
voudroit eſtre entendu, & miſt des caracteres communs pour chaque mot primitif, qui répondiſſent au
ſens, & non pas aux ſyllabes, comme vn meſme cara-
ctere pour *aymer, amare, & Φιλειν* ; & ceux qui auroient
ce Dictionnaire, & ſçauroient ſa Grammaire, pouroient en cherchant tous ces caracteres l'vn aprés l'autre interpreter en leur langue ce qui ſeroit écrit ; Mais
cela ne ſeroit bon que pour lire des myſteres & des ré-
uelations ; car pour d'autres choſes, il faudroit n'auoir
guéres à faire, pour prendre la peine de chercher tous
les mots dans vn Dictionnaire, & ainſi ie ne voy pas
cecy de grand vſage. Mais peut-eſtre que ie me trompe, ſeulement vous ay-je voulu écrire tout ce que ie
pouuois conjecturer ſur ces ſix propoſitions que vous
m'auez enuoyées, afin que lorſque vous aurez vû l'inuention, vous puiſſiez dire ſi ie l'auray bien déchifrée.
Au reſte ie trouue qu'on pouroit adjouter à cecy vne
inuention, tant pour compoſer les mots primitifs de
cette langue, que pour leurs caracteres ; en ſorte qu'-
elle pouroit eſtre enſeignée en fort peu de tems, & ce
par le moyen de l'ordre, c'eſt à dire, établiſſant vn ordre entre toutes les penſées qui peuuent entrer en l'Eſprit humain, de meſme qu'il y en a vn naturellement
étably entre les nombres ; Et comme on peut aprendre en vn iour à nommer tous les nombres iuſques à
l'infini, & à les écrire, en vne langue inconnuë, qui

font toutesfois vne infinité de mots differens, qu'on
pûft faire le mefme de tous les autres mots neceffaires
pour exprimer toutes les autres chofes qui tombent en
l'Efprit des hommes. Si cela eftoit trouué, ie ne doute
point que cette langue n'euft bien-toft cours parmy
le monde, car il y a force gens qui employeroient volontiers cinq ou fix iours de tems pour fe pouuoir faire entendre par tous les hommes. Mais ie ne croy pas
que voftre Auteur ait penfé à cela, tant pour ce qu'il
n'y a rien en toutes fes propofitions qui le témoigne, que pour ce que l'inuention de cette langue dépend de la vraye Philofophie; car il eft impoffible autrement de dénombrer toutes les penfées des hommes, & de les mettre par ordre; ny feulement de les
diftinguer en forte qu'elles foient claires & fimples,
qui eft à mon aduis le plus grand fecret qu'on puiffe
auoir pour acquerir la bonne fcience; Et fi quelqu'vn
auoit bien expliqué quelles font les idées fimples qui
font en l'imagination des hommes, defquelles fe compofe tout ce qu'ils penfent, & que cela fuft receu par
tout le monde, i'oferois efperer enfuite vne langue
vniuerfelle fort aifée à aprendre, à prononcer, & à
écrire, & ce qui eft le principal, qui ayderoit au iugement, luy reprefentant fi diftinctement toutes chofes, qu'il luy feroit prefque impoffible de fe tromper;
au lieu que tout au rebours, les mots que nous auons
n'ont quafi que des fignifications confufes, aufquelles
l'Efprit des hommes s'eftant acoutumé de longue
main, cela eft caufe qu'il n'entend prefque rien parfaitement. Or ie tiens que cette langue eft poffible, &

qu'on peut trouuer la science de qui elle dépend , par le moyen de laquelle les Paysans pouroient mieux iuger de la verité des choses, que ne font maintenant les Philosophes. Mais n'esperez pas de la voir iamais en vsage, cela présupose de grans changemens en l'ordre des choses , & il faudroit que tout le monde ne fust qu'vn Paradis Terrestre , ce qui n'est bon à proposer que dans le pays des Romans.

Maintenant pour vos questions de Musique, ce que i'auois dit que le sault de la quinte en la basse n'est pas plus que celuy de la tierce au dessus, est ce me semble fort aisé à iuger , sur ce que la basse va naturellement par de plus grás interualles que le dessus; car de mesmĕ qu'vn homme qui marche à plus grand pas qu'vn enfant de quatre ans, on peut dire que le sault de quinze semelles sera moindre pour luy , que celuy de dix à vn enfant de trois ou quatre ans. Vous demandez en suite pourquoy les choses égales réueillent plus l'attention en montant qu'en descendant , Ie ne me souuiens plus de ce que ie vous auois écrit ; toutesfois ie vous diray que ce n'est point pour ce qu'elles sont égales, ou inégales , mais generalement le son plus aigu qui se fait en montant , frape plus l'oreille que le graue ; Et en vn concert de Musique si les voix vont tou-jours également, ou qu'elles s'abaissent, & allentissent peu à peu , cela endormira les Auditeurs ; mais si au contraire on rehausse la voix tout d'vn coup, ce sera le moyen de les réueiller. Selon diuerses considerations on peut dire que le son graue est plus ou moins son que l'aigu, car il consiste en plus d'étenduë , se peut en-

tendre

tendre de plus loin &c. mais il est dit fondement de la
Musique principalement pour ce qu'il a ses mouuemens plus lents, & par conſequent qui peuuent eſtre
diuiſez en plus de parties ; car on nomme fondement,
ce qui eſt comme le plus ample, & le moins diuerſifié ,
& qui peut ſeruir de ſujet ſur lequel on peut baſtir le
reſte. Pour voſtre façon d'examiner la bonté des con-
ſonances, vous m'auez apris ce que i'en deuois dire,
qu'elle eſt trop ſubtile pour eſtre diſtinguée de l'oreille, qui eſt ſeule iuge de cela. Et pour le paſſage de la
Tierce Majeure à l'vniſſon, ie me tiens à la raiſon des
Praticiens.

Il n'y a point de doute en quelque ſens que vous
mettiez vn ſoliueau ou colomne , qu'elle peze tou-
jours & tire contre bas , & noſtre teſte peze ſur nos
épaules, & tout noſtre cors ſur nos iambes, encore que
nous n'y prenions pas garde. Il ne reſte plus que quelque choſe, touchant la viteſſe du mouuement, que
vous dites que Monſieur Beecman vous a mandé, mais
cela viendra mieux en répondant à voſtre derniere.
Pour la proportion de viteſſe ſelon laquelle deſcendent les pois, ie vous en ay écrit ce que i'en ſçauois
en la précedente, *ſaltem in vacuo, ſed in aëre,* ce que vous a
mandé Monſieur Beecman eſt veritable, pourvû que
vous ſupoſiez que plus le pois deſcend viſte , plus l'air
luy reſiſte ; car ſi cela eſt, dequoy ie ne ſuis pas encore
du tout aſſuré , enfin il arriuera que l'air empeſchera
iuſtement autant, que la peſanteur adjouteroit de viteſſe au mouuement *in vacuo,* & cela eſtant, le mouuement demeurera tou-jours égal ; mais cela ne ſe peut.

déterminer que de la pensée ; car en pratique il ne le
faut pas esperer. Et pour vos experiences, qu'vn pois
descendant de cinquante piés, employe autant de
tems à parcourir les vingt-cinq derniers que les premiers, *saluâ pace*, ie ne me sçaurois persuader qu'elles
soient iustes : car *in vacuo*, ie trouue qu'il ne mettra que
le tiers du tems à parcourir les vingt-cinq derniers, &
ie ne puis croire que l'empeschement de l'air soit si notable, qu'il rende cette difference-là imperceptible.
Ie suis, &c.

AV REVEREND PERE MERSENNE.

LETTRE CXII.

MON REVEREND PERE,

Ie vous remercie de l'obseruation de la Couronne
qui a esté faite par Monsieur Gassendi. Pour le mes-
chant liure ie ne vous prie plus de me l'enuoyer ; car ie
me suis maintenant proposé d'autres ocupations, & ie
croy qu'il seroit trop tard pour executer le dessein qui
m'auoit obligé de vous mander à l'autre voyage, que
si c'estoit vn liure bien fait, & qu'il tombast entre mes
mains, ie rascherois d'y faire sur le champ quelque réponse ; C'est que ie pensois qu'encore qu'il n'y eust que
trente-cinq exemplaires de ce liure, toutesfois s'il
estoit bien fait, qu'on en feroit vne seconde impression, & qu'il auroit grand cours entre les curieux, quelques deffences qui en pussent estre faites. Or ie m'e-

ſtois imaginé vn remede pour empeſcher cela , qui me
ſembloit plus fort que toutes les deffences de la Iuſtice ; qui eſtoit, auant qu'il ſe fiſt vne autre impreſſion
de ce liure en cachette, d'en faire faire vne auec permiſſion , & adjouter aprés chaque periode , ou chaque
chapitre , des raiſons qui prouuaſſent tout le contraire
des ſiennes, & qui en découuriſſent les fauſſetez. Car ie
penſois que s'il ſe vendoit ainſi tout entier publiquement auec ſa réponſe , on ne daigneroit pas le vendre
en cachette ſans réponſe ; & ainſi que perſonne n'en
aprendroit la fauſſe doctrine, qui n'en fuſt deſ-abuſé
au meſme temps ; au lieu que les réponſes ſeparées
qu'on fait à ſemblables liures ſont d'ordinaire de peu
de fruit, pour ce que chacun ne liſant que les liures qui
plaiſent à ſon humeur, ce ne ſont pas les meſmes qui
ont lû les mauuais liures, qui s'amuſent à examiner les
réponſes. Vous me direz ie m'aſſure, que c'eſt à ſçauoir
ſi i'euſſe pû répondre aux raiſons de cet Autheur ; à
quoy ie n'ay rien à dire, ſinon que i'y euſſe au moins
fait tout mon poſſible , & qu'ayant pluſieurs raiſons
qui me perſuadent, & qui m'aſſurent le contraire de
ce que vous m'auez mandé eſtre en ce liure , i'oſois eſperer qu'elles le pouroient auſſi perſuader à quelques
autres ; & que la verité expliquée par vn Eſprit médiocre, deuoit eſtre plus forte que le menſonge, fuſt-il
maintenu par les plus habiles gens qui fuſſent au
monde.

Pour les veritez eternelles, ie dis derechef que *ſunt
tantum veræ aut poſſibiles , quia Deus illas veras aut poſſibiles cognoſcit , non autem contra veras à Deo cognoſci , quaſi in-*

dependenter ab illo sint veræ. Et si les hommes entendoient bien le sens de leurs paroles, ils ne pouroient iamais dire sans blaspheme, que la verité de quelque chose précede la connoissance que Dieu en a, car en Dieu ce n'est qu'vn de vouloir & de connoistre ; De sorte que *ex hoc ipso quod aliquid velit, ideò cognoscit, & ideò tantùm talis res est vera.* Il ne faut donc pas dire que *si Deus non esset, nihilominus istæ veritates essent veræ ;* car l'existence de Dieu est la premiere & la plus éternelle de toutes les veritez qui peuuent estre, & la seule d'où procedent toutes les autres. Mais ce qui fait qu'il est aisé en cecy de se méprendre, c'est que la plus-part des hommes ne considerent pas Dieu comme vn Estre Infini & Incomprehensible, & qui est le seul Auteur duquel toutes choses dépendent : Mais ils s'arrestent aux syllabes de son nom, & pensent que c'est assez le connoistre, si on sçait que *Dieu* veut dire le mesme que ce qui s'apelle *Deus* en Latin, & qui est adoré par les hommes. Ceux qui n'ont point de plus hautes pensées que cela, peuuent aisément deuenir Athées ; Et pource qu'ils comprennent parfaitement les veritez Mathématiques, & non pas celle de l'existence de Dieu, ce n'est pas merueille s'ils ne croyent pas qu'elles en dépendent. Mais ils deuroient iuger au contraire, que puisque Dieu est vne cause dont la Puissance surpasse les bornes de l'entendement humain, & que la necessité de ces veritez n'excede point nostre connoissance, qu'elles sont quelque chose de moindre, & de sujet à cette Puissance incomprehensible. Ce que vous dites de la production du *Verbe* ne répugne point ce me femble à ce que ie dis ; mais ie ne veux pas me mefler de la Theologie, i'ay peur mefme que vous ne iugiez que ma Philofophie s'émancipe trop, d'ofer dire fon auis touchant des matieres fi releuées.

Pour le Libre Arbitre, ie fuis entierement d'acord auec le R. P. Et pour expliquer encore plus nettement mon opinion, ie defire premierement que l'on remarque, que *l'Indifference* me femble fignifier proprement cet état dans lequel la volonté fe trouue, lors qu'elle n'eft point portée par la connoiffance de ce qui eft vray, ou de ce qui eft bon, à fuiure vn party plu-toft que l'autre ; Et c'eft en ce fens que ie l'ay prife, quand i'ay dit que le plus bas degré de la Liberté confiftoit à fe pouuoir déterminer aux chofes aufquelles nous fommes tout à fait indifferens. Mais peut-eftre que par ce mot *d'Indifference* il y en a d'autres qui entendent cette Faculté Pofitiue que nous auons de nous déterminer à l'vn ou à l'autre de deux contraires, c'eft à dire, à pourfuiure ou à fuïr, à affirmer ou à nier vne mefme chofe. Surquoy i'ay à dire que ie n'ay iamais nié que cette Faculté Pofitiue fe trouuaft en la volonté ; Tant s'en faut, i'eftime qu'elle s'y rencontre, non feulement toutes les fois qu'elle fe détermine à ces fortes d'actions, où elle n'eft point emportée par le pois d'aucune raifon vers vn cofté plu-toft que vers vn autre ; mais mefme qu'elle fe trouue mélée dans toutes fes autres actions ; en forte qu'elle ne fe détermine iamais qu'elle ne la mette en vfage ; iufques-là que lors mefme qu'vne raifon fort éuidente nous porte à vne chofe, quoy que *Moralement* parlant il foit difficile que nous puiſſions faire le contraire, parlant neantmoins *Abſolument* nous le pouuons: Car il nous eſt tou-jours libre de nous empeſcher de pourſuiure vn bien qui nous eſt clairement connu, ou d'admettre vne verité éuidéhte, pourvû ſeulement que nous penſions que c'eſt vn bien de témoigner par-là la liberté de noſtre franc-Arbitre. De plus, il faut remarquer que la Liberté peut eſtre conſiderée dans les actions de la volonté, ou auant qu'elles ſoient exercées, ou au moment meſme qu'on les exerce. Or il eſt certain, qu'eſtant conſiderée dans les actions de la volonté auant qu'elles ſoient exercées, elle emporte auec ſoy *l'Indifférence*, priſe dans le ſecond ſens que ie la viens d'expliquer, & non point dans le premier. C'eſt à dire, qu'auant que noſtre volonté ſe ſoit déterminée, elle eſt tou-jours libre, ou à la puiſſance, de choiſir l'vn ou l'autre de deux contraires, mais elle n'eſt pas tou-jours indifférente; au contraire, nous ne deliberons iamais qu'à deſſein de nous ôter de cet état où nous ne ſçauons quel party prendre, ou pour nous empeſcher d'y tomber. Et bien qu'en opoſant noſtre propre iugement aux commandemens des autres, nous ayons coutume de dire que nous ſommes plus libres à faire les choſes dont il ne nous eſt rien commandé, & où il nous eſt permis de ſuiure noſtre propre iugement, qu'à faire celles qui nous ſont commandées, ou deffenduës; Toutefois en opoſant nos iugemens, ou nos coñnoiſſances les vnes aux autres, nous ne pouuons pas ainſi dire que nous ſoyons plus libres à faire les choſes qui ne nous ſemblent ny bonnes ny mauuaiſes, ou dans leſ-

quelles nous voyons autant de mal que de bien, qu'à
faire celles où nous aperceuons beaucoup plus de bien
que de mal. Car la grandeur de la liberté consiste, ou
dans la grande facilité que l'on a à se déterminer, ou
dans le grand vsage de cette Puissance Positiue que
nous auons, de suiure le Pire, encore que nous connoissions le Meilleur. Or est il que si nous embras-
sons les choses que nostre raison nous persuade estre
bonnes, nous nous déterminons alors auec beaucoup
de facilité ; que si nous fesons le contraire, nous fesons alors vn plus grand vsage de cette Puissance Positiue ; Et ainsi nous pouuons tousjours agir auec plus
de liberté touchant les choses où nous voyons plus de
bien que de mal, que touchant celles que nous appel-
lons *Indifferentes*. Et en ce sens-là aussi, il est vray de dire que nous fesons beaucoup moins librement les choses qui nous sont commandées, & ausquelles sans cela nous ne nous porterions iamais de nous-mesmes,
que nous ne fesons celles qui ne nous sont point commandées : D'autāt que le iugement, qui nous fait croire
que ces choses-là sōt difficiles, s'opose à celuy qui nous
dit qu'il est bon de faire ce qui nous est commandé ;
lesquels deux iugemens, d'autant plus également ils
nous meuuent, & plus mettent ils en nous de cette Indifference prise dans le sens que i'ay le premier expliqué, c'est à dire, qui met la volonté dans vn état à ne
sçauoir à quoy se déterminer. Maintenant la liberté
estant considerée dans les actions de la volonté au moment mesme qu'elles sont exercées, alors elle ne contient aucune Indifference, en quelque sens qu'on la

veüille prendre; parce que ce qui se fait, ne peut pas
ne se point faire, dans le tems mesme qu'il se fait: Mais
elle consiste seulement dans la facilité qu'on a d'ope-
rer, laquelle à mesure qu'elle croist, à mesure aussi la
Liberté augmente; Et alors faire *Librement* vne chose,
ou la faire *volontiers*, ou bien la faire *Volontairement*, ne
sont qu'vne mesme chose. Et c'est en ce sens-là que
i'ay écrit, que ie me portois d'autant plus *Librement* à
vne chose, que i'y estois poussé par plus de raisons,
parce qu'il est certain que nostre volonté se meut
alors plus facilement, & auec plus d'impetuosité.

Ie trouue que vous auez bien mauuaise opinion de
moy, & que vous me iugez bié peu ferme & peu résolu
en mes actions, de penser que ie doiue deliberer sur ce
que vous me mandez de changer mon dessein, & de
ioindre mon premier discours à ma Physique, comme
si ie la deuois donner au Libraire dés aujourd'huy à lettre veuë; Et ie n'ay sceu m'empescher de rire en lisant
l'endroit où vous dites, que i'oblige le monde à me
tuër, afin qu'on puisse voir plutost mes écrits; à quoy
ie n'ay autre chose à répondre, sinon qu'ils sont déja
en lieu & en état que ceux qui m'auroient tué, ne les
pouroient iamais auoir, & que si ie ne meurs fort à
loisir, & fort satisfait des hommes qui viuent, ils ne se
verront assuremeht de plus de cent ans aprés ma mort.
Ie vous ay beaucoup d'obligation des objections que
vous m'écriuez, & ie vous suplie de continuer à me
mander toutes celles que vous oyrez, & ce en la façon
la plus desauantageuse pour moy qu'il se poura; ce sera le plus grand plaisir que vous me puissiez faire; car ie
n'ay

n'ay point coutume de me plaindre pendant qu'on
penſe mes bleſſures, & ceux qui me feront la faueur de
m'inſtruire, & qui m'enſeigneront quelque choſe, me
trouueront tou-jours fort docile. Mais ie n'ay ſceu
bien entendre ce que vous objectez touchant le titre ;
car ie ne mets pas Traité de la Méthode, mais Diſcours
de la Méthode, ce qui eſt le meſme que Préface ou
Aduis touchant la Méthode, pour monſtrer que ie
n'ay pas deſſein de l'enſeigner, mais ſeulement d'en
parler. Car comme on peut voir de ce que i'en dis, elle
conſiſte plus en Pratique qu'en Theorie; & ie nomme
les traitez ſuiuans des eſſais de cette Méthode, pource
que ie prétens que les choſes qu'ils contiennent n'ont
pû eſtre trouuées ſans elle, & qu'on peut connoiſtre
par eux ce qu'elle vaut ; comme auſſi i'ay inſeré quelque choſe de Métaphyſique, de Phyſique, & de Médecine dans le premier diſcours, pour montrer qu'elle
s'étend à toutes ſortes de matieres. Pour voſtre ſeconde objection, à ſçauoir, que ie n'ay pas expliqué
aſſez au long, d'où ie connois que l'Ame eſt vne
ſubſtance diſtincte du Cors, dont la Nature n'eſt que
de penſer, qui eſt la ſeule choſe qui rend obſcure la
démonſtration touchant l'exiſtence de Dieu, i'auoüe
que ce que vous en écriuez eſt tres-vray ; & auſſi que
cela rend ma démonſtration touchant l'exiſtence de
Dieu mal-aiſée à entendre; mais ie ne pouuois mieux
traiter cette matiere, qu'en expliquant amplement la
fauſſeté ou l'incertitude qui ſe trouue en tous les iugemens qui dependent du ſens ou de l'imagination, afin
de monſtrer en ſuite quels ſont ceux qui ne dépendent

que de l'entendement pur, & combien ils sont éuidens
& certains. Ce que i'ay obmis tout à dessein, & par
consideration, & principalement à cause que i'ay
écrit en langue vulgaire, de peur que les Esprits Foibles venant à embrasser d'abord auidement les doutes
& scrupules qu'il m'eust fallu proposer, ne pûssent
aprés comprendre en mesme façon les raisons par lesquelles i'eusse tasché de les oster, & ainsi que ie les eusse engagez dans vn mauuais pas, sans peut-estre les en
tirer. Mais il y a enuiron huict ans que i'ay écrit en Latin vn commencement de Métaphysique, où cela est
déduit assez au long ; & si l'on fait vne version Latine
de ce liure, comme on s'y prépare, ie l'y pouray faire
mettre. Cependant ie me persuade que ceux qui pren-
dront bien garde à mes raisons touchant l'existence de
Dieu, les trouueront dautant plus démonstratiues,
qu'ils mettront plus de peïne à en chercher les défauts ; & ie les prétens plus claires en elles-mesmes,
qu'aucune des démonstrations des Géometres ; en sorte qu'elles ne me semblent obscures, qu'au regard de
ceux qui ne sçauent pas *abducere mentem à sensibus*, suiuant ce que i'ay écrit en la page 38.

Ie vous ay vne infinité d'obligations de la peïne que
vous vous offrez de prendre pour l'impression de mes
écrits ; mais s'il y falloit faire quelque dépence, ie n'aurois garde de souffrir que d'autres que moy la fissent,
& ne manquerois pas de vous enuoyer tout ce qu'il
faudroit. Il est vray que ie ne croy pas qu'il en fust
grand besoin, au moins y a-t'il eu des Libraires qui
m'ont fait offrir vn présent, pour leur mettre ce que

ie ferois entre les mains, & cela dés auparauant mesme
que ie sortisse de Paris, ny que i'eusse commencé à rien
écrire. De sorte que ie iuge qu'il y en poura encore
auoir d'assez foux, pour les imprimer à leurs dépens,
& qu'il se trouuera aussi des Lecteurs assez faciles, pour
en acheter les exemplaires, & les releuer de leur folie.
Car quoy que ie fasse ie ne m'en cacheray point comme d'vn crime; mais seulement pour éuiter le bruit, &
me retenir la mesme liberté que i'ay euë iusques icy;
de sorte que ie ne craindray pas tant si quelques-vns
sçauent mon nom; mais maintenant ie suis bien-aise
qu'on n'en parle point du tout, afin que le monde
n'attende rien, & que ce que ie feray, ne soit pas moindre que ce qu'on auroit attendu. Ie me mocque auec
vous des imaginations de ce Chymiste dont vous m'é-
criuez, & croy que semblables Chymeres ne méritent
pas d'ocuper vn seul moment les pensées d vn honneste homme. Ie suis, &c.

A VN REVEREND PERE IESVITE.

LETTRE CXIII.

MON REVEREND PERE,

Ie sçay que vous auez tant d'occupations, qui valent
mieux que de lire les lettres d'vne personne qui n'est
point capable de vous rendre aucun seruice, que ie fais

ſcrupule de vous importuner des miennes, lors que ie
n'ay point d'autre ſujet de vous écrire, que pour vous
aſſurer du zele que i'ay à vous honorer. Mais pour ce
qu'il y a icy quelques perſonnes, qui me veulent perſuader, que pluſieurs des Peres de voſtre Compagnie,
parlent deſauantageuſement de mes écrits, & que cela
incite vn de mes amis, à écrire vn traitté dans lequel il
veut faire vne ample comparaiſon de la Philoſophie
qui s'enſeigne en vos écoles, auec celle que i'ay pu-
bliée, afin qu'en monſtrant ce qu'il penſe eſtre mauuais en l'vne, il faſſe d'autant mieux voir ce qu'il juge
meilleur en l'autre; j'ay crû ne deuoir pas conſentir à ce
deſſein, que ie ne vous en euſſe auparauant auerty, &
ſupplié de me preſcrire ce que vous jugez que ie dois
faire. L'obligation que i'ay à vos Peres de toute l'inſti-
tution de ma jeuneſſe, L'inclination tres-particuliere
que i'ay touſiours euë à les honorer, & celle que i'ay
auſſi à préferer les voyes douces & amiables, à celles
qui peuuent déplaire, ſeroient des raiſons aſſez fortes
pour m'obliger à prier cet amy, de vouloir exercer ſa
plume ſur quelque autre ſujet, où ie ne fuſſe point
meſlé, ſi ie n'eſtois comme forcé de pancher de l'autre coſté, par le tort qu'on dit que cela me fait, & par
la regle de prudence, qui m'apprend qu'il vaut beaucoup mieux auoir des ennemis déclarez, que couuerts;
principalement en telle occaſion, où n'eſtant queſtion
que d'honneur, dautant que la querelle éclartera plus,
dautant ſera-t'elle plus auantageuſe à celuy qui aura
iuſte cauſe. Mais le reſpect que ie vous dois & l'affectiõ
que vous m'auez tou-jours fait la faueur de me témoi-

gner, a plus de force fur moy, qu'aucune autre chofe, & fait que ie defire attendre vos commandemens fur ce fujet, & ie ne fouhaitte rien tant, que de vous pouuoir monftrer par effet, que ie fuis, &c.

A VN REVEREND PERE IESVITE. LETTRE CXIV.

MON REVEREND PERE,

Ie fuis raui de la faueur que vous m'auez faitte, de voir fi foigneufement le liure de mes effais, & de m'en mander vos fentimens auec tant de témoignages de bienueillance; Ie l'euffe accompagné d'vne lettre en vous l'enuoyant, & euffe pris cette occafion de vous affurer de mon tres-humble feruice, n'euft efté que i'efperois le faire paffer par le monde fans que le nom de fon autheur fuft connu; mais puifque ce deffein n'a pû réuffir, ie dois croire que c'eft plu-toft l'affection que vous auez euë pour le Pere, que le merite de l'enfant, qui eft caufe dû fauorable accueil qu'il a receu chez vous, & ie fuis tres-particulierement obligé de vous en remercier. Ie ne fçay fi c'eft que ie me flatte de plufieurs chofes extremement à mon auantage, qui font dans les deux lettres que j'ay receües de voftre part, mais ie vous diray franchement, que de tous ceux qui m'ont obligé de m'aprendre le jugement qu'ils faifoient de mes écrits, il n'y en a aucun, ce me femble, qui m'ait rendu fi bonne juftice que vous, ie veux dire si fauorable, sans corruption, & auec plus de connoissance de cause. En quoy j'admire que vos deux lettres ayent pû s'entresuiure de si prez; car ie les ay presque receües en mesme tems; & voyant la premiere ie me persuadois ne deuoir attendre la seconde, qu'aprés vos vacances de la S. Luc. Mais afin que j'y réponde ponctuellement ie vous diray premierement, que mon dessein n'a point esté d'enseigner toute ma méthode dans le discours où ie la propose, mais seulement d'en dire assez pour faire juger que les nouuelles opinions, qui se verroient dans la Dioptrique & dans les Méteores, n'estoient point conceües à la légere, & qu'elles valoient peut-estre la peine d'estre examinées. Ie n'ay pû aussi monstrer l'vsage de cette méthode dans les trois traittez que j'ay donnez, à cause qu'elle prescrit vn ordre pour chercher les choses, qui est assez different de celuy dont j'ay crû deuoir vser pour les expliquer. I'en ay toutesfois monstré quelque échantillon en décriuant l'arc-en-ciel, & si vous prenez la peine de le relire, i'espere qu'il vous contentera plus, qu'il n'aura pû faire la premiere fois; car la matiere est de soy assez difficile. Or ce qui m'a fait ioindre ces trois traittez au discours qui les précede, est que ie me suis persuadé qu'ils pouroient sufire, pour faire que ceux qui les auront soigneusement examinez, & conferez auec ce qui a esté cy-deuant écrit des mesmes matieres, iugent que ie me sers de quelque autre Méthode que le commun, & qu'elle n'est peut-estre pas des plus mauuaises. Il est vray que j'ay esté trop obscur en ce que j'ay écrit de l'existence

de Dieu dans ce traitté de la méthode, & bien que ce
soit la piece la plus importante, j'auoüe que c'est la
moins élabourée de tout l'ouurage ; ce qui vient en
partie de ce que ie ne me suis résolu de l'y joindre que
sur la fin, & lorsque le Libraire me pressoit. Mais la
principale cause de son obscurité, vient de ce que ie
n'ay osé m'étendre sur les raisons des sceptiques, ny
dire toutes les choses qui sont necessaires *ad abducēdam
mentem à sensibus :* car il n'est pas possible de bien connoistre la certitude & l'euidence des raisons qui prouuent l'existence de Dieu selon ma façon, qu'en se sou-
uenant distinctement de celles qui nous font remarquer de l'incertitude, en toutes les connoissances que
nous auons des choses materielles, & ces pensées ne
m'ont pas semblé estre propres à mettre dans vn liure,
où j'ay voulu que les femmes mesme pussent entendre
quelque chose, & cependant que les plus subtils trouuassent aussi assez de matiere pour occuper leur attention. l'auoüe aussi que cette obscurité vient en partie,
comme vous auez fort bien remarqué, de ce que j'ay
supofé que certaines notions, que l'habitude de penser
m'a rendu familieres & euidentes, le deuoient estre
aussi à vn chacun ; comme par exemple, Que nos Idées
ne pouuant receuoir leurs formes ny leur estre, que de
quelques objets exterieurs, ou de nous mesmes, ne
peuuent representer aucune Réalité ou Perfection, qui
ne soit en ces objets, ou bien en nous, & semblables ;
sur quoy ie me suis proposé de donner quelque éclair-
cissement dans vne seconde impression.

　　l'ay bien pensé que ce que i'ay dit auoir mis en mon

traitté de la Lumiere, touchât la creation de l'Vniuers,
seroit incroyable ; car il n'y a que dix ans, que ie n'eusse
pas moy-mesme voulu croire que l'esprit humain eust
pû atteindre iusqu'à de telles connoissances, si quelque
autre l'eust écrit ; Mais ma conscience, & la force de la
verité m'a empesché de craindre d auancer vne chose,
que i'ay crû ne pouuoir obmettre sans trahir mon propre party, & de laquelle i'ay desia icy assez de témoins;
Outre que si la partie de ma Physique, qui est acheuée,
& mise au net il y a desia quelque tems, voit iamais le
jour, j'espere que nos neuueux n'en pouront douter.

Ie vous ay obligatió du soin que vous auez pris d'examiner mon opinion touchant le mouuemét du cœur,
si vostre Medecin a quelques obiections à y faire, ie
seray tres-ayse de les receuoir, & ne manqueray pas
d'y répondre ; Il n'y a que huit iours que i'en ay receu
sept ou huit sur la mesme matiere, d'vn Professeur en
Medecine de Louuain, qui est de mes amis, auquel j'ay
renuoyé deux feuilles de réponse, & ie souhaitterois
que j'en pusse receuoir de mesme façon, touchant
toutes les difficultez qui se rencontrent en ce que i'ay
tasché d'expliquer ; ie ne manquerois pas d'y répondre
soigneusement, & ie m'assure que ce seroit sans desobliger aucun de ceux qui me les auroient proposées.
C'est vne chose que plusieurs ensemble pouroient
plus commodement faire qu'vn seul, & il n'y en a point
qui le pussent mieux, que ceux de vostre Compagnie.
Ie tiendrois à tres-grand honneur & faueur, qu'ils vou-
lussent en prendre la peine, ce seroit sans doute le plus
court moyen pour découurir toutes les erreurs, ou les
veritez de mes écrits.　　　　　　　　　　Pour

Pour ce qui est dela lumiere, si vous prenez garde
à la troisiéme page de la Dioptrique, vous verrez que
i'ay mis là expressement que ie n'en parleray que par
hypothese ; & en effet, à cause que le traitté qui contient tout le cors de ma Physique porte le nom *de la
lumiere*, & qu'elle est la chose que i'y explique le plus
amplement & le plus curieusement de toutes, ie n'ay
point voulu mettre ailleurs les mesmes choses que là,
mais seulement en representer quelque idée par des
comparaisons & des ombrages, autant qu'il m'a semblé necessaire pour le suiet de la Dioptrique. Ie vous
suis obligé de ce que vous témoignez estre bien ayse,
que ie ne me sois pas laissé deuancer par d'autres en la
publication de mes pensées ; mais c'est de quoy ie n'ay
iamais eu aucune peur : car outre qu'il m'importe fort
peu, si ie suis le premier ou le dernier a écrire les choses que i'écris, pourvû seulement qu'elles soient vrayes,
toutes mes opinions sont si iointes ensemble, & dépendent si fort les vnes des autes, qu'on ne s'en sçauroit
approprier aucune sans les sçauoir toutes. Ie vous prie
de ne point differer de m'apprendre les difficultez que
vous trouuez en ce que i'ay écrit de la réfraction, ou
d'autre chose ; car d'attendre que mes sentimens plus
particuliers touchant la lumiere soient publiez, ce seroit peut-estre attendre long-temps. Quant à ce que
i'ay suposé au commencement des Méteores, ie ne le
sçaurois démonstrer *à priori*, sinon en donnant toute
ma Physique ; mais les experiences que i'en ay déduites
necessairement, & qui ne peuuent estre déduites en
mesme façon d'aucuns autres principes, me sem-

blent le demonſtrer aſſez *à poſteriori*. I'auois bien prévû que cette façon d'écrire choqueroit d'abord les lecteurs, & ie croy que i'euſſe pû aiſément y remedier, en oſtant ſeulement le nom de ſupoſitions aux premieres choſes dont ie parle, & ne les declarant qu'à meſure que ie donnerois quelques raiſons pour les prouuer ; mais ie vous diray franchement que i'ay choiſi cette façon de propoſer mes penſées, tant pource que croyant les pouuoir déduire par ordre des premiers principes de ma Métaphyſique, i'ay voulu négliger toutes autres ſortes de preuues ; que pource que i'ay deſiré eſſayer ſi la ſeule expoſition de la verité ſeroit ſuffiſante pour la perſuader, ſans y meſler aucunes diſputes ny refutations des opinions contraires. En quoy ceux de mes amis qui ont lû le plus ſoigneuſement mes traittez de Dioptrique & des Méteores, m'aſſurent que i'ay reüſſi : car bien que d'abord ils n'y trouuaſſent pas moins de difficulté que les autres, toutesfois aprés les auoir lûs & relûs trois ou quatre fois, ils diſent n'y trouuer plus aucune choſe qui leur ſemble pouuoir eſtre réuoquée en doute ; Cóme en effet il n'eſt pas touſiours neceſſaire d'auoir des raiſons *à priori* pour perſuader vne verité ; & Thales, ou qui que ce ſoit, qui a dit le premier que la Lune reçoit ſa lumiere du Soleil, n'en a donné ſans doute aucune autre preuue, ſinon qu'en ſuppoſant cela, on explique fort aiſément toutes les diuerſes faces de ſa lumiere : Ce qui a eſté ſuffiſant pour faire que depuis cette opinion ait paſſé par le monde ſans contredit. Et la liaiſon de mes penſées eſt telle, que j'oſe eſperer qu'on trouuera mes

principes aussi bien prouuez par les consequences que
i'en tire, lors qu'on les aura assez remarquées pour se
les rendre familieres, & les considerer toutes ensemble, que l'emprunt que la Lune fait de sa lumiere est
prouué par ses croissances & décroissances. Ie n'ay
plus à vous répondre que touchant la publication de
ma Physique & Métaphysique, sur quoy ie vous puis
dire en vn mot, que ie la desire autant ou plus que
personne ; mais neantmoins auec les conditions sans
lesquelles ie serois imprudent de la desirer. Et ie vous
diray aussi que ie ne crains nullement au fons qu'il
s'y trouue rien contre la foy ; car au contraire i'ose me
vanter que iamais elle n'a esté si fort appuyée par les
raisons humaines, qu'elle peut-estre si l'on suit mes
principes ; & particulierement la Transubstantiation,
que les Caluinistes reprennent, comme impossible à
expliquer par la Philosophie ordinaire, est tres-facile
par la mienne. Mais ie ne voy aucune aparence que
les conditions qui peuuent m'y obliger s'accomplis-
sent, au moins de long temps ; & me contentant de
faire de mon costé tout ce que ie croy estre de mon
deuoir, ie me remets du reste à la Prouidence qui régit
le Monde ; car sçachant que c'est elle qui m'a donné
les petits commencemens dont vous auez vû des essais, j'espere qu'elle me fera la grace d'acheuer, s'il est
vtile pour sa gloire, & s'il ne l'est pas, ie me veux abstenir de le desirer. Au reste, ie vous assure que le
plus doux fruit que i'aye recueilly iusqu'à present, de
ce que i'ay fait imprimer, est l'approbation que vous
m'obligez de me donner par vostre Lettre ; car elle

m'eſt particulierement chere & agreable , pource
qu'elle vient d'vne perſonne de voſtre merite , & de
voſtre robbe, & du lieu meſme où i'ay eu le bon-heur
de receuoir toutes les inſtructions de ma ieuneſſe,
& qui eſt le ſejour de mes Maiſtres, enuers leſquels ie
ne manqueray iamais de reconnoiſſance. Et ie ſuis, &c.

A VN REVEREND PERE IESVITE.

LETTRE CXV.

MON REVEREND PERE,

Ie ſçay qu'il eſt tres-mal-aiſé d'entrer dans les penſées
d'autruy , & l'experience m'a fait connoiſtre com‑
bien les miennes ſemblent difficiles à pluſieurs; ce qui
fait que ie vous ay grande obligation de la peine que
vous auez priſe à les examiner ; Et ie ne puis auoir que
tres-grande opinion de vous, en voyant que vous les
poſſedez de telle ſorte, qu'elles ſont maintenant plus
voſtres que miennes. Et les difficultez qu'il vous a plû
me propoſer, ſont plutoſt dans la matiere, & dans le
défaut de mon expreſſion, que dans aucun défaut de
voſtre intelligence ; car vous auez joint la ſolution
des principales; mais ie ne lairray pas de dire icy mes
ſentimens de toutes.

I'auoüe bien que dans les cauſes Phyſiques & Mo‑
rales , qui ſont particulieres & limitées, on éprouue
ſouuent que celles qui produiſet quelque effet, ne
ſont pas capables d'en produire pluſieurs autres qui

nous paroiſſent moindres; ainſi vn homme qui peut produire vn autre homme ne peut pas produire vne fourmy, & vn Roy qui ſe fait obeïr par tout vn peuple, ne ſe peut quelquefois faire obeïr par vn cheual. Mais quand il eſt queſtion d'vne cauſe vniuerſelle & indeterminée, il me ſemble que c'eſt vne notion commune tres-éuidéte que *quod poteſt plus, poteſt etiam minus,* auſſi bien que *totum eſt maius ſua partè.* Et meſme cette notion entenduë, s'eſtéd auſſi à toutes les cauſes particulieres tant morales que phyſiques; car ce ſeroit plus à vn homme de pouuoir produire des hommes & des fourmis, que de ne pouuoir produire que des hommes; & ce ſeroit vne plus grande puiſſance à vn Roy de commander meſme aux cheuaux, que de ne commander qu'à ſon peuple; comme on feint que la Muſique d'Orphée pouuoit émouuoir meſme les beſtes, pour luy attribuer dautant plus de force.

Il importe peu que ma ſeconde démonſtration fondée ſur noſtre propre exiſtence ſoit conſiderée comme differante de la premiere, ou ſeulement comme vne explication de cette premiere. Mais ainſi que c'eſt vn effet de Dieu de m'auoir creé, auſſi en eſt-ce vn d'auoir mis en moy ſon idée ; & il n'y a aucun effet venant de luy, par lequel on ne puiſſe démonſtrer ſon exiſtence. Toutesfois il me ſemble que toutes ces démonſtrations priſes des effets reuiennent à vne, & meſme qu'elles ne ſont pas accomplies ſi ces effets ne nous ſont éuidens (c'eſt pourquoy i'ay plu-toſt conſideré ma propre exiſtence , que celle du Ciel & de la Terre, de laquelle ie ne ſuis pas ſi certain,) &

si nous n'y joignons l'idée que nous auons de Dieu; car mon ame estant finie, ie ne puis connoistre que l'ordre des causes n'est pas infiny, sinon entant que i'ay en moy cette idée de la Premiere Cause; & encore qu'on admette vne premiere cause qui me conserue, ie ne puis dire qu'elle soit Dieu, si ie n'ay veritablement l'Idée de Dieu: Ce que i'ay insinué en ma réponse aux premieres obiections, mais en peu de mots, afin de ne point mépriser les raisons des autres, qui admettent communement que *Non datur progressus in infinitum*; & moy ie ne l'admets pas; au contraire, ie croy que *datur reuerà talis progressus in diuisione partium materiæ*, Comme on verra dans mon traitté de Philosophie qui s'acheue d'imprimer.

Ie ne sçache point auoir déterminé que Dieu fait tousiours ce qu'il connoist estre le plus parfait, & il ne me semble pas qu'vn Esprit finy puisse iuger de cela: Mais i'ay tasché d'éclaircir la difficulté proposée touchant la cause des erreurs, en suposant que Dieu ait creé le monde tres-parfait; pour ce que suposant le contraire cette difficulté cesse entierement.

Ie vous suis bien obligé de ce que vous m'apprenez les endroits de saint Augustin qui peuuent seruir pour authoriser mes opinions, quelques autres de mes amis auoient desia fait le semblable; & i'ay tres-grande satisfaction de ce que mes pensées s'accordent auec celles d'vn si sainct & si excellent personnage. Car ie ne suis nullement de l'humeur de ceux qui desirent que leurs opinions paroissent nouuelles; au contraire j'accommode les miennes à celles des autres, autant que la verité me le permet.

Ie ne mets autre difference entre l'Ame & ſes idées, que comme entre vn morceau de cire, & les diuerſes figures qu'il peut receuoir ; & comme ce n'eſt pas proprement vne action, mais vne paſſion en la cire, de receuoir diuerſes figures, il me ſemble que c'eſt auſſi vne paſſion en l'Ame de receuoir telle ou telle idée, & qu'il n'y a que ſes volontez qui ſoient des actions ; & que ſes idées ſont miſes en elle, partie par les objets qui touchent les ſens, partie par les impreſſions qui ſont dans le cerueau, & partie auſſi par les diſpoſitions qui ont précedé en l'Ame meſme, & par les mouuemens de ſa volonté ; Ainſi que la cire reçoit ſes figures, partie des autres cors qui la preſſent, partie des figures ou autres qualitez qui ſont deſia en elle, comme de ce qu'elle eſt plus ou moins peſante ou molle, &c. & partie auſſi de ſon mouuement, lors qu'ayant eſté agitée, elle a en ſoy la force de continuer à ſe mouuoir.

Pour la difficulté d'apprendre les ſciences, qui eſt en nous, & celle de nous repreſenter clairement les idées qui nous ſont naturellement connuës, elle vient des faux préiugez de noſtre enfance, & des autres cauſes de nos erreurs, que i'ay taſché d'expliquer aſſez au long en l'écrit que i'ay ſous la preſſe. Pour la memoire, ie croy que celle des choſes materielles dépend des veſtiges qui demeurent dans le cerueau, aprés que quelque Image y a eſté imprimée : Et que celle des choſes intellectuelles depend de quelques autres veſtiges qui demeurent en la penſée meſme, mais ceux-cy ſont tout d'vn autre genre que ceux-là, & ie ne les ſçaurois expliquer par aucun exemple

tiré des chofes corporelles, qui n'en foit fort different; au lieu que les veftiges du ceruęau le rendent
propre à mouuoir l'ame, en la mefme façon qu'il l'a-
uoit meuë auparauant, & ainfi à la faire fouuenir de
quelque chofe, tout de mefme que les plis qui font
dans vn morceau de papier, ou dans vn linge, font
qu'il eft plus propre à eftre plié derechef comme il a
efté auparauant, que s'il n'auoit iamais efté ainfi plié.

L'erreur morale qui arriue quand on croit auec raifon vne chofe fauffe, pour ce qu'vn homme de bien
nous la ditte, &c. ne contient aucune priuation, lors
que nous ne l'affurons que pour regler les actions de
noftre vie, en chofe que nous ne pouuons moralement
fçauoir mieux; & ainfi ce n'eft point proprement vne
erreur; mais s'en feroit vne, fi nous l'affurions comme vne verité de Phyfique, pour ce que le témoignage d'vn homme de bien ne fuffit pas pour cela.

Pour le libre arbitre, ie n'ay point vû ce que le
R. P. Pétau en a écrit; mais de la façon que vous expliquez voftre opinion fur ce fujet, il ne me femble pas
que la mienne en foit fort éloignée. Car premierement ie vous fuplie de remarquer, que ie n'ay point
dit que l'homme ne fuft indifferent que là ou il manque de connoiffance; mais bien, qu'il eft dautant plus
indifferent qu'il connoift moins de raifons qui le
pouffent à choifir vn party plutoft que l'autre; ce
qui ne peut ce me femble eftre nié de perfonne. Et ie
fuis d'accord auec vous, en ce que vous dites qu'on
peut fufpendre fon iugement, mais i'ay tafché d'expliquer le moyen par lequel on le peut fufpendre: Car
il eft

il est ce me semble certain que *ex magnâ luce in intellectu sequitur magna propensio in voluntate*; En sorte que voyant tres-clairement qu'vne chose nous est propre, il est tres mal-aisé, & mesme comme ie croy impossible, pendant qu'on demeure en cette pensée, d'arrester le cours de nostre desir. Mais pource que la nature de l'Ame est de n'estre quasi qu'vn moment attentiue à vne mesme chose, si-tost que nostre attention se détourne des raisons qui nous font connoistre que cette chose nous est propre, & que nous retenons seulement en nostre memoire qu'elle nous a parû desirable, nous pouuons representer à nostre esprit quelque autre raison, qui nous en fasse douter, & ainsi suspendre nostre iugement, & mesme aussi peut-estre en former vn contraire. Ainsi puisque vous ne mettez pas la liberté dans l'indifference précisement, mais dans vne Puissance Réelle & Positiue de se déterminer, il n'y a de difference entre nos opinions, que pour le nom; car j'auouë que cette Puissance est en la volonté; mais pour ce que ie ne voy point qu'elle soit autre, quand elle est accompagnée de l'indifference, laquelle vous auoüez estre vne imperfection, que quand elle n'en est point accompagnée, & qu'il n'y a rien en l'entendement que de la lumiere, comme en celuy des bien-heureux qui sont confirmez en Grace, ie nomme generalement libre, tout ce qui est volontaire, & vous voulez restreindre ce nom à la Puissance de se déterminer, qui est accompagnée de l'indifference. Mais ie ne desire rien tant, touchant les noms, que de suiure l'vsage, & l'exemple.

M M m m

Pour les animaux sans raison, il est éuident qu'ils ne font pas libres, à cause qu'ils n'ont pas cette Puissance Positiue de se determiner; mais c'est en eux vne pure negation de n'estre pas forcez ny contraints. Rien ne m'a empesché de parler de la liberté que nous auons à suiure le bien ou le mal, sinon que i'ay voulu éuiter autant que i'ay pû les controuerses de la Théologie, & me tenir dans les bornes de la Philosophie Naturelle. Mais ie vous auoüe, qu'en tout ce ou il y a occasion de pecher, il y a de l'indifference, & ie ne croy point que pour mal faire il soit besoin de voir clairement que ce que nous fesons est mauuais, il suffit de le voir confusement, ou seulement de se souuenir qu'on a iugé autrefois que cela l'estoit, sans le voir en aucune façon, c'est à dire, sans auoir attention aux raisons qui le prouuent; car si nous le voyons clairement, il nous seroit impossible de pecher, pendant le tems que nous le verrions en cette sorte; c'est pourquoy on dit que *Omnis peccans est ignorans.* Et on ne laisse pas de mériter, bien que voyant tres-clairement ce qu'il faut faire, on le fasse infailliblement, & sans aucune indifference, comme a fait IESVS-CHRIST en cette vie; car l'homme pouuant n'auoir pas toujours vne parfaitte attention aux choses qu'il doit faire, c'est vne bonne action que de l'auoir, & de faire par son moyen, que nostre volonté suiue si fort la lumiere de nostre entendement, qu'elle ne soit point du tout indifferente. Au reste, ie n'ay point écrit que la Grace empeschast entierement l'indifference; mais seulement qu'elle nous fait pancher dauantage vers

vn cofté que vers l'autre, & ainfi qu'elle la diminuë,
bien qu'elle ne diminuë pas la liberté ; d'où il fuit ce,
me femble que cette liberté ne confifte point en l'indifference.

Pour la difficulté de conceuoir, comment il a efté
libre & indifferent à Dieu de faire qu'il ne fuft pas
vray, que les trois angles d'vn triangle fuffent égaux
à deux droits, ou generalemét que les contradictoires
ne peuuent eftre enfemblé, on la peut aifement ofter,
en confiderant que la puiffance de Dieu ne peut auoir
aucunes bornes, puis auffi en confiderant que noftre
efprit eft finy, & créé de telle nature qu'il peut conceuoir cóme poffibles les chofes que Dieu a voulu eftre
veritablement poffibles, mais non pas de telle, qu'il
puiffe auffi conceuoir comme poffibles, celles que
Dieu auroit pû rendre poffibles, mais qu'il a toutesfois voulu rendre impoffibles. Car la premiere confideration nous fait connoiftre que Dieu ne peut
auoir efté determiné à faire qu'il fuft vray, Que les
contradictoires ne peuuent eftre enfemble, & que par
confequent il a pû faire le contraire ; puis l'autre nous
affure que bien que cela foit vray, nous ne deuons
point tafcher de le comprendre, pource que noftre
Nature n'en eft pas capable. Et encore que Dieu ait
voulu que quelques veritez fuffent neceffaires, ce n'eft
pas à dire, qu'il les ait neceffairement vouluës ; car
c'eft toute autre chofe de vouloir qu'elles fuffent neceffaires, & de le vouloir neceffairement, ou d'eftre
neceffité à le vouloir. I'auouë bien qu'il y a des contradictions qui font fi éuidentes, que nous ne les pouuons

reprefenter à noftre efprit, fans que nous les iugions
entierement impoffibles, comme celle que vous propofez. Que Dieu auroit peu faire que les creatures ne
fuffent point dependantes de luy ; Mais nous ne nous
les deuons point reprefenter pour connoiftre l'im-
menfité de fa puiffance, ny conceuoir aucune préfe-
rance ou priorité entre fon entendement & fa volonté ; car l'idée que nous auons de Dieu nous aprend
qu'il n'y a en luy qu'vne feule action toute fimple &
toute pure ; ce que ces mots de S. Auguftin expriment
fort bien. *Quia vides ea, funt*, &c. pour ce qu'en Dieu
videre & *velle* ne font qu'vne mefme chofe.

Ie diftingue les lignes des fuperficies, & les points
des lignes, comme vn mode d'vn autre mode, mais
ie diftingue le cors des fuperficies, des lignes, & des
points, qui le modifient, comme vne fubftance de fes
modes ; & il n'y a point de doute que quelque mode
qui apartenoit au pain demeure au S. Sacrement, vû
que fa figure exterieure, qui eft vn mode, y demeure.
Pour l'extenfion de IESVS-CHRIST en ce S. Sacrement, ie ne l'ay point expliquée, pour ce que ie n'y
ay pas efté obligé, & que ie m'abftiens le plus qu'il
m'eft poffible des queftions de Théologie, & mefme
que le Concile de Trente a dit qu'il y eft *ea exiftendi
ratione quam verbis exprimere vix poffumus*. Lefquels mots
i'ay inferez à deffein, à la fin de ma réponfe aux qua-
triémes objections, pour m'exemter de l'expliquer.
Mais j'ofe dire, que fi les hommes eftoient vn peu
plus accoutumez qu'ils ne font à ma façon de philofopher, on pouroit leur faire entendre vn moyen d'ex-

pliquer ce myſtere, qui fermeroit la bouche aux ennemis de noſtre Religion, & auquel ils ne pouroient
contredire.

Il y a grande difference entre *l'abſtraction* & *l'excluſion*; Si ie diſois ſeulement que l'idée que i'ay de
mon Ame ne me la repreſente pas dépendante du cors,
& identifiée auec luy, ce ne ſeroit qu'vne abſtraction,
de laquelle ie ne pourois former qu'vn argument ne-
gatif, qui concluroit mal; mais ie dis, que cette idée
me la repreſente comme vne ſubſtance qui peut exiſter, encore que tout ce qui apartient au cors en ſoit
exclus; d'ou ie forme vn argument poſitif, & conclus
qu'elle peut exiſter ſans le cors. Et cette excluſion de
l'extenſion ſe voit fort clairement en la nature de
l'Ame, de ce qu'on ne peut conceuoir de moitié d vne
choſe qui penſe, ainſi que vous auez tres-bien remarqué. Ie ne voudrois pas vous donner la peine de
m'enuoyer ce qu'il vous à plû écrire ſur le ſujet de
mes Méditations, pour ce que j'eſpere aller en France
bien-toſt, ou j'auray ſi ie puis l'honneur de vous
voir, & cependant ie vous ſuplie de me croire, &c.

A VN REVEREND PERE IESVITE

LETTRE CXVI.

MON REVEREND PERE,

Ie ne me ſouuiens point que iamais perſonne m'ait
dit que vous auiez deſſein de cenſurer mes écrits, & ie

n'en ay eu auſſi aucune opinion ; car ie ne ſuis pas d'humeur à m'imaginer des choſes dont ie n'ay point de
preuues, principalement de celles qui me pouroient
eſtre déplaiſantes, comme ie vous auoüe que ſeroit
celle-là, pour ce que vous ayant en tres-grande eſtime, ie ne pourois penſer que vous euſſiez deſſein de
me blaſmer, que ie ne crûſſe par meſme moyen le mériter; Et bien que ie ne doute point que ce que i'ay
écrit ne contienne pluſieurs fautes, ie me ſuis toutefois perſuadé qu'il contenoit auſſi quelques véritez,
qui donneroient ſujet aux Eſprits de la trempe du voſtre, & qui auroient autant de franchiſe que vous, d'en
excuſer les défauts. Ce que ie me ſuis perſuadé de telle
ſorte, qu'en écriuant il y a quatre ou cinq mois au
R. P. Charlet, touchant les objeċtions du P. Bourdin,
Ie le priay, ſi ſes occupations ne luy permettoient
qu'il examinaſt luy-meſme les pieces de mon procés,
qu'il vous en vouluſt croire, vous & vos ſemblables,
plu-toſt que les ſemblables de mon aduerſaire, & ne
nommant que vous en ce lieu-là, il me ſemble que ie
monſtrois aſſez, que vous eſtes celuy de tous ceux de
voſtre Compagnie, que i'ay l'honneur de connoiſtre,
duquel i'ay eſperé le plus fauorable iugement. Il y a
quatre ou cinq ans que vous me fiſtes l'honneur de
m'écrire vne lettre qui me donna cette eſperance, &
i'ay eſté maintenant rauy d'en receuoir vne ſeconde
qui me la confirme; Ie vous ſupplie tres-humblement
de croire, que ce n'a eſté qu'auec vne tres-grande répugnance que i'ay répondu à ces ſeptiémes objeċtions
qui précedent ma lettre au R. P. Dinet, laquelle vous

auez veuë ; & il m'y a fallu employer la mesme résolution, qu'à me faire couper vn bras, ou vne iambe, si
j'y auois quelque mal auquel ie ne sceusse point de remede plus doux ; car i'ay tousiours eu vne grande véneration & affection pour voftre Compagnie ; mais
ayans sçeu le peu d'eftime qu'on auoit fait de mes
écrits, en des difputes publiques à Paris, il y a deux ans ;
& voyant que nonobftant les tres-humbles prieres
que j'auois faites, qu'on me vouluft auertir de mes
fautes, si on les connoiffoit, afin que ie les corrigeasse,
plutoft, que de les blafmer en mon abfence & fans
m'oüir, on continuoit à les méprifer d'vne façon qui
pouroit me rendre ridicule, auprés de ceux qui ne
me connoiffent pas, ie n'ay pû imaginer de meilleur
remede, que celuy dont ie me fuis feruy. Ie me tiens
extrémement obligé au R. P. Dinet, de la franchife &
de la prudence qu'il a témoignée en cette occafion, &
ie ne me promets pas moins de faueur du R. P. Filleau,
qui luy a fuccedé, bien que ie n'aye point eu cy-deuant l'honneur de le connoiftre ; car ie fçay que ce ne
font que les plus éminens en prudence & en vertu,
qu'on a coutume de choifir pour la charge qu'il a. Ie
crains feulement que mon aduerfaire n'ait des amis à
Paris, qui faffent entendre la chofe aux fuperieurs,
d'autre façon qu'elle n'eft. Ie fouhaitterois pour ce
fujet, que vous y fuffiez plutoft qu'à Orleans ; car ie
m'affure que vous me les rédriez fauorables. Ie ne fçaurois trouuer étrange que plufieurs n'entendent pas
mes Méditations, puifque mefme Monfieur de Beau-
ne y a de la difficulté ; car j'eftime extremement fon

efprit;& encore qu'on les entendiſt,ie croirois eſtre in-
iuſte, ſi ie deſirois qu'on les aprouuaſt , auant qu'on
fçache comment elles feront receuës du public ; ou
bien qu'on ſe declaraſt pour ma Philoſophie, auant
que de l'auoir toute vûë, & entenduë. Ce n'eſt pas
cette faueur-là que ie demande,mais ſeulement qu'on
s'abſtienne de blaſmer ce qu'on n'entend pas, & ſi on
a quelque choſe à dire contre mes écrits, ou contre
moy , qu'on me la veüille dire à moy-meſme , plutoſt
que d'en médire en mon abſence ; & y employer des
moyens , qui ne peuuent tourner qu'à la honte & à
la confuſion de ceux qui s'en feruent.

Pour ce qui eſt de la diſtinction entre l'eſſence &
l'exiſtence, ie ne me ſouuiens pas du lieu ou j'en ay
parlé;mais ie diſtingue *Inter Modos propriè dictos, & At-*
tributa ſine quibus res quarum ſunt attributa eſſe non poſſunt ;
ſiue inter modos rerum ipſarum , & modos cogitandi, Par-
donnez moy ſi ie change icy de langue, pour taſcher
de m'exprimer mieux) *Ita figura & motus ſunt modi pro-*
priè dicti ſubſtantiæ Corporeæ, quia idem corpus poteſt exiſtere,
nunc cum hac figura , nunc cum alia ; nunc cum motu , nunc
ſine motu , quamuis ex aduerſo neque hæc figura , neque hic
motus, poſſint eſſe ſine hoc corpore ; Ita amor, odium , affir-
matio , dubitatio , &c. ſunt veri modi in mente ; exiſtentia
autem, duratio, magnitudo, numerus , & vniuerſalia om-
nia , non mihi videntur eſſe modi propriè dicti , vt neque
etiam in Deo iuſtitia , miſericordia, &c. Sed latiori vocabulo
dicuntur Attributa, ſiue modi cogitandi, quia intelligimus qui-
dem alio modo rei alicuius eſſentiam , abſtrahendo ab hoc,
quod exiſtat, vel non exiſtat, & alio , conſiderando ipſam

vt exi-

vt existentem ; sed res ipsa sine existentiâ suâ esse non potest extra nostram cogitationem, vt neque etiam sine sua duratione, vel sua magnitudine, &c. Atque ideo dico quidem figuram, & alios similes modos, distingui propriè modaliter à substantia cuius sunt modi, sed inter alia attributa esse minorem distinctionem, quæ nonnisi latè vsurpando nomen modi, vocari potest Modalis, vt illam vocaui in fine meæ responsionis ad primas objectiones, & melius fortè dicetur Formalis ; sed ad confusionem euitandam, in prima parte meæ Philosophiæ, articulo 60. in qua de ipsa expressè ago, illam voco distinctionem Rationis (nempe rationis Ratiocinatæ ;) & quia nullam agnosco rationis Ratiocinantis, hoc est, quæ non habeat fundamentum in rebus (neque enim quicquam possumus cogitare absque fundamento.) idcirco in illo articulo verbum Ratiocinatæ non addo. Nihil autem aliud mihi videtur in hac materia parere difficultatem, nisi quod non satis distinguamus res extra cogitationem nostram existentes, à rerum ideis, quæ sunt in nostra cogitatione : Ita cum cogito essentiam trianguli, & existentiam eiusdem trianguli, duæ istæ cogitationes, quatenus sunt cogitationes, etiam obiectiuè sumptæ, modaliter differunt, strictè sumendo nomen modi ; sed non idem est de triangulo extra cogitationem existente, in quo manifestum mihi videtur, essentiam & existentiam nullo modo distingui ; & idem est de omnibus vniuersalibus ; vt cum dico, petrus est homo, cogitatio quidem quâ cogito petrum, differt modaliter ab ea quâ cogito hominem, sed in ipso petro nihil aliud est esse hominem, quam esse petrum, &c. Sic igitur pono tantum tres distinctiones ; Realem, quæ est inter duas substantias ; Modalem ; & Formalem, siue rationis ratiocinatæ ; quæ tamen tres, si opponantur distinctioni rationis Ratiocinantis, dici possunt Reales, &

hoc senſu, dici poterit eſſentia, realiter diſtingui ab exiſtentiâ;
Vt etiam, cum per eſſentiam intelligimus rem, pro vt eſt obie-
ctiuè in intellectu, per exiſtentiam vero rem eandem, pro vt
eſt extra intellectum, manifeſtum eſt illa duo realiter diſtingui.
Ainſi quaſi toutes les controuerſes de la Philoſophie,
ne viennent que de ce qu'on ne s'entend pas bien les
vns les autres. Excuſez ſi ce diſcours eſt trop confus, le
Meſſager va partir, & ne me donne le tems que d'a-
jouter icy, que ie me tiens extremement voſtre obligé, de la ſouuenance que vous auez de moy; & que ie
ſuis, &c.

A MONSIEVR CLERSELIER.

LETTRE CXVII.

MONSIEVR,

La raiſon qui me fait dire qu'vn cors qui eſt ſans
mouuement ne ſçauroit iamais eſtre mû par vn autre
plus petit que luy, de quelque viteſſe que ce plus petit
ſe puiſſe mouuoir, eſt, que c'eſt vne loy de la nature,
qu'il faut que le cors qui en meut vn autre ait plus
de force à le mouuoir, que l'autre n'en à pour réſiſter; mais ce plus ne peut dépendre que de ſa grandeur; car celuy qui eſt ſans mouuement a autant de
degrez de réſiſtance, que l'autre qui ſe meut en a de
viteſſe; Dont la raiſon eſt, que s'il eſt mû par vn cors
qui ſe meuue deux fois plus viſte qu'vn autre, il doit
en receuoir deux fois autant de mouuement, mais il

résiste deux fois dauantage à ces deux fois autant de

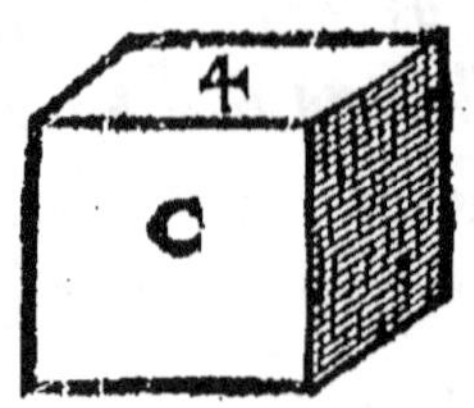

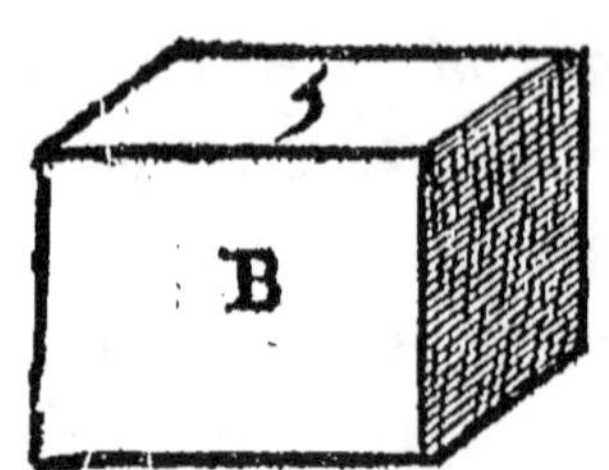

mouuement. Par exemple le cors B. ne peut pousser
le cors C. qu'il ne le fasse mouuoir aussi viste qu'il
se mouuera soy-mesme aprés l'auoir poussé. A sçauoir, si B. est à C. comme 5. à 4. de 9. dégrez de mouuement qui seront en B. Il faut qu'il en transfere 4.
à C. pour le faire aller aussi viste que luy, ce qui luy
est aisé, car il a la force de transferer iusques à 4. &
demy, (c'est à dire la moitié de tout ce qu'il a) plutost
que de refléchir son mouuemét de l'autre costé. Mais
si B. est à C. comme 4. à 5. B. ne peut mouuoir C.

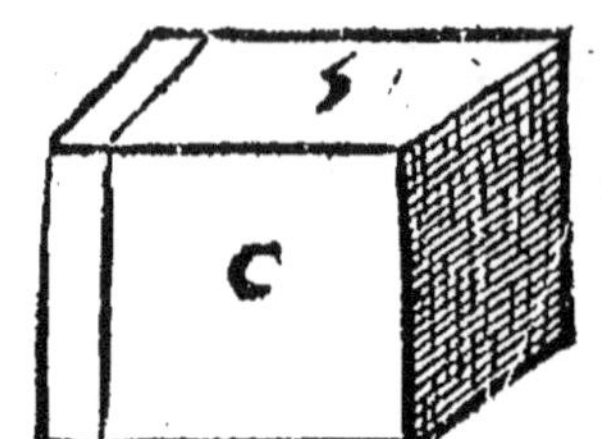

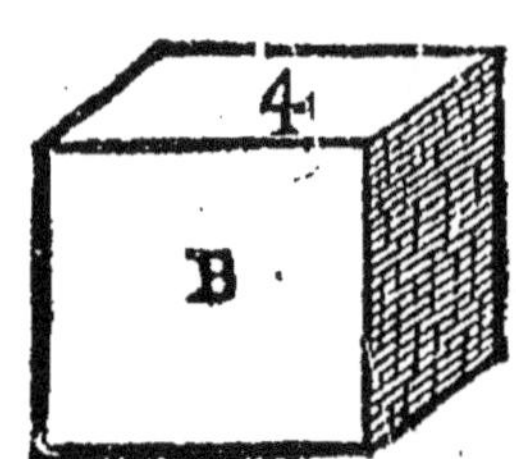

si de ses neuf degrez de mouuement il ne luy en transfere 5. qui est plus de la moitié de ce qu'il a, & par consequent à quoy le cors C. resiste plus que B. n'a de
force pour agir ; c'est pourquoy B. se doit refléchir de
l'autre costé, plutost que de mouuoir C. Et sans cela
iamais aucun cors ne seroit refléchy par la rencontre
d'vn autre. Au reste, ie suis bien-aise de ce que la pre-

micre & la principale difficulté que vous auez trouuée
en mes principes eſt touchant les regles, ſuiuant leſquelles ſe change le mouuement des cors qui ſe rencontrent, car ie iuge delà que vous n'en auez point
trouué en ce qui les precede, & que vous n'en trouuerez pas auſſi beaucoup au reſte, ny en ces regles non
plus, lors que vous aurez pris garde qu'elles ne dépendent que d'vn ſeul principe, *qui eſt, Que lors que deux*
cors ſe rencontrent qui ont en eux des Modes incompatibles,
il ſe doit veritablement faire quelque changement en ces mo-
des pour les rendre compatibles, mais que ce changement eſt
touſiours le moindre qui puiſſe eſtre, c'eſt à dire, *que ſi cer-*
taine quantité de ces modes eſtant changée ils peuuent deuenir
compatibles, il ne s'en changera point vne plus grande quantité.
Et il faut conſiderer dans le mouuement deux diuers
modes, l'vn eſt la motion ſeule ou la viteſſe, & l'autre eſt la détermination de cette motion vers certain
coſté, leſquels deux modes ſe changent auſſi difficile-
ment l'vn que l'autre. Ainſi donc pour entendre les
quatre cinq & ſixiéme régles, où le mouuemét du cors
B & le repos du cors C ſont incompatibles, il faut
prendre garde qu'ils peuuent deuenir compatibles en
deux façons, à ſçauoir, *ſi B change toute la détermination*
de ſon mouuement, ou bien, *s'il change le repos du cors C, en*
luy transferant telle partie de ſon mouuement qu'il le puiſſe
chaſſer deuant ſoy, auſſi viſte qu'il ira luy-meſme. Et ie n'ay
dit autre choſe en ces trois régles ; ſinon que lors que
C. eſt plus grand que B, c'eſt la premiere de ces deux
façons qui a lieu ; & quand il eſt plus petit, que c'eſt

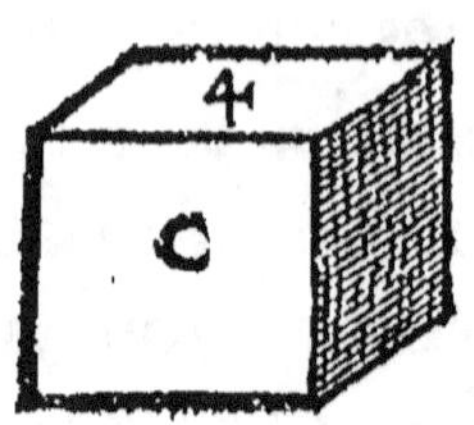

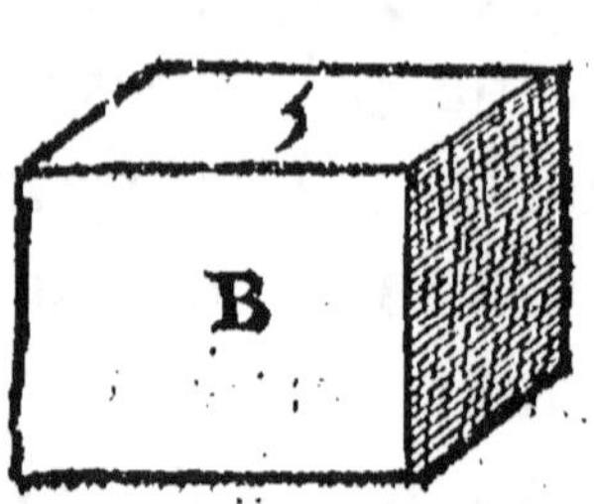

la seconde; & enfin quand ils sont égaux, que ce changement se fait moitié par l'vne & moitié par l'autre.
Car lors que C. est le plus grand, B ne le peut pousser
deuant soy si ce n'est qu'il luy transfere plus de la moitié de sa vitesse, & ensemble plus de la moitié de sa détermination à aller de la main droite vers la gauche,
dautant que cette détermination est jointe à sa vitesse;
au lieu que se reflechissant sans mouuoir le cors C, il
change seulement toute sa détermination, ce qui est
vn moindre changement que celuy qui se feroit de
plus de la moitié de cette mesme détermination, &
de plus de la moitié de la vitesse. Au contraire si C. est
moindre que B. il doit estre poussé par luy; car alors

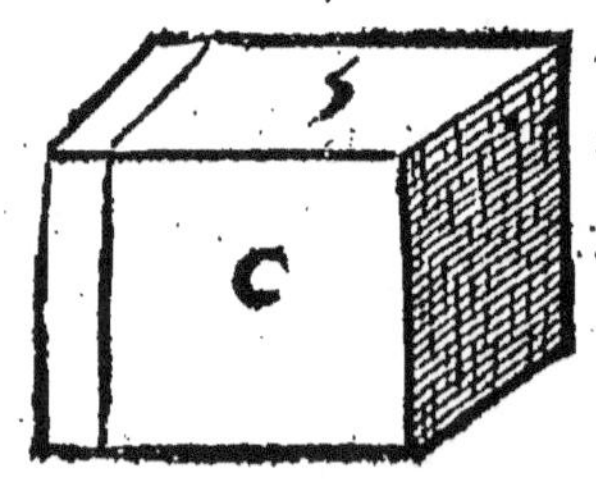

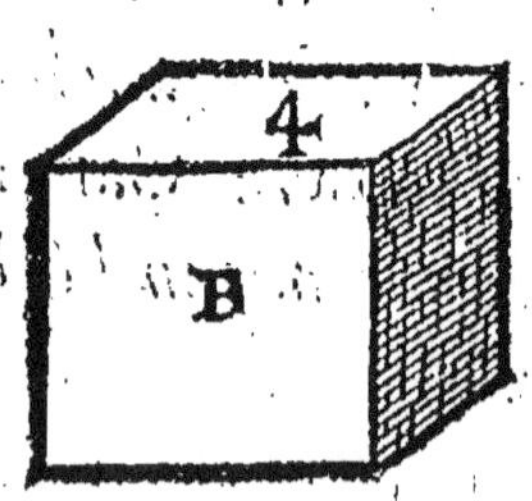

B luy donne moins que la moitié de sa vitesse, & moins
que la moitié de la détermination qui luy est iointe,

ce qui fait moins que toute cette détermination, laquelle il deuroit changer s'il se refléchissoit. Et cecy ne repugne point à l'experience ; car par vn cors qui est sans mouuement, l'entens vn cors qui n'est point en action pour separer sa superficie de celle des autres cors qui l'enuironnent, & par conséquent qui fait partie d'vn autre cors dur qui est plus grand : Car i'ay dit ailleurs, que lors que les superficies de deux cors se separent, tout ce qu'il y a de positif en la nature du mouuement, se trouue aussi bien en celuy qu'on dit vulgairement, ne se point mouuoir, qu'en celuy qu'on dit se mouuoir ; & i'ay expliqué par aprés pourquoy vn cors suspendu en l'air peut estre mû par la moindre force. Mais il faut pourtant icy que ie vous auoüe que ces regles ne sont pas sans difficulté, & ie tascherois de les éclaircir dauantage si i'en estois maintenant capable, mais pource que i'ay l'esprit occupé par d'autres pensées, i'attendray s'il vous plaist à vne autrefois à vous en mander plus au long mon opinion. Ie vous ay bien de l'obligation des victoires que vous gagnez pour moy aux occasions, & vostre solution de l'argument que *Pagani habuerunt ideam plurium Deorum*, &c. est tres-vraye. Car encore que l'idée de Dieu *soit tellement emprainte en l'Esprit humain* qu'il n'y ait personne qui n'ait en soy la faculté de le connoistre, cela n'empesche pas que plusieurs personnes n'ayent pû passer toute leur vie sans iamais se representer distinctement cette idée, & en effet ceux qui la pensent auoir de plusieurs Dieux, ne l'ont point du tout ; car il implique contradiction d'en conceuoir plusieurs souueraine-

ment parfaits, comme vous auez tres-bien remarqué,
& quand les Anciens nommoient plusieurs Dieux, ils
n'entendoient pas plusieurs tout-puissans, mais seulement plusieurs fort-puissans, au dessus desquels ils
imaginoient vn seul Iupiter comme souuerain, & auquel seul par consequent ils appliquoient l'idée du
vray Dieu, qui se presentoit confusément à eux. Ie
suis, &c.

A MONSIEVR CLERSELIER.

LETTRE CXVIII.

MONSIEVR,

L'esperance que i'ay d'estre bien-tost à Paris est cause que ie suis moins soigneux d'écrire à ceux que i'espere auoir l'honneur d'y voir. Ainsi il y a dé-ja quelque tems que i'ay receu celle que vous auez pris la peine de m'écrire ; mais i'ay pensé que vous ne vous souciez pas fort, d'auoir réponse à la question qu'il vous a
plû m'y proposer, touchant ce qu'on doit prendre
pour *le premier principe*, à cause que vous y auez dé-ja
répondu mieux que ie ne sçaurois faire. I'adjoute seulement que le mot de *principe* se peut prendre en diuers
sens, & que c'est autre chose de chercher *vne notion
commune*, qui soit si claire & si generale qu'elle puisse
seruir de principe pour prouuer l'existence de tous les
Estres, les *Entia*, qu'on connoistra par aprés; & autre

chofe de chercher *vn Eftre*, l'exiſtence duquel nous ſoië plus connuë que celle d'aucuns autres, en ſorte qu'elle nous puiſſe ſeruir *de principe* pour les connoiſtre: Au premier ſens, on peut dire que *impoſſibile eſt idem ſimul eſſe & non eſſe* eſt vn principe, & qu'il peut generalement ſeruir, non pas proprement à faire connoiſtre l'exiſtence d'aucune choſe, mais ſeulement à faire que lors qu'on la connoiſt, on en confirme la verité par vn tel raiſonnement. *Il eſt impoſſible que ce qui eſt ne ſoit pas; Or, ie connois que telle choſe eſt; Donc, ie connois qu'il eſt impoſſible qu'elle ne ſoit pas.* Ce qui eſt de bien peu d'importance, & ne nous rend de rien plus ſçauans: En l'autre ſens, le premier principe eſt *que noſtre Ame exiſte*, à cauſe qu'il n'y a rien dont l'exiſtence nous ſoit plus notoire. I'adjoute auſſi que ce n'eſt pas vne condition qu'on doiue requerir au pemier principe, que d'eſtre tel que toutes les autres propoſitions ſe puiſſent reduire & prouuer par luy, c'eſt aſſez qu'il puiſſe ſeruir à en trouuer pluſieurs, & qu'il n'y en ait point d'autre dont il depende, n'y qu'on puiſſe plu-toſt trouuer que luy. Car il ſe peut faire qu'il n'y ait point au monde aucun principe auquel ſeul toutes les choſes ſe puiſſent reduire; & la façon dont on reduit les autres propoſitions à celle-cy, *impoſſibile eſt idem ſimul eſſe & non eſſe* eſt ſuperfluë, & de nul vſage; Au lieu que c'eſt auec tres-grande vtilité qu'on commence à s'aſſurer de *l'exiſtence de Dieu*, & enſuite de celle de toutes les creatures, *par la conſideration de ſa propre exiſtence.*

Le Pere Merſenne m'auoit mandé que Monſieur le Conte a pris la peine de faire quelques objections contre ma calomnies, ie n'ay point trouué de meilleure & de plus iuste deffense, que de leur opofer fimplement la verité. Et ce peu que i'ay à dire de l'hiftoire de fes derniers iours, poura mefme eftre pris par ceux qui dé-ja le connoiftront d'ailleurs, pour vn tableau de fa vie en quelque façon acheué; puifqu'il nous a dé-ja luy-mefme décrit fa ieuneffe, & la maniere dont il a conduit fes études, pour rechercher, auec plus de certitude qu'on ne luy auoit apris, la verité dans les fciences, dans le difcours qu'il a fait de la Méthode; & que fes lettres nous aprendront icy plus particulierement quelles ont efté fes plus ordinaires occupations, auec quelles perfonnes il auoit de plus particulieres habitudes, quelle a efté fa maniere de viure, & nous conduiront infenfiblement dans l'hiftoire de fa vie, iufqués au tems de fa mort.

C'eft vne chofe connuë de tout le monde, que la Reine Chriftine de Suéde, regnante alors, ayant fouhaitté, auec paffion d'entédre de viue voix cet homme fi rare, qu'elle voyoit eftre l'admiration de tous les fçauans, elle qui faifoit gloire d'apeler & d'auoir auprés de fa perfonne, tous ceux qu'elle fçauoit auoir quelque chofe de recommandable par deffus les autres, ne ceffa point de le folliciter, qu'elle ne l'euft fait venir à Stocholm auprés d'elle. Là, cette Princeffe incomparable, que les foins de fon Etat tenoient tout le iour continuellement ocupée, ne pouuant prendre pour diuertiffement de fes études que le tems qu'elle déroboit à fon repos, ordonna à Monfieur Defcartes de la venir entretenir tous les iours, à cinq heures du matin dans ſa Bibliothéque. Ces conferences ayant déja duré plus d'vn mois, Monſieur Deſcartes, ſoit que cela vinſt du changement de regime, ou de la ſeule apreté du climat & de la ſaiſon, (car c'eſtoit au milieu de l'Hyuer) ſe trouua tout à coup ſurpris d'vne grande inflammation de poumon, iointe à vne groſſe fievre, qui luy attaqua d'abord le çerueau. Quand le mal le prit, il n'y auoit que deux iours qu'il s'eſtoit acquitté des deuoirs d'vn bon Chreſtien ; & dans l'agitation & l'ardeur de ſa fievre, pour montrer que les ſaintes penſées qu'il auoit eu lors, eſtoient encore bien profondement grauées en ſon eſprit, il n'auoit point de plus frequente réverie, que de s'entretenir de la déliurance prochaine de ſon Ame. C'a mon Ame, diſoit-il, il y a long-tems que tu es captiue, voicy l'heure que tu dois ſortir de priſon, & quitter l'embaras de ce cors, il faut ſouffrir cette deſ-vnion auec ioye & courage. Ceux qui ſçauent l'étroite affinité que i'ay auec ceux chez qui il eſt mort, ne s'étonneront pas du raport que ie fais de ces particularitez ; & les ayant apriſes de ceux qui y eſtoient préſens, i'ay crû qu'elles pouroient ſeruir, ſinon à la iuſtification de Mr Deſcartes, car il n'en a pas beſoin, au moins à détromper ceux qui auroient pû eſtre abuſez par de faux bruits. Comme la fievre commença vn peu, non pas à ſe calmer, mais à quitter le çerueau, qu'elle auoit occupé d'abord, on n'euſt pas beſoin de luy annoncer la mort, il dit luy-meſme qu'il voyoit bien qu'il falloit partir, & adjouta d'vn courage aſſuré, qu'il ne luy falloit pas faire vn grand effort pour s'y reſoudre, & que durant toute la

nuit précedente il s'y eſtoit préparé. Cependant , ny
luy ny les aſſiſtans ne crôyoient pas que le mal preſſaſt
ſi fort , & l'on fuſt bien étonné que la nuit ſuiuante
on le vit tourner entierement à la mort. On apela
promtement l'Aumoſnier de Monſieur l'Ambaſſadeur de France , chez qui il demeuroit, mais à ſon arriuée le malade ne parloit dé-ja plus. Ce Religieux
Aumoſnier , qui l'auoit oüy en confeſſion peu de
iours auparauant , & qui ſçait que ce que ie dis eſt véritable , luy faiſant les exhortations ordinaires , le pria,
s'il l'entendoit encore , & s'il vouloit receuoir de luy la
derniere benediction, qu'il luy fiſt quelque ſigne ; auſſi-toſt il leua les yeux au Ciel, d'vne façon toute Chre-
ſtienne , & qui montroit vne parfaite réſignation à la
volonté de Dieu : La benediction donnée , tout le
monde eſtant à genoux , on ſut les prieres des agoni-
ſans, (car pour le Sacrement des malades, le défaut des
choſes neceſſaires ne permettoit pas qu'on luy puſt
adminiſtrer) & cependant le malade rendit l'eſprit ,
auec vne tranquillité digne de l'innocence de ſa vie ;
Car en effet on ne vit iamais vn homme plus ſimple,
plus humble , plus ſincere, mais ſur tout plus humain
que luy , iuſques à ſe charger, dans la médiocrité de ſa
fortune, & dans vne retraitte ſi éloignée , du ſoin &
de l'entretien , le diray-je ? de ſa Nourice; pour la ſub-
ſiſtance de laquelle , i'ay vû dans ſes lettres pluſieurs
ordres donnez à celuy qui auoit le ſoin de ſes affaires :
Ce qui marque ſans doute vne bonté d'Ame tout à
fait grande, & qui méritoit d'eſtre récompenſée, comme elle a eſté , d'vne fin auſſi heureuſe & auſſi paiſible

que celle que Monsieur Descartes a euë, soumise &
résignée entièrement aux volontez de Dieu, pleine
d'esperance en ses bontez, & de confiance en ses mi-
sericordés; & en vn mot qui a esté telle, qu'il a laissé à
tous ceux qui l'ont assisté à la mort, vn souhait d'en
auoir vne aussi Precieuse deuant Dieu, qu'il a donné
lieu de croire & d'esperer qu'a esté la sienne.

Ce récit simple, mais fidelle, dès circonstances de
son trépas, est ce me semble capable de fermer doresnauant la bouche à la calomnie, & iustifie assez l'innocence & la sainteté de sa mort; Mais il ne faut point
en chercher de preuue plus conuaincante, que celle
de l'integrité mesme de sa vie, qui n'a iamais esté atta-
quée que par des médisans ou par des enuieux, & qui a
tou-jours paru d'autant plus pure, qu'on a taschéde la
noircir. Toutes ses lettres, qui sont pleines dès plus
beaux enseignemens de l'vne & de l'autre Moralle, feront assez connoistre l'interieur de son Ame, & comme il n'a iamais sçeu ce que c'estoit que de dissimuler,
tenant pour maxime, que la plus grande finesse estoit
de n'en auoir point, & qu'il a tou-jours tenu pour ses
ennemis ouuerts & déclarez, ceux qui ont eu cette opinion de luy, qu'il ne parloit pas comme il pensoit
(ainsi qu'on peut voir en la lettre 98.) ne doit-on pas
auoir des sentimens tres-auantageux de sa probité &
de sa vertu, puisqu'il n'y en a aucune, dont il ne nous
enseigne les maximes en ses lettres; ce qu'il fait auec
tant de iugement & de facilité, qu'il fait assez connoistre en les enseignant aux autres, que la pratique luy en
estoit familiere.

Au reste, ie ne puis m'imaginer ce qu'ont prétendu ceux, qui pour ternir sa réputation, & pour décrediter sa doctrine, ont semé ces faux bruits, que la Reine Christine, n'ayant pû entrer dans ses pensées, ny prendre aucun goust à ses nouuelles opinions, ne l'auoit pas beaucoup consideré, & que cela l'auoit ietté dans vne mélancholie si profonde, qu'elle luy auoit enfin causé la mort. Peut-on mieux iuger de la haute estime que cette Reine en faisoit, que par l'assiduité qu'elle-mesme aportoit pour l'entendre, & par le tems qu'elle auoit choisi pour cet entretien, qui luy sembloit si precieux qu'elle le préferoit à son repos : A quoy il estoit aussi de son costé si soigneux d'obeïr & de satisfaire, que le iour mesme qu'il se sentit du mal, il s'y estoit rendu à l'heure précise, & auoit mesme porté à la Reine l'ordre à garder dans vne conference de lettres, qu'elle vouloit établir à iour certain dans sa Bibliothéque en sa présence. Ne sçait-on pas aussi qu'elle luy vouloit faire préparer pour sa sepulture, vn lieu des plus honorables du païs, si Monsieur Chanut, pour lors Ambassadeur en Suéde, n'eust préferé le Cimetiere destiné pour les enfans, comme vn lieu plus conuenable à l'innocence de sa Vie, & à l'incorruptibilité de sa Foy ; Et ne verroit-on pas aujourd'huy les pierres de son tombeau changées en marbre, sans le changement qui est arriué depuis à l'état de cette Reine. Mais aprés tout, quand il seroit vray que sa doctrine n'auroit pas esté bien receuë à la Cour de Suéde, quel argument peut-on tirer de là pour la décrediter maintenant, & quel des-honneur en réuient il à Monsieur Descartes ?

PREFACE.

Il eſt vray que pendant que nous viuons parmy les
hommes, nous auons beſoin d'eſtime iuſques à vn
certain point, comme d'argent, pour nous garentir
des injures, & pour pluſieurs autres vſages; aprés noſtre
mort cette piece eſt inutile, & ſi les écrits & la doctrine ſe deffendent par la probité & par le nom de leur
écriuain, ou par l'authorité des hommes ſeulement,
& non par leur propre valeur, ils ne méritent pas d'aller fort loin vers la poſterité; Ceux de Monſieur Deſcartes n'ont plus d'attache à ſa vie, ils ſe ſouſtiennent
aſſez d'eux-meſmes, ſans auoir beſoin d'vn apuy
étranger, & l'on peut croire, que ſi l'enuie empeſche
aujourd'huy qu'ils ne trouuent des approbateurs, ils
n'en manqueront pas dans les ſiecles ſuiuans. Pour
ceux qui attribuent ſa mort au déplaiſir qu'il auoit d'é-
ſtre mal écouté de cette Princeſſe, ils témoignent ſçauoir fort-mal ſur quelles maximes il conduiſoit ſa vie;
Et quoy qu'il tinſt à tres-grand honneur, celuy qu'il
receuoit d'eſtre admis à inſtruire vne ſi grande Reine,
ſi eſt-ce neantmoins que ce n'eſtoit point ſur cela qu'il
fondoit ny ſon eſtime ny ſon bon-heur; La ſeule volonté de bien faire luy eſtoit le plus précieux de tous
les biens, & le contentement qu'il en receuoit faiſoit
tout le bon-heur de ſa vie; ſi bien qu'il euſt crû faire
vne choſe indigne d'vn homme genereux, que de laiſſer prendre ſur ſoy tant de pouuoir à l'eſtime qui ne
dépend que de l'opinion d'autruy, que d'alterer ſa ſanté en troublant la tranquillité de ſon Ame; La verité
eſtoit le but de ſes deſſeins, la vertu la regle de ſes
actions, & le contentement qu'il receuoit de la recher-

PREFACE.

che de l'vne, & de la pratique de l'autre , établiſſoient
ſon repos & ſa felicité. Cela excepté , il ne regardoit
plus les choſes qui ſe paſſent dans le monde, que comme des actions qui ſe répreſentent ſur vn Theatre, qui
ne laiſſoient pas à la verité de toucher quelquefois ſon
cœur, & d'exciter en luy diuerſes paſſions , ſelon la
diuerſité des rencontres,& l'intereſt qu'il y prenoit par
affection; Mais elles n'alloient iamais iuſqu'à l'interieur de ſon Ame , laquelle ioüiſſoit cependant de la
ſatisfaction de voir que tantoſt il compatiſſoit auec
des affligez, tantoſt il mépriſoit les injures des médi-
ſans, tantoſt il conſideroit la vanité des ſoins qui trauaillent les ambitieux , & que taſchant ainſi en routes
rencontres de s'acquitter de ſon deuoir , en faiſant ce
qu'il iugeoit eſtre le meilleur, il ſe fortifioit tous les
iours de plus en plus dans la pratique du bien, & augmentoit ſa perfection.

Voilà, Lecteur, les vrays ſentimens que tu dois auoir
de Monſieur Deſcartes, & ceux que t'inſpirera la lecture de ſesouurages, ſi tu en ſçais tirer le fruit ; & voilà auſſi tout ce dont i'ay crû te deuoir informer,auant
que tu entrepriſſes la lecture de ſes lettres ; Excuſe, ie
te prie, les fautes que i'ay pû faire en le voulant deffendre & t'inſtruire; Et pour te délaſſer de l'ennuy que
ie t'ay cauſé par ce diſcours plus long que ie ne m'eſtois propoſé de le faire en le commençant , ie te veux
en finiſſant réjoüir par la promeſſe que ie te fais , qu'il
ne tiendra qu'à toy que tu ne voyes dans peu la ſuitte
de quelqu'autre de ſes ouurages,& que le bon accueil
que tu feras à cettuy-cy, en attirera bien-toſt encore
vn autre.

PREFACE.

*Ce que tu vois icy de plus, Lecteur, est vn effet de la défe-
rence que ie rens au conseil qui me fut hier donné par Monsieur
Chapelain, dans vne compagnie où i'eus le bon-heur de me
rencontrer auec luy; & où aprés auoir oüy la lecture que ie luy
fis de la plus grande partie de cette Préface, à laquelle il témoi-
gna prendre quelque plaisir ; & auoir eu la bonté de polir certains endroits, qui t'auroient semblé rudes s'il ne les auoit adoucis,
Il adjousta pour dernier auis, que i'ay crû deuoir dautant plutost
suiure, que ie le iugeay le meilleur, Qu'il me conseilloit de joindre icy ces excellentes Inscriptions que Monsieur Chanut a fait
mettre sur les quatre faces du Tombeau de Monsieur Descartes.
C'est à elles que ie te renuoye, Lecteur, pour y voir en abregé
tout ce que i'aurois voulu dire, mais que ie n'aurois iamais sceu
si bien écrire, de la Vie & des Eloges de ce Grand Homme.*

D. O. M.
REGNANTE CHRISTINA
Guſtaui primi Pronepte, Magni filiâ,
Auorum incœpta, Patriæque terminos, victorijs nouis promouente ;
Pacem demùm armis quæſitam artibus ornante.
Accitis vndiquè Terrarum ſapientiæ Magiſtris,
Ipſâ in Exemplum futurâ.
RENATVS DESCARTES
Ex Eremo Philoſophicâ, in lucem & ornamentum Aulæ vocatus,
Poſt quartum menſem morbo interiit ;
Et ſub hoc lapide Mortalitatem reliquit.
Anno Chriſti cIɔ Iɔc L. vitæ ſuæ LIIII.

Chriſtianiſſimi Regis Ludouici XIIII.
Ludouici Iuſti filij, Henrici Magni Nepotis.
ANNA AVSTRIACA,
Optimâ, Prudentiſſimâ, Fortiſſimâ Reginâ,
Annos, & Regnum filij Regente.
Legatus ordinarius PETRVS CHANVT,
Hoc Monumentum,
Ad Gloriam Dei, bonorum omnium Datoris,
Gallici nominis honorem,
Perpetuam Memoriam Amici Clariſſimi,
RENATI DESCARTES,
Poni curauit.
Anno ſeptimo ab exceſſu Ludouici Iuſti.

RENATVS DESCARTES, Perronij Dominus, &c.
Ex Antiquâ & Nobili inter Pictones & Armoricos Gente, in Galliâ
   Natus,
     Acceptâ quantâ cumque in Scholis tradebatur Eruditione,
      Expectatione ſuâ , votiſque minore ;
  Ad Militiam per Germaniam & Pannoniam Adoleſcens profectus,
  Et in otijs hybernis Naturæ Myſteria componens cum legibus Ma-
    theſeos,
  Vtriuſque arcana eâdem claui reſerari poſſe, auſus eſt ſperare.
  Et omiſſis Fortuitorum ſtudiis, in villulâ ſolitarius, prope Egmon-
    dam in Hollandiâ,
  Aſſiduâ XXV. annorum Meditatione, auſp potitus eſt.
    Hinc orbe toto Celeberrimus ,
    A Rege ſuo conditionibus honorificis euocatus,
     Redierat ad contemplationis delicias ;
  Vndè auulſus , admiratione MAXIMÆ REGINÆ,
    Quæ, quicquid vbiquè excelluit , ſuum fecit,
  Gratiſſimus aduenit ; Serió eſt auditus ; Et defletus obiit .

    NOVERINT POSTERI,
  Qualis vixerit RENATVS DESCARTES ;
Vt cuius Doctrinam olim ſuſpicient, Mores imitentur.
  Poſt inſtauratam à fundamentis Philoſophiam,
  Apertam ad Penetralia Naturæ Mortalibus viam,
    Nouam, Certam , Solidam ;
    Hoc vnum reliquit incertum ,
    Maior in eo Modeſtia eſſet, an Scientia,
  Quæ vera ſciuit , verecundè affirmauit ;
    Falſa , non contentionibus, ſed vero admoto refutauit ;
Nullius Antiquorum obtrectator; Nemini viuentium grauis,
  Inuidorum criminationes purgauit Innocentiâ morum,
    Iniuriarum Negligens ; Amicitiæ Tenax.
    Quod ſummum tandem eſt,
Ita per Creaturarum gradus, ad Creatorem eſt conatus,
Vt opportunus Chriſto, Gratiæ authori, In auitâ Religione quieſceret.
    I. Nunc viator, Et cogita,
Quanta fuerit CHRISTINA, & qualis Aula,
    Cui Mores iſti placuerunt.

TABLE DES LETTRES
CONTENVES EN CE LIVRE.

TABLE.

TABLE.

Extraict du Priuilege du Roy.

PAR grace & Priuilege du Roy, Signé DV FRESNE, Donné à Paris le 21. iour de Decembre 1656. Il est permis au SIEVR CLERSELIER, de faire imprimer par qui bon luy semblera, dedans ou dehors le Royaume, toutes les Oeuures, Traittez, Lettres, ou autres Fragmens que MONSIEVR DESCARTES a composez touchant la Philosophie, la Medecine, les Mathematiques, & autres sciences Humaines, & qui n'ont point esté imprimez de son viuant, separément ou conjointement, & ce durant le tems & espace de sept années consecutiues, à compter pour chacun Volume, ou Traitté, du iour qu'il sera acheué d'imprimer pour la premiere fois. Et defenses sont faites à tous autres qu'à celuy ou ceux qu'il aura choisis, de les imprimer ou faire imprimer, vendre ny debiter sans son consentement, ou de ceux qui auront son droit, pendant ledit tems, à peine de mil liures d'amande, confiscation des exemplaires, & autres peines, comme il est porté plus au long dans lesdites Lettres.

Et ledit SIEVR CLERSELIER a cedé & transporté son Priuilege à HENRY LE GRAS, & CHARLES ANGOT, Marchands Libraires à Paris, pour le present Liure intitulé, *Lettres de M* *Descartes,* pour en ioüir par eux conformement à icelles, suiuant l'accord fait entr'eux.

Acheué d'imprimer pour la premiere fois le 30. *Ianuier* 1657.

A

LA REYNE
DE SVEDE.

LETTRE I.

ADAME,

I'ay apris de Monsieur C. qu'il plaist à vostre Majesté que j'aye l'honneur de luy exposer l'opinion que
j'ay touchant le Souuerain bien, consideré au sens que
les Philosophes anciens en ont parlé ; Et ie tiens ce
commandement pour vne si grande faueur, que le
desir que i'ay d'y obeïr me détourne de toute autre
pensée, & fait que sans excuser mon insufisance, ie
mettray icy en peu de mots, tout ce que ie pouray sçauoir sur cette matiere. On peut considerer la bonté de
chaque chose en elle mesme, sans la raporter à autruy, auquel sens il est euident que c'est Dieu qui est
le Souuerain Bien, pource qu'il est incomparablement

A

plus parfait que les creatures: mais on peut auſſi la raporter à nous, &'en ce ſens, ie ne voy rien que nous
deuions eſtimer bien, ſinon ce qui nous apartient en
quelque façon, & qui eſt tel, que c'eſt perfection pour
nous de l'auoir. Ainſi les Philoſophes anciens, qui n'e-
ſtant point éclairez de la lumiere de la Foy, ne ſça-
uoient rien de la beatitude ſurnaturelle, ne conſide-
roient que les biens que nous pouuons poſſeder en
cette vie, & c'eſtoit entre ceux-là qu'ils cherchoient
lequel eſtoit le Souuerain, c'eſt à dire le principal &
le plus grand. Mais afin que ie le puiſſe déterminer, ie
conſidere que nous ne deuons eſtimer biens à noſtre
égard, que ceux que nous poſſedons, ou bien que
nous auons pouuoir d'acquerir ; Et cela poſé, il me
ſemble que le ſouuerain bien de tous les hommes enſemble, eſt vn amas ou vn aſſemblage de tous les biens
tant de l'ame que du cors & de la fortune, qui peuuent
eſtre en quelques hommes ; mais que celuy d'vn chacun en particulier eſt toute autre choſe, & qu'il ne
conſiſte qu'en vne ferme volonté de bien faire, & au
contentement qu'elle produit. Dont la raiſon eſt, que
ie ne remarque aucun autre bien qui me ſemble ſi
grand, ni qui ſoit entierement au pouuoir d'vn chacun. Car pour les biens du cors & de la fortune, ils ne
dépendent point abſolument de nous : & ceux de l'a-
me ſe raportent tous à deux chefs, qui ſont, l'vn de
connoiſtre, & l'autre de vouloir ce qui eſt bon ; mais
la connoiſſance eſt ſouuent au delà de nos forces ; c'eſt
pourquoy il ne reſte que noſtre volonté, dont nous
puiſſions abſolument diſpoſer. Et ie ne voy point qu'il

soit possible d'en disposer mieux, que si l'on a tou-
jours vne ferme & constante resolution de faire exa-
ctemét toutes les choses que l'on jugera estre les meilleures, & d'employer toutes les forces de son Esprit a
les bien connoistre ; C'est en cela seul que consistent
toutes les vertus; c'est cela seul qui à proprement parler
merite de la loüange & de la gloire, enfin c'est de cela
seul que résulte tou-jours le plus grand & le plus solide
contentement de la vie: Ainsi j'estime que c'est en cela
que consiste le souuerain bien. Et par ce moyen ie pense accorder les deux plus contraires & plus celebres opinions des anciens, à sçauoir celle de Zenon, qui l'a
mis en la vertu ou en l'honneur, & celle d'Epicure, qui
l'a mis au contentement, auquel il a donné le nom de
volupté. Car comme tous les vices ne viennent que de
l'incertitude & de la foiblesse qui suit l'ignorance, &
qui fait naistre les repentirs ; ainsi la vertu ne consiste
qu'en la résolution & la vigueur auec laquelle on se
porte à faire les choses qu'on croit estre bonnes, pourvû que cette vigueur ne vienne pas d'opiniastreté, mais
de ce qu'on sçait les auoir autant examinées, qu'on en
a moralement de pouuoir; Et bien que ce qu'on fait
alors puisse estre mauuais, on est assuré neantmoins
qu'on fait son deuoir; au lieu que si on execute quelque
action de vertu, & que cependant on pense mal faire,
ou bien qu'on néglige de sçauoir ce qui en est, on n'a-
git pas en homme vertueux. Pour ce qui est de l'honneur & de la loüange, on les attribue souuent aux autres biens de la fortune ; mais pource que ie m'assure
que vostre Majesté fait plus d'estat de sa vertu que de

sa Couronne, ie ne craindray point icy de dire, qu'il ne me semble pas qu'il y ait rien que cette vertu qu'on ait juste raison de loüer. Tous les autres biens méritent seulement d'estre estimez, & non point d'estre hono-rez ou loüez, si ce n'est entant qu'on présupose qu'ils sont acquis, ou obtenus de Dieu, par le bon vsage du libre arbitre. Car l'honneur & la loüange est vne espe-ce de récompense, & il n'y a rien que ce qui dépend de la volonté, qu'on ait sujet de récompenser, ou de pu-nir. Il me reste encore icy à prouuer que c'est de ce bon vsage du libre arbitre, que vient le plus grand & le plus solide contentement de la vie, ce qui me semble n'e-stre pas difficile ; pource que considerant auec soin en quoy consiste la volupté ou le plaisir, & generale-ment toutes les sortes de contentemens qu'on peut auoir, ie remarque en premier lieu qu'il n'y en a aucun qui ne soit entierement en l'ame, bien que plusieurs dépendent du cors ; de mesme que c'est aussi l'ame qui voit, bien que ce soit par l'entremise des yeux. Puis ie remarque qu'il n'y a rien qui puisse donner du conten-tement à l'ame, sinon l'opinion qu'elle a de posseder quelque bien, & que souuent cette opinion n'est en el-le qu'vne representation fort confuse, & mesme que son vnion auec le cors est cause qu'elle se represente ordinairement certains biens incomparablement plus grans qu'ils ne sont ; mais que si elle connoissoit distin-ctement leur juste valeur, son contentement seroit tou-jours proportionné à la grandeur du bien dont il procederoit. Ie remarque aussi que la grandeur d'vn bien à nostre égard, ne doit pas seulement estre mesurée par la valeur de la chofe en quoy il confifte , mais principalement auffi par la façon dont il fe raporte à nous; Et qu'outre que le libre arbitre eft de foy la chofe la plus noble qui puiffe eftre en nous, dautant qu'il nous rend en quelque façon pareils à Dieu, & femble nous exemter de luy eftre fujets,& que par confequent fon bon vfage eft le plus grand de tous nos biens , il eft auffi celuy qui eft le plus proprement noftre , & qui nous importe le plus; d'où il fuit que ce n'eft que de luy que nos plus grans contentemens peuuent proceder; Auffi voit-on, par exemple, que le repos d'Efprit,& la fatisfaction interieure que fentent en eux-mefmes ceux qui fçauent qu'ils ne manquent iamais à faire leur mieux,tant pour connoiftre le bien,que pour l'acquerir, eft vn plaifir fans comparaifon plus doux,plus durable, & plus folide que tous ceux qui viennent d'ailleurs. I'obmets encore icy beaucoup d'autres chofes, pource que me reprefentant le nombre des affaires qui fe rencontrent en la conduitte d'vn grand Royaume, & dont voftre Majefté prend elle-mefme les foins, ie n'ofe luy demander plus longue audience; Mais j'en-uoye à Monfieur Chanut quelques écrits, où i'ay mis mes fentimens plus au long touchant la mefme matiere,afin que s'il plaift à voftre Majefté de les voir,il m'oblige de les luy préfenter,& que cela ayde à témoigner auec combien de zele & de déuotion, Ie fuis,

MADAME,

de voftre Majefté,

d'Egmond ce
10. Nou. 1647.

Le tres-humble & tres-obeïffant
feruiteur, DESCARTES.

A iij

fa Couronne, ie ne craindray point icy de dire, qu'il
ne me femble pas qu'il y ait rien que cette vertu qu'on
ait jufte raifon de loüer. Tous les autres biens méritent
feulement d'eftre eftimez, & non point d'eftre hono-
rez ou loüez, fi ce n'eft entant qu'on préfupofe qu'ils
font acquis, ou obtenus de Dieu, par le bon vfage du
libre arbitre. Car l'honneur & la loüange eft vne efpece de récompenfe, & il n'y a rien que ce qui dépend de
la volonté, qu'on ait fujet de récompenfer, ou de pu-
nir. Il me refte encore icy à prouuer que c'eft de ce bon
vfage du libre arbitre, que vient le plus grand & le plus
folide contentement de la vie, ce qui me femble n'e-
ftre pas difficile ; pource que confiderant auec foin
en quoy confifte la volupté ou le plaifir, & generalement toutes les fortes de contentemens qu'on peut
auoir, ie remarque en premier lieu qu'il n'y en a aucun
qui ne foit entierement en l'ame, bien que plufieurs
dépendent du cors ; de mefme que c'eft auffi l'ame qui
voit, bien que ce foit par l'entremife des yeux. Puis ie
remarque qu'il n'y a rien qui puiffe donner du contentement à l'ame, finon l'opinion qu'elle a de poffeder
quelque bien, & que fouuent cette opinion n'eft en elle qu'vne reprefentation fort confufe, & mefme que
fon vnion auec le cors eft caufe qu'elle fe reprefente
ordinairement certains biens incomparablement plus
grans qu'ils ne font; mais que fi elle connoiffoit diftinctement leur jufte valeur, fon contentement feroit
tou-jours proportionné à la grandeur du bien dont il
procederoit. Ie remarque auffi que la grandeur d'vn
bien à noftre égard, ne doit pas feulement eftre mefu-

rée par la valeur de la chose en quoy il consiste , mais principalement aussi par la façon dont il se raporte à nous; Et qu'outre que le libre arbitre est de soy la chose la plus noble qui puisse estre en nous, dautant qu'il nous rend en quelque façon pareils à Dieu , & semble nous exemter de luy estre sujets, & que par consequent son bon ysage est le plus grand de tous nos biens, il est aussi celuy qui est le plus proprement nôstre , & qui nous importe le plus; d'où il suit que ce n'est que de luy que nos plus grans contentemens peuuent proceder; Aussi voit-on, par exemple, que le repos d'Esprit, & la satisfaction interieure que sentent en eux-mesmes ceux qui sçauent qu'ils ne manquent iamais à faire leur mieux, tant pour connoistre le bien, que pour l'acquerir, est vn plaisir sans comparaison plus doux, plus durable, & plus solide que tous ceux qui viennent d'ailleurs. I'obmets encore icy beaucoup d'autres choses, pource que me representant le nombre des affaires qui se rencontrent en la conduitte d'vn grand Royaume, & dont vostre Majesté prend elle-mesme les soins, ie n'ose luy demander plus longue audience ; Mais j'enuoye à Monsieur Chanut quelques écrits, où i'ay mis mes sentimens plus au long touchant la mesme matiere, afin que s'il plaist à vostre Majesté de les voir, il m'oblige de les luy présenter, & que cela ayde à témoigner auec combien de zele & de déuotion, Ie suis,

MADAME,

de vostre Majesté,

d'Egmond ce
20. Nou. 1647.

Le tres-humble & tres-obeïssant seruiteur, DESCARTES.

sa Couronne, ie ne craindray point icy de dire, qu'il ne me semble pas qu'il y ait rien que cette vertu qu'on ait iuste raison de loüer. Tous les autres biens méritent seulement d'estre estimez, & non point d'estre hono-rez ou loüez, si ce n'est entant qu'on présupose qu'ils sont acquis, ou obtenus de Dieu, par le bon vsage du libre arbitre. Car l'honneur & la loüange est vne espe-ce de récompense, & il n'y a rien que ce qui dépend de la volonté, qu'on ait sujet de récompenser, ou de pu-nir. Il me reste encore icy à prouuer que c'est de ce bon vsage du libre arbitre, que vient le plus grand & le plus solide contentement de la vie, ce qui me semble n'e-stre pas difficile ; pource que considerant auec soin en quoy consiste la volupté ou le plaisir, & generale-ment toutes les sortes de contentemens qu'on peut auoir, ie remarque en premier lieu qu'il n'y en a aucun qui ne soit entierement en l'ame, bien que plusieurs dépendent du cors ; de mesme que c'est aussi l'ame qui voit, bien que ce soit par l'entremise des yeux. Puis ie remarque qu'il n'y a rien qui puisse donner du conten-tement à l'ame, sinon l'opinion qu'elle a de posseder quelque bien, & que souuent cette opinion n'est en el-le qu'vne representation fort confuse, & mesme que son vnion auec le cors est cause qu'elle se represente ordinairement certains biens incomparablement plus grans qu'ils ne sont; mais que si elle connoissoit distin-ctement leur iuste valeur, son contentement seroit tou-jours proportionné à la grandeur du bien dont il procederoit. Ie remarque aussi que la grandeur d'vn bien à nostre égard, ne doit pas seulement estre mesurée par la valeur de la chose en quoy il consiste, mais principalement aussi par la façon dont il se raporte à nous; Et qu'outre que le libre arbitre est de soy la chose la plus noble qui puisse estre en nous, dautant qu'il nous rend en quelque façon pareils à Dieu, & semble nous exemter de luy estre sujets, & que par consequent son bon vsage est le plus grand de tous nos biens, il est aussi celuy qui est le plus proprement nostre, & qui nous importe le plus; d'où il suit que ce n'est que de luy que nos plus grans contentemens peuuent proceder; Aussi voit-on, par exemple, que le repos d'Esprit, & la satisfaction interieure que sentent en eux-mesmes ceux qui sçauent qu'ils ne manquent iamais à faire leur mieux, tant pour connoistre le bien, que pour l'acquerir, est vn plaisir sans comparaison plus doux, plus durable, & plus solide que tous ceux qui viennent d'ailleurs. I'obmets encore icy beaucoup d'autres choses, pource que me representant le nombre des affaires qui se rencontrent en la conduitte d'vn grand Royaume, & dont vostre Majesté prend elle-mesme les soins, ie n'ose luy demander plus longue audience; Mais j'enuoye à Monsieur Chanut quelques écrits, où i'ay mis mes sentimens plus au long touchant la mesme matiere, afin que s'il plaist à vostre Majesté de les voir, il m'oblige de les luy présenter, & que cela ayde à témoigner auec combien de zele & de déuotion, Ie suis,

MADAME,

de vostre Majesté,

d'Egmond ce   Le tres-humble & tres-obeïssant
20. Nou. 1647.   seruiteur, DESCARTES.

A iij

A MONSIEVR CHANVT.

LETTRE II.

MONSIEVR,

Il est vray que j'ay coutume de refuser d'écrire mes pensées touchant la Morale, & cela pour deux raisons, l'vne qu'il n'y a point de matiere d'où les malins puissent plus ayſément tirer des prétextes pour calomnier, l'autre que ie croy qu'il n'apartient qu'aux Souuerains, ou à ceux qui sont autoriſez par eux, de ſe mesler de regler les mœurs des autres. Mais ces deux raisons ceſſent en l'occaſion que vous m'auez fait l'honneur de me donner, en m'écriuant de la part de l'incomparable Reyne auprés de laquelle vous estes, qu'il luy plaist que ie luy écriue mon opinion touchāt le Souuerain Bien; car ce commandement m'autorize aſſez, & j'eſpere que ce que j'écris ne ſera vû que d'elle & de vous; C'est pourquoy ie ſouhaite auec tāt de paſſion de luy obeïr, que tant s'en faut que ie me réſerue, ie voudrois pouuoir entaſſer en vne lettre tout ce que j'ay iamais penſé ſur ce ſujet. En effet j'ay voulu mettre tant de choſes en celle que ie me ſuis hazardé de luy écrire, que j'ay peur de n'y auoir rien aſſez expliqué. Mais pour ſupléer à ce défaut, ie vous enuóye vn recueil de quelques autres lettres, où j'ay déduit plus au long les meſmes choſes: Et j'y ay joint vn petit traitté des paſſions, qui n'en est pas la moindre partie; car ce ſont principalement elles qu'il faut taſcher de connoiſtre, pour obtenir le ſouuerain bien que j'ay décrit. Si j'auois auſſi oſé y joindre les réponſes que j'ay eu l'honneur de receuoir de la Princeſſe a qui ces lettres ſont adreſſées, ce recueil auroit eſté plus acomply, & j'en euſſe encore pû adjouter deux ou trois des miennes, qui ne ſont pas intelligibles ſans cela ; mais j'aurois dû luy en demander permiſſion, & elle eſt maintenant bien loin d'icy. Au reſte ie ne vous prie point de préſenter d'abord ce recueil à la Reyne; car j'aurois peur de ne pas garder aſſez le reſpect & la veneration que ie dois à ſa Majeſté, ſi ie luy enuoyois des lettres que j'ay faites pour vne autre perſonne, plu-toſt que de luy écrire à elle meſme ce que ie pouray juger luy eſtre agreable ; mais ſi vous trouuez bon de luy en parler, diſant que c'eſt à vous que ie les ay enuoyées, & qu'apres cela elle deſire de les voir, ie ſeray libre de ce ſcrupule. Et ie me ſuis perſuadé qu'il luy ſera peut-eſtre plus agreable, de voir ce que j'ay ainſi écrit à vne autre, que s'il luy auoit eſté adreſſé ; pour ce qu'elle poura s'aſſurer dauantage, que ie n'ay rien changé ou déguiſé en ſa conſideration. Mais ie vous prie que ces écrits ne tombent point s'il eſt poſſible en d'autres mains, & de vous aſſurer que ie ſuis autant que ie puis eſtre

MONSIEVR,

Voſtre tres-humble & tres-obligé
ſeruiteur, DESCARTES.

d'Egmond ce
20. Nou. 1647.

A MADAME ELIZABETH,
PRINCESSE PALATINE, &c.
LETTRE III.

MADAME,

L'air a tou-jours esté si inconstant, depuis que ie n'ay eu l'honneur de voir vostre Altesse, & il y a eu des journées si froides pour la saison, que j'ay eu souuent de l'inquietude & de la crainte, que les eaux de Spa ne fussent pas aussy saines & aussy vtiles qu'elles auroient esté en vn tems plus serein : & pour ce que vous m'auez fait l'honneur de me témoigner que mes lettres vous pouroient seruir de quelque diuertissement, pen-dant que les Medecins vous recommandent de n'oc-cuper vostre esprit à aucune chose qui le trauaille, ie serois mauuais ménager de la faueur qu'il vous a plû me faire, en me permettant de vous écrire, si ie man-quois d'en prendre les premieres occasions. Ie m'ima-gine que la plu-part des lettres que vous receuez d'ail-leurs vous donnent de l'émotion, & qu'auant mesme que de les lire, vous aprehendez d'y trouuer quelques nouuelles qui vous déplaisent, à cause que la malignité de la Fortune vous a dés long-tems acoutumée à en receuoir souuent de telles ; mais pour celles qui vien-nent d'icy, vous estes au moins assurée, que si elles ne vous donnent aucun sujet de joye, elles ne vous en donneront point aussi de tristesse, & que vous les pou-

rez

rez oüurir à toutes heures, fans craindre qu'elles troublent la digeftion des eaux que vous prenez. Car n'a-
prenant en ce defert aucune chofe de ce qui fe fait au
refte du monde, & n'ayant aucunes penfées plus fré-
quentes, que celles qui me reprefentant les vertus de
voftre Alteffe, me font fouhaiter de la voir auffi heureufe & auffi contente qu'elle mérite, ie n'ay point
d'autre fujet pour vous entretenir, que de parler des
moyens que la Philofophie nous enfeigne pour obtenir cette Souueraine Félicité, que les Ames vulgaires
attendent en vain de la Fortune, & que nous ne fçaurions auoir que de nous-mefmes. L'vn de ces moyens
qui me femble des plus vtiles, eft d'éxaminer ce que
les anciens en ont écrit, & tafcher à renchérir par deffus eux, en adjoutant quelques chofes à leurs préceptes; car ainfi l'on peut rendre ces préceptes parfaitement fiens, & fe difpofer à les mettre en pratique.
C'eft pourquoy afin de fupléer au défaut de mon efprit, qui ne peut rien produire de foy-mefme que ie juge mériter d'eftre lû par voftre Alteffe; & afin que mes
lettres ne foient pas entierement vuides & inutiles, ie
me propofe de les remplir dorefnauant des confidéra-
tions que ie tireray de la lecture de quelque liure, à
fçauoir de celuy que Séneque a écrit, *de vita beata*, fi
ce n'eft que vous aymiez mieux en choifir vn autre, ou
bien que ce deffein vous foit defagreable. Mais fi ie
voy que vous l'aprouuiez, ainfi que ie l'efpere, & principalement auffi s'il vous plaift de m'obliger tant, que
de me faire part de vos remarques touchant le mefme
liure, outre qu'elles feruiront de beaucoup à m'inftrui-

B

re, elles me donneront occasion de rendre les miennes plus éxactes, & ie les cultiueray auec dautant plus
de soin, que ie jugeray que cet entretien vous sera plus
agreable : car il n'y a rien au monde que ie desire auec
plus de zele, que de témoigner en tout ce qui peut
estre de mon pouuoir, que ie suis,

MADAME,

> de vostre Altesse
>
> > Le tres-humble & tres-obeissant
> > seruiteur, DESCARTES.

A MADAME ÉLIZABETH,
PRINCESSE PALATINE, &c.

LETTRE IV.

MADAME,

Lors que j'ay choisi le liure de Séneque *de vita beata*,
pour le proposer à vostre Altesse comme vn entretien qui luy pouroit estre agreable, j'ay eu seulement
égard à la réputation de l'auteur, & à la dignité de la
matiere, sans penser à la façon dont il la traitte ; laquelle ayant depuis considerée, ie ne la trouue pas assez éxacte pour mériter d'estre suiuie. Mais afin que
vostre Altesse en puisse juger plus aysément, ie tascheray icy d'expliquer en quelle sorte il me semble

que cette matiere euſt dû eſtre traittée par vn Philoſophe tel que luy, qui n'eſtant point éclairé de la foy,
n'auoit que la raiſon naturelle pour guide. Il dit fort
bien au commencement, que *viuere omnes beate volunt, ſed ad peruidendum quid ſit quod beatam vitam efficiat,
caligant.* Mais il eſt beſoin de ſçauoir ce que c'eſt que
viuere beate, ie dirois en françois *viure heureuſement*, ſinon qu'il y a de la difference entre l'heur & la béatitude; en ce que l'heur ne dépend que des choſes qui ſont
hors de nous, d'où vient que ceux-là ſont eſtimez
plus heureux que ſages, auſquels il eſt arriué quelque
bien qu'ils ne ſe ſont point procurez: Au lieu que la
béatitude conſiſte, ce me ſemble, en vn parfait contentement d'eſprit, & vne ſatisfaction interieure, que
n'ont pas d'ordinaire ceux qui ſont le plus fauoriſez
de la fortune, & que les ſages acquerrent ſans elle.
Ainſi *viuere beate*, viure en béatitude, ce n'eſt autre
choſe qu'auoir l'eſprit parfaitement content & ſatisfait. Conſiderant apres cela ce que c'eſt *quod beatam
vitam efficiat*, c'eſt à dire, quelles ſont les choſes qui
nous peuuent donner ce ſouuerain contentement, ie
remarque qu'il y en a de deux ſortes, à ſçauoir de celles qui dépendent de nous, comme la vertu & la ſageſ-
ſe, & de celles qui n'en dépendent point, comme les
honneurs, les richeſſes & la ſanté. Car il eſt certain
qu'vn homme bien né, qui n'eſt point malade, qui ne
manque de rien, & qui auec cela eſt auſſi ſage & auſſi
vertueux qu'vn autre qui eſt pauure, mal ſain, & con-
trefait, peut joüir d'vn plus parfait contentement que
luy. Toutesfois côme vn petit vaiſſeau peut eſtre auſſi

plein qu'vn plus grand, encore qu'il contienne moins
de liqueur; ainsi prenant le contentement d'vn chacun, pour la plénitude & l'accomplissement de ses desirs réglez selon la raison, ie ne doute point que les
plus pauures, & les plus disgraciez de la fortune ou de
la nature, ne puissent estre entierement contens & sa-
tisfaits aussi bien que les autres, encore qu'ils ne jouïs-
sent pas de tant de biens. Et ce n'est que de cette sorte
de contentement dont il est icy question; car puisque
l'autre n'est aucunement en nostre pouuoir, la recherche en seroit superfluë. Or il me semble qu'vn chacun
se peut rendre content de soy-mesme, & sans rien
attendre d'ailleurs, pourvû seulement qu'il obserue
trois choses, ausquelles se raportent les trois regles de
morale que j'ay mises dans le discours de la méthode.

La premiere est, qu'il tasche tou-jours de se seruir
le mieux qu'il luy est possible de son esprit, pour connoistre ce qu'il doit faire, ou ne pas faire, en toutes
les occurrences de la vie.

La seconde est, qu'il ait vne ferme & constante résolution d'éxecuter tout ce que sa raison luy conseil-
lera, sans que ses passions ou ses apetits l'en détour-
nent; & c'est là fermeté de cette résolution que ie
croy deuoir estre prise pour la vertu, bien que ie ne
sçache point que personne l'ait iamais ainsi expliquée;
mais on l'a diuisée en plusieurs especes, à qui l'on a
donné diuers noms, à cause des diuers objets ausquels
elle s'étend.

La troisiéme, qu'il considere que pendant qu'il se
conduit ainsi autant qu'il peut selon la raison, toûs les

biens qu'il ne possede point sont aussi entierement
hors de son pouuoir les vns que les autres, & que par ce
moyen il s'acoutume à ne les point desirer; car il n'y
a rien que le desir, & le regret ou le repentir, qui nous
puissent empescher d'estre contens. Mais si nous fesons tou-jours ce que nous dicte nostre raison, nous
n'aurons iamais aucun sujet de nous repentir, encore
que les euenemens nous fissent voir par apres que nous
nous sommes trompez ; pource que ce n'est point par
nostre faute. Et ce qui fait que nous ne desirons point
d'auoir, par exemple, plus de bras, ou plus de langues
que nous n'en auons, mais que nous desirons bien d'a-
uoir plus de santé ou plus de richesses ; c'est seulement
que nous nous imaginons que ces choses-cy pouroient estre acquises par nostre conduitte , ou bien
qu'elles sont dües à nostre nature, & que ce n'est pas
le mesme des autres. De laquelle opinion nous pouuons nous dépoüiller, en considérant que puisque
nous auons tou-jours suiuy le conseil de nostre raison,
nous n'auons rien obmis de ce qui estoit en nostre
pouuoir, & que les maladies & les infortunes ne sont
pas moins naturelles à l'homme, que les prosperitez & la santé. Au reste toutes sortes de desirs ne
sont pas incompatibles auec la béatitude, il n'y a que
ceux qui sont acompagnez d'impatience & de tristesse. Il n'est pas necessaire aussi que nostre raison
ne se trompe point , il suffit que nostre conscience
nous témoigne que nous n'auons iamais manqué de
résolution & de vertu pour éxecuter toutes les choses que nous auons jugé estre les meilleures ; & ainsi

la vertu feule eſt ſufiſante pour nous rendre contens
en cette vie.

Mais neantmoins pour ce que noſtre vertu, lors
qu'elle n'eſt pas aſſez éclairée par l'entendement, peut
eſtre fauſſe, c'eſt à dire, que la réſolution & la volonté
de bien faire nous peut porter à des choſes mauuaiſes,
quand nous les croyons bonnes, le contentement qui
en reuient n'eſt pas ſolide ; & pour ce qu'on opoſe ordinairement cette vertu aux plaiſirs, aux apetits, &
aux paſſions ; elle eſt tres-difficile à mettre en pratique ; Au lieu que le droit vſage de la raiſon, donnant
vne vraye connoiſſance du bien, empeſche que la vertu ne ſoit fauſſe ; & meſme l'acordant auec les plaiſirs licites il en rend l'vſage ſi ayſé, & nous feſant
connoiſtre la condition de noſtre nature il borne tellement nos deſirs, qu'il faut auoüer que la plus grande félicité de l'homme dépend de ce droit vſage de la
raiſon ; & par conſequent que l'étude qui ſert à l'acquerir eſt la plus vtile ocupation qu'on peut auoir
cõme elle eſt auſſi ſans doute la plus agreable & la
plus douce. En ſuite dequoy il me ſemble que Séneque euſt dû nous enſeigner toutes les principales véritez dont la connoiſſance eſt requiſe pour faciliter
l'vſage de la vertu, & régler nos deſirs & nos paſſions,
& ainſi joüir de la béatitude naturelle ; ce qui auroit
rendu ſon liure le meilleur & le plus vtile, qu'vn Philoſophe payen euſt ſceu écrire. Toutesfois ce n'eſt icy
que mon opinion, laquelle ie ſoumets au jugement
de voſtre Alteſſe, & ſi elle me fait tant de faueur que
de m'auertir en quoy ie manque, ie luy en auray vne

tres-grande obligation, & ie témoigneray en me cor-
rigeant que ie fuis, &c.

A MADAME ÉLIZABETH,

PRINCESSE PALATINE, &c.

LETTRE V.

MADAME,

Encore que ie ne fçache point fi mes dernieres ont
efté renduës à voftre Alteffe, & que ie ne puiffe rien
écrire touchant le fujet que j'auois pris pour auoir
l'honneur de vous entretenir, que ie ne doiue penfer
que vous fçauez mieux que moy, ie ne laiffe pas toutesfois de continuer, fur la creance que i'ay que mes
lettres ne vous feront pas plus importunes, que les
liures qui font en voftre bibliotheque. Car dautant
qu'elles ne contiennent aucunes nouuelles que vous
ayez intereft de fçauoir promptement, rien ne vous
conuiera de les lire aux heures que vous aurez quelques
affaires; & ie tiendray le tems que ie mets a les écrire
tres-bien employé, fi vous leur donnez feulement celuy que vous aurez enuie de perdre. I'ay dit cy-deuant
ce qu'il me fembloit que Séneque euft dû traitter en
fon liure; j'éxamineray maintenant ce qu'il y traitte.
Ie n'y remarque en general que trois chofes: La premiere eft qu'il tafche d'expliquer ce que c'eft que le
Souuerain Bien, & qu'il en donne diuerfes definitions.

La seconde, qu'il dispute contre l'opinion d'Epicure; Et la troisiéme, qu'il répond à ceux qui objectent aux philosophes, qu'ils ne viuent pas selon les regles qu'ils prescriuent. Mais afin de voir plus particulierement en quelle façon il traitte ces choses, ie m'arresteray vn peu sur chacun de ses chapitres. Au premier il reprend ceux qui suiuent la coutume & l'exemple plu-tost que la raison, *nunquam de vita iudicatur*, dit-il, *semper creditur*; il aprouue bien pourtant que l'on prenne conseil de ceux qu'on croit estre les plus sages, mais il veut qu'on vse aussi de son propre jugement pour examiner leurs opinions, en quoy ie suis fort de son auis. Car encore que plusieurs ne soient pas capables de trouuer d'eux-mesmes le droit chemin, il y en a peu toutesfois qui ne le puissent assez reconnoistre lors qu'il leur est clairement monstré par quelque autre; & quoy qu'il en soit, on a sujet d'estre satisfait en sa conscience, & de s'assurer que les opinions que l'on a touchant la morale sont les meilleures qu'on puisse auoir, lors qu'au lieu de se laisser conduire aueuglément par l'exemple, on a eu soin de rechercher le conseil des plus habiles, & qu'on a employé toutes les forces de son esprit à examiner ce qu'on deuoit suiure. Mais pendant que Séneque s'étudie icy à orner son élocution, il n'est pas tous-jours assez exact en l'expression de sa pensée; comme lors qu'il dit, *sanabimur si modo separemur à cœtu*, il semble enseigner qu'il suffit d'estre extrauagant pour estre sage, ce qui n'est pas toutes-fois son intention. Au second Chapitre il ne fait que redire en d'autres termes ce qu'il a dit au pre-

mier,

mier, il adjoute seulement, que ce qu'on estime communément estre bien, ne l'est pas. Puis au troisiéme,
aprez auoir encore vsé de beaucoup de mots superflus,
il dit enfin son opinion touchant le Souuerain Bien,
à sçauoir que *rerum naturæ assentitur*, & que *ad illius legem
exemplumque formari sapientia est*, & que *beata vita est conueniens naturæ suæ*; Toutes lesquelles explications me
semblent fort obscures: car sans doute que par la nature, il ne veut pas entendre nos inclinations naturelles,
vû qu'elles nous portent ordinairement à suiure la
volupté, contre laquelle il dispute; mais la suite de
son discours fait juger, que par *rerum naturam*, il entend l'ordre étably de Dieu en toutes les choses qui
sont au monde, & que considerant cét ordre comme
infaillible & indépendant de nostre volonté, il dit que
*rerum naturæ assentiri, & ad illius legem exemplumque for-
mari sapientia est*. C'est à dire, que c'est sagesse d'ac-
quiescer à l'ordre des choses, & de faire ce pourquoy
nous croyons estre nez, ou bien pour parler en Chrestien, que c'est sagesse de se soumettre à la volonté
de Dieu, & de la suiure en toutes nos actions; Et que
beata vita est conueniens naturæ suæ, c'est à dire, que la béatitude consiste à suiure ainsi l'ordre du monde, & à
prendre en bonne part toutes les choses qui nous arriuent, ce qui n'explique presque rien; & on ne voit
pas assez la connexion auec ce qu'il adjoute incontinent aprez, que cette béatitude ne peut arriuer *nisi
sana mens est*, &c. Si ce n'est qu'il entende aussi que *secundum naturam viuere*, c'est viure suiuant la vraye raison.
Au quatriéme & cinquiéme Chapitres il donne quel-

C

ques autres définitions du Souuerain Bien, qui ont
toutes quelque raport auec le sens de la premiere,
mais dont aucune ne l'explique sufisamment; & elles font paroistre par leur diuersité, que Séneque n'a
pas clairement entendu ce qu'il vouloit dire : car dautant mieux qu'on conçoit vne chose, dautant plus est
on déterminé à ne l'exprimer qu'en vne seule façon.
Celle où il me semble auoir le mieux rencontré est au
cinquiéme Chapitre, où il dit que *beatus est qui nec cupit
nec timet beneficio rationis*, & que *beata vita est in recto certoque iudicio stabilita*. Mais pendant qu'il n'enseigne point
les raisons pour lesquelles nous ne deuons rien craindre ny desirer, tout cela nous ayde fort peu. Il commence en ces mesmes Chapitres à disputer contre
ceux qui mettent la béatitude en la volupté, & il continuë dans les suiuans; c'est pourquoy auant que de
les examiner, ie diray icy mon sentiment touchant
cette question.

Ie remarque premierement qu'il y a de la difference
entre la béatitude, le Souuerain Bien, & la derniere
fin ou le but auquel doiuent tendre nos actions; car la
béatitude n'est pas le Souuerain Bien, mais elle le présupose; & elle est le contentement ou la satisfaction
d'esprit qui vient de ce qu'on le possede. Mais par la
fin de nos actions on peut entendre l'vn & l'autre; car
le Souuerain Bien est sans doute la chose que nous deuons nous proposer pour but en toutes nos actions, &
le contentement d'Esprit qui en reuient, estant l'attrait qui fait que nous le recherchons, est aussi à bon
droit nommé nostre fin.

Ie remarque outre cela que le mot de volupté a esté pris en vn autre sens par Epicure, que par ceux qui ont disputé contre luy ; car tous ses aduersaires ont restraint la signification de ce mot aux plaisirs des sens, & luy au contraire l'a étenduë à tous les contentemens de l'Esprit, comme on peut aysément juger de ce que Séneque & quelques autres ont écrit de luy.

Or il y a eu trois principales opinions entre les Philosophes Payens touchant le Souuerain bien, & la fin de nos actions, à sçauoir celle d'Epicure qui a dit que c'estoit la volupté ; celle de Zenon qui a voulu que ce fust la vertu ; Et celle d'Aristote qui l'a composé de toutes les perfections tant du Cors que de l'Esprit. Lesquelles trois opinions peuuent ce me semble estre receuës pour vrayes, & accordées entr'elles, pourvû qu'on les interprete fauorablement. Car Aristote ayant consideré le souuerain bien de toute la nature humaine en general, c'est à dire, celuy que peut auoir le plus accomply de tous les hommes, il a raison de le composer de toutes les perfections dont la nature humaine est capable ; mais cela ne sert point à nostre vsage. Zenon au contraire a consideré celuy que chacun en son particulier peut posseder ; C'est pourquoy il a eu aussi tres-bonne raison de dire qu'il ne consiste qu'en la vertu, pource qu'il n'y a qu'elle seule, entre les biens que nous pouuons auoir, qui dépende entierement de nostre libre arbitre. Mais il a representé cette vertu si seuere & si ennemie de la volupté, en faisant tous les vices égaux, qu'il n'y a eu ce me semble que des mélancholiques, ou des Esprits entierement

détachez du Cois, qui ayent peu étre de ses sectateurs.
Enfin Epicure n'a pas eu tort, cõsiderant en quoy consiste la beatitude, & quel est le motif où la fin à laquelle tendent nos actions, de dire que c'est la volupté en
general, c'est à dire le contentemét de l'Esprit; Car encore que la seule connoissance de nostre deuoir, nous
pouroit obliger à faire de bonnes actions, cela ne
nous feroit toutes-fois joüir d'aucune beatitude, s'il
ne nous en reuenoit aucun plaisir. Mais parce qu'on
attribuë souuent le nom de volupté a de faux plaisirs,
qui sont accompagnez ou suiuis d'inquietudes, d'en-
nuis, & de repentirs, plusieurs ont creu que cette opinion d'Epicure enseignoit le vice, & en effet elle
n'enseigne pas la vertu ; mais comme lors qu'il y a
quelque part vn prix pour tirer au blanc, on fait
auoir enuie d'y tirer à ceux à qui l'on montre ce prix,
& qu'ils ne le peuuent gaigner pour cela s'ils ne
voyent le blanc ; & que ceux qui voyent le blanc ne
font pas pour cela induits à tirer, s'ils ne sçauent qu'il
y ait vn prix à gaigner : Ainsi la vertu, qui est le blanc,
ne se fait pas desirer lors qu'on la voit toute seule,
& le contentement qui est le prix ne peut estre acquis si ce n'est qu'on la suiue. C'est pourquoy ie croy
pouuoir icy conclure, que la béatitude ne consiste
qu'au contentement de l'Esprit, (c'est à dire au contentement en general ; Car bien qu'il y ait des contentemens qui dépendent du Cors, & d'autres qui n'en
dépendent point, il n'y en a toutes-fois aucun que
dans l'Esprit) mais que pour auoir vn contentement
qui soit solide, il est besoin de suiure la vertu, c'est à

dire d'auoir vne volonté ferme & constante d'executer, tout ce que nous jugerons estre le méilleur, &
d'employer toute la force de nostre entendement a
en bien juger. Ie réserue pour vne autre-fois à confiderer ce que Séneque a escrit de cecy, car ma lettre est
def-ja trop longue, & tout ce que j'y puis adjouter est
que ie suis, &c.

A MADAME ELIZABETH,
PRINCESSE PALATINE, &c.

LETTRE VI.

MADAME,

Estant dernierement incertain si vostre Altesse
estoit à la Haye, ou à Rhenest, j'adressay ma lettre par
Leyde, & celle que vous m'auez fait l'honneur de
m'écrire ne me fut renduë qu'aprez que le Messager
qui l'auoit aportée à Alcmar fut party : ce qui m'a
empesché de vous pouuoir témoigner plu-tost, combien ie suis glorieux, de ce que le jugement que j'ay
fait du liure que vous auez pris la peine de lire n'est pas
different du vostre, & que ma façon de raisonner vous
paroist assez naturelle. Ie m'assure que si vous auiez eu
le loisir de penser autant que j'ay fait aux choses dont
il traitte, ie ne pourois rien écrire que vous n'eussiez
mieux remarqué que moy ; mais pource que l'aage, la
naissance, & les occupations de vostre Altesse ne l'ont
pû permettre, peut-estre que ce que j'écris poura ser-

uir à vous épargner vn peu de tems, & que mes fautes
mefme vous fourniront des occafions pour remarquer
la verité. Comme lors que j'ay parlé d'vne béatitude
qui dépend entierement de noftre libre arbitre, &
que tous les hommes peuuent acquerir fans aucune
affiftance d'ailleurs, vous rémarquez fort bien qu'il y
a des maladies qui oftant le pouuoir de raifonner,
oftent auffi celuy de joüir d'vne fatisfaction d'Efprit
raifonnable; & cela m'aprend que ce que j'auois dit
géneralement de tous les hommes, ne doit eftre entendu que de ceux qui ont l'vfage libre de leur raifon,
& auec cela qui fçauent le chemin qu'il faut tenir pour
paruenir à cette béatitude: Car il n'y a perfonne qui ne
defire fe rendre heureux, mais plufieurs n'en fçauent
pas le moyen, & fouuent l'indifpofition qui eft dans le
cors empefche que la volonté ne foit libre; comme il
arriue auffi quand nous dormôs:car le plus philofophe
du monde ne fçauroit s'empefcher d'auoir de mauuais
fonges, lors que fon temperament l'y difpofe. Toutesfois l'experience fait voir que fi l'on a eu fouuent quelque penfée pendant qu'on a eu l'efprit en liberté, elle
réuient encore apres, quelque indifpofition qu'ait le
Cors. Ainfi ie me puis vanter que mes fonges ne me
reprefentent iamais rien de fafcheux; & fans doute
qu'on a grand auantage de s'eftre dés long-tems acoutumé à n'auoir point de triftes penfées. Mais nous ne
pouuons répondre abfolument de nous-mefmes, que
pendât que nous fommes à nous, & c'eft moins de perdre la vie, que de perdre l'vfage de la raifon; car mefme
fans les enfeignemés de la foy, la feule Philofophie na-

turelle fait esperer à nostre ame vn estat plus heureux
apres la mort, que celuy ou elle est à présent, & elle ne
luy fait rien craindre de plus fascheux que d'estre attachée à vn Cors qui luy oste entieremét sa liberté. Pour
les autres indispositions qui ne troublent pas tout à
fait le sens, mais qui alterent seulement les humeurs,
& font qu'on se trouue extraordinairement enclin à
la tristesse, ou à la colere, ou à quelqu'autre passion, elles donnent sans doute de la peine, mais elles peuuent
pourtant estre surmontées, & mesme elles donnent
matiere à l'ame d'vne satisfaction dautant plus grande, qu'elles ont esté plus difficiles à vaincre. Ie croy
aussi le semblable de tous les empeschemens de dehors, comme de l'esclat d'vne grande naissance, des ca-
joleries de la Cour, des aduersitez de la fortune, &
aussi de ses grandes prosperitez, lesquelles ordinairement empeschent plus qu'on ne puisse joüer le rôle
de Philosophe, que ne font ses disgraces:car lors qu'on
a toutes choses à souhait, on s'oublie de penser à soy,
& quand par apres la fortune change, on se trouue
dautant plus surpris qu'on s'estoit plus fié en elle. Enfin on peut dire géneralement qu'il n'y a aucune chose qui nous puisse entierement oster le moyen de nous
rendre heureux, poutvû qu'elle no trouble point
nostre raison, & que ce ne font pas tou-jours celles
qui paroissent les plus fascheuses, qui nuisent le plus.

Mais afin de sçauoir éxactement combien chaque
chose peut contribuer à nostre contentement, il faut
considerer quelles sont les causes qui le produisent, &
c'est aussi l'vne des principales connoissances qui peu-

uent feruir à faciliter l'vfage de la vertu. Car toutes les
actions de noftre ame qui nous acquerrent quelque
perfection font vertueufes, & tout noftre contentement ne confifte qu'au témoignage intérieur que
nous auons d'auoir quelque perfection. Ainfi nous ne
fçaurions iamais pratiquer aucune vertu, c'eft à dire,
faire ce que noftre raifon nous perfuade que nous deuons faire, que nous n'en receuions de la fatisfaction
& du plaifir. Mais il y a deux fortes de plaifirs, les vns
qui appartiennent à l'efprit feul, & les autres qui appartiennent à l'homme, c'eft à dire à l'Efprit entant
qu'il eft vny au Cors, & ces derniers fe prefentans con-
fufément à l'imagination paroiffent fouuent beaucoup plus grans qu'ils ne font, principalement auant
qu'on les poffede, ce qui eft la fource de tous les maux,
& de toutes les erreurs de la vie. Car felon la régle de la
raifon, chaque plaifir fe deuroit mefurer par la grandeur de la perfection qui le produit, & c'eft ainfi que
nous mefurons ceux dont les caufes nous font clairement connuës : mais fouuent la paffion n   .s fait croire certaines chofes beaucoup meilleures & plus defirables qu'elles ne font ; puis quand nous auons pris bien
de la peine à les acquérir, & perdu cependant l'occafion de poffeder d'autres biens plus véritables, la joüif-
fance nous en fait connoiftre les défaux; de là viennent
les dédains, les regrets, & les repentirs. C'eft pourquoy
le vray office de la raifon eft d'examiner la jufte valeur
de tous les biens dont l'acquifition femble dépendre
en quelque façon de noftre conduite, afin que nous ne
manquions iamais d'employer tous nos foins à taf-

cher de nous procurer ceux qui sont en effet les plus desirables: En quoy si la fortune s'oppose à nos desseins & les empesche de reüssir, nous aurons au moins la satisfaction de n'auoir rien perdu par nostre faute, & ne lairrons pas de joüir de toute la béatitude naturelle dont l'acquisition aura esté en nostre pouuoir. Ainsi par exemple la colere peut quelque-fois exciter en nous des desirs de vengeance si violens, qu'elle nous fera imaginer plus de plaisir à chastier nostre ennemy, qu'a conseruer nostre honneur, ou nostre vie, & nous fera exposer imprudemment l'vn & l'autre pour ce sujet. Au lieu que si la raison éxamine quel est le bien ou la perfection sur laquelle est fondé ce plaisir qu'on tire de la vengeance, elle n'en trouuera aucune autre (au moins quand cette vengeance ne sert point pourempescher qu'on ne nous offense derechef) sinon que cela nous fait imaginer que nous auons quelque sorte de superiorité & quelque auantage au dessus de celuy dont nous nous vengeons : ce qui n'est souuent qu'vne vaine imagination, qui ne mérite point d'estre estimée, à comparaison de l'honneur ou de la vie; ny mesme à comparaison de la satisfaction qu'on auroit de se voir maistre de sa colere, en s'abstenant de se vanger. Et le semblable arriue en toutes les autres passions : car il n'y en a aucune qui ne nous represente le bien auquel elle tend, auec plus d'éclat qu'il n'en merite, & qui ne nous fasse imaginer des plaisirs beaucoup plus grans, auant que nous les possedions, que nous ne les trouuons par apres, quand nous les auons. Ce qui fait qu'on blasme communé-

ment la volupté ; pource qu’on ne se sert de ce mot
que pour signifier de faux plaisirs, qui nous trompent
souuent par leur aparence, & qui nous en font cependant négliger d’autres beaucoup plus solides, mais
dont l’attente ne touche pas tant, tels que sont ordinairement ceux de l’Esprit seul ; ie dis ordinairement, car tous ceux de l’Esprit ne sont pas loüables,
pource qu’ils peuuent estre fondez sur quelque fausse
opinion, comme le plaisir qu’on prend à médire, qui
n’est fondé que sur ce qu’on pense deuoir estre dautant plus estimé que les autres le seront moins ; Et ils
nous peuuent aussi tromper par leur aparence, lors que
quelque forte passion les acompagne, comme on
voit en celuy que donne l’ambition. Mais la principale difference, qui est entre les plaisirs du Cors & ceux
de l’Esprit, consiste en ce que le Cors estant sujet à vn
changemét perpetuel,& mesme sa conseruation & son
bien estre dépendant de ce changement, tous les plaisirs qui le regardent ne durent gueres, car ils ne procedent que de l’acquisition de quelque chose qui est vtile au Cors au moment qu’on la reçoit, & si-tost qu’elle
cesse de luy estre vtile,ils cessent aussi ; Au lieu que ceux
de l’Ame peuuent estre immortels comme elle, pourvû qu’ils ayent vn fondement si solide, que ny la connoissance de la verité, ny aucune fausse persuasion ne
le détruisent.

Au reste le vray vsage de nostre raison pour la conduite de la vie, ne consiste qu’à éxaminer & considerer sans passion la valeur de toutes les perfections tant
du Cors que de l’Esprit, qui peuuent estre acquises

par nostre industrie, afin qu'estant ordinairement
obligez de nous priuer de quelques-vnes pour auoir
les autres, nous choisissions tou-jours les meilleures;
Et pource que celles du Cors sont les moindres, on
peut dire generalement que sans elles il y a moyen de
se rendre heureux. Toutes-fois ie ne suis point d'opinion qu'on les doiue entierement mépriser, ny mesme qu'on doiue s'éxemter d'auoir des passions, il sufit qu'on les rende sujettes à la raison; & lors qu'on les a
ainsi apriuoisées, elles sont quelquefois dautant plus
vtiles, qu'elles panchent plus vers l'excez. Ie n'en auray iamais de plus excessiue que celle qui me porte au
respect & à la veneration que ie dois à vostre Altesse,
de qui ie suis, &c.

<hr>

A MADAME ÉLIZABETH,

PRINCESSE PALATINE, &c.

LETTRE VII.

MADAME,

Vostre Altesse a si éxactement remarqué toutes les
causes qui ont empesché Séneque de nous exposer clairement son opinion touchant le Souuerain Bien, &
vous auez pris la peine de lire son liure auec tant de
soin, que ie craindrois de me rendre importun, si ie
continuois icy à éxaminer par ordre tous ses Chapitres, & que cela me fist differer de répondre à la diffi-

culté qu'il vous a plû me propofer touchant les moyens de fe fortifier l'entendement pour difcerner ce qui eft le meilleur en toutes les actions de la vie. C'eft pourquoy fans m'arréter maintenant à fuiure Séneque, ie tafcheray feulement d'expliquer mon opinion touchant cette matiere.

Il ne peut ce me femble y auoir que deux chofes qui foient requifes pour eftre tou-jours difpofé à bien juger, l'vne eft la connoiffance de la verité, & l'autre l'habitude qui fait qu'on fe fouuient & qu'on acquiefce à cette connoiffance toutes les fois que l'occafion le requert. Mais pource qu'il n'y a que Dieu feul qui fçache parfaitement toutes chofes, il eft befoin que nous nous contentions de fçauoir celles qui font le plus à noftre vfage; Entre lefquelles la premiere & la principale eft qu'il y a vn Dieu, de qui toutes chofes dépendent, dont les perfections font infinies, dont le pouuoir eft immenfe, dont les décrets font infaillibles: Car cela nous aprend à receuoir en bonne part tout ce qui nous arriue, comme nous eftant expreffément enuoyé de Dieu. Et pource que le vray objet de l'Amour eft la perfection, lors que nous éleuons noftre efprit à le confiderer tel qu'il eft, nous nous trouuons naturellement fi enclins à l'aymer, que nous tirons mefme de la joye de nos afflictions, en penfant que fa volonté s'éxecute en ce que nous les receuons.

La feconde chofe qu'il faut connöiftre eft la nature de noftre Ame, entant qu'elle fubfifte fans le Cors, & eft beaucoup plus noble que luy, & capable de joüir d'vne infinité de contentemens qui ne fe trouuent

point en cette vie; car cela nous empefche de craindre
la mort, & détache tellement noftre affection des
chofes du monde, que nous ne regardons qu'auec
mépris tout ce qui eft au pouuoir de la fortune.

A quoy peut auffi beaucoup feruir qu'on juge dignement des œuures de Dieu, & qu'on ait cette vafte idée
de l'étenduë de l'Vniuers que j'ay tafché de faire conceuoir au troifiéme liure de mes principes. Car fi on s'i-
magine qu'au delà des Cieux il n'y a rien que des efpaces imaginaires, & que tous les Cieux ne font faits que
pour le feruice de la Terre, ny la Terre que pour l'homme, cela fait qu'on eft enclin à penfer que cette Terre
eft noftre principale demeure, & cette vie noftre meilleur; Et qu'au lieu de connoiftre les perfections qui
font véritablement en nous, on attribuë aux autres
créatures des imperfections qu'elles n'ont pas, pour
s'éleuer au deffus d'elles, & entrant en vne préfomption impertinente, on veut eftre du Confeil de
Dieu, & prendre auec luy la charge de conduire le
monde; ce qui caufe vne infinité de vaines inquietudes & fafcheries.

Apres qu'on a ainfi reconnu la bonté de Dieu, l'immortalité de nos ames, & la grandeur de l'Vniuers, il
y a encore vne verité dont la connoiffance me femble
fort vtile, qui eft, que bien que chacun de nous foit
vne perfonne féparée des autres, & dont par confequent les interefts font en quelque façon diftincts de
ceux du refte du monde, on doit toutes-fois penfer
qu'on ne fçauroit fubfifter feul, & qu'on eft en effet
l'vne des parties de l'Vniuers, & plus particulierement

encore l'vne des parties de cette Terre, l'vne des parties de cet état, de cette societé, de cette famille, à laquelle on est joint par sa demeure, par son serment,
par sa naissance ; & il faut tou-jours préferer les inte-
rests du tout dont on est partie, à ceux de sa personne
en particulier : Toutes-fois auec mesure & discretion ;
car on auroit tort de s'exposer à vn grand mal, pour
procurer seulement vn petit bien à ses parens ou à son
païs; & si vn hôme vaut plus luy seul que tout le reste de
sa Ville, il n'auroit pas raison de se vouloir perdre pour
la sauuer. Mais si on raportoit tout à soy-mesme, on ne
craindroit pas de nuire beaucoup aux autres hommes,
lors qu'on croiroit en retirer quelque petite commodité, & on n'auroit aucune vraye amitié, ny aucune
fidelité, ny generalement aucune vertu ; Au lieu
qu'en se considerant comme vne partie du public, on
prend plaisir à faire du bien à tout le monde, & mesme on ne craint pas d'exposer sa vie pour le seruice
d'autruy, lors que l'occasion s'en présente ; jusques-là
qu'on voudroit aussi perdre son Ame, s'il se pouuoit,
pour sauuer les autres. En sorte que cette consideration
est la source & l'origine de toutes les plus heroï-
ques actions que fassent les hommes. Car pour ceux qui
s'exposent à la mort par vanité, pource qu'ils esperent
en estre loüez; ou par stupidité, pource qu'ils n'apré-
hendent pas le danger, ie croy qu'ils sont plus à plaindre qu'à priser. Mais lors que quelqu'vn s'y expose
pource qu'il croit que c'est son deuoir, ou bien lors
qu'il souffre quelqu'autre mal afin qu'il en reuienne
du bien aux autres, encore qu'il ne considere peut-

eſtre pas expreſſément qu'il fait cela , pource qu'il
doit plus au public dont il eſt vne partie, qu'à ſoy-meſme en ſon particulier, il le fait toutes fois en vertu de
cette conſideration, qui eſt confuſément en ſa penſée;
& on eſt naturellement porté à l'auoir, lors qu'on connoiſt & qu'on ayme Dieu comme il faut ; car alors
s'abandonnant du tout à ſa volonté, on ſe dépoüille
de ſes propres intereſts, & on n'a point d'autre paſſion
que de faire ce qu'on croit luy eſtre agreable. Enſuite
dequoy on a des ſatisfactions d'eſprit & des contentemens, qui valent incomparablement dauantage, que
toutes les petites joyes paſſageres qui dépendent des
ſens.

Outre ces veritez qui regardent en general toutes
nos actions, il en faut auſſi ſçauoir beaucoup d'autres,
qui ſe raportent plus particulierement à chacune;& les
principales me ſemblent eſtre celles que j'ay remarquées en ma derniere lettre , à ſçauoir, que toutes nos
paſſions nous repreſentent les biens, à la recherche deſquels elles nous incitent, beaucoup plus grans qu'ils ne
ſont veritablement, & que les plaiſirs du cors ne ſont
iamais ſi durables que ceux de l'ame, ny ſi grans quand
on les poſſede, qu'ils paroiſſent quand on les eſpere. Ce
que nous deuons ſoigneuſemement remarquer, afin
que lors que nous ſommes émûs de quelque paſſion,
nous ſuſpendions noſtre jugement juſqu'à ce qu'elle
ſoit apaiſée , & que nous ne nous laiſſions pas ayſément tromper par la fauſſe aparence des biens de ce
monde.

A quoy ie ne puis adjouter autre choſe, ſinõ qu'il faut

auſſi éxaminer en particulier toutes les mœurs des lieux où nous viuons, pour ſçauoir juſques où elles doiuent eſtre ſuiuies; & bien que nous ne puiſſions auoir des démonſtrations certaines de tout, nous deuons neant-moins prendre party , & embraſſer les opinions qui nous paroiſſent les plus vray-ſemblables touchant toutes les choſes qui viennent en vſage, afin que lors qu'il eſt queſtion d'agir, nous ne ſoyons iamais irreſo-lus; car il n'y a que la ſeule irreſolution qui cauſe les regrets & les repentirs.

Au reſte j'ay dit cy-deſſus qu'outre la connoiſſance de la verité, l'habitude eſt auſſi requiſe pour eſtre tou-jours diſpoſé à bien juger ; càr dautant que nous ne pouuons eſtre continuellement attentifs à vne meſme choſe, quelque claires & éuidentes qu'ayent eſté les raiſons qui nous ont perſuadé cy-deuant vne verité, nous pouuons par apres eſtre détournez de la croire par de fauſſes aparences, ſi ce n'eſt que par vne longue & frequente méditation nous l'ayons tellement im-primée en noſtre eſprit, qu'elle ſoit tournée en habi-tude ; & en ce ſens on a raiſon dans l'école de dire que les vertus ſont des habitudes : car en effet on ne man-que gueres faute d'auoir en Theorie la connoiſſance de ce qu'on doit faire, mais ſeulement faute de l'auoir en pratique, c'eſt à dire, faute d'auoir vne ferme habi-tude de le croire. Et pource que pendant que j'exami-ne icy ces veritez, j'en augmente auſſi en moy l'habi-tude , j'ay particulierement obligation à voſtre Alteſ-ſe de ce qu'elle permet que ie l'en entretienne, & il n'y a rien en quoy j'eſtime mon loiſir mieux employé,

qu'en

qu'en ce où ie puis témoigner que ie fuis, &c.

A MADAME ÉLIZABETH,
PRINCESSE PALATINE, &c.
LETTRE VIII.

MADAME,

Ie me fuis quelquefois propofé vn doute, fçauoir s'il eſt mieux d'eſtre gay & content en imaginant les biens qu'on poffede eſtre plus grans & plus eſtimables qu'ils ne font en effet, & ignorant, ou ne s'arreſtant pas à confiderer ceux qui manquent, que d'auoir plus de confideration & de fçauoir, pour connoiſtre la juſte valeur des vns & des autres, & qu'on en deuiéne plus triſte. Si je penfois que le Souuerain Bien fuſt la joye, je ne douterois point qu'on ne duſt taſcher de fe rendre joyeux à quelque prix que ce puſt eſtre, & j'aprouuerois la brutalité de ceux qui noyent leurs déplaifirs dans le vin, ou qui les étourdiſſent auec du petum. Mais je diſtingue entre le Souuerain Bien, qui confiſte en l'exercice de la vertu, ou (ce qui eſt le mefme) en la poffeffion de toutes les perfections dont l'acquifition dépend de noſtre libre arbitre, & la fatisfaction d'efprit qui fuit de cette acquifition. C'eſt pourquoy voyant que c'eſt vne plus grande perfection de connoiſtre la verité, encore mefme qu'elle foit à noſtre defauantage, que de l'ignorer, j'auoüe qu'il vaut mieux eſtre moins gay, &

E

auoir plus de connoiſſance. Auſſi n'eſt-ce pas toû-
jours lors qu'on a le plus de gayeté qu'on a l'eſprit plus
ſatisfait ; Au contraire les grandes joyes ſont ordinairement mornes & ſérieuſes, & il n'y a que les médiocres & paſſageres, qui ſoient acompagnées du ris.
Ainſi je n'aprouue point qu'on taſche à ſe tromper,
en ſe repaiſſant de fauſſes imaginations ; car tout le
plaiſir qui en reuient ne peut toucher pour ainſi dire
que la ſuperficie de l'Ame, laquelle ſent cependant
vne amertumé interieure en s'aperceuant qu'ils ſont
faux. Et encore qu'il pouroit arriuer qu'elle fuſt ſi
continuellement diuertie ailleurs, que jamais elle ne
s'en aperceuſt, on ne jouïroit pas pour cela de la
béatitude dont il eſt queſtion, pour ce qu'elle doit
dépendre de noſtre conduite, & cela ne viendroit
que de la Fortune. Mais lors qu'on peut auoir diuerſes
conſiderations également vrayes, dont les vnes nous
portent à eſtre contens, & les autres au contraire nous
en empeſchent, il me ſemble que la prudence veut
que nous nous arreſtions principalement à celles qui
nous donnent de la ſatisfaction ; Et meſme à cauſe
que preſque toutes les choſes du monde ſont telles,
qu'on les peut regarder de quelque coſté qui les fait
paroiſtre bonnes, & de quelqu'autre qui fait qu'on y
remarque des défauts, je croy que ſi l'on doit vſer
de ſon adreſſe en quelque choſe, c'eſt principalement à les ſçauoir regarder du biais qui les fait paroiſtre à noſtre auantage, pourvû que ce ſoit ſans nous
tromper. Ainſi lors que voſtre Alteſſe remarque les
cauſes pour leſquelles elle peut auoir eu pus de loiſir,

pour cultiuer sa raison, que beaucoup d'autres de son
âge, s'il luy plaist aussi de considerer combien elle a
plus profité que ces autres, je m'assure qu'elle aura dequoy se contenter : Et je ne voy pas pourquoy elle ayme mieux se comparer à elles, en ce dont elle prend
sujet de se plaindre, qu'en ce qui luy pouroit donner
de la satisfaction. Car la constitution de nostre nature estant telle, que nostre esprit a besoin de beaucoup de relasche, afin qu'il puisse employer vtilement
quelques momens en la recherche de la verité, &
qu'il s'assoupiroit, au lieu de se polir, s'il s'appliquoit
trop à l'étude, nous ne deuons pas mesurer le tems
que nous auons pû employer à nous instruire, par le
nombre des heures que nous auons euës à nous, mais
plu-tost, ce me semble, par l'exemple de ce que nous
voyons communément arriuer aux autres, comme
estant vne marque de la portée ordinaire de l'esprit
humain. Il me semble aussi qu'on n'a point sujet de se
repentir, lors qu'on a fait ce qu'on jugé estre le meilleur au tems qu'on a dû se resoudre à l'execution, encore que par aprés y repensant auec plus de loisir, on
juge auoir failly : mais on deuroit plu-tost se repentir si on auoit fait quelque chose contre sa conscience, encore qu'on reconnust par aprés auoir mieux fait
qu'on n'auoit pensé; car nous n'auons à répondre que
de nos pensées, & la nature de l'homme n'est pas de
tout sçauoir, ny de juger toû-jours si bien sur le
champ, que lors qu'on a beaucoup de tems à deliberer. Au reste encore que la vanité, qui fait qu'on a
meilleure opinion de soy qu'on ne doit, soit vn vi-

ce qui n'apartient qu'aux ames foibles & baffes, ce
n'eft pas à dire que les plus fortes & genereufes fe doiuent méprifer ; mais il fe faut faire juftice à foy-mefme, en reconnoiffant fes perfections auffi bien que
fes défauts, & fi la bien-féance empefche qu'on ne les
publie, elle n'empefche pas pour cela qu'on ne les
reffente. Enfin encore qu'on n'ait pas vne fcience
infinie, pour connoiftre parfaitement tous les biens
dont il arriue qu'on doit faire choix dans les diuerfes
rencontres de la vie, on doit ce me femble fe contenter d'en auoir vne mediocre des chofes plus necefsai-
res, comme font celles que j'ay dénombrées en ma
derniere Lettre, en laquelle j'ay defia declaré mon
opinion touchant la difficulté que voftre Alteffe
propofe : fçauoir, fi ceux qui rapoftent tout à eux-
mefmes, ont plus de raifon que ceux qui fe tourmen-
tent trop pour les autres. Car fi nous ne penfions qu'à
nous feuls, nous ne pourions jouïr que des biens qui
nous font particuliers ; au lieu que fi nous nous confiderons comme parties de quelque autre Cors, nous
participons auffi aux biens qui luy font communs,
fans eftre priué pour cela d'aucun de ceux qui nous
font propres : Et il n'en eft pas de mefme des maux ;
Car felon la Philofophie le mal n'eft rien de réel, mais
feulement vne priuation ; & lors que nous nous at-
triftons à caufe de quelque mal qui arriue à nos amis,
nous ne participons point pour cela au défaut dans
lequel confifte ce mal ; mefme quelque trifteffe ou
quelque peine que nous ayons en telle occafion, elle
ne fçauroit eftre fi grande qu'eft la fatisfaction inte-

tieure qui acompagne tou-jours les bonnes actions,
& principalement celles qui procedent d'vne pure
affection pour autruy, qu'on ne raporte point à foy-
mefine, c'eft à dire, de la vertu Chreftienne qu'on
nomme Charité. Ainfi l'on peut mefme en pleurant
& prenant beaucoup de peine, auoir plus de plaifir, que
lors qu'on rit & qu'on fe repofe. Et il eft ayfé à prouuer
que ce plaifir de l'Ame, auquel confifte la béatitude,
n'eft pas inféparable de la gayeté & de l'ayfe du Cors,
tant par l'exemple des tragédies, qui nous plaifent
dautant plus qu'elles excitent en nous plus de trifteffe,
que par celuy des exercices du Cors, comme la chaffe,
le jeu de la paume, & autres femblables, qui ne laiffent pas d'eftre agreables, encore qu'ils foient fort
pénibles; & mefme on voit que fouuent c'eft la fatigue & la peine qui en augmente le plaifir. Et la caufe
du contentement que l'Ame reçoit en ces exercices,
confifte en ce qu'ils luy font remarquer la force, ou
l'adreffe, ou quelque autre perfection du Cors auquel
elle eft jointe; mais le contentement qu'elle a de
pleurer en voyant reprefenter quelque action pitoya-
ble & funefte fur vn theatre, vient principalement
de ce qu'il luy femble qu'elle fait vne action vertueu-
fe ayant compaffion des affligez; Et generalement elle
fe plaift de fentir émouuoir en foy des paffions, de
quelque nature qu'elles foient, pourvû qu'elle en
demeure maiftreffe.

Mais il faut que j'examine plus particulierement ces paffions, afin de les pouuoir définir;
ce qui me fera icy plus ayfé que fi j'écriuois à quel-

que autre. Car Voſtre Alteſſe ayant pris la peine
de lire le traité que j'ay autrefois ébauché touchant
la nature des animaux, vous ſçauez deſ-ja comment ie
conçoy que ſe forment diuerſes impreſſions dans
leur ceruéau, les vnes par les objets exterieurs qui
meuuent les ſens, les autres par les diſpoſitions interieures du Cors, ou par les veſtiges des impreſſions
précedentes qui ſont demeurées en la memoire, ou
par l'agitation des eſprits qui viennent du cœur, ou
auſſi, & cela en l'homme, par l'action de l'Ame, laquelle a quelque force pour changer les impreſſions qui
ſont dans le ceruéau; comme réciproquement ces
impreſſions ont la force d'exciter en l'Ame des penſées qui ne dépendent point de ſa volonté. Enſuite
dequoy on peut généralement nommer *paſsions* toutes ſes penſées qui ſont ainſi excitées en l'Ame ſans le
concours de ſa volonté (& par conſequent ſans aucune action qui vienne d'elle) par les ſeules impreſſions qui ſont dans le ceruéau, car tout ce qui n'eſt
point action eſt paſſion; Mais on reſtraint ordinairement ce nom aux penſées qui ſont cauſées par quelque particuliere agitation des eſprits: car celles qui
viennent des objets exterieurs, ou bien des diſpoſitions interieures du Cors, comme la perception des
couleurs, des ſons, des odeurs, la faim, la ſoif, la
douleur, & autres ſemblables; ſe nomment des ſentimens, les vns exterieurs, les autres interieurs; Celles
qui ne dépendent que de ce que les impreſſions précedentes ont laiſſé en la memoire, & de l'agitation ordinaire des Eſprits, ſont des réueries, ſoit

qu'elles viennent en songe, soit aussi lors qu'on
est éueillé, & que l'Ame ne se déterminant à rien
de soy-mesme suit nonchalamment les impressions
qui se rencontrent dans le cerueau. Mais lors qu'elle vse de sa volonté pour se déterminer à la pensée
de quelque chose qui n'est pas seulement intelligible, mais imaginable, cette pensée fait vne nouuelle
impression dans le cerueau, qui n'est pas au regard de
l'ame vne passion, mais vne action qui se nomme proprement imagination. Enfin lors que le cours ordinaire des Esprits est tel qu'il excite communément des
pensées tristes ou gayes, ou autres semblables, on ne
l'attribuë pas à la passion, mais au naturel ou à l'humeur de celuy en qui elles sont excitées; & cela fait
qu'on dit que cet homme est d'vn naturel triste, cet
autre d'vne humeur gaye, &c. Ainsi il ne reste que les
pensées qui viennét de quelque particuliere agitation
des Esprits, & dont on sent les effets comme en l'ame
mesme, qui soient proprement nommées des passions.
Il est vray que nous n'en auons quasi iamais aucunes
qui ne dépendent de plusieurs des causes que ie viens
de distinguer, mais on leur donne la dénomination
de celle qui est la principale, ou à laquelle on a principalement égard. Ce qui fait que plusieurs confondent
le sentiment de la douleur auec la passion de la tristesse, & celuy du chatoüillement auec la passion de la
joye, laquelle ils nomment aussi volupté ou plaisir; &
ceux de la faim ou de la soif auec les desirs de manger
ou de boire, qui sont des passions: Car ordinairement
les mesmes causes qui font la douleur, agitent aussi les

esprits en la façon qui est requise pour exciter la tristesse, & celles qui font sentir quelque chatoüillement, les
agite en la façon qui est requise pour exciter la joye, &
ainsi des autres. On confond aussi quelquefois les inclinations ou habitudes qui disposent à quelque passion, auec la passion mesme, ce qui est neantmoins facile à distinguer. Car, par exemple, lors qu'on dit dans
vne ville que les ennemis la viennent assieger, le premier jugement que font les habitans du mal qui leur
en peut arriuer est vne action de leur ame, non vne
passion; & bien que ce jugement se rencontre semblable en plusieurs, ils n'en font pas toutes-fois également
émûs, mais les vns plus les autres moins, selon qu'ils
ont plus ou moins d'habitude ou d'inclination à la
crainte; Et auant que leur ame reçoiue l'émotion en
laquelle seule consiste la passion, il faut qu'elle fasse ce
jugement, ou bien, sans juger, qu'elle conçoiue au
moins le danger, & en exprime l'Idée dans le cerueau,
ce qu'elle fait par vne autre action qu'on nomme imaginer, & que par mesme moyen elle détermine les esprits qui vont du cerueau dans les nerfs, à entrer en
ceux de ces nerfs qui seruent à resserrer les ouuertures
du cœur, ce qui retarde la circulation du sang, ensuitte dequoy tout le cors deuient pasle, froid, & tremblant; & les nouueaux Esprits qui viennent du cœur
vers le cerueau sont agitez de telle façon qu'ils ne peuuét aider à y former d'autres Images que celles qui excitent en l'ame la passion de la crainte. Toutes lesquelles choses se suiuent de si prés l'vne l'autre, qu'il semble que ce ne soit qu'vne seule operation; Et ainsi en
toutes

toutes les autres paſſions il arriue quelque particuliere
agitation dans les Eſprits qui viennent du cœur. I'auois
deſſein d'adjouter icy vne particuliere explication de
toutes ces paſſions, mais ie trouue tant de difficulté
à les dénombrer, qu'il m'y faudra employer plus de
tems que le meſſager ne m'en donne.

Cependant ayant receu celle que voſtre Alteſſe
m'a fait l'honneur de m'écrire, j'ay vne nouuelle
ocaſion de répondre, qui m'oblige de remettre à vne
autrefois cét examen des paſſions ; Pour dire icy que
toutes les raiſons qui prouuent l'exiſtence de Dieu,
& qu'il eſt la cauſe premiere & immuable de tous les
effets qui ne dépendent point du libre arbitre des
hommes, prouuent, ce me ſemble, en meſme façon
qu'il eſt auſſi la cauſe de toutes les actions qui en dépendent. Car on ne ſçauroit démontrer qu'il exiſte,
qu'en le conſiderant comme vn eſtre Souuerainement Parfait ; & il ne ſeroit pas Souuerainement Parfait, s'il pouuoit arriuer quelque choſe dans le monde
qui ne vinſt pas entierement de luy. Il eſt vray qu'il
n'y a que la Foy qui nous enſeigne ce que c'eſt que la
Grace par laquelle Dieu nous éleue à vne béatitude
ſurnaturelle ; mais la ſeule Philoſophie ſufit pour
connoiſtre qu'il ne ſçauroit entrer la moindre penſée en l'eſprit d'vn homme, que Dieu ne veüille, &
n'ait voulu de toute éternité qu'elle y entraſt. Et la
diſtinction de l'école entre les cauſes vniuerſelles &
particulieres n'a point icy de lieu ; car ce qui fait que
le Soleil, par exemple, eſtant la cauſe vniuerſelle de
toutes les fleurs, n'eſt pas cauſe pour cela que les tuli-

pes different des rozes, c'est que leur production dépend aussi de quelques autres causes particulieres, qui
ne luy sont point subordonnées; mais Dieu est tellement la cause vniuerselle de tout, qu'il en est en
mesme façon la cause totale, & ainsi rien ne peut arriuer sans sa volonté. Il est vray aussi que la connoissance de l'Immortalité de l'Ame, & des félicitez dont
elle sera capable estant hors de cette vie, pouroit donner sujet d'en sortir à ceux qui s'y ennuyent, s'ils
estoient assurez qu'ils iouïroient par apres de toutes
ces felicitez; mais aucune raison ne les en assure; Et il
n'y a que la fausse philosophie d'Hegesias, dont le liure fut défendu par Ptolomée, pour ce que plusieurs
s'estoient tuez apres l'auoir lû, qui tasche à persuader
que cette vie est mauuaise; la vraye enseigne tout au
contraire, que mesme parmy les plus tristes accidens,
& les plus pressantes douleurs, on y peut tou-jours
estre content, pourvû qu'on sçache vser de sa raison.

Pour ce qui est de l'étenduë de l'Vniuers, ie ne voy
pas comment en la considerant, on est conuié à sé-
parer la prouidence particuliere de l'idée que nous
auons de Dieu; Car c'est toute autre chose de Dieu
que des puissances finies, lesquelles pouuant estre
épuisées, nous auons raison de juger, en voyant
qu'elles sont employées à plusieurs grans effets, qu'il
n'est pas vray-semblable qu'elles s'étendent aussi jusques aux moindres. Mais dautant que nous estimons
les œuures de Dieu estre plus grans, dautant mieux
remarquons nous l'infinité de sa puissance; & dautant

que cette infinité nous est mieux connuë, dautant sommes nous plus assurez qu'elle s'étend jusques à toutes les plus particulieres actions des hommes. Ie ne croy pas aussi que par cette prouidence particuliere de Dieu, que vostre Altesse dit estre le fondement de la Theologie, vous entendiez quelque changement qui arriue en ses decrets à l'occasion des actiós qui dépendent de nostre libre arbitre : car la Theologie n'admet point ce changement. Et lors qu'elle nous oblige à prier Dieu, ce n'est pas afin que nous luy enseignions dequoy c'est que nous auons besoin, ny afin que taschions d'impetrer de luy qu'il change quelque chose en l'ordre étably de toute éternité par sa prouidence, l'vn & l'autre seroit blasmable, mais c'est seulement afin que nous obtenions ce qu'il a voulu de toute éternité estre obtenu par nos prieres. Et ie croy que tous les Theologiens sont d'acord en cecy, mesme ceux qu'on nomme icy Armeniens, qui semblent estre ceux qui déferent le plus au libre arbitre.

l'auoüe qu'il est difficile de mesurer exactement jusques ou la raison ordonne que nous nous interessions pour le public, mais aussi n'est-ce pas vne chose en quoy il soit necessaire d'estre fort exact, il sufit de satisfaire à sa conscience, & on peut en cela donner beaucoup à son inclination ; Car Dieu a tellement étably l'ordre des choses, & conjoint les hommes ensemble d'vne si étroite societé, qu'encore que chacun raportast tout à soy-mesme, & n'eust aucune charité pour les autres, il ne laisseroit pas de s'employer ordi-

nairement pour eux, en tout ce qui feroit de fon
pouuoir, pourvû qu'il vfaft de prudence, principalement s'il viuoit en vn fiecle où les mœurs ne fuffent
point corrompuës. Et outre cela comme c'eft vne
chofe plus haute & plus glorieufe de faire du bien aux
autres hommes, q de s'en procurer à foy-mefme,
auffi font-ce les plus grandes Ames qui y ont le plus
d'inclination, & font le moins d'état des biens qu'elles poffedent; il n'y a que les foibles & baffes qui s'eftiment plus qu'elles ne doiuent, & font comme les petits vaiffeaux que trois goutes d'eau peuuent r'emplir.
Ie fçay que voftre Alteffe n'eft pas de ce nombre, &
qu'au lieu qu'on ne peut inciter ces Ames baffes à
prendre de la peine pour autruy, qu'en leur faifant
voir qu'ils en retireront quelque profit pour eux-
mefmes, il faut pour l'intereft de voftre Alteffe, luy
reprefenter qu'elle ne pouroit eftre longuement vtile à ceux qu'elle affectionne, fi elle fe négligeoit foy-
mefme, & la prier d'auoir foin de fa fanté. C'eft ce que
fuis, &c.

A MADAME ELIZABETH,
PRINCESSE PALATINE, &c.

LETTRE IX.

MADAME,

Il m'arriue fi peu fouuent de rencontrer de bons
raifonnemens, non feulement dans les difcours de

ceux que ie frequente en ce defert, mais auffi dans les
liures que ie confulte, que ie ne puis lire ceux qui font
dans les lettres de voftre Alteffe, fans en auoir vn ref-
fentiment de joye extraordinaire; Et ie les trouue fi
forts, que j'ayme mieux auoüer d'en eftre vaincu, que
d'entreprendre de leur réfifter. Car encore que la
comparaifon que voftre Alteffe refufe de faire à fon
auantage, puiffe affez eftre verifiée par l'experience,
c'eft toutesfois vne vertu fi loüable de juger fauorablement des autres,& elle s'acorde fi bien auec la generofité qui vous empefche de vouloir mefurer la portée
de l'Efprit humain par l'exéple du cómun des hómes,
que ie ne puis manquer d'eftimer extremement l'vne
& l'autre. Ie n'oferois auffi contredire à ce que voftre
Alteffe écrit du repentir, vû que c'eft vne vertu Chreftienne, laquelle fert pour faire qu'on fe corrige, non
feulement des fautes commifes volontairement, mais
auffi de celles qu'on a faites par ignorance, lors que
quelque paffion a empefché qu'on ne connuft la véri-
té. Et j'auoüe bien que la trifteffe des tragédies ne plairoit pas comme elle fait, fi nous pouuions craindre
qu'elle deuinft fi exceffiue que nous en fuffions incommodez; Mais lors que j'ay dit qu'il y a des paffions
qui font dautant plus vtiles qu'elles panchent plus
vers l'excez, j'ay feulement voulu parler de celles qui
font toutes bonnes, ce que j'ay témoigné en adjoutant qu'elles doiuent eftre fuiettes à la raifon. Car il y a
deux fortes d'excez, l'vn qui changeant la nature de
la chofe, & de bonne la rendant mauuaife, empefche qu'elle ne demeure foumife à la raifon; l'autre qui

en augmente seulement la mesure, & ne fait que de bonne la rendre méilleure. Ainsi la hardiesse n'a pour excez la temerité que lors qu'elle va au delà des limites de la raison ; mais pendant qu'elle ne les passe point, elle peut encore auoir vn autre excez, qui consiste à n'estre acompagnée d'aucune irrésolution, ny d'aucune crainte.

I'ay pensé ces iours passez au nombre & à l'ordre de ces passions, afin de pouuoir plus particulierement examiner leur nature ; mais ie n'ay pas encore assez digeré mes opinions touchant ce sujet, pour les oser écrire à vostre Altesse, & ie ne manqueray pas de m'en acquiter le plu-tost qu'il me sera possible.

Pour ce qui est du libre arbitre, ie confesse qu'en ne pensant qu'à nous-mesmes, nous ne pouuons ne le pas estimer indépendant ; mais lors que nous pensons à la puissance infinie de Dieu, nous ne pouuons ne pas croire que toutes choses dépendent de luy, & par consequent que nostre libre arbitre n'en est pas exemt. Car il implique contradiction de dire que Dieu ait créé des hommes de telle nature, que les actions de leur volonté ne dépendent point de la sienne ; pource que c'est le mesme que si on disoit que sa puissance est tout ensemble finie & infinie: Finie, puis qu'il y a quelque chose qui n'en dépend point, & infinie, puis qu'il a pû créer cette chose indépendante. Mais comme la connoissance de l'existence de Dieu ne nous doit pas empescher d'estre assurez de nostre libre arbitre, pource que nous l'experimentons & le sentons en nous-mesmes; ainsi celle de nostre libre arbitre ne

nous doit point faire douter de l'exiſtence de Dieu.
Car l'indépendance que nous experimentons & ſentons en nous , & qui ſufit pour rendre nos actions
loüables ou blaſmables, n'eſt pas incompatible auec
vne dépendance qui eſt d'autre nature , ſelon laquelle
toutes choſes ſont ſujettes à Dieu.

Pour ce qui eſt de l'état de l'Ame apres cette vie,
j'en ay bien moins de cõnoiſſance que Monſieur d'Igby ; Car laiſſant à part ce que la Foy nous en enſeigne,
ie confeſſe que par la ſeule raiſon naturelle nous pouuons bien faire beaucoup de conjectures à noſtre
auantage , & auoir de belles eſperances , mais non
point aucune aſſurance. Et pour ce que la raiſon naturelle nous aprend auſſi que nous auons tou-jours plus
de biens que de maux en cette vie, & que nous ne deuons point laiſſer le certain pour l'incertain, elle me
ſemble nous enſeigner, que nous ne deuons pas veritablement craindre la mort, mais que nous ne deuons
auſſi iamais la rechercher.

Ie n'ay pas beſoin de répondre à l'objection que
peuuent faire les Theologiens, touchant la vaſte
étenduë que j'ay atribuée à l'Vniuers ; pour ce que
voſtre Alteſſe y a deſ-ja répondu pour moy, j'adjoute ſeulement que ſi cette étenduë pouuoit rendre les
myſteres de noſtre Religion moins croyables, celle
que les Aſtronomes ont de tout tems atribuée aux
Cieux auroit pû faire le meſme; pource qu'ils les ont
conſiderez ſi grans, que la Terre n'eſt à leur comparaiſon que comme vn point, & toutesfois cela ne leur
a pas eſté objecté.

Au reste, si la prudence estoit maistresse des éuenemens, ie ne doute point que vostre Altesse ne vinst à bout de tout ce qu'elle voudroit entreprendre : mais il faudroit que tous les hommes fussent parfaitement sages, afin que sçachant ce qu'ils doiuent faire, on pust estre assuré de ce qu'ils feront ; ou bien il faudroit connoistre particulierement l'humeur de tous ceux auec lesquels on a quelque chose à démeler ; & encore ne seroit-ce pas assez, à cause qu'ils ont outre cela leur libre arbitre, dont les éuenemens ne sont connus que de Dieu seul. Et pour ce qu'on juge ordinairement de ce que les autres feront, par ce qu'on voudroit faire si on estoit en leur place, il arriue souuent que les Esprits ordinaires & médiocres estant semblables à ceux auec lesquels ils ont à traiter, pénetrent mieux dans leurs conseils, & font plus aysément réüssir ce qu'ils entreprennent, que ne font les plus releuez, lesquels ne traitans qu'auec ceux qui leur sont de beaucoup inferieurs en connoissance & en prudence, jugent tout autrement qu'eux des affaires. C'est ce qui doit consoler vostre Altesse, lors que la Fortune s'opose à vos desseins. Ie prie Dieu qu'il les fauorise, estant comme ie suis, &c.

A MADAME ÉLIZABETH,

PRINCESSE PALATINE, &c.

LETTRE X.

Madame,

Ie ne puis nier que ie n'aye esté surpris d'aprendre que vostre Altesse ait eu de la fascherie, jusqu'à en estre incommodée en sa santé, pour vne chose que la plus grande part du monde trouuera bonne, & que plusieurs fortes raisons peuuent rendre excusable en-uers les autres; Car tous ceux de la Religion dont ie suis (qui font sans doute le plus grand nombre dans l'Europe) sont obligez de l'aprouuer, encore mesmo qu'ils y vissent des circonstances & des motifs aparens qui fussent blasmables: Car nous croyons que Dieu se sert de diuers moyens pour atirer les Ames à soy, & que tel est entré dans le Cloistre auec vne mauuaise in-tention, lequel y a mené par apres vne vie fort sain-te. Pour ceux qui sont d'vne autre creance, s'ils en parlent mal, on peut recuser leur jugement; car com-me en toutes les autres affaires touchant lesquelles il y a diuers partis, il est impossible de plaire aux vns sans déplaire aux autres, s'ils considerent qu'ils ne seroient pas de la Religion dont ils sont, si eux, ou leurs peres, ou leurs ayeuls n'auoient quité la Romaine, ils n'au-ront pas sujet de se mocquer, ny de nommer incon-stans ceux qui quitent la leur. Pour ce qui regarde la

G

prudence du siecle, il est vray que ceux qui ont la fortune chez eux, ont raison de demeurer tous autour d'elle, & de joindre leurs forces ensemble pour empescher qu'elle n'échape ; mais ceux de la maison desquels elle est fugitiue, ne font ce me semble, point mal de s'acorder à suiure diuers chemins, afin que s'ils ne la peuuent trouuer tous, il y en ait au moins quelqu'vn qui la rencontre ; Et cependant pour ce qu'on croit que chacun d'eux a plusieurs resources, ayant des amis en diuers partis, cela les rend plus considerables que s'ils estoient tous engagez dans vn seul : Ce qui m'empesche de pouuoir imaginer que ceux qui ont esté autheurs de ce conseil, ayant en cela voulu nuire à vostre Maison. Mais ie ne prétens point que mes raisons puissent empescher le ressentiment de vostre Altesse, j'espere seulement que le tems l'aura diminüée auant que cette lettre vous soit presentée, & ie craindrois de le rafraischir, si ie m'étendois dauantage sur ce sujet. C'est pourquoy ie passe à la difficulté que vostre Altesse propose touchant le libre arbitre, duquel ie tascheray d'expliquer la dépendance & la liberté par vne côparaison. Si vn Roy qui a défendu les düels, & qui sçait tres-assurément que deux Gentilshommes de son Royaume demeurans en diuerses villes sont en querelle, & tellement animez l'vn contre l'autre, que rien ne les sçauroit empescher de se battre s'ils se rencontrent ; si, dis-je, ce Roy donne à l'vn d'eux quelque commission pour aller à certain jour vers la ville où est l'autre, & qu'il donne aussi commission à cét autre pour aller au mesme jour vers

le lieu où est le premier, il sçait bien assurément qu'ils
ne manqueront pas de se rencontrer, & de se battre,
& ainsi de contreuenir à sa defense, mais il ne les y
contraint point pour cela ; Et sa connoissance & mesme la volonté qu'il a euë de les y déterminer en cette
façon, n'empesche pas que ce ne soit aussi volontairement & aussi librement qu'ils se battent, lors qu'ils
viennent à se rencontrer, comme ils auroient fait
s'il n'en auoit rien sceu, & que ce fust par quelque
autre occasion qu'ils se fussent rencontrez, & ils peuuent aussi justement estre punis, pour ce qu'ils ont
contreuenu à sa défense. Or ce qu'vn Roy peut faire
en cela touchant quelques actions libres de ses sujets,
Dieu qui a vne préscience & vne puissance infinie le
fait infailliblement touchant toutes celles des hõmes:
Et auant qu'il nous ait enuoyez en ce monde, il a sceu
exactement qu'elles seroient toutes les inclinations de
nostre volonté, c'est luy-mesme qui les a mises en
nous, c'est luy aussi qui a disposé toutes les autres
choses qui sont hors de nous, pour faire que tels &
tels objets se presentassent à nos sens à tel & tel tems,
à l'ocasion desquels il a sceu que nostre libre arbitre
nous détermineroit à telle ou telle chose, & il l'a ainsi
voulu, mais il n'a pas voulu pour cela l'y contraindre.
Et comme on peut distinguer en ce Roy deux differens degrez de volonté, l'vn par lequel il a voulu que
ces Gentils-hommes se battissent, puis qu'il a fait qu'ils
se rencontrassent, & l'autre par lequel il ne l'a pas voulu, puis qu'il a défendu les düels ; Ainsi les Theologiens distinguent en Dieu vne volonté absoluë & in-

dépendante, par laquelle il veut que toutes choses se
fassent ainsi qu'elles se font, & vne autre qui est relatiue, & qui se raporte au merite ou démerite des hommes, par laquelle il veut qu'on obeïsse à ses Loix.

Il est besoin aussi que ie distingue deux sortes de
biens, pour acorder ce que j'ay cy-deuant écrit (à
sçauoir, qu'en cette vie nous auons tou-jours plus de
biens que de maux) auec ce que V. Altesse m'objecte
touchant toutes les incommoditez de la vie. Quand
on considere l'idée du bien pour seruir de régle à nos
actions, on le prend pour toute la perfection qui peut
estre en la chose qu'on nomme bonne, & on le compare à la ligne droite, qui est vnique entre vne infinité de courbes ausquelles on compare les maux. C'est
en ce sens que les Philosophes ont coutume de dire
que *bonum est ex integra causa, malum ex quouis defectu.*
Mais quand on considere les biens & les maux qui peuuent estre en vne mesme chose, pour sçauoir l'estime qu'on en doit faire, comme j'ay fait lors que j'ay
parlé de l'estime que nous deuions faire de cette vie,
on prend le bien pour tout ce qui s'y trouue dont on
peut auoir quelque commodité, & on ne nomme
mal que ce dont on peut receuoir de l'incommodité;
Car pour les autres défauts qui peuuent y estre, on ne
les comte point. Ainsi lors qu'on offre vn employ à
quelqu'vn, il considere d'vn costé l'honneur & le profit qu'il en peut atendre comme des biens, & de l'autre
la peine, le peril, la perte du tems, & autres telles choses comme des maux; Et comparant ces maux auec ces
biens, selon qu'il trouue ceux-cy plus ou moins grans

que ceux-là, il l'acepte ou le refuse. Or ce qui m'a fait dire en ce dernier sens, qu'il y a tou-jours plus de biens que de maux en cette vie, c'est le peu d'état que ie croy que nous deuons faire de toutes les choses qui sont hors de nous, & qui ne dépendent point de nô-tre libre arbitre, à comparaison de celles qui en dé-pendent, lesquelles nous pouuons tou-jours rendre bonnes, lors que nous en sçauons bien vser; & nous pouuons empescher par leur moyen que tous les maux qui viennent d'ailleurs, tant grans qu'ils puis-sent estre, n'entrent plus auant en nostre Ame, que la tristesse que y excitent les Comédiens, quand ils re-presentent deuant nous quelques actions fort fune-stes: mais j'auoüe qu'il faut estre fort philosophe pour arriuer jusqu'à ce point. Et toutesfois ie croy aussi que mesme ceux-là qui se laissent le plus empor-ter à leurs passions, jugent tou-jours en leur interieur, qu'il y a plus de biens que de maux en cette vie, enco-re qu'ils ne s'en aperçoiuent pas eux-mesmes; car bien qu'ils apellent quelquefois la mort à leur se-cours, quand ils sentent de grandes douleurs, c'est seulement afin qu'elle leur ayde à porter leur fardeau, ainsi qu'il y a dans la fable, & ils ne veulent point pour cela perdre la vie, ou bien s'il y en a quelques-vns qui la veüillent perdre, & qui se tuent eux-mesmes, c'est par vne erreur de leur entendement, & non point par vn jugement bien raisonné, ny par vne opinion que la nature ait imprimée en eux, comme est celle qui fait qu'on préfere les biens de cette vie à ses maux.

La raison qui me fait croire que ceux qui ne font

rien que pour leur vtilité particuliere, doiuent aussi bien que les autres trauailler pour autruy, & tafcher de faire plaisir à vn chacun, autant qu'il est en leur pouuoir, s'ils veulent vser de prudence, est, qu'on voit ordinairement arriuer, que ceux qui sont estimez officieux & promts à faire plaisir, reçoiuent aussi quantité de bons offices des autres, mesme de ceux qu'ils n'ont jamais obligez, lesquels ils ne receuroient pas si on les croyoit d'autre humeur : & que les peines qu'ils ont à faire plaisir, ne sont point si grandes que les commoditez que leur donne l'amitié de ceux qui les connoissent; Car on n'atend de nous que les offices que nous pouuons rendre commodement, & nous n'en atendons pas dauantage des autres; mais il arriue souuent que ce qui leur couste peu, nous profite beaucoup, & mesme nous peut importer de la vie. Il est vray qu'on perd quelquefois sa peine en bien faisant, & au contraire qu'on gagne à mal faire, mais cela ne peut changer la régle de la prudence, laquelle ne se raporte qu'aux choses qui arriuent le plus souuent; Et pour moy la maxime que j'ay le plus obseruée en toute la conduite de ma vie, a esté de suiure seulement le grand chemin, & de croire que la principale finesse est de ne vouloir point du tout vser de finesse. Les loix communes de la societé, lesquelles tendent toutes à se faire du bien les vns aux autres, ou du moins à ne se point faire de mal, sont ce me semble, si bien établies, que quiconque les suit franchement sans aucune dissimulation ny artifice, mene vne vie beaucoup plus heureuse & plus asurée, que ceux

qui cherchent leur vtilité par d'autres voyes, lefquels
à la verité réüffiffent quelquefois par l'ignorance des
autres hommes, & par la faueur de la Fortune, mais il
arriue bien plus fouuent qu'ils y manquent, & que
penfant s'établir ils fe ruïnent. C'eft auec cette in-
genuïté & cette franchife, laquelle ie fais profeffion
d'obferuer en toutes mes actions, que ie fais auffi particulierement profeffion d'eftre, &c.

A MADAME ÉLIZABETH,

PRINCESSE PALATINE, &c.

LETTRE XI.

MADAME,

Ie reconnois par experience que j'ay eu raifon de
mettre la gloire au nombre des paffions, car ie ne puis
m'empefcher d'en eftre touché en voyant le fauorable jugement que fait voftre Alteffe du petit traité que j'en ay écrit ; Et ie ne fuis nullement furpris de
ce qu'elle y remarque auffi des défauts, pour ce que ie
n'ay point douté qu'il n'y en euft en grand nombre,
eftant vne matiere que ie n'auois jamais cy-deuant
étudiée, & dont ie n'ay fait que tirer le premier
crayon, fans y adjouter les couleurs & les ornemens
qui feroient requis pour la faire paroiftre à des yeux
moins clair-voyans que ceux de voftre Alteffe. Ie n'y
ay pas mis auffi tous les principes de Phyfique dont
ie me fuis feruy pour déchifrer quels font les moue-

mens du fang, qui accompagnent chaque paſſion, pour ce que ie ne les ſçaurois bien déduire ſans expliquer la formation de toutes les parties du cors humain; & c'eſt une choſe ſi difficile que ie ne l'oſerois encore entreprendre, bien que ie me ſois à peu prés ſatisfait moy-meſme touchant la verité des principes que j'ay ſupoſez en cét écrit; Dont les principaux ſont, Que l'office du foye & de la rate eſt de contenir tou-jours du ſang de reſerue, moins purifié que celuy qui eſt dans les venes; & que le feu qui eſt dans le cœur à béſoin d'eſtre continuellement entretenu, ou bien par le ſuc des viandes qui vient directement de l'eſtomac, ou bien à ſon défaut par ce ſang qui eſt en reſerue, à cauſe que l'autre ſang qui eſt dans les venes ſe dilate trop ayſément; Et qu'il y a vne telle liaiſon entre noſtre Ame & noſtre Cors, que les penſées qui ont accompagné quelques mouuemens du cors dés le commencement de noſtre vie, les accompagnent encore à preſent, en ſorte que ſi les meſmes mouuemens ſont excitez derechef dans le cors par quelque cauſe exterieure, ils excitent auſſi en l'Ame les meſme penſées, & réciproquement ſi nous auons les meſmes penſées, elles produiſent les meſmes mouuemens; Et enfin que la machine de noſtre cors eſt tellemét faite, qu'vne ſeule péſée de joye, ou d'amour, ou autre ſemblable, eſt ſuffiſante pour enuoyer les eſprits animaux par les nerfs en tous les muſcles qui ſont requis pour cauſer les diuers mouuemens du ſang que j'ay dit accompagner les paſſions. Il eſt vray que j'ay eu de la difficulté à diſtinguer ceux qui appartiennent à chaque

que passion, à cause qu'elles ne sont jamais seules;
mais neantmoins pour ce que les mesmes ne sont pas
tou-jours jointes ensemble, j'ay tasché de remarquer les changemens qui arriuoient dans le cors, lors
qu'elles changeoient de compagnie. Ainsi par exemple, si l'amour estoit tou-jours jointe à la joye, je
ne sçaurois à laquelle des deux il faudroit attribuër la
chaleur & la dilatation qu'elles font sentir autour du
cœur : mais pour ce qu'elle est aussi quelquefois jointe à la tristesse, & qu'alors on sent encore cette chaleur & non plus cette dilatation, j'ay jugé que la chaleur appartient à l'amour, & la dilatation à la joye.
Et bien que le desir soit quasi tou-jours auec l'amour,
ils ne sont pas neantmoins tou-jours ensemble au
mesme degré : Car encore qu'on ayme beaucoup, on
desire peu lors qu'on ne conçoit aucune esperance ; &
pour ce qu'on n'a point alors la diligence & la promtitude qu'on auroit si le desir estoit plus grand, on
peut juger que c'est de luy qu'elle vient, & non de
l'amour.

Ie croy bien que la tristesse oste l'apetit à plusieurs;
mais pour ce que j'ay tou-jours éprouué en moy
qu'elle l'augmente, ie m'estois réglé là dessus. Et j'e-
stime que la difference qui arriue en cela, vient de ce
que le premier sujet de tristesse que quelques-vns ont
eu au commencement de leur vie, a esté qu'ils ne receuoient pas assez de nouriture, & que celuy des
autres a esté que celle qu'ils receuoient leur estoit nuisible ; Et en ceux-cy le mouuement des Esprits qui
oste l'apetit est tou-jours depuis demeuré joint auec

la paſſion de la triſteſſe. Nous voyons auſſi que les mouuemens qui acompagnent les autres paſſions ne ſont pas entierement ſemblables en tous les hommes, ce qui peut eſtre attribué à pareille cauſe.

Pour l'admiration, encore qu'elle ait ſon origine dans le cerueau, & ainſi que le ſeul temperament du ſang ne la puiſſe cauſer, comme il peut ſouuent cauſer la joye ou la triſteſſe, toutesfois elle peut, par le moyen de l'impreſſion qu'elle fait dans le cerueau, agir ſur le cors autant qu'aucune des autres paſſions, ou meſme plus en quelque façon, à cauſe que la ſurpriſe qu'elle contient cauſe les mouuemens les plus promts de tous; Et comme on peut mouuoir la main ou le pié quaſi au meſme inſtant qu'on penſe à les mouuoir, pour ce que l'idée de ce mouuement qui ſe forme dans le cerueau, enuoye les eſprits dans les muſcles qui ſeruent à cét effet; Ainſi l'idée d'vne choſe plaiſante qui ſurprend l'Eſprit, enuoye auſſitoſt les eſprits dans les nerfs qui ouurent les orifices du cœur; & l'admiration ne fait en cecy autre choſe, ſinon que par ſa ſurpriſe elle augmente la force du mouuement qui cauſe la joye, & fait que les orifices du cœur eſtant dilatez tout à coup, le ſang qui entre dedans par la vene caue, & qui en ſort par la vene arterieuſe enfle ſubitement le poumon.

Les meſmes ſignes exterieurs qui ont coutume d'acompagner les paſſions, peuuent bien auſſi quelquefois eſtre produits par d'autres cauſes. Ainſi la rougeur du viſage ne vient pas tousjours de la honte, mais elle peut auſſi venir de la chaleur du feu, ou bien de ce qu'on fait de l'exercice; Et le Ris qu'on nomme Sardonien, n'est autre chose qu'vne conuulsion des nerfs du visage; & ainsi on peut soûpirer quelquefois par coutume, ou par maladie, mais cela n'empesche pas que les soûpirs ne soient des signes exterieurs de la tristesse & du desir, lors que ce sont ces passions qui les causent. Ie n'auois jamais oüy dire ny remarqué qu'ils fussent aussi quelquefois causez par la repletion de l'estomac; mais lors que cela arriue, ie croy que c'est vn mouuement dont la nature se sert pour faire que le suc des viandes passe plus promptement par le cœur, & ainsi que l'estomac en soit plutost déchargé; Car les soûpirs agitant le poumon, font que le sang qu'il contient descend plus viste par l'artere veneuse dans le costé gauche du cœur, & ainsi que le nouueau sang composé du suc des viandes qui vient de l'estomac par le foye & par le cœur jusqu'au poumon, y peut plus aysement estre receu.

Pour les remedes contre les excez des passions, j'auoüe bien qu'ils sont difficiles à pratiquer, & mesme qu'ils ne peuuent sufire pour empescher les desordres qui arriuent dans le cors, mais seulement pour faire que l'Ame ne soit point troublée, & qu'elle puisse retenir son jugement libre; A quoy ie ne juge pas qu'il soit besoin d'auoir vne connoissance exacte de la verité de chaque chose, ny mesme d'auoir prévû en particulier tous les accidens qui peuuent suruenir, ce qui seroit sans doute impossible; mais c'est assez d'en auoir imaginé en general de plus fascheux que ne sont ceux qui arriuent, & de s'estre préparé à les foufrir. Ie ne croy pas auſſi qu'on peche gueres par excez en deſirant les choſes neceſſaires à la vie, ce n'eſt que des mauuaiſes ou ſuperfluës que les deſirs ont beſoin d'eſtre réglez ; Car ceux qui ne tendent qu'au bien ſont ce me ſemble, d'autant méilleurs qu'ils ſont plus grans ; Et quoy que j'aye voulu flater mon défaut, en mettant vne ie ne ſçay quelle langueur entre les paſſions excuſables, j'eſtime neantmoins beaucoup plus la diligence de ceux qui ſe portent tou-jours auec ardeur à faire les choſes qu'ils croyent eſtre en quelque façon de leur deuoir, encore qu'ils n'en eſperent pas beaucoup de fruit.

Ie mene vne vie ſi retirée, & j'ay tou-jours eſté ſi éloigné du maniment des affaires, que je ne ſerois pas moins impertinent que ce Philoſophe qui vouloit enſeigner le deuoir d'vn Capitaine en la préſence d'Hannibal, ſi j'entreprenois d'écrire icy les maximes qu'on doit obſeruer en la vie ciuile ; Et ie ne doute point que celle que propoſe voſtre Alteſſe, ne ſoit la méilleure de toutes, à ſçauoir qu'il vaut mieux ſe régler en cela ſur l'experience que ſur la raiſon ; pour ce qu'on a rarement à traiter auec des perſonnes parfaitement raiſonnables, ainſi que tous les hommes deuroient eſtre, afin qu'on puſt juger ce qu'ils feront par la ſeule conſideration de ce qu'ils deuroient faire : Et ſouuent les méilleurs conſeils ne ſont pas les plus heureux. C'eſt pourquoy on eſt contraint de hazarder, & de ſe mettre au pouuoir de la Fortune, laquelle je ſouhaite auſſi obeïſſante à vos deſirs que ie ſuis, &c.

A MADAME ELIZABETH,
PRINCESSE PALATINE, &c.

LETTRE XII.

MADAME,

L'occasion que j'ay de donner cette lettre à Monsieur de Beclin qui m'est tres-intime amy, & à qui ie me fie autant qu'à moy-mesme, est cause que ie prens la liberté de m'y confesser d'vne faute tres-signalée que j'ay commise dans le traité des passions, en ce que pour flater ma négligence, j'y ay mis au nombre des émotions de l'Ame qui sont excusables, vne ie ne sçay quelle langueur qui nous empesche quelquefois de mettre en execution les choses qui ont esté aprouuées par nostre jugement; Et ce qui m'a donné le plus de scrupule en cecy, est que ie me souuiens que vostre Altesse a particulierement remarqué cét endroit, comme témoignant n'en pas desaprouuer la pratique, en vn sujet où ie ne puis voir qu'elle soit vtile. I'auoüe bien qu'on a grande raison de prendre du tems pour déliberer, auant que d'entreprendre les choses qui sont d'importance; mais lors qu'vne affaire est commencée, & qu'on est d'acord du principal, ie ne voy pas qu'on ait aucun profit de chercher des delais en disputant pour les conditions. Car si l'affaire nonobstant cela réüssit, tous les petits auantages qu'on aura peut-estre acquis par ce moyen, ne seruent pas

tant, que peut nuire le dégouſt que cauſent ordinairement ces delais; & ſi elle ne réüſſit pas, tout cela
ne ſert qu'à faire ſçauoir au monde qu'on a eu des deſſeins qui ont manqué: Outre qu'il arriue bien plus
plus ſouuent, lors que l'affaire qu'on entreprend eſt
fort bonne, que pendant qu'on en differe l'execution
elle s'échape, que non pas lors qu'elle eſt mauuaiſe.
C'eſt pourquoy ie me perſuade que la réſolution &
la promtitude ſont des vertus tres-néceſſaires pour
les affaires deſ-ja commencées; Et l'on n'a pas ſujet
de craindre ce qu'on ignore, car ſouuent les choſes
qu'on a le plus aprehendées auant que de les connoiſtre, ſe trouuent meilleures que celles qu'on a de-
ſirées: Ainſi le meilleur eſt en cela de ſe fier à la prouidence Diuine, & de ſe laiſſer conduire par elle. Ie
m'aſſure que voſtre Alteſſe entend fort bien ma penſée, encore que ie l'explique fort mal, & qu'elle par-
donne au zele extréme qui m'oblige d'écrire cecy; car
ie ſuis autant que ie puis eſtre, &c.

❈❈❈❈ ❈❈❈❈❈ ❈❈❈❈❈ ❈❈❈❈ ❈❈❈❈❈❈

A MADAME ÉLIZABETH,

PRINCESSE PALATINE, &c.

LETTRE XIII.

MADAME,

I'ay lû le liure dont voſtre Alteſſe m'a commandé
de luy écrire mon opinion, & i'y trouue pluſieurs
préceptes qui me ſemblent fort bons, comme en-

tr'autres au 19. & 20. chapitres; Qu'vn Prince doit tou-iours éuiter la haine & le mépris de ses suicts, & que l'amour du peuple vaut mieux que les forteresses. Mais il y en a aussi plusieurs autres que ie ne sçaurois aprouuer: Et ie croy que ce en quoy l'Auteur a le plus manqué, est, qu'il n'a pas mis assez de distinction entre les Princes qui ont acquis vn état par des voyes iustes, & ceux qui l'ont vsurpé par des moyens illegitimes; & qu'il a donné à tous generalement, les préceptes qui ne sont propres qu'à ces derniers. Car comme en bastissant vne maison dont les fondemens sont si mauuais qu'ils ne sçauroient soutenir des murailles hautes & épaisses, on est obligé de les faire foibles & basses; Ainsi ceux qui ont commencé à s'établir par des crimes, sont ordinairement contrains de continuër à commettre des crimes, & ne se pouroient maintenir s'ils vouloient estre vertueux; C'est au regard de tels Princes qu'il a pû dire au chapitre 3. Qu'ils ne sçauroient manquer d'estre haïs de plusieurs; & qu'ils ont souuent plus d'auantage à faire beaucoup de mal qu'à en faire moins, pour ce que les légeres offenses suffisent pour donner la volonté de se vanger, & que les grandes en ostent le pouuoir. Puis au chapitre 15. Que s'ils vouloient estre gens de bien, il seroit impossible qu'ils ne se ruïnassent parmy le grand nombre de méchans qu'on trouue par tout. Et au chapitre 19. Qu'on peut estre hay pour de bonnes actions aussi bien que pour de mauuaises; Sur lesquels fondemens il appuye des préceptes tres-tyranniques; comme de vouloir qu'on ruïne tout vn païs, afin d'en

demeurer le maiſtre ; Qu'on exerce de grandes cruautez, pourvû que ce ſoit promtement & tout à la fois;
Qu'on taſche de paroiſtre homme de bien , mais
qu'on ne le ſoit pas veritablement ; Qu'on ne tienne
ſa parole qu'auſſi long-tems qu'elle ſera vtile ; qu'on
diſſimule, qu'on trahiſſe; Et enfin que pour régner on
ſe dépoüille de toute humanité, & qu'on deuienne le
plus farouche de tous les animaux. Mais c'eſt vn tres-
mauuais ſujet pour faire des Liures, que d'entreprendre d'y donner de tels préceptes, qui au bout du
conte ne ſçauroient aſſurer ceux auſquels il les donne;
car comme il auoüe luy-meſme , ils ne ſe peuuent
garder du premier qui voudra négliger ſa vie pour ſe
vanger d'eux. Au lieu que pour inſtruire vn bon Prince, quoy que nouuellement entré dans vn Eſtat, il me
ſemble qu'on luy doit propoſer des maximes toutes
contraires, & ſupoſer que les moyens dont il s'eſt
ſeruy pour s'établir ont eſté juſtes; comme en effet
ie croy qu'ils le ſont preſque tous, lors que les Princes
qui les pratiquent les eſtiment tels ; car la juſtice entre
les Souuerains a d'autres limites qu'entre les particuliers; & il ſemble qu'en ces rencontres Dieu donne
le droit à ceux auſquels il donne la force; mais les
plus juſtes actions deuiennent injuſtes, quand ceux
qui les font les penſent telles. On doit auſſi diſtinguer entre les ſujets, les amis ou alliez, & les ennemis;
Car au regard de ces derniers on a quaſi permiſſion de
tout faire, pourvû qu'on en tire quelque auantage
pour ſoy ou pour ſes ſujets, & ie ne deſaprouue pas en
cette occaſion qu'on acouple le renard auec le lyon,

& qu'on

& qu'on joigne l'artifice à la force: Mefme ie comprens fous le nom d'ennemis, tous ceux qui ne font
point amis ou alliez; pour ce qu'on a droit de leur
faire la guerre, quand y trouue fon auantage; & que
commençans à deuenir fufpects & redoutables, on a
lieu de s'en défier. Mais j'excepte vne efpece de tromperie, qui eft fi directement contraire à la focieté, que
ie ne croy pas qu'il foit jamais permis de s'en feruir,
bien que noftre Auteur l'aprouue en diuers endroits,
& qu'elle ne foit que trop en pratique ; C'eft de feindre d'eftre amy de ceux qu'on veut perdre, afin de les
pouuoir mieux furprendre. L'amitié eft vne chofe
trop fainte pour en abufer de la forte, & celuy qui aura pû feindre d'aymer quelqu'vn pour le trahir, mérite que ceux qu'il voudra par aprés aymer veritablement, n'en croyent rien, & le haïffent. Pour ce qui regarde les alliez, vn Prince leur doit tenir éxactement
fa parole, mefme lors que cela luy eft préjudiciable,
car il ne le fçauroit eftre tant, que la réputation de ne
manquer point à faire ce qu'il a promis luy eft vtile,
& il ne peut acquerir cette réputation que par de telles occafions, où il y va pour luy de quelque perte:
mais en celles qui le ruïneroient tout-à-fait, le droit
des gens le difpenfe de fa promeffe. Il doit auffi vfer
de beaucoup de circonfpection auant que de promettre, afin de pouuoir tou-jours garder fa foy. Et
bien qu'il foit bon d'auoir amitié auec la plu-part de
fes voifins, ie croy neantmoins que le meilleur eft de
n'auoir point d'étroites alliances qu'auec ceux qui
font moins puiffans; Car quelque fidelité qu'on fe

I

propofe d'auoir, on ne doit pas attendre la pareille
des autres, mais faire fon conte qu'on en fera trompé,
toutes les fois qu'ils y trouueront leur auantage ; Et
ceux qui font plus puiffans l'y peuuent trouuer quand
ils veulent, mais non pas ceux qui le font moins.
Pour ce qui eft des fujets, il y en a de deux fortes, à fçauoir les grans, & le peuple. Ie comprens fous le nom
de Grans, tous ceux qui peuuent former des partis
contre le Prince, de la fidelité defquels il doit eftre
tres-affuré, où il ne l'eft pas, tous les politiques font
d'acord qu'il doit employer tous fes foins à les abaiffer,
& qu'entant qu'ils font enclins à broüiller l'Eftat, il
ne les doit confiderer que comme ennemis. Mais pour
fes autres fujets, il doit fur tout éuiter leur haine &
leur mépris ; ce que ie croy qu'il peut tou-jours faire,
pourvû qu'il obferue éxactement la juftice à leur mode (c'eft à dire fuiuant les loix aufquelles ils font
acoutumez) fans eftre trop rigoureux aux punitions,
ny trop indulgent aux graces, & qu'il ne fe remette
pas de tout à fes Miniftres, mais que leur laiffant feulement la charge des condemnations plus odieufes,
il témoigne auoir luy-mefme le foin de tout le refte ;
Puis auffi qu'il retienne tellement fa dignité, qu'il ne
quitte rien des honneurs & des déférances que le peuple croit luy eftre' düës, mais qu'il n'en demande
point dauantage, & qu'il ne faffe paroiftre en public
que fes plus férieufes actions, où celles qui peuuent
eftre aprouuées de tous, réferuant à prendre fes plaifirs en particulier, fans que ce foit jamais aux dépens
de perfonne. Et enfin qu'il foit immüable & inflexi-

ble non pas aux premiers deffeins qu'il aura formez en
foy-mefme ; Car dautant qu'il ne peut auoir l'œil
par tout , il eft neceffaire qu'il demande confeil, &
entende les raifons de plufieurs, auant que de fe réfoudre ; mais qu'il foit infléxible touchant les chofes qu'il aura témoigné auoir réfoluës, encore mefme qu'elles luy fuffent nuifibles ; Car mal-ayfément
le peuuent elles eftre tant, que feroit la réputation
d'eftre léger & variable. Ainfi ie defaprouue la maxime du chapitre 15. Que le monde eftant fort corrompu , il eft impoffible qu'on ne fe ruïne, fi l'on veut
eftre tou-jours homme de bien ; & qu'vn Prince pour
fe maintenir , doit aprendre à eftre méchant, lors que
l'ocafion le requert ; fi ce n'eft peut-eftre que par vn
homme de bien , il entende vn homme fuperftitieux
& fimple , qui n'ofe donner bataille au iour du Sabath,
& dont la confcience ne puiffe eftre en repos , s'il ne
change la religion de fon peuple : Mais penfant qu'vn
homme de bien eft celuy qui fait tout ce que luy dicte
la vraye raifon , il eft certain que le méilleur eft de
tafcher à l'eftre tou-jours. Ie ne croy pas auffi ce qui eft
au chapitre 19. Qu'on peut autant eftre hay pour les
bonnes actions, que pour les mauuaifes ; finon entant que l'enuie eft vne efpece de haine ; mais cela n'eft
pas le fens de l'Auteur ; Et les Princes n'ont pas coutume d'eftre enuiez par le commun de leurs fujets ; ils
le font feulement par les grans, ou par leurs voifins,
aufquels les mefmes vertus qui leur donnent de l'enuie , leur donnent auffi de la crainte ; c'eft pourquoy
jamais on ne doit s'abtenir de bien faire, pour éuiter

propofe d'auoir, on ne doit pas attendre la pareille
des autres, mais faire fon conte qu'on en fera trompé,
toutes les fois qu'ils y trouueront leur auantage ; Et
ceux qui font plus puiffans l'y peuuent trouuer quand
ils veulent, mais non pas ceux qui le font moins.
Pour ce qui eft des fujets, il y en a de deux fortes, à fçauoir les grans, & le peuple. Ie comprens fous le nom
de Grans, tous ceux qui peuuent former des partis
contre le Prince, de la fidelité defquels il doit eftre
tres-affuré, où il ne l'eft pas, tous les politiques font
d'acord qu'il doit employer tous fes foins à les abaiffer,
& qu'entant qu'ils font enclins à broüiller l'Eftat, il
ne les doit confiderer que comme ennemis. Mais pour
fes autres fujets, il doit fur tout éuiter leur haine &
leur mépris; ce que ie croy qu'il peut tou-jours faire,
pourvû qu'il obferue éxactement la juftice à leur mode (c'eft à dire fuiuant les loix aufquelles ils font
acoutumez) fans eftre trop rigoureux aux punitions,
ny trop indulgent aux graces, & qu'il ne fe remette
pas de tout à fes Miniftres, mais que leur laiffant feulement la charge des condemnations plus odieufes,
il témoigne auoir luy-mefme le foin de tout le refte;
Puis auffi qu'il retienne tellement fa dignité, qu'il ne
quitte rien des honneurs & des déférances que le peuple croit luy eftre' düës, mais qu'il n'en demande
point dauantage, & qu'il ne faffe paroiftre en public
que fes plus férieufes actions, où celles qui peuuent
eftre aprouuées de tous, réferuant à prendre fes plaifirs en particulier, fans que ce foit jamais aux dépens
de perfonne. Et enfin qu'il foit immüable & inflexi-

ble non pas aux premiers desseins qu’il aura formez en
soy-mesme ; Car dautant qu’il ne peut auoir l’œil
par tout , il est necessaire qu’il demande conseil, &
entende les raisons de plusieurs, auant que de se résoudre ; mais qu’il soit infléxible touchant les choses qu’il aura témoigné auoir résoluës, encore mesme qu’elles luy fussent nuisibles ; Car mal-ayfément
le péuuent elles estre tant, que seroit la réputation
d’estre léger & variable. Ainsi ie desaprouue la maxime du chapitre 15. Que le monde estant fort corrompu , il est impossible qu’on ne se ruïne, si l’on veut
estre tou-jours homme de bien ; & qu’vn Prince pour
se maintenir, doit aprendre à estre méchant, lors que
l’ocasion le requert ; si ce n’est peut-estre que par vn
homme de bien , il entende vn homme superstitieux
& simple, qui n’ose donner bataille au iour du Sabath,
& dont la conscience ne puisse estre en repos, s’il ne
change la religion de son peuple : Mais pensant qu’vn
homme de bien est celuy qui fait tout ce que luy dicte
la vraye raison, il est certain que le méilleur est de
tascher à l’estre tou-jours. Ie ne croy pas aussi ce qui est
au chapitre 19. Qu’on peut autant estre hay pour les
bonnes actions, que pour les mauuaises ; sinon entant que l’enuie est vne espece de haine ; mais cela n’est
pas le sens de l’Auteur ; Et les Princes n’ont pas coutume d’estre enuiez par le commun de leurs sujets ; ils
le sont seulement par les grans, ou par leurs voisins,
ausquels les mesmes vertus qui leur donnent de l’enuie, leur donnent aussi de la crainte ; c’est pourquoy
jamais on ne doit s’abtenir de bien faire, pour éuiter

cette forte de haine ; Et il n'y en a point qui leur puiffe nuire, que celle qui vient de l'injuftice ou de l'arrogance que le peuple juge eftre en eux. Car on voit
mefme que ceux qui ont efté condamnez à la mort,
n'ont point coutume de haïr leurs juges, quand ils
penfent l'auoir méritée, & on foufre auffi auec patience les maux qu'on n'a point méritez, quand on croit
que le Prince de qui on les reçoit, eft en quelque façon contraint de les faire, & qu'il en a du déplaifir;
pour ce qu'on eftime qu'il eft jufte qu'il préfere l'vtilité publique à celle des particuliers. Il y a feulement de
la dificulté lors qu'on eft obligé de fatisfaire à deux
partis qui jugent diféremment de ce qui eft jufte,
comme lors que les Empereurs Romains auoient à
contenter les Citoyens & les Soldats ; auquel cas il eft
raifonnable d'acorder quelque chofe aux vns & aux
autres, & on ne doit pas entreprendre de faire venir
tout d'vn coup à la raifon, ceux qui ne font pas acoutumez de l'entendre ; mais il faut tafcher peu à peu,
foit par des écrits publics, foit par les voix des Prédicateurs, foit par tels autres moyens, à la leur faire
conceuoir : Car enfin le peuple foufre tout ce qu'on
luy peut perfuader eftre jufte, & s'offenfe de tout ce
qu'il imagine eftre iniufte. Et l'arrogance des Princes, c'eft à dire, l'vfurpation de quelque autorité, de
quelques droits, ou de quelques honneurs qu'il croit
ne leur eftre point dûs, ne luy eft odieufe, que pour
ce qu'il la confidere comme vne efpece d'iniuftice.
Au refte, ie ne fuis pas auffi de l'opinion de cét Auteur en ce qu'il dit en fa préface, Que comme il faut

eſtre dans la plaine pour mieux voir la figure des mon-
tagnes, lors qu'on en veut tirer le crayon, ainſi on doit
eſtre de condition priuée pour bien connoiſtre l'office d'vn Prince : Car le crayon ne repreſente que les
choſes qui ſe voyent de loin, mais les principaux
motifs des actions des Princes ſont ſouuent des cir-
conſtances ſi particulieres, que ſi ce n'eſt qu'on ſoit
Prince ſoy-meſme, ou bien qu'on ait eſté fort long-
tems participant de leurs ſecrets, on ne les ſçauroit
imaginer. C'eſt pourquoy ie meriterois d'eſtre mo-
qué, ſi ie penſois pouuoir enſeigner quelque choſe à
voſtre Alteſſe en cette matiere ; auſſi n'eſt-ce pas
mon deſſein ; mais ſeulement de faire que mes lettres
luy donnent quelque ſorte de diuertiſſement, qui
ſoit different de ceux que ie m'imagine qu'elle a en
ſon voyage, lequel ie luy ſouhaite parfaitement heureux ; Comme ſans doute il le ſera, ſi voſtre Alteſſe
ſe reſout de pratiquer ces maximes qui enſeignent
que la félicité d'vn chacun dépend de luy-meſme, &
qu'il faut tellement ſe tenir hors de l'empire de la
Fortune, que bien qu'on ne perde pas les ocaſions
de retenir les auantages qu'elle peut donner, on ne
penſe pas toutesfois eſtre malheureux lors qu'elle les
refuſe ; Et pour ce qu'en toutes les affaires du monde
il y a quantité de raiſons pour & contre, qu'on s'arreſte principalement à conſiderer celles qui ſeruent à
faire qu'on aprouue les choſes qu'on voit arriuer.
Tout ce que j'eſtime le plus inéuitable ſont les maladies du cors, deſquelles ie prie Dieu qu'il vous préſer-
ue; & ie ſuis auec toute la déuotion que ie puis auoir,
&c.

A MADAME LOVISE,

PRINCESSE PALATINE, &c.

LETTRE XIV.

Madame,

Ie mets au nombre des obligations que j'ay à
Madame la Princesse Elizabeth voſtre ſœur, que
m'ayant commandé de luy écrire, elle ait voulu que
ce fuſt pour l'adreſſe de voſtre Alteſſe, pour ce que
ſçachant combien elle vous chérit, j'eſpere que mes
lettres luy ſeront moins importunes les receuant en
la compagnie des voſtres, & qu'elles luy donneront
plus de ioye, que ſi elles alloient toutes ſeules ; &
auſſi pour ce que cela me donne ocaſion de vous pouuoir aſſurer par écrit, que ie ſuis, &c.

A MADAME ÉLIZABETH,

PRINCESSE PALATINE, &c.

LETTRE XV.

Madame,

I'ay receu vne tres-grande faueur de voſtre Alteſſe, en ce qu'elle a voulu que j'apriſſe par ſes lettres le ſuccez de ſon voyage, & qu'elle eſt arriuée

heureusemēt en vn lieu où estant grandement estimée
& chérie de ses proches, il me semble qu'elle a autant
de biens qu'on en peut souhaiter auec raison en cette
vie : Car sçachant la condition des choses humaines,
ce seroit trop importuner la fortune, que d'atendre
d'elle tant de graces, qu'on ne pust pas mesme en
imaginant trouuer aucun sujet de fascherie. Lors
qu'il n'y a point d'objets présens qui offensent les
sens, ny aucune indisposition dans le cors qui l'incommode, vn esprit qui suit la vraye raison peut facilement se contenter ; Et il n'est pas besoin pour cela qu'il oublie ny qu'il néglige les choses éloignées,
c'est assez qu'il tasche à n'auoir aucune passion pour
celles qui luy peuuent déplaire ; Ce qui ne répugne
point à la charité ; pource qu'on peut souuent mieux
trouuer des remedes aux maux qu'on examine sans
passion, qu'à ceux pour lesquels on est afligé. Mais
comme la santé du cors, & la présence des objets
agreables aydent beaucoup à l'esprit, pour chasser
hors de soy toutes les passions qui participent de la
tristesse, & donner entrée à celles qui participent de
la ioye : Ainsi reciproquement lors que l'esprit est
plein de joye, cela sert beaucoup à faire que le cors se
porte mieux, & que les objets présens paroissent plus
agreables ; Et mesme aussi j'ose croire que la ioye interieure à quelque sécrette force pour se rendre la Fortune plus fauorable. Ie ne voudrois pas écrire cecy à
des personnes qui auroient l'esprit foible, de peur de
les induire à quelque superstition ; mais au regard de
voltre Altesse, j'ay seulement peur qu'elle se moque

de me voir deuenir trop crédule : Toutesfois j'ay vne
infinité d'experiences, & auec cela l'autorité de Socrate, pour confirmer mon opinion. Les experiences
font que j'ay fouuent remarqué, que les chofes qué
j'ay faites auec vn cœur gay, & fans aucune répugnance interieure, ont coutume de me fucceder heureufe-
ment ; iufques-là mefme que dans les ieux de hazard,
où il n'y a que la Fortune feule qui regne, ie l'ay toui-
iours éprouuée plus fauorable, ayant d'ailleurs des
fuiets de ioye, que lorsque i'en auois de trifteffe. Et ce
qu'on nomme commencement le genie de Socrate,
n'a fans doute efté autre chofe, finon qu'il auoit acoutumé de fuiure fes inclinations interieures, & penfoit
que l'éuenement de ce qu'il entreprenoit feroit heureux, lorsqu'il auoit quelque fecret fentimét de gayeté ; & au contraire qu'il feroit malheureux, lorsqu'il
eftoit trifte. Il eft vrai pourtát que ce feroit eftre fuperftitieux de croire autát à cela qu'on dit qu'il fefoit ; car
Platon raporte de luy, que mefme il demeuroit dans
le logis, toutes les fois que fon genie ne luy confeil-
loit point d'en fortir. Mais touchant les actions importantes de la vie, lorsqu'elles fe rencontrent fi dou-
teufes, que la prudence ne peut enfeigner ce qu'on
doit faire, il me femble qu'on a grande raifon de fuiure le confeil de fon genie, & qu'il eft vtile d'auoir
vne forte perfuafion que les chofes que nous entre-
prenons fans répugnance, & auec la liberté qui acompagne d'ordinaire la ioye, ne manqueront pas de
nous bien reüffir. Ainfi j'ofe icy exhorter voftre Alteffe, puis qu'elle fe rencontre en vn lieu où les objets

préfens

préfens ne luy donnent que de la fatisfaction, qu'il luy
plaife auffi contribuër du fien pour tafcher à fe rendre contente ; ce qu'elle peut ce me femble ayfement,
en n'arreftant fon efprit qu'aux chofes préfentes, &
ne penfant iamais aux affaires, qu'aux heures où le
Courier eft preft de partir. Et j'eftime que c'eft vn
bon-heur que les Liures de voftre Alteffe n'ont pû
luy eftre aportez fi-toft qu'elle les attendoit ; Car leur
lecture n'eft pas fi propre à entretenir la gayeté, qu'à
faire venir la trifteffe, principalement celle du liure
de ce Docteur des Princes, qui ne reprefentant que
les dificultez qu'ils ont à fe maintenir, & les cruautez ou perfidies qu'il leur confeille, fait que les particuliers qui le lifent, ont moins de fujet d'enuier leur
condition, que de la plaindre. Voftre Alteffe a parfaitement bien remarqué fes fautes, & les miennes;
car il eft vray que c'eft le deffein qu'il a eu de louër
Cæfar Borgia, qui luy a fait établir des maximes generales, pour juftifier des actions particulieres qui
peuuent dificilement eftre excufées ; Et j'ay lû depuis
fes difcours fur Tite-Liue, où ie n'ay rien remarqué
de mauuais ; Et fon principal précepte, qui eft d'extirper entierement fes ennemis, ou bien de fe les rendre amis, fans fuiure iamais la voye du milieu, eft fans
doute tou-jours le plus fur ; mais lors qu'on n'a aucun
fujet de craindre, ce n'eft pas le plus genereux. Voftre
Alteffe a auffi fort bien remarqué le fecret de la fontaine miraculeufe, en ce qu'il y a plufieurs pauures
qui en publient les vertus, & qui font peut-eftre gagez par ceux qui en efperent du profit. Car il eft cer-

K

tain qu'il n'y a point de remede qui puiſſe ſeruir à tous les maux ; mais pluſieurs ayant vſé de celuy-là, ceux qui s'en ſont bien trouuez en diſent du bien, & on ne parle point desautres. Quoy qu'il en ſoit, la qualité de purger qui eſt en l'vne de ces fontaines, & la couleur blanche auec la douceur & la qualité rafraichiſſante de l'autre, donnent ocaſion de juger qu'elles paſſent par des mines d'Antimoine, ou de Mercure, qui ſont deux mauuaiſes drogues, principalement le Mercure : C'eſt pourquoy ie ne voudrois pas conſeiller à perſonne d'en boire. Le vitriol & le fer des eaux de Spa ſont bien moins à craindre ; & pour ce que l'vn & l'autre diminuë la rate, & fait éuacuër la melancolie, ie les eſtime. Car voſtre Alteſſe me permettra, s'il luy plaiſt, de finir cette lettre par où ie l'ay commencée, & de luy ſouhaiter principalement de la ſatisfaction d'eſprit, & de la ioye ; comme eſtant non ſeulement le fruit qu'on atend de tous les autres biens, mais auſſi ſouuent vn moyen qui augmente les graces qu'on a pour les acquerir ; & bien que ie ne ſois pas capable de contribuër à aucune choſe qui regarde voſtre ſeruice, ſinon ſeulement par mes ſouhaits, j'oſe pourtant aſſurer que ie ſuis plus parfaitement qu'aucun autre qui ſoit au monde, &c.

A MADAME LOVISE,
PRINCESSE PALATINE, &c.

LETTRE XVI.

MADAME,

La lettre que j'ay eu l'honneur de receuoir de Berlin me fait connoistre que j'ay de grandes obligations à voſtre Alteſſe, & conſiderant que celles que j'écris & que ie reçois, paſſent par de ſi dignes mains, il me ſemble que Madame voſtre Sœur imite la Souueraine Diuinité, qui a coutume d'employer l'entremiſe des Anges, pour receuoir les ſoûmiſſions des hommes, qui leur ſont beaucoup inferieurs, & pour leur faire ſçauoir ſes commandemens. Et pour ce que ie ſuis d'vne Religion qui ne me défend point d'inuoquer les Anges, ie vous ſuplie d'auoir agreable que ie vous en rende graces, & que ie témoigne icy que ie ſuis auec beaucoup de déuotion, &c.

A MADAME ÉLIZABETH,
PRINCESSE PALATINE, &c.

LETTRE XVII.

MADAME,

Ie n'ay jamais trouué de ſi bonnes nouuelles en aucune des lettres que i'ay eu cy-deuant l'honneur de receuoir de voſtre Alteſſe, que i'ay fait en ces dernieres du 29. Nouembre. Car elles me font iuger que vous auez maintenant plus de ſanté &plus de ioye,que ie ne vous en ay vû auparauant ; & ie croy qu'aprez la vertu, laquelle ne vous a iamais manqué, ce ſont les deux principaux biens qu'on puiſſe auoir en cette vie. Ie ne mets point en comte ce petit mal, pour lequel les Médecins ont prétendu que vous leur donneriez de l'employ ; car encore qu'il ſoit quelquefois vn peu incommode, ie ſuis d'vn païs où il eſt ſi ordinaire à ceux qui ſont ieunes, & qui d'ailleurs ſe portent fort bien, que ie ne le conſidere pas tant comme vn mal, que comme vne marque de ſanté, & vn préſeruatif contre les autres maladies. Et la pratique a bien enſeigné à nos Médecins des remedes certains pour le guérir, mais ils ne conſeillent pas qu'on taſche à s'en defaire en vne autre ſaiſon qu'au Printems, pour ce qu'alors les pores eſtant plus ouuerts, on peut mieux en oſter la cauſe : Ainſi voſtre Alteſſe a tres-grande raiſon de ne vouloir pas vſer de remedes pour ce ſujet, principalement à l'entrée de l'Hyuer, qui eſt le tems le plus dangereux ; & ſi cette incommodité dure iuſqu'au Printems, alors il ſera ayſé de la chaſſer auec quelques legers purgatifs, ou boüillons rafraichiſ-fans, où il n'entre rien que des herbes qui ſoient con-nuës en la cuiſine, & en s'abſtenant de manger des viandes où il y ait trop de ſel, ou d'épiceries. La ſei-gnée y pourroit auſſi beaucoup ſeruir, mais pour ce que c'eſt vn remede où il y a quelque danger, & dont

l'vfage fréquent abrege la vie, ie ne luy confeille
point de s'en feruir, fi ce n'eft qu'elle y foit acoutumée ; car lors qu'on s'eft fait faigner en mefme faifon
trois ou quatre années de fuite, on eft prefque obligé
par aprés de faire tous les ans de mefme. Voftre Alteffe fait auffi fort bien de ne vouloir point vfer des
remedes de la Chymie, on a beau auoir vne longue
experience de leur vertu, le moindre petit changement qu'on fait en leur préparation, lors mefme
qu'on penfe mieux faire, peut entierement changer
leurs qualitez, & faire qu'au lieu de médecines ce
foient des poifons. Il en eft quafi de mefme de la
fcience, entre les mains de ceux qui la veulent débiter
fans la bien fçauoir ; Car en penfant corriger ou adjouter quelque chofe à ce qu'ils ont apris, ils la conuertif-
fent en erreur. Il me femble que j'en voy la preuue
dans le liure de Regius, qui eft enfin venu au jour:
I'en marquerois icy quelques points, fi ie penfois qu'il
l'euft enuoyé à voftre Alteffe ; mais il y a fi loin d'icy
à B. que ie juge qu'il aura atendu voftre retour pour
vous l'offrir ; & ie l'atédray auffi pour vous en dire mon
fentiment. Ie ne m'étonne pas de ce que voftre Alteffe ne trouue aucuns doctes au païs où elle eft, qui
ne foient entierement préocupez des opinions de l'é-
cole ; Car ie voy que dans Paris mefme, & en tout le
refte de l'Europe il y en a fi peu d'autres, que fi ie l'euffe
fceu auparauant, ie n'euffe peut-eftre jamais rien fait
imprimer. Toutesfois j'ay cette confolation, que
bien que ie fois affuré que plufieurs n'ont pas manqué
de volonté pour m'ataquer, il n'y a toutesfois encore

K iij

eu perſonne qui ſoit entré en lice ; Et meſme ie ré-
çois des complimens des Peres Ieſuites, que j'ay tou-
jours crû eſtre ceux qui ſe ſentiroient les plus intereſ-
ſez en la publication d'vne nouuelle Philoſophie, &
qui me le pardonneroient le moins, s'ils penſoient y
pouuoir blaſmer quelque choſe auec raiſon. Ie mets
au nombre des obligations que j'ay à voſtre Alteſſe, la
promeſſe qu'elle a faite à Monſieur le Duc de B. qui
eſt à VVs. de luy faire auoir mes écrits ; Car ie m'aſſure qu'auant que vous euſſiez eſté en ces quartiers-
là, ie n'auois point l'honneur d'y eſtre connu ; il eſt
vray que ie n'affecte pas fort de l'eſtre de pluſieurs,
mais ma principale ambition eſt de pouuoir témoigner que ie ſuis auec vne entiere déuotion, &c.

***

A MADAME LOVISE,
PRINCESSE PALATINE, &c.
LETTRE XVIII.

MADAME,

Les Anges ne ſçauroient laiſſer plus d'admiration
& de reſpect en l'eſprit de ceux auſquels ils daignent
aparoiſtre, que la lettre que j'ay eu l'honneur de receuoir auec celle de Madame voſtre ſœur en a laiſſé dans
le mien. Et tant s'en faut qu'elle ait diminüé l'opinion que j'auois, au contraire elle m'aſſure que ce n'eſt
pas ſeulement le viſage de voſtre Alteſſe, qui mérite
d'eſtre comparé à celuy des Anges, & ſur lequel les

Peintres peuuent prendre patron pour les bien répre-
senter, mais aussi que les graces de voftre efprit font
telles, que les Philofophes ont fujet de les admirer,
& de les eftimer femblables à celles de ces diuins gé-
nies, qui ne font portez qu'à faire du bien, & qui ne
dédaignent pas d'obliger ceux qui ont pour eux de la
déuotion. Ie vous fuplie donc de croire que c'eft auec
vn zele tres-particulier que ie fuis, &c.

A MADAME ELIZABETH,

PRINCESSE PALATINE, &c.

LETTRE XIX.

MADAME,

Encore que ie pouray trouuer des ocafions qui me
conuieront à demeurer en France, lors que j'y feray,
il n'y en aura toutesfois aucune qui ait la force de
m'empefcher que ie ne reuienne auant l'Hyuer, pourvû que la vie & la fanté me demeurent, puis que la lettre que j'ay eu l'honneur de receuoir de voftre Alteffe me fait efperer que vous retournerez à la Haye
vers la fin de l'Efté. Mais ie puis dire que c'eft la principale raifon qui me fait préferer la demeure de ce
païs à celle des autres; Car pour le repos que j'y eftois
cy-deuant venu chercher, ie préuoy que dorefnauant ie ne l'y pouray auoir fi entier que ie defirerois,
à caufe que n'ayant pas encore tiré toute la fatisfa-
ftion que ie deuois auoir des injures que j'ay receuës

à Vtrech , ie voy qu'elles en atirent d'autres, & qu'il y a
vne troupe de Théologiens , gens d'école, qui femblent auoir fait vne ligue enfemble pour tafcher à
m'oprimer par calomnies ; en forte que pendant qu'ils
machinent tout ce qu'ils peuuent pour tafcher de me
nuire, fi ie ne veillois auffi pour me défendre, il leur
feroit ayfé de me faire quelques affronts. La preuue
de cecy eft, que depuis trois ou quatre mois vn certain Regent du College des Théologiens de Leyde,
nommé Reuius, a fait difputer quatre diuerfes Thefes contre moy , pour peruertir le fens de mes Méditations , & faire croire que j'y ay mis des chofes fort ab-
furdes , & contraires à la gloire de Dieu ; Comme,
Qu'il faut douter qu'il y ait vn Dieu ; & mefme que ie
veux qu'on nie abfolument pour quelque tems qu'il y
en ait vn, & chofes femblables. Mais pour ce que cet
homme n'eft pas habile , & que mefme la plu-part de
fes écoliers fe moquoient de fes médifances , les amis
que j'ay à Leyde ne daignoient pas feulement m'a-
uertir de ce qu'il fefoit, jufques à ce que d'autres Thefes ont auffi efté faites par Tkigl. leur premier profef-
feur en Theologie, où il a mis ces mots † † †. Surquoy mes amis ont jugé, mefme ceux qui font auffi
Théologiens, que l'intention de ces gens-là, en m'a-
cufant d'vn fi grand crime, comme eft le blafpheme,
n'eftoit pas moindre que de tafcher à faire condam-
ner mes opinions, comme tres-pernicieufes, premierement par quelque Synode où ils feroient les plus
forts, & enfuite de tafcher auffi à me faire faire des
afronts par les Magiftrats, qui croyent en eux ; Et que
pour

pour obuier à cela, il eſtoit beſoin que ie m'opoſaſ-
ſe à leurs deſſeins: ce qui eſt cauſe que depuis huit
iours j'ay écrit vne longue lettre aux Curateurs de l'A-
cademie de Leyde, pour demander iuſtice contre les
calomnies de ces deux Théologiens. Ie ne ſçay point
encore la réponſe que j'en auray, mais ſelon que ie
connois l'humeur des perſonnes de ce païs, & combien ils réuerent, non pas la probité & la vertu, mais la
barbe, la voix, & le ſourcil des Théologiens, en ſorte
que ceux qui ſont les plus éfrontez, & qui ſçauent
crier le plus haut, ont icy le plus de pouuoir (comme
ordinairement en tous les états populaires) encore
qu'ils ayent le moins de raiſon, ie n'en atens que quelques emplaſtres, qui n'oſtant point la cauſe du mal,
ne ſeruiront qu'à le rendre plus long & plus importun; Au lieu que de mon coſté ie penſe eſtre obligé
de faire mon mieux, pour tirer vne entiere ſatisfaction de ces injures, & auſſi par meſme ocaſion de
celles d'Vtrecht; & en cas que ie ne puiſſe obtenir juſtice, (comme ie préuoy qu'il ſera tres-mal-ayſé que
ie l'obtienne) de me retirer tout-à-fait de ces Prouinces. Mais pour ce que toutes choſes ſe font icy fort
lentement, ie m'aſſure qu'il ſe paſſera plus d'vn an
auant que cela arriue. Ie ne prendrois pas la liberté
d'entretenir voſtre Alteſſe de ces petites choſes, ſi la
faueur qu'elle me fait de vouloir lire les liures de Monſieur Hoguelande, & de Regius, à cauſe de ce qu'ils ont
mis qui me regarde, ne me feſoit croire que vous n'aurez pas des-agreable de ſçauoir de moy-meſme ce qui
me touche; outre que l'obeïſſance & le reſpect que ie

L

vous dois, m'oblige à vous rende conte de mes actions. Ie loüe Dieu de ce que ce Docteur à qui voſtre Alteſſe a preſté le liure de mes Principes a eſté long-tems ſans vous retourner voir, puis que c'eſt vne marque qu'il n'y a point du tout de malades à la cour de Madame l'Electrice; & il ſemble qu'on a vn degré de ſanté plus parfait, quand elle eſt generale au lieu où l'on demeure, que lors qu'on y eſt enuironné de malades. Ce Médecin aura eu d'autant plus de loiſir de lire le liure qu'il a plû à voſtre Alteſſe de luy preſter, & vous en aura pû mieux dire depuis ſon jugement. Pendant que j'écris cecy, ie reçois des lettres de la Haye & de Leyde qui m'aprennent que l'aſſemblée des Curateurs a eſté diferée, en ſorte qu'on ne leur a point encore donné mes lettres; & ie voy qu'on fait d'vne broüillerie vne grande afaire. On dit que les Théologiens en veulent eſtre juges, c'eſt à dire, me mettre icy en vne inquiſition plus ſéuere que ne fut jamais celle d'Eſpagne, & me rendre l'aduerſaire de leur Religion; Surquoy on voudroit que j'employaſſe le crédit de Monſieur l'Ambaſſadeur de France, & l'autorité de Monſieur le Prince d'Orange, non pas pour obtenir juſtice, mais pour interceder & empeſcher que mes ennemis ne paſſent outre. Ie croy pourtant que ie ne ſuiuray point cét auis, ie demanderay ſeulement juſtice, & ſi ie ne la puis obtenir, il me ſemble que le méilleur ſera que ie me prépare tout doucement à la retraite; Mais quoy que ie penſe, ou que ie faſſe, & en quelque lieu du monde que j'aille, il n'y aura jamais rien qui me ſoit plus cher que d'obeïr à

vos commandemens, & de témoigner auec combien
de zele ie suis, &c.

A MADAME ÉLIZABETH,

PRINCESSE PALATINE, &c.

LETTRE XX.

MADAME,

Passant par la Haye pour aller en France, puis que
ie ne puis y auoir l'honneur de receuoir vos commandemens, & vous faire la réuerance, il me semble que
ie suis obligé de tracer ces lignes, afin d'assurer vostre
Altesse, que mon zele & ma déuotion ne changeront
point, encore que ie change de terre. I'ay receu depuis deux jours vne lettre de Suede de Monsieur
le Résident de France qui est là, où il me propose vne
question de la part de la Reyne, à laquelle il m'a fait
connoistre en luy monstrant ma réponse à vne autre
lettre qu'il m'auoit cy-deuant enuoyée; Et la façon
dont il décrit cette Reine, auec les discours qu'il raporte d'elle, me l'a font tellement estimer, qu'il me
semble que vous fériez dignes de la conuersation l'vne
de l'autre; & qu'il y en a si peu au reste du monde qui
en soient dignes, qu'il ne seroit pas mal-aysé à vostre
Altesse de lier vne fort-étroite amitié auec elle; Et
qu'outre le contentement d'esprit que vous en auriez,
cela pouroit estre à desirer pour diuerses considera-

tions. I'auois écrit cy-deuant à ce mien amy Réſi-
dent en Suede, en répondant à vne lettre où il parloit d'elle, que ie ne trouuois pas incroyable ce qu'il
m'en diſoit, à cauſe que l'honneur que j'auois de connoiſtre voſtre Alteſſe, m'auoit apris combien les perſonnes de grande naiſſance pouuoient ſurpaſſer les
autres, &c. Mais ie ne me ſouuiens pas ſi c'eſt en la
lettre qu'il luy a fait voir, ou bien en vne autre précedente; Et pour ce qu'il eſt vray-ſemblable qu'il luy fera voir doreſnauant les lettres qu'il receura de moy,
ie taſcheray tou-jours d'y mettre quelque choſe qui
luy donne ſujet de ſouhaiter l'amitié de voſtre Alteſſe, ſi ce n'eſt que vous me le défendiez. On a fait taire les Théologiens qui me vouloient nuire, mais en
les flatant, & en ſe gardant de les ofenſer le plus qu'on
a pû, ce qu'on atribuë maintenant au tems; mais j'ay
peur que ce tems durera tou-jours, & qu'on leur lairra
prendre tant de pouuoir, qu'ils ſeront inſuportables.
On acheue l'impreſſion de mes Principes en François,
& pour ce que c'eſt l'Epiſtre qu'on imprimera la derniere, j'en enuoye icy la copie à voſtre Alteſſe, afin
que s'il y a quelque choſe qui ne luy agrée pas, & qu'elle juge deuoir eſtre mis autrement, il luy plaiſe me
faire la faueur d'en auertir celuy qui ſera toute ſa
vie, &c.

A MADAME ELIZABETH,
PRINCESSE PALATINE, &c.

LETTRE XXI.

Madame,

Mon voyage ne pouuoit estre acompagné d'aucun malheur, puis que j'ay esté si heureux en le fesant, que d'estre en la souuenance de vostre Altesse, la tres-fauorable lettre qui m'en donne des marques est la chose la plus precieuse que ie pûsse receuoir en ce païs. Elle m'auroit entierement rendu heureux, si elle ne m'auoit apris que la maladie qu'auoit vostre Altesse auparauant que ie partisse de la Haye, luy a encore laissé quelques restes d'indisposition en l'estomac. Les rémedes qu'elle a choisis, à sçauoir, la diete & l'exercice, sont à mon auis les méilleurs de tous; aprés toutesfois ceux de l'Ame, qui a sans doute beaucoup de force sur le cors, ainsi que monstrent les grans changemens que la colere, la crainte, & les autres passions excitent en luy. Mais ce n'est pas directement par sa volonté qu'elle conduit les esprits dans les lieux où ils peuuent être vtiles ou nuisibles, c'est seulement en voulant ou pensant à quelque autre chose. Car la construction de nostre cors est telle, que certains mouuemens suiuent en luy naturellement de certaines pensées; comme on voit que la rougeur du visage suit de la honte, les larmes de la compassion, & le

ris de la ioye; Et ie ne ſçache point de penſée plus propre pour la conſeruation de la ſanté, que celle qui
conſiſte en vne forte perſuaſion, & ferme creance,
que l'architecture de nos cors eſt ſi bonne, que lors
qu'on eſt vne fois ſain, on ne peut pas ayſément tomber malade, ſi ce n'eſt qu'on faſſe quelque excez notable, ou bien que l'air, ou les autres cauſes exterieures nous nuiſent; & qu'ayant vne maladie, on peut ayſément ſe remettre par la ſeule force de la nature,
principalement lors qu'on eſt encore jeune. Cette
perſuaſion eſt ſans doute beaucoup plus vraye & plus
raiſonnable, que celle de certaines gens, qui ſur le raport d'vn Aſtrologue ou d'vn Médecin ſe font acroire qu'ils doiuent mourir en certain tems, & par cela
ſeul deuiennent malades, & meſme en meurent aſſez
ſouuent; ainſi que j'ay vû arriuer à diuerſes perſonnes. Mais ie ne pourois manquer d'eſtre extremement
triſte, ſi ie penſois que l'indiſpoſition de voſtre Alteſſe duraſt encore, j'ayme mieux eſperer qu'elle eſt toute paſſée; & toutefois le deſir d'en eſtre certain me fait
auoir des paſſions extremes de retourner en Holande.
Ie me propoſe de partir d'icy dans quatre ou cinq iours
pour paſſer en Poictou & en Bretagne, où ſont les affaires qui m'ont amené; mais ſi-toſt que ie les auray pû
mettre vn peu en ordre, ie ne ſouhaite rien tant que
de retourner vers les lieux, où j'ay eſté ſi heureux que
d'auoir l'honneur de parler quelquefois à voſtre Alteſſe: Car bien qu'il y ait icy beaucoup de perſonnes
que j'honore & eſtime, ie n'y ay toutefois encore rien
vû qui me puiſſe arreſter. Et ie ſuis au delà de tout ce
que ie puis dire, &c.

A MADAME ÉLIZABETH,
PRINCESSE PALATINE, &c.
LETTRE XXII.

MADAME,

La satisfaction que j'aprens que vostre Altesse reçoit au lieu où elle est, fait que ie n'ose souhaiter son
retour, bien que j'aye beaucoup de peine à m'en empescher, principalement à cette heure que ie me trouue à la Haye ; Et pour ce que ie remarque par vostre
lettre du 21. Feurier qu'on ne vous doit point atendre
icy auant la fin de l'Esté, ie me propose de faire vn
voyage en France pour mes affaires particulieres, auec
dessein de reuenir vers l'Hyuer ; Et ie ne partiray point
de deux mois, afin que ie puisse auparauant auoir
l'honneur de receuoir les commandemens de vostre
Altesse, lesquels auront tou-jours plus de pouuoir
sur moy qu'aucun autre chose qui soit au monde. Ie
loüe Dieu de ce que vous auez maintenant vne parfaite santé ; mais ie vous suplie de me pardonner si
j'ose contredire à vostre opinion, touchant ce qui est
de ne point vser de remedes, pour ce que le mal que
vous auiez aux mains est passé ; car il est à craindre aussi
bien pour vostre Altesse, que pour Madame sœur,
que les humeurs qui se purgeoient en cette façon
ayent esté arrestées par le froid de la saison, & qu'au
Printems elles ne ramenent le mesme mal, ou vous

mettent en danger de quelque autre maladie, fi vous
n'y remédiez par vne bonne diete, n'vfant que de viandes & de breuuages qui rafraichiffent le fang, & qui
purgent fans aucun éfort. Car pour les drogues foit
des Apoticaires, foit des Empyriques, ie les ay en fi
mauuaife eftime, que ie n'oferois iamais confeiller à
perfonne de s'en feruir. Ie ne fçay ce que ie puis auoir
écrit à voftre Alteffe touchant le liure de Regius, qui
vous donne ocafion de vouloir fçauoir ce que j'y ay
obferué, peut-eftre que ie n'en ay pas dit mon opinion, afin de ne pas préuenir voftre jugement, en cas
que vous euffiez def-ja le liure; mais puis que j'ap̃ ns
que vous ne l'auez point encore, ie vous diray icy in-
genuement, que ie n'eftime pas qu'il mérite que voftre
Alteffe fe donne la peine de le lire. Il ne contient rien
touchant la Phyfique finon mes affertions mifes en
mauuais ordre, & fans leurs vrayes preuues, en forte
qu'elles paroiffent paradoxes; & que ce qui eft mis au
cõmencement ne peut eftre prouué que par ce qui eft
vers la fin. Il n'y a inferé prefque rien du tout qui foit
de luy, & peu de chofes de ce que ie n'ay point fait
imprimer; mais il n'a pas laiffé d'y faire voir fa mauuaife foy, en ce que faifant profeffion d'amitié auec
moy, & fçachant bien que ie ne defirois point que ce
que j'auois écrit touchant la defcription de l'animal
fuft diuulgué, jufques-là que ie n'auois pas voulu luy
monftrer, & m'en eftois excufé, fur ce qu'il ne fe
pouroit empefcher d'en parler à fes difciples s'il l'auoit
vû, il n'a pas laiffé de s'en aproprier plufieurs chofes;
& ayant trouué moyen d'en auoir copie fans mon
fceu,

sceu, il en a particulierement transcrit tout l'endroit
où ie parle du mouuement des mufcles, & où ie confidere par exemple deux des mufcles qui meuuent
l'œil, dequoy il a deux ou trois pages, qu'il a repetées
deux fois de mot à mot en fon liure, tant ce larcin luy
a plû; Et toutesfois il n'a pas entendu ce qu'il écriuoit,
car il en a obmis le principal, qui eft que les efprits animaux qui coulent du cerueau dans les mufcles, ne
peuuent retourner par les mefmes conduits par où ils
viennent, fans laquelle obferuation tout ce qu'il écrit
ne vaut rien; Et pour ce qu'il n'auoit pas ma figure, il
en a fait vne qui monftre clairement fon ignorance.
On m'a dit qu'il a encore à préfent vn autre liure de
Médecine fous la preffe, où ie m'atens qu'il aura mis
tout le refte de mon écrit, felon qu'il aura pû le
digerer. Il en euft fans doute pris beaucoup d'autres
chofes, mais j'ay fceu qu'il n'en auoit eu vne copie
que lors que fon liure s'acheuoit d'imprimer. Mais
comme il fuit aueuglement ce qu'il croit eftre de mes
opinions, en tout ce qui regarde la Phyfique ou la
Médecine, encore mefme qu'il ne les entende pas; ainfi il y contredit aueuglement, en tout ce qui regarde
la Métaphyfique, dequoy ie l'auois prié de ne rien
écrire, pour ce que cela ne fert point à fon fujet, &
que j'eftois affuré qu'il ne pouuoit en rien écrire qui
ne fuft mal. Mais ie n'ay rien obtenu de luy, finon
que n'ayant pas deffein de me fatisfaire en cela, il ne
s'eft plus foucié de me defobliger auffi en autre chofe.
Ie ne lairray pas de porter demain à Mademoifelle la
P. S. vn exemplaire de fon liure, dont le titre eft *Hen-*

M

rici Regij fundamenta Physices, auec vn autre petit liure
de mon bon amy Monsieur de Hogelande, qui a fait
tout le contraire de Regius, en ce que Regius n'a rien
écrit qui ne soit pris de moy, & qui ne soit auec cela
contre moy, au lieu que l'autre n'a rien écrit qui soit
proprement de moy, (car ie ne croy pas mesme qu'il
ait jamais bien lû mes écris) & toutesfois il n'a rien qui
ne soit pour moy, en ce qu'il a suiuy les mesmes principes. Ie prieray Mad. L. de faire joindre ces deux liures, qui ne sont pas gros, auec les premiers paquets
qu'il luy plaira enuoyer par Hambourg, à quoy ie
joindray la version Françoise de mes Méditations, si ie
les puis auoir auant que de portir d'icy, car il y a des-
ja assez long-tems qu'on m'a mandé que l'impression
en est acheuée. Ie suis, &c.

A MADAME ELIZABETH,

PRINCESSE PALATINE, &c.

LETTRE XXIII.

MADAME,

Ie n'ay pû lire la lettre que vostre Altesse m'a fait
l'honneur de m'écrire, sans auoir des ressentimens ex-
trémes, de voir qu'vne vertu si rare & si acomplie ne
soit pas acompagnée de la santé, ny des prosperitez
qu'elle mérite, & ie conçoy aysément la multitude des
déplaisirs qui se présentent continuellement à elle, &
qui sont dautant plus dificiles à surmonter, que sou-

uent ils font de telle nature, que la vraye raifon m'ordonne pas qu'on s'opofe directement à eux, & qu'on
tafche de les chaffer; Ce font des ennemis domefti-
ques auec lefquels eftant contraint de conuerfer, on
eft obligé de fe tenir fans ceffe fur fes gardes, afin
d'empefcher qu'ils ne nuifent; Et ie ne trouue à cela
qu'vn feul remede, qui eft d'en diuertir fon imagination & fes fens le plus qu'il eft poffible, & de n'employer que l'entendement feul à les confidérer, lors
qu'on y eft obligé par la prudence. On peut, ce me
femble, ayfément remarquer icy la diférence qui eft
entre l'entendement, & l'imagination ou le fens; car
elle eft telle, que ie croy qu'vne perfonne qui auroit
d'ailleurs toute forte de fujet d'eftre contente, mais qui
verroit continuellement reprefenter deuant foy des
Tragédies, dont tous les actes fuffent funeftes, & qui
ne s'ocuperoit qu'à confidérer des objets de trifteffe
& de pitié, qu'elle fceuft eftre feints & fabuleux, en
forte qu'ils ne fiffent que tirer des larmes de fes yeux,
& émouuoir fon imagination, fans toucher fon entendement, ie croy, dif-je, que cela feul fufiroit pour
acoutumer fon cœur à fe refferrer, & à jetter des fou-
pirs; en fuite dequoy la circulation du fang eftant re-
tardée & allentie, les plus groffieres parties de ce fang
s'atachant les vnes aux autres, pouroient facilement
luy opiler la rate, en s'embaraffant & s'areftant dans
fes pores; & les plus fubtiles retenant leur agitation,
luy pouroient alterer le poumon, & caufer vne toux,
qui à la longue feroit fort à craindre. Et au contraire,
vne perfonne qui auroit vne infinité de veritables

ſujets de déplaiſir, mais qui s'étudieroit auec tant de ſoin à en détourner ſon imagination, qu'elle ne penſaſt jamais à eux, que lors que la neceſſité des affaires l'y obligeroit, & qu'elle employaſt tout le reſte de ſon tems, à ne conſiderer que des objets qui luy puſſent aporter du contentement & de la joye, outre que cela luy ſeroit grandement vtile, pour juger plus ſaine-ment des choſes qui luy importeroient, pour ce qu'el-le les regarderoit ſans paſſion, ie ne doute point que cela ſeul ne fuſt capable de la remettre en ſanté, bien que ſa rate & ſes poumons fuſſent deſ-ja fort mal diſ-poſez par le mauuais temperament du ſang que cauſe la triſteſſe : Principalement ſi elle ſe ſeruoit auſſi des remedes de la médecine, pour réſoudre cette partie du ſang qui cauſe des obſtructions. à quoy ie juge que les eaux de Spa ſont tres-propres ; ſur tout ſi voſtre Al-teſſe obſerue en les prenant ce que les Médecins ont coutume de recommander, qui eſt qu'il ſe faut entie-rément déliurer l'eſprit de toutes ſortes de penſées triſtes, & meſme auſſi de toutes ſortes de méditations ſérieuſes touchant les ſciences, & ne s'ocuper qu'à imi-ter ceux, qui en regardant la verdeur d'vn bois, les couleurs d'vne fleur, le vol d'un oyſeau, & telles cho-ſes qui ne requerrent aucune atention, ſe perſuadent qu'ils ne penſent à rien ; Ce qui n'eſt pas perdre le tems, mais le bien employer ; car on peut cependant ſe ſa-tisfaire, par l'eſperance que par ce moyen on recou-urera vne parfaite ſanté, laquelle eſt le fondement de tous les autres biens qu'on peut auoir en cette vie. Ie ſçay bien que ie n'écris rien ici que voſtre Alteſſe ne

sçache mieux que moy, & que ce n'est pas tãt la théorie,
que la pratique qui est dificile en cecy; mais la faueur
extreme qu'elle me fait de témoigner qu'elle n'a pas
desagreable d'entendre mes sentimens, me fait prendre la liberté de les écrire tels qu'ils sont, & me donne
encore celle d'adjouter icy, que j'ay experimenté en
moy-mesme, qu'vn mal presque semblable, & mesme plus dangereux, s'est guéry par le remede que ie
viens de dire; Car estant né d'vne mere qui mourut
peu de jours aprés ma naissance d'vn mal de poumon,
causé par quelques déplaisirs, j'auois herité d'elle vne
toux seiche, & vne couleur passe, que j'ay gardée jusques à l'âge de plus de vingt ans, & qui fesoit que
tous les Médecins qui m'ont vû auant ce tems-là, me
condamnoient à mourir jeune; Mais ie croy que l'inclination que j'ay tou-jours euë, à regarder les-choses
qui se présentoient, du biais qui me les pouuoit rendre le plus agreables, & à faire que mon principal
contentement ne dépendist que de moy seul, est cause que cette indisposition qui m'estoit comme naturelle, s'est peu à peu entierement passée. I'ay beaucoup
d'obligation à vostre Altesse, de ce qu'il luy a plû me
mander son sentiment, du liure de Monsieur le Che-
ualier d'Igby, lequel ie ne seray point capable de lire,
jusqu'à ce qu'on l'ait traduit en Latin, ce que Monsieur Iouson qui estoit hier icy, m'a dit que quelques-
vns veulent faire. Il m'a dit aussi que ie pouuois adresser mes lettres pour vostre Altesse, par les Messagers
ordinaires, ce que ie n'eusse osé faire sans luy, & j'a-
uois differé d'écrire celle-cy, pour ce que j'atendois

qu'vn de mes amis allaſt à la Haye pour la luy donner. Ie regrette infiniment l'abſence de Monſieur de
Pollot, pour ce que ie pouuois aprendre par luy l'état
de voſtre diſpoſition; mais les lettres qu'on enuoye
pour moy au Meſſager d'Alkmar ne manquent point
de m'eſtre renduës, & comme il n'y a rien au monde
que ie deſire auec tant de paſſion que de pouuoir ren-
due ſeruice à voſtre Alteſſe, il n'y a rien auſſi qui me
puiſſe rendre plus heureux, que d'auoir l'honneur de
receuoir ſes commandemens; ie ſuis, &c.

✠✠✠✠✠✠✠✠✠✠✠✠✠✠✠✠✠✠✠✠✠✠✠✠✠✠✠✠✠✠✠✠

A MADAME ELIZABETH,
PRINCESSE PALATINE, &c.

LETTRE XXIV.

MADAME,

Ie ſuplie tres-humblement voſtre Alteſſe, de me
pardonner ſi ie ne puis plaindre ſon indiſpoſition,
lors que j'ay l'honneur de receuoir de ſes lettres. Car
j'y remarque tou-jours des penſées ſi nettes, & des raiſonnemens ſi fermes, qu'il ne m'eſt pas poſſible de
me perſuader, qu'vn eſprit capable de les conceuoir,
ſoit logé dans vn cors foible & malade. Quoy qu'il
en ſoit, la connoiſſance que voſtre Alteſſe témoigne
auoir du mal & des remedes qui le peuuent ſurmonter, m'aſſure qu'elle ne manquera pas d'auoir auſſi
l'adreſſe qui eſt requiſe pour les employer. Ie ſçay bien
qu'il eſt preſque impoſſible de réſiſter aux premiers

troubles que les nouueaux malheurs excitent en nous,
& mesme que ce sont ordinairement les méilleurs esprits, dont les passions sont plus violentes, & agissent
plus fort sur leur cors; mais il me semble que le lende-
main, lors que le sommeil a calmé l'émotion qui arriue dans le sang en telles rencontres, on peut commencer à se remettre l'esprit, & le rendre tranquile; ce
qui se fait, en s'étudiant à considerer tous les auantages qu'on peut tirer de la chose qu'on auoit prise le
jour précedent pour vn grand malheur, & à détourner son attention des maux qu'on y auoit imaginez.
Car il n'y a point d'éuenemens si funestes, ny si absolument mauuais au jugement du peuple, qu'vne personne d'esprit ne les puisse regarder de quelque biais,
qui fera qu'ils luy paroistront fauorables. Et vostre
Altesse peut tirer cette consolation generale des disgraces de la fortune, qu'elles ont peut-estre beaucoup
contribué à luy faire cultiuer son esprit, au point
qu'elle a fait; c'est vn bien qu'elle doit estimer plus
qu'vn Empire. Les grandes prosperitez éblouïssent &
enyurent souuent de telle sorte, qu'elles possedent
plu-tost ceux qui les ont, qu'elles ne font possedées
par eux; Et bien que cela n'arriue pas aux esprits de la
trempe du vostre, elles leur fournissent tou-jours
moins d'ocasions de s'exercer, que ne font les aduersitez; Et ie croy que comme il n'y a aucun bien au
monde, excepté le bon sens, qu'on puisse absolument
nommer bien, il n'y a aussi aucun mal, dont on ne puisse tirer quelque auantage, ayant le bon sens. I'ay tasché cy-deuant de persuader la non-chalance à vostre

Altesse , pensant que les ocupations trop sérieuses affoiblissent le cors, en fatiguant l'esprit ; mais ie ne luy voudrois pas pour cela dissuader les soins qui sont necessaires pour détourner sa pensée des objets qui la peuuent atrister ; & ie ne doute point que les diuertissemens d'étude , qui seroient fort penibles à d'autres , ne luy puissent quelquefois seruir de relasche. Ie m'estimerois extrememenc heureux , si ie pouuois contribuër à les luy rendre plus faciles ; & j'ay bien plus de desir d'aller aprendre à la Haye qu'elles sont les vertus des eaux de Spa, que de connoistre icy celles des plantes de mon jardin ; & bien plus aussi que ie n'ay soin de ce qui se passe à Groningue , ou à Vtrech à mon auantage ou desauantage ; Cela m'obligera de suiure dans quatre ou cinq jours cette lettre , & ie seray tous les jours de ma vie , &c.

A MADAME ELIZABETH,

PRINCESSE PALATINE, &c.

LETTRE XXV.

MADAME,

I'ay receu les lettres de vostre Altesse du 23. Decembre presque aussi-tost que les précedentes ; & j'auouë que ie suis en peine touchant ce que ie dois répondre à ces précedentes , à cause que vostre Altesse y témoigne vouloir que j'écriue le traité de l'érudition ; dont j'ay eu autrefois l'honneur de luy parler ; & il n'y a rien

que

que ie ſouhaite auec plus de zele, que d'obeïr à vos commandemens; mais ie diray icy les raiſons qui ſont cauſe que j'auois laiſſé le deſſein de ce traité, & ſi elles ne ſatisfont à voſtre Alteſſe, ie ne manqueray pas de le reprendre. La premiere eſt, que ie n'y ſçaurois mettre toutes les veritez qui y deuroient eſtre, ſans animer trop contre moy les gens de l'école, & que ie ne me trouue point en telle condition, que ie puiſſe entie‑rement mépriſer leur haine. La ſeconde eſt, que ie deſ‑ja touché quelque choſe de ce que j'auois enuie d'y mettre, dans vne préface qui eſt au‑deuant de la traduction Françoiſe de mes Principes, laquelle ie penſe que voſtre Alteſſe a maintenant receuë. La troiſiéme eſt, que j'ay maintenant vn autre écrit entre les mains, que j'eſpere pouuoir eſtre plus agreable à vo‑ſtre Alteſſe, c'eſt la deſcription des fonctions de l'a‑nimal, & de l'homme; Car ce que j'en auois broüillé il y a douze ou treize ans, qui a eſté vû par voſtre Al‑teſſe, eſtant venu entre les mains de pluſieurs qui l'ont mal tranſcrit, j'ay crû eſtre obligé de le mettre plus au net, c'eſt à dire, de le refaire; Et meſme ie me ſuis auanturé, (mais depuis huit ou dix jours ſeulement) d'y vouloir expliquer la façon dont ſe forme l'animal dés le commencement de ſon origine; Ie dis l'animal en general; Car pour l'homme en particulier ie ne l'o‑ſerois entreprendre, faute d'auoir aſſez d'experience pour cet effet. Au reſte ie conſidere ce qui me reſte de cet Hyuer, comme le tems le plus tranquille que j'au‑ray peut‑eſtre de ma vie; Ce qui eſt cauſe que j'ayme mieux l'employer à cette étude, qu'à vne autre qui ne

N

requert pas tant d'atention. La raison qui me fait
craindre d'auoir cy-apres moins de loisir, est que ie
suis obligé de retourner en France l'Esté prochain, &
d'y passer l'Hyuer qui vient; Mes affaires domesti-
ques & plusieurs raisons m'y contraignent. On m'y a
aussi fait l'honneur de m'y offrir pension de la part du
Roy, sans que ie l'aye demandée; ce qui ne sera point
capable de m'atacher, mais il peut arriuer en vn an
beaucoup de choses; Il ne sçauroit toutesfois rien arriuer qui puisse m'empescher de préferer le bon-heur
de viure au lieu où seroit vostre Altesse, si l'ocasion
s'en présentoit, à celuy d'estre en ma propre patrie, ou
en quelque autre lieu que ce puisse estre. Ie n'atens encore de long-tems réponse à la lettre touchant le Souuerain Bien, pour ce qu'elle a demeuré prés d'vn mois
à Amsterdam, par la faute de celuy à qui ie l'auois enuoyée pour l'adresser; Mais si-tost que j'en auray quelques nouuelles, ie ne manqueray pas de le faire sçauoir
à vostre Altesse: Elle ne contenoit aucune chose de
nouueau qui meritast de vous estre enuoyé. I'ay receu
depuis quelques lettres de ce pays-là, par lesquelles on
me mande que les miennes sont atenduës, & selon
qu'on m'écrit de cette Princesse elle doit estre extremement portée à la vertu, & capable de bien juger
des choses; on me demande qu'on luy presentera la
version de mes Principes, & qu'on m'assure qu'elle en
lira la premiere partie auec satisfaction, & qu'elle seroit bien capable du reste, si les affaires ne luy en
estoient le loisir. I'enuoye auec cette lettre vn liuret
de peu d'importance, & ie ne l'enferme pas en mesme

paquet, à cauſe qu'il ne vaut pas le port; ce ſont les
inſultes de Monſieur Reg. qui m'ont contraint de
l'écrire, & il a eſté plu-toſt imprimé que ie ne l'ay ſceu:
meſme on y a joint des vers & vne préface que ie deſaprouue, quoy que les vers ſoient de Monſieur Hey.
mais qui n'a oſé y mettre ſon nom, comme auſſi ne le
deuoit-il pas. Ie ſuis, &c.

A MADAME ELIZABETH,

PRINCESSE PALATINE, &c.

LETTRE XXVI.

MADAME,

I'ay eu enfin le bon-heur de receuoir les trois lettres que voſtre Alteſſe m'a fait l'honneur de m'écrire,
& elles n'ont point paſſé en de mauuaiſes mains; Mais
la premiere du 30. Iuin ayant eſté portée à Paris, pendant que j'eſtois deſ-ja en chemin pour reuenir en ce
païs, ceux qui l'ont receuë pour moy ont atendu des
nouuelles de mon arriuée auant que de me l'enuoyer,
& ainſi ie ne l'ay pû auoir qu'aujourd'huy, que j'ay
auſſi receu la derniere du 23. Aouſt, par laquelle j'a-
prens vn procedé injurieux que j'admire; & ie veux
croire auec voſtre Alteſſe, qu'il ne vient pas de la perſonne à qui on l'atribuë. Quoy qu'il en ſoit, ie n'eſtime pas qu'on doiue eſtre faſché de ne point faire vn
voyage, ou, comme voſtre Alteſſe remarque fort bien,

les incommoditez eſtoient infaillibles, & les auantages fort incertains. Pour moy, graces à Dieu, j'ay
acheué celuy qu'on m'auoit obligé de faire en France, & ie ne ſuis pas marry d'y eſtre allé, mais ie ſuis encore plus ayſe d'en eſtre reuenu. Ie n'y ay vû perſonne
dont il m'ait ſemblé que la condition fuſt digne d'enuie, & ceux qui y paroiſſent auec le plus d'éclat m'ont
ſemblé eſtre les plus dignes de pitié. Ie n'y pouuois
aller en vn tems plus auantageux pour me faire bien
reconnoiſtre la felicité de la vie tranquille & retirée,
& la richeſſe des plus médiocres fortunes. Si voſtre
Alteſſe compare ſa condition auec celle des Reines
& des autres Princeſſes de l'Europe, elle y trouuera
meſme difference qu'entre ceux qui ſont dans le port,
où ils ſe repoſent, & ceux qui ſont en pleine mer, agitez par les vens d'vne tempeſte; Et bien qu'on ait eſté
jetté dans le port par vn naufrage, pourvû qu'on n'y
manque pas des choſes neceſſaires à la vie, on ne doit
pas y eſtre moins côtent, que ſi on y eſtoit arriué d'autre façon. Les faſcheuſes rencontres qui arriuent aux
perſonnes qui ſont dans l'action, & dont la felicité
dépend toute d'autruy, penetrent juſqu'au fond de
leur cœur, au lieu que cette vapeur venimeuſe qui eſt
deſcenduë des arbres ſous leſquels ſe promenoit pai-
ſiblement voſtre Alteſſe, n'aura touché, comme j'eſpere, que l'exterieur de la peau, laquelle ſi on euſt la-
uée ſur l'heure auec vn peu d'eau de vie, ie croy qu'on
en auroit oſté tout le mal. Ie n'ay receu aucunes lettres depuis cinq mois de l'amy dont j'auois écrit cy-
deuant à voſtre Alteſſe. Et pour ce qu'en ſa derniere

il me mandoit fort ponctuellement les raisons qui auoient empesché la personne à laquelle il auoit donné mes lettres de me faire réponse, ie juge que son silence ne vient que de ce qu'il atend encore cette réponse, ou bien peut-estre qu'il a quelque honte de n'en auoir point à m'enuoyer, ainsi qu'il s'estoit imaginé. Ie me retiens aussi de luy écrire le premier, afin de ne luy sembler point reprocher cela par mes lettres, & ie ne laissois pas de sçauoir souuent de ses nouuelles, lors que j'estois à Paris, par le moyen de ses proches, qui en receuoient tous les huit jours ; Mais lors qu'ils luy auront mandé que ie suis icy, ie ne doute point qu'il ne m'y écriue, & qu'il ne me fasse entendre ce qu'il sçaura du procedé qui touche vostre Altesse, pour ce qu'il sçait que j'y prens beaucoup d'interest. Mais ceux qui n'ont point eu l'honneur de vous voir, & qui n'ont point vne connoissance tres-particuliere de vos vertus, ne sçauroient pas conceuoir qu'on puisse estre si parfaitement que ie suis, &c.

A MADAME ELIZABETH,

PRINCESSE PALATINE, &c.

LETTRE XXVII.

MADAME,

Entre plusieurs fascheuses nouuelles que i'ay receuës de diuers endroits en mesme tems, celle qui m'a le plus viuement touché, a esté la maladie de vo-

ſtre Alteſſe. Et bié que i'en aye auſſi apris la guerifon, il
ne laiſſe pas d'en reſter encore des marques de triſteſſe
en mon eſprit, qui n'en pouront eſtre ſi-toſt effacées.
L'inclination à faire des vers que voſtre Alteſſe auoit
pendant ſon mal, me fait ſouuenir de Socrate, que
Platon dit auoir eu vne pareille enuie, pendant qu'il
eſtoit en priſon. Et ie croy que cette humeur de faire
des vers, vient d'vne forte agitation des eſprits animaux, qui pouroit entierement troubler l'imagination de ceux qui n'ont pas le cerueau bien raſſis, mais
qui ne fait qu'échaufer vn peu les plus fermes, & les
diſpoſer à la poëſie. Et ie prens cét emportement
pour vne marque d'vn eſprit plus fort & plus releué
que le commun. Si ie ne connoiſſois le voſtre pour tel,
ie craindrois que vous ne fuſſiez extraordinairement
afligée d'aprendre la funeſte concluſion des Tragédies d'Angleterre ; Mais ie me promets que voſtre Alteſſe, eſtant acoutumée aux diſgraces de la Fortune,
& s'eſtant veuë ſoy-meſme depuis peu en grand pé-
ril de ſa vie, ne ſera pas ſi ſurpriſe, ny ſi troublée, d'a-
prendre la mort d'vn de ſes proches, que ſi elle n'a-
uoit point receu auparauant d'autres aflictions. Et
bien que cette mort ſi violente, ſemble auoir quelque
choſe de plus affreux, que celle qu'on atend en ſon lit,
toutesfois à le bien prendre, elle eſt plus glorieuſe, plus
heureuſe, & plus douce, en ſorte que ce qui aflige particulierement en cecy le commun des hommes, doit ſeruir de conſolation à V. A. Car c'eſt beaucoup de gloire
de mourir en vne ocaſion qui fait qu'on eſt vniuerſellement plaint, loüé, & regretté de tous ceux qui ont

quelque sentiment humain. Et il est certain que sans
cette épreuue, la clemence & les autres vertus du Roy
dernier mort, n'auroient jamais esté tant remarquées,
ny tant estimées qu'elles sont, & seront à l'auenir
par tous ceux qui liront son histoire. Ie m'assure aussi
que sa conscience luy a plus donné de satisfaction
pendant les derniers momens de sa vie, que l'indignation, qui est la seule passion triste qu'on dit auoir
remarquée en luy, ne luy a causé de fascherie. Et pour
ce qui est de la douleur, ie ne la mets nullement en
conte: Car elle est si courte, que si les meurtriers pouuoient employer la fieure, ou quelque autre des maladies dont la nature à coutume de se seruir pour oster
les hommes du monde, on auroit sujet de les estimer plus cruels qu'ils ne sont, lors qu'ils les tüent d'vn
coup de hache. Mais ie n'ose m'arrester long-tés sur vn
sujet si funeste, j'adjouste seulement qu'il vaut beaucoup mieux estre entierement deliuré d'vne fausse
esperance, que d'y estre inutilement entretenu. Pendant que j'écris ces lignes, je reçois des lettres d'vn
lieu d'où ie n'en auois point eu depuis sept ou huit
mois; & vne entr'autres que la personne à qui j'auois
enuoyé le traité des Passions il y a vn an, a écrite de sa
main pour m'en remercier. Puis qu'elle se souuient
aprés tant de tems, d'vn homme si peu considerable
comme ie suis, il est à croire qu'elle n'oubliera pas de
répondre aux lettres de vostre Altesse, bien qu'elle
ait tardé quatre mois à le faire. On me mande qu'elle
a donné charge à quelqu'vn des siens d'étudier le liure
de mes Principes, afin de luy en faciliter la lecture; Iç

ne croy pas neantmoins qu'elle trouue aſſez de loiſir
pour s'y apliquer, bien qu'elle ſemble en auoir la volonté. Elle me remercie en termes exprés du traité des
Paſſions; mais elle ne fait aucune mention des lettres
auſquelles il eſtoit joint, & l'on ne me mande rien
du tout de ce païs-là qui touche voſtre Alteſſe. Dequoy ie ne puis deuiner autre choſe, ſinon que les
conditions de la paix d'Allemagne n'eſtant pas ſi auan-
tageuſes à voſtre maiſon qu'elles auroient pû eſtre,
ceux qui ont contribué à cela, ſont en doute ſi vous
ne leur en voulez point de mal, & ſe retiennent
pour ce ſujet de vous témoigner de l'amitié. I'ay
tou-jours eſté en peine depuis la concluſion de
cette paix, de n'aprendre point que Monſieur l'Ele-
cteur voſtre frere l'euſt acceptée, & j'aurois pris la liberté d'en écrire plu-toſt mon ſentiment à voſtre Alteſſe, ſi i'auois pû m'imaginer qu'il miſt cela en deli-
beration. Mais pour ce que ie ne ſçay point les raiſons
particulieres qui le peuuent mouuoir, ce ſeroit temerité à moy d'en faire aucun iugement. Ie puis ſeulement dire en general, que lors qu'il eſt queſtion de
la reſtitution d'vn Eſtat occupé, ou diſputé par d'autres qui ont les forces en main, il me ſemble que ceux
qui n'ont que l'equité & le droit des gens qui plaide
pour eux, ne doiuent iamais faire leur conte d'obtenir toutes leurs pretenſions, & qu'ils ont bien plus de
ſuiet de ſçauoir gré à ceux qui leur en font rendre
quelque partie, tant petite qu'elle ſoit, que de vouloir
du mal à ceux qui leur retiennent le reſte; Et encore
qu'on ne puiſſe trouuer mauuais qu'ils diſputent leur

droit,

droit le plus qu'ils peuuent, pendant que ceux qui ont la force en déliberent, ie croy que lors que les conclusions sont arreftées, la prudence les oblige à témoigner qu'ils en sont contens, encore qu'ils ne le fussent pas; & à remercier non seulement ceux qui leur font rendre quelque chose, mais aussi ceux qui ne leur oftent pas tout, afin d'acquerir par ce moyen l'amitié des vns & des autres, ou du moins d'éuiter leur haine: Car cela peut beaucoup seruir, par aprés pour se maintenir. Outre qu'il reste encore vn long chemin pour venir des promesses jufqu'à l'effet; & que si ceux qui ont la force s'acordent seuls, il leur eft ayfé de trouuer des raisons pour partager entr'eux, ce que peut-eftre ils n'auoient voulu rendre à vn tiers, que par jaloufie les vns des autres, & pour empefcher que celuy qui s'enrichiroit de ses dépoüilles ne fuft trop puiffant. La moindre partie du Palatinat vaut mieux que tout l'Empire des Tartares ou des Moscouites, & aprés deux ou trois années de paix, le séjour en sera auffi agreable, que celuy d'aucun autre endroit de la terre. Pour moy qui ne suis ataché à la demeure d'aucun lieu, ie ne ferois aucune dificulté de changer ces Prouinces, ou mefme la France, pour ce païs-là, si j'y pouuois trouuer vn repos auffi affuré, encore qu'aucune autre raison que la beauté du païs ne m'y fift aller; Mais il n'y a point de féjour au monde si rude ny si incommode, auquel je ne m'eftimaffe heureux de passer le reste de mes jours, si voftre Alteffe y eftoit, & que ie fuffe capable de luy rendre quelque seruice; pour ce que ie suis entierement, & sans aucune réserue, &c.

O

A MADAME ELIZABETH,
PRINCESSE PALATINE, &c.

LETTRE XXVIII.

MADAME,

I'ay esté extremement surpris, d'aprendre par les lettres de Monsieur de P. que V. A. a esté long-tems malade, & ie veux mal à ma solitude, pour ce qu'elle est cause que ie ne l'ay point sceu plu-tost. Il est vray que bien que ie sois tellement retiré du monde, que ie n'aprenne rien du tout de ce qui s'y passe, toutesfois le zele que j'ay pour le seruice de vostre Altesse, ne m'eust pas permis d'estre si long-tems sans sçauoir l'estat de sa santé, quand j'aurois dû aller à la Haye tout exprés pour m'en enquerir, sinon que Monsieur de P. m'ayant écrit fort à la haste, il y a enuiron deux mois, m'auoit promis de m'écrire derechef par le prochain ordinaire ; & pour ce qu'il ne manque iamais de me mander comment se porte vostre Altesse, pendant que ie n'ay point receu de ses lettres, j'ay suposé que vous estiez tou-jours en mesme estat ; Mais j'ay apris par ses dernieres que vostre Altesse a eu trois ou quatre semaines durant vne fievre lente, acompagnée d'vne toux seiche, & qu'aprés en auoir esté deliurée pour cinq ou six jours, le mal est retourné, & que toutesfois au tems qu'il m'a enuoyé sa lettre (laquelle a esté prés de quinze iours par les

chemins) voſtre Alteſſe commençoit derechef à ſe
porter mieux. En quoy ie remarque les ſignes d'vn
mal ſi conſiderable, & neantmoins auquel il me ſemble que voſtre Alteſſe peut ſi certainement remedier,
que ie ne puis m'abſtenir de luy en écrire mon ſentiment. Car bien que ie ne ſois pas Médecin, l'honneur que voſtre Alteſſe, me fit l'Eſté paſſé, de vouloir ſçauoir mon opinion touchant vne autre indiſpoſition qu'elle auoit pour lors, me fait eſperer que
ma liberté ne luy ſera pas deſ-agreable. La cauſe la plus
ordinaire de la fievre lente eſt la triſteſſe; & l'opinia-
treté de la Fortune à perſecuter voſtre maiſon vous
donne continuellement des ſujets de faſcherie, qui
ſont ſi publics & ſi éclatans, qu'il n'eſt pas beſoin d'v-
ſer beaucoup de conjectures, ny eſtre fort dans les affaires, pour juger que c'eſt en cela que conſiſte la
principale cauſe de voſtre indiſpoſition; Et il eſt à
craindre que vous n'en puiſſiez eſtre du tout déliurée,
ſi ce n'eſt que par la force de voſtre vertu, vous ren-
diez voſtre ame contente, malgré les diſgraces de la
Fortune. Ie ſçay bien que ce ſeroit eſtre imprudent de
vouloir perſuader la joye, à vne perſonne à qui la fortune ennoye tous les jours de nouueaux ſujets de déplaiſir, & ie ne ſuis point de ces Philoſophes cruels,
qui veulent que leur ſage ſoit inſenſible; Ie ſçay auſſi
que voſtre Alteſſe, n'eſt point tant touchée de ce qui
la regarde en ſon particulier, que de ce qui regarde
les intereſts de ſa maiſon, & des perſonnes qu'elle affectionne; Ce que j'eſtime comme vne vertu la plus
aymable de toutes. Mais il me ſemble que la diffe-

rence qui eſt entre les plus grandes ames, & celles qui
ſont baſſes & vulgaires, conſiſte principalement en
ce que les ames vulgaires ſe laiſſent aller à leurs paſſions, & ne ſont heureuſes ou malheureuſes, que ſelon que les choſes qui leur ſuruiennent ſont agreables,
ou déplaiſantes;au lieu que les autres ont des raiſonnemens ſi forts & ſi puiſſans, que bien qu'elles ayent auſſi
des paſſions, & meſme ſouuent de plus violentes que
celles du commun, leur raiſon demeure neantmoins
tou-jours la maiſtreſſe, & fait que les aflictions meſme leur ſeruent, & contribuent à la parfaite felicité
dont elles iouïſſent dés cette vie. Car d'vne part ſe
conſiderant comme immortelles, & capables de receuoir de tres-grans contentemens, puis d'autre part
conſiderant qu'elles ſont iointes à des cors mortels &
fragiles, qui ſont ſuiets à beaucoup d'infirmitez , &
qui ne peuuent manquer de perir dans peu d'années,
elles font bien tout ce qui eſt en leur pouuoir pour ſe
rendre la Fortune fauorable en cette vie, mais neantmoins elles l'eſtiment ſi peu au regard de l'Eternité,
qu'elles n'en conſiderent quaſi les éuenemens, que
côme nous faiſons ceux des Comedies. Et comme les
Hiſtoires triſtes & lamentables que nous voyons repreſenter ſur vn théatre, nous donnent ſouuent autant de récreation que les gayes, bien qu'elles tirent des
larmes de nos yeux; ainſi ces plus grandes Ames, dont
ie parle, ont de la ſatisfaction en elles-meſmes, de
toutes les choſes qui leur arriuent, meſme des plus
faſcheuſes & inſuportables. Ainſi reſſentant de la
douleur en leur cors, elles s'exercent à la ſuporter pa-

tiemment, & cette épreuue qu'elles font de leur force
leur eſt agreable ; ainſi voyant leurs amis en quelque
grande afliction, elles compatiſſent à leur mal, & font
tout leur poſſible pour les en deliurer, & ne craignent
pas meſme de s'expoſer à la mort pour ce ſujet, s'il en
eſt beſoin ; Mais cependant le témoignage que leur
donne leur conſcience, de ce qu'elles s'aquittent en
cela de leur deuoir, & font vne action loüable & ver-
tueuſe, les rend plus heureuſes, que toute la triſteſſe
que leur donne la compaſſion ne les aflige. Et enfin
comme les plus grãdes proſperitez de la Fortune ne les
enyurent iamais, & ne les rend point plus inſolentes,
auſſi les plus grandes aduerſitez ne les peuuent abatre,
ny rendre ſi triſtes, que le cors auquel elles font iointes en deuienne malade. Ie craindrois que ce ſtyle ne
fuſt ridicule, ſi ie m'en ſeruois en écriuant à quelque
autre ; Mais pour ce que ie conſidere voſtre Alteſſe,
comme ayant l'ame la plus noble & la plus releuée que
ie connoiſſe, ie croy qu'elle doit auſſi eſtre la plus heureuſe ; & qu'elle le ſera veritablement, pourvû qu'il
luy plaiſe jetter les yeux ſur ce qui eſt au deſſous d'elle,
& comparer la valeur des biens qu'elle poſſede, & qui
ne luy ſçauroient iamais eſtre oſtez, auec ceux dont
la Fortune l'a dépoüillée, & les diſgraces dont elle la
perſecute en la perſonne de ſes proches ; Car alors elle
verra le grand ſujet qu'elle a d'eſtre contente de ſes
propres biens. Le zele extreme que j'ay pour elle eſt
cauſe que ie me ſuis laiſſé emporter à ce diſcours, que
ie la ſuplie tres-humblement d'excuſer, comme venant d'vne perſonne, qui eſt, &c.

O iij

A MADAME ÉLIZABETH,
PRINCESSE PALATINE, &c.

LETTRE XXIX.

MADAME,

La faueur dont voftre Alteſſe m'a honoré en me
feſant receuoir ſes commandemens par écrit, eſt plus
grande que ie n'euſſe iamais oſé eſperer ; & elle ſoula-
ge mieux mes défauts, que celle que j'auois ſouhaitée
auec paſſion, qui eſtoit de les receuoir de bouche, ſi
j'euſſe pû eſtre admis à l'honneur de vous faire la réuerence & de vous offrir mes tres-humbles ſeruices, lors
que j'eſtois dernierement à la Haye ; Car j'aurois eu
trop de merueilles à admirer en meſme tems ; & voyant
ſortir des diſcours plus qu'humains, d'vn cors ſi ſemblable à ceux que les Peintres donnent aux Anges,
j'euſſe eſté rauy de meſme façon, que me ſemble le
deuoir eſtre ceux qui venans de la terre entrent nouuellement dans le Ciel ; Ce qui m'euſt rendu moins capable de répondre à voftre Alteſſe, qui ſans doute a
deſ-ja remarqué en moy ce défaut, lors que j'ay eu
cy-deuant l'honneur de luy parler ; & voftre clémence l'a voulu ſoulager, en me laiſſant les traces de vos
penſées ſur vn papier, où les reliſant pluſieurs fois, &
m'acoutumant à les conſiderer, j'en ſuis veritablement moins ébloüy, mais ie n'en ay que dautant plus
d'admiration, remarquant qu'elles ne paroiſſent pas

seulement ingenieuses à l'abord, mais dautant plus judicieuses & solides que plus on les examine. Et ie puis dire auec verité, que la question que vostre Altesse propose, me semble estre celle qu'on me peut demander auec le plus de raison, en suite des écrits que j'ay publiez. Car y ayant deux choses en l'ame humaine, desquelles dépend toute la connoissance que nous pouuions auoir de sa nature, l'vne desquelles est qu'elle pense, l'autre, qu'estant vnie au cors, elle peut agir & patir auec luy, ie n'ay quasi rien dit de cette derniere, & me suis seulement étudié à faire bien entendre la premiere; à cause que mon principal dessein, estoit de prouuer la distinction qui est entre l'Ame & le cors, à quoy celle-cy seulement a pû seruir, & l'autre y auroit esté nuisible. Mais pour ce que vostre Altesse voit si clair, qu'on ne luy peut dissimuler aucune chose, ie tascheray icy d'expliquer la façon dont ie conçoy l'vnion de l'Ame auec le cors, & comment elle a la force de le mouuoir. Premierement, ie considere qu'il y a en nous certaines notions primitiues, qui sont comme des originaux, sur le patron desquels nous formons toutes nos autres connoissances; & il n'y a que fort peu de telles notions: Car aprés les plus generales de l'estre, du nôbre, de la durée, &c. nous n'auons pour le cors que la notion de l'extension, de laquelle suiuent seules de la figure, & du mouuement; Et pour l'Ame celle, nous n'auons que celle de la pensée, en laquelle sont comprises les perceptions de l'entendement, & les inclinations de la volonté; Enfin pour l'Ame & le cors ensemble, nous n'auons que celle de leur vnion, de laquelle dépend celle de la force qu'à l'Ame de mouuoir le cors, & le cors d'agir sur l'ame, en causant ses sentimens & ses passions. Ie considere aussi que toute la science des hommes ne consiste qu'à bien distinguer ces notions, & à n'atribuër chacune d'elles qu'aux choses ausquelles elles apartiennent: Car lors que nous voulons expliquer quelque dificulté par le moyen d'vne notion qui ne luy appartient pas, nous ne pouuons manquer de nous méprendre; comme aussi lors que nous voulons expliquer vne de ces notions par vne autre: Car estant primitiues, chacune d'elles ne peut estre entenduë que par elle-mesme. Et dautant que l'vsage des sens nous a rendu les notions de l'extension, des figures, & des mouuemens, beaucoup plus familieres que les autres, la principale cause de nos erreurs est, en ce que nous voulons ordinairement nous seruir de ces notions, pour expliquer les choses à qui elles n'apartiennent pas, Comme lors qu'on se veut seruir de l'imagination pour conceuoir la nature de l'Ame, ou bien lors qu'on veut conceuoir la façon dont l'Ame meut le cors, par celle dont vn cors est mû par vn autre cors. C'est pourquoy puis que dans les Méditations que vostre Altesse a daigné lire, j'ay tasché de faire conceuoir les notions qui appartiennent à l'Ame seule, les distinguant de celles qui apartiennent au cors seul, la premiere chose que ie dois expliquer en suite, est la façon de conceuoir celles qui apartiennent à l'vnion de l'Ame auec le cors, sans celles qui apartiennent au cors seul, ou à l'ame seule. A quoy il me semble que peut seruir ce

que

que j'ay écrit à la fin de ma Réponse aux six objections page 409. de l'édition d'Amsterdam ; car nous
ne pouuons chercher ces notions simples ailleurs
qu'en nostre ame, qui les a toutes en soy par sa nature,
mais qui ne les distingue pas tou-jours assez les vnes
des autres, ou bien ne les atribuë pas aux objets ausquels on les doit atribuër. Ainsi ie croy que nous
auons cy-deuant confondu la notion de la force dont
l'Ame agit dans le cors, auec celle dõt vn cors agit dans
vn autre; & que nous auons atribué l'vne & l'autre, non
pas à l'ame, car nous ne la connoissions pas encore,
mais aux diuerses qualitez des cors, comme à la pesanteur, à la chaleur, & aux autres; que nous auons imaginé estre réelles, c'est à dire, auoir vne existence distincte de celle du cors, & par consequent estre des sub-
stãces, bien que nous les ayons nommées des qualitez.
Et nous nous sommes seruis pour les cõceuoir, tantost
des notiõs qui sont en nous pour connoistre le cors, &
tantost de celles qui y sont pour connoistre l'ame ; selon ce que nous leur auons atribüé a esté materiel ou
immateriel. Par exemple, en suposant que la pesanteur est vne qualité réelle, dont nous n'auons point
d'autre connoissance, sinon qu'elle a la force de mouuoir le cors dans lequel elle est vers le centre de la terre, nous n'auons pas de peine à conceuoir comment
elle meut ce cors, ny comment elle luy est iointe ; &
nous ne pensons point que cela se fasse par vn atache-
ment ou attouchement réel d'vne superficie contre vn
autre, car nous experimentons en nous-mémes, que
nous auõs vne notion particuliere pour cõceuoir cela;

P.

& ie croy que nous vſons mal de cette notion, en l'a-
pliquant à la peſanteur, qui n'eſt rien de réellement
diſtingué du cors, comme j'eſpere monſtrer en la
Phyſique, mais qu'elle nous a eſté donnée pour conceuoir la façon dont l'ame meut le cors. Ie témoigne-
rois ne pas aſſez connoiſtre l'incomparable eſprit de
voſtre Alteſſe, ſi j'employois dauantage de paroles à
m'expliquer, & ie ſerois trop préſomptueux, ſi j'oſois
penſer que ma Réponſe la doiue entierement ſatisfaire: mais ie taſcheray d'éuiter l'vn & l'autre, en n'adjoutant rien icy de plus, ſinon que ſi ie ſuis capable
d'écrire ou de dire quelque choſe qui luy puiſſe agréer,
ie tiendray tou-jours à tres-grande faueur, de prendre
la plume, ou d'aller à la Haye pour ce ſujet, & qu'il
n'y a rien au monde qui me ſoit ſi cher que de pouuoir
obeïr à ſes commandemens. Mais ie ne puis icy trouuer place à l'obſeruation du ſerment d'Harpocrate
qu'elle m'enjoint, puis qu'elle ne m'a rien communi-
qué, qui ne merite d'eſtre vû & admiré de tous les
hommes. Seulement puis-je dire ſur ce ſujet, qu'eſti-
mant infiniment la voſtre que j'ay receuë, j'en vſeray
comme les auares font de leurs treſors, leſquels ils ca-
chent d'autant plus qu'ils les eſtiment, & en enuiant
la veuë au reſte du monde, ils mettent leur ſouuerain
contentement à les regarder. Ainſi ie ſeray bien-aiſe
de iouïr ſeul du bien de la voir; & ma plus grande
ambition eſt de me pouuoir dire, & d'eſtre veritablement, &c.

A MADAME ÉLIZABETH,

PRINCESSE PALATINE, &c.

LETTRE XXIX.

MADAME,

I'ay tres-grande obligation à voſtre Alteſſe, de ce que aprés auoir éprouué que ie me ſuis mal expliqué en mes précedentes, touchant la queſtion qu'il luy a plû me propoſer, elle daigne encore auoir la patience de m'entendre ſur le meſme ſujet, & me donner ocaſion de remarquer les choſes que j'auois obmiſes; dont les principales me ſemblent eſtre, qu'aprés auoir diſtingué trois genres d'idées ou de notiõs primitiues, qui ſe connoiſſent chacune d'vne façon particuliere, & non par la comparaiſon de l'vne à l'autre; à ſçauoir la notion que nous auons de l'ame, celle du cors, & celle de l'vnion qui eſt entre l'ame & le cors; ie deuois expliquer la difference qui eſt entre ces trois ſortes de notions, & entre les operations de l'ame par leſquelles nous les auons, & dire les moyens de nous rendre chacune d'elles familiere, & facile ; Puis en ſuite, ayant dit pourquoy ie m'eſtois ſeruy de la comparaiſon de la peſanteur, faire voir que bien qu'on veüille conceuoir l'ame comme materielle, (ce qui eſt proprement conceuoir ſon vnion auec le cors) on ne laiſſe pas de connoiſtre par aprés, qu'elle en eſt ſepara-

ble ; Ce qui eſt, comme ie croy, toute la matiere que
voſtre Alteſſe m'a icy preſcrite.

Premierement donc ie remarque vne grande di-
férance entre ces trois ſortes de notions; en ce que
l'ame ne ſe conçoit que par l'entendement pur; Le
cors, c'eſt à dire, l'extenſion, les figures, & les mouuemens ſe peuuent auſſi connoiſtre par l'entendement ſeul, mais beaucoup mieux par l'entendement
aidé de l'imagination ; Et enfin, les choſes qui apartiennent à l'vnion de l'ame & du cors, ne ſe connoiſſent qu'obſcurement par l'entendement ſeul , ny
meſme par l'entendement aydé de l'imagination;
Mais elles ſe connoiſſent tres-clairement par les ſens:
D'où vient que ceux qui ne philoſophent iamais, &
qui ne ſe ſeruent que de leurs ſens, ne doutent point
que l'ame ne meuüe le cors, & que le cors n'agiſſe ſur
l'ame, mais ils conſiderent l'vn & l'autre comme vne
ſeule choſe, c'eſt à dire, ils conçoiuent leur vnion;
Car conceuoir l'vnion qui eſt entre deux choſes, c'eſt
les conceuoir comme vne ſeule. Et les penſées Mé-
taphyſiques qui exercent l'entendement pur, ſeruent
à nous rendre la notion de l'ame familiere ; & l'étude
des Mathematiques, qui exerce principalement l'i-
magination en la conſideration des figures & des
mouuemens, nous acoutume à former des notions
du cors bien diſtinctes. Et enfin c'eſt en vſant ſeulement de la vie & des conuerſations ordinaires, & en
s'abſtenant de méditer & d'étudier aux choſes qui
exercent l'imagination , qu'on aprend à conceuoir
l'vnion de l'ame & du cors. I'ay quaſi peur que voſtre

Alteſſe ne penſe, que ie ne parle pas icy ſérieuſe-
ment ; mais cela ſeroit contraire au reſpect que ie luy
dois, & que ie ne manqueray iamais de luy rendre. Et
ie puis dire auec verité, que la principale régle que
j'ay tou-jours obſeruée en mes études, & celle que ie
croy m'auoir le plus ſeruy pour acquerir quelque connoiſſance, a eſté, que ie n'ay iamais employé que fort
peu d'heures par jour aux penſées qui ocupent l'imagination, & fort peu d'heures par an à celles qui ocupent l'entendement ſeul, & que i'ay dõné tout le reſte
de mon tems au relaſche des ſens, & au repos de l'eſprit ; Meſme ie conte entre les exercices de l'imagination, toutes les conuerſations ſérieuſes, & tout ce à
quoy il faut auoir de l'atention. C'eſt ce qui m'a fait
retirer aux chams ; car encore que dans la ville la plus
ocupée du monde, ie pourois auoir autant d'heures à
moy, que j'en employe maintenant à l'étude, ie ne
pourois pas toutesfois les y employer ſi vtilement,
lors que mon eſprit ſeroit laſſé par l'atention que ré-
quert le tracas de la vie. Ce que ie prens la liberté d'é-
crire icy à voſtre Alteſſe, pour luy témoigner que
j'admire véritablement, que parmy les affaires & les
ſoins qui ne manquent iamais aux perſonnes qui ſont
enſemble, de grand eſprit & de grande naiſſance, elle
ait pû vaquer aux méditations qui ſont requiſes pour
bien connoiſtre la diſtinction qui eſt entre l'ame & le
cors. Mais j'ay jugé que c'eſtoient ces méditations,
plu-toſt que les penſées qui requerrent moins d'atention, qui luy ont fait trouuer de l'obſcurité en la notion que nous ayons de leur vnion ; ne me ſemblant

pas que l'efprit humain foit capable de conceuoir bien diftinctement, & en mefme tems, la diftinction d'entre l'ame & le cors, & leur vnion ; à caufe qu'il faut pour cela les conceuoir comme vne feule chofe, & enfemble les conceuoir comme deux, ce qui fe contrarie ; Et pour ce fujet, (fupofant que voftre Alteffe auoit encore les raifons qui prouuent la diftinction de l'ame & du cors fort préfentes à fon efprit, & ne voulant point la fuplier de s'en défaire, pour fe reprefenter la notion de l'vnion que chacun éprouue toujours en foy-mefme fans philofopher, à fçauoir qu'il eft vne feule perfonne qui a enfemble vn cors & vne penfée, lefquels font de telle nature que cette penfée peut mouuoir le cors, & fentir les accidens qui leur arriuent) ie me fuis feruy cy-deuant de la comparaifon de la pefanteur, & des autres qualitez que nous imaginons communement eftre vnies à quelque cors, ainfi que la penfée eft vnie au noftre ; & ie ne me fuis pas foucié que cette comparaifon clochaft en cela, que ces qualitez ne font pas réelles, ainfi qu'on les imagine, à caufe que j'ay crû que voftre Alteffe eftoit def-ja entierement perfuadée, que l'ame eft vne fubftance diftincte du cors. Mais puis que voftre Alteffe remarque qu'il eft plus facile d'atribuër de la matiere & de l'extenfion à l'ame, que de luy atribuër la capacité de mouuoir vn cors, & d'en eftre mûë, fans auoir de matiere ; ie la fuplie de vouloir librement atribuër cette matiere, & cette extenfion à l'ame, car cela n'eft autre chofe que la conceuoir vnie au cors ; Et aprés auoir bien conceu cela, & l'auoir éprouué en foy-

meſme, il luy ſera ayſé de conſiderer, que la matiere
qu'elle aura attribuée à cette penſée, n'eſt pas la penſée meſme, & que l'extenſion de cette matiere, eſt
d'autre nature que l'extenſion de cette penſée; en ce
que la premiere eſt déterminée à certain lieu, duquel elle exclut toute autre extenſion de cors, ce que
ne fait pas la deuxiéme ; & ainſi voſtre Alteſſe ne laiſ-
ſera pas de reuenir ayſement à la connoiſſance de la
diſtinction de l'ame & du cors, nonobſtant qu'elle
ait conceu leur vnion. Enfin comme ie croy qu'il eſt
tres-neceſſaire d'auoir bien compris vne fois en ſa vie
les principes de la Métaphyſique, à cauſe que ce ſont
eux qui nous donnent la connoiſſance de Dieu, & de
noſtre ame, ie croy auſſi qu'il ſeroit tres-nuiſible d'o-
cuper ſouuent ſon entendement à les méditer, à cauſe qu'il ne pouroit ſi bien vaquer aux fonctions de l'i-
magination, & des ſens; Mais que le méilleur eſt, de
ſe contenter de retenir en ſa memoire, & en ſa créance, les concluſions qu'on en a vne fois tirées, puis employer le reſte du tems qu'on a pour l'étude, aux penſées ou l'entendement agit auec l'imagination & les
ſens; L'extreme déuotion que j'ay au ſeruice de voſtre
Alteſſe, me fait eſperer que ma franchiſe ne luy ſera
pas deſagreable, & elle m'auroit engagé icy en vn plus
long diſcours, où j'euſſe taſché d'éclaircir à cette fois
toutes les dificultez de la queſtion propoſée ; mais vne
faſcheuſe nouuelle que ie viens d'aprendre d'Vtrech,
où le Magiſtrat me cité, pour vérifier ce que j'ay écrit
d'vn de leurs Miniſtres, combien que ce ſoit vn homme qui m'a calomnié tres-indignement, & que ce

que j'ay écrit de luy pour ma juſte défenſe ne ſoit que
trop notoire à tout le monde, me contraint de finir
icy, pour aller conſulter les moyens de me tirer le
plu-toſt que ie pouray de ces chicaneries; ie ſuis, &c.

A MADAME ELIZABETH,

PRINCESSE PALATINE, &c.

LETTRE XXXI.

MADAME,

Puis que j'ay deſ-ja pris la liberté d'auertir voſtre
Alteſſe de la correſpondance que j'ay commencé d'a-
uoir en Süede, ie penſe eſtre obligé de continüer, &
de luy dire que j'ay receu depuis peu des lettres de l'a-
my que j'ay en ce païs-là, par leſquelles il m'aprend
que la Reine ayant eſté à Vpſale, où eſt l'Academie
du païs, elle auoit voulu entendre vne harangue du
Profeſſeur en l'eloquence, qu'il eſtime pour le plus
habile & le plus raiſonnable de cette Academie, &
qu'elle luy auoit donné pour ſon ſujet à diſcourir du
Souuerain Bien de cette vie; mais qu'aprés auoir oüy
cette harangue, elle auoit dit que ces gens-là ne fe-
ſoient qu'eſleurer les matieres, & qu'il en faudroit ſçauoir mon opinion; A quoy il luy auoit répondu qu'il
ſçauoit que j'eſtois fort retenu à écrire de telles matieres; Mais que s'il plaiſoit à ſa Majeſté qu'il me la de-
mandaſt de ſa part, il ne croyoit pas que ie manquaſſe
à taſcher de luy ſatisfaire; ſur quoy elle luy auoit tres-
expreſſe-

expreſſement donné charge de me la demander, &
luy auoit fait promettre qu'il m'en écriroit au prochain ordinaire; en ſorte qu'il me conſeille d'y répondre, & d'adreſſer ma Lettre à la Reyne, à laquelle il l'a
préſentera, & dit qu'il eſt caution qu'elle ſera bien
receüe. I'ay crû ne deuoir pas négliger cette occaſion, & conſiderant que lors qu'il m'a écrit cela, il ne
pouuoit encore auoir receu la Lettre où ie parlois de
celles que j'ay eu l'honneur d'écrire à Voſtre Alteſſe
touchant la meſme matiere, I'ay penſé que le deſſein
que j'auois eu en cela eſtoit failly, & qu'il le falloit
prendre d'vn autre biais ; c'eſt pourquoy j'ay écrit vne
Lettre à la Reyne, ou aprés auoir mis briéuement mon
opinion, j'adioute que j'obmets beaucoup de choſes,
parce que me repréſentant le nombre des affaires qui
ſe rencontrent en la conduite d'vn grand Royaume,
& dont ſa Majeſté prend elle-meſme les ſoins, Ie n'oſe
luy demander plus longue audiance : mais que j'enuoye à Monſieur Chanut quelques écrits, ou j'ay mis
mes ſentimens plus au long touchant la meſme matiere, afin que s'il luy plaiſt de les voir, il puiſſe les luy
préſenter. Ces écrits que j'enuoye à Monſieur Chanut, ſont les Lettres que j'ay eu l'honneur d'écrire à
Voſtre Alteſſe touchant le Liure de Séneque *de vita*
beata, juſques à la moitié de la ſixiéme, où aprés
auoir définy les Paſſions en general, je mets que ie
trouue de la difficulté à les dénombrer. Enſuitte de
quoy ie luy enuoye auſſi le petit Traitté des Paſſions,
lequel j'ay eu aſſez de peine à faire tranſcrire ſur vn
brouillon fort confus que j'en auois gardé; & ie luy

mande, que ie ne le prie point de préfenter d'abord
ces écrits à la Reyne , pource que j'aurois peur de ne
pas garder affez le refpect que ie dois à fa Majefté, fi ie
luy enuoyois des Lettres que j'ay faites pour vne autre,
plu-toft que de luy écrire à elle-mefme ce que ie pouray iuger luy eftre agreable; mais que s'il trouue bon de
luy en parler, difant que c'eft à luy que ie les ay enuoyées, & qu'apres cela elle defire de les voir, ie feray
libre de ce fcrupule; & que ie me fuis perfuadé qu'il luy
fera peut-eftre plus agreable de voir ce qui a efté ainfi
écrit à vne autre , que s'il luy eftoit adreffé, pource
qu'elle poura s'affurer d'auantage, que ie n'ay rien
changé ou déguifé en fa confideration. Ie n'ay pas
iugé à propos d'y mettre rien de plus de Voftre Alteffe, ny mefme d'en exprimer le nom, lequel toutesfois il ne poura ignorer à caufe de mes Lettres précedentes ; Mais confiderant que nonobftant qu'il foit
homme tres-vertueux, & grand eftimateur des perfonnes de mérite, en forte que ie ne doute point qu'il
n'honore Voftre Alteffe autant qu'il doit, Il ne m'en
a toutesfois parlé que rarement en fes Lettres, bien que
ie luy en aye écrit quelque chofe en toutes les miennes, j'ay péfé qu'il fefoit peut-eftre fcrupule d'en parler à la Reyne, pource qu'il ne fçait pas fi cela plairoit
ou déplairoit à ceux qui l'ont enuoyé. Mais fi i'ay d'o-
refnauant occafion de luy écrire à elle-mefme , ie
n'auray pas befoin d'interprete; & le but que i'ay eu
cette fois en luy enuoyant ces écrits, eft de tafcher à
faire qu'elle s'occupe d'auantage à ces penfées, & que
fi elles luy plaifent, ainfi qu'on me fait efperer, elle

ayt occaſion d'en conferer auec Voſtre Alteſſe, De
laquelle, Ie feray toute ma vie, &c

A MONSIEVR CHANVT.

LETTRE XXXII.

Monsievr,

Si ie m'eſtois donné l'honneur de vous écrire , autant de foisque i'en ay eu le deſir,depuis que vous eſtes
paſſé par ce pays, vous auriez eſté fort ſouuent impor-
tuné de mes Lettres : car il n'y a pas vn iour que ie n'y
aye penſé pluſieurs fois. Mais j'ay attendu que j'euſſe
quelque autre occaſion pour écrire à Monſieur Braſſet, afin qu'il ne luy ſemblaſt pas que ie ne le vouluſſe
employer que pour faire tenir des paquets ; & cette
occaſion n'eſtant pas venuë, comme j'auois eſperé,
Ie me propoſe d'aller demain à la Haye, & de luy porter celle-cy pour vous eſtre adreſſée. La rigueur extraordinaire de cét Hyuer m'a obligé à faire ſouuent
des ſouhaits pour voſtre ſanté & pour celle de tous les
voſtres; Car on remarque en ce pays qu'il n'y en a point
eu de plus rude depuis l'année 1608. Si c'eſt le meſine
en Suede vous y aurez vû toutes les glaces que le Septentrion peut produire. Ce qui me conſole, c'eſt que
ie ſçay qu'on a plus de préſeruatifs contre le froid en
ces quartiers-là,qu'on n'en a pas en Fráce, & ie m'aſſure
que vous ne les aurez pas négligez. Si cela eſt,vous aurez paſſé la plu-part du temps dans vn poeſle,où ie m'i-

magine que les affaires publiques ne vous auront pas si
continuellement occupé, qu'il ne vous soit resté du
loisir pour penser quelquefois à la Philosophie ; Et si
vous auez daigné examiner ce que i'en ay écrit, vous
me pouuez extrememenť obliger en m'auertissanț
des fautes que vous y aurez remarquées. Car ie n'ay encore pû rencontrer personne qui me les ay dittes ; &
ie voy que la plu-part des hommes iugent si mal, que ie
ne me dois point arrester à leurs opinions, mais ie tiendray les vostres pour des oracles. Si vous auez aussi ietté quelquefois la veuë hors de vostre poesle, vous aurez peut-estre aperçeu en l'air d'autres méteores que
ceux dont i'ay écrit, & vous m'en pouriez donner de
bonnes instructions.　Vne seule obseruation que ie
fis de la neige exagone en l'année 1635. à esté cause du
Traitté que i'en ay fait. Si toutes les experiences dont
i'ay besoin pour le reste de ma Physique, me pouuoient ainsi tomber des nuës, & qu'il ne me fallust que
des yeux pour les connoistre, ie me promettrois de l'a-
cheuer en peu de tems ; mais pource qu'il faut aussi
des mains pour les faire, & que ie n'en ay point qui y
soient propres, je pers entierement l'enuie d'y trauailler d'auantage.　Ce qui n'empesche pas neántmoins
que ie ne cherche tou-jours quelque chose, quand ce
ne seroit que *vt doctus emoriar*, & afin d'en pouuoir
conferer en particulier auec mes amis, pour lesquels ie
ne sçaurois rien auoir de caché. Mais ie me plains de
ce que le monde est trop grand à raison du peu d'honnestes gens qui s'y trouuent ; je voudrois qu'ils fussent
tous assemblez en vne Ville, & alors ie serois bien aise

de quitter mon Hermitage pour aller viure auec
eux, s'ils me vouloient receuoir en leur compagnie;
Car encore que ie fuie la multitude, à caufe de la quantité des impertinens & des importuns qu'on y rencontre, ie ne laiffe pas de penfer que le plus grand bien de
la vie eft de iouyr de la conuerfation des perfonnes
qu'on eftime. Ie ne fçay fi vous en trouuez beaucoup aux lieux où vous eftes qui foient dignes de
la voftre : mais pour ce que i'ay quelquefois enuie de
retourner à Paris , je me plains quafi de ce que Mef-
fieurs les Miniftres vous ont donné vn employ qui
vous en éloigne , & ie vous affure que fi vous y eftiez,
vous feriez l'vn des principaux fuiets qui me pouroient obliger d'y aller; car c'eft auec vne tres-particuliere inclination que ie fuis, &c.

***

A MONSIEVR CHANVT.

LETTRE XXXIII.

Monsievr,

l'ay efté bien aife d'aprendre par les Lettres que
vous m'auez fait l'honneur de m'écrire, que la Suede
n'eft pas fi éloignée d'icy qu'on n'en puiffe auoir des
nouuelles en peu de femaines, & ainfi que ie pouray
auoir quelquefois le bon-heur de vous entretenir par
écrit & de participer aux fruits de l'étude à laquelle
ie vous vois préparé. Car puis qu'il vous plaift de
prendre la peine de reuoir mes principes , & de les

examiner, Ie m'affure que vous y remarquerez beaucoup d'obfcuritez, & beaucoup de fautes, qu'il m'importe fort de fçauoir, & dont ie ne puis efperer d'eftre
auerty par aucun autre fi bien que par vous. Ie crains
feulement que vous ne vous dégouttiez bien-toft de
cette lecture, à caufe que ce que j'ay écrit ne conduit
que de fort loin à la Morale, que vous auez choifie
pour voftre principale étude. Ce n'eft pas que ie ne
fois entierément de voftre auis, en ce que vous iugez
que le moyen le plus affuré pour fçauoir comment
nous deuons viure, eft de connoiftre auparauant
quels nous fommes ; quel eft le Monde dans lequel
nous viuons, & qui eft le Createur de ce Monde, ou le
Maiftre de la maifon que nous habitons; mais outre
que ie ne prétens, ny ne promets en aucune façon que
tout ce que j'ay écrit foit vray, Il y a vn fort grand in-
térualle, entre la notion generale du Ciel & de la Terre, que j'ay tafché de donner en mes principes, & la
connoiffance particuliere de la Nature de l'Homme,
de laquelle ie n'ay point encore traitté. Toutesfois
afin qu'il ne femble pas que ie veuille vous détourner
de voftre deffein, Ie vous diray en confidence, que
la notion telle quelle de la Phyfique que j'ay tafché
d'acquerir, m'a grandement feruy pour établir des
fondemens certains en la Morale ; & que ie me fuis
plus aifément fatisfait en ce point, qu'en plufieurs autres touchant la Médecine, aufquels j'ay neantmoins
employé beaucoup plus de tems. De façon qu'au
lieu de trouuer les moyens de conferuer la vie, I'en
ay trouué vn autre bien plus aifé & plus fur, qui eft

de ne pas craindre la mort; sans toutesfois pour cela
estre chagrin, comme sont ordinairement ceux dont
la sagesse est toute tirée des enseignemens d'autruy,
& apuyée sur des fondemens qui ne dépendent que
de la prudence & de l'autorité des hommes. Ie
vous diray de plus que pendant que ie laisse croistre
les plantes de mon Iardin, dont j'attens quelques experiences pour tascher de continuer ma Physique, Ie
m'arreste aussi quelquefois à penser aux questions particulieres de la Morale.   Ainsi j'ay tracé cét hyuer vn
petit Traitté de la Nature des Passions de l'Ame, sans
auoir neantmoins dessein de le mettre au jour, & ie serois maintenant d'humeur à écrire encore quelque
autre chose, si le dégoust que j'ay de voir combien il y
a peu de personnes au monde qui daignent lire mes
écrits ne me fesoit estre négligent. Ie ne le seray iamais en ce qui regardera vostre seruice; Car je suis de
cœur & d'affection. &c.

A MONSIEVR CHANVT.
LETTRE XXXIV.

MONSIEVR,

Si je ne fesois vne estime toute extraordinaire de
vostre sçauoir, & que ie n'eusse point vn extreme desir
d'aprendre, Ie n'aurois pas vsé de tant d'importunité
que j'ay fait, à vous conuier d'examiner mes écrits.
Ie n'ay gueres acoutumé d'en prier personne, &
mesme ie les ay fait sortir en public sans estre parez, ny

auoir aucun des ornemens qui peuuent attirer les yeux
du peuple, afin que ceux qui ne s'arrestent qu'à l'exterieur ne les vissent pas, & qu'ils fussent seulement re-
gardez par quelques personnes de bon esprit, qui pris-
sent la peine de les examiner auec soin, afin que ie puisse tirer d'eux quelque instruction. Mais bien que vous
ne m'ayez pas encore fait cette faueur, vous n'auez pas
laissé de m'obliger beaucoup en d'autres choses, & particulierement en ce que vous auez parlé auantageuse-
ment de moy à plusieurs, ainsi que j'ay apris de tres-
bonne part; & mesme Monsieur Cl. m'a écrit que
vous attendez de lui mes Meditations Françoises pour
les présenter à la Reine du Païs où vous estes. Ie n'ay
iamais eu assez d'ambition pour desirer que les personnes de ce rang sceussent mon nom, & mesme si
j'auois esté seulement aussi sage, qu'on dit que les sau-
uages se persuadent que sont les singes, Ie n'aurois iamais esté connu de qui que ce soit, en qualité de fe-
seur de Liures : Car on dit qu'ils s'imaginent que les
singes pouroient parler s'ils vouloient, mais qu'ils s'en
abstiennent, afin qu'on ne les contraigne point de trauailler; & pource que ie n'ay pas eu la mesme prudence
à m'abstenir d'écrire, Ie n'ay plustât de loisir ni tant de
repos que j'aurois, si j'eusse eu l'esprit de me taire. Mais
puisque la faute est des-ja commise, & que ie suis connu d'vne infinité de gens d'Ecole, qui regardent mes
écrits de trauers, & y cherchent de tous costez les
moyens de me nuire, I'ay grand sujet de souhaitter
aussi de l'estre des personnes de plus grand merite, de
qui le pouuoir & la Vertu me puissent proteger. Et j'ay
ouÿ

oüy faire tant d'eſtime de cette Reine, qu'au lieu que ie me ſuis ſouuent pleint de ceux qui m'ont voulu donner la connoiſſance de quelque Grand, je ne puis m'abſtenir de vous remercier de ce qu'il vous a plû luy parler de moy. I'ay vû icy Mõſieur de la Thuillerie depuis ſon retour de Suede, lequel m'a décrit ſes qualitez d'vne façon ſi auantageuſe, que celle d'eſtre Reine, me ſemble l'vne des moindres : Et ie n'en aurois oſé croire la moitié, ſi ie n'auois vû par experience en la Princeſſe à qui j'ay dédié mes Principes de Philoſophie, que les perſonnes de grande naiſſance, de quelque ſexe qu'elles ſoient, n'ont pas beſoin d'auoir beaucoup d'âge pour pouuoir ſurpaſſer de beaucoup en érudition & en vertu les autres hommes. Mais j'ay bien peur que les écrits que j'ay publiez ne méritent pas qu'elle s'arreſte à les lire, & ainſi qu'elle ne vous ſçache point de gré, de les lui auoir recommandez. Peut-eſtre que ſi j'y auois traitté de la Morale, j'aurois occaſion d'eſperer qu'ils lui pouroient eſtre plus agreables; mais c'eſt dequoi je ne dois pas me meſler d'écrire. Meſſieurs les Regens ſont ſi animez contre moy à cauſe des innocens principes de Phyſique qu'ils ont vûs, & ſi en colere de ce qu'ils n'y trouuent aucun prétexte pour me calomnier, que ſi je traittois aprés cela de la Morale, ils ne me laiſſeroient aucun repos. Car puis qu'vn pere N. a crû auoir aſſez de ſujet pour m'accuſer d'eſtre ſceptique, de ce que j'ay réfuté les ſceptiques; & qu'vn Miniſtre a entrepris de perſuader que j'eſtois Athée, ſans en alleguer d'autre raiſon, ſinon que j'ay taſché de prouuer l'exiſtence de Dieu, que ne diroient-ils point, si j'entreprenois d'examiner qu'elle est la iuste valeur de toutes les choses qu'on peut desirer ou craindre; Quel sera l'état de l'Ame aprés la mort; Iusques où nous deuons aimer la vie; Et quels nous deuons estre pour n'auoir aucun sujet d'en craindre la perte. I'aurois beau n'auoir que les opinions les plus conformes à la Religion, & les plus vtiles au bien de l'Etat, qui puissent estre, ils ne lairroient pas de me vouloir faire acroire que j'en aurois de contraires à l'vn & à l'autre. Et ainsi ie croy, que le mieux que ie puisse faire d'oresnauant, est de m'abstenir de faire des Liures; Et ayant pris pour ma deuise, (*Illi mors grauis incubat, Qui notus nimis omnibus, Ignotus moritur sibi.*) de n'étudier plus que pour m'instruire, & ne communiquer mes pensées qu'à ceux auec qui ie pouray conuerser priuément. Ie vous assure que ie m'estimerois extrémement heureux, si ce pouuoit estre auec vous; Mais ie ne croy pas que j'aille iamais aux lieux où vous estes, ny que vous vous retiriez en cétui-cy; tout ce que ie puis esperer, est que peut-estre aprés quelques années, en repassant vers la France, vous me ferez la faueur de vous arrester quelques iours en mon Hermitage, & que j'auray alors le moyen de vous entretenir à cœur ouuert. On peut dire beaucoup de choses en peu de tems , & ie trouue que la longue fréquentation n'est pas necessaire pour lier d'étroites amitiez, lors qu'elles sont fondées sur la Vertu ; Dés la premiere heure que j'ay eu l'honneur de vous voir, j'ay esté entierement à vous, & comme jay osé dés lors m'assurer de vostre bien-veillance, aussi ie vous suplie de

croire que ie ne vous pourois eſtre plus acquis que ie
ſuis, ſi j'auois paſſé auec vous toute ma vie. Au reſte,
il ſemble que vous inferez, de ce que j'ay étudié les
paſſions, que ie n'en dois plus auoir aucune ; mais ie
vous diray que tout au conꝰaire, en les examinant, je
les ay trouuées preſque toutes bonnes, & tellement
vtiles à cette vie, que noſtre Ame n'auroit pas ſujet de
vouloir demeurer jointe à ſon cors, vn ſeul moment,
ſi elle ne les pouuoit reſſentir. Il eſt vray que la colere
eſt vne de celles dont j'eſtime qu'il ſe faut garder,
entant qu'elle a pour objet vne offenſe receuë ; & pour
cela nous deuons taſcher d'éleuer ſi haut noſtre eſprit,
que les offenſes que les autres nous peuuent faire ne
paruiennent iamais iuſques à nous. Mais ie croy qu'au
lieu de colere, il eſt iuſte d'auoir de l'indignation, &
j'auoüe que j'en ay ſouuent contre l'ignorance de
ceux qui veulent eſtre pris pour doctes, lors que ie la
voy iointe à la malice. Mais ie vous puis aſſurer qu'à
voſtre égard les paſſions que i'ay, ſont de l'admiration
pour voſtre Vertu, & vn zele tres-particulier, qui fait
que ie ſuis, &c.

A MONSIEVR CHANVT.

LETTRE XXXV.

MONSIEVR,

L'aymable Lettre que ie viens de receuoir de voſtre
part, ne me permet pas que ie repoſe iuſques à ce que

i'y aye fait réponfe ; & bien que vous y propofiez des queftions que de plus fçauans que moy auroient bien de la peine à examiner en peu de tems , toutesfois à caufe que ie fçay bien qu'encore que i'y en employaffe beaucoup , ie me les pourois entierement réfoudre, I'aime mieux mettre promtement fur le papier ce que le zele qui m'incite me dictera, que d'y penfer plus à loifir, & n'écrire par aprés rien de meilleur.

Vous voulez fçauoir mon opinion touchant trois chofes. 1. Ce que c'eft que l'amour. 2. Si la feule lumiere naturelle nous enfeigne à aimer Dieu. 3. Lequel des deux déreglemens & mauuais vfages eft le pire de l'Amour, ou de la haine.

Pour répondre au premier point, Ie diftingue entre l'Amour qui eft purement intellectuelle ou raifonnable , & celle qui eft vne paffion ; La premiere n'eft ce me femble autre chofe, finon que lors que noftre Ame aperçoit quelque bien, foit préfent, foit abfent, qu'elle iuge lui eftre conuenable, elle fe ioint à lui de volonté, c'eft à dire, elle fe confidere foy-mefme auec ce bien-là comme vn tout dont il eft vne partie, & elle l'autre : Enfuite dequoy s'il eft prefent, c'eft à dire, fi elle le poffede, ou qu'elle en foit poffedée, ou enfin qu'elle foit iointe à lui non feulement par fa volonté, mais auffi réellement & de fait, en la façon qu'il lui conuient d'eftre iointe, le mouuement de fa volonté qui acompagne la connoiffance qu'elle a que ce luy eft vn bien, eft fa ioye ; & s'il eft abfent, le mouuement de fa volonté qui acompagne la connoiffance qu'elle a d'en eftre priuée, eft fa trifteffe ; Mais celui qui a-

compagne la connoiſſance qu'elle a qu'il luy ſeroit
bon de l'acquerir, eſt ſon deſir. Et tous ces mouuemens de la volonté auſquels conſiſtent l'amour, la
ioye, la triſteſſe, & le deſir, entant que ce ſont des
penſées raiſonnables, & non point des paſſions, ſe
pouroient trouuer en noſtre ame, encore qu'elle n'euſt
point de cors : Car, par exemple, ſi elle s'aperceuoit
qu'il y a beaucoup de choſes à cõnoiſtre en la Nature,
qui ſont fort belles, ſa volonté ſe porteroit infailliblement à aymer la connoiſſance de ces choſes, c'eſt à dire, à la conſiderer comme luy apartenant. Et ſi elle
remarquoit auec cela qu'elle euſt cette cõnoiſſance, elle en auroit de la joye; ſi elle cõſideroit qu'elle ne l'euſt
pas, elle en auroit de la triſteſſe ; ſi elle penſoit qu'il luy
ſeroit bon de l'acquerir, elle en auroit du deſir. Et il n'y
a rien en tous ces mouuemés de ſa volonté qui luy fuſt
obſcur, ny dont elle n'euſt vne tres-parfaite connoiſſance, pourvû qu'elle fiſt réflexion ſur ſes penſées.
Mais pendant que noſtre Ame eſt jointe au cors, cette
amour raiſonnable eſt ordinairement acompagnée
de l'autre, qu'on peut nommer ſenſuelle ou ſenſitiue,
& qui comme j'ay ſommairement dit de toutes les
paſſions, aperits & ſentimens, en la page 268. de mes
principes, n'eſt autre choſe qu'vne penſée confuſe excitée en l'Ame par quelque mouuement des nerfs, laquelle la diſpoſe à cette autre penſée plus claire en
qui conſiſte l'amour raiſonnable. Car comme en la
ſoif, le ſentiment qu'on a de la ſechereſſe du goſier, eſt
vne penſée qui diſpoſe au deſir de boire, mais qui n'eſt
pas ce deſir meſme; ainſi en l'Amour on ſent ie ne ſçay

quelle chaleur autour du cœur, & vne grande abondance de ſang dans le poumon, qui fait qu’on ouure
meſme les bras côme pour embraſſer quelque choſe,
& cela rend l’Ame encline à joindre à ſoy de volonté
l’objet qui ſe préſente. Mais la penſée par laquelle l’A-
me ſent cette chaleur, eſt differente de celle qui la
joint à cét objet; Et meſme il arriue quelquefois que ce
ſentiment d’Amour ſe trouue en nous, ſans que noſtre
volonté ſe porte à rien aymer, à cauſe que nous ne
rencontrons point d’objet que nous penſions en
eſtre digne : Il peut arriuer auſſi au contraire que nous
connoiſſions vn bien qui mérite beaucoup, & que
nous nous joignions à luy de volonté, ſans auoir pour
cela aucune paſſion, à cauſe que le cors n’y eſt pas diſpoſé. Mais pour l’ordinaire ces deux Amours ſe trouuent enſemble : car il y a vne telle liaiſon entre l’vne &
l’autre, que lors que l’Ame juge qu’vn objet eſt digne
d’elle, cela diſpoſe incontinent le cœur aux mouuemens qui excitent la paſſion d’Amour, & lors que le
cœur ſe trouue ainſi diſpoſé par d’autres cauſes, cela
fait que l’Ame imagine des qualitez aymables en des
objets, où elle ne verroit que des défauts en vn autre
tems. Et ce n’eſt pas merueille que certains mouuemens de cœur ſoient ainſi naturellement joints à certaines penſées, auec leſquelles ils n’ont aucune reſſem-
blance ; car de ce que noſtre Ame eſt de telle nature
qu’elle a pû eſtre vnie à vn cors, elle a auſſi cette proprieté que chacune de ſes penſées ſe peut tellement
aſſocier auec quelques mouuemens ou autres diſpoſitions de ce cors, que lors que les meſmes diſpoſitions

se trouuent vne autre fois en luy, elles induisent l'A-
me à la mesme pensée, & réciproquement lors que la
mesme pensée reuient, elle prépare le cors à receuoir
la mesme disposition. Ainsi lors qu'on aprend vne
langue, on joint les Lettres ou la prononciatiõ de certains mots, qui sont des choses materielles, auec leurs
significations qui sont des pensées : En sorte que lors
qu'on oyt aprés derechef les mesmes mots, on conçoit
les mesmes choses, & quand on conçoit les mesmes
choses, on se ressouuient des mesmes mots. Mais les
premieres dispositions du cors qui ont ainsi acompagné nos pensées, lors que nous sommes entrés au monde, ont dû sans doute se joindre plus étroitement auec
elles, que celles qui les acompagnent par aprés. Et
pour examiner l'origine de la chaleur qu'on sent autour du cœur, & celle des autres dispositions du cors,
qui acompagnent l'Amour, Ie considere que dés le
premier moment que nostre Ame a esté jointe au cors,
il est vray-semblable qu'elle a senty de la joye, & incontinent aprés de l'Amour, puis peut-estre aussi de la
haine, & de la tristesse; & que les mesmes dispositions
du cors qui ont pour lors causé en elle ces passions, en
ont naturellement par aprés acompagné les pensées.
Ie juge que sa premiere passion a esté la joye, pource
qu'il n'est pas croyable que l'Ame ayt esté mise dans le
cors, sinon lors qu'il a esté bien disposé, & que lors
qu'il est ainsi bien disposé, cela nous donne naturellement de la joye. Ie dis aussi que l'Amour est venuë
aprés, à cause que la matiere de nostre cors s'écoulant
sans cesse, ainsi que l'eau d'vne riuiere, & estant besoin

qu'il en reuienne d'autre en sa place , il n'est gueres
vray-semblable que le cors ayt esté bien disposé, qu'il
n'y ayt eu aussi proche de luy quelque matiere fort
propre à luy seruir d'aliment, & que l'Ame se joignant
de volonté à cette nouuelle matiere a eu pour elle de
l'Amour ; Comme aussi par aprés s'il est arriué que cét
aliment ayt manqué, l'Ame en a eu de la tristesse ; Et
s'il en est venu d'autre en sa place qui n'ayt pas esté propre à nourir le cors, elle a eu pour luy de la haine.

Voila les quatre passions que ie croy auoir esté en
nous les premieres, & les seules que nous auons euës
auant nostre naissance ; & ie croy aussi qu'elles n'ont
esté à lors que des sentimens ou des pensées fort con-
fuses, pource que l'Ame estoit tellement attachée à la
matiere, qu'elle ne pouuoit encore vaquer à autre chose qu'à en receuoir les diuerses Impressions ; & bien
que quelques années aprés, elle ayt commencé à auoir
d'autres ioyes, & d'autres Amours, que celles qui ne
dépendent que de la bonne constitution & conuenab-
ble nouriture du cors, toutesfois ce qu'il y a eu d'intel-
lectuel en ses ioyes ou amours, a tou-iours esté acompagné des premiers sentimens qu'elle en auoit eus, &
mesme aussi des mouuemens ou fonctions naturelles
qui estoient alors dans le cors : en sorte que d'autant
que l'amour n'estoit causée auant la naissance que par
vn aliment conuenable qui entrant abondamment
dans le foye, dans le cœur, & dans le poumon, y exci-
toit plus de chaleur que de coutume, de là vient que
maintenant cette chaleur acompagne tou-iours l'A-
mour, encore qu'elle vienne d'autres causes fort differentes.

rentes. Et si ie ne craignois d'estre trop long, ie pourois faire voir par le menu, que toutes les autres dispositions du cors, qui ont esté au commencement de
nostre vie auec ces quatre passions, les acompagnent
encore. Mais ie diray seulement que ce sont des sentimens confus de nostre enfance, qui demeurans ioints
auec les pensées raisonnables par lesquelles nous aymons ce que nous en jugeons digne, sont cause que la
nature de l'amour nous est dificile à connoistre. A
quoy j'adiouté que plusieurs autres passions, comme la
joye, la tristesse, le desir, la crainte, l'esperance, &c.
se mélant diuersement auec l'Amour, empeschent
qu'on ne reconnoisse en quoy c'est proprement qu'elle consiste. Ce qui est principalement remarquable
touchant le desir; Car on le prend si ordinairement
pour l'amour, que cela est cause qu'on a distingué
deux sortes d'amours; l'vne qu'on nomme amour de
Bien-voillance, en laquelle ce desir ne paroist pas tant,
& l'autre qu'on nomme amour de Concupiscence,
laquelle n'est qu'vn desir fort violent, fondé sur vn
amour qui souuent est foible.

Mais il faudroit écrire vn gros volume pour traitter
de toutes les choses qui apartiennent à cette passion;
& bien que son naturel soit de faire qu'on se communique le plus que l'on peut, en sorte qu'elle m'incite à
tascher icy de vous dire plus de choses que ie n'en sçay,
Ie me veux pourtant retenir de peur que la longueur
de cette Lettre ne vous ennuye. Ainsi ie passe à vostre
seconde question. Sçauoir si la seule lumiere naturelle,
nous enseigne à aymer Dieu; & si on le peut aymer par

la force de cette lumiere. Ie voy qu'il y a deux fortes raisons pour en douter; la premiere est que les atributs de Dieu qu'on considere le plus ordinairement sont si releués au dessus de nous, que nous ne conceuons en aucune façon qu'ils nous puissent estre conuenables, ce qui est cause que nous ne nous joignons point à eux de volonté; la seconde est qu'il n'y a rien en Dieu qui soit imaginable, ce qui fait qu'encore qu'on auroit pour luy, quelque amour intellectuelle, il ne semble pas qu'on en puisse auoir aucune sensitiue, à cause qu'elle deuroit passer par l'imagination pour venir de l'entendement dans le sens. C'est pourquoy ie ne m'étonne pas si quelques Philosophes se persuadent qu'il n'y a que la Religion Chrestienne, qui nous enseignant le mystere de l'Incarnation, par lequel Dieu s'est abaissé iusqu'à se rendre semblable à nous, fait que nous sommes capables de l'aymer; & que ceux qui sans la connoissance de ce mystere ont semblé auoir de la passion pour quelque Diuinité n'en ont point eu pour cela pour le vray Dieu, mais seulement pour quelques Idoles qu'ils ont appellées de son nom; tout de mesme qu'Ixion, au dire des Poëtes, embrassoit vne nuë au lieu de la Reyne des Dieux. Toutefois ie ne fais aucun doute que nous ne puissions veritablement aymer Dieu par la seule force de nostre nature. Ie n'assure point que cét amour soit méritoire sans la grace, je laisse démesler cela aux Théologiens; Mais j'ose dire qu'au regard de cette vie, c'est la plus rauissante & la plus vtile passion que nous puissions auoir; & mesme qu'elle peut-estre la plus forte, bien qu'on ayt befoin pour cela d'vne méditation fort attentiue, à caufe que nous fommes continuellement diuertis par la préfence des autres objets. Or le chemin que ie juge qu'on doit fuiure pour paruenir à l'amour de Dieu, eft qu'il faut confiderer qu'il eft vn efprit, ou vne chofe qui penfe, en quoy la nature de noftre ame ayant quelque reffemblance auec la fienne, nous venons à nous perfuader qu'elle eft vne émanation de fa fouueraine Intelligence, *Et diuinæ quafi particula auræ.* Mefme à caufe que noftre cônoiffance femble fe pouuoir acroiftre par degrés iufqu'à l'infiny, & que celle de Dieu eftant infinie, elle eft au but où vife la noftre; fi nous ne confiderons rien d'auantage, nous pouuons venir à l'extrauagance de fouhaiter d'eftre Dieux, & ainfi par vne tres-grande erreur, aymer feulement la Diuinité, au lieu d'aymer Dieu. Mais fi auec cela nous prenons garde à l'infinité de fa puiffance par laquelle il a creé tant de chofes, dont nous ne fommes que la moindre partie; à l'étenduë de fa prouidence, qui fait qu'il voit d'vne feule penfée tout ce qui a efté, qui eft, qui fera, & qui fçauroit eftre; à l'infaillibilité de fes decrets, qui bien qu'ils ne troublent point noftre libre arbitre, ne peuuent neantmoins en aucune façon eftre changez; Et enfin d'vn cofté à noftre petiteffe, & de l'autre à la grandeur de toutes les chofes créées, en remarquant de qu'elle forte elles dépendent de Dieu, & en les confiderant d'vne façon qui ayt du raport à fa toute puiffance, fans les renfermer en vne boule, comme font ceux qui veulent que le monde foit finy: la Meditation de toutes ces chofes

remplit vn homme qui les entend bien d'vne joye si
extréme, que tant s'en faut qu'il soit injurieux & ingrat enuers Dieu iusqu'à souhaiter de tenir sa place,
il pense des.-ja auoir assez vescu de ce que Dieu luy a
fait la grace de paruenir à de telles connoissances; & se
joignant entierement à luy de volonté, il l'ayme si
parfaitement , qu'il ne desire plus rien au monde,
sinon que la volonté de Dieu soit faite ; Ce qui est
cause qu'il ne craint plus ny la mort, ny les douleurs,
ny les disgraces, pource qu'il sçait que rien ne luy peut
ariuer, que ce que Dieu aura decreté ; & il ayme tellement ce diuin decret, il l'estime si iuste & si necessaire,
il sçait qu'il en doit si entierement dépendre, que mesme, lors qu'il en attend la mort, ou quelqu'autre mal,
si par impossible il pouuoit le changer, il n'en auroit
pas la volonté. Mais s'il ne refuse point les maux ou
les afflictions, pource qu'elles luy viennent de la prouidence Diuine, Il refuse encore moins tous les biens
ou plaisirs licites dont il peut iouïr en cette vie, pource
qu'ils en viennent aussi ; & les receuant auec ioye, sans
auoir aucune crainte des maux, son amour le rend parfaitement heureux. Il est vray qu'il faut que l'Ame se
détache fort du commerce des sens pour se representer les verités qui excitent en elle cet amour, d'où vient
qu'il ne semble pas qu'elle puisse la communiquer à la
faculté imaginatiue pour en faire vne passion. Mais
neantmoins ie ne doute point qu'elle ne luy communique ; Car encore que nous ne puissions rien imaginer de ce qui est en Dieu, lequel est l'objet de nostre
amour, nous pouuons imaginer nostre amour mes-

me, qui confiste en ce que nous voulons nous vnir à
quelque objet, c'est à dire, au regard de Dieu, nous considerer comme vne tres-petite partie de toute l'immensité des choses qu'il a créées; pource que selon que
les objets sont diuers, on se peut vnir auec eux, ou les
joindre à soy en diuerses façons ; & la seule Idée de
cette vnion suffit pour exciter de la chaleur autour
du cœur, & causer vne tres-violente passion. Il est
vray aussi que l'vsage de nostre langue, & la ciuilité des
complimens ne permet pas que nous disions à ceux
qui sont d'vne condition fort réleuee au dessus de la
nostre que nous les aymons, mais seulement que nous
les respectons, honorons, estimons, & que nous auons
du zele & de la déuotion pour leur seruice; Dont il me
semble que la raison est, que l'amitié d'homme à homme rend égaux en quelque façon ceux en qui elle est
réciproque ; & ainsi que pendant que l'on tasche à se
faire aymer de quelque Grand, si on luy disoit qu'on
l'ayme, il pouroit penser qu'on le traitte d'égal , &
qu'on luy fait tort. Mais pource que les Philosophes
n'ont pas coutume de donner diuers noms aux choses qui conuiennent en vne mesme définition , &
que ie ne sçay point d'autre définition de l'amour, sinon qu'elle est vne passion qui nous fait joindre de
volonté à quelque obiet, sans distinguer si cét objet
est égal, ou plus grand, ou moindre que nous, il me
semble que pour parler leur langue, ie dois dire qu'on
peut aymer Dieu. Et si ie vous demandois en conscience si vous n'aymez point cette grande Reyne auprés
de laquelle vous estes à présent, vous auriez beau dire

que vous n'auez pour elle que du reſpect, de la véneration, & de l'étonnement, ie ne lairrois pas de iuger
que vous auez auſſi vne tres-ardente affection: Car voſtre ſtile coule ſi bien quand vous parlez d'elle, que
bien que ie croye tout ce que vous en dittes, pource
que ie ſçay que vous eſtes tres-veritable, & que j'en ay
auſſi ouy parler à d'autres, Ie ne croy pas neantmoins
que vous la peuſſiez d'écrire comme vous faites, ſi
vous n'auiez beaucoup de zele ; ny que vous puiſſiez
eſtre auprés d'vne ſi grande lumiere ſans en receuoir
de la chaleur. Et tant s'en faut que l'amour que nous
auons pour les objets qui ſont au deſſus de nous, ſoit
moindre que celle que nous auons pour les autres, Ie
croy que de ſa nature elle eſt plus parfaite, & qu'elle fait
qu'on embraſſe auec plus d'ardeur les intereſts de ce
qu'on ayme. Car la nature de l'amour eſt de faire qu'on
ſe conſidere auec l'objet aymé comme vn tout dont
on n'eſt qu'vne partie, & qu'on transfere tellement les
ſoins qu'on a coutume d'auoir pour ſoy-meſme à la
conſeruation de ce tout, qu'on n'en retienne pour
ſoy en particulier qu'vne partie auſſi grande ou auſſi
petite, qu'on croit eſtre vne grande ou petite partie du tout auquel on a donné ſon affection : en
ſorte que ſi on s'eſt ioint de volonté auec vn obiet
qu'on eſtime moindre que ſoy, par exemple, ſi nous
aymons vne fleur, vn oyſeau, vn baſtiment, ou choſe
ſemblable, la plus haute perfection où cette amour
puiſſe atteindre, ſelon ſon vray vſage, ne peut faire
que nous mettions noſtre vie en aucun hazard pour la
conſeruation de ces choſes, pource qu'elles ne ſont

pas des parties plus nobles du tout qu'elles compofent
auec nous, que nos ongles & nos cheueux font de noftre cors; & ce feroit vne extrauagance de mettre tout
le cors au hazard pour la conferuation des cheueux.
Mais quand deux hommes s'entr'ayment, la charité
veut que chacun d'eux eftime fon amy plus que foy-
mefme, c'eft pourquoy leur amitié n'eft point parfaite, s'ils ne font prefts de dire en faueur l'vn de l'autre,
meme adfum qui feci, in me conuertite ferrum, &c. Tout de
mefme quand vn particulier fe joint de volonté à fon
Prince, ou à fon pays, fi fon amour eft parfaite, il ne fe
doit eftimer que comme vne fort petite partie du
tout qu'il compofe auec eux, & ainfi ne craindre
pas plus d'aller à vne mort affurée pour leur feruice,
qu'on craint de tirer vn peu de fang de fon bras, pour
faire que le refte du cors fe porte mieux. Et on voit
tous les iours des exemples de cet amour, mefme en
des perfonnes de baffe condition, qui donnent leur
vie de bon cœur pour le bien de leur pays, ou pour la
défenfe d'vn Grand qu'ils affectionnent. En fuite de
quoy il eft éuident que noftre amour enuers Dieu doit
eftre fans comparaifon la plus grande & la plus parfaite de toutes.

Ie n'ay pas peur que ces penfées métaphyfiques qu'il
le donnent trop de peyne à voftre efprit; car ie fçay
eft tres-capable de tout; mais j'auoüe qu'elles laffent le
mien, & que la préfence des objets fenfibles ne permet pas que je m'y arrefte long-tems. C'eft pourquoy ie paffe à la troifiéme queftion; fçauoir, lequel
des deux déreglemens eft le pire, celuy de l'amour, ou

celuy de la hayne. Mais ie me trouue plus empefché a y répondre qu'aux deux autres, à caufe que vous
y auez moins expliqué voftre intention, & que cette
dificulté fe peut entendre en diuers fens, qui me femblent deuoir eftre examinez féparément. On peut dire qu'vne paffion eft pire qu'vne autre, à caufe qu'elle
nous rend moins vertueux; ou à caufe qu'elle répugne
d'auantage à noftre contentement; ou enfin à caufe
qu'elle nous emporte à de plus grans excés, & nous
difpofe à faire plus de mal aux autres hommes.

Pour le premier point, ie le trouue douteux. Car en
confiderant les définitions de ces deux paffions, ie
iuge que l'amour que nous auons pour vn objet qui
ne le mérite pas, nous peut rendre pires que ne fait
la hayne que nous auons pour vn autre que nous de-
urions aymer; à caufe qu'il y a plus de danger d'eftre
joint à vne chofe qui eft mauuaife, & d'eftre comme
transformé en elle, qu'il n'y en a d'eftre féparé de volonté d'vne qui eft bonne. Mais quand ie prens garde
aux inclinations ou habitudes qui naiffent de ces paffions, ie change d'auis : Car voyant que l'amour, quelque déreglée qu'elle foit, a tou-jours le bien pour objet, il ne me femble pas qu'elle puiffe tant corrompre
nos mœurs, que fait la haine qui ne fe propofe que le
mal. Et on voit par experience que les plus gens de
bien deuiennent peu à peu malicieux, lors qu'ils font
obligez de haïr quelqu'vn; Car encore mefme que leur
haine foit iufte, ils fe reprefentent fi fouuent les maux
qu'ils reçoiuent de leur ennemy, & auffi ceux qu'ils luy
fouhaitent, que cela les acoutume peu à peu à la malice.

ce. Au contraire ceux qui s'adonnent à aymer, encore mefme que leur amour foit déreglée & friuole, ne
laiffent pas de fe rendre fouuent plus honneftes gens
& plus vertueux, que s'ils ocupoient leur efprit à d'autres penfées. Pour le fecond point, ie n'y trouue aucune dificulté: Car la hayne eft tou-jours acompagnée
de trifteffe & de chagrin, & quelque plaifir que certaines gens prennent à faire du mal aux autres, ie croy
que leur volupté eft femblable à celle des Démons,
qui felon noftre Religion ne laiffent pas d'eftre dam-
nez, encore qu'ils s'imaginent continuellement fe
vanger de Dieu en tourmentant les hommes dans les
Enfers. Au contraire l'amour tant déreglée qu'elle
foit, donne du plaifir, & bien que les Poëtes s'en plaignent fouuent dans leurs Vers, Ie croy neantmoins
que les hommes s'abftiendroient naturellement d'aymer, s'ils n'y trouuoient plus de douceur que d'amertume; & que toutes les afflictions dont on attribuë la
caufe à l'amour, ne viennent que des autres paffions
qui l'acompagnent, à fçauoir, des defirs témeraires,
& des efperances mal fondées. Mais fi l'on demande
laquelle de ces deux paffions nous emporte à de plus
grands excés,& nous rend capables de faire plus de mal
au refte des hommes, Il me femble que ie dois dire
que c'eft l'Amour ; d'autant qu'elle a naturellement
beaucoup plus de force & plus de vigueur que la haine ; & que fouuent l'affection qu'on a pour vn objet
de peu d'importance, caufe incomparablement plus
de maux, que ne pouroit faire la haine d'vn autre de
plus de valeur. Ie prouue que la haine a moins de vi-

gueur que l'amour, par l'origine de l'vne & de l'autre. Car s'il est vray que nos premiers sentimens d'amour soient venus de ce que nostre cœur receuoit abondance de nouriture qui luy estoit conuenable, & au contraire que nos premiers sentimens de haine ayent esté causez par vn aliment nuisible qui venoit au cœur, & que maintenant les mesmes mouuemens acompagnent encore les mesmes passions, ainsi qu'il a tantost esté dit, il est éuident que lors que nous aymons, tout le plus pur sang de nos veines coule abondamment vers le cœur, ce qui enuoye quantité d'esprits animaux au cerueau, & ainsi nous donne plus de force, plus de vigueur, & plus de courage; Au lieu que si nous auons de la haine, l'amertume du fiel, & l'aigreur de la rate, se meslant auec nostre sang, est cause qu'il ne vient pas tant ny de tels esprits au cerueau, & ainsi qu'on demeure plus foible, plus froid, & plus timide. Et l'experience côfirme mon dire; Car les Hercules, les Rolans, & generalement ceux qui ont le plus de courage ayment plus ardemment que les autres; & au contraire ceux qui sont foibles & lasches sont les plus enclins à la haine. La colere peut bien rendre les hommes hardis, mais elle emprunte sa vigueur de l'amour qu'on a pour soy-mesme, laquelle luy sert tou-jours de fondement, & non pas de la hayne qui ne fait que l'acompagner. Le desespoir fait faire aussi de grans effors de courage, & la peur fait exercer de grandes cruautez, mais il y a de la difference entre ces passions & la haine. Il me reste encore à prouuer, que l'amour qu'on a pour vn objet de peu d'importance, peut causer plus de

mal eſtant déreglée, qui ne fait la hayne d'vn autre de
plus de valeur. Et la raiſon que j'en donne, eſt, que le
mal qui vient de la hayne s'étend ſeulemét ſur l'objet
haï; au lieu que l'amour déreglée n'eſpargne rien, ſinon ſon objet, lequel n'a pour l'ordinaire que peu d'é-
tenduë, à comparaiſon de toutes les autres choſes
dont elle eſt preſte de procurer la perte & la ruyne,
afin que cela ſerue de ragouſt à l'extrauagance de ſa
fureur. On dira peut-eſtre que la hayne eſt la plus
prochaine cauſe des maux qu'on attribuë à l'amour,
pour ce que ſi nous aymons quelque choſe, nous haïſ-
ſons par meſme moyen tout ce qui luy eſt contraire: Mais l'amour eſt tou-jours plus coupable que la
hayne, des maux qui ſe font en cette façon, d'autant
qu'elle en eſt la premiere cauſe, & que l'amour d'vn
ſeul objet, peut ainſi faire naiſtre la hayne de beaucoup d'autres. Puis outre cela, les plus grans maux
de l'Amour ne ſont pas ceux qu'elle commet en cette
façon par l'entremiſe de la haine, les principaux & les
plus dangereux ſont ceux qu'elle fait, ou laiſſe faire,
pour le ſeul plaiſir de l'objet aymé, ou pour le ſien
propre. Ie me ſouuiens d'vne ſaillie de Theophile,
qui peut eſtre miſe icy pour exemple; Il fait dire à vne
perſonne éperduë d'amour.

> *Dieux que le beau Paris eut vne belle proye!*
> *Que cét Amant fit bien,*
> *Alors qu'il alluma l'embrazement de Troye,*
> *Pour amortir le ſien.*

Ce qui monſtre que meſme les plus Grans, & les plus
funeſtes deſaſtres peuuent eſtre quelquefois, comme

j'ay dit, des ragousts d'vne amour mal-réglée, & seruir à la rendre plus agreable, d'autant qu'ils en encherissent le prix. Ie ne sçay si mes pensées s'acordent en cecy auec les vostres, mais ie vous assure bien qu'elles s'acordent en ce que comme vous m'auez promis beaucoup de bien-veillance, ainsi ie suis auec vne tres-ardente passion, &c.

D'Egmond le
1. Fev.1647.

A MONSIEVR CHANVT.
LETTRE XXXVI.

MONSIEVR,

Comme je passois par icy pour aller en France, I'ay apris de Monsieur Brasset qu'il m'auoit enuoyé de vos Lettres à Egmond, & bien que mon voyage soit assez pressé, je me proposois de les attendre; mais ayant esté receuës en mon logis trois heures aprés que j'en estois party, on me les a incontinent renuoyées. Ie les ay luës auec auidité. I'y ay trouué de grandes preuues de vostre amitié & de vostre adresse. I'ay eu peur en lisant les premieres pages, où vous m'aprenés que Monsieur du Rier auoit parlé à la Reyne d'vne de mes Lettres, & qu'elle demandoit de la voir. Par aprés ie me sois rassuré estant à l'endroit où vous écriuez qu'elle en a oüy la lecture auec quelque satisfaction ; Et ie doute si j'ay esté touché de plus d'admiration, de ce qu'elle a si facilement entendu des choses que les plus doctes estiment tres-obscures, ou de joye, de ce qu'elles ne luy

ont pas déplû. Mais mon admiration s'eſt redoublée,
lors que j'ay vû la force & le pois des objections que ſa
Majeſté a remarquées touchant la grandeur que j'ay
attribuée à l'Vniuers. Et ie ſouhaiterois, que voſtre
Lettre m'euſt trouué en mon ſejour ordinaire; pource
qu'y pouuant mieux recueillir mon eſprit, que dans la
chambre d'vne Hoſtellerie, l'aurois peut-eſtre pû me
démeſler vn peu mieux d'vne queſtion ſi dificile, & ſi
judicieuſement propoſée. Ie ne prétens pas toutes-fois
que cela me ſerue d'excuſe ; & pourvû qu'il me ſoit
permis de penſer que c'eſt à vous ſeul que j'écris, afin
que la véneration & le reſpect ne rendent point mon
imaginarion trop confuſe, ie m'éforceray icy de mettre tout ce que ie puis dire touchant cette matiere.

En premier lieu, ie me ſouuiens que le Cardinal de
Cuſa, & pluſieurs autres Docteurs ont ſupoſé le
monde infiny, ſans qu'ils ayent iamais eſté repris de
l'Egliſe pour ce ſujet ; Au contraire, on croit que c'eſt
honorer Dieu, que de faire conceuoir ſes œuures fort
grans ; Et mon opinion eſt moins dificile à receuoir
que la leur, pource que ie ne dis pas que le monde
ſoit *infiny*, mais *indefiny* ſeulement. En quoy il y a vne
diference aſſez remarquable : car pour dire qu'vne
choſe eſt infinie, on doit auoir quelque raiſon qui la
faſſe connoiſtre telle, ce qu'on ne peut auoir que de
Dieu ſeul ; mais pour dire qu'elle eſt indéfinie, il ſufit
de n'auoir point de raiſon par laquelle on puiſſe prouuer qu'elle ait des bornes. Ainſi il me ſemble qu'on
ne peut prouuer, ny meſme conceuoir, qu'il y ait des
bornes en la matiere dont le monde eſt compoſé. Car

T iij

en éxaminât la nature de cette matiere, ie trouue qu'elle ne côfiste en autre chofe, qu'en ce qu'elle a de l'étenduë en longueur, largeur & profondeur; de façon que
tout ce qui a ces trois dimenfiôs eft vne partie de cette
matiere; & il ne peut y auoir aucun efpace entieremét
vuide, c'eft à dire, qui ne contienne aucune matiere,
à caufe que nous ne fçaurions conceuoir vn tel efpace,
que nous ne conceuions en luy ces trois dimenfions,
& par confequent de la matiere. Or en fupofant le
monde finy, on imagine au delà de fes bornes quelques efpaces qui ont leur trois dimenfions, & ainfi
qui ne font pas purément imaginaires, comme les Philofophes les nomment, mais qui contiennent en foy
de la matiere; laquelle ne pouuant eftre ailleurs que
dans le monde, fait voir que le monde s'étend au delà
des bornes qu'on auoit voulu luy attribuer. N'ayant
donc aucune raifon pour prouuer, & mefme ne pouuant conceuoir, que le monde ait des bornes, ie le
nomme *Indefiny*; Mais ie ne puis nier pour cela, qu'il
n'en ait peut-eftre quelques-vnes qui font connües de
Dieu, bien qu'elles me foient incomprehenfibles; C'eft
pourquoy ie ne dis pas abfolument qu'il eft *Infiny*.

Lors que fon étenduë eft confiderée en cette forte,
fi on la compare auec fa durée, il me femble qu'elle
donne feulement ocafion de penfer, qu'il n'y a point
de tems imaginable auant la Création du monde auquel Dieu n'euft pû le créér, s'il euft voulu; Et qu'on
n'a point fujet pour cela de conclure, qu'il l'a véritablement creé auant vn tems indéfiny; à caufe que l'é-
xiftence actuelle ou véritable que le monde a eüe de-

puis cinq ou six mil ans, n'est pas necessairemēt jointe
auec l'éxistence possible ou imaginaire qu'il a pû auoir,
auparauant; ainsi que l'éxistence actuelle des espaces
qu'on cōçoit autour d'vn globe, (c'est à dire, du monde
supofé cōme *finy*) est jointe auec l'éxistence actuelle de
ce mesme globe. Outre cela, si de l'étenduë indéfinie
du monde on pouuoit inferer l'éternité de sa durée
au regard du tems passé, on la pouroit encore mieux
inferer de l'éternité de la durée qu'il doit auoir à l'auenir. Car la foy nous enseigne, que bien que la Terre &
les Cieux périront, c'est à dire, changeront de face;
Toutes-fois le monde, c'est à dire, la matiere dont ils
font composez, ne perira iamais; comme il paroist
de ce qu'elle promet vne vie éternelle à nos cors apres
la résurrection, & par consequent aussi au monde dans
lequel ils seront; Mais de cette durée infinie que le
monde doit auoir à l'auenir, on n'infere point qu'il ayt
esté cy-deuant de toute éternité; à cause que tous les
momens de sa durée sont indépendans les vns de
autres.

Pour les prérogatiues que la Religion atribuë à
l'homme, & qui semblent dificiles à croire, si l'é-
tenduë de l'Vniuers est suposée indéfinie, elles méritent quelque explication: Car bien que nous puissions dire que toutes les choses créées sont faites pour
nous, entant que nous en pouuons tirer quelque vsage,
ie ne sçache point neantmoins que nous soyons obligez de croire que l'homme soit la fin de la Création.
Mais il est dit que *omnia propter ipsum* (Deum) *facta sunt,*
que c'est Dieu seul qui est la cause finale, aussi bien que

la cauſe éficiente de l'Vniuers ; Et pour les créatures,
dautant qu'elles ſeruent réciproquement les vnes aux
autres, chacune ſe peut atribuer cet auantage , que
toutes celles qui luy ſeruent ſont faites pour elle. Il eſt
vray que les ſix iours de la Création ſont tellement dé-
crits en la Géneſe, qu'il ſemble que l'homme en ſoit
le principal ſujet ; Mais on peut dire que cette hiſtoire
de la Géneſe ayant eſté écrite pour l'homme, ce ſont
principalement les choſes qui le regardent que le S.
Eſprit y a voulu ſpécifier, & qu'il n'y eſt parlé d'aucunes , qu'entant qu'elles ſe raportent à l'homme. Et
à cauſe que les Prédicateurs ayant ſoin de nous inciter
à l'amour de Dieu, ont coutume de nous repreſenter les diuers vſages que nous tirons des autres créatures, & diſent que Dieu les a faites pour nous, & qu'ils
ne nous font point conſiderer les autres fins, pour leſquelles on peut auſſi dire qu'il les a faites, à cauſe que
cela ne ſert point à leur ſujet, nous ſommes fort enclins à croire qu'il ne les a faites que pour nous. Mais
les Prédicateurs paſſent plus outre. Car ils diſent que
chaque homme en particulier eſt redeuable à Ieſus-
Chriſt de tout le ſang qu'il a répandu en la Croix, tout
de meſme que s'il n'eſtoit mort que pour vn ſeul ; en
quoy ils diſent bien la verité ; Mais comme cela n'empeſche pas qu'il n'ait racheté de ce meſme ſang vn
tres-grand nombre d'autres hommes ; ainſi ie ne voy
point que le myſtere de l'Incarnation, & tous les autres auantages que Dieu a faits à l'homme, empeſchent
qu'il n'en puiſſe auoir fait vne infinité d'autres tres-
grans, à vne infinité d'autres creatures. Et bien que ie

n'infere

n'infere point pour cela qu'il y ait des créatures intel-
ligentes dans les étoiles, ou ailleurs; ie ne voy pas auſſi
qu'il y ait aucune raiſon, par laquelle on puiſſe prouuer
qu'il n'y en a point ; Mais ie laiſſe tou-jours indéciſes
les queſtions qui ſont de cette ſorte, plu-toſt que d'en
rien nier, ou aſſurer. Il me ſemble qu'il ne reſte plus
icy autre dificulté, ſinon qu'aprés auoir crû long-
tems que l'homme a de grans auantages par deſſus les
autres créatures, il ſemble qu'on les perde tous, lors
qu'on vient à changer d'opinion. Mais ie diſtingue
entre ceux de nos biens qui peuuent deuenir moindres, de ce que d'autres en poſſedent de ſemblables, &
ceux que cela ne peut rendre moindres. Ainſi vn homme qui n'a que mille piſtoles ſeroit fort riche, s'il n'y
auoit point d'autres perſonnes au monde qui en euſ-
ſent tant, & le meſme ſeroit fort pauure s'il n'y auoit
perſonne qui n'en euſt beaucoup dauantage ; Et ainſi
toutes les qualitez loüables donnent dautant plus de
gloire à ceux qui les ont, qu'elles ſe rencontrent en
moins de perſonnes; C'eſt pourquoy on a coutume de
porter enuie à la gloire, & aux richeſſes d'autruy. Mais
la vertu, la ſcience, la ſanté, & generalement tous les
autres biens, eſtant conſiderez en eux-meſmes, ſans
eſtre raportez à la gloire, ne ſont aucunement moindres en nous, de ce qu'ils ſe trouuent auſſi en beaucoup d'autres ; c'eſt pourquoy nous n'auons aucun
ſujet d'eſtre faſchez qu'ils ſoient en pluſieurs. Or les
biens qui peuuent eſtre en toutes les créatures intelli-
gentes d'vn monde indéfiny ſont de ce nombre; ils ne
rendent point moindres ceux que nous poſſedons. Au

V

contraire lors que nous aymons Dieu, & que par luy
nous nous joignons de volonté auec toutes les choses
qu'il a créées, dautant que nous les conceuons plus
grandes, plus nobles, plus parfaites, dautant nous estimons nous aussi dauantage, à cause que nous sommes
des parties d'vn tout plus accomply ; & dautant auons
nous plus de sujet de loüer Dieu, à cause de l'immensité de ses œuures. Lors que l'Ecriture sainte parle en
diuers endroits de la multitude innombrable des Anges, elle confirme entierement cette opinion : Car
nous jugeons que les moindres Anges sont incomparablement plus parfaits que les hommes. Et les Astronomes, qui en mesurant la grandeur des Etoiles les
trouuent beaucoup plus grandes que la Terre, la confirment aussi : Car si de l'étenduë indefinie du monde,
on infere qu'il doit y auoir des habitans ailleurs qu'en
la Terre, on le peut inferer aussi de l'étenduë que tous
les Astronomes luy attribuent ; à cause qu'il n'y en a
aucun qui ne juge que la Terre est plus petite au regard de tout le Ciel, que n'est vn grain de sable au regard d'vne montagne.

Ie passe maintenant à vostre question, touchant
les causes qui nous incitent souuent à aymer vne personne plu-tost qu'vne autre, auant que nous en connoissions le mérite ; Et j'en remarque deux, qui sont,
l'vne dans l'Esprit, & l'autre dans le cors. Mais pour
celle qui n'est que dans l'Esprit, elle présupose tant de
choses touchant la nature de nos Ames, que ie n'oserois entreprendre de les déduire dans vne lettre ; Ie
parleray seulement de celle du cors. Elle consiste dans

la difpofition des parties de noftre cerueau, foit que
cette difpofition ait efté mife en luy par les objets des
fens, foit par quelque autre caufe. Car les objets qui
touchent nos fens meuuent par l'entremife des nerfs
quelques parties de noftre cerueau, & y font comme
certains plis, qui fe défont lorfque l'objet ceffe d'a-
gir ; Mais la partie ou ils ont efté faits demeure par
aprés difpofée à eftre pliée derechef en la mefme façon par vn autre objet qui reffemble en quelque chofe au précedent, encore qu'il ne luy reffemble pas en
tout. Par éxemple, lors que j'eftois enfant, j'aymois
vne fille de mon aage, qui eftoit vn peu louche ; au
moyen dequoy, l'impreffion qui fe faifoit par la veüe
en mon cerueau, quand ie regardois fes yeux égarez,
fe joignoit tellement à celle qui s'y faifoit auffi pour
émouuoir en moy la paffion de l'amour, que long-
tems aprés, en voyant des perfonnes louches, ie me
fentois plus enclin à les aymer, qu'à en aymer d'autres ; pour cela feul qu'elles auoient ce défaut ; Et ie ne
fçauois pas neantmoins que ce fuft pour cela ; Au
contraire, depuis que j'y ay fait reflexion, & que j'ay
reconnu que c'eftoit vn défaut, ie n'en ay plus efté
émeu. Ainfi lors que nous fommes portez à aymer
quelqu'vn fans que nous en fçachions la caufe, nous
pouuons croire que cela vient de ce qu'il y a quelque
chofe en luy de femblable à ce qui a efté dans vn autre objet que nous auons aymé auparauant, encore
que nous ne fçachions pas ce que c'eft. Et bien que ce
foit plus ordinairement vne perfection qu'vn défaut,
qui nous attire ainfi à l'amour ; toutes-fois à caufe

que ce peut eſtre quelquefois vn défaut, comme en
l'éxemple que j'ay apporté, vn homme ſage ne ſe
doit pas laiſſer entierement aller à cette paſſion, auant
que d'auoir conſideré le mérite de la perſonne pour
laquelle nous nous ſentons émeus. Mais à cauſe que
nous ne pouuons pas aymer également tous ceux en
qui nous remarquons des mérites égaux, ie croy que
nous ſommes ſeulement obligez de les eſtimer également; Et que le principal bien de la vie eſtant d'auoir
de l'amitié pour quelques-vns, nous auons raiſon de
préferer ceux à qui nos inclinations ſecrettes nous joi-
gnent, pourvû que nous rémarquions auſſi en eux du
merite. Outre que lorsque ces inclinations ſecrettes
ont leur cauſe en l'Eſprit, & non dans le cors, ie croy
qu'elles doiuent tou-jours eſtre ſuiuies; Et la marque
principale qui les fait connoiſtre, eſt, que celles qui
viennent de l'Eſprit ſont réciproques, ce qui n'arriue pas ſouuent aux autres. Mais les preuues que j'ay
de voſtre affection m'aſſurent ſi fort que l'inclination que j'ay pour vous eſt réciproque, qu'il faudroit
que ie fuſſe entierement ingrat, & que ie manquaſ-
ſe à toutes les régles que ie croy deuoir eſtre obſeruées
en l'amitié, ſi ie n'eſtois pas auec beaucoup de zele, &c.

A la Haye le
6. Iuin 1647.

A MONSIEVR CHANVT.

LETTRE XXXVII.

MONSIEVR,

Il faut que ie vous die que ie suis marry du trop fauorable accueil que vous auez procuré aux écrits que ie vous auois enuoyez pour la Reyne de Suede. Car i'ay peur que sa Majesté, ny trouuant rien en les lisant qui corresponde à l'esperance que vous luy en auez fait auoir, en ait dautant moins bonne opinion, qu'elle l'aura eüe meilleure auparauant. I'ay encore vn autre déplaisir, qui est, que puisque mon paquet a esté retenu trois semaines à Amsterdam (ce que j'ay sceu estre arriué, pource qu'on pensoit le deuoir enuoyer par mer, & qu'on en attendoit l'occasion) ie regrette de n'auoir pas employé ce tems-là pour tascher d'écrire quelque chose qui fust moins indigne d'vn si bon accueil. Car encore que j'aye tasché de faire mon mieux ; toutes-fois les secondes pensées ont coutume d'estre plus nettes que les premieres, & ie m'estois hasté en fesant cette dépesche, pour témoigner au moins par ma promtitude, combien j'estois desireux d'obeïr à vn commandement, que ie chérissois comme le plus grand honneur que ie puisse receuoir. Voila M. tous les sujets de tristesse que ie puisse imaginer, afin de moderer l'extréme joye que j'ay d'aprendre, que cette grande Reyne veüille lire

& confiderer à loifir les écrits que j'ay enuoyez ; Car j'ofe me promettre que fi elle goufte les penfées qu'ils contiennent , elles ne feront pas infructueufes ; & pource qu'elle eft l'vne des plus importantes perfonnes de la Terre, que cela mefme peut n'eftre pas inutile au public. Il me femble auoir trouué par experience que la confideration de ces penfées fortifie l'Efprit en l'exercice de la vertu , & qu'elle fert plus à nous rendre heureux , qu'aucune autre chofe qui foit au monde. Mais il n'eft pas poffible que ie les aye affez bien exprimées pour faire qu'elles paroiffent aux autres comme à moy. Et j'ay vn defir extrême d'aprendre quel Iugement en fera fa Maiefté; Mais particulierement auffi quel fera le voftre. La parole a beaucoup plus de force pour perfuader que l'écriture, & ie ne doûte point que vous ne luy en faffiez ayfément auoir les mefmes fentimens que vous aurez, au moins s'ils font à mon auantage; car l'affection dont vous me donnez tous les iours des preuues m'affure que vous ne luy en voudriez pas faire auoir d'autres. Ie feray bien-ayfe de voir la Harangue de M. F. à caufe de la matiere dont il traite, & ie ne manqueray pas de la demander à M. Braffet lors qu'il l'aura receuë. Au refte, ie me propofe d'aller à Paris au commencement du mois prochain, ie pourois dire que pour mon intereft ie ne fouhaite pas d'auoir fi-toft l'honneur de vous y voir , à caufe des faueurs que vous me procurez au lieu où vous eftes; Mais ie n'ay iamais aucun égard à moy, lors qu'il peut y aller du contentement de mes amis; Et j'auoue que ie ne fouhaiterois pas vn employ penible, qui m'oftaft le loifir de cultiuer mon Efprit, encore que cela fuft récompenfé par beaucoup d'honneur & de profit. Ie diray feulement qu'il ne me femble pas que le voftre foit du nombre de ceux qui oftent le loifir de cultiuer fon Efprit; au cõtraire ie croy qu'il vous en donne les occafions, en ce que vous eftes aũprés d'vne Reyne qui en a beaucoup, & qu'il ne faut pas auoir manque d'adreffe pour fatisfaire entierement à fes maiftres, agréer à ceux vers lefquels on eft enuoyé, & ne joüer cependant aucun autre perfonnage, que celuy d'vn homme d'honneur, ainfi que ie m'affure que vous faites. On peut toujours tirer beaucoup de fatis-faction, de ce qu'on occupe fon Efprit en des chofes dificiles, lors qu'on y reüffit, encore qu'on ne l'occupe pas aux mefmes chofes qu'on auroit peut-eftre choifies, fi on en auoit eu la liberté. Le voftre eftant propre à tout, ie ne doute point que vous ne tiriez beaucoup de fatis-faction d'vn employ dont vous vous acquitez fi bien. Si pourtant vous aprochiez du tems de voftre retraite, & que vous reuinfiez bientoft à Paris, ie ferois rauy d'auoir l'honneur de vous y voir. Que fi vous faites encore quelque fejour au lieu où vous eftes, ie me confoleray fur ce que j'efpere que vous continuërez à me procurer la bien-veillance de cette grande Reyne, pour les vertus de laquelle vous m'auez fait auoir beaucoup de véneration & de zele. Ie fuis, &c.

A Egmond le
21. Fev. 1648.

A MONSIEVR CHANVT.
LETTRE XXXVIII.

MONSIEVR,

Vous auez grande raison de penser, que j'ay beaucoup plus de sujet d'admirer qu'vne Reyne perpetuellement agissante dans les affaires se soit souuenüe
aprés plusieurs mois d'vne lettre que i'auois eu l'honneur de luy écrire, & qu'elle ait pris la peine d'y répondre, que non pas qu'elle n'y ait point répondu
plu-tost. I'ay esté surpris de voir qu'elle écrit si nettement & si facilement en françois ; toute nostre nation
luy en est tres-obligée, & il me semble que cette Princesse est bien plus créée à l'Image de Dieu, que le
reste des hommes, dautant qu'elle peut étendre ses
soins à plus grand nombre de diuerses occupations en
mesme tems. Car il n'y a au monde que Dieu seul dont
l'Esprit ne se lasse point, & qui n'est pas moins exact à
sçauoir le nombre de nos cheueux, & à pouruoir jusques aux plus petits vermisseaux, qu'à mouuoir les
Cieux & les Astres. Mais encore que j'aye receu comme vne faueur nullement méritée, la lettre que cette
incomparable Princesse a daigné m'écrire, & que j'admire qu'elle en ait pris la peine, ie n'admire pas en
mesme façon qu'elle veüille prendre celle de lire le
liure de mes principes ; à cause que ie me persuade
qu'il contient plusieurs veritez, qu'on trouueroit dificilement ailleurs. On peut dire que ce ne sont que

des

des veritez de peu d'importance, touchant des matieres de Physique, qui semblent n'auoir rien de commun
auec ce que doit sçauoir vne Reyne : Mais dautant que
l'Esprit de celle-cy est capable de tout, & que ces veritez de Physique sont partie des fondemens de la plus
haute & plus parfaite Morale, j'ose esperer qu'elle aura de la satisfaction de les connoistre. Ie serois rauy d'a-
prendre qu'elle vous eust choisi auec M. Frans-hemius
pour la soulager en cette étude ; Et ie vous aurois tres-
grande obligation, si vous preniez la peine de m'auertir
des lieux où ie ne me suis pas assez expliqué. Ie serois
tou-jours soigneux de vous répôdre dés le iour mesme
que j'aurois receu de vos lettres, mais cela ne seruiroit
que pour ma propre instruction ; Car il y a si loin d'icy à
Stocholm, & les lettres passent par tant de mains auant
que d'y arriuer, que vous auriez bien plu-tost résolu de
vous mesme les dificultez que vous rencontreriez, que
vous n'en pouriez auoir d'icy la solution. Ie remarque-
ray seulement en cet endroit, deux ou trois choses que
l'experience m'a enseignées touchant ce liure. La premiere est, qu'encore que sa premiere partie ne soit
qu'vn abregé de ce que j'ay écrit en mes Méditations,
il n'est pas besoin toutes-fois pour l'entendre de s'arrester à lire ces Méditations, à cause que plusieurs les
trouuent beaucoup plus dificiles, & j'aurois peur que
sa Majesté ne s'en ennuyast. La seconde est, qu'il n'est
pas besoin non plus, de s'arrester à examiner les regles
du mouuement, qui sont en l'article 46. de la seconde partie, & aux suiuans, à cause qu'elles ne sont pas
necessaires pour l'intelligence du reste. La derniere

X

eſt, qu'il eſt beſoin de ſe ſouuenir en liſant ce liure, que bien que ie ne conſidere rien dans le cors, que les grandeurs, les figures, & les mouuemens de leurs parties, ie prétens neantmoins y expliquer la nature de la lumiere, de la chaleur, & de toutes les autres qualitez ſenſibles; dautant que ie préſupoſe que ces qualitez ſont ſeulement dans nos ſens, ainſi que le chatoüillement & la douleur, & non point dans les objets que nous ſentons, dans leſquels il n'y a que certaines figures & mouuemens, qui cauſent les ſentimens qu'on nomme lumiere, chaleur, &c. Ce que ie n'ay expliqué & prouué qu'à la fin de la quatriéme partie; Et toutes-fois il eſt à propos de le ſçauoir & remarquer dés le commencement du liure, pour le pouuoir mieux entendre. Au reſte, j'ay icy à m'excuſer de ce que vos lettres me ſont allé chercher à Paris, & que ie ne vous auois point encore mandé mon retour en Hollande, où il y a deſ-ja cinq mois que ie ſuis; Mais ie ſupoſois que M. Cl. vous l'écriroit, à cauſe qu'il me feſoit ſouuent part de vos nouuelles, lors que j'eſtois en France; Et j'eſtois bien-ayſe de ne rien écrire de mon retour, afin de ne ſembler point le reprocher à ceux qui m'auoient apellé. Ie les ay conſiderez comme des amis qui m'auoient conuié à diſner chez eux; Et lors que j'y ſuis arriué, j'ay trouué que leur cuiſine eſtoit en deſordre, & leur marmite renuerſée, c'eſt pourquoy ie m'en ſuis reuenu ſans dire mot, afin de n'augmenter point leur faſcherie. Mais cette rencontre m'a enſeigné à n'entreprendre iamais plus aucun voyage ſur des promeſſes, quoy qu'elles ſoient

écrites en parchemin. Et bien que rien ne m'atache
en ce lieu, sinon que ie n'en connois point d'autre, où ie puisse estre mieux, ie me voy neantmoins
en grand hazard, d'y passer le reste de mes iours; car
i'ay peur que nos orages de France ne soient pas si-
tost apaisez, & ie deuiens de iour à autre plus pares-
seux, en sorte qu'il seroit dificile que ie pusse derechef me résoudre à souffrir l'incommodité d'vn voyage. Mais ie supose que vous reuiendrez quelque iour
du lieu où vous estes; alors j'espere que j'auray l'honneur de vous voir icy en passant. Et ie seray toute ma
vie, &c.

La Lettre jointe à celle-cy ne contient qu'vn compliment fort stérile; car n'estant interrogé sur aucune matiere, ie n'ay osé par respect
en toucher aucune, afin de ne sembler pas vouloir faire le discou-
reur, & i'ay crû neantmoins que mon deuoir m'obligeoit d'écrire.

A Egmond le
26. Fev. 1649.

<hr>

A LA REYNE DE SVEDE.

LETTRE XXXIX.

MADAME,

S'il arriuoit qu'vne lettre me fust enuoyée du Ciel,
& que ie la visse descendre des nuës, ie ne serois pas
dauantage surpris, & ne la pourrois receuoir, auec plus
de respect & de véneration, que j'ay receu celle qu'il
a plû à vostre Majesté de m'écrire. Mais ie me recon-

nois ſi peu digne des remercimens qu'elle contient,
que ie ne les puis accepter que comme vne faueur
& vne grace, dont ie demeure tellement redeuable,
que ie ne m'en ſçaurois jamais dégager. L'honneur que
j'auois cy-deuant receu d'eſtre interrogé de la part
de voſtre Majeſté par M. Chanut touchant le Souuerain Bien, ne m'auoit que trop payé de la réponſe
que j'auois faire; Et depuis ayant apris par luy, que
cette réponſe auoit eſté fauorablement receuë, cela
m'auoit ſi fort obligé, que ie ne pouuois pas eſperer
ny ſouhaitter rien de plus pour ſi peu de choſe; particulierement d'vne Princeſſe que Dieu a miſe en ſi
haut lieu, qui eſt enuironnée de tant d'affaires tres-
importantes, dont elle prend elle meſme les ſoins,
& de qui les moindres actions peuuent tant pour le
bien general de toute la Terre, que tous ceux qui ayment la vertu, ſe doiuent eſtimer tres heureux, lors
qu'ils peuuent auoir occaſion de luy rendre quelque
ſeruice. Et pour ce que ie fais particulierement pro-
feſſion d'eſtre de ce nombre, j'oſe icy proteſter à voſtre Majeſté qu'elle ne me ſçauroit rien commander
de ſi dificile, que ie ne ſois tou-jours preſt de faire
tout mon poſſible pour l'éxecuter; Et que ſi j'eſtois
né Suedois, ou Finlandois, ie ne pourois eſtre auec
plus de zele, ny plus parfaitement que ie ſuis, &c.

A MONSIEVR CHANVT.

LETTRE XL.

MONSIEVR,

Vous mesurez merueilleusement bien les tems;
Car iustement j'ay trouué à la Haye, lorsque j'estois
en chemin pour venir icy, la lettre que vous vouliez
que ie pusse receuoir auant mon partement de Hollande; Elle vint seulement en cela trop tard, que m'estant proposé de partir le iour mesme qu'on me la rendit, ie fus contraint de differer ma réponse, jusqu'à
mon arriuée en cette ville. I'ay eu cependant tout loisir de repasser par mon imagination la belle description que vous faites de cette chasse, ou l'on porte
des liures, & ou vous me donnez esperance, que mon
écrit aura cette prérogatiue au dessus de beaucoup
d'autres, d'estre reuû par la Reyne de Suede. La grande estime que ie fais de l'Esprit de cette incomparable
Princesse, me donne sujet d'aprehender que cet'écrit
ne luy puisse plaire, puisqu'ayant des-ja pris la peine
de le voir, ainsi que vous me mandez qu'elle a fait, elle
n'a pas voulu neantmoins vous en dire encore son sentiment. Mais ie me console, sur ce que vous adjoutez,
qu'elle s'est proposé de le reuoir: Car elle ne daigneroit pas s'arrester à cela, si elle n'y auoit rien trouué
qu'elle aprouuast. Et ie me flatte de cette opinion que
c'est plu-tost l'ordre, l'agencement, & les ornemens

de l'elocution qui y manquent, que non pas la verité des penſées; Ce qui me fait eſperer plus d'aprobation de la ſeconde lecture, que de la premiere. Vous direz peut-eſtre que ie me donne en cecy trop de vanité. Mais ie vous prie d'en attribuer la faute à l'air de Paris, plu-toſt qu'à mon inclination: Car ie croy vous auoir deſ ja dit autre-fois, que cet air me diſpoſe à conceuoir des chymeres, au lieu de penſées de Philoſophe. I'y voy tant d'autres perſonnes qui ſe trompent en leurs opinions, & en leurs calculs, qu'il me ſemble que c'eſt vne maladie vniuerſelle. L'innocence du deſert d'où ie viens me plaiſoit beaucoup dauantage, & ie ne croy pas que ie puiſſe m'empeſcher d'y retourner dans peu de tems; Mais en quelque lieu du monde que ie ſois, ie vous prie de croire que vous y aurez, &c.

A MADAME ELIZABETH,

PRINCESSE PALATINE, &c.

LETTRE XXXXI.

MADAME,

Encore que ie ſçache bien que le lieu & la condition où ie ſuis, ne me ſçauroient donner aucune occaſion d'eſtre vtile au ſeruice de voſtre Alteſſe, ie ne ſatisferois pas à mon deüoir, ny à mon zele, ſi aprés eſtre arriué en vne nouuelle demeure, ie manquois à vous renouueller les offres de ma tres-humble obeïſ-

fance. Ie me fuis rencontré icy en vne conjoncture d'a-
faires, que toute la prudence humaine n'euft fçeu préuoir. Le Parlement, joint auec les autres Cours fouue-
raines, s'affemble maintenant tous les iours, pour déliberer touchant quelques ordres qu'ils prétendét deuoit
eftre mis au maniment des finances, & cela fe fait à
préfent auec la permiffion de la Reyne, en forte qu'il
y a de l'aparence que l'affaire tirera de longue. Mais
il eft mal-ayfé de juger ce qui en réüffira. On dit qu'ils
fe propofent de trouuer de l'argent fufifamment pour
continuer la guerre, & entretenir de grandes armées,
fans pour cela fouler le peuple, s'ils prennent ce biais
ie me perfuade que ce fera le moyen de venir enfin
à vne paix generale. Mais en attendant que cela foit,
j'euffe bien fait de me tenir au pays où la paix eft def-
ja; Et fi ces orages ne fe diffipent bien-toft, ie me propofe de retourner vers Egmond dans fix femaines ou
deux mois, & de m'y arrefter jufques à ce que le Ciel
de France foit plus ferain. Cependant me tenant comme ie fais vn pied en vn pays, & l'autre en vn autre, ie
trouue ma condition tres-heureufe, en ce qu'elle eft
libre; Et ie croy que ceux qui font en grande fortune
different dauantage des autres, en ce que les déplaifirs
qui leur arriuent, leur font plus fenfibles, que non pas
en ce qu'ils joüiffent de plus de plaifirs; à caufe que
tous les contentemens qu'ils peuuent auoir, leur eftant
ordinaires, ne les touchent pas tant que les afflictions,
qui ne leur viennent que lors qu'ils s'y attendent le
moins, & qu'ils n'y font aucunement préparez; Ce qui
doit feruir de confolation à ceux que la fortune a ac-

coutumez à ses difgraces. Ie voudrois qu'elle fuſt auſſi
obeïſſanre à tous vos deſirs , que ie feray toute ma
vie, &c.

A MONSIEVR CHANVT.

LETTRE XXXXII.

MONSIEVR,

La derniere que vous auez pris la peine de m'adreſ-
fer à Paris, n'eſt point paruenuë juſques à moy ; mais
ie viens d'en receuoir la copie par le ſoin de M. Braſſet ;
& ie tiens à vne tres-inſigne faueur d'aprendre par elle, qu'il plaiſt à la Reyne de Suede que i'aye l'honneur
de luy aller faire la reuerence. I'ay tant de véneration
pour les hautes & rares qualitez de cette Princeſſe, que
les moindres de ſes volontez font des commandemens tres-abſolus à mon regard ; C'eſt pourquoy ie
ne mets point ce voyage en déliberation, ie me réſous
feulement à obeïr. Mais pour ce que vous ne me preſ-
criuez aucun tems, & que vous ne le propoſez, que
comme vne promenade dont ie pourois eſtre de retour dans cet Eſté, i'ay penſé qu'il ſeroit mal-ayſé que
ie puſſe donner grande ſatis-faction à ſa Maieſté en ſi
peu de tems, & qu'elle aura peut-eſtre plus agreable
que ie prenne mes meſures plus longues, & faſſe mon
conte de paſſer l'hyuer à Stocholm. Dequoy ie tireray
vn auantage que i'auoüe eſtre conſiderable à vn homme qui n'eſt plus ieune, & qu'vne retraitte de vingt-
ans,

āns, a entierement deſ-acoutumé de la fatigue ; C'eſt
qu'il ne ſera point neceſſaire que ie me mette en chemin au commencement du Printems, ny à la fin de
l'Automne, & que ie pouray prendre la ſaiſon la plus
ſure & la plus commode, qui ſera ie croy vers le milieu de l'Eſté ; Outre que j'eſpere auoir cependant le
loiſir de mettre ordre à quelques affaires qui m'im-
portent. Ainſi ie me propoſe d'attendre l'honneur de
receuoir encore vne fois de vos lettres auant que ie
parte d'icy, & ie ne manqueray pas d'obeïr tres-éxa-
ctément à tout ce qui me ſera commandé de la part de
ſa Majeſté, ou bien à ce qu'il vous plaira me faire ſçauoir luy eſtre agreable ; Car ie ne ſçay s'il eſt à propos
qu'elle ſçache que j'ay demandé ce delay ; & ie n'oſerois
prendre la liberté de luy écrire, pource que le reſpect
& le zele que j'ay, me font juger que mon deuoir ſeroit de me rendre au lieu où elle eſt, auant que les Cou-
riers y puſſent porter des lettres ; Mais ie me fie en voſtre amitié & en voſtre adreſſe pour ménager mes ex-
cuſes. Au reſte, ie ne ſçay en quels termes ie vous puis
remercier de toutes les offres qu'il vous plaiſt me faire,
juſques à me vouloir meſme loger chez vous. Ie n'oſe
les accepter, ny les refuſer. Ie vous puis ſeulement aſſurer, que ie feray tout mon poſſible, pour n'en vſer
qu'en telle ſorte, que ny vous ny aucun des voſtres
n'en ſerez incommodez, & que ie feray toute ma
vie, &c.

A MONSIEVR CHANVT.

LETTRE XXXXIII.

MONSIEVR,

Ie vous donneray s'il vous plaiſt la peine de lire cette fois deux de mes lettres ; Car jugeant que vous en
voudrez peut-eſtre faire voir vne à la Reyne de Suede,
j'ay réſerué pour celle-cy ce que ie penſois n'eſtre pas
beſoin qu'elle viſt, à ſçauoir, que j'ay beaucoup plus
de dificulté à me réſoudre à ce voyage, que ie ne me
ſerois moy-meſme imaginé. Ce n'eſt pas que ie n'aye
vn tres-grand deſir de rendre ſeruice à cette Princeſſe. I'ay tant de créance à vos paroles, & vous me l'auez
repreſentée auec des mœrus & vn Eſprit que j'admire
& eſtime ſi fort, qu'encore qu'elle ne ſeroit point en
la haute fortune où elle eſt , & n'auroit qu'vne naiſſance commune , ſi ſeulement j'oſois eſperer que mon
voyage luy fuſt vtile , j'en voudrois entreprendre vn
plus long & plus dificile que celuy de Suede , pour
auoir l'honneur de luy offrir tout ce que ie puis contribuer pour ſatis-faire à ſon deſir. Mais l'experience
m'a enſeigné que meſme entre les perſonnes de tres-
bon Eſprit, & qui ont vn grand deſir de ſçauoir, il n'y
en a que fort peu qui ſe puiſſent donner le loiſir d'entrer en mes penſées ; en ſorte que ie n'ay pas ſujet de
l'eſperer d'vne Reyne, qui a vne infinité d'autres occupations. L'experience m'a auſſi enſeigné, que bien que

mesopinions surprennent d'abord, à cause qu'elle sont
fort differentes des vulgaires ; toutes-fois aprés qu'on
les a comprises, on les trouue si simples, & si conformes au sens commun, qu'on cesse entierement de les
admirer, & par mesme moyen d'en faire cas ; à cause
que le naturel des hommes est tel, qu'ils n'estiment
que les choses qui leur laissent de l'admiration, & qu'ils
ne possedent pas tout à fait. Ainsi encore que la santé
soit le plus grand de tous ceux de nos biens qui concernent le cors, c'est toutes-fois celuy auquel nous fesons le moins de réflexion, & que nous goustons le
moins. La connoissance de la verité est comme la santé de l'Ame, lors qu'on la possede on n'y pense plus.
Et bien que ie ne desire rien tant, que de communiquer ouuertement & gratuitement à vn chacun, tout
le peu que ie pense sçauoir, ie ne rencontre presque
personne, qui le daigne aprendre. Mais ie voy que
ceux qui se vantent d'auoir des secrets, par exemple
en la chymie, ou en l'Astrologie judiciaire, ne manquent iamais, tant ignorans & impertinens qu'ils puissent estre, de trouuer des curieux, qui achettent bien
cher leurs impostures. Au reste, il semble que la fortune est ialouse de ce que ie n'ay iamais rien voulu attendre d'elle, & que i'ay tasché de conduire ma vie en
telle sorte, qu'elle n'eust sur moy aucun pouuoir ; Car
elle ne manque jamais de me desobliger, si-tost qu'elle
en peut auoir quelque occasion. Ie l'ay éprouué en
tous les trois voyages que j'ay fais en France, depuis
que ie suis retiré en ce pays ; mais particulierement au
dernier qui m'auoit esté commandé comme de la

part du Roy. Et pour me conuier à le faire, on m'a-
uoit enuoyé des lettres en parchemin, & fort bien
fcellées, qui contenoient des éloges plus grans que ie
n'en meritois, & le don d'vne penfion affez honnefte;
Et de plus par des lettres particulieres de ceux qui m'en-
uoyoient celles du Roy, on me promettoit beaucoup
plus que cela, fi-toft que ie ferois arriué. Mais lorsque
j'ay efté là, les troubles inopinément furuenus ont fait
qu'au lieu de voir quelques effets de ce qu'on m'auoit
promis, j'ay trouué qu'on auoit fait payer par l'vn de
mes proches les expeditions des lettres qu'on m'auoit
enuoyées, & que ie luy en deuois rendre l'argent ; En
forte qu'il femble que ie n'eftois allé à Páris, que pour
acheter vn parchemin, le plus cher & le plus inutile qui
ait iamaisefté entre mes mains. Ie me foucie neátmoins
fort peu de cela, ie ne l'aurois attribué, qu'à la fafcheufe rencontre des affaires publiques, & n'euffe pas laiffé
d'eftre fatisfait, fi j'euffe vû que mon voyage euft pû
feruir de quelque chofe à ceux qui m'auoient apellé.
Mais ce qui m'a le plus dégouté, c'eft qu'aucun d'eux
n'a témoigné vouloir connoiftre autre chofe de moy
que mon vifage ; En forte que j'ay fujet de croire, qu'ils
me vouloient feulement auoir en France comme vn
Elephant ou vne Panthere, à caufe de la rareté, & non
point pour y eftre vtile à quelque chofe. Ie n'imagine
rien de pareil du lieu où vous eftes ; mais les mauuais
fuccez de tous les voyages que j'ay fais depuis vingt
ans, me font craindre qu'il ne me refte plus pour cettuy-cy, que de trouuer en chemin des voleurs qui me
dépoüillent, ou vn naufrage qui m'ofte la vie. Tou-

tes-fois cela ne me retiendra pas , ſi vous iugez que
cette incomparable Reyne continuë dans le deſir d'é-
xaminer mes opinions, & qu'elle en puiſſe prendre le
loiſir ; Ie ſeray rauy d'eſtre ſi heureux ,que de luy pouuoir rendre ſeruice. Mais ſi cela n'eſt pas, & qu'elle
ait ſeulement eu quelque curioſité, qui luy ſoit maintenant paſſée, ie vous ſuplie & vous conjure de faire
en ſorte, que ſans luy déplaire ie puiſſe eſtre diſpenſé
de ce voyage ; & ie ſeray toute ma vie , &c.

> A Egmond le dernier
> Mars 1648.

A MADAME ELIZABETH,

PRINCESSE PALATINE, &c.

LETTRE XLIV.

MADAME,

Il y a enuiron vn mois que j'ay eu l'honneur d'écrire à voſtre Alteſſe, & de luy mander que j'auois receu
quelques lettres de Suede, ie viens d'en receuoir derechef, par leſquelles ie ſuis conuié de la part de la Reyne d'y faire vn voyage à ce Printems, afin de pouuoir
reuenir auant l'Hyuer : Mais j'ay répondu de telle ſorte, que bien que ie ne refuſe pas d'y aller, ie croy neantmoins que ie ne partiray point d'icy que vers le milieu
de l'Eté. I'ay demandé ce delay pour pluſieurs conſiderations, & particulierement afin que ie puiſſe auoir
l'honneur de receuoir les commandemens de V. A.

auant que de partir. I'ay desja si publiquement declaré le zele & la déuotion que j'ay à voſtre ſeruice, qu'on auroit plus de ſujet d'auoir mauuaiſe opinion de moy, ſi on remarquoit que ie fuſſe indifferent en ce qui vous touche, que l'on n'aura, ſi on voit que ie recherche auec ſoin les occaſions de m'acquitter de mon deuoir. Ainſi ie ſuplie tres-humblement V. A. de me faire tant de faueur, que de m'inſtruire de tout ce en quoy elle jugera que ie luy puis rendre ſeruice, à elle ou aux ſiens, & de s'aſſurer qu'elle a ſur moy autant de pouuoir, que ſi j'auois eſté toute ma vie ſon domeſtique. Ie la ſuplie auſſi de me faire ſçauoir, ce qu'il luy plaira que ie réponde, s'il arriue qu'on ſe ſouuienne des lettres de V. A. touchant le Souuerain Bien, dont j'auois fait mention l'an paſſé dans les miennes, & qu'on ait la curioſité de les voir. Ie fais mon conte de paſſer l'hyuer en ce païs-là, & de n'en reuenir que l'année prochaine; Il eſt à croire que la paix ſera pour lors en toute l'Allemagne, & ſi mes deſirs ſont acomplis, ie prendray au retour mon chemin par le lieu où vous ſerez, afin de pouuoir plus particulierement témoigner que ie ſuis, &c.

A MONSIEVR CHANVT.

LETTRE XXXXV.

MONSIEVR,

La Philoſophie que j'étudie ne m'enſeigne point

à reietter l'vfage des paffions, & j'en ay d'auffi violentes pour fouhaitter le calme & la diffipation des orages de France, qu'en fçauroit auoir aucun de ceux qui
y font le plus engagez ; d'où vous iugerez, s'il vous
plaift , combien eft grande l'obligation que ie vous
ay d'auoir pris la peyne de me faire part des bonnes
nouuelles que vous auez eües de S. Germain. Ma joye
auroit efté parfaitte , fi ie n'auois point lû dans les
dernieres gazettes, que l'Archiduc s'auance vers Paris,
& qu'on l'a laiffé paffer comme amy jufques à Soiffons.
C'eft porter les chofes à vne grande extremité, que
d'attendre du fecours de ceux dont on fçait que le
principal intereft eft de faire que noftre mal dure. Ie
prie Dieu que la fortune de la France furmonte les efforts de tous ceux qui ont deffein de luy nuire. Pour
la promenade à laquelle on m'a fait l'honneur de m'inuiter, fi elle eftoit auffi courte que celle de voftre logis jufques au bois de la Haye, j'y ferois bien-toft ré-
folu ; la longueur du chemin mérite bien qu'on prenne quelque tems pour déliberer auant que de l'entreprendre ; Ainfi encore qu'il foit mal-ayfé que ie refi-
fte à vn commandement qui vient de fi bon lieu, ie
ne croy pas neantmoins que ie parte d'icy de plus dé
trois mois. Et ie vous fuplie de croire qu'en quelque
lieu du monde que i'aille, ie feray tou-iours auec vn
mefme zele, &c.

❊❊❊

A MONSIEVR CHANVT.

LETTRE XLVI.

Monsievr,

On n'a point trouué étrange qu'Vlyſſe ait quitté les Iſles enchantées de Calipſo & de Circé, où il pouuoit jouïr de toutes les voluptez imaginables, & qu'il ait auſſi mépriſé le chant des Syreines, pour aller habiter vn païs pierreux & infertile, dautant que c'eſtoit le lieu de ſa naiſſance : Mais j'auouë qu'vn homme qui eſt né dans les Iardins de la Touraine, & qui eſt maintenant en vne Terre, ou s'il n'y a pas tant de miel qu'en celle que Dieu auoit promiſe aux Iſraëlites, il eſt croyable qu'il y a plus de laict, ne peut pas ſi facilement ſe réſoudre à la quitter pour aller viure au païs des ours, entre des rochers & des glaces. Toutes-fois à cauſe que ce meſme païs eſt auſſi habité par des hommes, & que la Reyne qui leur commande à toute ſeule plus de ſçauoir, plus d'intelligence, & plus de raiſon, que tous les doctes des Cloiſtres & des Colleges que la fertilité des païs où j'ay veſcu a produits, ie me perſuade que la beauté du lieu n'eſt pas neceſſaire pour la Sageſſe, & que les hommes ne ſont pas ſemblables aux arbres, qu'on obſerue ne croiſtre pas ſi bien lorſque la terre ou ils ſont tranſplantez eſt plus maigre que celle où ils auoient eſté ſemez. Vous direz que ie ne vous vnes icy que des imaginations & des fables, pour les

importantes

importantes & veritables nouuelles, dont il vous a
plû me faire part ; mais ma solitude ne produit pas à
présent de meilleurs fruits, & l'aise que j'ay de sçauoir
que la France a euité le naufrage en vne tres-grande
tempeste, emporte tellement mon Esprit, que ie ne
puis rien dire icy serieusement sinon que ie suis, &c.

A MONSIEVR CHANVT.

LETTRE XLVII.

MONSIEVR,

Si voftre derniere lettre du 6. Mars m'euft efté renduë au tems que les Meffagers la deuoient aporter,
ie croy que j'aurois eu l'honneur de vous voir à Stocholm, auant que vous euffiez receu celle-cy ; mais
ayant efté retenuë 12. ou 13. iours entre la Haye &
Alcmar, il eft arriué que M. l'Amiral Fl. a pris la peine
de venir icy auant qu'elle m'euft apris qui il eftoit ; en
forte que bien qu'il ait vsé de plus de ciuilitez que ie
n'en méritois, pour me conuier à faire le voyage en fa
compagnie, il ne m'a pas femblé, que cela me dûft
faire prendre vne réfolution contraire à ce que ie vous
auois écrit quelques iours auparauant, à fçauoir, que
j'attendrois l'honneur de receuoir encore vne fois de
vos lettres, auant que ie parte d'icy. Car j'aprenois
feulement de fes paroles que vous luy auiez écrit en
ma faueur, ce que ie ne confiderois que comme vn
effet de voftre amitié ; & les offres qu'il me faifoit me

Z

sembloient n'estre que des excez de sa courtoisie; à cause que ne sçachant point qu'il est l'vn des Amiraux de
Suede, ie ne voyois pas en quoy sa compagnie me pouuoit ayder pour la sureté & la commodité du voyage.
Et ie n'auois point assez de présomption pour m'imaginer qu'vne Reine qui a tant de grandes choses à faire, & qui employe si dignement tous les momens de
sa vie, eust voulu auoir la bonté de vous charger de
me recommander à luy de sa part. Ie me tiens si obligé
de cette faueur, que ie vous puis assurer, qu'il n'y aura
rien qui me retienne, si-tost que j'auray eu de vos lettres; & que j'ay vn extréme desir de vous aller dire que
ie suis, &c.

A MADAME ELIZABETH,
PRINCESSE PALATINE, &c.

LETTRE XLVIII.

MADAME,

Puisque vostre Altesse desire sçauoir qu'elle est ma
résolution touchant le voyage de Suede, ie luy diray
que ie persiste dans le dessein d'y aller en cas que la
Reine continuë à témoigner qu'elle veut que j'y aille;
& M. Chanut nostre R. en ce païs-là estant passé icy il
y a huict iours, pour aller en France, m'a parlé si auan-
tageusement de cette merueilleuse Reine, que le chemin ne me semble plus si long ny si fascheux qu'il faisoit auparauant; mais ie ne partiray point que ie n'aye

receu encore vne fois des nouuelles de ce païs-là , & ie
tafcheray d'attendre le retour de M. Chanut pour faire le voyage auec luy , pource que j'efpere qu'on le
renuoyera en Suede. Au refte , ie m'eftimerois extremement heureux, fi lors-que j'y feray , j'eftois capable
de rendre quelque feruice à voftre Alteffe. Ie ne manqueray pas d'en rechercher auec foin les occafions , &
ne craindray point d'écrire ouuertement tout ce que
j'auray fait ou penfé fur ce fujet , à caufe que ne pouuât
auoir aucune intention qui foit préjudiciable à ceux
pour qui ie feray obligé d'auoir du refpect , & tenant
pour maxime , que les voyes juftes & honneftes font
les plus vtiles & les plus fures , encore que les lettres
que j'écriray fuffent vûës , j'efpere qu'elles ne pouront
eftre mal interpretées , ny tomber entre les mains de
perfonnes qui foient fi injuftes, que de trouuer mauuais
que ie m'acquitte de mon deuoir , & faffe profeffion
ouuerte d'eftre , &c.

A MONSIEVR FRAIMSEMIVS.

LETTRE XLIX.

MONSIEVR,

Entre les excellentes qualitez de M. Chanut, celle
qui me femble mériter le plus d'amitié, eft qu'il a foin
de faire que tous ceux qu'il ayme foient auffi amis les
vns des autres. Et outre qu'il m'a affuré en paffant icy,
qu'il vous a def-ja infpiré quelque bonne volonté pour

moy. Il m'a fi bien décrit voftre vertu & voftre franchife, que ie ne lairrois pas d'eftre entierement à vous,
encore que ie n'efperaffe aucune part en voftre affection. Ainfi M. ie me promets que vous ne trouuerez pas étrange, que ie m'adreffe librement à vous
en fon abfence, & que ie vous fuplie de me déliurer
d'vn fcrupule, qui vient de l'extréme defir que j'ay
d'obeïr ponctuellement à la Reyne voftre Maiftreffe,
touchant la grace qu'elle m'a fait d'agréer que j'aye
l'honneur de luy aller faire la réuerence à Stocholm.
M. Chanut vous fera témoin qu'auant qu'il fuft arriué icy i'auois préparé mon petit équipage, & tafché
de vaincre toutes les difficultez qui fe préfentent à
vn homme de ma forte & de mon âge, lors qu'il doit
quitter fa demeure ordinaire, pour s'engager à vn fi
long chemin. Mais nonobftant qu'il m'ait trouué ainfi difpofé à partir, & que i'aye trouué auffi qu'il eftoit
difpofé à vfer de toutes fortes de raifons pour me perfuader ce voyage, en cas que ie n'y euffe pas efté réfo-
lu; Toutesfois pour ce qu'il ne m'a point dit qu'il euft
aucun ordre de fa Majefté, pour me commander de
me hafter, & que l'Eté eft encore long, ie luy ay propofé vne dificulté, dont il a trouué bon que ie vous
priaffe de m'éclaircir; C'eft que n'ayant pû me préparer à ce voyage, fans que plufieurs ayent fçeu que j'a-
uois intention de le faire, & ayant quantité d'ennemis, non point grace à Dieu à caufe de ma perfonne,
mais en qualité d'auteur d'vne nouuelle Philofophie,
ie ne doute point que quelques-vns n'ayent écrit en
Suede, pour tafcher de m'y décrier. Il eft vray que

ie ne crains pas que les calomnies ayent aucun pouuoir sur l'Esprit de sa Majesté, pource que ie sçay
qu'elle est tres-sage & tres-clairuoyante; mais à cause
que les Souuerains ont grand interest d'éuiter jusques aux moindres occasions que leurs sujets peuuent
prendre pour des-aprouuer leurs actions, ie serois extrémement marry, que ma présence seruist de sujet à
la médisance de ceux qui pouroient auoir enuie de
dire qu'elle est trop assiduë à l'étude, ou bien qu'elle reçoit auprés de soy des personnes d'vne autre Religion, ou choses semblables ; & bien que ie desire
extrémement l'honneur de m'aller offrir à sa Majesté,
ie souhaitte plu-tost de mourir dans le voyage, que
d'arriuer là pour seruir de prétexte à des discours qui
luy puissent estre tant soit peu préjudiciables. C'est
pourquoy M. ie vous suplie, non point de parler de
cecy à sa Majesté, mais de prendre la peine de me
mander, sur ce que vous jugerez de ses inclinations,
& de la conjoncture des tems, ce qu'il est à propos
que ie fasse, & ie ne manqueray pas d'y obeïr exactement, soit que vous ordonniez que j'attende le retour de M. Chanut (car quoy qu'il puisse dire, ie ne
croy pas qu'il ait laissé là Madame sa femme, afin
qu'elle retourne en France toute seule) soit que vous
aymiez mieux que ie me mette en chemin, aussi-tost
aprés que j'auray eu de vos nouuelles. Ie vous demande encore vne autre grace, c'est qu'ayant esté impor-
tuné par vn amy, de luy donner le petit traitté des
Passions, que i'ay eu l'honneur d'offrir cy-deuant
à sa Majesté, & sçachant qu'il a dessein de le faire

Imprimer, auec vne préface de sa façon, ie n'ay encore osé luy enuoyer, pource que ie ne sçay si sa Majesté trouuera bon, que ce qui luy a esté présenté en particulier, s'est rendu public, mesme sans luy estre dédié. Mais pource que ce traitté est trop petit pour mériter de porter le nom d'vne si grande Princesse, à laquelle ie pouray offrir quelque iour vn ouurage plus important, si cette sorte d'hommage ne luy déplaist point, j'ay pensé que peut-estre elle n'aura point desagreable que j'accorde à cet amy ce qu'il m'a demandé; & c'est ce que ie vous suplie tres-humblement de m'aprendre, car le principal de tous mes soins est de tascher de luy obeir & de luy plaire. Au reste, afin que vous sçachiez comment ie me gouuerne auec ceux ausquels ie me donne, ie vous diray icy que ie prétens que vous m'auez de l'obligation, de ce que ie souffre que vos offices préuiendront les miens; & que ie suis, &c.

A MADAME ELIZABETH, PRINCESSE PALATINE, &c,

LETTRE L.

Madame,

Estant arriué depuis quatre ou cinq iours à Stocholm, l'vne des premieres choses que j'estime apartenir à mon deuoir est de renouueller les offres de mon tres-humble seruice à vostre Altesse, afin qu'elle puisse

connoiſtre que le changement d'air & de païs ne peut
rien changer ny diminuer de ma déuotion & de mon
zele. Ie n'ay encore eu l'honneur de voir la Reyne
que deux fois, mais il me ſemble la connoiſtre deſ-ja
aſſez, pour oſer dire qu'elle n'a pas moins de mérite, &
plus de vertu que la renommée luy en attribuë. Auec
la generoſité & la Majeſté qui éclattent en toutes ſes
actions, on y voit vne douceur & vne bonté, qui obligent tous ceux qui aymant la vertu & qui ont l'honneur d'aprocher d'elle, d'eſtre entierement déuoüez à
ſon ſeruice. Vne des premieres choſes qu'elle m'a de-
mandées a eſté ſi ie ſçauois de vos nouuelles, & ie n'ay
pas feint de luy dire d'abord ce que ie penſois de voſtre
Alteſſe ; Car remarquant la force de ſon Eſprit, ie n'ay
pas craint que cela luy donnaſt aucune jalouſie ; comme ie m'aſſure auſſi que V. A. n'en ſçauroit auoir, de
ce que ie luy écris librement mes ſentimens de cette
Reine. Elle eſt extremement portée à l'étude des lettres ; Mais pource que ie ne ſçache point qu'elle ait
encore rien vû de la Philoſophie, ie ne puis juger du
gouſt qu'elle y prendra, ny ſi elle y poura employer du
tems , ny par conſequent ſi ie ſeray capable de luy
donner quelque ſatisfaction, & de luy eſtre vtile en
quelque choſe. Cette grande ardeur qu'elle a pour la
connoiſſance des lettres, l'incite ſur tout maintenant
à cultiuer la langue grecque, & à ramaſſer beaucoup
de liures anciens ; Mais peut-eſtre que cela changera ;
& quand il ne changeroit pas, la vertu que ie remarque en cette Princeſſe, m'obligera tou-jours de préferer l'vtilité de ſon ſeruice au deſir de luy plaire ; en ſor-

te que cela ne m'empefchera pas de luy dire franchement mes fentimens ; & s'ils manquent de luy eftre
agreables, ce que ie ne penfe pas, j'en tireray au moins
cet auantage que j'auray fatisfait à mon deuoir , & que
cela me donnera occafion de pouuoir dautant plu-
toft retourner en ma folitude, hors de laquelle il eft
dificile que ie puiffe rien auancer en la recherche de la
verité ; & c'eft en cela que confifte mon principal bien
en cette vie. Monfieur Fr. a fait trouuer bon à fa Majefté, que ie n'aille iamais au Chafteau, qu'aux heures
qu'il luy plaira de me donner pour auoir l'honneur de
luy parler , ainfi ie n'auray pas beaucoup de peine à
faire ma Cour, & cela s'acommode fort à mon humeur. Aprés tout neantmoins, encore que j'aye vne
tres-grande véneration pour fa Majefté, ie ne croy pas
que rien foit capable de me retenir en ce païs plus
long-tems que jufques à l'Eté prochain : Mais ie ne
puis abfolument répondre de l'auenir. Ie puis feulement vous affurer que ie feray toute ma vie, &c.

A MADAME ELIZABETH,

PRINCESSE PALATINE, &c.

LETTRE LI.

MADAME,

La faueur que me fait voftre Alteffe de n'auoir pas
defagreable que j'aye ofé témoigner en public combien ie l'eftime & ie l'honore, eft plus grande, & m'o-
blige

blige plus qu'aucune que ie pourois receuoir d'ailleurs;
& ie ne crains pas qu'on m'acufe d'auoir rien changé
en la Morale, pour faire entendre mon fentiment fur
ce fujet. Car ce que j'en ay écrit eft fi veritable & fi
clair, que ie m'affure qu'il n'y aura point d'homme
raifonnable qui ne l'auoüe; mais ie crains que ce que
j'ay mis au refte du liure ne foit plus douteux & plus
obfcur, puifque V. A. y trouue des dificultez. Celle
qui regarde la pefanteur de l'argent vif eft fort confiderable, & j'euffe tafché de l'éclaircir, finon que n'a-
yant pas encore affez examiné la nature de ce métal,
j'ay eu peur de faire quelque chofe contraire à ce que
ie pouray aprendre cy-aprés; tout ce que j'en puis
maintenant dire, eft, que ie me perfuade que les petites parties de l'air, de l'eau, & de tous les autres cors
terreftres ont plufieurs pores, par ou la matiere tres-
fubtile peut paffer, & cela fuit affez de la façon dont
j'ay dit qu'elles font formées; Or il fufit de dire que les
parties du vif argent, & des autres métaux, ont moins
de tels pores, pour faire entendre pourquoy ces métaux font plus pefans. Car, par exemple, encore que
nous auoüaffions que les parties de l'eau & celles du vif
argent fuffent de mefme groffeur & figure, & que
leurs mouuemens fuffent femblables, fi feulement
nous fupofons que chacune des parties de l'eau eft
comme vne petite corde fort molle & fort lafche, mais
que celles du vif argent, ayant moins de pores, font
comme d'autres petites cordes beaucoup plus dures &
plus ferrées, cela fufit pour faire entendre que le vif
argent doit beaucoup plus pefer que l'eau. Pour les

A a

petites parties tournées en coquille, ce n'eſt pas merueille qu'elles ne ſoient point détruites par le feu qui
eſt au centre de la terre; car ce feu-là n'eſtant compoſé
que de la matiere tres-ſubtile toute ſeule, il peut bien
les emporter fort viſte, mais non pas les faire cho-
quer contre quelques autres cors durs; ce qui ſeroit
requis pour les rompre ou diuiſer. Au reſte, ces parties en coquille ne prennent point vn trop grand
tour pour retourner d'vn pole à l'autre; Car ie ſupoſe que la plu-part paſſe par le dedans de la terre; en
ſorte qu'il n'y a que celles qui ne trouuent point de
paſſage plus bas, qui retournent par noſtre air; & c'eſt
la raiſon que ie donne, pourquoy la vertu de l'aymant ne nous paroiſt pas ſi forte en toute la maſſe de
la terre, qu'en de petites pierres d'aymant; Mais ie ſuplie tres-humblement voſtre Alteſſe de me pardonner, ſi ie n'écris rien icy que fort confuſément; Ie
n'ay point encore le liure dont elle a daigné marquer
les pages, & ie ſuis en vn voyage continu; Mais j'eſpere dans deux ou trois mois auoir l'honneur de luy
faire la réuerence à la Haye. Ie ſuis, &c.

A VN SEIGNEVR.

LETTRE LII.

MONSEIGNEVR,

Si j'auois autant d'eſprit & de ſçauoir, que j'ay de
zele pour le ſeruice de voſtre Excellence, ie ne man-

querois pas de répondre éxactement aux questions que
vous m'auez fait l'honneur de me propoſer ; Et meſme
encore que ie craigne de n'auoir point aſſez d'Eſprit
ny de connoiſſance pour cet effet , l'abondance du
zele ne laiſſe pas de m'obliger à l'entreprendre. Mais
auec voſtre permiſſion ie commenceray par la ſeconde dificulté, touchant la cauſe du chaud & du froid
dans les animaux; pource qu'apréſl'auoir éxaminée, &
en ſuite la troiſiéme & la quatriéme, ie pouray plus
commodément parler de la premieré. Il me ſemble
que toute la chaleur des animaux conſiſte en ce qu'ils
ont dans le cœur vne eſpece de feu qui eſt ſans lumiere, ſemblable à celuy qui s'excite dans l'eau forte, lors
qu'on met dedans aſſez grande quantité de poudre
d'acier, & à celuy de toutes les fermentations. Ce feu
eſt entretenu par le ſang qui coule à tous momens dans
le cœur , ſuiuant la Circulation qu'Heruæus Médecin
Anglois a tres-heureuſement découuerte ; Et aprés
que ce ſang s'eſt échaufé & rarefié dans le cœur , il
coule de là promtement par les arteres en toutes les
autres parties du cors , leſquelles il échaufe par ce
moyen. Or on peut dire en quelque ſens que cette
chaleur eſt plus grande l'Eté que l'Hyuer, pource que
ſa cauſe n'eſt pas moindre dans le cœur, & que le ſang
qui s'y échaufe n'eſt pas tant refroidy par l'air de dehors. Mais on peut dire auſſi qu'elle eſt plus grande en
Hyuer, ce qui fait qu'on a pour lors méilleur apétit, &
qu'on digere mieux les viandes; Et la raiſon en eſt, que
les parties du ſang qui ont le plus de chaleur, à ſçauoir
les plus ſubtiles & les plus agitées, ne s'éuaporent pas

fi facilement en Hyuer par les pores de la peau, qui
font alors refferrez par le froid, qu'elles font en Eté;
C'eft pourquoy elles vont en plus grande abondance
dans l'eftomac, ou elles aydent à la coction des
viandes.

La troifiéme queftion eft touchant le froid de la
fiévre, lequel ie croy ne venir d'autre chofe, finon
que la fiévre eft caufée, de ce qu'il s'amaffe vne humeur corrompuë dans le mézentaire, ou en quelqu'autre partie du Cors, laquelle humeur au bout d'vn,
ou deux, ou trois iours, (qui eft vn tems dont elle a
befoin pour la meurir & rendre fluide, à raifon dequoy
la fiévre eft ou quotidienne, ou tierce, ou quarte)
coule dans les veines, & ainfi fe meflant parmy le fang,
& allant auec luy dans le cœur, elle empefche qu'il ne
s'y puiffe tant échaufer & dilater que de coutume, ny
par confequent porter tant de chaleur au refte du cors;
ce qui eft caufe du tremblement qu'on fent pour lors.
Mais cela n'arriue qu'au commencement de l'accez;
Car comme le bois verd qui éteint le feu lorfque d'a-
bord il y eft mis, rend vne flame plus ardente que l'autre bois, aprés qu'il eft bien embrafé, ainfi aprés que
cette humeur corrompuë a efté meflée quelque tems
parmy le fang, elle s'échaufe & fe dilate dauantage que
luy dans le cœur, ce qui fait la chaleur de l'acez, lequel
dure jufqu'à ce que toute cette humeur corrompuë
foit éuaporée, ou reduite à la conftitution naturelle
du fang. Or la fiévre cefferoit tou-jours à la fin de l'accez, fi on pouuoit empefcher qu'il ne reuinft d'autre
humeur en la place ou s'eft corrompuë la premiere; &

pource qu'il peut y auoir vne infinité de diuers moyens pour empefcher cela, mais qui ne reüffiffent pas touiours, cela fait que la fiévre peut eftre guérie par vne infinité de diuers remedes, & que neantmoins tous les remedes font incertains.

La quatriéme & derniere queftion eft touchant les Efprits animaux & vitaux, & ce qui s'éuapore par tranfpiration; A quoy il m'eft aifé de répondre, en fupofant que le fang fe dilate dans le cœur ainfi que ie viens de dire, & que j'ay autrefois expliqué affez au long dans le difcours de la Méthode. Car ce que les Médecins nomment les Efprits vitaux, n'eft autre chofe que le fang contenu dans les arteres, qui ne differe point de celuy des veines, finon en ce qu'il eft plus rare & plus chaud, à caufe qu'il vient d'eftre échaufé & dilaté dans le cœur. Et ce qu'ils nomment les Efprits animaux, n'eft autre chofe que les plus viues & plus fubtiles parties de ce fang, qui fe font féparées des plus groffieres, en fe criblant dans les petites branches des arteres carotides, & qui font paffées de là dans le cerueau, d'où elles fe répandent par les nerfs en tous les mufcles. Enfin tout ce qui fort du cors par tranfpiration infenfible, n'eft auffi autre chofe que des parties du fang qui font affez fubtiles pour paffer par les pores du Cors en s'éuaporant; Et le mefme fang eft échaufé & rarefié tant de fois en paffant & repaffant dans le cœur, fuiuant ce qu'enfeigne la doctrine de la Circulation, qu'il n'y a aucune de fes parties, qui ne foit enfin rendüe affez fubtile pour s'éuaporer en cette façon.

Ie reuiens à la premiere queſtion qui eſt la cauſe du
ſommeil, laquelle ie croy conſiſter, en ce que tout de
meſme que nous voyons quelquefois que les voiles des
nauires ſe rident, à cauſe que le vent n'a pas aſſez de
force pour les remplir; Ainſi les Eſprits animaux, qui
viennent du cœur, ne ſont pas tou-jours aſſez abon-
dans pour remplir la moëſle du cerueau, & tenir tous
ſes pores ouuers; ce qui fait alors le ſommeil: Car les
pores du cerueau eſtant fermez on n'a plus l'vſage des
ſens, ſi ce n'eſt que quelque violente agitation excite
les Eſprits à les ouurir. Or l'opium, le pauot, & les
autres drogues qui cauſent le ſommeil, font que le
cœur enuoye moins d'Eſprits vers le cerueau; Et l'on
peut facilement, en ſuitte de cecy, rendre raiſon de
toutes les autres cauſes qu'on trouue par experience
exciter ou empeſcher le ſommeil. Mais j'ay peur que
la longueur de cette lettre ne l'excite; c'eſt pourquoy,
ie n'y adjouteray autre choſe ſinon que ie ne ſeray iamais endormy lorſque ie croiray pouuoir faire ou écrire quelque choſe qui ſoit agreable à voſtre Excellence, de laquelle ie ſuis, &c.

A VN SEIGNEVR.

LETTRE LIII.

MONSEIGNEVR,

La lettre que V. E. m'a fait l'honneur de m'écrire le
19. de Iuin, a eſté quatre mois par les chemins, & le

Bon-heur de la receuoir ne m'est arriué qu'aujour-
d'huy, ce qui m'a empesché de pouuoir plutost prendre
cette occasion, pour vous témoigner que j'ay tant de
ressentiment des faueurs qu'il vous a plû me faire, sans
que ie les aye iamais pû mériter, & des preuues que j'ay
euës de vostre bien-veillance par le raport de Mes-
sieurs N. & M. & d'autres, que ie n'auray iamais rien
de plus à cœur, que de tascher à vous rendre seruice en
tout ce dont ie pouray estre capable. Et comme l'vn
des principaux fruits que j'ay receus des écrits que j'ay
publiez, est que j'ay eu l'honneur d'estre connu de vostre Excellence à leur occasion, aussi n'y a-t'il rien
qui me puisse obliger dauantage à en publier d'autres,
que de sçauoir que cela vous seroit agreable. Mais
pource que le traitté des animaux auquel j'ay commencé à trauailler il y a plus de quinze ans, présupose
plusieurs experiences, sans lesquelles il m'est impossible de l'acheuer, & que ie n'ay point encore eu la commodité de les faire, ny ne sçay point quand ie l'auray,
ie n'ose me promettre de luy faire voir le iour de long-
tems. Cependant ie ne manqueray de vous obeïr en
tout ce qu'il vous plaira me commander, & ie tiens à
tres-grande faueur, que vous ayez agreable de sçauoir
mes opinions touchant quelques dificultez de Philosophie.

Ie me persuade que la faim & la soif se sentent de la
mesme façon que les couleurs, les sons, les odeurs, &
generalement tous les objets des sens exterieurs, à sçauoir, par l'entremise des nerfs, qui sont étendus comme de petits filets depuis le cerueau, jusques à toutes

Ie reuiens à la premiere queſtion qui eſt la cauſe du
ſommeil, laquelle ie croy conſiſter, en ce que tout de
meſme que nous voyons quelquefois que les voiles des
nauires ſe rident, à cauſe que le vent n'a pas aſſez de
force pour les remplir ; Ainſi les Eſprits animaux, qui
viennent du cœur, ne ſont pas tou-jours aſſez abon-
dans pour remplir la moëſle du cerueau, & tenir tous
ſes pores ouuers ; ce qui fait alors le ſommeil : Car les
pores du cerueau eſtant fermez on n'a plus l'vſage des
ſens, ſi ce n'eſt que quelque violente agitation excite
les Eſprits à les ouurir. Or l'opium, le pauot, & les
autres drogues qui cauſent le ſommeil, font que le
cœur enuoye moins d'Eſprits vers le cerueau ; Et l'on
peut facilement, en ſuitte de cecy, rendre raiſon de
toutes les autres cauſes qu'on trouue par experience
exciter ou empeſcher le ſommeil. Mais j'ay peur que
la longueur de cette lettre ne l'excite ; c'eſt pourquoy
ie n'y adjouteray autre choſe ſinon que ie ne ſeray iamais endormy lorſque ie croiray pouuoir faire ou écrire quelque choſe qui ſoit agreable à voſtre Excellence, de laquelle ie ſuis, &c.

A VN SEIGNEVR.

LETTRE LIII.

MONSEIGNEVR,

La lettre que V. E. m'a fait l'honneur de m'écrire le
19. de Iuin, a eſté quatre mois par les chemins, & le

Bon-heur de la receuoir ne m'eſt arriué qu'aujour-
d'huy, ce qui m'a empeſché de pouuoir plutoſt prendre
cette occaſion, pour vous témoigner que j'ay tant de
reſſentiment des faueurs qu'il vous a plû me faire, ſans
que ie les aye iamais pû mériter, & des preuues que j'ay
euës de voſtre bien-veillance par le raport de Meſſieurs N. & M. & d'autres, que ie n'auray iamais rien
de plus à cœur, que de taſcher à vous rendre ſeruice en
tout ce dont ie pouray eſtre capable. Et comme l'vn
des principaux fruits que j'ay receus des écrits que j'ay
publiez, eſt que j'ay eu l'honneur d'eſtre connu de voſtre Excellence à leur occaſion, auſſi n'y a-t'il rien
qui me puiſſe obliger dauantage à en publier d'autres,
que de ſçauoir que cela vous ſeroit agreable. Mais
pource que le traitté des animaux auquel j'ay commencé à trauailler il y a plus de quinze ans, préſupoſe
pluſieurs experiences, ſans leſquelles il m'eſt impoſſible de l'acheuer, & que ie n'ay point encore eu la commodité de les faire, ny ne ſçay point quand ie l'auray,
ie n'oſe me promettre de luy faire voir le iour de long-
tems. Cependant ie ne manqueray de vous obeïr en
tout ce qu'il vous plaira me commander, & ie tiens à
tres-grande faueur, que vous ayez agreable de ſçauoir
mes opinions touchant quelques dificultez de Philoſophie.

Ie me perſuade que la faim & la ſoif ſe ſentent de la
meſme façon que les couleurs, les ſons, les odeurs, &
generalement tous les objets des ſens exterieurs, à ſçauoir, par l'entremiſe des nerfs, qui ſont étendus comme de petits filets depuis le cerueau, juſques à toutes

les autres parties du cors ; En forte que lors-que quelqu'vne de ces parties eft mûë, l'endroit du cerueau duquel viennent ces nerfs fe meut auffi ; & fon mouuement excite en l'ame le fentiment qu'on attribuë à
cette partie. Ce que j'ay tafché d'expliquer bien au
long en la Dioptrique; & comme j'ay dit là que ce font
les diuers mouuemens du nerf optique, qui font fentir à l'ame toutes les diuerfitez des couleurs & de la lumiere ; ainfi ie croy que c'eft vn mouuement des nerfs
qui vont vers le fonds de l'eftomac, qui caufe le fentiment de la faim, & vn autre des mefmes nerfs, & auffi
de ceux qui vont vers le gofier, qui caufe celuy de la
foif. Mais pour fçauoir ce qui meut ainfi ces nerfs, ie
remarque, que tout de mefme qu'il vient de l'eau à la
bouche, lors qu'on a bon apétit, & qu'on voit les
viandes fur table, il en vient auffi ordinairement grande quantité dans l'eftomac, où elle eft portée par les
arteres, pource que celles de leurs extremitez qui fe
vont rendre vers là, ont des ouuertures fi étroites &
de telle figure, qu'elles donnent bien paffage à cette
liqueur, mais non point aux autres parties du fang : Et
elle eft comme vne efpece d'eau forte, qui fe gliffant
entre les petites parties des viandes qu'on a mangées,
fert à les diffoudre, & en compofe le chyle, puis retourne auec elles dans le fang par les veines. Mais fi cette
liqueur qui vient ainfi dans l'eftomac, n'y trouue point
de viandes à diffoudre, alors elle employe fa force
contre les peaux dont il eft compofé, & par ce moyen
agite les nerfs dont les extremitez font attachées à ces
peaux, en la façon qui eft requife pour faire auoir à
l'ame

l'ame le sentiment de la faim. Ainsi on ne peut manquer d'auoir ce sentiment, lorsqu'il n'y a aucunes viandes dans l'estomac, si ce n'est qu'il y ait des obstructions qui empeschent cette liqueur d'y entrer, ou bien quelques humeurs froides & gluantes qui émoussent sa force, ou bien que le temperament du sang estant corrompu, la liqueur qu'il enuoye en l'estomac soit d'autre nature qu'à l'ordinaire, (& c'est rou-jours quelqu'vne de ces causes qui oste l'apétit aux malades) ou bien aussi sans que le sang soit corrompu, il se peut faire qu'il ne contienne que peu ou point de telle liqueur, ce que ie croy arriuer à ceux qui ont esté fort longtems sans manger. Car on dit qu'ils cessent d'auoir faim aprés quelques iours ; dont la raison est que toute cette liqueur peut estre sortie hors du pur sang, & s'estre exhalée en sueur, ou par transpiration insensible, ou en vrine, pendant ce tems-là. Et cela confirme l'histoire d'vn homme qu'on dit auoir conserué sa vie trois semaines sous terre sans rien manger, en beuuant seulement son vrine : Car estant ainsi enfermé sous terre, son sang ne se diminuoit pas tant par la transpiration insensible, qu'il eust fait en l'air libre.

Ie croy aussi que la soif est causée, de ce que la sérosité du sang, qui a coutume de venir par les arteres en forme d'eau vers l'estomac & vers le gosier, & ainsi de les humecter, y vient aussi quelquefois en forme de vapeur, laquelle le desseche, & par mesme moyen agite ses nerfs, en la façon qui est requise pour exciter en l'ame le desir de boire. De façon qu'il n'y a pas plus de difference entre cette vapeur qui excite la soif, & la li-

queur qui caufe la faim, qu'il y a entre la fueur, & ce qui
s'exhale de tout le cors par tranfpiration infenfible.

Pour la caufe génerale de tous les mouuemens qui
font dans le monde, ie n'en conçoy point d'autre que
Dieu, lequel dés le premier inftant qu'il a créé la matiere, a commencé à mouuoir diuerfement toutes fes
parties, & maintenant par la mefme action qu'il conferue cette matiere, il conferue auffi en elle tout autant de mouuement qu'il y en a mis; Ce que j'ay tafché
d'expliquer en la feconde partie de mes principes. Et
en la troifiéme, l'ay décrit fi particulierement de quelle matiere ie me perfuade que le Soleil eft compofé;
Puis en la quatriéme, de quelle nature eft le feu, que
ie ne fçaurois rien adjouter icy, qui ne fuft moins intelligible. I'y ay auffi dit expreffément au 18. article de
la feconde partie, que ie croy qu'il implique contradition qu'il y ait du vuide; à caufe que nous auons la
mefme Idée de la matiere que de l'efpace; Et pource
que cette Idée nous reprefente vne chofe réelle, nous
nous contredirions nous-mefmes, & affurerions le
contraire de ce que nous penfons, fi nous difions que
cet efpace eft vuide, c'eft à dire, que ce que nous conceuons comme vne chofe réelle, n'eft rien de réel.

La conferuation de la fanté a efté de tout tems le
principal but de mes études, & ie ne doute point qu'il
n'y ait moyen d'acquerir beaucoup de connoiffances
touchant la Médecine, qui ont efté ignorées jufqu'à
préfent; Mais le traitté des animaux que ie médite, &
que ie n'ay encore fçeu acheuer, n'eftant qu'vne entrée
pour paruenir à ces connoiffances, ie n'ay garde de

me vanter de les auoir; Et tout ce que j'en puis dire à
présent est que ie suis de l'opinion de Tibere, qui vouloit que ceux qui ont atteint l'aage de trente ans, eussent assez d'experience des choses qui leur peuuent
nuire ou profiter, pour estre eux-mesmes leurs Medecins. En effet il me semble qu'il n'y a personne qui ait
vn peu d'esprit, qui ne puisse mieux remarquer ce qui
est vtile à sa santé, pourvû qu'il y veüille vn peu prendre garde, que les plus sçauans Docteurs ne luy sçauroient enseigner. Ie prie Dieu de tout mon cœur pour
la conseruation de la vostre, & de celle de Mr vostre
frere, & suis, &c.

A VN SEIGNEVR.

LETTRE LIV.

MONSEIGNEVR,

Les faueurs que ie reçois par les lettres qu'il a plû à
vostre Excellence de m'écrire, & les marques qu'elles
contiennent d'vn esprit qui donne plus de lustre à sa
tres-haute naissance, qu'il n'en reçoit d'elle, m'obligent de les estimer extremement; mais il semble outre cela que la fortune veüille montrer qu'elle les met
au rang des plus grans biens que ie puis posseder, pource qu'elle les arreste par les chemins, & ne permet pas
que ie les reçoiue, qu'aprés auoir fait tous ses efforts
pour l'empescher. Ainsi j'eus l'honneur d'en receuoir
vne l'année passée, qui auoit esté quatre mois à venir

de Paris icy, & celle que ie reçois maintenant eſt dũ
cinquiéme Ianuier ; Mais parce que Monſieur de B.
m'aſſure que vous auez deſia eſté aduerty de leur retardement, ie ne m'excuſe point de n'y auoir pas plu-toſt
fait réponſe. Et d'autant que les choſes dont il vous a
plû m'écrire ſont ſeulement des conſiderations touchant les ſciences, qui ne dépendent point des changemens du tems ny de la fortune, j'eſpere que ce que
j'y pouray maintenant répondre, ne vous ſera pas
moins agreable, que ſi vous l'auiez receu il y a dix
mois.

Ie ſouſcris en tout au jugement que voſtre Excellence fait des Chymiſtes, & croy qu'ils ne font que
dire des mots hors de l'vſage commun, pour faire ſemblant de ſçauoir ce qu'ils ignorent. Ie croy auſſi que
ce qu'ils diſent de la réſurrection des Fleurs par leur
ſel, n'eſt qu'vne imagination ſans fondement, & que
leurs extraits ont d'autres vertus, que celles des plantes
dont ils ſont tirez ; Ce qu'on experimente bien clairement, en ce que le vin, le vinaigre, & l'eau de vie,
qui ſont trois diuers extraits qu'on peut faire des meſmes raiſins, ont des gouſts & des vertus ſi diuerſes. Enfin ſelon mon opinion leur ſel, leur ſouffre, & leur
Mercure ne different pas plus entre eux, que les quatre
Elemens des Philoſophes, ny gueres plus, que l'eau
differe de la glace, de l'écume, & de la neige ; Car ie
penſe que tous les cors ſont faits d'vne meſme matiere,
& qu'il n'y a rien qui faſſe de la diuerſité entr'eux ; ſinon que les petites parties de cette matiere qui compoſent les vns, ont d'autres figures, ou ſont autrement

arrangées que celles qui compofent les autres. Ce que j'efpere que voftre Excellence poura voir bien-toft expliqué affez au long en mes principes de Philofophie, qu'on va imprimer en françois.

Ie ne fçay rien de particulier touchant la géneration des pierres, finon que ie les diftingue des métaux, en ce que les petites parties qui compofent les métaux font notablement plus groffes que les leur, & ie les diftingue des os, des bois durs, & autres parties des animaux ou végetaux, en ce qu'elles ne croiffent pas comme eux, par le moyen de quelque fuc qui coule par de petits canaux, en tous les endroits de leurs cors, mais feulement par l'addition de quelques parties, qui s'attachent à elles par dehors, ou bien s'engagent au dedans de leurs pores. Ainfi ie ne m'eftonne point, de ce qu'il y a des fontaines ou il s'engendre des cailloux ; car ie croy que l'eau de ces fontaines entraifne auec foy de petites parties des rochers par où elle paffe, lefquelles font de telles figures, qu'elles s'attachent facilement les vnes aux autres, lors qu'elles viennent à fe rencontrer, & que l'eau qui les ameine eftant moins viue & moins agitée, qu'elle n'a efté dans les veines de ces rochers, les laiffe tomber ; & il en eft quafi de mefme de celles qui s'engendrent dans le cors des hommes. Ie ne m'eftonne pas auffi de la façon dont la brique fe fait ; car ie croy que fa dureté vient, de ce que l'action du feu fefant fortir d'entre fes parties, non feulement les parties de l'eau, que j'imagine longues & gliffantes, ainfi que de petites anguilles, qui coulent dans les pores des autres cors fans s'y attacher, & auf-

quelles feules confifte l'humidité ou la moiteur de ces
cors, comme j'ay dit dans les Méteores, mais auffi toutes les autres parties de leur matiere, qui ne font pas
bien dures, & bien fermes ; au moyen dequoy celles
qui demeurent fe joignent plus étroitement l'vne à
l'autre, & ainfi font que la brigue eft plus dure que
l'argile, bien qu'elle ait des pores plus grans, dans lefquels il entre par aprés d'autres parties d'eau ou d'air,
qui la peuuent rendre auec cela plus pefante.

Pour la nature de l'argent vif, ie n'ay pas encore fait
toutes les experiences dont j'ay befoin pour la connoiftre exactement; Mais ie croy neantmoins pouuoir
affurer que ce qui le rend fi fluide qu'il eft, c'eft que les
petites parties dont il eft compofé, font fi vnies & fi
gliffantes, qu'elles ne fe peuuent aucunement attacher
l'vne à l'autre, & qu'eftant plus groffes que celles de
l'eau, elles ne donnent gueres de paffage parmy elles
à la matiere fubtile que j'ay nommée le fecond element, mais feulement à celle qui eft tres-fubtile, &
que j'ay nommée le premier élement ; Ce qui me femble fuffire pour pouuoir rendre raifon de toutes celles
de fes proprietez qui m'ont efté connuës jufques icy:
Car c'eft l'abfence de cette matiere du fecond élement, qui l'empefche d'eftre tranfparent, & qui le
rend fort froid ; C'eft l'actiuité du premier élement,
auec la difproportion qui eft entre fes parties & celles
de l'air ou des autres cors, qui fait que fes petites goutes fe releuent plus en rond fur vne table, que celles de
l'eau ; & c'eft auffi la mefme difproportion qui eft caufe qu'il ne s'attache point à nos mains comme l'eau, &

qui a donné sujet de penser qu'il n'est pas humide
comme elle ; mais il s'attache bien au plomb , & à
l'or, c'est pourquoy on peut dire à leur égard qu'il est
humide.

I'ay bien du regret de ne pouuoir lire le liure de M.
d'Igby, faute d'entendre l'Anglois ; ie m'en suis fait
interpreter quelque chose ; & pource que ie suis entierement disposé à obeïr la raison , & que ie sçay que son
esprit est excellent, j'oserois esperer, si j'auois l'honneur de conferer auec luy, que mes opinions s'acorderoient aysément auec les siennes.

Pour ce qui est de l'entendement, ou de la pensée,
que Montagne & quelques autres attribuent aux bestes, ie ne puis estre de leur aduis ; Ce n'est pas que ie
m'arreste à ce qu'on dit, que les hommes ont vn empire absolu sur tous les autres animaux ; Car j'auoüe
qu'il y en a de plus forts que nous, & croy qu'il y en
peut aussi auoir, qui ayent des ruses naturelles, capables de tromper les hommes les plus fins : Mais ie considere qu'ils ne nous imitent ou surpassent, qu'en celles
de nos actions qui ne sont point conduites par nostre
pensée ; Car il arriue souuent que nous marchons, &
que nous mangeons sans penser en aucune façon à ce
que nous faisons ; Et c'est tellement sans vser de nostre
raison que nous repoussons les choses qui nous nuisent, & parons les cous que l'on nous porte, qu'encore que nous voulussions expressement ne point mettre nos mains deuant nostre teste , lors qu'il arriue que
nous tombons, nous ne pourions nous en empescher.
Ie croy aussi que nous mangerions, comme les bestes,

ſans l'auoir apris, ſi nous n'auions aucune penſée ; Et l'on dit que ceux qui marchent en dormant paſſent quelquefois des riuieres à nage, où ils ſe noyeroient eſtant éueillez. Pour les mouuemens de nos paſſions, bien qu'ils ſoient accompagnez en nous de penſée, à cauſe que nous auons la faculté de penſer, il eſt neantmoins tres-éuident qu'ils ne dépendent pas d'elle, pource qu'ils ſe font ſouuent malgré nous, & que par conſequent ils peuuent eſtre dans les beſtes, & meſme plus violens qu'ils ne ſont dans les hommes, ſans qu'on puiſſe pour cela conclure qu'elles ayent des penſées. Enfin il n'y a aucune de nos actions exterieures, qui puiſſe aſſurer ceux qui les examinent, que noſtre cors n'eſt pas ſeulement vne machine qui ſe remuë de ſoy-meſme, mais qu'il y a auſſi en luy vne ame qui a des penſées, excepté les paroles, ou autres ſignes faits à propos des ſujets qui ſe preſentent, ſans ſe raporter à aucune paſſion ; Ie dis les paroles, ou autres ſignes, pource que les muets ſe ſeruent de ſignes, en meſme façon que nous de la voix ; & que ces ſignes ſoient à propos, pour exclure le parler des perroquets, ſans exclure celuy des foux, qui ne laiſſe pas d'eſtre à propos des ſujets qui ſe préſentent, bien qu'il ne ſuiue pas la raiſon ; Et j'adjoute que ces paroles ou ſignes ne ſe doiuent raporter à aucune paſſion, pour exclure non ſeulement les cris de joye ou de triſteſſe, & ſemblables, mais auſſi tout ce qui peut eſtre enſeigné par artifice aux animaux ; Car ſi on aprend à vne pie à dire bon iour à ſa maiſtreſſe, lors qu'elle la voit arriuer, ce ne peut eſtre qu'en feſant que la prolation de cette

parole,

parole deuienne le mouuement de quelqu'vne de ses
passions ; à sçauoir, ce sera vn mouuement de l'esperance qu'elle a de manger, si l'on a tou-jours acoutumé
de luy donner quelque friandise ; lors qu'elle l'a dit ; &
ainsi toutes les choses qu'on fait faire aux chiens, aux
cheuaux, & aux singes, ne sont que des mouuemens
de leur crainte, de leur esperance, ou de leur joye,
en sorte qu'ils les peuuent faire sans aucune pensée.
Or il est ce me semble fort remarquable, que la parole estant ainsi définie, ne conuient qu'à l'homme
seul ; Car bien que Montagne & Charon ayent dit
qu'il y a plus de difference d'homme à homme, que
d'homme à beste, il ne s'est toutes-fois iamais trouué
aucune beste si parfaite, qu'elle ait vsé de quelque
signe, pour faire entendre à d'autres animaux quelque
chose qui n'eust point de rapport à ses passions ; Et il
n'y a point d'homme si imparfait, qu'il n'en vse ; en
sorte que ceux qui sont sours & muets inuentent
des signes particuliers par lesquels ils expriment leurs
pensées. Ce qui me semble vn tres-fort argument,
pour prouuer que ce qui fait que les bestes ne parlent
point comme nous, est qu'elles n'ont aucune pensée, & non point que les organes leur manquent. Et
on ne peut dire qu'elles parlent entr'elles, mais que
nous ne les entendons pas ; Car comme les chiens, &
quelques autres animaux, nous expriment leurs passions, ils nous exprimeroient aussi bien leurs pensées,
s'ils en auoient. Ie sçay bien que les bestes font beaucoup de choses mieux que nous, mais ie ne m'en estône
pas ; Car cela mesme sert à prouuer qu'elles agissent na-

C c

turellement & par reſſors, ainſi qu'vne horloge, laquelle monſtre bien mieux l'heure qu'il eſt, que noſtre
jugement ne nous l'enſeigne. Et ſans doute que lors
que les hirondelles viennent au Printems, elles agiſſent en cela comme des horloges. Tout ce que font
les mouches à miel eſt de meſme nature, & l'ordre que
tiennent les gruës en volant, & celuy qu'obſeruent les
ſinges en ſe battant, s'il eſt vray qu'ils en obſeruent
quelqu'vn, & enfin l'inſtinct d'enſeuelir leurs morts
n'eſt pas plus étrange que celuy des chiens & des chats,
qui grattent la terre pour enſeuelir leurs excremẽs, bien
qu'ils ne les enſeueliſſent preſque iamais ; ce qui monſtre qu'ils ne le font que par inſtinct, & ſans y penſer.
On peut ſeulement dire que bien que les beſtes ne faſſent aucune action qui nous aſſure qu'elles penſent,
toutes-fois à cauſe que les organes de leurs cors ne ſont
pas fort differens des noſtres, on peut conjecturer qu'il
y a quelque penſée jointe à ces organes, ainſi que nous
experimentons en nous, bien que la leur ſoit beaucoup
moins parfaite ; A quoy ie n'ay rien à répondre, ſinon
que ſi elles penſoient ainſi que nous, elles auroient vne
ame immortelle auſſi bien que nous, ce qui n'eſt pas
vray ſemblable, à cauſe qu'il n'y a point de raiſon pour
le croire de quelques animaux, ſans le croire de tous,
& qu'il y en a pluſieurs trop imparfaits, pour pouuoir
croire cela d'eux, comme ſont les huiſtres, les éponges, &c. Mais ie crains de vous importuner par ces diſcours, & tout le deſir que j'ay eſt de vous témoigner
que ie ſuis, &c.

CELEBERRIMO VIRO
RENATO DESCARTES.

LETTRE LV.

ERVDITISSIME DOMINE,

Traditus est mihi liber Dominationis vestræ à Clariss. D. Plempio quem totum subseciuis horis euolui, si pauca demas quæ in Methodo continentur ; de quo, quoniam, sicut ex ipso libro, tuique perstudioso D. Plempio, intelligo, nihil gratius D. vestræ accidere potest , quam diuersorum iudicia percipere , non possum non hisce animi mei sensum indicare. Me amare , quod primum est , ingenium illud , quod, notis quasi littoribus relictis , noui orbis periculum facere audeat : proscriptis enim qualitatibus, abstrusissima quæque, per ea quæ oculis manibusque subiiciuntur, explicare, quid aliud est , quam nouas terras detegere? Perpulchra certe habet quam plurima D. vestra, inter hæc tamen Geometrica non numero, quæ nullius laudis indiga, satis D. vestræ nomen , si hoc illis concredat, æternitati consecratura sunt. Librum hæc merebantur singularem ; iniuria est illis D. vestra, dum hæc ad libri calcem relegat. Mathematica tamen pura potius quam Geometrica dici mallem, quod non magis Geometriæ, quam Arithmeticæ, cæterisque omnibus scientiis Mathematicis communia sint. Cætera vero quæ disputationibus magis, opinionibufque fubiacent, talia funt, vt nulla non ab inuentionis amœnitate commendationem mereantur fingularem; in multis tamen plus aliquid veritatis defiderari poffe puto. Quæ fingula hic profequi longioris otij effet. Vnum arripiam ex tractatu de Iride, qui plus cæteris ingenium redolet. Statuit itaque D. veftra tamquã totius iftius capitis, feu difcurfus fundamentũ, vitrum trigonũ N M P. (fol. 259. meteo.) per quod labuntur radij DF, EH. quorum hic cæruleus, ille ruber eft. Affignat autem tanti difcriminis rationem, quod ifti radij (quos ex diuerfis quafi rotundis corpufculis materiæ cæleftis componit) diuerfo motũ feu gyratione ad oculum allabantur; Atque illud conformiter quam maxime fuis principiis, quibus fenfationem per horum corpufculorum motum, aut inclinationem ad motum, fieri vult: Cum igitur rubri & cærulei diuerfa fir fenfatio, diuerfum quoque horum corpufculorum motum ibi reperiri neceffe eft. In hoc itaque merito tota eft D. veftra, vt caufam

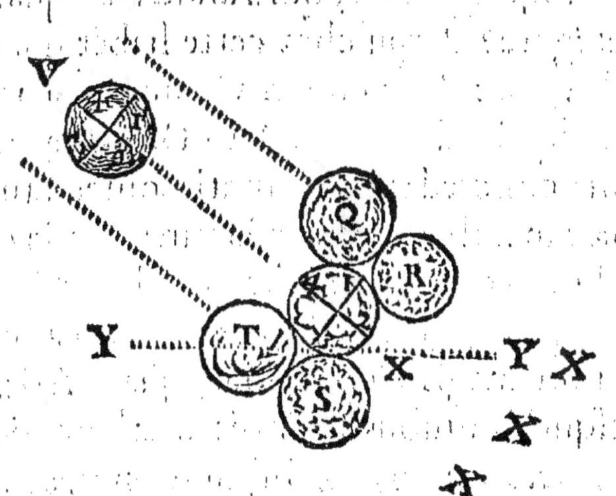

huius tam diuerfi motus reperiat. Quare affumit globulũ 1234 (fol. 258 meteo.) qui ab aliis quatuor ftipatus, cùm illis eadem cele-

ritate fertur, quoufque in aquæ fuperficiem YY impingunt. Certum itaque eft, quod ibidem contendit,
globulum medium rotaturum ; idque tum ratio euincit, tum etiam experientia commonftrari poffet. Ex
hoc ego duplex defumo argumentum ; cum enim nouam philofophiam faciat, vix nifi à fe admiffis oppugnari poteft ; Vnum, quod contra naturam luminis
veftri faciat, *Vifionem* fcilicet *non recte dici ab horum
corpufculorum motu dependere.* Alterum, *non bene hinc inferri diuerfos in vitro trigono colores.*

Ad primum quod attinet ; fi corpufculum vnum,
eorum ex quibus D. veftra lumen componit, aliud obuium, aut ad latus pofitum corpufculum impellere,
retinere, aut rotare poffit, & fi in horum corpufculorum rotatione color confiftat ; dum ergo per vnum
eundemque aërem, à diuerfis partibus ad diuerfos oculos allabuntur diuerforum colorum radij, qui fefe in

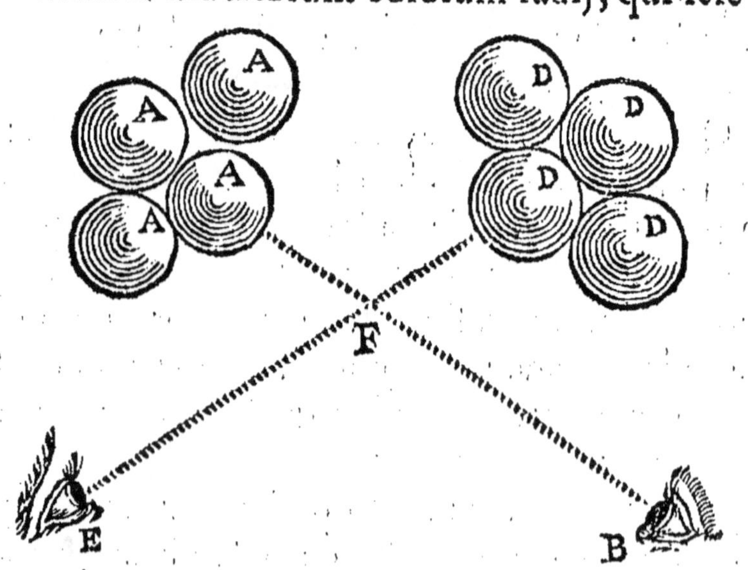

medio decuffent, neceffario mutuum in motu fuo

impedimentum fortientur. Corpuscula enim A, quæ
se gyrantia ad oculum B veniunt (suppono autem A
esse radios coloris rubri) impingent in alia D (quæ
etiam supono esse radios alterius coloris) quando hæc
corpuscula tendent ad oculum constitutum in E, se-
seque ambo reperient in puncto F; ideoque oculi E &
B, quoniam hos globulos suo in motu perturbatos ex-
cipiunt, alios colores etiam percipient, quam si solum
color vnus hoc in aëre ab oculo vno videndus fuisset;
quod manifestissime experientiæ repugnat, nec à D.
vestra dici puto. Dicet itaque, quod mihi intelligere
visus sum, dum vas vuis plenũ proponit (fol. 6. diopt.)
hæc corpuscula vltro citroque sine offensa commea-
re, quod illis, cum quasi materiæ cœlestis sint, concedere insolens non est. Sed tum ex horum corpusculorum mutua collisione in vitro trigono colores mutari
nequàquam contendere potest, quandoquidem vnum
alteri iniurium esse nequeat, atque hisce argumentum concludo primum.

Quoniam tamen luminis vestri naturam tangere
incepi, habeo quod circa hoc inquiram. Quomodo
corpuscula hæc à sole, astrisque, nec non aliis corporibus lucidis profeminentur, an quodam ipsorum
corpusculorum profluuio, qualis sudor in animalibus
esse solet? Deinde quis huius tandem profluuij fons?
Vereor enim vt omnes hic qualitates aut formas, à
quibus D. vestra tantopere abhorrere videtur, prorsus
effugere possit. Quomodo post tot annorum spatia,
solis corpus tot à se emissis corpusculis non extenua-
tum? an forte, vt Philosophorum antiquorum aliqui

fabulantur,terræ vaporibus reficitur? Deinde,quomo-
do, quânam innata vi,per tanta itineris ſpatia , hæc
corpuſcula, ſub certa quadam gyrationis ſpecie, ab ipſo ſummo cœlo ad nos vſque rapiuntur ? Vt corpuſcula, quæ à ſiniſtro humero Orionis, qui ſubrufus apparet, girantia, certa ratione ad nos penetrant, (præcipue in ſentétia Copernici,& vt credo veſtra) per tanta
ætheris interualla; quæ,ſi motus ſeu gyrationis, quã ab
ipſa ſtella acceperũt,tam tenacia ſint,non eſt quod ve-
reamur ne illã ad vitrũ aut aquæ ſuperficié immutent.

Ad alterum argumentum venio, & oſtendere cona-
bor nihil hiſce ſphærulis in aquã impingétibus cõfici.

Faciamus enim globulos qui lumen repræſentent à
ſole proficiſcentes A, B, C, &c. qui ſecundum lineam
M O ferantur; hi pari omnes procident paſſu, quovſ-
que eorum primus A, vltimam vitri ſuperficiem N P
præterneĉtus, liberiorem quaſi campum naĉtus celerius rapitur in F; cui cum adiunĉtus globus B, adhuc
vitro implicitus, latere ſua 3. reſiſtat, vertetur globus
A in gyrũm ordine partium 1234. Nec hoc tantum, ſed
etiam ad motum impellet vicinum globum B, ſecundum ordinem partium 3412, vt rotari incipiat. Si húnc
iam globum B, vitrum etiam tranſgreſſum fingamus;
ita vt inſima vitri ſuperficies conſiſtat in O R. Simili-
ter globus B à globo C impeditus, tantummodo (iam
enim ſeſe à vitro expediuiſſe ſupponitur) in oiũem
vertetur, maiori tamen celeritate quam globus A,cum
globus B inſuper ad eumdem girationem iam ante à
globo A incitatis fuerit. Atque hoc modo globus C,
à vitro liber rotationem eamque adhuc celeriorem,

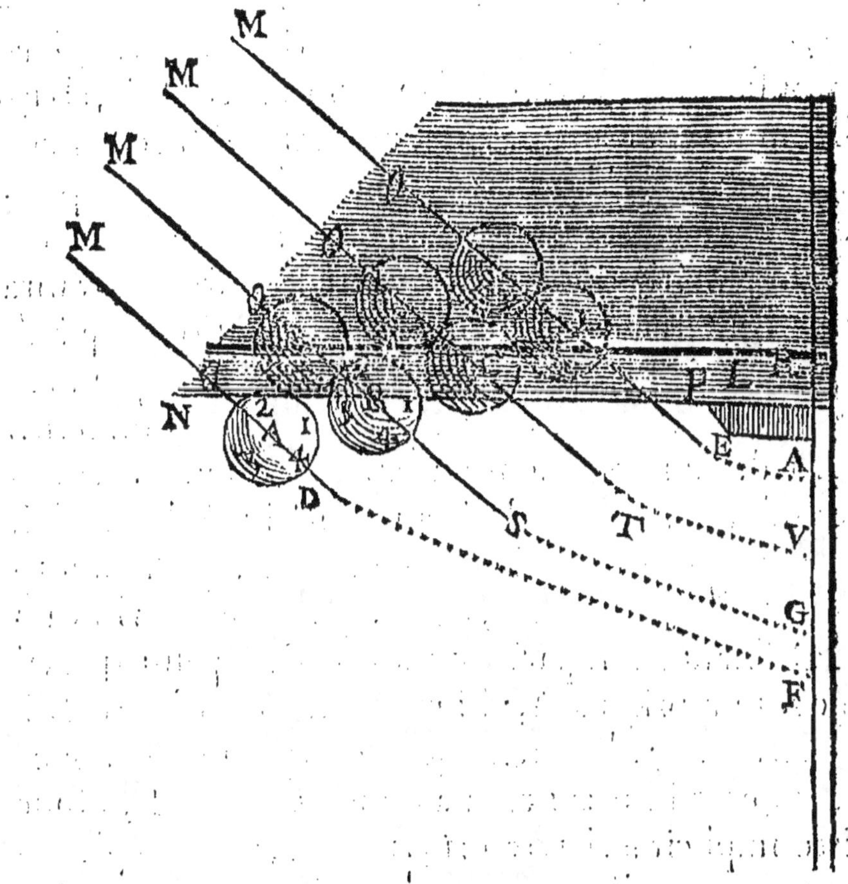

obtinebit. Ideoque habeo hic radios DF, SI, TV,
EH, qui diuersa omnes gyratione ad oculum aut parietem HF allabuntur. Huncque discursum me ex
mente vestræ Domin. instituere puto ; Illa enim, quæ
globulis ad aquæ superficiem allapsis (fol. 258. meteo.)
contingere dixerat, non enucleatè vitro trigono applicat ; quomodo vero concinnius applicare posset nõ video, etiam si radius EH ruber appareret, aut si color cæruleus, qui ibidem apparet, crebriori horum corpusculorum agitatione fieri dicatur ; Ex hoc enim solo experimento,

perimento, quod à vitro trigono, habet, videtur D.
veſtra definire colorem rubrum in frequentiori agitatione conſiſtere, cùm hoc potius cæruleo colori tri-
buendum videatur, maiorque quies corpuſculis quæ
colorem rubrum efficiunt; Atque hic perpulchrè explicatur, cur radio E H aliquis rubeus color adhæreat,
quod circa vmbræ confinia, corpuſcula aliqua à cele-
riori illa agitatione impediantur. Verum hoc adhuc
poſito, non ſatis oſtenditur, horum ad colorum ge-
nerationem, neceſſitas vmbræ; hæc enim mutua colorum alliſio, diuerſaque agitatio, nequaquam ab vmbra deſcendet. Nec capio quid vmbra conferre poſſit hac in ſententia, quacumque tandem ratione horum globorum motus per extremam vitri ſuperficiem
alterari dicatur. Non ſecus enim procul ab vmbra,
quam circa illam, radij per refractionem alterantur.
Deinde, vt demus aliquid, nempe, vmbrȩ limites circa,
motum corpuſculorum perturbari; cur ad omnes refractiones, vmbris terminatas, hos colores non habemus? ſed hæc ſufficere arbitror; Præcipue cum D. veſtra non minus ea quæ à me allata ſunt, quam quæ ad-
ferri poſſint, in conſiderationem aduocatura ſit. Hiſce itaque Vale, nouiſque in dies ingenij ſui monumen-
tis mundum illuſtra, meque ac ſcientiæ amatores ob-
lecta, Dominationis veſtræ ſtudiis Deuotus.

RESPONSIO
RENATI DESCARTES.
LETTRE LVI.

ERVDITISSIME DOMINE,

Non aliter affectus sum legendo litteras, quæ mihi à D. vestra per Clariss. D. Plempium transmissæ sunt, quam puto fuisse olim equites illos, qui proauorum temporibus orbem pererrasse dicuntur, quoties ipsis occurrebat alius eques armis tectus, & nomine non cognitus, vt fere tunc moris erat, in quo fortitudinem non vulgarem ex ipso incessu & primis congressibus deprehendebant. Quippe nihil ipsis optabilius poterat contingere, quam cum tali aliquo vires suas experiri : Et quamuis tenuitatis conscientia non permittat, vt me generosis illis Heroïbus ausim comparare, non possum tamen non fateri me admodum gaudere quod offeratur occasio cum eo congrediendi, quem talem esse suspicor, vt si vincere mihi arduum est, saltem vinci ab ipso non erit indecorum. Humanitatem profecto singularem, quæ generositatis & veræ fortitudinis nota esse solet, in D. vestra deprehendo ; non modo ex iis verbis quibus mea qualiacunque inuenta extollit ; sed in hoc etiam quod ea pauca quæ de Geometria scripsi, Mathematicæ puræ nomen mereri dicat : Nihil enim ibi eorum quæ ad Arithmeticam proprie pertinent explicui, nec vllam

folui ex iis quæſtionibus in quibus ordo ſimul cum
menſura ſpectatur , quarum exempla habentur in
Diophanto : Sed præterea nihil etiam docui de motu
in quo tamen examinando Mathematica pura , ea
ſaltem quam excolui, præcipue verſatur.

Cum autem D. veſtra ex multis mei ſcripti locis
in quibus plus aliquid veritatis deſiderari poſſe putat,
illum præ cæteris eligit, in quo per rotationem quorumdam globulorum colores explicare ſum conatus,
oſtendit profecto ſe in hoc certandi genere non mediocriter eſſe exercitatû. Nam ſi quæ pars ſit in eo ſcripto parum munita, & aduerſariorum telis expoſita,
fateor hanc eſſe quam D.veſtra oppugnat.Valde enim
difficulter poteſt intelligi quo pacto eiuſmodi globulorum rotationes ſibi mutuo non obſint, cum diuerſos colores à diuerſis obiectis ad diuerſos oculos
per idem medium & eodem tempore decuſſatim de-
ferre debent : Et multa quæ hanc difficultatem forte
minuiſſent, vel conſulto à me omiſſa ſunt,vel breuiſ-
ſimè tantum perſtricta; quoniam ea prius ſcripſeram
in eo tractatu, de quo in libello de methodo loquu-
tus ſum. Ne tamen videar hæc mentiri, vt ab accurata
reſponſione me excuſem, ecce ad illam me accingo.
Rogoque in primis D. veſtram, vt aduertat globulos
illos de quibus egi non eſſe corpuſcula, quæ ab aſtris
profeminentur, vel exudent, ſed particulas eius materiæ, quam D. veſtra vocat cæleſtem, omnia ſpatia
tranſlucida occupantes , & non aliter ſibi mutuo
incumbentes , quam partes vini in vaſe illo quod in
pagina 6. Diopt. propoſui, & in quo videre licet, vi-

num quod eſt ad C, tendere verſus B, nec ideo impedire quo minus illud,
quod eſt ad E tendat
verſus A , ſingulaſque
eius particulas propen-
dêre , vt deſcendant
verſus plurimas partes
diuerſas, etſi non niſi
vnam verſus eodem
tempore poſſint mo-
ueri. Monui autem va-
riis in locis me per lu-
men non tam motum

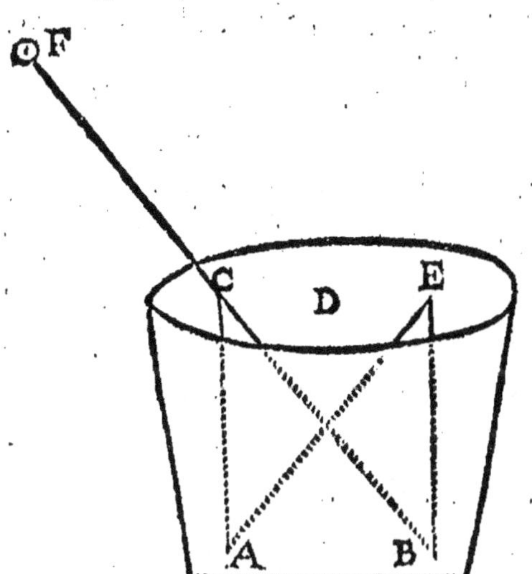

ipſum , quam inclinationem ſiue propenſionem ad
motum intelligere, atque ea quæ de motu eſſem di-
cturus, vt ſic facilius caperentur, ad hanc propenſionem eſſe referenda: Vnde ſatis liquet per colores nihil
etiam aliud ex meâ ſententia , quam propenſionis
iſtius varietates quaſdam eſſe concipiendas. His autem
diutius non inhæreo, quia D. veſtra præuidit me aliquid ſimile eſſe dicturum, quod concedere non ei vi-
debatur eſſe inſolens. At vrget ex alia parte, ſiquidem
diuerſi illi motus ſibi mutuo non obſint, non igitur
etiam ex horum corpuſculorum mutua colliſione in
vitro trigono colores mutari poſſe. Ad quod reſpon-
deo eſſe diſtinguendum inter motus, ſiue potius inter
propenſiones ad motus, & notandu quaſdam ex iis eſſe
diſparatas, hoc eſt, à ſe mutuo nó pendentes, alias vero
plane coniunctas. Vt in figura pag. 6. propenſio quam
habét omnes partes vini, quæ ſunt in ſuperficie C D E,

vt defcendant verfus A, non auget nec minuit illam
quam eædem habent vt defcendant verfus B. Itemque
fi fingamus huic vino pifciculos aliquos innatare, qui
variis motibus eius partes exagitent, non ideo ante di-
ctæ propenfiones mutabuntur. Quæ proinde non malè conferri poffunt cum propenfionibus, quas habent
particulæ materiæ cœleftis ad eas rotationes per quas
diuerfi colores fentiuntur. Ita enim fingere libet in
locis A & B effe diuerfos fpectatores, & in locis C D E
effe obiecta diuerfimodè colorata, & infuper loco pif-
ciculorum in fpatio intermedio effe ventos, qui totum aërem exagitent. Iam vero fi ponamus pilam F
impelli verfus C non quidem fecúdum lineam rectam
C B, fed prout exigit eius refractio, vt cum ad vinum
peruenerit recta tendat à C verfus B, manifeftum eft
eamvim qua pila ifta propellet partem vini C, non tantum augere poffe propenfionem quam habebat ad
defcendendum verfus B, fed etiam modum, fiue naturam iftius propenfionis immutare: Pila enim partem vini C pellet verfus B directè, vis autem grauitatis
obliquè tantum, quia nempe fuppono lineam CB non
rectà tendere verfus centrum terræ ; Atque hæ duæ
propenfiones fimul iunctæ rotationem illam ex qua
colores oriuntur optimè repræfentant, vt clarius ex
fequentibus intelligetur.

Sed prius hic paucis ad quæfita D.veftræ refponde-
bo, & quia iam fupra fatis monui, corpufcula de quibus egi, cum nihil aliud fint quam particulæ eius materiæ, qua fpatia omnia tranflucida replentur, nequaquam ab altris profeminari, vel exudare, nullumque

esse periculum ne sol ideo extenuetur, vel ne ad ineptias fabularum confugere debeamus. Superest vt dicam, quantum attinet ad ipsam lucem, hoc est ad vim per quam lucida corpora materiam cœlestem circumquaque à se expellunt, me illam qualis sit nec in Dioptrica nec in Meteoris explicare voluisse, quoniam alium ei locum dedi; neque ob metum quem D. vestra se habere dicit, scilicet ne qualitates omnes, & formas à quibus abhorreo non effugiam, ab instituto meo me dimoueri. Et quantum attinet ad colorem stellæ quæ est in sinistro humero Orionis, vel aliarum, respondeo non esse ruborem similem ei, qui per prisma vitreum apparet, sed tantummodo fulgorem quemdam lucis densiorem quam sit ille qui in cæteris astris reperitur. Colores autem vere tinctos & saturos videmus nonnihil imminui ob longitudinem distantiæ, sensimque in dilutiores mutari, vt Pictores omnes satis obseruant. Neque tamen ideo percipio rationem, cur particulæ materiæ cœlestis D. vestræ non videantur æque tenaces eius gyrationis ex qua colores oriuntur, quam ipsius motus directi, in quo lumen consistit; æque enim vnum atque alterum possumus assequi cogitatione: Nihil autem accuratius, siue quod omnes numeros Mathematicę scrupulositatis melius impleat, à nobis cogitari vmquam posse, quam à naturâ fieri solere, mihi persuadeo. Cur vero per vitri superficiem gyratio hæc mutetur, iam in meteoris explicui, & adhuc apertius infra dicam.

Venio nunc ad vltimum argumentum quo probare intendit me non enucleatè vitro trigono appli-

care illa quæ globulis ad aquæ fuperficiem allapfis
contingere dixeram. Ad quod facillimè refpondeo
ex pag. 23. Dioptrices in qua perfpicuè demonftraui
contrariam effe rationem corporum terreftrium, quales funt globi illi de quibus in pag. 258. meteor. & particularum materiæ quæ lumen tranfmittit; quia nempe illa difficilius per aquam tranfeunt, quam per aërem, hæ contra facilius per aquam, & adhuc facilius
per vitrum quam per aquam: Inde enim patet, vt enucleatè vnum alteri applicaretur, globulos aquam fub-
euntes conferri debuiffe cum radiis à vitro in aërem
tranfeuntibus, quod à me factum eft, &c.

Nolim autem Dominatio veftra fibi perfuadeat
me tam paucis vel tam leuibus argumentis ad ea quæ
fcripfi affirmanda fuiffe impulfum, vt ex vno folo experimento iudicarim colorem rubrum, non dicam
in frequentiori agitatione, hoc enim non fentio,
fed in maiori propenfione ad motum circularem
quam ad rectum confiftere. Licet enim nullum aptius
eo quod attuli effe putem ad iftud demonftrandum,
fexcenta tamen alia funt quibus idem confirmatur,
quæque poffem hic afferre, fi partes illas Phificæ à quibus pendent exponendas fufcepiffem; Nempe dicerem cur fanguis omnis fit ruber, fi de animalibus tractarem; cur argentum vivum aliaque innumera fola
ignis vi rubefcant, fi de igne, iftifque aliis, &c. Quinimo fi vel vnum quid in tota rerum natura inuenirem,
quod meæ hac de re opinioni non confentiret, couf-
que cohiberem affenfionem, donec illa in parte mihi fatisfeciffem. Nunquid vero etiam funt in ipfismeis

Meteoris aliquot alia experimenta quæ illam confir-
mant, vt in pag. 272. meteor. & sequentibus, vbi egi
de rubeo nubium colore, de cæruleo cœli & maris, &c.

Superest itaque vt nonnulla hic addam, quæ iuua-
bunt ad intelligendum quid vmbra & quid refractio
conferre possint ad coloru productionem; licet enim

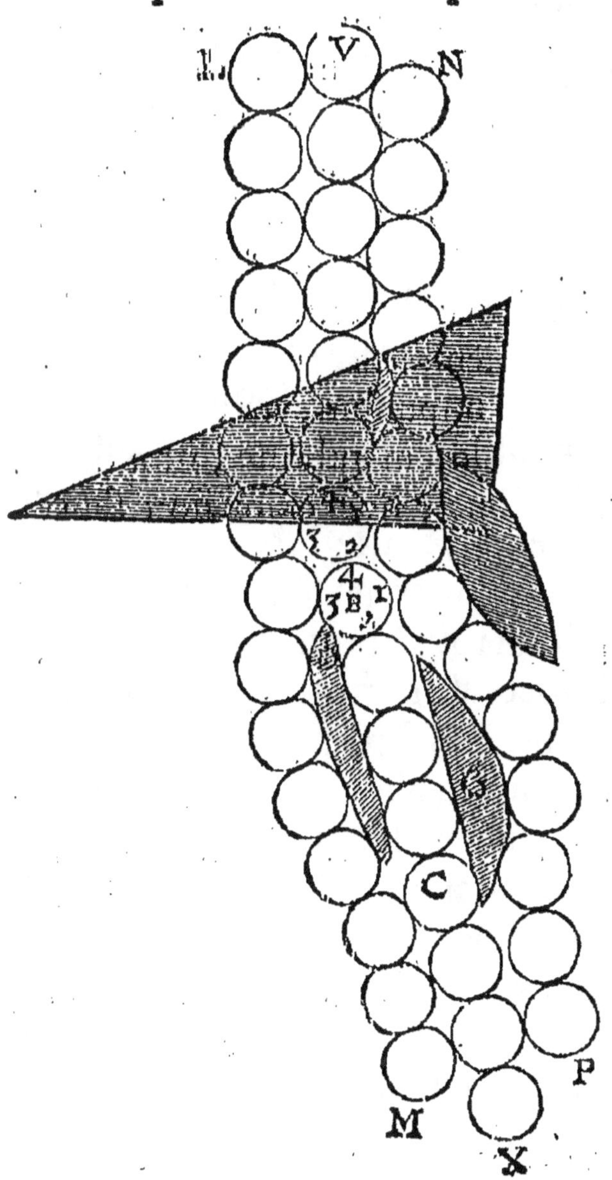

hoc ipsu in me-
teoris expone-
re conatus sim,
forte tamen po-
tuissem euiden-
tius, si prolixior
esse voluissem.

Primo igitur
quamuis in fig.
pag.258. meteor.
maioris perspi-
cuitatis causa,
quinque tantum
vel sex globulos
pingi curarim,
Putandum ta-
mé est omnia il-
la spatia per quæ
lumen proprie
trâsmittitur par-
ticulis materiæ
cœlestis sibi mu-
tuo incumben-
tibus plena esse,
vt

vt iam ante dictum est, & videre licet in figurâ hic ap-
posita, in qua suppono punctum V. ad solem, & X. ad
oculum pertingere, omnesque globulos in linea V X
constitutos, esse particulas materiæ cœlestis, quæ nituntur recedere à centro solis, eodem modo quo are-
nulæ vasculis illis contentæ, quibus tanquam clepsy-
dris vti solemus, nituntur accedere ad centrum terræ.
Possumusque singulos ordines horum globulorum ab
obiectis ad oculos protendétes (saltem si philosophicè
loqui libet) radios materiales appellare, ad distinctionem radiorum formalium, qui secundum lineas Ma-
thematicè rectas atque indiuisibiles ferri intelliguntur, licet hi materiales vix vmquam lineas planè rectas,
& nunquam planè indiuisibiles componant.

Secundo, cum aliquis ex istis globulis impellitur in
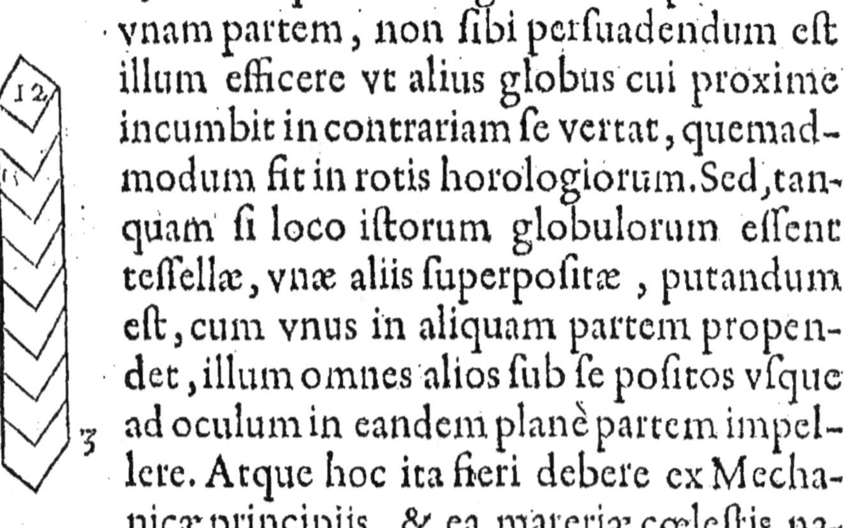
vnam partem, non sibi persuadendum est
illum efficere vt alius globus cui proxime
incumbit in contrariam se vertat, quemadmodum fit in rotis horologiorum. Sed, tanquam si loco istorum globulorum essent
tessellæ, vnæ aliis superpositæ, putandum
est, cum vnus in aliquam partem propendet, illum omnes alios sub se positos vsque
ad oculum in eandem planè partem impellere. Atque hoc ita fieri debere ex Mechanicæ principiis, & ea materiæ cœlestis natura quam rationes innumeræ mihi persuadent, euidenter demonstratur. Si autem fingamus tot tessellas
vnas aliis incumbere, vt suprema 12 ad sinistrum hu-
merum Orionis, & infima 43 ad oculum pertingat,

atque hanc fupremam rectâ quidem pelli ab 12. verfus
43, fed præterea fortius premi in parte 2.quam in parte 1, facile intelligemus duplicem hanc impulfio-
nem, fiue preffionem, omnibus iftis teffellis fimul ita
poffe communicari, vt ipfam infimam 43 ad rotationem, quæ fiat in partes 1 2 3 4 impellat.

Tertio notandum eft, globulos iftos, vitri, aëris,
aliorumue corporum poris contentos, propendere
femper, vel certè vt plurimum, vt in vnam aliquam
partem rotentur, & quidem vt rotentur eadem celeritate, qua fecundum lineam rectam feruntur, quoties
nulla peculiaris adeft caufa, quæ celeritatem iftam
augeat vel imminuat; vt monui in pag. 272. meteor.
Ac præterea quofdam ex iis in vnam partem, alios in
aliam propendere, prout hoc vel illo fuo latere con-
tingunt parietes pororum quibus infunt. Vim autem
qua totus radius materialis oculum premit, ex omnibus iftis propenfionibus fimul fumptis ifta componi,
vt illæ quæ fibi mutuo aduerfantur pro nihilo fint
numerandæ. Sic,exempli caufa, globulus B,quia pellitur ab V verfus X, tangitque particulam aëris D, quæ
cum ipfo non pellitur, propendet vt gyretur fecundum ordinem notarum 1 2 3 4,globulus autem C,quâ-
tum in fe eft, in contrarias partes inclinat, quia tangit
particulam G : fed hæ duæ diuerfæ propenfiones ab
oculo in X fentiri non poffunt, quoniam vna alteram
prorfus elidit. Idemque de pluribus contrariis refra-
ctionibus eft fentiendum, & de pluribus radiis materialibus alium intermedium tangentibus, &c.

Quarto notandum eft,æquilibrij leges tam accura-

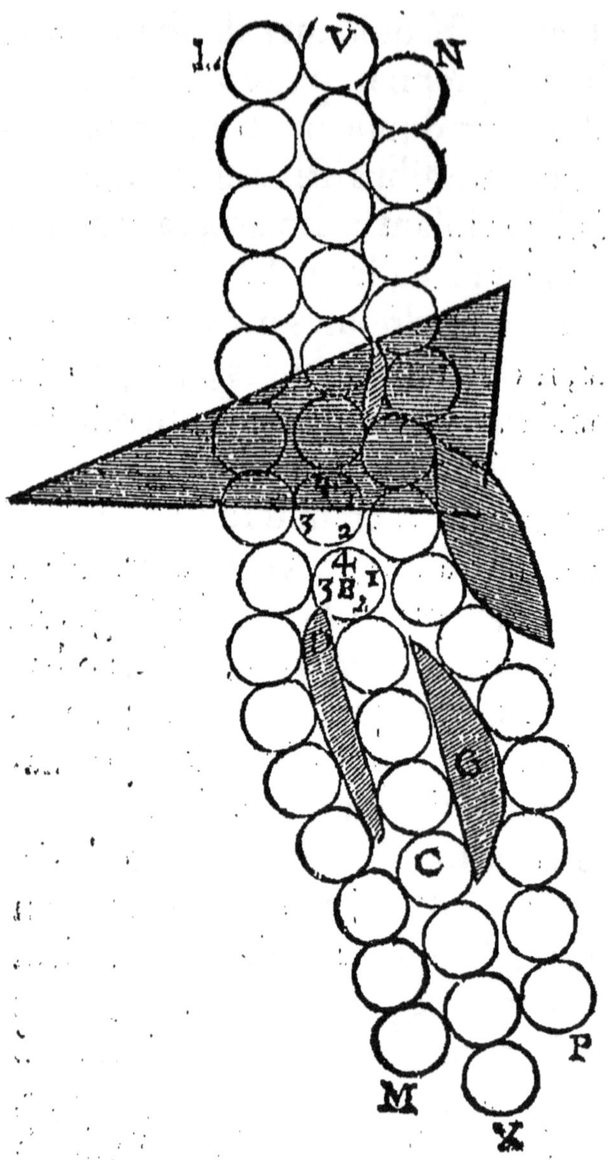

tè obseruari à natura, vt eiusdem radij materialis omnes partes simul sumptæ, séper tantumdem præter propter in vnam partem, quam in contrariam impellátur, tam à contactu particularû aëris aliorumue corporum, quam ab occursu globulorum radios vicinos componétium, & ab aliis causis quibuslibet, quæ in plurimos ex istis globulis simul agût; Vnde fit vt totus radius ob tales causas nunquam multò magis ad rotationem in vnam partem quam in aliam inclinet. Quia tamen fieri vix potest, quin semper aliquantulum in vnam aliquam magis inclinet, alij omnes vicini radij propendent in diuersas, vt ita, quod deest singulis ad æquilibrij leges implendas, ab omnibus simul compensetur. Nullaque pars senfibilis in corpore diaphano dari poteft, in qua non permulti tales radij, nempe ex globulis supra omnem cogitationem minutulis compofiti, reperiantur.

Quinto denique notandum eft, vitri alteriusue corporis superficiem, in qua tales radij refranguntur, efficere vt illi non ficut aliàs fieri folet, vni in vnas, alij in contrarias partes ferantur, sed omnes concorditer in eamdem inclinent, modo tantum satis obliquè in illam superficiem incidant, vt vniufcuiufque radij globulum illum à quo tangitur magis impellat ad rotationem in eam partem, quam totus idem radius ab aliis caufis fimul fumptis in vllam aliam impellatur. Nam cum illæ aliæ omnes caufæ propter æquilibrij leges vix quicquam poffint, vt mox dictum eft, facile ab hac vnicâ superantur: Et docet experientia non quantulamcunque refractionèm, fed eam duntaxat quæ magna eft, coloribus gignendis aptam effe.

Neque vero illos refractio fola vnquam producit, nam fiue globuli, ex quibus radij conftant, in eandem omnes partem propendeant, fiue in diuerfas, eodem plane modo ab oculo fentiuntur: Et fola non poteft illos ad motum circularem fortius vel languidius quã ad rectum impellere. Sed fi vmbra illi adiuncta fit, hoc eft exempli causâ, fi radius V X, cuius globuli ob refractionem propendent vt vertantur fecundum ordinem notarum 1 2 3 4, in illa creperâ luce, quam pene vmbram appellant, ita verfetur, vt fortius quidem pellatur ab V verfus X, quam radius L M ei proximus à parte vmbræ, languidius autem quam N P, quia nempe minus lucis habere fupponitur, certum eft

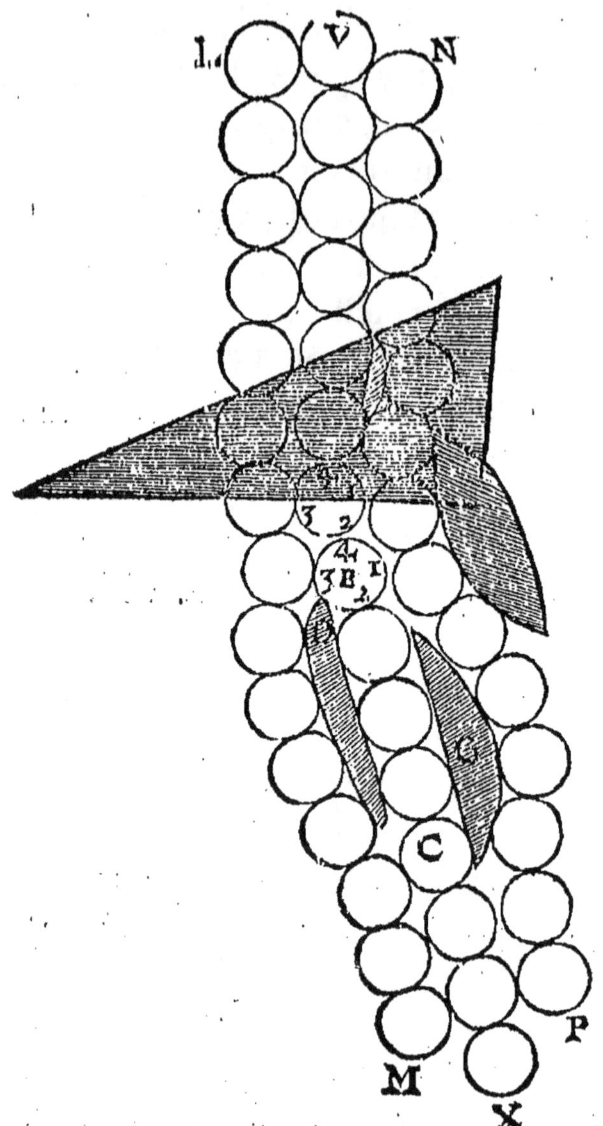

vim qua globuli ex quibus conſtat girare nituntur, augeri debere ab vtroque radio L M & N P, quæ contra ab iiſdem minueretur, ſi N P eſſet à parte vmbrę, &c.

Ex quibus patet euidenter quid vmbra conferat ad colorum productionem; nam abſque eâ non magis radius L M in vnam partem traheret globulos radij V X, quã N P in contrariã, atq; ita vis vnius à vi alterius elideretur. Nec minus patet quid conferat refractio, nam abſque ea globuli radij V X non magis propenderent ad rotationem ſecundum ordinem notarum 1 2 3 4 , quam ad contrariam, ideoque illa propenſio nec augeretur nec minueretur à radiis L M & N P; vel certè, ſi ponamus illam augeri, tunc propter leges æquilibrij eſt putan

E e iij

dum aliam in vicinis radiis tantumdem imminui. Et
quia sensus non mouetur à singulis radiis separatim,
sed tantum à plurimis simul, neutra ideo posset sentiri, &c.

Quæ si D. vestræ vtcunque satisfaciant, spero me ab
ipsa impetraturum, vt docere non grauetur quænam
sint illa alia in quibus plus aliquid veritatis desidera-
ri posse putat, & ad ea etiam respondendo, testabor
quantum sim Dominationis vestræ studiis Deuotus,
RENATVS DESCARTES.

A MONSIEVR MORIN.

LETTRE LVII.

Monsieur,

I'ay receu le beau liure que vous m'auez fait l'honneur de m'enuoyer, & ie pense auoir d'autant plus de
sujet de vous en remercier, que ie l'ay moins mérité;
car ie n'ay iamais eu occasion de vous rendre aucun seruice qui vous dûst conuier à auoir cette souuenance de
moy. Il est certain que la peine que vous auez prise
pour trouuer les longitudes ne mérite rien moins
qu'vne récompense publique ; mais pourceque les
inuentions des sciences sont de si haut prix, qu'elles ne
peuuent estre assez payées auec de l'argent, il semble
que Dieu ait tellement ordonné le monde, que cette
sorte de récompense n'est communément réseruée

que pour des ouurages méchaniques & grossiers, ou
pour des actions basses & seruiles. Ainsi ie m'assure
qu'vn artisanqui auroit fait de bonnes lunettes en pouroit tirer beaucoup plus d'argent, que moy de toutes
les resveries de ma Dioptrique, si j'auois dessein de les
vendre. Ce qui n'empesche pas que ie ne souhaitte que
vous receuiez en cecy l'acomplissement de vos desirs,
& si j'y pouuois contribuer quelque chose, vous con-
noistriez en effet, que ie suis, &c.

MONSIEVR MORIN A MONSIEVR DESCARTES.

LETTRE LVIII.

MONSIEVR,

Dés l'heure que j'eus l'honneur de vous voir, & de
vous connoistre à Paris, ie jugé que vous auiez vn esprit capable de laisser quelque chose de rare & d'excellent à la posterité; Et me suis grandement réjouy d'a-
uoir vû réüssir mon jugement par le beau liure que
vous auez mis en lumiere sur des sujets de mathematique & de physique, qui sont aussi les deux principaux
objets de mes speculations naturelles. Mais comme en
ce qui est de la Mathematique, vous n'aurez que des
gens à admirer la sublimité de vostre esprit; aussi en ce
qui est de la Physique, j'estime que vous ne serez pas
étonné, s'il se trouue des personnes à vous contredire. Car vous estant réserué la connoissance des princi-

pes & notions vniuerſelles de voſtre Phyſique nouuelle (dont la publication eſt paſſionnément deſirée de tous les doctes) & ne fondant vos raiſonnemens que ſur des comparaiſons, ou ſupoſitions, de la verité deſquelles on eſt pour le moins en doute ; ce ſeroit pécher contre le premier précepte de voſtre méthode, qui eſt tres-bon, & qui m'eſt familier, que d'aquieſcer à vos raiſonnemens. Et bien que par la page 76. de voſtre méthode, l'experience rende tres-certains la plu-part des effets que vous traittez ; neantmoins vous ſçauez tres-bien que l'aparence des mouuemens céleſtes ſe tire auſſi certainement de la ſupoſition de la ſtabilité de la terre, que de la ſupoſition de ſa mobilité : Et partant que l'experience d'icelle aparence n'eſt pas ſuffiſante, pour prouuer laquelle des deux cauſes cy-deſſus eſt la vraye. Et s'il eſt vray que prouuer des effets par vne cauſe poſée, puis prouuer cette meſme cauſe par les meſmes effets, ne ſoit pas vn cercle logique, Ariſtote l'a mal entendu, & on peut dire qu'il ne s'en peut faire aucun. Et pour les Aſtronomes que vous vous propoſez à imiter en la page 3. de voſtre Dioptrique, ie ne vous cacheray point mon ſentiment, qui eſt, Que qui ne fera de meilleures ſupoſitions que celles qu'ont fait iuſques icy les Aſtronomes, ne fera pas mieux qu'eux dans les cóſequences ou concluſions : voire, poura bien faire pis. Car eux ſupoſans mal la paralaxe du ſoleil, ou l'obliquité de l'Eclyptique, ou l'excentricité de l'Apogée, le moyen mouuement ou periode d'vne planette, &c. tant s'en faut qu'ils en tirent des conſequences tres-vrayes, & tres-aſſurées,

comme

comme vous dites en ladite page 3. qu'au contraire,
ils faillent en suite dans les mouuemens, ou lieux des
planetes, à proportion de l'erreur de leurs fausses supositions; comme le témoigne le raport de leurs Ta-
bles auec le Ciel. Et ie croy auoir esté le premier au
monde, qui dans mon liure des Longitudes ay donné
aux Astronomes les vrays moyens d'éuiter d'oresnauant toutes ces fausses supositions, & tous les Cercles
Logiques qui se peuuent commettre en cela. Mais les
Astronomes par leurs fausses supositions ne faillent
pour l'ordinaire que dans le plus ou dans le moins touchant le mouuement des planetes; Au lieu qu'vn Phy-
sicien peut errer en la nature mesme de la chose qu'il
traite. Il n'y a rien de si aysé que d'ajuster quelque cause à vn effet; & vous sçauez que cela est familier aux
Astronomes, qui par le moyen de diuerses hypotheses de cercles, ou ellypses, concourent à mesme but;
& le mesme vous est tres-connu en vostre Géometrie.
Mais pour prouuer que la cause d'vn effet posé est sa
vraye & vnique cause; il faut pour le moins prouuer
qu'vn tel effet ne peut estre produit par aucune autre
cause.

Or ie croy qu'estant ce que vous estes, vous n'aurez pas manqué selon la page 69. de vostre Méthode, à
bien préuoir tout ce qu'on vous pouroit obiecter.
Mais que vous réseruant encore la connoissance particuliere de vos principes de Physique, dont tout le reste est déduit, vous vous estes voulu égayer, non seulement à faire souhaiter aux bons esprits la publication de vostre physique, mais encore à les exercer dans

les difficultez que vous auez laissées en vostre nouuelle
doctrine : voire mesme vous les y conuiez en la page
75. de vostre Méthode, jusques à les suplier de vous enuoyer leurs objections , & c'est ce qui m'a donné le
plus de sujet de vous écrire la présente.

Mais sçachant combien le tems vous est cher, aussi
bien qu'à moy, ie n'ay point voulu vous proposer diuerses difficultez sur diuerses matieres ; ie me suis contenté d'en choisir vne des principales & des plus ingenieuses, qui est celle de la Lumiere, la nature de laquelle est à présent si recherchée de tous ceux qui pensent
voir plus clair dans la physique. Nous auons icy deux
personnages qui ont trauaillé depuis peu sur le mesme
sujet, & qui en ont publié leur sentiment. Mais moy
qui y ay aussi trauaillé de ma teste, sans toutesfois rien
publier encore, ie trouue leur opinion bien plus aysée
à détruire, que la vostre : Car auec vostre esprit habi-
tué aux plus subtiles & plus hautes spéculations des
Mathematiques, vous vous renfermez & barricadez
en telle sorte dans vos termes & façons de parler, ou
énoncer, qu'il semble d'abord que vous soyez impre-
nable. Mais n'y ayant que la seule verité, qui puisse ré-
sister à l'effort du raisonnement, & ne la pouuant reconnoistre dans ce que vous nous auez donné de la
Lumiere, i'ay crû estre obligé par vous-mesme à vous
y faire mes obiections ; non pour vous engager à vn
long discours, mais seulement afin qu'en peu de mots,
vous me donniez vn peu plus de lumiere de la nature
de la Lumiere, comme ie croy que vous le pouuez : Et
ie vous assure que ie ne la cacheray pas sous le boisseau,

mais que ie la feray paroiftre à voftre honneur.

Ie ne fçay pourtant ce que ie dois attendre de vous; car on m'a voulu faire acroire, que fi ie vous traitois tant foit peu en termes de l'école, vous me jugeriez à l'inftant plus digne de mépris que de réponfe. Mais par la lecture de vos difcours, ie ne vous reconnois point fi ennemy de l'école que l'on vous fait, & ay cette bonne opinion de voftre efprit, qu'il accordera facilement que toute verité bien démonftrée, eft à l'épreuue de tous les termes de l'école; & que toute propofition qui n'eft à cette épreuue, eft pour le moins douteufe, fi elle n'eft fauffe tout à fait. Car qui nous voudroit faire paffer vne fiction pour vne verité, vn accident pour vne fubftance, vn mouuement fans moteur, &c. Ie vous fais juge vous-mefme de ce qu'il mériteroit. L'école ne me femble auoir failly, qu'en ce qu'elle s'eft plus occupée par fpéculation à la recherche des termes dont il faut fe feruir pour traiter des chofes, qu'à la recherche de la verité mefme des chofes par de bonnes experiences; Auffi eft-elle pauure en celles-cy, & riche en ceux-là; C'eft pourquoy j'en fuis comme vous, ie ne cherche la verité des chofes que dans la nature, & ne m'en fie plus à l'école, qui ne me fert que pour les termes.

Or ie commenceray par les fentimens que vous auez de la nature de la Lumiere, afin qu'ils me feruent de fondement, & qu'on voye s'ils font par tout les mefmes, ou s'ils font differens, & en quoy.

1. Donc, en la page 159. des Méteores vous dites; Ie fupofe premierement que l'eau, la terre, l'air, & tous

les autres tels cors qui nous enuironnent, font compofez de plufieurs petites parties de diuerfes figures, &
groffeurs, qui ne font iamais fi bien arengées, ny fi juftement iointes enfemble, qu'il ne refte plufieurs interualles autour d'elles; & que ces interualles ne font
pas vuides, mais remplis de cette matiere fort fubtile,
par l'entremife de laquelle fe communique l'action de
la Lumiere.

2. En la page 4. de la Dioptrique, vous dites, Que la
Lumiere n'eft autre chofe dans les cors qu'on nomme
lumineux, qu'vn certain mouuement ou vne action
fort promte, qui paffe vers nos yeux, par l'entremife
de l'air & des autres cors tranfparens; en mefme façon
que le mouuement ou la réfiftance des cors que rencontre vn aueugle auec fon bafton, paffe vers fa main
par l'entremife de fon bafton. D'où s'enfuit que comme ce mouuement eft receu dans le bafton, auffi l'autre cy-deffus fera receu dans l'air.

3. Mais en la page 23. vous dites autrement, à fçauoir, Que la Lumiere n'eft autre chofe qu'vn certain
mouuement, ou action receuë dans vne matiere tres-
fubtile, qui remplit les pores des autres cors. Et vous
diftinguez cette matiere d'auec l'air, & les autres cors
tranfparens, aufquels, page 122. vous donnez des pores.

4. Page 122. vous dites, Qu'elle n'eft autre chofe que
l'action, ou l'inclination à fe mouuoir, d'vne matiere tres-fubtile, &c. Mais ce qui n'eft qu'inclination à
fe mouuoir n'eft pas mouuement, & ces deux different comme la puiffance & l'acte. Et fi l'action eft de la
matiere, donc elle n'eft pas des cors lumineux qui

meuuent cette matiere, ainſi que vous dites en la page 38. de la Dioptrique, ce qui eſt raporté cy-deſſous au nombre 10.

5. Voire meſme, pag. 256. vous ne dites pas Que la Lumiere ſoit l'action ou le mouuement, mais comme l'action ou le mouuement d'vne certaine matiere fort ſubtile , &c. Or toute comparaiſon eſt entre choſes differentes ; donc la Lumiere n'eſt pas ſelon vous l'action, ou le mouuement. Et quand on voudroit prendre le mot de *comme*, pour *quaſi*, tou-jours y auroit-il à redire, & vous vous trouueriez court d'vn point.

6. Page 50. de la Dioptrique parlant encore de la nature ou de l'eſſence de la Lumiere vous dites, Que la Lumiere n'eſt autre choſe qu'vn mouuement, ou vne action qui tend à cauſer quelque mouuement , &c. D'où ie conclus, que ſi la Lumiere eſt l'action, & meſme l'action qui tend à cauſer le mouuement, donc la Lumiere ſera premiere que le mouuement ; Car toute cauſe eſt premiere que ſon effet ; & par conſequent la Lumiere ne ſera pas le mouuement.

7. Finalement page 5. vous dites ; Qu'il n'eſt pas beſoin de ſupoſer qu'il paſſe quelque choſe de materiel depuis les objets iuſques à nos yeux , pour nous faire voir les couleurs, & la Lumiere ; qui ſelon vous ne ſont qu'vne meſme nature. Mais puiſque par ce que vous dites en la page 4. La Lumiere n'eſt autre choſe dans les cors qu'on nomme lumineux, qu'vn certain mouuement qui paſſe vers nos yeux, & que le mouuement n'eſt jamais ſans le mobile, il faut donc auſſi par neceſſité, que comme la Lumiere des cors lumineux , c'eſt à

dire, le m ouuement, passe des cors lumineux vers nos yeux, aussi le mobile y passe, qui n'est autre selon vous, que la matiere subtile, où est receu ce mouuement.

Aprés auoir cy-dessus exposé vos sentimens sur la forme ou essence de la Lumiere, qui selon vous ne consiste qu'en vne action, ou mouuement, ou incli-nation à se mouuoir, &c. de la matiere subtile, &c. Voyons maintenant ce que vous dites de sa matiere, qui est cette Matiere Subtile.

8. Donc, page 256. des Méteores, parlant de cette matiere subtile, vous dites qu'il en faut imaginer les parties ainsi que de petites boules qui roulent dans les pores des cors terrestres.

9. Mais page 159. des mesmes Méteores, parlant des parties de l'air, de l'eau, de la Terre, & des autres cors, & disant que leurs parties n'estant pas bien vnies, les interualles qu'elles laissent entr'elles sont remplis de cette matiere subtile, vous dites ensuite, que les par-ties dont l'eau est composée sont longues, vnies, & glissantes, ainsi que de petites anguilles, qui quoy qu'el-les se joignët & entrelacent, ne se noüent ny ne s'acro-chent iamais de telle façõ, qu'elles ne puissent aysémët estre séparées. Et au contraire que presque toutes celles tãt de la Terre, que mesme de l'air, & de la plu-part des autres cors, ont des figures fort irregulieres & inéga-les. Desquelles paroles il s'ensuit nettement, que puis-que les espaces ou interuales compris entre ces parties, dont les figures sont ainsi inégales & irregulieres, ne sçauroient estre rons, si ce n'est par hasard, il s'ensuit, dis-je, que la matiere subtile qui remplit ces interua-

les, ou pores, ne sera pas ronde ainsi que des petites
boules. Et quand vous voudriez dire que la matiere
subtile contenuë en vn de ces pores, ou interuales, seroit composée de parties rondes, ainsi que de petites
boules; puisque deux boules ne se touchent qu'en vn
point Mathematique, il s'ensuiuroit qu'entre ces parties de la matiere subtile, contenuë en vn pore de l'air,
ou de la Terre, il y auroit encore d'autres pores, qui
seroient vuides; Comme il paroist mesme en vostre
figure des petites boules, page 258. Et neantmoins il
n'y a rien de vuide dans la Nature.

Venons maintenant au moteur de vostre matiere
subtile.

10. En la page 38. de la Diop. vous dites, La Lumiere,
c'est à dire, le mouuement ou l'action dont le soleil,
ou quelqu'autre des cors qu'on nomme lumineux,
pousse vne certaine matiere fort subtile, qui se trouue
en tous les cors transparens, &c. Par lesquelles paroles
confirmées en la page 160. & 272. vous donnez clairement à entendre que cette matiere subtile n'a de soy
aucun mouuement, mais seulement par les cors lumineux, qui l'agitent & la poussent.

11. Mais en la mesme page 160. vous dites, Que cette
matiere subtile est de telle nature, qu'elle ne cesse iamais de se mouuoir çà & là grandement viste : Par lesquelles paroles, il s'ensuit qu'il n'est aucunement besoin des cors lumineux pour mouuoir cette matiere,
puisqu'elle se meut d'elle-mesme, estant de telle nature, qu'elle ne cesse iamais de se mouuoir.

Passons à la forme du mouuement de cette matiere
subtile.

12. En la page 272. des Méteores, vous ditès, En-core que l'action des cors lumineux ne soit que de pousser en ligne droite la matiere subtile qui touche nos yeux : Toutesfois le mouuement ordinaire des petites parties de cette matiere, au moins de celles qui sont en l'air au tour de nous, est de rouler, en mesme façon qu'vne bale roule estant à terre, encore qu'on ne l'ait poussée qu'en ligne droite, &c. Sur quoy il faut noter en passant, que si cette matiere, outre le mouuement rectiligne qu'elle reçoit du cors lumineux, se meut de sa nature seulement en rond, par consequent elle ne se meut pas çà & là comme vous dites, en la page 160. ainsi que j'ay remarqué au nombre précedent; ou si elle se meut çà & là, par consequent elle ne se meut pas en ligne droite, comme vous dites en la page 272. ainsi que j'ay icy remarqué.

13. Mais en la page 257. vous dites & démonstrez tout le contraire de ce que dessus, par vostre figure des petites boules, qui estant meües en l'air viennent rencon-trer en droi-te ligne la su-perficie de l'eau:Car voi-cy vos paro-les, & vostre figure. Pour mieux enten-dre cecy pen-sez que la boule 1.2.3.4. est

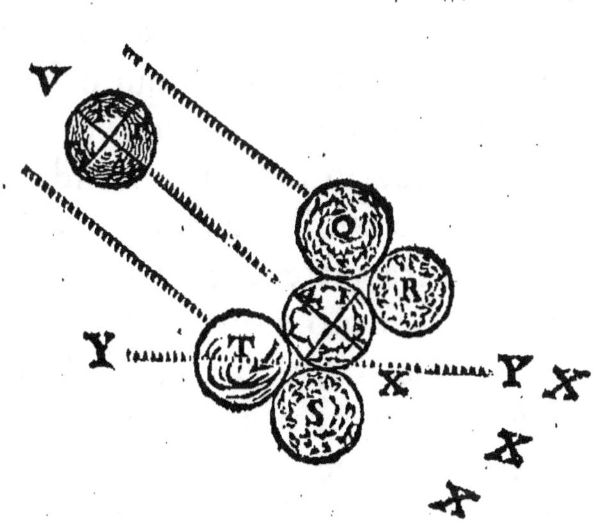

eſt pouſſée d'V, vers X, en telle ſorte qu'elle ne va
qu'en ligne droite, & que ſes deux coſtez 1. & 3. deſcendent également viſte (& par conſequent ſans rouler) juſques à la ſuperficie de l'eau Y Y, ou le mouuement du coſté marqué 3, qui la rencontre le premier,
eſt retardé, pendant que celuy du coſté marqué 1. continuë encore; Ce qui eſt cauſe que la boule commence infailliblement à tournoyer ſuiuant l'ordre des chifres 123. Deſquelles paroles il s'enſuit, que les petites
parties, ou boules, ne roulent pas en l'air, comme
vous diſiez cy-deſſus; mais ſeulement à la rencontre
de quelque ſuperficie plus ſolide.

Or, Monſieur, jugez maintenant vous meſme par
le premier précepte de voſtre méthode, ſi cette doctrine doit eſtre receuë pour vraye, ou il paroiſt tant de
doutes, & de contradictions. Et vous en ayant ſeulement repréſenté vne partie, ie deurois en attendre
voſtre éclairciſſement ſans paſſer plus outre. Mais
croyant que vous ſerez meſme bien-aiſe que ie donne
quelque attaque de raiſonnement à voſtre doctrine,
ainſi que feront pluſieurs autres, vous qui préſidez
en la chaire de vos principes, jugerez des cous, & comme ie croy donnerez ſatisfaction à tout le monde.

ʼ Ie l'attaquerois volontiers voſtre eſſence ou nature
de la Lumiere, que vous dites eſtre l'action, ou le mouuement, ou l'inclination à ſe mouuoir, ou comme l'a-
ction & le mouuement, &c. d'vne matiere ſubtile, &c.
Mais ſur ce point ie vous voy ſi peu conſtant à vous-
meſme, & par cette inconſtance, vous vous eſtes a-
preſté tant d'échapatoires, que ce ſeroit perdre le tems,

G g

de vouloir vous arrester, jufques à ce que vous vous foyez arresté vous-mefme, comme bon Logicien, à vne ftable définition de la Lumiere. Neantmoins il me femble par le nombre 10. cy-deffus. Que vous entendez principalement que la Lumiere foit l'action ou le mouuement dont le Soleil, ou autre cors lumineux, pouffe voftre matiere fubtile. Ce qu'eftant fupofé, puifque le Soleil eft premier que ce mouuement, duquel il eft la caufe efficiente, il s'enfuiura que le Soleil de fa nature n'aura point de lumiere ; ou que fa lumiere n'eftoit point comprife en voftre définition, & qu'elle eft premiere que celle que vous définiffez: Mais l'école vous prouueroit que toute action eft effentiellement vn eftre Rélatif, & que tout mouuement dit en fon effence vn eftre Potentiel : Mais que l'effence de la Lumiere n'a ny l'vn ny l'autre, veu que de fa nature elle eft vne acte, ou vne forme abfoluë.

2. De plus, il ne fufit pas que la Matiere Subtile foit mûe par quelque caufe que ce foit ; autrement durant les orages & les tempeftes d'vne obfcure nuit, excitées principalement par les vens, l'air & la mer paroiftroient tout en feu, & l'on verroit lors clair comme de iour: Mais il faut qu'elle foit mûe par les cors lumineux, entant que lumineux. D'où s'enfuit que lour lumiere eft premiere que celle vous definiffez, qui ne confifte qu'en l'action ou mouuement dont les cors lumineux, par leur Lumiere, pouffent voftre matiere fubtile ; voire il s'enfuit que ce que vous definiffez n'eft point la Lumiere.

3. Le Soleil, & vne étincelle de feu, ou vn ver lui-

ſant, illuminent d'vne meſme façon. Or vne étincelle ſe peut voir la nuit de cinq cens pas ſans lunettes ; & auec des lunettes de voſtre inuention, elle ſe verroit peut-eſtre de plus de cinquante lieuës en l'air : Doncques cette étincelle aura la force de faire mouuoir localement, & ſelon vous en ligne droite, toute la matiere ſubtile contenuë en vn globe d'air de cinquante lieuës de demy-Diametre ; Ce qu'aucun bon jugement n'admettra jamais, puis qu'on ſçait que toute matiere a de ſoy reſiſtence au mouuement local : Donc le Soleil n'illumine pas par le mouuement de la Matiere Subtile. Et la comparaiſon de voſtre aueugle auec ſon baſton ne conuient point auec le mouuement de la matiere ſubtile : Car vn baſton eſt continu d'vn bout à l'autre, & meſme dur & ſolide : C'eſt pourquoy au meſme inſtant qu'on pouſſe l'vn de ſes bouts, on pouſſe l'autre ; & la main qui eſt à l'vn des bouts ſent au meſme inſtant la rencontre que fait l'autre bout de quelque cors qui luy reſiſte. Mais la matiere ſubtile n'eſt pas continuë, autrement tous les pores des cors, depuis le Soleil juſques à nous, ſeroient continus, quelque agitation d'air qu'il y euſt par les vens ; Et de plus elle n'eſt pas dure & ſolide comme vn baſton : C'eſt pourquoy il ne s'enſuit pas que la matiere la plus prochaine du cors lumineux eſtant müe, la plus éloignée le ſoit auſſi, & en meſme inſtant. I'adjoute encore, qu'vne étincelle ne pouuant ſelon vous mouuoir la matiere ſubtile, qu'entant qu'elle eſt illuminée, il faut de neceſſité que ſa Lumiere ſoit deuant le mouuement, & indépendante de luy ; voire meſme il faut

qu'elle ſoit la principale cauſe du mouuement : Donc
le mouuement de la matiere ſubtile n'eſt pas la Lumiere des cors lumineux ; Et ie ne penſe pas qu'il ſoit poſſible de renuerſer cette raiſon.

4. Suppoſant le mouuement de la matiere ſubtile,
& la continuité de ſes parties, tout ce que vous pouriez
prétendre ſeroit que ce mouuement nous fait ſentir,
& perceuoir la Lumiere des cors lumineux, comme
l'aueugle qui tient vn bout de ſon baſton ſent le heurt
de la pierre qui eſt fait à l'autre bout : Et en ce ſens, en
la page 259. des Météores, vous dites, *les parties de la*
matiere ſubtile, qui tranſmet l'action de la lumiere, &c. Mais
il ne s'enſuiuroit pas pour cela que ce mouuement fuſt
la Lumiere, non plus que le heurt du baſton de l'aueugle n'eſt pas la pierre, bien qu'il en tranſmette l'action :
Et ſi la pierre auoit du ſentiment, elle ſentiroit le
mouuement du baſton de l'aueugle ; Mais ce mouuement n'eſt pas l'aueugle qui meut, donc le mouuement de la matiere ſubtile n'eſt pas la Lumiere qui la
meut.

5. Mais qu'eſt-ce que cette matiere ſubtile ; Car elle
n'eſt ny eau, ny air, ny Ether, puiſque tous ſont tranſparens, & par conſequent poreux, & remplis de cette
matiere, comme meſme vous l'affirmez en la page 122.
des Météores. Et puiſque vous l'apelez ſubtile au ré-
gard de tous les cors, il faut que ce ſoit vn cors ſimple
plus ſubtil meſme que l'Ether : Et puis qu'en la nature
nous voyons vn ſi bel ordre des cors ſimples, & que les
plus ſubtils ſe logent touſjours au deſſus des plus craſ-
ſes, comme il eſt meſme éuident par la Chymie ; Pour-

quoy cette matiere, qui felõ vous doit occuper la moitié du lieu descors fimples, n'aura-t'elle point de fphere propre? Or foit que vous luy en dõniez, ou que vous
ne luy en donniez point, elle ne fera pas tranfparente;
autrement par la page 122, cy-deffus cotée, elle auroit
auffi des pores, qui feroient encore remplies d'vne
autre matiere fubtile, & ainfi a l'infini; Et fi elle n'eft
point tranfparente, elle ne poura donc point tranfmettre la Lumiere, comme vous difiez çy deffus, page
259, Car il n'y a que les cors tranfparens qui la puiffent
tranfmettre.

6. De plus quel mouuement attribuez-vous à cette
matiere? Car c'eft encore icy, ou ie voy de la dificulté & contrarieté. Vû qu'aux nombres 12. & 13.
cy-deffus, & par voftre figure des petites boules,
qui de l'air viennent dans l'eau, il apert que ces petites
boules defcendent d'en-haut en ligne droite; Et bien
que par le nombre 12. auec le mouuement rectiligne
caufé par les cors lumineux, vous leur donniez le
Circulaire, comme propre; en forte quej mefme
par l'air elles defcendent en ligne droite, mais mûes
Circulairement à l'entour de leurs centres; Neantmoins au nombre 13. vous dites tout au contraire, que
la boule commence feulement à tournoyer rencontrant la fuperficié de l'eau, ou de quelque autre cors
plus denfe que l'air. Mais en premier lieu donnant à
voftre matiere fubtile ce mouuement rectiligne de
l'air en l'eau, Il faudra auffi que vous le donniez en
l'air de plus haut, & ainfi à l'infini, fi vous ne conce-
dez que cette matiere fort mefme des Cors lumi-

neux: Ce qui non feulement eft contre voftre page 5.
de la Dioptrique, où vous dites, qu'il n'eft pas befoin
de fupofer qu'il paffe quelque chofe de materiel depuis les objets iufques à nos yeux, pour nous faire
voir les couleurs, & la Lumiere, mais mefme répugne au fens & à la raifon. Car qui eft l'homme de bon
fens qui dira que d'vn ver luifant, ou d'vne étincelle
de feu, il puiffe fortir de la matiere pour remplir toute
la fphere, dont l'vn ou l'autre fe peut voir auec d'excellentes lunettes de voftre inuention, fans la totale
diffipation du ver luyfant, quand mefme il feroit
mille fois plus gros qu'il n'eft, quelque fubtile qu'en
fuft l'éuaporation? Et neantmoins il ne fe diffipe
point, bien que de minute en minute d'heure, on le
changeaft en diuerfes fpheres, lefquelles il rempliroit
en mefme façon. En fecond lieu; fi cette matiere
fubtile, ou ces petites boules, qui en font les parties,
auoient ce mouuement rectiligne, elles ne pouroient
par leur mouuement tranfmettre l'action de la Lumiere du Soleil, & des étoiles, en vn inftant, contre
ce que vous mefme affurez en la page 44. de voftre
méthode; Car aucun cors naturel ne peut trauer-
fer vn efpace que fucceffiuement vne partie aprés
l'autre. Voire la mefme chofe fe déduit neceffairement de voftre page 259. ou vous dites que la nature
des couleurs aparentes & caufées par la Lumiere, ne
confifte qu'en ce que les parties de la matiere fubtile,
qui tranfmet l'action de la Lumiere, tendent à tournoyer auec plus de force, qu'à fe mouuoir en ligne
droite; en forte que celles qui tendent à tournoyer

beaucoup plus fort, caufent la couleur rouge, & celles qui ne tendent qu'vn peu plus fort, caufent la jaune; Car bien que le tournoyement d'vne boule fe fift en vn inftant (ce qui eft faux, & contre voftre page 257. ou vous voulez que le point 2. de la boule marquée 1234. arriue plu-toft à la fuperficie de l'eau YY. que le point 1.) Neantmoins puifque felon vous le mouuement rectiligne de la boule eft plus lent que fon tournoyement, le mouuement rectiligne, qui eft celuy qui tranfmet l'action de la Lumiere, ne fe fera pas en vn inftant.

Ie ferois trop long fi ie vous mettois icy toutes les autres dificultez que ie voy en l'hypothefe de voftre matiere fubtile, & de fes mouuemens en toute la nature; C'eft pourquoy ie veux finir par voftre autre hypothefe des pores en l'air, en l'eau, & dans les autres cors Tranfparens.

7. Page 122. de la Dioptrique, vous dites, que les pores de chacun des Cors Tranfparens font fi vnis & fi droits, que la matiere fubtile, qui peut y entrer, coule facilement tout du long fans rien trouuer qui l'arrefte: Mais que ceux de deux cors tranfparens de diuerfe nature, comme ceux de l'air, & ceux du verre ou du criftal, ne fe raportent iamais fi juftement les vns aux autres, qu'il n'y ait tou-jours plufieurs des parties de la matiere fubtile, qui, par exemple, venant de l'air vers le verre, s'y réflechiffent, à caufe qu'elles rencontrent les parties folides de fa fuperficie &c. Surquoy ie vous diray que fi l'air & l'eau eftoient durs & folides comme le Chriftal, & immobiles, vous pouriez peut-eftre

auoir quelque aparence de raiſon, mais eſtant de nature fluide & facile à mouuoir & agiter, lors qu'ils ſont
agitez par les vens, cette rectitude de pores ne peut pas
ſubſiſter, mais il ſe fait confuſion du ſolide de l'air,
ou de celuy de l'eau auec ſes pores. Et partant, la matiere ſubtile qui tranſmet la Lumiere trouuant de l'obſtacle en tous les pores ou elle entre, il s'enſuit qu'en
plein midy, l'air eſtant fort ſerein, mais agité de vens,
on ne verra goutte, ou au moins on verra plus obſcu-
rément & confuſément, (qui ſont deux conſequences contraires à l'experience) ou enfin que voſtre hy-
potheſe des pores droits pour le paſſage de la matiere
ſubtile, & traiet de la Lumiere, eſt ſuperflue. Cecy
peut-eſtre paroiſtra plus clairement par cette queſtion que ie vous fais. Supoſons que de nuit vous ſoyez
en raſe campagne, & qu'auec vos lunettes vous
voyïez à vne lieüe de vous vn ver luyſant, ou vne
étincelle, & que de voſtre coſté vers l'étincelle il
ſoufle vn vent fort véhement, ie vous demande qui
pouſſe le plus la matiere ſubtile contenuë dans les pores de l'air qui eſt entre vous & l'étincelle? ou le vent,
ou la Lumiere de l'étincelle? Et ie croy que vous répondrez qu'il ne ſe fait aucun pouſſement de matiere,
depuis l'étincelle vers vous; Mais qu'au contraire tout
l'air deſigné cy-deſſus, enſemble ſes pores, & toute la
matiere y contenuë, ſont pouſſez depuis vous vers l'é-
tincelle, voire auec telle violence, que tant s'en faut
qu'elle puiſſe ſurmonter le vent à pouſſer, qu'au contraire elle meſme ſera emportée par le pouſſement du
vent. Donc j'eſtime que ce ſoit erreur de penſer que
                                                    les

les Cors lumineux pouſſent contre contre nos yeux
vne matiere ſubtile contenuë dans les pores de l'air,
par laquelle leur lumiere nous eſt tranſmiſe.

8. Finalement, ſi ſelon la page 122. de la Dioptrique, les pores de chacun des cors tranſparens ſont ſi
vnis & ſi droits, que la matiere ſubtile, qui peut y entrer, coule facilement tout du long, ſans rien trouuer
qui l'arreſte, Il eſt certain que cela ſeroit principalement vray du verre & du criſtal, qui ſont des cors durs
& ſolides. Or cela eſtant ſupoſé, il s'enſuiuroit que le
Soleil éclaireroit autant à trauers vn verre de dix
picz d'épaiſſeur, qu'à trauers le meſme verre reduit à
vne ſeule ligne d'épaiſſeur: Car la matiere ſubtile venant de l'air, & eſtant pouſſé en ligne droite par le Soleil, rencontreroit les meſmes pores en l'vne & en l'autre épaiſſeur, qui eſtant droits & vnis, cette matiere y
entreroit & couleroit ſans obſtacle auec meſme facilité. Or, qu'vne differente épaiſſeurde meſme verre cauſe
meſme Lumiere, c'eſt contre l'experience. Ioint qu'en
vn meſme verre ſe pouuant prendre deux ſuperficies
opoſées & paralleles en cent mille differentes manieres, il s'enſuiuroit que ſi ſelon vne maniere la Lumiere paſſoit par les pores de la ſuperficie qui luy eſt opoſée ſans rencontrer aucun obſtacle ſolide, elle ne le
pouroit ſelon toutes les autres manieres; Et par conſequent la Lumiere ne pouroit penetrer le verre par
quelques deux ſuperficies paralleles que ce fuſt; ce qui
répugne à l'experience. Et cela vous eſt bien-ayſé à
conceuoir, ſupoſant au verre des pores ouuers en ligne droite d'vne de ſes ſuperficies à l'autre: Car ils ne

Hh

pouroient estre ouuers en ligne droite de chaque superficie à son oposée; autrement il n'y auroit rien de
solide dans le verre.

9. Si les Cors Lumineux poussent en ligne droite la
matiere subtile qui transmet l'action de la Lumiere,
suposons le globe Diaphane d'air ou d'eau A B C D.
dont le centre soit E, & en A, & B, mettons deux cors
lumineux d'égale vertu, il arriuera l'vne de ses deux
absurditez, à sçauoir, ou que ces cors lumineux ne seront point vûs des lieux diametralement oposez C &
D, ce qui seroit contre l'experience; Ou que la matiere subtile contenuë au centre E, sera en mesme instant
en diuers lieux, ce qui répugne à la nature des Cors;
Et cela se prouue clairement; en ce que A, ne peut
estre vû de C, que la matiere subtile & centrale E,
ne soit poussée vers C en ligne droite; Et de mesme B,
ne peut estre vû de D, que la mesme matiere E, ne soit
poussée vers D. Et ainsi d'vne infinité de Cors lumineux posez à la superficie d'iceluy globe.

Ie pourois vous proposer plusieurs
autres dificultez sur diuers points de
vostre Physique; mais pour le présent ie me contenteray d'estre par
vous éclaircy sur le sujet de la Lumiere, si vous me jugez digne de cette faueur. Le R.P. Mersenne vous
peut assurer que j'ay tou-jours esté l'vn de vos parti-
sans; & de mon naturel ie hays & ie deteste cette ra-
caille d'esprits malins, qui voyans paroistre quelque
esprit releué, comme vn Astre nouueau, au lieu de luy

ſçauoir bon gré de ſes labeurs, & nouuelles inuentions,
s'enflent d'enuie contre luy, & n'ont autre but que
d'offuſquer ou éteindre ſon nom, ſa gloire, & ſes mérites ; bien qu'ils ſoient par luy tirez de l'ignorance des
choſes dont liberalemét il leur donne la cónnoiſſance.
I'ay paſſé par ces piques, & ſçay ce qu'en vaut l'aune ; La
poſterité plaindra mon mal-heur, & parlant de ce ſiecle de fer dira auec verité, Que la fortune n'eſtoit pas
pour les hommes ſçauans. Ie ſouhaitte neantmoins
qu'elle vous ſoit plus fauorable qu'à moy, afin que
nous puiſſions voir voſtre nouuelle Phyſique, par les
principes de laquelle ie ne doute point que vous ne
puiſſiez réſoudre nettement toutes mes dificultez.
C'eſt pourquoy attendant l'honneur de voſtre réponſe, ſelon que le permettra voſtre loiſir. Ie vous prie de
croire qu'entre tous les hommes de lettres de ma connoiſſance, vous eſtes celuy que j'honore le plus, pour
voſtre vertu & vos genereux deſſeins ; & que ie m'e-
ſtimeray heureux toute ma vie, ſi vous m'acordez la
qualité de, &c.

De Paris ce 22.
Fev. 1638.

RE'PONSE
DE MONSIEVR DESCARTES
A MONSIEVR MORIN.
LETTRE LIX.

MONSIEVR,

Les objections que vous auez pris la peine de m'enuoyer, font telles, que ie les aurois receües en bonne
part de qui que ce fuft ; mais le rang que vous tenez
entre les doctes, & la réputation que vos écrits vous
ont acquife, me les rend beaucoup plus agreables de
vous que d'vn autre. Ce que ie croy ne pouuoir mieux
vous témoigner, que par le foin que j'auray icy d'y
répondre exactement.

Vous commencez par mes fupofitions, & vous
dites que l'apparence des mouuemens celeftes, fe tire
auffi certainement de la fupofition de la ftabilité de
la terre, que de celle de fa mobilité, ce que j'acorde
tres-volontiers; & j'ay defiré qu'on receuft de mefme
façon, ce que j'ay écrit en la Dioptrique de la nature
de la Lumiere; afin que la force des démonftrations
Mathematiques, que j'ay tafché d'y mettre, ne dépen-
dift d'aucune opinion Phifique, comme j'ay affez dé-
claré en la page 3. Et fi l'on peut imaginer la Lumiere
de quelque autre façon, par laquelle on explique toutes celles de fes proprietez que l'experience fait connoiftre, on verra que tout ce que j'ay démonftré des

réfractions, de la vision, & du reste, en poura estre
tiré tout de mesme que de celle que j'ay proposée.

Vous dites aussi que prouuer des effets par vne cause,
puis prouuer cette Cause par les mesmes effets est vn
cercle Logique, ce que j'auoüe ; mais ie n'auoüe pas
pour cela que c'en soit vn, d'expliquer des effets par
vne Cause, puis de la prouuer par eux : car il y a grande difference entre *prouuer* & *expliquer*. A quoy j'adjoute qu'on peut vser du mot *démonstrer* pour signifier l'vn & l'autre, au moins si on le prend selon
l'vsage commun, & non en la signification particuliere que les Philosophes luy donnent. J'adjoute
aussi que ce n'est pas vn cercle, de prouuer vne Cause par plusieurs effets qui sont connus d'ailleurs,
puis réciproquement de prouuer quelques autres effets par cette cause : Et j'ay compris ces deux sens ensemble en la page 76. par ces mots, Comme les dernieres raisons sont démonstrées par les premieres qui
sont leurs Causes, ces premieres le sont réciproquement par les dernieres qui sont leurs effets. Ou ie ne
dois pas pour cela estre accusé d'auoir parlé ambigüe-
ment, à cause que ie me suis expliqué incontinent
aprés, en disant, Que l'experience rendant la plu-part
de ces effets tres-certains, les causes dont ie les déduis
ne seruent pas tant à les prouuer qu'à les expliquer,
mais que ce sont elles qui sont prouuées par eux. Et
ie mets qu'elles ne seruent pas tant à les prouuer, au
lieu de mettre qu'elles n'y seruent point du tout ; afin
qu'on sçache que chacun de ces effets peut aussi estre
prouué par cette cause, en cas qu'il soit mis en doute,

& qu'elle ait def-ja esté prouuée par d'autres effets; En quoy ie ne voy pas que j'eusse pû vser d'autres termes que ie n'ay fait, pour m'expliquer mieux.

Vous dites aussi que les Astronomes font souuent des supositions qui font cause qu'ils tombent dans de grandes fautes ; comme lors qu'ils suposent mal la paralaxe, l'obliquité de l'Eclyptique, &c. A quoy ie répons que ces choses-là ne se comprennent jamais entre cette sorte de supositions, ou hypothéses dont j'ay parlé ; Et que ie les ay clairement désignées, en disant qu'on en peut tirer des consequences tres-vrayes & tres-assurées, encore qu'elles soient fausses ou incertaines. Car la paralaxe , ou l'obliquité de l'Eclyptique, &c. ne peuuent estre suposées comme fausses ou incertaines, mais seulement comme vrayes; Au lieu que l'Equateur, le Zodiaque, les Epicicles, & autres tels cercles, font ordinairement suposez comme faux , & la mobilité de la Terre comme incertaine, & on ne laisse pas pour cela d'en déduire des choses tres-vrayes.

Enfin vous dites qu'il n'y a rien de si aysé, que d'ajuster quelque cause à vn effet : Mais encore qu'il y ait veritablement plusieurs effets ausquels il est aysé d'ajuster diuerses causes , vne à chacun , il n'est pas toutesfois si aysé d'en ajuster vne mesme à plusieurs differens, si elle n'est la vraye dont ils procedent ; mesme il y en a souuent qui font tels, que c'est assez prouuer qu'elle est leur vraye cause, que d'en donner vne dont ils puissent clairement estre déduits. Et ie prétens que tous ceux dont j'ay parlé font de ce nombre.

Car si l'on considere qu'en tout ce qu'on a fait jusqu'à
présent en la Physique, on a seulement tasché d'imaginer quelques causes par lesquelles on pûst expliquer
les phainomenes de la Nature, sans toutes-fois qu'on
ait gueres pû y reüssir; Puis si on compare les supositions des autres auec les miennes, c'est à dire, toutes
leurs *qualitez réelles*, leurs *formes substantielles*, leurs *élemens*
& choses semblables, dont le nôbre est presque infiny,
auec cela seul, Que tous les Cors sont composez de
quelques parties, qui est vne chose qu'on voit à l'œil en
plusieurs, & qu'on peut prouuer par vne infinité de
raisons dans les autres (car pour ce que ie mets de plus,
à sçauoir, que les parties de tel ou tel cors sont de telle
figure, plu-tost que d'vne autre, il est aisé de le démontrer à ceux qui auoüent qu'ils sont composez de
parties) Et enfin si on compare ce que j'ay déduit de
mes supositions, touchant la vision, le sel, les vens, les
nües, la neige, le Tonnerre, l'Arc-en-ciel, & choses
semblables, auec ce que les autres ont tiré dés leur, touchant les mesmes matieres, j'espere que cela sufira pour
persuader à ceux qui ne sont point trop préocupez,
que les effets que j'explique n'ont point d'autres causes
que celles dont ie les déduits; bien que ie me réserue à
le démonstrer en vn autre endroit.

Au reste, ie suis marry de ce que vous n'auez choisi
pour former des objections que le sujet de la Lumiere;
Car ie me suis expressément abstenu d'en dire mon
opinion; & pource que ie ne veux point icy contreuenir à la résolution que j'ay prise de ne mesler parmy
mes réponses, aucune explication des matieres dont

ie n'ay pas eu deſſein de traitter, ie ne pouray ſi parfaitement vous ſatisfaire que j'euſſe deſiré. Toutefois, ie
vous prie de croire que ie n'ay point taſché de me renfermer & baricader dans des termes obſcurs, de crainte d'eſtre ſurpris, comme il ſemble que vous auez crû,
& que ſi j'ay quelque habitude aux démonſtrations
des Mathematiques, comme vous me faites l'honneur de m'écrire, il eſt plus probable qu'elles doiuent m'auoir apris à découurir la verité, qu'à la dégui-
ſer. Mais ce qui m'a empeſché de parler de la Lumiere
auſſi ouuertement que du reſte, c'eſt que ie me ſuis
étudié à ne pas mettre dans ces eſſais, ce que j'auois
deſia mis en vn autre traité, où j'ay taſché tres-particulierement de l'expliquer, comme j'ay écrit en la page 42. du diſcours de la Méthode. Il eſt vray qu'on
n'eſt pas obligé de rien croire de ce que j'ay écrit en cet
endroit là ; Mais comme lors qu'on voit des fruits
en vn païs, où ils n'ont point eſté enuoyez d'ailleurs,
on juge plu-toſt qu'il y a des plantes qui les y produiſent, que non pas qu'ils y croiſſent d'eux meſmes, ie
croy que les veritez particulieres que j'ay traitées en
mes eſſais (au moins ſi ce ſont des veritez) donnent
plus d'occaſion de juger que ie dois auoir quelque
connoiſſance des cauſes generales dont elles dépendent, que non pas que j'aye pû ſans cela les découurir ; Et pource qu'il n'y a que les cauſes génerales, qui
ſoient le ſujet de cet autre traitté, ie ne penſe pas auoir
rien auancé de fort incroyable, lors que j'ay écrit que
ie l'auois fait.

Quant au mépris qu'on vous a dit que ie feſois de
l'école,

l'école, il ne peut auoir esté imaginé que par des personnes, qui ne connoissent ny mes mœurs, ny mon humeur: Et bien que ie ne me sois gueres seruy en mes essais des termes qui ne sont connus que par les doctes, ce
n'est pas à dire que ie les désaprouue, mais seulement
que j'ay desiré de me faire entendre aussi par les autres.
Puis au bout du comte, ce n'est point à moy à choisir
les armes, auec lesquelles on doit m'attaquer, mais seulement à tascher de me deffendre: Et pour ce faire ie
répondray icy à chacun de vos articles séparement.

OBIECTION I. *Donc, en la page 159. &c.*

RESP. I. Le mesme que j'ay mis touchant la Lumiere en cette page 159. est encore plus clairement en la
page 6. lig. 27. & ne me semble rien contenir qui soit
obscur, ou ambigu.

2. *En la page 4. &c.*

RESP. En ce que j'ay dit icy que la Lumiere passe vers
nos yeux par l'entremise de l'air, où des autres Cors
Transparens, on doit entendre par ces Cors, ce que ie
nomme bien-tost aprés la matiere subtile qui est dans
leurs pores: Ainsi que lors qu'on dit que quelqu'vn se
mouille les cheueux d'vne esponge, ou qu'il se laue
auec vne seruiette, on entend parler de la liqueur dont
a esté mouillée cette seruiette, ou cette éponge, &
non de leur propre matiere, ou forme, ou substance.
En quoy toutes-fois on ne peut pas m'acuser d'auoir
parlé improprement; Car outre que j'ay dit en la page
199. Que tout Cors inuisible & impalpable se nomme *air* (à sçauoir en sa plus ample signification) il faut
remarquer que le passage que vous citez est tout au

commencement du liure, page 4. en vn lieu où ie n'a-
uois encore eu aucune occasion de nommer la matiere subtile, ny aucun besoin de la distinguer de l'air, &
des autres Cors Transparens qui la contiennent, & qui
en effet ne sont transparens, qu'à cause qu'ils la contiennent. Et dans le mesme discours, auant que de parler d'aucune autre chose, j'ay expressément auerty, page 6. qu'il y auoit grande difference entre le baston
d'vn aueugle & l'air, ou les autres Cors Transparens,
par l'entremise desquels nous voyons; & qu'ensuite,
en la mesme page 6. ligne 26. j'ay expliqué ce que j'en-
tendois par la matiere subtile.

　3. *Mais en la page 23. vous dites*, &c.

　R E S P. Ce troisiéme article ne contient rien qui ne
s'acorde parfaitement auec le premier, & que ie n'aye
aussi expliqué dez la page 6. & repeté en plusieurs autres endroits; Ce qui me donne sujet de remarquer
que vous auez mis le passage de la page 4. entre deux
autres, qui en sont éloignez, bien qu'ils ne contiennent
rien qui ne soit aussi tout proche en la page 6. Comme
pour faire croire, que ie ne me suis pas souuenu en vn
lieu, de ce que j'auois écrit en l'autre; Ce qui ne seroit
pas de bonne guerre.

　4. *Page 122. vous dites*, &c.

　R E S P. Icy vous m'objectez deux choses. La premiere que si la Lumiere n'est qu'vne action ou inclination à se mouuoir, elle n'est donc pas vn mouuement;
Mais ie voudrois vous prier de m'aprendre en quel endroit j'ay dit qu'elle fust vn *mouuement*, sans y adjouter
au mesme lieu *ou vne action*. Car ie ne croy pas qu'il

s'en trouue aucun en mes écrits, principalement quand
j'ay parlé de la Lumiere qui est dans les Cors Transparens, à laquelle les Philosophes attribuent le nom de
Lumen en latin, pour la distinguer de celle qui est dans
les Cors Lumineux, laquelle ils nomment *Lucem*. Or
d'auoir dit géneralement en plusieurs endroits qu'elle
est vn mouuement ou vne action, & en vn autre d'a-
uoir dit qu'elle n'est qu'vne action, ce ne sont point
deux choses qui contredisent. Outre qu'il faut remarquer que la signification du mot *action* est géncrale, &
comprend non seulement la puissance, ou l'inclination à se mouuoir, mais aussi le mouuement mesme.
Côme lors qu'on dit de quelqu'vn qu'il est toûjours en
action, cela veut dire qu'il se remüe tou-jours: Et c'est
ainsi que ie le prens en cet endroit là, où il n'y a point
pour cela d'ambiguité; Car j'y auertis qu'il se faut souuenir de la façon dont j'ay auparauant expliqué la Lumiere; Ce qui monstre assez que par les mots dont ie
me sers, ie veux entendre le mesme, que par ceux que
j'ay mis aux autres lieux. La seconde chose que vous
m'objectez icy, à sçauoir, que si l'action est de la matiere subtile, elle n'est donc pas des cors lumineux,
n'est fondée que sur vn équiuoque, touchant le mot
de Lumiere. Car j'auouë bien que l'action de la matiere subtile, qui est *lumen*, n'est pas celle des Cors Lumineux, qui est *lux*, mais ie n'auouë pas pour cela que
j'aye parlé ambiguëment; Car j'ay par tout tres-soi-
gneusment distingué l'vne de l'autre.

   5. *Voire mesme*, page 256. &c.

   Resp. Icy vous rétrecissez merueilleusement la signification du mot *Comme*, afin de me faire trouuer court d'vn point, & vous voulez qu'il ne serue qu'à joindre les termes d'vne comparaison, qui est entre des choses differentes. Mais si cela estoit vray, lors qu'on dit qu'vn tel a fait cela comme sçauant, ce seroit à dire qu'il n'est pas sçauant ; & quand on dit qu'il tient tel rang dans les Estats, non comme Conte d'vn tel lieu, mais comme Baron d'vn tel, ce seroit à dire qu'il n'est ny Conte ny Baron. Et ie ne sçache en nostre langue aucun mot que celuy de *Comme*, dont j'eusse pû vser en l'endroit que vous citez, page 256. pour signifier l'identité, ou pour joindre *prædicatum cum subjecto*, (j'vse icy librement des termes de l'école, afin que vous ne iugiez pas que ie les méprise) mais vous n'auez pas cité tout le passage, qui est tel ; *Et conceuant la nature de la Lumiere telle que ie l'ay décrite en la Dioptrique, à sçauoir, comme l'action ou le mouuement, &c.* Ce qui signifie en bon françois, ce me semble, qu'il faut conceuoir que la Lumiere est l'action ou le mouuement, & non *quasi* l'action, &c.

   6. *Page 50. de la Dioptrique, parlant, &c.*

   R E S P. La Lumiere, c'est à dire *lux*, est vn mouuement ou vne action dans les Cors Lumineux, & elle tend à causer quelque mouuement dans les cors Transparens, à sçauoir, *lumen* : Donc, *lux* est premiere que *lumen, concedo totum*. Mais quand vous adjoutez ; & par consequent la Lumiere ne sera pas le mouuement, encore que ie ne die point absolument qu'elle est le mouuement, toutesfois, *nego consequentiam* ; Car vn mouuement peut bien estre causé par vn autre, & il n'y a rien de plus ordinaire en la nature.

7. *Finalement, page 5.&c.*

R E S P. I'admire que vous alléguiez les pages 4. &
5. afin de prouuer que le mouuement des Cors Lumineux ne peut paſſer iuſqu'à nos yeux, qu'il n'y paſſe
quelque choſe de materiel qui ſorte de ces Cors. Car ie
ne fais en ces deux pages qu'expliquer la comparaiſon
d'vn aueugle, laquelle j'ay principalement aportée
pour faire voir en qu'elle ſorte le mouuement peut
paſſer ſans le mobile; Et ie ne croy pas que vous pen-
ſiez, lors que cet aueugle touche ſon chien de ſon baſton, qu'il faille que ce chien paſſe tout le long du baſton juſques à ſa main, afin qu'il en ſente les mouuemens. Mais afin que ie vous réponde *in forma*, quand
vous dites que le mouuement n'eſt iamais ſans le mobile, *diſtingo;* Car il ne peut veritablement eſtre ſans
quelque cors, mais il peut bien eſtre tranſmis d'vn cors
en vn autre, & ainſi paſſer des cors lumineux vers nos
yeux, par l'entremiſe d'vn tiers, à ſçauoir, comme ie
dis en la page 4. par l'entremiſe de l'air & des autres
cors Tranſparens, ou comme j'explique plus diſtinctement en la page 6. par l'entremiſe d'vne matiere
fort ſubtile, qui remplit les pores de ces cors, & s'é-
tend ſans interruption depuis les Aſtres juſques à nous.
Au reſte, j'ay icy à vous auertir, que vous m'attribuez
ſouuent des opinions, auſquelles ie n'ay iamais penſé,
comme, lors que vous dites que les couleurs & la Lumiere ne ſont ſelon moy qu'vne meſme nature, & que
le mobile, qui eſt dans les cors lumineux, n'eſt autre
ſelon moy que la matiere ſubtile; Et par-cy par-là en

d'autres endroits, que ie laisse couler sans rien dire, afin
de ne vous pas interrompre.

8. *Apres auoir cy dessus*, &c.

R E S P. On peut icy remarquer que ie n'ay commencé à parler des parties rondes de la matiere subtile, que sur la fin des Meteores, à l'occasion des
couleurs de l'Arc-en-ciel; car n'ayant pas eu dessein
en ces essais d'expliquer la nature de cette matiere subtile, ie n'en ay rien dit de particulier, qu'à mesure que
j'y ay esté contraint, pour faire entendre ce qui estoit
de mon sujet.

9. *Mais pag.* 159. &c.

R E S P. Icy vous proüez fort bien que les parties rondes de la matiere subtile ne peuuent remplir exactemét
tous les pores des Cors terrestres, ce que j'auoüe : mais
si vous inferez de là que ce qu'elles ne remplissent pas
soit donc vuide, vous me permettrez s'il vous plaist,
de dire en termes d'école, *nego consequentiam* ; car ils
peuuent bien estre remplis de quelque autre chose
que ie n'ay pas icy pour cela besoin d'expliquer.

10. *En la page 38. de la Diopt.* &c.

R E S P. Icy tout de mesme, de ce que ie dis en diuers lieux que les Cors Lumineux meuuent ou poussent la matiere subtile, vous inferez que ie donne clairement à entendre qu'elle n'a de soy aucun mouuement ; A quoy ie répons en vn mot, *nego consequentiam*;
Car chaque cors peut auoir diuers mouuemens, & estre
poussé par vne infinité de diuerses forces en mesme
tems; En prenant toutesfois le mot d'infinité, *sincate-
gorematice* ; afin qu'on n'ait rien en l'école à y reprendre.

11. *Mais en la mesme page 160. &c.*

R Es p. l'aüoüe bien que cette matiere subtile se peut mouuoir, çà & là sans les Cors lumineux ; mais il ne suit pas de là qu'elle ayt sans eux le mouuement ou l'action qui est requise pour nous donner le senti-ment de la Lumiere ; Car de cela seul que quelque Cors luy donne ce mouuement, ou cette action, il est Lumineux.

12. *En la page 272. &c.*

R E s p. Vous dites que si cette matiere, outre le mouuement rectiligne, se meut de sa nature seule-ment en rond,&c. où le mot *seulement* est de trop, aussi n'est-il que de vous seul ; Car ie ne le met en aucun lieu : & lors qu'il est osté, tout le reste est clair ; Car en-core que les parties de la matiere subtile se meuuent en rond, & en ligne droitte, cela n'empesche pas qu'elles ne puissent aussi le mouuoir en d'autres fa-çons.

13. *Mais en la page 257. vous dites &c.*

R E s p. En l'endroit que vous citez icy, ie ne parle nullement des parties de la matiere subtile, mais de quelques boules de bois, ou autre matiere visible, qui sont poussées vers de l'eau ; comme il paroist euidem-ment, de ce que ie les fais tournoyer tout au rebours des parties de la matiere subtile, & compare le tour-noyement qu'elles acquerrent en sortant de l'air, & entrant dans l'eau, à celuy que ces parties de la matiere subtile acquerrent en sortant de l'eau ou du verre, & entrant dans l'air. Et ie n'ay point dû attribuer à ces boules d'autres mouuemens que ceux qui seruoient

à mon sujet, ny n'ay pour cela donné à entendre
que la matiere subtile n'en eust point d'autres.

Or Monsieur iugez, &c.

R E S P. Or ie vous asseure Monsieur que j'admire
que vous ayez pû imaginer quelque aparence de contradiction dans les passages que vous auez alleguez, &
bien que ie n'aye pas eu fort grande peine à y répondre, ie ne laisse pas d'accepter la chaire que vous m'offrez en cet endroit, *quia forte plus sapio sedens*; & afin
que ie puisse écouter vos autres objections plus à mon
ayse.

1. *I'attaquerois volontiers, &c.*

R E S P. Ie croy m'estre desi-ja cy-deuant assez purgé
de l'inconstance dont vous m'accusez. Et pour vostre
argument ie n'en comprens ny la matiere ny la forme;
Car pour la matiere vous le fondez sur vne définition
de la Lumiere que vous suposez que j'ay donnée,
bien qu'il soit tres-vray, que ie n'ay eu intention d'en
donner aucune, côme j'ay assez témoigné, dés la page
3. & vous l'auez aussi assez reconnu. Puis pour la forme,
vous le commencez par vne consequence, en disant,
puisque le Soleil est premier que ce mouuement duquel il est la cause efficiente, ou ie ne voy point d'Antecedent; Car si la Lumiere, c'est à dire, *lux*, est l'action
où le mouuement dont le Soleil pousse la matiere
subtile qui l'enuironne, comme vous voulez auec
moy suposer, il ne suit pas de là qu'il soit premier que
cette action, ny qu'il en soit la cause efficiente, & l'on
peut dire qu'elle est en luy de sa nature. Ou si vous
voulez qu'il soit premier qu'elle, ce sera seulement

en mefme façon que l'homme eſt premier que ſa raiſon, en tant qu'il doit eſtre où exiſter, auant qu'il
puiſſe en vſer. Et ainſi voſtre ſeconde conſequence,
qui eſt que le Soleil de ſa Nature n'aura donc point
de Lumiere, ou que ſa Lumiere n'eſt pas compriſe en
ma définition, & qu'elle eſt premiere que celle que ie
définis, me ſemble eſtre de meſme Nature, que ſi de ce
qu'on auroit dit que l'homme par ſa raiſon découure
beaucoup de veritez, vous inferiez qu'il n'a donc point
de raiſon de ſa nature, ou que ſa raiſon n'eſt pas compriſe en cette définition, &c. Mais pour nous acorder, ie veux bien vous dire que ie n'ay ny défiñy, ny
meſme parlé en aucune façon de ce ie ne ſçay quoy
que vous nommez peut-eſtre du nom de Lumiere, &
que vous ſupoſez eſtre dans le Soleil outre ſon mouuement ou ſon action; Car pouuant démonſtrer par
cette action tous les phainomenes de la nature touchant la Lumiere, ie n'ay pas beſoin d'y rien conſiderer dauantage: Et ie ne veux point auſſi m'amuſer à
réfuter ce que les autres y ſupoſent de plus, ſuiuant
ce que j'ay dit à la fin du premier diſcours des Méteores. Quant à ce que vous adjoutez *d'vn eſtre rélatif, d'vn*
eſtre potentiel, & d'vn acte ou forme abſoluë, ie ſçay bien
qu'on me dira dans l'école que la Lumiere eſt vn eſtre
plus réel que l'action ou le mouuement, mais ie mé-
riterois d'eſtre enuoyé à l'école, comme ceux qui
faillent en joüant au triquetrac, ſi j'auoüiois qu'on pûſt
le prouuer.

    2. *De plus il ne ſuffit pas*, &c.

    R ESP. Il faut dites vous, *Que la matiere ſubtile ſoit*
                                                        K k

mûe par les Cors Lumineux, en tant que Lumineux, c'est à dire, selon moy, entant qu'ils ont en eux quelque action
ou mouuement. *D'où s'enfuit*, &c. *Nego consequentiam,*
Tout de mesme qu'en l'article précedent.

   3. *Le Soleil & vne étincelle,* &c.

 RESP. Afin que ie renuerse mieux tout ce qui est
en cet article, ie commenceray à y répondre par la
fin, où vous dites, Donc le mouuement de la matiere
subtile, c'est à dire, *Lumen quod est in aëre,* n'est pas la Lumiere des Cors Lumineux, c'est à dire, *non est lux quæ
est in Sole,* grande merueille ! Et vous dites vn peu plus
haut, *il faut de neceßité que la Lumiere soit deuant le mouuement,* &c. à sçauoir, *lux ante Lumen cuius est causa,* &
qui en doute. Pour ce qui précede, à sçauoir, que la
matiere subtile n'est pas dure, ny semblable à vn baston, c'est le mesme que ce que j'ay mis en la page 6.
citée cy-dessus, ou en suite, par la comparaison du
vin qui est dans vne cuue, monstrant que les plus
hautes parties de ce vin pressent, & par consequent
aydent à mouuoir celles qui sortent par le trou qui
est au bas, au mesme instant qu'il est ouuert, j'ay
expliqué comment la matiere la plus prochaine du
Cors Lumineux estant mûe peut faire mouuoir la plus
éloignée au mesme instant ; Et en adjoutant que
les grapes qui sont en cette cuue peuuent cependant
estre agitées en plusieurs diuerses façons par ceux qui
les foulent, j'ay satisfait à ce que vous dites des vens,
vn peu deuant. Et enfin, pource que vous dites au
commencement qu'aucun bon jugement n'admettra
jamais qu'vne étincelle ait la force de faire mouuoir

localement, & felon moy en ligne droite (ce qui n'eft
pas pourtant du tout felon moy, page 8. lig. 2.) toute
la matiere fubtile contenüe en vn globe d'air de 50.
lieües de demy-diametre, ie prétens de vous le faire
admettre à vous mefme, fi vous prenez comme moy
cette matiere fubtile pour vne liqueur tres-fluide. 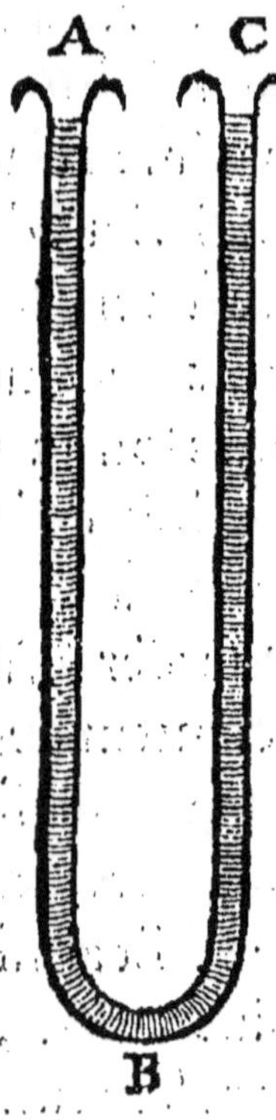
Car fans aller plus loin; Encore que la cu-
ue dont nous venons de parler, auroit
cent lieües de hauteur, chaque goute de
vin qui feroit au haut, n'augmenteroit-
elle pas la vitefle de celuy qui s'écouleroit
par les trous qui font au bas. Et afin que
vous ne difiez pas qu'il eft plus ayfé d'augmenter le mouuement d'vn Cors qui fe
meut, que d'en remüer vn qui fe repofe,
imaginez vn tuyau replié, comme A
B C, qui s'étende, fi vous voulez, depuis icy juques au centre de la terre, &
de là remonte jufques icy, & qui foit
prefque plein d'eau des deux coftez, &
que pendant que cette eau eft auffi calme
& auffi peu agitée qu'elle peut eftre, on
verfe vne goutte d'autre eau dans celuy de fes coftez
qui eft marqué A; Car ie ne croy pas que vous faffiez
dificulté d'acorder que la pefanteur de cette goute
fera fufifante pour faire hauffer toute l'eau qui eft
vers C. & par confequent auffi pour mouuoir toute
celle qui eft dans le tuyau A B C. Et en fuite vous ne
pourrez nier qu'vne étincelle de feu ne foit capable
de mouuoir la matiere fubtile qui eft contenüe en vn

tres-grand espace, pourvû que vous remarquiez que
l'action du feu est incomparablement plus forte que
celle de la pesanteur, & que la matiere subtile estant
contenüe dans les pores de l'eau, & mesme aussi en
ceux de l'air, doit estre incomparablement plus fluide
que luy ny elle. Car vous ne voudrez pas rejetter les
regles des Méchaniques, & de la vraye Physique, pour
alléguer icy que toute la matiere a de soy resistance
au mouuement local, qui n'est qu'vne maxime fondée sur la préocupation de nos sens ; & qui vient de
ce que n'ayant essayé dés nostre enfance à remüer
que des Cors qui estoient durs & pesans, & y ayant
tou-jours rencontré de la dificulté, nous nous sommes
dés lors persuadez, que cette dificulté procedoit de la
matiere, & par consequent estoit commune à tous
les cors ; Cela nous ayant esté plus aysé à suposer qu'à
prendre garde que ce n'estoit rien que la pesanteur des
cors que nous taschions de remüer, qui nous empeschoit de les leuer, & leur dureté auec l'inégalité de leurs
parties, qui nous empeschoit de les traisner. Et ainsi
qu'il ne suit pas de là, que le mesme doiue arriuer,
touchant les cors qui n'ont ny dureté ny pesanteur.
Or la plu-part des opinions tant du peuple, que de
la mauuaise Philosophie, sont nées de cette sorte,
Mais quelque aparence qu'elles ayent, & quoy que
plusieurs y aplaudissent, les personnes de bon jugement ne doiuent jamais s'y arrester.

    4. Suposant le mouuement, &c.

    R E S P. Ie ne voy en tout cet article sinon que *Lu-*
men non est lux, ou bien que l'action, qui nous fait

auoir le fentiment de la Lumiere n'eft pas cette qualité réelle que vous apelez du nom de Lumiere, & que vous fupofez eftre dans les Cors Lumineux autre que le mouuement qui caufe cette action. Et ie l'acorde.

5. *Mais qu'eft-ce que cette matiere fubtile, &c.*

R E S P. Ie ne trouue rien icy qu'vn équiuoque du mot *Transparent*, qui s'attribuë en vn fens à l'air, au verre, & aux autres tels cors, entant qu'ils ont des pores, &c. & à la matiere fubtile entant qu'elle eft dans ces pores. Car, pource que vous dites, que vû le bel ordre qui eft en la nature, cette matiere fubtile doit auoir quelque fphere au deffus des autres cors, & ainfi n'eftre point dans leurs pores, il m'eft ayfé de répondre que ce bel ordre monftre auffi, qu'y ayant des pores dans les cors terreftres, ils doiuent eftre remplis de quelque matiere plus fubtile, comme on voit qu'encore que l'eau fe place naturellement au deffus de la terre, elle ne laiffe pas pour cela de fe placer auffi au deffous en tous fes pores; Et ie ne dis en aucun lieu que la matiere fubtile n'occupe point de fphere plus haute que celle de l'air; Car au contraire ie la fais étendre depuis les Aftres jufques à nous.

6. *De plus quel mouuement, &c.*

R E S P. Vous imaginiez tou-jours des contrarietez où il n'y en a point; & j'ay affez fait entendre en plufieurs endroits, que la matiere fubtile peut eftre agitée en toutes façons; mais qu'il n'y a que la feule façon de fe mouuoir, ou de tendre à fe mouuoir, qu'elle reçoit des Cors Lumineux, & qu'elle tranfmet de tous coftez en ligne droite, depuis ces cors jufques aux

objets qui en font illuminez, qui nous donne le fentiment de la Lumiere ; & que pour l'action ou l'inclination au mouuement circulaire, qui eft en ces parties,
elle caufe le fentiment des couleurs. Quant à ce que
vous citez du nombre 13. Que la boule commence
feulement à tournoyer rencontrant la fuperficie de
l'eau, ie répons que ce mot *feulement* ne fe peut raporter
à aucun endroit de mes écrits, finon à celuy de la page
257. où ie n'ay point entendu parler des parties de la
matiere fubtile. Puis, à ce que vous dites, Que donnant
à cette matiere le mouuement rectiligne de l'air en
l'eau, il faudroit aufſi luy donner en l'air de plus haut,
& ainſi à l'infiny ; ou bien conceder qu'elle fort des
Cors Lumineux, ie répons que fon action ne doit
point venir de plus haut à l'infiny, & qu'elle commence aux Cors Lumineux, defquels toutes-fois cette
matiere ne fort non plus, que le bafton d'vn aueugle
fort des objets dont il luy fait auoir le fentiment. Et
tout ce que vous difputez en fuite fait pour moy,
excepté feulement ce que vous femblez vouloir dire
à la fin, que fi la Lumiere eft vn mouuement, elle ne
fe peut donc tranfmettre en vn inftant ; A quoy ie
répons que bien qu'il foit certain qu'aucun mouuement ne fe peut faire en vn inftant, on peut dire toutes fois qu'il fe tranfmet en vn inftant, lors que chacune de fes parties eft aufſi-toft en vn lieu qu'en l'autre,
comme lors que les deux bouts d'vn bafton fe meuuent enfemble.

Ie ferois trop long ſi, &c.

7. Page 122. de la Dioptrique, &c.

RESP. Ce que vous objectez icy à grande aparence de verité, pour ceux qui ne regardent qu'autour
d'eux, & qui n'étendent iamais leur penſée par l'Vniuers; Car il ſemble à tels eſprits, que les vens, la foudre, & les canons, cauſent les plus impetueux mouuemens qui puiſſent eſtre. Mais pour vous, qui eſtant tres-
ſçauant en Aſtronomie, eſtes acoutumé à conſiderer
l'extreme rapidité des cors celeſtes, & qui l'eſtant auſſi
aux Méchaniques, comprendrez ayſément les raiſons
qui en dépendent, vous ne pouuez ce me ſemble trouuer étrange, qu'aprés auoir dit que la matiere ſubtile
s'étend ſans interruption depuis les Aſtres juſques à
nous (comme il faut de neceſſité qu'elle faſſe, pour
transferer l'action de la Lumiere) & auec cela qu'elle
eſt tres-fluide, & compoſée de parties tres-petites,
j'adjoute que la viteſſe dont elle ſe meut eſt en quelque façon proportionnée à celle des Cieux, & par conſequent beaucoup plus grande que celle des vens. Outre que vous pouuez auoir aſſez reconnu par mes Méteores, que ſelon moy, c'eſt principalement l'agitation
de cette matiere ſubtile, qui cauſe & entretient l'agitation que j'ay attribuée aux parties tant de l'air, que
de l'eau, & de toutes les autres liqueurs. Car il ſuit de
là tres-clairement, que tant s'en faut que les pores des
cors liquides doiuent eſtre moins droits & vnis que
les autres, au contraire, ces cors ne peuuent eſtre
entierement liquides, ſi leurs pores ne donnent libre paſſage de tous coſtez à la matiere ſubtile : Comme nous voyons auſſi par experience que toutes, ou
du moins preſque toutes les liqueurs, qui ſont pu-

res, font Tranfparentes : Et mefme qu'il n'y a gueres
de cors durs qui foient Tranfparens , fi non à caufe
qu'ayant efté liquides au parauant, leurs parties retiennent encore la fituation que la matiere fubtile leur
a donnée. Puis, pour ce qui eft des vens, outre que
leur mouuement eft beaucoup plus lent que celuy
par lequel la matiere fubtile rend droits & vnis tous
les pores des cors liquides , ils n'agitent quafi point
chacune des parties de l'air féparement de fes voifines,
ainfi que fait la matiere fubtile, mais feulement tout
fon Cors enfemble ; D'où vient que nous pouuons
beaucoup mieux le fentir, que celuy de cette matiere,
auquel neantmoins il ne peut préjudicier. Et pource
que vous demandez à la fin, fi la force dont vne étincelle de feu, ou vn ver luyfant, doit felon moy pouffer
de nuit la matiere fubtile vers nos yeux , pour nous
faire fentir la Lumiere, ne peut eftre empefchée par
celle du vent, lors qu'il fouffle fort impetueufement à
l'encontre, c'eft quafi le mefme que fi en la cuue dont
nous auons parlé cy-deffus, on fupofe que les grapes
qui font parmy le vin eftant attachées à des filets, ou
enuelopées dans vn rets, foient tirées de bas en haut
fort promtement , & qu'on demande fi le mouuement de ces grapes, eftant tout contraire à celuy dont
le vin tend à defcendre, ne l'empefche point. A quoy
ie répons, que fi le mouuement auec lequel on les tire
en haut, eft plus lent que celuy dont les parties du vin
tendent à defcendre, il n'empefchera point que ce vin
ne coule par les trous qui font au deffous de la cuue;
Et qu'encore mefme qu'il fuft beaucoup plus promt

&

& plus fort, ſi on ſupoſé que ces trous ſoient bouchez
en ſorte qu'il ne puiſſe rien du tout ſucceder que du
vin en la place que laiſſent ces grapes, ainſi qu'il ne peut
rien ſuccéder que de la matiere ſubtile en la place des
parties de l'air dont le vent eſt compoſé, on peut par
les regles des méchaniques démonſtrer que ce vin ne
preſſera pas moins le fonds de la cuue, que ſi ces grapes eſtoient ſans aucune agitation; Et tout de meſme,
il eſt tres-certain, au moins ſelon moy, que l'agitation
d'aucun vent ne peut empeſcher l'action de la Lumiere; Excepté ſeulement entant que cette agitation peut
deuenir ſi violente qu'elle enflamme l'air, auquel cas la
Lumiere qu'elle cauſe peut effacer celle d'vne étincelle
de feu, ſi tant eſt qu'elle ſoit beaucoup plus forte.

8. *Finalement, ſi ſelon la page 122. &c.*

R E S P. La cauſe qui empeſche que le verre eſtant
fort épais, ne ſoit auſſi Tranſparent que le meſme
eſtant moins épais, n'eſt autre, ſinon qu'il contient
touſiours beaucoup d'impuretez, de nuages, & de
petites bulles ou boüillons, qui eſtans en plus grande quantité dans vne grande épaiſſeur, que dans vne
moindre, en empeſche dauantage la tranſparence. Et
qu'ainſi ne ſoit, il y a des lacs, & des endroits de la mer,
ou l'eau eſt ſi claire eſtant calme, qu'on peut voir diſtinctement ce qui eſt au fonds, encore qu'elle ait
ou deux trois piques de profondeur; & en cette eau
toutes-fois, ſi on l'examine, on trouuera tou-jours
quelque choſe d'impur.

Mais celle de vos objections, qui eſt à mon aduis la principale, & que vous aurez peut eſtre à ce

ſujet voulu réſeruer pour la fin , conſiſte en ce que ſi les pores des Cors Tranſparens doiuent eſtre droits, il ne ſemble pas qu'ils puiſſent donner paſſage à la matiere ſubtile en tous ſens ; à cauſe qu'il eſt im-poſſible qu'il ſe trouue en tous ſens des pores droits dans vn Cors ſolide. Toutesfois, pourvû qu'on ne prenne point le mot de *droit* plus à la rigueur que j'ay témoigné que ie le prenois, comme on peut voir en la page 8. ligne 2. & meſme auſſi en l'endroit que vous citez page 122. où ie ne dis pas que ces pores doiuent eſtre parfaitement droits , mais ſeulement autant qu'il eſt requis pour faire que la matiere ſubtile coule tout du long ſans rien trouuer qui l'arreſte , ie croy le pou-uoir aſſez éclaircir par vne ſeule comparaiſon. Enfer-mez des pommes ou des bales dans vn rets , & les y preſſez en telle ſorte , que ſe tenant jointes les vnes aux autres, elles ſemblent compoſer vn Cors dur , puis ver-ſez ſur ce cors du ſable fort menu , tel que celuy dont on fait des horloges , & vous verrez qu'en quelque fa-çon qu'on le mette , ce ſable paſſera tou-jours tout au trauers , ſans rien rencontrer qui l'en empeſche. Il eſt vray que les parties de tous les cors durs ne ſont pas rondes comme des pommes , mais on les peut imaginer d'vne infinité d'autres figures , ſans que cela empeſche qu'elles donnent auſſi libre paſſage aux parties de la matiere ſubtile , que ces pommes le donnent aux par-ties de ce ſable.

9. *Si les Cors Lumineux ,* &c.

R E S P. La coutume qu'on a de remarquer que lors qu'vn cors dur ſe meut vers quelque coſté , il ne peut

pas au mesme temps se mouuoir aussi vers vn autre, est
cause qu'on a vn peu de peine à conceuoir, en quelle
façon les parties des cors liquides reçoiuent plusieurs
actions, & transmettent plusieurs mouuemens contraires, en mesme tems. Mais il est neantmoins certain qu'elles le font ; & il n'est pas mal-aysé de l'éprouuer par le moyen de trois, ou plusieurs tuyaux, comme A C, B D, F G, que ie supose
de mesme largeur, & qui se croisent
en telle sorte, que l'espace du milieu
E sert à tous trois, sans toutes-fois
estre plus grand que s'il ne seruoit
qu'à vn seul. Car si on soufle par leurs
trois bouts, A, B, & F, l'air qui sera
dans ce milieu E, sera poussé en mesme tems vers C,
vers D, & vers G. Non pas qu'il soit besoin pour cela,
ny aussi qu'il soit possible, que chacune de ses parties
se meuue en mesme tems vers ces trois costez ; Mais il
sufit que quelques-vnes se meuuent vers C, & d'autres
vers D, & d'autres vers F ; & qu'elles se meuuent trois
fois aussi viste que celles qui remplissent les autres endroits de ces tuyaux ; Ce qu'on peut bien croire qu'elles font, vû qu'elles sont poussées trois fois aussi fort.
Et il est aysé, apliquant cecy à la matiere subtile, d'entendre comment elle transmet en mesme tems les diuerses actions de diuers cors Lumineux, vers diuers
costez.

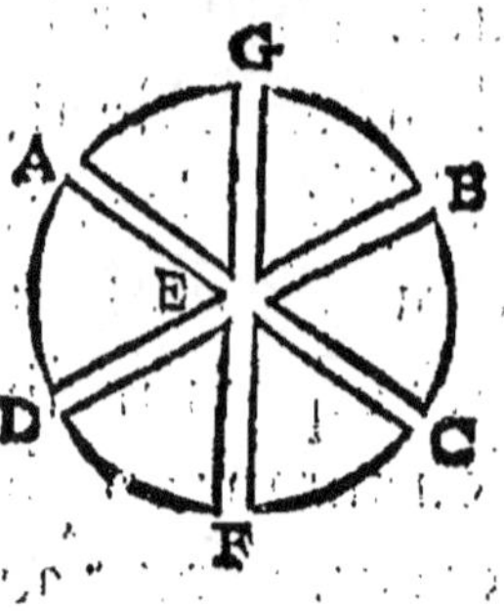

Ie pourois vous proposer, &c.

RESP. Au reste, Monsieur, il m'est plus dificile de
répondre à vostre conclusion qu'à tout le reste ; Car ie

prétens nullement mériter les honnestes paroles dont
vous y vsez, & ie n'aurois neantmoins pas de grace à les
réfuter. C'est pourquoy ie puis seulement dire que ie
pleins auec vous l'erreur de la fortune, en ce qu'elle ne
reconnoist pas assez vostre mérite. Mais pour mon
particulier, graces à Dieu, elle ne m'a encore iamais
fait ny bien ny mal; & ie ne sçay pas mesme pour l'auenir, si ie dois plu-tost desirer ses faueurs, que les craindre; Car ne me semblant pas estre honneste de rien
emprunter de personne, qu'on ne puisse rendre auec
vsure, ce me seroit vne grande charge, que de me sentir
redeuable au public. Et enfin pour les esprits malins
dont vous parlez, ie croy qu'il y en a eu autant ou plus
aux autres siecles qu'en cetuy-cy; & les comparant aux
mouches ou aux oyseaux qui ne choisissent que les
meilleurs fruits pour les piquoter, ie suis d'autant plus
satis-fait de mes essais, que ie les voy estre plus atta-
quez par eux. Mais ie ne laisse pas d'auoir beaucoup
à vous remercier de l'heur que vous me souhaittez,
comme aussi de la peine que vous auez prise de m'é-
crire, & ie suis, &c.

A MONSIEVR MORIN.

LETTRE LX.

Monsieur,

I'aurois vsé de la permission que vous m'auez fait
la faueur de me donner, de faire imprimer ma ré-

ponſe à vos objections auant que vous l'euſſiez veuë,
ſi j'en auois autant haſté l'Impreſſion que ie m'eſtois
propoſé de faire quand ie les receus ; mais ayant eu
depuis quelque autre conſideration qui m'empeſche
de rien publier ſi-toſt, ie croirois manquer à mon deuoir ſi ie differois plus long-tems à vous l'enuoyer ;
C'eſt pourquoy ie la mets icy entre vos mains, & vous
ſuplie s'il y a quelque choſe qui ne ſoit pas à voſtre gré,
ou bien qui requerre plus ample explication, de me
faire la faueur de m'en auertir, & ie taſcheray en tout
de vous témoigner que ie ſuis, &c.

Du 13. Iuillet
1638.

<hr>

RE'PLIQVE

DE MONSIEVR MORIN

A LA RE'PONSE DE Mr DESCARTES.

LETTRE LXI.

MONSIEVR,

I'ay lû vos réponſes à mes objections, ſur voſtre
nouuelle doctrine de la Lumiere, auec toute l'attention qu'il m'a eſté poſſible, tant pour le mérite
du ſujet, que pour rendre l'honneur qui eſt dû à
tout ce qui part de voſtre eſprit, le plus ſubtil &
le plus fécond qu'aucun autre de ce ſiecle. Mais ie
remarque d'abord que vous eſtes marry que ie n'aye
pris vn autre ſujet, que celuy de la Lumiere pour

L l iij

former des objections, vû que vous n'auez point eu
deſſein de traiter encor cette matiere , & vous en
ouurir au public ; Et ne voulant point contreuenir à
cette réſolution, vous dites que vous ne pourez ſi parfaitement me ſatisfaire que vous euſſiez deſiré. Surquoy ie vous répons que j'ay choiſi ce ſujet pour trois
raiſons ; La premiere, parce que j'eſtois occupé ſur la
meſme ſpéculation à cauſe de mon *Aſtrologia Gallica*,
ou ayant à traitter *de modis agendi corporum cœleſtium in
hæc inferiora*, Ie me vois obligé à bien déterminer ce que
c'eſt que la Lumiere, comme elle agit, & quels effets
elle produit. La ſeconde, parce que voſtre opinion de
la Lumiere eſtant grandement nouuelle , & ce que
vous en auez dit en pluſieurs endroits de vos liures
eſtant ſufiſant pour émouuoir des dificultez & des objections, j'ay deſiré d'eſtre mieux éclaircy de vous ſur
cette matiere, ſur laquelle ie trauaillois. Et la troiſiéme, parceque j'ay reconnu que la Lumiere,& ſa matiere ſubtile, eſtoient deux des principaux fondemens de
voſtre Phyſique ; C'eſt pourquoy j'ay voulu par mes
objections éprouuer la fermeté de ſes fondemens. Or
ſi ie ne ſuis pas entierement ſatisfait par vos réponſes,
ie vous prie de croire, que ie n'en eſtime de rien moins
ny voſtre doctrine ny voſtre eſprit, qui me ſont d'ailleurs ſufiſamment connus pour les réuerer. Vous par-
lerez plus ouuertement quand il vous plaira ; on auroit
mauuaiſe grace de vouloir vous y forcer ; C'eſt vne
obligation publique , laquelle il faut attendre auec
vœux, prieres, & patience. Outre le deſir que j'ay eu
d'aprendre de vous, j'ay vû que les choſes Phyſiques

ſouffrent bien plus de dificultez que les Mathematiques; Ce que vous meſme reconnoiſſant auez inuité les hommes ſçauans à vous faire des objections, à deſſein, comme ie croy, de mieux reconnoiſtre par l'épreuue la force de vos principes & de vos raiſonnemens, afin de les mieux établir contre toute ſorte d'attaques. Comme donc j'ay cy-deuant contribué de mon petit pouuoir à vos loüables intentions, auſſi ie continuë encore à preſent dans la meſme déuotion, par quelques répliques à vos réponſes, ainſi que par voſtre lettre vous m'auez témoigne le deſirer.

Et afin de couper court ; laiſſant à part tout préambule, & meſme vos réponſes à mes trois premieres objections du premier ordre, ie commenceray par voſtre réponſe à la quatrieſme.

Sur le 4. article. *Outre qu'il faut remarquer, &c.*

RᴇᴘʟɪQᴠᴇ. Que le mot *action*, ſignifie proprement inclination à ſe mouuoir, dificilement trouuerez vous quelqu'vn qui vous l'acorde : Mais que l'inclination à ſe mouuoir ſoit vn mouuement actuel, (ce qui eſtoit le fort de mon argument) perſonne ne vous l'acordera ; Auſſi different-ils comme la puiſſance & l'acte.

Sur le 5. *Lors qu'on dit qu'vn tel à fait cela comme ſçauant, &c.*

Rᴇᴘʟ. Les dificultez Phyſiques ſe peuuent rarement vuider par des comparaiſons, il y a preſque toujours de la difference, ou de l'ambiguité, ou de *l'obſcurum per obſcurius.* Quand on dit que quelqu'vn tient vn tel rang dans les Eſtats comme Baron d'vn tel lieu, le mot, *Comme*, signifie entant que, & partant supose que tel est Baron: Mais quand on dit d'vn Gouuerneur, qu'il est comme Roy dans son Gouuernement, le mot *Comme* ne signifie pas qu'il soit Roy. Or en vostre page 250. le mot *Comme*, sera plu-tost pris en cette seconde sorte, qu'en la premiere.

Sur le 6. *La Lumiere, c'est à dire, lux, &c.*

REPL. Que *lux*, soit selon vostre réponse, le mouuement dans les Cors Lumineux, & *Lumen* le mouuement dans les Cors Transparens, & *lux* premiere que *Lumen*, comme la cause est premiere que l'effet; neantmoins pour ne point abuser du mot de *mouuement*, & n'en pas faire vn équiuoque, il faut en tout mouuement admettre quatre choses ; à sçauoir, le mobile, le moteur, le mouuement, & la force acquise par le mouuement, qui est la derniere des quatre, & qui ne peut estre que *lux*, dans les Cors Lumineux : D'où s'ensuit, que formellement elle n'est aucune des trois autres ; Aussi confessez vous ne point dire absolument qu'elle est le mouuement : Ce qui satisfait à mon objection, que l'essence de la Lumiere ne consiste pas dans le mouuement.

Sur le 7. *Mais il peut bien estre transmis, &c.*

REPL. Ie l'acorde, mais non pas sans le mouuement local de quelque mobile; aussi ne le niez vous pas dans vostre réponse : & tant en la page 272. des Méteores, qu'en vostre réponse à mes objections nomb. 10. & 12. vous confessez que les Cors Lumineux poussent la matiere subtile en ligne droite, ce qui ne se peut faire sans le mouuement local de cette

matiere,

matiere en ligne droite vers nos yeux, qui estoit ce que
ie prétendois. Au reste, ie ne voy pas sur ma copie que
j'aye dit, que le mobile qui est dans les cors Lumineux
n'est autre chose selon vous que la matiere subtile;
l'attens que vous nous l'enseigniez.

Sur le 8. & 9. article.

R E P L. Nous aurons donc patience attendant la
solution de ces deux objections, jusques à ce que vous
donniez au public ce que vous vous réseruez encore.

Sur le 10. *Car chaque Cors*, &c.

R E P L. Donnez donc autant de mouuemens à la
matiere subtile, qu'il vous plaira, quand vous aurez
prouué qu'elle est; Et ensuite donnez les causes & les
effets de chaque mouuement.

Sur le 11. *I'auoüe bien que cette matiere subtile*, &c.
R E P L. Vous nous dites icy vne chose laquelle ie ne sçay,
comme vous prouuerez, quand il vous plaira de le faire.
Car si vn Cors est dit Lumineux, de cela seul (*quod notandum*) qu'il donne à la matiere subtile le mouuement
ou l'action qui est requise, pour causer en nous le sentiment de la Lumiere; il s'en ensuiura deux choses qui
paroissent entierement contraires à la raison, La premiere, que le sentiment de la Lumiere sera premier que
les Cors Lumineux; La seconde, qu'il n'y auroit point
de Cors Lumineux au monde, s'il n'y auoit point d'A-
nimal pour voir la Lumiere, ou pour la sentir.

Sur le 12. *Ou le mot seulement est de trop*, &c.

R E P L. I'ay eu raison d'adjouter le mot *seulement*,
parce que vous ne faites mention que de deux mouuemens de la matiere subtile, l'vn en rond, & l'autre

en ligne droite; si vous luy en donnez encore d'autres ce sera à vous à les prouuer, ensemble leurs causes & leurs effets. Mais donnez luy tant de mouuemens que vous voudrez, la question est de sçauoir si la matiere subtile a ces deux mouuemens ensemble, à sçauoir, çà & là de sa nature, & en ligne droite par les Cors Lumineux; qui estoit le but de mon objection, à quoy vous ne répondez point.

Sur le 13. *En l'endroit que vous dites, Ie ne parle nullement, &c.*

REPL. Vostre texte vous condamnera deuant tous. Car en la page 256. des Méteores, parlant des petites boules de la matiere subtile, qui roulent, vous dites, I'ay connu que ces boules peuuent rouler en diuerses façons, &c. leur donnant le mouuement en rond, & en ligne droite. Et pour vous expliquer en la page 257. sans quitter les petites boules de la matiere subtile, vous dites, Pour mieux entendre cecy pensez que la boule 1. 2. 3. 4. est poussée, &c. sans parler de boules de bois ou autre matiere, ny là, ny ailleurs. Ioint que ce seroit chose superfluë de suposer que les boules de vostre figure fussent de bois, pour expliquer les mouuemens des boules de la matiere subtile; vû qu'ils se peuuent pour le moins aussi bien expliquer, suposant les boules de la figure estre les boules mesmes de la matiere subtile.

Aprés auoir répliqué au premier ordre d'objections, qui contenoit les dificultez qui me paroissent en vostre doctrine, pour la contrarieté qu'elle semble auoir; Ie viens maintenant au second ordre, qui est celuy de mes propres objections.

Sur le premier article. *Car pour la matiere, vous le fondez*, &c.

REPL. Quand vous dites en la page 4. de la Dioptrique, que la Lumiere n'est autre chose dans les Cors qu'on nomme Lumineux, qu'vn certain mouuement, &c. Et en la page 122. Que la Lumiere n'est autre chose dans les cors Transparens, que l'action, &c. Vous deuez auoir donné les définitions vrayes de *lux*, & de *Lumen*; ou bien *lux* & *Lumen* feroient quelque autre chose que ce que vous auez dit dans les susdites pages, & ainsi vous vous contrediriez. Or, si à present vous dites que vous n'auez eu intention d'en donner aucune définition, donc vous n'auez pas vrayment dit ce que c'est ; Car il n'y a que la définition qui le puisse ; Et partant *lux* & *Lumen* sont autre chose que ce que vous auez dit, ce qui est tou-jours vne contradiction.

Puis pour la forme, &c. L'antecedent que vous ne voyez point est bien éuident en mon texte, par ces mots, *duquel il est la cause efficiente*. Car ne pouuant y auoir de mouuement sans moteur, qui en est la cause efficiente; & le moteur selon vous mesme estant le Soleil; De cét antecedent ie conclus que le Soleil est premier que le mouuement; Car toute cause efficiente est premiere que son action, ou motion : Et enfin vous estes contraint de l'acorder; mais seulement dites-vous comme l'homme est premier que sa raison. Sur quoy ie vous réplique; Que si vous prenez la raison pour vne partie essentielle de l'homme, & qui luy donne l'estre d'homme, il est certain que l'homme n'est pas premier que sa raison : Mais si vous prenez la raison, pour l'action ou l'vfage que fait l'homme de fa raifon, l'homme eft premier que fa raifon; Et la raifon en ce fens ne fait pas l'homme raifonnable, mais le fupofe tel. Tout de miefme donc, pour ne pas changer voftre comparaifon, fi *lux* n'eft autre chofe que l'action du Soleil; ou le Soleil de fa nature n'a point de Lumiere, ou fa Lumiere n'eft pas formellement l'action du Soleil.

Mais pour nous açorder, &c. Bien qu'il femble icy que vous leuiez vn peu le mafque, fi confeffe-ie que ie ne vous puis encore bien reconnoiftre. Car vous & moy demeurons d'acord qu'il y a de la Lumiere dans le Soleil; & nous ne pouuons differer qu'en fa définition, ou à dire au vray ce que c'eft que la Lumiere en fon effence & en fa nature; Et neantmoins vous dites, Ie n'ay ny définy, ny mefme parlé en aucune façon, de ce ie ne fçay quoy que vous nommez peut-eftre du nom de Lumiere, & que vous fupofez dans le Soleil, outre fon mouuement ou fon action. Mais ie vous répons, que ie ne fupofe point dans le Soleil d'autre Lumiere que celle qui y eft, & ie croy que vous en faites de mefme. Tellement qu'il faut tou-jours retomber fur le premier & principal different, à fçauoir, ce que c'eft que cette Lumiere. Et puifque vous dites ne l'auoir définy, ny eu intention de la définir; Donc, quand vous auez dit, la Lumiere dans les Cors Lumineux & Tranf-parens, n'eft autre chofe que, &c. vous n'auez pas dit au vray ce qu'elle eft. Et ie ne penfe pas que vous la puiffiez définir par ces mots d'action ou de mouue-ment, tant pour les raifons cy-deuant déduires, qu'à

cauſe que la Lumiere, bien qu’elle ne ſoit pas vn eſtre
plus réel que l’action ou le mouuement, ſi eſt-ce qu’elle eſt vn eſtre plus actuel & abſolu; vû que l’action &
le mouuement tiennent de la puiſſance & de la rélation, mais non pas la Lumiere, comme j’ay deſ-ja dit.
Finalement le Soleil n’agit pas par ſon eſſence: Car cela
ne conuient qu’à Dieu ſeul; Donc il agit par quelque
qualité ou faculté; Et partãt, puiſque le Soleil illumine,
qui eſt vne action, donc c’eſt par ſa faculté d’illuminer,
laquelle n’eſt autre que ſa Lumiere : Donc la Lumiere
n’eſt pas l’action, mais la puiſſance ou faculté d’agir,
& par conſequent elle eſt premiere que l’action. Et
m’arreſtant là, ie ne paſſe point plus outre à vous demander quelle eſt cette action ou mouuement du Soleil que vous apellez *Lucem*, ſi c’eſt vn mouuement rectiligne ou circulaire, &c. Et comment il eſt produit
par le Soleil, qui ſont des cas à vous réſeruiez : Mais
vous voyez bien les difficultez qu’il y aura à combatre.

Sur le 2. *Nego conſequentiam*; Tout de meſme qu’en
l’article précedent.

REPL. *Probatur conſequentia* : Tout de meſme qu’en
l’article précedent.

Sur le 3. *il faut de neceßité que la Lumiere*, &c.

REPL. l’accepte voſtre diuiſion de la Lumiere,
in lucem pour les Cors Lumineux, & *Lumen* pour les
Cors Tranſparens; Et auſſi ce que vous acordez, que
lux ſit cauſa Luminis. Mais en ce que pour renuerſer ce
que ie vous objecte d’vne étincelle de feu, vous me
répondez ſeulement par des comparaiſons, ie vous
ay deſia auerty que rarement elles ſont propres à bien

terminer vne dificulté; Et en effet, comme tant les
goutes de vin qui font au bas de la cuue, que celles qui
font au haut, tendent toutes à fortir par le trou, & s'y
meuuent d'elles-mefmes par leur propre pefanteur en
mefme inftaht fans aucun moteur externe ; De mefme
auffi la goute d'eau adjoutée de furcroift au tuyau
A B C, ne fait que rompre l'équilibre de 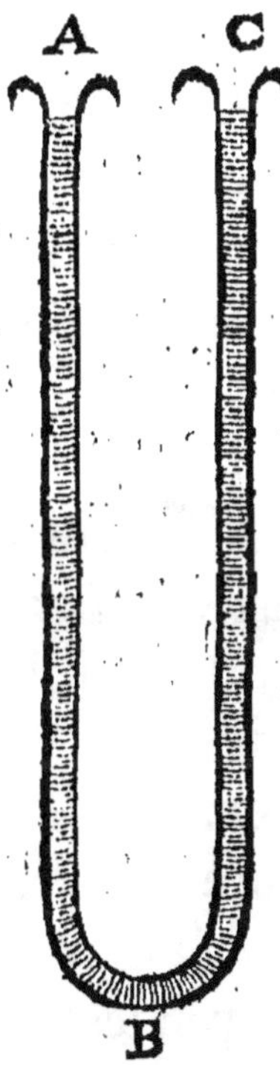
la premiere eau ; quoy fait, la pefanteur
de l'agregé de l'eau, fauorifée de la fluidité, remüe toute cette eau pour la remettre en équilibre ; Et partant le mouuement eft tou-joûrs caufé par vn principe interne, auec inclination du mobile, & non par vn moteur, ou caufe efficiente externe. Mais toute la matiere
fubtile contenuë en vne fphere de 50.
lieuës de demy diametre, n'a de foy aucun mouuement vers l'œil, & doit eftre
muë par vne caufe externe, à fçauoir, par
la Lumiere de l'étincelle. Voila dõc bien
de la difference en ces comparaifons;
D où ie concluray tou-jours que la matiere fubtile n'eftant pas dure comme vn bafton, ny
encline à fe mouuoir à droit plu-toft qu'à gauche, il ne
s'enfuit pas que la plus proche du cors Lumineux
eftant muë localement en ligne droite, la plus éloignée le foit auffi, & en mefme inftant. Quant à ce
que vous dites, Que ce n'eft qu'vne maxime fondée fur
la préocupation de nos fens, d'affurer que toute matiere a refiftance au mouuement local, ie vous réplique

que pour l'eau & l'air dont nous parlons, cela eſt auſſi
notoire que le nager des poiſſons, & le vol de ſes oy-
ſeaux, qui ne ſe pouroient faire ſans cette reſiſtance.
Et pour voſtre matiere ſubtile, laquelle vous faites
plus fluide incomparablement que l'air, & ſans reſiſtance au mouuement local, lors que vous aurez prouué qu'elle eſt, & telle que vous dites, & meſme qu'elle
peut eſtre muë, l'air qui la contient demeurant immobile, le j'auoüeray nonobſtant tout ce qu'on me pouroit objecter; Que ſi le mobile n'a point de reſiſtance au mouuement, il ne faut point de force pour le
moteur.

Sur le 4. *Ie ne voy rien*, &c.

REPL. Et ie ne voy point auſſi de different entre nous ſur cet article, ſinon que ie veux que *lux* ſoit
vne qualité du Soleil, & vous voulez que ce ſoit vn
mouuement ; à quoy j'ay répondu cy-deſſus.

Sur le 5. *Ie ne trouue icy qu'vn équiuoque*, &c.

REPL. A la verité vous faites la nature de la tranſparence grandement équiuoque, l'établiſſant d'vn
coſté à auoir des pores, & de l'autre à remplir les pores.
Mais quand vous dites que l'air eſt Tranſparent, entant
qu'il a des pores, puis qu'auoir des pores n'eſt qu'vn
accident à l'air, donc il ne ſera tranſparent que par
accident, & non de ſoy; donc de ſoy il ſera opaque: Car
tout cors eſt de ſoy ou Lumineux, ou Tranſparent, ou
opaque; & l'air neſtant de ſoy ny Lumiueux, ny Tranſparent, il ſera donc opaque. Et le meſme ſe prouue encore ainſi; Chacune des parties ſubſtantielles de l'air,
qui bornent les pores, n'ont pas d'autres pores, autre-

ment tout l'air ne feroit que pores fans fubftance;
Donc aucune de fes parties, c'eft à dire, toute la fubftance de l'air ne fera point Tranfparente de fa nature;
donc opaque. Tout de mefme, fi la matiere fubtile eft
Tranfparente felon vous, entant qu'elle eft dans les
pores de l'air; puifque cela ne luy eft qu'vn accident
local ; donc elle ne fera point de foy Tranfparente;
donc elle fera opaque, comme deffus. Or l'air eftant
opaque de fa nature, & fes pores remplis d'vne matiere auffi opaque, tout le compofé ne peut eftre qu'o-
paque ; & partant incapable de Tranfmettre la Lumiere des Cors Lumineux,

Et ie ne dis en aucun lieu, &c.

I'ay dit que la matiere fubtile deuroit en l'ordre de
l'Vniuers auoir fa propre fphere, comme l'air, & l'eau;
qui bien qu'ils s'infinuent dans les pores de la Terre,
ne laiffent pas d'auoir leur propre fphere au deffus de
la Terre. A quoy vous ne répondez point, & mettez
feulement cette matiere dans les pores des autres Cors;
peut eftre pour éuiter qu'elle ne nous empefchaft la
Lumiere, fi vous luy donniez vne propre fphere, ou
elle fuft pure: puifque comme j'ay remarqué cy-deffus,
felon vous, elle n'eft Tranfparente, qu'entant qu'elle
eft dans les pores de l'air, de l'eau, &c.

Sur le 6. *Vous imaginez toujours des contrarietez*, &c.

R E P L. I'ay répondu cy-deffus à ce que vous dites
des boules de bois, & ne feray pas feul à reconnoiftre
la contrarieté que j'ay alleguée. Or ie voy par voftre
réponfe que la matiere fubtile s'étend depuis le Soleil
jufques à l'œil , & que fon action ou mouuement

commence

commence au Soleil ; & que bien que ce mouuement
ne se puisse faire en vn instant, neantmoins il peut
estre transmis en vn instant. A quoy ie vous répons
que ie l'acorderois, si la matiere subtile contenuë entre le Soleil & l'œil estoit dure & continuë comme vn
baston : Mais elle n'est pas dure selon vous, ny mesme
continüe ou contigüe en toutes ses parties ; Car bien
que les boules 1, 2, 3, soient contigües,
neantmoins les boules 4, 2, 5, ne le font
pas : Et partant, si le rayon tend de 4 à 5, le
mouuement sera interrompu, ou ne sera
pas rectiligne, mais se continüera par les
boules contigües. Or si chaque boule meut sa contigüe, & que tel mouuement sufise pour le sentiment
de la Lumiere, on poura voir le Soleil en pleine nuit :
veu mesmes que vous suposez la matiere subtile sans
résistance au mouuement.

Sur le 7. *Ce que vous objectez,* &c.

REPL. Icy vous auācez tant de nouuelles dificultez, au
moins pour mon esprit qui ne voit pas vos fondemés,
que ce seroit tirer en l'air que de m'amuser à y répondre. Seulement pour ce qui est du vin & des grapes de
la cuue, ie vous diray tou-jours comme deuant, que
le vin a inclination naturelle à descendre vers les trous
sans y estre mû par vne cause externe ; Mais que la matiere subtile n'a de soy aucun mouuement rectiligne
a droit plu-tost qu'à gauche, & qu'elle le doit prendre
de la cause la plus forte ; Vous tenez que la Lumiere
d'vne étincelle soit plus forte qu'vn grand vent pour
cet effet ; & moy ie tiens le contraire, puisque vous vou-

lez que le mouuement de la matiere soit réel, & local,
lorsque vous dites que la matiere subtile entre de l'air
dans le verre, & en sort.

Sur le 8. *La cause qui empesche le verre*, &c.

R e p l. Pardonnez-moy, s'il vous plaist, vous ne
répondez pas à ma dificulté, laquelle n'a point d'égard
à l'impureté du verre, mais seulement à ses pores. Car
ie dis que la matiere subtile rencontre les mesmes pores en la superficie du verre épais d'vne ligne, qu'elle
rencontreroit en la mesme superficie, si le verre estoit
épais de 10, piez : & que selon vous les pores estant
droits & vnis, & la matiere subtile y coulant sans obstacle, il doit passer autant de matiere subtile à trauers
l'épaisseur de 10. piez de verre, qu'à trauers l'épaisseur
d'vne ligne, & par consequent autant de Lumiere ; Ce
qui neantmoins est contre l'experience.

Mais celle de vos objeétions qui est à mon auis la princi-
pale, &c.

R e p l i q v e. Ie ne voy point que vostre réponse y satisfasse, pour deux raisons ; La premiere, parceque tenant des bales ou des pommes encloses
dans vn rets, (qui est vostre comparaison) les espaces vuides qui se trouuent entre les pommes ou les
bales sont fort grans ; & de plus le sable que vous suposez estre jetté sur ces pommes estant tres-delié &
pesant, il passe librement à trauers, coulant en bas par
sa subtilité & pesanteur d'vn espace en l'autre sans
estre arresté. Mais si ce sable estoit jetté sur vn boisseau de millet, il n'entreroit pas vn demy doigt d'épais
dans ce millet ; bien qu'vn grain de ce sable ne soit pas

la centiefme partie d'vn grain de millet. La feconde,
parce qu'encore qu'on ne prenne point le mot de *droit*,
plus à la rigueur que vous le prenez en la page 8. lig. 2.
tou-jours n'y trouuerez-vous pas voftre comte : Car
voicy ce que vous dites vn peu plus bas en cette page,
lig. 17. Au refte, ces rayons doiuent eftre ainfi tou-jours
imaginez exactement droits, lors qu'ils ne paffent que
par vn feul cors Tranfparent qui eft par tout égal à
foy-mefme ; Mais lors qu'ils rencontrent quelques autres cors, ils font fujets d'eftre détournez par eux. Sur
quoy ie dis que nous pouuons fupofer vn verre ou cry-
ftal fi pur, qu'il foit partout égal à luy-mefme, ou bien
quelque partie de l'Ether, ou de l'air tres-pur. Et fur
cette hypothefe, laquelle ne fe peut refufer, les pores
felon vous feront exactement droits, & par confequét
ma conclufion tiendra, à fçauoir, qu'ils ne pouront
eftre droits en tous fens, ou qu'il n'y aura rien de folide
dans le verre, dans l'air, ou dans l'Ether. C'eft pourquoi
il me femble que cette feule objection détruit entierement l'hypothefe de la matiere fubtile, & de fes pores ;
bien que la fiïuante ne luy foit gueres plus fauorable.

Sur le 9. *La coutume qu'on a de remarquer*, &c.

REPL. Bien qu'il femble que par les trous de diuers
tuyaux en la boule A G B, on fe
peut fauuer de mon objection, parce que la matiere qui eft au centre
E, eft liquide & diuifible en parties :
Neantmoins il y a vne certaine partie d'icelle, laquelle eft en telle égalité au refpect des trois tuyaux A C,

B D , F G , & des trois souffleurs, que ie supose souffler également par les trous A , B , F ; qu'il n'y aura aucune raison qu'elle soit plus diuisée, estant poussée également par chaque tuyau, ny qu'elle soit mûe plu-tost vers D , que vers G , ou vers C. Mais pour vuider la dificulté plus clairement, ne suposons qu'vn seul tuyau A C , & deux souffleurs égaux l'vn en A , & l'autre en C , il est certain que la matiere centrale E , ne bougera de sa place , ou qu'en mesme tems elle sera en diuers lieux ; Et neantmoins si A & C , estoient deux Cors Lucides , C deuroit pousser E vers A , & A le deuroit aussi en mesme instant pousser vers C , selon vostre doctrine ; Car si en A & C , estoient apliquez deux yeux de deux chats , qui sont lucides , l'œil C verroit l'œil A , & l'œil A verroit l'œil C , en mesme instant ; Et par consequent la mesme matiere subtile seroit mûe en mesme instant vers deux costez oposéz ; Ce que toutes-fois vous confessez impossible par vostre réponse.

Ie pourrois encore vous proposer plusieurs autres belles dificultez sur ce sujet , lesquelles répugnent grandement, ce me semble, à l'hypothese de la matiere subtile : Mais en voila assez pour moy , jusques à ce que vostre Lumiere me paroisse plus claire : Peut-estre que d'autres vous les proposeront ; & tout cela ne peut que seruir à la perfection de vostre dessein , & à bien établir les principes de vostre nouuelle Physique. Au reste , ie plains grandement le tems que vous auez employé à répondre à toutes mes objections ; ny elles ny leur auteur ne méritoient pas cét honneur , d'vne per-

fonne de ſi grand merite que vous : C'eſt pourquoy
ie ſerois bien marry d'en plus abuſer, & vous importuner d'vne ſeconde réponſe à mes répliques, mon deſſein n'ayant eſté que de ſeruir par ma déroute à vn plus
grand éclairciſſemét de voſtre doctrine de la Lumiere.
Si donc vous eſtes en deſſein de faire imprimer voſtre
réponſe à mes objections, vſez-en tout ainſi qu'il vous
plaira. Vous ne manquez ny d'eſprit ny de courage
pour reconnoiſtre celles qui ſont les plus fortes, & pour
les attaquer meſme juſques dans les retranchemens
qu'elles ſe ſont faits dans mes répliques ; D'où ſi vous
les pouuez débuſquer, ie ſeray le premier à m'en réjoüir, vous deſirant vne victoire qui me rende vain-
queur de mon ignorance, & qui m'oblige ainſi à confirmer les vœux que ie fais d'eſtre toute ma vie, &c.

   I'ay oublié à vous dire que ie penſe auoir découuert
par hazard voſtre matiere ſubtile, & ſon mouuement,
par le trou & la fente d'vne feneſtre expoſée au Soleil,
à l'entour deſquels ſe fait vn certain boüillonnement
Lumineux d'air, ou vous voyez voltiger vne matiere
ſubtile : Mais ie croy pouuoir rendre bonne raiſon de
cet effet par mes hypotheſes de la Lumiere, & que cela
n'arriueroit pas en vn air pur. Ie ſuis, &c.

   A Paris ce 12.
   Aouſt 1638.

REPONSE
DE MONSIEVR DESCARTES
A LA RE'PLIQVE DE Mr MORIN.
LETTRE LXII.

MONSIEVR,

Vos intentions paroiſſent ſi juſtes, & voſtre courtoiſie ſi grande, que ie penſe eſtre obligé de faire mon mieux, pour ſatisfaire à tout ce qu'il vous a plû derechef me propoſer.

4. Vous commencez par le quatriéme article de mes réponſes, ou ie ne nie pas que le mot *d'action* ne ſe prenne pour le mouuement, mais ie dis que ſa ſignification eſt plus generale, & qu'il ſe prend auſſi pour l'inclination à ſe mouuoir; Car par exemple, ſi deux aueugles tenans vn meſme baſton le pouſſent ſi également l'vn à l'encontre de l'autre, que ce baſton ne ſe meuue point du tout, & auſſi-toſt apres qu'ils le tirent ſi également, qu'ils ne le remüent non plus qu'auparauant; Et ainſi que l'vn faiſant diuers effors, l'autre en faſſe en meſme tems de contraires, qui leurs ſoient ſi juſtement égaux que le baſton demeure touſjours immobile; Il eſt certain que chacun de ces aueugles par cela ſeul que ce baſton eſt ſans mouuement peut ſentir que l'autre aueugle le pouſſe, ou le tire auec pareille force que luy; Et ce qu'il ſent ainſi en ce baſton, à ſçauoir, ſa priuation de mouuement en

tels & tels diuers cas, se peut nommer les diuerses actions qui sont imprimées en luy, par les diuers efforts de l'autre aueugle. Car lorsque ce dernier le tire, il ne fait pas sentir au premier la mesme action que lors qu'il le pousse, &c.

5. Encore que le mot de *comme* pust estre pris en quelque autre sens, on ne doit pas ce me semble me refuser de l'entendre au sens que j'ay expliqué, car il est entierement selon l'vsage.

6. Le mobile dans les Cors Lumineux est leur propre matiere ; le moteur est le mesme qui meut tous les Cieux ; Le mouuement est l'action par laquelle les parties de cette matiere changent de place: Mais pour la forme acquise par luy, si ce n'est que vous nommiez ainsi ce changement de place, elle est vn estre Philosophique qui m'est inconnu.

7. Vn Cors en peut bien pousser vn autre en ligne droite sans se mouuoir pour cela en ligne droite; Comme on voit qu'vne pierre qui tourne en rond dans vne fronde, pousse le milieu de cette frondé, & par mesme moyen tire la corde suiuant des lignes droites, qui tendent de tous costez du centre de son mouuement vers sa circonference. Or afin que ie me déclare icy vn peu dauantage que ie n'ay cy-deuant voulu faire, ie vous diray que pour la Lumiere du Soleil, ie ne conçoy autre chose sinon qn'il est composé d'vne matiere très-fluide, laquelle tourne continuellement en rond autour de son centre auec vne tres grande vitesse, au moyen dequoy elle presse de tous costez la matiere dont le Ciel est composé, la-

quelle n'eſt autre choſe que cette matiere ſubtile qui
s'étend ſans interruption depuis les Aſtres juſques à
nos yeux, & ainſi par ſon entremiſe nous fait ſentir
cette preſſion du Soleil, qui s'apelle Lumiere : Ce qui
doit, ce me ſemble, faire ceſſer la plu-part des difficultez que vous propoſez. Ie ſçay bien que vous en pouuez tirer derechef pluſieurs autres de cecy, mais j'aurois auſſi pluſieurs réponſes à y faire, qui ſont deſia
toutes preſtes, & nous n'aurions iamais acheué, ſi ie
n'expliquois toute ma Phyſique.

8. 9. & 10. Ie n'ay beſoin pour prouuer l'exiſtence de
cette matiere, que de faire conſiderer qu'il y a des pores en tous les Cors ſenſibles, ou de moins en pluſieurs,
comme on voit à l'œil dans le bois, dans le cuir, dans
le papier, &c. Et que ces pores eſtant ſi étroits que
l'air ne les peut penetrer, ils ne doiuent pas pour cela
eſtre vuides ; d'où il ſuit qu'ils doiuent eſtre remplis
d'vne matiere plus ſubtile que n'eſt celle dont ces
Cors ſont compoſez, à ſçauoir, de celle dont ie parle.
Et pour les diuers mouuemens de cette matiere ſubtile, ils ſe démontrent aſſez par ceux des cors dans
les pores deſquels elle paſſe ; Car eſtant tres-fluide
comme elle eſt, il faudroit des miracles pour empeſcher qu'elle ne ſe mûſt en toutes les diuerſes façons
qu'elle peut eſtre pouſſée par eux.

11. Vous pourriez ainſi objecter à ceux qui diſent que
le ſon n'eſt autre choſe hors de nous, qu'vn certain
tremblement d'air qui frape nos oreilles, que ce ſentiment du ſon eſt donc premier que les Cors ſonnants,
& qu'il n'y auroit point de tels cors au monde, s'il n'y
auoit

auoit point d'animal pour oüir les sons, &c. Et il me
sufit de répondre, que les Cors Lumineux ont en eux
tout ce pourquoy on les nomme Lumineux, c'est à
dire, tout ce qu'ils doiuent auoir pour nous faire sentir la Lumiere, auant qu'ils nous la fassent sentir; Et
qu'ils ne lairroient pas d'auoir en eux la mesme chose,
encore qu'il n'y eust point d'animal au monde qui eust
des yeux.

12. Le mouuement, ou plu-tost l'inclination a se
mouuoir en ligne droite, que j'attribüe à la matiere
subtile, se prouue assez par cela seul que les rayons
de la Lumiere s'étendent en ligne droite ; Et ie démontre son mouuement circulaire en la page 257.
auec les suiuantes ; Et enfin les autres suiuent tous
de cela seul qu'elle est tres-fluide.

13. Il me semble que mon texte monstre bien clairement qu'en la page 258. par les boules que j'y fais
entrer dans l'eau, & estre détournées par la résistance
de cette eau suiuant l'ordre des chifres 1, 2, 3, 4, j'entens parler de boules qui sont de quelque matiere sensible, & non point des petites parties de la matiere
subtile; Car en ce mesme lieu page 258. ie les fais tourner tout au rebours, en disant que lors que les boules
q, & R vont plus viste que les autres, cela explique
l'action du rayon D F, &c. Et j'ay dû me seruir de ces
boules sensibles, pour expliquer leur tournoyement,
plu-tost que des parties de la matiere subtile qui sont
insensibles; afin de soumettre mes raisons à l'examen
des sens, ainsi que ie tasche tou-jours de faire.

Ie passe icy aux articles du second ordre.

O o

1. & 2. Ie puis bien auoir donné diuerſes deſcriptions ou explications de la Lumiere qui ſoient vrayes,
ſans en auoir donné pour cela aucune exacte définition au ſens de l'école, *per genus & differentiam*, qui eſt
ce que ie dis n'auoir point eu deſſein de faire, afin
d'éuiter par ce moyen les difficultez ſuperflües qui en
pouuoient naiſtre, auſquelles ſont fort ſemblables
celles qui ſuiuent. Car de dire que ſi *lux* n'eſt autre
choſe que l'action du Soleil, il n'a donc point de Lumiere de ſa nature; Et que la Lumiere eſt vn eſtre plus
actuel & plus abſolu que le mouuement; Et qu'il n'y a
que Dieu ſeul qui agiſſe par ſon eſſence, &c. C'eſt former des dificultez en paroles, où il n'y en a point du
tout en effet : Non plus que ſi ie diſois qu'vne horloge
à roües ne monſtre les heures que par le mouuement
de ſon aiguille, & que ſa qualité de montrer les heures
n'eſt point vn eſtre plus actuel & plus abſolu que ſon
mouuement, & que ce mouuement eſt en elle de ſa
nature & de ſon eſſence, à cauſe qu'elle ceſſeroit d'e-
ſtre horloge ſi elle ne l'auoit point, &c. Ie ſçay bien
que vous direz que la forme de cette horloge n'eſt
qu'artificielle, au lieu que celle du Soleil eſt naturelle
& ſubſtantielle; Mais ie répons que cette diſtinction
ne regarde que la cauſe de ces formes, & non point
du tout leur nature, ou du moins que cette forme
ſubſtantielle du Soleil, entant qu'elle differe des
qualitez qui ſe trouuent en ſa matiere, eſt derechef
vn eſtre Philoſophique qui m'eſt inconnu.

3. Il eſt vray que les comparaiſons dont on a coutume d'vſer dans l'école, expliquant les choſes intel-

lectuelles par les corporelles, les subſtances par les
accidens, ou du moins vne qualité par vne autre d'vne
autre eſpece, n'inſtruiſent que fort peu ; Mais pource
qu'en celles dont ie me ſers, ie ne compare que des
mouuemens à dautres mouuemens, ou des figures
à d'autres figures, &c. C'eſt à dire, que des choſes qui
à cauſe de leur petiteſſe ne peuuent tomber ſous nos
ſens à d'autres qui y tombent, & qui d'ailleurs ne different pas dauantage d'elles qu'vn grand cercle differe d'vn petit cercle, ie prétens qu'elles ſont le moyen
le plus propre, pour expliquer la verité des queſtions
Phyſiques, que l'eſprit humain puiſſe auoir ; juſques-
là que lors qu'on aſſure quelque choſe touchant la
nature, qui ne peut eſtre expliquée par aucune telle
comparaiſon, Ie penſe ſçauoir par démonſtration
qu'elle eſt fauſſe. Et pour la comparaiſon d'vn tuyau
recourbé que j'ay miſe icy, ie prétens qu'elle monſtre
tres-clairement qu'vne puiſſance fort petite eſt ſufiſante pour mouuoir vne fort grande quantité d'vne
matiere qui eſt tres fluide: Car la peſanteur de l'eau cō-
tenüe en ce tuyau ne ſert point
du tout pour la mouuoir, vû
qu'elle ne peſe point dauantage d'vn coſté que d'autre. Et
afin qu'on n'en puiſſe douter,
feſons que ce tuyau ABC, ſoit
courbé en rōd tout autour de
la Terre D, en ſorte qu'aucune de ſes parties ne ſoit plus
haute que l'autre, excepté ſeu-

lement vn peu aux deux bouts, en autant d'espace
qu'il en faut pour contenir tant soit peu d'eau; Car
lors en versant vne seule goute en l'vn de ces bouts,
cela suffira pour mouuoir toute celle qui est dans ce
tuyau, nonobstant qu'elle ne soit d'ailleurs pas plus
encline à se remuer d'vn costé que d'autre, & qu'elle
soit en aussi grande quantité qu'est la matiere subtile
que meut vne étincelle. Au reste, le nager des poissons, & le vol des oyseaux ne prouue point qu'aucune matiere ait de soy résistance au mouuement local,
mais seulement que les parties de l'eau & de l'air se
tiennent en quelque façon les vnes aux autres, & ne
peuuent estre separées fort promtement sans vne
force assez notable.

4. & 5. Il importe fort peu de penser que l'air soit
Transparent par sa nature, ou par accident; Et à ce propos ie vous diray qu'vne personne digne de foy m'a dit
auoir vû de l'air tellement pressé & condensé dans vn
tuyau de verre, qu'il y estoit deuenu opaque. Pour
la matiere subtile, quand ie dis que le mot de Transparent s'attribue à elle, entant qu'elle est dans les
pores de l'air, & des autres tels cors, ie ne dis pas pour
cela qu'il ne se peut attribuer aussi à elle, lors qu'elle est toute pure; Car au contraire il est tres-éuident
qu'elle doit estre dautant plus Transparente, qu'elle
est plus pure; Et il me semble que vous argumentez
icy, tout de mesme que si de ce que j'aurois dit, que
le Roy a de grans reuenus entant qu'il est Duc de Bretagne, vous en tiriez cette consequence, que s'il n'e-
stoit point Duc de Bretagne, il n'auroit donc aucun re-

uenu. Puis à cause que vous dites que ie n'ay peut-eſtre
point attribué de ſphere particuliere à cette matiere
ſubtile, de peur qu'elle ne nous empeſchaſt la Lumiere,
ie vous demande ſi aprés auoir dit qu'elle s'étend ſans
interruption depuis les Aſtrés juſques à nous, il eſt poſſible de luy attribuer quelque autre lieu, ou cela fuſt à
craindre, encore meſme qu'elle fuſt vn Cors opaque.

6. I'ay aſſez expliqué dés le commencement de la
Dioptrique page 6. comment vn Cors fluide peut
tranſmettre vne action en vn inſtant, auſſi bien qu'vn
Cors dur comme vn baſton. Et pour vo-
ſtre inſtance des boules qui ne ſont
pas contigües, ie vous diray qu'il ſuffit
qu'elles ſe touchent par l'entremiſe de
quelques autres, comme en voſtre fi-
gure, celles qui ſont marquées 4, & 2 s'entretou-
chent par l'entremiſe de celle qui eſt marquée 1, &
de ſa compagne. Et afin que vous ne doutiez pas que
cela ne ſuffiſe pour tranſmettre vne
action, & meſme pour la tranſmettre
en ligne droite, voyez ces boules enfer-
mées dans vn tuyau, ou preſſant la premiere marquée 1, on preſſe par meſme
moyen les ſuiuantes 2 & 3, par l'entremiſe des Collaterales 4, 5, & 6, 7; Et
meſme l'action dont on les preſſe s'é-
tend en ligne droite du point 1, vers le
point 8, nonobſtant que ces boules ne
ſoient pas arengées en ligne droite. Or
lors qu'elles ne ſont point ainſi conti-

guës en quelque Cors, il ne peut estre Transparent;
& par cela seul vous pouuez entendre pourquoy il y
en a plusieurs qui sont opaques. Au reste, ces boules
ainsi contiguës ne transmettent la Lumiere qu'en lignes droites, ou équiualentes aux droites, ce qui est
cause qu'on ne peut voir le Soleil en pleine nuit.

7. Icy vous dites que j'auance beaucoup de nouuelles difficultez; Mais pource que vous n'en désignez
aucune en particulier, vous ne me donnez point occasion d'y satisfaire.

8. Si ie n'ay pas icy assez répondu à vostre difficulté, en disant que ce sont les seules impuretez du verre,
qui empeschent qu'il ne soit aussi Transparent en vne
grande épaisseur qu'en vne moindre, il n'y a qu'vn mot
de plus à y adjouter, qui est que ie nie qu'il fust moins
Transparent, s'il n'auoit point du tout d'impuretez,
encore mesme que son épaisseur s'étendist depuis le
Soleil jusques à nous. Et ie m'étonne de ce que vous dites que cela est encore contre l'experience; Car il ne
se trouua iamais aucun verre sans impuretez. Ie m'é-
stonne aussi de ce que vous dites que ie n'ay pas satisfait au reste de cet article, à cause, dites-vous, que les
espaces qui sont entre des bales ou des pommes sont
fort grans à comparaison des grains de sable, &c. Car
pourquoy ne voulez-vous pas qu'il puisse y auoir autant d'inégalité, entre les parties des Cors terrestres &
celles de la matiere subtile; Pour moy ie croy qu'il y
en a beaucoup dauantage; & puisque vous ne donnez
aucune raison pour rendre le contraire plus vray-semblable, ie ne voy point pourquoy vous l'alleguez. Ie

ne voy point auſſi que j'aye rien obmis, lorſque j'ay
cité la page 8, lig. 2. ou diſant que les parties du vin ne
ſe peuuent mouuoir exactement en ligne droite, j'ay
fait entendre le meſme des parties de la matiere ſubti-
tile; Et j'ay diſtingué le rayon *materialiter ſumptum*, qui
ne peut preſque jamais eſtre exactement droit, du
rayon *formaliter ſumptum*, qui ne peut jamais manquer
de l'eſtre. Mais au lieu de la ligne 2. vous auez pris la
ligne 17. & citez des mots ou ie ne parle que des
rayons formels, leſquels ie dis deuoir eſtre imaginez
exactement droits. Au reſte, pour faire qu'vn Cors
Tranſparent ſoit partout auſſi égal à ſoy-meſme qu'il
le ſçauroit eſtre, on ne doit point ſupoſer que ſes
parties ſoient arengées d'autre façon, que comme
les pommes ou les bales dont j'auois parlé, & ainſi
j'auois, ce me ſemble, entierement ſatisfait à voſtre
objection.

9. Voſtre inſtance de deux hommes qui ſouflent à
l'encontre l'vn de l'autre dans vn meſme tuyau, ou de
deux yeux qui ſe regardent, eſt ce me ſemble, aſſez
expliquée parce que i'ay dit au commencement de
cet écrit, touchant vn baſton qui eſt pouſſé par deux
aueugles; Car il faut, s'il vous plaiſt, vous ſouuenir, que
j'ay fait entendre en diuers endroits que l'action ou
l'inclination à ſe mouuoir eſt ſuffiſante ſans le mouuement, pour nous faire ſentir la Lumiere.

Mais ce que ie voy tout au bas de voſtre lettre, à ſçauoir, que vous penſez auoir découuert ce que ie prens
pour la matiere ſubtile, en voyant voltiger la pouſſiere
qui paroiſt en l'air vis à vis de la fente d'vne feneſtre

expofée au Soleil, me fait remarquer que vos penfées &
les miennes font en cecy fort differentes: Car les moindres parties de cette pouffiere font beaucoup plus
groffes que celles de l'air pur, & les moindres de l'air pur
font beaucoup plus groffes que celles que j'attribüe à
la matiere fubtile, laquelle ie conçoy comme vne liqueur continüe qui remplit tous les efpaces que les
cors plus groffiers n'occupent point, & nonpas comme
eftant compofée de parties déiointes, ainfi que font
celles de cette pouffiere. Voila ce que j'ay crû deuoir
répondre à vos dernieres, afin de vous témoigner le
defir que j'ay de vous fatisfaire, & que ie fuis, &c.

✶✶✶✶✶✶✶✶✶✶✶✶✶✶✶✶✶✶✶✶✶✶✶✶✶✶

RE'PLIQVE
DE MONSIEVR MORIN.
AVX II. RE'PONSES DE Mr DESCARTES,
LETTRE LXIII.

MONSIEVR,

Ie ne m'attendois pas à l'honneur que vous m'auez
fait d'vne feconde réponfe, tant parce que ie m'eftois
efforcé de vous diuertir de cette peine, que parce que
ie voy bien que ie ne fçaurois bien voir voftre Lumiere, que vous ne l'expofiez bien affife fur tous fes fondemens. Et encore que vous vous déclariez vn peu dauantage que vous n'auez fait cy-deuant, par la décla-
ration que vous m'auez faite de voftre conception de
la Lumiere du Soleil; Toutesfois comme vous dites
vous

vous mesme, on en peut tirer plusieurs autres difficultez que celles que j'ay touchées jusques icy, dont vous
m'écriuez auoir les réponses toutes prestes, qui ne se
peuuent donner qu'en expliquant toute vostre Physique. C'est donc jusques à ce tems-là que ie veux réser-
uer mon esprit, sans le plus trauailler ny le vostre aussi
par des objections tirées en l'air. Neantmoins, ie ne
laisseray pas encore pour ce coup de faire comme en
passant quelques remarques sur vostre réponse à ma
derniere, pour voftre plus grande précaution.

4. Bien que le mouuement actuel & l'inclination à
se mouuoir different comme l'acte & la puissance, vous
voulez neantmoins que le mot *d'action* soit pris non
seulement pour le mouuement actuel, mais qu'en vne
signification plus generale & plus étenduë, il signifie
aussi l'inclination à se mouuoir. Or il est certain que
comme la puissance ne se peut étendre jusques à estre
Acte, (car alors elle ne seroit plus puissance) aussi l'a-
cte ne se peut étendre, ou pour mieux dire restrerir,
jusques à estre puissance à soy-mesme, & l'vn est incompatible auec l'autre. Et pour la comparaison que
vous aportez de deux aueugles qui tirent & poussent
vn baston d'égale force, il est bien vray que la priuation de son mouuement en tels & tels diuers cas, se
peut nommer, comme vous dites, les diuerses actions
qui sont imprimées en luy par les diuers effors de ces
aueugles ; Mais de là vous ne concluez pas que le mouuement soit l'inclination à se mouuoir, qui est le
nœud de l'affaire, & ie ne voy pas que vous le puissiez
conclure par là.

exposée au Soleil, me fait remarquer que vos pensées &
les miennes sont en cecy fort differentes: Car les moindres parties de cette poussiere sont beaucoup plus
grosses que celles de l'air pur, & les moindres de l'air pur
sont beaucoup plus grosses que celles que j'attribüe à
la matiere subtile, laquelle ie conçoy comme vne liqueur continüe qui remplit tous les espaces que les
cors plus grossiers n'occupent point, & nonpas comme
estant composée de parties déiointes, ainsi que sont
celles de cette poussiere. Voila ce que j'ay crû deuoir
répondre à vos dernieres, afin de vous témoigner le
desir que j'ay de vous satisfaire, & que ie suis, &c.

<hr>

RE'PLIQVE

DE MONSIEVR MORIN.

AVX II. RE'PONSES DE Mr DESCARTES.

LETTRE LXIII.

MONSIEVR,

Ie ne m'attendois pas à l'honneur que vous m'auez
fait d'vne seconde réponse, tant parce que ie m'estois
efforcé de vous diuertir de cette peine, que parce que
ie voy bien que ie ne sçaurois bien voir vostre Lumiere, que vous ne l'exposiez bien assise sur tous ses fondemens. Et encore que vous vous déclariez vn peu dauantage que vous n'auez fait cy-deuant, par la décla-
ration que vous m'auez faite de vostre conception de
la Lumiere du Soleil; Toutesfois comme vous dites

vous

vous mefme, on en peut tirer plufieurs autres difficultez que celles que j'ay touchées jufques icy, dont vous
m'écriuez auoir les réponfes toutes preftes, qui ne fe
peuuent donner qu'en expliquant toute voftre Phyfique. C'eft donc jufques à ce tems-là que ie veux réfer-
uer mon efprit, fans le plus trauailler ny le voftre auffi
par des objections tirées en l'air. Neantmoins, ie ne
laifferay pas encore pour ce coup de faire comme en
paffant quelques remarques fur voftre réponfe à ma
derniere, pour voftre plus grande précaution.

4. Bien que le mouuement actuel & l'inclination à
fe mouuoir different comme l'acte & la puiffance, vous
voulez neantmoins que le mot *d'action* foit pris non
feulement pour le mouuement actuel, mais qu'en vne
fignification plus generale & plus étenduë, il fignifie
auffi l'inclination à fe mouuoir. Or il eft certain que
comme la puiffance ne fe peut étendre jufques à eftre
Acte, (car alors elle ne feroit plus puiffance) auffi l'a-
cte ne fe peut étendre, ou pour mieux dire reftrerir,
jufques à eftre puiffance à foy-mefme, & l'vn eft incompatible auec l'autre. Et pour la comparaifon que
vous aportez de deux aueugles qui tirent & pouffent
vn bafton d'égale force, il eft bien vray que la priuation de fon mouuement en tels & tels diuers cas, fe
peut nommer, comme vous dites, les diuerfes actions
qui font imprimées en luy par les diuers effors de ces
aueugles; Mais de là vous ne concluez pas que le mouuement foit l'inclination à fe mouuoir, qui eft le
nœud de l'affaire, & ie ne voy pas que vous le puiffiez
conclure par là.

6. Si le mouuement dans les cors Lumineux est l'action par laquelle les parties de leur matiere subtile changent de place, ainsi que vous dites; Donc la Lumiere dans les Cors Lumineux, qui est ce mouuement, sera l'action par laquelle les parties de leur matiere subtile changent de place, & non autre chose ; Surquoy il y aura bien à contester, si vous n'y pouruoyez en vostre Physique.

8. 9. 10. Si pour prouuer l'existence de vostre matiere subtile, vous n'auez point d'autre fondement que celuy que vous alléguez, à sçauoir, que les pores du bois, du cuir, du papier, &c. estant si estroits que l'air ne les peut pénetrer, ils ne doiuent pas pour cela estre vuides, d'où il suit qu'ils doiuent estre remplis d'vne matiere plus subtile que n'est celle dont ces cors sont composez, à sçauoir d'vne matiere subtile, il me semble voir bien clairement qu'elle est tres-mal fondée. Car si l'eau mesme pénetre toutes ces choses, comme l'on peut ayſément reconnoiſtre par le bois flotté, qui est tout moüillé interieurement au sortir de l'eau, & dont mesme le sel est entierement dissout par l'eau qui le penetre, d'où vient que ses cendres ne valent rien à faire lessiues, faute de sel ; Combien plus facilement seront-elles pénetrées par l'air, qui est incomparablement plus subtil, & plus fluide que l'eau ? & combien clairement se voit-il par là, que vostre matiere subtile est superfluë à remplir les pores des cors.

Articles du second ordre.

1. & 2. Quand dans vostre premiere réponse vous disiez n'auoir eu intention de donner aucune défini-

tion de la Lumiere, vous estant contenté d'en donner quelques vrayes descriptions ou explicatiõs, ie croyois que vous ne vouliez point encore publier vostre défi-nition de la Lumiere, & que vous la réseruiez pour vo-stre Physique : Mais disant à présent que vous n'auez point eu dessein d'en donner l'éxacte définition par *genre* & *difference*, afin d'éuiter les difficultez superfluës qui en pouroient naistre, on prendra cela à mauuais augure ; Et vous ne deuiez donc point non plus don-ner vos descriptions ou explications, puis qu'elles ne peuuent manquer à fournir plus de dificultez que ne feroit vne exacte définition, qui dit clairement ce que c'est que la chose définie, ainsi que vous pouuez juger par mes objections, sur lesquelles d'autres meilleurs esprits pouront beaucoup enchérir ; Et au fonds, vostre présente réponse ne touche en rien la con-tradiction que ie vous ay objéctée, mais la confirme plu tost.

3. Ie m'étõne que vous fassiez tant d'estat des cõparai-sons pour prouuer les choses physiques jusques à dire que lors quon assure quelque chose touchãt la nature, qui ne peut-estre expliqué par aucune comparaison, vous pensez sçauoir par démonstration que telle chose est fausse ; vû quen la nature ils se peut trouuer tant déffets qui n'ont point de semblables, comme entre autres ceux de l'ayman ; Et si ie vous disois ce que ie sçay des influences célestes, c'est bien encore toute autre chose, vû qu'elles ne reçoiuent en leur maniere d'agir autre comparaison que Dieu mesme. Ie ne nie pas qu'on ne puisse presque tou-jours trouuer

des comparaiſons pour les expliquer tellement qu'el-
lement , mais il eſt queſtion de les ſi bien expliquer, qu'on engendre vne ſcience claire de la choſe
qu'on traite. Et pour celles dont juſques icy vous vous
eſtes ſeruy auec moy, ie ne voy pas qu'elles faſſent
cet effet ny en moy ny en autruy : meſmes celle que
vous prenez icy d'vn tuyau plain d'eau , & courbé
circulairement autour de la Terre ne reſout du tout
point ma difficulté de l'étincelle de feu , non plus que
voſtre précedent tuyau : Car au lieu que vous faites
les deux bouts A & C fort petits, faites en vn fort
grand, pour rendre la choſe plus ſenſible ; Il eſt certain 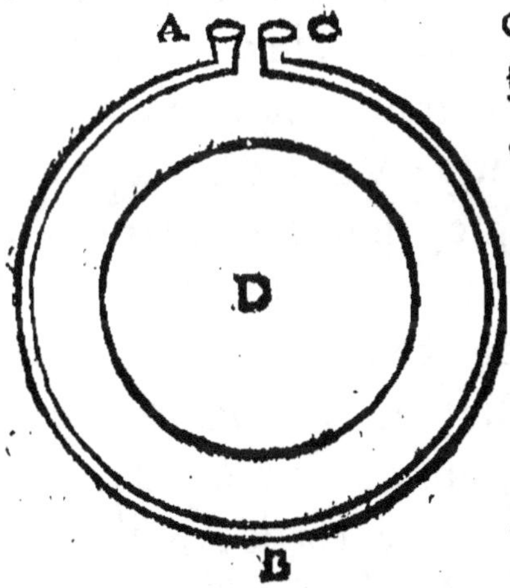
que ſi vous l'empliſſez d'eau,
fermant l'autre bout de peur
que l'eau n'en ſorte, les deux
eaux ne font plus qu'vn Cors
& vne peſanteur ; & que ſi vous
venez à ouurir le bout qui
eſtoit fermé, ce cors ne peut
plus demeurer en cet eſtat, à
ſçauoir, partie dans le tuyau,
partie dans le grand bout, n'e-
ſtant pas en ſon aſſiette & équilibre à l'entour du centre de la Terre : C'eſt pourquoy tout ce Cors, par ſon
interne peſanteur & fluidité, ſe mouura pour ſe remettre en l'équilibre auquel il tend par inclination ; & le
mouuement commencera auſſi-toſt à vn bout de
l'eau qu'à l'autre : Or tout le meſme arriue, n'y ayant
que les deux petits bouts de tuyau A & C ; Vous voyez
donc que ce tuyau ne reſout non plus ma difficulté

que le précedent. A quoy j'adioute que l'étincelle qui
meut la matiere subtile qui est autour d'elle, ne se fait
pas vn mesme cors auec elle, & demeure immobile,
tandis qu'elle meut effectiuement & extrinsequement
cette matiere subtile; mais en la comparaison du tuyau
l'on voit tout le contraire.

4. & 5. Ie ne sçay pas à qui vous persuaderez, qu'il
importe fort peu de penser que l'air soit Transparent
de sa nature ou par accident; Mais ie suis fort asseuré
que cela n'est pas bien, connoistre la nature de l'air. Et
sur ce que ayant esté dit par vous en vostre premiere
réponse, que la matiere subtile est Transparente entant qu'elle est dans les pores de l'air, ie concluois que
cela ne luy estant qu'vn accident local, elle n'estoit
donc pas Transparente de soy; Vous dites à present
que ie conclus tout de mesme, que si de ce que vous
auriez, dit que le Roy a de grans reuenus, entant qu'il
est Duc de Bretagne, ie tirois cette consequence, que
s'il n'estoit point Duc de Bretagne, il n'auroit donc
point de reuenu. Ie vous répons que le reuenu du Roy
luy est vn accident diuisible & externe; qu'il tire de
plusieurs lieux de son Estat: Mais la Transparence est
naturelle à la matiere subtile, comme vous acordez
icy, & par consequent elle ne la tire d'aucun lieu, ou
chose externe, comme vous auiez dit en vostre premiere réponse; C'est pourquoy la comparaison cloche fort, & contient mesme le sophisme de la partie
au tout; d'où vient que la consequence est fausse. Mais
si j'auois dit Louys X I I I. est souuerain de Bretagne
entant que Roy de France, Il s'ensuiuroit que s'il n'e-

ſtoit Roy de France, il ne ſeroit point auſſi Souuerain
de Bretagne: Car icy le mot *entant que*, eſt acompagné
de la dépendance eſſentielle ou néceſſaire, qui luy eſt
propre, quand il eſt bien apliqué. Mais pour reuenir à
noſtre matiere ſubtile, puiſque vous acordez maintenant qu'elle eſt Tranſparente de ſa nature, ou en ſa
pureté; & qu'elle eſt du nombre des Cors qui nous enuironnent, vû que ſelon vous elle s'étend ſans interruption depuis les Aſtres juſques à nos yeux, ie conclus qu'elle a donc des pores ou interualles, qui doiuent eſtre remplis d'vne autre matiere plus ſubtile, &
ainſi à l'infiny. Et ma concluſion eſt fondée ſur ce que
vous dites dans les pages 23. 38. & 122. de voſtre Dioptrique, & dans la page 159. des Méteores; leſquelles
vous verrez, s'il vous plaiſt, & vous trouuerez que j'ay
raiſon.

6. Icy vous mettez pour voſtre démonſtration vos
petites boules de matiere ſubtile dás vn tuyau ABCD,
mais en l'air elles ne ſont pas reſſerrées &
contraintes comme dans des tuyaux:
Neantmoins voſtre tuyau ſeruira à mon
deſſein. Supoſons que B A ſoit l'horiſon, & le Soleil en E ſous l'horiſon,
pouſſant la boule 1, & par les centres
des boules 1. & 4. & auſſi par ceux des
boules 5, 2, 6, tirons des lignes droites
qui paſſent ſur l'horiſon, Il eſt certain
que la boule marquée 1, ne peut eſtre
mûë vers 8, en ligne droite, qu'elle ne
meuue celle qui eſt marquée 4, & celle-

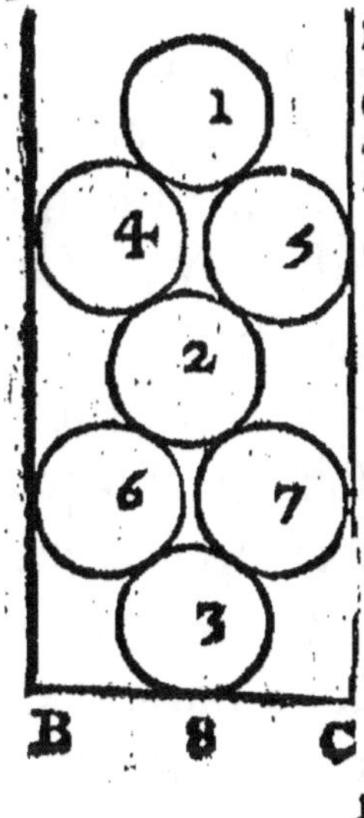

cy ne peut-eſtre müe qu’elle ne meuue ſa contiguë &
ſuiuante en la ligne qui paſſe ſur l’horizon, & le meſme ſe dira des boules 5,2,6. Donc par ces lignes droites
qui paſſent ſur l’horizon, on poura ſelon voſtre doctrine voir le Soleil qui eſt ſous l’horizon, meſme en
plaine nuit ; vû que toutes les boules de chacune de ces
lignes ſont mües par le Soleil juſques à l’œil, & que
cela ſuffit pour le ſentiment de la Lumiere ; où vous
ſerez contraint de réformer les deſcriptions que vous
en auez données.

8. Puiſque l’opacité vient de la matiere, quelque
pure qu’elle ſoit imaginée, il eſt certain que là où il y
aura plus de matiere, *cæteris paribus*, là auſſi il y aura plus
de dentité & d’opacité. C’eſt pourquoy prenez de
l’eau & de l’air purifiez en perfection, l’eau ſera tou-
jours plus opaque que l’air en égale épaiſſeur ; & dou-
blant l’épaiſſeur de l’eau, elle ſera encore plus opaque
en aparence au reſpect du meſme air : donc le double
de l’épaiſſeur de l’eau eſt plus opaque que le ſimple ;
Et ainſi en eſt-il du verre ; Car le double de l’épaiſſeur
de l’eau ou du verre fera le meſme effet, que le meſme
double reduit au ſimple par condenſation ; Mais
la dentité ſeroit double, & par conſequent l’opacité
double. Et l’experience de cecy ſe voit dans les eſſen-
ces, huyles, & Eſprits purifiez par la Chymie juſqu’à
telle perfection, qu’ils ne laiſſent plus aucunes feces
ou impuretez. Au reſte, ie ne voy pas que les lignes 2,
& 17, de la 8. page de voſtre Dioptrique parlent de
diuers rayons, mais ſeulement du rayon *materialiter
ſumptum* ; Et le formel n’eſtant qu’imaginaire ne ſeroit

pas propre à vuider noſtre difficulté, car il n'eſt pas ſujet à eſtre détourné par aucune rencontre, eſtant tou-jours imaginé droit à trauers tous les obſtacles.

9. Vous ayant propoſé deux yeux luyſans, comme ceux des chats, ſe regardans par les deux bouts d'vn meſme tuyau, & vous ayant objecté que la matiere ſubtile contenuë dans l'air du tuyau ne pouuant eſtre müe plu-toſt par l'vn des yeux Lumineux que par l'au-tre, elle demeureroit immobile, & par conſequent vn œil ne pouroit voir l'autre, puiſque la viſion ne ſe fait que par le mouuement de la matiere ſubtile vers l'œil qui voit, vous me répondez icy que l'inclination de la matiere ſubtile à ſe mouuoir eſt ſuffiſante ſans le mouuement pour nous faire ſentir la Lumiere. Et par l'inclination vous n'entendez pas comme ie croy la ſimple aptitude à eſtre müe : Car cette aptitude eſt perpetuelle en la matiere & indéterminée, mais vous entendez l'impreſſion faite par le moteur Lumineux, & receüe dans la matiere ſubtile, laquelle impreſſion incline la matiere, & la détermine plu-toſt d'vn coſté que d'autre ; Et voila qui eſt fort ſubtil, puiſque chaque œil incline la matiere ſubtile vers ſon opoſé. Mais ie vous répons en premier lieu que ou la ſeule inclination de la matiere ſubtile eſt neceſſaire pour nous faire ſentir la Lumiere, & ainſi le mouuement ſera ſuperflus; ou que le mouuement eſt encore neceſſaire, & ainſi l'inclination ſeule ne ſufira point. Secondement, que ſelon vous la Lumiere ne pouroit eſtre vûe dans le vuide, ou il n'y a ny matiere ſubtile, ny aucune autre choſe; lequel vuide s'il ne

fe donne en la nature , au moins on le peut imaginer,
mefmes au deffus du premier Ciel : Or quand ie l'en-
treprendray , il me fera fort ayfé de prouuer, que *Dato
oculo & corpore Luminofo in congrua diftantia , non poteft non
videri lux etiam in vacuo.* Finalement ie vous fuplie de
croire que ie n'ay point fait fi pauure jugement de
voftre efprit , que de penfer que vous ayez pris la pouffiere ou les atomes qui paroiffent aux rayons du Soleil
dans vne chambre clofe , pour la matiere fubtile dont
vous traitez. Et que moy-mefme ie ne la prens pas pour
telle , comme vous penfez ; Ma conception eft d'vn
ton plus haut ; vous fçauez que l'Atmofphere ou infe-
rieure region de l'air , qui finit à la hauteur du crépufcule , eft plus denfe que la fuperieure , tant à caufe
des efprits & vapeurs qui s'éleuent du globe Terreftre,
& fe condenfent en cette region , qu'à caufe que le
plus craffe de chaque Element s'affece & fubfide tou-
jours en bas ; D'où vient que cette region caufe les
réfractions des Aftres , & réflechir la Lumiere du Soleil au crépufcule ; & mefme que les Chymiftes auec
le feul tartre calciue , & par d'autres voyes corporifient,
ou rendent fenfible cet air , & en tirent vne liqueur
vifible , qu'ils nomment efprit vniuerfel. Et peut-eftre
eft-il arriué quelque chofe de femblable , à celuy que
vous dites auoir vû de l'air opaque dans vn tuyau. Et
vous fçauez auffi que c'eft le propre de la chaleur de
raréfier & faire boüillir l'eau ; Or l'air eft encore bien
plus fufceptible de rarefaction & d'ébullition que
n'eft l'eau ; c'eft pourquoy le Soleil par fa chaleur
raréfie & fait boüillir l'air , & cette ébullition ou mou-

uement paroiſt en la baſſe région de l'air principalement en Eſté, à cauſe qu'elle eſt plus denſe ; ainſi meſmes que l'on peut obſeruer ſur les charbons qui ne
jeteront ny flame ny fumée. Mais cela ne paroiſſant
qu'en préſence de la Lumiere, j'ay penſé, & peut-eſtre
auec raiſon, que ce mouuement de l'air en préſence
de la Lumiere auoit donné lieu à vos conceptions de
la matiere ſubtile. Quoy qu'il en ſoit, ie finis mes
objections, iuſques a ceque voſtre Phyſique ſoit en
Lumiere, & ce pendant ie veux demeurer a perpe-
tuité.

Reliſant la préſente réponſe, j'ay veu qu'il eſtoit
beſoin d'y adjouter encore ce qui ſuit, afin que vous
y preniez garde.

13. Du premier ordre.

Vous voulez que vos boules de la page 258. des Méteores, ſoient des boules de bois ou autre matiere, &
non des boules de voſtre matiere ſubtile, comme tout
le monde le croira, ſi vous n'y pouruoyez ; Et pour
voſtre raiſon, vous dites que vous auez voulu donner
à entendre voſtre conception par quelque choſe de
plus ſenſible, que ne ſont les boules de la matiere ſubtile, & ainſi ſoumetre vos raiſons au jugement de l'experience. Mais en premier lieu il n'y a homme, au
monde qui puiſſe faire l'experience que vous dites
ſur des boules de bois ; Secondement pourquoy faites vous la boule V mobile en l'air ſeulement en ligne
droite, & les autres encore en rond, vû que toutes
les boules de la matiere ſubtile ſe meuuent en l'air
circulairement & en ligne droite tout enſemble, ſelon

ce que vous dites en la page 272. En troisiefme lieu,
pourquoy n'auez-vous pas expliqué les propres mouuemens des boules de voftre matiere fubtile , & les
effets qu'elles font quand elles viennent à rencontrer
quelque fuperficie plus folide ; fans emprunter des
boules , lefquelles mefmes vous fupofez ne fe pas
mouuoir comme la matiere fubtile? vous euffiez mieux
contenté les efprits, puifque ny les vns ny les autres
de ces boules ne fe peuuent expérimenter. De plus,
quand en la page 258. vous dites *ce qui explique l'aĉtion
du rayon D F , & E H*, ie ne fçay pas qui verra clair
dans voftre explication ; mais pour moy ie confeffe
franchement en cela mon ignorance.

8. Du fecond ordre.

Vous voulez qu'il puiffe y auoir mefme proportion, entre la matiere fubtile & les pores à trauers lefquels elle paffe, comme entre les grains de fable & les
trous qui fe trouuent dans vn tas de bales ou de pommes; voyla qui va bien. Mais ie vous ay objeĉté que
le fable couloit à trauers ces trous par fa pefanteur ou inclination qui le porte en bas, & que la matiere fubtile n'a de foy ny pefanteur, ny aucune inclination plutoft d'vn cofté que d'autre , & partant
que la comparaifon eft nulle, qui eft le principal point
de mon objeĉtion, auquel vous ne répondez point.
Ie fuis , &c.

CLARISSIMO VIRO
HENRICO MORO NOBILI ANGLO.

LETTRE LXIV.

L EGI, vir eximiè, & perlegi summa cum voluptate tuas ad D. Cartesium difficultates, quas ei tertia Idus Decembris 1648. tertia nonas Martij. 10. Calendas Augusti, & duodecimo Calendas Nouembris 1649. proposuisti; Miratusque sum ingenium tuum, & summam humanitatem; qua fretus ausus sum hæc ad te confidenter rescribere, vt de iis quæ facere instituo te certiorem faciam, & à te impetrem ea quæ mihi necessaria sunt, vt opus quod suscepi ad finem perducam. Scies igitur me habere præ manibus præcipua Autographa, quæ incomparabilis Philosophus D. Cartesius, D. Chanuto, olim apud serenissimam Sueciæ Reginam, nunc vero apud Batauos legato meritissimo, affini meo, apud quem Sueciæ vita functus est, reliquit; Inter quæ sunt & illa litterarum quas, pluribus ex amicis suis rescripsit, ex quibus præcipuas colligo, quæ, vel Philosophiam suam tangunt, vel ea quæ perficienda susceperat respiciunt, vel difficultates à plærisque summis viris inter quos non minimum tenes locum, ipsi propositas soluunt, vt eas omnes publici juris faciam, quod spero me breui peracturum. Sed quia litteræ illæ, quæ difficultatibus respondent, vix possunt intelligi, nisi etiam eæ, quæ occasionem ipsi dederunt ta-

le quid respondendi , simul in lucem edantur , nec
tamen mihi honestum visum fuerit hoc exequi absque
venia & licentia eorum qui ipsi rescripserunt , à quibusdam petij,& impetraui, vt illud mihi concederent,
quod etiam spero à te , pro summa tua humanitate , &
incredibili erga Cartesium studio , mihi concessum
iri. Sed præterea cuperem vt mihi exemplaria mitte-
res earum omnium quas à D. Cartesio accepisti epi-
stolarum; duas enim tantum præ manibus habeo, quarum prior respondet tuis tertio Idus Decembris datis;
Altera , iis quæ tertio nonas Martij scriptæ sunt, super est igitur tertia, quæ mihi deest, quæque tuis 10.
Calendas Augusti , & 12. Calendas Nouembris datis
satisfacere debet; quæ profecto non potest non esse
pulcherrima , & continere plura scitu dignissima,
cum tot tuis tantisque difficultatibus & quæstionibus, cum ex principiis Philosophiæ, tum ex Dioptrice excerptis respondere debeat , cuius tamen duas
dumtaxat paginas inueni ; quæ tantum instantiis tuis
satisfacere tentant, nec vllum verbum ad quæsita tua
super Principiis & Dioptrice continent. Quare sum-
mopere exopto , & enixè precor, vt & mihi licentiam
concedas litteras tuas simul cum responsis imprimen-
di , & vt simul ad me mittas, quas habes à D. Cartesio,
vt & posteritatis vtilitati, & amici nostri famæ ac memoriæ consulamus. Præter hæc autem litterarum Autographa, plura adhuc habeo celeberrimi viri præcla-
ra monumenta , quæ singula suo tempore lucem
videbunt, & quæ non parum jucunditatis puto tibi
fore allatura vt pote qui in euoluendis Cartesianis

Qq iij

ſcriptis ram impiger videris. Si mihi vernacula lingua
vti licuiſſet, aptius atque ornatius ſententiam meam
explicuiſſem ; ſed ne in varios errores inciderem, ſty-
lum contraxi, & vt potui, non vt volui, mentem
meam tibi aperui ; quod rogo vt mihi condones, &
ſcias me tuæ ſemper humanitatis & ſapientiæ laudato-
rem & cultorem fore.

CLAVDIVS CLERSELIER.

Pariſiis 11. Dec.
1654.

RESPONSIO
HENRICI MORI.

LETTRE LXV.

LITTERÆ TVÆ, vir clariſſime, datæ Lutetiæ
Pariſiorum, pridie Idus Decembris, anno 1654,
non pervenerunt ad manus meas ante decimum ſe-
ptimum Calendarum Maij. Miror tantum temporis
interfluxiſſe. Granthamiæ tunc agebam in agro Lin-
colnienſi. Rus enim conceſſeram cùm aliis de cauſis
tum ad confirmandam valetudinem. Vehementer
equidem gaudebam poſtquam intellexi præclarum
tuum inſtitutum edendi omnia Carteſij ſcripta quæ
apud te ſunt, quo non ſolùm nobiliſſimi Philoſophi
famæ ac memoriæ, verùm étiam communi omnium
literatorum vtilitati optimè conſules. In neminem
enim aptiùs quadrat, quàm in diuinum illum virum,
Horatianum illud

QVI NIL MOLITVR INEPTE.

Quam ob caufam fi ego tibi à confiliis effem, nihil
quicquam eorum fupprimeretur, quæ vel ille tenta-
uit vllo modo in rebus Philofophicis, vel fæliciter ad
exitum perduxit; Sed lucem viderent omnia, in majus
Reipub. Literariæ commodum. Ac proinde vt nullum impedimentum effet, tam vtili ac generofo pro-
pofito, vel vltrò tibi concederem copiam edendi primas meas fecundafque literas ad Cartefium confcri-
ptas; quippe quod abfque eis, vt rectè mones, ref-
ponfa eius tam commode intelligi non poffint; nec
multùm abs re fore diffiteor, fi tertias meas fimul edi-
deris, cum per eas refponfum fit alteris illis Cartefianis. Sed cum quartæ meæ nullis illius literis refpon-
deant, nec illis ab ipfo refponfum fit quicquam, vt
pote inopinatâ morte prærepto, de iis aliquantùm hæ-
fivo an publici juris facerem. Cæterum omnem fcru-
pulum eximeret, fi quis ex amicis ipfius aut familiari-
bus qui frequentius eum inviferunt, & colluquuti
funt, vel cum eo vixerunt conjunctius, refpondendi
vices fuppleret; tunc enim parùm dubito, quin operæ effet prætium illas etiam in lucem dare. Quòd fi
hoc in præfens impetrari non poffit, modò probabile
effet, quod literæ illæ meæ, tertiæ quartæque editâ,
allicerent aliquem ex peritioribus Philofophiæ Car-
tefianæ fectatoribus ad refpondendum omnibus
difficultatibus Inibi Cartefio ipfi propofitis, ex illa
faltem fpe facilius animum inducerem, vt ius tibi
concedam eas in publicum proferendi. Quid autem

futurum sit in hâc re ipse forsan oportuniùs quam
ego conjecturam capies. Ne multis igitur te morer,
totum hoc negotium judicio tuo ac candori permitto, vt, quod facto opus sit, facias. Incredibile est
quanto mœrore sum affectus, audito præmaturo
Cartesij fato quippe qui ingenium virtutesque incomparabilis viri impense amari, & miratus sum;
Præterea accessit ingens desiderium perlegendi responsa eius, quæ expectari, ad tertias quartasque meas
literas, quæ vniuersam illius Philosophiam percur-
runt. Inchoasse integrum responsum ad meas datas
10. Cal. Aug, ex te intelligo. Quod fragmentum scripsisse cum conijcio, cum Egmundæ esset, in Hollandiâ. Destitit autem, vt per amicos suos certiorem me
fecit, ab incepto, quod animus occupatissimus para-
tu ad iter Suevicum non potuit vacare tam subtilibus
tantisque, vt ipse dixit, momenti difficultatibus,
& disquisitionibus, sed constanter pollicitus est suis,
se proximo vere reuersurum, & tunc mihi copiose &
perspicuè omnia explicaturum. Sed cum invida mors
cætera nobis præripuerit nollem vel illud fragmentum duarum paginarum, quarum mentionem facis,
interire. Quod ad solidiora illa Cartesij monumenta
attinet, quæ profiteris te habere, quæque vti promittis,
lucem visura sunt suo tempore; gestit profectò animus ad tam lætum gratumque nuncium; avidéque
interim cupio, si tibi non sit molestum, vt argumenta titulosve singulorum librorum recenseas in pro-
ximis tuis literis. Reuixit enim in me, ex quo nuperas
tuas accepi, pristinus ille ardor erga Philosophiam

Cartesianam,

Cartesianam, qui aliquantulùm ab obitu desideratissimi nostri amici deferbuerat, cùm noua legendi mate-
ries non suppeteret; Sed, vt ingenuè fatear quod res est,
illud solùm in causâ non fuit, sed peculiaria quædam
studia quæ aliò animum auocârent. Est enim illud rerum pondus, veritatis pulchritudo, amplitudo ingenij
& acumen Theorematum denique omnium admi-
rabilis ille ordo & consensus in scriptis Cartesianis, vt
vel millies lecta non sordescant. Non magis quam
lux solis cuius ortum, singulis diebus, aues, pecudes,
ipsíque adeo homines gratulabundi contemplantur.

Nec certè solùm lectu iuconda est hæc Cartesiana
Philosophia, sed apprime vtilis, quicquid aut mus-
sitent, aut deblaterent alij, ad summum illum omnis
Philosophiæ finem, puta Religionem. Cum enim
Peripatetici formas quasdam côtendunt esse substantiales, quæ è potentiâ materiæ oriuntur, quæque cum
materiâ ita coalescunt, vt absque illâ subsistere non
possint, ac proinde necessariò demum redeunt in potentiam materiæ (cui ordini accensent viuentium ferè
omnium animas, etiam eas quibus sensum cogitatio-
nemque tribuunt) Epicurei autem explosis illis substantialibus formis, ipsi materiæ vim sentiendi cogitandíque inesse statuunt, solus, quod scio, inter Phy-
siologos extitit Cartesius, qui substantiales illas formas, animasvè materiâ exortas è Philosophiâ sustulit,
materiamque ipsam omni sentiendi, cogitandíque
facultate planè spoliauit. Vnde, si principiis staretur
Cartesianis, certissima esset ratio ac Methodus demonstrandi, & quod Deus esset, & quod anima hu-

mana mortalis effe non poffit. Quæ funt illa duo fo-
lidiffima fundamenta, ac fulcra omnis veræ. Religionis. Hæc breuiter noto, cum poffim & alia benè multa huc adijcere, quæ eodem fpectant. Sed fummatim
dicam nullam extare Philofophiam, nifi Platonicam,
fortè exceperis, quæ tam firmiter Atheis viam præ-
cludit ad peruerfas iftas cauillas & fubterfugia, quò fe
folent recipere quam hæc Cartefiana fi penitius intelligatur. Vnde fpero, quòd omnes boni clementiùs
ferent ampliffimas illas laudes, quibus incomparabi-
lem virum cumulo, in iis quas ad eum fcripfi litteris;
Credoque quicquid hæc præfens ætas fenferit de Cartefio (nam vt nunquam viuis, ita rarò recenti defun-
ctorum memoriæ parcit inuidia) quòd pofteritas eum
omni cum laude & veneratione fit exceptura, opti-
mumque illius Philofophiæ vfum fit agnitura. Quod
lubentiùs prædico, vt maiorem in modum tibi animos
accendam ad pergendum in nobili illo inftituto
edendi omnia quæ habes Cartefij fcripta Philofophi-
ca; quo pacto, cùm alios multos tum me præter cæte-
ros deuincies, qui in illis euoluendis tantam percipere
foleo voluptatem.

Si tibi vifum fuerit meas ad Cartefium litteras pu-
blicare, vehementer hoc abs te eflagito; vt ne fiat
iuxta illa exemplaria quæ jam habes, quia multò cor-
rectiora tibi paro. Deprehendi enim poftquam attentiùs legeram, non pauca corrigenda, quæ imprudenti
mihi exciderunt præ nimio animi feruore ac feftina-
tione, cum ad Cartefium fcriberem. Expunxi etiam
quædam ex Quæfitis, in tertiis quartifque meis lit-

teris, fed primæ fecuudæque integræ funt.

Quòd menfis ferè iam elapfus eft, ex quo tuas accepi litteras, nec tamen ad te refcripfi, id profectò factum eft per nullam negligentiam aut incuriam. Non poffum enim non magni te æftimare tùm propter eximium tuum ingenium, ad omnem, quod fatis ex litteris tuis perfpexi, æquitatem & humanitatem compofitum ac conformatum, tum propter honorificam Clariffimi fratris tui Chanuti, olim apud Suevos nunc verò, vti narras, apud Batavos legati meritiffimi in Cartefium defunctum pietatem. Sed totum id temporis quod e ffluxit, partim negocijs, quibus eram ruri diftrictus, partim meis ad Cartefium litteris caftigandis tranfcribendifque, poftquam ad Academiam rediiffem, impenfum eft nec putabam fore operæpraetium ad te refcribere, prius quàm ifta perfeciffem iam verò in paratò funt omnia, tam mearum quàm Cartefianarum litterarum exemplaria : neutra tamen ad te mitto hac vice ; quippe quod experiundum putaui priùs quàm tutò hæ quas iam fcripfi litteræ, ad manus tuas peruenerint, poftquam id inlellexerim mittam ad te continuò. Perlubenter interim ex te audire vellem, quò vfque deveneris in nobili illo negotio quod fcribis te fufcepiffe. Rem fanè mihi pergratam præftabis, fi per proximas tuas literas eâ de re certiorem me feceris. Vale vir clariffime & generofum illud opus quod moliris fæliciter exequere. Sic optat tibi Cartefianifque omnibus addictiffimus Henricus More.

Cantabrigiæ è Collegio Chrifti
pridie Idus Maij 1655.

CLARISSIMO VIRO
RENATO DESCARTES.
HENRICVS MORVS ANGLVS.
LETTRE LXVI.

Q VANTA voluptate perfufus eft animus meus, vir Clariffime, in fcriptis tuis legendis, nemo quifquam præter te vnum poteft conjectare.

Equidem aufim affeuerare me haud minus exultâffe in recognofcendis intelligendifque præclaris tuis Theorematis, quàm ipfe in inueniendis, æqueque charos habere, atque deamare pulcherrimos illos ingenij tui fœtus, ac fi proprius eos enixus effet animus. Quod & certè feciffe aliquo modo mihi videtur, exerendo fefe atque expediendo in eofdem fenfus, ac cogitationes, quos generofa tua mens præconcepit, & præmonftrauit. Qui fanè iftiufmodi funt, vt, cum intellectui judicioque meo adeò fint congeneres, vt non fperem fore vt incidam in quicquam conjunctum magis ac confanguineum, ita fanè à nullius ingenio alieni effe poffint, cuius itidem ingenium non fit à rectâ ratione alienum.

Liberè dicam quod fentio: Omnes quotquot exftiterunt, aut etiamnum exiftunt, Arcanorum Naturæ Antiftites, fi ad Magnificam tuam indolem comparentur, Pumilos planè videri, ac Pygmæos: meque, cum vel vnicâ vice euoluiffem lucubrationes tuas Philofophicas fufpicatum effe, illuftriffimam tuam difcipulam Sereniffimam Principem Elizabetham, vniuer-

fis Europæis, non fœminis folùm, fed viris etiam Philofophis longè euafiffe fapientiorem. Quod mox cuidentius deprehendi, cùm inceperim fcripta tua paulo penitius rimari , & intelligere.

Tandem enim clare mihi affulfit Cartefiana Lux,
(i. e.) libera, diftincta, fibique conftans ratio, quæ
naturam pariter ac paginas tuas mirificè colluftrauit;
ita vt aut nullæ aut paucifficæ fuperfint latebræ, &
loci, quos non patefecit nobilis illa fax, aut faltem vel
leuiffimo negotio, mihi cùm libitum fuerit, mox fit
patefactura. Omnia profecto tàm concinna, in tuis
Philofophiæ Principiis, Dioptricis, & meteoris tamque pulcchrè fibi ipfis Naturæque confona funt, vt
mens Ratioque humana jucundius vix optaret lætiuf-
ve fpectaculum.

In Methodo tua ; luforio quodam , fed eleganti
fane modeftiæ genere talem te exhibes virum vt nihil
indole genioque tuo fuavius & amabilius, nihil excel-
fius & generofius vel fingi poffit, vel expeti.

Quorfum autem hæc? Non quod putarem, vir Clariffime, aut tuâ intereffe aut Reipublicæ Literariæ, vt
hæc confcriberem ; fed quod mirabilis illius voluptatis ac fructùs, quem ex fcriptis tuis percepi, confcien-
tia extorqueret, hoc qualecunque eft animi in te grati teftimonium. Præterea vt certum te facerem, eos
etiam apud Anglos effe, qui te tuaque magni æfti-
mant, diuinafque animi tui dotes vehementer fufpi-
ciunt, & admirantur : Neminem autem hominem
me ipfo impenfius te amare poffe, eximiamque tuam
Philofophiam arctius amplexari.

Rr iij

Sed reuera, illuſtriſſime Carteſi, vt nihil diſſimulem; quamvis pulcherrimum illlud Philoſophiæ tuæ corpus ac eſſentiam valdè deperream; fateor tamen paucula excidiſſe in ſeconda Principiorum parte, quæ certè animus meus aut paulò hebetior eſt quam vt capiat, aut vt admittat averſatior.

Sed præclaræ tuæ Philoſophiæ Summa nihil inde periclitatur, cùm huiuſmodi iſta ſint, vt cum aut falſa meritò aut incerta judicari poſſint, ita nihil ad eſſentiam Philoſophiæ tuæ ac fundamenta pertinere, illaque ſine iſtis optimè poſſit conſtare. Quæ vero ea ſint, ſi tibi non ſit tædio, breuiter nunc exponam.

Primò definitionem materiæ ſeu corporis inſtituis multò quam par eſt latiorem. Res enim extenſa Deus videtur eſſe, atque Angelus: imò verò res quælibet per ſe ſubſiſtens, ita vt eiſdem finibus claudi videatur extenſio, atque eſſentia rerum abſoluta, quæ tamen variari poteſt, pro eſſentiarum ipſarum varietate. Atque equidem quod Deus extenditur ſuo modo, hinc arbitror patere, nempe quod ſit omnipræſens, & vniuerſam mundi machinam ſingulaſque eius particulas intimè occupet. Quomodo enim motum imprimeret materiæ, quod feciſſe aliquando, & etiamnum facere ipſe fateris, niſi proximè quaſi attingeret materiā vniuerſi, aut ſaletmaliquando attigiſſet. Quod certè nunquam feciſſet niſi adfuiſſet, vbique, ſingulaſque plagas occupauiſſet. Deus igitur ſuo modo extenditur, atque expanditur ac proinde eſt res extenſa.

Neque tamen ille corpus iſtud eſt, ſiue materia, quàm ingenioſa illa Artifex, mens ſcilicet tua, in globulos,

ſtriataſque particulas tam affabre tornauit. Quam-
obrem res extenſa latior corpore eſt.

Animumque mihi vlterius addit, vt à te hac in re
diſſentiam, quod ad confirmationem huiuſce tuæ definitionis, tàm ſcæuum adhibes argumentum, & ferme Sophiſticum. Quod vtique corpus poſſit eſſe corpus ſine mollitie, vel duritie, vel pondere, vel leuita-
te, &c. illis enim, aliiſque omnibus qualitatibus quæ
in materia corporeâ ſentiuntur ex eâ ſublatis, ipſam
integram remanere. Quod perinde eſt ac ſi dixeris, li-
bram Ceræ, cum poſſit eſſe libra ceræ, quamvis ſpo-
lietur figurâ ſphæricâ, vel cubicâ, vel pyramidali, &c.
Sub nullâ figurâ poſſe remanere integram ceræ li-
bram. Quod tamen impoſſibile eſt. Quamvis enim
hæc vel illa figura non tam arctè cohæreat cum cera,
quin illam exuere poſſit, vt tamen cera ſemper ſit fi-
gurata, neceſſitas ſumma eſt, & arctiſſima. Ita quamvis materia non ſit neceſſario mollis, nec dura, nec
calida, nec frigida, vt tamen ſit ſenſibilis eſt ſummè neceſſarium; vel ſi malles tangibilis, prout opti-
me definit Lucretium.

Tangere enim, & tangi, niſi corpus nulla poteſt res.
Quæ certè notio minus debet à tua mente abhorrere,
cùm Philoſophia tua omnem ſenſum cum antiquis illis apud Theophraſtum περὶ αἰσθήσεως tactum planiſſi-
mè conſtituat. Quod vero verius eſſe ipſe facillimè
admittam. Sed ſi minus placet corpus definire ab habitudine ad ſenſus noſtros : Tangibilitas hæc latior ſit
ac diffuſior, & ſignificet mutuum illum contactum,
tangendique potentiam, inter corpora quælibet ſiue

animata, siue inanimata fuerint, estoque superficie-
rum duorum pluriumve corporum immediata iuxta
positio. Quod & aliam innuit materiæ siue corporis
conditionem, quam appellare poteris impenetrabilitatem; nempe quod nec penetrare alia corpora, nec
ab illis penetrari possit. Vnde manifestissimum est
discrimen inter Naturam divinam ac corpoream, cum
illa hanc, hæc verò se ipsam penetrare possit. Vnde
sanè felicius mihi videtur cum Platonicis suis Virgi-
lius philosophari, quàm Cartesius ipse, cùm ex illorum sententiâ sic cecinerit.

—————Totamque infusa per artus
Mens agitat molem, & magno se corpore miscet.

Mitto alias insighiores Diuinæ extensionis conditio-
nes, cùm non opus sit hoc loco explicare. Vel hæc
pauca suffecerint ad demonstrandum multò tutius
fuisse materiam definivisse substantiam tangibilem,
vel modo supra explicato impenetrabilem, quàm
Rem extensam. Dicta enim vel Tangibilitas, vel impenetrabilitas, competit corpori adæquatè; tua autem definitio peccat in legem καθόλου πρῶτον, neque
enim est reciproca cum definito.

Secundò quandò innuis ne virtute quidem diuina
fieri posse vt propriè dictum existat vacuum; & si omne corpus ex vase tolleretur, quod latera necessariò
coirent, ista profectò mihi videntur non solùm falsa,
sed minus consona antecedentibus. Si enim Deus
motum materiæ imprimit, quod supra docuisti, an
non illo potest contra obniti, & inhibere ne coëant
vasis latera. Sed contradictio est distare vasis latera, &

tamen nihil interjacere. Idem non sensit literata Antiquitas, Epicurus, Democritus, Lucretius, alijque. Sed vt leuiusculum illud argumenti genus missum faciam; diuinam contendo interjacere extensionem, tuumque hic suppositum esse infirmum, materiam solummodò extendi. Latera tamen vt antea coitura non necessitate Logicâ sed naturali; Deumque solum hanc coitionem inhibere posse. Cùm enim particulæ primi præsertim, secundique Elementi, tàm furibundo motu agitentur, necesse est quà ceditur, eò ruant præcipites, aliasque sibi contiguas secùm abripiant.

Infeliciter igitur successit, quod tam bellum Theorema de modo Rarefactionis & Condensationis, quod certe ego aliis de causis verissimum esse censeo, tam lubrico suffulcias fundamento.

Tertiò singularem illam subtilitatem non capio, quâ atomos, idest particulas suâ naturâ indiuisibiles, non dari euincas. Vt enim inquis effecerit Deus eas particulas à nullis creaturis diuidi posse, non certè sibi ipsi easdem diuidendi facultatem potuit adimere, quia fieri non potest vt propriam suam potentiam imminuat. Eodem argumento probaueris, Deum numquam fecisse, vt hesternus oriretur sol, quoniam potentia eius jam efficere non potest, vt Sol hesternus non esset ortus; nec vilissimam posse muscam occidere.

Si modo qui periit, non periisse potest.

Quod scitè de seipso Ouidius. Aut materiam non creasse, cùm sit diuisibilis in semper diuisibilia; ac proinde Deus numquam posset absoluere ac perficere hanc diuifionem. Pars enim reftat indiuifa, quamvis diuifibilis, atque ita perpetuò eluditur potentia diuina, nec plenè fe exerere poteft, finemque fortiri.

Quartò. Indefinitam tuam mundi extenfionem non intelligo. Extenfio enim illa indefinita, vel fimpliciter infinita eft, vel tantùm quoad nos. Si intelligis extenfionem infinitam fimpliciter, cur mentem tuam obfcuras vocabulis nimium fuppreffis ac modeftis. Si tantùm quod nos infinitam : Reuera erit finita extenfio. Neque enim mens noftra aut rerum aut veritatis menfura eft. Ac proinde, cum alia fit fimpliciter infinita expanfio, diuinæ vtique effentiæ, materia tuorum vorticum à centris fuis recedet, totaque mundi machina in diffipatas atomos vagofque abibit pulvifculos.

Atque fane eo magis hic admiror modeftiam tuam, atque metû, quod adeo tibi caues à materiæ infinitudine, cùm particulas actu & infinitas & diuifas ipfe agnoveris art. 34. & 35. Quod certè fi non feciffes, extorqueri tamen poffe videtur hoc modo. Nam cum quantum fit in infinitum diuifibile, partes actu infinitas habere oportet. Vt enim cultello aliove quovis inftrumento, corpus in partes palpabiles, quæ non actu funt tales, mechanicè diffecare prorfus eft ἀμήχανον, fiue impoffibile ; ita vel mente quantitatem diuidere in partes toti realiter actuque non inexiftentes, planè ἄλογον eft ac rationi abfonum.

Quibus infuper adjungi poteft, hypothefin hanc, quod mundus fimpliciter ac reuera fit infinitus, æqualem vim habere, ad explicandam juxta ac confirmandam rationem rarefactionis & condensationis, quam supra proposuisti Art. 6. 7. atque istud principium, *solius corporis esse extensionem, & nihilum non posse extendi.* Quod enim ibi praestat Logica, seu contradictoria necessitas, idem hic necessitas Phisica vel mechanica certissimè praestabit.

Cum enim omnia in infinitum vsque materia seu corporibus sint plena ac referta, penetrationis lex impediet, ne fiat vlla distantia in rarefactione corporibus nuda, aut accessio partium ad se inuicem in condensatione, sine interjacentium particularum expulsione.

Atque hactenus quae à me dicta sunt rationi mentique meae maxime videntur perspicua, tuisque placitis longè longique certiora.

Caeterum à nullâ tuarum opinionum animus meus, pro eâ qua est mollitie ac teneritudine, aeque abhorret, ac ab internecina illa & jugulatrice sentia, quam in Methodo tulisti, brutis omnibus vitam sensumque eripiens, dicam an potius praeripiens; neque enim vixisse vnquam pateris. Hic non tàm suspicio rutilantem tui ingenij aciem, quam reformido, vtpote de animantium fato sollicitus, acumenque tuum non subtile solùm agnosco, sed chalybis instar rigidum ac crudele, quod vno quasi ictu vniuersum fermè animantium genus vitâ ausit sensuque spoliare, marmora & machinas vertendo.

Sed videamus obsecro quid in causa est, quod in brutas animantes quicquam tàm seueriter statuas. Loqui vtique non possunt, causamque suam apud judi-

cem dicere, & quod crimen aggrauat, cùm ad loque-
lam organis satis sint instructæ, vti patet in picis &
Psittacis. Hinc vitâ sensûque mulctandæ sunt.

Verùm enim verò quomodo fieri possit, vt aut
Psittaci aut picæ voces nostras imitentur, nisi audi-
rent, sensûque perciperent quid loquimur. Sed non
intelligunt, inquis, quid sibi volunt istæ voces quas
effutiunt imitando. Quidni tamen ipsi quid volunt
satis intelligant, cibum scilicet quem à Dominis hoc
artificio acquirunt ; putant igitur se cibum mendica-
re, quod istâ loquacitate toties voti compotes fiunt.
Et quorsum quæso illa attentio est, & auscultatio in
auibus cantatoriis, quam præ se ferunt, si nullus in ipsis sensus, nec animaduersio ? Vnde illa vulpium ca-
numque astutia & sagacitas? Quî fit vt minæ & verba ferocientes cohibeant bellus ? Canis famelicus
cum furtim quid abstulit, cur quasi facti conscius
clàm se surripit, & meticulosè ac diffidenter ince-
dens nemini occursanti gratulatur, sed auerso pro-
noque rostro suam ad distans pergit viam, suspitio-
sè cautus, ne ob patratum scelus pœnas luat. Quomodo ista fieri possunt sine internâ facti conscientiâ? co-
piosa ista historiolarum congeries, quibus nonnulli
conantur demonstrare rationem inesse animalibus
brutis, hoc saltem euincet, sensum ipsis memoriam-
que inesse. Sed infinitum esset tales narratiunculas hic
attexere. E quibus scio benè multas istius modi esse, vt
earum vim, vel subtilissimum acumen haud possit
eludere.

Sed video planè quid te huc adegit, vt bruta pro

machinis habeas : Immortalitatis vtique animarum
noſtrarum demonſtrandæ ratio, quæ cum ſupponat
corpus nullo modo cogitare poſſe , concludit, vbicumque eſt cogitatio, ſubſtantiam à corpore realiter
diſtinctam adeſſe oportere , adeoque immortalem.
Vnde ſequitur bruta ſi cogitent, ſubſtantias immortales ſibi annexas habere.

Atqui obſecro te, vir perſpicaciſſime, cùm ex iſta
demonſtrandi ratione neceſſe eſſet bruta animantia
aut ſenſu ſpoliare , aut donare immortalitate , cur
ipſa malles inanimes machinas ſtatuere, quam corpora animabus actuata; præſertim cum illud vt naturæ
phænomenis minimè conſonum, ita plane ſit inau-
ditum hactenus; hoc verò apud ſapientiſſimos vete-
rum ratum ſit ac comprobatum, Phytagoram puta,
Platonem, alioſque. Et certè animos hoc adderet Platonicis omnibus perſiſtendi in ſuâ de brutorum immortalitate ſentrentiâ , cùm tàm inſigne ingenium
eò anguſtiarum redactum ſit, vt ſi animas brutorum
immortales non concedatur vniuerſa bruta inſenſa-
tas machinas neceſſariò ſtatuat.

Hæc ſunt paucula illa (magne Carteſi) in quibus
mihi fas eſſe putabam à te diſſentire. Cætera mihi
adeò arrident, atque abblandiuntur, vt nihil illis habeam magis in deliciis ; adeoque intimis animi mei
ſenſibus conſona ſunt atque cognata, vt non ſolùm
tardioribus commodè explicare , ſed etiam contra
pugnatiſſimos quoſque feliciter, ſi opus eſſet defen-
dere me poſſe confidam.

Quod reliquum eſt exorandus eſt vir illuſtriſſime,

vt hæc noſtra boni conſulas, nec me vllius leuitatis
vanæque ambitionis ſuſpectum habeas, quaſi affectarem Clariſſimorum virorum familiaritates ac amicitias, cum & ipſe ſi poſſem, haud cuperem inclareſcere, rem turbulantam famam judicans priuatoque
otio valde inimicam.

Neque profecto quamvis animo ſim in te admodum prono ac procliui, id vnquam tibi ſignificaſſem,
niſi ab aliis inſtigatus, ſed te, tuaque, amare latenti,
tacitaque veneratione proſequi contentus fuiſſem.

Nec obnixè à te efflagito vt reſcribas, vtpote quem
contemplationibus ſummè arduis, vel experimentis
faciundis maximè vtilibus pariter ac difficilibus occupatiſſimum autumo.

Permitto igitur hic tibi tuo jure vti, ne ſim in publicum injurius. Quod ſi tamen hæc noſtra qualia qualia fuerint, reſponſione quâlibetcunque cohoneſtare
dignatus fueris, rem ſane non ingratam præſtabis.
Singularis tuæ ſapientiæ cultori deuotiſſimo, Henrico Moro.

Cantabrigiæ è Collegio Chriſti
Idus Decembris anno 1648.

DOCTISSIMO ET HVMANISSIMO
VIRO HENRICO MORO
RENATVS DESCARTES.
RESPONSIO AD PRECEDENTEM.
LETTRE LXVII.

L Avdes, quas in me congeris, vir humaniſſi-
me, non tam vllius mei meriti, vtpote quod eas
æquare nullus poteſt, quàm tuæ erga me benevolen-
tiæ teſtes ſunt. Benevolentia autem ex ſolâ ſcriptorum
meorum lectione contracta candorem & generoſita-
tem animi tui tàm apertè oſtendit, vt totum tibi,
quamvis ante hac nato, deuinciat. Ideoque perliben-
ter iis quæ ex me quæris, reſpondebo.

Primum eſt cur ad corpus definiendum dicam illud eſſe ſubſtantiam extenſam potius quàm ſenſibi-
lem, tangibilem, vel impenetrabilem. At reſte monet, ſi dicatur ſubſtantia ſenſibilis, tunc definiri ab
habitudine ad ſenſus noſtros, quâ ratione quædam
eius proprietas duntaxat explicatur, non integra natura, quæ cùm poſſit exiſtere, quamvis nulli homines exiſtant, certè à ſenſibus noſtris non pendet. Nec
proinde video, cur dicas, eſſe ſummè neceſſarium, vt
omnis materia ſit ſenſibilis. Nam contra nulla eſt quæ
non ſit planè inſenſibilis, ſi tantùm in partes nervorum noſtrorum particulis multo minores, & ſingulas
ſeorſim ſatìs celeriter agitatas ſit diuiſa.

Meumque illud argumentum quod fcæuum & fermè Sophifticum appellas, adhibui tantùm ad eorum
opinionem refutandam, qui tecum eftimant, omne
corpus effe fenfibile, quam meo judicio apertè & demonftratiuè refutat. Poteft enim corpus retinere
omnem fuam corporis naturam, quamvis non fit ad
fenfum molle, nec durum, nec frigidum, nec calidum,
nec denique habeat vllam fenfibilem qualitatem.

Vt verò inciderem in eum errorem, quem videris
mihi velle tribuere, per comparationem ceræ, quæ
quamvis poffit non effe quadrata, nec rotunda, non
poteft tamen non habere aliquam figuram, debuiffem ex eo, quod juxta mea principia omnes fenfibiles
qualitates in eo folo confiftant, quod particulæ corporis certis modis moueantur, vel quiefcant, debuiffe inquam concludere, corpus poffe exiftere, quamvis nullæ eius particulæ moueantur, nec quiefcant;
quod mihi nunquam in mentem venit. Corpus itaque non rectè definitur fubftantia fenfibilis.

Videamus nunc an forte aptius dici poffit fubftantia impenetrabilis, vel tangibilis, eo fenfu quem
expliquifti.

Sed rurfus ifta tangibilitas & impetrabilitas in
corpore, eft tantùm, vt in homine vifibilitas, proprium quarto modo, juxta vulgares logicæ leges, non
vera & effentialis differentia, quam in extentione
confiftere contendo; atque idcircò, vt homo non
definitur animal rifibile, fed rationale, ita corpus non
definiri per impenetrabilitatem, fed per extentionem.
Quod confirmatur ex eo quod tangibilitas & impenetrabilitas

netrabilitas , habeant relationem ad partes , & præ-
supponant conceptum diuisionis vel terminationis
possimus autem concipere corpus continuum inde-
terminatæ magnitudinis siue indefinitum , in quo nihil præter extentionem consideretur.

Sed, inquis, Deus etiam & Angelus, resque alia quælibet per se subsistens est extensa, ideoque latius patet
definitio tua quam definitum. Ego vero non soleo
quidem de nominibus disputare, atque ideò si ex eo
quod Deus sit vbique, dicat aliquis eum esse quodammodo extensum, per me licet; atqui nego veram extensionem, qualis ab omnibus vulgò concipitur, vel
in Deo, vel in Angelis, vel in mente nostrâ, vel denique in vlla substantia quæ non sit corpus, reperiri; Quippe per ens extensum communiter omnes
intelligunt aliquid imaginabile , (siue sit ens rationis siue reale, hoc enim jam in medium (relinquo) atqui in hoc ente varias partes determinatæ magnitudinis & figuræ , quarum vna nullo modo alia sit, possunt imaginatione distinguere, vnasque in locum aliarum possunt etiam imaginatione transferre, sed non
duos simul in vno & eodem loco imaginari; Atqui
de Deo, ac etiam de mente nostrâ nihil tale dicere licet; neque enim est imaginabilis sed intelligibilis duntaxat, nec etiam in partes distinguibilis ; præsertim in
partes quæ habeant determinatas magnitudines & figuras. Denique facilè intelligimus & mentem humanam, & Deum, & simul plures Angelos in vno & eodem loco esse posse. Vnde manifestè concluditur, nullas substantias incorporeas propriè esse extensas.

Tt

Sed intelligo tanquam virtutes aut vires quaſdam, quæ quamvis ſe applicent rebus extenſis, non idcircò ſunt extenſæ, vt quamvis in ferro candenti ſit ignis non ideò ignis ille eſt ferrum. Quod vero nonnulli ſubſtantiæ notionem cum rei extenſæ notione confundant, hoc ſit ex falſo præjudicio, quia nihil putant exiſtere, vel eſſe intelligibile, niſi ſit etiã imaginabile, ac reuerà nihil ſub imaginationem cadit, quod non ſit aliquo modo extenſum. Iam verò quemadmodum dicere licet ſanitatem ſoli homini competere, quamvis per analogiam & Medicina, & aër temperatus, & alia multa dicantur etiam ſana, ita illud ſolum quod eſt imaginabile, vt habens partes extra partes, quæ ſint determinatæ magnitudinis & figuræ, dico eſſe extenſum, quamvis alia per analogiam etiam extenſa dicantur.

Vt autem tranſeamus ad ſecundam tuam difficultatem, ſi examinemus quodnam ſit ens extenſum à me deſcriptum, inueniemus planè idem eſſe cum ſpatio, quod vulgus aliquando plenum, aliquando vacuum, aliquando reale, aliquando imaginarium eſſe putat. in ſpatio enim quantumvis imaginario & vacuo facile omnes imaginantur varias partes determinatæ magnitudinis & figuræ, poſſuntque vnas in locum aliarum imaginatione transferre, ſed nullo modo duas ſimul ſe mutuo penetrantes in vno & eodem loco concipere. Quoniam implicat contradictionem vt hoc ſiat, ſpatij pars nulla tollatur. Cum autem ego conſiderarem tàm reales proprietates, non niſi in reali corpore eſſe poſſe, auſus ſum affirmare, nullum

dari spatium prorsus vacuum, atque omne ens extensum esse verum corpus; nec dubitaui à magnis viris
Epicuro, Democrito, Lucretio hâc in re dissentire; vidi enim illos non firmam aliquam rationem esse secu-
tos, sed falsum præjudicium, quo omnes ab ineunte
ætate fuimus imbuti. Quippe quamvis sensus nostri
non semper nobis exhibeant corpora externa, qualia
sunt omni ex parte, sed tantùm quatenus ad nos refe-
runtur, & prodesse possunt, aut nocere; vt in Art. 3.
partis 2. præmonui. Iudicavimus tamen omnes cùm
essemus adhuc pueri, nihil aliud in mundo esse, quàm
quod à sensibus exhibebatur, ac proinde nullum esse
corpus nisi sensibile, locaque omnia in quibus nihil
sentiebamus vacua esse. Quod præjudicium cum ab
Epicuro, Democrito, Lucretio non fuerit vmquam
rejectum, illorum authoritatem sequi non debeo.

Miror autem virum cætera perspicacissimum, cum
videat, se negare non posse quin aliqua in omni spatio substantia sit, quoniam in eo omnes proprietates
extensionis revera reperiuntur, malle tamen dicere
divinam extensionem implere spatium in quo nullum
est corpus quàm fateri nullum omnino spatium sine
corpore esse posse.

Etenim vt jam dixi prætensa illa Dei extensio nullo
modo subiectum esse potest verarum proprietatum,
quas in omni spatio distinctissimè percipimus. Neque
enim Deus est imaginabilis, nec in partes distinguibilis, quæ sint mensurabiles & figuratæ. Sed facile admittis nullum vacuum naturaliter dari. Sollicitus es de
potentiâ diuinâ, quam putas tollere posse id omne

quod eſt in aliquo vaſe, ſimulque impedire ne coëant vaſis latera.

Ego verò cum ſciam meum intellectum eſſe finitum, & Dei potentiam infinitam, nihil vnquam de hâc determino, ſed conſidero duntaxat quid poſſit à me percipi, vel non percipi, & caueo diligenter ne judicium vllum meum à perceptione diſſentiat. Quapropter audacter affirmo Deum poſſe id omne quod poſſibile eſſe percipio, non autem è contra audacter nego illum poſſe id, quod conceptui meo repugnat, ſed dico tantùm implicare contradictionem. Sic quia video conceptui meo repugnare, vt omne corpus ex aliquo vaſe tollatur, & in ipſo remaneat extenſio, non aliter à me concepta, quàm prius concipiebatur corpus in eo contentum ; dico implicare contradictionem, vt talis extenſio ibi remaneat poſt ſublatum corpus, ideoque debere vaſis latera coire ; Quod omnino conſonum eſt meis cæteris opinionibus : dico enim alibi nullum motum dari niſi quodammodo circularem, vnde ſequitur non intelligi diſtinctè, Deum aliquod corpus ex vaſe tollere, quin ſimul intelligatur in eius locum aliud corpus, vel ipſa vaſis latera motu circulari ſuccedere.

3. Eodem modo etiam dico implicare contradictionem, vt aliquæ dentur atomi, quæ concipiantur extenſæ ac ſimul indiuiſibiles ; quia quamvis Deus eas tales efficere potuerit, vt à nulla creatura diuidantur. Certè non poſſumus intelligere ipſum ſe facultate eas diuidendi priuare potuiſſe. Nec valet tua comparatio de iis quæ facta ſunt quod nequeant infecta eſſe.

Neque enim pro notâ impotentiæ fumimus, quod quis non poffit facere id quod non intelligimus effe poffibile fed tantum quod non poffit aliquid face-re ex iis, quæ tanquam poffibilia diftinctè percipi-mus. At fanè percipimus effe poffibile vta tomus di-uidatur, quandoquidem eam extenfam effe fuppo-nimus, atque ideo fi judicemus eam à Deo diui-di non poffe, judicabimus Deum aliquid non poffe facere, quod tamen poffibile effe percipimus. Non au-tem eodem modo percipimus fieri poffe, vt quod fa-ctum eft fit infectum, fed è contra percipimus hoc fieri planè non poffe; Ac proinde non effe vllum po-tentiæ defectum in Deo, quod iftud non faciat. Quantum autem ad diuifibilitatem materiæ, non ea-dem ratio eft; etfi non poffim numerare omnes partes, in quas eft diuifibilis, earumque idcirco numerum di-cam effe indefinitum, non tamen poffum affirmare illarum diuifionem à Deo nunquam abfolui, quia fcio Deum plura poffe facere, quàm ego cogitatione meâ complecti; atque iftam indefinitam quarundam par-tium materiæ diuifionem reverâ fieri folere in artic. 34. conceffi.

4. Neque verò affectatæ modeftiæ eft, fed cautelæ, meo judicio, neceffariæ, quod quædam dicam effe indefinita potius quàm infinita; folus enim Deus eft, quem pofitiuè intelligo effe infinitum: dereliquis, vt mundi extenfione, de numero partium in quas mate-ria eft diuifibilis, & fimilibus, an fint fimpliciter in-finita nec ne, profiteor me nefcire; fcio tantùm me in illis nullum finem agnofcere, atque idcircò refpe-

&ctu mei dico esse indefinita.

Et quamvis mens nostra non sit rerum, vel veritatis mensura, certè debet esse mensura eorum quæ affirmamus, aut negamus. Quid enim est absurdius? quid inconsiderantius? quam velle judicium ferre de iis ad quorum perceptionem mentem nostram attingere non posse confitemur.

Miror autem te non modo id velle facere videri, cùm ais, si tantùm quoad nos sit infinita, reuerâ erit finita extensio,&c. Sed præterea etiam diuinam quandam extensionem imaginari, quæ latius pateat quàm corporum extensio, atque ita supponere Deum partes habere extra partes, & esse diuisibilem, omnemque prorsus rei coporeæ essentiam illi tribuere.

Ne verò quis scrupulus hic supersit: Cum dico extensionem materiæ esse in definitam, sufficere hoc puto ad impediendum ne quis extra illam locus fingi queat, in quem meorum vorticum particulæ abire possint; vbicumquæ enim locus ille concipiatur ibi jam juxta meam opinionem aliqua materia est, quia dicendo eam esse indefinitè extensam dico ipsam latiùs extendi, quam omne id quod ab homine concipi potest.

Sed nihilominus estimo maximam esse differerentiam inter amplitudinem istius, corporeæ extentionis, & amplitudinem diuinæ, non dicam extensionis, vtpote quæ proprie loquendo nulla est, sed substantiæ vel essentiæ, ideoque hanc simpliciter infinitam, illam autem indefinitam appello.

Cæterum non admitto quod pro singulari tuâ humæ-

nitate concedis, nempe reliquas meas opiniones posse
constare, quamvis id quod de materiæ extensione
scripsi, refutetur; vnum enim est ex præcipuis, meoque judicio certissimis Physicæ meæ fundamentis,
profiteorque mihi nullas rationes satisfacere in ipsâ
Physicâ, nisi quæ necessitatem illam, quam vocas
Logicam sine contradictoriam, inuoluant; modò
tantùm ea excipias, quæ per solam experientiam co-
gnosci possunt, vt quod circa hanc terram vnicus sit
Sol vel vnica Luna, & similia. Cumque in reliquis à
meo sensu non abhorreas, spero etiam his te facilè
assensurum, si modo consideres præjudicium esse,
quod multi existiment ens extensum, in quo nihil est
quod moveat sensus, non esse veram substantiam
corpoream, sed spatium vacuum duntaxat. Quodque nullum sit corpus nisi sensibile; atque nulla substantia, nisi quæ sub imaginationem cadeat ac proinde sit extensa.

5. Sed nulli præjudicio magis omnes assuevimus,
quàm ei, quod nobis ab ineunte ætate persuasit bruta animantia cogitare.

Quippe nulla ratio nos mouit ad hoc credendum,
nisi quod videntes pleraque brutorum membra in figurâ externâ & motibus à nostris non multùm differre, vnicumque in nobis esse credentes istorum motuum principium, animam scilicet qua eadem moueret corpus, & cogitaret, non dubitauimus quin aliqua
talis anima in illis reperiretur.

Postquam autem ego aduertissem, distinguenda
esse duo diuersa motuum nostrorum principia, vnum

ſcilicet plane mechanicum & corporeum , quod
à ſola ſpirituumvi & membrorum conformatione
dependet , poteſtque anima corporea appellari ;
Aliud incorporeum, mentem ſcilicet, ſiue animam
illam quam definis ſubſtantiam cogitantem , quæ-
ſiui diligentius an ab his duobus principis oriren-
tur animalium motus , an ab vno duntaxat. Cumque clarè perſpexerim poſſe omnes oriri ab eo ſolo quod corporeum eſt & mechanicum , pro certo
ac demonſtrato habui , nullo pacto à nobis probari
poſſe , aliquam eſſe in brutis animam cogitantem.
Nec moror aſtutias & ſagacitates canum & vulpium,
nec quæcunque alia quæ propter cibum, venerem, vel
metum à brutis fiunt. Profiteor enim me poſſe perfacilè illa omnia, vt à ſolâ membrorum conformatione profecta, explicare.

Quamvis autem pro demonſtrato habeam, probari non poſſe aliquam eſſe in brutis cogitationem,
non ideò puto poſſe demonſtrari nullam eſſe, quia
mens humana illorum corda non peruadit. Sed examinando quidnam ſit hac de re maximè probabile,
nullam video rationem pro brutorum cogitatione
militare præter hanc vnam, quod cum habeant oculos, aures, linguam, & reliqua ſenſuum organa ſicut
nos, viriſimile ſit illa ſentire ſicut nos ; & quia in noſtro ſentiendi modo cogitatio includitur, ſimilem
etiam illis cogitationem eſſe tribuendam. Quæ ratio
cum ſit maximè obuia, mentes omnium hominum
à prima ætate occupauit. Sunt autem aliæ rationes
multò plures & fortiores, ſed non omnibus ita obuiæ,

quæ

quæ contrarium planè persuadent. Inter quas suum quidem locum obtinet, quod non sit tàm probabile omnes vermes, culices, erucas, & reliqua animalia immortali anima prædita esse, quàm machinarum instar se mouere.

Primo, quia certum est in corporibus animalium, vt etiam in nostris esse ossa, nervos, musculos, sanguinem, spiritus animales, & reliqua organa ita disposita, vt se solis absque vllâ cogitatione omnes motus, quos in brutis observamus, ciere possint. Quod in convulsionibus, cum mente inuitâ machinamentum corporis vehementius sæpe ac magis diuersis modis solum se mouet, quàm ope voluntatis solent moueri. Deinde quia rationi consentaneum videtur, cum ars sit naturæ imitatrix, possintque homines varia fabricare automata, in quibus sine vllâ cogitatione est motus, vt natura etiam sua automata, sed arte factis longè præstantiora, nempe bruta omnia, producat, præsertim cùm nullam agnoscamus rationem, propter quam, vbi est talis membrorum conformatio, qualem in animalibus videmus, cogitatio etiam debeat adesse; atque ideo majori admiratione dignum sit, quod mens aliqua reperiatur in vnoquoque humano corpore, quàm quod nulla sit in vllis brutis.

Sed rationum omnium quæ bestias cogitatione destitutas esse persuadent, meo judicio præcipua est, quod quamvis inter illas vnæ aliis eiusdem speciei sint perfectiores, non secus quàm inter homines, vt videre licet in equis & canibus, quorum aliqui cæteris multò felicius, quæ docentur, addiscunt. Et quamvis om-

V u

nes perfacilè nobis impetus suos naturales, vt iras,
metus, famem, & similia, voce vel aliis corporis motibus significent, numquam hactenus fuerit obserua-
tum, vllum brutum animal eô perfectionis deueniſſe,
vt verâ loquelâ vteretur, hoc eſt, vt aliquid vel voce
vel nutibus indicaret quod ad solum cogitationem,
poſſet referri. Hæc enim loquela vnicum eſt cogitationis in corpore latentis signum certum, atque ipsâ
vtuntur omnes homines, etiam quàm maximè ſtupidi
& mente capti, & linguâ vociſque organis deſtituti
non autem vllum brutum eamque idcirco pro verâ inter homines & ▮▮▮uta differentiâ sumere licet.

Reliquas rationes cogitationem brutis adimentes
breuitatis causâ hic omitto, velim tamen notari me loqui de cogitatione, non de vitâ, vel sensu. vitam enim
nulli animali denego, vt pote quam in solo cordis
calore conſiſtere ſtatuo; nec denego etiam sensum
quatenus ab organo corporeo dependet. Sicque hæc
mea opinio non tàm crudelis eſt erga belluas, quàm
pia erga homines, Pythagoreorum superstitioni non
addictos, quos nempe à criminis suspitione absoluit,
quoties animalia comedunt, vel occidunt. Hæc autem omnia fortaſſe prolixius scripsi, quàm acumen
ingenij tui requirebat, volui enim hoc pacto teſtari
pauciſſimorum objectiones mihi hactenus æquè gra-
tas fuiſſe ac tuas, humanitatemque & candorem tuum
maximè tibi devinxiſſe omnium være sapientie ſtu-
dioſorum cultorum obſeruantiſſimum Renatum des
Cartes.

Egmondæ prope alchmariam
nonis Februarij 1649.

Clariſſimo viro , Nobiliſſimoque Philoſopho
RENATO DESCARTES.
HENRICVS MORVS ANGLVS.
REPLICATIO
LETTRE LXVIII.

OPINIONIS quam de te concepi, nuperiſque meis litteris apud te teſtatus ſum, quanta quanta ſit (vir illuſtriſſime) me non pœnitet, nec vnquam, ſat ſcio, poterit pœnitere. Quin & adauget plurimùm tui apud me exiſtimationem, quod ad ſtupendam illam mentis tuæ amplitudinem, diuinumque acumen, ſuauitas tanta morum acceſſerit & humanitas. Quam certè vt nunquam ſuſpectam habui, ita nunc ſanè eruditiſſimas tuas literas habeo pro certiſſimo illius argumento. Cæterùm ne tanti fauoris te pœniteat, quaſi in ſeruum caput collati, neue vileſcat meum erga te ſtudium, atque amor, tanquam ab abjecto jacentique animo profectus, quo tandem modo reſponſa tua mihi ſatisfecerint, palam vti hominem liberum decet, aperteque profitebor. Quod tamen ne nimium tibi vel mihi ipſi negotium faceſſat, fuſiores orationis texturas miſſas faciens, rem totam in inſtantias quaſdam breues, aut ſaltem notatiunculas ſuper ſingulis reſponſorum tuorum particulis compingam.

Ad responsum circa primam difficultatem instantia.

I.

Definiri ab habitudine ad sensus nostros, &c.

Hic regeri potest; cum radix rerum omnium ac essentia, in æternas defossa lateat tenebras, rem quamlibet necessario definiri ab habitudine aliquâ. Quæ habitudo proprietas dici potest in substantiis, cum non sit substantia, quamvis agnoscam libenter proprietates alias aliis esse priores. Hoc autem tantum me voluisse satius nimirum esse per adæquatam quamlibet proprietatem, quàm per formam, quam vocant, definito latiorem, rem definiuisse. Porrò cum ipse corpus definis rem extensam, ipsam illam extensionem, insuper adnoto consistere in habitudine quadam partium ad se inuicem, quatenus aliæ extra alias productæ sunt. Quam habitudinem non esse rem absolutam, manifestum est.

II.

Quamvis nulli homines existant,

Si omnes mortales conniverent, solem tamen non exueret suam videndi aptitudinem, quamprimum oculos aperuerint denuo, vt neque securis, secandi, quamprimum ligna aut lapides oblati fuerint.

III.

Nervorum nostrorum particulis multò minores.

Deum tamen artificem adoptare posse credo nervos satis exiguos, exiguis istis materiæ particulis, ac proinde sensibilitatem materiæ hoc modo comminutæ, integram manere. Porrò hæ particulæ à motu cessare possunt, atque coalescere, nostrisque hoc modo

nervis, sensibile denuò evadere, quòd de substantia
incorporea nullo modo verum est.

IV.

Quamvis non sit ad sensum molle, &c.

Certum est aut ad nervos nostros sensorios durum
fore vel molle, &c. aut saltem ad istiusmodi nervos,
quales, si vellet, Deus fabricare poterit, vt modò mo-
nuimus, atque hoc satis est, quamvis Deus numquam
fabricaturus sit istiusmodi nervos. Vt reverâ partes
terræ versus centrum sunt ex se visibiles, quamvis
numquam extrahendæ sint in Solis conspectum, nec
eò descensurus sit quisquam cum lychno, vel lam-
pade.

V.

Est tantùm, vt in homine risibilitas, proprium
quarto modo.

Quod si ratio etiam aliis competeret animalibus,
rectius definiretur homo animal risibile, quàm rationale. Nondum autem à quopiam demonstratum est
tangibilitatem aut impenetrabilitatem, proprias esse
substantiæ extensæ affectiones, quamvis corporis esse
meritò quivis agnouerit. Equidem possum clarè concipere substantiam extensam, quæ nullam vllo modo
habeat tangibilitatem, vel impenetrabilitatem. Igitur
tangibilitas vel impenetrabilitas non immediatè substantiam extensam consequitur, quatenus extensa est.

VI.

Atqui nego veram extensionem, &c.

Per veram extensionem intelligis quam tangibilitas
& impenetrabilitas comitatur. Hanc ipse etiam nego
in Deo, nudisve mente vel Angelo reperiri. Interea

tamen aſſero aliam eſſe extenſionem æque veram,
quamvis non æque vulgarem, Scholiſque tritam, quæ
in Angelis menteque humana, vt terminos, ita & figuram habet, ſed pro imperio Angeli mentiſque va-
riabilem. Menteſque ſiue animas noſtras atque Angelos, eadem prorſus manente ſubſtantia, contrahere ſe poſſe, & certos denuò ad limites ſe expandere.

VII.

Nihil eſſe intelligibile niſi quod ſit imagibile, &c.

Equidem aliquantò ſum pronior in illam Ariſtote-
lis ſententiam ὅτι ἄνευ τῶν φαντασμάτων οὐκ ἔστι νοῆσαι. Sed
hic quiſque mentis ſuæ vires experiatur.

Ad reſponſum circa ſecundam difficultatem.

Inſtantia I.

Vnas in locum aliarum imaginatione transferre.

Mea quidem imaginatio non poteſt, nec concipere ſi transferantur, quin vnæ vacui ſpatij partes abſorbeant alteras, penituſque coincidant & penetrent ſe
inuicem. II.

Nec dubitari à magnis viris Epicuro, Democrito, &c.

Nullus dubito, quin optimo jure diſſentias, cum
non ſolùm iſtis, ſed vniuerſis Naturæ interpretibus
longè major ſis (mea ſententia) longeque auguſtior.

III.

Quin aliqua in omni ſpatio ſubſtantia ſit, &c.

Id ſanè conceſſi pacis ergo. Sed clare mihi non
conſtat. Nam ſi Deus hanc mundi vniuerſitatem anni-
hilaret & multò poſt etiam crearet de nihilo. Intermundium illud, ſeu abſentia mundi, ſuam haberet durationem quam tot dies, anni, vel ſæcula menſuraſſent.

Non exiftentis igitur eft duratio, quæ extentio quædam eft. Ac proinde Amplitudo Nihili, puta vacui,
per vlnas vel orgyas menfurari poteft vt non exiftentis, in fuâ non exiftentiâ, duratio per horas dies menf-
fefque menfuratur. Sed concedo, quamvis nondum
vi coactus, in omni fpatio aliquam fubftantiam ineffe, Neque tamen corpoream 2. cum extentio fiue
præfentia diuina, poffit effe fubjectum menfurabi-
litatis, v. g. præfentiam fiue extentionem diuinam,
occupare affero vnam alteramque orgyam, in hoc vel
illo vacuo, nec tamen omnino fequi Deum effe corporeum, vt patet ex fupra dictis inftantia 5. Sed fuper
hâc re eft agendum alibi.

IV.

Dico implicare contradictionem, vt talis extentio &c.

Sed hic libenter quærerem, numquid neceffe fit,
vt aut talis extentio fit qualem in corpore concipis,
aut nulla Deinde, cum & alias res præter corpora extendi fuo modo concefferis annon analogica illa ex
tenfio quam vocas, vices obeat extentionis corporeæ,
atque ita illam vim contra dictoriam retundat. Præfertim cùm analogica hæc extentio ad propriè di-
ctàm tàm propè accedat, vt fit menfurabilis, certof-
que pedum vlnarumve numeros occupet.

V.

Nullum motum dari, nifi quodammodo circularem.

Hoc neceffariò confequi concedo neffitate puta
Phyficâ, fupponendo duntaxat, omnia corporibus
plena, nullamque extentionem aliam integram mundi extenfionem excedere, quâ in parte ego fatis fum

securus ; sed inexpugnabilem hanc contradictionis vim fateor me nondum satis deprehendisse.

Ad responsum circa tertiam difficultatem.

Quæ concipiantur extensæ ac simul indiuisibiles.

Cùm mentem tuam sic explicueris, nulla inter nos est controuersia.

Ad responsum circa quartam difficultatem.

Inftantia I.

An sint simpliciter Infinita, nec ne, profiteor me nescire.

Haud tamen latere te potest, quin sint vel simpliciter infinita, vel reuera finita, quamvis vtrum horum sint, tàm facile statuere non possis. Quod autem vortices tui non disrumpantur & fatiscant, non obscurum videatur judicium mundum reuera esse infinitum. Ipse tamen intereà liberè profiteor, quamvis audacter possim assentire huic axiomati. *Mundus finitus est, aut non finitus*, vel, quod idem hic est, *infinitus*, me tamen non posse plenè animo complecti rei cujusvis infinitudinem. Sed illud imaginationi meæ hic accidere, quod Iulius Scaliger alicubi scribit de dilatatione & contractione Angelorum, non posse scilicet se in infinitum extendere, nec in puncti ἀκαριαῖα coangustare. Qui autem Deum positiuè infinitũ agnoscit (i. e.) vbique existentem, quod tu meritò facis, non video, si liberæ rationi permittatur, quod hæsitet, quin continuò etiam admittat nullibi otiosum sed eodem jure, eádemque facilitate, qua hanc nostram vbi nos digimus, vel quovsque oculi, animusque noster peruadit materiam vbique produxisse. Sed fusius acturus eram quàm institui, hunc impetum supprimo ne tibi sim molestior.　　　Cum

II.

Cùm ais si tantùm quod nos sit infinita, reuera erit finita.

Ajo, addoque insuper consequentiam esse manifestissimam, quoniam particula (*tantùm*) planè excludit, omnem infinitatem à re, quæ tantùm quoad nos dicitur infinita, ac proinde reuera erit finita extensio. Mentem autem meam hic attingere ea de quibus pronuncio, cum planissimè mihi constet, mundum aut finitum, vt paulò ante insinuaui.

III.

Atque ita supponere Deum habere partes extra partes,
& esse diuisibilem, omnemque prorsus rei corporeæ
essentiam illi tribuere.

Nullam tribuo. Nego enim extensionem corpori competere, quatenus corpus est, sed quatenus ens, aut saltem substantia est: Præterea cum Deus, quantum mens humana Deum capit, sit totus vbique integraque sua essentia omnibus locis siue spatiis spatiorumque punctis, adsit, non sequitur quod partes haberet extra partes, aut quod consequens est, quod sit diuisibilis, quamvis arctè confertimque loca omnia occupet, nullis relictis interuallis. Vnde præsentiam, seu amplitudinem vt ipse vocas, diuinam, mensurabilem agnoscam, Deum autem ipsum diuisibilem, nullo modo.

Quod aute m Deus singula mundi puncta occupet, fatentur ad vn um omnes tàm Idiotæ quàm Philosophi, ipseque clar è & distinctè animo percipio, & complector. Iam ve ro eodem modo se habet essentia diuina, intra atq ue extra mundum, ita vt si fingamus mundum claudi cœlo stellato visibili, centrum diuinæ essentiæ, totalisque eius præsentia, eodem modo repeteretur extra cœlum stellatum , quo intra clarè concipimus repeti , atque reiterari. Hanc autem repetitionem centri diuini, quæ mundum occupat, vlterius productam, infinita par est extra cœlum visibile spatia secum expandere , quam nisi comitetur materia tua indefinita , actum erit de tuis vorticibus. Atque vt hæc molliora videantur, experiamur assensus nostros in successiuâ Dei duratione.

Deus est æternus h. e. vita diuina omnes sæculorum evolutiones, rerumque rationes, præteritarum, futurarum & præsentium simul comprehendit. Hæc tamen vita æterna singulis etiam temporis insidet quasi , atque inequitat momentis ; ita vt rectè verèque dicamus Deum per tot dies, menses, horasve suâ æternitate fretum. Exempli causa, si supponamus mundum ante centum annos conditum , annon integra illa, omniaque complectens Dei æternitas per horas, dies, menses & annos (puta centum) succedentes ad hunc vsque diem durauit ? At verò nihilo aliter est Deus à mundo condito, ac fuit ante mundum conditum.

Manifestum igitur est præter æternitatem infinitam, in Deum etiam cadere durationis successionem. Quod si admittimus, cur non extensionem etiam infinita spatia adimplentem pariter ac infinitam durationis successionem illi tribuamus ?

Imò verò quoties altius, & anquisitius, istis de rebus mecum cogito, ea sum in sententia, quod vtra-

que extensio tàm spatij quàm tēporis, non entibus juxta, atque entibus competere possit. Suspicorque æque
ex præjudicio fieri posse, cum omnia ea quæ sensu
manibusque vsurpamus, vtpote crassa & corporea,
semper sint extensa, quod e contra omnia extensa
protinus concludimus corporea, quàm quod vllum
sensus præjudicium facit, vt putemus aliqua, quæ non
sunt corporea, extendi.

Quod autem extensio cadat in non ens, ex eo conjecturam capimus, quod extendi, nihil aliud innuit,
nisi partes extare extra partes. *Pars* autem & *totum, subjectum & adjunctum, causa & effectum, aduersa & relata,
contradicentia, & priuantia*; & id genus vniuersa notiones Logicæ sunt, easque tàm non entibus quàm entibus applicamus: Vnde non sequitur, quod quicquid
concipimus partes habere extra partes, ens sit reale
concipiendum.

Sed quoties hic colluctantur mentes humanæ cum
propriis vmbris, aut lascivientium catulorum instar
propriis ludunt cum caudis? Nam istiusmodi profectò
pugnæ atque lusus sibi instituuntur à mente nostrâ,
dum rationes modosque Logicos, juxta quos res ex-
ternas considerat, non aduertit, suos duntaxat esse
cogitandi modos, sed putans eos esse aliquid in rebus
ipsis à se distinctum, suam captando quasi caudam ad
lassitudinem vsque luditur, misereque illaqueatur.
Sed plura quàm vellem imprudens hic effutij: Ad reliqua propero.   IV.

Vbicumque enim locus ille concipiatur, ibi aliqua materia est.

Næ tu hic cautus homo es, & eleganter modestus,

admittis tamen tandem mundum esse infinitum, si Aristoteles infinitum recte definiuit. Phys. l. 3. ἦ ἀεὶ τι ἔξω ἐςιν, cuius aliquid semper est extra. Nihil nunc est vlterius, quod diffideamus.

V.

Sed nihilominus existimo maximam esse differentia m. Inter
amplitudinem istius corporeæ extensionis , &c.

Et ipse pariter existimo immano quantum differre diuinam amplitudinem & corpoream. Primò, quod illa sub sensum cadere non possit, hæc possit sub sensum cadere. Deinde, quod illa sit increata & independens, hæc dependens & creata. Illa porrò penetrabilis, per omnia pervadens, hæc crassa & impenetrabilis. Denique, quod illa ex totalis & integræ essentiæ repetitione vbiquitariâ, hæc ab externâ. Sed immediata partium applicatione & juxta positione orta sit; ita vt nemo nisi plumbeus planè sit, atque insigniter hebes, suspicari possit,

Impia nos rationis inire elementa, viamque
Indogredi sceleris, (vt & ille loquitur.)

Præsertim cùm ex Theologis sint, iisque aliàs fortasse sat scrupulosis, qui tamen agnoscunt Deum, si voluisset, potuisse mundum ab æterno creare. Et tamen æque absurdum videtur infinitam durationem, ac magnitudinem infinitam mundo tribuere.

VI.

Vnum enim est ex præcipuis meoque judicio certißimis Physicæ
meæ fundamentis.

Quod sit materia indefinitè saltem extensa, nullumque fundamentum esse Physicæ tuæ apprimè ne-

ceſſarium ſat intelligo, & certe nullus dubito, quin
verum ſit, ſed an veram demonſtrandi rationem in-
ſequutus ſis, id equidem ambigo : Cum principium
illius demonſtrationis ſit, *omne extenſum eſſe reale, ac
corporeum:* Quod mihi fateor nondum conſtare, ob rationes à me ſupra datas. Imò verò vt ingenuè fatear,
quod mihi jam in mentem venit, ſi neque nudum ſpatium, prout poſtulat tua demonſtratio, nec Deus omninò extenditur, ne indeſinitâ quidem materiâ opus
eſt tuæ Philoſophiæ, certus finituſque ſtadiorum numerus ſuffecerit. Mundi enim huius finiti latera non
habebunt quò recedant, nec dehiſcere poterunt medij vortices, ne intermedium ſpatium extendatur,
nouaſque non ens induat dimenſiones. Sed tamen
naturalis impetus alió me præcipitat, in hanc vtique
fidem, fœcunditatem nempe diuinam, cum nullibi
ſit otioſa, vbique locorum materiam produxiſſe, nullis vel anguſtiſſimis prætermiſſis intervallis.

Quæ tam facilè cum admitto, Philoſophia tua apud
me non corruet ob defectum dicti fundamenti. Pla-
nèque video Phyſices tuæ veritatem non tam apertè
& oſtentiuè ſe exerere, in hoc vel illo articulo, quàm
ex vniuerſo omnium filo, & texturâ eluceſcere, vt ipſe
rectiſſimè mones Part. 4. artic. 225. Quod ſi quis integram tuæ Philoſophiæ faciem ſimul contuetur, tàm
concinna eſt, ſibique juxta ac rerum phænomenis
conſona, vt meritò imaginetur, ſe Naturam ipſam
opificem vidiſſe ab hoc polito ſpeculo enitentem.

Ad responsum circa difficultatem vltimam.

Instantia I.

Sed nulli præjudicio magis omnes assueuimus, &c.
Quod mihi de me ipso constat plus quam satis, ab
huiusce enim præjudicij laqueio sentio me expediri
non posse vllo modo.

II.

Profiteor enim me posse perfacilè illa omnia vt à solâ mem-
brorum conformatione profecta explicare.

Læta sanè & jucunda Prouincia, hoc si præstireris,
& credo quantum ingenium humanum poterit, te
hâc in re præstiturum (in quintâ sextave parte Physices tuæ quas vt audio ferè à te perfectas jam esse & ab-
solutas, ita avidè expecto, efflictimque rogo, vt quamprimum possit fieri, lucem videant, vel potius vt nos
in ipsis vlteriorem naturæ lucem videamus) sed ad
rem redeo; Hoc inquam si præstiteris agnosco te demonstrasse in brutis amantibus inesse animam, hemi-
nem demonstrare posse. Sed interea loci, quod & ipse
subinones, quod non sit anima in brutis, te necdum
demonstrasse, nec demonstrare posse vllo modo.

III.

Præter hanc vnam, quod cùm habeant oculos, aures &c.

Maximum meo judicio argumentum est, quod tàm
subtiliter sibi præcaveant & prospiciant, vt narratiun-
culis veris pariter ac mirandis, si otium esset demonstrare possem. Sed credo te in consimiles historias in-
cidisse, meæ autem in nullis extant libris.

IV.

Quod non sit tàm probabile omnes vermes, culices, erucas, &c.

Nisi forté imaginemur istiusmodi animas, mundi vitæ, quam appellat Ticinus arenam quasi esse ac puluerem, & infinita ferè ex isto penario, animarum agmina, fatali quodam impetu in præparatam materiam semper prolabi. Sed concedo, hæc citius dici posse quàm demonstrari.

V.

Vt aliquid voce vel nutibus indicaret, &c.

Annon canes annunt caudis vt nos capitibus? annon breuibus latratibus cibum sæpius ad mensam mendicant. Imò verò aliquando Domini cubitum pede, quâ possunt cum reuerentiâ tangentes, quasi sui oblitum, blando hoc eum signo commonefaciunt.

VI.

Quàm maximè stupidi ac mente capti, &c. non autem vllum brutum, &c.

Nec infantes vlli per aliquàm-multa saltem mensium sptia, quamvis ploret, rideant irascantur &c. Nec diffidis tamen opinor, quin infantes sint animati, animamque habeant cogitantem.

Responsa hæc (vir illustrissime) quæ tuis præclaris responsis mihi visum est reponere. Quæ an æque grata futura sint, ac nuperæ meæ objectiones, sanè præsagire non-possum.

Humanitas tua quam versus istas perspexi, & diuturnior cum scriptis tuis consuetudo, audentiorem me fecerunt, vereor ne fuerim prolixus nimium ac molestus.

Equidem fermè oblitus eram potissimi méi instituti, quod non fuit æternas tecum altercationes reciprocare, fed cum hanc oportunitatem fim nactus, tanti viri de rebus quæ fe obtulerint Philofophicis judicium placidè experiri, & præcipuè fi qua difficultas emerferit inter legendos tuos libros, teipfum audire interpretantem. Quam profectò gratiam fi lubens facilifque conceßeris, fummoperè me tibi devincies.

Et fane quàm lubenter eximiæ tuæ artis ac peritiæ mihi copiam feceris, certum eft jam nunc in paucis quibufdam periculum facere.

Primò igitur quæro: An à Deo ita ftatui, aut alio quovis modo fieri potuißet, vt mundus eßet finitus, id eft certo aliquo milliarium numero circumfcriptus. Non leue enim argumentum videtur mundum poße eße finitum, quod plerique omnes impoßibile putent eße infinitum.

Secundò fiquis mundi huius finibus propè aßideret, quæro an poßit gladium per mundi latera ad capulum vfque tranfmittere, ita vt totus ferè gladius extra mundi moenia emineret. Quod enim nihil extra mundum fit quod refiftat, videtur factu facile; quod autem nihil extenfum fit extra mundum quod recipiat videtur ex ea parte impoßibile.

Tertiò (ad Artic. 29. part. 2.) fi A B, corpus transferatur à corpore C D, quæro quî conftat tranflationem eße reciprocam. Putemus enim C D turrim eße, & A B ventum occidentalem per latera turris tranfeuntem. Turris C D autem quiefcit, aut faltem non recedit à vento A B. Si recedit, vel quod ais, motu transfertur, vtique verfus occidentem mouetur. Sed non fertur verfus occidentem, cùm & ter-

ra & ventus ferantur versus orientem. Videtur igitur
respectu venti quiescere, cùm nullum motum ab ipso
suscipiat. Dicis tamen translationem (quæ quidem
translatio motus est) ipsius turris & venti esse reci-
procam. Turris igitur respectu eiusdem venti & moueretur & quiesceret, quod proximè abest à contra-
dictione. Signum autem est, cùm ille qui à me sedente recessit ambulando, puta mille passus, rubue-
rit vel lassus fuerit, ego verò sedens nec ruborem con-
traxerim nec lassitudinem, illum solum motum fuisse,
me verò per id temporis quievisse. Notionalem igitur
duntaxat variatæ distantiæ respectum, illius motu sus-
cipio, nullum motum realem & Physicum.

Quartò Artic. 149 Part. 3. Sicque etiam efficiet,
vt terra circa suum axem gyret &c. Quomodo efficiet
Luna, vt terra vno die gyros suos absoluat, cum ipsa
30 ferè dies in suas absumat periodos. Quæ verò scri-
buntur Artic. 151. hanc quæstionem, opinor, non at-
tingunt.

Quintò, de particulis istis contortis, quas striatas
vocas, quomodo ita contorqueri potuerunt, & eo ipso
in infinita fragmina & atomos non disjungi? quem
lentorem, quam tenacitatem in prima illa materia,
sibi vbique simili & homogenea, imaginari possumus? Vnde mollescebant istæ particulæ primum, in-
deque obduruerunt?

Sextò, Artic. 189. Part. 4. animam siue mentem
intimè cerebro conjunctam. Perlubenter equidem
hic audirem sententiam tuam de conjunctione animæ cum corpore. An cum toto corpore conjunga-

Y y

tur, an cum cerebro folo , an verò in folum cona-
rium, táquam in paruulum aliquod ergaftulum, com-
pingatur. Id enim fedem fenfus communem , ani-
mæque ἀκρόπολιν à te monitus, agnofco. Dubito tamen annon per vniuerfum corpus anima peruadat.
Deinde quæro ex te, cum anima nullas habeat nec
ramofas nec hamatas particulas, quomodo tàm arctè
vnitur cum corpore. Scifcitorque fubinde , an non
aliquid exerit fe in natura , cuius nulla ratio Mechanica reddi poteft. Illud αὐτεξύσιον , cuius in nobis
confcij fumus quo oritur modo ? Et ratio imperij
animæ noftræ in fpiritus animales, quomodo poteft
eos amandare in quamlibet corporis partem ? quomodo fagarum fpiritus, quos vocant familiares , materiam tàm aptè fibi adaptant atque conftringunt,
vt vifibiles & palpabiles fe exhibeant execrandis ve-
tulis. Hoc autem fieri non folùm vetulæ, fed iuuenes
fagæ nullâ vi coactæ, fponte mihi faffæ funt non
paucæ. Porrò, annon & ipfi hoc ipfum aliquo modo
in animabus noftris experimur, dum pro arbitrio no-
ftro fpiritus noftros animales ciere & fiftere, exerere
& reuocare poffumus. Quæro igitur , nunquid de-
deceret, hominem Philofophum, in rerum vniuer-
fitate fubftantiam aliquam agnofcere incorpoream,
quæ tamen poffit aut omnes aut faltem plurimas affectiones corporeas , non fecus ac ipfa corpora in fe mutuò, in corpus aliquod imprimere, quales funt motus,
figura, fitus partium &c : Imò verò, cum fermè conftet de motu fine mora, fuperaddere etiam quæ motus
confequentia funt , vt diuidere, coniungere , diffi-

pare, vincire, figurare particulas, figuratas disponere, dispositas rotare, vel quovis modo mouere, rotatas continere, & id genus alia; vnde lumen, colores, & reliqua sensus objecta prodire necesse est, iuxta eximiam tuam Philosophiam.

Præterea, cùm nihil nec corporeum neque incorporeum potest agere in aliud nisi per applicationem suæ essentiæ, necesse insuper ducere, vt siue Angelus sit, siue Dæmon, siue anima, siue Deus, qui agat prædictis modis in materiam, vt essentia cujuslibet inequiret quasi illis materiæ partibus in quas agit, aut aliquibus aliis, quæ in has ipsas agant per motus transmissionem, imò vt integræ aliquando adsit materiæ quam gubernat, & modificat; vt constat in Geniis siue bonis siue malignis, qui se humanis oculis patefecerunt: Aliter enim quî poterant constringere materiam, & in hâc vel illâ figurá continere?

Postremò, cum tam stupendam virtutem habeat substantia incorporea, vt per nudam sui applicationem, sine funiculis aut vncis, sine fundis aut cuneis, materiam constringat, explicet, diuidat, proiiciat, & simul retineat, annon verisimile videatur, vt in seipsam se possit colligere, cum nulla obstet impenetrabilitas, & diffundere se denuò, & similia?

Hæc abs te peto, vir doctissime, quantum per otium licebit, vt digneris exponere, vtpote quem scio tàm intima quàm extima Naturæ mysteria rimatum esse, commodéque interpretari posse.

Septimò, de globulis æthereis; Quæro, si Deus mundum ab æterno condidisset, annon multis abhinc annis comminuti & confracti fuiſſent iſti globuli, in partes indefinitè ſubtiles, mutuis colliſionibus vel attritionibus, primique Elementi faciem jam olim induiſſent, ita vt vniuerſus mundus in vnam immenſam flammam multa antè ſæcula abiiſſet?

Octauò, de particulis tuis aqueis, longis, teretibus, & flexibilibus. Numquid habent poros? Id ſanè mihi non videtur probabile, cùm ſint ſimplicia corpora, particulæque primæ ex nullis aliis particulis complicatæ, ſed fragmina ex integrâ primâque materiâ eliſa, ac proinde planè homogenea. Hinc dubito, quî poterunt flecti ſine penetratione dimenſionum. Putemus enim aliquando ad annuli inſtar incurvari. Superficies concaua minor erit convexâ, &c. Rem probè tenes. Non eſt quod hic immorer.

Nec tamen ſi poros habere contenderes, quod nunquam opinor facies, difficultatem tollet. Quippe quod quæſtio tunc inſtituetur de pororum labris vel lateribus: Neceſſario enim aliquid flectetur, quod non habet poros.

Atque hæc difficultas, pertinet non ſolùm ad oblongas tuas particulas, ſed etiam ad ramoſas illas aliaſque fermè omnes, quas flecti neceſſe eſt, & tamen non diſrumpi.

Nonò, & vltimo, vtrum materia, ſiue æternam fingamus ſiue heſterno die creatam, ſibi libere permiſſa, nullumque aliunde impulſum ſuſcipiens moueretur, ac quieſceret. Deinde an quies ſit modus corporis priuatiuus, an vero poſitiuus. Et ſiue poſitiuum malles, ſiue priuatiuum, vnde conſtet vtrumlibet?

An denique vlla res affectionem vllam habere possit
naturaliter, & à se, qua penitus potest destitui, vel
quam aliunde potest adsciscere?

Hactenus ferè circa generalia præclaræ tuæ Physices fundamenta lusi, dicam, an potius laboraui, progressurus posthac ad specialiora, si facilitas tua atque
comitas eò me inuitauerit, aut saltem permiserit. Et
æquiori sanè animo feres, cum hic de primis agatur
principiis, si superstitiosè omnia examinaui, viamque quasi palpando, singulaque curiosius contrectando, lente me promoui, & testudineo gradu. Video
enim ingenium humanum ita comparatum esse, vt
facilius longe quid consequens sit, dispiciat, quam
quid in naturâ primo verum; nostramque omnium
conditionem non multum abludere ab illâ Archimedis δὸς ποῦ στῶ, κỳ κινήσω τὴν γᾶν. Vbi primùm figamus
pedem, invenire multò magis satagimus, quàm vbi
inuenimus vlterius progredi.

Quod ad mirificas illas structuras attinet, quas ex illis
principiis generalibus erexisti, quamvis primà fronte adeò sublimes, & ab aspectu nostro remotæ viderentur, vt omnia apparerent nubibus tenebrisque
obuoluta, dies tamen difficultates comminuit, paulatimque euanuerunt istæ obscuritates, adeò vt perpaucæ, præ quod tum factum est, in conspectum jam
veniant.

Hoc autem necesse duxi, vt profiterer, ne æternum
à me expectes tibi creatum iri negotium, sed lubentius mihi rescribas, pariq; humanitate hasce sciscitiones meas accipias, quâ primas quas misi objectiones.

Y y iij

Quod si feceris (clarissime Cartesi) supra quam dici
potest, tibi obstrictū dabis Humanitatis tuæ ac sapientiæ admiratorem Religiosissimū Henricum Morum.

Cantabrigiæ è Christi Collegio
3. Nonarum Martij 1649.

CLARISSIMO DOCTISSIMOQVE VIRO
HENRICO MORO.
RENATVS DESCARTES.
RESPONSIO.

LETTRE LXIX.

VIR clarissime, gratissimas tuas literas 3. Non.
Mart. datas eo tempore accipio, quo tàm multis aliis occupationibus distrahor, vt cogar vel hac
ipsâ horâ festinantissimè rescribere, vel responsum
in multas hebdomadas differre. Sed vincet ea pars
quæ festinationem persuadet; malo enim minus pe-
ritus quàm minus officiosus videri.

AD INSTANTIAS PRIMAS.

Proprietates alias aliis esse priores, &c. Sensibilitas nihil mihi videtur esse in re sensibili, nisi denominatio
extrinseca. Nec etiam rei est adæquata; nam si refe-
ratur ad sensus nostros non convenit tenuissimis materiæ particulis; si ad alios imaginarios quales vis à Deo
posse fabricari, forsan etiam Angelis & Animabus
conveniet: non enim facilius intelligo neruos sensorios adeò subtiles, vt à quàm minutissimis materiæ
particulis moueri possint, quàm aliquam facultatem

cuius ope mens noſtra poſſit alias mentes immediatè ſentire , ſiue percipere. Quamvis autem in extenſione habitudinem partium ad invicem facilè com-
prehendamus, videor tamen extenſionem optimè
percipere, quamvis de habitudine parium ad invicem
planè non cogitem ; Quod debes etiam potiori jure
quàm ego admittere , quia extenſionem ita concipis,
vt Deo conueniat, & tamé in eo nullas partes admittis.

*Nondum demonſtratům Tangibilitaem aut impenetra-
bilitatem proprias eſſe ſubſtantiæ extenſæ affectiones.* Si concipis extenſionem per habitudinem partium ad inuicem non videris negare poſſe , quin vnaquæque eius
pars alias vicinas tangat , hæcque tangibilitas eſt vera
proprietas, & rei intrinſeca , non autem ea, quæ à ſenſu tactus denominatur.

Non poteſt etiam intelligi vnam partem rei extenſæ aliam ſibi æqualem penetrare, quin hoc ipſo intelligatur mediam partem eius extenſionis tolli , vel an-
nihilari : quod autem annihilatur aliud non penetrat, ſicque meo iudicio demonſtratur impenetrabilitatem ad eſſentiam extenſionis, non autem vllius
alterius rei, pertinere.

Aſſero aliam eſſe extenſionem æque veram. Tandem igitur de re convenimus, ſupereſt quæſtio de nomine,
an hæc poſterior extenſio æque vera ſit dicenda.
Quantum autem ad me nullam intelligo nec in Deo
nec in Angelis vel mente noſtra extenſionem ſubſtantiæ, ſed potentiæ duntaxat ; ita ſcilicet vt poſſit
Angelus potentiam ſuam exerere nunc in majorem
nunc in minorem ſubſtantiæ corporeæ partem ; nam

ſi nullum eſſet corpus, nullum etiam ſpatium intelligerem, cui Angelus vel Deus eſſet coextenſus. Quod
autem quis extenſionem, quæ ſolius potentiæ eſt, tri-
buat ſubſtãtiæ, eius præiudicij eſſe puto, quo omnem
ſubſtantiã, & ipſum Deum, ſupponit imaginabilem.

AD SECVNDAS INSTANTIAS.

Vnæ vacui ſpatij partes abſorbeant alteras,&c.Hic repeto
ſi abſorbeantur, ergo media pars ſpatij tollitur, & eſſe
deſinit, quòd autem eſſe deſinit, aliud non penetrat;
ergo impenetrabilitas in omni ſpatio eſt admittenda.

Intermundium illud ſuam haberet durationem, &c. Puto
implicare contradictionem, vt concipiamus aliquam
durationem intercedere inter deſtructionem prioris
mundi, & novi creationem.Nam ſi durationem iſtam
ad ſucceſſionem cogitationum divinarum, vel quid
ſimile referamus, erit error intellectus, non vera vllius rei perceptio; ad ſequentia jam reſpondi, notan-
do extenſionem quæ rebus incorporeis tribuitur, eſſe
potentiæ duntaxat non ſubſtantiæ,quæ potentia cum
ſit tantum modus in re ad quam applicatur, ſublato
extenſo cui coexiſtat,non poteſt intelligi eſſe extenſa.

AD PENVLTIMAS INSTANTIAS.

Deum poſitive infinitum, id eſt, vbique exiſtentem, &c.
Hoc *vbique* non admitto. Videris enim hic infinitatem Dei in eo ponere, quod vbique exiſtat, cui opinioni non aſſentior; ſed puto Deum ratione ſuæ potentiæ vbique eſſe, ratione autem ſuæ eſſentiæ nullam
planè habere relationem ad locum. Cum autem in
Deo potentia & eſſentia non diſtinguantur, ſatius eſſe puto in talibus de mente noſtra vel Angelis tãquam
perceptioni

perceptioni noftræ magis adæquatis quàm de Deo ra-
tiocinari. Sequentes difficultates ex eo præjudicio mihi videntur omnes ortæ, quod nimis affueverimus
quaflibet fubftantias, etiam eas quas corpora effe negamus, tanquam extenfas imaginari, & de entibus
rationis intemperanter Philofophari, *entis* fiue *rei* proprietates *non enti* tribuendo. Sed rectè meminiffe oportet, non entis nulla effe poffe vera attributa, nec de eo
poffe vllo modo intelligi *partem* & *totum*, *fubjectum*, *ad-*
junctum, &c. Ideoque optimè concludis cum propriis
vmbris mentem ludere, cum entia Logica confiderat.

Certus finitufque ftadiorum numerus fuffecerit, &c. Sed
repugnat meo conceptui, vt mundo aliquem terminum tribuam, nec aliam habeo menfuram eorum quæ
affirmare debeo vel negare, quam propriam perceptionem. Dico idcirco mundum effe indeterminatum vel
indefinitum, quia nullos in eo terminos agnofco, fed
non aufim vocare infinitum, quia percipio Deum effe
mundo majorem non ratione extenfionis, quam vt
fæpè dixi nullam propriam in Deo intelligo, fed ratione perfectionis.

AD VLTIMAS INSTANTIAS.

Hoc fi præftiteris, &c. Non certus fum meæ Philofophiæ continuationem vnquam in lucem prodituram,
quia pendet à multis experimentis, quorum facien-
dorum nefcio an copiam fim vnquam habiturus; fed
fpero me hâc æftate breuem tractatum de affectibus
editurum, ex quo apparebit quo pacto in nobis ipfis
omnes motus membrorum, qui affectus noftros comitantur, non ab anima fed à fola corporis machina-

tione peragi existimem. Quod autem *Canes annuant caudis*, &c. Sunt tantum motus qui comitantur affe-ctus, eosque accuratè distinguendos puto à loquela, quæ sola cogitationem in corpore latentem demon-strat. *Nec infantes ulli*, &c. Dispar est ratio infantum & brutorum: Nec judicarem infantes esse mente præ-ditos, nisi viderem eos esse eiusdem naturæ cum adul-tis: bruta autem eousque nunquam adolescunt, vt ali-qua in iis cogitationis nota certa deprehendatur.

AD QVÆSTIONES.

Ad primam. Repugnat conceptui meo, siue quod idem est, puto implicare contradictionem, vt mun-dus sit finitus vel terminatus, quia non possum non concipere spatium vltra quoslibet præsuppositos mundi fines, tale autem spatium apud me est verum corpus; nec moror quod ab aliis imaginarium voce-tur, & ideo mundus finitus existimetur, noui enim ex quibus præjudiciis error iste profectus/sit.

Ad secundam. Imaginando gladium traijci vltra mundi fines, ostendis te etiam non concipere mun-dum finitum, omnem enim locum ad quèm gladius pertingit reuera concipis vt mundi partem, quamvis illud quod concipis vacuum voces.

Ad tertiam. Non melius possum explicare vim reci-procam in mutua duorum corporum ab inuicem se-paratione, quàm si tibi ponam ob oculos nauigiolum aliquod hærens in luto iuxta fluminis ripam, & duos homines, quorum vnus stans in ripa nauigiolum ma-nibus pellat, vt illud à terrâ remoueat, eodemque prorsus modo alius stans in navigio ripam manibus pellat, vt illud idem à terra remoueat. Si enim horum hominum vires sint æquales, conatus eius qui terræ insistit, terræque idcircò conjunctus est, non minus confert ad motum nauigij, quàm conatus alterius qui cum nauigio transfertur. Vnde patet actionem, quâ nauigium à terra recedit, non minorem esse in ipsâ terrâ quam in navigio. Nec est difficultas de eo qui à te sedente recessit, cum enim de translatione hic loquor, intelligo tantum eam quæ fit per separationem duorum corporum se immediatè tangentium.

Ad quartam. Motus Lunæ determinat materiam cœlestem, & ex consequenti etiam terram in ea contentam, vt versus vnam partem potius quam versus aliam nempe in figurâ ibi posita vt ab A versus B, potius quam versus D, flectatur, non autem dat ei celeritatem motus; & quia hæc celeritas pendet à materia cœlesti, quæ præter propter eadem est juxta Terram ac justa Lunam, deberet Terra duplo celerius convolvi quàm convoluitur, vt circiter sexagies circulum suum absolueret eo tempore, quo Luna semel percurrit suum sexagies majorem, nisi obstaret magnitudo, vt in Artic. 151. p. 3. dictum est.

Ad quintam. Nullum suppono esse lentorem nullamque tenacitatem in minimis materiæ particulis, nisi quemadmodum in sensibilibus & magnis, quæ nempe ex motu & quiete partium dependet; Sed notandum est ipsas particulas striatas formari ex materia subtilissimâ, & diuisa in minutias innumerabiles vel numero indefinitas, quæ ad ipsas componendas simul junguntur, adeò vt plures diuersas minutias in

vnaquaque particula ſtriata concipiam, quam vulgus
hominum in aliis corporibus valdè magnis.

Ad ſextam. Conatus ſum explicare maximam partem eorum quæ hic petis in tractatu de affectibus. Addo tantùm nihil mihi hactenus occurriſſe circa naturam rerum materialium, cuius rationem mechanicam non facillimè poſſim excogitare. Atque vt non
dedecet hominem Philoſophum putare Deum poſſe corpus mouere, quamvis non putet Deum eſſe
corporeum ; ita etiam eum non dedecet aliquid ſimile
de aliis ſubſtantiis incorporeis judicare. Et quamvis
exiſtimem nullum agendi modum Deo & creaturis
uocè conuenire, fateor tamen, me nullam in mente
meâ ideam reperire, quæ repræſentet modum quo
Deus vel Angelus materiam poteſt mouere, diuerſam
ab ea quæ mihi exhibet modum, quo ego per meam
cogitationem corpus meum mouere me poſſe mihi
conſcius ſum.

Nec verò mens mea poteſt ſe modo extendere, modò colligere in ordine ad locum, ratione ſubſtantiæ ſuæ, ſed tantum ratione potentiæ, quam poteſt
ad maiora vel minora corpora applicare.

Ad ſeptimam. Si mundus ab æterno fuiſſet, proculdubio hæc Terra non manſiſſet ab æterno, ſed aliæ
alibi productæ fuiſſent, nec omnis materia abiiſſet
in primum Elementum ; vt enim quædam eius partes
vno in loco comminuuntur, ita aliæ in alio loco ſimul coaleſcunt, nec plus eſt motus ſiue agitationis in
totâ rerum vniuerſalitate vno tempore quàm alio.

Ad octauam. Particulas aquæ, aliaſque omnes quæ

funt in terrâ, poros habere, fequitur euidenter ex modo quo terræ productionem defcripfi, nempe à particulis materiæ primi elementi fimul coalefcentibus:
cum enim hoc primum Elementum nullis conftet
particulis nifi indefinitè diuifis, hinc fequitur con-
cipiendos effe poros vfque ad vltimam poffibilem
diuifionem in omnibus corporibus ex eo conflatis.

Ad nonam. Ex iis quæ paulò ante dixi de duobus,
hominibus, quorum vnus mouetur vnà cum nauigio,
alius in ripâ ftat immotus, fatis oftendi me putare nihil
effe in vnius motu magis pofitivum, quàm in alterius
quiete.

Quid fibi velint hæc tua vltima verba. *An vlla res
affectionem habere poteft naturaliter , & à fe , quâ penitus
poteft deftitui , vel quam aliunde poteft adfcifcere,* non fatis
percipio.

Cæterùm velim vt pro certo exiftimes mihi femper
fore gratiffimum ea accipere quæ de fcriptis meis vel
quæres vel objicies, & pro viribus refponfurum effe
tibi addictiffimum, Renatum Defcartes.

Egmundæ 17. Kalendis
Maij 1649.

Z z iij

Illuſtriſſimo viro, Principique Philoſopho,

RENATO DESCARTES.

HENRICVS MORVS.

LETTRE LXX.

VIx me abſtinebam (vir Clariſſime) quin ab acceptis tuis litteris continuo ad te reſcriberem; quamvis profecto id à me factum fuerit inciuilius; quippe quod ſatis ex iiſdem intelligerem te per ſeptimanas benè multas, negotiis fore diſtrictiſſimū. Quin & mihi ipſi tunc temporis à patris obitu acciderunt multa quæ me alio auocarunt, impediueruntque, adeo vt quod voluiſſem maximè præſtare, haud commodè potuiſſem. Iamverò ad te tuaque reuerſus, ſatiſque nactus otij reſcribo, gratiaſque ago maximas, quod quærendi de tuis ſcriptis quod lubet, obijciendique, plenum mihi ius tam liberè benignèque conceſſeris.

Cæterùm, ne abuti videar hac ſummâ humanitate tuâ ad prolixiores altercationes (nam hactenus eo in loco Philoſophiæ verſati ſumus, qui λογομαχίαις lubricifque ſubtilitatibus opportunior extitit, in confiniis vtique Phyſices Metaphyſicæ & Logicæ) ad ea properoquæ certum magis firmumque judicium capiunt.

Obiter tantum notabo, atque primò ad Reſponſionem ad inſtantias primas. Quantum ad Angelos animaſque ſeparatas, ſi immediatè ſuas inuicem deprehendant eſſentias, id non dici poſſe ſenſum pro-

priè ; si ipsos fingas penitus incorporeos. Me verò
lubentem cum Platonicis, antiquis Patribus, magisque fermè omnibus, & animas & genios omnes tam
bonos quam malos, planè corporeos agnoscere, ac
proinde sensum habere proprie dictum (i. e.) mediante corpore quo induuntur exortum. Et profecto
cū nihil non magnū de tuo ingenio mihi pollicear, per
quàm gratissimum esset, si conjecturas tuas quas credo
pro eâ quâ polles sagacitate ac acumine fore ingeniosissimas, mecum breuiter communices super hâc re.
Nam quod quidam magnificè se efferunt in non admittendo substantias vllas quas vocant separatas, vt
dæmonas, Angelos, animasque post mortem superstites, & maximoperè hic sibi applaudunt, quasi re
benè gestâ, & tanquam eo ipso longè sapientiores
euasissent cæteris mortalibus, id ego non huius æsti-
mo. Nam quod sæpius obseruaui, hi sunt vt plurimum, aut Taurini sanguinis homines, perditèque melancholici, aut immane quantum sensibus & voluptatibus dediti, Athei denique, saltem si permitteret religio, quâ solâ superstitiosè freti Deum esse agnoscunt. Me vero non pudet palam profiteri, me vel semoto omni Religionis imperio, meâ sponte agnoscere, genios esse, atque Deum; nec vllum alium tamen me posse admittere, nisi qualem optimus quisque ac sapientissimus exoptaret, si deesset, existere.
Vnde semper suspicatus sum, profligatissimæ improbitatis, summæque stupiditatis, triumphum esse,
Atheismum ; Atheorumque gloriationem perindè
esse, ac si stultissimus populus de sapientissimi, beni-

gniſſimique principiis cæde ouarent inter ſe, & gra-
tularentur. Sed neſcio quo impetu huc excurſum eſt.
Redeo.

Secundò. Quod ad demonſtrationem illam tuam
attinet, quâ concludis omnem ſubſtantiam extenſam
eſſe tangibilem, & impenetrabilem; videor mihi hæc
poſſe regerere : in aliqua ſcilicet ſubſtantia extenſa
partes extra partes eſſe poſſe, ſine vlla ἀντιτυπία, ſeu
mutua reſiſtentia, atque hinc perit propriè dicta Tangibilitas. Deinde extenſionem ſimul cum ſubſtantia
in reliquam replicari extenſionem, & ſubſtantiam, nec
deperdi, magis quam illam ſubſtantiæ partem quæ
retrahitur in alteram, atque hinc cadit illa Impenetrabilitas; Quæ profiteor me clarè & diſtinctè animo
concipere. Quod autem aliquod reale claudi poſſit
(ſine vllâ ſui diminutione) minoribus maioribuſque
terminis, conſtat in motu, ex tuis ipſius principiis.
Nam idem numero motus nunc maius nunc minus
ſubjectum occupat, iuxta tuam etiam ſententiam;
Ego verò pari facilitate & perſpicuitate concipio dari poſſe ſubſtantiam, quæ ſine vlla ſui imminutione
dilatari & contrahi poſſit, ſiue per ſe id fiat, ſiue
aliundè.

Poſtremò igitur; Et demiror equidem quod ne in
intellectum tuum cadere poſſit, quod aut mens humana, aut Angelus hoc fermè modo ſint extenſi, quaſi
implicaret contradictionem. Cum ego potius putarem implicare contradictionem, quod potentia mentis ſit extenſa, cum mens ipſa non ſit extenſa vllo
modo. Cum enim potentia mentis, ſit modus men-

tis

tis intrinsecus, non est extra mentem ipsam, vt patet.
Et consimilis ratio est de deo; vnde me consimilis ferit
admiratio, quod in Responsione ad penultimas instantias concedis cum vbique esse ratione potentiæ,
non ratione essentiæ; quasi potentia Diuina, quæ Dei
modus est, extra Deum esset sita, cum modus realis
quilibet, intimè semper insit rei cuius est modus: Vnde necesse est Deum esse vbique, si potentia eius vbique sit.

Neque suspicari possum per potentiam Dei intel-
legi te velle, effectum in materiam transmissum.
Quod si hoc intelligas non video tamen quin eòdem
res recidat. Nam hic effectus non transmittitur nisi
per potentiam Diuinam, quæ attingit materiam suscipientem, hoc est, modo aliquo reali vnitur cum eá;
ac proinde extenditur; nec tamen interea separatur
ab ipsa Diuina Essentia. Videtur enim, vt dixi, con-
spicua contradictio. Sed hisce statui non immoran-
dum.

Ad quæstiones transvolo ; postquam monuerim,
quam contristat animum, continuationis tuæ Philosophiæ desperatio; Sed æquè refocillat tamen certa spes tractatus illius desideratissimi , quem hæc
æstas parturit; citò & fæliciter in lucem prodeat,
exopto.

A D R E S P O N S. A D Q V Æ S T I O N E S.

Ad primam & secundam; Respondes sanè constanter & conuenienter tuis principiis, quod à quolibet, nisi sententia vicerit melior, & expecto, & laudo.

Ad tertiam ; ex navigiolo illo tuo has mihi comparaui merces. 1. In motu esse mutuum eorum quæ moueri dicuntur renixum. 2. Quietem esse actionem, nempe renixum quendam, siue resistentiam. 3. Moueri duo corpora, esse immediatè separari. 4. Immediatam illam separationem esse motum illum, siue translationem, præcisè sumptum.

Cum vero duo corpora se expediunt à se inuicem, nisi vim in vtroque expeditricem, & avulsoriam adieceris notioni translationis, seu motus, motus hic erit extrinsecus tantùm respectus, aut aliquid fortasse levius. Separari enim vel significat, superficies corporum, quæ se modo mutuò tangebant, distare à se inuicem; distantia autem corporum extrinsecus tantum est respectus; vel significat non tangere quæ modo tangebant, quæ priuatio duntaxat est, vel negatio. Certè de sententiâ tuá hâc in re non satis clarè mihi constat.

Ego verò, si mihi ipsi permitterer, judicarem motum esse vim illam vel actionem, quâ se à se inuicem mutuo expediunt corpora quæ dicis moueri; immediatam autem illam separationem eorumdem, esse effectum dictorum motuum, quamvis sit vel nudus duntaxat respectus, vel priuatio. Sed aliter tibi visum est Philosophari in explicatione definitionis motus, Artic. 25. Part. 2. vbi equidem mentem tuam non plenè capio.

Ad reliquas quæstiones, omnes quas proposui, respondisti perspicuè & appositè. Sed ad pleniorem intelligentiam eorum quæ ad sextam accumulaui, expecto dum prodeat exoptatissimus tuus libellus de affectibus.

Cæterùm, quantum ad verba illa mea vltima, *An vlla res*, &c. Parturibat profectò mihi mens euanidam aliquam subtilitatem, quæ jam effugit, nec meâ interest reuocare.

Hoc tantùm quæram denuò; Vtrùm materia sibi liberè permissa (i. e.) nullum aliundè impulsum suscipiens, moueretur an quiesceret. Si mouetur à se naturaliter, cum materia sit homogenea, & ea propter motus vbique esset æqualis, sequitur quod tota materia simulac fuerit, disijceretur in partes tam infinitè exiles, vt nihil vllo modo vlterius abradi posset ab vlla particula. Quicquid enim abradendum imaginaris, jam disjectum est, ac dissolutum, ob intimam vim motûs per vniuersam materiam peruadentis, vel si malles, insiti. Nec partium aliæ aliis magis mutuò adhærescent, aliòue cursum flectent, quàm aliæ, cùm sint omnes prorsus consimiles iuxta quamlibet rationem imaginabilem. Nulla enim figuræ asperitas, vel angulositas fingi potest, quæ non iam contusa sit ad vltimum quod motus poterit præstare, nec vlla motus inæqualitas in vllis particulis ponenda est, cum materia supponatur perfectè homogenea. Si naturaliter igitur moueretur materia, nec sol, nec cœlum, nec terra esset, nec vortices vlli, nec heterogeneum quicquam, siue sensibile siue imaginabile, in rerum Natura. Ideoque periret tuum condendi cælos, terrasque, cæteraque sensibilia, mirificum artificium.

Quod si materiam quiescere dicis ex se, nisi aliundè mouetur quodque hæc quies sit positiuum quid, vim inde materia æternùm pateretur, & affectio natu-

ralis deſtrueretur in perpetuum, vt contraria domi-
naretur ; Quod videtur duriuſculum. Nec tamen tutius forſan eſſet quietem ſtatuere motûs priuationem,
ſiue negationem ; caderet enim omnis reſiſtendi actio in materiâ quieſcente, quam tamen agnoſcis :
Qamvis & id ipſum intellectui meo non nihil negotij
faceſſat. Dum enim quietem actionem ſtatuis materiæ, motum etiam eandem eſſe ſtatuas neceſſe eſt ;
ſiquidem materia non agit niſi mouendo, aut ſaltem
conando motum. Malè profecto me habent iſti ſcru-
puli, quos quam primum eximere mihi poteris obſecro vt eximas.

Quin etiam adeo ſuperſtifiosè hæc prima principia
penſito, vt noua jam mihi ingeratur difficultas de naturâ motus. Cum ſcilicet motus corporis modus ſit, vt
figura, ſitus partium, &c. quî fieri poſſet, vt tranſeat ab
vno corpore in aliud, magis quam alij modi corporei :
Et vniuerſim imaginatio mea non capit, quî poſſit fieri, vt quicquam quod extra ſubiectum eſſe non poteſt
(cuius modi ſunt modi omnes) in aliud migret ſubiectum. Deindè quæram, cum vnum corpus in aliud
minus, ſed quieſcens impingit, ſecumque defert, annon quies quieſcentis corporis ſimiliter tranſmigrat
in deferens, æquè ac motus mouentis inquieſcens : Videtur enim quies res adeò otioſa ac pigra, vt tædeat
itineris, cum tamen æquè realis ſit ac motus, ratio co-
get eam tranſire. Poſtremò, obſtupeſco planè, dum
conſidero, quod tam leuicula ac vilis res, ac motus,
ſolubilis etiam à ſubjecto, & tranſmigrabilis, adeò-
que debilis ac euanidæ naturæ vt periret protinus,

nifi fuftentaretur à fubjecto , tàm potenter tamen
contorqueret fubjectum, & hâc vel illâc tam fortiter impelleret. Equidem pronior fum in hanc fen-
tentiam, quod nullus prorfum fit motuum tranfitus,
fed quod ex impulfu vnius corporis, aliud corpus in
motum quafi expergifcatur, vt anima in cogitationem
ex hâc vel illâ occafione ; quodque corpus non tam
fufcipiat motum, quàm fe in motum exerat, à corpore alio commonefactum ; Et quod paulò antè dixi,
eodem modo fe habere motum ad corpus, ac cogitatio fe habet ad mentem, nimirum neutrum recipi,
fed oriri vtrofque ex fubjecto in quo inueniuntur.
Atque omne hoc quod corpus dicitur, ftupidè &
temulentè effe viuum, vtpote quod vltimam infi-
namque Diuinæ effentiæ, quam perfectiffimam vitam autumo, vmbram effe ftatuo, ac idolum; ve-
runtamen fenfu ac animaduerfione deftitutam.

Cæterum, tranfitus ille tuus motuum à fubjecto in
fubjectum, idque à maiori in minus, & viciffim, vt
fupra monui, optimè repræfentat naturam meorum
Spirituum extenforum, qui contrahere fe poffunt,
& rurfus expandere, penetrare facillimè materiam, &
non implere, agitare quouis modo ac mouere, & tamen fine machinis vllis & vncorum nexu. Verum
diutius in hoc loco hæfi quam putaram : fed ad infti-
tutum propero, hoc eft, ad nouas quæftiones pro-
ponendas, fuper fingulis illis articulis Principiorum
tuæ Philofophiæ; quorumuim nõdum fatis intelligo.

AD PARTIS PRIMÆ ARTIC. 8.

Perfpicuè videmus, &c. nec perfpicuè videmus ex-

tenſionem , figuram , & motum localem , ad naturam
noſtram pertinere, nec videmus perſpicuè non pertinere; Vtinam hîc breuiter demonſtres , nullum corpus poſſe cogitare.

AD ARTIC. 37.

Annon maior perfectio eſt id ſolum velle poſſe hominem quod ſibi optimum eſſet, quam poſſe etiam
contrarium ; Cum melius ſit ſemper fælicem eſſe,
quam vel ſummis aliquando efferri laudibus , vel
etiam ſemper?

AD ARTIC. 54.

Hîc rurſus repeto quod opportebat demonſtrare,
nihil extenſum cogitare , aut quod videbitur facilius,
nullum corpus poſſe cogitare. Eſt enim dignum ingenio tuo argumentum.

AD ARTIC. 60.

Quamuis mens poſſit contemplari ſeipſam, vt rem
cogitantem , excluſâ omni corporeâ extenſione in
hoc conceptu, non tamen euincit quicquam aliud,
niſi quod mens poſſit eſſe corporea vel incorporea,
non quod ſit de facto incorporea. Iterum igitur rogandus es , vt demonſtres , ex aliquibus operationibus mentis humanæ, quæ corporeæ naturæ competere non poſſunt, hanc mentem noſtram eſſe incorpoream.

AD PARTIS SECVNDÆ ARTIC. 25.

*Non vim vel actionem quæ transfert, vt oſtendam il-
lum ſemper eſſe in mobili*, &c. Annon igitur vis ipſa atque actio motus eſt in re mota?

AD ARTIC. 26.

Est ne igitur in quiescentibus perpetua quædam vis statoria, vel actio sistendi se, & corroborandi contra impetus omnes, quibus partes eorum diuelli possint, & disijci, vel totum corpus alió abripi, & transferri? Adeo vt Quies rectè definiri possit, vis quædam vel actio interna corporis, quâ corporis partes arctè constringuntur ad se inuicem, & comprimuntur, adeoque à diuisione, vel dimotione, per impulsum alieni corporis, defenduntur? Hinc enim illud consurgeret, quod à meo intellectu minimè alienum est. Materiam vtique vitam esse quandam obscuram (vtpote quam vltimam Dei vmbram existimo) nec in solâ extensione partium consistere, sed in aliquali semper actione, hoc est, vel in quiete vel in motu, quorum vtrumque réuerâ actionem esse ipse concedis.

AD ARTIC. 30.

Hic articulus videtur continere demonstrationem euidentissimam, quod translatio, siue motus localis (nisi extrinsecus sit corporum respectus duntaxat.) non sit reciprocus vllo modo.

AD ARTIC. 36.

Quæro, annon mens humana dum spiritus accendit, attentiùs diutiusque cogitando, corpusque insuper ipsum calefacit, motum auget vniuersi?

AD ARTIC. 55.

Nunquid igitur cubus perfectè durus, perfectéque planus, motus super mensâ, puta perfectè dura, perfectèque plana, eo ipso instanti, quo à motu sistitur, æquè firmiter coalescit cum mensâ, ac cubi, vel menfæ partes cum feipfis; An manet diuifus à menfa femper, an ad tempus faltem, poft quietem? Nulla enim eft compreffura cubi in menfam, cum hunc motum tanquam in vacuo factum imaginemur, fuper menfam, extra mundi parietes, fi fieri poffet, fitam, ac proinde vbi nullus locus eft grauitati vel leuitati, motumque fifti ex ea parte ad quam tendit cubus. Videntur igitur ex lege naturæ, cum jam diuifa fint cubus & menfa, & nulla actio realis detur qua conjungantur, manfura femper actu diuifa.

AD ARTIC. 56. & 57.

Non video quî fit opus, vt tam amplos particularum gyros ac lufus circa corpus B. defcribas. Videtur enim fatis, fi putemus fingulas aquæ particulas, fimili impetu moueri à materia fubtili, & æquales effe particularum magnitudines. Hinc enim, cum B. à quolibet latere, breuiffimis gyris vel femigyris, vel aliâ quacumque ratione motûs proximè adjacentium particularum, contunditur, neceffario quiefcet, nec in vnam partem magis quam in aliam promouebitur.

AD ARTIC. 57. linea 19.

Nec incedent per lineas tam rectas, &c. Quid? quod jam ad circularem magis accedunt, cum antea oualem magis referebant figuram? Non plenè capio.

AD ARTIC. 60.

Sed ipfas quatenus celerius aguntur in quaflibet alias partês ferri. Poffuntne igitur celeritas motus, & eiufdem determinatio, diuortium pati. Perindè enim videtur, ac fi fingamus viatorem currentem, curfum quidem dirigere Londinum verfus, fed celeritatem curfus nihilominus

hilominus ferri Cantabrigiam versus, vel Oxonium·
Subtilitas quam neutra vniuersitas capiet, nisi forte intelligas per, *ferri*, motum moliri, vel niti vt aliquor-
sum fiat motus.

AD PARTIS TERTIÆ ARTICVLVM 16.

Annon iuxta Ptolemaicam hypothesin Veneris lumen, ad modum Lunæ, nunc decresceret, nunc cres-
ceret, quamvis non tam ampliter.

AD ARTIC. 31.

Quî fit vt Planetæ omnes in eodem non circumgy-
rentur Plano. Videlicet in Plano Eclipticæ, maculæ
que adeo solares, aut saltem in planis Eclipticæ paral-
lelis, ipsaque Luna, aut in Æquatore aut in Plano
Æquatori parallelo, cum a nullâ internâ vi dirigantur,
sed externo tantùm ferantur impetu.

AD ARTIC. 36. 37.

Vellem etiam mihi subindices rationem Aphelio-
rum, & Periheliorum Planetarum, & quam ob causam
locum subindè mutent singula, tum maximè cum in
eodem sint vortice omnia? cur non iisdem in locis inueniuntur Planetarum omnium Primariorum Aphe-
lia & Perihelia? Præcessio etiam Æquinoctiorum,
quomodo ex tuis oriatur principiis? Hîc enim tu veras & naturales horum Phænomenωn causas explicare
poteris, cum alij fictitias tantum exponant Hypotheses.

AD ARTIC. 55.

Quæ in orbem aguntur. Sed quomodo primùm ince-
perunt tam immensa materiæ spatia in gyros conuol-
vi, vorticesque fieri?

Ad Artic. 57.

Eius partem quæ à fundâ impeditur, &c. Videtur perceptu difficilius, quod lapis, A. impediatur à motu in D, cum nec de facto illuc vnquam feratur, nec si impedimentum tolleretur, illuc naturaliter pergeret; Pergeret enim omnino versus C.

Ad Artic. 59.

Nouam vim motus acquiri, & tamen conatum renouari hic dicis, Nescio quàm benè cohærent. Nam si noua vis acquiritur & superadditur, non est renouatio motus, sed augmentatio. Quòd si globulus A, mouendo motum auget, in eodem puncto baculi existens, cur non semper motus seipsum mouendo accendit, & auget? Hoc autem modo jam pridem omnia in flammam abijssent.

Ad Artic. 62.

Hic quæro, cùm conatus globulorum, in quo lux & lumen consistit, fiat per integram vorticis amplitudinem, ita vt basis trianguli B F D multo maior esse possit, quàm D B, & ab vtrinque productæ diametri D B decies putà vel centies majoris factæ, extremitatibus, globuli obliquo conatu, in cuspidem aliquam ad F, oculum cuiuslibet intuentis reprimantur, cur lux, putà solis, non maior videtur, quàm quæ sit intra circulum D C B?

Ad Artic. 72.

Non penitùs hoc artificium contorquendi materiam primi elementi in spiritales siue cochleares formas intelligo; præsertim in locis ab axe paulo remotioribus. Nisi hoc fiat, non tàm quod globuli tor-

queantur circa particulas primi elementi, quàm quod
ipſum primum elementum, ab ipſis fortaſſe globulis
leuitèr in gyrationem determinatum, ſe ipſum inter
triangularia illa ſpatia contorqueat, lineaſque ſpirales in ſe deſcribat Oro te vt hic mentem plenius explices. Sed & alia ſubindè hic oritur dubitatio. Cum
particulæ hæ contortæ conſtent ex minutiſſimis particulis, & rapidiſſimè agitatis, quomodo illæ minutiſſimæ particulæ, in vllam formam vel magnitudinem
maiorem coaleſcant, præſertim cum in formandis hiſce particulis ſtriatis, diſtortio illa ſit, motuſque obliquitas.   AD ARTIC. 82.

Tam ſupremi quàm infimi, &c. Prodigij inſtar mihi
videtur rapidus hic globulorum ſupremorum curſus,
præſertim ſi cum mediorum comparetur, & qui cauſas quas in ſubſequenti articulo profers, longè excedat. Si quid vlterius adinuenire poſſis, quo mollius
hoc dogma reddatur, gratum profectò eſſet audire.
                    AD ARTIC. 84.

Cur cometarum caudæ, &c. Primam quamque impatienter tibi obtrudo occaſionem explicandi quodlibet: Rogo vt hanc rem etiam hoc in loco breuiter
expedias.
                    AD ARTIC. 108.

*Per partes vicinas Ecliptica Q. H. in cælum abire cogun-
tur.* Qui ſit vt non omnes ferè illuc abeant, potiùs
quàm à polo ad polum migrando vorticem, quem
vocas, componant?
                    AD ARTIC. 121. linea vltima.

A variis cauſis aſſiduè poteſt mutari; &c. A quibus?

AD ARTIC. 129. lin. 15.

Non prius apparere quàm, &c. Cur circumfluxus illius materiæ, cum sit adeo transparens, impedit Cometam ne videatur? Circumfluens enim materia Iouem Planetam non abdit ab oculis nostris. Et cur necesse est vt non nisi obuolutus materiâ relictivorticis Cometa, indè egrediatur?

AD ARTIC. 130. linea. 21.

Minuitur quidem, &c. Cur non deletur penitus, si vortex A, E, I, O, fortius vel æquè fortiter vrget vicinos vortices, quàm ille ab ipsis vrgetur?

AD ARTIC. 149.

Breui accedet ad A, &c. Cur non ad F vsque pergit, impingitque in ipsam terram?

Quia sic a rectâ lineâ minus deflectet. Non mihi constat lineam, N A, continuatam cum A B, lineam magis rectam constituere, quam eandem N A cum A D continuatam: Sed cum Luna à centro S. recedat, ad modum globulorum cælestium, magis naturaliter videtur consurgere versus B, quam versus D descendere.

AD PARTIS QVARTÆ ARTIC. 22.

Nec Terra proprio motu cieatur, &c. Non video quid refert vnde sit motus ille circularis, modo sit in Terrâ, nec deprehendo quin illi celerrimi gyri Telluris imposita omnia reijcerent versus cælos, quamvis motus non esset proprius, sed ab internâ materiâ cælesti profectus, nisi agitatio circumjacentis ætheris, quam supponis multo celeriorem, fatum illud præuerteret. Nec videtur terra habere rationem corporis quiescentis, quoad conatum partium recedendi à centro;

Videtur enim illud necessarium in omni corpore circulariter moto: Sed quod simul circumvoluitur cum
ambiente æthere, nec separantur superficies, hâc forsan ratione dicatur Terra quiescere. Hæc autem dico
vt ex te intelligam, annon ratio, quod partes Terræ
non dissiliant, ad solam celeritatem motus particularum Ætheris, referenda sit?

AD ARTIC. 25.

Propter suarum particularum motum inest leuitas. Quid
igitur existimas de frigido & candenti ferro? Vtrum
præponderat? Præterea quomodo moles aquæ leuior
sit ob motum partium, cum motus harum partium
tandem à globulis determinatur deorsùm. Hinc enim
videtur magis accelerari descensus corporis, vndè maior æstimabitur grauitas. Atque hoc modo aqua auro
præponderabit.

AD ARTIC. 27.

Nisi forte aliqua exterior causa, &c. Quænam sint illæ causæ, paucis obsecro vt innuas.

AD ARTIC. 133. lin. 12.

Axi parallelos. Parallelismi mentio hîc me monet
de difficultatibus quibusdam fere inextricabilibus.
Primò. Cur tui vortices non fiant in modum columnæ, seu cylindri, potiùs quam ellipsis, cum quodlibet
punctum axis sit quasi centrum à quo materia cælestis
recedat, & quantum video æquali prorsus impetu.
Deindè, primum elementum (cum vbique ab axe
oporteat globulos æquali vi recedere) cur non æqualiter per axem totum in cylindri formam productum
iacet, sed in sphæricam figuram congestum, ad me

dium ferè axis relegatur. Nam occurſus huius, elementi primi, ab vtroque polo vorticis nihil impedit quo
minus totus axis productâ flammâ luceret. Cum enim
vbique cujuslibet axis æquali vi recedant globuli, faciliùs præterlabentur ſe inuicem, rectáque pergent
ad oppoſitos polos Materiæ ſubtiliſſimæ irruentia
fluenta, quàm excauabunt, vel diſtundent ſibi, in aliquâ axis parte, ſpatium maius quàm præſens, & æquabilis vorticis circumvolutio, lubens admitteret, vel
ſponte ſuâ offerret. Tertio denique cum globuli cæleſtes circà axèm vorticis ferantur πᾳραλλήλως & axi,
& ſibi inuicem, nec paralloliſmum perdant, dum locum aliquatenus inter ſeipſos mutant, impoſſibile
videtur vt vlla omninò fiat particularum ſtriatarum
intortio, niſi ipſæ particulæ ſtriatæ in triangularibus
illis ſaptiis circa proprios axes circumrotentur, quod
quam commodè fieri poſſit non video, quemadmodum ſupra monui.

AD ARTIC. 187.

Nulla ſimpathiæ vel antipathiæ maracula, &c. Vtinam
igitur hic explices, ſi breuiter fieri poſſit, quâ ratione mechanicâ euenit, vt in duabus chordis etiam
diuerſorum inſtrumentorum, vel vniſonis, vel ad
illud interuallum Muſicum quod διαπασῶν dicitur attemperatis, ſi vna percutiatur, altera in altero inſtrumento ſubſiliat, cum quæ propiores & laxiores etiam
ſint, immò & in eodem inſtrumento inquo chorda
percuſſa tenſæ non omninò moueantur. Experimentum vulgare eſt & notiſſimum. Nulla verò ſimpathia mihi videtur magi rationes mechanicas, fugere
quam hic chordarum conſenſus.

AD ARTIC. 188.

Ac sextam de homine essem, &c. Perge, Diuine vir, in istoc opere excolendo & perficiendo. Pro certissi-mo enim habeo, nihil vnquam Reipub. literariæ aut gratius aut vtilius in lucem proditurum. Nec est quod experimentorum defectum hic causeris. Nam quan-tum ad corpus nostrum, accepi à dignis fide authori-bus, te, quæ ad humani corporis Anatomen spectant, accuratissimè vniuersa explorasse. Quod autem ad ani-mam, cum talem ipse nactus sis, quæ in maximè subli-mes amplissimasque operationes è vigilauit, spirituf-que habeas agillimos & subtilissimos, generosa tua mens, innatâ suâ vi cælestique vigore, tanquam igni Chymicorum aliquo freta, ita excutiet se, variasque in formas transmutabit, vt ipsa sibi facile esse possit in-finitorum experimentorum officina.

AD ARTIC. 195.

Et Meteoris explicui, &c. Pulcherrimam sanè colo-rum rationem in Meteoris explicuisti. Est tamen eâ de re improba quædam difficultas, quæ magnum ima-ginationi meæ negotium facessit. Quippe quod cum colorum varietatem statuas, ex proportione quam habet globulorum motus circularis ad rectilinearem, oriri, eueniet necessariò vt aliquando etiam in iisdem globulis, & motus circularis rectilinearem, & rectili-nearis circularem eodem tempore superet. Verbi gra-tia, In duobus parietibus oppositis, quorum vnus ru-bro alter cæruleo colore obductus est; Interjacentes globuli ob rubrum parietem, celerius mouebuntur in circulum quam in lineam rectam, ob parietem tâ-

men cœruleum celerius in lineam rectam mouebũtur
quam in circulũ, & eodem prorsus tempore; quæ sunt
plane ἀσύστατα, vel sic. In eodem pariete, cuius pars,
putà dextra rubet, media nigra est, sinistra cœrulea,
cum ad oculum semper fiat decussatio, omnes globuli, ob radiorum concursum, singulorum globulorum motũs proportionem, circularis nimirum ad-
rectum, suscipient; adeò vt necesse sit colores omnes
in imo oculi permisceri & confundi. Neque vllam
rationem soluendi hunc nodum excogitare possum,
nisi fortè supponendum sit motum hunc circularem
esse duntaxat conatum quendam ad circulationem,
non plenum motum, vt reuerà sit in motu recto dictorum globulorum. Et ad plerasque omnes alias
difficultates quas tibi jam proposui, aliquales saltem
solutiones, vel proprio marte, eruere forsan potuero;
Sed cum humanitas tua hanc veniam mihi concesse-
rit, & singularis tua dexteritas in soluendis huiusmodi nodis, quam in nuperis tuis litteris perspexi, me insuper inuitauerit, (quamvis enim breuiter pro angu-
stiis temporis, in quas conjectus tunc eras, egisse te
video, tam plenè tamen mihi satisfacis, tamque fortiter animi sensus mihi moues, ac si præsens digitum
digito premeres.) Cum denique majorem præ se latu-
ræ sint authoritatem elucidationes tuæ, tum apud me
ipsum, tum apud alios, si vsus fuerit, è re nostra putaui fore, hasce omnes difficultates tibi ipsi proponere, quas cum solueris, nisi magnopere fallor, penitis-
simè tuæ Philosophiæ principia intelligam vniuersa.
Quod equidem quanti facio vix credibile est. Hosce
autem

autem præsentes gryphos mihi cum expediueris(quod
quantò citiùs fit, propter impotentem illum amorem
quo in tua rapior, eò gratius futurum est) quæstiones alias è Dioptrice tuâ petitas, mox accipies à

Philosophiæ tuæ studiosissimo.
HENRICO MORE.

Clarissimo viro, summoque Philosopho,

RENATO DESCARTES.

HENRICVS MORVS.

LETTRE LXXI.

EQVIDEM impensè doleo, vir Clarissime, quod
tam subito à viciniâ nostrâ abreptus sis, & in tam
longinquas abductus oras. Habeo tamen, vt nihil dif-
simulem, quo hanc animi ægritudinem ac molestiam
mitigare possim, meque ipsum consolari. Et certè
non minimum est, quod is honor tibi optimè me-
renti habitus sit, etiam apud gentes remotissimas; no-
minisque tui claritudo ad Septentrionales vsque spis-
situdines, crassasque nebulas, tam potenter penetra-
uerit; Neque (id quod caput rei est) frustrà. Cum tantus literarum & literatorum amor, generosum pectus
Illustrissimæ Heroinæ, Serenissimæ Reginæ Sueco-
rum incesserit, vt famá librisque tuis non contenta, a
scribendo ad te, vt eam inuiseres, numquam destite-
rit, donec voti facta sit compos. Quod cessurum credo in magnum illius regni commodum & ornamen-

CCç

tum. Quas ob caufas fateor me minùs inclementer tuliſſe, tuum ab hifce regionibus noſtris abceſſum, ia-cturáque itidem exoptatiſſimæ illius Epiſtolæ, quam prout promiſiſti, ante abitum tuum, à te expecta-bam. Cuius jam recuperandæ ſpem omnem, tantum abeſt vt abijciam, vt è contrà fortiter confidam, te non ſolum illis quas ante ſcripſi, ſed & præſentibus literis, cum ad manus tuas peruenerint, breui reſpon-ſurum. Quâ fretus confidentiâ ad Dioptricen tuam pergo; mox ad Meteora, ſi quid fortè ibi occurrerit difficultatis, profecturus: vt tandem animam meam iis omnibus exonerare poſſim, quæ in rem noſtram putabam fore, tibi pleniùs proponere. Spero enim hoc modo me, cum omnia ex meâ parte perfecta ſint, quæ præſtare oportebat, molliorem animæ meæ con-ciliaturum quietem, minùſque in poſterùm me anxiè habiturum.

AD DIOPTRICES. CAP. 2. ARTIC. 4. lin. 21.

Nullo modo illi oppoſitum. Linteum CE, videtur op-poni B pilæ, aliquo ſaltem modo, etiam quatenùs pi-la dextrorſum fertur. Quod ſic patebit.

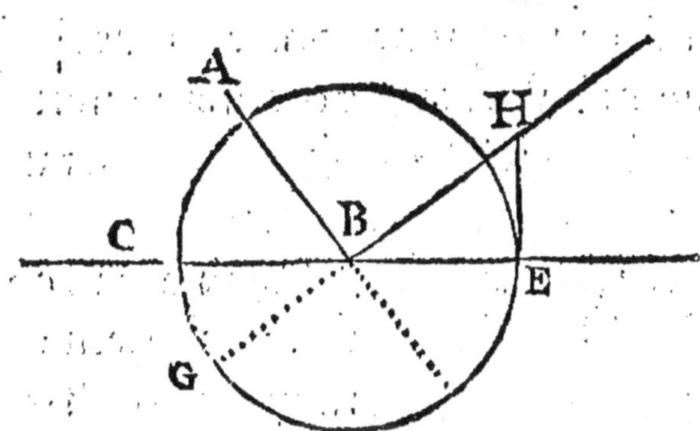

Nam GH plenè opponitur, pilæ B, perfectéque impedit curſum eius, tam verſus HE quam verſus CE, ſeu deorſum. Cum igitur tam propè accedat CE, ad poſituram GH, vt deſit tantum

angulus H B E , fiue G B C , ad perfectam oppofitio-
nem tendentiæ verfus H E. C E etiam fuam feruans
pofituram, aliquatenus opponetur pilæ B , etiam quatenus curfum tendit verfus H E. Quod infuper mani-
feftiùs apparebit : fi fingamus C E vdæ argillæ plani-
tiem , & pilam puta æneam ab A ferri ad B , vbi ali-
quò vfque penetrabit , fed ftatim fuffocabitur vis curfus tam verfus H E , quam verfus C E , quod tamen
non fieret , fi pila ferretur fecundum lineam C B E ,
fed fine impedimento pergeret Verfus H E , præfertim fi nulla ineffet pilæ grauitas ; vnde patet plani-
tiem C E opponi pilæ B , defcendenti ab A , etiam quatenus fertur verfus H E, quod opportebat demôftrare.

Dimidiam fuæ velocitatis partem amittat. lin. 27. Partem hic aliquam velocitatis amiffam effe lubens concedam , fed quod & in hoc articulo & in proximè fe-
quenti fupponis , hanc partem velocitatis deperdi
tantum verfus C E , non verfus F E , nullus capio. Cum
enim vnicus realis motus fit pilæ , (quamvis varias
imaginari poffimus pro libitu tendentias huius motus , fiue metas ;) fi minuitur hic motus , quacumque
pergere fingis pilam , tardiùs incedet quam ante motum minutum. Caufa igitur tendentiæ pilæ ad I. potius quam ad D , non petenda eft a tarditate vel celeritate motûs , fed a refiftentia magni illius anguli C B D.
Et a debilitate minoris illius anguli E B D , cuius acies
ob exilitatem fuam , & materiæ fluiditatem , facilius
cedet pilæ projectæ , quam obtufus angulus C B D.
Alioqui fi caufa referenda effet ad celeritatem, vel tar-
ditaté, pila defcendens ab A in B, curfum etiam defle-

æteret. Hic schema tuum consule, si opus est, pag. 84.

 AD ARTIC. 6. lin. 7.

Tam oblique incumbat, vt linea F E ducta, &c. Perpetua hæc tua demonstrandi ratio, quo pila profectura sit, lepidam profecto in se habet subtilitatem, sed quæ causam rei non videtur attingere. Vera enim & realis causa intelligenda est ex amplitudine anguli C B D, & exilitate E B D anguli, & magnitudine etiam pilæ, quæ quo maior est, eo minorem depreſſionem lineæ A B, versus C E requirit, ad resiliendum versus aërem L. Maior enim pila non tam commodè leuat atque aperit cuspidem acutioris anguli, quò intret in ipsam putà aquam, sed contundendo potius transvolat reflexa.

Quod vim eius motûs augeat. lin. 22. Augmentum motûs nihil efficiet, ad detorquendum cursum pilæ inceptum, nisi sit positura alicuius corporis quod dictum cursum pilæ versus partem aliam determinet. Quod ego hoc modo fieri auguror, in mediis illis, quæ tu fingis radium faciliùs admittere, qualia sunt Chryſtallus, vitrum, &c. Nempe cum acies anguli E B D in istiusmodi ſybſtantiis adeo dura sit, & pervicax, vt nihil cedat, radius impingens in conſtipam & inclinantem anguli aciem, non nihil auertitur ab incepto cursu, & introrsùm perpendiculum versus abigitur. Vtraque igitur refractio reflexio quædam mihi videtur, vel saltem reflexionis quædam inchoatio. Atque quemadmodum in plena & libera reflexione determinato tollebatur, sine vlla retardatione cursûs pilæ, ita hîc ad minuendam vel mutandam determinatio-

nem , noua tarditas vel celeritas non videtur neceſſa-
ria. Sola igitur determinatio minuta vel aucta ſufficit
ad vtramvis refractionem. Neque enim B cum ad C E
ſuperficiem peruenerit, quatenus celerior vel tardior
curſum flectit , ſed quatenus impingit in corpus de-
terminationem mutans. Alioqui , ſi nuda duntaxat
acceſſerit celeritas vel tarditas, A ſemper pergeret à
B , in D.

In priori igitur refractione , videlicet a perpendicu-
lo, determinatio deorsùm minuitur neceſſariò , pila
autem retardatur per accidens, ob mollitiem curſum
immutâtis. In poſteriori determinatio deorsùm auge-
tur ; pila autem ſi acceleratur, acceleratur per accidens,
ob noui medij faciliorem tranſitum. Determinatio-
nis igitur mutatio, eiuſque cauſa , ad refractiones juxta ac reflexionem , ſunt planè neceſſariæ , velocitas &
tarditas ipſius motûs ſunt duntaxat acceſſoriæ, vel potius planè ſupervacaneæ. Immo verò , nouam quod
pilæ ſeu globuli accelerationem attinet , in medio fa-
ciliori, videtur quidem illa perceptu perquam diffici-
lis ; Proptereà quod nouum illud medium, non ſup-
peditat nouos gradus motûs, ſed tantum permittit pilæ, quos etiamnum habet ſuperſtites, ſine vlteriori vl-
là diminutione, integros poſſidere, cum nullos ad ſe
arripiat, vel imbibat. Æquèque abſurdum videtur, nouos, vel ſi malles priſtinos, gradus reſtitui pilæ medium facilius intranti , ac concedere in puncto reflexionis pilam aliquo momento hærere , priuſquam re-
ſiliat, quod meritò explodis. Art. 2. huius cap.

CAPVT 6. AD ARTIC. 9.

Sed ex solo situ exiguarum partium cerebri, &c. Sunt nè igitur istiusmodi, in cerebri dissectione, particulæ visibiles, an ratione duntaxat colligis istiusmodi esse oportere, in hunc vsum destinatas ? Mihi vero nihil opus harum esse videtur, sed eadem organa quæ motum transmittunt, animam etiam commonefacere necessariò, vnde illa fiat motûs transmissio, si nullum interjacet impedimentum.

AD ARTIC. 13.

Similem illi, qua Geometræ per duas stationes, &c. Duriuscula hæc videtur obscuriorque comparatio, in nihiloque consentiens, nisi quod vtrobíque binæ sumuntur stationes. Geometræ enim, vel si malles Geodætæ, stationes sumunt, in lineâ ab arbore putà vel turri rectâ productâ ; Oculus locum mutans in lineâ transuersâ, & fermè objecto parallelâ, si rectè rem capio.

AD ARTIC. 16.

Ex cognitione seu opinione quam de distantiâ habemus, &c. Adæquatas fortasse causas apparentis corporum magnitudinis explicare, perquàm difficile esset. Sed in vno hoc maximè consistere opinor, nimirum in magnitudine & paruitate decussationis anguli ; Ille enim quo maior est, maior apparebit eiusdem corporis magnitudo, quo minor, minor. Deinde quod obseruatu dignissimum est, cum objectum aliquod, pollicem puta tuum, intra grani vnius distantiam, oculo admoueris, hic decussationis angulus quater aut quinquies maior erit, quam ille qui fit ad oculum a polli-

ce diſtantem decem fermè grana, & ſi adhuc amoue-
bitur pollex ab oculo, per aliquot dena grana, ſemper
anguſtior reddetur angulus decuſſationis, ſed minori
ſemper proportione, per dena quæque grana, & minori; ſemper tamen aliquantò anguſtior euadit quam
antea, donec tandem fiat tam anguſtus, vt rationem
vnius lineæ rectæ habere intelligatur. Hinc nemo mi-
rabitur, ſi multò majorem pollicem deprehendat vni-
co grano ab oculo diſtantem, quam cum decem abeſt
ab oculo, & poſteà per multa dena grana remotum,
ad ſingula grana dena, non multùm magnitudinis de-
perdere: Tam longinquè tamen remoueri poſſe, vt
prorſus deſinat vlterius apparere. Diſtantia enim cru-
rum interni decuſſationis anguli, minor eſſe poterit
quam vnius capillamenti nerui optici diameter. Quid
autem hic facit opinio de diſtantiâ, cum imaginis magnitudine comparatâ, parum intelligo. Neque certò
ſcio quomodo aut oculus aut anima iſtam comparationem ſecum inſtituat, Deprehenſionem autem magnitudinis ex dicto angulo, quo modo oriri concipio,
ſic videor mihi poſſe explicare.

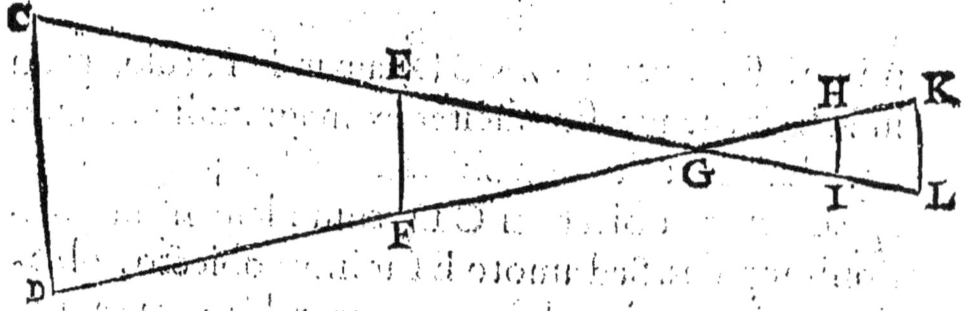

H I, & K L, ſint fundi duorum oculorum, maioris ſcilicet & minoris. C D ſit objectum maius & re-

motius, E F objectum minus sed propinquius, E G F
vel K G L Angulus decussationis.

Primùm, hîc statuo esse nisum quendam, seu transmissionem motûs a G in L & a D in K. Et animaduersionem meam rectà excurrentem per lineam K G F D
offendere vnam extremitaté obiecti C D, videlicet D,
eo reuerà quo inest loco, & per lineam L G E C offendere alterá extremitatem objecti C D, videlicet C, in
suo itidem loco, & sic de cæteris partibus tam extimis
quá intermediis objecti C D. Recto igitur excursu hoc
animaduersionis meæ, obuersam objecti magnitudinem deprehendo. Cuius diametri apparentis mensura est angulus E G F. Seruatis igitur eisdem rectis lineis per quas excurrat mea animaduersio, & eâdem
anguli magnitudine, in oculo H I, quæ modo in K L,
dico objectum D C æquè magnum apparere ac in
oculo K L. Vnde postea colligo, magnitudinem objecti apparentem, ad anguli decussationis magnitudinem, non ad magnitudinem imaginis referri. Postremò, vt magnitudo apparens objecti, non sit ex
magnitudine imaginis in oculi fundo (vti porrò pa-
ret ex eo quod eadem sit imaginis magnitudo objecti
minoris E F, quæ maioris C D, tam in H I oculo, quam
in K L) ita neque simpliciter ex magnitudine anguli
decussationis : alioquin obiectum E F æquè magnum
appareret, ac obiectum C D, cum idem sit decussationis angulus. Sed amoto E F minore obiecto, obiectum C D reuerà multò magis apparebit, quam apparebat modo obiectum E F, cum tamen vtraque cernerentur sub eodem decussationis angulo. Vnde meritò

ritò concludi poteſt apparentem cuiuſque objecti
magnitudinem, partim ex anguli decuſſationis, par-
timque ex reali corporis magnitudine oriri. Neque
mirum eſt animaduerſionem meam, per lineas rectas
niſus illius, ſiue motûs tranſmiſſi pergentem, eò vſque penetrare, ibíque ſe ſiſtere vbi motus hic primum
incipit. videlicet ad C & D, nec, (cum reuerà magis diſtant quam E F, nec ſub minori angulo videntur) apparere magis diſtantes quam E & F, totúmque adeò
objectum C D Maius ſimpliciter apparere, quam objectum totum E F.

AD ARTIC. 19.

Quoniam ſumus aſſueti judicare, &c. Quid igitur cenſes
de cæco illo à natiuitate ſuâ quem ſanauit Chriſtus, ſi
ſpeculum planum ipſi objectum fuiſſet, antequam
conſuetudo iudicium deprauaſſet; Nunquid ille vul-
tum ſuum citra ſpeculum, non vltra, vel pone ſpeculum deprehendiſſet? Mirificè torſit & fatigauit imaginationem meam hic imaginis pone ſpeculum luſus, cuius cauſas nondum me ſatis percepiſſe fateor.
Neque enim mihi vllo modo ſatisfacit hæc depra-
uata judicandi conſuetudo. Si rationes reales magis,
magíſque mechanicas excogitare poteris, & nobiſ-
cum communicare, rem ſane gratiſſimam præſtabis.

AD ARTIC. 20. lin. vltimâ.

Indè ſequitur diametrum illorum, &c. Cur non diameter Solis vel Lunæ videatur pedalis vel bipedalis, ob
angulum decuſſatorium, ad eam rationem diminu-
tum, quæ apta ſit, corpora eiuſdem realis magnitudinis, cuius ſunt Sol & Luna, ſub hanc pedalem vel

D D d

bipedalem magnitudinem apparentem , ad istas distantias , representare?

AD ARTIC. 21.

Quia tam versus Horizontem quam versus verticem, &c.
Igitur maiores Sol & Luna ad Horizontem apparent,
quam pro distantiâ oportet apparere. Et ea potius est
dicenda, vera magnitudo apparens, siue non fallax,
quæ certæ legi subijcitur , quam quæ externis aliquibus adjunctis alteratur.

AD CAPVT 7. ARTIC. 22.

Qua arte ob alias causas, &c. Quam inuertendi artem
hic intelligis? Et quas ob causas ab ipsâ abstines?

AD CAPVT 8. ARTIC. 20.

Aut diuersis partibus parallelos. Quid sibi hinc velint
radij diuersis partibus paralleli, nullo modo intelligo.
Nihil enim huiusmodi quicquam exhibetur in schemate hoc, pag. 172. depicto. Vt mentem hic apertius
explices oro. Obscurissimum etiam illud est, nisi ego
sim tardissimus, quod habetur ad calcem huius articuli , de decussatione radiorum duo vitra conuexa
D B Q, & d b q, permeantium. Sed ad marginem huius loci in editione tuâ Gallicâ relegas nos ad paginam 108, id est ad figuram illam, quæ in latinâ editione habetur pagina 164. Ego verò ibi in vitris illis, nullam omninò video radiorum decussationem , sed
tantum inter vitra, ad communem focum I. Nulli
enim ibi radij apparent, nisi parelleli, qui parallelismum seruant donec ad conuexitates vitrorum B D, &
b d, peruenerint, vbi demùm ita incipiunt inflecti,
vt omnium tandem fiat decussatio, in foco I, non

alibi. Hic autem dicis radios etiam in illis vitris D B Q,
Et d b q, primò decuſſari in ſuperficie Prioris, putà
D B Q. Deinde in alterâ poſterioris, putà d b q. Quam
autem intelligis ſuperficiem? Planam an conuexam?
Et an eandem in vtrâque. Pergis porro. *Ij ſaltem qui
ex diuerſis partibus allabuntur.* Quid eſt *ex diuerſis partibus
allabi?* Nunquid intelligis ex aduerſis ſiue oppoſitis.
Nam paralleli etiam qui ab eodem objecto emanant,
rectè dici poſſunt allabi ex diuerſis partibus. Hic prorſus in luto hæreo.

Ad Capvt 9. Artic. 5. pag. 185. lin. 10.

*Quo magis hæc perſpicilla objectorum imagines augent, eò
pauciora ſimul repræſentant.* Cum perfectiora hæc perſpicilla aperturam vitri exterioris maiorem habent, eaque plures proinde parallelos radios ab objecto ſuſci-
pit, quàm imperfectiorum minor apertura, omneſque illi radij ad fundum oculi, à conuexa dicti vitri
ſuperficie contorquentur, cur non plura etiam objecta, æquè ac maiores imagines, in oculo poterunt
depingere?

Ad Capvt 10. Artic. 4. lin. 17.

Hyperbole omnino ſimilis & æqualis priori deprehendetur.
Supponis igitur Hyperbolas omnes, quarum foci
æquidiſtant à verticibus, quamvis hæ per conum, illæ
per funem & regulam deſcribantur per ἐφαρμογὴν co-
incidere; Imo hìc ipſam verticum æquidiſtantiam ſup-
ponis, quod vt falſum non video, ita puto tamen veritatem illius, cum fundamentum ſit totius, quam
mox expoſiturus es, machinæ, fuiſſe operæ pretium
demonſtraſſe. Quod quidem ſi facili negotio mihi

efficere poteris, lubens audiam; Sin res operosior fuerit, tanto authori mallem credere, quàm mihi ipsi mulcm negotium in intelligendo conflare.

AD ARTIC. 6. pag. 202. lin. 27.

Habebit enim & aciem & cuspidem. Aciem habeat, sed quam cuspidem habere poterit non video, præsertim cum aoies huius instrumenti fabricanda sit, recta, non concaua, sic enim esset sphærica; Quæ si contingat extremos circulos latitudinis Rotæ, ad interiores tamen non adaptabitur; Maior enim erit quam vt cum illis conuehiat. Vnde nec tanget instrumenti huius cuspis circumductam Rotam in mediis latitudinis spatiis.

AD ARTIC. 7. linea. 17.

Tantam esse non debere vt eius semidiameter, distantiâ, quæ erit inter lineas 120 & 151 &c. Huiusce rei rationem autumo, quod tunc concaua vitri superficies sphærica fieret, non Hyperbolica.

AD ARTIC. 10.

Vt nonnullos ex maximè industriis & curiosis, &c. Lubenter exte audirem nunquis ex peritioribus illis artificibus, periculum fecerit adhuc in ingeniosissimo hoc tuo inuento, & quo successu. Nam quod quidam hìc mussitant aliquos tentasse, operamque Lusisse, id aut falsum arbitror, aut opifices illos qui tentarunt ex peritioribus non fuisse.

Quod ad Meteora attinet, difficultates quæ ibi occurrunt, pauciores sunt, & leuioris opinor momenti. Quales autem sint mox audies.

METEORORVM CAPVT I.
ARTIC. 4. pag. 210. lin. 7.

Et denique prope terram quàm prope nubes. Hoc afferis
de radiis tàm rectis quàm reflexis. Quî autem fieri
poffit, vt recti, nifi quatenus reflectuntur & replicantur iterùm in fe prope Terram, vim caloris augeant,
non video. Tum verò non funt fimpliciter recti, fed
recti cum reflexis conjuncti. Sed & altior fcrupulus
mihi animo hic inhæret, de tuâ radiorum reflexione.
Nam iuxtà vulgatam Philofophiam, fimpliciffima
huiufce rei ratio eft: Quod fili inftar radius Solaris
reducitur & replicatur, adeo vt geminatam vim, aut
duplam quafi craffitiem, reflexio neceffariò conciliet
calori. Quod locum non habet in tuâ Philofophiâ.
Noque enim duplicatur filum, fed pila repercuffa
tuum reflexionis modum rectius explicat. Vnde vix
videtur poffibile vt calor geminetur. Quoniam pila defcendens, putà ab A in B fimplicem duntaxat
motûs lineam conftituit, qui motus
prorfus défiit, prius quàm eadem pila afcenderit A B, ad D. Qua propter, cum vnica linea motûs vna vice exiftat, nequaquam videtur vis
caloris duplo maior fieri poffe. Immò verò potius minui in aëre terræ
vicino, cum non nihil motûs fui
globulus feu pila communicet cum
particulis terreftribus, vnde in B D tardior motus erit
& languentior quàm fuit in A B. Non igitur abs re

esset, si hîc explices, cur calefcat aër prope Terram,
magis quàm prope nubes. Et annon fieri possit, vt
quamvis motus minor sit prope Terram quàm in al-
tioribus aëis regionibus, maior tamen calor sentiatur,
ob inæqualitatem huiusce motus.

CAPVT 7. ARTIC. 6. pag. 283. lin. 4.

Sed etiam inferiores adeò raras atque extensas, &c. At
cum tam raræ sint, quî possunt alias in se cadentes nubes excipere, ibique sistere. Videntur potius præ suâ
tenuitate, ad Terram transmissuræ, si eò, aliàs, pro-
fecturæ essent.

AD ARTIC. 7. lin. 2.

Ob aëris circumquaque positi resonantiam, &c. Ita sane
fingit Paracelsus tonitru tam immaniter boare & mu-
gire, ob arcuata cæli templa, non absimili ratione,
atque si quis æneam machinam, nitrato pulvere onu-
stam disploderet sub Tecto testudineato. Tu verò,
sat scio, nullis laquearibus ætherem claudi sustines,
ac proindè videatur verisimilius, quod quò magis ictus
distat à Terrâ, eò debilior futurus sit sonitus. Cum nec
tàm commodè fiat resonantia, quòd quò reuerbere-
tur sonus, tam longe absit ab allisis corporibus.

CAPVT 9. ARTIC. 2. lin. 19.

Pauci quippe tantummodò radij, &c. Nunquid igitur
radiorum paucitas cæruleum colorem generat. Videtur hoc haud ita consonum præcedentibus. Quippe
quod cum supra statueris, colores oriri ex variâ proportione rotationis sphærularum ad motum earun-
dem rectum; & particulatim cæruleum ex rotatione
minore, quàm progressu, proficisci; quasi in eo ipso

constaret ipsa cærulei coloris ratio; nunc tamen causam refers, non tàm ad rotationis defectum, quàm
paucitatem radiorum resilentium a superficie maris.
Hîc igitur quæro vtrum sentias, nullam aliam esse
colorum rationem, præter eam quam ipse tam subti-
tiliter & ingeniosè exposuisti, an & aliis modis colores oriri possint, nullâ habitâ ratione rotationis globulorum, motusque rectilinei : præsertim cum &
ipse innuis aquam marinam cæruleam videri ob paucitatem duntaxat radiorum. Et certè explicatu haud
facile est, cum globuli in æquoris superficiem impingunt, cur non aut albescat mare, aut rubescat,
cum fortiùs impingunt, aut illis resistitur fortiùs in
superficie maris, quam in cælo præ vaporibus albes-
cente.

Proposui iam omnia quæ in scriptis tuis Physicis
mihi visa sunt aut intellectu difficilia, aut intellectu
difficultèr vera. In quibus legendis mirari non immeritò tibi subeat, ingenij mei conditionem & fatum:
qui cum profiteri ausim me cætera omnia in tuis
scriptis satis intimè intelligere, (vbi plurima tamen
reperiuntur, quæ multò difficiliora videri possint
quam de quibus sæpiùs hæsito) ista tamen quæ tibi
proposui explicanda aut munienda, non æquè ac illa
cætera intelligerem. Ego verò hanc naturam meam
atque indolem, quam a puero vsque in me obseruaui,
(quâ nempe maxima sæpe numero fæliciter vinco,
victus interim à minimis) ad hunc vsque diem emendare non potui. Humanitatis tuæ erit ignoscere, quod
nefas est corrigere, nullôque pacto aut affectatæ igno-

rantiæ, aut disputandi prurigini imputare, quod tam
multa congesserim. Feci enim non ex effræni aliquo
disputandi desiderio, sed potius ex religioso quodam
erga tui studio.

Non tam certandi cupidus, quàm propter amorem
Quod te imitari aueo.

Quod scitè quidem ille. Ego vero hac in causâ verissi-
mè. Quod reliquum est, clarissime Cartesi, exorandus es, vt ista omnia quæ scripsi, æqui bonique consu-
las, & cum primo tuo otio rescribas. Quod si dignatus
fueris, peritissimum illum tandem efficies, qui semper
fuit hactenùs Philosophiæ tuæ studiosissimus, H E N-
R I C V S M O R E.

Cantabrigiæ è Collegio Christi
11. Calend. Nouemb. 1649.

❋❋❋❋❋❋❋❋❋❋❋❋❋❋❋❋❋❋❋❋❋❋❋❋❋

Ce qui suit a esté trouué parmy les Papiers de Monsieur Des-
cartes, comme vn projet ou commencement de la réponse
qu'il préparoit aux deux précédentes Lettres de
Monsieur More.

LETTRE LXXII.

CVM tuam Epistolam decimo Calendas Augusti
datam accepi, parabam me ad nauigandum Sue-
ciam versus, &c.

　1. An sensus Angelorum sit propriè dictus, & an sint cor-
porei, nec-ne.

R E S P. Mentes humanas à corpore separatas sensum propriè dictum non habere; de Angelis autem
non

non constare ex sola ratione naturali an Creati sint
instar mentium à corpore distinctarum, an vero instar earumdem corpori vnitarum ; nec me vnquam
de iis de quibus nullam habeo certam rationem, quicquam determinare, & conjecturis locum dare. Quod
Deum dicas non esse considerandum nisi qualem omnes boni esse cuperent, si deesset, probo.

Ingeniosa instantia est de acceleratione motus, ad
probandam eandem substátiam nunc majorem nunc
minorem locum posse occupare; sed tamen est magna
disparitas, in eo quod motus non sit substantia, sed
modus, & quidem talis modus, vt intimè concipiamus quo pacto minui vel augeri possit in eodem loco.
Singulorum autem entium quædam sunt propriæ notiones, de quibus ex iis ipsis tantum, non autem ex
comparatione aliorum est iudicandum : Ita figuræ
non competit quod motui, nec vtrique quod rei extensæ. Qui autem semel benè perspexit nihili nullas
esse proprietates, atque ideo illud quod vulgo vocatur
spatium vacuum non esse nihil, sed verum corpus, omnibus suis accidentibus (siue iis quæ possunt adesse &
abesse sine subiecti corruptione) exutum ; notaverit-
que quomodo vna quæque pars istius siue spatij siue
corporis, sit ab omnibus aliis diuersa, & impenetrabilis, facilè percipiet nulli alteri rei eandem diuisibilitatem, & tangibilitatem, & impenetrabilitatem, posse
competere. Dixi Deum extensum ratione Potentiæ,
quod scilicet illa Potentia se exerat, vel exerere possit,
in re extensa ; Certumq; est Dei essentiam debere vbique esse præsentem, vt eius potentia ibi possit se exe-

rere, fed nego illam ibi effe per modum rei extenfæ,
hoc eft, eo modo quo paulo ante rem extenfam defcripfi.

Inter merces quas ais te ex nauigiolo meo tibi com-
paraffe, duæ mihi videntur adulteratæ; vna eft, quod
quies fit actio fiue renixus quidam; etfi enim res quief-
cens, ex hoc ipfo quod quiefcat, habeat illum renixum,
non ideo ille renixus eft quies. Altera eft, quod moueri duo corpora fit immediatè feparari; fæpe enim ex
iis quæ ita feparantur vnum dicitur moueri, & aliud
quiefcere, vt in art. 25. & 30. partis 2. explicui.

Tranflatio illa, quam motum voco, non eft res minoris entitatis quam fit figura, nempe eft modus in
corpore. Vis autem mouens poteft effe ipfius Dei con-
feruantis tantumdem tranflationis in materiâ, quantùm à primo creationis momento in ea pofuit; vel
etiam fubftantiæ creatæ, vt mentis noftræ, vel cuiuf-
uis alterius rei, cui vim dederit corpus mouendi; Et
quidem illa vis in fubftantia creata eft eius modus, non
autem in Deo; quod, quia non ita facilè ab omnibus
poteft intelligi, nolui de ifta re in fcriptis meis agere,
ne viderer fauere eorum fententiæ, qui Deum, tanquam animam mundi materiæ vnitam, confiderant.

Confidero materiam fibi liberè permiffam, & nullum aliunde impulfum fufcipientem, vt planè quief-
centem; Illa autem impellitur à Deo, tantumdem
motus fiue tranflationis in ea conferuante, quantùm
ab initio pofuit; neque ifta tranflatio magis violenta
eft materiæ, quam quies: Quippe nomen violenti non
refertur nifi ad noftram voluntatem, quæ vim pati di-

citur, cum aliquid fit quod ei repugnat. In natura autem nihil est violentum, sed æquè naturale est corporibus, quod se mutuo impellant, vel elidant, quando
ita contingit, quam quod quiescant. Tibi autem puto ea in re parare difficultatam, quod concipias vim
quandam in corpore quiescente per quam motui resi-
stit, tanquam si vis illa esset positiuum quid, nempe
actio quædam, ab ipsa quiete distinctum, cum tamen
nihil planè sit à modali entitate diuersum.

Rectè aduertis motum, quatenus est modus corporis, non posse transire ex vno in aliud; sed neque etiam
hoc scripsi; quinimo puto motum, quatenus est talis
modus, assiduè mutari. Alius est enim modus in primo
púcto corporis A, quod a primo puncto corporis B separetur, & alius quod separetur a secundo puncto, &
alius quod a tertio, &c. Cum autem dixi tantumdē motus in materia semper manere, hoc intellexi de vi eius
partes impellente, quæ vis nunc ad vnas partes materiæ, nunc ad alias se applicat, iuxta leges in artic. 45.
& sequentibus partis secundæ propositas. Non itaque
opus est vt sis sollicitus de transmigratione quietis
ex vno subiecto in aliud, cum ne quidem motus, quatenus est modus quieti oppositus, ita transmigret.

Quæ addis, nempe tibi videri corpus stupidè &
temulentè esse vivum, &c. tanquam suauia considero;
& pro libertate quam mihi concedis, hìc semel dicam, nihil magis nos à veritate inueniendâ reuocare,
quam si quædam vera esse statuamus, quæ nulla posi-
tiua ratio, sed sola voluntas nostra nobis persuadet,
quando scilicet aliquid commentati siue imaginati

sumus, & postea nobis Commentum placet; vt tibi,
de Angelis corporeis, de vmbra Diuinæ essentiæ, & similibus; quale nihil quisquam debet amplecti; quia
hoc ipso viam ad veritatem sibi præcludat.

❋❋❋❋❋❋❋❋❋❋❋❋❋❋❋❋❋❋❋❋❋❋❋❋❋❋

AV REVEREND PERE MERSENNE.

*Touchant la Question, sçauoir: Si vn Cors pese plus ou moins
estant proche du centre de la Terre, qu'en estant éloigné.*

LETTRE LXXIII.

MON REVEREND PERE,

Pour satisfaire à la promesse que ie vous ay faite par
mes précedentes, de vous enuoyer la premiere-fois
mon sentiment touchant la question proposée; Ie remarque qu'il faut icy distinguer deux sortes de Pesan-
teurs; l'vne qu'on peut nommer vraye ou Absoluë, &
l'autre qu'on peut nommer aparente ou Relatiue.
Comme lors qu'on dit qu'en prenant vne pique par
l'vn de ses bouts elle pese beaucoup dauantage qu'en
la prenant par le milieu; cela s'entend de sa Pesanteur
aparente ou Relatiue, car c'est à dire qu'elle nous semble plus pesante en cette façon, ou bien qu'elle est plus
pesante à nostre égard, mais non pas qu'elle l'est en
soy dauantage. Or auant que de parler de cette Pesanteur Relatiue, il faut déterminer ce qu'on entend par
la Pesanteur Absoluë. La plus-part la prennent pour
vne vertu, ou qualité interne en chacun des Cors

qu'on nomme Pefants, qui le fait tendre vers le centre de la Terre; & les vns penfent que cette qualité dépend de la forme de chaque cors, en forte que la méfme matiere qui eft péfante ayant la forme de l'eau perd cette qualité de péfante, & deuient legere, lors qu'il arriue qu'elle prend la forme de l'air. Au lieu que les autres fe perfuadent qu'elle ne dépend que de la matiere, en forte qu'il n'y a aucun cors qui ne foit pefant, à caufe qu'il n'y en a aucun qui ne foit compofé de matiere, & qu'abfolument parlant chacun l'eft plus ou moins, à raifon feulement de ce qu'il entre plus ou moins de matiere en fa compofition; bien que felon que cette matiere eft plus ou moins preffée, & s'étend en vn moindre ou plus grand efpace, les corps qui en font compofez paroiffent plus ou moins pefants à comparaifon des autres, ce qu'ils attribuent à la Péfanteur Relatiue; & ils imaginent que fi on pouuoit pefer dans le vuide, par exemple, vne maffe d'air contre vne de plomb, & qu'il y euft juftement autant de matiere en l'vne qu'en l'autre, elles demeurcroiêt en équilibre.

Or fuiuant ces deux opinions, dont la premiere eft la plus commune de toutes dans les écoles; & la feconde eft la plus receuë entre ceux qui penfent fçauoir quelque chofe de plus que le commun, il eft éuident que la Pefanteur Abfoluë des cors eft tou-jours en eux vne méfme, & qu'elle ne change point du tout, à raifon de leur diuerfe diftance du centre de la Terre.

Il y a encore vne troifiéme opinion, à fçauoir de ceux qui penfent qu'il n'y a aucune Pefanteur qui ne foit Relatiue, & que la force ou vertu qui fait defcen-

dre les cors qu'on nomme Pesants, n'est point en eux,
mais dãs le centre de la Terre, ou bien en toute sa masse, laquelle les attire vers soy, comme l'aymant attire
le fer, ou en quelqu'autre façon. Et selon ceux-cy,
comme l'aymant & tous les autres agens naturels qui
ont quelque sphere d'actiuité agissent toujours dauantage de prez que de loin, Il faut auoüer qu'vn mesme cors pese d'autant plus qu'il est plus proche du
centre de la Terre.

Pour mon particulier, ie conçoy veritablement la
nature de la Pesanteur d'vne façon qui est fort differente de ces trois, mais pource que ie ne la sçaurois expliquer qu'en déduisant plusieurs autres choses dont
ie n'ay pas icy dessein de parler; tout ce que j'en puis
dire, est, que par elle ie n'aprens rien qui apartienne à la
question proposée, sinon qu'elle est purement de fait,
c'est à dire qu'elle ne sçauroit estre déterminée par les
hommes, qu'entant qu'ils en peuuent faire quelque
experience, & mesme que des experiences qui se feront icy en nostre air, on ne peut pas connoistre ce
qui en est, beaucoup plus bas vers le centre de la Terre,
ou beaucoup plus haut au delà des nuës, à cause que
s'il y a de la diminution, ou de l'augmentation de Pesanteur, il n'est pas vray-semblable qu'elle suiue par
tout vne mesme proportion.

Or l'experience que l'on peut faire, est, qu'estant
au haut d'vne tour, au pied de laquelle il y ait vn puis
fort profond, on peut peser vn plomb attaché à vne
longue corde, premierement en le mettant auec toute sa corde dans l'vn des plats de la balance, & aprés en

y attachant seulement le bout de cette corde, & laiſſant pendre le poids juſques au fond du puis ; car s'il
peſe fort notablement plus ou moins eſtant proche
du centre de la Terre qu'en eſtant éloigné, on l'aperce-
ceura par ce moyen. Mais parce que la hauteur d'vn
puis & d'vne tour eſt fort petite à comparaiſon du
demidiametre de la Terre, & pour d'autres conſiderations que j'obmets, cette experience ne poura ſeruir,
ſi la difference qui eſt entre vn meſme poids, peſé à diuerſes hauteurs, n'eſt fort notable.

Vne autre experience qui eſt deſia faite, & qui me
ſemble tres-forte, pour perſuader que les cors éloignez du centre de la Terre, ne peſent pas tant que ceux
qui en ſont proches, eſt que les Planettes qui n'ont
point en ſoy de lumiere, comme la Lune, Venus, Mercure, &c. eſtant comme il eſt probable, des cors de
meſme matiere que la Terre, & les Cieux eſtant liquides, ainſi que jugent preſque tous les Aſtronomes
de ce ſiecle, il ſemble que ces Planettes deuroient
eſtre peſantes, & tomber vers la terre, ſi ce n'eſtoit
que leur grand éloignement leur en oſte entierement
l'inclination. De plus nous voyons que les gros oy-
ſeaux comme les gruës, les cycognes, &c. ont beaucoup plus de facilité à voler au haut de l'air, que plus
bas, & cela ne pouuant eſtre entierement attribué a
la force du vent, à cauſe que le meſme arriue auſſi en
temps calme, nous auons occaſion de juger que leur
éloignement de la terre les rend plus legers. Ce que
nous confirment auſſi ces dragons de papier que font
voler les enfans, & toute la neige qui eſt dans les nuës.

Et enfin si l'experience que vous m'auez mandé vous
mesme auoir faite, & que quelques autres ont aussi es-
crite, est veritable, à sçauoir, que les bales des pieces
d'artillerie tirées directement vers le Zenith, ne re-
tombent point, on doit juger que la force du coup
les portant fort haut, les éloigne si fort du centre de
la Terre, que cela leur fait entierement perdre leur
Pesanteur.

Voyla tout ce que ie puis dire icy de Physique sur
ce sujet. Ie passe maintenant aux raisons Mathematiques, lesquelles ne se peuuent étendre qu'à la Pesanteur Relatiue, & il faut à cet effet déterminer l'autre
par supposition, puisque nous ne l'auons sçeu faire autrement. A sçauoir, nous prendrons s'il vous plaist
pour la Pesanteur Absoluë de chaque cors, la force
dont il tend à descendre en ligne droite estant en nostre air ordinaire à certaine distance du centre de la
Terre, & n'estant ny poussé ny soutenu d'aucun autre
cors, & enfin n'ayant point encore commencé à se
mouuoir. Ie dis en nostre air ordinaire, à cause que
s'il est en vn air plus subtil, ou plus grossier, il est certain qu'il sera quelque peu plus ou moins pesant; & ie
le mets à vne certaine distance de la Terre, afin qu'elle
soit prise pour regle des autres; & enfin ie dis qu'il ne
doit point estre poussé, ny soutenu, ny auoir commencé à se mouuoir, à cause que toutes ces choses
peuuent changer la force dont il tend à descendre.

Outre cela nous suposerons, que chaque partie d'vn
mesme Cors Pesant retient tou-jours en soy vne mesme force ou inclination à descendre nonobstãt qu'on
l'éloigne,

l'éloigne, ou qu'on l'aproche du centre de la Terre, ou
qu'on le mette en telle situation que ce puiſſe eſtre,
Car encoreque, comme j'ay deſia dit, cela ne ſoit
peut-eſtre pas vray; nous deuons toutesfois le ſupoſer, pour faire plus commodément noſtre Calcul: ainſi
que les Aſtronomes ſupoſent les moyens mouuemens
des Aſtres, qui ſont égaux, pour auoir plus de facilité
à ſuputer les vrais, qui ſont inégaux.

Or cette égalité en la Peſanteur Abſoluë eſtant poſée,
on peut démótrer que la Peſanteur *Relatiue* de tous les
cors durs, eſtant conſiderez en l'air libre, & ſans eſtre
ſoutenus d'aucune choſe, eſt quelque peu moindre lors
qu'ils ſont proches du centre de la Terre, que lors qu'ils
en ſont éloignez, bien que ce ne ſoit pas le meſme des
Cors Liquides: Et au côtraire que deux Cors parfaitement égaux eſtant oppoſez l'vn à l'autre dans vne balance parfaitement exacte, lors que les bras de cette
balance ne ſerôt pas paralleles à l'horizon, celuy de ces
deux Cors qui ſera le plus proche du centre de la Terre peſera le plus, & ce d'autant juſtement qu'il en ſera
plus proche. D'où il ſuit auſſi que hors de la balance,
entre les parties égales d'vn meſme Cors, les plus hautes peſent d'autant moins que les plus baſſes, qu'elles
ſont plus éloignées du centre de la terre. De façon que
le centre de grauité ne peut eſtre vn centre immobile en aucun Cors, non pas meſme lors qu'il eſt ſphérique.

Et la preuue de cecy ne dépend que d'vn ſeul principe, qui eſt le fondement General de toute la Statique, A ſçauoir.

PRINCIPE GENERAL.

Qu'il ne faut ny plus ny moins de force pour leuer vn cors pesant a certaine hauteur, que pour en leuer vn autre moins pesant à vne hauteur d'autant plus grande, qu'il est moins pesant, ou pour en leuer vn plus pesant à vne hauteur d'autant moindre.

Comme par exemple, que la force qui peut leuer vn poids de 100. liures à la hauteur de deux piez : en peut aussi leuer vn de 200. liures à la hauteur d'vn pié, ou vn de 50. liures à la hauteur de quatre-piez, & ainsi des autres ; Si tant est qu'elle leur soit apliquée.

Ce qu'on accordera facilement, si on considere que l'effet doit tou-jours estre proportionné à l'action qui est necessaire pour le produire, & ainsi que s'il est necessaire d'employer la force par laquelle on peut leuer vn pois de 100. liurés à la hauteur de deux piez pour en leuer vn à la hauteur d'vn pié seulement, cela témoigne que celuy-cy pese 200. liures ; Car c'est le mesme de leuer 100. liures à la hauteur d'vn pié, & derechef encore 100. liures à la hauteur d'vn pié, que d'enleuer 200. liures à la hauteur d'vn pié, & le mesme aussi que d'enleuer 100. liu. à la hauteur de deux piez. Et il suit euidemment de cecy que la Pesanteur Relatiue de chaque Cors, ou ce qui est le mesme, la force qu'il faut employer pour le soutenir, & empescher qu'il ne descende, lorsqu'il est en certaine position, se doit mesurer par le commencement du mouuement que deuroit faire la puissance qui le soutient, tant pour le hausser, que pour le suiure s'il s'abaissoit ; En sorte que la proportion qui est entre la ligne droitte que

décriroit ce mouuement, & celle qui marqueroit de
combien ce Cois s'aprocheroit cependant du centre
de la Terre, est la mesme qui est entre sa Pesanteur *Ab-
solüe* & la *Relatiue*, mais cecy peut mieux estre expliqué
le moyen de quelques Exemples.

PREMIER EXEMPLE DE LA POVLIE.

Le pois E estát attaché à la poulie D,
autour de laquelle est passée la corde
A B C, si on supose que deux hômes
soutiennent, ou haussent également
chacun l'vn des bouts de cette corde,
il est éuident que si ce pois pese 200.
liures, chacun de ces hommes n'em-
ployera pour le soutenir ou souleuer,
que la force qu'il luy faut pour soutenir, ou souleuer 100. liu. Car chacun n'en portera que la moitié. Puis
si l'on supose que A, l'vn des bouts
de cette corde, soit attaché ferme à
quelque clou, & que l'autre C, soit
derechef soutenu par vn hôme, il est
éuident que cét homme en C, n'aura
besoin non plus que deuant, pour
soutenir ce pois E, que de la force
qu'il faut pour soutenir 100. liu. A
cause que le clou qui sera vers A, y fera le mesme office, que l'homme que
nous y suposions auparauant. Enfin suposant que cet
hôme qui est vers C, tire la corde pour faire hausser le
pois E, il est euident que s'il y employe la force qu'il
faut pour leuer 100. liu. à la hauteur de deux piez, il fera

hauſſer ce pois E, qui en peſe 200. de la hauteur d'vn
pié. Car la corde A B C, eſtant doublée comme elle
eſt, on la doit tirer de deux piez par le bout C, pour
faire autant hauſſer ce pois E, que ſi deux hommes
la tiroient l'vn par le bout A, & l'autre par le bout C,
chacun de la longeur d'vn pié ſeulement.

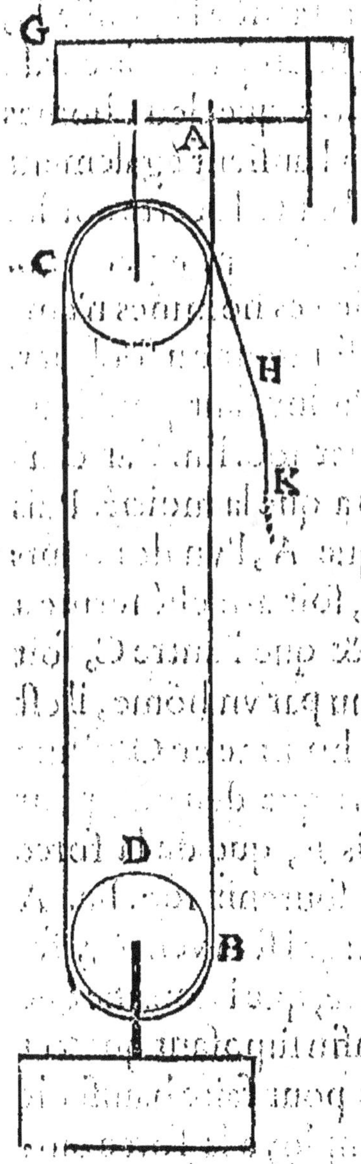

Et il faut remarquer que c'eſt cette ſeule raiſon, & non point la figure ou la grandeur de la Poulie, qui cauſe céte force; Car ſoit que la Poulie ſoit grande ou petite, elle aura tou-jours le meſme effet. Et ſi on en attache encore vne autre vers A, par laquelle on paſſe la corde ABCH, il ne faudra pas moins de force pour tirer H vers K, & ainſi leuer le pois E, qu'il en falloit au-parauant pour tirer C vers G; A cauſe que tirant deux piez de cette corde, on fera hauſſer ce pois d'vn pié comme deuant. Mais ſi à ces deux Poulies on en adjoute encore vne autre vers D, à laquelle on attache le pois, & dans laquelle on repaſſe la cor-de, en meſme façon qu'en la pre-miere, on n'aura pas beſoin de plus de force pour leuer ce pois de 200.liu. que pour en leuer vn

de 50. liu. fans Poulie ; A caufe qu'en tirant deux pieds
de la corde, on ne le fera hauffer que d'vn demy-pié.
Et ainfi en multipliant les Poulies on peut leuer les plus
grans fardeaux, auec les plus petites forces, fans qu'il
y ait aucune chofe à rabattre de ce calcul, finon la
pefanteur de la Poulie, & la difficulté qu'on peut auoir
à faire couler la corde, & a la porter ; & outre cela qu'il
faut tou-jours tant foit peu plus de force pour leuer
vn pois, que pour le foutenir. Mais ces chofes-là ne
fe content point, lorsqu'il eft queftion d'examiner le
refte par des raifons Mathematiques.

EXEMPLE II.   DV PLAN INCLINE'.

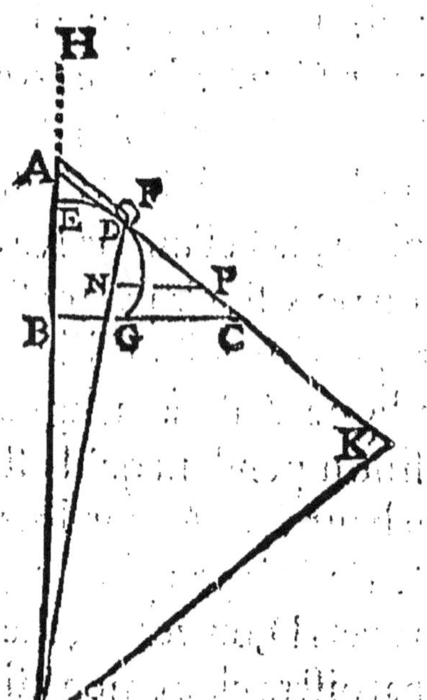

Soit A C vn Plan incliné fur
l'horizon B C, & que A B
tende à plomb vers le centre
de la Terre. Tous ceux qui
écriuent des Méchaniques
affurent, que la Pefanteur
Relatiue du pois F, entant
qu'il eft apuyé fur ce Plan
A C, a mefme proportion
à fa Pefanteur Abfoluë, que
la ligne A B à la ligne A C,
en forte que fi A C eft double de A B, & que le pois F
eftant en l'air libre pefe 200.
liu. il n'en pefera que 100. au regard de la puiffance H,
qui le traifne ou le foutient fur ce plan A C ; & la raifon
en eft euidente par le principe propofé. Car cette puiffance H fera la mefme action pour leuer ce pois à

la hauteur de B A, qu'elle feroit en l'air libre pour le
leuer à vne hauteur égale à la ligne C A. Ce qui n'eſt
pas toutesfois entierement vray, ſinon lors qu'on ſupoſe que les Cors Peſans tendent en bas ſuiuant des lignes paralleles, ainſi qu'on fait communement, lors
qu'on ne conſidere les Méchaniques que pour les raporter à l'vſage ; Car le peu de difference que peut cauſer l'inclination de ces lignes, entant qu'elles tendent
vers le centre de la Terre, n'eſt point ſenſible. Mais
pour faire que ce calcul fuſt entierement exact, il fau-

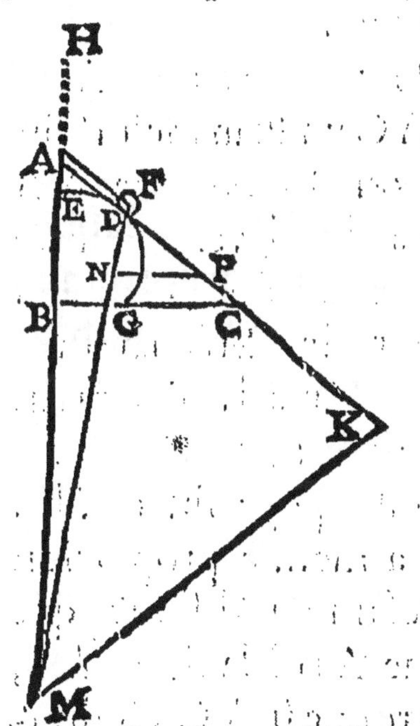

droit que la ligne C B fuſt
vne partie de Cercle, & C A
vne partie de Spirale qui euſ-
ſent pour Centre le Centre
de la Terre. Et lors qu'on ſupoſe que la ſuperficie AC eſt
toute plate, la Peſanteur Relatiue du pois F, n'a pas meſme proportion à l'Abſoluë,
que la ligne A B, à la ligne
A C, ſinon pendant qu'il eſt
tout au haut vers A, car lors
qu'il eſt tât ſoit peu plus bas,
comme vers D, ou vers C, elle
eſt vn peu moindre; Ainſi qu'il paroiſtra clairement, ſi
on imagine que ce Plan ſoit prolongé iuſqu'au point
où il peut eſtre rencontré à angles droits par vne ligne droitte tirée du centre de la Terre. Comme ſi M
eſt le centre de la Terre, & que M K ſoit perpendiculaire ſur AC. Car il eſt éuident que le pois F, eſtant

mis au point K, n'y pesera rien du tout au regard de la
puissance H. Et pour sçauoir combien il pese en chacun des autres poins de ce Plan, au regard de cette
puissance, par Exemple au point D, il faut tirer vne ligne droite, comme D N, vers le centre de la Terre, &
du point N, pris à discretion en cette ligne, tirer N P
perpendiculaire sur DN, qui rencontre AC au point P.
Car comme D N est à DP, ainsi la Pesanteur Relatiue
du pois F en D, est à sa Pesanteur Absoluë. Dequoy
la raison est euidente, vû que pendant qu'il est en ce
point D, il tend en bas suiuant la ligne D N, & toutesfois ne peut commencer à descendre que suiuant la ligne D P. Notez que ie dis commencer à descendre,
non pas simplement descendre, à cause que ce n'est
qu'au commencement de cette descente à laquelle il
faut prendre garde, en sorte que si par exemple ce
pois F, n'estoit pas apuyé au point D sur vne superficie plate, comme est suposée ADC, mais sur vne sphérique, ou courbée en quelque autre façon, cóme EDG,
pourvû que la superficie plate, qu'on imagineroit la
toucher au point D, fust la mesme que A D C, Il ne
peseroit ny plus ny moins au regard de la puissance H,
qu'il fait estant apuyé sur ce Plan A C. Car bien que le
mouuement que feroit ce pois en montant ou descendant du point D vers E, ou vers G, sur la superficie
courbe E D G, fust toute autre que celuy qu'il feroit
sur la superficie plate ADC, toutesfois estant au point
D, sur E D G, Il seroit determiné à se mouuoir vers le
mesme costé que s'il estoit sur A D C, à sçauoir vers A,
ou vers C. Et il est euident que le changement qui ar-

riue à ce mouuement, fi-toft qu'il a ceffé de toucher
le point D, ne peut rien changer en la pefanteur qu'il a,
lors qu'il le touche. Notez auffi que la proportion qui
eft entre les lignes DP, DN, eft la mefme qu'entre
les lignes DM & DK, pource que les triangles rectangles DKM & DNP font femblables, & par côfequent
que la Pefanteur Relatiue du pois F en D, eft à fa Pefanteur Abfoluë, comme la ligne DK eft à la ligne
DM. C'eft à dire en general, que tout Cors qui eft foutenu par vn Plan incliné pefe moins que s'il n'en eftoit
point foutenu, dautant juftement, que la diftance qui
eft entre le point où il touche ce Plan, & celuy où la
perpendiculaire du centre de la Terre tombe fur ce
mefme Plan, eft moindre que celle qui eft entre ce
pois & le centre de la Terre.

Exemple III. Dv Levier.

Que CH foit vn leuier, tellement foutenu par le
point O, que lors qu'on le hauffe ou qu'on le baiffe,
fa partie C décriue le Demy-Cercle ABCDE, & fa
partie H, le demy-cercle FGHIK, defquels demy-cercles le point O foit le centre, & du refte qu'on n'ait
aucun égard à fa groffeur ou pefanteur, mais qu'on le
confidere comme vne ligne droitte Mathematique
en laquelle foit le point O. Puis remarquons que pendant que la force ou la puiffance qui le meut décrit
tout le demy-cercle ABCDE, & agit fuiuant cette ligne ABCDE, bien que le pois, lequel ie fupofe eftre
à l'autre bout, d'écriue auffi le demy-cercle FGHIK,
il ne fe hauffe pas toutesfois de la longueur de cette
ligne courbe FGHIK, mais feulement de la longueur
de la

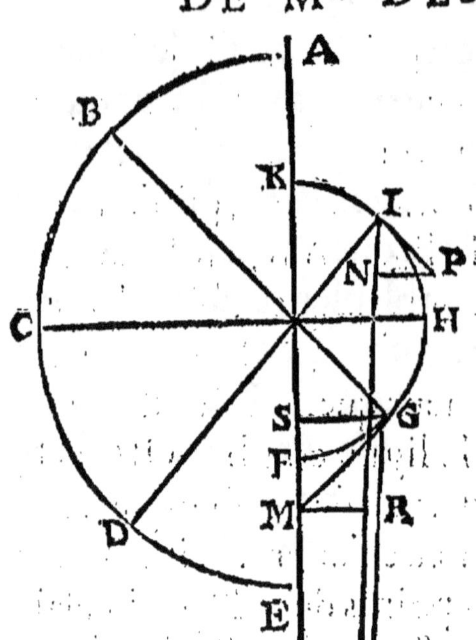

de la ligne droitte FK. De
façon que la proportion,
qui eſt entre la force qui
meut ce pois & ſa Peſan-
teur, ne ſe meſure pas par
celle qui eſt entre lesdeux
diametres de ces cercles,
ou entre leurs deux circõ-
ferences , mais plu-toſt
par celle qui eſt entre la
circõference du premier,
& le diametre du ſecond.
Conſiderons outre cela
qu'il s'en faut beaucoup
que cette force ait beſoin
d'eſtre ſi grande pour
mouuoir ce Leuier lors
qu'il eſt vers A ou vers E,
que lors qu'il eſt vers B
ou vers D, ny ſi grande
lors qu'il eſt vers B ou
vers D, que lors qu'il eſt
vers C. Dont la raiſon
eſt, que le pois y monte
moins; ainſi qu'il eſt ayſé
à voir, ſi ayant ſupoſé
que la ligne COH eſt
parallele à l'horizon , &
que A O F la coupe à an-
gles droits , on prent le
G G g

point G également diſtant des points F & H, & le point
B egalement diſtant des points A & C, & qu'ayant tiré G S, parallele à l'horizon, on regarde que la ligne
F S, qui marque combien monte ce pois, pendant que
la force agit le long de la ligne A B, eſt beaucoup
moindre que la ligne S O, qui marque cõbien il monte, pendant que la force agit le long de la ligne B C.

Or pour meſurer exactement quelle doit eſtre cette
force en chaque point de la ligne courbe A B C D E,
Il faut penſer qu'elle y agit tout de meſme que ſi elle
traiſnoit le pois ſur vn plan circulairement incliné, &
l'inclination de chacun des points de ce Plan circulaire ou ſphérique, ſe doit meſurer par celle de la ligne
droite qui touche le cercle en ce point là. Comme par
Exemple, quand la puiſſance eſt au point B, pour trouuer la proportion qu'elle doit auoir auec la Peſanteur
du pois qui eſt alors au point G, Il faut tirer la tangente
GM, & vne autre ligne du point G, comme G R, qui
tende tout droit vers le centre de la Terre, puis du
point M, pris à diſcretion en la ligne G M, tirer M R
à angles droits ſur GR; Et penſer que la Peſanteur de
ce pois au point G, eſt à la force qui ſeroit requiſe en
ce lieu-là pour le ſoutenir ou pour le mouuoir ſuiuant
le cercle F G H, comme la ligne G M eſt à G R. De façon que ſi la ligne B O, eſt ſupoſée double de la ligne
O G, la force qui eſt au point B, n'a beſoin d'eſtre à ce
pois qui eſt au point G, que comme la moitié de la ligne G R, eſt à la toute G M; & ſi B O & O G ſont
égalés, cette force doit eſtre à ce pois comme la toute
G R à la toute G M, &c.

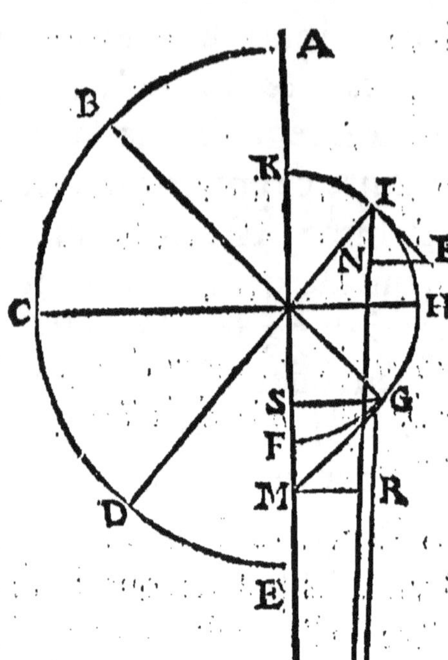

Tout de mesme quand
la force est au point D,
pour sçauoir combien
pese le pois qui est alors
au point I, Il faut tirer la
tangente I P, & la droic-
te I N, vers le centre de la
Terre, & du point P, pris
à discretion dans la tan-
gente, tirer P N à angles
droits sur I N, afin d'a-
uoir la proportion qui est
entre la ligne I P, & la
moitié de la ligne I N,
(en cas que D O soit po-
sée double de O I) pour
celle qui est entre la Pesanteur du pois, & la force qui doit estre au point
D, pour le mouuoir, &
ainsi des autres.

Or il me semble que
ces trois exemples suffi-
sent pour assurer la verité
du principe que j'ay pro-
posé, & monstrer que
tout ce dont on a coutu-
me de traitter en la Statique en dépend. Car le
coin, & la vis, ne sont

que des plans inclinez, & les rouës dont on compose
diuerses machines ne sont que des leuiers multipliez.
Et enfin la Balance n'est rien qu'vn leuier qui est soutenu par le milieu. Si bien qu'il ne me reste plus icy
qu'à expliquer, comment les deux Conclusions que
j'ay proposées en peuuent estre déduites.

Démonstration, qui explique en quel sens on peut dire qu'vn
Cors pese moins estant proche du Centre de la Terre,
qu'en estant éloigné.

Soit A le centre de la Terre, &
BCD vn cors pesant, que ie supose estre en l'air tellement posé,
que si rien ne le soutient il descen-
dra de H vers A, suiuant la ligne
HFA, tenant tou-jours ses deux
parties B & D également distantes de ce point A, & mesme aussi
de cette ligne HF. Et considerons que pendant que ce Cors
descend en cette sorte, sa partie D
ne se peut mouuoir que suiuant la
ligne DG, ny sa partie B que suiuant la ligne BE, & ainsi que ces
deux lignes DG & BE representent les deux Plans inclinez sur
lesquels se meuuét les deux points
B & D. Car ce Cors BCD estant
dur, sa partie D est tou-jours sou-
tenuë, pendant qu'il se meut de

BD jufqu'à EG, par toutes les autres parties qui font entre D & C, auffi bien qu'elle pouroit l'eftre par vn Plan d'vne matiere tres-dure qui feroit ou eft la ligne DG (fçauoir dans le 2. Exemple qui eft du Plan incli-né.) Mais il a defia efté demonftré que tout Cors Pefant foutenu par vn Plan incliné, pefe moins eftant proche du point ou la perpendiculaire du Centre de la Terre rencontre ce Plan, qu'en eftant éloigné; d'où il fuit éuidemment que lors que le Cors B C D, eft vers H, fa partie D pefe plus, que lors qu'il eft vers F. Et le mefme fuit auffi de fa partie B, & de toutes les autres, pourvû feulement qu'on excepte celles qui fe trou-uent en la ligne H F, & mefme cette ligne H F n'e-ftant prife que pour vne ligne Mathematique, fes parties n'ont pas befoin d'eftre comtées, fi bien que tout ce Cors pefe moins eftant proche du centre de la Terre, que lors qu'il en eft éloigné, qui eft ce qu'il fal-loit démonftrer.

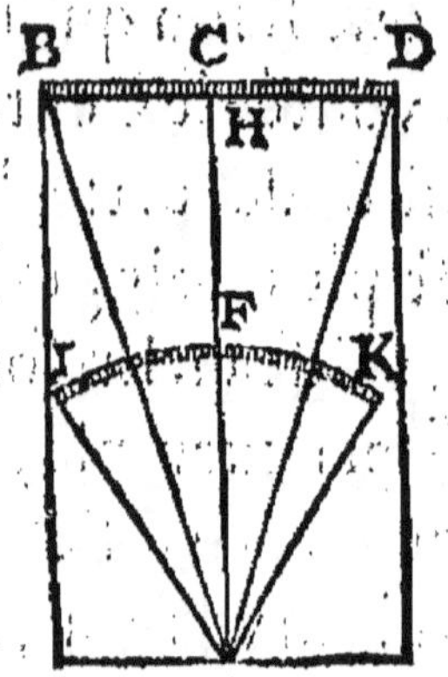

Il eft vray que cecy ne fe peut en-tendre que des cors durs, car pour ceux qui font liquides il eft éuident que leurs parties ne fe peuuent ainfi foutenir les vnes les autres, ny mef-me celles des Cors qui font moux & plians. Comme par exemple, fi on fu-pofe que B D foit vne corde, j'entens vne corde Mathematique, dont tou-tes les parties fe puiffent plier également fans aucune difficulté, & qu'elle foit toute droitte, lors qu'elle eft vers H, la laiffant defcendre vers A, fes parties fe cour-

beront peu à peu à mesure qu'elles aprocheront de ce
point A. En sorte que lors que son milieu sera au point
F, ses deux bouts seront aux poins I & K, que ie supose estre tels que la difference qui est entre les lignes I
A & B A, ou bien K A & D A, est égale à C F.

Mais si on considere les Cors liquides, comme contenus en quelques vaisseaux, il y a derechef vne autre
raison qui montre qu'ils pesent quelque peu moins
estant proches du centre de la Terre, que lors qu'ils
en sont éloignez. Car il faut considerer que la superficie de la liqueur qui est contenuë, par exemple, dans
le vaisseau BC, laquelle
chacun sçait estre sphérique, se trouue beaucoup
plus voutée lors que ce
vaisseau est fort proche
du centre de la Terre, que
lors qu'il en est plus éloigné, & que selon qu'elle
est plus voutée le Centre
de grauité de cette li-
queur est plus éloigné du
fond du vaisseau. En sor-
te que si par exemple, A
est le centre de la Terre,
N le fond du vaisseau, &
M le centre de grauité
de la masse d'eau qu'il
contient, & que la ligne
N M, ait justement vn

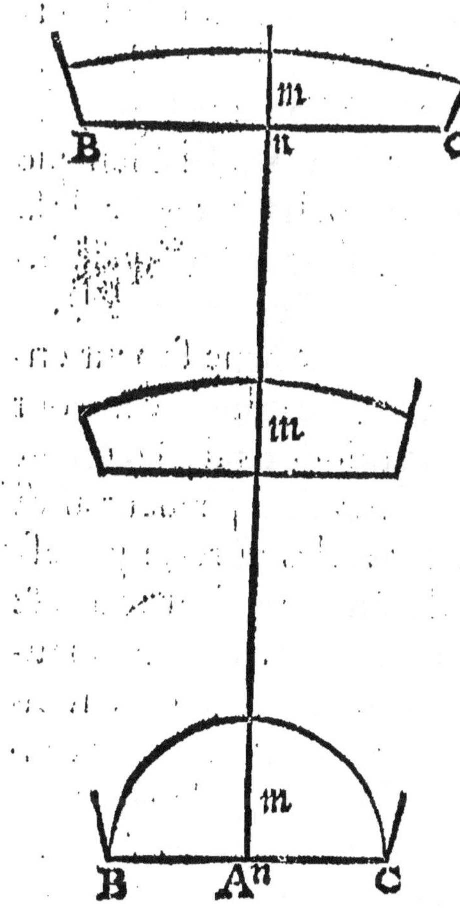

pié de longueur, lors que le fond de ce vaisseau est
tout joignant le centre de la Terre, il peut estre imaginé de telle grandeur, & contenir telle quantité d'eau,
que lors qu'on l'en aura éloigné de la hauteur d'vne
toise, la ligne N M, n'aura plus que justement vn demy pié de longueur. Mais cela estant, si on l'en éloigne derechef de la hauteur d'vne toise, la ligne N M,
ne poura pas s'acourcir derechef d'vn demy pié, car par
ce moyen elle deuiendroit nulle, puis qu'elle n'a des-
ja qu'vn demy-pié, & elle diminuera seulement, par
exemple, d'vn pouce; puis derechef le vaisseau estant
haussé d'vne toise, cette ligne N M, diminuëra de
beaucoup moins que d'vn pouce, &c.

Or pour mesurer de combien on fait hausser la
masse d'eau pendant qu'on hausse le vaisseau, il faut
seulement considerer de combien on fait hausser son
centre de grauité, car c'est tou-jours le point ou se rencontre le centre de grauité des cors Pesans qui détermine l'endroit où ils sont entant que Pesans; Et pource que la puissance qui éleue ce vaisseau en la premiere
toise, ne fait hausser ce Centre que de cinq piés & demy, au lieu que l'éleuant en la seconde toise, elle le fait
hausser de six piés moins vn pouce, il est éuident que
cette puissance doit estre dautant plus grande pour
l'éleuer en la seconde toise qu'en la premiere, que la
distance de six piés moins vn pouce est plus grande
que celle de cinq piés & demy. Et tout de mesme en
éleuant le vaisseau en la troisiesme toise, on éleuera le
Centre de grauité de l'eau vn peu dauantage qu'en la
seconde, & ainsi de suitte. De façon que cette eau pese de cela moins estant proche du centre de la Terre

qu'en estant éloigné, ainsi qu'il falloit démonstrer.

Autre demonstration, qui explique en quel sens on peut dire qu'vn cors pese plus estant proche du Centre de la Terre, qu'en estant éloigné.

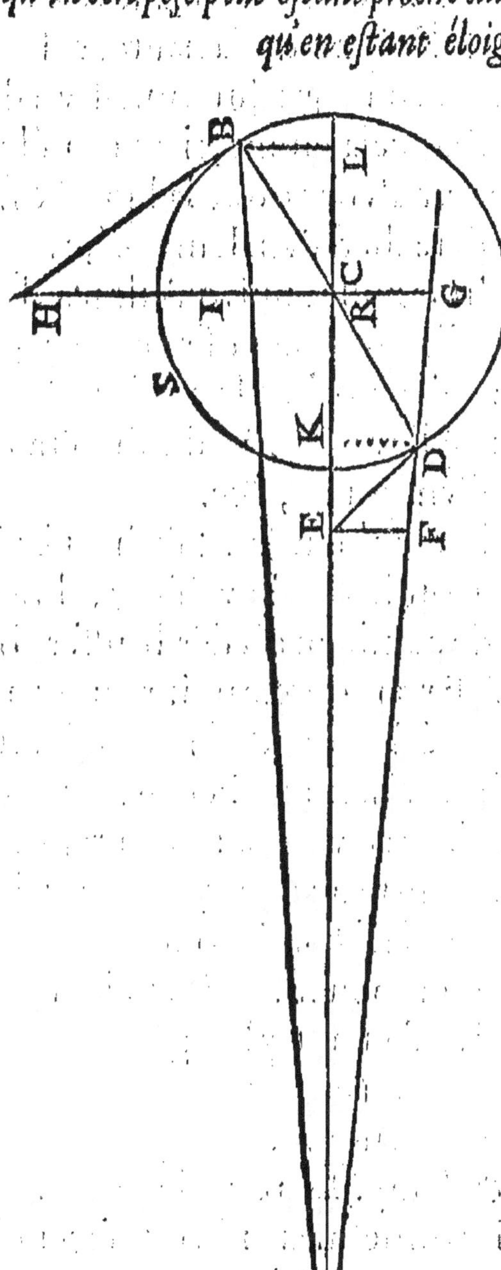

Soit A le centre de la Terre, & que B D soit vne balance dont le Centre soit C, en sorte que ses deux bras B C & C D soient égaux, & qu'il y ait deux pois l'vn au point B & l'autre au point D, qui soient parfaitemët égaux entr'eux; Lors que la ligne B D n'est pas parallele à l'horizõ, le pois qui est le plus bas, comme en D, pese plus que l'autre qui est en B, dautant justement que la ligne B A est plus longue que la ligne D A. Car si on tire la ligne D E, qui touche au point D le cercle B S D, &
du

du point E la ligne EF, perpendiculaire fur D A, la
pefanteur du pois mis en D, eſt à ſa Pefanteur Abſoluë, comme la ligne DF eſt à la ligne DE, ainſi qu'il
eſt prouué cy-deſſus (en l'exemple 3. du leuier.) Puis ſi
du centre de la balance on mene la ligne C G, perpendiculaire fur A D G, les deux triangles rectangles DFE
& D G C ſont ſemblables ; C'eſt pourquoy comme
DE eſt à D F, ainſi C D eſt à C G, c'eſt à dire, que
comme la perpendiculaire menée du centre de la Balance ſur la ligne qui paſſe par D, l'extremité de l'vn
de ſes bras, & par le centre de la Terre, eſt à la longueur
de ce bras, ainſi la Pefanteur Relatiue du cors en D,
eſt à ſa Pefanteur Abſoluë. Tout de meſme ayant mené B H, qui touche au point B le cercle B S D, & C I H
qui coupe A B, au point I, à angles droits, il a eſté prouué cy-deſſus (en l'exemple 3. du leuier) que la Pefanteur Relatiue du pois en B, eſt a l'Abſoluë, comme la
ligne B I eſt a B H, c'eſt a dire, comme C I eſt a C B ; car
les triangles B I H & C I B ſont ſemblables. Et il ſuit
de cecy, que ſi les deux cors qui ſont en B & en D
ſont parfaittement égaux, la Pefanteur Relatiue de
celuy qui eſt en B, eſt a la Pefanteur Relatiue de celuy
qui eſt en D, comme la ligne C I eſt à la ligne C G. De-
plus, dès poins B & D ayant mené B L & D K perpendi-
culaires ſur A C, elles ſont égales l'vne à l'autre, & le
rectangle C I, B A, eſt auſſi égal au rectangle B L, C A ;
Car prenant C A pour la baze du triangle A B C, c'eſt
B L qui en eſt la hauteur ; Puis prenant B A pour la baſe
du meſme triangle, c'eſt C I, qui eſt ſa hauteur. Et pour
pareille raiſon le rectangle G C, D A, eſt égal au rectangle K D C A. Et pource que B L & K D ſont égales, le
H H h

rectangle CI, BA, est égal au rectangle CG, DA. D'où il suit que comme DA, est à BA, ainsi CI est à CG. Or le pois en B est à celuy qui est en D, comme CI est à CG, donc il est aussi comme DA, & à AB.

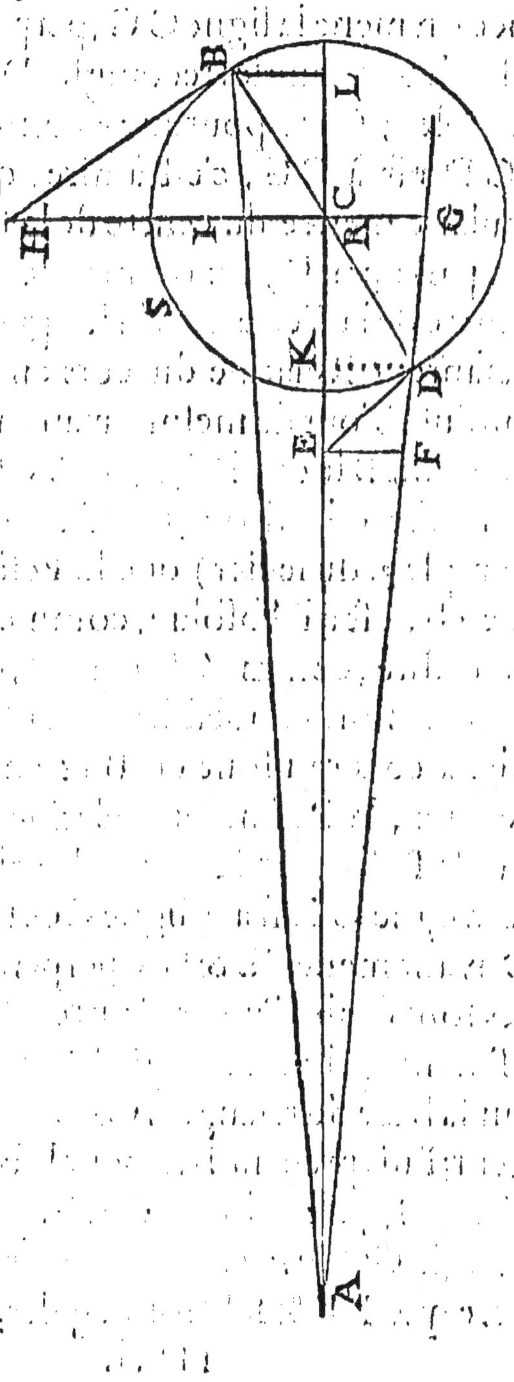

En suite dequoy il est évident que le centre de gravité des deux pois B & D joins ensemble par la ligne BD, n'est pas au point C, mais entre C & D, par exemple, au point R, ou ie supose que tombe la ligne qui divise l'angle BAD en deux parties égales. Car on sçait assez en Geometrie que cela estant, la ligne BR est à RD, comme AB est a DA, de façon que les pois B & D doiuent estre soutenus par le point R, pour demeurer en équilibre en l'endroit où ils sont. Mais si on supose la ligne BD, tant

ſoit peu plus où moins inclinée ſur l'horiſon, ou bien
ces pois à vne autre diſtance du centre de la Terre, il
faudra qu'ils ſoient ſoutenus par vn autre point pour
eſtre en équilibre, & ainſi leur centre de grauité n'eſt
pas tout-jours vn meſme point.

Au reſte, il eſt à remarquer que toutes les parties égales d'vn meſme Cors, priſes deux à deux, ont meſme
raport l'vne à l'autre, en ce qui regarde leur peſanteur,
& leur commun centre de grauité, que ſi elles eſtoient
oppoſées dans vne balance; En ſorte que, par exemple, en la ſphere BEG dont le
centre eſt C, ſi on la diuiſe par 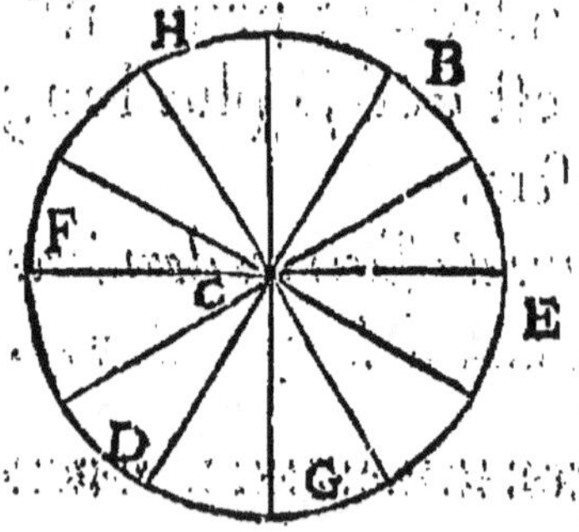
imagination en pluſieurs parties
égales, comme B, E, G &c. le
centre de grauité des deux parties
B, & D, conſiderées enſemble,
eſt au meſme lieu qu'il ſeroit, ſi la
ligne BCD eſtoit vne balance dont C fuſt le centre,
à ſçauoir, il eſt entre C & D, pource que D eſt poſé
plus proche du centre de la Terre que n'eſt B. Et le
centre de grauité des deux parties G & F, eſt auſſi entre C & F, & celuy des deux E & H, entre C & H, &
ainſi des autres. D'où il ſuit clairement que le centre
de grauité de toute cette ſphere n'eſt pas au point C,
qui eſt le centre de ſa figure, mais quelque peu plus bas,
en la ligne droitte qui tend de ce centre de ſa figure
vers celuy de la Terre. Ce qui ſemble veritablement
fort paradoxe lors qu'on n'en conſidere pas la raiſon,
mais en la conſiderant on peut voir que c'eſt vne verité Mathematique tres-aſſurée.

Et mesmo on peut démonstrer que ce centre de grauité, lequel change de place à mesure que cette sphere change de situation, est tou-jours en la superficie d'vne autre petite sphere décrite du mesme centre qu'elle, & dont le rayon est au trois quarts du sien, comme le sien entier est à la distance qui est entre le centre de leur figure & celuy de la Terre. Ce que ie ne m'arreste pas icy à expliquer, à cause que ceux qui sçauent comment on trouue les centre de grauité des figures Géometriques le pourront assez entendre d'eux-mesmes, & que les autres n'y prendroient peut-estre pas de plaisir. Aussi que cet écrit est des-ja plus long que ie n'auois pensé qu'il dust estre.

M. Desc. a depuis prié le R. P. Mersenne d'effacer ces dernieres lignes, comme s'estant lors trompé, écriuant à demy endormy.

LETTRE DE MONSIEVR DESCARTES

AV REVEREND PERE MERSENNE,
Du 12. Septembre 1638.

POVR DEMONSTRATION DV PRINCIPE
SVPOSE CY-DESSVS.

LETTRE LXXIV.

MON REVEREND PERE,

Ie pensois differer encore 8. ou 15. iours à vous écrire afin de ne vous importuner pas trop souuent de mes lettres. Mais ie viens de receuoir vostre derniere du premier Septembre laquelle m'aprend qu'on fait difficulté d'admettre le principe que j'ay suposé en mon examen de la question Géostatique ; & pource que s'il n'estoit pas vray tout le reste que j'en ay déduit le seroit encore moins, ie ne veux pas attendre vn seul iour à vous en enuoyer vne plus particuliere explication.

Il faut sur tout considerer que j'ay parlé de la force qui sert pour leuer vn pois à quelque hauteur, *laquelle force a toujours deux dimensions*, & non de celle qui sert en chaque point pour le soutenir, *laquelle n'a iamais qu'vne dimension*, en sorte que ces deux forces different autant l'vne de l'autre *qu'vne superficie differe d'vne ligne*. Car la mesme force que doit auoir vn clou pour soutenir vn pois de 100. liu. vn moment de tems, luy suffit aussi pour le soutenir vn an durant, pourvû qu'elle ne diminuë point. Mais la mesme quantité de cette force qui sert à leuer ce pois à la hauteur d'vn pié, ne suffit pas *eadem numero* pour le leuer à la hauteur de deux piés;& il n'est pas plus clair que deux & deux font quatre,qu'il est clair qu'il en faut employer le double. Or pource que ce n'est rien que cela mesme que j'ay suposé pour vn principe, ie ne sçaurois deuiner sur quoy est fondée la difficulté qu'on fait de le receuoir. Mais ie parleray icy de toutes celles que ie soupçonne, lesquelles ne viennent pour la plû-part que de ce qu'on est desja trop sçauant aux Méchaniques,c'est à dire, de ce qu'on est préoccupé des principes que prennent les autres touchant ces matieres, lesquels n'estant pas du tout vrays trompent d'autant plus qu'ils semblent plus l'estre.

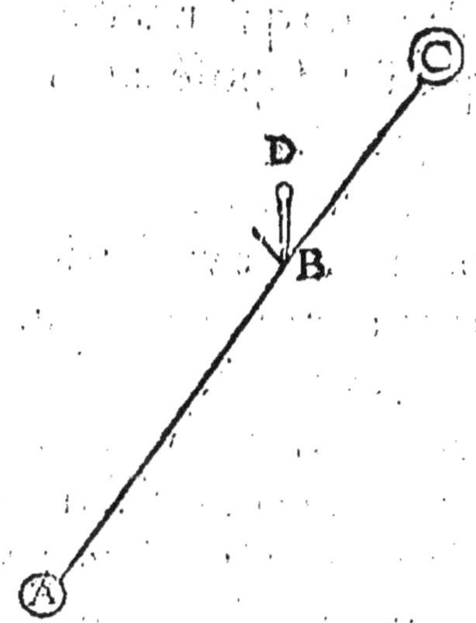

La premiere chofe dont
on peut en cecy eftre préoccupé, eft que plufieurs ont
coutume de confondre la
confideration de l'efpace,
auec celle du tems, ou de la viteffe; En forte que par Exemple, au leuier, ou ce qui eft le
mefme, en la balance BCDA,
ayant fupofé que le bras AB
eft double de BC, & que le
pois en C eft double du pois en A, & ainfi qu'ils fonr en
en équilibre ; au lieu de dire que cequi eft Caufe de
cet équilibre eft, que fi le pois C fouleuoit ou bien
eftoit fouleué par le pois A, il ne pafferoit que par la
moitié d'autant d'efpace que luy, ils difent qu'il iroit de
la moitié plus lentement; ce qui eft vne faute d'autant
plus nuifible qu'elle eft plus mal-ayfée à reconnoiftre;
Car ce n'eft pas la difference de la viteffe qui fait que
ces pois doiuent eftre l'vn double de l'autre, *mais la
difference de l'efpace;* Comme il paroift de ce que
pour leuer par Exemple le pois F, auec la main
iufquesa G, il n'y faut point employer vne force qui foit iuftement double de celle qu'on y
aura employée le premier coup, fi on le veut
leuer d'eux fois plus vifte; Mais il y en faut employer vne qui foit plus ou moins grande que
la double, felon la diuerfe proportion que peut
auoir cette viteffe auec les caufes qui luy refi-
ftét. *Au lieu qu'il faut vne force qui foit iuftement dou-*

ble pour le leuer auec mefme vitefſe deux fois plus haut, à ſçauoir, iuſques a H. Ie dis qui ſoit iuſtement double, en contant qu'vn & vn ſont iuſtement deux : Car il faut employer certaine quantité de cette force, pour leuer ce pois de F, iuſques a G, & derechef encore autant de la meſme force, pour le leuer de G, iuſques a H. Que ſi iauois voulu ioindre la Conſideration de la viteſſe auec celle de l'eſpace, il m'euſt eſté neceſſaire d'attribuer trois dimenſions a la force, au lieu que ie luy en ay attribué ſeulement deux, afin de l'exclure. Et ſi j'ay témoigné tant ſoit peu d'adreſſe en quelque partie de ce petit écrit de Statique, ie veux bien qu'on ſçache que c'eſt plus en cela ſeul qu'en tout le reſte; Car il eſt impoſſible de rien dire de bon & de ſolide touchant la viteſſe, ſans auoir expliqué au vray ce que c'eſt que la Peſanteur, & enſemble tout le ſyſteme du Monde. Or à cauſe que ie ne le voulois pas entreprendre, j'ay trouué moyen d'obmettre cette conſideration, & d'en ſéparer tellement les autres, que ie les puſſe expliquer ſans elle. Car encore qu'il n'y ait aucun mouuement qui n'ait quelque viteſſe, toutesfois il n'y a que les augmentations ou diminutions de cette viteſſe qui ſont conſiderables ; & lorſque parlant du mouuement d'vn Cors, on ſupoſe qu'il ſe fait ſelon la viteſſe qui luy eſt la plus naturelle, c'eſt le meſme que ſi on ne la conſideroit point du tout.

L'autre raiſon qui peut auoir empeſché qu'on n'ait bien entendu mon principe, eſt qu'on a crû pouuoir démonſtrer ſans luy quelques-vnes des choſes que ie ne démonſtre que par luy. Comme par exemple, touchant la poulie A B C, on a penſé que c'eſtoit aſſez de

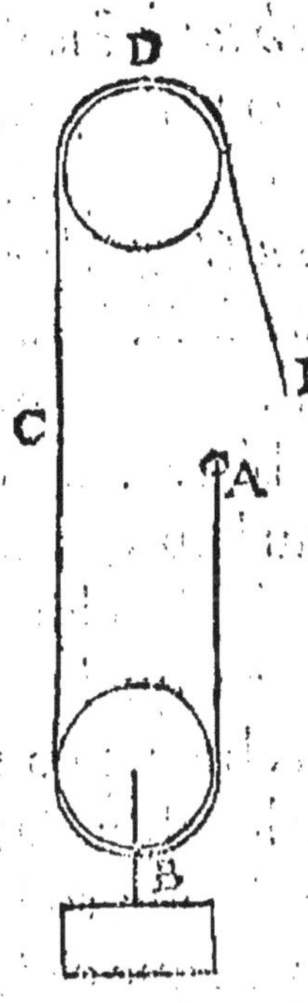

ſçauoir que le clou en A ſoûtient la
moitié du pois B , pour conclure de
là que la main en C , n'a beſoin que de
la moitié d'autant de force , pour ſoûtenir ou ſouleuer ce pois , ainſi appliqué à cette poulie , qu'il luy en faudroit
pour le ſoutenir ou ſouleuer ſans ellé.
Mais encore que cela explique fort bien
comment ſe fait l'aplication de la force
en C , a vn pois double de celuy qu'elle
pouroit leuer ſans poulie , & que ie m'en
ſois ſeruy moy-meſme , ie nie pourtant que ce ſoit ſimplement a cauſe que
le clou A ſoutient vne partie du pois B,
que la force en C , qui le ſouleue ; peut eſtre moindre
que s'il n'eſtoit point ainſi ſoutenu : Car ſi cela eſtoit
vray , la corde CE eſtant paſſée autour de la poulie D,
la force en E pouroit tout de meſme eſtre moindre
que la force en C , acauſe que le clou A ne ſoutient pas
moins ce pois qu'auparauant , & qu'il y a encore vn autre clou qui le ſoutient , à ſçauoir , celuy auquel la poulie D eſt attachée. Ainſi donc pour ne point faillir,
de ce que le clou A ſoutient la moitié du pois B , on
ne doit conclure autre choſe ſinon que par cette application l'vne des dimenſions de la force qui doit
eſtre en C , pour leuer ce pois , diminue de moitié , &
que l'autre enſuitte deuient double : de façon que ſi la
ligne F G repreſente la force qu'il faudroit pour ſoutenir en vn point le pois B , ſans l'ayde d'aucune Machine, & le rectangle G H , celle qu'il faudroit pour le leuer
à la

à la hauteur d'vn pié, le soutien du clou
A diminuë de moitié la dimension qui
est representée par la ligne F G, & le re-
doublement de la corde A B C fait dou-
bler l'autre dimension, qui est representée par la ligne F H; & ainsi la force qui
doit estre en C, pour leuer le pois B à la
hauteur d'vn pié, est representée par le
rectangle I K; Et comme on sçait en
Géometrie qu'vne ligne estant adjoutée
ou ostée d'vne superficie né l'augmente
ny ne la diminuë de rien du tout, ainsi
doit-on icy remarquer que la force dont
le clou A soutient le pois B, n'ayant qu'vne seule dimension, ne peut faire que la force en C, considerée
selon ses deux dimensions, doiue estre moindre pour
leuer ainsi le pois B, que pour le leuer sans poulie.

La 3. raison qui aura pû faire imaginer de l'obscurité en mon principe, est qu'on n'a peut-estre pas pris
garde à tous les mots par lesquels ie l'explique; Car
ie ne dis pas simplement que la force qui peut leuer vn
pois de 50. liu. à la hauteur de 4. piés, en peut leuer vn
de 200. liu. à la hauteur d'vn pié; mais ie dis qu'elle le
peut, si tant est qu'elle luy soit appliquée; Or est-il
qu'il est impossible de l'y appliquer que par le moyen
de quelque machine, ou autre inuention, qui fasse que
ce pois ne se hausse que d'vn pié, pendant que toute
cette force agira en toute la longueur de 4. piés; Et
ainsi qui transforme le rectangle, par lequel est representée la force qu'il faut pour leuer ce pois de 400. liu.

à la hauteur d'vn pié, en vn autre, qui soit égal & semblable à celuy qui represente la force qu'il faut pour
leuer vn pois de 50. liu. à la hauteur de 4. piés.

Enfin peut-estre qu'on a eu moins bonne opinion
de ce principe, à cause qu'on s'est imaginé que j'auois
aporté les exemples de la poulie, du plan incliné, & du
leuier, afin d'en mieux persuader la verité, comme si
elle eust esté douteuse; ou bien que j'eusse si mal raisonné que de vouloir prouuer vn principe,
qui doit de soy estre si clair qu'il n'ait besoin d'aucune preuue, par des choses qui
sont si difficiles, qu'elles n'auoient peut-
estre iamais cy-deuant esté bien démonstrées par personne. Mais aussi ne m'en
suis-je seruy que pour faire voir que ce
principe s'étend à toutes les matieres dont
on traitte en la Statique, ou plu-tost j'ay vsé
de ce prétexte pour les inserer en mon
écrit, à cause qu'il m'eust semblé estre trop
sec & trop stérile, si ie n'y eusse parlé d'autre chose que
de cette question de nul vsage, que ie m'estois proposé
d'examiner.

Or on peut assez voir de ce qui a
desia icy esté dit, comment les forces
du leuier & de la poulie se démon-
strent par mon principe; si bien qu'il
ne reste plus que le plan incliné, duquel on verra clairement la démonstration par cette figure, en laquelle
F G represente la premiere dimension
de la force qui décrit le rectangle FH,

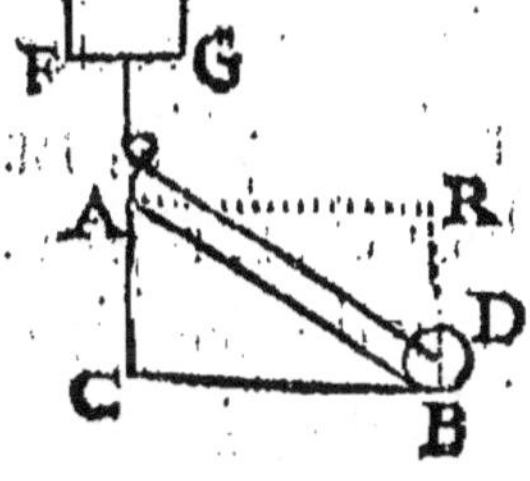

pendant qu'elle tire le pois D, ſur le Plan B A, par le
moyen d'vne corde parallele à ce plan, & paſſée autour de la poulie E; en ſorte que G H, qui eſt la hauteur de ce rectangle, eſt égale à la ligne B A, le long
de laquelle ſe doit mouuoir le pois D, pendant qu'il
monte à la hauteur de la ligne C A. Et N O repreſente
la premiere dimenſion d'vne autre ſemblable force,
qui décrit le rectangle N P, pendant qu'elle fait mon-
ter le pois L, juſques à M. Et ie ſupoſe que la ligne M L
eſt égale à B A, & double de C A; Et que N O eſt égale
à F G, & O P à G H. A prés cela ie conſidere que lors
que le pois D ſe meut de B vers A, on peut imaginer
que ſon mouuemét eſt compoſé de deux autres, dont
l'vn le porte de B R vers C A, pour lequel il ne faut aucune force, ainſi que ſupoſent tous ceux qui traittent
des Méchaniques, & l'autre le hauſſe de B C vers R A,
pour lequel ſeul il faut de la force; en ſorte qu'il n'en
faut ne plus ne moins pour le mouuoir ſuiuant le Plan
incliné B A, que pour le mouuoir ſuiuant la perpendiculaire C A : Car ie ſupoſe que les inégalitez, &c. du
Plan n'empeſchent point; ainſi qu'on a coutume de
faire en traittant de telle matiere. Ainſi donc toute la
force F H n'eſt employée qu'à leuer le pois D à la hauteur de la ligne C A; Et pource qu'elle eſt entierement égale à la force N P, qui eſt requiſe pour leuer le
pois L à la hauteur de la ligne L M, qui eſt double de
C A, ie conclus par mon principe, que le pois D eſt
double du pois L. Car puis qu'on doit employer autant de force pour l'vn que pour l'autre, il y a autant à
leuer en l'vn qu'en l'autre; Et il ne faut que ſçauoir

compter jusques à deux, pour connoistre que c'est autant de leuer 200. liures depuis C, jusques à A, que d'enleuer 100. liu. depuis L, jusques à M; puisque ML est double de C A, &c.

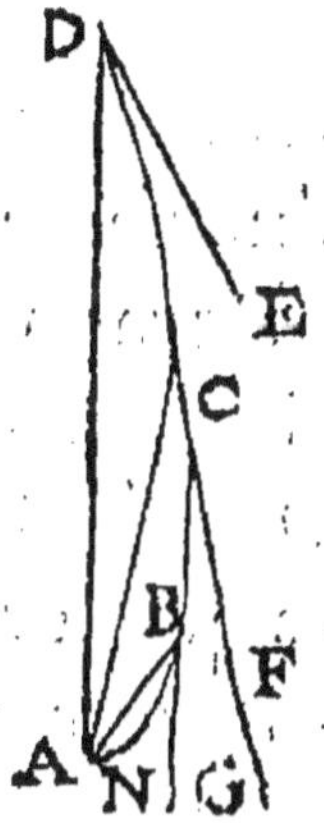

Vous me mandez aussi que ie deuois plus particulierement expliquer la nature de la spirale, qui represente le Plan également incliné; & la façon dont se plie vne corde, lors qu'ayant esté toute droitte & parallele à l'horison, elle descend librement vers le centre de la Terre, & la grandeur de la petite sphere, en laquelle se trouue le centre de grauité d'vne autre plus grande sphere. Mais pour cette spirale elle a plusieurs proprietez qui la rendent assez reconnoissable: Car si A est le centre de la Terre, & que ANBCD soit la spirale, ayant tiré les lignes droittes A B, A C, A D, & semblables, il y a mesme proportion entre la courbe ANB, & la droitte AB, qu'entre la courbe ANBC, & la droitte A C, ou A N B C D, & A D, & ainsi des autres. Et si on tire les tangentes D E, C F, G B, &c. les angles A D E, A C F, A B G, &c. seront égaux. Pour la façon dont se plie vne corde en tombant, ie l'ay ce me semble assez déterminé parce que j'en ay écrit, aussi bien que le centre de grauité d'vne sphere; Il est vray que j'en ay obmis la preuue; Mais ie vous diray que ce n'est pas mon stile, de m'arrester a de petites démonstrations de Géometrie, qui peuuent aysément estre treuuées par d'autres, & que ceux qui me connoistront ne sçauroient iuger que j'ignore.

*Il faut se ressouuenir icy de ce que Monsieur Descartes a de-
siré qui fut rayé.*

MONSIEVR BEROVIC
A MONSIEVR DESCARTES.
LETTRE LXXV.

MONSIEVR,

Ie souhaitte auec passion de voir ces démonstrations Méchaniques, par lesquelles j'aprens que vous
établissez si nettement la circulation du sang, qu'il ne
reste plus aucun sujet de doute en cette doctrine. Ie
vous prie tres-instamment de me les communiquer,
quand vous le pourez sans vous incommoder. Comme j'ay écrit sur diuerses questions a de grans hommes,
j'ay dessein de donner au public vn recueil de mes lettres, & de leurs réponses, dans lequel ie me suis proposé de mettre la vostre touchant la circulation; En l'attendant, ie souhaitte que vous viuiez long-tems &
heureusement parmy nous, autant pour l'honneur de
nostre Hollande, qui vous regarde comme vn de ses
citoyens, que pour la gloire des sciences, dont vous
estes le restaurateur. A Dieu.

REPONSE
DE MONSIEVR DESCARTES.
LETTRE LXXVI.

MONSIEVR,

Vous me faites beaucoup d'honneur de vouloir que mes réponses trouuent place parmy celles de ces grans hommes, dans ce beau recueil que vous nous promettez. I'aprehende seulement de n'auoir rien à vous dire qui réponde à voftre attente, ayant defia cy-deuant publié tout ce que ie fçay touchant la queftion que vous me propofez, dans vn difcours de la méthode que ie fis imprimer en françois il y a quelques années, où j'ay fait voir que le mouuement du fang ne dépend que de la chaleur du cœur & de la conformation des vaiffeaux. Et bien que ie fois entierement d'accord aux Heruœüs touchant la Circulation du fang, & que ie le regarde comme le premier qui a fait cette admirabl découuerte, des petits paffages par où le fang coule des arteres dans les veines, qui eft à mon fens la plus belle & la plus vtile que l'on puft faire en Medecine, ie fuis toutesfois d'vn fentiment tout à fait contraire au fien touchant le mouuement du cœur. Il veut, fi ie m'en fouuiens, que le cœur dans le Diaftole fe dilate pour receuoir le fang, & que dans le Syftole il fe refferre pour le chaffer ; Pour moy, voicy comme j'explique toute la chofe.

Quand le cœur est vuide de sang, il en tombe neceffairement de nouueau dans fon ventricule droit par la Veine Caue, & dans le gauche par l'Artere Veneufe; Ie dis neceffairement, parce qu'eftant fluide, & les orifices de ces vaiffeaux, dont les rides forment les oreilles du cœur, eftan fort larges, & les valuules dont ils font munis eftant po. r lors ouuertes, il ne peut fans miracle qu'il ne defcende dans le cœur. Et fi toft qu'il eft ainfi coulé vn peu de fang dans l'vn & dans l'autre ventricule, comme il y trouue plus de chaleur que dans les Veines dont il eft forty, il faut de neceffité qu'il fe dilate, & qu'il occupe vn plus grand lieu qu'auparauant; Ie dis de neceffité, parce que telle eft fa nature; Et il eft ayfé de le remarquer, en ce que quand nous auons froid, toutes les veines de noftre cors font fi refferrées qu'à peine paroiffent-elles, & quand enfuitte nous venons à auoir chaud, elles s'enflent fi fort que le fang qu'elles contiennent femble occuper dix fois plus d'efpace. Le fang fe dilatant ainfi dans le Cœur, pouffé de tous coftez les parois de chaque ventricule, auec tant de promtitude & d'effort, qu'il ferme les petites portes qui font aux entrées de la Veine Caue & de l'Artere Veneuze, & ouure en mefme tems celles qui font aux orifices de la Veine Arterieuze & de la Grande Artere; (car ces petites portes font conftruites de telle forte, que felon les loix de la Méchanique celles-cy fe doiuent ouurir, & celles-là fe refermer, par le feul effort que leur fait le fang en fe dilatant;) & c'eft cette dilatatiõ qui fait le Diaftole du cœur. C'eft auffi ce qui caufe celuy des Arteres, eftant certain que le fang qui fe dilate dãs le cœur ne peut ouurir les petites portes de la Veine Arterieuze & de la Grande Artere, sans pousser en mesme tems tout l'autre sang qui est contenu dans les arteres. En suite dequoy ce mesme sang, par le mesme effort qu'il s'est dilaté, entre dans les arteres, & ainsi le cœur se vuide; & c'est en cela que consiste son Systole. Puis, quand ce sang qui s'estoit dilaté dans le cœur est paruenu jusques dans les arteres, il se condense comme auparauant, parce qu'il y trouue moins de chaleur; Et c'est en cela que consiste le Systole des Arteres, qui suit de si prez celuy du cœur, qu'il semble se faire en mesme tems. Sur la fin de ce Systole, le sang contenu dans les arteres (ie prens tou-jours la veine arterieuze pour vne artere, & l'artere veneuze pour vne veine) retombe vers le cœur, mais il ne rentre point pour cela dans ses ventricules, parce que les petites portes qui sont à leurs orifices sont disposées de telle sorte, que le sang ne peut retomber sur elles sans les refermer; comme au contraire celles qui sont aux orifices des veines s'ouurent d'elles-mesmes quand le cœur se des-enfle, si bien qu'il y tombe de nouueau sang, qui donne lieu à vn nouueau Diastole. Toutes ces choses sont à la verité Méchaniques, aussi bien que les experiences par lesquelles on prouue qu'il y a diuerses Anastomoses, par où le sang passe des Arteres dans les veines; Comme, ce que l'on obserue de la situation des valuules dans les veines, de la ligature du bras pour la seignée, de ce que tout le sang peut sortir du cors par l'ouuerture d'vne seule veine, ou d'vne seule artere, & plusieurs autres, sont autant d'experience riences qui prouuent ces Anaſtomoſes.

Voila tout ce que ie trouue de remarquable ſur ce ſujet; Et la choſe eſt à mon ſens ſi claire & ſi certaine, que
ie tiendrois ſuperflu d'en établir la preuue par d'autres
argumens. On m'enuoya de Louuain, il y a plus de ſix
ans, des objections ſur cette matiere, auſquelles ie ré-
pondis pour lors; Mais parce que leur Auteur, qui n'a
pas eſté en cela de bonne foy, en donnant mes réponſes au public les a tournées d'vne maniere qui fait violence à mon ſens, & qu'il les a tout à fait eſtropiées, ie
vous les enuoyeray volontiers comme ie les ay écrites,
pour peu que vous me témoigniez que vous les aurez
agreables; Vous proteſtant de faire en toute autre
choſe ce qui me ſera poſſible pour voſtre ſeruice, &
pour l'auancement des belles ſciences.

✠✠✠✠✠✠✠✠✠✠✠✠✠✠✠✠✠✠✠✠✠

LETTRE

D'VN MEDECIN DE LOVVAIN

A MONSIEVR DESCARTES.

LETTRE LXXVII.

MONSIEVR,

Vous m'auez demandé tant de fois & auec tant d'inſtance mes objections contre voſtre opinion touchant le Mouuement du Cœur, que ie ſuis obligé d'interrompre tant ſoit peu mes autres petis trauaux, pour
vous donner enfin cette ſatisfaction.

Ie vous diray donc tout d'abord, qu'à ce que ie puis voir, l'opinion que vous auez n'eſt pas nouuelle, mais tres-ancienne, & meſme d'Ariſtote, qui en fait mention au liure de la Reſpiration ap. 20. Voicy ſes paroles. *Le batement du cœur eſt ſemblable à vn boüillonnement: car le boüillonnement ſe fait lors qu'vne humeur ſe gonſle par la chaleur, & qu'elle s'éleue en ſorte que ſa maſſe en eſt augmentée. Or dans le cœur, c'eſt le gonflement de cette humeur, que le ſuc des viandes luy fournit continuellement, qui en ſouleuant la derniere Tunique du cœur fait ſon batement: Et cela ſe fait ſans intermiſſion, parce que l'humeur dont le ſang ſe forme y coule ſans ceſſe. Le batement donc n'eſt autre choſe que le gonflement d'vne humeur qui s'échauſe.* C'eſt le ſentiment d'Ariſtote que vous expliquez d'vne façon plus ingenieuſe, & plus belle. Galien au contraire nous aprend que le cœur eſt mû par vne faculté. C'eſt ce que nous autres Medecins auons tous enſeigné juſqu'à preſent; Et voicy les raiſons bonnes ou mauuaiſes qui m'obligent encore à tenir ce party.

1. Le cœur eſtant ſeparé du cors bat encore quelque tems: Et meſme eſtant coupé par morceaux chaque parcelle continuë tant ſoit peu ſon batement: Et cependant il n'y a point alors de ſang qui entre, ou qui ſorte.

2. Si l'on met dans vne Artere ouuerte quelque tuyau de plume ou d'airain par où le ſang puiſſe paſſer, & qu'on lie en ſuitte l'Artere pardeſſus le tuyau, ſi iuſtement qu'elle le ſerre de tous coſtez, l'Artere ne battra point paſſé la ligature; d'où il ſuit que le poux ne ſe fait pas par l'effort du ſang qui coule dans les Arte-

res, mais par quelqu'autre chose qui coule par les Tuniques des mesmes Arteres. Cette experience est de Galien au liure intitulé *an sanguis in arteriis, contineatur*, cap. 8. Et ne me dittes pas qu'il est impossible de la faire, à cause que le sang Arterial jaillir auec trop d'impetuosité; Car son effort peut aysément estre arresté par ce moyen. Faites à vne Artere deux ligatures éloignées l'vne de l'autre d'vn demy pié ou enuiron, puis ouurez auec la lancette cette mesme Artere entre ces deux ligatures, il est certain qu'il ne sortira point d'autre sang par cet endroit, que celuy qui se trouuera enfermé entre ces deux liens. L'ouuerture estant faite fourez-y adroittement vne Canule, sur laquelle vous lierez derechef l'Artere: Si aprés cela vous venez à défaire vos deux premiers liens, vous verrez le sang couler librement par cette Canule jusques aux extremitez des Arteres, sans pour cela que celles qui seront au dessous de la ligature qui reste, ayent aucun poux ou battement; Que si vous défaites cette derniere ligature qui serre l'Artere contre la Canule, tout aussi-tost elles recommenceront à battre comme auparauant. Il est vray qu'il sortira vn peu de sang par la playe, mais n'importe; Car cela n'empeschera pas que l'on ne voye l'effet prétendu.

3. Si la dilatation du cœur se faisoit par la rarefaction du sang, le Diastole du cœur seroit beaucoup plus lent, & dureroit bien dauantage qu'il ne dure dans les animaux; Car il entre dans le cœur vne assez notable quantité de sang, laquelle a besoin de tems pour estre toute conuertie en vapeur, & qui ne semble pas se pou-

uoir à refter toute entiere dans le peu de tems que dure le Diaftole. Que fi nous voyons l'huyle & la poix fe rapefier tout à coup quand elles tombent dans le feu, cela n'ofte pas la difficulté; car il n'y a pas tât de chaleur dans le cœur que dans le feu, & ainfi il ne peut pas faire ce que fait le feu. Outre que l'on voit le cœur des poiffons, qui n'ont prefque point de chaleur, ou pluftoft qui font frois, battre aufli vifte que les noftres.

4. Si les Arteres font enflées par le fang que le cœur répéd en elles, il n'y aura que la partie voifine du cœur, qui reçoit ce fang, laquelle puiffe battre d'abord, mais les autres ne pouront battre dans le mefme inftant; Car ce qui fort du cœur ne fe répend pas tout d'vn coup dans toutes les Arteres, à caufe que cela répugne au mouuemêt d'vn cors fi groffier; Et cependant toutes les Arteres du cors battent en mefme tems.

Voila ce que ie penfe touchant la caufe du mouuement du cœur. Et voicy ce que j'ay à dire contre la Circulation, que vous foutenez auec Heruœus.

1. Le fang des Arteres & celuy des Veines feroient tout à fait femblables, ou pour mieux dire ne feroient qu'vne mefme chofe, ce qui répugne à l'Autopfie; le premier eftant plus jaunaftre & plus vermeil, & l'autre plus noiraftre & plus fombre.

2. Cette matiere de la fievre qui réfide dans les petites Veines les plus éloignées du Cœur, & qui pour cela ne caufe qu'vne fievre intermittante, deuroit exciter plufieurs accez en vn iour, à fçauoir, autant de fois que cette matiere cotrompuë & le fang qui la porte retournent dans le cœur; Or vous dites que ce retour

se fait cent fois, voire deux cens fois par iour.

30 Si dans vn animal viuant on lioit la plu-part des Veines qui vont à la jambe sans lier les Arteres, la jambe deuroit s'enfler étrangement en peu de tems, parce que le sang continueroit de couler par les Arteres dans les Veines ; Mais tant s'en faut que cela arriue, qu'aucontraire, si vous laissez long-tems ces Veines liées, la partie demeurera extenuée faute de nouriture. I'attendray vos réponses à ces petits doutes auec vn empressement pareil à celuy que vous m'auez témoigné en me les demandant.

REPONSE
DE MONSIEVR DESCARTES.
LETTRE LXXVIII.

Monsievr,

I'auois sujet de souhaitter auec empressement vos objections contre l'opinion que j'ay du mouuement du Cœur ; car considerant vostre Esprit, vostre doctrine, vostre franchise, & la bien-veillance que vous auez pour moy, Ie sçauois bien qu'elles seroient ingenieuses, pleines d'erudition, & tout à fait exemtes de ces contentions importunes, qui n'ont point d'autre fondement que l'erreur de nos préjugez, & la malignité ou nous porte l'enuie & la jalousie. Ie ne me suis point trompé dans mon jugement, & j'ay à vous rendre graces, non seulement de ce que vous me les auez

enuoyées, mais encore de ce que vous m'auez ouuert
vn moyen pour apuyer mon opinion de l'authorité
d'Aristote. Comme cet homme a esté si heureux, que
quelques choses qu'il ait auancées dans ce grand nombre d'écrits qu'il a faits, mesme celles qu'il à dites sans
y prendre garde, passent aujourd'huy chez la plû-part
pour des oracles, ie ne souhaitterois rien tant que de
pouuoir sans m'écarter de la verité, suiure ses vestiges
en tout. Mais certes ie ne dois pas me glorifier de l'a-
uoir fait au sujet dont il est question : Car quoy que
j'assure auec luy que le batement du cœur vient du
gonflement d'vne humeur qui s'échaufe dans ses cauitez, toutes-fois ie n'entens par cette humeur rien qui
soit different du sang, & ie ne parle pas comme luy
du gonflement d'vne humeur que le suc des viandes fournit con-
tinuellement, laquelle souleue la derniere Tunique du Cœur,
car si j'auançois de pareilles choses, on me pouroit aysément conuaincre d'erreur, par quantité de preuues
tres-éuidentes; Et l'on croiroit auec raison que ie n'aurois iamais consideré auec attention la structure du
cœur d'aucun animal, si, sans parler des Ventricules &
des Valvules, j'assurois qu'il n'y a que la derniere Tunique du cœur qui se hausse. Au reste, celuy qui sur de
fausses prémisses (comme disent les Logiciens) conclud par hasard quelque chose de vray, ne raisonne
pas mieux ce me semble, que s'il en déduisoit quelque
chose de faux ; Et si deux personnes estoient arriuées
en vn mesme lieu, l'vne par des chemins détournez,
& l'autre par le droit chemin, il ne faudroit pas penser,
que l'vne eust esté sur les voyes de l'autre.

A voſtre premiere objection ; qui eſt , que quand vn Cœur eſt hors du cors, & coupé par morceaux, chaque parcelle bat durant quelque tems , quoy que pour lors il n'y ait point de ſang qui entre ou qui ſorte.

Ie répons que j'ay fait autrefois cette experience auec aſſez d'exactitude, particulierement ſur des Poiſſons, dont le Cœur bat bien plus long-tems aprés eſtre coupé, que celuy des Animaux Terreſtres; mais que j'ay tou-jours jugé, & meſme, comme cela ſe peut ſouuent faire, j'ay vû qu'il y auoit quelque reſte de ſang dans la partie ou ſe faiſoit le batement, qui y eſtoit tombé des autres parties plus hautes; Et ie me ſuis ayſémét perſuadé que pour peu qu'il tombe de ſang d'vne partie du cœur dans vne autre plus chaude, cela ſuffit pour cauſer le battemét; Car il faut remarquer qu'vne liqueur ſe rarefie dautant plus ayſément qu'elle eſt en moindre quantité ; Et que comme nos mains à force d'eſtre exercées à certains mouuemens y deuiennent plus propres, de meſme, parce que le Cœur dez le premier momét de ſa formation, n'a ceſſé de s'enfler, & de ſe defenfler, il ne faut que tres-peu de choſe pour luy faire continuer ce mouuement; Et enfin comme nous voyons certaines liqueurs s'échaufer, & meſme s'enfler par le ſeul mélange de quelques autres, il peut y auoir auſſi dans les replis du cœur quelque humeur, qui reſſemble au leuain, par le mélange de laquelle, l'humeur qui ſuruient vienne à s'enfler. Au reſte, cette objection a ce me ſemble beaucoup plus de force contre l'opinion de ceux qui croyent que le mouuement du Cœur procede de quelque faculté de l'ame: Car de gra-

ce, comment ce mouuement dépendroit-il de l'ame,
& sur tout celuy qui se rencontre dans les parties d'vn
cœur, aprés qu'elles sont separées ; Vû qu'il est de
foy, que l'Ame Raisonnable est indiuisible, & qu'il n'y
a aucune autre ame Sensitiue ou Vegetante qui luy
soit jointe.

Vous m'obiectez en secõd lieu ce que Galié raporte à
la fin du liure intitulé *an sanguis in arteriis côtineatur.* C'est
vne experience que veritablement ie n'ay iamais faite,
& pour laquelle ie n'ay pas maintenant assez de loisir;
mais aussi ie n'estime pas que cela soit fort necessaire.
Car posé vne fois la cause du battemét des Arteres, telle
que ie la pose, les loix de la Méchanique, c'est à dire de
ma Physique, m'aprennent, qu'ayant mis vn tuyau
dans vne Artere, si on lie cette Artere par dessus le
tuyau, elle ne doit point battre plus bas que le lien ; &
qu'en ostant la ligature elle doit battre au delà du lien,
comme Galien l'a experimenté ; pourvû toutesfois
que le tuyau soit vn peu plus étroit que l'Artere, ainsi
que sans doute il l'a suposé ; Et que vous mesme le suposez, comme ie le puis conclure, de ceque vous dites
que si l'on ostoit la ligature, il sortiroit quelque peu
de sang par la playe ; Car si le tuyau remplissoit toute
la capacité de l'Artere, il boucheroit entièrement la
playe, de sorte qu'il n'en sortiroit pas la moindre goutte ; Au lieu que quand le tuyau nage dans l'Artere auec
le sang, ce n'est pas merueille s'il n'arreste pas son mouuement. Car il faut remarquer que ce qui fait ce mouuement, n'est pas que le sang au sortir du Cœur se répande tout à coup dans toutes les arteres, comme vous
le suposez

le supofez dans voftre quatriéme obiection, mais c'eft
que venant à occuper toute cette partie de la grande
Artere, qui eft la plus proche du cœur, il pouffe &
chaffe tout l'autre fang qui eft contenu dans cette Artere & dans fes Rameaux, ce qui fe fait fans retardement aucun, & pour parler auec les Philofophes *in in-
ftanti*. Pofons, par exemple, que B C F eft vne Artere
pleine de fang, comme les Arteres le font tou-jours,
& dans laquelle il entre nouuellement vn peu de fang
qui forte du cœur A, cela eftant nous conceurons facilement que ce nouueau fang ne peut remplir l'efpace B, qui eft à l'orifice de cette Artere, que l'autre fang
qui rempliffoit auparauant ce mefme efpace B, ne fe

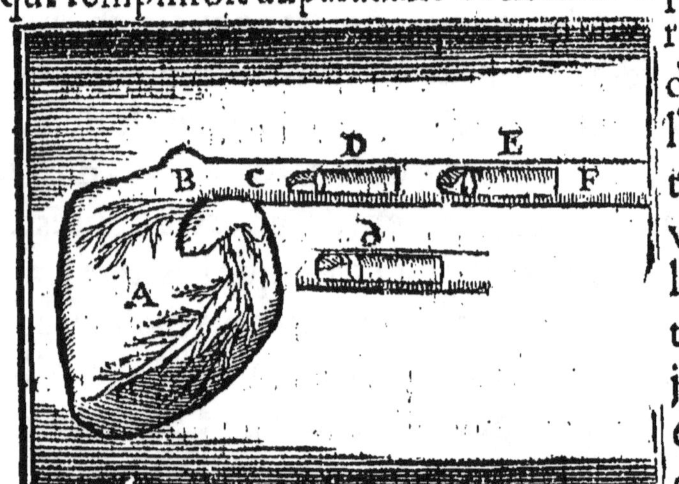

recule vers C,
d'où il chaffe
les autres par-
ties du fang
vers D, & cel-
les-cy les au-
tres de fuitte
jufques à E;
en telle forte
qu'au mefme
inftant que le fang monte d'A, vers B, l'Artere doit
battre en E; quand mefme nous fupoferions qu'il y
euft entre deux, comme vers D, vn tuyau ou quelqu'autre cors foit creux foit folide, pourvû qu'il na-
geaft librement dans le fang; parce qu'vn tel cors
feroit auffi facile à pouffer vers E, que le fang mefme; à caufe que la fuperficie interieure des Arteres

estant fort vnie, il ne trouueroit rien qui le pust arrester, & que les Arteres ayant des Tuniques assez
dures ne se retrecissent pas comme les intestins, ou
les Veines, pour s'ajuster à la grosseur des cors qu'elles contiennent ; D'où vient mesme qu'estant vuides,
& dans vn animal mort, elles ont coustume de demeurer ouuertes, & comme bëantes. Que s'il y auoit vn
autre tuyau inseré dans l'Artere, à l'endroit marqué E,
sur lequel cette Artere fust liée, comme le veut Galien, encore que le sang puisse passer par ce tuyau jusques à F, neantmoins il ne secoüera point en cet endroit là les costez de l'Artere, au moins sensiblement,
parce que passant d'vn lieu étroit dans vn autre plus
large, il perdra vne grande partie de ses forces, & em-
ployera plu-tost ce qui luy en reste à agir suiuant la
longueur de l'artere en coulant, que suiuant sa largeur
en la secoüiant, c'est à dire, qu'il poura bien par vn flux
continuel la remplir, & mesme la rendre plus enflée,
mais non pas la faire sauter par des battemens distincts.
Et il n'y a point d'autre raison pourquoy les Veines,
qui sont jointes aux Arteres par diuerses Anastomoses, ne battent pas comme elles, sinon parce que les
extremitez par où le sang passe pour y entrer, sont plus
étroites que leurs petits canaux dans lesquels il coule.

Nous pouuons encore éprouuer l'experience de
Galien par deux autres moyens, sçauoir en mettant
dans l'Artere vn tuyau de plume, ou d'autre matiere,
qui soit assez gros pour remplir toute sa capacité, &
s'attacher à sa superficie interieure, en sorte qu'il ne
puisse nager dans le sang, comme celuy qui est repre-

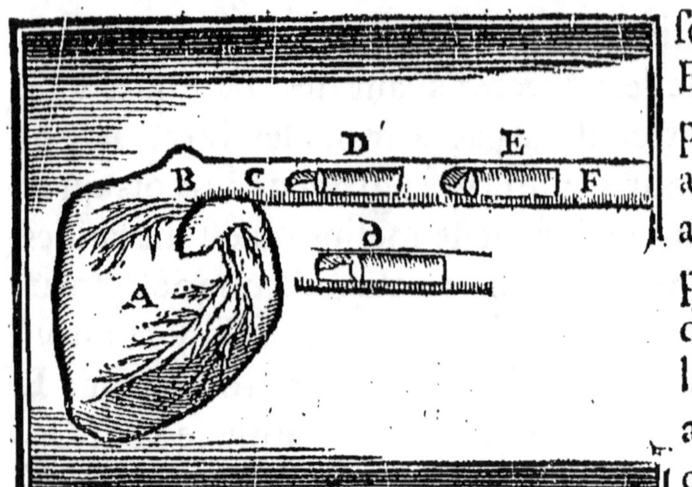

senté vers D. En ce cas pourvû qu'il ait le dedans assez estroit pour ne pas dôner vn plus libre passage au sang que celuy qui est vers E, il est certain que sans estre lié, il arrestera le mouuement de l'Artere. Ou bien en mettant dans l'Artere vn tuyau qui soit assez large par le dedãs, pour donner au sang vn passage aussi libre que l'Artere luy donneroit, s'il n'y auoit point de tuyau ; en ce cas soit qu'il soit lié, ou non, il n'empeschera point du tout le battement de l'Artere. Et il ne faut pas s'arrester à l'Autorité de Galien, qui assure en diuers endroits, *que les Arteres ne s'étendent pas, comme les peaux de bouc, parce qu'elles s'empliffent ; Mais qu'elles s'empliffent comme vn souflet, le gosier, les poumons, & toute la poitrine, parce qu'elles s'étendent, & qu'estant étenduës, elles attirent de tous les endroits voisins, par leurs extremitez & par leurs pores, tout ce qui est propre à les remplir :* Car elle se peut refuter par vne experience tres-certaine, que j'ay veuë assez de fois auant nostre dispute, & que ie n'ay pas esté fasché de reuoir encore en vous écriuant. Voicy qu'elle elle est. Apres auoir ouuert la poitrine d'vn lapin viuant, & en auoir de part & d'autre rengé les costes, en sorte que le cœur & le tronc de l'Aorte se voyoient facile-

ment, j'ay lié auec vn fil l'Aorte assez loin du cœur, &
l'ay separée de toutes les choses ausquelles elle tou-
choit, afin qu'on ne pust soupçonner qu'il y entrast
des esprits ou du sang d'ailleurs que du Cœur; En suite
ie l'ay ouuerte auec vne lancette entre le cœur & la ligature, & j'ay vû manifestement, que dans le mesme
tems que l'artere s'étendoit, se sang en jaillissoit par
l'incision que l'on y auoit faite, & qu'il n'en sortoit pas
vne goute dans le tems qu'elle venoit à se retrecir : Au
lieu que si l'opinion de Galien estoit vraye, cette Artere auroit dû attirer de l'air par l'incision pendant toute la durée du Diastole, & n'auroit pû jetter de sang
que pendant celle du Systole ; Comme personne n'en
peut douter ce me semble. Poursuiuant la dissection
de cet animal viuant, ie luy ay coupé cette partie du
Cœur qu'on nomme sa pointe ; Mais depuis le moment, qu'elle a esté separée de sa baze, ie ne l'ay pas vû
battre vne seule fois. Ce que ie mets icy à l'occasion de
l'objection précedente, afin que vous obseruiez que
ce qui fait que les parties du cœur qui sont vers sa baze
battent encore quelque tems, est qu'il y coule quelque
peu de sang des vaisseaux & des oreilles qui leur sont
adherantes ; Mais qu'il n'en est pas ainsi des parties qui
sont vers la pointe. Enfin aprés que la pointe du cœur
a esté retranchée, sa baze qui estoit demeurée penduë
aux vaisseaux a batu assez long-tems ; Et j'ay vû clairement que ces deux cauitez, qu'on nomme les ventricules du Cœur, deuenoient plus larges dans le Diastole, (*c'est à dire dans le tems qu'elles rejettoient le sang,*) &
plus étroites dans le Systole, (*c'est à dire dans celuy auquel*)

elles le receuoient ;) Laquelle experience ruine entierement l'opinion d'Heruœus touchant le mouuement
du Cœur ; Car il affure tout le contraire, à fçauoir, que
les ventricules fe dilatent dans le Syftole pour receuoir le fang , & qu'ils fe refferrent dans le Diaftole
pour le chaffer dans les Arteres : Ce que j'ay bien voulu mettre icy, pour vous monftrer qu'on ne peut imaginer d'opinion contraire à la mienne, qui ne foit ren-
uerfée par quelques experiences tres-certaines. Remarquez que pour bien faire cette experience, il ne
faut pas feulement couper l'extremité de la pointe,
mais la moitié de tout le Cœur, & mefme dauantage;
Et qu'il faut faire cette épreuue fur vn Lapin, qui eft
vn animal timide, & non pas fur vn Chien : Car dans
les Chiens les ventricules du cœur ont plufieurs replis
& petits détours, dont les cauitez particulieres s'enflent de telle forte par la dilatation du fang, que la ca-
uité qui les embraffe toutes en chaque ventricule femble en deuenir plus étroite. C'eft peut-eftre ce qui a
trompé ceux qui ont crû que le cœur fe refferroit dans
le Diaftole ; mais l'on peut éprouuer par le toucher
mefme qu'il fe dilate pour lors : car en le prenant dans
la main, on le fent beaucoup plus dur dans le Diaftole, que dans le Siftole.

Vous m'objectez en 3. lieu, que fi la dilatation du
Cœur arriuoit par la rarefaction du fang , fon Diaftole
dureroit bien plus long-tems qu'il ne fait; Ce que vous
vous perfuadez peut-eftre de la forte, parce que vous
imaginez que cette rarefaction eft femblable à celle
qui fe fait dans les Æolipiles, quand l'eau qui y eft fe

tourne en vapeur; Mais il y a differentes fortes de rarefaction, qu'il faut diftinguer; Car celle qui fe fait quand
vne liqueur paffant toute en fumée, ou en air, change
de forme, comme dans les Æolipiles, eft autre que
celle qui arriue quand cette liqueur retenant fa forme
ne fait qu'enfler fa maffe: Or il eft manifefte que cette premiere forte de rarefaction ne peut nullement
conuenir au fang dans le Cœur. Premierement, parce qu'elle ne fe fait pas de toute la liqueur à la fois,
mais feulement de celles de fes parties qui s'éleuant de
fa fuperficie s'étendent dans l'air prochain (comme
j'ay amplement expliqué dans les Méteores au chap. 2.
& 4.) Car il n'y a point de cet air dans le Cœur, non
plus que de fuperficie voifine de l'air; Et fes deux cauitez, quelque grandes qu'elles foient, font toutes pleines de fang dans les animaux viuans. Secondement,
parce que fi cela eftoit, ce ne feroit pas du fang que
contiendroient les Arteres, mais feulement vn certain air formé des vapeurs du fang. Mais maintenant
perfonne ne doute qu'elles ne foient pleines de fang.
Et ie diray icy en paffant qu'il y a lieu de s'étonner du
peu de veritez que fçauoient nos Anciens, puifque
dans le doute qu'ils auoient de celles-cy en particulier,
Galien a bien pris la peine d'écrire vn Liure tout entier, pour prouuer que c'eft du fang qui eft contenu
dans les Arteres. Quant à l'autre forte de rarefaction,
par laquelle vne liqueur enfle fa maffe, il la faut encore diftinguer; Car ou elle fe fait peu à peu, ou elle fe
fait en vn inftant; Elle fe fait peu à peu, quand les parties de la liqueur acquerrent par degrez quelque nou-

ueau mouuement, ou quelque nouuelle figure ou situation, qui fait qu'elles laissent autour d'elles des interualles plus grans, ou en plus grand nombre qu'auparauant ; Et j'ay expliqué dans les Méteores comment vne telle rarefaction peut proceder non seulement de chaleur, mais mesmes d'vn grand froid, & de
quelques autres causes. Pour la rarefaction qui se fait
en vn moment, elle arriue, suiuant les principes de
ma Philosophie, quand toutes les petites parties d'vne
liqueur, ou du moins plusieurs éparses dans la masse,
acquerrent en mesme tems quelque changement,
à l'occasion duquel elles demandent d'occuper vn
lieu notablement plus grand que celuy qu'elles occu-
poient. Or il est aysé de voir que c'est de cette derniere façon que le sang se rarefie dans le cœur, parceque son Diastole se fait en vn instant, & si l'on prend
bien garde à toutes les choses que j'ay écrites dans la
cinquiéme partie du petit liure de la Méthode, l'on
en doutera aussi peu, que l'on doute que c'est ainsi
que se rarefie l'huyle & les autres liqueurs, quand on
les voit enfler tout à coup, & s'éleuer par boüillons
dans vn pot; Car toute la structure du cœur, sa chaleur,
& la nature du sang sont si propres, & conspirent tellement a la production de cet effet, que nous n'aperceuons par les sens aucune chose qui me semble plus
claire & plus certaine que celle-là. Car pour ce qui est
de la chaleur, encore que dans les poissons on ne la
sente pas fort grande, si est-ce pourtant qu'elle est
beaucoup plus grande dans leur Cœur, que dans aucune autre partie.

Mais vous nierez peut-eftre que le fang foit de nature à fe rarefier tout à coup, parce, direz-vous, qu'il n'eft
pas femblable à l'huyle ou à la poix, mais que c'eft plu-
toft vne humeur Aqueufe & Terreftre; comme fi cette
proprieté ne conuenoit qu'aux liqueurs graffes. He !
dites-moy de grace ? L'eau n'a-t'elle pas coutume de
s'enfler de la forte, quand on y met cuire du poiffon ou
quelque autre chofe ? Cependant vous ne fçauriez pas
dire que le fang foit plus Aqueux que l'eau mefme.
D'ailleurs la farine pétrie auec le leuain ne s'éleue-t'elle
pas auffi en mefme façon, fans qu'il foit befoin de
beaucoup de chaleur ? Cependant vous ne direz pas
que le fang foit plus Terreftre qu'elle. Mais qu'y a-t'il
qui approche plus du fang que le laict, foit pour eftre
Aqueux, foit pour eftre Terreftre? Ie ne pefe pas qu'on
puiffe rien trouuer de plus femblable ; Cependant il
eft certain qu'eftant mis fur le feu, quand il eft paruenu
à vn certain degré de chaleur, il s'enfle tout d'vn coup.
Mais qu'eft-il befoin de fe feruir d'exemples étrágers,
dont la Chymie nous pouroit fournir vn grand nombre, puifque le fang mefme fe dilate en vn inftant,
quand tout nouuellement tiré des Veines, il vient à
tomber dans vn lieu où il trouue plus de chaleur
qu'il n'en a; Ainfi que ie l'ay quelquefois experimenté. Toutesfois, parce que ie fçay qu'il eft de telle nature, que dez qu'il eft hors des vaiffeaux il fe corrompt,
& que la chaleur du feu differe en quelque chofe de la
chaleur du Cœur, ie ne diray pas que la rarefaction qui
fe fait du fang dans le Cœur, foit femblable en toutes
chofes à celle qui s'en fait ainfi par artifice. Mais afin

de

de ne vous rien celer icy de ma ponſée, voicy comme
j'eſtime qu'elle ſe fait.

Quand le ſang ſe rarefie & ſe dilate dans le Cœur, à
la verité la plus grande partie s'élance dehors, par
l'Aorte & la Veine Arterieuſe, mais il en reſte auſſi
dedans vne autre partie, laquelle rempliſſant les re-
coins de chaque Ventricule, y acquert vn nouueau
degré de chaleur, & vne certaine proprieté, aprochan-
te de celle du leuain, qui fait que ſi-tôſt que le Cœur
ſe deſenfle, cette partie qui eſtoit reſtée, venant à ſe
méler promtement auec le ſang qui tombe de nouueau dans le cœur par la Veine Caue & par l'Artere veneuze, ce nouueau ſang s'enfle tout à coup, & paſſe
dans les Arteres; En ſorte neantmoins qu'il en reſte
tou-jours comme j'ay dit, vn peu dans le cœur, pour y
ſeruir comme de leuain: C'eſt ainſi que le leuain de
pain ſe fait d'ordinaire d'vn morçeau de paſte deſ-ja
leuée, celuy de vin, des reſtes de la vendange, & celuy
de la bierre d'vne certaine lie qu'elle fait. Au reſte, il
n'eſt pas beſoin d'vn degré de chaleur fort intenſe,
(pour parler en termes de Philoſophes) pour faire que
ce peu de ſang qui reſte dans le Cœur acquerre cette
proprieté de leuain; il eſt beſoin ſeulement qu'il ſoit
different, ſelon la differente nature du ſang de chaque
animal; Non plus qu'il n'eſt pas beſoin de beaucoup
de chaleur pour faire que la bierre, le vin & le pain,
dont la plus grande partie de noſtre ſang eſt compoſée, ſe conuertiſſent en leuain; Vû meſme que ces
choſes ont cela de propre, qu'elles s'échaufent d'elles-
meſmes.

M M m

Pour voſtre quatriéme objection, ie penſe y auoir
deſ-ja ſuffiſamment ſatisfait, ayant montré cy-deuant de quelle façon toutes les Arteres battent en
meſme tems; Et ainſi ie n'ay plus qu'à répondre aux
choſes que vous auez auancées contre la Circulation
du ſang.

La premiere eſt la difference qui ſe remarque entre
le ſang des Veines & celuy des Arteres, laquelle j'ay
moy-meſme fait remarquer, en la 52. page de ma Méthode, comme vne choſe qui pouuoit eſtre objectée
à Heruæus, parce que ſuiuant ſa doctrine on ne conçoit point qu'il arriue aucun changement au ſang dans
le Cœur. Mais pour moy ie ne craignois pas qu'elle
me puſt eſtre objectée, aprés auoir expliqué en ce lieu-
là comment ſe fait la rarefaction ſubite du ſang dans
le Cœur, & cette eſpece de boüillonnemét qu'il y ſouffre. Car enfin, que peut-on imaginer qui puiſſe cauſer vn plus grand & plus promt changement dans vn
cors, que le mélange d'vn leuain tel que celuy que j'ay
décrit, & ce boüillonnement dont j'ay parlé. Peut-
eſtre direz-vous que le ſang qui ſort des Arteres ne
ſoufre aucun changement en paſſant dans les Veines,
& qu'ainſi celuy des veines ne doit pas eſtre different
de celuy des Arteres. Pour répondre exactement à
cette difficulté; Ie vous prie premierement d'obſeruer
qu'il n'y a pas vne goutte de ſang dans les Arteres qui
n'ait paſſé vn peu auparauant dans le Cœur, & qu'il y
en a tou-jours quelques gouttes dans les Veines qui
n'y ſont point entrées par les Arteres, (Car on ſçait
qu'il tombe tou-jours quelque humeur des inteſtins

dans les Veines,) & aussi que toutes les Veines ne doiuent estre considerées auec le foye que comme vn seul
vaisseau.

Cela posé on conçoit facilement que le sang doit
retenir dans les Arteres les mesmes qualitez qu'il acquert dans le Cœur ; En sorte que si nous feignions
qu'il deuinst blanc en passant dans le cœur, comme il
deuient rouge en passant dans le foye, tout celuy des
Arteres seroit blanc, & tout celuy des Veines seroit
rouge ; Car le sang qui couleroit sans cesse des Arteres
dans les Veines, pour blanc qu'il fust, venant à se méler auec celuy des Veines qui est des-ja rouge, prendroit aussi-tost sa couleur, en mesme façon que l'eau
estant versée dans du vin prend la couleur du vin. De
plus il faut remarquer qu'il y a quantité de choses, qui
aprés auoir esté fort échaufées, acquerrent des qualitez tout à fait differentes, pour cela seul qu'on les fait
refroidir où lentement ou promtement. Ainsi, si vous
ne laissez refroidir le verre lentement, il deuient si fragile, qu'il ne peut pas mesme resister à l'air : & nous
voyons que la mesme matiere se conuertit tantost en
fer, & tantost en acier, selon qu'elle est diuersement
trempée ; Or le sang qu'on tire d'vne Artere se peut
comparer au verre que l'on tire tout rouge de la fournaise, & celuy qu'on tire des Veines se peut comparer
au verre qui est recuit à petit feu : Et mesme le feu le
plus violent des fournaises ne semble pas auoir tant de
force sur l'acier ou sur le verre, que la chaleur moderée
du Cœur en a sur le sang, qui est vne liqueur si susceptible de changement, que l'air seul le corrompt in-

M M m   ij

continent qu'il est sorty des Veines.

Quant à ce que vous adjoutez de la matiere des fievres intermittantes, ie n'ay rien autre chose à dire, sinon que ie ne voy pas la moindre aparence qu'elle puisse résider dans les Veines, & j'admire comment vne opinion qui n'est apuyée d'aucune raison probable a eu tant de Sectateurs ; Fernel au liure quatriéme de sa Pathologie chap. 9. dispute fort au long contr'-eux (ce que ie dis pour réfuter vne authorité par vne autre) mais enfin il l'emporte par ses raisons ; Et entre les autres il en donne vne qui me semble suffire toute seule ; qui est, que si la matiere des fievres intermittan-tes procedoit des Veines, où il n'y auroit iamais de double tierce, ou toute fievre tierce bien vehemente seroit double ; Il en faut dire autant de la fievre quarte. Ie ne raporte icy aucune raison qui soit de moy, & ne dis pas mesme ce que ie pense des fievres, de peur de me laisser emporter en d'autres difficultez.

Reste maintenant cette experience qui consiste à lier la plu part des Veines qui tendent vers la jambe, en laissant les Arteres libres ; Vous dites qu'vne jambe en cet état ne s'enfleroit point, mais qu'aucontraire elle diminuëroit peu à peu, faute de nouriture. Sur-quoy j'ay à répondre qu'il faut distinguer les tems ; Car il est certain que si-tost que les Veines seront ainsi liées, elles s'enfleront vn peu ; & mesme que si l'on vient à en ouurir quelqu'vne au dessous de la liga-ture, tout le sang qui est dans le Cors, ou la plus grande partie, en poura sortir par l'ouuerture que l'on aura faite, comme les Chirurgiens l'experimentent

rous les iours. Et cela ne fert pas fimplement à nous
perfuader comme vne raifon probable que la Circulation du fang pouroit eftre, mais c'en eft, fi ie ne
me trompe, vne demonftration toute éuidente. Que
fi on laiffe long-tems ces Veines ainfi liées, ie penfe bien que ce que vous en auez écrit fe trouuera vray
(que quoy que ie ne l'aye iamais experimenté) parce que le fang ne coulant plus, mais croupiffant dans
ces Veines, qui feroient liées, deuiendroit en peu
de tems fort épais, & peu propre à nourir le cors;
Et cela eftant il ne pouroit plus couler continuellement de nouueau fang des Arteres en cette partie,
comme de coutume, parce que toutes les branches
& les petits conduits tant des Arteres que des Veines eftant bouchez par ce fang épaiffi, fon cours
feroit empefché ; Et mefme il fe pouroit peut-eftre
auffi faire que ces Veines fe defenfleroient quelque peu, parce que les férofitez du fang qu'elles
contiennent en pouroient fortir par infenfible tranfpiration. Mais tout cela ne fait rien contre la Circulation.

INSTANCES
DV MESME MEDECIN DE LOVVAIN
A MONSIEVR DESCARTES.
LETTRE LXXIX.

Monsievr,

Puifque vous defirez fçauoir de quelle forte vos ré-ponfes m'ont fatisfait, ie vous diray librement qu'elles ne m'ont pas plainement contenté, & qu'il y a encore certaines chofes qui demandent que vous vous expli-quiez vn peu dauantage, fi vous voulez me donner vne entiere fatisfaction.

A ma premiere objection vous dites que quand vn cœur eft feparé du Cors, s'il y a quelque partie qui bat-te, il faut qu'vn refte de fang y foit tombé des autres partie fuperieures ; Mais ie remarque que les parties mefme, qui pour eftre les plus hautes de toutes ne peuuent receuoir de fang d'ailleurs, battent auffi.

Vous adioutez, que cette obiection fait moins contre vous, que contre l'opinion vulgaire de ceux qui croyent que le mouuement du Cœur procede de quelque faculté de l'ame: Mais cela ne vous excufe point: Car peut-eftre que ny eux ny vous ne connoif-fez point encore la vraye caufe de ce mouuement. Et mefme, quoy que vous difiez, il me femble pouuoir aifément fauuer l'opinion vulgaire : Car bien que

l'Ame ne ſoit plus dans vn Cœur humain, quand il
eſt ſeparé du Cors, & qu'ainſi il n'y ait plus en luy de
Faculté; Toutes-fois il reſte dans le Cœur vn certain eſprit, qui ayant eſté l'inſtrument de l'Ame, agit encore
par ſa vertu, aprez qu'elle eſt ſortie; Et c'eſt cequi me
fait croire que l'attraction, la coction, & l'aſſimilation
des alimens ſe font auſſi bien dans le Cors d'vn homme nouuellement décapité que s'il eſtoit viuant, tant
qu'il y reſte de la chaleur, & de cet eſprit Viuifique.

A ma ſeconde objection, vous dites que le mouuement des Arteres vient de cequc le ſang qui occupe
cette partie de la grande Artere, qui eſt proche du
Cœur, pouſſe tout l'autre ſang. Ie trouue neantmoins
que cela eſt contraire aux experiences de la Chirurgie.
Car par exemple, quand vne Artere eſt offenſée & ouuerte par quelque fiſture, on ſçait que ce n'eſt pas vn
petit ouurage, ny vne petite peine pour les Chirurgiens que d'arreſter le ſang; C'eſt ce qui fait que pour
en venir à bout, ils mettent dans la playe des poudres
aſtringeantes, des linges, & ie ne ſçay combien d'autres
ingrediens; En ſorte que par le moyen de ces cors étrágers qu'ils y fourent à force, ils font que le ſang qui eſt
au deſſous de la playe ne touche plus à celuy de deſſus;
Et cependant le mouuement de l'Artere ne s'arreſte
point au deſſous de la playe, mais elle continue d'y battre; ce qui ne deuroit point arriuer ſi cequc vous dites
eſtoit vray; n'y ces cors étrangers ne nagent pas librement auec le ſang dans les Arteres, comme vous voulez qu'ils y nagent, pour ne point empeſcher ce battement; mais ils y ſont fixes & preſſez; autrement ils

n'auroient pû arrester le sang qui sortoit par la playe.
Vous adioutez à cela que si l'on fourre dans vne artere vn tuyau assez gros pour remplir toute sa capacité, & qui soit si étroit par le dedans, que le sang n'y
puisse passer librement, il ne laissera pas d'arrester le
mouuement de l'Artere, encore qu'il n'y ait aucune
ligature; Et c'est pour cette mesme raison que vous
voulez que les veines ne battent point, &c. Mais qu'elle difference peut il y auoir; Que le passage libre du
sang soit empesché, ou en mettant vn tuyau dans vne
Artere, ou bien en l'entourant par dehors de quelque
Cors qui la serre; ie pense que cela doit auoir le mesme effet; Et neantmoins, que l'on étrecisse & que
l'on serre tant que l'on voudra les Arteres par dehors,
pourvû que leurs Tuniques ne se touchent point, &
qu'elles ne soient pas pressées l'vne contre l'autre, leur
batement ne sera point arresté: ce qui estant hors de
doute, ie vous laisse à en tirer la consequence. Ce que
vous raportez de la dissection d'vn lapin viuant est
vray; Et Galien raporte la mesme chose au liure *de adminis. anat.* s'étonnant de ce que la baze du Cœur est
la derniere partie qui batte.

A ma troisiéme objection, vous répondez qu'encore qu'on ne sente pas vne grande chaleur dans le cœur
des poissons, ils en ont toutesfois plus en cette partie-
là, qu'en aucune autre; Ie vous l'accorde. Mais cette
chaleur n'est pas si grande qu'elle puisse rarefier leur
sang, & encore en si peu de tems. Nos mains sont beaucoup plus chaudes que le Cœur des poissons; Cependant quand elles sont pleines de sang de poisson, elles

ne le font point rarefier de la forte.

Enfin vous auez recours à vn certain leuain que vous dites estre dans le cœur, & seruir à rarefier le sang: Mais ie crains fort que ce leuain, ne soit vne chose vaine & imaginaire; Et quand il ne le seroit pas, Comment pouroit-il rarefier le sang si promtement? Cela est entierement contre l'ordinaire & le naturel du leuain. Ie souhaitterois donc, s'il vous plaist, que ces choses fussent encore expliquées: Toutesfois si vous croyez qu'il n'en soit pas besoin, & que vos réponses vous semblent assez claires & assez exactes, demeurez-en là; Ie tascheray de les digerer tout seul. Le reste de ce que vous m'auez écrit pour la preuue de la circulation du sang se soutient assez; Et c'est vne opinion qui ne me déplaist pas.

REPONSE

DE MONSIEVR DESCARTES.

LETTRE LXXX.

MONSIEVR,

Ie vous suis tres-obligé de la diligence que vous apportez à répondre à mes lettres, & du soin que vous prenez de m'enuoyer celles des autres. Les nouuelles Instances que vous me faites sont tres-considerables, & si iamais il m'en a esté fait que j'aye jugé dignes de quelque réponse, ce sont celles-cy.

Quant à la premiere, Vous m'auertissez fort à propos

que les plus hautes parties du Cœur sont celles qui battent le plus quand il est tiré du cors, d'où vous inferez
que ce battement ne procede pas de la cheute du sang;
Mais il faut icy prendre garde à deux choses, qui peuuent à mon sens leuer toute la difficulté. La premiere
est que ces parties du Cœur qu'on nomme superieures,
c'est à dire qui sont à sa baze, sont doubles; Car 1. il y a
celles ou sont inserées la Veine Caue & l'Artere Veneuze ; Et quant à elles, il est vray de dire qu'elles
ne se meuuent pas par la rarefaction de quelque nouueau sang qui y découle, aprés que les oreilles & tous
les autres vaisseaux qui leur estoient joints & qui
auoient coutumé de leur en fournir sont retranchez;
si ce n'est que par hazard il en coule vn peu dans leurs
cauitez de la Coronaire ; & des autres petits vaisseaux
épars dans la substance du Cœur, qui pour lors sont ouuers autour de sa baze ; De plus, il y a les parties ausquelles sont inserées la Veine Arterieuze & la grande Artere ; Pour celles-là, elles doiuent battre les dernieres de
toutes, mesme aprés que la pointe du Cœur est retranchée ; Parce que, comme c'est par ces parties-là que le
sang a acoutumé de sortir, il y trouue des routes si faciles, & tout est disposé de telle sorte dans vn cœur,
quoy que coupé, que tout ce qui reste de sang est porté vers elles.

La seconde chose qu'il faut icy obseruer, est, que
le mouuement des Oreilles du Cœur, & des parties qui
leur sont voisines, est fort different de celuy de tout le
reste de sa masse: Car si l'on voit qu'elles remuënt,
quand le cœur est en pieces & des-ja languissant, ce

n'eſt pas que le ſang qu'elles contiennent ſe rarefie,
mais c'eſt qu'il en ſort à groſſes goutes. Car quand le
Cœur eſt encore vigoureux & entier, il paroiſt vn autre
mouuement aux oreilles, qui vient de ce qu'elles s'empliſſent de ſang ; Or les parties ſuperieures du Cœur,
à les prendre juſques à cet endroit des Ventricules où
les extremitez des valuules tricuspides ſont inſerées,
imitent tantoſt le mouuement des oreilles, & tantoſt
celuy de tout le reſte du Cœur.

Aprés ces obſeruations, ſi vous prenez la peine de
conſiderer auec attention les derniers mouuemens
d'vn Cœur mourant, ie ne doute point que vous ne
reconnoiſſiez à l'œil, que ſes plus hautes parties (j'entens celles d'où le ſang doit tomber dans les autres)
n'ont point alors d'autre mouuement, que celuy qu'elles ont ordinairémét quand elles ſe vuident. Et ſi vous
coupez ſes Ventricules en long, vous verrez les oreilles
battre juſques à trois & quatre fois, & à chaque fois
degouter du ſang dans les Ventricules, auant que le
Cœur batte vne ſeule fois ; Vous verrez auſſi auec cela pluſieurs autres choſes qui confirment toutes mon
opinion. Mais vous demanderez peut eſtre, comment vn ſi grand mouuement, que celuy qui vous paroiſtra lors aux Oreilles du Cœur, peut-eſtre cauſé par
la ſeule cheute du ſang qui en degoute. En voicy deux
cauſes ; La premiere eſt, parce que, comme le ſang
n'entre pas dans le Cœur d'vn animal, quand il eſt viuant, d'vn flux égal & continuel, mais qu'il ne tombe
des oreilles dans ſes Ventricules qu'à groſſes gouttes, &
à momés interrompus, toutes les fibres des parties par

oùle sang a acoutumé de passer sont tellemét disposées
par la nature, que pour peu qu'il y en coule pour tóber
dans le Cœur, ces parties se doiuent ouurir aussi fort
& aussi visse qu'elles ont accoutumé de s'ouurir, quand
elles donnent passage à vne plus grande quantité de
sang. L'autre est, que cette petite rozée de sang, qui
sort comme vne sueur de toutes les parties du Cœur
que l'on a blessées en les coupant, doit se rassembler,
& former vne goute assez notable, auant qu'elle puisse
couler iusqu'au milieu de ses ventricules; en mesme
façon que la sueur, qui, sortant insensiblement de nostre peau, s'arreste quelque temps sur elle, iusques à ce
qu'elle se soit assemblée en goūttes, lesquelles par
aprés tombent tout à coup à terre.

Au reste, quand sur ceque i'ay dit en répondant à vostre obiection, qu'elle auoit plus de force contre l'o-
pinion vulgaire que contre la mienne, vous répondez
que cela ne m'excuse pas, vous dittes vray ; aussi n'est
ce pas ma coutume de perdre le temps à réfuter les autres ; Mais ie croyois en cette rencontre ne pas peu faire, pour vous obliger à vous ranger de mon party, si ie
vous montrois que vous n'en pouuez suiure d'autre
auec plus de raison. Sans doute que vous auez voulu
imiter ces braues, qui ayant entrepris de deffendre vne
place mal munie, ne se rendent pas d'abord aux assie-
geans, quoy qu'ils voyent bien qu'ils ne leur pouront
resister ; & qui pour donner des preuues de leur courage, veulent auparauant vser toute leur poudre, &
tenter les dernieres extremitez ; D'où il arriue que leur
défaite leur est souuent plus glorieuse qu'à leurs vain-

queurs. Car lors que pour expliquer comment le Cœur peut encore estre mû dans le cadavre d'vn homme par l'Ame qui en est absente, vous auez recours à la chaleur, & à vn esprit viuifique, comme à des instrumens qui ayant seruy à l'Ame pour cet effet, sont encore capables de le produire par sa vertu; de grace, qu'est-ce autre chose que de vouloir tenter les extremitez ? Car enfin, si ces instrumens sont quelques-fois suffisans pour produire tout seuls cet effet, pourquoy ne le sont-ils pas tou-jours ? Et pourquoy vous imaginez vous plu-tost qu'ils agissent par la vertu de l'Ame, quand elle est absente, que non pas qu'ils n'ont point besoin de sa vertu, lors mesme que l'Ame est presente.

A la seconde objection, que vous tirez de la maniere dont les Chirurgiens arrestent le sang d'vne Artere ouuerte, ie répons que quand le poux ne cesse pas au dessous de la playe, c'est qu'il n'y a que le trou de la peau, & des chairs par où le sang pouroit sortir, qui soit bouché, & que le canal de l'Artere par où le sang a accoutumé de couler ne l'est pas.

A ce que vous adjoutez au mesme endroit, ie répons qu'il y a bien de la difference, entre vne Artere ou le libre passage du sang est empesché par vn tuyau qu'on a mis dedans, & entre celle qu'on a renduë plus estroite par vne ligature faite en dehors.

Car encore que l'opinion de Galien, qui dit que le mouuement des Arteres dépend d'vne certaine vertu qui se coule & se glisse le long de leur Tunique ne me semble nullement probable, ie pense pourtant que la continuité qui est dans les Tuniques, fait que l'on peut

raiſonnablement croire, que quand les parties d'vne
Artere qui ſont audeſſus de la ligature ſont ébranlées
par les ſecouſſes du ſang, celles qui ſont audeſſous ſe
doiuent auſſi par conſequent reſſentir de leur mouuement, du moins quand le lien n'eſt pas ſi ſerré qu'il
puiſſe arreſter entierement le mouuement des Tuniques de cette Artere, comme il ne peut preſque iamais
arriuer dans le cas propoſé. Mais ſi l'on rétrecit vne
Artere en quelque endroit, beaucoup plus que dans
les autres, & qu'en meſme tems ſes Tuniques ſoient
priuées de tout mouuement en cet endroit là ; par
quelque cauſe que cela ſe face, ie croy fermement que
le battement des parties plus baſſes ceſſera auſſi.

En voſtre troiſiéme Inſtance, Vous alleguez le froid
des poiſſons comme vne raiſon pour nier que le ſang
ſe rarefie dans leur Cœur ; Mais ſi vous eſtiez maintenant icy auec moy, vous ne pouriez pas deſauoüer que
ce mouuemét procede de chaleur, meſme dans les animaux les plus frois ; Car ie vous ferois voir preſentement le petit cœur d'vne anguille, que j'ay coupé ce
matin, il y a ſept ou huit heures, en qui il ne reſte plus
aucun ſigne de vie, & qui deſ-ja eſt tout ſec en ſa ſurface, comme reviure, & battre encore aſſez viſte, dez que
j'en aproche par dehors vne mediocre chaleur.

Mais afin que vous ſçachiez que la chaleur ſeule ne
ſuffit pas, & qu'il faut auſſi que quelque goute deſang y
découle, pour cauſer ce battement, ie vous donne auis
que voila que ie mets ce Cœur dans le ſang de cette
meſme Anguille, lequel j'ay gardé tout exprez, puis en
l'échaufant médiocrement, ie fais qu'il ne bat pas

moins viste ny moins fortement que lors que cette Anguille estoit viuãte. C'est dans ce mesme Cœur que j'ay
vû encore clairement ce matin ce que j'ay écrit cy-deuant du mouuement qui arriue aux parties Superieures du Cœur, quand le sang en degoute ; Car aprés en
auoir osté la partie ou estoit inserée la Veine Caue, qui
est proprement la plus haute de toutes, j'ay pris gatde
que la partie suiuante, qui estoit deuenuë la plus haute par le retranchement de l'autre, ne battoit plus auec
le reste du Cœur, mais seulement que receuant par
fois vne petite rosée de sang qui degoutoit de la playe,
elle auoit vn mouuement tout à fait different de celuy poux ordinaire.

Mais parce que s'il vous arriue iamais de faire vne semblable experience, vous pourez voir que le Cœur de
ces sortes d'animaux frois bat souuent, quoy qu'on ne
puisse aucunement soupçonner qu'il y tombe du sang
d'ailleurs, ie veux préuenir vne obiection que vous en
pouriez legitimement tirer, en vous expliquant comment ie conçoy que se fait cette sorte de battement.
Premierement, j'obserue que ce sang differe beaucoup
de celuy des animaux qui ont plus de chaleur, duquel
les plus subtiles parties s'enuolent en l'air, dez qu'il est
tiré du cors, aprés quoy ce qui reste ou se resout en eau,
ou s'épaissit en grumeaux ; Car j'ay gardé tout aujour-
d'huy le sang de cette Anguille, sans qu'il se soit corrompu, ou du moins sans qu'il y soit arriué aucun
changement que l'on puisse aperceuoir : Il ne laisse
pourtant pas d'en sortir tou-jours quantité de vapeurs,
& si-tost qu'on l'échaufe tant soit peu, ces vapeurs
s'éleuent comme vne fumée fort épaisse.

De plus, ie me fouuiens d’auoir autrefois obferué en
voyant bruler du bois vert, ou cuire des pommes,
que la chaleur fait éleuer certaines vapeurs des parties interieures, lefquelles en paffant par les petites
fentes ou creuaffes qui fe font a l’écorce, font vne efpece de vent ; ceque tout le monde peut auoir obfer-
vé auffi bien que moy ; Mais il arriue auffi parfois que
l’endroit de l’écorce où fe fait vne telle creuaffe eft tellement difpofé qu’il s’enfle quelque peu, auant que la
creuaffe s’ouure, & qu’il fe defenfle fi-toft qu’elle eft
ouuerte, parceque toute lavapeur qui eftoit renfermée
dans cette tumeur en fort promptement & auec bruit,
& qu’il n’en fuccede pas fi-toft de nouuelle ; M’ais peu
de temps aprez, vne autre vapeur fuccedant, la mefme partie de l’écorce s’enfle derechef, la petite creuaffe fe rouure, & la vapeur s’echape comme auparauant : Et ce mouuement ainfi fouuent répeté imite
parfaittement bien le battement d’vn Cœur non pas
a la verité d’vn Cœur viuant, mais d’vn Cœur tel que
celuy dont ie me fers pour cette experience, & que
j’ay araché cematin d’vne Anguille. Cela ainfi obferué,
il n’y a rien, ce me femble, qui doiue empefcher de
croire, que les fibres, dont la chair du Cœur eft compofée, font difpofées en forte, que la vapeur du fang, qui
y eft enfermé, eft capable de les éleuer, & de faire que
de ce qu’elles s’éleuent ainfi, il s’ouure de grans paffages
dans le Cœur, par où toute cette vapeur s’enuole incontinent, au moyen dequoy le Cœur fe defenfle. Ce
que ie puis confirmer par vne autre obferuation que
j’ay faite encore aujourd’huy ; qui eft telle. I’ay pris le
petit

petit Cœur d'vne Anguille, & en ay coupé la plus haute partie, (c'est à dire, celle où la Veine Caue estoit
inserée, & qui faisoit en cette Anguille la mesme fon-
ction que fait l'oreille droitte dans le Cœur des animaux Terrestres) Aprés l'auoir coupée, toute degoutá-
te encore de sang qu'elle estoit, ie l'ay mise à part dans
vne écuelle de bois, ou vous l'eussiez prise pour vne
goutte de sang vn peu épaissi, qui nageoit dans vne autre goutte de sang moins épais ; Aprés cela j'ay arresté ma veüe dessus, pour voir si ie n'aperceuerois point
en elle quelque battement, car c'estoit pour cette é-
preuue que ie l'auois ainsi reseruée ; Mais il est vray
qu'au commencement ie n'y en ay aperceu aucun ;
Parce que, (comme j'ay reconnu vn peu aprés) toute
la vapeur qui sortoit de ce sang, trouuant d'abord des
passages libres & tout ouuers, s'enuoloit d'vn cours
continu, & que rien n'interrompoit ; Mais à vn quart
d'heure de là, quand la goutte de sang, dans laquelle nageoit cette petite portion de Cœur, est venuë à se
secher par le dessus, il s'est formé cõme vne petite peau
sur sa surface, qui retenant ces vapeurs m'a fait aperceuoir vn battement manifeste, lequel s'augmentant
à mesure qu'on en aprochoit la chaleur, n'a point cessé
que toute l'humeur du sang n'ait esté épuisée.

Au reste, ie m'étonne fort, que ce que ie vous ay
dit de cette espece de leuain que j'estime estre dans le
Cœur, vous semble vne chose vaine & imaginaire ; Et
que vous croyiez que j'en fasse mon refuge, comme si j'estois fort pressé, & que ie ne puisse me défendre autrement : Car il est certain que mon opinion

s'explique facilement, & mesme qu'elle se démontre sans cela ; Mais en l'admettant, il est necessaire aussi d'auoüer que d'vn Diastole à l'autre, il demeure vne petite partie du sang qui a esté rarefié dans le Cœur, laquelle venant à se méler auec le sang qui y suruient de nouueau, ayde à le rarefier ; en quoy elle imite parfaitement le naturel du leuain.

CLARISSIMO VIRO

HENRICO REGIO.

Si bene Diuinaui.

LETTRE LXXXI.

VIR CLARISSIME,

Queri sane non possum de tua & Domini de Racy humanitate, quod meum nomen vestris thesibus præmittere volueritis, sed neque etiam scio qua ratione a me gratiæ vobis agendæ sint ; & tantum video nouum opus mihi imponi, quod nempe homines inde sint credituri, meas opiniones à vestris non dissentire, atque adeo ab iis quæ asseruistis, pro viribus deffendendis, me imposterùm excusare non debeam ; & tantò diligentius ea quæ legenda misisti debeam examinare, ne quid in iis prætermittam, quod tueri recusem.

Primum itaque quod ibi minus probo, est, Quod

dicas Animam homini esse triplicem, hoc enim verbum in mea religione est hæresis; & reuerâ, sepositâ religione, contra Logicam etiam est, Animam concipere tanquam genus, cujus species sint *mens, vis vegetatiua, & vis motrix animalium*; per *Animam* enim *Sensitiuam* non aliud debes intelligere præter vim motricem, nisi illam cum Rationali confundas. Hæc autem vis motrix, à vi vegetatiua, ne specie quidem differt; Vtraque autem toto genere à Mente distat : Sed quia in re non dissentimus ego rem ita explicarem.

Anima in homine vnica est, nempe *rationalis;* neque enim actiones vllæ humanæ censendæ sunt, n isi quæ à ratione dependent. Vis autem vegetandi, & corporis mouendi, quæ in plantis & brutis *anima vegetatiua & sensitiua* appellantur, sunt quidem etiam in homine, sed non debent in eo *Animæ* appellari, quia non sunt primum eius actionum principium, & toto genere differunt ab *Anima Rationali.*

Vis autem vegetatiua in homine, nihil aliud est quam certa partium corporis constitutio, quæ &c : Et paulo post,

Vis autem sensitiua est, &c; & postea.

Hæ duæ itaque nihil aliud sunt quam corporis humani &c; Et postea. Cumque *mens, siue anima rationalis* à corpore sit distincta, &c. non immerito *sola* à nobis *Anima* appellatur.

Denique, vbi ais, Volitio vero & Intellectio differunt tantum, vt diuersi circa diuersa objecta agendi modi; Mallem differunt tantum vt actio & passio eiusdem substantiæ; intellectio enim propriè mentis passio est, & volitio eius actio; Sed quia nihil vnquam volumus, quin simul intelligamus, & vix etiam quicquam intelligamus, quin simul aliquid velimus, ideo non facile in iis passionem ab actione distinguimus.

Quod autem tuus Voëtius hic annotauit, nullo modo tibi aduersatur; Cum enim dicunt Theologi nullam substantiam creatam esse immediatum suæ operationis principium, hoc ita intelligũt, vt nulla creatura possit absque concursu Dei operari, nõ autem quod debeat habere Facultatẽ aliquam creatam, à se distinctam, per quam operetur; absurdum enim esset dicere istam facultatem creatam esse posse immed᷑ tum alicuius operationis principium, & ipsam sũ stanriam non posse. Alia vero quæ annotauit, in iis quæ misisti non reperio, ideoque nihil possum de ipsis judicare.

Vbi agis de coloribus, non video cur nigredinem ex illorum numero eximas, cum alij etiam colores sint tantum modi; Sed dicerem tantum, nigredo etiam inter colores censeri solet, sed tamen nihil aliud est quam certa dispositio, &c.

De iudicio, vbi ais; *Hæc nisi accurata & exacta fuerit, necessario in decidendo,* &c. pró *necessario* ponerem *facile;* Et paulo post, pro, *itaque hæc potest suspendi,* &c. ponerem, *Atque hæc,* &c. neque enim quæ subjungis ex præcedentibus deducuntur, vt verbum *itaque* videtur significare.

Quod dicis de affectibus, illorum sedem esse in cerebro, est valde paradoxum, atque etiam vt puto contra tuam opinionem; Et si enim spiritus mouentes musculos veniant a cerebro, sedes tamen Affectuum ſumenda eſt pro parte corporis quæ maximie ab illis alteratur, quæ proculdubio eſt Cor; & idcirco dicerem, Affectuum, quatenus ad corpus pertinent, ſedes præcipua eſt in corde, quoniam illud præcipue ab illis alteratur; ſed quatenus etiam mentem afficiunt, eſt tantum in cerebro, quoniam ab illo ſolo mens immediatè pati poteſt.

Paradoxum etiam eſt dicere, receptionem eſſe actionem, cum reuerà tantum ſit paſſio actioni contraria; ſed eadem tamen quæ poſuiſti, videntur ſic poſſe retineri. Receptio eſt actio (vel potius paſſio) animalis Automatica, qua motus rerum recipimus; hîc enim, ad omnia quæ in homine peraguntur ſub vno genere comprehendenda, paſſiones cum actionibus conjunximus.

Quæ denique habes in fine de temperie ad calidum aut frigidum, &c. deflectente, non examinaui; quia nullis talibus, tanquam Euangelio, credendum puto. Gaudeo tuum reſpondentem rectè functum fuiſſe officic, nec puto quicquam tibi eſſe metuendum ab iis qui contra te ſtilum exercebunt. Quæcumque mittes libenter legam, & cum ſolita mea libertate quicquid ſenſero reſcribam. Nihil ſcripſi de Centro grauitatis, ſed de vario pondere grauium, ſecundum varia à centro terræ interualla, quod non habeo niſi in libro, in quo multa alia ſimul compacta ſunt; ſed tamen ſi legere vis, prima occaſione qua D. Van. S. VItraiectum ibit, illum ad te per ipſum tranſmittam.

Non probo quod nolis ſquammas piſcium, &c. vocari corpora lucida, quia non impellunt ipſæmet glo-

bulos aethereos; Id enim etiam non facit carbo igni-
tus, sed sola materia subtilissima, quae tunc carbonis
partes terrestres, tunc globulos illos aethereos impellit.
Quod etiam venae Mezeraicae Chylum in Pancreate a
venis lacteis accipiant mihi non constat, nec sanè affirmare debes nisi certissimâ experientiâ cognoueris,
nec etiam eâ de re scribere, tanquam si nullae venae la-
cteae ad hepar vsque chylum deferant, quoniam sunt
qui affirmant se id expertos, & admodum verisimile
mihi videtur. Vellem etiam vt ea deleres quae habes
contra VValeum de motu cordis, quia vir ille est paci-
ficus, & tibi nihil gloriae potest accedere, ex eo quod
ipsi contradicas. Non etiam tibi assentior, cum definis actiones esse operationes ab homine, vi animae &
corporis factas, sum enim vnus ex illis qui negant hominem corpore intelligere; Nec moueor argumento
quo contrarium probare contendis; etsi enim mens
impediatur à corpore, ab illo tamen ad intellectio-
nem rerum immaterialium iuuari planè non potest,
sed tantummodò impediri. De Anima hominis triplici iam respondi in praecedentibus quas misi nudius-
tertiùs, & idcirco hic tantum addo, me tibi addictissimum semper futurum.

CLARISSIMO VIRO
HENRICO REGIO.
LETTRE LXXXII.

VIR CLARISSIME,

Tota vestra controuersia de Anima triplici magis est de nomine quam de re. Sed primò, quia Romano-Catholico non licet dicere animam in homine esse triplicem, vereorque ne mihi homines imputent, quod in tuis thesibus ponis; mallem ab isto loquendi modo abstineas. 2. Etsi vis vegetandi & sentiendi in brutis sint actus primi, non tamen idem sunt in homine, quia Mens prior est, saltem dignitate. 3. Etsi ea quæ sub aliqua generali ratione conueniunt possint à logicis tanquam eiusdem generis partes poni, omnis tamen eiusmodi generalis ratio non est verum genus; nec bona est diuisio nisi veri generis in veras species; & quamuis partes debeant esse oppositæ, ac diuersæ, vt tamen bona sit diuisio, non debent partes à se mutuo nimium distare; nam si quis, exempli causa, totum humanum corpus in duas partes distingueret, in quarum vnâ solum nasum, & in aliâ cætera omnia membra poneret, peccaret ista diuisio, vt tua, quod partes essent nimis inæquales. 4. Non admitto vim vegetandi & sentiendi in brutis mereri *Animæ* appellationem, vt Mens illam meretur in homine; sed vulgus ita voluisse, quia ignorauit bruta mente carere, atque idcirco Animæ nomen esse æquiuocum, respectu hominis & brutorum. 5. denique, *deest reliquum.*

CLARISSIMO VIRO HENRICO REGIO.

LETTRE LXXXIII.

VIR CLARISSIME,

Accepi tuas theses, & gratias ago; nihil in ipsis inuenio quod non arrideat. Quæ ais de actione & passione nullam mihi videntur habere difficultaté, modo illa nomina rectè intelligantur: Nempe, in rebus corporeis omnis actio & passio in solo motu locali consistút, & quidem actio vocatur, cum motus ille consideratur in mouente, passio vero cum cósideratur in moto. Vnde sequitur etiam, cum illa nomina ad res immateriales extenduntur, aliquid etiam motui analogum in illis esse considerandum; & actionem dicendam esse, quæ se habet ex parte motoris, qualis est volitio in mente; passionem vero ex parte moti, vt intellectio & visio in eâdem mente. Qui vero putant perceptionem dicendam esse actionem, videntur sumere nomen actionis pro omni reali Potentia, & passionem pro sola negatione Potentiæ; vt enim perceptionem putant esse actionem, ita etiam haud dubiè dicerent in corpore duro receptionem motus, vel vim perquam admittit motus aliorum corporum, esse actionem; quod rectè dici non potest, quia passio isti actioni correlatiua esset in mouente, & actio in moto. Qui

autem

autem dicunt actionem omnem ab agento auferri
posse, rectè, si per actionem motum solũ intelligant,
non autem si omnem vim sub nomine actionis velint comprehendere ; vt longitudo, latitudo profunditas, & vis recipiendi omnes figuras & motus, à materia siue quantitate tolli non possunt, nec etiam cogitatio à mente: In Chartulis quas misisti pag. 2. linea
7. *ac præcipuè cordis*, videtur ibi esse aliquis error calami,
non enim premuntur partes à corde, sed sanguis ad
hepar ex aliis partibus missus, ac præcipuè ex corde,
iuuat coctionem. Nõ intelligo etiam quæ ibi sequun-
tur de ligaturà geminata, & alternatim dissoluta. Pagina 4. experimentum de corde follibus inflando, nisi
feceris, non author sum vt apponas ; vereor enim ne
corde exciso & frigido, tam rigidum euadat, vt ita inflari non possit ; sed facile est experiri, & si succedat,
pones vt certum, non autem cum verbis *iudico*, & *viden-*
tur. Pagina 5. Quæ habes de magnete mallem omitti ;
neque enim adhuc planè sunt certa ; vt neque illa quæ
habes pag. 6. de gemellis, & similitudine sexus. Vale,
& me ama, & communes amicos meo nomine plu-
rimũm saluta.

***

CLARISSIMO VIRO HENRICO REGIO.

LETTRE LXXXIV.

VIR CLARISSIME,

Legi raptissimè illa omnia quæ iusseras vt perlege-

rem, nempe partem primi, & partem secundi quater-
nionis, & quinque alios integros. Quæ in primò de
adstringentibus, incrassantibus, & narcoticis de tuo
habes, mihi non placent; peculiarem enim aliquem
modum, quo fortè potest aliquandò contingere vt
res fiat, tanquam vniuersalem proponis, cum tamen
plures alij possint excogitari, ex quibus probabile est
eosdem effectus sæpius sequi. In secundo, ais Idiopa-
thiam esse morbum per se subsistentem; mallem dicere, esse ab alio non pendentem, ne quis philosophus
indè concludat te fingere morbos esse substantias. De
febribus autem breuiter hic dicam quid sentiam, ne
nihil in hac Epistola contineatur ; de reliquis enim
vix quicquam dicam. Itaque febris est. *Deest reliquum.*
Etsi candidè & generosè D. Regius velit agere, illud sup-
plebit.

✳✳✳✳✳✳✳✳✳✳✳✳✳✳✳✳✳✳✳✳✳✳✳✳✳✳✳✳✳

CLARISSIMO VIRO HENRICO REGIO.

LETTRE LXXXV.

VIR CLARISSIME,

Accepi tuas litteras in quibus duas proponis difficultates, circa eâ quæ de febribus ad te scripseram; Ad
quarum primam, *Cur* scilicet *causam regularium recur-*
suum in febribus, fere semper oriri dixerim, à materia, quæ ma-
turatione quâdam indiget, antequam sanguini misceri possit; ir-
regularium vero ab eâ quæ cauitatem aliquam implendo, solâ
distentione poros aperit, facile intelliges, si aduertas non

dari rationem cur istæ cauitates tantæ sint magnitudinis , & tantus fiat in illis materiæ affluxus , vt semper
in omnibus hominibus, vel singulis diebus, vel alter-
nis , vel quarto quoque die, vacuentur; dari autem
rationem cur aliquis humor vnâ tantum die, alius duobus , alius tribus indigeat ad maturescendum. Alteram etiam, *Cur* nempe *poris apertis tota aut ferè tota materia expurgetur*, facilè solues , aduertendo multò difficilius esse poros planè clausos aperire , quam postquam
semel aperti sunt impedire ne rursus claudantur; adeo
vt satis magna copia materiæ debeat effluere antequam claudantur; Imo ferè tota debet effluere, cum
nulla est cauitas, nisi quæ ex affluxu istius materiæ, partes vi distendentis, efficitur; quia partes distentæ ad si-
tum naturalem redire debent, antequam pori claudantur. Si autem sit cauitas per exesionem partium facta, concedo quidem illam materiâ corruptâ ple-
nam manere post expurgationem; adeo vt cum pori
aperti sunt, non nisi pars exuperans, & latera cauita-
tis impellens, expurgetur; quæ potest esse decima vel
vigesima tantum pars materiæ in illa cauitate contentæ; sed quia sola est hæc pars exuperans, quæ febris pa-
roxismum accendit, ideo sola videtur esse numeran-
da, & ita semper verum est, totam materiam febris ex-
purgari in singulis paroxismis. Quantum autem ad
Gangrenam, etsi sanguinis circulatio, in aliquâ parte
impedita , possit aliquando esse remota eius causa,
proxima tantum est corruptio siue putrefactio ipsius
partis, quæ ab aliis causis, quam ab impeditâ circula-
tione potest oriri, atque, ipsâ iam factâ, circulationem
impedire.   P P p ij

Quæ de palpitatione habes, non mihi satisfaciunt, & tam varias judico esse posse eius causas, & non ausim etiam aggredi ipsas hîc enumerare. Non etiam existimo excrementa difficiliùs egredi per pilos amputatos, quam per integros, sed planè econtra facilius, nisi fortè cum radicitùs extirpátur, & pori per quos egressi fuerant occluduntur; multíque capitis dolores experiuntur, cum longos alunt pilos, iísque postea liberantur, capillis amputatis. Causam autem cur capilli amputati crescant, puto esse quod excrementa copiosiùs per amputatos egrediantur; Hocque etiam confirmat experientia, quia maiores recrescunt, quam si nunquam fuissent amputati; quia nempe ob majorem copiam excrementorum per ipsorum radices transeuntium, eæ ampliores euadunt. Denique convulsionem non puto fieri propter tunicarum densitatem, sed tantum quia valuulæ quædam in neruorum tubulis existentes, præter ordinem aperiantur, aut claudantur; quod & spirituum crassities, & organi læsio, vt punctura in tendine vel neruo, causare potest. Vale.

CLARISSIMO VIRO HENRICO REGIO.

LETTRE LXXXVI.

VIR CLARISSIME,

Gratulor tibi; quòd persecutionem patiaris propter veritatem; gratulor inquam, & ex animo; non enim video tibi quicquam mali ex istis turbis posse

contingere, sed contra gloriæ tuæ multum accedet.
Lætari debes quod Deus inimicis tuis consilium ac
bonam mentem ademerit; vides enim iam prohibitione libri tui nihil aliud effectum esse, nisi tantum
vt cupidiùs ematur, accuratiùs examinetur eius iniquitas, & causæ tuæ bonitas à pluribus agnoscatur. Plures
iam aduertent quam acerbè, quam iniuriosè, ac quam
sine causâ, solâ inuidentiâ suâ permotus, te ille prior
lacessiuerit; Et contra tu quam modestè, quam leniter, quam etiam (quod sanè indignissimum est) reuerenter responderis, & quam justæ ac graues causæ te ad
respondendum coëgerint. Plures agnoscent quam infirmæ sint rationes omnes quibus tuas opiniones impugnare conatus est, & contra quâ validæ sint eæ quibus ipsum refutas. Plures concludent nullas amplius ei
superesse ad tibi respondendū; Atque omnino plures
indignabuntur, quod tantum possit contra ius & fas in
vestra ciuitate, vt ei licuerit publico scripto te Atheū,
Bestiam, & aliis eiusmodi nominibus vocare, falsasque adhibere rationes ad falsis te criminibus onerandum: Tibi vero nequidem liceat verissimis vti rationibus, verbisque modestissimis ad te purgandum.
Egregium vero est quod audio ab ipso proponi, vt
nempe verbis sibi liceat in te disputare apud delegatos, qui iudicent vter superior sit futurus; haud dubiè
quia eius rationes, dum adhuc calent, vt quædam iuscula, sunt sorbendæ, & cum frigescunt, corrumpuntur. Hac in re, vt & in aliis multis est St. nostro simillimus; Et sanè non iudico tibi quicquam à tali aduersario esse metuendum. Quid enim deinceps moliri po-

teſt? fortè vt tibi prohibeatur à Magiſtratu, ne amplius doceas ea quæ ſoles docere ; fortè etiam vt tanquam falſa & hæretica condemnentur; fortè denique, quod extremum eſt, vt tu ipſemet tuo docendi munere priueris. Sed nec puto conſules veſtros tam illi fore obſequentes, vt quicquid ei placuerit decernant; Quinimo neminem ex iis eſſe exiſtimo, cui non facile ſuboleat, quam ob cauſam tum à voëtio, tum ab aliis plærifque ex tuis collegis philoſophia tua tam acriter impugnetur ; nempe quia verior eſt quam vellent, rationefque habet tam manifeſtas, vt erroneas ipſorum opiniones etiam non impugnando euertat, & ridiculas eſſe oſtendat. Nam ſanè illi vitio vertere non poſſunt, quod ſit noua, quoniam illi etiam Philoſophi quotidiè nouas excogitant opiniones, & indè maximè gloriam quærút, nullufque vnquam hoc prohibuit ; ſed nempe illas ſibi mutuo non inuident, quia veras non putant ; neque etiam tibi tuas inuiderent, ſi falſas eſſe arbitrarétur. At certè Magiſtratus, qui hactenùs non prohibuerunt ne docerent nouas & falſas, non vetabunt etiam ne doceas nouas & veras. Et quamvis fortè nonnulli, qui tricas iſtas ſcolarum, vtpote ad benè regendam Rempublicam minimè vtiles, nunquam didicerunt, æquitatem cauſæ tuæ non videant; confido tamen ipſos tam æquos & prudentes fore, vt non magis teſtimonio tuorum aduerſariorum ſint credituri, quam tuo ; & vel vnicum D. V. qui veritatem totius controuerſiæ proculdubio rectè intelligit, ſatis authoritatis apud collegas ſuos eſſe habiturum, vt te ab omni iniuria deffendat. Sed, etiamſi aliter

contingeret, ac vel professio, quod esset mirabiliter
absurdum, ac sine vllo exemplo, tibi auferretur,
non tamen ideo tibi vel minimùm dolendum esse ar-
bitrarer, nec vllum in te dedecus, sed immortale in
alios redundaret; Atque tunc profectò, vel crassa ignorantia, vel veritatis odium, vel ridenda in vestra ciuitate potentia toti mundo innotesceret. Quinetiam
profectò, Si tuo essem loco, vellem scire à consulibus,
quos ego haberem Dominos, & me potius sponte munere meo abdicare, quam voëtio seruire. Nec dubito
quin breui, si velles, perfacilè alibi professionem &
magis honorificam, & magis vtilem esses habiturus;
citiusque mille alij à vestris inuenirentur, qui eadem
quæ tui aduersarij docerent, quam vnus qui eadem
quæ tu; Et tamen fortè ille vnus magis à studiosis desi-
deraretur. Quantum ad me, credidi hactenus me beneficio affectum esse à Dominis tuis, quod cum scirent
te à meis in Philosophia opinionibus nó esse alienum,
non ideo minùs libenter te in professorem elegerunt;
ac fortè etiã, vt mihi persuadere voluisti, ob hanc præcipuè causam elegerunt. Hoc me peculiariter illis de-
uinxit; atque ideo valdè exopto, vt iactari possit apud
posteros, vestram ciuitatem omnium primam fuisse,
in qua Philosophia nostra publicè fuerit recepta,
quod spero ipsi dedecori non futurum, vt è contrario
non esset laudi, si te nunc tutum ab aduersariorum
iniuriis non præstaret. Debuit enim sciri ab iis qui te
primum in professorem receperunt, fieri non posse
vt ea noua quæ habebas, aliquid eximij continerent,
quin statim plures eorum ex tuis collegis, qui satis

ingenij non haberent ad eadem amplectenda , ma-
gnam inuidiam in te conflarent, atque ideò parati esse
debuerunt ad te contra hos protegendum. Nec sanè
ipsis erit difficile ; nam quid in te vel per calumniam
obiici potest? te scilicet noua docere? quasi vero in
Philosophia hoc non sit tritum, vt quicunque non
planè ingenio sunt destituti nouas excogitent opiniones, atque inde maximè gloriam quærant ; sed
nempe illas sibi mutuo non inuident, quia veras non
putant ; vt neque etiam tibi tuas inuiderent, si falsas
esse arbitrarentur; an vero æquum esset, cum ex aliorum permittantur opiniones , quæ nouæ sunt & falsæ,
vt tuæ prohiberentur, quia nouæ sunt & veræ? Magnum aliud crimen obiicitur, quod in voëtium scri-
pseris. Quasi vero sit aliquis sanæ mentis, qui legendo vtriusque libellum, ac monitus eorum quæ priùs
ab illo facta fuerunt , non clarè videat illum ipsum
fuisse qui acerbissimè in te scripsit, calumniisque euertere conatus est; Te vero tantum nimis humaniter , ac
nimis moderatè respondisse, eodem modo ac si , cùm
quis te ad occidendum stricto ense fuisset persecutus,
tu vero manu ictum à corpore auertisses, nihilque præterea egisses, nisi quod verbis quam humanissimis eius
iram molire conatus fuisses, ille furore ardens accusaret te, quod te a se occidi non permisisses. At fortè
voëtius ipse te non accusat, sed alij collegæ? tanquam
si obscurum esset illos eius voluntate id facere, eâdemque in te inuidiâ flagrare ; Ac tanquam si ideo iusta
esset accusatio , quod impetum in te facientem repu-
leris, nec ille potius vt aggressor & calumniator sit pu-

niendus.

niēdus. Calumniatorem ob id præcipuè appello, quod
sciam ipsum te iniquissimè accusare voluisse, quod
aliquas opiniones, Theologiæ vestræ contrarias docuisses, cum tamen omnes tuæ, melius quam vulgares,
cum Theologiâ consentiant, & facile esset, vel ex solis
eius thesibus de Atheismo, quas vidi, per certas & euidentes consequentias ostendere, illum reuerà esse
quod de nobis falsò voluit credi. Quin, & si esset operę
pretium ipsum qualis est describere, artésque omnes
eius detegere, talis fortè appareret, vt ciuitati vestræ
foret indecorum, ipsum diutiùs in concionatorem
aut professorem retinere; magna enim est vis veritatis. Vltimum & præcipuum quod obiicitur est, Academiæ vestræ detrimentum, quod ex professorum inimicitiis, vt inquiunt, orietur. At primò, non video
quid priuatæ istæ inimicitiæ vniuersitati nocere possint; nam econtrà hoc efficiet, vt singuli reprehensionem aliorum metuentes, tanto diligentiùs officio
suo fungantur; Ac deinde, si vel maximè hoc nocerēt, certè alij potiùs, qui sunt inimicitiarum authores,
quam tu, qui illas fugis, eo nomine essent deponendi.
Nec dicent, opinior, tua dogmata talia esse vt studiosos auertant ab Academiâ vestrâ frequentandâ, nam
audio te & satis multos auditores, & maximè insignes
habere; Eaque videtur esse fortuna nostrarum opinionum, non solum apud vos, sed & aliis omnibus in
locis, vt a præstantioribus ingeniis amentur & æstimentur, nec nisi a vilioribus ludi magistris, qui sciunt
se falsis artibus ad aliquam eruditionis famam peruenisse, ideoque timent ne cognitâ veritate illam amit

Q Q q

tant, adeo haberi. Et nisi me augurium fallit, spero
fore, vt aliquãdo, propter te vnum plures Academiam
vestram sint adituri, quam propter omnes eos qui
tibi aduersãtur; nec forte ad hoc nocebit editio Philosophiæ quam paro; adeò vt si Domini vestræ Ciuitatis
ad vtilitatem & decus Academiæ suæ respiciant, omnes potius tuos inimicos quam te vnum eiicient; Nam
etiam faciliùs mille alios inuenient, qui eadem do-
ceant, quæ illi, quam vnum qui eadem, quæ tu. Nec vereor ne forte aliqui ex vestris consulibus, non imbuti
scolasticis studiis, vt pote ad rectè regendam Rempublicam non necessariis, magis credant aduersariis tuis
quam tibi, neque enim illos puto tam obesæ naris, vt
horum inuidiam non aduertant; & vel vnicùs D.V.R.
qui statum totius controuersiæ, atque æquitatem tuæ
causæ proculdubiò rectè perspexit, estque rerum
istarum planè intelligens, satis authoritatis apud collegas suos est habiturus, vt te ab omni iniuriâ deffendat; tantamque in eo esse scio integritatem ac prudentiam, vt non vereat ne magis faueat aduersariis tuis quã
veritati. Ac denique ob hoc præcipuè debes lætari,
quod tua causa sit talis, vt postquam iudicata fuerit
à tuis, iudicari etiam debeat ab incolis totius orbis terrarum, & cum in eâ de honore tantum agatur, si quid
tibi priores contra ius ademerint, cum fœnore ab
aliis restituetur. Vale.

CLARISSIMO VIRO HENRICO REGIO.

LETTRE LXXXVII.

VIR CLARISSIME,

Legi, & rifi, tum thefes Voëtij pueri, fiue infantis, filij volui dicere; tum etiam iudicium Academiæ veftræ, quæ forte etiam non immeritò infans
dici poteft. Laudo Æmilium & Cyprianum quod tot
ineptiarum rei effe noluerint; in te verò fubirafcor,
quod talia tibi cordi effe videantur. Lætari enim deberes quam maximè, quod videas aduerfarios tuos
fuis fe propriis armis iugulare; Nam certè nemo mediocriter intelligens fcripta ifta perleget, quin facilè animaduertat, aduerfariis tuis & rationes deeffe
quibus tuas refutent, & prudentiam quâ imperitiam
fuam tegant. Audiui hodie rurfus Monachum tui voëtij refponfionem parare, & quidem certum eft, auditum enim à Bibliopolâ qui habet edendam; côtinebit
circiter decem folia, nempe Apendix voëtij cum notis tuis adhuc femel ibi edentur. Faueo fic fcribenti-
bus; & velim etiam vt gaudeas. Quantùm ad decretum
tuorum Dominorum nihil mitius, nihil prudentius
mihi videtur ab iis fieri potuiffe, vt fcilicet fe collegarum tuorum querelis liberarent. Tu fi mihi credis, ipfis quam accuratiffimè, atque etiam ambitiosè, obtemperabis, docebifque tuam Medicinam Hyppocraticè & Galenicè, & nihil amplius. Si qui ftudiofi

aliud a te petant , excufabis te perhumaniter , quod
tibi non liceat; cauebis etiam ne quam rem particularem explices ; & dices, vt res eft , ista ita inter se cohærere , vt vnum fiue alio fatis intelligi non poffit.
Dum ita te geres, fi quæ ante hac docuifti digna fint
quæ difcantur, & habeas auditores dignos qui ea difcant, non dubito quin breui denuò vel Vltraiecti vel
alibi copiam & authoritatem illa docendi cum honore
duplicato fis habiturus. Interim verò nihil mali mihi
videtur tibi contigiffe , fed econtrà multum boni,
omnes enim te multò plus laudant, & pluris faciunt,
quam feciffent, fi aduerfarij tui tacuiffent; Ac præterea acceffit otium, cum docendi onere ex parte fis
liberatus, nec ideo de ftipendio deceffit. Quid deeft,
nifi animus , qui modeftè hæc ferat? Quiefce, quæfo,
& ride ; nec vereare ne aduerfarij tui fatis maturè non
puniantur; Deniquè vicifti , fi tantum files ; fi malis
redintegrare prælium, fortunæ rurfus te committes.
Vale.

CLARISSIMO VIRO HENRICO REGIO

LETTRE LXXXVIII.

VIR CLARISSIME,

Multùm me vobis deuinxiftis tu , & C. L. D. F,
fcriptum quod ad vos miferam examinando, & emendando ; Video enim vos etiam interpunctiones &
orthographiæ vitia corrigere non fuiffe dedignatos;

sed magis me adhuc deuinxissetis, si quid etiam in verbis sententiisque ipsis mutare voluissetis : Nam quan-
tulumcunque illud fuisset, spem ex eo concepissem
ea quæ reliquissetis minùs esse vitiosa ; Nunc vereor
ne istud non sitis aggressi, quia nimis multa, vel fortè
omnia fuissent delenda.

Quantùm ad obiectiones ; In prima dicitis, ex eo
quod in nobis sit aliquid sapientiæ, potentiæ, bonitatis, quantitatis, &c. nos formare ideam infinitæ, vel
saltem indefinitæ sapientiæ, potentiæ, bonitatis, &
aliarum perfectionum quæ Deo tribuuntur, vt etiam
ideam infinitæ quantitatis, quod totum libens concedo ; & planè mihi persuadeo non esse aliam in nobis
ideam Dei, quam quæ hoc pacto formatur. Sed tota
vis mei argumenti est, quod contendam me non posse esse talis naturæ, vt illas perfectiones, quæ minutæ
in me sunt, possim cogitando in infinitum extendere,
nisi originem nostram haberemus ab Ente, in quo actu
reperiantur infinitæ ; vt neque ex inspectione exiguæ
quantitatis, siue corporis finiti, possem concipere
quantitatem indefinitam, nisi mundi etiam magnitudo esset, vel saltem esse posset indefinita.

In secunda dicitis, Axiomatum clarè & distinctè in-
tellectorum veritatem per se esse manifestam ; quod
etiã concedo, quandiu clarè & distinctè intelliguntur ;
quia mens nostra est talis naturæ, vt non possit clarè in-
tellectis non assentiri ; sed quia sæpè recordamur conclusionum ex talibus præmissis deductarũ, etiamsi ad
ipsas præmissas non attendamus, dico tunc, si Deum
ignoremus, fingere nos posse illas esse incertas, quan-

tumuis recordemur ex claris principiis esse deductas;
quia nempe talis forte sumus naturæ, vt fallamur etiam
in euidentissimis; ac proindè, ne tunc quidem, cum
illas ex istis principiis deduximus, scientiam, sed tantum persuasionem de illis nos habuisse; Quæ duo ita
distinguo, vt persuasio sit, cum superest aliqua ratio
quæ nos possit ad dubitandum impellere; scientia
vero, sit persuasio a ratione tam forti, vt nullâ vnquam
fortiore concuti possit; qualem nullam habent qui
Deum ignorant. Qui autem semel clarè intellexit rationes quæ persuadent Deum existere, illamque non
esse fallacem, etiamsi non amplius ad illas attendat,
modo tantum recordetur huius conclusionis, Deus
non est fallax, remanebit in eo non tantum persuasio,
sed vera scientia tum huius, tum etiam aliarum omnium conclusionum quarum se rationes clarè aliquando percepisse recordabitur.

Dicis etiam in tuis vltimis (quæ heri receptæ, me,
vt simul ad præcedentes responderem, monuerunt)
Omnem præcipitátiam intempestiui iudicij pendere
ab ipso corporis temperamento, tum acquisito, tum
innato, quod nullomodò possum admittere; quia
sic tolleretur libertas, & amplitudo nostræ voluntatis,
quæ potest istam præcipitantiam emendare; vel si non
faciat, error inde ortus, priuatio quidem est respectu
nostri, sed respectu Dei mera negatio.

Venio nunc ad Theses quas misisti; & quia scio te
velle, vt liberè scribam meam métem, tibi hic obtem-
perabo. Vbi habes *vicinus aër cuius particulæ*, &c. mallem
vicinus aër qui, &c. *potest*; neque enim singulæ parti-

culæ cõdenſantur, ſed totus aër, per hoc quod eius particulæ magis ad inuicem accedant. Neque video cur
velis perceptionem Vniuerſalium, magis ad imaginationem quam ad intellectum pertinere. Ego enim
illam ſolo intellectui tribuo, qui, ideam ex ſe ipſâ
ſingularem, ad multa refert. Mallem etiam non di-
xiſſes Affectum eſſe tantum duplicem, *lætitiam & tri-*
ſtitiam, quia planè aliter afficimur ab *ira*, quam a *me-*
tu, quamuis in vtroque ſit *triſtitia*, & ſic de cæteris. Quantùm ad auriculas cordis, addidiſſem, id
quod res eſt, nos de ipſis curioſiùs non egiſſe, quia
tantum illas vt extremitates Venæ Cauæ, & Arteriæ venoſæ, reliquo ipſarum corpore, &c. Omiſe-
ram dubium tuum de cordis ebullitione, quod mihi
videris iam ipſe ſatis ſoluiſſe; cum enim partes cordis
ſponrè ſubſidant, vaſis per quæ ſanguis egreditur adhuc patentibus, non deſiſtit egredi nec clauduntur
vaſa iſta, donec cor ſubſederit.

In titulo non ponerem *de triplici coctione*, ſed tantum *de*
coctione; item etiam lineam nonam pro N. & C. rogo vt
totam deleas; neque enim hîc valet heruæi exemplum,
qui longius hinc abeſt quam ego, nec, vt puto, Vallæo
tam coniunctus eſt, quam ego tibi, & quamuis eſſet res
ſimilis, non tam exéplo moueor, quam cauſa. In The-
ſium lineâ primâ, tollerē hæc verba, *Caloris viuiſici*, &c.
In fine pro his verbis *in recta conformatione*, &c. mallem,
in præparatione particularum inſenſibilium ex quibus
alimenta conſtant, vt eæ, conformationem humano
corpori componendo aptam, acquirant. Hæc præ-
paratio alia eſt communis, & minus præcipua, quæ

fit in omnibus viis per quas particulæ tranfeunt; alia particularis & præcipua, quæ eft triplex; 1. in ventriculo & inteftinis, 2. in hepate, 3. in corde. 1ª In ventriculo & inteftinis fit, cum cibus ore mafticatus & deglutitus, ficut & potus, vi.caloris a corde communicati, & humoris ab arteriis eò impulfi, diffoluitur & in chylum conuertitur. 2ª In hepate, cum chylus in illud, non per aliquam vim attractricem, fed folâ fuâ fluiditate, & preffione vicinarum partium delatus, fanguinique reliquo mixtus, ibi fermentatur, digeritur, & in chymum abit. 3 In corde, cum chymus, fanguini à reliquo corpore ad cor redeunti, permixtus, & fimul cum eo in hepate præparatus, in verum & perfectum fanguinem per ebullitionem pulfificam commutatur. Atque hæc tertia coctio, &c. Vides facilè cur ponam coctionem generalem quæ fit in omnibus viis, & ex confequenti etiam in omni parte corporis, quia vbicunquè eft motus, fieri poteft ibi aliqua alteratio particularum quæ mouentur; & non video quid aliud coctio fit quam talis alteratio; nec cur potius illam in venis Gaftricis & Meferaicis, quam in reliquis omnibus fieri concedas. Non pono fuccum fpirituofum, quia non video diftinctè quid ifta verba fignificent. Non pono chyli partes meliores, fed chylum, quia omnes eius partes alendo corpori inferviunt; & fi benè calculum ponamus, ipfa etiam excrementa, præfertim quæ ex venis excernuntur, quandiu funt in corpore, inter eius partes funt recenfenda, munere enim ibi fuo funguntur, & nulla eft pars quæ tandem non abeat in excrementum; modò id quod egreditur per infenfi-
lem

lem tranſpirationem, excrementum etiam appelle-
mus. Chymum autem fermentari puto in hepate, &
digeri, hoc eſt, prout hoc verbum à Chymicis vſurpatur, propter aliquam moram alterari.

Pagina 5. delerem *quæ à copioſis eius ſpiritibus, & oleo-
ginoſitate moderata oritur ;* neque enim hoc ſatis clarè
rem explicat. In fine paginæ 8. nomen meum rurſus
inuenio, quod fortè honeſtiùs quam in titulo poſſum
diſſimulare, modò, ſi placet, Epithetis magis tempe-
res; & malim etiam vero nomine *Deſcartes*, quam ſicto
Carteſius vocari. Vbi dicis cur. Pl. meas reſponſiones
mutilaſſet, poſſet fortè addi probatio, quod biennio
ante eius librum, à multis fuerint viſæ & exſcriptæ;
videnturque etiam delenda hæc verba, *vel callido vel
ignoranti ;* & verba quàm mitiſſima veritatem cauſæ
meliùs confirmabunt. Et finem paginæ nonæ ſic mu-
tatam ; ſecundo, quod fœtus in vtero exiſtens, vbi iſto
reſpirationis vſu priuatur, duos habet meatus, qui
ſpontè clauduntur in adultis ; vnum qui canaliculi inſtar eſt, per quem pars ſanguinis in dextro cordis ſinu
rarefacti, in Aortam tranſmittirur, parte altera in pulmones abeunto ; & alium, per quem pars ſanguinis in
ſiniſtro cordis ſinu rarefaciendi, è Vena Caua defluit,
& alteri parti ex pulmonibus venienti permiſcetur.
Neque enim negari poteſt, quin ſanguinis pars in fœ-
tu tranſeat per pulmones ; ſed prætereà vſus reſpirationis explicatio, quæ habetur pagina 10. præcedere
debet eius cauſas, quæ dantur pag. 8. Quantum ad Venas Lacteas nihil definio, quia nondum illas vidi ; ſed
noui hic duos iuuenes medicinæ doctores (Siluius, &

Schagen nominantur) qui videntur non indocti, &
se illas sæpius obseruasse affirmant, earumque valuulas
humoris regressum versus intestina impedire, adeò vt
planè à te dissentiant, & ego in eorum sententiam valdè propendeo; itavt suspicer Venas Lacteas ab illis
Meseraicis in eo tantum differre, quod nulli arteriæ
sint coniunctæ, ideoque succus ciborum in iis albus
est, in aliis vero statim fit ruber, quia sanguini per ar-
terias circulato permiscetur. Prima occasione illas in
cane viuo simul quæremus: interim, si mihi credis, totum illud corollarium omittes.

Quod ad difficultatem, Quomodo cor possit de-
tumescere, si pars sanguinis rarefacti in eo remaneat,
facilè soluitur; quia minima tantum eius pars manet,
ventriculis implendis non sufficiens; impetus enim
quo ille egreditur, sufficeret ad omnem educendum,
nisi prius valuulæ arteriæ magnæ, & venæ arteriosæ
clauderentur, quàm totus esset elapsus; & quantumuis
parua portio in ventriculis manens sufficit ad fermen-
tationém. Tandem tandem hodie accepimus sententiam pro I. A, w. Cuius exemplar postquam erit ex-
scriptum, hoc est, post vnam aut alteram diem, ad
ipsum mittam. Ita facta est, vt si magnus aliquis fuisset condemnandus, non potuissent Iudices mitioribus
verbis eius errores significare; sed nihilominus nullum
verbum ex iis quæ à w. Scripta sunt, non approbant, &
nullum verbum, ex iis quæ ab eius aduersario, non
condemnant.

Si quid sit de quo ampliorem explicationem desi-
deres, paratum me semper inuenies, vt seu scriptis

feu verbis tibi feruiam ; Imò etiam cum iſtæ Theſes
diſputabuntur, ſi velis, vltraiectum excurram, ſed
modò nullus ſciat, & in ſpeculâ illâ ex qua D, S. folet
audire lectiones, poſſim latere. Vale.

CLARISSIMO VIRO HENRICO REGIO.

LETTRE LXXXIX.

VIR CLARISSIME,

Gaudeo noſtram de voëtio hiſtoriam veſtris non
diſplicuiſſe ; neminem adhuc vidi, ne ex Theologis quidem, qui non illi vapulanti fauere videretur.
Nec ſanè nimis acris mea narratio dici poteſt, cùm nihil niſi rem geſtam commemorem, multòque etiam
plura ſcripſerim in quendam ex Patribus Societatis
Ieſu. Legi curſim ea quæ ad me miſiſti, nihilque in iis
non optimum, & valde ad rem, notaui, præter hæc
pauca. Primò, ſtilus multis in locis non eſt ſatis emendatus; Præterea fol.46.vbi ais materiam non eſſe Corpus Naturale, adderem, iuxta illos qui corpus naturale
definiunt hoc modo, &c. nam quantum ad nos qui
eam veram & completam ſubſtantiam eſſe putamus,
non video cur corpus naturale eſſe negaremus ; Et folio 66. differentiam inter res viuas & vitæ expertes videris majorem ſtatuere, quam inter horologiũ aliudve automatum, & clauem, gladium, aliudve inſtru-
mentum quod ſpontè non mouetur, quod non probo ; Sed vt *ſponte moueri* eſt genus reſpectu machinarum

omnium quæ sponte mouentur, ad exclusionem aliarum quæ sponte non mouentur, ita, *vita* sumi poteſt
pro genere formas omnium viuentium complecten-
te ; Et folio 96. vbi ais, *certè multò maiorem efficaciam*, &c.
mallem , *certè non minorem efficaciam* , &c. non enim eſt
maior in vno quam in altero. Denique fol. 106. locum
Ecclesiaſtæ dicis à Salomone proferri ex perſona im-
piorum. Ego autem in pagina 579. editionis Pariſienſis
eundem locum explicui, ex perſona ipſius Eccleſia-
ſtes, vt peccatoris. Sed non video cui vſui hæc tua re-
ſponſio eſſe poſſit, quia cappadox eâ eſt indignus, niſi
rurſus quid noui agat, & tunc vnà cum reſponſione
ad iſtud nouum ſub nomine alicuius ex tuis diſcipulis
edi poſſet ; nunc exiſtimo eſſe quieſcendum; nec etiam
debes Noſtra in tuis lectionibus cum Galenicis & Ari-
ſtotelicis miſcere, niſi certus ſis id tuo Magiſtratui eſſe gratum ; mallem nullos haberes auditores , neque
hoc tibi dedecori eſſet. Ad id quod obiicis de ideâ
Dei ſoluendum, notare oportet non agi de eſſentiâ
ideæ, ſecundum quam ipſa eſt tantum modus quidam
in mente humanâ exiſtens, qui modus homine non
eſt perfectior , ſed de eius perfectione obiectiuâ,
quam principia Metaphyſica docent debere contineri formaliter vel eminenter in eius cauſa ; eodem
modo ac ſi dicenti vnumquemque hominem poſſe
pingere tabellas æquè benè ac Apelles, quia illæ conſtant tantum ex pigmentis diuerſimodè permixtis,
poteſtque illa quilibet modis omnibus permiſcere, eſſet reſpondendum, cum agimus de Apellis picturis,
nos non tantum in iis conſiderare permiſtionem co-

lorum qualemcunque, sed illam quæ sit certâ arte, ad rerum similitudines repræsentandas, quæque idcirco non, nisi ab istius artis peritissimis fieri potest. Ad secundum Respondeo, ex eo quod fatearis cogitationem esse attributum substantiæ nullam extensionem includentis, & vice versâ extensionem esse attributum substantiæ nullam cogitationem includentis, tibi etiam fatendum esse substantiam cogitantem ab extensa distingui : Non enim habemus aliud signum quo vnam substantiam ab aliâ differre cognoscamus, quam quod vnam absque aliâ intelligamus. Et sanè potest Deus efficere quidquid possumus Clarè intelligere ; nec alia sunt quæ à Deo fieri non posse dicuntur, quam quod repugnantiam inuoluunt in conceptu, hoc est quæ non sunt intelligibilia ; possumus autem clarè intelligere substantiam cogitantem non extensam, & extensam non cogitantem, vt fateris ; Iam coniungat & vniat illas Deus quantum potest, non ideò potest se omnipotentiâ suâ exuere, nec ideò sibi facultatem adimere ipsas seiungendi, ac proindè manent distinctæ. Non potui notare ex tuo scripto an monachum an voëtium per Cappadocem intelligas, quod non displicuit, sibi sumat qui volet ; Sed audio ignorari cuias sit voëtius, adeo vt erga ipsum sis beneficus, si Cappadociam ei in patriam assignes : Multum autem debes Monacho quod auditorum tuorum numerum augeat. Cæterum audiui a D. P. tibi animum esse huc nos inuisendi : Ego verò te etiam atque etiam inuito, neque te solum, sed & vxorem & filiam ; mihi eritis gratissimi, iam virent arbores, ac breui etiam

R R r iij

cærasa & pyra maturescent; Vale, & me ama.

DESCARTES.

CLARISSIMO VIRO HENRICO REGIO.

LETTRE XC.

VIR CLARISSIME,

Cum tuæ litteræ allatæ sunt, hic non eram, iamque primùm domum reuersus ipsas accipio. Non magni momenti Siluij objectiones mihi videntur, nihilque aliud quam ipsum Mechanicæ parum intelligentem esse testantur; sed tamen vellem vt paulo blandiùs ei responderes; Transuersâ lineâ in margine notaui ea loca quæ duriuscula mihi videntur. Ad primum punctum vellem adderes , *Etsi paucus sit sanguis in corpore, venas nihilominus ipso esse plenas, quia se contrahunt ad eius mensuram.* Imo hoc ipsum posuisti, sed obiter tantum, & puto esse præcipuum ad eius difficultatem dissoluendam. Ad secundum, puto sanguinem moribundi ascitici refriguisse in eius venulis minoribus, & a corde remotioribus , ibique coagulatum impediisse ne nouus ex arteriis in venas per circulationem influeret, dum interim sanguis adhuc calens in Cauâ iuxta cor, in dextrum eius ventriculum incidebat , atque ita Cauam fuisse vacuatam. Ad tertium, grauitas est quidem plerumque causa concomitans & adjuuans, sed non est causa primaria; nam contra situ Corporis inuerso, & grauitate repugnante, sanguis tamen in cor, non quidem incideret, sed flueret, vel infiliret, ob circulationem, & spontaneam vasorum contra-ctionem. Ad quartum, vbi loqueris de efferuescen-tiâ sanguinis, mallem ageres de eius rarefactione, quæ-dam enim magis feruent, quæ tamen non adeò raref-cunt. Ad quintum, vbi te accusat quod affinxeris ip-si obiectionem quam non agnoscit pro suâ, respon-derem me nihil ipsi affinxisse; nam cum dixisti, *neque his aduersatur quod ventriculi in sistole non sint omni corpore vacui*, idem sensus fuit, ac si dixisses, *sufficere quod ma-ximam partem saltem vacui sint*, quâ ratione verò maxi-ma ex parte vacuentur, te postea fusè explicuisse, nul-lamque eius argumenti vim declinasse. Denique, circa auriculas cordis, malè videris ipsas distinguere ab ostiis Venæ Cauæ & Arteriæ Venosæ, nihil enim aliud sunt quàm ista lata ostia; & malè etiam aliquam ipsis tri-buis sanguinis coctionem per ebullitionem speci-ficam, &c. Vale.

CLARISSIMO VIRO HENRICO REGIO.

LETTRE XCI.

V IR CLARISSIME,

Legi omnia quæ ad me misisti, cursim quidem, sed ita tamen vt non putem quicquam in iis contineri quod impugnem. Sed sanè multa sunt in Thesibus tuis, quæ fateor me ignorare, ac multa etiam, de qui-bus si fortè quid sciam, longe aliter explicarem quàm ibi explicueris. Quod tamen non miror; longè enim difficilius eſt, de omnibus quæ ad rem medicam pertinent ſuam ſententiam exponere, quod docentis officium eſt, quam cognitu faciliora ſeligere, ac de reliquis prorſus tacere, quod ego in omnibus ſcientiis facere conſueui. Valdè probo tuum conſilium, de non amplius reſpondendo Syluij quæſtionibus, niſi fortè, vt pauciſſimis verbis illi ſignifices, tibi quidem eius litteras eſſe pergratas, eiuſque ſtudium inueſtigandæ veritatis, & gratias agere quod te potiſſimum elegerit cum quo conferret; Sed quia putas te abundè in tuis præcedentibus ad omnia, quæ circa motum cordis pertinebant, reſpondiſſe, nuncque videtur tantum diſputationem ducere velle, atque ex vna quæſtione ad alias tranſire, quæ res eſſe poſſet infinita, rogare vt te excuſet, ſi aliis negotiis occupatus, ipſi non amplius reſpondeas. Initio enim cum diſputat, an venæ contractæ ad menſuram ſanguinis quem continent, dicendæ ſint plenæ vel non plenæ, mouet tantum quæſtionem de nomine. Ac poſtea, dum petit ſibi oſtendi alligatum ferro ſanguinem, & quænam ſit vera grauitatis natura, nouas quæſtiones mouet, quales imperitiſſimus quiſque plures poſſet proponere, quam omniũ doctiſſimus in tota vita diſſoluere. Cum ex eo quod ſanguis ex venis in cor poſſit inſilire, infert venas ergo debere pulſare, facit æquiuocationem in verbo *inſilire*, tanquam ſi dixeris ſanguinem ſalire in venis. Cum in comparatione inflationis veſicæ notat aliquam diſſimilitudinem, quod ſit violenta, & puer à parente fiſtulâ os auferat, nihil agit, quia nulla comparatio in

omnibus

omnibus poteſt conuenire; vt neque cum aliâ ratione
quam per ſpontaneam venarū contractionem vult explicare ſanguinis propulſationem, affert enim fibras
tranſuerſas vaſa coarctantes, quod non eſt diuerſum à
venarum contractione, idem enim ſignificat fibras
vaſa coarctare, ac venas contrahere. Cætera perſeque-
rer, ſed omnia per te meliùs potes, & iam ex parte
ſoluiſti in Theſibus. In his autem adiungis corollarium de maris æſtu, quod non probo, non enim
rem ſatis explicas, vt intelligatur, nec quidem vt aliquo modo probabilis fiat, quod iam in multis aliis,
quæ eodem modo propoſuiſti, a plæriſque reprehen-
ſum eſt. Qui motum cordis aiunt eſſe Animalem, non
plus dicunt, quam ſi faterentur ſe neſcire cauſam
motus cordis; quia neſciunt quid ſit motus Animalis.
Cum autem partes Anguium diſſectæ mouentur, non
alia in re cauſa eſt, quam cum cordis mucro etiam diſ-
ſectus pulſat, nec alia quam cum nerui teſtudinis in
particulas diſſecti, atque in loco calido & humido exi-
ſtentes, vermium inſtar ſe contrahunt, quamvis hic
motus dicatur Artificialis, & prior Animalis; in omnibus enim iſtis cauſa eſt diſpoſitio partium ſolidarum,
& motus ſpirituum, ſiue partium fluidarum, ſolidas
permeantium. Meditationum mearum impreſſio ante tres menſes pariſiis abſoluta eſt, nec dum tamen vllum exemplar accepi, & idcirco ſecundam editionem
hic fieri conſenſi. Cauſam, cur in vorticibus iniecta
Corpora ad Cêtrum ferantur, puto eſſe, quia aqua ipſa
dum circulariter mouetur in vortice, tendit verſus ex-
teriora; ideo enim alia corpora quæ nondum habent

iſtum motum circularem tam celerem in Centrum
protrudit. Gratulor D. Vander H. iterum Conſuli, &
dictaturâ perpetuâ dignum exiſtimo, tibique gratulor
quod in eo fidum & potentem habeas defenſorem.
Vale.

CLARISSIMO VIRO HENRICO REGIO.

LETTRE XCII.

VIR CLARISSIME,

Vix quicquam durius, & quod maiorem offenſæ ac
criminationis occaſionem daret, in Theſibus tuis ponere potuiſſes, quàm hoc, *Quod homo ſit ens per accidens:*
nec video quâ ratione meliùs poſſit emendari, quàm
ſi dicas te in nonâ theſi conſideraſſe Totum hominem
in ordine ad partes ex quibus componitur, contra verò in decimâ conſideraſſe partes in ordine ad Totum.
Et quidem in nonâ te dixiſſe hominem ex corpore &
anima fieri per accidens, vt ſignificares dici poſſe quodammodò Accidentarium corpori quod animæ coniungatur, & animæ quod corpori; cum & corpus ſine
animâ, & anima ſine corpore eſſe poſſint: Vocamus
enim accidens, omne id quod adeſt vel abeſt ſine ſub-
iecti corruptione, quamuis fortè in ſe ſpectatum ſit
ſubſtantia, vt veſtis eſt accidens homini; Sed te non
idcirco dixiſſe *hominem eſſe ens per accidens,* & ſatis oſten-
diſſe in decimâ theſi, te intelligere illum eſſe ens per
ſe; Ibi enim dixiſti Animam & Corpus, ratione ipſius,

effe fubftantias Incompletas, & ex hoc quod fint in-
completæ, fequitur illud quod componunt effe ens
per fe. Vtque appareat, id quod eft Ens per fe fieri poffe per Accidens, nunquid mures generantur, fiue fiunt
per accidens, ex fordibus, & tamen funt Entia per fe.
Obiici tantum poteft, non effe Accidentarium humano corpori, quod animæ coniungatur, fed ipfiffimam
eius naturam; quia corpore habente omnes difpofitio-
nes requifitas ad animam recipiendam, & fine quibus
non eft propriè humanum corpus, fieri non poteft fine miraculo, vt Anima illi non vniatur; atque etiam
non effe accidentarium animæ, quòd iuncta fit corpori, fed tantum accidentarium effe illi poft mortem, quod à corpore fit feiuncta; quæ omnia non
funt prorfus neganda, ne Theologi rurfus offendan-
tur; fed refpondendum nihilominus, ifta ideo dici
poffe Accidétaria, quod confiderantes corpus folum,
nihil planè in eo percipiamus, propter quod animæ
vniri defideret; vt nihil in anima, propter quod corpori debeat vniri; & ideò paulo antè dixi, *effe quodammodo* accidentarium, non autem *abfolutè* effe accidentarium. Alteratio fimplex eft illa quæ non mutat
formam fubiecti, vt calefactio in ligno; generatio verò, quæ mutat formam, vt ignitio; & fanè, quamuis
vnum alio modo non fiat quam aliud, eft tamen magna differentia in modo concipiendi, ac etiam in rei
veritate; Nam formæ, faltem perfectiores, funt congeries quædam plurimarum qualitatum, quæ vim habent fe mutuo fimul conferuandi; at in ligno eft tantum moderatus calor ad quem fponte redit poftquam
SSf ij,

incaluit; in igne vero est vehemens calor, quem semper conseruat, quamdiu est ignis. Non debes irasci
Collegæ illi qui consilium dabat de addendo corolla-
rio ad interpretandam tuam Thesim; amici enim consilium fuisse mihi videtur. Omisisti aliquod verbum
in tuis thesibus manu scriptis, Thesi decimâ, *omnes
aliæ*, non dicis quæ sint illæ aliæ, nempe *qualitates*; in
cæteris nihil habeo quod dicam, video enim vix quicquam in iis contineri, quod non iam ante alibi posue-
ris, & laudo : esset enim laboriosum noua semper velle
inuenire. Si huc adueneris semper mihi tuus aduentus
erit pergratus. Vale.

CLARISSIMO VIRO HENRICO REGIO.

LETTRE XCIII.

VIR CLARISSIME,

Hic te ab aliquot diebus expectaui; iam autem aliquid audio quod etsi non videatur esse vllius momenti, vereor tamen ne forte tuum iter tardauerit; & ego
econtrà tantò magis tecum loqui exopto, vt quid super hac re agendum sit communibus consiliis videamus. Nempè audio tuos aduersarios tandem vicisse, atque effecisse, vt tibi interdiceretur, ne Nostra amplius
doceres; Quo animo istud feras nescio, sed si mihi
credis planè irridebis, & contemnes, tamque apertam
inuidiam tibi magis gloriosam esse existimabis, quam
imperitorum applausus. Neque profectò mirandum

est, quod in re in qua vocum pluralitas locum habet,
tu solus, cum veritate paucisque fautoribus, aduersariorum multitudini resistere non potueris. Si hoc solo
risu & silentio vlcisci velis, atque otium sequi, non
dehortabor, sin minùs, quantum in me erit tibi non
deero. Interim rogo vt vel voce vel litteris tui me instituti quamprimum facias certiorem. Vale &me ama.
Si huc venias rogo, vt quamplurimas, ex aduersarij
tui thesibus, tecum afferas. Vale.

CLARISSIMO VIRO HENRICO REGIO.

LETTRE XCIV.

VIR CLARISSIME,

Habui hic toto pomeridiano tempore præstantiß-
mum virum D. Al. qui multa mecum de rebus Vltra-
iectinis amicissimè, ac prudentissimè disseruit. Planè
cum ipso sentio, tibi ad aliquod tempus a publicis disputationibus esse abstinendum, & summoperè cauen-
dum, ne vllos in te verbis asperioribus irrites. Vellem
etiam quam maximè, vt nullas vnquam nouas opiniones proponeres, sed antiquis, omnibus nomine tenus
retentis, nouas tantum rationes afferres; quod nemo
posset reprehendere ; & qui tuas rationes rectè cape-
rent, spontè ex iis ea quæ velles intelligi conclude-
rent; vt de ipsis Formis Substantialibus, & Qualitali-
bus Realibus, quid opus tibi fuit eas palam reiicere?
nunquid meministi me in Meteoris pag.164.editionis

gallicæ expreſſiſſimis verbis monuiſſe ipſas nullomo-
do a me reiici, aut negari, ſed tantummodo non requiri ad rationes meas explicandas ? Quod idem ſi
fuiſſes ſecutus, nemo tamen ex tuis auditoribus non
illas reieciſſet, cum nullum earum vſum eſſe perſpe-
xiſſet, nec interim in tantam collegarum tuorum inuidiam incidiſſes. Sed quod factum eſt infectum fieri
nequit. Nunc curandum eſt, vt quæcumque vera
propoſuiſti, quam modeſtiſſimè deffendas, & ſi quæ
minus vera, vel tantum minus aptè dicta, elapſa ſint,
abſque vllâ pertinaciâ emendes, puteſque nihil eſſe
in philoſopho magis laudandum, quam liberam er-
rorum ſuorum confeſſionem. Vt in hoc, *quod homo ſit
ens per accidens*, ſcio te nihil aliud intellexiſſe, quam
quod alij omnes admittunt, nempe illum eſſe com-
poſitum ex duabus rebus realiter diſtinctis; ſed quia
verbum, *ens per accidens*, eo ſenſu non vſurpatur in
ſcolis, idcirco longè melius eſt, ſi fortè vti non poſſis explicatione, quam præcedentibus meis litteris
ſuggeſſeram (video enim te ab illâ nonnihil deflecte-
re, nec dum ſcopulos ſatis vitare in tuo vltimo ſcripto)
vt apertè fatearis te illum ſcolæ terminum non rectè
intellexiſſe, quam vt malè diſſimules; ideoque, cum
de re planè idem quod alij ſentires, in verbis tantum
diſcrepaſſe; Atque omnino vbicumque occurret occa-
ſio, tam priuatim quam publicè debes profiteri, te credere hominem eſſe *verum ens per ſe, non autem per accidens,*
& mentem corpori realiter & ſubſtantialiter eſſe vnitam, non per ſitum aut diſpoſitionem, vt habes in tuo
vltimo ſcripto (hoc enim rurſus reprehenſioni obno-

xium eft, & meo iudicio non verum) fed per verum
modum vnionis, qualem vulgò omnes admittunt, &
fi nulli, qualis fit, explicent, nec ideo etiam teneris
explicare ; fed tamen potes, vt ego in Metaphyficis,
per hoc, quod percepiamus fenfus doloris, aliofque
omnes, non effe puras cogitationes mentis a corpore
diftinctæ, fed confufas illius realiter vnitæ perceptio-
nes ; fi enim Angelus corpori humano ineffet, non
fentiret vt nos, fed tantum perciperet motus qui cau-
farentur ab obiectis externis, & per hoc a vero homine diftingueretur.

Quantum ad tuum fcriptum, & fi non videam quid
eo facere velis, mihi videtur, vt ingenuè & candidè
fatear quod fentio, nec ad rem propofitam, nec ad
fortunam huius temporis fatis effe accommodatum;
multa enim in eo nimis dura, & non fatis apertè rationes explicas, quibus bona caufa deffenditur, adeò
vt in eo fcribendo, ex tædio forfan atque indigna-
tione, ingenium tuum languiffe videatur. Excufabis
vt confido libertatem meam ; & quia mihi effet difficilius, de fingulis quæ fcripfifti monere quid fentiam,
quam aliquod tale fcriptum delineare, hoc potius
agam, & quamvis multo me alia negotia vrgeant,
vnam tamen aut alteram huic rei diem impendam.
Exiftimo itaque operæpretium effe, vt ad Appendicem voëtij publico fcripto refpondeas ; quia fi planè
taceres, tibi forte tanquam victo magis infultarent
inimici ; fed tam blandè ac modeftè refpondeas, vt
neminem irrites, fimulque tam folidè, vt rationibus
tuis fe vinci voëtius animaduertat, & ideo, ne fæpius

vincatur, tibi contradicendi animum deponat, seque
a te demulceri patiatur. Cursim hic ponam argumentum illius responsionis, qualem ego ipsam faciendam
putarem, si tuo in loco essem ; & partim Gallicè, partim latinè scribam , pro vt verba celerius occurrent,
ne forte, si latine tantum scriberem, verba mea mutare
negligeres, & stilus nimis incultus pro tuo non agnos-
ceretur.

Henrici Regij, &c. Responsio ad Appendicem ; vel notæ in
Appendicem, ac corollaria Theologico Philosophica
Domini Gisb. Voëtij, & c.

Ie voudrois aprés commencer par vne honneste
lettre à Monsieur Voëtius, en laquelle ie dirois qu'a-
yant vû les tres-doctes, tres-excellentes, & tres-sub-
tiles Theses qu'il a publiées touchant les Formes Substantielles, & autres matieres apartenantes à la Physique, & qu'il a particulierement adressées aux Professeurs en Medecine & en Philosophie de cette Vniuersité, au nombre desquels ie suis compris, i'ay esté extremement ayse de ce qu'vn si grand homme a voulu
traitter de ces matieres , comme ne doutant point
qu'il n'auroit vsé de toutes les meilleures raisons qui
se peuuent trouuer, pour prouuer les opinions qu'il
defend ; ensorte qu'aprez les siennes, il n'en faudroit
plus attendre d'autres ; Et mesme que ie me suis réjoüy
de ce que la plus part des opinions qu'il a voulu deffendre en ces Theses, estant directement contraires à celles que i'ay enseignées, il semble que ç'a esté particulierement à moy à qui il a adressé sa Préface, & qu'il
a voulu par là me conuier à luy répondre , & ainsi
m'in-

m'inuiter par vne honneste émulation à rechercher
dautant plus curieusement la verité. Que ie m'estime
bien glorieux de ce qu'il m'a voulu faire cèt honneur;
Que ie ne puis manquer de tirer de l'auantage de cette
attaque, à cause que ce me sera mesme de la gloire, si
ie suis vaincu par vn si fort aduersaire : Que ie luy en
rens graces tres-affectueusement, & mets cela au nombre des obligations que ie luy ay , & que ie reconnois
estre tres-grandes. *Hic fusé commemorarem quomodo me
iuuerit in professione acquirendâ, quomodo mihi patronus, mihi fautor, mihi adiutor semper fuerit , &c.* Enfin que ie
n'aurois pas manqué de répondre à ses Theses par d'autres Theses, & de faire comme luy des disputes publiques touchant ces matieres, si ie pouuois esperer vne
audiance aussi fauorable & aussi tranquille ; mais qu'il
a en cela beaucoup dauantage pardessus moy, à cause
que le respect & la veneration qu'on a pour luy, non
seulement à cause de ses qualitez de Recteur, & de
Ministre, mais beaucoup plus à cause de sa grande
pieté, de son incomparable doctrine, & de toutes ses
autres excellentes qualitez, est capable de retenir les
plus insolens , & d'empescher qu'ils ne fassent aucun
desordre aux lieux où il préside ; Au lieu que n'ayans
point le mesme respect pour moy, deux ou trois fri-
pons que quelque ennemy aura enuoyez à mes disputes , seront suffisans pour les troubler ; & ayant éprouué cette fortune en mes dernieres, ie croirois m'abais-
ser trop, & ne pas assez conseruer la dignité du lieu,
que nostre tres-sage Magistrat m'a fait l'honneur de
vouloir que i'occupasse en cette Academie, si ie m'y

T T t

expofois dorénauant. Non pas que ie fois fafché pour cela, ny que ie penfe deuoir aucunement eftre honteux de ce qui s'eft paffé; car au contraire ces fefeurs de bruit ayant tousjours interrompu nos réponfes, auant que de les auoir pû entendre, il a efté tres-aifé à remarquer, que nous n'auons point donné occafion à leur infolence par nos fautes, mais qu'ils eftoient venus à nos difputes tout à deffein de les troubler, & d'empefcher que nous ne puffions auoir le tems de faire bien entendre nos raifons. Et l'on ne peut iuger de là autre chofe, finon que mes ennemis, en fe feruant d'vn moyen fi féditieux & fi injufte, ont témoigné qu'ils ne cherchent pas la verité, & qu'ils n'efperent pas que leurs raifons foient fi fortes que les miennes, puis qu'ils ne veulent pas qu'on les entende. Et quand on ne fçauroit pas que ces troubles m'auroient efté procurez par l'artifice d'aucuns ennemis, *fed à folâ iuuenum aliquorum lafciuiâ*, on fçait bien que les meilleures chofes eftant expofées au public, font auffi fouuent fujettes à cette fortune, que les plus mauuaifes ou impertinentes; Ainfi on eftoit autrefois fort attentif aux badineries d'vn danceur de corde, là où ceux qui reprefentoient vne tres-belle & tres-elegante Comedie de Terence, eftoient chaffez du Theatre, par de tels battemens de mains; Ainfi, &c. Ces raifons donc me donnent fujet de publier pluftoft cette réponfe, que de faire des Thefes; ioint auffi qu'on peut mieux trouuer la verité, en examinant à loifir, & de fens froid, deux écrits oppofez fur vn mefme fujet, que non pas en la chaleur de la difpute, où l'on n'a pas affez de temps pour pefer

les raisons de part & d'autre, & où la honte de paroistre vaincus, si les nostres estoient les plus foibles,
nous en oste souuent la volonté. C'est pourquoy ie le
supplie de la receuoir en bonne part, comme ne
l'ayant faite que pour luy plaire, & luy témoigner
que ie ne suis pas si négligent, que de manquer de satisfaire à l'honneste semonce qu'il m'a faite par ses
Theses, de faire voir au public les raisons que i'ay,
pour soutenir les opinions qu'il a impugnées ; & ce
pour le bien general *totius rei litterariæ*, & particulierement pour le bien & la gloire de cette Vniuersité, &
que ie l'honoreray & estimeray tou-jours, *ut patro-
num, fautorem amicißimum*, &c. *Vale.*

Aprés vne lettre de cet argument ie ferois imprimer, *Domini Gisberti Voëtÿ præfatiuncula, ad Doctiß. ex-
pertiß. Medic.* &c. vsque ad *Thesim primam.*

·❈❈❈❈❈❈❈❈❈❈❈❈❈❈❈❈❈❈❈❈❈❈❈❈❈❈·

RESPONSIO AD PRÆFATIONEM.

QVe ie loüe icy grandement sa ciuilité & sa courtoisie, de ce que nonobstant le pouuoir que sa
Theologie, qui est la principale science, luy donne sur
toutes les autres, & celuy que sa qualité de Recteur luy
donne particulierement en cette Academie, il n'a
pas voulu traiter des matieres de Physique, sans vser
de quelque excuse enuers les Professeurs en Philosophie & en Medecine. Que ie suis fort d'acord auec
luy de ce qu'il blâme les *adolescentes, qui vix elementis
Philosophiæ imbuti, absque euidenti & validâ demonstra-*

tionum euictione, omnem scolarum Philosophiam exsibilant, antequam terminos eius intellexerint, eorumque notione destituti, authores superiorum facultatum sine fructu legant, lectionesque & disputationes, tanquam mutæ personæ aut statuæ dedaleæ, audire cogantur. Sed quia valdè diligenter ipsos hoc in exordio admonet, nè tam facilè id agant, & *comme si c'estoit une faute fort ordinaire, laquelle toutesfois a esté inconnuë iusques à present,* non immeritò suspicor hoc de solis auditoribus meis intelligi ; car i'ay déja sceu que quelques-vns estant ialoux de voir les grans progrez que mes auditeurs fesoient en peu de tems, ont tâché de décrier ma façon d'enseigner, en disant que ie negligeois de leur expliquer les termes de la Philosophie, & ainsi que ie les laissois incapables d'entendre les liures, ou les autres Professeurs, & que ie ne leur aprenois que certaines subtilitez, dont la connoissance leur donnoit aprés cela tant de presomption, qu'ils osoient se mocquer des opinions communes. Et pour ce sujet ie me persuade que Monsieur Voëtius (ou *Rector magnificus, &c.* Donnez luy les titres les plus obligeans, & les plus auantageux que vous pourez) ayant esté auerty de cette calomnie, en a voulu toucher icy vn mot en passant, afin de me donner occasion de m'en purger ; ce que ie feray facilement en fesant voir que ie ne manque pas d'expliquer tous les termes de ma profession, lors que les occasions s'en presentent, bien que i'aye encore plus de soin d'enseigner les choses ; Et ie veux bien confesser, que d'autant que ie ne me sers que de raisons qui sont tres-euidentes, & intelligibles à ceux qui ont seulement le

sens commun, ie n'ay pas besoin de beaucoup de termes étrangers pour les faire entendre ; & ainsi qu'on
peut bien plutost auoir apris les veritez que i'enseigne,
& trouuer son esprit satisfait touchant toutes les
principales difficultez de la Philosophie , qu'on ne
peut auoir apris tous les termes dont les autres se seruent, pour expliquer leurs opinions touchant les
mesmes difficultez, & auec tous lesquels ils ne satisfont iamais ainsi les esprits qui se seruent de leur
raisonnement naturel, mais les remplissent seulement
de doutes & de nuages ; Et enfin que ie ne laisse pas
d'enseigner aussi les termes qui me sont inutils, & que
les fesant entendre en leur vray sens , *celeriùs à me quam
vulgò ab alijs discuntur.* Ce que ie puis prouuer par l'experience que plusieurs de mes auditeurs ont faite, &
dont ils ont rendu preuue en disputant publiquement, aprés n'auoir étudié que tant de mois, &c. Or
ie m'assure qu'il n'y a personne de bon sens, qui ose
dire qu'il y ait rien à blâmer en tout cecy, ny même
qui ne soit grandement à priser ; *Et si enim sæpe hinc
contingat, vt qui mea audiuerunt, ea quæ ab alijs in contrarium docentur, vt minùs rationi consentanea, contemnant,
vel etiam si placet exsibilent,* on n'en doit pas rejetter la
faute sur ma façon d'enseigner, mais plu-tost sur celle
des autres, & les conuier à suiure la mienne, autant
qu'il leur sera possible, plu-tost que de la calomnier,
& velle ipsam calomniâ suâ obruere.

THESIS PRIMA, &c.
Responsio ad primam Thesim.

PLanè hic assentior sententiæ Domini Rectoris Magistri, nempe quod innoxia illa entia, quæ formas substantiales & qualitates reales vocant, non sint temerè de antiqua sua possessione deturbanda; quin & ipsa nondum hactenus absolutè rejecimus, sed tantummodò profitemur nos ipsis non indigere, ad causas rerum naturalium reddendas, putamuísque rationes nostras eo precipue nomine esse commendandas, quod ab eiusmodi assumptis incertis & obscuris nullomodò dependeant. Quoniam in talibus idem ferè est dicere, se ijs nolle vti, ac dicere, se non admittere; quia nempe ab alijs non aliam ob causam admittuntur, quam quia necessariæ esse putantur ad effectuum naturalium causas explicandás; non difficiles erimus in confitendo nos illa planè reijcere: neque id, vt spero, Mag. Rector vitio nobis vertet, quia dudum scolarum Philosophiam, nominatim Logicam, Metaphysicam, Physicam, si non accuratissimè, saltem mediocriter perdidicimus, & misera illa entia nullius vsus esse percepimus, nisi ad excæcanda studiosorum ingenia, & ipsis, in locum doctæ illius ignorantiæ, quam Rect. Mag. tantoperè commendat, superbam quandam aliam ignorantiam obtrudendum. Sed ne parùm liberales videamur, laudo etiam quod Mag. Rect. adolescentes à feroce contemptu, & fugâ studij Philosophici, atque insuper ab

idioticâ, rusticâ , & superbâ ignorantiâ velit reuocare , nec vllomodò possum suspicari eum hîc res-
pexisse ad illam in meos auditores querelam, de quâ
paulo antè , quod scilicet vulgarem Philosophiam
meâ intellectâ contemnant. Neque enim fas puto,
existimare tam pium virum, ab omni maledicendi
studio tam alienum , & mihi priuatim summè ami-
cum, tam alienis nominibus vti voluisse , vt cogni-
tionem Philosophiæ quam doceo , quæque tam vera
& aperta est, vt qui semel ipsam didicit, alias facilè
contemnat, rusticam, idioticam , & superbam ignorantiam appellet, contemptumque istum opinionum
quæ falsæ existimantur, ortum ex cognitione Philosophiæ verioris, vocet ferocem , & fugam studij Philosophici; tanquam si per studium Philosophicum,
nil nisi studium earum controuersiarum , in quibus
nulla vnquam certa veritas habetur , non autem studium ipsius veritatis, sit intelligendum.

THESIS SECVNDA, &c.
Responsio ad Thesim secundam, &c.

DVODECIM hîc puncta proponuntur, quæ optimè paulò antè ab ipso Mag. Rectore præiudicia
& dubia fuerunt appellata; quia nihil affirmandi, sed
dubitandi tantum occasionem dare possunt, ijs qui
magis præiudiciis quam rationibus mouentur, & perfacilè soluuntur ab ijs qui rationum momenta examinant.

In primo quærit an Conciliari possit opinio negans formas

substantiales cum sacrâ scripturâ. Qua de re nemo potest dubitare, qui tantùm sciet, Prophetas & Apostolos, aliósque qui dictante Spiritu Sancto sacras scripturas composuerunt, de Entibus istis Philosophicis, & extra scholas planè ignotis, nunquam cogitasse. Ne enim aliqua sit ambiguitas in verbo, hic est notandum, nomine formæ substantialis, cum illam negamus, intelligi substantiam quandam materiæ adiunctam, & cum ipsâ totum aliquod merè corporeum componentem, quæque non minùs, aut etiam magis quam materia, sit vera substantia, siue res per se subsistens, quia nempe dicitur esse Actus, illa verò tantum Potentia. Huius autem substantiæ, seu formæ substantialis, in rebus merè corporalibus, à materiâ diuersæ, nullibi planè in sacra scriptura mentionem fidri putamus. Atque inter cætera, vt agnoscatur quàm parum vrgeant ea loca scripturæ, quæ à Mag. Recte. hîc citantur, puto sufficere si omnia referamus : Nempe Gen. 1. versi. 11. habetur. *Et ait germinet terra herbam virentem & facientem semen, & lignum pomiferum faciens fructum iuxta genus suum. Et 21. Creauit Deus Cete grandia, & omnem animam viuentem atque motabilem, quam produxerunt aquæ in species suas, & omne volatile secundum genus suum, &c.* Ie vous prie de mettre tous les autres passages, car ie les ay tous cherchez, & ie ne voy rien qui serue aucunement à son sujet. Neque enim potest dici verba generis aut speciei designare differentias substantiales, cum sint etiam genera & species accidentium ac modorum, vt figura est genus, respectu circulorum & quadratorum, quæ tamen nemo suspi-

ſuſpicatur habere formas ſubſtantiales, &c.

2. Veretur, *ne ſi formas ſubſtantiales in rebus purè materialibus negemus, dubitare etiam poſſimus, an detur aliqua in homine; Illorumque errores qui Animam Mundi Vniuerſalem, aut quid ſimile imaginantur, non tam fœliciter & tutò retundere, quam aſſertores formarum.*

Ad ſecundum addi poteſt, e contrà ex opinione affirmante formas ſubſtantiales, facillimum eſſe prolapſum in opinionem eorum qui dicunt Animam humanam eſſe Corpoream, & Mortalem; quæ cum agnoſcitur ſola eſſe forma ſubſtantialis, alias autem ex partium configuratione & motu conſtare, maxima hæc eius ſupra alias Prærogatiua oſtendit ipſam ab ijs Natura differre, & naturæ differentia viam aperit facillimam ad eius Immaterialitatem Immortalitatemque demonſtrandam, vt in Meditationibus de primâ Philoſophiâ nuper editis videri poteſt; adeò vt nulla excogitari poſſit hac de re opinio, Theologiæ magis fauens.

Ad quintum. Abſurdum ſanè ſit pro ijs qui ponunt formas ſubſtantiales, ſi dicant ipſas eſſe immediatum ſuarum actionum principium; non autem abſurdum eſſe poteſt pro ijs qui formas iſtas à qualitatibus actiuis non diſtinguunt; Nos autem qualitates actiuas non negamus, ſed negamus tantum ipſis Entitatem aliquam maiorem quam Modalem eſſe tribuendam; hoc enim fieri non poteſt niſi tanquam ſubſtantiæ concipiantur. Nec etiam negamus habitus, ſed duplicis generis illos intelligimus; nempe alij ſunt purè Materiales, qui à ſola partium configuratione, aut alia difpofitione, dependent; alij vero Immateriales, fiueSpirituales, vt habitus fidei, gratiæ, &c. apud Theologos, qui ab eâ non pendent, fed funt modi fpirituales menti inexiftentes, vt motus, aut figura, eft modus corporeus corpori inexiftens.

Ad octauum. Vellem explicare, quomodò etiam automata fint opera naturæ, & homines in ijs fabricandis nihil aliud faciant, quam applicare actiua paffiuis; vt etiam faciunt dum triticum feminant, vel Mulum generari curant; quod nullam differentiam effentialem, fed tantum à natura inductam affert; valdè tamen facit differre fecundum magis & minùs, vt ais, Quia paucæ illæ rotæ in horologio, cum innumeris offibus, nervis, venis, arteriis &c. viliffimi animalculi nullo modo funt comparandæ. Loca autem fcripturæ quæ citat effent hîc rurfus omnia afferenda, vt calumnia appareat, nihil enim vrgent.

Ad decimum. Eodem titulo Geometria & Mechanicæ omnes effent reijciendæ; quod quàm ridiculum, & à ratione alienum nemo non videt. Nec hoc fine rifu poffem prætermittere, fed non fuadeo.

Ad vndecimum. Non dicimus Terram à fitu, pofiturâ, & figurâ moueri, fed tantum difponi ad motum; Nec verò eft circulus vnam rem ab vnâ moueri, & ab aliâ difponi ad motum. Nec etiam vitiofus eft circulus, quod vnum Corpus moueat aliud, & hoc moueat tertium, & hoc tertium moueat rurfus primum, fi prius moueri defierit; vt neque eft circulus, quod vnus homo pecuniam tradat alteri, quam hic alter tradat tertio, qui terti° primo rurfus tradere poteft.

Ad duodecimum. Qui dicunt per hæc principia nihil explicari, legant noftra Meteora, & conferant cum Ariftotelis Meteoris; Item Dioptricam cum aliorum fcriptis, qui de eâdem materiâ fcripferunt, & agnofcent opprobrium omne opinionibus à natura diuerfis remanere.

AD TERTIAM THESIM. Rationes omnes, ad probandas formas fubftantiales, applicari poffunt formæ horologij, quam tamen nemo dicet effe fubftantialem.

AD QVARTAM THESIM. Rationes, fiue demonftrationes Phyficæ contra formas fubftantiales, quas intellectum veritatis auidum planè cogere arbitramur, funt in primis hæc à priori Metaphyfica, fiue Theologica; Quod planè repugnet vt fubftantia aliqua de nouo exiftat, nifi de nouo à Deo creetur; Videmus autem quotidiè multas ex illis formis, quæ fubftantiales dicuntur, de nouo incipere effe, quamuis à Deo creari non putentur ab ijs qui putant ipfas effe fubftantias; Ergo malè hoc putant. Quod confirmatur exemplo Animæ, quæ eft vera forma fubftantialis hominis; hæc enim non aliam ob caufam à Deo immediatè creari putatur, quam quia eft fubftantia; ac proinde, cum aliæ non putentur eodem modo creari, fed tantum educie potentiâ materiæ, non putandum etiam eft eas effe fubftantias. Atque hinc patet non eos qui formas fubftantiales negant, fed potius eos qui affirmant, eò tandem per folidas confequentias adigi poffe, vt fiant aut Beftiæ, aut Athei. Nollem itaque vt reijceres argumentum ab ortu formarum petitum, nec Therſiticum appellares, quia videtur ad hoc referri ; ſed ponerem tantum , ea quæ ab aliis eâ de re dicta ſunt nos non tangere, quoniam ipſos non ſequimur. Altera demonſtratio petitur à fine, ſiue yſu formarum ſubſtantialium ; non enim aliam ob cauſam introductæ ſunt à Philoſophis, quam vt per illas reddi poſſet ratio actionum propriarum rerum naturalium, quarum hæc Forma eſſet principium & radix , vt habetur in Theſi præcedenti ; Sed nullius planè actionis naturalis ratio reddi poteſt per illas formas ſubſtantiales, cum earum aſſertores fateantur ipſas eſſe occultas , & à ſe non intellectas ; nam ſi dicant aliquam actionem procedere à forma ſubſtantiali, idem eſt ac ſi dicerent , illam procedere à re à ſe non intellectâ, quod nihil explicat. Ergo formæ illæ ad cauſas actionum naturalium reddendas nullo modo ſunt inducendæ. Contra autem à formis illis Eſſentialibus, quas nos explicamus , manifeſtæ ac Mathematicæ rationes redduntur actionum naturalium , vt videre eſt de forma ſalis communis in meis Meteoris ; Et hîc ſubiungi poteſt quæ habes de motu Cordis.

AD QVINTAM THESIM. Quod tam ſæpe iactat de doctâ ignorantiâ dignum eſt explicatione. Nempe cum ſcientia humana ſit admodùm limitata, & totum id quod ſcitur, ferè nihil ſit , comparatum cum iis quæ ignorantur, doctrinæ ſignum eſt , quod quis liberè fateatur ſe ignorare illa quæ reuerà ignorat : & in hoc propriè docta ignorantia conſiſtit, quia ſcilicet eſt peculiaris eorum qui verè docti ſunt ; Nam alij qui vulgò doctrinam profitentur , nec

tamen verè docti sunt, non valentes ea dignoscere,
quæ nemo eruditus ignorat, ab iis quæ sine dedecore
vir doctus fateri potest se ignorare, omnia ex æquo se
scire profitentur, atque ad facilè reddendas omnium
rerum rationes (si tamen ratio vllius rei reddatur, cum
explicatur obscurum per obscurius) formas substantiales & qualitates reales excogitarunt, quâ in re ipsorum ignorantia nequaquam docta, sed tantum super-
ba & pædagogica dici debet; In hoc enim manifesta
superbia est, quod ex eo solo quod naturam alicuius
qualitatis ignorent, concludunt ipsam esse occultam,
hoc est omnibus hominibus imperscrutabilem, tanquam si ipsorum cognitio esset mensura omnis humanæ cognitionis.

AD SEXTAM. Non video hominis ratiocinium
in iis quæ de me inferit; Ait me in dissertatione de
Methodo non satis euidenter demonstrasse esse
Deum, quod ipse etiam ibi professus sum; Quid autem ad hoc spectans inferri potest ex his verbis *cogito
ergo sum*; Et quam malè hîc citat, & mihi opponit, tractatum patris Mersenni, & suum; cum suus adhuc in
herbâ sit, & Mersennus nullum planè præter meas Me-
ditationes de prima Philosophia edi curauerit.

AD SEPTIMAM. Pro his verbis, *ipsa tamen,
vt verum fatear, &c.* ponerem, De ipsâ tamen nihil si-
mile opinionibus Taurelli aut Gorlæi sustinuimus, nihilque omnino quod in re à vulgari & Ortodoxâ Philosophorum omnium sententiâ dissideat; Asserimus
enim hominem ex Corpore & Anima componi, non
per solam præsentiam, siue appropinquationem vnius

ad alterum , sed per veram vnionem substantialem ;
(*ad quam quidem ex parte corporis requiritur naturaliter situs*
& partium conformatio ; sed quæ tamen sit diuersa à situ &
figurâ modisque alijs purò corporeis , non enim solum Corpus, sed
etiam Animam, quæ incorporea est, attingit.) Quantum autem ad modum loquendi, etsi forte sit minùs vsita-
tus, ad id tamen quod significare voluimus, satis aptum
fuisse existimamus ; non enim diximus hominem esse
ens per accidens , nisi ratione partium, animæ scilicet &
corporis: vt nempe significaremus, vnicuique ex his
partibus esse quodammodò accidentarium , quod alteri iuncta sit, quia seorsim potest subsistere, & id vocatur accidens, quod adest vel abest sine subiecti corruptione : Sed quatenus homo in se totus consideratur, omnino dicimus ipsum esse vnum Ens *per se* , &
non per accidens; quia vnio, qua corpus humanum &
anima inter se coniunguntur, non est ipsi accidenta-
ria , sed essentialis , cum homo sine ipsâ non sit homo.
Sed quoniam multò plures in eo errant , quod putent
animam à corpore non distingui realiter, quam in eo
quod admissa eius distinctione vnionem substantialem negent; maiorisque est momenti ad refutandos
illos qui animas mortales putant, docere istam distinctionem partium in homine , quam docere vnionem;
maiorem me gratiam initurum esse sperabam à Theologis, dicendo hominem esse ens per accidens, ad de-
signandam istam distinctionem, quam si respiciendo
ad partium vnionem , dixissem illum esse ens *per se.*
Atque ita non meum est respondere ad ea quæ in opiniones Taurelli & Gorlæi fusè obijciuntur , sed tan-

tummodò conqueri, quod tam immeritò, ac tam fe-
uerè, mihi aliorum errores affingantur.

Cæterùm in his fui prolixior quam putaram, &
quia non certus fum te hoc meo fcripto eſſe vfurum,
nolo iam plura fcribere; fed fi vti velis, rogo vt mo-
neas quam primùm, & reliqua protinus vſque ad finem abſoluam, fcribafque quâ me linguâ vti malis.
Vbi poſui &c. Intellexi aliquid deeſſe quod de tuo fit
addendum, omnia autem fi placet cum Achille ac
Neſtore noſtro Domino V. L. communicabis, & nihil planè niſi ex eius confilio fufcipies; vel fanè fi quid
fit quod ipfe nolit fcire, Domini Æmilij viri pru-
dentiſſimi nobifque amiciſſimi confilio vteris; & ipfis
multò magis quam mihi credes, quia præualent ingenio, & ibi præfentes de omnibus faciliùs poſſunt iudicare, quam ego abſens diuinare. Non puto te nimis
honorificè de Voëtio loqui poſſe, velimque etiam vt
caueas, ne quam eâ in re ironiæ des fufpicionem, niſi
quatenus ex bonitate tuæ cauſæ nafcetur; vt poftea fi
nos cogat mutare ſtilum, tanto meliori iure id poſſimus, & ipfe tantò magis ridiculus euadat. Expedit
etiam vt tua refponfio quam primùm edatur, & ante finem feriarum, fi fieri poteſt.

Miratus fum admodum quod fcribas te de tuâ pro-
feſſione periclitari, fi Voëtio refpondeas; nefciebam
enim illum in veſtra Ciuitate regnare, magifque liberam putabam; & miferet me eius, quod Pædagogo
tam vili, ac tam mifero tyranno feruire fuſtineat. Te
quoniam in eâ viuis ad patientiam hortor, atque vt ea
tantum facias quæ Dominis tuis magis placitura eſſe

exiſtimabis: Idcircò non modò non per te, ſed nè quidem etiam per alium, Voëtio reſpondendum cenſeo, quia hoc illum non minùs offenderet. Notulas tamen extemporaneas, quæ mihi tuum ſcriptum cum omnibus Theſibus conferendo occurrerunt, mitto, vt ipſis vtaris vt lubet. Iniuriam autem facis noſtræ Philoſophiæ, ſi eam nolentibus obtrudas, imò ſi communices alijs quam enixè rogantibus. Memini te olim mihi gratias egiſſe, quod eius causâ profeſſionem fuiſſes adeptus, atque ideo putabam illam Dominis tuis non eſſe ingratam. Nam ſi aliter ſe res habet, & malint te id quod placet Voëtio, quam quod verius putas docere, cenſeo vt morem geras, & vel fabulas Æſopi potiùs legas, quam vt ipſis eâ in re diſpliceas.

Quæ habes in fine tuæ Epiſtolæ de globulis æthereis, non intelligo; quia non cenſeo illos à materia ſubtiliſſima moueri, ſed à ſe ipſis, cùm motum habeant ab exordio mundi ſibi inditum; nec etiam maiores vehementiùs moueri quam minores; ſed abſolutè contrarium puto: Dixi quidem in Meteo. maiores cum magis ſunt agitati maiorem calorem efficere, ſed non ideo faciliùs moueri. Vale.

✻✻✻✻✻✻✻✻✻✻✻✻✻✻✻✻✻✻✻

CLARISSIMO VIRO HENRICO REGIO.

LETTRE XCV.

VIR CLARISSIME,

Quantùm audio ab amicis, nemo legit reſponſionem

nem tuam in Voëtium, qui non eam valdè laudet;
legerunt autem quam plurimi ; nemo qui Voëtium
non irrideat, & dicat ipsum de causâ suâ desperasse,
quando quidem ope vestri Magistratus indiguit ad
ipsam defendendam. Formas autem substantiales omnes explodunt, & palam dicunt, si reliqua omnis nostra Philosophia ita esset explicata, neminem non eam
amplexurum. Dolere non debes quod tibi Physico-
rum problematum explicatio interdicta sit, quin &
vellem etiam vt priuata institutio interdicta fuisset,
talia enim omnia in honorem tuum cedent, & in dedecus aduersariorum. Ego certè, si tuorum consulum
loco essem, & Voëtium vellem euertere, non aliter
tecum agerem eius causa, quam faciunt ; & quis scit
quid in animo habent? Certe non dubito quin Dominus V. H. tibi faueat, debesque accuratè eius consilijs
mandatisque obtemperare; Gaudeo quod noluerit, vt
litteras quas ad te nuper scripseram, cuiquam ostende-
res ; et si enim à me ipso impetrassem, antequam mit-
terem, vt ea, si opus esset, praestarem, quae Voëtio
per ipsas promittebam, longè tamen malo vt ne sit
opus ; nimis multa me quotidie auocant à Philosophia
mea, quam tamen hoc anno absoluere decreui. Caeterum obsequere accuratè ac laeto animo ijs omnibus,
quae tibi à Dominis tuis praescribentur, vt certus ea
tibi dedecori nullo esse posse. Disputationes autem quae in te fient contemne, ac dicas tantum, si
quid in illis boni afferant, ipsos etiam posse illud idem
scriptis mandare, te vero non posse nisi editis scriptis respondere. Vale.

XXx

CLARISSIMO VIRO HENRICO REGIO.

LETTRE XCVI.

VIR CLARISSIME,

Nescio quid obstiterit, cur non prius ad tuas responderim, nisi quod, vt verum fatear, non libenter
à te dissentiam; Et quia non videbar in eo quod scribebas debere assentiri, idcirco cunctantiùs calamum
assumebam. Mirabar enim te illa quæ horariæ disputationis examini committere non auderes, indelebilibus typis credere velle, magisque vereri extemporaneas & inconsideratas aduersariorum tuorum criminationes, quam attentas & longo studio excogitatas.
Cumque meminerim me multa legisse in tuo compendio Physico à vulgari opinione planè aliena, quæ
nudè ibi proponuntur, nullis additis rationibus, quibus lectori probabiles reddi possint; Toleranda quidem illa esse putaui in Thesibus, vbi sæpe Paradoxa
colliguntur, ad ampliorem disputandi materiam aduersarijs dandam; Sed in libro quem tanquam nouæ
Philosophiæ Prodromum videbaris velle proponere,
planè contrarium iudico esse faciendum, nempe rationes esse afferendas, quibus lectori persuadeas ea
quæ vis concludere vera esse, priusquam ipsa exponas,
ne nouitate suâ illum offendant. Sed iam audio à D.
Van. S. te consilium mutasse, multòque magis probo
id quod nunc suscipis, nempe Theses de Phisiologia

in ordine ad Medicinam ; has enim & firmius ſtabili-
re, & commodiùs deffendere te poſſe confido , & minus facilè de ipſis malè loquendi occaſionem aduerſarij tui reperient. Vale.

CLARISSIMO VIRO HENRICO REGIO.

LETTRE XCVII.

Vir Clarissime,

Cum ſuperiores litteras ad te miſi , paucas tantum
libri tui paginas peruolueram , & in ijs ſatis cauſæ putabam me inueniſſe, ad iudicandum modum ſcriben-
di quo vſus es, nullibi, niſi forte in Theſibus, poſſe
probari, in quibus ſcilicet moris eſt , opiniones ſuas,
modo quam maximè Paradoxo, proponere, vt tantò
magis alij alliciantur ad eas oppugnandas. Sed quantum ad me, nihil mihi magis vitandum puto, quam ne
opiniones meæ paradoxæ videantur, atque ipſas nunquam in diſputationibus agitari velim ; ſed tam certas euidenteſque eſſe confido, vt illis à quibus rectè
intelligantur, omnem diſputandi occaſionem ſint
ſublaturæ. Fateor quidem eas per definitiones & di-
uiſiones, à generalibus ad particularia procedendo,
rectè tradi poſſe, atqui nego probationes debere tunc
obmitti; ſcio tamen illas vobis adultioribus, & in meâ
doctrinâ ſatis verſatis non eſſe neceſſarias. Sed conſi-
dera, quæſo, quam pauci ſint illi adultiores , cum ex
multis Philoſophantium millibus vix vnus reperiatur

qui eas intelligat, & sanè qui probationes intelligunt, assertiones etiam non ignorant, ideòque scripto tuo non indigent : Alij autem legentes assertiones sine probationibus, variasque definitiones planè Paradoxas, in quibus globulorum æthereorum, aliarumque similium rerum, nullibi à te explicatarum, mentionem facis, eas irridebunt, & contemnent, sicque tuum scriptum nocere sæpius poterit, prodesse nunquam. Hæc sunt quæ lectis prioribu scripti tui paginis iudicaui; Sed cum ad caput de Homine perueni, atque ibi vidi quæ de Mente humana, & de Deo habes, non modo in priore sententia confirmatus, sed insuper planè obstupui & indolui, tum quod talia credere videaris, tum quod non possis abstinere quin ipsa scribas, & doceas, quamuis nullam tibi laudem, sed summa pericula & vituperium creare possint. Ignosce, quæso, quod liberè tibi tanquam fratri sensum meum aperiam. Si scripta ista in maleuolorum manus incidant (vt facilè incident cum ab aliquot discipulis tuis habeantur) ex illis probare poterunt, & vel me iudice conuincere, quod Voëtio paria facias, &c. Quod, ne in me etiam redundat, cogar deinceps vbique profiteri, me circa res Metaphysicas quam maximè à te dissentire, atque etiam scripto aliquo typis edito id publicè testari, si liber tuus prodeat in lucem. Gratias quidem habeo quod illum mihi ostenderis, priusquam vulgares; sed non gratum fecisti, quod ea quæ in eo continentur priuatim me inscio docueris. Nuncque omninò subscribo illorum sententiæ, qui voluerunt, vt te intra Medicinæ terminos contineres. Quid enim

tanti opus est, vt ea quæ ad Metaphysicam vel Theologiam spectant scriptis tuis immisceas, cum ea non
possis attingere, quin statim in alterutram partem
aberres. Prius, mentem, vt substantiam à corpore distinctam considerando, scripseras hominem esse ens
per accidens; nunc autem econtrà considerando mentem & corpus in eodem homine arctè vniri, vis illam
tantùm esse modum Corporis; Qui error multò peior
est priore. Rogo iterum vt ignoscas, & scias me tam
liberè ad te scripturum non fuisse, nisi serio amarem,
& essem ex asse tuus. Ren. DESCARTES.

Librum tuum simul cum hac Epistolâ remisissem,
sed veritus sum, ne si forte in alienas manus incideret,
seueritas censuræ meæ tibi posset nocere; seruabo itaque, donec resciuero te hanc Epistolam recepisse.

<hr>

CLARISSIMO VIRO HENRICO REGIO.

LETTRE XCVIII.

VIR CLARISSIME,

Maxima mihi iniuria fit ab illis, qui me aliqua de re
aliter scripsisse quam sensisse suspicantur, ipsosque si
qui sint scirem, non possem non habere pro inimicis;
Tacere quidem in tempore, ac non omnia quæ sentimus vltrò proferre prudentis est; aliquid autem à
sententiâ suâ alienum nemine vrgente scribere, lectoribusque persuadere conari, abiecti & improbi hominis esse puto. Asserentibus, non magni opus Phi-

losophi esse, refellere rationes quæ pro Animæ Essentia
Substantiali allatæ sunt, illasque interim nullo modo
refellentibus, nec refellere valentibus, non possum
non reponere tua hæc verba, *quilibet Enthusiastes, & ca-*
codoxus, & nugacißimus nugator idem de ineptißimis suis nu-
gis pertinacißimè asserere potest. Cæterùm non vereor ne
cuiusquam à me dissentientis authoritas mihi noceat,
modò ne illi videar assentiri ; nec volo vt meâ causâ
vllo modo abstineas à quibuslibet scribendis & vul-
gandis ; modo ne etiam ægrè feras, si palam profitear
me à te quam maximè dissentire. Sed ne desim amici
officio, cum mihi librum tuum eo fine reliqueris, vt
quod de eo sentirem, à me intelligeres, non possum
non apertè tibi significare, me omninò existimare tibi non expedire, vt quicquam de Philosophiâ in lucem edas: Nec quidem de eius parte Physicâ ; Primò,
quia cum tibi à tuo Magistratu prohibitum sit, ne nouam Philosophiam vel priuatim vel publicè doceres,
satis causæ dabis inimicis, si quid tale evulges, vt ob id
ipsum de professione tuâ te deturbent, ac etiam alias
irrogent pœnas ; valent enim adhuc illi, & vigent, &
fortassè cum tempore maiores vires sument quam ve-
rearis : Deinde, quia non video te quicquam laudis habere posse ex ijs in quibus mecum sentis, quia ibi nihil
de tuo addis, præter ordinem & breuitatem, quæ duo
ni fallor, ab omnibus benè sentientibus culpabuntur ;
neminem enim adhuc vidi, qui meum ordinê impro-
baret, quique non potiùs me nimiæ breuitatis quam
prolixitatis accusaret ; Reliqua in quibus à me dissen-
tis, meo quidem iudicio reprehensione & dedecore,

non autem laude vllâ digna funt, atque ideò iterum
dico expreffis verbis, me tibi quantùm poffum diffua-
dere iftius libri editionem ; faltem expecta tantifper,
& ex horatij confilio, *decimum premas in annum* ; forfan
enim cum tempore ipfemet videbis, quam parùm tibi expediat eum edere ; atque interim effe non defi-
nam ex affe tuus. Renatus. DESCARTES.

A MONSIEVR *****.

LETTRE XCIX.

Monsievr,

Sans vfer aujourd'huy de l'authorité que vous auez
fur moy, qui feroit capable (fi vous me le comman-
diez) de me faire fuprimer des chofes que i'aurois eftimées les plus iuftes & les plus raifonnables ; Ie vous
prie de ne faire interuenir que voftre raifon, au iugement que ie vous demande fur la réponfe que i'ay faite à vn certain Placart, qui contient vne vintaine d'affertions touchant l'*Ame raifonnable*. Mon écrit, que
ie vous enuoye, vous fera connoiftre les raifons qui
m'ont porté à y faire réponfe ; & quoy que leur Autheur ait fuprimé fon nom, ie ne doute point que vous
ne le reconnoiffiez par le ftile, ou mefme que vous ne
l'apreniez du bruit commun, ainfi que ie l'ay apris &
reconnu moy-mefme ; mais puifqu'il a tâché de fe
mettre à couuert, ie ne vous le deceleray point. Seule-

ment ie vous demande vn peu de patience pour cette lecture , & beaucoup d'attention ; car i'attens
vôtre iugement pour me determiner si ie le dois
donner au public ; Et pour cela ie vous l'enuoye tel
que ie me propofe de le faire paroiftre , fi vous ne l'im-
prouuez point.

REMARQVES DE RENE' DESCARTES,
Sur vn certain Placart imprimé aux Pays-bas vers la
fin de l'année 1647. qui portoit ce titre;

Explication de l'Efprit humain , ou de l'Ame raifonnable,
où il eft monftré ce qu'elle eft & ce qu'elle peut eftre.

IL m'a efté mis depuis peu de iours deux liurets entre les mains, dans l'vn defquels on s'attaque ouuertement & directement à moy, & dans l'autre on ne s'y
attaque que couuertement & indirectement. Pour le
premier, ie ne m'en tourmente pas beaucoup ; au contraire ie rens graces à fon Autheur, de ce que ne l'ayant
remply que d'inutiles cauillations, & de calomnies fi
noires qu'elles ne pouront eftre crües de perfonne , il
monftre par là clairement qu'il n'a pû rien trouuer en
mes écrits qu'il puft iuftement reprendre ; & ainfi il en
confirme mieux la verité, que s'il les auoit publiquement loüez ; & cela aux dépens de fa réputation. Pour
l'autre , ie m'en mets dauantage en peine ; car bien
qu'il ne contienne rien qui s'adreffe ouuertement à
moy, & qu'il paroiffe fans aucun nom, ny de l'Autheur, ny de l'Imprimeur : Toutesfois, pour ce qu'il

contient

contient des opinions que ie iuge estre tres-pernicieuses & tres-fausses, & qu'il a esté imprimé en forme de Placart, afin qu'il pust estre commodément af-
fiché aux portes des Temples, & ainsi qu'il fust exposé
à la veüe de tout le monde ; Et aussi pource que i'ay
apris qu'il a déja esté vne autrefois imprimé en vne
autre forme, sous le nom d'vn certain personnage qui
s'en dit l'Autheur, que la plus-part estiment n'enseigner point d'autres opinions que les miennes ; Ie me
trouue obligé d'en découurir les erreurs, de peur qu'-
elles ne me soient imputées par ceux qui n'ayant pas
lû mes écrits, pouront par hazard ietter les yeux sur
de telles affiches.

*Voicy maintenant le Placart tel qu'il a parû la derniere
fois.*

EXPLICATION DE L'ESPRIT HVMAIN,
ou de l'Ame raisonnable ; où il est monstré ce
qu'elle est, & ce qu'elle peut estre.

Article premier.

L'*Esprit humain est , ce parquoy les actions de la pensée
sont immédiatement exercées dans l'Homme ; & il
ne consiste precisément que dans ce Principe Interne , ou dans
cette Faculté que l'Homme a de penser.*

I I.

*Pour ce qui est de la nature des choses, rien n'empesche, ce
semble, que l'Esprit ne puisse estre ou vne Substance, ou vn*

certain Mode de la substance corporelle; Ou si nous voulons suiure le sentiment de quelques nouueaux Philosophes, qui disent
que l'étenduë & la pensée sont des attributs qui sont en certaines substances, comme dans leurs propres suiets, puisque ces
attributs ne sont point oposez, mais simplement diuers, ie ne
voy pas que rien puisse empescher que l'Esprit, ou la pensée, ne
puisse estre vn Attribut, qui conuienne à vn mesme suiet que
l'Etenduë, quoy que la notion de l'vn ne soit point comprise dans
la notion de l'autre : Dont la raison est, Que tout ce que nous
pouuons conceuoir peut aussi estre ; Or est-il que l'on peut conceuoir que l'Esprit humain soit quelqu'vne de ces choses ; car il
n'y a en cela aucune contradiction ; Et partant il en peut estre
quelqu'vne.

III.

C'est pourquoy ceux-là se trompent, qui soutiennent que nous
conceuons clairement & distinctement l'Esprit humain, comme
vne chose qui actuellement & par necessité est distincte
reéllement du corps.

IIII.

Mais maintenant, qu'il soit vray que l'Esprit humain
soit en effet vne Substance, ou vn Estre tout réellement du corps, & qu'il en puisse estre actuellement separé, &
subsister de soy-mesme sans luy, cela nous est reuelé en plusieurs
lieux de la Sainte Escriture ; Et ainsi, ce qui de sa nature peut
estre douteux pour quelques-vns, (Au moins si nous ne
nous contentons pas d'vne legere & morale connoissance des choses, mais si nous en voulons rechercher
exactement la verité) nous est maintenant deuenu certain
& indubitable, par la réuelation qui nous en a esté faite dans
les Saintes Lettres.

V.

Et cela ne fait rien de dire que nous pouuons douter de l'existence du Corps, mais que nous ne pouuons aucunement douter de celle de l'Esprit; car cela prouue seulement que pendant que nous doutons de l'existence du Corps, nous ne pouuons pas alors dire que l'Esprit en soit un Mode.

VI.

Quoy que l'Esprit humain, ou l'Ame raisonnable soit une substance distincte réellement du corps, neantmoins pendant qu'elle est dans le corps, elle est Organique en toutes ses actions; c'est pourquoy selon les diuerses dispositions du corps, les pensées de l'Ame sont aussi diuerses.

VII.

Comme elle est d'une nature differente du Corps, & de ses diuerses dispositions, dont elle ne peut tirer son origine, Elle est Incorruptible.

VIII.

Et comme la notion que nous en auons, ne nous fait conceuoir en elle aucunes parties, ny aucune étenduë; c'est en vain que l'on demande, si elle est toute entiere dans le tout, & toute entiere dans chaque partie.

IX.

Comme les choses qui ne sont qu'Imaginaires peuuent aussi bien faire impression sur l'Esprit, ou sur l'Ame, que celles qui sont vrayes, il s'ensuit qu'il est naturellement incertain, si nous aperceuons veritablement aucuns corps; (au moins si, comme il a déja esté dit, nous ne voulons pas nous contenter d'une legere & morale connoissance de la verité, mais que nous veüillions connoistre les choses auec certitude,) mais la reuelation qui nous a esté faite dans les Saintes

Lettres nous a encore releuez de ce doute ; car elle nous aprend certainement, *Que Dieu a creé le Ciel & la Terre, & toutes les choses qui y sont contenuës, & qu'il les conserue encore à present.*

X.

Le lien, qui tient l'Ame vnie & conjointe au Corps, n'est autre que la Loy de l'immutabilité de la Nature ; qui est telle, que chaque chose demeure en l'état qu'elle est, pendant que rien ne la change.

XI.

Comme elle est vne substance, & que dans la generation de chaque Homme en particulier il s'en produit vne nouuelle, ceux-là sans doute ont tres-bonne raison, qui disent que l'Ame raisonnable est produite par vne immédiate creation de Dieu.

XII.

L'Esprit n'a pas besoin d'idées, ou de notions, ou d'axiomes qui soient nez ou naturellement imprimez en luy ; mais la seule faculté qu'il a de penser luy susit pour exercer ses actions.

XIII.

Et partant toutes les Communes Notions qui se trouuent empraintes en l'Esprit, tirent toutes leur origine, ou de l'Obseruation des choses, ou de la Tradition.

XIV.

Bien plus, l'idée mesme de Dieu a esté mise en l'Esprit, ou par la reuelation Diuine, ou par la Tradition, ou par l'Obseruation des choses.

XV.

La notion que nous auons de Dieu, ou cette idée de Dieu qui est existante en nostre Esprit, n'est pas vn argument assez fort & conuaincant pour prouuer Que Dieu existe, puisqu'il est

certain que toutes les choses dont nous auons en nous les idées n'é-
xistent pas actuellement; & qu'il est certain aussi que cette idée,
estant vne conception de nostre Esprit , & mesme vne conception imparfaite , n'est pas plus au dessus de la portée de nostre
Esprit, ou de nostre pensée, & n'excede pas d'auantage la vertu
naturelle que nous auons de penser , que l'idée d'aucune autre
chose que ce soit.

XVI.

La pensée de l'Esprit est de deux sortes ; à sçauoir, l'Entendement, & la Volonté.

XVII.

L'Entendement , est la perception , & le iugement.

XVIII.

La perception est le sentiment , la reminiscence , & l'imagination.

XIX.

Tout sentiment est vne perception de quelque mouuement
corporel, laquelle ne demande point l'entremise d'aucunes especes intentionnelles : & le lieu où se fait le sentiment n'est pas
l'organe exterieur du sens, mais le cerueau seul.

XX.

La volonté est libre , & indifferente à se determiner aux
choses opposées, à l'égard des choses naturelles ; comme nous le
sçauons par nostre propre experience.

XXI.

C'est elle mesme qui se determine; Et elle ne doit pas estre ditte
aueugle , non plus que l'œil ne doit pas estre apellé sourd.

Il n'y en a point qui paruiennent plus aisément à vne
haute reputation de pieté que les superstitieux , & les
hypocrites.

EXAMEN DV SVSDIT PLACART.

REMARQVES SVR LE TITRE.

IE remarque que *par le titre* on ne promet pas de simples Assertions ou Propositions touchant l'Ame raisonnable, mais qu'on en promet vne entiere explication ; De sorte que nous deuons croire que toutes les raisons, ou du moins les principales de celles que l'Autheur a eu, non seulement pour prouuer, mais mesme pour expliquer les choses qu'il a proposées, sont contenuës dans ce Placart, & qu'il n'y a pas d'aparence d'en attendre iamais de luy de meilleures. Quant à ce qu'il appelle l'*Ame raisonnable* du nom d'*Esprit humain*, ie luy en sçay bon gré ; car par ce moyen il éuite l'Equiuoque qui est dans le mot d'*Ame* ; & ie puis dire qu'en cela il m'a voulu imiter.

Remarques sur chaque article.

Dans le premier article, il semble vouloir *definir* cette Ame raisonnable, mais il le fait fort imparfaitement ; car il en obmet le genre, à sçauoir qu'elle est ou vne Substance, ou vn Mode, ou quelqu'autre chose ; & il en donne seulement la difference, laquelle il a empruntée de moy : Car personne que ie sçache n'a dit auant moy qu'elle ne consiste précisément que dans ce Principe Interne, ou dans cette Faculté que l'homme a de penser.

Dans le second article, il commence à chercher quel est son genre ; & dit en ce lieu là , qu'*il semble qu'il ne repugne point à la nature des choses , que l'Esprit humain puisse estre ou vne Substance, ou vn certain Mode de la substance corporelle.*

Laquelle Assertion enferme vne contradiction qui n'est pas moindre , que s'il auoit dit, Qu'il ne repugne point à la nature des choses qu'vne montagne soit sans vallée , ou auec vne vallée ; car il faut bien prendre garde de faire distinction entre ces choses qui de leur nature sont susceptibles de changement ; comme, Que i'écriue maintenant ou que ie n'écriue pas ; qu'vn tel soit prudent, vn autre imprudent ; & celles qui ne se changent iamais , comme sont toutes les choses qui apartiennent à l'essence de quelque chose, ainsi que tous les Philosophes demeurent d'acord. Et de vray, il n'y a point de doute qu'à l'égarddes choses Contingentes, on peut dire qu'il ne répugne point à la Nature des choses qu'elles soient d'vne façon ou d'vne autre : par exemple , il ne repugne point que i'éctiue maintenant , ou que ie n'écriue pas : Mais lors qu'il s'agit de l'Essence d'vne chose, il est tout à fait absurde, & mesme il y a de la contradiction, de dire qu'il ne repugne point à la Nature des choses, qu'elle soit d'vne autre façon qu'elle n'est en effet ; Et il n'est pas plus de la nature d'vne montagne de n'estre point sans vallée, qu'il est de la nature de l'Esprit humain d'estre ce qu'il est , à sçauoir d'estre vne Substance, si en effet il en est vne, ou d'estre vn certain Mode de la substance corporelle , s'il est vray qu'il soit vn tel Mode. Et c'est ce

que noſtre Autheur taſche icy de perſuader; Et pour le
prouuer il adjoute ces mots, *ou ſi nous voulons ſuiure le ſen-*
timent de quelques nouueaux Philoſophes, &c. par leſquelles
paroles il eſt aiſé à connoiſtre que c'eſt moy de qui il
entend parler; car ie ſuis le premier qui ay conſideré la
penſée comme le principal Attribut de la ſubſtance Incorporelle, & l'Etenduë comme le principal attribut
de la ſubſtance Corporelle: mais ie n'ay pas dit que ces
attributs eſtoient en ces ſubſtances, comme en des ſujets differens d'eux. Et il faut bien prendre garde que
par ce mot d'*Attribut*, que ie donne à la Penſée & à l'E-
tenduë, nous n'entendions icy rien autre choſe que
ce que les Philoſophes apellent communement *vn*
mode, ou *vne façon*; car il eſt bien vray qu'à parler generalement nous pouuons donner le nom d'*Attribut* à
tout ce qui a eſté attribué à quelque choſe par la nature, & en ce ſens, le nom d'Attribut peut conuenir égal-
lement au Mode, qui peut eſtre changé, & à l'Eſſence
meſme d'vne choſe, qui eſt tout à fait immuable;
mais ce n'eſt pas ainſi vniuerſellement que ie l'ay pris,
quand i'ay conſideré la Penſée & l'Etenduë comme
les principaux attributs des ſubſtances où elles reſi-
dent, mais au ſens qu'on le prend d'ordinaire, quand
par ce mot d'Attribut on entend vne choſe qui eſt immuable, & inſeparable de l'eſſence de ſon ſuiet; comme celle qui la conſtitue, & qui pour cela meſme eſt o-
poſée au Mode. C'eſt en ce ſens là qu'on s'en ſert, quâd
on dit qu'il y a en Dieu pluſieurs Attributs, mais non
pas pluſieurs Modes. C'eſt ainſi que l'vn des Attributs
de chaque ſubſtance, quelle qu'elle ſoit, eſt qu'elle
ſubſiſte

subsiste par elle-mesme. De mesme aussi l'étenduë
d'vn certain cors en particulier peut bien à la verité admettre en soy vne varieté de modes , car par exemple ,
quãd ce cors est Sphérique, il est d'vne autre façon que
quãd il est Quarré, & ainsi estre Sphérique & estre quarré sont deux diuerses façons d'étenduë; mais l'étenduë
mesme qui est le sujet de ces modes , estãt cõsiderée en
soy, n'est pas vn mode de la substance corporelle, mais
bien vn attribut qui en constituë l'essence & la nature.
Ainsi enfin la pensée peut receuoir plusieurs diuers
modes ; car *assurer* est vne autre façon de penser que
nier, aymer en est vne autre que *desirer*, & ainsi des autres; Mais la Pensée mesme , entant qu'elle est le principe interne d'où procedent tous ces modes , & dans
lequel ils sont comme dans leur sujet , n'est pas conceuë comme vn mode, mais comme vn attribut qui
constituë la nature de quelque substance : Et la question est maintenant de sçauoir si cette substance qu'-
elle constituë est corporelle , ou incorporelle.

Il adjoute, *Que ces attributs ne sont pas opposez , mais simplement diuers;* En quoy il y a encore vne contradiction:
car lors qu'il s'agit d'attributs qui constituent l'essence
de quelques substances, il ne sçauroit y auoir entr'eux
de plus grande opposition que d'estre Diuers ; Et lors
qu'il confesse que l'vn est different de l'autre, c'est de
mesme que s'il disoit que l'vn n'est pas l'autre; Or estre
& n'estre pas sont opposez. Il poursuit ; *Puis qu'ils ne
sont pas opposez , mais diuers, ie ne voy pas que rien puisse empescher que l'Esprit ne puisse estre vn attribut , qui conuienne à
vn mesme sujet que l'étenduë, quoy que la notion de l'vn ne*

ZZz.

foit point comprife dans la notion de l'autre. Dans lefquelles paroles il y a vn manifefte Paralogifme : car il conclud de toutes fortes d'attributs, ce qui ne peut eftre vray que des modes proprement dits ; & neantmoins il ne prouue nulle part que l'Efprit, ou ce principe interne par lequel nous penfons, foit vn tel mode, mais au contraire ie prouueray tout maintenãt par ce qu'il dit luy-mefme dans le cinquiéme article, que ce n'en eft pas vn. Pour ce qui eft de ces autres fortes d'attributs qui conftituent la nature des chofes, on ne peut pas dire que ceux qui font Diuers, & qui ne font en aucune façon compris dans la notion l'vn de l'autre, conuiennent à vn feul & mefme fujet : car c'eft de mefme que fi l'on difoit qu'vn feul & mefme fujet a deux natures diuerfes, ce qui enferme vne manifefte contradiction, au moins lors qu'il eft queftion, comme icy, d'vn fujet fimple, & non pas d'vn fujet compofé. Mais il y a icy trois chofes à remarquer, lefquelles fi cét écriuain euft bien entenduës, iamais il ne feroit tombé en des erreurs fi manifeftes.

La premiere eft, Qu'il eft de la nature du Mode, que bien que nous puiffions conceuoir aifément la fub-ftance fans luy, nous ne pouuons pas toutesfois réci-proquement conceuoir clairement le mode, fans con-ceuoir en mefme temps la fubftance dont il dépend, & dont il eft le mode, comme i'ay expliqué en l'article fixiéme de la premiere partie de mes principes ; Et en cela tous les Philofophes conuiennent. Or il eft mani-fefte, que noftre Autheur n'a pas pris garde à cette re-gle, par ce qu'il dit en l'article cinquiéme ; car il auoüe luy-mefme en ce lieu-là, que nous pouuons douter de l'exiftence du Cors, lors mefme que nous ne doutons point de l'exiftence de l'Efprit : D'où il fuit que l'Efprit peut eftre conceu fans le Cors, & partant que ce n'en eft pas vn mode.

La feconde chofe que ie defire que l'on remarque icy, eft la différence qu'il y a entre les Eftres fimples, & les Eftres compofez; car cét eftre-là eft compofé, dans lequel fe rencontrent deux ou plufieurs attributs, chacun defquels peut eftre conceu diftinctement fans l'autre ; car de cela mefme que l'vn eft ainfi conceu diftinctement fans l'autre, on connoift qu'il n'en eft pas le mode, mais qu'il eft vne chofe , ou l'attribut d'vne chofe qui peut fubfifter fans lui. L'eftre fimple au contraire eft celuy dans lequel on ne remarque point de femblables attributs. D'où il paroift, que ce fujer là eft fimple dans lequel nous ne remarquons que la feule étenduë ; & quelques-autres modes qui en font des fuites & des dépendances: comme auffi celuy, dans lequel nous ne reconnoiffons que la feule Penfée , & dont tous les Modes ne font que des diuerfes façons de penfer: Mais que celuy-là eft compofé dans lequel nous confiderons l'Etenduë iointe auec la Penfée, c'eft à fçauoir l'Homme, qui eft compofé de Corps & d'Ame, lequel *noftre Autheur* femble icy auoir pris feulement pour le Corps, dont l'Efprit foit vn Mode.

Enfin il faut remarquer icy, Que dans les fujets qui font compofez de plufieurs fubftances, fouuent il y en a vne qui eft la principale, & qui eft tellement confiderée, que tout ce que nous luy adioutons de la part

des autres, n'est à son égard autre chose qu'vn Mode,
ou vne façon de la considerer ; Ainsi vn Homme ha-
billé peut estre consideré comme vn certain tout
composé de cét Homme & de ses habits ; mais *estre ha-
billé*, au regard de cét Homme, est seulement vn Mode, ou vne façon d'Estre sous laquelle nous le considerons, quoy que ses habits soient des Substances. Et c'est
ainsi que *nostre Autheur* a pû dans l'Homme, qui est
composé de Corps & d'Ame, considerer le Corps
comme la principale partie, au respect de laquelle *estre
animé*, ou *estre capable de penser*, n'est rien autre chose
qu'vn Mode : Mais il est ridicule d'inferer de là, que
l'Ame mesme, ou ce principe par lequel le Corps est
dit estre capable de penser, n'est pas vne Substance
differente du Corps.

Il tasche apres cela de confirmer ce qu'il a dit par ce
syllogisme. *Tout ce que nous pouuons conceuoir, peut aussi estre
Or est-il que nous pouuons conceuoir que l'Esprit humain soit ou
vne Substance, ou vn Mode de la Substance corporelle ; car
il n'y a en cela aucune contradiction : Donc l'Esprit humain
peut estre l'vne ou l'autre de ces deux choses.* Surquoy il faut
remarquer que cette regle, à sçauoir, *Que tout ce que
nous pouuons conceuoir, peut aussi estre*, Quoy qu'elle soit de
moy, & veritable toutes & quantes fois qu'il s'agist
d'vne conception claire & distincte, laquelle enferme
la possibilité de la chose qui est conceüe, à cause que
Dieu est capable de faire tout ce que nous sommes capables de conceuoir clairement comme possible, cette regle, dis-je, ne doit pas estre temerairement vsur-
pée, pource qu'il peut aisémenr arriuer que quelqu'vn

croira entendre & aperceuoir clairement quelque chose, laquelle neantmoins, à cause de quelques prejugez dont il est préuenu & comme aueuglé, il n'entendra & n'aperceura point du tout. Et c'est ce qui est arriué à *cét Autheur*, lors qu'il a prétendu qu'il n'y auoit point de contradiction qu'vne seule & mesme chose eust l'vne ou l'autre de deux natures entierement diuerses, c'est à sçauoir, qu'elle fust ou vne Substance, ou vn Mode. A la verité s'il eust seulement dit qu'il ne voyoit point de raison pourquoy l'Esprit humain dûst plu-tost estre estimé vne Substance Incorporelle, qu'vn Mode de la Substance Corporelle, son ignorance auroit pû estre excusée. Si d'ailleurs il auoit dit qu'il n'est pas possible à la raison humaine de trouuer iamais aucune preuue par laquelle on puisse demonstrer que l'Esprit humain soit l'vn plu-tost que l'autre; certes son arrogance seroit blasmable, mais du moins il n'y auroit point de contradiction en ses paroles. Mais en disant, comme il fait, qu'il ne repugne point à la Nature des choses, qu'vne mesme chose soit vne Substance ou vn Mode, il dit des choses qui se contredisent, & fait paroistre en cela l'absurdité de son Esprit.

Dans le troisiéme article, il expose le iugement qu'il fait de moy. Car c'est moy qui ay écrit que l'Esprit humain peut estre clairement & distinctement conceu comme vne Substance differente de la Substance corporelle : Et quoy que *cét Autheur* n'allegue point d'autres raisons que celles que i'ay fait voir en l'article precedent enfermer tant de contradictions, il ne laisse de prononcer hardiment que ie me trompe : mais ie ne veux pas m'arrester à cela, ny m'amuser à examiner ces mots *d'actuellement* ou *par necessité* , lesquels contiennent quelque ambiguité; car ils ne sont pas de grande importance.

Ie ne veux pas non plus examiner les choses, qui, *dans l'article quatriéme* concernent la Sainte Escriture , de peur qu'il ne semble que ie me veüille attribuer le droit de iuger de la Religion d'autruy. Mais ie diray seulement qu'il y a trois genres de questions , qu'il faut icy bien distinguer. Car 1. il y a des choses qui ne sont crües que par la Foy , comme sont celles qui regardent le Mystere de l'Incarnation, de la Trinité , & semblables. Il y en a d'autres , qui bien qu'elles apartiennent à la foy , peuuent neantmoins estre recherchées par la raison naturelle, entre lesquelles les Theologiens ont coustume de mettre l'existence de Dieu, & la distinction de l'Ame humaine d'auec le Corps; Enfin il y en a d'autres qui n'apartiennent en aucune façon à la Foy, mais qui sont seulement soumises à la recherche du raisonnement humain, comme la quadrature du Cercle , la pierre Philosophale, & autres semblables. Et comme ceux-là abusent des paroles de la Sainte Escriture, qui, par quelque mauuaise explication qu'ils leur donnent, croyent en pouuoir déduire ces dernieres; De mesme aussi ceux-là dérogent à son authorité, qui entreprennent de démonstrer les premieres par des argumens tirez de la seule Philosophie : mais neantmoins tous les Theologiens soutiennent que l'on peut entreprendre de monstrer que cel-

les-là mesmes ne repugnent point à la lumiere de la
raison, & c'est en cela qu'ils mettent leurs principales
études. Mais pour les secondes non seulement ils estiment qu'elles ne répugnent point à la lumiere naturelle, mais mesme ils exhortent & encouragent les
Philosophes de faire tous leurs effors pour tascher de
les démonstrer par des moyens humains, c'est à dire,
tirez des seules lumieres de la raison. Mais ie n'ay encore iamais vû personne, qui assurast qu'il ne répugne
point à la Nature des choses, qu'vne chose soit autrement que la Sainte Escriture nous enseigne qu'elle est,
si ce n'est qu'il voulust monstrer indirectement, qu'il
adjoute peu de foy à cette Escriture. Car comme nous
auons esté premierement Hommes, que faits Chre-
stiens, il n'est pas croyable que quelqu'vn embrasse serieusement & tout de bon des opinions qu'il iuge
contraires à la raison qui le fait Homme, pour s'attacher à la foy par laquelle il est Chrestien. Mais peut-
estre aussi que *noftre Autheur* ne dit pas cela ; car il dit
seulement *que ce qui de sa Nature peut estre douteux pour*
quelques-vns, nous est maintenant deuenu certain & indubi-
table par la reuelation qui nous en a esté faite dans les Saintes
Lettres, dans lesquelles paroles ie trouue encore deux
contradictions; La premiere, en ce qu'il supose que
l'essence d'vne seule & mesme chose est douteuse de
sa Nature, & par consequent sujette au changement;
Car il repugne que l'essence d'vne chose ne demeure
tousjours la mesme ; à cause que si l'on supose qu'elle
deuienne autre qu'elle n'estoit, de cela mesme ce ne
sera plus la mesme chose, mais vne autre, qu'il faudra

apeller d'vn autre nom. La seconde est dans ces mots
pour quelques-vns; Dautant que tous les Hommes ayant
vne mesme Nature, ce qui ne peut estre douteux que
pour quelques-vns , n'est pas douteux de sa Nature.

L'article cinquiéme doit plu-tost estre raporté au second que non pas au quatriéme ; car nostre Autheur
ne parle point en cét article de la Reuelation Diuine,
mais de la Nature de l'Esprit , sçauoir s'il est vne Substance, ou vn Mode ; Et pour monstrer que l'on peut
soutenir qu'il n'est autre chose qu'vn Mode , il tasche
de resoudre vne objection qui est prise de mes écrits.
Car i'ay écrit en quelque endroit que nous ne pouuions nous-mesmes douter de l'existence de nostre
Esprit, parce que de cela mesme que nous doutons, il
suit necessairement que nostre Esprit existe ; mais que
dans ce temps-là mesme nous pouuions douter qu'il y
eust aucun Corps au monde : D'où i'ay inferé & démonstré, que nous conceuions clairement nostre Esprit comme vne chose existante , ou comme vne Substance, encore que nous ne conceussions aucun Corps
comme existant, ou mesme que nous niassions qu'il y
en eust aucun dans le monde; d'où il suit que la notion
de l Esprit ne contient rien en soy qui apartienne en
aucune façon à la notion du Corps. Et toutesfois *nostre*
Autheur pense comme dissiper & reduire en fumée
tout ce raisonnement, & en faire voir suffisamment la
foiblesse, lorsqu'il dit que cét argument *prouue seule-*
ment que pendant que nous doutons de l'existence du Corps, nous
ne pouuons pas alors dire que l'Esprit en soit vn Mode, où il
fait voir qu'il ignore entierement ce que les Philosophes

phes entendent par le nom de *Mode* ; car c'eſt en cela
que conſiſte la Nature *du Mode*, de ne pouuoir aucunement eſtre conceu, ſans enfermer dans ſa notion,
celle de la choſe dont il eſt le Mode, comme i'ay déja
expliqué cy-deſſus; Cependant il demeure d'acord que
l'Eſprit peut quelquefois eſtre conceu ſans le Corps, à
ſçauoir, lors qu'on doute de l'exiſtence du Corps, d'où
il ſuit que pour lors au moins il ne peut eſtre dit vn
Mode du Corps; Or eſt-il que ce qui eſt vne fois vray
de l'Eſſence ou de la Nature d'vne choſe eſt tou-jours
vray; Et neantmoins il ne laiſſe pas d'Aſſurer *Qu'il ne*
répugne point à la Nature des choſes que l'Eſprit ſoit ſeulement
vn Mode du Corps; mais il eſt éuident que ces deux choſes ſe contrarient.

Ie ne comprens point ce qu'il veut dire dans le ſixiéme article par ces paroles. *Quoy que l'Eſprit humain , ou*
l'Ame raiſonnable ſoit vne Subſtance diſtinĉte réellement du
Corps , neantmoins pendant qu'elle eſt dans le Corps , elle eſt
Organique en toutes ſes actions. Ie me ſouuiens bien d'a-
uoir autre fois oüy dire dans les Ecoles , *Que l'Ame eſt*
l'aĉte du Corps Organique, mais qu'elle meſme ſoit *Orga-*
nique , ie confeſſe que ie ne l'auois point encore oüy
dire iuſqu'à preſent; c'eſt pourquoy comme ie n'ay
icy rien de certain que ie puiſſe écrire, ie ſupplie *noſtre*
Autheur de me permettre d'expoſer icy mes conjectures, que ie ne donne pas pour quelque choſe de vray,
mais ſeulement pour telles qu'elles ſont.

Il me ſemble que i'aperçoy en ce qu'il dit deux choſes qui ſe contrarient. L'vne deſquelles eſt, que l'Eſprit humain eſt vne Subſtance réellement diſtinĉte du

Cors; & i'auoüe que noſtre Autheur le dit ouuertemẽt, mais il diſſuade autant qu'il peut par ſes raiſons de le croire, & ſoutiét que cela ne peut eſtre prouué que par le témoignage ſeul de la Ste Ecriture. L'autre eſt, Que ce meſme Eſprit humain en toutes ſes actions eſt *Organique*, ou ne ſert que d'inſtrument, comme n'agiſſant point de ſoy-meſme, mais dont le Corps ſe ſert, comme il fait de la conformation de ſes membres, & des autres Modes Corporels : & ainſi, s'il ne le dit de paroles, il aſſure neantmoins en effet, *Que l'Eſprit n'eſt rien autre choſe qu'vn Mode du Corps* ; comme auſſi ne ſemble-t'il auoir diſpoſé toutes ſes raiſons que pour la preuue de cela ſeul. Or ces deux choſes ſont ſi manifeſtement contraires, à ſcauoir, que l'Eſprit humain ſoit vne Subſtance, & vn Mode, que ie ne penſe pas que *cet Autheur* veüille que ſes Lecteurs les croyent toutes deux enſemble ; mais bien qu'il les a ainſi à deſſein entremeſlées, pour contenter les ſimples, & ſatisfaire en quelque façon les Theologiens ſur l'authorité de l'Ecriture Sainte ; mais neantmoins pour faire en ſorte que les plus clairvoyans puiſſent reconnoiſtre, que ce n'eſt pas tout de bon qu'il dit *Que l'Eſprit, ou l'Ame eſt diſtincte du Corps*, & qu'en effet ſon opinion eſt qu'elle n'eſt rien autre choſe qu'vn Mode.

Dans le ſeptiéme & huictiéme articles, il ſemble continuer à dire les choſes autrement qu'il ne les penſe, & ſe ſert encore de cette figure de Rhetorique, qu'on nomme Ironie, vers la fin *du neuviéme article*, mais au commencement il ajoute la raiſon de ce qu'il auance, c'eſt pourquoy il y a lieu de croire qu'en cet endroit-

là il parle tout de bon , & qu'il agit de bonne foy : Voicy ce qu'il dit ; *Il est naturellement incertain si nous aperceuons veritablement aucuns Cors* , & la raison qu'il en a-
porte est, *Que les choses qui ne sont qu'Imaginaires peuuent
aussi bien faire impression sur l'Esprit, que celles qui sont vrayes.*
Mais cette raison ne peut estre bonne , si l'on ne supose que nous ne pouuons en aucune façon nous seruir
de cette faculté que les Philosophes apellent d'vn
nom propre *l'Entendement* , mais seulément de celle
qu'ils nomment *le sens commun,* dans laquelle les images
des choses soit vrayes soit imaginaires sont receuës
pour toucher l'Esprit , & qu'ils disent nous estre commune auec les bestes. Mais certes ceux qui ont de
l'Entendement , & qui ne ressemblent pas tout à fait
aux Cheuaux & aux Mulets, encore qu'ils ne soient pas
seulément touchez par les images que la présence des
choses vrayes imprime dans le cerueau, mais aussi par
celles que d'autres causes y excitent , comme il arriue
dans les songes ; ceux-là , dis-je , discernent neantmoins tres-clairement par la lumiere de la raison les
vnes d'auec les autres. Et i'ay expliqué si nettement & si
exactement dans mes écrits par quel moyen cela se
peut infailliblement reconnoistre , que ie m'assure
qu'il n'y a personne qui ait vn peu d'entendement, qui
apres les auoir lûs puisse estre encore en cela Scepti-
que.

Dans le dixiéme & onziéme articles, il y a encore lieu
de soupçonner qu'il ne parle pas tout de bon : car si
l'on croit que l'Ame soit vne Substance, il est ridicule
& impertinent de dire *Que le lien qui tient l'Ame vnie &*

conjointe au *Cors* n'eſt autre que la *Loy de l'Immutabilité de la Nature*, qui eſt telle , que chaque choſe demeure en l'état qu'elle eſt : car les choſes qui ſont ſeparées, auſſi bien que celles qui ſont conjointes , demeurent dans leur meſme état , pendant que rien ne le change ; mais ce n'eſt pas dequoy il s'agit en ce lieu-là, mais bien de ſçauoir, comment, & par quel moyen l'Eſprit eſt ioint auec le Cors , & n'en eſt pas ſeparé: Mais ſi l'on ſupoſe que l'Ame ſoit vn Mode du Cors , c'eſt bien répondre, que de dire qu'il ne faut point chercher d'autre lien par quoy elle luy ſoit conjointe, ſinon qu'elle demeure dans le meſme état où elle eſt ; D'autant que les Modes n'ont point d'autre Etat , ou d'autre maniere d'Eſtre, que celuy d'eſtre attachez ou inherans aux choſes dont ils ſont les Modes.

Dans le douz̆iéme article , ie trouue qu'il n'eſt different de ce que ie dis qu'en la maniere de s'exprimer; car quand il dit que *l'Eſprit n'a pas beſoin d'idées, ou de notions, ou d'axiomes qui ſoient nez, ou Naturellement imprimez en luy*, & que cependant il luy attribuë la faculté de penſer, c'eſt à dire vne faculté *naturelle & née auec luy*, il dit en effet la meſme choſe que moy, quoy qu'il ſemble ne le pas dire. Car ie n'ay iamais écrit, ny iugé que l'Eſprit ait beſoin d'Idées naturelles , qui ſoient quelque choſe de different de la faculté qu'il a de penſer. Mais bien eſt-il vray, que reconnoiſſant qu'il y auoit certaines penſées, qui ne procedoient ny des objets de dehors, ny de la détermination de ma volonté, mais ſeulement de la faculté que i'ay de penſer; Pour établir quelque difference entre les Idées ou les No-

tions qui font les formes de ces penfées, & les diftinguer des autres qu'on peut apeller *étrangeres*, ou *faites
à plaifir*, ie les ay nommées *Naturelles*; mais ie l'ay dit
au mefme fens que nous difons que la generofité, par
exemple, eft Naturelle à certaines familles; ou que
certaines maladies, comme la goutte, ou la grauelle,
font Naturelles à d'autres, non pas que les enfans qui
prennent naiffance dans ces familles foient trauaillez
de ces maladies aux ventres de leurs meres, mais par ce
qu'ils naiffent auec la difpofition, ou la faculté de les
contracter.

Mais remarquez, ie vous prie, la belle confequen-
ce que dans *l'article treiziéme*, il tire du précedent. Il
auoit dit en cét article *Que l'Efprit n'a pas befoin d'Idées
qui foient naturellement imprimées en luy, mais que la feule faculté qu'il a de penfer luy fufit pour exercer fes actions*, c'eft
pourquoy conclut-il dans cettuy-cy, *toutes les Communes Notions qui fe trouuent empraintes en l'Efprit, tirent toutes
leur origine ou de l'Obferuation des chofes, ou de la Tradition*,
comme fi la faculté de penfer qu'à l'Efprit ne pouuoit
d'elle-mefme rien produire, & qu'elle n'euft iamais
aucunes perceptions ou penfées, que celles qu'elle a
receuës de l'Obferuation des chofes, ou de la Tradition, c'eft à dire des fens. Ce qui eft tellement faux,
que quiconque a bien compris iufqu'où s'étendent
nos fens, & ce que fe peut eftre précifement qui eft
porté par eux iufqu'à la faculté que nous auons de penfer, doit auoüer au contraire qu'aucunes Idées des
chofes ne nous font reprefentées par eux, telles que
nous les formons par la penfée; en forte qu'il n'y a rien

dans nos idées, qui ne soit naturel à l'Esprit, ou à la
faculté qu'il a de penser ; si seulement on excepte certaines circonstances qui n'apartiennent qu'à l'experience ; Par exemple, c'est la seule experience qui fait
que nous iugeons que telles ou telles idées, que nous
auons maintenant presentes à l'Esprit, se raportent à
quelques choses qui sont hors de nous ; non pas à la verité que ces choses les ayent transmises en nostre Esprit par les Organes des sens telles que nous les sentons;
mais à cause qu'elles ont transmis quelque chose, qui a
donné occasion à nostre Esprit, par la faculté naturelle qu'il en a, de les former en ce temps-là plu-tost qu'
en vn autre. Car, comme *nostre Autheur* mesme assure
dans l'article dix-neufiéme, conformement à ce qu'il
a apris de mes principes, rien ne peut venir des objets
exterieurs iusqu'à nostre Ame par l'entremise des sens,
que quelques mouuemens corporels; mais ny ces mouuemens mesmes, (ny les figures qui en prouiennent)
ne sont point conceus par nous tels qu'ils sont dans les
Organes des sens, comme i'ay amplement expliqué
dans la Dioptrique; D'où il suit que mesme les idées du
mouuement & des figures sont Naturellement en
nous: Et à plus forte raison les idées de la Douleur, des
Couleurs, des Sons, & de toutes les choses semblables,
nous doiuent-elles estre Naturelles, afin que nostre Esprit, à l'ocasion de certains mouuemens corporels auec
lesquels elles n'ont aucune ressemblance, se les puisse
representer. Mais que peut-on feindre de plus absurde, que de dire que toutes les Notions Communes qui
sont en nostre Esprit procedent de ces mouuemens,

& qu'elles ne peuuent estre sans eux. Ie voudrois bien que *nostre Autheur* m'aprist quel est le mouuement Corporel qui peut former en nostre Esprit quelque Notion Commune, par exemple celle-cy, *Que les choses qui conuiennent à vn troisiéme conuiennent entr'elles*, ou telle autre qu'il luy plaira ; car tous les mouuemens ne sont que particuliers, & les notions sont vniuerselles, & mesme elles n'ont aucune affinité auec ces mouuemens, & ne se raportent en aucune façon à eux.

Neantmoins *dans l'article quatorziéme*, apuyé sur ce beau fondement, il continuë d'assurer que l'idée mesme de Dieu, qui est en nous, ne vient pas de la faculté que nous auons de penser, comme vne chose qui luy soit Naturelle, *mais qu'elle vient de la Reuelation Diuine, ou de la Tradition, ou de l'Obseruation des choses.* Et pour mieux reconnoistre l'erreur de cette assertion, il faut considerer, qu'on peut dire en deux façons qu'vne chose vient d'vne autre ; à sçauoir, ou par ce que cette autre en est la cause Prochaine & Principale, sans laquelle elle ne peut estre ; ou par ce qu'elle en est la cause Eloignée & Accidentelle seulement, qui donne occasion à la Principale de produire son effet en vn tems plu-tost qu'en vn autre. C'est ainsi que tous les ouuriers sont les causes principales & prochaines de leurs ouurages, & que ceux qui leur ordonnent de les faire, ou qui leur promettent quelque recompense s'ils les font, en sont les causes accidentelles & éloignées, à cause que peut-estre ils ne les feroient point, si on ne les leur commandoit. Or il n'y a point de doute, que la Tradition, ou l'Obseruation des choses, ne soit souuent la cause éloignée qui fait que nous venons à penser à l'idée que nous pouuons auoir de Dieu, & à la rendre présente à nostre Esprit; Mais que c'en soit la cause prochaine, & effectiue de cette idée, cela ne se peut dire, que par celuy qui croit que nous ne conceuons iamais rien autre chose de Dieu, sinon quel-est ce nom-là, *Dieu*, ou quelle-est la figure Corporelle sous laquelle il nous est ordinairement representé par les Peintres. Car de vray, si l'obseruation se fait par la veuë, elle ne peut d'elle mesme representer autre chose à l'Esprit que des peintures, & mesme des peintures dont toute la varieté ne consiste que dans celle de certains mouuemens corporels, comme *nostre Autheur* mesme l'enseigne; Si elle se fait par l'oüye, elle ne peut representer que des sons & des paroles; Que si c'est par les autres sens qu'elle se fasse, vne telle obseruation ne sçauroit rien contenir qui puisse estre raporté à Dieu. Et certes c'est vne chose si veritable que la veuë ne represéte de soy rien autre chose à l'Esprit que des peintures, ny l'oüye que des sons & des paroles, que personne ne le reuoque en doute; Si bien que tout ce que nous conceuons de plus que ces paroles & ces peintures, comme les choses signifiées par ces signes, doit necessairement nous estre representé par des idées, qui ne viennent point d'ailleurs que de la faculté que nous auons de penser, & qui par consequent sont Naturellement en elle, c'est à dire, sont tou-jours en nous en puissance; car estre naturellement dans vne faculté, ne veut pas dire y estre en acte, mais en puissance seulement; vû que le nom mesme de faculté ne veut dire autre re autre chose que Puissance. Or personne, s'il ne veut passer ouuertement pour vn Athée, & mesme pour vn homme qui a perdu le sens, ne peut assurer que nous ne sçaurions rien connoistre de Dieu que le seul nom, ou la figure corporelle dont les Peintres ou les Sculpteurs se seruent pour nous le representer.

Aprés que *nostre Autheur* a exposé l'opinion qu'il a touchant la maniere dont nous pouuons connoistre Dieu, il réfute *dans l'article quinziéme* tous les argumens par lesquels i'ay démonstré son existence; où ie ne puis que ie n'admire la grande confiance ou présomption de cet homme, de croire qu'il puisse auec tant de facilité, & en si peu de paroles, renuerser tout ce que i'ay composé aprés vne longue & sérieuse meditation, & que ie n'ay pû expliquer que dans vn liure entier. Toutes les raisons que i'ay aportées pour cette preuue se raportent à deux. La premiere est, Que nous auons vne connoissance de Dieu, ou vne idée, qui est telle, que si nous faisons bien réflexion sur ce qu'elle contient, & si nous l'examinons auec soin, en la maniere que i'ay monstré qu'il falloit faire, la seule consideration que nous en ferons nous fera connoistre, qu'il ne se peut pas faire que Dieu n'existe, dautant que sa notion ou son idée ne contient pas seulement vne existence possible ou Contingente, ainsi que celles de toutes les autres choses, mais bien vne existence absolument Necessaire, & Actuelle, Cependant *l'Autheur de ce Placart*, pour réfuter cette preuue, que plusieurs grans personnages éminens par dessus les autres en esprit & en science, aprés l'auoir diligemment examinée, tiennent

auſſi bich que moy, pour vne tres-certaine & tres-euidente demonſtration, employe ce peu de paroles. *La
notion que nous auons de Dieu, ou cette idée de Dieu qui eſt exiſtante en noſtre Eſprit, n'eſt pas vn argument aſſez fort & conuaincant pour prouuer que Dieu exiſte, puis qu'il eſt certain que
toutes les choſes dont nous auons en nous les idées n'exiſtent pas
actuellement.* Par où il fait voir à la verité qu'il a lû mes
écrits, mais par meſme moyen il témoigne qu'il n'a
pû en aucune façon les entendre, ou du moins qu'il ne
l'a pas voulu; car la force de mon argument n'eſt pas
priſe de la Nature de cette idée conſiderée en general,
mais d'vne Proprieté particuliere, qui luy conuient,
laquelle eſt tres-euidente en l'idée que nous auons
de Dieu, & qui ne ſe peut rencontrer dans l'idée de
quelqu'autre choſe que ce ſoit; c'eſt à ſçauoir, de la neceſſité de l'exiſtence, qui eſt requiſe pour le comble
& l'acompliſſement des perfections, ſans lequel nous
ne ſçaurions conceuoir Dieu. L'autre argument par
lequel i'ay demonſtré qu'il y a vn Dieu, eſt pris, de ce
que i'ay éuidemment prouué que nous n'aurions
point eu la faculté d'entendre toutes ces perfections
que nous reconnoiſſons en Dieu, s'il n'eſtoit vray que
Dieu exiſte, & que nous auons eſté créez par luy. Mais
noſtre Autheur penſe l'auoir abondamment refuté,
en diſant, *Que l'idée que nous auons de Dieu n'eſt pas plus au
deſſus de la portée de noſtre Eſprit ou de noſtre Penſée, & n'excede pas dauantage la Vertu naturelle que nous auons de penſer, que l'idée d'aucune autre choſe que ce ſoit.* Toutesfois ſi
par là il entend ſeulement que l'idée que nous auons
de Dieu, ſans le ſecours ſurnaturel de la grace, ne nous

eſt pas moins Naturelle, que le ſont toutes les autres
idées que nous auons des autres choſes, il eſt de mon
auis, mais on ne peut de là rien conclure contre moy:
Que s'il eſtime que cette idée de Dieu ne contient pas
plus de perfections Objectiues, que toutes les autres
idées priſes enſemble, il erre manifeſtement; Or c'eſt
de ce ſeul excez de perfections, dont l'idée que nous
auons de Dieu ſurpaſſe toutes les autres, que i'ay tiré
mon argument.

Dans les ſix autres articles, il ne dit rien qui mérite d'e-
ſtre remarqué, ſinon que voulant diſtinguer les proprietez de l'Ame les vnes d'auec les autres, il en parle
en termes fort confus & fort impropres. Il eſt vray que
i'ay dit en quelque endroit qu'elles ſe raportent toutes
à deux principales ; à ſçauoir, à la Perception de l'Entendement, & à la Détermination de la volonté ; mais
noſtre Autheur les appelle d'vn nom fort impropre
l'Entendement, & la Volonté ; Aprés quoy, il diuiſe ce
qu'il a apellé Entendement en *perception*, & *iugement* ;
en quoy il s'éloigne de mon opinion : Car pour moy,
voyant qu'outre la perception, qui eſt abſolument requiſe auant que nous puiſſions iuger, il eſt encore beſoin d'vne Affirmation ou d'vne negation pour établir
la forme d'vn iugement; & prenant garde que ſouuent
il nous eſt libre d'arreſter & de ſuſpendre noſtre con-
ſentement, encore que nous ayons la perception de la
choſe dont nous deuons iuger, i'ay raporté cet acte de
noſtre iugement, qui ne conſiſte que dans le conſen-
tement que nous donnons, c'eſt à dire, dans l'affirmation ou dans la negation de ce dont nous iugeons, à

la détermination de la volonté, plu-toſt qu'à la perception de l'Entendement. Aprés cela feſant le dénombrement des eſpeces de *perception*, il ne comte que *le ſentiment, la reminiſcence, & l'imagination;* D'où l'on peut inferer, qu'il n'admet aucune Intellection Pure, c'eſt à dire, aucune intellection qui ſoit indépendante de toute image corporelle; Et partant on peut penſer qu'il eſt de cette opinion, qu'on ne peut auoir aucune connoiſſance de Dieu, ny de l'Ame humaine, ny d'aucune autre choſe incorporelle; dequoy ie ne puis m'imaginer d'autre cauſe, ſinon que les penſées qu'il a de ces choſes ſont ſi confuſes, qu'il n'en conçoit aucune qui ſoit pure, & entierement détachée de toute image corporelle.

Enfin, *apres tous ces articles*, il a adiouté ces paroles qu'il a tirées d'vn de mes écrits, *Il n'y en a point qui paruiennent plus ayſément à vne haute réputation de pieté que les ſuperſtitieux, & les hypocrites;* par leſquelles ie ne puis deuiner ce qu'il a voulu dire, ſi ce n'eſt peut-eſtre qu'il a imité les hypocrites, en ce que ſouuent il a dit les choſes autrement qu'il ne les penſoit; mais ie ne penſe pas qu'il puiſſe iamais paruenir par ce moyen à vne grande réputation de pieté.

Au reſte, ie ſuis icy contraint de confeſſer, que i'ay beaucoup de confuſion d'auoir autrefois loüé cet Autheur, comme vn homme d'vn eſprit fort vif & pénetrant, & d'auoir écrit en quelque endroit, que ie ne penſois pas qu'il enſeignaſt aucunes opinions que ie ne vouluſſe bien reconnoiſtre pour miennes; Il eſt vray que pour lors ie n'auois encore vû de luy aucun

écrit, où il n'euſt eſté vn fidelle copiſte, ſi ce n'eſt peut-
eſtre en vn ſeul mot qu'il s'eſtoit haſardé de dire de
luy-meſme, mais qui luy auoit ſi mal ſuccedé, & dont
il auoit eſté ſi ſéuerement repris par ſes Collégues, que
cela me feſoit croire qu'il n'entreprendroit plus rien
de ſemblable; Et pour ce que ie voyois qu'en tout le
reſte il embraſſoit auec grande affection des opinions
que i'eſtimois eſtre tres-veritables, i'attribuois cela à
la force & à la viuacité de ſon Eſprit. Mais maintenant
pluſieurs experiences m'obligent de croire que c'eſt
plu-toſt l'amour de la noueauté que celle de la verité
qui l'emporte; Et d'autant qu'il trouue trop vieux &
trop hors d'vſage tout ce qu'il a apris d'autruy, & que
rien ne luy paroiſt aſſez noueau que ce qu'il tire de ſa
propre ceruelle; Et auſſi qu'il eſt ſi peu heureux en ſes
inuentions, que ie n'ay iamais remarqué aucun mot en
ſes écrits (ſi ce n'eſt qu'il l'euſt tiré de ceux des autres)
que ie ne iugeaſſe contenir quelque erreur; Ie me ſens
obligé d'auertir icy tous ceux qui le tiennent pour vn
grand défenſeur de mes opinions, qu'il n'y en a preſque aucune, non ſeulement en ce qui concerne les choſes Metaphyſiques, où il ne feint point de me contredire ouuertement, mais auſſi en celles qui concernent
les choſes Phyſiques, qu'il ne propoſe mal, & dont il
ne corrompe le ſens. De ſorte que ie ſuis plus indigné
de voir qu'vn tel Docteur s'ingere d'enſeigner mes
opinions, & prenne à taſche d'interpreter mes écrits, &
d'y faire des commentaires; que d'en voir quelques
autres qui les combattent auec aigreur & animoſité.

Car ie n'en ay encore vû pas vn, qui ne m'ait attribué des opinions tout à fait differentes des miennes, & mesme si absurdes & si impertinentes, que ie n'aprehende pas qu'on puisse iamais persuader à des personnes tant soit peu raisonnables, que ie sois l'Auteur de telles opinions. C'est ainsi qu'à ce moment mesme que i'écris, on me vient d'aporter deux libelles tout nouuellement composez par vn écriuain de cette Farine ; Dans le premier desquels il est dit, *Qu'il y a certains Nouateurs qui taschent d'oster toute la créance que l'on peut auoir aux sens ; & qui soutiennent qu'vn Philosophe peut nier qu'il y ait vn Dieu, & douter de son Existence, aprés auoir admis d'ailleurs, que l'idée, l'Espece, & la connoissance actuelle de Dieu est Naturellement emprainte en nostre Esprit.* Et dans l'autre il est dit, *Que ces Nouateurs prononcent hardiment, Que Dieu ne doit pas estre dit seulement Negatiuement, mais mesme Positiuement la cause Efficiente de soy-mesme.* Voila tout ce dont il s'agit dans l'vn & dans l'autre de ces libelles, qui ne contiennent rien de plus sinon vn ramas d'argumens pour prouuer, Premierement, *Que les enfans dans le ventre de leurs meres n'ont aucune connoissance actuelle de Dieu, & partant, que nous n'auons aucune idée, ou espece actuelle de Dieu, naturellement emprainte en nostre Esprit.* Secondement, *Qu'il ne faut pas nier qu'il y ait vn Dieu, & que ceux-là qui le nient doiuent estre tenus pour des Athées, & sont punissables par les Loix :* Enfin, *Que Dieu n'est pas la cause efficiente de soy-mesme.* Toutes lesquelles choses ie pourois à la verité dissimuler, comme n'estant point écrites contre moy, à cause que mon nom ne se trouue point dans ces écrits, & qu'il n'y a pas vne opinion de celles qui y sont impugnées, que ie ne tien-

ne pour tres-fauſſé, & tout à fait abſurde. Mais neantmoins, pour ce qu'elles reſſemblent fort à quelques-
vnes qui m'ont déja eſté pluſieurs fois fauſſement imputées par des gens de cette Robe, & qu'on n'en connoiſt point d'autres à qui on les puiſſe attribuer; & auſſi pource que tout le monde ſçait que c'eſt contre
moy que ces libelles ont eſté faits, ie prendray icy ocaſion d'auertir leur Autheur, *Premierement*, Que lors
que i'ay dit que l'idée de Dieu eſt Naturellement en
nous, ie n'ay iamais entendu autre choſe, que ce que
luy-meſme, dans la ſixiéme ſection de ſon ſecond liure, dit en termes exprez eſtre veritable, c'eſt à ſçauoir,
*Que la Nature a mis en nous vne Faculté, par laquelle nous
pouuons connoiſtre Dieu*; Mais que ie n'ay iamais écrit, ny
penſé, que telles idées fuſſent *actuelles*, ou qu'elles fuſſent des Eſpeces diſtinctes de la faculté meſme que
nous auons de penſer; Et meſme ie diray plus, qu'il
n'y a perſonne qui ſoit ſi éloignée que moy de tout ce
fatras d'Entitez Scholaſtiques; En ſorte que ie n'ay
pû m'empeſcher de rire, quand i'ay vû ce grand nombre de raiſons, que cet homme, ſans doute peu méchant, a ramaſſées auec grand ſoin & trauail, pour
montrer, *Que les enfans n'ont point la connoiſſance actuelle
de Dieu, tandis qu'ils ſont au ventre de leur mere*; comme ſi
par-là il auoit trouué vn beau moyen de me com-
battre.

Secondement ; Que ie n'ay auſſi iamais enſeigné,
Qu'il falloit nier qu'il y euſt vn Dieu; ou *que Dieu pouuoit
nous tromper*; ou *qu'il falloit réuoquer toutes choſes en doute*;
ou *que l'on ne deuoit donner aucune créance aux ſens*; ou *que*

le sommeil ne se pouuoit distinguer de la ueille, & autres
choses semblables qui m'ont quelquefois esté obie-
ctées par des calomniateurs ignorans ; mais que i'ay
rejetté toutes ces choses en paroles tres-expresses, &
que ie les ay mesme refutées par des argumens tres-
puissans, & i'ose mesme dire plus-puissans qu'aucun
autre ait iamais fait auant moy. Et afin de le pouuoir
faire plus commodement & plus efficacement, i'ay
proposé toutes ces choses comme douteuses au commencement de mes Meditations ; mais ie ne suis pas le
premier qui les ay inuentées, il y a long-temps qu'on
a les oreilles battuës de semblables doutes proposez
par les Sceptiques. Mais qui a-t'il de plus inique, que
d'attribuer à vn Autheur des opinions qu'il ne propose que pour les refuter ? Qui a t'il de plus impertinent
que de feindre qu'on enseigne ces fausses opinions,
au moins dans le temps qu'on les propose, & qu'elles
ne font pas encore refutées, & partant que celuy qui
raporte les argumens dont se seruent les Athées, est
luy-mesme vn Athée pour vn temps ? Qui a-t'il de
plus pueril, que de dire, ques'il vient à mourir auant
que d'auoir écrit ou inuenté la démonstration qu'il
espere, il meurt comme vn Athée ; & qu'il a enseigné
par auance vne pernicieuse doctrine, côtre la maxime
communement receuë, qui dit, *qu'il n'est pas permis de
faire des maux pour en tirer des biens :* & choses semblables ?
Quelqu'vn dira peut-estre que ie n'ay pas raporté ces
fausses opinions, comme venant d'autruy, mais comme miennes ; Mais qu'importe cela ? Puisque dans le
mesme liure où ie les ay raportées, ie les ay aussi toutes
refutées ;

refutées; & mesme qu'on peut voir ayfément par le titre du liure, que i'eftois fort éloigné de les croire, puifque i'y promettois *des démonftrations touchant l'exiftence
de Dieu.* Et peut-on s'imaginer qu'il y en ait de fi fots,
ou de fi fimples, que de fe perfuader, que celuy qui
compofe vn liure qui porte ce titre, ignore, quand il
trace les premieres pages, ce qu'il a entrepris de démonftrer dans les fuiuantes? De plus, la façon d'écrire que ie m'eftois propofée, qui eftoit en forme de
Meditations, & que i'auois choifie comme fort propre pour expliquer plus clairement les raifons que i'a-
uois à déduire, m'obligeoit de ne pas propofer ces objections autrement que comme miennes. Que fi cette
raifon ne fatisfait pas ceux qui fe meflent de cenfurer
mes écrits, ie voudrois bien fçauoir ce qu'ils difent des
Ecritures Saintes, auec lefquelles nuls autres écrits qui
viennent de la main des hommes ne doiuent eftre
comparez, lors qu'ils y voyent certaines chofes, qui
ne fe peuuent bien entendre, fi l'on ne fupofe qu'elles
font raportées, comme eftant dittes par des impies,
ou du moins par d'autres, que par le Saint Efprit, ou
les Prophetes ; Telles que font ces paroles de l'Eccl.
chap. 2. *Ne vaut-il pas mieux boire & manger, & faire
gouter à fon Ame des fruits de fon trauail? & cela eft de la
main de Dieu. Qui eft-ce qui en poura déuorer autant, ou qui
poura fe gorger de plaifirs autant que moy?* Et au chapitre fuiuant ; *I'ay fouhaité en mon cœur, penfant aux enfans des
Hommes, que Dieu les éprouuaft; & fift connoiftre qu'ils font
femblables aux beftes. C'eft pourquoy, l'Homme & les Cheuaux périffent de mefme façon, leur condition eft pareille, com-*

CCCc

me l'*Homme meurt ceux-cy meurent , ils ont tous vne pareille
respiration , & l Homme n'a rien de plus que le Cheual ,* &c.
Pensent-ils que le Saint Esprit nous enseigne en ce
lieu-là, qu'il faut faire bonne chere, qu'il n'y a qu'à se
donner du bon tems , & que nos Ames ne sont pas
plus immortelles que celles des Cheuaux ? Ie ne pense
pas qu'ils soient enragez & perdus à ce point; mais aussi ne doiuent-ils pas me calomnier, si ie n'ay pas gardé
en écriuant des précautions qui n'ont iamais esté obseruées par aucun autre qui ait écrit , non pas mesme
par le S. Esprit.

Et *en troisiéme lieu* , ie donne auis à l'Autheur de ces
libelles, que ie n'ay iamais écrit , *Que Dieu ne doit pas
estre dit seulement Négatiuement , mais mesme Positiuement,
la Cause Efficiente de soy-mesme* , ainsi qu'il assure fort inconsiderement en la page 8. de son dernier liure. Qu'il
cherche dans mes écrits, qu'il les lise, qu'il les parcoure d'vn bout à l'autre, au lieu d'y trouuer rien de semblable, il y trouuera tout le contraire. Et il n'y a pas vn
de ceux qui ont lû mes écrits, ou qui me connoissent
tant soit peu, ou du moins qui ne me tiennent pas tout
à fait pour vn fat, ou pour vn insensé , qui ne sçache
que ie suis fort éloigné d'auoir des opinions si monstrueuses. Et c'est ce qui fait que i'admire grandement,
quel peut estre le dessein de ces Calomniateurs: car s'ils
prétendent de persuader aux hommes , que i'ay écrit
des choses toutes contraires à celles qui se trouuent
dans mes écrits , ils deuroient auparauant prendre le
soin de suprimer tous ceux que i'ay publiez , & mesme
effacer de la memoire de ceux qui les ont lûs tout ce

qu'ils en ont retenu, car tandis qu'ils ne le font point,
ils fe nuifent plus qu'à moy. I'admire auffi qu'ils s'éleuent fi fort, & auec tant de chaleur & d'animofité,
contre vne perfonne qui ne les a iamais ny attaqué, ny
nuy en aucune chofe, mais qui pourroit peut-eftre bien
leur nuire, s'ils m'auoient irrité ; & que cependant ils
ne difent mot à plufieurs autres qui ont refuté leur doctrine par des liures entiers, & qui fe font mocquez
d'eux, comme de gens fimples & extrauagans. Ie ne
veux pourtant pas rien adjouter icy, qui puiffe dauantage les détourner du deffein qu'ils peuuent auoir de
m'attaquer par leurs libelles; C'eft auec plaifir que ie
voy, qu'ils m'eftiment affez pour m'attaquer de la forte ; Mais cependant ie fouhaite qu'ils reuiennent en
leur bon fens.

*Cecy a efté écrit à Egmond en Hollande fur la fin du mois
de Decembre en l'année 1647.*

✳✳✳✳✳✳✳✳✳✳✳✳✳✳✳✳✳✳✳✳✳✳✳✳✳

CLARISSIMO VIRO DOMINO ✳✳✳✳.

CENSVRA QVARVMDAM EPISTOLARVM

DOMINI BALZACII.

LETTRE C.

CLARISSIME DOMINE,

Quocunque animo legam has Epiftolas, fiue vt

serio examinem, siue magis vt oblecter, tantoperè
mihi satisfaciunt, vt non modo nihil inueniam quod
debeat reprehendi, sed nequidem etiam in rebus tam
bonis facilè iudicem quid præcipuè sit laudandum.
Est enim in illis puritas elocutionis, tanquam in humano corpore valetudo, quæ scilicet ex eo maximè
credenda est optima, quod nullum relinquat sui sensum. Est insuper elegantia & venustas, tanquam in
perfectè formosa muliere pulchritudo, nempe quæ
non in hac aut illâ re, sed in omnium tali consensu &
temperamento consistit, vt nulla designari possit eius
pars inter cæteras eminentior, ne simul aliarum malè
seruata proportio imperfectionis arguatur. Sed veluti
singulæ pulchritudinis partes, inter næuos & defectus formarum quas videre consueuimus, facilè di-
stinguuntur, atque harum nonnullæ interdum tanta
laude dignæ sunt, vt hinc optimè, quantò maiora essent formæ omnibus numeris absolutæ merita, si quæ
talis reperiretur, æstimemus; non dispari ratione, si
ad aliorum scripta mentem conuerto, plurimas sæpe
in illis virtutes orationis enumero, nempe quorumdam vitiorum mixtura distinctas. Et quoniam illæ
etiam ibi suis laudibus non carent, hinc maximè percipio, quantò pluris hîc faciendæ sint, vbi puræ exi-
stunt. Apud alios enim sicubi verba lectissima, curio-
so ordine disposita, & liberali stilo profusa, non parum auribus fortassè satisfaciant, ibidem vt plurimùm
sensus humilis, & in vastâ oratione dispersus, attenta
ingenia frustratur. Si contra significantissimæ dictiones, nobilium cogitationum abundantiâ, mentes ca-

paciores interdum oblectent, eafdem preffo & fubob-
fcuro ftilo fæpius fatigant. Si qui vero inter hæc extre-
ma medium tenentes, verum fermonis inftitutum in
puris rebus exprimendis rigidiùs obferuent, tam au-
fteri funt, vt à delicatis non amentur. Si qui denique in
falibus & iocis teneriores mufas exerceant, illi ferè omnes vel in vocum exoletarum fictâ maieftate, vel in
peregrinarum ftrepitu, vel in nouarum mollitie, vel
in ridiculis æquiuocis, vel in cogitationibus poëticis,
falfifque rationibus & puerilibus argutijs malè collo-
cant orationis venuftatem. Atque hæ nugæ feuerioris
notæ hominibus non aliter placere poffunt, quam hi-
ftrionum ineptiæ, aut gefticulationes fimiarum. In his
autem Epiftolis, & elegantiffimæ orationis vbertas,
quæ fola implendis lectorum animis poffet fufficere,
vires argumentorum non diffipat, nec obruit, & fen-
tentiarum dignitas, quæ fe proprio pondere facilè fu-
ftineret, nullâ premitur inopiâ dictionum; fed cogitationes altiffimi fpiritus, atque à plebe femotæ, verbis in ore hominum frequentibus, & longo vfu emen-
datis, accuratiffimè exprimuntur: atque ex tam fœli-
ci rerum cum fermone concordiâ, faciles quædam
gratiæ exurgunt, ab afcititijs illis, quibus vulgus deci-
pi folet, non minus diuerfæ, quam formofiffimæ puel-
læ color ingenuus, à minio & cerufsâ prurientium ve-
tularum. Et hæc quidem de elocutione dicta fint, quæ
fola ferè in hoc fcribendi genere effet fpectanda, nifi
hæ litteræ aliquid altius faperent, quam quæ vulgò
mittuntur ad familiares. Quia verò fæpius non minora tractant argumenta, quam ipfæ conciones quæ ab

CCCc iij

antiquis oratoribus publicè habebantur, quædam dicenda sunt de eximiâ illâ persuadendi scientiâ, quæ requiri solet ad eloquentiæ complementum. Hæc verò apud alios habuit etiam suas virtutes & sua vitia. Nam primis & incultis temporibus, antequam vlla fuissent adhuc in mundo dissidia, & cum lingua candidæ mentis affectus non inuita sequebatur, erat quidem in maioribus ingenijs Diuina quædam eloquentiæ vis, quæ ex zelo veritatis & sensus abundantiâ profluens, rudes homines ex syluis eduxit, leges imposuit, vrbes condidit, eademque habuit persuadendi potestatem, simul & regnandi. Sed paulò post illam apud Græcos & Romanos fori contentio & concionum frequentia corrupit, dum nimis exercuit. Transmisit enim ad vulgares homines, qui, cum aperto Marte, & solius veritatis copijs, auditorū animos vincere desperarent, cōfugiebant ad sophismata, & inanes verborum insidias, quibus etsi non rarò incautos fallerent, non meliori tamē iure cum prioribus de Oratoriâ laude contēdebāt, quā proditores, de verâ fortitudine, cum animosis militibus. Et quamuis fucatas suas rationes aliquando etiā ad veritatis patrocinium adhiberent, cum tamen præcipuam artis gloriam ponerent in deterioribus causis sustinendis, in hoc illos fuisse miserrimos puto, quod Optimi Oratores esse non potuerint, quin mali homines viderentur. Hic verò Balzacius quæcunque dicenda suscipit, tam validis rationibus explicat, & tam grandibus exemplis illustrat, vt maximè admirer quandam in eius stilo vehementiam, & naturæ impetum, curiosâ arte non frangi, sed inter elegantias & ornatū

ætatis vltimæ, prioris eloquentiæ vires & maiestatem
retinere. Neque enim abutitur ille simplicitate lecto-
ris, sed ijs vti solet argumentis, quæ licet tam perspicua sint, vt apud vulgus facilè inueniant fidem, sunt
nihilominus tam solida & vera, vt quo maiori quisque
ingenio est, eò certiùs ab illo conuincatur, idque potissimùm quoties non alia probat, quam quæ sibi prius
ipse persuasit. Quamuis enim paradoxa veris interdum
rationibus adornari posse non ignoret, periculosas-
que veritates aliquibus in locis prudentissimâ arte de-
clinet, est tamen in eius scriptis generosa quædam libertas, quæ satis indicat illum nihil ægriùs sustinere,
quam mentiri. Hinc, si quando vitia nobilium descri-
benda suscipiat, non seruili potentiæ metu, si virtutes, nullâ animi malignitate à vero dicendo prohi-
betur: Si vero de seipso sermonem instituat, nec corporis morbos & naturæ imbecilitatem exponendo,
contemptum, nec meritas ingenij sui laudes non dis-
simulando, inuidiam reformidat. Quod non ignoro
à multis primo intuitu in deteriorem partem sumi
posse; Vitia enim tam frequentia sunt hoc sæculo, &
virtutes tam raræ, vt quotiescunque idem effectus
potest ad honestam vel turpem causam referri, de illo
non dubitent mortales, iuxta id quod sæpius accidit,
iudicare. Quisquis autem animaduertet eundem Balzacium, non bona tantum, sed mala etiam, tum sua
tum aliena, in scriptis suis liberè declarare, nunquam
profectò rebitur, adeò diuersos in eodem homine
mores existere, vt modò dedecora aliorum per mali-
gnam temeritatem, modò rectè facta per timidam

adulationem diuulget, modò etiam infirmitates suas per quandam animi vilitatem, modò egregias dotes per cupidinem inanis gloriæ describat: Sed potius illum hæc omnia, tantùm quia talia esse sentit, ex amore veritatis, & per insitam quandam generositatem dissimulare non posse. Atque hunc candorem & antiquos mores, ingenij supra vulgus positi, rebitur æqua posteritas, etiamsi nunc in homine viuo liuidi mortales tam sublime virtutis genus recusent admittere. Tanta est enim deprauatio gentis humanæ, vt quemadmodum in cœtu corruptæ iuuentutis castum esse vel sobrium, ita ferè apud omnes vitio vertatur ingenuum esse & veracem, multòque auidiùs falsa crimina, quam veræ laudes audiantur; idque potissimùm, si quando viri egregij de se ipsis loqui velint; nam tunc maximè veritas superbiæ, dissimulatio verò & mendacium moderationi tribuuntur. Vnde famosi in Balzacium libelli tam speciosam criminandi materiam habuere, vt quascunque alias, quantumlibet iniustas vel ridiculas accusationes, capitali isti coniungerent, simul tamen omnes, tanquam huius fauore commendatas, imperitum vulgus admitteret: Et certè hoc in loco calamitosum mihi videtur, tam multos, ex ijs qui se Aliquos putant, Vulgi appellatione comprehendi.

A MON-

A MONSIEVR DE BALZAC.
LETTRE CI.

MONSIEVR,

Encore que pendant que vous auez esté à Balzac, ie sceusse bien que tout autre entretien que celuy de vous-mesme, vous deuoit estre importun, si est-ce que ie n'eusse pû m'empescher de vous y enuoyer par fois quelque mauuais compliment, si i'eusse crû que vous y eussiez dû demeurer si long-temps, comme vous auez fait. Mais ayant eu l'honneur de receuoir vne de vos Lettres, par laquelle vous me faisiez esperer que vous seriez bien-tost à la Cour, ie fis vn peu de scrupule d'aller troubler vostre repos iusques dans le desert, & crû qu'il valoit mieux que i'attendisse à vous écrire, que vous en fussiez sorty; c'est ce qui m'a fait differer d'vn voyage à l'autre l'espace de dix-huict mois, ce que ie n'ay iamais eu intention de differer plus de huict iours, & ainsi sans que vous m'en ayez obligation, ie vous ay exemté tout ce temps-là de l'importunité de mes Lettres. Mais puisque vous estes maintenant à Paris, il faut que ie vous demande ma part du tems que vous auez résolu d'y perdre à l'entretien de ceux qui vous iront visiter, & que ie vous die que depuis deux ans que ie suis dehors, ie n'ay pas esté vne seule fois tenté d'y retourner, sinon depuis

qu'on m'a mandé que vous y estiez ; Mais cette nouuelle m'a fait connoiftre que ie pourois eftre maintenant quelqu'autre part, plus heureux que ie ne fuis icy,
& fi l'ocupation qui m'y retient n'eftoit felon mon petit iugement la plus importante, en laquelle ie puiffe
iamais eftre employé, la feule efperance d'auoir l'honneur de voftre conuerfation, & de voir naiftre naturellement deuant moy ces fortes penfées, que nous ad-
mirons dans vos ouurages, feroit fufifante pour m'en
faire fortir. Ne me demandez point, s'il vous plaift,
quelle peut eftre cette ocupation que i'eftime fi importante, car i'aurois honte de vous la dire ; Ie fuis deuenu fi Philofophe, que ie méprife la plus-part des
chofes qui font ordinairement eftimées ; & en eftime
quelques autres dont on n'a point acouftumé de faire cas. Toutefois, pour ce que vos fentimens font fort
éloignez de ceux du peuple, & que vous m'auez fouuent témoigné que vous iugiez plus fauorablement
de moy que ie ne méritois, ie ne laifferay pas de vous
en entretenir plus ouuertement quelque iour, fi vous
ne l'auez point défagreable. Pour cette heure, ie me
contenteray de vous dire que ie ne fuis plus en humeur
de rien mettre par écrit, ainfi que vous m'y auez autrefois vû difpofé ; Ce n'eft pas que ie ne faffe grand
état de la réputation, lors qu'on eft certain de l'acquerir bonne & grande comme vous auez fait ; Mais pour
yne médiocre, & incertaine, telle que ie la pourois efperer, ie l'eftime beaucoup moins que le repos, & la
tranquillité d'efprit que ie poffede. Ie dors icy dix heures toutes les nuits ; & fans que iamais aucun foin me

réueille, aprés que le sommeil a long-tems promené mon esprit dans des buys, des Iardins, & des Palais enchantez, où i'éprouue tous les plaisirs qui sont imaginez dans les Fables, ie mesle insensiblement mes réveries du iour auec celles de la nuit; & quand ie m'a-perçoy d'estre éueillé, c'est seulement afin que mon contentement soit plus parfait, & que mes sens y participent; car ie ne suis pas si seuere, que de leur refuser aucune chose, qu'vn Philosophe leur puisse permettre, sans offenser sa conscience. Enfin il ne me manque rien icy que la douceur de vostre conuersation, mais elle m'est si necessaire pour estre heureux, que peu s'en faut que ie ne rompe tous mes desseins, afin de vous aller dire de bouche que ie suis de tout mon cœur

Monsieur,

Vostre tres-humble & tres-obeïssant
Seruiteur, DESCARTES.

A MONSIEVR DE BALZAC,

LETTRE CII.

MONSIEVR,

I'ay porté ma main contre mes yeux pour voir si ie ne dormois point, lors que i'ay lû dans vostre Lettre que vous auiez dessein de venir icy, & maintenant encore ie n'ose me réjoüir autrement de cette nouuelle, que comme si ie l'auois seulement songée. Toutefois

ie ne trouue pas fort étrange qu’vn esprit grand & genereux comme le voſtre, ne ſe puiſſe acommoder à
ces contraintes ſeruiles, auſquelles on eſt obligé dans
la Cour; & puiſque vous m’aſſurez tout de bon, que
Dieu vous a inſpiré de quitter le monde, ie croirois
pecher contre le Saint Eſprit, ſi ie taſchois à vous détourner d’vne ſi ſainte réſolution; Meſme vous deuez
pardonner à mon zele, ſi ie vous conuie de choiſir
Amſterdam pour voſtre retraitte, & de le préferer, ie
ne diray pas ſeulement à tous les Conüens des Capu-
cins, & des Chartreux, ou force honneſtes gens ſe re-
tirent; mais auſſi à toutes les plus belles demeures de
France & d’Italie, & meſme à ce celebre Hermitage
dans lequel vous eſtiez l’année paſſée. Quelque acomplie que puiſſe eſtre vne maiſon des chams, il y manque tou-jours vne infinité de commoditez, qui ne ſe
trouuent que dans les villes; & la ſolitude meſme qu’on
y eſpere, ne s’y rencontre iamais toute parfaite. Ie
veux bien que vous y trouuiez vn canal, qui faſſe ré-
ver les plus grans parleurs, & vne valée ſi ſolitaire,
qu’elle puiſſe leur inſpirer du tranſport, & de la ioye,
mais mal-aiſément ſe peut-il faire, que vous n’ayez
auſſi quantité de petits voiſins, qui vous vont quelquefois importuner, & de qui les viſites ſont encore
plus incommodes que celles que vous receuez à Paris;
Au lieu qu’en cette grande ville où ie ſuis, n’y ayant aucun homme, excepté moy, qui n’exerce la marchandiſe, chacun y eſt tellement attentif à ſon profit, que
i’y pourois demeurer toute ma vie ſans eſtre iamais
vû de perſonne: Ie me vais promener tous les iours

parmy la confusion d'vn grand peuple, auec autant
de liberté & de repos, que vous sçauriez faire dans vos
allées, & ie n'y considere pas autrement les hommes
que i'y voy, que ie ferois les arbres qui se rencontrent
en vos forests, ou les animaux qui y paissent. Le bruit
mesme de leur tracas n'interromt pas plus mes réveries, que feroit celuy de quelque ruisseau. Que si ie fais
quelquefois réflexion sur leurs actions, i'en reçoy le
mesme plaisir, que vous feriez de voir les Païsans qui
cultiuent vos campagnes ; car ie voy que tout leur trauail sert à embellir le lieu de ma demeure, & à faire que
ie n'y aye manque d'aucune chose. Que s'il y a du plaisir à voir croistre les fruits en vos vergers , & à y estre
dans l'abondance iusques aux yeux, pensez-vous qu'il
n'y en ait pas bien autant, à voir venir icy des vaisseaux,
qui nous aportent abondamment tout ce que produisent les Indes, & tout ce qu'il y a de rare en l Europe.
Quel autre lieu pouroit-on choisir au reste du monde, où toutes les commoditez de la vie , & toutes les
curiositez qui peuuent estre souhaitées , soient si faciles à trouuer qu'en cetuy-cy. Quel autre pays où l'on
puisse ioüir d'vne liberté si entiere, où l'on puisse dor-
mir auec moins d'inquietude , où il y ait tou jours des
armées sur pied, exprés pour nous garder , où les em-
poisonnemens , les trahisons , les calomnies soient
moins connuës, & où il soit demeuré plus de reste de
l'innocence de nos ayeuls. Ie ne sçay comment vous
pouuez tant aymer l'air d'Italie , auec lequel on respire
si souuent la peste, & où tou-jours la chaleur du iour
est insuportable, la fraicheur du soir mal saine , & où

l'obſcurité de la nuit couure des larcins & des meurtres. Que ſi vous craignez les Hyuers du Septentrion,
dites-moy quelles ombres, quel évantail, quelles fontaines vous pouroient ſi bien préſeruer à Rome des
incommoditez de la chaleur, comme vn poëſlē & vn
grand feu vous exemteront icy d'auoir froid. Au reſte, ie vous diray que ie vous attens auec vn petit re-
cuëil de réveries, qui ne vous feront peut-eſtre pas
deſagreables, & ſoit que vous veniez, ou que vous ne
veniez pas, ie ſeray tou-jours paſſionément, &c.

A MONSIEVR *****.

LETTRE CIII.

Monsievr,

I'auoüe qu'il y a vn grand défaut dans l'écrit que
vous auez vû, ainſi que vous le remarquez, & que ie
n'y ay pas aſſez étendu les raiſons, par leſquelles ie
penſe prouuer qu'il n'y a rien au monde qui ſoit de ſoy
plus éuident & plus certain, que l'exiſtence de Dieu,
& de l'Ame humaine, pour les rendre faciles à tout le
monde. Mais ie n'ay oſé taſcher de le faire, d'autant
qu'il m'euſt fallu expliquer bien au long les plus fortes
raiſons des Sceptiques, pour faire voir qu'il n'y a aucune choſe Materielle, de l'exiſtence de laquelle on
ſoit aſſuré, & par meſme moyen acoutumer le Lecteur
à détacher ſa penſée des choſes ſenſibles : puis montrer

que celuy qui doute ainsi de tout ce qui est Materiel,
ne peut aucunement pour cela douter de sa Propre
Existence; d'où il suit que celuy-là, c'est à dire, l'A-
me, est vn Estre, ou vne Substance qui n'est point du
tout Corporelle, & que sa Nature n'est que de Penser, & aussi qu'elle est la premiere chose qu'on puisse
connoistre certainement. Mesme en s'arestant assez
long-tems sur cette meditation, on acquert peu à peu
vne connoissance tres-claire, & si i'ose ainsi parler In-
tuitine, de la nature intellectuelle en general , l'idée
de laquelle, estant considerée sans limitation , est celle qui nous represente Dieu, & limitée, est celle d'vn
Ange, ou d'vne Ame humaine. Or il n'est pas possible
de bien entendre ce que i'ay dit aprés de l'existence de
Dieu, si ce n'est qu'on commence par là, ainsi que i'ay
assez donné à entendre en la page 38. Mais i'ay eu peur
que cette entrée, qui eust semblé d'abord vouloir in-
troduire l'opinion des Sceptiques , ne troublast les
plus foibles esprits, principalement à cause que i'écriuois en langue vulgaire: De façon que ie n'en ay mesme osé mettre le peu qui est en la page 32. qu'aprés
auoir vsé de préface; Et pour vous Monsieur, & vos
semblables, qui sont des plus intelligens , i'ay esperé
que s'ils prennent la peine, non pas seulement de lire,
mais aussi de méditer par ordre ; les mesmes choses
que i'ay dit auoir méditées, en s'arrestant assez long-
temps sur chaque point, pour voir si i'ay failly, ou non,
ils en tireront les mesmes conclusions que i'ay fait; Ie
seray bien-aise au premier loisir que i'auray , de faire
vn effort pour tascher d'éclaircir dauantage cette ma-

tiere , & d'auoir eu en cela quelque ocafion de vous
témoigner que ie fuis , &c.

****

A MONSIEVR ****.

LETTRE CIV.

MONSIEVR,

Ayant eu dernierement l'honneur d'aller en veftre
compagnie au logis de Monfieur de Charnaffé pour
luy faire offre de mon feruice , i'ay penfé que vous
n'auriez pas defagreable que ie vous priaffe de luy pre-
fenter l'vn des exemplaires que ie vous enuoye , & enfemble de luy en offrir encore deux autres , l'vn pour
le Roy, & l'autre pour Monfieur le Cardinal de Ri-
chelieu , s'il luy plaift de me tant obliger, que de trouuer bon que ce foit par fon entremife que ie les leur
prefente , afin de leur témoigner en tout le peu que ie
puis, ma tres-humble déuotion à leur feruice. Il eft
vray que n'ayant pas voulu mettre mon nom en ces
écrits, ie n'auois aucunement efperé qu'ils me deuffent
donner ocafion de le faire dire à des perfonnes fi hautes & fi éminentes , mais ayant receu ces iours derniers
vn Priuilege du Roy , dans lequel il a efté mis, quelque
foin que i'aye eu de le celer , ie croy deuoir faire maintenant quafi le mefme , que fi i'auois eu deffein de le
publier, & ne pouuoir plus fupofer qu'il foit inconnu;
Et pource qu'on a adjouté quelques claufes en ce Priuilege,

uilege, que ie n'ay iamais veuës en d'autres Liures, &
qui font beaucoup plus auantageufes pour moy, que
ie ne mérite, bien que ie ne les aye point defirées, &
que ie n'aye demandé qu'à eftre receu au nombre des
Ecriuains les plus vulgaires; Ie leur en fuis tellement
obligé, que ie ne fçay quels moyens ie dois chercher
pour leur faire paroiftre ma reconnoiffance; car ie ne
croy pas que nous foyons feulement redeuables aux
grandes faueurs que nous receuons immédiatement
de leurs mains, mais auffi de toutes celles qui nous
viennent de leurs Miniftres, tant à caufe que ce font
eux qui leur en donnent le pouuoir, que principalement auffi à caufe qu'ayant fait choix de telles perfonnes plu-toft que d'autres, nous deuons croire que leurs
inclinations à nous obliger, font les mefmes que nous
remarquons en ceux aufquels ils donnent le pouuoir
de nous bien faire. Et ainfi encore que ie ne fois pas fi
vain, que de m'imaginer que les penfées du Roy, ou
de Monfieur le Cardinal, fe foient abaiffées iufques à
moy, ny qu'ils fçachent rien du Priuilege que Monfieur le Chancelier m'a obligé de fceler, ie ne laiffe pas
de leur en auoir la premiere & la principale obligation; Et ie reconnois en cela que la France eft bien autrement, & bien mieux gouuernée que n'eftoit autrefois la ville d'Ephefe, en laquelle il eftoit défendu
d'exceller; vû qu'au contraire on y gratifie non feulement ceux qui excellent, au rang defquels ie n'ofe af-
pirer, mais mefme ceux qui font quelque effort pour
bien faire, encore que ce foit par des voyes extraordi-
naires, qui eft vne chofe de laquelle ie confeffe qu'on

EEEe

auroit eu droit de m'acufer, fi i'euffe vefcu parmy les Ephéfiens. Au refte, ie ne m'excufe point enuers Monfieur de Charnaffé de la liberté que ie prens de l'employer en cette ocafion : car la charge d'Ambaffadeur qu'il a icy, le bon acueil dont il m'a obligé, lors que i'ay eu l'honneur de le voir, & la connoiffance tres-particuliere qu'il a des fciences dont i'ay traité en ces écrits, me font plu-toft croire qu'il trouueroit mauuais que ie m'adreffaffe à vn autre. Et ie ne doute point que ma priere ne luy foit plus agreable, en luy eftant adreffée par vne perfonne de voftre mérite, que par mes lettres ou par moy. C'eft pourquoy ie vous donneray s'il vous plaift cette peine, & feray toute ma vie, &c.

* * *

A VN R. PERE DE L'ORATOIRE

DOCTEVR DE SORBONNE.

LETTRE CV.

MONSIEVR ET REVEREND PERE,

I'ay affez éprouué combien vous fauorifiez le defir que i'ay de faire quelque progrez en la recherche de la verité, & le témoignage que vous m'en rendez encore par lettres m'oblige extrémement. Ie fuis auffi tres-obligé au R. P. de la Barde pour auoir pris la peine de lire mes penfées de Metaphyfique, & m'auoir fait la

faueur de les défendre , contre ceux qui m'acufoient
de mettre tout en doute ; Il a tres-parfaitement pris
mon intention, & fi i'auois plufieurs protecteurs tels
que vous & luy, ie ne douterois point que mon party
ne fe rendift bien-toft le plus fort ; mais quoy que ie
n'en aye que fort peu, ie ne laiffe pas d'auoir beaucoup
de fatisfaction, de ce que ce font les plus grans hommes ; & les meilleurs efprits, qui goutent & fauorifent
le plus mes opinions. Ie me laiffe aifément perfuader
que fi le R. P. G. euft vefcu, il en auroit efté des principaux, & bien qu'il n'y ait pas long temps que Monfieur Arnauld foit Docteur, ie ne laiffe pas d'eftimer
plus fon iugement, que celuy d'vne moitié des anciens.
Mon efperance n'a point efté d'obtenir leur aprobation en cors; l'ay trop bien fceu, & prédit il y a long-
tems, que mes penfées ne feroient pas au gouft de la
multitude, & qu'où la pluralité des voix auroit lieu,
elles feroient aifément condamnées. Ie n'ay pas auffi
defiré celle des particuliers, à caufe que ie ferois marry
qu'ils fiffent rien à mon fujet, qui puft eftre defagreable à leurs confreres, & auffi qu'elle s'obtient fi facilement pour les autres liures, que i'ay crû que la caufe pour laquelle on pouroit iuger que ie ne l'ay pas, ne
me feroit point def-auantageufe ; mais cela ne m'a pas
empefché d'offrir mes Meditations à voftre Faculté,
afinde les faire d'autant mieux examiner;& que fi ceux
d'vn cors fi célebre ne trouuoient point de iuftes raifons pour les reprendre, cela me puft affurer des veritez qu'elles contiennent.

Pour ce qui eft du principe par lequel il me femble

connoiſtre que l'idée que i'ay d'vne choſe, *non redditur*
à me inadæquata per abſtrationem intellectus, ie ne le tire
que de ma propre penſée ; car eſtant aſſuré que ie ne
puis auoir aucune connoiſſance de ce qui eſt hors de
moy, que par l'entremiſe des idées que i'en ay en moy,
ie me garde bien de raporter mes iugemens immédia-
rement aux choſes, & de leur rien attribuer de Poſitif,
que ie ne l'aperçoiue auparauant en leurs idées ; mais
ie croy auſſi que tout ce qui ſe trouue en ces idées, eſt
neceſſairement dans les choſes, ainſi pour ſçauoir ſi
mon idée n'eſt point renduë non complete, ou *inadæ-*
quata, par quelque abſtraction de mon eſprit, i'examine ſeulement ſi ie ne l'ay point tirée, non de quelque ſujet plus complet, mais de quelqu'autre idée plus
complete, & plus parfaite, que i'aye en moy ; & ſi ie
ne l'en ay point tirée *per abſtractionem intellectus*, c'eſt à
dire, en détournant ma penſée d'vne partie de ce qui
eſt compris en cette idée complete, pour l'apliquer
d'autant mieux, & me rendre d'autant plus attentif à
l'autre partie ; Comme lors que ie conſidere vne figure, ſans penſer à la ſubſtance ny à la quantité dont elle
eſt figure, ie fais vne abſtraction d'eſprit, que ie puis
aiſément reconnoiſtre par aprés, en examinant ſi ie
n'ay point tiré cette idée que i'ay de la figure, de quelqu'autre que i'ay eu auparauant, & à qui elle eſt tellement iointe, que bien qu'on puiſſe penſer à l'vne, ſans
au oir aucune attention à l'autre, on ne puiſſe toutefois la nier de cette autre, lors qu'on penſe à toutes les
deux ; Car ie voy clairement que l'idée de la figure, eſt
ainſi iointe à l'idée de l'extenſion, & de la ſubſtance,

vû qu'il est impossible que ie conçoiue vne figure, en niant qu'elle ait aucune extension, & en niant qu'elle soit l'extension d'vne substance. Mais l'idée d'vne substance Etenduë & figurée est complete, à cause que ie la puis conceuoir toute seule, & nier d'elle toutes les autres choses dont i'ay des idées. Or il est ce me semble fort clair, que l'idée que i'ay d'vne substance qui pense, est complete en cette façon, & que ie n'ay aucune autre idée en mon esprit qui la précede, & qui luy soit tellement iointe, que ie ne les puisse bien conceuoir en les niant l'vne de l'autre ; car il ne peut y en auoir de telle en moy, que ie ne la connoisse. Et enfin ce ne sont que les Modes seuls, dont les idées sont renduës non completes par l abstraction de nostre esprit, lors que nous les considerons sans la chose dont ils sont Modes ; Car pour les substances elles ne peuuent n'estre pas completes ; & mesme il est impossible de conceuoir aucune de ces Qualitez qu'on nomme Réelles, que par cela seul qu'on les nomme Réelles, on ne les conçoiue comme completes ; ce qui fait aussi qu'on auoüe qu'elles peuuent estre separées de la substance, sinon naturellement, au moins surnaturellement, ce qui suffit. On dira peut-estre que la difficulté demeure encore, à cause que bien que ie conçoiue l'Ame & le Cors comme deux substances qui peuuent estre l'vne sans l'autre, ie ne suis pas toutefois asseuré qu'elles soient telles que ie les croy. Mais il en faut réuenir à la regle cy-deuant posée, à sçauoir, que nous ne pouuons auoir aucune connoissance des choses, que par les idées que nous en conceuons ; & que par consequent nous n'en

deuons iuger que fuiuant ces idées , & mefme penfer
que tout ce qui répugne à ces idées eft abfolument impoffible , & implique contradiction. Ainfi nous n'a-
uons aucune autre raifon pour affurer qu'il n'y a point
de montagne fans valée , finon que nous voyons que
leurs idées ne peuuent eftre completes , quand nous
les confiderons l'vne fans l'autre , bien que nous puiffions par abftraction , auoir l'idée d'vne montagne,
ou d'vn lieu par lequel on monte de bas en haut , fans
confiderer qu'on peut auffi defcendre par le mefme de
haut en bas. Ainfi nous pouuons dire qu'il implique
contradiction , qu'il y ait des Atomes , ou des parties
de matiere qui ayent de l'extenfion , & toutefois qui
foient indiuifibles , à caufe qu'on ne peut auoir l'idée
d'aucune extenfion , fans auoir auffi celle de fa moitié,
ou de fon tiers , ny par confequent fans la conceuoir
côme diuifible en deux ou en trois; Car de cela feul que
ie confidere les deux moitiez d'vne partie de matiere,
tant petite qu'elle puiffe eftre , comme deux fubftances completes , & *quarum ideæ non redduntur à me inade-*
quatæ per abftractionem intellectus , ie conclus certainement qu'elles font réellement diuifibles ; & fi l'on me
difoit que nonobftant que ie les puiffe conceuoir l'v-
ne fans l'autre , ie ne fçay pas pour cela , fi Dieu ne les a
point vnies ou iointes l'vne à l'autre d'vn lien fi eftroit,
qu'elles foient entierement infeparables , & ainfi que
ie n'ay pas raifon de l'affurer ; Ie répondrois que de
quelque lien qu'il puiffe les auoir iointes , ie fuis affuré
qu'il les peut feparer , & ainfi abfolument parlant
qu'elles peuuent eftre feparées , puis qu'il m'a donné la

faculté de les conceuoir comme feparées. Et ie dis tout
le mefme de l'Ame & du Cors, & generalemen de
toutes les chofes dont nous auons des idées diuerfes,
& completes; Mais ie ne nie pas pour cela qu'il ne puiffe y auoir dans l'Ame ou dans le Cors plufieurs chofes
dont ie n'ay aucunes idées ; ie nie feulement qu'il y ait
rien qui répugne aux idées que i'en ay , car autrement
Dieu feroit trompeur , & nous n'aurions aucune regle
pour nous affurer de la verité.

La raifon pour laquelle ie croy que l'Ame penfe tou-
jours, eft la mefme qui me fait croire que la lumiere
luit tou-jours, bien qu'il n'y ait point d'yeux qui la regardent ; que la chaleur eft tou jours chaude bien qu'
on ne s'y chauffe point ; que le Cors , ou la fubftance
étenduë , à tou-jours de l'extention ; & generalemcnt
que ce qui conftituë la nature d'vne chofe y eft tou-
jours pendant qu'elle exifte ; en forte qu'il me feroit
bien plus aifé de croire que l'Ame cefferoit d'eftre,
quand on dit qu'elle ceffe de penfer , que non pas de
conceuoir qu'elle foit fans penfée. Et ie ne voy icy aucune difficulté , qu'à caufe qu'on iuge fuperflu de
croire qu'elle penfe, lors qu'il ne nous en refte aucun
fouuenir par aprés ; Mais fi on confidere que nous
auons toutes les nuits mille penfées , & mefme qu'en
veillant nous en auons eu mille depuis vne heure, dont
il ne nous refte aucune trace , & dont nous ne voyons
pas mieux l'vtilité , que de celles que nous pouuons
auoir euës auant que de naiftre, on aura bien moins de
peine à fe le perfuader , qu'à iuger , qu'vne fubftance
dont la nature eft de penfer , puiffe exifter , & toute-

foisne penſer point. Ie ne voy auſſi aucune difficulté
à entendre que les facultez d'imaginer & de ſentir appartiennent à l'Ame, à cauſe que ce ſont des eſpeces
de penſées; & neantmoins elles n'apartiennent à l'A-
me qu'entant qu'elle eſt iointe au Cors, à cauſe que ce
ſont des eſpeces de penſées, ſans leſquelles on peut
conceuoir l'Ame toute pure. Pour ce qui eſt des Animaux, nous connoiſſons bien en eux des mouuemens
ſemblables à ceux qui ſuiuent de nos imaginations ou
ſentimens, mais non pas pour cela des imaginations
ou ſentimens; Et au contraire ces meſmes mouuemens
ſe pouuans faire ſans imagination, nous auons raiſon
de croire que c'eſt ainſi qu'ils ſe font en eux, ainſi que
i'eſpere faire voir clairement, en décriuant par le menu toute l'architecture de leur Cors, & les cauſes de
leurs mouuemens. Mais ie crains que ie ne vous aye
déja ennuyé par la longueur de cette lettre, ie me tiendray tres-heureux ſi vous me continuez l'honneur de
voſtre bienveillance, & la faueur de voſtre protection,
comme à celuy qui eſt, &c.

A MONSIEVR DE ZVITLICHEN.

LETTRE CVI.

MONSIEVR,

Encore que ie me ſois retiré aſſez loin hors du monde, la triſte nouuelle de voſtre affliction n'a pas laiſſé
de

de paruenir iusques à moy. Si ie vous mesurois au pié
des Ames vulgaires, la tristesse que vous auez témoignée dés le commencement de la maladie de feu Madame de Z, me feroit craindre que son decez ne vous
fust du tout insuportable; mais ne doutant point que
vous ne vous gouuerniez entierement selon la raison,
ie me persuade qu'il vous est beaucoup plus aisé de
vous consoler, & de reprendre vostre tranquillité d'esprit acoutumée, maintenant qu'il n'y a plus du tout de
remede, que lors que vous auiez encore ocasion de
craindre & d'esperer. Car il est certain que l'esperance
estant du tout ostée, le desir cesse, ou du moins se relasche & perd sa force, & quand on n'a que peu ou
point de desir de rauoir ce qu'on a perdu, le regret n'en
peut estre fort sensible. Il est vray que les Esprits foibles ne goustent point du tout cette raison, & que sans
sçauoir eux-mesmes ce qu'ils s'imaginent, ils s'imaginent que tout ce qui a autrefois esté, peut encore estre,
& que Dieu est comme obligé de faire pour l'amour
d'eux tout ce qu'ils veulent : Mais vne Ame forte &
genereuse comme la vostre, sçachant la condition de
nostre nature, se soumet tou-jours à la necessité de sa
Loy; Et bien que ce ne soit pas sans quelque peine,
i'estime si fort l'amitié, que ie croy que tout ce que l'on
souffre à son ocasion est agréable, en sorte que ceux
mesme qui vont à la mort pour le bien des personnes
qu'ils affectionnent, me semblent heureux iusques au
dernier moment de leur vie. Et quoy que i'apréhen-
dasse pour vostre santé, pendant que vous perdiez le
manger & le repos pour seruir vous mesme vostre ma-

lade, i'euſſe penſé commettre vn ſacrilege, ſi i'euſſe
taſché à vous diuertir d'vn office ſi pieux & ſi doux.
Mais maintenant que voſtre deuil ne luy pouuant
plus eſtre vtile, ne ſçauroit auſſi eſtre ſi iuſte qu'auparauant, ny par conſequent acompagné de cette ioye
& ſatisfaction interieure qui ſuit les actions vertueu-
ſes, & fait que les ſages ſe trouuent heureux en toutes
les rencontres de la fortune, ſi ie penſois que voſtre
raiſon ne le pûſt vaincre, i'irois importunément vous
trouuer, & taſcherois par tous moyens à vous diuertir,
à cauſe que ie ne ſçache point d'autre remede pour vn
tel mal. Ie ne mets pas icy en ligne de comte la perte
que vous auez faite entant qu'elle vous regarde, & que
vous eſtes priué d'vne compagnie que vous chériſſiez
extrémement ; car il me ſemble que les maux qui nous
touchent nous meſmes ne ſont point comparables à
ceux qui touchent nos amis, & qu'au lieu que c'eſt vne
vertu d'auoir pitié des moindres afflictions qu'ont les
autres, c'eſt vne eſpece de laſcheté de s'affliger pour
aucune des diſgraces que la fortune nous peut enuoyer ; outre que vous auez tant de proches qui vous
chériſſent, que vous ne ſçauriez pour cela rien trouuer à dire en voſtre famille, & que quand vous n'auriez
que Madame de V. pour ſœur, ie croy qu'elle ſeule eſt
ſuffiſante pour vous déliurer de la ſolitude, & des ſoins
d'vn ménage, qu'vn autre que vous pouroit craindre,
aprés auoir perdu ſa compagnie. Ie vous ſuplie d'excuſer la liberté que ie prens de mettre icy mes ſentimens
en Philoſophe, au meſme moment que ie viens de receuoir vn paſquet de voſtre part, par Monſieur G. où

ie ne comprens point le procedé du P. M. car il ne
m'enuoye encore aucun priuilege, & semble vouloir
m'obliger, en fesant tout le contraire de ce dont ie le
prie. Ie suis, &c.

A MONSIEVR ****.

LETTRE CVII.

MONSIEVR,

Ie viens d'aprendre la triste nouuelle de vostre affliction, & bien que ie ne me promette pas de rien mettre
en cette lettre, qui ait grande force pour adoucir vostre douleur, ie ne puis toutesfois m'abstenir d'y tascher, pour vous témoigner au moins que i'y participe.
Ie ne suis pas de ceux qui estiment que les larmes & la
tristesse n'apartiennent qu'aux femmes, & que pour
paroistre homme de cœur, on se doiue contraindre à
monstrer tou-jours vn visage tranquille; I'ay senty depuis peu la perte de deux personnes qui m'estoient tres-
proches, & i'ay éprouué que ceux qui me vouloient
deffendre la tristesse l'irritoient, au lieu que i'estois
soulagé par la complaisance de ceux que ie voyois touchez de mon déplaisir. Ainsi ie m'assure que vous me
souffrirez mieux, si ie ne m'opose point à vos larmes,
que si i'entreprenois de vous détourner d'vn ressentiment que ie croy iuste; Mais il doit neantmoins y
auoir quelque mesure; & comme ce seroit estre bar-

bare que de ne se point affliger du tout, lors qu'on en
a du sujet, aussi seroit ce estre trop lasche de s'aban-
donner entierement au déplaisir, & ce seroit faire fort
mal son conte, que de ne tascher pas de tout son pouuoir à se déliurer d'vne passion si incommode. La profession des armes en laquelle vous estes nourry, acoutume les hommes à voir mourir inopinément leurs
meilleurs amis, & il n'y a rien au monde de si fàcheux,
que l'acoutumance ne le rende suportable. Il y a ce me
semble beaucoup de raport entre la perte d'vne main
& d'vn frere, vous auez cy-deuant soufert la premiere
sans que i'aye iamais remarqué que vous en fussiez af-
fligé, pourquoy le seriez vous dauantage de la seconde.
Si c'est pour vostre propre interest, il est certain que
vous la pouuez mieux réparer que l'autre, en ce que
l'acquisition d'vn fidele amy peut autant valoir que l'a-
mitié d'vn bon frere ; Et si c'est pour l'interest de celuy
que vous regrettez, comme sans doute vostre generosité ne vous permet pas d'estre touché d'autre chose,
vous sçauez qu'il n'y a aucune raison ny religion, qui
fasse craindre du mal aprés cette vie, à ceux qui ont
vescu en gens d'honneur, mais qu'au contraire l'vne &
l'autre leur promet des ioyes & des récompenses. Enfin Monsieur toutes nos afflictions, quelles qu'elles
soient, ne dépendent que fort peu des raisons ausquelles nous les attribuons, mais seulement de l'émotion & du trouble interieur que la nature excite en
nous mesmes; car lors que cette émotion est apaisée,
encore que toutes les raisons que nous auions auparauant demeurent les mesmes, nous ne nous sentons

plus affligez. Or ie ne veux point vous conseiller, d'employer toutes les forces de voftre réfolution & conftance, pour arrefter tout d'vn coup l'agitation interieure que vous fentez, ce feroit peut-eftre vn remede plus fafcheux que la maladie, mais ie ne vous confeille pas auffi d'attendre que le tems feul vous guériffe, & beaucoup moins d'entretenir & prolonger voftre mal par vos penfées ; Ie vous prie feulement de tafcher peu à peu de l'adoucir, en ne regardant ce qui vous eft arriué que du biais qui vous le peut faire paroiftre le plus fupoitable, & en vous diuertiffant le plus que vous pourez par d'autres ocupations. Ie fçay bien que ie ne vous aprens icy rien de nouueau, mais on ne doit pas méprifer les bons remedes pour eftre vulgaires, & m'eftant feruy de cettuy-cy auec fruit, i'ay crû eftre obligé de vous l'écrire : car ie fuis, &c.

A MONSIEVR ***.

LETTRE CVIII.

Monsievr,

Ie fçay que vous auez tant d'ocupations, qui valent mieux que de vous arrefter à lire des complimens d'vn homme qui ne frequente icy que des Payfans, que ie n'ofe m'ingerer de vous écrire, que lors que i'ay quelque ocafion de vous importuner. Celle qui fe préfente maintenant eft pour vous donner fujet d'exercer votre charité en la perſonne d'vn pauure Payſan de mon voiſinage, qui a eu le mal-heur d'en tuër vn autre. Ses parens ont deſſein d'auoir recours à la clémence de ſon Alteſſe, afin de taſcher d'obtenir ſa grace, & ils ont deſiré auſſi que ie vous en écriuiſſe, pour vous ſuplier de vouloir ſeconder leur requeſte d'vn mot fauorable, en cas que l'ocaſion s'en préſente. Pour moy, qui ne recherche rien tant que la ſecurité & le repos, ie ſuis bien aiſe d'eſtre en vn pays où les crimes ſoient châtiez auec rigueur, pource que l'impunité des méchans leur donne trop de licence; Mais pource que tous les mouuemens de nos paſſions n'eſtant pas tou-jours en noſtre pouuoir, il arriue quelquefois que les meilleurs hommes commettent de tres-grandes fautes, pour cela l'vſage des graces eſt plus vtile que celuy des loix ; à cauſe qu'il vaut mieux qu'vn homme de bien ſoit ſauué, que non pas que mille méchans ſoient punis; Auſſi eſt-ce l'action la plus glorieuſe & la plus auguſte que puiſſent faire les Princes que de pardonner. Le Payſan pour qui ie vous prie eſt icy en réputation de n'eſtre nullement querelleux, & de n'auoir iamais fait de déplaiſir à perſonne auant ce malheur. Tout ce qu'on peut dire le plus à ſon deſauantage, eſt que ſa mere eſtoit mariée auec celuy qui eſt mort ; mais ſi on adjoute, qu'elle en eſtoit auſſi fort outrageuſement battuë, & l'auoit eſté pendant pluſieurs années qu'elle auoit tenu ménage auec luy, iuſqu'à ce qu'enfin, elle s'en eſtoit ſeparée, & ainſi ne le conſideroit plus comme ſon mary, mais comme ſon perſecuteur & ſon ennemy, lequel meſme pour ſe vanger de cette ſepara-

tion, la menaçoit d'oster la vie à quelqu'vn de ses enfans (l'vn desquels est cettuy-cy) on trouuera que cela mesme sert beaucoup à l'excuser. Et comme vous
sçauez que i'ay coutume de Philosopher sur tout ce
qui se présente, ie vous diray que i'ay voulu rechercher
la cause qui a pû porter ce pauure homme, à faire vne
action, de laquelle son humeur paroissoit estre fort
éloignée ; & i'ay sceu qu'au temps que ce malheur luy
est arriué, il auoit vne extréme afliction, à cause de la
maladie d'vn sien enfant dont il attendoit la mort à
chaque moment, & que pendant qu'il estoit auprés de
luy, on le vint apeller pour secourir son beaufrere,
qui estoit attaqué par leur commun ennemy. Ce qui
fait que ie ne trouue nullement étrange, de ce qu'il ne
fut pas maistre de soy-mesme en telle rencontre : car
lors qu'on a quelque grande affliction, & qu'on est mis
au desespoir par la tristesse, il est certain qu'on se laisse
bien plus emporter à la colere, s'il en suruient alors
quelque sujet, qu'on ne seroit en vn autre tems. Et ce
sont ordinairement les meilleurs hommes, qui voyans
d'vn costé la mort d'vn fils, & de l'autre le peril d'vn
frere, en sont le plus violemment émûs. C'est pourquoy les fautes ainsi commises sans aucune malice
prémeditée, sont ce me semble les plus excusables ;
Aussi luy fut-il pardonné par tous les principaux parens du mort, au iour mesme qu'ils estoient assemblez
pour le mettre en terre. Et de plus les Iuges d'icy l'ont
absous, mais par vne faueur trop précipitée, laquelle
ayant obligé le Fiscal à se porter apellant de leur sen-
tence, il n'ose pas se présenter derechef deuant la Iu-

ſtice, laquelle doit ſuiure la rigueur des loix, ſans auoir égard aux perſonnes, mais il ſuplie que l'innocence de ſa vie paſſée, luy puiſſe faire obtenir grace de ſon Alteſſe. Ie ſçay bien qu'il eſt tres-vtile de laiſſer quelquefois faire des exemples, pour donner de la crainte aux méchans, mais il me ſemble que le ſujet qui ſe preſente n'y eſt pas propre; car outre que le criminel eſtant abſent, tout ce qu'on luy peut faire n'eſt que de l'empeſcher de reuenir dans le pays, & ainſi punir ſa femme & ſes enfans plus que luy, i'aprens qu'il y a quantité d'autres Payſans en ces Prouinces, qui ont commis des meurtres moins excuſables, & dont la vie eſt moins innocente, qui ne laiſſent pas d'y demeurer, ſans auoir meſme aucun pardon de ſon Alteſſe (& le mort eſtoit de ce nombre) ce qui me fait croire, que ſi on commençoit par mon voiſin à faire vn exemple, ceux qui ſont plus acoutumez que luy à tirer le couteau, diroient qu'il n'y a que les innocens & les idiots, qui tombent entre les mains de la Iuſtice , & ſeroient confirmez par là en leur licence. Enfin ſi vous contribuez quelque choſe à faire que ce pauure homme puiſſe reuenir auprés de ſes enfans, ie puis dire que vous ferez vne bonne action, & que ce ſera vne nouuelle obligation que vous aura, &c.

          A MONSIEVR

A MONSIEVR ***.

LETTRE CIX.

MONSIEVR,

Le soin qu'il vous a plû auoir de vous enquerir des iugemens qu'on fait de mes écrits au lieu où vous estes, est vn effet de vostre amitié , pour lequel ie vous ay beaucoup d'obligation ; mais encore que lors qu'on a publié quelque liure, l'on soit tou-jours bien-aise de sçauoir ce que les lecteurs en disent, ie vous puis toutesfois assurer que c'est vne chose dont ie me soucie fort peu ; & mesme ie pense connoistre si bien la portée de la plus-part de ceux qui passent pour doctes, que i'aurois mauuaise opinion de mes pensées, si ie voyois qu'ils les aprouuassent. Ie ne veux pas dire que celuy dont vous m'auez enuoyé le iugement soit de ce nombre : mais voyant qu'il dit que la façon dont i'ay expliqué l'Arc-en-Ciel est commune, & que mes principes de Physique sont tirez de Démocrite, ie croy qu'il ne les a pas beaucoup lûs ; ce que me confirment aussi ses objections contre la rarefaction ; car s'il auoit pris garde à ce que i'ay écrit de celle qui se fait dans les Æolipiles, ou dans les machines où l'air est pressé violemment, & dans la poudre à canon, il ne me proposeroit pas celle qui se fait en sa Fontaine artificielle. Et s'il auoit remarqué la façon dont i'ay expliqué que l'idée

que nous auons du Cors en general, ou de la matiere,
ne differe point de celle que nous auons de l'espace, il
ne s'arresteroit point à vouloir faire conceuoir la pé-
netration des dimensions, par l'exemple du mouuement; car nous auons vne idée tres-distincte des diuerses vitesses du mouuement, mais il implique contradiction, & est impossible de conceuoir que deux
espaces se penetrent l'vn l'autre. Ie ne réponsrien à celuy qui dit que les démonstrations manquent en ma
Géometrie; car il est vray que i'en ay obmis plusieurs,
mais vous les sçauez toutes, & vous sçauez aussi que
ceux qui se plaignent que ie les ay obmises, pour ce
qu'ils ne les sçauroient inuenter d'eux-mesmes, mon-
trent par là qu'ils ne sont pas fort grans Géometres.
Ce que ie trouue le plus étrange est la conclusion du
iugement que vous m'auez enuoyé, à sçauoir, que ce
qui empeschera mes principes d'estre receus dans l'é-
cole, est qu'ils ne sont pas assez confirmez par l'experience, & que ie n'ay point réfuté les raisons des autres.
Car i'admire que nonobstant que i'aye démontré en
particulier, presque autant d'experiences qu'il y a de
lignes en mes écrits, & qu'ayant generalement rendu
raison dans mes principes de tous les Phainomenes de
la nature, i'aye expliqué par mesme moyen toutes les
experiences qui peuuent estre faites touchant les Cors
inanimez, & qu'au contraire on n'en ait iamais bien
expliqué aucune par les principes de la Philosophie
vulgaire, ceux qui la suiuent ne laissent pas de m'objecter le défaut d'experiences. Ie trouue fort étrange aussi qu'ils desirent que ie réfute les argumens de l'école,

car ie croy que si ie l'entreprenois, ie leur rendrois vn mauuais office; Et il y a long-tems que la malignité de quelques-vns m'a donné sujet de le faire, & peut-estre qu'enfin ils m'y contraindront. Mais pource que ceux qui y ont le plus d'interest sont les Peres Iesuites, la consideration du Pere C. qui est mon parent, & qui est maintenant le premier de leur compagnie, depuis la mort du General, duquel il estoit assistant, & celle du Pere D. & de quelques autres des principaux de leur Cors, lesquels ie croy estre veritablement mes amis, a esté cause que ie m'en suis abstenu iusques icy; & mesme que i'ay tellement composé mes principes, qu'on peut dire qu'ils ne contrarient point du tout à la Philosophie commune, mais seulement qu'ils l'ont enrichie de plusieurs choses qui n'y estoient pas; Car puisque on y reçoit vne infinité d'autres opinions qui sont contraires les vnes aux autres, pourquoy n'y pouroit-on pas aussi bien receuoir les miennes. Ie ne voudrois pas toutesfois les en prier; car si elles sont fausses ie serois marry qu'ils fussent trompez; & si elles sont vrayes, ils ont plus d'interest à les rechercher, que moy à les recommander. Quoy qu'il en soit, ie vous suis tres-obligé de la souuenance que vous auez de moy, ie m'assure que M. Van. Z. vous mandera ce qui se passe à Vtrech, ce qui est cause que ie n'adjouteray icy autre chose, sinon que le tems & l'absence ne diminuëront iamais rien du zele que i'ay à estre toute ma vie, &c.

A MONSIEVR ***.
LETTRE CX.

MONSIEVR,

Encore que le Pere Mersenne ait fait directement contre mes prieres, en disant mon nom, ie ne sçaurois toutesfois luy vouloir mal, de ce que par son moyen i'ay l'honneur d'estre connu d'vne personne de vostre merite. Mais i'ay bien sujet de m'inscrire en faux, contre vn projet du priuilege qu'il me mande vouloir tascher d'impetrer pour moy; car il m'y introduit me loüant moy-mesme, & me qualifiant inuenteur de plusieurs belles choses, & me fait dire que i'offre de donner au public d'autres traitez, que ceux qui sont dé-ja imprimez, ce qui est contraire à ce que i'ay écrit tant au commencement de la 77. page du discours qui sert de Préface, qu'ailleurs. Mais ie m'assure qu'il vous fera voir ce que ie luy mande, puisque i'aprens par celle que vous m'auez fait l'honneur de m'écrire, que c'est vous qui m'auez obligé de luy suggérer quelques vnes des objections ausquelles ie luy fais réponse. Pour le traité de Physique dont vous me faites la faueur de me demander la publication, ie n'aurois pas esté si imprudent que d'en parler en la façon que i'ay fait, si ie n'auois enuie de le mettre au iour, en cas que le monde le desire, & que i'y trouue mon conte & mes seuretez. Mais ie veux bien vous dire, que tout le dessein de ce que ie fais imprimer à cette fois, n'est que de luy préparer le chemin, & sonder le guay. Ie propose à cet effet vne Méthode generale, laquelle véritablement ie n'enseigne pas, mais ie tasche d'en donner des preuues par les trois traitez suiuans, que ie ioins au discours où i'en parle, ayant pour le premier, vn sujet meslé de Philosophie & de Mathematique; pour le second, vn tout pur de Philosophie; & pour le 3e, vn tout pur de Mathematique; dans lesquels ie puis dire que ie ne me suis abstenu de parler d'aucune chose, (au moins de celles qui peuuent estre connuës par la force du raisonnemét) pour ce que i'ay crû ne l'a pas sçauoir; En sorte qu'il me semble par là donner ocasion de iuger que i'vse d'vne méthode par laquelle ie pourois expliquer aussi bien toute autre matiere, en cas que i'eusse les experiences qui y seroient necessaires, & le tems pour les considerer. Outre que pour montrer que cette méthode s'étend à tout, j'ay inseré briévement quelque chose de Métaphysique, de Physique, & de Médecine dans le premier discours; Que si ie puis faire auoir au monde cette opinion de ma Méthode, ie croiray alors n'auoir plus tant de sujet de craindre que les principes de ma Physique soient mal receus; Et si ie ne rencontrois que des iuges aussi fauorables que vous, ie ne le craindrois pas dez maintenant.

Vous me demandez *in quo genere causæ Deus disposuit æternas veritates.* Ie vous répons que c'est *in eodem genere causæ,* qu'il a creé toutes choses, c'est à dire *vt Efficiens & Totalis Causa.* Car il est certain qu'il est aussi bien Autheur de l'essence comme de l'existence des creatures: Or cette essence n'est autre chose que ces vé-

ritez Eternelles ; lefquelles ie ne conçoy point émaner
de Dieu, comme les rayons du Soleil ; mais ie fçay que
Dieu eft Autheur de toutes chofes, & que ces veritez,
font quelque chofe, & par confequent qu'il en eft Autheur. Ie dis que ie le fçay, & non pas que ie le conçoy
ny que ie le comprens ; car on peut fçauoir que Dieu
eft Infiny, & Tout-puiffant, encore que noftre Ame
eftant finie ne le puiffe comprendre ny conceuoir ; de
mefme que nous pouuons bien toucher auec les mains
vne montagne, mais non pas l'embraffer comme nous
ferions vn arbre, ou quelque autre chofe que ce foit,
qui n'excedaft point la grandeur de nos bras : car comprendre, c'eft embraffer de la penfée ; mais pour fçauoir vne chofe, il fuffit de la toucher de la penfée.
Vous demandez auffi qui a neceffité Dieu à créer ces
veritez ; Et ie dis qu'il a efté auffi libre de faire qu'il ne
fuft pas vray que toutes les lignes tirées du centre à la
circonference fuffent égales, comme de ne pas créer
le monde : Et il eft certain que ces veritez ne font pas
plus neceffairement conjointes à fon effence, que les
autres Creatures. Vous demandez ce que Dieu a fait
pour les produire. Ie dis que *ex hoc ipfo quod illas ab æter-*
no effe voluerit & intellexerit, illas creauit, ou bien (fi vous
n'attribuez le mot de *creauit* qu'à l'exiftence des chofes) *illas difpofuit & fecit*. Car c'eft en Dieu vne mefme
chofe de vouloir, d'entendre, & de créer ; fans que
l'vn précede l'autre, *ne quidem ratione.* 2. Pour la queftion *an Dei bonitati fit conueniens homines in æternum*
damnare, cela eft de Theologie, c'eft pourquoy
abfolument vous me permettrez, s'il vous plaift, de

n'en rien dire ; Non pas que les raisons des libertins en cecy ayent quelque force, car elles me semblent friuo-les & ridicules, mais pour ce que ie tiens que c'est faire tort aux veritez qui dépendent de la Foy, & qui ne peu-uent estre prouuées par démonstration naturelle, que de les vouloir affermir par des raisons humaines, & pro-bables seulement. 3. Pour ce qui touche la liberté de Dieu, ie suis tout à fait de l'opinion que vous me man-dez auoir esté expliquée par le P. Gibbieu ; Ie n'auois point sceu qu'il eust fait imprimer quelque chose, mais ie tascheray de faire venir son traité de Paris à la pre-miere commodité, afin de le voir ; & ie suis grande-ment aise que mes opinions suiuent les siennes ; car cela m'assure au moins qu'elles ne sont pas si extraua-gantes, qu'il n'y ait de tres-habiles hommes qui les soutiennent. Les 4. 5. 6. 8. 9. & derniers points de vo-stre lettre sont tous de Theologie, c'est pourquoy ie m'en tairay, s'il vous plaist. Pour le septiéme point touchant les marques qui s'impriment aux enfans par l'imagination de la mere, &c. i'auouë bien que c'est vne chose digne d'estre examinée, mais ie ne m'y suis pas encore satisfait. Pour le dixiéme point, où ayant supposé que Dieu mene tout à sa perfection, & que rien ne s'aneantit, vous demandez ensuite, quelle est donc la perfection des bestes brutes, & que deuiennent leurs ames aprés la mort ; il n'est pas hors de mon sujet, & i'y répons que Dieu mene tout à sa perfection, c'est à di-re, tout *collectiuè*, non pas chaque chose en particulier ; car cela mesme, que les choses particulieres périssent, & que d'autres renaissent en leur place, c'est vne des

principales perfections de l'Vniuers. Pour leurs Ames,
& les autres Formes & Qualitez, ne vous mettez pas en
peine de ce qu'elles deuiendront, ie suis aprés à l'expliquer en mon traité, & i'espere de le faire entendre si
clairement, que personne n'en poura douter.

Pour ce que vous inferez, Si la nature de l'homme n'est
que de Penser, qu'il n'a donc point de Volonté, ie n'en
voy pas la consequence; car vouloir, entendre, imaginer, sentir, &c. ne sont que des diuerses façons de
penser, qui apartiennent toutes à l'Ame. Vous rejet-
tez ce que i'ay dit, qu'il suffit de bien iuger pour bien
faire; Et toutesfois il me semble que la doctrine ordinaire de l'école est que *voluntas non fertur in malum, nisi
quatenus ei sub aliqua ratione boni repræsentatur ab intellectu*,
d'où vient ce mot, *omnis peccans est ignorans*; En sorte
que si iamais l'entendement ne representoit rien à la
volonté comme bien, qui ne le fust, elle ne pouroit
manquer en son élection. Mais il luy represente souuent diuerses choses en mesme tems, d'où vient le mot
video meliora proboque, qui n'est que pour les Esprits foibles, dont i'ay parlé en la page 26. Et le bien faire dont
ie parle ne se peut entendre en termes de Theologie,
où il est parlé de la Grace, mais seulement de Philosophie morale & naturelle, où cette Grace n'est point
consideree; en sorte qu'on ne me peut acuser pour cela de l'erreur des Pélagiens, non plus que si ie disois
qu'il ne faut qu'auoir vn bon sens pour estre honeste
homme, on ne m'objecteroit pas qu'il faut aussi auoir
le sexe qui nous distingue des femmes, pour ce que
cela ne vient point alors à propos; Tout de mesme en
disant

difant qu'il eſt vray-ſemblable (à ſçauoir ſelon la raiſon humaine) que le monde a eſté creé tel qu'il deuoit
eſtre, ie ne nie point pour cela qu'il ne ſoit certain par
la foy qu'il eſt parfait. Enfin pour ceux qui vous ont
demandé de quelle Religion i'eſtois, s'ils auoient pris
garde, que i'ay écrit en la page 29. que ie n'euſſe pas
crû me deuoir contenter des opinions d'autruy vn ſeul
moment, ſi ie ne me fuſſe propoſé d'employer mon
propre iugement à les examiner lors qu'il ſeroit tems,
ils verroient qu'on ne peut inferer de mon diſcours,
que les Infideles doiuent demeurer en la Religion de
leurs parens. Ie ne trouue plus rien en vos deux lettres
qui ait beſoin de réponſe, ſinon qu'il ſemble que vous
craigniez que la publication de mon premier diſcours,
ne m'engage de parole à ne point faire voir cy-aprés
ma Phyſique, dequoy toutes-fois il ne faut point auoir
peur ; car ie n'y promets en aucun lieu de ne la point
publier pendant ma vie, mais ie dis que i'ay eu cy-deuant deſſein de la publier, que depuis pour les raiſons
que i'allegue, ie me ſuis propoſé de ne le point faire
pendant ma vie, & que maintenant ie prens réſolution de publier les traitez contenus en ce volume; d'où
tout de meſme, l'on peut inferer, que ſi les raiſons qui
m'empeſchent de la publier eſtoient changées, ie pourois prendre vne autre réſolution, ſans pour cela eſtre
changeant ; car *ſublatâ causâ tollitur effectus*. Vous dites
auſſi, qu'on peut attribuer à vanterie ce que ie dis de
ma Phyſique, puiſque ie ne la donne pas , ce qui peut
auoir lieu pour ceux qui ne me connoiſſent point , &
qui n'auront vû que mon premier diſcours; mais pour

H H H h

ceux qui verront tout le liure, ou qui me connoiſſent,
ie ne crains pas qu'ils m'accuſent de ce vice, non plus
que de celuy que vous me reprochez, de mépriſer les
hommes, à cauſe que ie ne leur donne pas étourdi-
ment, ce que ie ne ſçay pas encore s'ils veulent auoir :
car enfin ie n'ay parlé comme i'ay fait de ma Phyſique,
qu'afin de conuier ceux qui la deſireront, à faire
changer les cauſes qui m'empeſchent de la publier.
Derechef ie vous prie de nous enuoyer ou le Priuilege
ou ſon refus, le plus promtement qu'il ſera poſſible,
& plu-toſt en la façon la plus ſimple vn iour deuant,
qu'en la meilleure le iour d'aprés. Ie ſuis, &c.

AV REVEREND PERE MERSENNE

LETTRE CXI.

MON REVEREND PERE,

Cette propoſition d'vne nouuelle Langue, ſemble
plus admirable à l'abord, que ie ne la trouue en y regardant de prés ; car il n'y a que deux choſes à aprendre
en toutes les Langues, à ſçauoir, la Signification des
mots, & la Grammaire. Pour la ſignification des mots,
il n'y promet rien de particulier ; car il dit en la quatriéme propoſition, *linguam illam interpretari ex dictio-
nario*, qui eſt ce qu'vn homme vn peu verſé aux Langues peut faire ſans luy en toutes les langues commu-

nes. Et ie m'assure que vous donniez à Monsieur Hardy vn bon Dictionnaire en Chinois, ou en quelqu'autre langue que ce soit, & vn liure écrit en la mesme langue, qu'il e ntreprendra d'en tirer le sens. Ce qui empesche que tout le monde ne le pouroit pas faire, c'est la difficulté de la Grammaire; & ie deuine que c'est tout le secret de vostre homme; mais ce n'est rien qui ne soit tres-aisé; car fesant vne langue, où il n'y ait qu'vne façon de conjuguer, de décliner, & de construire les mots, qu'il n'y en ait point de defectifs ny d'irreguliers, qui sont toutes choses venuës de la corruption de l'vsage; & mesme que l'inflexion des noms ou des verbes & la construction se fassent par affixes, ou deuant ou aprés les mots primitifs, lesquelles affixes soient toutes specifiées dans le Dictionnaire, ce ne sera pas merueille que les esprits vulgaires, aprennent en moins de six heures à composer en cette langue auec l'ayde du Dictionnaire, qui est le sujet de la premiere proposition. Pour la seconde, à sçauoir, *cognitâ hac linguâ cæteras omnes, vt eius dialectos, cognoscere*, ce n'est que pour faire valoir la drogue; car il ne met point en combien de tems on les pouroit connoistre, mais seulement qu'on les consideceroit comme des dialectes de celle-cy; c'est à dire que n'y ayant point en celle-cy d'irregularitez de Grammaire comme aux autres, il la prend pour leur Primitiue. Et de plus il est à noter qu'il peut en son Dictionnaire, pour les mots primitifs, se seruir de ceux qui sont en vsage en toutes les langues, comme de synonimes. Comme par exemple, pour signifier l'*Amour*, il prendra *aymer, amare,* φιλειν, &c.

HHHh ij

Et vn François en adjoutant l'affixe, qui marque le nom
fubftantif, à *aymer*, fera l'*amour*; vn Grec adjoutera le
mefme à Φιλειν, & ainfi des autres. En fuite dequoy la
fixiéme propofition eft fort aifée à entendre, *fcripturam
inuenire*, &c. car mettant en fon Dictionnaire vn feul
chifre, qui fe raporte à *aymer*, *amare*, Φιλειν, & tous les
fynonimes, le liure qui fera écrit auec ces caracteres
poura eftre interpreté par tous ceux qui auront ce Dictionnaire. La cinquiéme propofition n'eft auffi ce
femble que pour loüer fa marchandife, & fi-toft que
ie voy feulement le mot d'*arcanum* en quelque propofition, ie commence à en auoir mauuaife opinion;
mais ie croy qu'il ne veut dire autre chofe, finon que
pource qu'il a fort philofophé fur les Grammaires de
toutes ces langues qu'il nomme, pour abreger la fienne, il pouroit plus facilement les enfeigner que les
Maiftres ordinaires. Il refte la troifiéme propofition,
qui m'eft tout à fait vn *arcanum*: car de dire qu'il expli-
quera les penfées des Anciens, par les mots defquels
ils fe font feruis, en prenant chaque mot pour la vraye
définition de la chofe, c'eft proprement dire qu'il ex-
pliquera les penfées des Anciens en prenant leurs paroles en autre fens qu'ils ne les ont iamais prifes, ce qui
répugne, mais il l'entend peut-eftre autrement. Or cette penfée de réformer la Grammaire, ou plu-toft d'en
faire vne nouuelle qui fe puiffe aprendre en cinq ou
fix heures, & laquelle on puiffe rendre commune pour
toutes les langues, ne laifferoit pas d'eftre vne inuention vtile au public, fi tous les hommes fe vouloient
acorder à la mettre en vfage, fans deux inconueniens

que ie preuoy. Le premier eſt pour la mauuaiſe rencontre des lettres, qui feroient ſouuent des ſons deſagreables & inſuportables à l'oüye : car toute la difference des inflexions des mots ne s'eſt faite par l'vſage
que pour éuiter ce defaut, & il eſt impoſſible que voſtre Auteur ait pû remedier à cet inconuenient, feſant
ſa Grammaire vniuerſelle pour toutes ſortes de Na-
tions; car ce qui eſt facile & agreable à noſtre langue,
eſt rude & inſuportable aux Allemans, & ainſi des autres : Si bien que tout ce qui ſe peut, c'eſt d'auoir éui-
té cette mauuaiſe rencontre des ſyllabes en vne ou
deux langues; & ainſi ſa langue vniuerſelle ne ſeroit
que pour vn pays ; Mais nous n'auons que faire d'a-
prendre vne nouuelle langue , pour parler ſeulement
auec les François. Le 2. inconuenient eſt pour la difficulté d'aprendre les mots de cette langue; Car ſi pour
les mots Primitifs chacun ſe ſert de ceux de ſa langue,
il eſt vray qu'il n'aura pas tant de peine , mais il ne ſera
auſſi entendu que par ceux de ſon pays, ſinon par écrit,
lors que celuy qui le voudra entendre prendra la peine
de chercher tous les mots dans le Dictionnaire , ce qui
eſt trop ennuyeux pour eſperer qu'il paſſe en vſage.
Que ſi il veut qu'on aprenne des mots primitifs , communs pour toutes les langues, il ne trouuera iamais
perſonne qui veüille prendre cette peine ; & il ſeroit
plus aiſé de faire que tous les hommes s'acordaſſent à
aprendre la Latine , ou quelqu'autre de celles qui ſont
en vſage, que non pas celle-cy, en laquelle il n'y a point
encore de liures écrits , par le moyen deſquels on ſe
puiſſe exercer , ny d'hommes qui la ſçachent , auec qui

H H H h iij

l'on puiſſe acquerir l'vſage de la parler. Toute l'vtilité
donc que ie voy qui peut reüſſir de cette inuention,
c'eſt pour l'écriture : A ſçauoir, qu'il fiſt imprimer vn
gros Dictionnaire en toutes les langues auſquelles il
voudroit eſtre entendu, & miſt des caracteres communs pour chaque mot primitif, qui répondiſſent au
ſens, & non pas aux ſyllabes, comme vn meſme cara-
ctere pour *aymer, amare, & φιλειν* ; & ceux qui auroient
ce Dictionnaire, & ſçauroient ſa Grammaire, pouroient en cherchant tous ces caracteres l'vn aprés l'autre interpreter en leur langue ce qui ſeroit écrit ; Mais
cela ne ſeroit bon que pour lire des myſteres & des ré-
uelations ; car pour d'autres choſes, il faudroit n'auoir
guéres à faire, pour prendre la peine de chercher tous
les mots dans vn Dictionnaire, & ainſi ie ne voy pas
cecy de grand vſage. Mais peut-eſtre que ie me trompe, ſeulement vous ay-je voulu écrire tout ce que ie
pouuois conjecturer ſur ces ſix propoſitions que vous
m'auez enuoyées, afin que lorſque vous aurez vû l'inuention, vous puiſſiez dire ſi ie l'auray bien déchifrée.
Au reſte ie trouue qu'on pouroit adjouter à cecy vne
inuention, tant pour compoſer les mots primitifs de
cette langue, que pour leurs caracteres ; en ſorte qu'-
elle pouroit eſtre enſeignée en fort peu de tems, & ce
par le moyen de l'ordre, c'eſt à dire, établiſſant vn ordre entre toutes les penſées qui peuuent entrer en l'Eſprit humain, de meſme qu'il y en a vn naturellement
étably entre les nombres ; Et comme on peut aprendre en vn iour à nommer tous les nombres iuſques à
l'infini, & à les écrire, en vne langue inconnuë, qui

font toutesfois vne infinité de mots differens, qu'on
pûſt faire le meſme de tous les autres mots neceſſaires
pour exprimer toutes les autres choſes qui tombent en
l'Eſprit des hommes. Si cela eſtoit trouué, ie ne doute
point que cette langue n'euſt bien-toſt cours parmy
le monde, car il y a force gens qui employeroient volontiers cinq ou ſix iours de tems pour ſe pouuoir faire entendre par tous les hommes. Mais ie ne croy pas
que voſtre Auteur ait penſé à cela, tant pour ce qu'il
n'y a rien en toutes ſes propoſitions qui le témoigne, que pour ce que l'inuention de cette langue dépend de la vraye Philoſophie; car il eſt impoſſible autrement de dénombrer toutes les penſées des hommes, & dè les mettre par ordre ; ny ſeulement de les
diſtinguer en ſorte qu'elles ſoient claires & ſimples,
qui eſt à mon aduis le plus grand ſecret qu'on puiſſe
auoir pour acquerir la bonne ſcience ; Et ſi quelqu'vn
auoit bien expliqué quelles ſont les idées ſimples qui
ſont en l'imagination des hommes, deſquelles ſe compoſe tout ce qu'ils penſent, & que cela fuſt receu par
tout le monde , i'oſerois eſperer enſuite vne langue
vniuerſelle fort aiſée à aprendre , à prononcer , & à
écrire , & ce qui eſt le principal, qui ayderoit au iugement, luy repreſentant ſi diſtinctement toutes choſes, qu'il luy ſeroit preſque impoſſible de ſe tromper ;
au lieu que tout au rebours, les mots que nous auons
n'ont quaſi que des ſignifications confuſes, auſquelles
l'Eſprit des hommes s'eſtant acoutumé de longue
main, cela eſt cauſe qu'il n'entend preſque rien parfaitement. Or ie tiens que cette langue eſt poſſible, &

qu’on peut trouuer la science de qui elle dépend , par
le moyen de laquelle les Paysans pouroient mieux iuger de la verité des choses, que ne font maintenant les
Philosophes. Mais n’esperez pas de la voir iamais en
vsage, cela présupose de grans changemens en l’ordre
des choses , & il faudroit que tout le monde ne fust
qu’vn Paradis Terrestre , ce qui n’est bon à proposer
que dans le pays des Romans.

Maintenant pour vos questions de Musique, ce que
i’auois dit que le sault de la quinte en la basse n’est pas
plus que celuy de la tierce au dessus, est ce me semble
fort aisé à iuger , sur ce que la basse va naturellement
par de plus grãs interualles que le dessus; car de mesmĕ
qu’vn homme qui marche à plus grand pas qu’vn enfant de quatre ans, on peut dire que le sault de quinze
semelles sera moindre pour luy , que celuy de dix à vn
enfant de trois ou quatre ans. Vous demandez en suite
pourquoy les choses égales réueillent plus l’attention
en montant qu’en descendant , Ie ne me souuiens
plus de ce que ie vous auois écrit ; toutesfois ie vous
diray que ce n’est point pour ce qu’elles sont égales, ou
inégales , mais generalement le son plus aigu qui se
fait en montant , frape plus l’oreille que le graue ; Et
en vn concert de Musique si les voix vont tou-jours
également, ou qu’elles s’abaissent, & allentissent peu
à peu , cela endormira les Auditeurs ; mais si au contraire on rehausse la voix tout d’vn coup, ce sera le
moyen de les réueiller. Selon diuerses considerations
on peut dire que le son graue est plus ou moins son que
l’aigu , car il consiste en plus d’étenduë , se peut en-

tendre

tendre de plus loin &c. mais il eſt dit fondement de la
Muſique principalement pour ce qu'il a ſes mouuemens plus lents, & par conſequent qui peuuent eſtre
diuiſez en plus de parties ; car on nomme fondement,
ce qui eſt comme le plus ample, & le moins diuerſifié ,
& qui peut ſeruir de ſujet ſur lequel on peut baſtir le
reſte. Pour voſtre façon d'examiner la bonté des con-
ſonances, vous m'auez apris ce que i'en deuois dire,
qu'elle eſt trop ſubtile pour eſtre diſtinguée de l'oreille , qui eſt ſeule iuge de cela. Et pour le paſſage de la
Tierce Majeure à l'vniſſon, ie me tiens à la raiſon des
Praticiens.

Il n'y a point de doute en quelque ſens que vous
mettiez vn ſoliueau ou colomne , qu'elle peze tou-
jours & tire contre bas , & noſtre teſte peze ſur nos
épaules, & tout noſtre cors ſur nos iambes, encore que
nous n'y prenions pas garde. Il ne reſte plus que quelque choſe, touchant la viteſſe du mouuement, que
vous dites que Monſieur Beecman vous a mandé, mais
cela viendra mieux en répondant à voſtre derniere.
Pour la proportion de viteſſe ſelon laquelle deſcendent les pois, ie vous en ay écrit ce que i'en ſçauois
en la précedente, *ſaltem in vacuo, ſed in aëre*, ce que vous a
mandé Monſieur Beecman eſt veritable, pourvû que
vous ſupoſiez que plus le pois deſcend viſte , plus l'air
luy reſiſte ; car ſi cela eſt, dequoy ie ne ſuis pas encore
du tout aſſuré , enfin il arriuera que l'air empeſchera
iuſtement autant, que la peſanteur adjouteroit de viteſſe au mouuement *in vacuo*, & cela eſtant, le mouuement demeurera tou-jours égal ; mais cela ne ſe peut.

IIIi

déterminer que de la pensée ; car en pratique il ne le
faut pas esperer. Et pour vos experiences, qu'vn pois
descendant de cinquante piés, employe autant de
tems à parcourir les vingt-cinq derniers que les premiers, *saluâ pace*, ie ne me sçaurois persuader qu'elles
soient iustes : car *in vacuo*, ie trouue qu'il ne mettra que
le tiers du tems à parcourir les vingt-cinq derniers, &
ie ne puis croire que l'empeschement de l'air soit si notable, qu'il rende cette difference-là imperceptible.
Ie suis, &c.

AV REVEREND PERE MERSENNE.

LETTRE CXII.

MON REVEREND PERE,

Ie vous remercie de l'obseruation de la Couronne
qui a esté faite par Monsieur Gassendi. Pour le mes-
chant liure ie ne vous prie plus de me l'enuoyer ; car ie
me suis maintenant proposé d'autres ocupations, & ie
croy qu'il seroit trop tard pour executer le dessein qui
m'auoit obligé de vous mander à l'autre voyage, que
si c'estoit vn liure bien fait, & qu'il tombast entre mes
mains, ie rascherois d'y faire sur le champ quelque réponse ; C'est que ie pensois qu'encore qu'il n'y eust que
trente-cinq exemplaires de ce liure, toutesfois s'il
estoit bien fait, qu'on en feroit vne seconde impression, & qu'il auroit grand cours entre les curieux, quelques deffences qui en pussent estre faites. Or ie m'e-

ſtois imaginé vn remede pour empeſcher cela, qui me
ſembloit plus fort que toutes les deffences de la Iuſtice ; qui eſtoit, auant qu'il ſe fiſt vne autre impreſſion
de ce liure en cachette, d'en faire faire vne auec permiſſion, & adjouter aprés chaque periode, ou chaque
chapitre, des raiſons qui prouuaſſent tout le contraire
des ſiennes, & qui en découuriſſent les fauſſetez. Car ie
penſois que s'il ſe vendoit ainſi tout entier publiquement auec ſa réponſe, on ne daigneroit pas le vendre
en cachette ſans réponſe ; & ainſi que perſonne n'en
aprendroit la fauſſe doctrine, qui n'en fuſt deſ-abuſé
au meſme temps ; au lieu que les réponſes ſeparées
qu'on fait à ſemblables liures ſont d'ordinaire de peu
de fruit, pour ce que chacun ne liſant que les liures qui
plaiſent à ſon humeur, ce ne ſont pas les meſmes qui
ont lû les mauuais liures, qui s'amuſent à examiner les
réponſes. Vous me direz ie m'aſſure, que c'eſt à ſçauoir
ſi i'euſſe pû répondre aux raiſons de cet Autheur ; à
quoy ie n'ay rien à dire, ſinon que i'y euſſe au moins
fait tout mon poſſible, & qu'ayant pluſieurs raiſons
qui me perſuadent, & qui m'aſſurent le contraire de
ce que vous m'auez mandé eſtre en ce liure, j'oſois eſperer qu'elles le pouroient auſſi perſuader à quelques
autres ; & que la verité expliquée par vn Eſprit médiocre, deuoit eſtre plus forte que le menſonge, fuſt-il
maintenu par les plus habiles gens qui fuſſent au
monde.

Pour les veritez eternelles, ie dis derechef que *ſunt
tantum veræ aut poſſibiles, quia Deus illas veras aut poſſibiles cognoſcit, non autem contra veras à Deo cognoſci, quaſi in-*

dependenter ab illo fint veræ. Et fi les hommes entendoient bien le fens de leurs paroles, ils ne pouroient iamais dire fans blafpheme, que la verité de quelque chofe précede la connoiffance que Dieu en a, car en Dieu ce n'eft qu'vn de vouloir & de connoiftre ; De forte que *ex hoc ipfo quod aliquid velit, ideò cognofcit, & ideò tantùm talis res eft vera.* Il ne faut donc pas dire que *fi Deus non effet, nihilominus iftæ veritates effent veræ ;* car l'exiftence de Dieu eft la premiere & la plus éternelle de toutes les veritez qui peuuent eftre, & la feule d'où procedent toutes les autres. Mais ce qui fait qu'il eft aifé en cecy de fe méprendre, c'eft que la plus-part des hommes ne confiderent pas Dieu comme vn Eftre Infini & Incomprehenfible, & qui eft le feul Auteur duquel toutes chofes dépendent : Mais ils s'arreftent aux fyllabes de fon nom, & penfent que c'eft affez le connoiftre, fi on fçait que *Dieu* veut dire le mefme que ce qui s'apelle *Deus* en Latin, & qui eft adoré par les hommes. Ceux qui n'ont point de plus hautes penfées que cela, peuuent aifément deuenir Athées ; Et pource qu'ils comprennent parfaitement les veritez Mathématiques, & non pas celle de l'exiftence de Dieu, ce n'eft pas merueille s'ils ne croyent pas qu'elles en dépendent. Mais ils deuroient iuger au contraire, que puifque Dieu eft vne caufe dont la Puiffance furpaffe les bornes de l'entendement humain, & que la neceffité de ces veritez n'excede point noftre connoiffance, qu'elles font quelque chofe de moindre, & de fujet à cette Puiffance incomprehenfible. Ce que vous dites de la production du *Verbe* ne répugne point ce me

semble à ce que ie dis ; mais ie ne veux pas me mesler
de la Theologie, i'ay peur mesme que vous ne iugiez
que ma Philosophie s'émancipe trop, d'oser dire son
auis touchant des matieres si releuées.

Pour le Libre Arbitre, ie suis entierement d'acord
auec le R. P. Et pour expliquer encore plus nettement
mon opinion, ie desire premierement que l'on remarque, que l'*Indifference* me semble signifier proprement
cet état dans lequel la volonté se trouue ; lors qu'elle
n'est point portée par la connoissance de ce qui est
vray, ou de ce qui est bon, à suiure vn party plu-tost
que l'autre ; Et c'est en ce sens que ie l'ay prise, quand
i'ay dit que le plus bas degré de la Liberté consistoit à
se pouuoir déterminer aux choses ausquelles nous
sommes tout à fait indifferens. Mais peut-estre que
par ce mot d'*Indifference* il y en a d'autres qui entendent cette Faculté Positiue que nous auons de nous
déterminer à l'vn ou à l'autre de deux contraires, c'est
à dire, à poursuiure ou à fuir, à affirmer ou à nier vne
mesme chose. Surquoy i'ay à dire que ie n'ay iamais nié
que cette Faculté Positiue se trouuast en la volonté ;
Tant s'en faut, i'estime qu'elle s'y rencontre, non seulement toutes les fois qu'elle se détermine à ces sortes
d'actions, où elle n'est point emportée par le pois d'aucune raison vers vn costé plu-tost que vers vn autre ;
mais mesme qu'elle se trouue mélée dans toutes ses
autres actions ; en sorte qu'elle ne se détermine iamais
qu'elle ne la mette en vsage ; iusques-là que lors mesme qu'vne raison fort éuidente nous porte à vne chose, quoy que *Moralement* parlant il soit difficile que

nous puissions faire le contraire, parlant neantmoins *Absolument* nous le pouuons: Car il nous est tou-jours libre de nous empescher de poursuiure vn bien qui nous est clairement connu, ou d'admettre vne verité éuidéte, pourvû seulement que nous pensions que c'est vn bien de témoigner par là la liberté de nostre franc-Arbitre. De plus, il faut remarquer que la Liberté peut estre considerée dans les actions de la volonté, ou auant qu'elles soient exercées, ou au moment mesme qu'on les exerce. Or il est certain, qu'estant consideréé dans les actions de la volonté auant qu'elles soient exercées, elle emporte auec soy *l'Indifference*, prise dans le second sens que ie la viens d'expliquer, & non point dans le premier. C'est à dire, qu'auant que nostre volonté se soit déterminée, elle est tou-jours libre, ou à la puissance, de choisir l'vn ou l'autre de deux contraires, mais elle n'est pas tou-jours indifferente; au contraire, nous ne deliberons iamais qu'à dessein de nous ôter de cet état où nous ne sçauons quel party prendre, ou pour nous empescher d'y tomber. Et bien qu'en oposant nostre propre iugement aux comman-demens des autres, nous ayons coutume de dire que nous sommes plus libres à faire les choses dont il ne nous est rien commandé, & où il nous est per-mis de suiure nostre propre iugement, qu'à faire cel-les qui nous sont commandées, ou deffenduës; Tou-tefois en oposant nos iugemens, ou nos connoissan-ces les vnes aux autres, nous ne pouuons pas ainsi dire que nous soyons plus libres à faire les choses qui ne nous semblent ny bonnes ny mauuaises, ou dans les-

quelles nous voyons autant de mal que de bien, qu'à
faire celles où nous aperceuons beaucoup plus de bien
que de mal. Car la grandeur de la liberté consiste, ou
dans la grande facilité que l'on a à se déterminer, ou
dans le grand vsage de cette Puissance Positiue que
nous auons, de suiure le Pire, encore que nous connoissions le Meilleur. Or est il que si nous embras-
sons les choses que nostre raison nous persuade estre
bonnes, nous nous déterminons alors auec beaucoup
de facilité; que si nous fesons le contraire, nous fesons alors vn plus grand vsage de cette Puissance Positiue; Et ainsi nous pouuons tou-jours agir auec plus
de liberté touchant les choses où nous voyons plus de
bien que de mal, que touchant celles que nous appel-
lons *Indifferentes*. Et en ce sens-là aussi, il est vray de dire que nous fesons beaucoup moins librement les choses qui nous sont commandées, & ausquelles sans cela nous ne nous porterions iamais de nous-mesmes,
que nous ne fesons celles qui ne nous sont point commandées: D'autãt que le iugement, qui nous fait croire
que ces choses-là sõt difficiles, s'opose à celuy qui nous
dit qu'il est bon de faire ce qui nous est commandé;
lesquels deux iugemens, d'autant plus également ils
nous meuuent, & plus mettent ils en nous de cette Indifference prise dans le sens que i'ay le premier expliqué, c'est à dire, qui met la volonté dans vn état à ne
sçauoir à quoy se déterminer. Maintenant la liberté
estant considerée dans les actions de la volonté au moment mesme qu'elles sont exercées, alors elle ne contient aucune Indifference, en quelque sens qu'on la

veüille prendre; parce que ce qui se fait, ne peut pas
ne se point faire, dans le tems mesme qu'il se fait: Mais
elle consiste seulement dans la facilité qu'on a d'ope-
rer, laquelle à mesure qu'elle croist, à mesure aussi la
Liberté augmente; Et alors faire *Librement* vne chose,
ou la faire *volontiers*, ou bien la faire *Volontairement*, ne
sont qu'vne mesme chose. Et c'est en ce sens-là que
i'ay écrit, que ie me portois d'autant plus *Librement* à
vne chose, que i'y estois poussé par plus de raisons,
parce qu'il est certain que nostre volonté se meut
alors plus facilement, & auec plus d'impetuosité.

Ie trouue que vous auez bien mauuaise opinion de
moy, & que vous me iugez bié peu ferme & peu résolu
en mes actions, de penser que ie doiue deliberer sur ce
que vous me mandez de changer mon dessein, & de
ioindre mon premier discours à ma Physique, comme
si ie la deuois donner au Libraire dés aujourd'huy à lettre veuë; Et ie n'ay sceu m'empescher de rire en lisant
l'endroit où vous dites, que i'oblige le monde à me
tuër, afin qu'on puisse voir plutost mes écrits; à quoy
ie n'ay autre chose à répondre, sinon qu'ils sont dé-
ja en lieu & en état que ceux qui m'auroient tué, ne les
pouroient iamais auoir, & que si ie ne meurs fort à
loisir, & fort satisfait des hommes qui viuent, ils ne se
verront assuremeht de plus de cent ans aprés ma mort.
Ie vous ay beaucoup d'obligation des objections que
vous m'écriuez, & ie vous suplie de continuer à me
mander toutes celles que vous oyrez, & ce en la façon
la plus desauantageuse pour moy qu'il se poura; ce sera le plus grand plaisir que vous me puissiez faire; car ie
n'ay

n'ay point coutume de me plaindre pendant qu'on
penſe mes bleſſures, & ceux qui me feront la faueur de
m'inſtruire, & qui m'enſeigneront quelque choſe, me
trouueront touſjours fort docile. Mais ie n'ay ſceu
bien entendre ce que vous objectez touchant le titre ;
car ie ne mets pas Traité de la Méthode, mais Diſcours
de la Méthode, ce qui eſt le meſme que Préface ou
Aduis touchant la Méthode, pour monſtrer que ie
n'ay pas deſſein de l'enſeigner, mais ſeulement d'en
parler. Car comme on peut voir de ce que i'en dis, elle
conſiſte plus en Pratique qu'en Theorie ; & ie nomme
les traitez ſuiuans des eſſais de cette Méthode, pource
que ie prétens que les choſes qu'ils contiennent n'ont
pû eſtre trouuées ſans elle, & qu'on peut connoiſtre
par eux ce qu'elle vaut ; comme auſſi i'ay inſeré quelque choſe de Méraphyſique, de Phyſique, & de Médecine dans le premier diſcours, pour montrer qu'elle
s'étend à toutes ſortes de matieres. Pour voſtre ſeconde objection, à ſçauoir, que ie n'ay pas expliqué
aſſez au long, d'où ie connois que l'Ame eſt vne
ſubſtance diſtincte du Cors, dont la Nature n'eſt que
de penſer, qui eſt la ſeule choſe qui rend obſcure la
démonſtration touchant l'exiſtence de Dieu, i'auoüe
que ce que vous en écriuez eſt tres-vray ; & auſſi que
cela rend ma démonſtration touchant l'exiſtence de
Dieu mal aiſée à entendre ; mais ie ne pouuois mieux
traiter cette matiere, qu'en expliquant amplement la
fauſſeté ou l'incertitude qui ſe trouue en tous les iugemens qui dependent du ſens ou de l'imagination, afin
de monſtrer en ſuite quels ſont ceux qui ne dépendent

que de l'entendement pur, & combien ils sont évidens
& certains. Ce que i'ay obmis tout à dessein, & par
consideration, & principalement à cause que i'ay
écrit en langue vulgaire, de peur que les Esprits Foibles venant à embrasser d'abord auidement les doutes
& scrupules qu'il m'eust fallu proposer, ne pûssent
aprés comprendre en mesme façon les raisons par lesquelles i'eusse tasché de les oster, & ainsi que ie les eusse engagez dans vn mauuais pas, sans peut-estre les en
tirer. Mais il y a enuiron huict ans que i'ay écrit en Latin vn commencement de Métaphysique, où cela est
déduit assez au long; & si l'on fait vne version Latine
de ce liure, comme on s'y prépare, ie l'y pouray faire
mettre. Cependant ie me persuade que ceux qui pren-
dront bien garde à mes raisons touchant l'existence de
Dieu, les trouueront d'autant plus démonstratiues,
qu'ils mettront plus de peine à en chercher les défauts; & ie les prétens plus claires en elles-mesmes,
qu'aucune des démonstrations des Géometres; en sorte qu'elles ne me semblent obscures, qu'au regard de
ceux qui ne sçauent pas *abducere mentem à sensibus*, suiuant ce que i'ay écrit en la page 38.

Ie vous ay vne infinité d'obligations de la peine que
vous vous offrez de prendre pour l'impression de mes
écrits; mais s'il y falloit faire quelque dépence, ie n'aurois garde de souffrir que d'autres que moy la fissent,
& ne manquerois pas de vous enuoyer tout ce qu'il
faudroit. Il est vray que ie ne croy pas qu'il en fust
grand besoin, au moins y a-t'il eu des Libraires qui
m'ont fait offrir vn présent, pour leur mettre ce que

ie ferois entre les mains, & cela dés auparauant mefme
que ie fortiffe de Paris, ny que i'euffe commencé à rien
écrire. De forte que ie iuge qu'il y en poura encore
auoir d'affez foux, pour les imprimer à leurs dépens,
& qu'il fe trouuera auffi des Lecteurs affez faciles, pour
en acheter les exemplaires, & les releuer de leur folie.
Car quoy que ie faffe ie ne m'en cacheray point comme d'vn crime; mais feulement pour éuiter le bruit, &
me retenir la mefme liberté que i'ay euë iufques icy;
de forte que ie ne craindray pas tant fi quelques-vns
fçauent mon nom; mais maintenant ie fuis bien-aife
qu'on n'en parle point du tout, afin que le monde
n'attende rien, & que ce que ie feray, ne foit pas moindre que ce qu'on auroit attendu. Ie me mocque auec
vous des imaginations de ce Chymifte dont vous m'é-
criuez, & croy que femblables Chymeres ne méritent
pas d'ocuper vn feul moment les penfées d vn honnefte homme. Ie fuis, &c.

A VN REVEREND PERE IESVITE.

LETTRE CXIII.

MON REVEREND PERE,

Ie fçay que vous auez tant d'occupations, qui valent
mieux que de lire les lettres d'vne perfonne qui n'eft
point capable de vous rendre aucun feruice, que ie fais

scrupule de vous importuner des miennes, lors que ie
n'ay point d'autre sujet de vous écrire, que pour vous
assurer du zele que i'ay à vous honorer. Mais pour ce
qu'il y a icy quelques personnes, qui me veulent persuader, que plusieurs des Peres de vostre Compagnie,
parlent desauantageusement de mes écrits, & que cela
incite vn de mes amis, à écrire vn traitté dans lequel il
veut faire vne ample comparaison de la Philosophie
qui s'enseigne en vos écoles, auec celle que i'ay pu-
bliée, afin qu'en monstrant ce qu'il pense estre mauuais en l'vne, il fasse d'autant mieux voir ce qu'il juge
meilleur en l'autre; j'ay crû ne deuoir pas consentir à ce
dessein, que ie ne vous en eusse auparauant auerty, &
supplié de me prescrire ce que vous jugez que ie dois
faire. L'obligation que i'ay à vos Peres de toute l'insti-
tution de ma jeunesse, L'inclination tres-particuliere
que i'ay tousiours euë à les honorer, & celle que i'ay
aussi à preferer les voyes douces & amiables, à celles
qui peuuent déplaire, seroient des raisons assez fortes
pour m'obliger à prier cet amy, de vouloir exercer sa
plume sur quelque autre sujet, où ie ne fusse point
meslé, si ie n'estois comme forcé de pancher de l'autre costé, par le tort qu'on dit que cela me fait, & par
la regle de prudence, qui m'apprend qu'il vaut beaucoup mieux auoir des ennemis déclarez, que couuerts;
principalement en telle occasion, où n'estant question
que d'honneur, dautant que la querelle éclattera plus,
dautant sera-t'elle plus auantageuse à celuy qui aura
iuste cause. Mais le respect que ie vous dois & l'affectió
que vous m'auez tousiours fait la faueur de me témoi-

gner, a plus de force ſur moy, qu'aucune autre choſe, & fait que ie deſire attendre vos commandemens ſur ce ſujet, & ie ne ſouhaitte rien tant, que de vous pouuoir monſtrer par effet, que ie ſuis, &c.

A VN REVEREND PERE IESVITE.

LETTRE CXIV.

MON REVEREND PERE,

Ie ſuis raui de la faueur que vous m'auez faitte, de voir ſi ſoigneuſement le liure de mes eſſais, & de m'en mander vos ſentimens auec tant de témoignages de bienueillance; Ie l'euſſe accompagné d'vne lettre en vous l'enuoyant, & euſſe pris cette occaſion de vous aſſurer de mon tres-humble ſeruice, n'euſt eſté que i'eſperois le faire paſſer par le monde ſans que le nom de ſon autheur fuſt connu; mais puiſque ce deſſein n'a pû réuſſir, ie dois croire que c'eſt plu-toſt l'affe-ction que vous auez euë pour le Pere, que le merite de l'enfant, qui eſt cauſe du fauorable accueil qu'il a receu chez vous, & ie ſuis tres-particulierement obligé de vous en remercier. Ie ne ſçay ſi c'eſt que ie me flatte de pluſieurs choſes extremement à mon auantage, qui ſont dans les deux lettres que j'ay receües de voſtre part, mais ie vous diray franchement, que de tous ceux qui m'ont obligé de m'aprendre le jugement qu'ils faiſoient de mes écrits, il n'y en a aucun, ce me ſemble, qui m'ait rendu ſi bonne juſtice que vous, ie veux dire ſi fauorable, ſans corruption, & auec plus de connoiſſance de cauſe. En quoy j'admire que vos deux lettres ayent pû s'entreſuiure de ſi prez; car ie les ay preſque receües en meſme tems; & voyant la premiere ie me perſuadois ne deuoir attendre la ſeconde, qu'aprés vos vacances de la S. Luc. Mais afin que j'y réponde ponctuellement ie vous diray premierement, que mon deſſein n'a point eſté d'enſeigner toute ma méthode dans le diſcours où ie la propoſe, mais ſeulement d'en dire aſſez pour faire juger que les nouuelles opinions, qui ſe verroient dans la Dioptrique & dans les Méteores, n'eſtoient point conceües à la légere, & qu'elles valoient peut-eſtre la peine d'eſtre examinées. Ie n'ay pû auſſi monſtrer l'vſage de cette méthode dans les trois traittez que j'ay donnez, à cauſe qu'elle preſcrit vn ordre pour chercher les choſes, qui eſt aſſez different de celuy dont j'ay crû deuoir vſer pour les expliquer. I'en ay toutesfois monſtré quelque échantillon en décriuant l'arc-enciel, & ſi vous prenez la peine de le relire, i'eſpere qu'il vous contentera plus, qu'il n'aura pû faire la premiere fois; car la matiere eſt de ſoy aſſez difficile. Or ce qui m'a fait ioindre ces trois traittez au diſcours qui les précede, eſt que ie me ſuis perſuadé qu'ils pouroient ſufire, pour faire que ceux qui les auront ſoigneuſement examinez, & conferez auec ce qui a eſté cy-deuant écrit des meſmes matieres, iugent que ie me ſers de quelque autre Méthode que le commun, & qu'elle n'eſt peut-eſtre pas des plus mauuaiſes. Il eſt vray que j'ay eſté trop obſcur en ce que j'ay écrit de l'exiſtence

de Dieu dans ce traitté de la méthode, & bien que ce
ſoit la piece la plus importante, j'auouë que c'eſt la
moins élabourée de tout l'ouurage ; ce qui vient en
partie de ce que ie ne me ſuis réſolu de l'y joindre que
ſur la fin, & lorſque le Libraire me preſſoit. Mais la
principale cauſe de ſon obſcurité, vient de ce que ie
n'ay oſé m'étendre ſur les raiſons des ſceptiques, ny
dire toutes les choſes qui ſont neceſſaires *ad abducēdam
mentem à ſenſibus :* car il n'eſt pas poſſible de bien connoiſtre la certitude & l'euidence des raiſons qui prouuent l'exiſtence de Dieu ſelon ma façon, qu'en ſe ſou-
uenant diſtinctement de celles qui nous font remarquer de l'incertitude, en toutes les connoiſſances que
nous auons des choſes materielles, & ces penſées ne
m'ont pas ſemblé eſtre propres à mettre dans vn liure,
où j'ay voulu que les femmes meſme puſſent entendre
quelque choſe, & cependant que les plus ſubtils trouuaſſent auſſi aſſez de matiere pour occuper leur attention. l'auouë auſſi que cette obſcurité vient en partie,
comme vous auez fort bien remarqué, de ce que j'ay
ſupoſé que certaines notions, que l'habitude de penſer
m'a rendu familieres & euidentes, le deuoient eſtre
auſſi à vn chacun ; comme par exemple, Que nos Idées
ne pouuant receuoir leurs formes ny leur eſtre, que de
quelques objets exterieurs, ou de nous meſmes, ne
peuuent repreſenter aucune Réalité ou Perfection, qui
ne ſoit en ces objets, ou bien en nous, & ſemblables ;
ſur quoy ie me ſuis propoſé de donner quelque éclairciſſement dans vne ſeconde impreſſion.

   l'ay bien penſé que ce que i'ay dit auoir mis en mon

traitté de la Lumiere, touchât la creation de l'Vniuers,
seroit incroyable ; car il n'y a que dix ans, que ie n'eusse
pas moy-mesme voulu croire que l'esprit humain eust
pû atteindre iusqu'à de telles connoissances, si quelque
autre l'eust écrit ; Mais ma conscience, & la force de la
verité m'a empesché de craindre d auancer vne chose,
que i'ay crû ne pouuoir obmettre sans trahir mon propre party, & de laquelle i'ay desia icy assez de témoins;
Outre que si la partie de ma Physique, qui est acheuée,
& mise au net il y a desia quelque tems, voit iamais le
jour, j'espere que nos neuueux n'en pouront douter.

Ie vous ay obligatió du soin que vous auez pris d'examiner mon opinion touchant le mouuemét du cœur,
si vostre Medecin a quelques obiections à y faire, ie
seray tres-ayse de les receuoir, & ne manqueray pas
d'y répondre ; Il n'y a que huit iours que i'en ay receu
sept ou huit sur la mesme matiere, d'vn Professeur en
Medecine de Louuain, qui est de mes amis, auquel j'ay
renuoyé deux feuilles de réponse, & ie souhaitterois
que j'en pusse receuoir de mesme façon, touchant
toutes les difficultez qui se rencontrent en ce que i'ay
tasché d'expliquer ; ie ne manquerois pas d'y répondre
soigneusement, & ie m'assure que ce seroit sans desobliger aucun de ceux qui me les auroient proposées.
C'est vne chose que plusieurs ensemble pouroient
plus commodement faire qu'vn seul, & il n'y en a point
qui le pussent mieux, que ceux de vostre Compagnie.
Ie tiendrois à tres-grand honneur & faueur, qu'ils vou-
lussent en prendre la peine, ce seroit sans doute le plus
court moyen pour découurir toutes les erreurs, ou les
veritez de mes écrits.   Pour

Pour ce qui est dela lumiere, si vous prenez garde à la troisiéme page de la Dioptrique, vous verrez que i'ay mis là expressement que ie n'en parleray que par hypothese ; & en effet, à cause que le traitté qui contient tout le cors de ma Physique porte le nom *de la lumiere*, & qu'elle est la chose que i'y explique le plus amplement & le plus curieusement de toutes, ie n'ay point voulu mettre ailleurs les mesmes choses que là, mais seulement en representer quelque idée par des comparaisons & des ombrages, autant qu'il m'a semblé necessaire pour le suiet de la Dioptrique. Ie vous suis obligé de ce que vous témoignez estre bien ayse, que ie ne me sois pas laisse deuancer par d'autres en la publication de mes pensées ; mais c'est de quoy ie n'ay iamais eu aucune peur : car outre qu'il m'importe fort peu, si ie suis le premier ou le dernier a écrire les choses que i'écris, pourvû seulement qu'elles soient vrayes, toutes mes opinions sont si iointes ensemble, & dépendent si fort les vnes des autes, qu'on ne s'en sçauroit approprier aucune sans les sçauoir toutes. Ie vous prie de ne point differer de m'apprendre les difficultez que vous trouuez en ce que i'ay écrit de la réfraction, ou d'autre chose ; car d'attendre que mes sentimens plus particuliers touchant la lumiere soient publiez, ce seroit peut-estre attendre long-temps. Quant à ce que i'ay suposé au commencement des Méteores, ie ne le sçaurois démonstrer *à priori*, sinon en donnant toute ma Physique ; mais les experiences que i'en ay déduites necessairement, & qui ne peuuent estre déduites en mesme façon d'aucuns autres principes, me sem-

blent le demonstrer assez *à posteriori*. I'auois bien prévû
que cette façon d'écrire choqueroit d'abord les lecteurs, & ie croy que i'eusse pû aisément y remedier,
en oftant seulement le nom de supositions aux premieres choses dont ie parle, & ne les declarant qu'à
mesure que ie donnerois quelques raisons pour les
prouuer ; mais ie vous diray franchement que i'ay
choisi cette façon de proposer mes penfées, tant pour
ce que croyant les pouuoir déduire par ordre des premiers principes de ma Métaphysique, i'ay voulu négliger toutes autres fortes de preuues ; que pource que
i'ay desiré essayer si la seule exposition de la verité seroit suffisante pour la persuader, sans y mesler aucunes
disputes ny refutations des opinions contraires. En
quoy ceux de mes amis qui ont lû le plus foigneuse-
ment mes traittez de Dioptrique & des Meteores,
m'assurent que i'ay reüssi : car bien que d'abord ils n'y
trouuassent pas moins de difficulté que les autres, toutesfois aprés les auoir lûs & relûs trois ou quatre fois, ils
disent n'y trouuer plus aucune chose qui leur semble
pouuoir estre réuoquée en doute ; Côme en effet il n'est
pas tousiours necessaire d'auoir des raisons *à priori* pour
persuader vne verité ; & Thales, ou qui que ce foit, qui
a dit le premier que la Lune reçoit sa lumiere du Soleil, n'en a donné sans doute aucune autre preuue, sinon qu'en suppofant cela, on explique fort aisément
toutes les diuerses faces de sa lumiere : Ce qui a esté
suffisant pour faire que depuis cette opinion ait passé
par le monde sans contredit. Et la liaison de mes pensées est telle, que i'ose esperer qu'on trouuera mes

principes auſſi bien prouuez par les conſequences que
i'en tire, lors qu'on les aura aſſez remarquées pour ſe
les rendre familieres, & les conſiderer toutes enſemble, que l'emprunt que la Lune fait de ſa lumiere eſt
prouué par ſes croiſſances & décroiſſances. Ie n'ay
plus à vous répondre que touchant la publication de
ma Phyſique & Métaphyſique, ſur quoy ie vous puis
dire en vn mot, que ie la deſire autant ou plus que
perſonne ; mais neantmoins auec les conditions ſans
leſquelles ie ſerois imprudent de la deſirer. Et ie vous
diray auſſi que ie ne crains nullement au fons qu'il
s'y trouue rien contre la foy ; car au contraire i'oſe me
vanter que iamais elle n'a eſté ſi fort appuyée par les
raiſons humaines, qu'elle peut-eſtre ſi l'on ſuit mes
principes ; & particulierement la Tranſubſtantiation,
que les Caluiniſtes reprennent, comme impoſſible à
expliquer par la Philoſophie ordinaire, eſt tres-facile
par la mienne. Mais ie ne voy aucune aparence que
les conditions qui peuuent m'y obliger s'accompliſ-
ſent, au moins de long temps ; & me contentant de
faire de mon coſté tout ce que ie croy eſtre de mon
deuoir, ie me remets du reſte à la Prouidence qui régit
le Monde ; car ſçachant que c'eſt elle qui m'a donné
les petits commencemens dont vous auez vû des eſſais, j'eſpere qu'elle me fera la grace d'acheuer, s'il eſt
vtile pour ſa gloire, & s'il ne l'eſt pas, ie me veux abſtenir de le deſirer. Au reſte, ie vous aſſure que le
plus doux fruit que i'aye recueilly iuſqu'à preſent, de
ce que i'ay fait imprimer, eſt l'approbation que vous
m'obligez de me donner par voſtre Lettre ; car elle

m'eſt particulierement chere & agreable , pource
qu'elle vient d'vne perſonne de voſtre merite , & de
voſtre robbe, & du lieu meſme où i'ay eu le bon-heur
de receuoir toutes les inſtructions de ma ieuneſſe,
& qui eſt le ſejour de mes Maiſtres, enuers leſquels ie
ne manqueray iamais de reconnoiſſance. Et ie ſuis, &c.

A VN REVEREND PERE IESVITE.

LETTRE CXV.

MON REVEREND PERE,

Ie ſçay qu'il eſt tres-mal-aiſé d'entrer dans les penſées
d'autruy , & l'experience m'a fait connoiſtre combien les miennes ſemblent difficiles à pluſieurs ; ce qui
fait que ie vous ay grande obligation de la peine que
vous auez priſe à les examiner ; Et ie ne puis auoir que
tres-grande opinion de vous, en voyant que vous les
poſſedez de telle ſorte, qu'elles ſont maintenant plus
voſtres que miennes. Et les difficultez qu'il vous a plû
me propoſer, ſont plutoſt dans la matiere, & dans le
défaut de mon expreſſion, que dans aucun défaut de
voſtre intelligence ; car vous auez joint la ſolution
des principales ; mais ie ne lairray pas de dire icy mes
ſentimens de toutes.

I'auouë bien que dans les cauſes Phyſiques & Morales , qui ſont particulieres & limitées, on éprouue
ſouuent que celles qui produiſet quelque effet, ne
ſont pas capables d'en produire pluſieurs autres qui

nous paroissent moindres; ainsi vn homme qui peut
produire vn autre homme ne peut pas produire vne
fourmy, & vn Roy qui se fait obeïr par tout vn peuple, ne se peut quelquefois faire obeïr par vn cheual.
Mais quand il est question d'vne cause vniuerselle &
indeterminée, il me semble que c'est vne notion commune tres-éuidéte que *quod potest plus*, *potest etiam minus*,
aussi bien que *totum est maius sua partè*. Et mesme cette
notion entenduë, s'estéd aussi à toutes les causes particulieres tant morales que physiques; car ce seroit plus
à vn homme de pouuoir produire des hommes & des
fourmis, que de ne pouuoir produire que des hommes; & ce seroit vne plus grande puissance à vn Roy
de commander mesme aux cheuaux, que de ne commander qu'à son peuple; comme on feint que la Musique d'Orphée pouuoit émouuoir mesme les bestes,
pour luy attribuer dautant plus de force.

  Il importe peu que ma seconde démonstration
fondée sur nostre propre existence soit considerée
comme differante de la premiere, ou seulement comme vne explication de cette premiere. Mais ainsi que
c'est vn effet de Dieu de m'auoir creé, aussi en est-ce
vn d'auoir mis en moy son idée ; & il n'y a aucun
effet venant de luy, par lequel on ne puisse démonstrer son existence. Toutesfois il me semble que toutes ces démonstrations prises des effets reuiennent à
vne, & mesme qu'elles ne sont pas accomplies si ces effets ne nous sont éuidens (c'est pourquoy i'ay plu-tost
consideré ma propre existence, que celle du Ciel &
de la Terre, de laquelle ie ne suis pas si certain,) &

LLll iij

ſi nous n'y joignons l'idée que nous auons de Dieu; car mon ame eſtant finie, ie ne puis connoiſtre que l'ordre des cauſes n'eſt pas infiny, ſinon entant que i'ay en moy cette idée de la Premiere Cauſe; & encore qu'on admette vne premiere cauſe qui me conſerue, ie ne puis dire qu'elle ſoit Dieu, ſi ie n'ay veritablement l'Idée de Dieu: Ce que i'ay inſinué en ma réponſe aux premieres obiections, mais en peu de mots, afin de ne point mépriſer les raiſons des autres, qui admettent communement que *Non datur progreſſus in infinitum*; & moy ie ne l'admets pas; au contraire, ie croy que *datur reuerà talis progreſſus in diuiſione partium materiæ*, Comme on verra dans mon traitté de Philoſophie qui s'acheue d'imprimer.

Ie ne ſçache point auoir déterminé que Dieu fait touſiours ce qu'il connoiſt eſtre le plus parfait, & il ne me ſemble pas qu'vn Eſprit finy puiſſe iuger de cela: Mais i'ay taſché d'éclaircir la difficulté propoſée touchant la cauſe des erreurs, en ſupoſant que Dieu ait creé le monde tres-parfait; pour ce que ſupoſant le contraire cette difficulté ceſſe entierement.

Ie vous ſuis bien obligé de ce que vous m'apprenez les endroits de ſaint Auguſtin qui peuuent ſeruir pour authoriſer mes opinions, quelques autres de mes amis auoient deſia fait le ſemblable; & i'ay tres-grande ſatisfaction de ce que mes penſées s'accordent auec celles d'vn ſi ſainct & ſi excellent perſonnage. Car ie ne ſuis nullement de l'humeur de ceux qui deſirent que leurs opinions paroiſſent nouuelles; au contraire j'accommode les miennes à celles des autres, autant que la verité me le permet.

Ie ne mets autre difference entre l'Ame & ſes idées, que comme entre vn morceau de cire, & les diuerſes figures qu'il peut receuoir ; & comme ce n'eſt pas proprement vne action, mais vne paſſion en la cire, de receuoir diuerſes figures, il me ſemble que c'eſt auſſi vne paſſion en l'Ame de receuoir telle ou telle idée, & qu'il n'y a que ſes volontez qui ſoient des actions; & que ſes idées ſont miſes en elle, partie par les objets qui touchent les ſens, partie par les impreſſions qui ſont dans le cerueau, & partie auſſi par les diſpoſitions qui ont précedé en l'Ame meſme, & par les mouuemens de ſa volonté ; Ainſi que la cire reçoit ſes figures, partie des autres cors qui la preſſent, partie des figures ou autres qualitez qui ſont deſia en elle, comme de ce qu'elle eſt plus ou moins peſante ou molle, &c. & partie auſſi de ſon mouuement, lors qu'ayant eſté agitée, elle a en ſoy la force de continuer à ſe mouuoir.

Pour la difficulté d'apprendre les ſciences, qui eſt en nous, & celle de nous repreſenter clairement les idées qui nous ſont naturellement connuës, elle vient des faux préiugez de noſtre enfance, & des autres cauſes de nos erreurs, que i'ay taſché d'expliquer aſſez au long en l'écrit que i'ay ſous la preſſe. Pour la memoire, ie croy que celle des choſes materielles dépend des veſtiges qui demeurent dans le cerueau, aprés que quelque Image y a eſté imprimée : Et que celle des choſes intellectuelles depend de quelques autres veſtiges qui demeurent en la penſée meſme, mais ceux-cy ſont tout d'vn autre genre que ceux-là, & ie ne les ſçaurois expliquer par aucun exemple

tiré des chofes corporelles, qui n'en foit fort different; au lieu que les veftiges du ceruueau le rendent
propre à mouuoir l'ame, en la mefme façon qu'il l'a-
uoit meuë auparauant, & ainfi à la faire fouuenir de
quelque chofe, tout de mefme que les plis qui font
dans vn morceau de papier, ou dans vn linge, font
qu'il eft plus propre à eftre plié derechef comme il a
efté auparauant, que s'il n'auoit iamais efté ainfi plié.

L'erreur morale qui arriue quand on croit auec raifon vne chofe fauffe, pour ce qu'vn homme de bien
nous la ditte, &c. ne contient aucune priuation, lors
que nous ne l'affurons que pour regler les actions de
noftre vie, en chofe que nous ne pouuons moralement
fçauoir mieux; & ainfi ce n'eft point proprement vne
erreur; mais s'en feroit vne, fi nous l'affurions comme vne verité de Phyfique, pour ce que le témoignage d'vn homme de bien ne fuffit pas pour cela.

Pour le libre arbitre, ie n'ay point vû ce que le
R. P. Pétau en a écrit; mais de la façon que vous expliquez voftre opinion fur ce fujet, il ne me femble pas
que la mienne en foit fort éloignée. Car premierement ie vous fuplie de remarquer, que ie n'ay point
dit que l'homme ne fuft indifferent que là ou il manque de connoiffance; mais bien, qu'il eft dautant plus
indifferent qu'il connoift moins de raifons qui le
pouffent à choifir vn party plutoft que l'autre; ce
qui ne peut ce me femble eftre nié de perfonne. Et ie
fuis d'accord auec vous, en ce que vous dites qu'on
peut fufpendre fon iugement, mais i'ay tafché d'expliquer le moyen par lequel on le peut fufpendre: Car
il eft

il est ce me semble certain que *ex magnâ luce in intellectu sequitur magna propensio in voluntate*; En sorte que voyant tres-clairement qu'vne chose nous est propre, il est tres mal-aisé, & mesme comme ie croy impossible, pendant qu'on demeure en cette pensée, d'arrester le cours de nostre desir. Mais pource que la nature de l'Ame est de n'estre quasi qu'vn moment attentiue à vne mesme chose, si-tost que nostre attention se détourne des raisons qui nous font connoistre que cette chose nous est propre, & que nous retenons seulement en nostre memoire qu'elle nous a parû desirable, nous pouuons representer à nostre esprit quelque autre raison, qui nous en fasse douter, & ainsi suspendre nostre iugement, & mesme aussi peut-estre en former vn contraire. Ainsi puisque vous ne mettez pas la liberté dans l'indifference précisement, mais dans vne Puissance Réelle & Positiue de se déterminer, il n'y a de difference entre nos opinions, que pour le nom; car j'auouë que cette Puissance est en la volonté; mais pour ce que ie ne voy point qu'elle soit autre, quand elle est accompagnée de l'indifference, laquelle vous auoüez estre vne imperfection, que quand elle n'en est point accompagnée, & qu'il n'y a rien en l'entendement que de la lumiere, comme en celuy des bien-heureux qui sont confirmez en Grace, ie nomme generalement libre, tout ce qui est volontaire, & vous voulez restreindre ce nom à la Puissance de se déterminer, qui est accompagnée de l'indifference. Mais ie ne desire rien tant, touchant les noms, que de suiure l'vsage, & l'exemple.

M M m m

Pour les animaux ſans raiſon, il eſt éuident qu'ils ne
ſont pas libres, à cauſe qu'ils n'ont pas cette Puiſſance
Poſitiue de ſe determiner ; mais c'eſt en eux vne pure
negation de n'eſtre pas forcez ny contraints. Rien ne
m'a empeſché de parler de la liberté que nous auons à
ſuiure le bien ou le mal, ſinon que i'ay voulu éuiter
autant que i'ay pû les controuerſes de la Théologie,
& me tenir dans les bornes de la Philoſophie Naturelle. Mais ie vous auoüe, qu'en tout ce ou il y a occaſion de pecher, il y a de l'indifference, & ie ne croy
point que pour mal faire il ſoit beſoin de voir clairement que ce que nous feſons eſt mauuais, il ſuffit de
le voir confuſement, ou ſeulement de ſe ſouuenir
qu'on a iugé autréfois que cela l'eſtoit, ſans le voir en
aucune façon, c'eſt à dire, ſans auoir attention aux
raiſons qui le prouuent ; car ſi nous le voyons clairement, il nous ſeroit impoſſible de pecher, pendant le
tems que nous le verrions en cette ſorte ; c'eſt pourquoy on dit que *Omnis peccans eſt ignorans.* Et on ne
laiſſe pas de mériter, bien que voyant tres-clairement
ce qu'il faut faire, on le faſſe infailliblement, & ſans
aucune indifference, comme a fait IESVS-CHRIST
en cette vie ; car l'homme pouuant n'auoir pas tou-
jours vne parfaitte attention aux choſes qu'il doit faire, c'eſt vne bonne action que de l'auoir, & de faire
par ſon moyen, que noſtre volonté ſuiue ſi fort la lumiere de noſtre entendement, qu'elle ne ſoit point
du tout indifferente. Au reſte, ie n'ay point écrit que
a Grace empeſchaſt entierement l'indifference ; mais
ſeulement qu'elle nous fait pancher dauantage vers

vn cofté que vers l'autre, & ainfi qu'elle la diminuë, bien qu'elle ne diminuë pas la liberté; d'où il fuit ce, me femble que cette liberté ne confifte point en l'indifference.

Pour la difficulté de conceuoir, comment il a efté libre & indifferent à Dieu de faire qu'il ne fuft pas vray, que les trois angles d'vn triangle fuffent égaux à deux droits, ou generalemét que les contradictoires ne peuuent eftre enfemble, on la peut aifement ofter, en confiderant que la puiffance de Dieu ne peut auoir aucunes bornes, puis auffi en confiderant que noftre efprit eft finy, & créé de telle nature qu'il peut conceuoir côme poffibles les chofes que Dieu a voulu eftre veritablement poffibles, mais non pas de telle, qu'il puiffe auffi conceuoir comme poffibles, celles que Dieu auroit pû rendre poffibles, mais qu'il a toutesfois voulu rendre impoffibles. Car la premiere confideration nous fait connoiftre que Dieu ne peut auoir efté determiné à faire qu'il fuft vray, Que les contradictoires ne peuuent eftre enfemble, & que par confequent il a pû faire le contraire; puis l'autre nous affure que bien que cela foit vray, nous ne deuons point tafcher de le comprendre, pource que noftre Nature n'en eft pas capable. Et encore que Dieu ait voulu que quelques veritez fuffent neceffaires, ce n'eft pas à dire, qu'il les ait neceffairement vouluës; car c'eft toute autre chofe de vouloir qu'elles fuffent neceffaires, & de le vouloir neceffairement, ou d'eftre neceffité à le vouloir. I'auouë bien qu'il y a des contradictions qui font fi éuidentes, que nous ne les pouuons

repreſenter à noſtre eſprit, ſans que nous les iugions
entierement impoſſibles, comme celle que vous propoſez. Que Dieu auroit peu faire que les creatures ne
fuſſent point dependantes de luy ; Mais nous ne nous
les deuons point repreſenter pour connoiſtre l'im-
menſité de ſa puiſſance, ny conceuoir aucune prefe-
rance ou priorité entre ſon entendement & ſa volonté ; car l'idée que nous auons de Dieu nous aprend
qu'il n'y a en luy qu'vne ſeule action toute ſimple &
toute pure ; ce que ces mots de S. Auguſtin expriment
fort bien. *Quia vides ea, ſunt*, &c. pour ce qu'en Dieu
videre & *velle* ne ſont qu'vne meſme choſe.

Ie diſtingue les lignes des ſuperficies, & les points
des lignes, comme vn mode d'vn autre mode, mais
ie diſtingue le cors des ſuperficies, des lignes, & des
points, qui le modifient, comme vne ſubſtance de ſes
modes ; & il n'y a point de doute que quelque mode
qui apartenoit au pain demeure au S. Sacrement, vû
que ſa figure exterieure, qui eſt vn mode, y demeure.
Pour l'extenſion de IESVS-CHRIST en ce S. Sacrement, ie ne l'ay point expliquée, pour ce que ie n'y
ay pas eſté obligé, & que ie m'abſtiens le plus qu'il
m'eſt poſſible des queſtions de Théologie, & meſme
que le Concile de Trente a dit qu'il y eſt *ea exiſtendi
ratione quam verbis exprimere vix poſſumus.* Leſquels mots
i'ay inſerez à deſſein, à la fin de ma réponſe aux qua-
triémes objections, pour m'exemter de l'expliquer.
Mais j'oſe dire, que ſi les hommes eſtoient vn peu
plus accoutumez qu'ils ne ſont à ma façon de philoſopher, on pouroit leur faire entendre vn moyen d'ex-

pliquer ce myſtere, qui fermeroit la bouche aux ennemis de noſtre Religion, & auquel ils ne pouroient
contredire.

Il y a grande difference entre *l'abſtraction* & *l'excluſion*; Si ie diſois ſeulement que l'idée que i'ay de
mon Ame ne me la repreſente pas dépendante du cors,
& identifiée auec luy, ce ne ſeroit qu'vne abſtraction,
de laquelle ie ne pourois former qu'vn argument ne-
gatif, qui concluroit mal; mais ie dis, que cette idée
me la repreſente comme vne ſubſtance qui peut exiſter, encore que tout ce qui apartient au cors en ſoit
exclus; d'ou ie forme vn argument poſitif, & conclus
qu'elle peut exiſter ſans le cors. Et cette excluſion de
l'extenſion ſe voit fort clairement en la nature de
l'Ame, de ce qu'on ne peut conceuoir de moitié d vne
choſe qui penſe, ainſi que vous auez tres-bien remarqué. Ie ne voudrois pas vous donner la peine de
m'enuoyer ce qu'il vous à plû écrire ſur le ſujet de
mes Méditations, pour ce que j'eſpere aller en France
bien-toſt, ou j'auray ſi ie puis l'honneur de vous
voir, & cependant ie vous ſuplie de me croire, &c.

A VN REVEREND PERE IESVITE

LETTRE CXVI.

MON REVEREND PERE,

Ie ne me ſouuiens point que iamais perſonne m'ait
dit que vous auiez deſſein de cenſurer mes écrits, & ie

n'en ay eu auſſi aucune opinion ; car ie ne ſuis pas d'humeur à m'imaginer des choſes dont ie n'ay point de
preuues, principalement de celles qui me pouroient
eſtre déplaiſantes , comme ie vous auoüë que ſeroit
celle-là, pour ce que vous ayant en tres-grande eſtime , ie ne pourois penſer que vous euſſiez deſſein de
me blaſmer, que ie ne crûſſe par meſme moyen le mériter; Et bien que ie ne doute point que ce que i'ay
écrit ne contienne pluſieurs fautes, ie me ſuis toutefois perſuadé qu'il contenoit auſſi quelques véritez,
qui donneroient ſujet aux Eſprits de la trempe du voſtre, & qui auroient autant de franchiſe que vous, d'en
excuſer les défauts. Ce que ie me ſuis perſuadé de telle
ſorte, qu'en écriuant il y a quatre ou cinq mois au
R. P. Charlet, touchant les objeſtions du P. Bourdin,
Ie le priay , ſi ſes occupations ne luy permettoient
qu'il examinaſt luy-meſme les pieces de mon procés,
qu'il vous en vouluſt croire , vous & vos ſemblables,
plu-toſt que les ſemblables de mon aduerſaire, & ne
nommant que vous en ce lieu-là, il me ſemble que ie
monſtrois aſſez, que vous eſtes celuy de tous ceux de
voſtre Compagnie, que i'ay l'honneur de connoiſtre,
duquel i'ay eſperé le plus fauorable iugement. Il y a
quatre ou cinq ans que vous me fiſtes l'honneur de
m'écrire vne lettre qui me donna cette eſperance, &
i'ay eſté maintenant rauy d'en receuoir vne ſeconde
qui me la confirme; Ie vous ſupplie tres-humblement
de croire, que ce n'a eſté qu'auec vne tres-grande répugnance que i'ay répondu à ces ſeptiémes objeſtions
qui précedent ma lettre au R. P. Dinet, laquelle vous

auez veuë; & il m'y a fallu employer la mesme résolution, qu'à me faire couper vn bras, ou vne iambe, si
j'y auois quelque mal auquel ie ne sceusse point de remede plus doux; car i'ay tousiours eu vne grande véneration & affection pour vostre Compagnie; mais
ayans sçeu le peu d'estime qu'on auoit fait de mes
écrits, en des disputes publiques à Paris, il y a deux ans;
& voyant que nonobstant les tres-humbles prieres
que j'auois faites, qu'on me voulust auertir de mes
fautes, si on les connoissoit, afin que ie les corrigeasse,
plutost, que de les blasmer en mon absence & sans
m'oüir, on continuoit à les méprifer d'vne façon qui
pouroit me rendre ridicule, auprés de ceux qui ne
me connoissent pas, ie n'ay pû imaginer de meilleur
remede, que celuy dont ie me suis seruy. Ie me tiens
extrémement obligé au R. P. Dinet, de la franchise &
de la prudence qu'il a témoignée en cette occasion, &
ie ne me promets pas moins de faueur du R. P. Filleau,
qui luy a succedé, bien que ie n'aye point eu cy-deuant l'honneur de le connoistre; car ie sçay que ce ne
sont que les plus éminens en prudence & en vertu,
qu'on a coutume de choisir pour la charge qu'il a. Ie
crains seulement que mon aduersaire n'ait des amis à
Paris, qui fassent entendre la chose aux superieurs,
d'autre façon qu'elle n'est. Ie souhaitterois pour ce
sujet, que vous y fussiez plutost qu'à Orleans; car ie
m'assure que vous me les rédriez fauorables. Ie ne sçaurois trouuer étrange que plusieurs n'entendent pas
mes Méditations, puisque mesme Monsieur de Beau-
ne y a de la difficulté; car j'estime extremement son

esprit; & encore qu'on les entendiſt, ie croirois eſtre in-
iuſte, ſi ie deſirois qu'on les aprouuaſt, auant qu'on
ſçache comment elles ſeront receuës du public ; ou
bien qu'on ſe declaraſt pour ma Philoſophie, auant
que de l'auoir toute vûë, & entenduë. Ce n'eſt pas
cette faueur-là que ie demande, mais ſeulement qu'on
s'abſtienne de blaſmer ce qu'on n'entend pas, & ſi on
a quelque choſe à dire contre mes écrits, ou contre
moy, qu'on me la veüille dire à moy-meſme, plutoſt
que d'en médire en mon abſence ; & y employer des
moyens, qui ne peuuent tourner qu'à la honte & à
la confuſion de ceux qui s'en ſeruent.

Pour ce qui eſt de la diſtinction entre l'eſſence &
l'exiſtence, ie ne me ſouuiens pas du lieu ou j'en ay
parlé; mais ie diſtingue *Inter Modos propriè dictos, & At-*
tributa ſine quibus res quarum ſunt attributa eſſe non poſſunt ;
ſiue inter modos rerum ipſarum, & modos cogitandi, Par-
donnez moy ſi ie change icy de langue, pour taſcher
de m'exprimer mieux) *Ita figura & motus ſunt modi pro-*
priè dicti ſubſtantiæ Corporeæ, quia idem corpus poteſt exiſtere,
nunc cum hac figura, nunc cum alia; nunc cum motu, nunc
ſine motu, quamuis ex aduerſo neque hæc figura, neque hic
motus, poſſint eſſe ſine hoc corpore ; Ita amor, odium, affir-
matio, dubitatio, &c. ſunt veri modi in mente ; exiſtentia
autem, duratio, magnitudo, numerus, & vniuerſalia om-
nia, non mihi videntur eſſe modi propriè dicti, vt neque
etiam in Deo iuſtitia, miſericordia, &c. Sed latiori vocabulo
dicuntur Attributa, ſiue modi cogitandi, quia intelligimus qui-
dem alio modo rei alicuius eſſentiam, abſtrahendo ab hoc,
quod exiſtat, vel non exiſtat, & alio, conſiderando ipſam
vt exi-

*vt existentem ; sed res ipsa sine existentiâ suâ esse non potest
extra nostram cogitationem, vt neque etiam sine sua duratione,
vel sua magnitudine, &c. Atque ideo dico quidem figuram,
& alios similes modos, distingui propriè modaliter à substantia cuius sunt modi, sed inter alia attributa esse minorem distinctionem, quæ nonnisi latè vsurpando nomen modi, vocari potest Modalis, vt illam vocaui in fine meæ responsionis
ad primas objectiones, & melius fortè dicetur Formalis; sed
ad confusionem euitandam, in prima parte meæ Philosophiæ,
articulo 60. in qua de ipsa expressè ago, illam voco distinctionem Rationis (nempe rationis Ratiocinatæ;) & quia nullam
agnosco rationis Ratiocinantis, hoc est, quæ non habeat fundamentum in rebus (neque enim quicquam possumus cogitare
absque fundamento.) idcirco in illo articulo verbum Ratiocinatæ non addo. Nihil autem aliud mihi videtur in hac materia parere difficultatem , nisi quod non satis distinguamus
res extra cogitationem nostram existentes, à rerum ideis, quæ
sunt in nostra cogitatione : Ita cum cogito essentiam trianguli,
& existentiam eiusdem trianguli, duæ istæ cogitationes, quatenus sunt cogitationes, etiam obiectiuè sumptæ, modaliter differunt, strictè sumendo nomen modi; sed non idem est de triangulo extra cogitationem existente , in quo manifestum mihi videtur, essentiam & existentiam nullo modo distingui; & idem
est de omnibus vniuersalibus; vt cum dico, petrus est homo, cogitatio quidem quâ cogito petrum, differt modaliter ab ea quâ
cogito hominem, sed in ipso petro nihil aliud est esse hominem,
quam esse petrum, &c. Sic igitur pono tantum tres distinctiones; Realem, quæ est inter duas substantias ; Modalem; &
Formalem, siue rationis ratiocinatæ; quæ tamen tres, si opponantur distinctioni rationis Ratiocinantis, dici possunt Reales, &*

hoc sensu, dici poterit essentia, realiter distingui ab existentiâ ;
Vt etiam, cum per essentiam intelligimus rem, pro vt est obie-
Etiuè in intellectu, per existentiam vero rem eandem, pro vt
est extra intellectum, manifestum est illa duo realiter distingui.
Ainsi quasi toutes les controuerses de la Philosophie,
ne viennent que de ce qu'on ne s'entend pas bien les
vns les autres. Excusez si ce discours est trop confus, le
Messager va partir, & ne me donne le tems que d'a-
jouter icy, que ie me tiens extremement voftre obligé, de la souuenance que vous auez de moy ; & que ie
suis, &c.

A MONSIEVR CLERSELIER.

LETTRE CXVII.

MONSIEVR,

La raison qui me fait dire qu'vn cors qui est sans
mouuement ne sçauroit iamais estre mû par vn autre
plus petit que luy, de quelque vitesse que ce plus petit
se puisse mouuoir, est, que c'est vne loy de la nature,
qu'il faut que le cors qui en meut vn autre ait plus
de force à le mouuoir, que l'autre n'en à pour résí-
ster ; mais ce plus ne peut dépendre que de sa grandeur ; car celuy qui est sans mouuement a autant de
degrez de résistance, que l'autre qui se meut en a de
vitesse ; Dont la raison est, que s'il est mû par vn cors
qui se meuue deux fois plus viste qu'vn autre, il doit
en receuoir deux fois autant de mouuement, mais il

résiste deux fois dauantage à ces deux fois autant de

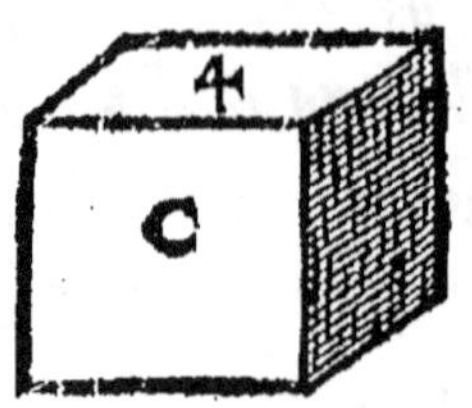

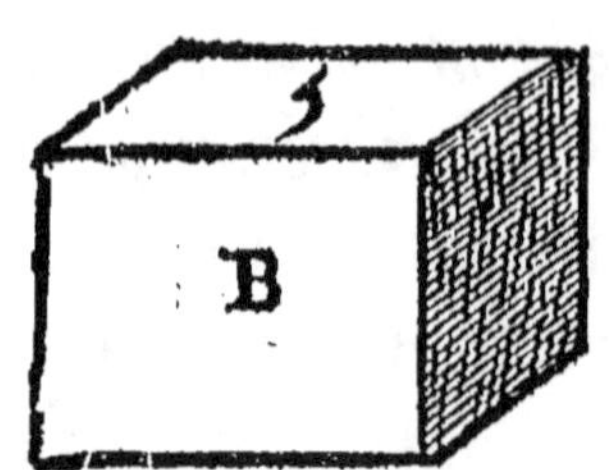

mouuement. Par exemple le cors B. ne peut pousser le cors C. qu'il ne le fasse mouuoir aussi viste qu'il se mouuera soy-mesme aprés l'auoir poussé. A sçauoir, si B. est à C. comme 5. à 4. de 9. dégrez de mouuement qui seront en B. Il faut qu'il en transfere 4. à C. pour le faire aller aussi viste que luy, ce qui luy est aisé, car il a la force de transferer iusques à 4. & demy, (c'est à dire la moitié de tout ce qu'il a) plutost que de refléchir son mouuemét de l'autre costé. Mais si B. est à C. comme 4. à 5. B. ne peut mouuoir C.

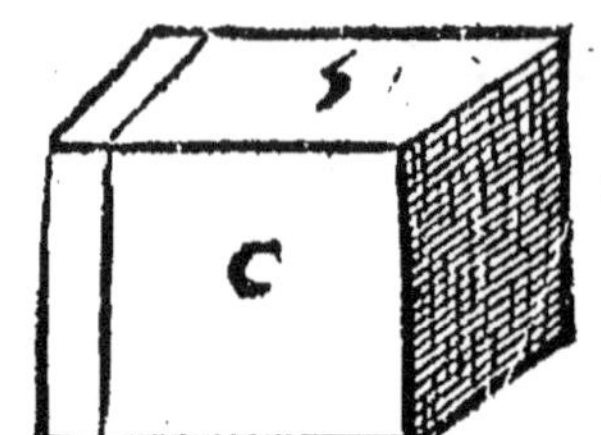

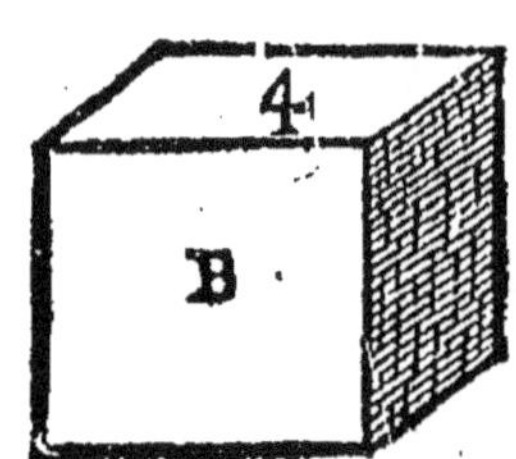

si de ses neuf degrez de mouuement il ne luy en transfere 5. qui est plus de la moitié de ce qu'il a, & par conséquent à quoy le cors C. resiste plus que B. n'a de force pour agir ; c'est pourquoy B. se doit refléchir de l'autre costé, plutost que de mouuoir C. Et sans cela iamais aucun cors ne seroit refléchy par la rencontre d'vn autre. Au reste, ie suis bien-aise de ce que la pre-

miere & la principale difficulté que vous auez trouuée
en mes principes eſt touchant les regles, ſuiuant leſquelles ſe change le mouuement des cors qui ſe rencontrent, car ie iuge delà que vous n'en auez point
trouué en ce qui les precede, & que vous n'en trouuerez pas auſſi beaucoup au reſte, ny en ces regles non
plus, lors que vous aurez pris garde qu'elles ne dépendent que d'vn ſeul principe, *qui eſt, Que lors que deux
cors ſe rencontrent qui ont en eux des Modes incompatibles,
il ſe doit veritablement faire quelque changement en ces modes pour les rendre compatibles, mais que ce changement eſt
touſiours le moindre qui puiſſe eſtre,* c'eſt à dire, *que ſi certaine quantité de ces modes eſtant changée ils peuuent deuenir
compatibles, il ne s'en changera point vne plus grande quantité.*
Et il faut conſiderer dans le mouuement deux diuers
modes, l'vn eſt la motion ſeule ou la viteſſe, & l'autre eſt la détermination de cette motion vers certain
coſté, leſquels deux modes ſe changent auſſi difficile-
ment l'vn que l'autre. Ainſi donc pour entendre les
quatre cinq & ſixiéme régles, où le mouuemét du cors
B & le repos du cors C ſont incompatibles, il faut
prendre garde qu'ils peuuent deuenir compatibles en
deux façons, à ſçauoir, *ſi B change toute la détermination
de ſon mouuement,* ou bien, *s'il change le repos du cors C, en
luy transferant telle partie de ſon mouuement qu'il le puiſſe
chaſſer deuant ſoy, auſſi viſte qu'il ira luy-meſme.* Et ie n'ay
dit autre choſe en ces trois régles, ſinon que lors que
C.eſt plus grand que B, c'eſt la premiere de ces deux
façons qui a lieu; & quand il eſt plus petit, que c'eſt

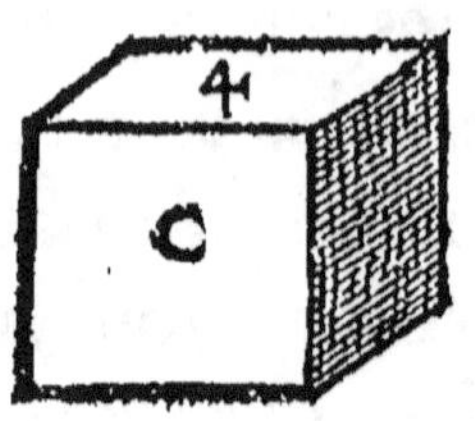

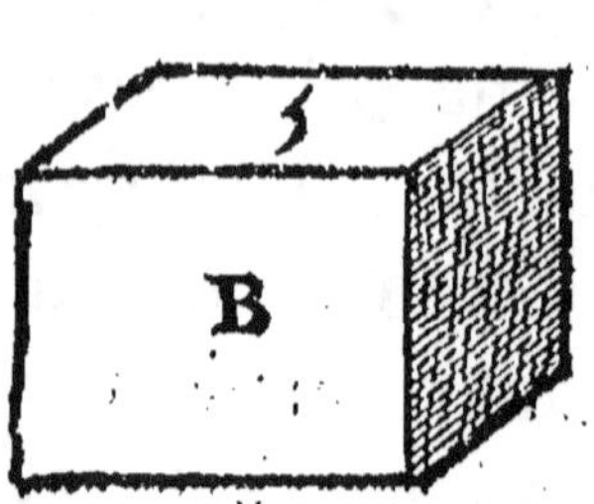

la seconde; & enfin quand ils sont égaux, que ce changement se fait moitié par l'vne & moitié par l'autre. Car lors que C. est le plus grand, B ne le peut pousser deuant soy si ce n'est qu'il luy transfere plus de la moitié de sa vitesse, & ensemble plus de la moitié de sa détermination à aller de la main droite vers la gauche, dautant que cette détermination est jointe à sa vitesse; au lieu que se reflechissant sans mouuoir le cors C, il change seulement toute sa détermination, ce qui est vn moindre changement que celuy qui se feroit de plus de la moitié de cette mesme détermination, & de plus de la moitié de la vitesse. Au contraire si C. est moindre que B. il doit estre poussé par luy; car alors

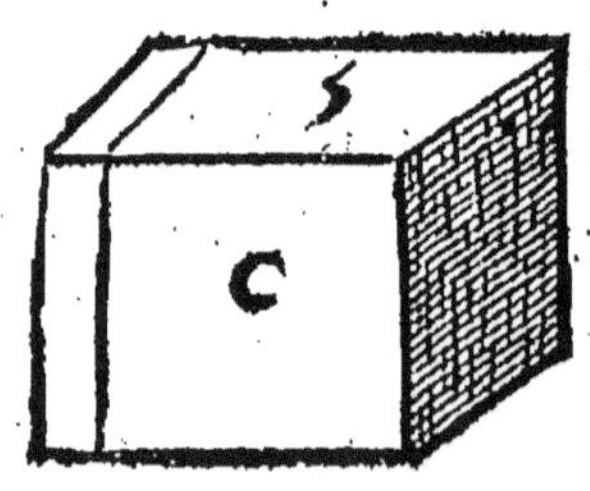

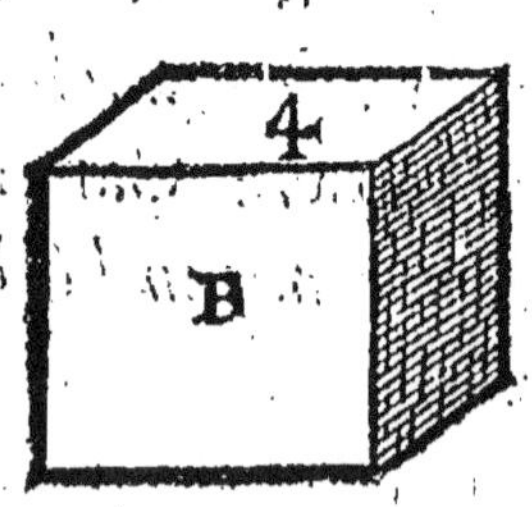

B luy donne moins que la moitié de sa vitesse, & moins que la moitié de la détermination qui luy est iointe,

NNnn iij

ce qui fait moins que toute cette détermination , laquelle il deuroit changer s'il se refléchissoit. Et cecy ne repugne point à l'experience ; car par vn cors qui est sans mouuement, l'entens vn cors qui n'est point en action pour separer sa superficie de celle des autres cors qui l'enuironnent , & par conséquent qui fait partie d'vn autre cors dur qui est plus grand : Car i'ay dit ailleurs, que lors que les superficies de deux cors se separent, tout ce qu'il y a de positif en la nature du mouuement, se trouue aussi bien en celuy qu'on dit vulgairement, ne se point mouuoir, qu'en celuy qu'on dit se mouuoir ; & i'ay expliqué par aprés pourquoy vn cors suspendu en l'air peut estre mû par la moindre force. Mais il faut pourtant icy que ie vous auoüe que ces regles ne sont pas sans difficulté, & ie tascherois de les éclaircir dauantage si i'en estois maintenant capable, mais pource que i'ay l'esprit occupé par d'autres pensées, i'attendray s'il vous plaist à vne autrefois à vous en mander plus au long mon opinion. Ie vous ay bien de l'obligation des victoires que vous gagnez pour moy aux occasions, & vostre solution de l'argument que *Pagani habuerunt ideam plurium Deorum, &c.* est tres-vraye. Car encore que l'idée de Dieu *soit tellement emprainte en l'Esprit humain* qu'il n'y ait personne qui n'ait en soy la faculté de le connoistre, cela n'empesche pas que plusieurs personnes n'ayent pû passer toute leur vie sans iamais se representer distinctement cette idée, & en effet ceux qui la pensent auoir de plusieurs Dieux, ne l'ont point du tout ; car il implique contradiction d'en conceuoir plusieurs souuerainement parfaits, comme vous auez tres-bien remarqué, & quand les Anciens nommoient plusieurs Dieux, ils n'entendoient pas plusieurs tout-puissans, mais seulement plusieurs fort-puissans, au dessus desquels ils imaginoient vn seul Iupiter comme souuerain, & auquel seul par consequent ils appliquoient l'idée du vray Dieu, qui se presentoit confusément à eux. Ie suis, &c.

A MONSIEVR CLERSELIER.

LETTRE CXVIII.

MONSIEVR,

L'esperance que i'ay d'estre bien-tost à Paris est cause que ie suis moins soigneux d'écrire à ceux que i'espere auoir l'honneur d'y voir. Ainsi il y a dé-ja quelque tems que i'ay receu celle que vous auez pris la peine de m'écrire ; mais i'ay pensé que vous ne vous souciez pas fort, d'auoir réponse à la question qu'il vous a plû m'y proposer, touchant ce qu'on doit prendre pour *le premier principe*, à cause que vous y auez dé-ja répondu mieux que ie ne sçaurois faire. I'adjoute seulement que le mot de *principe* se peut prendre en diuers sens, & que c'est autre chose de chercher *vne notion commune*, qui soit si claire & si generale qu'elle puisse seruir de principe pour prouuer l'existence de tous les Estres, les *Entia*, qu'on connoistra par aprés; & autre chofe de chercher *vn Eftre*, l'exiftence duquel nous foié plus connuë que celle d'aucuns autres, en forte qu'elle nous puiffe feruir *de principe* pour les connoiftre : Au premier fens, on peut dire que *impoſsibile eſt idem ſimul eſſe & non eſſe* eſt vn principe, & qu'il peut generalement feruir, non pas proprement à faire connoiftre l'exiftence d'aucune chofe, mais feulement à faire que lors qu'on la connoift, on en confirme la verité par vn tel raifonnement. *Il eſt impoſsible que ce qui eſt ne ſoit pas ; Or, ie connois que telle choſe eſt ; Donc, ie connois qu'il eſt impoſsible qu'elle ne ſoit pas.* Ce qui eft de bien peu d'importance, & ne nous rend de rien plus fçauans : En l'autre fens, le premier principe eft *que noſtre Ame exiſte*, à caufe qu'il n'y a rien dont l'exiftence nous foit plus notoire. I'adjoute auffi que ce n'eft pas vne condition qu'on doiue requerir au pemier principe, que d'eftre tel que toutes les autres propofitions fe puiffent reduire & prouuer par luy, c'eft affez qu'il puiffe feruir à en trouuer plufieurs, & qu'il n'y en ait point d'autre dont il depende, n'y qu'on puiffe plu-toft trouuer que luy. Car il fe peut faire qu'il n'y ait point au monde aucun principe auquel feul toutes les chofes fe puiffent reduire ; & la façon dont on reduit les autres propofitions à celle-cy, *impoſsibile eſt idem ſimul eſſe & non eſſe* eft fuperfluë, & de nul vfage ; Au lieu que c'eft auec tres-grande vtilité qu'on commence à s'affurer de *l'exiſtence de Dieu*, & enfuite de celle de toutes les creatures, *par la conſideration de ſa propre exiſtence.*

Le Pere Merfenne m'auoit mandé que Monfieur le Conte a pris la peine de faire quelques objections contre ma

tre ma Philosophie , mais ie ne les ay point encore
veuës, ie vous prie de l'affurer que ie les attens, & que
ie tiens à faueur qu'il ait pris la peine de les écrire.

L'Achille de Zenon ne fera pas difficile à foudre, fi
on prend garde que fi à la dixiefme partie de quelque
quantité, on adjoufte la dixiéme de cette dixiéme, qui
eft vne centiefme, & encore la dixiefme de cette der-
niére, qui n'eft qu'vne milliefme de la premiere, & ainfi
à l'infini , toutes ces dixiefmes iointes enfemble, quoy
qu'elles foient fupofées réellement infinies , ne compofent toutefois qu'vne quantité finie , fçauoir vne
neuviefme de la premiere quantité, ce qui peut facilement eftre demonftré. Car, par exemple; fi de la ligne
A B on ofte la dixiefme partie du cofté qui eft vers A,

à fçauoir A C, & qu'au mefme tems on en ofte huict
fois autant de l'autre cofté, à fçauoir B D, il ne refte
entre deux que C D qui eft egal à A C, puis derechef
fi de C D on ofte fa dixiefme partie vers A, à fçauoir
C E, & huict fois autant de l'autre cofté, à fçauoir D F,
il ne reftera entre deux que E F qui eft la dixiefme de
la toute C D, & fi on continuë indefiniment à ofter
du cofté marqué A vn dixiefme de ce qu'on auoit ofté
auparauant , & huict fois autant de l'autre cofté, on
trouuera tou-jours entre les deux dernieres lignes
qu'on aura oftées, qu'il reftera vne dixiefme partie de
toute la ligne dont elles auront efté oftées, de laquelle

dixiefme on poura derechef ofter deux autres lignes en mefme façon ; Mais fi on fupofe que cela ait efté fait vn nombre de fois actuellement infini, alors il ne reftera plus rien du tout entre les deux dernieres lignes qui auront ainfi efté oftées, & on fera iuftement paruenu des deux coftez au point G, fupofant que A G eft la neufiefme partie de la toute A B, & par confequét que B G eft octuple de A G; Car puifque ce qu'on aura ofté du cofté de B aura tou-jours efté octuple de ce qu'on aura ofté du cofté de A, il faut que *l'aggregatum*, ou la fomme de toutes ces lignes oftées du cofté de B, qui toutes enfemble compofent la ligne B G foit auffi octuple de A G qui eft l'aggregé de toutes celles qui ont efté oftées du cofté de A ; Et par confequent, fi à la ligne A C on adjoufte C E, qui eft fa dixiefme partie, & de plus vne dixiefme de cette dixiefme, & ainfi à l'infini, toutes ces lignes iointes enfemble ne compoferont que la ligne A G qui eft la neuviefme de la toute A B, ainfi que i'auois entrepris de démonftrer. Or cela eftant fceu, fi quelqu'vn dit qu'vne tortuë qui a dix licuës d'auance fur vn cheual, qui va dix fois auffi vifte qu'elle, ne peut iamais eftre deuancée par luy, à caufe que pendant que le cheual fait ces dix lieuës, la tortuë en fait vne de plus, & que pendant que le cheual fait cette lieuë, la tortuë auance encore de la dixiéme partie d'vne lieuë, & ainfi à l'infiny, il faut répondre que veritablement le cheual ne la deuancera point pendant qu'elle fera cette lieuë & cette dixiefme & $\frac{1}{100}$ & $\frac{1}{1000}$. &c. de lieuë, mais qu'il ne fuit pas de là qu'il ne la deuance iamais, pour ce que cette

$\frac{1}{10}$. & $\frac{1}{100}$. & $\frac{1}{1000}$. &c. ne font que $\frac{1}{9}$ d'vne lieuë, au bout de laquelle le cheual commencera de la deuancer ; Et la caption eſt en ce qu'on imagine que cette neuvieſme partie d'vne lieuë eſt vne quantité infinie, à cauſe qu'on la diuiſe par ſon imagination en des parties infinies. Ie ſuis infiniment, &c.

A MONSIEVR CLERSELIER.

LETTRE CXIX.

MONSIEVR,

Ie ne m'étendray point icy à vous remercier de tous les ſoins & des précautions dont il vous a plû vſer, afin que les lettres que i'ay eu l'honneur de receuoir du païs du Nord ne manquaſſent pas de tomber entre mes mains, car ie vous ſuis d'ailleurs ſi acquis, & i'ay tant d'autres preuues de voſtre amitié que cela ne m'eſt pas nouueau. Ie vous diray ſeulement qu'il ne s'en eſt égaré aucune, & que ie me réſous au voyage auquel i'ay eſté conuié par les dernieres, bien que i'y aye eu d'abord plus de répugnance que vous ne pouriez peut-eſtre imaginer. Celuy que i'ay fait à Paris l'Eſté paſſé m'auoit rebuté ; & ie vous puis aſſurer que l'eſtime extraordinaire que ie fais de Monſieur Chanut, & l'aſſurance que i'ay de ſon amitié, ne ſont pas les moins principales raiſons qui m'ont fait réſoudre.

Pour le traité des paſſions ie n'eſpere pas qu'il ſoit imprimé qu'apres que ie ſeray en Suede, car i'ay eſté

negligent à le reuoir, & y adjouster les choses que
vous auez iugé y manquer, lesquelles l'augmenteront
d'vn tiers, car il contiendra trois parties, dont la premiere sera des passions en general, & par occasion de la
nature de l'Ame, &c. la seconde des six passions primitiues, & la troisiesme de toutes les autres.

Pour ce qui est des difficultez qu'il vous a plû me
proposer, ie répons à la premiere, qu'ayant dessein de
tirer vne preuue de l'existence de Dieu, de l'idée ou
de la pensée que nous auons de luy, i'ay crû estre obligé de distinguer premierement toutes nos pensées en
certains genres, pour remarquer lesquelles ce sont qui
peuuent tromper; & en monstrant que les chimeres
mesme n'ont point en elles de fausseté, préuenir l'o-
pinion de ceux qui pouroient rejetter mon raisonnement, sur ce qu'ils mettent l'idée qu'on a de Dieu au
nombre des chimeres. I'ay dû aussi distinguer entre
les idées qui sont nées auec nous, & celles qui viennent
d'ailleurs, ou sont faites par nous, pour préuenir l'o-
pinion de ceux qui pouroient dire que l'idée de Dieu
est faite par nous, ou acquise par ce que nous en auons
oüy dire. De plus i'ay insisté sur le peu de certitude que
nous auons de ce que nous persuadent toutes les idées
que nous pensons venir d'ailleurs, pour monstrer qu'il
n'y en a aucune qui fasse rien connoistre de si certain
que celle que nous auons de Dieu. Enfin ie n'aurois pû
dire *qu'il se presente encore vne autre voye*, &c. si ie n'auois
auparauant rejeté toutes les autres, & par ce moyen
préparé les lecteurs à mieux conceuoir ce que i'auois à
écrire.

2. Ie répons à la seconde, qu'il me semble voir tres-clairement qu'il ne peut y auoir de progrés à l'infini au regard des idées qui sont en moy, à cause que ie me sens fini, & qu'au lieu où i'ay écrit cela, ie n'admets en moy rien de plus que ce que ie connois y estre ; mais quand ie n'ose par aprés nier le progrés à l'infini, c'est au regard des œuures de Dieu, lequel ie sçay estre infini, & par consequent que ce n'est pas à moy à prescrire aucune fin à ses ouurages.

3. A ces mots *substantiam, durationem, numerum, &c.* I'aurois pû adjouster *veritatem perfectionem, ordinem, &* plusieurs autres dont le nombre n'est pas aisé à definir, & on peut disputer de toutes, si elles doiuent estre distinguées, ou non, des premieres que i'ay nommées; Car *veritas* non distinguitur *à re verâ, siue substantiâ, nec perfectio à re perfectâ, &c.* c'est pourquoy ie me suis contenté de mettre, *& si quæ alia sint eiu, modi.*

4. *Per infinitam substantiam, intelligo, substantiam perfectiones veras & reales actu infinitas & immensas habentem. Quod non est accidens notioni substantiæ superadditum, sed ipsa essentia substantiæ absolutè sumptæ, nullisque defectibus terminatæ, qui defectus ratione substantiæ accidentia sunt, non autem infinitas, vel infinitudo.* Et il faut remarquer que ie ne me sers iamais du mot *d'infini* pour signifier seulement n'auoir point de fin, ce qui est négatif, & à quoy i'ay appliqué le mot *d'indefini*, mais pour signifier vne chose réelle, qui est incomparablement plus grande que toutes celles qui ont quelque fin. 5. Or ie dis que la notion que i'ay de *l'infini* est en moy

auant celle du *finy* ; pour ce que de cela seul que ie conçoy *l'estre*, ou *ce qui est*, sans penser s'il est fini ou infini,
c'est l'estre *infiny* que ie conçoy ; mais afin que ie puisse
conceuoir vn estre *finy*, il faut que ie retranche quelque chose de cette notion generale de l'estre, laquelle
par consequent doit preceder.

6. *Est inquam hæc idea summè vera*, &c. La verité
consiste en *l'estre* & la fausseté au *non estre* seulement,
en sorte que l'idée de l'infini comprenant tout l'estre,
comprend tout ce qu'il y a de vray dans les choses, &
ne peut auoir en soy rien de faux, encore que d'ailleurs
on veüille supposer qu'il n'est pas vray que cet *estre*
infini existe.

7. *Et sufficit me hoc ipsum intelligere*. Nempe sufficit me
intelligere *hoc ipsum quod Deus à me non comprehendatur* vt
Deum iuxta rei veritatem & qualis est intelligam, modo præterea iudicem omnes in eo esse perfectiones
quas clarè intelligo, & insuper multò plures, quas
comprehendere non possum.

8. *Quantum ad parentes, vt omnia vera sint*, &c. c'est
à dire, Encore que tout ce que nous auons coustume
de croire d'eux soit peut-estre vray, à sçauoir, qu'ils
ont engendré nos cors, ie ne puis pas toutefois imaginer qu'ils m'ayent fait, entant que ie ne me considere
que comme vne chose qui pense, à cause que ie ne
voy aucun raport entre l'action corporelle par laquelle i'ay coustume de croire qu'ils m'ont engendré, & la
production d'vne substance qui pense.

*Omnem fraudem à defectu pendere, mihi est lumine
naturali manifestum ; quia ens inquo nulla est imperfectio*

non potest tendere in non ens, hoc est, pro fine & instituto
suo habere non ens, siue non bonum, siue non verum, hæc
enim tria idem sunt. In omni autem fraude esse falsitatem
manifestum est, falsitatemque esse aliquid non verum, & ex
consequenti non ens, & non bonum. Excusez si i'ay entre-
lardé cette lettre de Latin, le peu de loisir que i'ay eu
l'écriuant ne me permet pas de penser aux paroles, &
i'ay seulement desir de vous assurer que ie suis, &c.

FIN.

PAge 44. ligne 20. lifez fait. P. 65. l. 4. quand on y. P. 66. l. 10. ou s'il. P. 70. l. 8. ce fuſt par. P. 71. l. 11. communément. P. 91. l. 1. n'ordonne. P. 97. l. 9. l'ay P. 98. l. 25. on m'a mandé. P. 112. l. 26. & 27. au lieu de feules lifez celles, & au lieu de celle lifez feule. P. 113. l. 20. felon que. P. 132. l. 5. le ne. P. 133. l. 23. en la pag. 298. P. 143. l. 24. effacez qu'il le, & ligne 25. lifez ie ſçay qu'il. P. 147. l. 1. que ne P. 176. l. 30. rens icy. P. 208. en la figure au lieu de l'A mettez vne H, & l. 1. lifez SG. P. 234. l. 25. celle que vous. P. 251. l. 9. qui fe. P. 255. l. 13. mets, ligne 17. fe ni ouuoir. P. 265. l. 26. deux ou trois. P. 267. l. 30. car ie ne. P. 279. l. 2. & le vol des oyfeaux. P. 303. l. 14. & 23. defifté. P. 305. l. 21. calciné. P. 307. l. 8. il y les vnes, P. 308. l. 6. tertio, P. 311. l. 19. collocuti, 23. pretium, 25. editæ, P. 312. l. 7. 9. & 13. amaui, expectaui, fcripfiffe, P. 313. l. 5. auocarunt, P. 315. l. 15. impenfum eſt. Nec putabam, P. 317. l. 6. fibique, 10. mox fit, P. 320. l. 8. non poſſit, P. 322. l. 9. quoad nos, P. 323. l. 15. longeque, 18. fententia, 26. in marmora, P. 324. l. 13. fi nullus fit, 16. belluas, P. 325. l. 1. animabus immortalibus, 28. pugnaciffimos, 30. exorandus es, P. 326. l. 6. turbulentam, 9. amore, 22. tertio Idus, P. 327. l. 4. præcedentem, 8. nullum 12. antehac non noto, P. 328. l. 5. exiſtimant, 16. debuiſſem, 22. explicuiſti, 23. impene, trabilitas, 24. rifibilitas, P. 329. l. 5. extenfionem, & par tout au mefme mot il faut vne S, 18. atque in hoc, P. 330. l. 1. fedeas, 5. cum rei, 28. & fpatij, P. 334. l. 19. vbicunque, 24. exiſtimo differentiam, 25. iſtius corporeæ extenfionis. P. 335. l. 7. fiue, 18. cadat, 26. fcilicet, quæ. P. 337. l. 10. quod patet 13. foleat. P. 338. l. 3. nunquam tamen, 6. quoad folam cogitationem, non autem ad impetum naturalem, 27. veræ fapien tiæ ſtudiorum cultorem. P. 340. l. 26. artificem adaptare. P. 341. l. 1. fenfibiles. P. 342. l. 20. dubitaui. P. 343. l. 7. corpoream, cum, 27. neceſſitate. P. 344. l. 14. inditium. P. 345. l. 1. quo ad nos, 9. finitum eſſe aut infinitum. P. 347. l. 2. poſſet. P. 348. l. 15. hæc ab externa, fed, 30. nullumque vacuum. P. 349. l. 12. oſtenfiuè. P. 350. l. 5. laqueis. P. 351. l. 2. ficinus, 9. annuunt, 18. fpatia, quamuis plorent, 21. hæc funt. P. 359. l. 5. partium, 19. annihilatur. P. 364. l. 13. vniuocè. P. 373. l. 15. inftnamque. P. 378. l. 27. artificium, 28. fpirales. P. 382. l. 26. fpatijs, 40. miracula, 29. mechanicas fugere. P. 388. l. 19. determinatio. P. 394. l. 4. hio. P. 397. l. 22. a B, ad D. P. 398. l. 4. acris. P. 403. l. 5. difficultatem. P. 411. l. 5. par le moyen. P. 417. mettez vn O au centre de la figure. P. 421. la parenthefe de la lig. 4. doit eſtre mife aprés le mot *demonſtré* qui eſt en la ligne fuiuante. P. 451. l. 1. reprefenté vers d. P. 455. l. 10 fa maſſe, 14. à voir. P. 457. l. 5. l'Aorte, & par la P. 466. l. 9. & pour elles. P. 479. l. 5. tota noſtra. P. 484. l. 2. vt non. P. 487. l. 9. quot ego. P. 488. l. 24. mollire. P. 489. l. 21. opinor. P. 490. l. 1. odio haberi. P. 494. l. 11. illumque. P. 538. l. 21. vn eſtre diſtinct réellement, P. 551. l. 28. pas tousjours. P. 559. l. 5. à vne. P. 560. l. 4. effectrice,

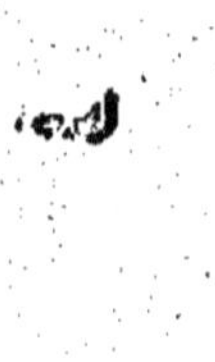

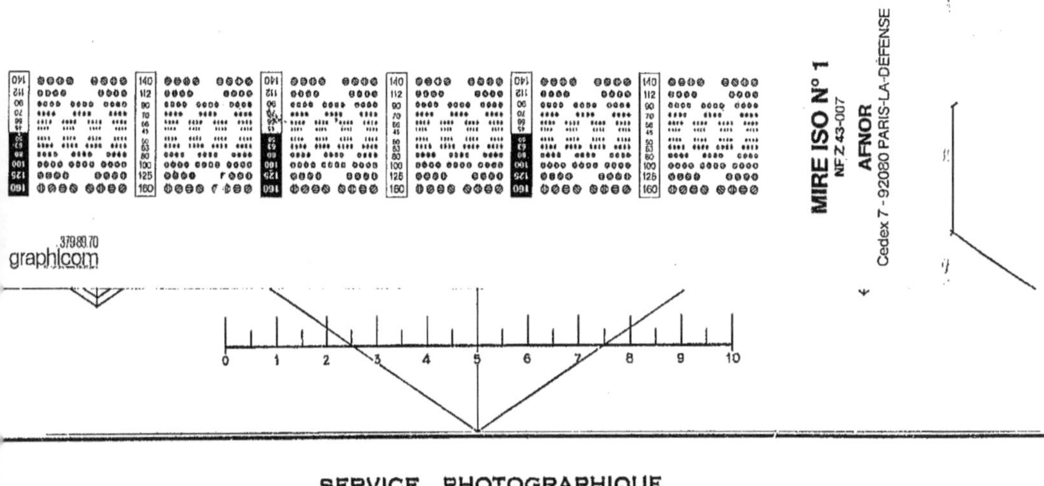
MIRE ISO N° 1
NF Z 43-007
AFNOR
Cedex 7 - 92080 PARIS-LA-DÉFENSE
graphicom
37989.70
SERVICE PHOTOGRAPHIQUE
0 1 2 3 4 5 6 7 8 9 10